中国小城镇

我国县域经济发展的支柱和引擎

ZHONGGUO XIAOCHENGZHEN

WOGUO XIANYU JINGJI FAZHAN DE ZHIZHU HE YINQING

通振远◎著

新华出版社

图书在版编目（CIP）数据

中国小城镇：我国县域经济发展的支柱和引擎 / 通振远著 .

北京：新华出版社，2024.5

ISBN 978-7-5166-7384-3

Ⅰ . ①中… Ⅱ . ①通… Ⅲ . ①县级经济—区域经济发展—研究—中国

Ⅳ . ① F127

中国国家版本馆 CIP 数据核字（2024）第 081876 号

中国小城镇：我国县域经济发展的支柱和引擎

作者： 通振远

出版发行： 新华出版社有限责任公司

（北京市石景山区京原路 8 号　邮编：100040）

印刷： 三河市君旺印务有限公司

成品尺寸： 185mm×260mm　1/16　　**印张：** 46.75　　**字数：** 1020 千字

版次： 2024 年 7 月第 1 版　　　　　　　**印次：** 2024 年 7 月第 1 次印刷

书号： ISBN 978-7-5166-7384-3　　　　　**定价：** 268.00 元

微店　　视频号小店　　抖店　　京东旗舰店

  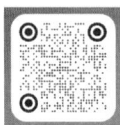 

微信公众号　　喜马拉雅　　小红书　　淘宝旗舰店　　新华出版社

序言 1

民盟与小城镇有着不解之缘。

20世纪80年代，我国著名的社会学家费孝通先生首次提出了"小城镇"的概念，引起了国内外高度重视。尤其是国内，掀起了研究小城镇的热潮。1998年，党中央第一次将"小城镇，大战略"写入党的十五届三中全会决议。从此，中国的小城镇建设正式成为国家的发展战略，成为我国经济发展的重要组成部分。费老是中国民主同盟的先贤，为我国现代小城镇的建设和发展殚精竭虑，为我国经济社会的发展做出了不可磨灭的贡献。"涓涓不塞，是为江河；生生不息，是为中国。"为中国农民找一条出路，成为费老研述一生的重大课题。费老三访温州、三访民权、四访贵州、五上瑶山、六访河南、七访山东、八访甘肃、二十七次回访家乡江村。他研究中国的穷人（主要是农民）如何摆脱贫困走向富裕之路，他关心中国农村的经济发展，关心农产品流通和农民增收问题，为中国农业和农村经济发展做出了重要贡献。费老是中国社会学的总设计师，勾画了我国社会学的基本蓝图，确立了中国社会学的实证风格，小城镇成为具有中国特色的城市化模式之一，是费老留给我们的一份巨大财富。

由于费老的坚韧和坚持，我国小城镇建设和发展走上了科学发展的坦途。费老先后对我国西北地区、西南地区、黄河三角洲、长江三角洲、珠江三角洲、环渤海地区、中原经济协作区、淮海经济协作区、东北地区、京九铁路沿线地区等进行了实地调查，代表民盟中央就所调查的每个区域向党中央、国务院提出既符合当地实际，又具有全局意义的重要发展思路与具体建议，为改善我国的生产力布局、形成全国一盘棋的协调发展提供智力支持。费老提出了"苏南模式""温州模式""珠江模式"等小城镇发展的模式和类型，为我国农村社会经济发展指明了科学的发展方向，激活了广大农村发展潜力，开启了我国最广袤农村土地上的大规模的改革和发展道路。这是费老的伟大的杰出的贡献。这是中国民主同盟的荣光和骄傲！

费老1944年参加中国民主同盟，尤其在任中国民主同盟第五、第六和第七届中央主席期间，为民盟的发展做出了杰出的贡献。费老的学术思想影响了一代又一代的广大盟员，他们以盟为荣，沿着费老的思想携手前行！尤其是我国小城镇建设和发展方面，涌现出非常多的杰出代表。中国民主同盟金光闪烁！

通振远同志就是这样一位学者代表。沿着费老的路径，继续发扬中国民盟先贤的尊重科学、实事求是的精神，沿着我国小城镇的发展方向负重前行，历时 5 年，坚韧持续地研究，终成长为一名小城镇研究和实践方面的专家。"踏平坎坷成大道。"他写的《中国小城镇》科学厚重，宏宏然，一百多万字，清晰解读和剖析了我国小城镇的发展规律。从小城镇的概念、历史实践、现状、存在问题、发展规律、空间布局、规模大小等方面做了十分深入的研究和探索，科学回答了我国现阶段小城镇发展的种种问题。尤其是结合我国当前的国家战略，对小城镇全面助力乡村振兴和实现城乡共同富裕等方面，提出了翔实而且可操作的措施，这将对我国城乡区域协调和可持续发展起到十分积极的作用。更难能可贵的是，通振远同志提出了一些解决我国当前小城镇发展过程中存在的很多问题的理论和方法。他首次提出的"中值理论"，是科学、简明、快捷地解决我国小城镇发展规模、产业布局等方面的重要理论，具有科学的理论依据和鲜明的实操性。同时，他提出了关于小城镇综合实力评价的指标体系，清晰明了地指出了我国小城镇科学发展的路径和方法，评价结果精准有效。这些都是非常了不起的科研结晶。

当前，我国社会经济正处于快速发展的关键时期，如何把握时代脉搏，科学推进我国社会经济发展，实现中国式现代化，实现中华民族的伟大复兴，已成为我国伟大的发展战略。我国有 1866 个县域（不含 977 个市辖区）和 21400 多个小城镇。相比我国 106 个大城市而言，县域和小城镇具有非常可观的规模优势，如果县域经济（含小城镇经济）发展好了，我国经济发展的增量空间巨大，我国经济发展将有一个质的飞跃！这将对我国引领世界经济发展起到非常重要的作用，也将为解决当今世界发展难题提供了科学的中国方案。

目前，党中央和国务院非常重视县域经济的发展，提出了推动城市群、都市圈为依托的大中城市和小城镇协调发展的战略，促进城乡基本公共服务均等化，解决"二元制"长期存在带来的发展问题。小城镇正是在这一个关键的战略时期，逐步走向历史的舞台，开始承担起其历史责任。通振远同志的这部《中国小城镇》力作，不仅系统地阐述了我国小城镇的发展规律，也为我国当代小城镇的发展提供了科学的理论和实践基础，体现出了一位区域经济学家的责任担当和博大胸襟。这正是本书的可贵之处和价值所在。这本书具有很深的理论基础和实操价值，值得国内外地方政府、科研院所、企事业单位等在工作中使用和借鉴。

张道宏

2024 年 1 月 10 日于北京

张道宏，现任第十四届全国人大常委会委员、教科文卫委员会副主任委员，民盟中央专职副主席。曾任第十、第十二届全国政协委员，第十一届全国政协常委，第十三届全国政协常委、副秘书长。第十四届全国人大常委会委员，民盟第八届中央委员，第九届、第十届、第十一届、第十三届中央常委，第十二届、第十三届中央副主席。

序言 2

作为"城市之末，农村之首"的小城镇的发展，一直受到党中央、国务院的高度重视。1998 年，党中央提出"小城镇，大战略"，开始推动小城镇建设和发展。此后，《中共中央　国务院关于促进小城镇健康发展的若干意见》《关于建立健全城乡融合发展体制机制和政策体系的意见》《关于推进以县城为重要载体的城镇化建设的意见》等相继出台。随着国家政策的不断调整优化，在创造经济快速发展和社会长期稳定两大奇迹的过程中，城镇化进程稳步推进，县域经济方兴未艾，小城镇的流通功能、服务"三农"功能、人口集聚功能以及城乡统筹功能不断强化，为推动城乡融合发展和乡村全面振兴注入了新的动力和活力。同时，小城镇是乡村文明和传统生活方式的坚实支柱，承载着丰富的历史文化底蕴，是推动社会多元发展的宝贵资源，在绘就宜居宜业和美乡村新画卷中发挥着重要作用。

2024 年初发布的"一号文件"指出，要统筹新型城镇化和乡村全面振兴，优化县域产业结构和空间布局，构建以县城为枢纽、以小城镇为节点的县域经济体系。从第六次和第七次全国人口普查的数据看，2010—2020 年，我国城镇人口增加 2.3 亿，常住人口城镇化率平均每年提高 1.4 个百分点。2023 年我国常住人口城镇化率达到 66.2%，与发达国家的平均水平仍有较大差距。受总人口负增长和劳动年龄人口持续下降等因素影响，当前我国城镇化步伐有所放缓，但在未来相当一段时间仍将处在城镇化持续推进的过程中。需要深入研究的是，近年来城镇化进程和农村人口转移出现新的特征，将对县城、小城镇发展以及乡村振兴战略的实施产生重大影响。一是更多转移人口进入地级及以上城市的主城区。县城、小城镇的基础设施、产业配套条件、公共服务等相对薄弱，对产业和青年人的吸引力有所下降，新增城镇人口向规模更大的城市聚集。这也是我国城镇化进入更高阶段的积极表现。二是小城镇新增人口主要是非劳动年龄人口。从六普、七普数据看，县城增加的人口中，0—15 岁占比达到 31%，55 岁及以上人口占比 43%，主要是乡村中小学撤并后到城镇求学的学生和为了照顾孙辈的老人，"一老一小"合计占县城新增人口的近 75%。这一特征在小城镇表现更为突出，既影响小城镇发展活力，也对其公共服务提出了更高要求。三是城镇化进程存在明显的地区差异。东部地区都市圈和城市群发展较为成熟，大城市的主城区、地级市主城区、县城的人口区域分布相对均衡，人口密度呈现梯度特征。而中西部地区新增城镇人口更多集中在县城，城镇化的规模经济和聚集效应有较大提升空间。

《中国小城镇》一书紧密结合目前高质量发展阶段新特点与新要求，系统梳理和提炼了我国小城镇发展规律，针对现代化进程中关于小城镇的若干重大问题，在深入研究的基础上提出了有价值的意见和建议。面对新时代，本书全面系统地阐述小城镇的发展理论，对指导地方政府经济发展实践，对促进我国小城镇持续高质量发展，对推动乡村振兴战略落实，对发挥小城镇在人口转移、产业发展、城乡融合等方面的引领作用，均有一定现实意义。《中国小城镇》一书将成为记录我国乡村城镇化进程的重要载体，成为讲述中国小城镇故事、传播中国小城镇声音、贡献中国小城镇发展智慧的重要参考，成为国内外各界人士了解中国小城镇新发展及促进国际小城镇间合作的重要依据。作为一位经济学家，通振远同志站在民族发展的高度，躬亲力行，锲而不舍，历经数个春秋，为我们呈现出这一厚重的著作，其目的也是想为我国现代化建设贡献学者力所能及的贡献。

在新的历史起点上，我国小城镇发展将不断谱写新篇章，将为全面建成社会主义现代化强国、实现中华民族伟大复兴的中国梦贡献力量。

余斌

2024 年 1 月 23 日于北京

余斌，现任国务院发展研究中心党组成员、副主任，国务院发展研究中心学术委员会秘书长、研究员，中国经济 50 人论坛成员，第十四届全国政协委员、经济委员会委员。享受国务院政府特殊津贴专家。历任中国经济时报社社长、国务院发展研究中心办公厅主任、新闻发言人、宏观经济研究部部长等职。

序言 3

　　乡村振兴，是我国近些年来出现频率非常高的一个词。同时，我们还经常看到或听到的一句话，就是"民族要复兴、乡村必振兴"。这充分说明，在我国乡村振兴已成为我党及各级政府一个重大战略，成为全国各族人民为之不懈奋斗的重大任务。我国农业人口占比较重，农村发展相对于城市而言落后较多，但是，农村又十分重要。可以说没有乡村的发展振兴，就不可能有中华民族复兴的中国梦的实现。党的十八大以来，中央始终把乡村振兴作为中国特色社会主义建设的重大任务，每年中央的一号文件都是在重点布局解决我国的乡村振兴问题，就是要把乡村振兴作为中国式现代化，实现中华民族伟大复兴的重要抓手，持之以恒抓下去，不达目的誓不罢休。

　　党的十九大提出了乡村振兴战略的五个方面：产业振兴、人才振兴、文化振兴、生态振兴和组织振兴。其主要任务包括：构建乡村产业高质量发展体系；培养造就农村高质量人才队伍；焕发乡村文明新气象；以良好生态支撑乡村振兴；健全乡村治理体系等方面，而这些目标的实现都和一个重要角色相关联——小城镇建设。它与乡村振兴战略之间存在密切的内在关联，二者相互促进，共同推进城乡协调发展。小城镇是连接城乡的纽带，能够在产业振兴、公共服务、改善环境等方面发挥重要的桥梁作用；小城镇对乡村经济和社会发展具有很强的带动作用，对乡村人才振兴、生态振兴发挥不可替代作用；小城镇作为基层政府所在地，对乡村的组织振兴、文化振兴发挥重要的引领作用。如果说乡村振兴战略是实现"两个一百年"奋斗目标的必然要求，那么小城镇建设就是解决新时代我国社会主要矛盾和实现共同富裕的必然选择，是构建新型城乡关系的战略支点。这对小城镇建设也提出了新的要求，主要包括：着力解决农村地区基础建设滞后问题，从而带动建材、建筑等相关行业发展，改善乡村电力、道路、水利、高标准农田建设等条件；着力提高城镇公共服务品质，提高农村居民的生活质量；着力推进乡村产业兴旺，带动农产品加工业以及旅游餐饮业等发展；着力加强基层组织建设，为乡村农民的生活做好高质量服务，促进乡土传统文化的传承；着力推进城乡融合发展，引领城乡经济、金融、科技、人才等各生产要素的有效聚集，促进三产有效融合，以打造农业全产业链为抓手，推动农业的高质量发展。

　　本书作者通振远同志，站在中华民族伟大复兴的高度，多年致力于我国县域经济研究，尤其是在我国城镇化和乡村振兴方面有很深造诣。作为一位资深的经济学者，他对我国小城镇的研究非常系统全面，观点独到。历经 5 个寒暑秋冬，终成隽永之大作。《中国小城镇》是一部不可多得的关于小城镇建设发展的著作，既有理论又有实践，对推动我国县域经济的发展具有很高价值，对推动乡村振兴战略，实现小城镇建设科学化、规范化、标准化，实现城乡经济的高质量发展，具有重要的指导意义，具有很强的实操性，非常难得。

张步江

2024 年 5 月 1 日

张步江，现任中国农业科学院植物保护研究所党委书记、研究员。兼任中国投资协会研究院研究员、国家安全智库首届入库专家。曾任农业农村部乡镇企业局副局长、农产品加工局副局长等职。

自　序

我国小城镇发展的历史源远流长，沉淀了丰富而深厚的经济、思想、文化的结晶。小城镇的发展深受国家政策的影响，脱离时代背景来探讨小城镇发展是不够科学全面的。当前，国际环境复杂多变，对我国经济社会正常发展造成严重影响。国内也面临着诸多矛盾和挑战，经济下行趋势明显，社会稳定压力较大，发展充满着很大的不确定性。同时，我国正处在城镇化和乡村振兴深度融合发展的关键时期，新型城镇化和乡村振兴双轮驱动，以城市群、都市圈为依托促进大、中、小城市和小城镇协调发展，形成更加协调合理的城镇规模结构，促进区域协调发展。这是我们面临的重大挑战和任务，也是我国小城镇发展的时代背景。

城镇化进入缓慢增长期。经过几十年快速发展，我国"两横三纵"的城镇化战略布局基本形成，产业和人口正加速向优势区域集聚。"19个城市群承载了全国约75%的常住人口，贡献了近85%的地区生产总值"[1]，成为推动我国经济社会发展的主要引擎。然而，新的区域不平衡、新的发展差距也开始显现。部分超大特大城市人口规模大、密度高，安全风险隐患增多；部分中心城市在省域内"一市独大"，对周边城市产生人口资源虹吸效应。受人口总量提前达峰和城镇化增速放缓双重影响，未来我国城镇人口跨部门跨区域配置带来的增长动能也将有所减弱。城镇化已经被迫进入提质增效阶段，然而挖潜动力依然不足。2023年，我国常住人口城镇化率已达66.2%，和户籍人口城镇化率差距约为17.5%，还有超过2亿未落户的农业转移人口长期在城镇就业居住，但还未能全面同等享有城镇基本公共服务，社会不稳定因素仍然存在。城镇化过程中仍有很多急难险重的问题亟待破解，如深化户籍制度改革，推动城市全面取消落户限制，促进在城镇稳定就业和生活的农业转移人口举家进城落户，积极推进城镇基本公共服务常住人口全覆盖，完善农业转移人口市民化配套政策，使全体居民公平共享城市发展成果，等等。任务仍然艰巨。推进"以人为核心"的新型城镇化，更好地满足人民群众对美好生活的向往，已成为全国各族人民的共同心声。

乡村振兴正负重前行。我国城乡发展不平衡仍是最大的不平衡，农村发展不充分

---

[1] 范恒山.大力推动城市群高质量发展——序《中国城市群研究系列丛书》[J].区域经济评论，2021(3):76-80.

仍是最大的不充分，低收入群体主要仍是农民。乡村振兴遭遇攻坚战，许多问题必须及时解决，不能再留给后人。一是突出以城带乡，推动城乡融合发展，顺应城乡融合发展大趋势，锚定缩小城乡发展差距和居民生活水平差距的目标，破除我国城乡要素双向流动、平等交换的制度壁垒，畅通城乡要素流动，率先在县域内破除城乡二元结构，促进城乡要素配置合理化、产业发展融合化、居民收入均衡化、公共服务均等化和基础设施联通化，畅通农业农村现代化急需的人才、技术、资金等发展要素和各类服务下乡渠道。二是进一步强化城乡公共资源均衡配置的激励机制。在乡村形成人才、土地、资金、产业、信息汇聚的良性循环，为乡村振兴提供持久内生动力，增强我国经济韧性和战略纵深。"稳慎推进农村宅基地制度改革，加快推进房地一体的宅基地使用权确权登记颁证，探索宅基地所有权、资格权、使用权分置有效实现形式"①，深化农村集体经营性建设用地入市。"依法保障进城落户农民的农村土地承包权、宅基地使用权、集体收益分配权，健全农户三权，市场化退出机制和配套政策。"②支持城市人才入乡发展，深入推行科技特派员制度，引导高校毕业生到农村基层就业创业，畅通符合条件的入乡就业创业人员落户渠道。三是推进城镇基础设施向乡村延伸，坚持建管并重。推动供气供热管网向城郊乡村和规模较大中心镇延伸，支持有条件地区开展城乡供水一体化建设。因地制宜推行污水垃圾收集处理、道路等城乡一体化管护，引导专业化企业有序参与农村基础设施运营。四是促进县域内公共服务资源共享，发展城乡学校联合体，深化义务教育教师"县管校聘"管理改革，科学稳慎推进县域内校长教师交流轮岗，完善县级医院、乡镇卫生院和村卫生室诊疗条件，发展紧密型县域医共体，健全县、乡、村衔接的三级养老服务网络。推进县域商业体系建设行动，发展联结城乡的冷链物流、配送投递、电商平台和农贸市场网络。

面对这些新形势和新问题，中国经济的下一个重要着力点在哪里？这引起了包括政府和学界在内的全国各界人士的深度思考。我认为，中国未来经济高质量发展的希望在县域，县域经济是我国城乡融合、区域协调和可持续发展的根本所在，是我国未来经济增量的新空间，必将成为我国经济社会发展的重心之一！作为县域经济发展的支柱和引擎，我国的小城镇最有可能承担起这一历史责任，完成我国城乡融合、区域协调和可持续发展的历史任务，强国富民。

小城镇，是相对于大城市而言规模较小、发展相对滞后的城镇地区，承载了许多人的生活和期望。小城镇既是城市和农村的过渡地带，也是经济社会发展的重要组成部分。因此，关注小城镇的发展问题，探讨如何促进其经济社会蓬勃发展等问题，具有极其深远的意义。1983年，费孝通首提"小城镇，大问题"，但真正引起中央层面重视的时间大概在20世纪90年代。1993年，经过一段时间的深入广泛讨论，小城镇

---

① 摘自国家发展改革委《"十四五"新型城镇化实施方案》，2022-07-28.

② 发改委：全面取消城区常住人口300万以下的城市落户限制 [DB/CD]. 中国新闻网，https://www.Chinanew.com.cn/cj/2022/07-12/9801663.shtml，2022-07-12.

问题受到时任国家体改委副主任马凯的高度重视，他推动了以国家体改委为主导的小城镇综合改革工作。那时，尽管改革开放已经15年了，但是涉及农村的重大改革还是谨小慎微，踟蹰不前。针对国家城镇化发展的重点陷入了道路之争，是发展大中城市还是发展小城镇成为争论的焦点，城镇化过程中触及的户籍问题更是禁忌，无人敢提。有人担心数千年来确保农产品供给问题因小城镇改革产生重大变化，从而影响对城市的保障和供给。二元制体制牢不可破！马凯副主任提出了一个著名论断："减少农民，才能富裕农民。"这个论断非常重要，指明了我国农村城镇化的发展方向，也是当时国家体改委推进小城镇发展非常重要的出发点。"只有把农民从土地上彻底转移出去，才能从根本上解决农村的发展问题。"[①] 否则，无法解决农民致富，更谈不上促进农村发展，更无法顺利实现乡村振兴。从建设小城镇开始启动改革，在城乡矛盾并不是特别突出的小城镇推进城镇化，改革的风险相对较小，一些改革问题容易推动，是当时比较符合现实的推进城镇化发展的一条思路。1995年4月，国家体改委等11个部委联合颁布了《小城镇综合改革试点指导意见》，在全国选择了57个试点镇，进行了涉及户籍、土地，特别是行政体制中的机构设置等方面的改革，深化农村改革，取得了根本性突破。1998年，党的十五届三中全会公报上第一次提出了"小城镇，大战略"，城镇化改革开始逐步突破。2000年，《中共中央国务院关于促进小城镇健康发展的若干意见》，在中央领导层面对城镇化问题认识上取得了共识，党的十六大第一次把城镇化问题写进了报告，把城镇化问题和农村经济繁荣、发展，以及农村改革连在一起。2012年，党的十八大报告强调，通过新型城镇化拉动内需，实现小城镇向城镇化的转型，推动农村改革，从中央层面肯定了小城镇的重要作用。2014年8月，国务院印发了《国务院关于进一步推进户籍制度改革的意见》，要求建立城乡统一的户口登记制度，标志着我国实行了半个多世纪的农业和非农业二元户籍管理模式将逐步淡出历史舞台。2014年8月，国家发改委等11个部门联合印发了《关于开展国家新型城镇化综合试点工作的通知》，提出了镇改市的方案，随后全国第一个镇改市成果——龙港市横空出世。2016年，国务院发布《全国农业现代化规划（2016—2020年）》，积极发展小城镇，加快农业转移人口市民化进程。2018年3月，政府工作报告坚持实施区域协调发展和新型城镇化战略，驱动大、中、小城市和小城镇协调发展。2019年4月，党中央、国务院印发了《关于建立健全城乡融合发展体制机制和政策体系的意见》，推进城乡要素双向流动和公共资源合理配置，重塑新型工农城乡关系，小城镇迎来历史发展机遇。2021年3月，中共中央、国务院印发《国家新型城镇化规划（2014—2020年）》，明确以人的城镇化为核心，有序推进农业转移人口市民化，推动大、中、小城市和小城镇协调发展。2022年5月，国务院批复《关于"十四五"新型城镇化实施方案》指出，

---

① 李铁.亲历者李铁 从小城镇到城镇化战略，我亲历的改革政策制定过程 [J].中国经济周刊，2019(18):135-136.

要加快构建新发展格局，完善以城市群为主体形态，大、中、小城市和小城镇协调发展的城镇化格局，促进城乡融合发展。至此，我国小城镇从避讳的问题逐步演变成国家战略。无数的官员和学者为此做出了极大的贡献。

国家对县域经济发展极其重视，先后出台了许多重大政策。推动以城市群、都市圈为依托促进大、中、小城市和小城镇协调发展，推动城乡基本公共服务均等化、基础设施通达程度比较均衡、基本生活保障水平大体相当，形成更加协调合理的城镇规模结构，促进区域协调发展。推进新型城镇化和乡村振兴，引导农村富余劳动力向城镇转移提升工资性收入，通过引入城市现代技术、管理、人才等先进要素提升农业生产水平和农民经营性收入，通过建立城乡统一的土地市场增加财产性收入。40多年来，小城镇对我国农村工业化、城镇化都起到了巨大推动作用，城乡均发生了翻天覆地的重大变化。我国的小城镇数量也由新中国成立初期的2000多个扩容至今天的21421个，数量居历史最高。今天，小城镇在重塑我国区域空间格局、提振县域经济、推动"三农"问题解决和实现共同富裕等方面发挥着不可或缺的积极作用。随着中国经济的快速发展和城镇化进程的加速推进，小城镇正逐渐受到更多关注和重视。小城镇作为县域经济的重要支撑，帮助亿万农民在共同富裕道路上大踏步赶上来。其时已至，其势已成，其兴可待。这是小城镇发展的历史愿景和历史机遇！未来，我国小城镇将迎来质的飞跃，通过大规模的兼并重组，使小城镇更具发展潜力，社会稳定，经济发达，天蓝水清，人民安居乐业，共享繁华盛世。

本书以极其冷静的心态，秉承科学公正的原则，来观察和升华对我国小城镇的认识，青衿之志，履践致远，力求准确探索和归纳出我国小城镇的发展规律，以期指导当下我国小城镇的建设和发展。本书在写作过程中广泛参照了国内外的研究理论和方法，大量借鉴引用了国内外的文献资料，也有选择地借鉴了一些网络资料。这些理论、方法和资料对丰富本书的内容起到了非常重要的作用。充分吸收了世界上对小城镇研究的科学结晶，希望从最本源上把握小城镇的发展本质和趋势脉动。本书写作坚持两个原则：一是坚持实事求是的原则。对全国小城镇的发展现状进行客观的描述，详细而又全面地描述小城镇在人口吸纳、产业发展、社会服务、基础设施等方面的发展水平、发展程度、区域差距等，只对小城镇的发展水平和在全国的地位等进行客观描述，不过多展开不必要的描述。二是对小城镇的发展规律进行总结。对小城镇历史进程、现状解析、类型模式、动力机制、发展规模、战略方向、存在问题和难点、历史作用、建设融资、社会治理、文化传承、理论方法、综合实力评价等方面进行分析，更加清晰地将小城镇在当前经济社会发展中的重要作用展示出来。本书的数据来源比较广泛，但均为权威渠道正规的最新的数据，比如国家统计局、住房城乡建设部、民政部等官方统计数据。需要说明的是，国家部委之间的数据有些是不统一的，可能是涉及统计口径等问题。比如，就全国建制镇的数量，国家统计局和住房城乡建设部的数据一直不统一，同一统计年份中，国家统计局的数量一直高于住房城乡建设部的数据。所以，有时候不得已同时采用两个部门数据。本书力争采用接近2024年前后的最新的权威数据，写作过程中尽力核准统一，不统一的地方会加以备注，力求数据的精准有效。尽管如此，仍有许多镇级的数据收集困难，难免挂一漏万，不尽如人意。请各位前辈、专家、学者和同行不吝赐教，批评指正。

希望本书能够为新型城镇化中有关小城镇相关政策的制定提供依据和支撑，能够为县域经济发展的决策者和研究者提供参考，能够为全国各地小城镇的发展提供指导和经验借鉴。

2024 年 5 月 26 日于北京

寄　语

　　通振远博士所著《中国小城镇》一书是研究总结我国小城镇建设发展规律。经过大量的调查研究、大数据分析、做出若干方案比较，吸取国内外小城镇建设成功理念、经济发展模式、科学技术和中国古代著名古镇规划建设的智慧，最终探索出以县城为中心、发展县域经济，科技金融结合，振兴乡村，共同富裕，使我国城镇化建设逐步走上具有中国特色的科学道路，不断取得更大的成绩。但是，在城镇化率不断向好的同时，经过几个发展阶段后现进入缓慢增长期。新的区域不平衡开始显现，城镇人口跨行业、跨区域配置带来的增长动能有所减弱，这就需要不断探索未来县域经济发展增长点和突破点。本书内容丰富，有创新、有重点、有方针政策、有方向方法，既有县域经济发展的理论研究，又有实际典型案例分析，有关政府领导、专家学者可把此书作为指导参考，推动小城镇建设不断发展，取得更大成绩。

陈祥福 24/4-2024

陈祥福，第九、第十届全国政协委员，世界著名建筑结构和岩土工程专家，享受国务院政府特殊津贴专家，国际生态安合作组织首席科学家，联合国国际生态生命安全科学院院士。

有幸先睹通振远先生的《中国小城镇》一书初稿，颇为震撼。书中对小城镇的发展历史和变革机制娓娓道来，对小城镇的机遇挑战和发展战略鞭辟入里，对小城镇的振兴路径和未来蓝图掷地有声。

　　我出生生长在有巢氏故里、安徽东部的环湖小镇，对小镇有着天然的亲近和感情。回顾这座历史文化乡镇的变迁现状，却莫名地惆怅和感慨。得益于国家政策，她走向繁荣；迎接时代洪流，她潮起潮落。她的发展自由生长，缺乏统一规划，镇容形态各异、色彩杂乱无章，基础设施匮乏不足……这一切使小城镇"随波逐流"，缺乏对时代的韧性。

　　然而，同是安徽皖南山区的另一些小城镇，用徽派建筑统领城镇格局，色彩统一、形态多样，与自然融为一体，打造着小城镇的典范。曾去过欧美乡村小镇，清洁美丽、环境祥和，让人心旷神怡、美不胜收，驻足小憩或喝一杯咖啡，诠释着美好生活。曾住过日本偏远岛寨，环境优美、井然有序，深灰色瓦片和白色墙壁相互映衬，融于山水之间，简洁淡雅或清新自然，展现着生态和谐。

　　同一个时间轴，不同的小城镇，呈现出丰富多彩的姿态。回顾总结不同时期、不同阶段的小城镇发展历史和变革演化，具有重要的文化和社会意义，同样对未来小城镇的振兴腾飞至关重要。

　　"其时已至，其势已成，其兴可待。"《中国小城镇》一书全景式解读了我国小城镇，相信对推动我国小城镇建设发展和中国经济再飞跃将起到不可估量的作用。

朱合华

朱合华，中国工程院院士，同济大学教授，现任土木工程防灾减灾全国重点实验室主任，国际岩石力学学会中国国家小组执行主席等。

本书深入地研究和分析了中国小城镇的现实状况，并在此基础上提出了一些建设性的建议和发展策略。作者的研究为国际社会理解中国乡镇发展的复杂性和特殊性提供了有价值的视角，是一部指导县域经济发展的难得的工具书。

陈强

2024. 4. 18.

陈强，国务院发展研究中心县域办主任、国家经济顾问。

我国小城镇科学发展模式尚未全面形成，普遍存在着产业结构不合理、发展方式落后、城镇建设滞后于发展等现象，加强城镇管理、提高社会效益已经成为当前我国小城镇发展的一项重要任务。《中国小城镇》全景式解读了我国小城镇的现状、模式、动力机制、问题和发展难点、机遇和挑战、空间发展和规模、发展战略及方向、社会治理、乡村振兴，以及全球化视野等，为我国小城镇发展和建设提供了详细的样本，有很强的实操意义和借鉴作用。

王守清博士／教授，清华大学投融资政策研究中心首席专家、清华大学建设管理系教授／博导、清华大学恒隆房地产研究中心研究员、清华大学中国新型城镇化研究院专家顾问委员会委员。

小城镇在我国现代化建设中发挥着越来越重要的作用。实现中国式现代化：促进我国县域经济高质量发展，就不能没有乡村振兴；而实施和实现乡村振兴就不能没有小城镇的推动和拉动。《中国小城镇》一书全面剖析了我国小城镇的建设和发展，为地方政府规范小城镇建设和管理、优化城乡发展格局、促进小城镇经济增长、提高小城镇居民生活质量提供了难得的重要指导和参谋，具有很强的时代意义和借鉴作用。

2024年4月25日

季怀银，国务院法制办财政金融司原副司长、审计署法规司原一级巡视员。

1983 年，费孝通先生首次提出"小城镇，大问题"，引起各方思考。在我国城镇化火热进程中，城乡协调发展相关理论得以不断丰富和发展。通读通振远的《中国小城镇》一书，抚卷静思、受益匪浅。本书首先明晰"小城镇"一词的定义，奠定了研究基础，立足时代背景，以严谨的逻辑思维，充足的理论案例，用理性、客观的态度对中国小城镇发展的多侧面做了全维度的立体表述。值得一提的是，通振远在社会调查研究方面展现出过硬的分析手段和技术方法。

　　习近平总书记指出，城镇化是现代化的必由之路。中国式现代化必然要求加快农业农村现代化。发展小城镇是城镇化发展和乡村振兴的最佳政策选择，也是我国经济社会可持续发展的主要引擎之一。以福建省福清市为例，比如，福清市龙田镇以乡贤资源为抓手，引导乡贤回乡投资，盘活大湖洋周边土地 4500 亩，带动周边农民就业创业 500 余人，带动现代农业产业发展。又比如，福清市高山镇着力破解资金瓶颈，大力实施"引税回乡"工程，新增楼宇税收 1539 万元；在培育村集体经济新增长点方面，由镇财借款提供启动资金，盘活村集体资产资源，探索"物业型"壮财之路，通过保底分红、土地流转、承包水库、开发滩涂等方式增加村财收入，使传统的商贸旺镇、侨乡重镇更加宜居、更加和谐。由上述案例可见，城乡区域协调发展有四个字非常重要——"因地制宜"，这就涉及包含土地、资金、人才在内的各要素保障，从而引发对创新制度设计、审慎突破相关壁垒的思考和探索。

　　总之，本书对以小城镇发展拉动县域经济高质量发展提供了具体指导，针对性强、操作性强，很适合地方政府领导、有关部门领导干部阅读，在具体工作实践中，可以有效避免"只缘身在此山中""一叶障目"的陷阱，有助于从全局的视野正确认识乡村振兴、小城镇发展工作，推进以人为核心的新型城镇化发展，助力共同富裕。

林鹤志，现任福建省福清市副市长，兼任中国民主同盟中央社会委员会委员。曾任福清市人社局副局长、民政局局长、福清市人大常委会副主任等职。

为中国小城镇一书赋诗　大美城乡

大美城乡我的家魂牵梦绕尽
是它一砖一瓦心头肉一线一
针掌上花祖辈无私拼血汗儿
孙有智筑中华科技创业兴桑
梓产业新园顶呱呱

李朝旺诗　公元二〇二四年五月　李红海书

中央组织部原副部级部委委员、全国人大生态循
环经济首席专家李朝旺赋诗，艺术家李红海书写

中國小城鎮是个大寶藏

国防大学黄维耿教授书写

富饶小城鎮

国际文化艺术交流促进会秘书长林秋璇书写

内容概要

本书以国家城乡融合发展、乡村振兴等相关政策为指导宗旨，经过作者5年的调查研究积累成书。本书从历史发展、现状解析、动力机制、发展难点、机遇挑战、空间规模、战略方向、社会治理、乡村振兴，以及全球化视野等诸多视角，对我国小城镇发展和建设做一个较为详尽的剖析，全方位展示了我国小城镇的真实全貌，总结出小城镇的发展规律，明确了小城镇助力乡村全面振兴的路径。本书作者殚精竭虑，为国思考，结合立法、体制机制改革、城乡融合发展和产业布局优化等发展核心要素，提出了我国小城镇发展的政策建议，为我国小城镇建设发展提供了具体的理论依据和实践遵循，同时也填补了国际交流中能充分展示中国式现代化城乡治理方案的空白。

本书基于庞大的文献和海量的权威数据，结构上展现出了纵贯古今、横跨中外的写作大视角，数据分析严谨客观，行文大气，内容深入浅出，语言平实流畅，是当下关于中国小城镇发展研究的比较权威、深入、全面的作品。

作者简介

通振远，博士，教授级高级工程师，经济学家、北大博雅特聘教授，中国民主同盟中央社会委员会委员，河南省财政厅 PPP 专家，《中国工业报社》中工智库首席专家。现在国家发展改革委工作。

目前研究方向主要集中在县域经济方面，对城镇化、乡村振兴、区域经济协同发展等方向有独特的视角和思考，对国内各大城市发展战略规划、健康经济发展运行和诊断、特色小镇和田园综合体建设等有着丰富的理论知识和实践经验。近年来，参与国内数十项重大规划和课题研究，如《郑州都市圈规划》《四川内（内江）自（自贡）同城化发展规划》《新绛县经济技术开发区产业规划和招商规划》《杭州万向创新聚能城发展规划》《米易县乡村振兴发展战略规划》《十堰市郧阳区乡村振兴发展战略规划》《以县城为重要载体的城镇化建设时空路径与重点任务研究》《冰上丝绸之路视野下的冰雪产业研究》《小城镇助力乡村振兴路径研究》等。参与撰写多部学术著作，如《中国县城高质量发展透视》《改革开放 40 年中国的城市化经验、问题和出路》《特色小镇实操指南》等。在国内报纸杂志和核心网站上发表了许多学术文章，如《加快推动"省直管县"区划改革——全面激活我国县域经济高质量发展动力》《关于创建纪念改革开放新时代示范区的建议》《建设有活力的河南省县域经济》《高质量发展县域经济》《发展壮大新型农村集体经济 建设宜居宜业和美乡村 颁布实施〈农村集体经济组织法〉意义重大》《我国小城镇发展战略及方向》《高效创新协同 高质量发展县域经济》等。获得 5 项国家专利和 3 项国家部级工法。

作者微信号

前　言

　　当今世界变乱交织，百年变局加速演进。全球性压力与地缘政治紧张局势正在带来巨大的变革，国际秩序失衡局面越发混乱，为全球治理和政治秩序带来了新的挑战。世界各国的角色与利益分配的不公平，自由主义、民主主义等价值观冲突日益凸显，贸易保护主义与单边主义等挑战不断加重，全球政治氛围愈加不稳定，多国政局动荡、恐怖主义、难民危机及贸易争端等问题此起彼伏，世界形势正在发生深刻变革。"我国经济已由高速增长阶段转向高质量发展阶段，正处在转变发展方式、优化经济结构、转换增长动力的攻关期，建设现代化经济体系是跨越关口的迫切要求和我国发展的战略目标。"① 这个阶段，面临产业升级、人口老龄化、环境污染等一系列经济和社会问题，城乡差距、贫富分化、教育、医疗和公共服务不平等和不平衡等现象，以及传统文化与现代文化的融合和碰撞等问题，与国民追求精神文明、文化生活品质以及公平正义等社会强烈需求之间的深层次的社会转型的矛盾日益严峻。在此双重大背景下，中国社会经济的发展显得十分重要，全球化、信息化、多元化及平等化等趋势也深刻影响着中国的发展与未来。

　　随着区域协调发展、可持续发展和乡村振兴等国家战略的深入实施，"我国经济发展的重心必将逐步下沉到县域"②。县域是我国资源禀赋最丰富的区域，在我国经济社会发展中具有举足轻重的作用和地位。2023 年 2 月，中共中央、国务院发布《关于做好 2023 年全面推进乡村振兴重点工作的意见》，"县域"一词频频出现了 13 次，就规划、产业、公共服务、基础设施等方面做了较为具体的安排，大力支持县域经济的发展。2022 年，我国县域经济总量已达 46.7121 万亿元人民币，约占全国国内生产总值（GDP）121.02 万亿元的 38.60%。"县域行政面积占据国土总面积的 93%，布局

---

① 摘自《决胜全面建成小康社会　夺取新时代中国特色社会主义伟大胜利——在中国共产党第十九次全国代表大会上的报告》。

② 通振远.加快推动"省直管县"区划改革　全面激活我国县域经济高质量发展动力 [DB/CD]. 人民政协网，http://www.rmzxb.com.cn/c/2023-09-06/3404789.shtml,2023-9-6.

我国 84% 的世界自然遗产、77% 的国家风景名胜区、68% 的国家森林公园、70% 的人口和 45% 的地区生产总值。"① 县域经济方兴未艾，正在成为中国经济新的增长极。截至 2023 年，全国共有县级单位 2843 个，其中包含 1866 个县和 977 个市辖区；共有 21421 个小城镇②。见表 0-1。

表 0-1 我国行政区划情况

省级		地级		县级		乡级	
合计	行政区划单位	合计	行政区划单位	合计	行政区划单位	合计	行政区划单位
34（个）	23 个省 4 个直辖市 5 个自治区 2 个特别行政区	333（个）	293 个地级市（包括 10 个副省级市、5 个计划单列市、4 个直管乡镇街道的地级市） 7 个地区 30 个自治州 3 个盟	2843（个）	977 个市辖区 394 个县级市 1301 个县 117 个自治县 49 个旗 3 个自治旗 1 个林区 1 个特区	38658（个）	2 个区公所 21421 个镇 8190 个乡 （含 153 个苏木、962 个民族乡、1 个民族苏木） 9045 个街道

资料来源：国家民政局 2023 年统计数据。

小城镇③是县域经济发展的包括县城在内的两大有力的支点之一，其建设对区域农村工业化、农业产业化进程具有推动作用，为区域经济发展提供新的增长点④。作为我国当前城镇体系中极其重要且不容忽视的重要群体，小城镇在推进城镇化、优化城市空间结构、吸纳转移人口、促进产业发展、改善生态文明建设、实现共同富裕等方面发挥着非常重要的作用。截至 2020 年年底，全国小城镇镇域面积、承载人口、规上工业企业数量均占据全国的半壁江山。小城镇行政面积（镇域面积）469.71 万平方公里，占全国国土面积的 48.93%；镇域户籍人口为 8.1869 亿，占全国总人口的 57.98%；镇区常住人口总数为 3.2482 亿，占全国总人口的 23%，占全国城镇总人口的 36.01%；流动人口 1.2034 亿人，占全国流动人口 24.42%；小城镇镇域规模以上工业企业达到 19.42 万个，占全国规上工业企业总数的 48.62%；小城镇实现非农就业达到 1.6959 亿人，占

---

① 长白时评：推动县域经济提质增效 [DB/CD]. 中国吉林网，http://pinglun.cnjiwang.com/jwkp/202211/3656897.html,2022-11-23.

② 摘自民政部 2023 年 4 季度民政统计数据。

③ 此处所指的小城镇，几乎涵盖了国内现行的全部的建制镇，还包括乡政府所在的集镇和纯属农村集市贸易的集镇，但不包括小城市和现行县城内的城关镇。小城市和现行县城内的城关镇属于城市范畴，这里剔除。除非特殊说明，本书中的小城镇基本上等同于剔除县政府所在的城关镇（或其他称谓的镇）外的我国的建制镇。具体详情，请见本书"第一章 我国小城镇概念解读与界定"的内容。

④ 阳国亮，唐志良.试论小城镇建设在区域经济发展中的战略意义 [J]. 改革与战略，2001(02):41-44.

全国非农就业的 45.6%。可见，小城镇"功高佐命，业赞云雷"，在全国经济社会中的地位和作用不容小觑。

我国小城镇的存在和发展与当时的国家政策密切相关，国家政策引导直接影响着小城镇发展的兴与衰。新中国成立初期，国家经济建设重点是"建立独立的比较完整的工业体系和国民经济体系"[①]，为"尽快发展工业经济、平衡区域城市工业布局和保证国防安全"[②]，我国制定了城市优先发展的战略方针，为"中国城市的发展奠定了新的历史基础，同时也形成了我国城乡发展不平衡和两极分化的格局"[③]。二元体制导致城乡发展之间的矛盾越发凸显。随着农业劳动生产率的不断提高，农村有限的土地和富余劳动力之间的矛盾越来越突出，传统农业对农民增收的贡献能力逐渐弱化。加上工业化带来的生产方式的变革和产业结构的调整，导致了农村人口大规模地向城市集聚（转移），打破传统的城乡分割的二元结构，农民开始摆脱农村的束缚走向城镇生活，"非农收入成为农民增收的主要来源"[④]。

人口流动现象古已有之。人口流动有助于资源、要素的合理配置，有助于促进社会生产力的发展，促进城镇化水平进一步提高。"城镇化水平是衡量一个国家和地区社会经济发展水平的重要指标"[⑤]，提高城镇化水平是我国经济社会发展的历史必然。城镇化就是农村剩余劳动力向城镇转移的过程，农村人口向城市的流动是一种必然现象，小城镇的发展大大促进了我国城镇化的进程。在此背景下，农业发展、农民收入和农民就业问题交织在一起，更凸显了加快小城镇建设势在必行。

当前，我国社会主要矛盾已经转化为人民日益增长的美好生活需要和不平衡不充分的发展之间的矛盾[⑥]，共同富裕已成为全社会的共识和奋斗目标。小城镇介于城乡之间，作为城乡联系的纽带，承上启下，在缩小城镇差距及促进城乡协调发展过程中发挥着关键性作用。发展小城镇成为城镇化发展和乡村振兴的最佳政策选择，也是我国经济社会发展的主要动力之一。在"推动构建社会经济高质量发展体制机制、建设现代化经济体系、形成全面开放新格局、营造共建共治共享社会治理格局"[⑦]的大环境下，小城镇作为一个承载亿万人民幸福期望的载体，小城镇建设能够极大地解决资源、环境和人口的可持续发展问题，极大地解决农业发展、农村剩余劳动力就业和农村共同

---

① 当代中国研究所. 中华人民共和国简史 [M]. 北京：当代中国出版社，2021:25.

② 周明长. 新中国成立初期重工业优先发展战略与工业城市发展研究 (1949-1957)[D]. 成都：四川大学，2005.

③ 陈斌开，林毅夫. 重工业优先发展战略、城市化和城乡工资差距 [J]. 南开经济研究，2010(01):3-18.

④ 王宇波. 顺应大趋势　发展小城镇—宜城市小城镇建设的实践与探索 [J]. 中国建设信息，2004(17):58-61.

⑤ 赵俊伟，陈永福，余乐，等. 中国生猪养殖业地理集聚时空特征及影响因素 [J]. 经济地理，2019，39(02):180-189.

⑥ 摘自党的十九大报告。

⑦ 深圳特区报. 省政府党组召开会议传达学习习近平总书记重要讲话精神 [DB/CD].http://news.sznews.com/content/2018-03/09/content_18621205.htm,2018-03-09.

富裕问题，成为农业可持续发展、农民就业增收和农村经济稳定增长的重要来源，必然承担起推动和支撑全国人民走上共同富裕的历史任务。

在新型城镇化背景下，在公共服务水平和基础设施水平方面欠账较多的小城镇有着很大的提升空间。在全面放开户籍制度改革以后，提升公共服务水平的小城镇能够成为加速吸纳农业转移人口、实现就近就地城镇化的重要抓手。随着城镇化水平的不断提高，大城市发展的成本越来越高，甚至出现严重的"城市病"，内卷现象严重。而我国小城镇数量多，分布广，劳动力和土地的成本低，生活就业成本低，具有天然的低成本优势，能够加速吸纳农业转移人口、实现就近就地城镇化，这也是我国城镇化快速发展重要的原因。因此，小城镇必将成为我国下一阶段城镇化继续保持快速增长的一个重要增长极。

当然，小城镇具有吸纳经济发展要素的天然弱质性，虽然小城镇拥有丰富的自然资源，但在国家优先发展城市经济的政策引导下，大城市往往占据了这些资源，大城市的产业规划政策也使得小城镇的产业发展受到了压制。小城镇和农村经济在资金、技术和人才等方面一直处于劣势地位，生活设施也落后于大城市，缺乏社会公共产品的供给，降低了小城镇对农村剩余劳动力的吸纳能力。"小城镇不仅不能吸引高素质人才，即使农村青壮年劳动力也很难吸引，剩下的大多是老人与妇女劳动力，这远远不能满足小城镇经济快速发展对于高素质技术型人才的需求。同时，小城镇人才的结构分布流向不合理，高素质人才主要集中于行政事业单位，而企业急需的专业技术人才、管理人才和熟练劳动者则更为匮乏。"① 其他经济发展要素也面临同样的问题。这些都是影响小城镇快速稳定发展的根本原因。

小城镇的发展需要政府在政策环境建设、市场化改革、基础设施建设和人才引进和培养等方面积极推动，加强政策协同和合作，为小城镇的发展提供更多的支持和帮助。建立健全城乡融合发展体制机制和政策体系，坚持乡村振兴和新型城镇化双轮驱动，促进城镇化和乡村振兴协调推进，积极引导小城镇健康发展，更好地辐射带动乡村发展，构建乡村振兴新格局。积极拓展小城镇发展空间和发展权，增强小城镇的竞争力与吸引力，提升小城镇基本公共服务水平，完备小城镇基础设施条件，带动农村人口转移。以乡村振兴为契机，实现小城镇错位、创新和特色化发展，不断优化农村产业结构，推动我国乡村振兴战略顺利实施和实现，是小城镇责无旁贷必须承担起的历史重任。坚持把小城镇建设作为培植经济新增因素、加速农业和农村现代化、推进城乡一体化、拉动区域经济协调发展的重大举措紧盯不放，抓改革，给政策，增投资，推动小城镇社会进步和经济发展。

小城镇的春天正从不远处姗然走来！镇域经济的蓬勃发展指日可待！

① 王金荣. 当前我国小城镇经济发展困境及其对策探析 [J]. 齐鲁学刊，2011(03):85-88.

目 录

第1章　我国小城镇概念解读与界定

界定概念涉及概念的广义性和狭义性、多维性、正式性和非正式性，可以从多角度、多维度去解读、提炼，追本溯源，基本上能精准地把握概念的本质。对概念的定义通俗做法是界定其内涵与外延。概念的内涵指的是事物的本质特征和固有属性，概念的外延则指的是与之相关的其他不是特有的性质和状态。

小城镇的概念，目前世界上还没有一个公认的准确阐释，清晰界定小城镇是一件十分困难的事情。世界各国对小城镇的概念解读和界定有很多种，每一种都有其合理性和代表性。"小城镇概念及理论体系在新型城镇化背景下具有重要地位及作用，是理解和质疑实践的有效工具"，[①] 能够引导各地在实践中不断审视小城镇发展的科学性，提升小城镇的功能，调整产业结构，增加其承载能力。因此，有必要全面梳理、分析和总结有关小城镇概念，以增进对小城镇的认知并规范和指导相关实践。

除了对小城镇的概念解读和界定外，还对与之相关的城市和乡村等概念做了详尽的说明，帮助理解它们的特征及其差异性。

1.1 我国小城镇概念解读和界定

1.1.1 我国政策法律体系里的小城镇概念不统一

"小城镇"一词基本是个约定俗成的概念，大家耳熟能详。但在我国政策法律文件中却基本上找不到与小城镇对应的词条或者解释。小城镇和建制镇在实践中界限极其模糊，时而重合，时而隔离，"和而不同"，让人眼花缭乱。小城镇概念的不统一和使用上的不规范，既影响了科学研究，又阻碍了我国小城镇建设的顺利推进，也不利于法律实践和政策传导。

国家相关政策文件虽然没有明确界定小城镇概念，但是从文件中可以推断是指我

---

① 吴闫 . 我国小城镇概念的争鸣与界定 [J]. 小城镇建设，2014(06)：50-55.

国建制镇的建成区。在新中国成立以后很长一段时间内，小城镇数量较少，采取的是乡镇（公社）分设的设置方式。一般情况下小城镇并不管辖乡村，小城镇周围的村庄划归乡（公社）管理，小城镇更多的是体现工商业和城镇形态。因此，在最早"小城镇，大问题"提出的时候，小城镇还主要是城市的经济和形态，也就是现在建制镇的建成区，并未包括小城镇周边的农村地区。根据国家统计局有关概念界定，"城镇人口是指居住在城镇范围内的全部常住人口；乡村人口是除上述人口以外的全部人口。"[①]很显然，这里的城镇人口仅包括居住生活在建制镇建成区的人口。2019 年 4 月份颁布的《中共中央 国务院关于建立健全城乡融合发展体制机制和政策体系的意见》中提到的小城镇，也是指建制镇建成区。这里很清楚地看到，小城镇和建制镇至少在概念上是不统一的。

1984 年，国务院印发的《关于调整建镇标准的报告的通知》（国发〔1984〕165 号）要求：凡具备建制镇条件的乡，撤乡建镇后，实行镇管村的体制。自此，建制镇管辖村的体制在全国普遍推行。在政府管理中一提到小城镇，就必然涉及小城镇所辖的农村地区，比如镇政府管理和服务范围是整个行政辖区，而不仅仅是建成区。从这个角度看，小城镇的边界和建制镇边界就是完全重合的，二者在概念上又统一了。

我国政策法律文件[②]中，建制镇概念比较明确，是指国家根据一定的标准，经有关国家行政机关批准设置的，介于县和村（社区）两级之间的城乡接合部的代表性的基

---

① 国家统计局《中国统计年鉴 2021》主要统计指标解释。

② 我国的法律体系构成：

1.《中华人民共和国宪法》。宪法具有最高的法律效力。

2. 法律。由全国人民代表大会及其常务委员会制定的调整特定社会关系的法律文件，是特定范畴内的基本法。根据所调整的社会关系不同，法律一般可分为行政法、财政法、经济法、民法、刑法、诉讼法等。

3. 行政法规。在我国，行政法规专指国务院制定的行政法律规范。行政法规是国务院在领导和管理国家的各项行政工作中，根据宪法和法律而制定有关经济、建设、教育、科技、文化、外交等各类法规的总称。国务院是国家行政的最高机关，制定行政法规是国务院领导全国行政工作的一种重要手段。

4. 地方性法规。地方性法规是地方各级人民代表大会及其常务委员会根据宪法和《中华人民共和国地方人民代表大会和地方各级政府组织法》的规定制定的法律规范。我国有三级地方人民代表大会及其常务委员会可以制定地方性法规：一是省、自治区、直辖市的人民代表大会及其常务委员会；二是省、自治区人民政府所在的人民代表大会及其常务委员会；三是经国务院批准的较大城市的人民代表大会及其常务委员会。地方性法规主要规范地方行政管理问题，是地方各级人民政府从事行政管理工作的依据。

5. 部门规章。国务院各部、委员会等具有行政管理职能的机构，可以根据法律和国务院的行政法规（以及决定和规定），在本部门的权限范围内制定部门规章。部门规章规定事项的目的在于执行法律或国务院行政法规特定事项。

6. 地方政府规章。省、直辖市和自治区以及省、自治区人们执法所在城市或由国务院指定城市的人民政府，可以根据法律、行政法规和本省、自治区、直辖市的地方性法规，制定在其行政区范围内普遍适用的规则。

7. 技术标准（规范）。我国实行技术标准（规范）的管理，技术标准（规范）的制定属于技术立法的范畴。技术标准（规范）包括国家标准（规范）、地方标准（规范）和行业标准（规范）。

层行政区域单位。建制镇有建成区和镇域范围之分，建成区指的是经国家批准设立的建制镇镇政府所在地的建成区和相连的村民小组的非农建设用地部分；镇域是指建制镇所辖的行政区域，包括建成区和乡村。而小城镇绝大多数情况下指的是不含乡村的建制镇，概念的外延上有略微的差别。见表1-1。

表 1-1 我国法律法规中与小城镇相关的概念表述表

时间	颁布单位	法律法规名称	相关表述	说明
1955	国务院	国务院关于设置市、镇建制的决定	前言中说，为了加强市、镇建设和行政的统一领导，根据《中华人民共和国宪法》第53条的规定，对于市、镇建制的设置作如下决定： 二、镇，是属于县、自治县领导的行政单位。县级或者县级以上地方国家机关所在地，可以设置镇的建制。不是县级或者县级以上地方国家机关所在地，必须是聚居人口在2000人以上，有相当数量的工商业居民，并确有必要时方可设置镇的建制。少数民族地区如有相当数量的工商业居民，聚居人口虽不及2000人，确有必要时，亦得设置镇的建制。镇以下不再设乡。 三、工矿基地，规模较大、聚居人口较多，由省领导的，可设置市的建制。工矿基地，规模较小、聚居人口不多，由县领导的，可设置镇的建制。	指的是建制镇，城市概念
1963	中共中央、国务院	关于调整市、镇建制、缩小城市郊区的指示	提高了建镇标准，规定常住人口在3000人以上，其中非农人口占70%以上的居民区或人口在2000—3000人之间，其中非农人口在85%以上的地区才算城镇。	指的是建制镇，城市概念
1984	国务院	国务院批转民政部关于调整建镇标准的报告的通知	一、凡县级地方国家机关所在地，均应设置镇的建制。 二、总人口在两万以下的乡，乡政府驻地非农业人口超过两千的，可以建镇；总人口在两万以上的乡，乡政府驻地非农业人口占全乡人口10%以上的，也可以建镇。 三、少数民族地区、人口稀少的边远地区、山区和小型工矿区、小港口、风景旅游区、边境口岸等地，非农业人口虽不足两千，如确有必要，也可设置镇的建制。 四、凡具备建制镇条件的乡，撤乡建镇后，实行镇管村的体制；暂时不具备设镇条件的集镇，应在乡人民政府中配备专人加以管理。	指的是建制镇
1993	国务院	国务院批转民政部关于调整设市标准报告的通知	少数经济发达、已成为该地区经济中心的镇，如确有必要，可撤镇设市。设市时，非农业人口不低于十万，其中具有非农业户口的从事非农产业的人口不低于八万。地方本级预算内财政收入不低于人均五百元，上解支出不低于财政收入60%工农业总产值中工业产值高于90%。	指的是建制镇

时间	颁布单位	法律法规名称	相关表述	说明
1993	国务院	村庄和集镇规划建设管理条例	第三条：本条例所称集镇，是指乡、民族乡人民政府所在地和经县级人民政府确认由集市发展而成的作为农村一定区域经济、文化和生活服务中心的非建制镇。	集镇的定义。非建制镇
1994	住房和城乡建设部	城镇体系规划编制审批办法	第二条：本办法所称城镇体系是指一定区域范围内在经济社会和空间发展上具有有机联系的城镇群体。 第四条：城镇体系规划一般分为全国城镇体系规划，省域（或自治区域）城镇体系规划，市域（包括直辖市、市和有中心城市依托的地区、自治州、盟域）城镇体系规划，县域（包括县、自治县、旗域）城镇体系规划四个基本层次。城镇体系规划区域范围一般按行政区划划定。根据国家和地方发展的需要，可以编制跨行政地域的城镇体系规划。	指的是建制镇
1997	全国人大常委会	中华人民共和国乡镇企业法	第二十六条：地方各级人民政府按照统一规划、合理布局的原则，将发展乡镇企业同小城镇建设相结合，引导和促进乡镇企业适当集中发展，逐步加强基础设施和服务设施建设，以加快小城镇建设。	指的是建制镇
1999	住房和城乡建设部、国家质量技术监督局	城市规划基本术语标准	居民点：人类按照生产和生活需要而形成的集聚定居。按性质和人口规模，居民点分为城市和乡村两大类，城市又分为市和建制镇，县城均设建制镇。乡村分为集镇和村庄，集镇是乡人民政府所在地城市（城镇）：以非农产业和非农业人口聚集为主要特征的居民点。包括按国家行政建制设立的市和镇。城市是一定地区的经济、政治和文化中心。城市的行政概念，在我国是指按国家行政建制设立的直辖市、市和建制镇。国家要求县人民政府所在地的县城均设建制市；经国家批准设市建制的行政地域。在我国的行政区划中，市是经国务院批准建制的行政地域，是中央直辖市、省辖市和地辖市的统称。市按人口规模又分为大城市、中等城市和小城市。镇：经国家批准设镇建制的行政地域。在我国的行政区划中，镇是建制镇的简称。我国的镇包括县人民政府所在地的建制镇和县以下的建制镇。城镇体系：一定区域内在经济、社会和空间发展上具有有机联系的城市群体。	指的是建制镇
2000	住房和城乡建设部	村镇规划编制办法（试行）	第二条：本办法适用于村庄、集镇，县城以外的建制镇可以按照本办法执行。	指的是建制镇
2000	中共中央、国务院	关于促进小城镇健康发展的若干意见	七、改革小城镇户籍管理制度为鼓励农民进入小城镇，从2000年起，凡在县级市市区、县人民政府驻地镇及县以下小城镇有合法固定住所、稳定职业或生活来源的农民，均可根据本人意愿转为城镇户口，并在子女入学、参军、就业等方面享受与城镇居民同等待遇，不得实行歧视性政策。	指的是建制镇，包括县（市）政府驻地镇和其他建制镇。

时间	颁布单位	法律法规名称	相关表述	说明
2003	国务院	中国 21 世纪初城镇可持续发展纲要	中国的城镇分为城市和小城镇两种类型。城市是指经中华人民共和国民政部批准的建制城市。按城市市区非农人口规模分为：超大城市（200 万人口以上）、特大城市（100 万—200 万人口）、大城市（50 万—100 万人口）、中等城市（20 万—50 万人口）和小城市（20 万人口以下）。小城镇是指经国家批准设立的建制镇镇政府所在地的建成区和相连的村民小组的非农建设用地部分。	指的是建制镇，明确小城镇的具体含义和范围
2005	公安部	关于建立派出所和刑警队办理刑事案件工作机制的意见	第一部分第五条：治安情况复杂、警力较为充足的大中城市和城镇派出所，可以成立专业办案队伍，负责承担治安案件和第 2 条规定的刑事案件的办理任务。警力较少的小城镇、建制乡派出所或 5 人以下派出所，原则上只设办案工作岗位，不另设专业办案队伍。	指的是建制镇
2006	住房和城乡建设部	县域村镇体系规划编制暂行办法	第二条：按国家行政建制设立的县、自治县、旗，组织编制县域村镇体系规划，适用于本办法。	指的是建制镇
2007	住房和城乡建设部	镇规划标准	第二部分术语中称，镇：经省级人民政府批准设置的镇；县域城镇体系：县级人民政府行政地域内，在经济、社会和空间发展中有机联系的城、镇（乡）；群体中心镇：县域城镇体系规划中的各分区内，在经济、社会和空间发展中发挥中心作用的镇；一般镇：县域城镇体系规划中，中心镇以外的镇。	指的是建制镇
2012	全国人大常委会	中华人民共和国农业法（2012 年修正）	第八十一条：县级以上地方人民政府应当根据当地的经济发展水平、区位优势和资源条件，按照合理布局、科学规划、节约用地的原则，有重点地推进农村小城镇建设。地方各级人民政府应当注重运用市场机制，完善相应政策，吸引农民和社会资金投资小城镇开发建设，发展第二、第三产业，引导乡镇企业相对集中发展。	归为农村范畴
2015	全国人大常委会	中华人民共和国就业促进法（2015 年 4 月 24 日实施）	第二十条第二款：县级以上人民政府推进小城镇建设和加快县域经济发展，引导农业富余劳动力就地就近转移就业。在制定小城镇规划时，将本地区农业富余劳动力转移就业作为重要内容。	指的是建制镇
2018	全国人民代表大会	中华人民共和国宪法（修正）	第一章第三十条：中华人民共和国的行政区域划分如下：（一）全国分为省、自治区、直辖市。（二）省、自治区分为自治州、县、自治县、市。（三）县、自治县分为乡、民族乡、镇。直辖市和较大的市分为区、县。自治州分为县、自治县、市。自治区、自治州、自治县都是民族自治地方。	指的是建制镇

时间	颁布单位	法律法规名称	相关表述	说明
2019	全国人大常委会	中华人民共和国城乡规划法	第一章第二条：制定和实施城乡规划，在规划区内进行建设活动，必须遵守本法。本法所称城乡规划，包括城镇体系规划、城市规划、镇规划、乡规划和村庄规划。城市规划、镇规划分为总体规划和详细规划。详细规划分为控制性详细规划和修建性详细规划。本法所称规划区，是指城市、镇和村庄的建成区以及因城乡建设和发展需要，必须实行规划控制的区域。规划区的具体范围由有关人民政府在组织编制的城市总体规划、镇总体规划、乡规划和村庄规划中，根据城乡经济社会发展水平和统筹城乡发展的需要划定。第三条城市和镇应当依照本法制定城市规划和镇规划。城市、镇规划区内的建设活动应当符合规划要求。县级以上地方人民政府根据本地农村经济社会发展水平，按照因地制宜、切实可行的原则，确定应当制定乡规划、村庄规划的区域。在确定区域内的乡、村庄，应当依照本法制定规划，规划区内的乡、村庄建设应当符合规划要求。县级以上地方人民政府鼓励、指导前款规定以外的区域的乡、村庄制定和实施乡规划、村庄规划。	指的是建制镇，但不在城市范畴，是独立于城乡的行政单位。
2021	全国人大常委会	中华人民共和国海南自由贸易港法（2021年6月10日实施）	第四十八条第二款：海南自由贸易港积极推进城乡及垦区一体化协调发展和小城镇建设用地新模式，推进农垦土地资产化。	指的是建制镇
2022	全国人大常委会	中华人民共和国妇女权益保障法（2022年修订）	第七十五条：妇女在农村集体经济组织成员身份确认等方面权益受到侵害的，可以申请乡镇人民政府等进行协调，或者向人民法院起诉。	指的是建制镇

资料来源：根据我国法律系统文件整理。

1.1.2 我国学界视野里的小城镇概念复杂多元

近年来，国内专家学者对小城镇进行了较为全面的研究，深入到小城镇发展的各个方面，尤其是小城镇概念内涵和外延的争鸣和界定，为小城镇的发展建设提供了理论基础与实践指导，对进一步推动小城镇健康发展具有一定的意义。

1.1.2.1 小城镇概念内涵

我国小城镇的概念出现在 20 世纪 70 年代末的农村社会经济变化之中，国内学界观点不一。小城镇是一个综合类的研究对象，主要涉及社会学、经济学、规划学、地理学等学科，涵盖地理、社会、经济、形态、行政、建筑、文化、历史、生态、社会关系等诸多领域，是一个庞大的学科体系。作为一种实体的空间存在，跨学科整合和概念重构成为必需，多维度、多学科地科学解读和描述小城镇的内涵，打开了一个相对清新的视角。

从地理学[①]角度来说，小城镇包括建制镇和自然集镇，是一个占据一定的地理空间的聚落存在。地理学强调的是聚落存在，人居环境由各种形式的聚落所构成。从聚落本身，到跨越陆地和水域的相互联系是一个多层次的空间系统。20 世纪 30 年代，我国的地理学家便已开始从"聚落"这一概念出发来研究城市及乡村问题，他们普遍将聚落区分为城市聚落和乡村聚落两类。

"所谓城市聚落是指国家按行政建制设立的直辖市、市、镇，城市聚落包括市区和镇区。"[②] 在地理学中，小城镇被视为"城市"，是城市空间体系的组成部分，但又不同于真正的城市。城市市区与小城镇建成区以外的地区一般称为乡村部落或者乡村，乡村聚落又有集镇和乡村之分，设立乡和村的建制。村落是以农业人口为主的居民点，是相对于城市(或城镇)而言的一种聚落类型，是指建制镇建成区以外的地域。由此可见，小城镇的范围涉及城市聚落和乡村聚落两方面，建制镇的建成区属于城市聚落的范畴，而建制镇建成区以外的乡村和集镇（集镇基本上是乡政府所在地，或者商品交易相对集中的场所）则属于乡村聚落的范畴。

地理学角度的小城镇是介于城乡之间的一种存在。我国早期的一些学者基本是这种观点。晏群[③]认为"小城镇介于市建制的城市与农村居民点之间的、兼有城与乡特点的一种过渡性居民点，处于城镇体系的尾部"。田丽梅、杨岚[④]，施文鑫[⑤]，许玲[⑥]强调，"小城镇建成区别于大中城市、农村村庄的，具有一定规模，是农村与城市的综合体，是一定社会范围内一定量的各种农村生产和生活要素与城市生产和生活要素的有机空间结合形式，具有一定的地域面积和人口数量及人口密度，主要是从事非农业生产活动的人口聚居场所，具有城市的性质及功能，具有多样性的产业结构，向着现代化城市转变的过渡性社区"。当然，也有不同的看法。吴康等[⑦]认为：

---

① 地理学 (geography)，是研究地球表层空间地理要素或者地理综合体空间分布规律、时间演变过程和区域特征的一门学科，从实践中产生了对城市、区域和环境的综合研究，具有多维、动态的视角。以人地关系作为主线来开展地理学综合研究，以地表环境、地球环境动态变化为主的动态研究，即环境动态研究，以人类社会发展为主体的人类社会动态研究，聚焦环境和社会动态之间的关系，对区域、流域等研究区域的综合分析。

② 王伟杰，黄文云. 苏南地区小城镇总体规划编制方法探讨——以常熟市海虞镇为例 [J]. 江苏城市规划，2007(02):19-23.

③ 晏群. 如何界定小城镇的概念与范围 [J]. 小城镇建设，2002(02):52-53.

④ 田丽梅，杨岚. 我国小城镇建设问题观点综述 [J]. 经济视角，1999(03):45-47.

⑤ 施文鑫. 基于产业集聚视角的西安都市圈小城镇发展研究 [D]. 西安：西北农林科技大学，2009.

⑥ 许玲. 大城市周边地区小城镇发展研究 [D]. 西安：西北农林科技大学，2004.

⑦ 吴康，方创琳. 新中国 60 年来小城镇的发展历程与新态势 [J]. 经济地理，2009, 29(10):1605-1611.

"小城镇是指具有一定规模、主要从事非农业生产活动人口所居住的社区,包括国家已批准的建制镇和尚未设镇建制的相对发达的农村集镇。"

从社会学[①]角度来说,小城镇是一种社会实体,是由非农人口为主组成的社区。小城镇与乡村经济有着天然的联系,依托农村这个广阔的乡村逐渐生成并发展起来的,它是乡村农副产品的生产加工基地,是农村日常消费品交易的集散中心。费孝通先生(1985)指出:"小城镇是一种比乡村社区更高一层次的社会实体,以非农产业人口和非农产业活动为主体组成的社区,在地域、人口、经济、文化、环境等方面既同乡村保持着密切的联系,又同乡村有着明显的区别。同城市相比,小城镇又明显地保留着更多的乡村性,其经济的集聚程度、结构的现代化程度、集聚所导致的效应均不如城市明显,他们都既具有与农村相异的特点,又都与周围的乡村保持着不可缺少的联系。""在本质上是个新型的正在从乡村性社区变成许多产业并存的向着现代化城市转变中的过渡性社区,它基本上已脱离了乡村社区的性质,但没有完成城镇化的进程。这个定义较为全面、明确、准确地阐述了小城镇的内涵,为后来的社会学家们普遍继承。"

社会学上,小城镇是指人口规模较小、社会关系相对密切、社会生活相对简单的城镇形态。主要表现为以下几个方面:社会结构方面,小城镇的社会关系相对紧密,居民之间往往互相认识和交往较为频繁,形成了一种社会凝聚力。由于人口数量较少,社区成员之间的联系更容易建立和维持,人们在生活中更多地依赖彼此,形成了共同体感觉,邻里关系较为密切。社会互助方面,在小城镇中,由于人口规模有限,资源和信息相对集中,相对较小的社区规模使得居民更容易形成互助合作的社会网络,居民之间相互帮助,共同解决问题和困难,形成了一种亲近和团结的社会氛围,社会互助相对更容易实现。社会秩序方面,小城镇相对较小的人口规模和简单的社会生活方式使得社会秩序相对稳定。社区成员之间共享一些相似的价值观和行为规范,形成了一种文化共识,有利于社会和谐稳定的维持。文化传承方面,小城镇往往有着悠久的历史和丰富的地方文化,这些文化传统在社区中得到广泛的传承和保护。居民通过参与各种传统活动和节日庆典等,增强了对个体、家庭和社区的认同感,加强了对共同文化认同的意识。社会服务方面,小城镇一般缺乏大城市所具备的丰富资源和配套设施,但社区为居民提供基本的社会服务是必不可少的。社区设有学校、医疗卫生机构、商业服务和公共设施等,以满足居民的日常需求。小城镇中,居民更容易参与社会事务和公共事务。由于规模相对较小,社会决策过程更加透明和容易参与,居民有更多机会参与社区事务的决策和管理。国外的学者们也探讨了小城镇社会学的相关问题。

---

① 社会学是系统地研究社会行为与人类群体的社会科学,是一门具有多重研究方式的学科,主要涉及科学主义实证论的定量方法和人文主义的理解方法,研究范围包括了由微观层级的社会行动(agency)或人际互动,至宏观层级的社会系统或结构,传统研究对象包括了社会分层、社会阶级、社会流动、社会宗教、社会法律、越轨行为等,而采取的模式则包括定性和定量的研究方法。

David W. Marcouiller[①]研究了华盛顿州小城镇社区的居民对于社区稳健性的认知，以及他们在增强社区稳健性方面的行动。在小城镇社区中，居民是社区的重要组成部分，他们的参与对于提高小城镇的稳健性至关重要，提出小城镇采取措施吸引并保留年轻居民，并鼓励农业多元化来促进经济发展和社区生态发展。John McPeak[②]研究了小城镇在面临危机和挑战时如何实现稳健性，提出包括创新经济和社会保障机制、增强社区合作和民主参与、增强社会资本和加强跨部门合作，等等，还指出了全球化、城市化和气候变化等外部因素对小城镇的影响，并呼吁政府和社会精英为小城镇的可持续发展提供必要的支持。

从经济学[③]角度来看，小城镇是与生产力水平相适应的一个特殊的经济集合体。中外学者对此均做了深入研究。作为区域经济集聚中心的小城镇更加强调城镇的经济功能，如"城镇是其所在地区的中心和人口聚集点，是以非农业生产活动为主，并有一些非生产活动（行政、军事、文化等）的一种居民点（聚落）"。[④]郑宗寒[⑤]从规模、地位、职能等方面，将小城镇与城市和乡村加以区分，认为小城镇既具有城市的一些基本职能，又与农村接近，"是国民经济中具有一定相对独立性，赋有特殊职能的社会群体单位"。唐耀华[⑥]试图从经济学角度严格区分小城镇与城市，他将是否有许多消费需求的突增变量视为两者间的本质区别，认为小城镇社会的经济发展和人口聚集是一个缓慢自然的、几乎平均的增长速度。袁中金[⑦]则从城乡联系的角度看，"小城镇既是城镇体系的最基本单元，同大中城市存在着物质、人员、信息、资本的关联，受制于城镇体系的演变规律，又是周围乡村地域的中心，受制于乡村发展水平和结构的同时又对乡村起着组织和领导作用"。李世庆[⑧]认为："处于城市与乡村之间，农村生产、加工、流通、交通、居住、消费、社会交流和管理等物质要素的聚集空间及其组合功能发挥之地，可传递城市功能并直接辐射和服务于农村的区域性农村

① Marcouiller, D.W.Rural community and rural resilience: What is important to farmers in rural Washington[J].Community Development, 2008, 39(3), 44-60.

② McPeak, J., & Doss, C.R.Small towns in crisis: Exploring the mechanisms of resilience[J].Journal of Rural Studies, 2020, 80:166-175.

③ 经济学是研究人类经济活动的规律即研究价值的创造、转化、实现的规律——经济发展规律的理论，分为政治经济学与科学经济学两大类型。政治经济学根据所代表的阶级的利益为了突出某个阶级在经济活动中的地位和作用自发从某个侧面研究价值规律或经济规律，科学经济学用科学方法自觉从整体上研究人类经济活动的价值规律或经济规律。

④ 吴闫.我国小城镇概念的争鸣与界定[J].小城镇建设，2014(06):50-55.

⑤ 郑宗寒.试论小城镇[J].中国社会科学，1983(04):119-136.

⑥ 唐耀华.论城镇向城市演进时的拐点——城镇与城市经济学意义的本质区别[J].广西民族学院学报(哲学社会科学版)，2006(02):137-141.

⑦ 袁中金.中国小城镇发展战略研究[D].上海：华东师范大学，2006.

⑧ 李世庆.新型城镇化形势下的成都市村镇建设新论[M].成都：西南交通大学出版社，2013:228.

经济中心、文化中心乃至政治中心。" Patrick Bixler[1] 探讨了在小城镇推动创新和经济发展的最佳实践，认为小城镇的规模和资源有限，需要采取更具体和可操作的策略，要充分利用当地的优势资源、行业和人才；建议小城镇采取创新的策略，例如通过促进创业文化、建立创新产业生态系统、开创数字服务、增强社区参与来推动小城镇的发展。

从形态学[2]的角度来看，小城镇是介于大城市和乡村之间的一种城市类型，通常是指人口规模较小、城市化水平较低、功能相对简单的城市形态。小城镇的形态学概念涉及很多方面。人口规模方面，小城镇的人口规模一般在数千到数万之间，人口密度相对较低，远远低于大城市。功能配置方面，小城镇的功能相对简单，主要包括基本的居住、商业、教育、医疗和服务设施等，但一般缺乏大型工业和商业中心。经济结构方面，小城镇的经济主要依赖于农业、畜牧业、渔业等传统产业，部分小城镇可能会有一些轻工业和加工业的存在，但不具备大规模工业生产能力。基础设施方面，小城镇的基础设施相对较为简单，街道网格一般比较规整，交通方式相对简单，交通网络和城市规划相对落后于大城市，但它们满足了当地人民的基本需求。城市规划方面，小城镇注重保护历史文化遗产和乡土特色，尽量保持原有的风貌和形态。小城镇通常具有较为传统和保守的建筑风格，反映了当地的历史、文化和乡土特色。建筑物一般以低矮的平房和小高层建筑为主，相对简洁而具有民俗特点。小城镇通常会有一个中心区域，也称为镇区中心或老城区，这里集中了商业、文化和政府机构等重要设施。镇区中心一般布局紧凑，建筑物比较高，街道略为宽敞。小城镇的街区布局多为单向或交错的网格状结构，街道宽度适中，交通便利。街道两旁建筑多为商铺、餐饮店和居民住宅，商业和居住功能有机结合。小城镇注重自然环境和公共空间的布置，绿地和公园沿街区间隔设置，提供了人们休闲、娱乐和文化活动的场所。文化传统方面，小城镇通常有着悠久的历史和丰富的文化传统，具有独特的地方特色和风土人情。小城镇是一种具有自身特点和魅力的城市类型，也是我国城市化进程中不可或缺的组成部分。

从行政学[3]角度来说，"小城镇通常只包括建制镇这一地域行政范畴，是社会实

---

① Bixler, R.P., & Bixler, P.P.Disruptive innovation in small towns: Best practices and implications for planning[J].Journal of Rural Studies, 2021, 81:239-246.
② 形态学是用来特指一门专门研究生物形式的本质的学科。其目的是描述生物的形态和研究其规律性，且往往是与以机能为研究对象的生理学相对应。后来被应用到小城镇的研究中，从形态类型学理论的角度设定识别标准，提炼出具有代表性的典型形态类型。识别标准包括项目规模、空间布局、建筑数量、建筑形态类型等几个方面，使样本能反映出小城镇典型的群体形态特征，体现小城镇的特色，同时具有代表性和差异性。
③ 行政学研究国家行政管理现象及其规律的学科。

体的社区、空间聚落的实体、经济集聚的中心和行政单元"[①]。小城镇是指人口规模相对较小、地域范围较小、行政管理相对简单的城镇单位。小城镇在行政管理上具备几个特点。行政区划上，小城镇通常是市（县）下辖的一种行政区划单位，属于地方政府的管理范围。它可能是一个独立的行政区，也可能是一个乡（镇）的下属单位。组织结构上，小城镇的组织结构相对简单，一般设立了行政机构，如小城镇政府、人民政府或行政委员会等，负责管理和行使行政权力。这些机构由领导班子和行政部门组成，承担着行政管理和公共服务的职责。小城镇行政机构的组织架构相对简单，一般包括行政领导、综合管理部门、经济发展部门、城市规划建设部门、社会事务部门等。职能和权限上，小城镇作为地方政府管理的基层单位，承担着提供基本公共服务、推动经济社会发展、维护社会稳定等职责，它根据法律法规和行政规定行使一定的行政权力和自主决策权限，包括但不限于地方经济发展、土地规划、环境保护、城市建设、教育卫生、社会治安等方面的管理和服务。资源分配上，小城镇行政管理涉及资源的分配和利用问题。根据中央和地方政府的规划和决策，小城镇按照相关政策和程序，接受财政、土地、资源等各方面的资源分配。公民权益保障上，小城镇行政管理要维护和保障居民的合法权益，提供基本的公共服务，如教育、医疗、安全等。同时，要推动经济发展，创造就业机会，提高居民的生活质量。公共服务上，小城镇作为行政单位，注重提供基本公共服务，包括教育、卫生、社会保障、安全防范、交通运输、环境治理等方面的服务，旨在满足居民的日常生活需求和社会发展需要。

综上所述，多角度、多学科、多维度阐释小城镇的内涵，可以概括为以下五个方面：

第一，小城镇是介于农村与城市之间，连接城乡且兼具二者功能的过渡性社区。

第二，小城镇基本上已脱离了乡村社区的性质，但没有完成城镇化的进程。

第三，小城镇是农村生产、加工、流通、交通、居住、消费、社会交流和管理等物质要素的聚集空间及其组合功能发挥之地，可传递城市功能并直接辐射和服务于农村的区域性农村经济中心、文化中心乃至政治中心。

第四，小城镇是城镇体系的基本单元、重要组成部分，是国家批准的建制镇，包括县（市）政府驻地镇和其他建制镇。

第五，小城镇也是一种政策概念，是指有别于大中城市，甚至小城市和乡村的一种居民点类型。

详见表1-2。

---

① 吴闯. 我国小城镇概念的争鸣与界定 [J]. 小城镇建设，2014(06):50-55.

表 1-2 小城镇概念内涵的表述

学者	提出时间	观点	文献来源
费孝通	1985	一种比乡村社区更高一层次的社会实体,这种社会实体是以一批并不从事农业生产劳动的人口为主体组成的社区。他们都既具有与农村相异的特点,又都与周围的乡村保持着不可缺少的联系。	费孝通.小城镇四记[M].北京:新华出版社,1985:10.
田丽梅、杨岚	1999	区别于大中城市、农村村庄的,具有一定规模,主要是从事非农业生产活动的人口聚居场所。小城镇是农村与城市的综合体,是一定社会范围内一定量的各种农村生产和生活要素与城市生产和生活要素的有机空间结合形式。	田丽梅,杨岚.我国小城镇建设问题观点综述[J].经济视角,1999(3).
晏群	2002	介于市建制的城市与农村居民点之间的、兼有城与乡特点的一种过渡型居民点,处于城镇体系的尾部。	晏群.如何界定小城镇的概念与范围[J].小城镇建设,2002(2).
许玲	2004	农村地区一定区域内工商业比较发达,具有一定的市政设施和服务设施的政治、经济、文化、科技和生活服务中心,是一种正在从乡村性的社区变成多种产业并存,向着现代化城市转变的过渡性社区。	许玲.大城市周边地区小城镇发展研究[D].西安:西北农林科技大学,2004.
袁中金	2006	同乡村相比,小城镇是一种发展和进化了的高级形态,是一种以非农产业人口和非农产业活动为主体组成的社区,在地域、人口、经济、文化、环境等方面既同乡村保持着密切的联系,又同乡村有着明显的区别。从城乡联系的角度看,小城镇既是城镇体系的最基本单元,同大中城市存在着物质、人员、信息、资本的关联,受制于城镇体系的演变规律,又是周围乡村地域的中心,受制于乡村发展水平和结构的同时又对乡村起着组织和领导作用。	袁中金.中国小城镇发展战略研究[D].上海:华东师范大学,2006.
施文鑫	2009	在规模上区别于大城市,但具有城市的性质及功能,具有一定的地域面积和人口数量及人口密度,具有逐步多样性的产业结构,正在从乡村性的社区变为大部分从事非农业生产或服务的人群所集聚、向着现代化城市转变的过渡性社区。	施文鑫.基于产业集聚视角的西安都市圈小城镇发展研究[D].西安:西北农林科技大学,2009.
李世庆	2013	是指处于城市与乡村之间,农村生产、加工、流通、交通、居住、消费、社会交流和管理等物质要素的聚集空间及其组合功能发挥之地,可传递城市功能并直接辐射和服务于农村的区域性农村经济中心、文化中心乃至政治中心。	李世庆.新型城镇化形势下的成都市村镇建设新论[M].成都:西南交通大学出版社,2013:228.
吴闫	2014	小城镇界定为作为社会实体的社区、空间聚落的实体、经济集聚的中心和行政单元的建制镇。	吴闫.我国小城镇概念的争鸣与界定[J].小城镇建设,2014(6):50-55.

资料来源:根据相关文献整理。

1.1.2.2 小城镇概念的外延

在学术文章中，没有一个公认的小城镇概念内涵界定，这与对"小""城""镇"三个字的字面意义理解不一致有密切关系。一是"城"字的内涵有理解歧义，歧义的核心在城是否包括镇。二是"镇"字的理解歧义，主要有两个方面：一方面是镇和城的关系问题；另一方面是否包括集镇问题。所以小城镇的理解歧义主要是小的城镇还是小的城和镇。[1] 这就涉及小城镇的概念外延的问题。

第一，小城镇是城市的一部分。城镇包括城和镇两部分，在整个城镇体系中，镇不仅规模小、人口少，而且地位独特，连着城乡，因此采用小城镇的称谓，而不是直接采用镇的称谓，重点在于强调城镇体系中的镇，而不是与城脱离的镇。从行政区域隶属的角度，镇一般均隶属于城，是城的一部分，因此，用小城镇也存在突出镇地位和作用的用意。

第二，小城镇是小的城镇（城市），城镇等同城市，包括所有的城和镇。小城镇则等同于镇，即小城镇与镇概念界定相同，小城镇则特指城镇中的镇，主要包括城关镇和建制镇，不包括集镇。李强等[2]、2014年《国家新型城镇化规划（2014—2020年）》和2019年修订的《中华人民共和国城乡规划法》均采用此种概念界定。

第三，小城镇是小的城和所有的建制镇。城和镇是并列关系，城不包括镇，镇不包括集镇，城分大小，镇不分大小。因此，这种概念下的小城镇主要包括小城市、建制镇。这种观点以李炳坤[3]的概念界定为代表。

第四，小城镇等同于包括集镇在内的镇。小城镇的概念内涵等同于镇，其中镇不仅包括建制镇，还包括集镇，即乡镇政府所在地。因此，小城镇的内涵就包括建制镇和集镇。郑志霄[4]、晏群[5]、翟毅[6]认为小城镇包括小城市，朱方明[7]、乔忠等[8]、冯健[9]、李世庆[10]认为小城镇包括非建制的乡所在的城镇。李明超[11]认为小城镇还包括发达的村。1979年中共中央《关于加快农业发展若干问题的决定》和马戎[12]使用的小城镇概

① 李圣军.小城镇：战略定位与产业支撑[J].中国延安干部学院学报，2016，9(01):128-136+112.
② 李强，陈宇琳，刘精明.中国城镇化"推进模式"研究[J].中国社会科学，2012(07):82-100.
③ 李炳坤.论加快我国小城镇发展的基本思路[J].管理世界，2000(03):180-186+192.
④ 郑志霄.关于城镇的规模等级与分类问题[J].城乡建设，1983(1).
⑤ 晏群.关于小城镇与城镇化的若干问题[J].城市，2005(03):15-17.
⑥ 翟毅.当前关于我国小城镇建设的几点思考[J].城市，2008(11):99-103.
⑦ 朱方明.集镇建设与发展[M].成都：四川大学出版社，1995:1-10.
⑧ 乔忠，王敬华.我国小城镇发展状况、对策与展望[J].中国农业大学学报(社会科学版)，2003(01):22-27.
⑨ 冯健.乡村重构：模式与创新[M].北京：商务印书馆，2012:7-8.
⑩ 李世庆.新型城镇化形势下的成都市村镇建设新论[M].成都：西南交通大学出版社，2013:228.
⑪ 李明超.我国城镇化进程中的小城镇研究回顾与分析[J].当代经济管理，2012，34(3):7.
⑫ 马戎.小城镇的发展与中国的现代化[J].中国社会科学，1990(4):131-146.

念与此界定方式相同。

第五，小城镇是城、镇、乡并列下的镇。城不包括镇，镇也不属于城，城、镇和乡之间是并列的关系，在三元社会中，小城镇对应的则是镇，即小城镇非城也非乡。刘尚希[①]从公共服务供给的角度使用了此种界定方式。

第六，小城镇即建制镇。吴有仁[②]、施文鑫[③]认为小城镇往往体现在行政建制的层面上，小城镇即建制镇。

第七，从规模上来界定，有学者（郑志霄，1983[④]；晏群，2005[⑤]；翟毅，2008[⑥]）认为小城镇包括小城市、城关镇、建制镇、集镇。

第八，将小城镇界定为县城关镇、建制镇以及乡集镇。朱方明[⑦]、乔忠等[⑧]、冯健[⑨]、李世庆[⑩]认为包括非建制的乡所在的城镇。李明超[⑪]认为还包括发达的村。

第九，一些学者将小城镇的概念进行了拓展，除了上述的建制镇、达到一定规模的农村集镇以外，还加入了工矿区和卫星城等新的元素（郑宗寒，1983[⑫]；姚士谋，1999[⑬]）。

学者们关于小城镇外延的观点见表1-3。

表1-3　关于小城镇外延的观点

学者	提出时间	观点	文献来源
郑宗寒	1983	包括建制镇、非建制镇、工矿点、卫星城。	郑宗寒.试论小城镇[J].中国社会科学，1983(04)：119-136.
吴友仁	1983	小城镇指建制镇（包括县政府驻地镇即城关镇）。	吴友仁.小城镇发展问题的探讨[J].城乡建设，1983(6).

① 刘尚希.城镇化对财政体制的挑战及对策思考[J].中国财政，2012(03)：44-46.

② 吴友仁.小城镇发展问题的探讨[J].城乡建设，1983(6).

③ 施文鑫.基于产业集聚视角的西安都市圈小城镇发展研究[D].西安：西北农林科技大学，2009.

④ 郑志霄.关于城镇的规模等级与分类问题[J].城乡建设，1983(1).

⑤ 晏群.关于小城镇与城镇化的若干问题[J].城市，2005(03)：15-17.

⑥ 翟毅.当前关于我国小城镇建设的几点思考[J].城市，2008(11)：99-103.

⑦ 朱方明.集镇建设与发展[M].成都：四川大学出版社，1995：1-10.

⑧ 乔忠，王敬华.我国小城镇发展状况、对策与展望[J].中国农业大学学报（社会科学版），2003(01)：22-27.

⑨ 冯健.乡村重构：模式与创新[M].北京：商务印书馆，2012：7-8.

⑩ 李世庆.新型城镇化形势下的成都市村镇建设新论[M].成都：西南交通大学出版社，2013：228.

⑪ 李明超.我国城镇化进程中的小城镇研究回顾与分析[J].当代经济管理，2012(3).

⑫ 郑宗寒.试论小城镇[J].中国社会科学，1983(04)：119-136.

⑬ 姚士谋.我国小城镇发展战略问题初探[J].现代城市研究，1999(03)：8-12.

学者	提出时间	观点	文献来源
郑志霄	1983	指包括20万人口以下的小城市、工矿区、县城、建制镇和农村集镇。	郑志霄.关于城镇的规模等级与分类问题[J].城乡建设,1983(1).
马戎	1990	指建制镇和集镇。	小城镇的发展与中国的现代化[J].中国社会科学,1990(4):131-146.
朱方明	1995	县城之外的建制镇、建制乡政府所在地的城镇和非建制的集镇（有固定赶场日期的集镇）。	朱方明.集镇建设与发展[M].成都:四川大学出版社,1995:1-10.
孔金平、阎树全	1998	建制镇、相对发达的集镇。	孔金平,阎树全.小城镇建设若干问题探讨[J].学习与探索,1998(2).
姚士谋	1999	小城镇泛指小城市以下的县城、建制镇和有一定规模的乡镇以及大中城市郊区的卫星城镇。	姚士谋.我国小城镇发展战略问题初探[J].现代城市研究,1999(03):8-12.
李炳坤	2000	小城镇主要包括小城市、建制镇。	李炳坤.论加快我国小城镇发展的基本思路[J].管理世界,2000(3):180-186.
乔忠、王敬华	2003	小城镇指的是建制镇,但从广义的范围来讲,乡政府和国有农场所在地,以及一部分在行政村基础上发展起来的小集镇和乡镇企业集聚地,也可称为小城镇。	乔忠,王敬华.我国小城镇发展状况、对策与展望[J].中国农业大学学报（社会科学版）,2003(1).
晏群	2005	小城镇范围的上下限确定应允许有一定的灵活性,既可以将小城镇的范围向上延伸到小城市,也允许将小城镇范围向下延伸到非乡政府驻地的集镇。	晏群.关于小城镇与城镇化的若干问题[J].城市,2005(3).
李国庆等	2007	主张将小城镇从建制镇中抽离出来（小城市10万—20万人、小城镇3万—10万人、一般建制镇3万以下）。	李国庆,王广和,李宏伟,等.小城镇概念的界定及其他[J].四川建筑科学研究,2007(8).
翟毅	2008	小城镇包括:小城市、城关镇、建制镇、集镇。	翟毅.当前关于我国小城镇建设的几点思考[J].城市,2008(11).
施文鑫	2009	小城镇指建制镇（包括县政府驻地镇即城关镇）。	施文鑫.基于产业集聚视角的西安都市圈小城镇发展研究[D].西安:西北农林科技大学,2009.
冯健	2012	狭义的小城镇是指建制镇,广义的小城镇则包括县城关镇、建制镇、乡集镇（指乡政府所在地）。	冯健.乡村重构:模式与创新[M].北京:商务印书馆,2012:7-8.
李明超	2012	县城镇、建制镇、集镇和部分发达的村。	李明超.我国城镇化进程中的小城镇研究回顾与分析[J].当代经济管理,2012(3).

学者	提出时间	观点	文献来源
李强、陈宇琳、刘精明	2012	指建制镇，但不包括集镇。	李强，陈宇琳，刘精明．中国城镇化推进模式研究 [J]. 中国社会科学，2012(7):82-100.
刘尚希	2012	小城镇非城非乡，城、镇和乡之间是并列的关系。	刘尚希．城镇化对财政体制的挑战及对策思考 [J]. 中国财政，2012(3):44-46.
李世庆	2013	从宏观上，城市建制之下的建制镇（包括县政府所在地的城关镇）、建制乡和非建制的集镇都属小城镇范畴。	李世庆．新型城镇化形势下的成都市村镇建设新论 [M]. 成都：西南交通大学出版社，2013:228.
赵之枫	2018	狭义上，指建制镇，尤其指建成区。广义上，处于同一行政层级的乡镇都属小城镇。	赵之枫．镇之辨析——城乡视角下小城镇发展历程与转型 [C]. 2018 中国城市规划年会，2018.

资料来源：根据相关文献整理。

1.1.2.3 从广义和狭义的角度上解读

广义上来看，小城镇是指建制镇所辖行政区域，这就包括了小城镇的建成区和行政辖区内的其他区域，甚至包括了 20 万人口以下的小城市、国家批准的建制镇、尚未设镇建制的乡政府所在地的集镇（乡集镇）和纯属集市贸易的集镇。但是当前中国统计以行政区作为基本单位进行的，广义的小城镇包括县城以下建制镇和集镇，强调了小城镇发展的动态性和乡村性，是我国目前小城镇研究领域更为普遍的观点。[①]

狭义上来看，我国小城镇指的是建制镇建成区，包括镇所辖的居民委员会的地域以及镇的公共设施、居住设施等连接到的村民委员会的地域，在这里已经具有一定的人口、工业和商业聚集规模，是当地农村地区的行政、经济和文化中心，具有一定的辐射能力。它区别于大中城市和乡村，具有一定规模的主要从事非农业生产活动的人口聚集的居民点。这一概念，较符合《中华人民共和国城乡规划法》的法定含义，更加符合城镇化发展的内涵。

1.1.3 清晰界定我国小城镇概念

综合我国政策法律体系和国内学者关于小城镇的内涵和外延的辨识，对小城镇的概念界定问题加以梳理，主要有至少以下十种观点：

（1）小城镇 = 小城市 + 县城 + 建制镇 + 集镇

---

① 根据 1993 年发布的《村庄和集镇规划建设管理条例》（中华人民共和国国务院令第 116 号）对集镇提出的明确界定：集镇是指乡、民族乡人民政府所在地和经县级人民政府确认由集市发展而成的作为农村一定区域经济、文化和生活服务中心的非建制镇，是农村中工农结合、城乡结合，有利生产、方便生活的社会和生产活动中心，是今后我国农村城镇化的重点。

（2）小城镇＝小城市＋县城＋建制镇

（3）小城镇＝小城市　　＋建制镇＋集镇

（4）小城镇＝小城市　　＋建制镇

（5）小城镇＝　　　　县城＋建制镇＋集镇

（6）小城镇＝　　　城关镇＋建制镇＋集镇

（7）小城镇＝　　　　县城＋建制镇

（8）小城镇＝　　　　　　＋建制镇＋集镇

（9）小城镇＝　　　　　　＋建制镇

（10）小城镇＝　　　　县城

这样，小城镇概念就更加混乱无序，不利于研究和实践。

综合我国政策文件、法律体系、学界等方面的辨析，可以基本判断：小城市是县级市，县城（县政府驻地的城关镇）归为城市。如果从这个角度，便能很清晰地界定出我国小城镇的定义，即我国的小城镇是独立于城乡的第三极，是城市、小城镇和乡村中的一极。

因此，本书对小城镇的概念做出如下界定：

我国小城镇包括我国城镇标准划定下的剔除县政府驻地的城关镇外的其他建制镇（包括不是县政府驻地但是名称仍为城关镇的建制镇），尚未设镇建制的乡政府所在地的集镇（乡集镇）和纯属集市贸易（有固定赶场交易日期）的集镇。

即我国小城镇＝建制镇（剔除县政府驻地所在的城关镇）＋尚未设镇建制的乡政府所在地的乡集镇和纯属集市贸易（有固定赶场交易日期）的集镇。

需要特别说明的是，本书研究的小城镇的范围仅限于剔除县政府驻地所在的城关镇以外的建制镇，原因在于集镇的资料和数据收集非常困难，不能科学有效地发现规律，并指导建设实践。因此，除非特别声明，本书中小城镇均指剔除1866个县政府（包括林区和特区）驻地所在的城关镇（或其他称谓的镇）以外的建制镇。这样，本书研究的对象数量大约是19555个建制镇。其他非正式性延展意义上的小城镇也暂不做研究，仅供学术交流使用。

1.1.4 小城镇概念面临的现实挑战和未来非正式性延展

近年来，在我国城镇化的实践过程中，出现了大量与传统意义小城镇所不同的新形态，涌现出许许多多的新概念、新名词，比如小城市、县城副总中心、特色小镇和特色小城镇、产业新城、新区、开发区、集镇、商贸城、网上交易平台等，小城镇概念面临着现实的挑战。这些制度型小城镇往往是由行政力量主导建立的，从一定程度上来讲，还不是真正意义上的小城镇，而只是摆脱了乡村的帽子。在实际发展过程中，这些小城镇在经济、文化以及公共服务等方面的功能非常薄弱，基本上不能承担小城镇在整个城镇体系中应有的职能。这些小城镇在我国城镇化发展过程中逐步形成的一种独特形态，是指辖区经济发展规模、建成区基础设施、人口密度和非农人口规模等已经达到或者超过现有设镇标准，在形态、内容（尤其是经济和社会职能等方面）等方面实质性接近小城镇的内涵和外延，但其行政体制、政府职能、组织管理、社会服务等仍实行乡镇管理体制[①]。在小城镇概念本身存在模糊及混乱的情况下，这些新形态下的小城镇在一定程度上加剧了小城镇概念的复杂性。这些新概念既赋予小城镇以新的内涵及时代特征，也增加了小城镇发展的现实困境。这是目前我国小城镇概念所面临的挑战，也引起了诸多争议。对于这些新形态，较多的学者都主张不能再用单一的小城镇视角来评判。

根据多层面的分析不难发现，小城镇至少具有以下八个鲜明的特点：

一是有一定的管辖范围，供生产和生活活动使用；

二是有一定的人口规模，确保生产和生活要素流动起来；

三是有一定的行政管理机构，能有效管理本辖区行为活动；

四是有一定的资源要素，满足生产和生活的生存需要；

五是有一定的经济活动，能够完成市场交易，确保发展需求；

六是有一定的社会职能，为本辖区提供相关的公共服务；

七是有一套完整的管理制度，规范区域生产和生活活动；

八是有一定的链条价值，是不可或缺的组成部分。

经济社会超速发展，新生事物快速涌现是非常正常的事。根据经济社会发展的新发展、新变化，适时调整小城镇的认定标准，延展小城镇的内涵，进而解决国内小城镇面临的现实挑战和争议。根据"八有"特点，基本上能判断并解决城镇化实践过程中出现的关于小城镇概念的新问题。

1.1.4.1 县城副中心

县城副中心，简称"副中心"，是指在县级行政区域内，根据相关规划布局和发展需要，设立的县城外的一个或者几个功能较为完善、发展较为集中的新区块或者镇。它是在县城（县政府所在地）之外的地方设立的一个相对独立的行政管理单位和经济发展区域。

县城副中心的设立旨在解决县级城市发展中的人口集中、资源环境压力过大等问题，促进县域经济的协调发展。它与传统的县城相比，具有几个特点和优势。

区位优势上，县城副中心往往选定在交通便利、资源条件相对较好的区域，有助于提升区域发展的战略位置和竞争力。综合功能上，县城副中心不仅具备基本的行政管理职能，还具备较完善的公共服务设施，如医疗、教育、文化、商贸等，以提供更优质的公共服务和便利居民生活。产业发展上，县城副中心作为县域的经济增长极，能够吸引产业投资和人才流动，带动周边地区的经济发展，同时也减轻县城本身的压力。环境改善上，县城副中心的建设可以在一定程度上减少县城的人口密集度和环境负荷，

---

① 郑行洋.基于空间距离类型划分的小城镇发展动力机制研究[C]//中国城市规划学会,杭州市人民政府.共享与品质——2018中国城市规划年会论文集（19小城镇规划）广东省城市规划设计研究院,2018:11.

有助于优化县域的生态环境和居住条件。区域协调发展上，县城副中心可以作为县级行政区域内各乡镇的中心节点，促进乡镇之间的协作合作，实现资源共享，优势互补。

县城副中心，行政上等同于副县级镇，党政班子比一般城镇高配，就是选定一些条件较好的乡镇建设开发县城副中心，下设各类重要机构，按照城区规划建设，从而实现带动周边地区经济发展的模式。能够被确定为县城副中心，说明当地具备相应的条件，将来在发展上很有潜力。

县城副中心在全国县域比较多，比如陕西省岐山县蔡家坡等。

因此，县城副中心可以确认为小城镇。

1.1.4.2 特色小镇和特色小城镇

2016 年 10 月 14 日，住房和城乡建设部公布了第一批中国特色小镇名单，涵盖了全国 32 个省份的 127 个特色小镇，由国家发展改革委、财政部以及住房和城乡建设部共同认定。推进特色小镇的规划建设，有利于增强小城镇的发展能力，加快城镇化进程。同时，也有利于改善城镇的发展面貌，提高人民群众的生活质量。通过挖掘各地的优势资源，特色小镇能够发展壮大特色产业，从而统筹城乡发展，破解"三农"难题。

特色小镇和特色小城镇职能上和现行的建制镇异曲同工。特色小镇和特色小城镇是中国城镇发展的重要战略，它们的职能主要包括几个方面：经济引领上，特色小镇和特色小城镇要发挥经济引领作用，通过传统和创新产业的发展，带动周边地区的就业机会和经济增长。它们可以依托本地资源和特色产业，鼓励创新创业，促进农村转型升级，并吸引投资、优秀人才和企业落户。文化传承上，特色小镇和特色小城镇注重文化传承，通过保护和弘扬本地的历史、传统和文化价值，加强文化产业的发展，提升城镇的吸引力和竞争力。这些地方可以建设文化场馆、开展文化活动，推动旅游业和文化产业的融合发展。生态环境保护上，特色小镇和特色小城镇要注重生态环境保护，实施可持续发展战略，推行绿色低碳发展模式。它们强调生态修复、生态农业、生态旅游等，保护水资源、土地资源和生物多样性，提高居民的环境素质和生活质量。社会服务上，特色小镇和特色小城镇要提供基础公共服务，如教育、医疗、养老等，满足居民的基本生活需求。它们还关注社会管理、社区建设以及社会组织的培育和发展，促进社会和谐稳定。也就是说特色小镇和特色小城镇的职能是综合发展，经济引领、文化传承、生态环境保护和社会服务相互交织，使镇在经济、文化、生态和社会等方面取得可持续发展，为人民群众提供良好的生活条件和发展机遇。

如信阳国际家居产业小镇等。

因此，特色小镇和特色小城镇可以确认为小城镇。

1.1.4.3 开发区、产业新城、新区

随着我国经济持续稳步发展和城镇化进程加快，大城市面临的问题不断增加，如环境质量下降、交通拥堵、就业压力增大、生活成本较高、生产效率低下、住房问题日益突出、产业发展空间严重受限等。因此，开发城市新区成为各大城市进行空间整合优化、人口疏散、产业跨越转型发展、解决各类社会发展矛盾、寻求新的经济增长

方式的途径。除了有明确行政级别的国家级、省级、地市级等开发区以外，县级城市新区开发是在原有城市郊区的一定区域空间内进行的，要有目的地满足一定的城市功能需求，并在政府主导下进行，与小城镇类似，可以基本认定为小城镇。

产业新城是在产业工业园区、经济开发区和高新区的基础上发展而来，是新型城镇的一种类型，它强调产城融合，通过共享资源、克服外部效应，带动关联产业的发展，驱动城市更新和完善服务配套，以达到产业、城市、人口之间的有力融合，从而使城市成为保持活力、持续向上发展的新型区域。产业新城是新城的一种类型，基本上可以认定是小城镇。

新区一样，可以认定是小城镇。

国内有很多类似的镇级类的开发区、新区等。见表1-4。

表1-4 小城镇概念非正式延展（开发区、新区等）

省份	开发区、新区等名称
北京市	中关村国家自主创新示范区大兴生物医药产业基地、国家新媒体产业基地
河北省	高新技术产业开发区、廊坊龙河高新技术产业开发区、河北廊坊高新技术产业开发区、固安温泉休闲商务产业园区、北京亦庄永清高新技术产业开发区、香河新兴产业示范区、河北大厂高新技术产业开发区、燕郊高新技术产业开发区、高新技术产业开发区、高新技术产业开发区、新型功能材料产业园
内蒙古自治区	包头市装备制造产业园区、乌海高新技术产业开发区海勃湾产业园综合服务中心、赤峰高新技术产业开发区管理委员会红山产业园、轻工食品产业园、新能源产业园、绍根煤炭及煤化工产业园、林东产业园、再生资源产业园、生物科技产业园区、农机产业园区、鄂尔多斯高新技术产业开发区、鄂尔多斯市高新技术产业园区、内蒙古乌兰察布京蒙合作产业开发区、乌兰浩特绿色产业园、苏尼特左旗芒来循环经济产业园区
上海市	上海湾区高新技术产业开发区
安徽省	蜀山新产业园区、安徽合肥庐江高新技术产业开发区、安徽省江北产业集中区、芜湖高新技术产业开发区、慈湖高新技术产业开发区、博望高新技术产业开发区、安徽精细化工产业有机合成基地、濉溪芜湖现代产业园区、铜陵狮子山高新技术产业开发区、宿州高新技术产业开发区、泗县开发区管委会（泗县当涂现代产业园）、亳州高新技术产业开发区、安徽池州高新技术产业开发区、皖江江南新兴产业集中区、池州承接产业转移集中示范园区
江西省	江西青云谱新经济产业集聚区、江西青山湖高新技术产业园区、吉安高新技术产业园区、泰和县高新技术产业园区、江西安福高新技术产业园区、宜春丰城高新技术产业开发区
河南省	郑州曲梁产业集聚区管理委员会、新乡化学与物理电源产业园区、产业集聚区街道、中关村南阳科技产业园区、产业集聚区、信阳国际家居产业小镇
湖南省	龙岭产业开发区、东部产业园地区
广西壮族自治区	中马钦州产业园区、中泰产业园、扶绥县木业家居产业集聚区
陕西省	氟化硅产业园

省份	开发区、新区等名称
新疆维吾尔自治区	昌吉国家高新技术产业开发区、特色产业园区、高新技术产业孵化园区管委会
天津市	华明高新技术产业区服务中心、新技术产业园区、天津陆路港物流装备产业园、天津风电产业园、天津京津电子商务产业园、天津武清汽车产业园、天津滨海新区高新技术产业开发区、天津未来科技城宁河片区现代产业区组团、天津健康产业国际合作示范区
山西省	太原中北高新技术产业开发区、阳曲产业园区街道、武乡县现代农业产业示范区、沁县现代农业产业示范区
辽宁省	辽宁（营口）沿海产业基地
江苏省	徐庄高新技术产业开发区、南京浦口高新技术产业开发区、江宁高新技术产业园、新材料产业园、无锡高新技术产业开发区、江阴高新技术产业开发区、徐州高新技术产业开发区、锡沂高新技术产业开发区、常熟高新技术产业开发区、三星镇（叠石桥家纺产业园区）、南通苏通科技产业园、启东生命健康产业园、启隆生态科技产业园、启东江海产业园、如皋高新技术产业开发区、灌云临港产业园区、淮安新材料产业园、淮安高新技术产业开发区、环保产业园、滨海县现代农业产业园区、江苏省扬州高新技术产业开发区、新民洲临港产业园、化学新材料产业园、港口物流产业园、高端装备制造产业园、生物医药产业园、电子信息产业园、城东高新技术产业园、宿迁生态化工科技产业园、宿迁市软件与服务外包产业园
福建省	三明高新技术产业开发区
山东省	东营农业高新技术产业示范区、滨海新动能产业园、山东龙口高新技术产业园区
湖北省	产业管理处、海峡两岸科技产业管理处、武汉江夏经济开发区庙山高新技术产业园、武汉江夏经济开发区藏龙岛高新技术产业园、武汉江夏经济开发区大桥现代产业园、武汉江夏经济开发区金港汽车产业园、高新区高新技术产业园
广东省	东莞大岭山（南雄）产业转移工业园、航空产业园、湛江奋勇高新技术产业开发区、肇庆高新技术产业开发区、东江高新科技产业园、惠南高新技术产业园、惠东县珠三角产业转移园、清远市高新技术产业开发区、潮州市凤泉湖高新技术产业开发区、揭阳高新技术产业开发区、珠海（揭阳）产业转移工业园、普宁产业转移工业园
云南省	昆明国家高新技术产业开发区、昆明倘甸产业园区轿子山旅游开发区、文山市三七产业园区
青海省	生物科技产业园、海南州绿色产业发展园区管理区委员会

资料来源：国家统计局 2023 年统计年鉴。

1.1.4.4 集镇

集镇产生于商品交换开始发展的奴隶社会。中国《周易·系辞》已有"庖牺氏没，神龙氏作，列廛于国，日中为市，致天下之民，聚天下之货，交易而退，各得其所"的记载。中国历史上集镇的形成和发展多与集市有关，宋代以后集市普遍发展，集镇也随之增多。乡间集市最初往往依托于物资集散的地点，定期进行商品交换，继而在这些地方渐次建立经常性商业服务设施，逐渐成长为集镇。在集镇形成后，大都保留着传统的定期集市，继续成为集镇发展的重要因素。随着经济和集镇的发展，集市对集镇的意义则会减弱和消失。

集镇在中心地系统的概念中，是较低一级的中心地，职能为供应乡村所需的生产资料和生活资料，收购农产品，以及满足其服务范围内的居民对教育、医疗、娱乐等的需要，是城乡之间的纽带。集镇在一定条件下有可能成长为建制镇。在乡村人口比例较大的国家和地区，集镇在居民经济生活中起着重要的作用。

集镇内部结构的主要特征，是商业街道居于核心地位。集镇的平面形态则受当地环境以及与相邻村镇联络的道路格局的影响，或作带状伸展，或作块状集聚，并随本身的成长而逐步扩展。

从地理学角度说，集镇是乡村聚落的一种，通常指乡村中拥有少量非农业人口，并进行一定商业贸易活动的居民点。集镇既无行政上的含义，亦无确定的人口标准，一般是对建制镇以外的地方农产品集散和服务中心的统称。集镇的形态和经济职能兼有乡村和城市两种特点，是介于乡村和城市间的过渡性居民点，其形成和发展多与集市场所有关。因其具有一定的腹地，有利的交通位置，通过定期的集市和商品交换，逐步发展并建立一些经常性的商业服务设施，在此基础上发展而成。在中国，县城以下的多数区、乡行政中心，均具有层次较低的商业服务和文教卫生等公共设施，并联系着周围一定范围的乡村，除设镇建制的以外，习惯上均称为集镇。所谓集镇，是指现有建制镇之外的农村商贸服务中心，这些集镇一般具有一定的工商业基础和科教文卫等公共服务设施。

依据国务院 1993 年发布的《村庄和集镇规划建设管理条例》（中华人民共和国国务院令第 116 号），集镇是指乡、民族乡人民政府所在地和经县级人民政府确认由集市发展而成的作为农村一定区域经济、文化和生活服务中心的非建制镇。集镇的确立是以经济、文化和生活服务的活跃度为标准的，其不属于行政单元。而部分学者却有相反的看法，主张把集镇划入小城镇范畴。费孝通[1]认为集镇包括建制镇和场（乡）镇。黄光宇[2]认为集镇是农村地区非农聚落类型。朱方明[3]认为集镇包括县城关镇、建制镇和未建制乡集镇，以及具备一定人口密度、规模和主要基础设施的工业点和中心村。冯健[4]则试图融合集镇概念的纷争，将集镇概念区分为广义、中义、狭义三种，广义的集镇概念指乡村地域上或多或少具有城镇某些特点的聚落类型，具体包括县城关镇、建制镇、乡集镇及乡镇政府所在地和乡间集市。狭义的集镇概念指非建制乡集镇。介于二者之间的是中义的集镇概念，包括建制镇和非建制乡集镇。当然，也有学者认为如果将集镇划入小城镇的范畴会不可避免地导致发展小城镇就是把"集镇"都发展为"建制镇"的错误倾向，主张集镇不应属于小城镇范畴。另外，随着城镇化的发展，当前

① 费孝通. 费孝通论小城镇建设 [M]. 北京：群言出版社，2000.

② 钱伟长. 当代集镇建设 [M]. 重庆：重庆出版社，1992:7-14.

③ 朱方明. 集镇建设与发展 [M]. 成都：四川大学出版社，1995:1-10.

④ 冯健. 乡村重构：模式与创新 [M]. 北京：商务印书馆，2012:7-8.

一些发展条件较好的集镇也基本设置为建制镇，再将集镇包括在小城镇范畴内已经不符合当前中国的现实情况。

对集镇的争议直接影响到了对集镇是否属于小城镇这一问题的解答。目前，集镇没有明确的标准定义，也就使得研究不能统一标准，不便于统一比较，政策制定与实施也缺乏基础条件。但是，综合集镇的功能和定位，它与建制镇的区别基本上不是很大。因此，集镇可以确认为小城镇。

1.1.4.5 大型商贸城、网上交易平台

大型商贸城是由大企业投资建设和经营管理的，以电子产品、纺织服装、建材家居、五金机电、汽车配件、农副产品、工艺品、日用小商品等为主体的商贸物流中心，成为极具辐射带动作用和重要商业人文价值的商贸聚集地，有点类似唐宋时期的"草市"。网络交易平台，是指以互联网为技术基础的各种各类网络服务支持系统和网络服务活动。大型商贸城和网上交易平台基本上具备小城镇的大多数特点，就小城镇的外延来说，它们具有小城镇的雏形，可以作为小城镇来对待。但是，不能否认的是，大型商贸城和网上交易平台具有一定的可塑性，没有持续的、固定的"疆域"，和小城镇有本质上的区别。除此之外，基本上符合小城镇的典型特征。

因此，大型商贸城、网上交易平台可以看作是小城镇。

综上所述，在理论层面，对小城镇概念的界定应准确把握其本质特征，根据其在各功能要素上的表现特征来确定。因此，未来小城镇的概念更多的方面会在外延上予以更新。我们能清晰地看到，县城副中心、产业新城、开发区、新区、特色小镇、特色小城镇、商贸城、网上交易平台等几乎都具备小城镇的全部特征，基本上可以视为小城镇。

与建制镇相比，这些新形态、新概念、新名词的不同之处在于行政执法方面。

在实践操作中，对小城镇的界定应着重强调弱化其行政色彩，观察具体的小城镇时，应参照学术意义上的小城镇概念，根据本地区在社会发展的不同阶段对其做出不同解读，概念范围可向上或向下延伸。例如，卫星城、产业新城、生态城等概念频频出现，通过发展优势特色产业实现自身发展，成为真正意义上的城镇，为环大城市小城镇发展带来新机遇。同样，某些集镇在很多方面更接近小城镇，则可将其视为小城镇。小城镇概念没有绝对标准，如果一个小城镇在某些方面更接近城市，则可将其视为小城市。同样，如果一个建制镇在很多指标上更贴近乡村，那么可将其视为一个非严格意义上的小城镇，甚至也可将其定位为集镇。实践中的灵活性区别对待，能够使政策设计、产业布局、城镇规划等更加符合小城镇的发展规律，推进小城镇健康、快速、科学发展。

及时调整相关的法律法规，给小城镇的发展赋能添彩，不要人为地设置一些障碍。

1.1.5 我国小城镇与国外小城镇的异同比较

西方发达国家的小城镇与我国的小城镇有一个共同之处，就是在规模和功能定位上区别于大城市和乡村，它们都是城市体系的重要组成部分，是连接大城市和乡村的

重要纽带，是吸纳城镇化人口的重要载体。但二者也存在着本质上的差别。

第一，国外的小城镇主要是在工业化和城镇化完成以后，伴随城市病的凸显而逐渐发展起来的，是城市郊区化的产物。而1949年新中国成立以来，我国小城镇的发展主要是由制度所推动，通过在农村实行自下而上的城镇化，来避免人口过度流动对城市产生冲击。

第二，国外小城镇其实就是小城市，它们往往有独立的行政区划，并不隶属于某一城市，有一定的自治权。而我国等级化的行政体制，小城镇一级无论在规划目标、财政能力、土地指标还是管理权限方面都受制于其上一级的行政单位，严重阻碍了低等级小城镇的发展。

第三，西方发达国家的小城镇往往有着很好的基础设施和公共服务机构，是乡村自然环境与城市生活方式的良好结合，并且广受中产阶级和上层阶级的青睐。而我国的小城镇总体来说发展水平比较低，无论是基础设施和公共服务资源，还是生活方式和生活理念都缺乏城市性，加之我国长期以来城乡二元结构的影响，要素资源流动性差，人力资本积累有限，吸纳城镇人口能力不足。

第四，国外小城镇在其城镇化进程中发挥了非常重要的作用，不仅有效缓解了大城市的人口压力，同时也带动了整个区域城镇化的发展，使得整个城市群内的人口得以均衡分布，对城市群整体的发展起到了有效的支撑作用。而我国的小城镇虽然同样作为城镇体系的重要组成部分，但无论从规模上还是发展动力上都存在先天性不足，难以实现真正意义上的发展。

第五，世界银行将中国的 Town 作为不同于 City 与 Countryside 类型的人口聚集地，认为中国城镇是介于非农人口集聚的城市与农业人口集聚的乡村之间的一种聚集形态，是农牧业地区的区域中心。[①] 见表1-5。

表1-5 各国的小城镇界定标准表

界定标准	代表国家	具体标准
行政中心所在地	英国、埃及、巴西、蒙古、土耳其	英国的小城镇基本上是当地的行政中心，有镇议会，负责制定和执行当地的政策法规；埃及、蒙古的小城镇也多是当地的行政中心。
城镇特征（如市政服务和住房）	智利、秘鲁	智利规定有公共和市政服务并具有城镇特征的人口中心为小城镇；秘鲁规定有100幢以上住房的人口中心为小城镇。
居民点下限人口数量	美国、伊朗、肯尼亚、墨西哥、爱尔兰、丹麦等	美国人口在1000—5000人为镇（路易斯安那州）；肯尼亚2000人以上的居民点为镇；墨西哥至少2500人的居民点为镇；丹麦200人的居民点就称为小城镇。

---

① 李国平，李迅，冯长春，等．我国小城镇可持续转型发展研究综述与展望 [J]．重庆理工大学学报（社会科学），2018，32(06):32-49.

界定标准	代表国家	具体标准
居民点下限人口数量和密度指标相结合	瑞典、加拿大	加拿大 1000 人以上的设有建制的市、镇、村以及 1000 人以上、人口密度每平方公里至少 390 人的未设建制的居民点为小城镇。
人口规模和城镇特征	巴拿马	巴拿马 1500 人以上且具有街道、上下水系统和电力系统等城镇特征的居民点为小城镇。
人口规模和从业构成	德国、荷兰	德国 70% 以上的小城镇人口少于 5000 人；荷兰以 2000 人以上的市或人口不到 2000 人但男子从业人口中从事农业活动的人口不超过 20% 的市为小城镇。
两个以上指标	印度	印度规定人口在 5000 人以上，人口密度大于 390 人/平方公里，至少有 3/4 的成年男子从事非农业劳动的地方行政中心才成为小城镇。
其他	布隆迪	如布隆迪规定国家指定的居民点为小城镇。

资料来源：由相关文献整理。

1.2 我国城市概念解读

1.2.1 城市

城市，是一个永久的、人口稠密的典型的人类聚居地，具有一定的行政界定的边界，城市居民主要从事非农业任务，通常拥有广泛的住房、交通、卫生、公用事业、土地使用、商品生产和通信系统，其中有居民区、街道、医院、学校、公共绿地、写字楼、商业卖场、广场、公园等公共设施，其密度促进了人们、政府组织和企业之间的互动，有时会在此过程中使不同方受益。城区是指在市辖区和不设区的市，区、市政府驻地的实际建设连接的居民委员会所辖区域和其他区域。一般包括了住宅区、工业区和商业区并且具备行政管辖功能。

1.2.1.1 国家文件对城市的定义

国家文件对城市的定义可以从多个层面进行解释和阐述，以下是其中的四个方面。

行政区划层面。《中华人民共和国行政区划代码》规定，城市是指人口集中，经济相对发达，具有行政管理功能的区域。根据具体情况，城市可分为省级、地级、县级等不同层级。

经济社会发展层面。国家文件中对城市的定义还可以从经济社会发展的角度来理解。城市通常具有比较完善的城市基础设施和公共服务系统，包括交通网络、供水供电、医疗教育等，也是各类商业和产业发展的重要场所。另外，城市还具有多元化、多样化的社会结构和生活方式等特征。

环境生态层面。城市作为人类活动集中的地方，其环境生态状况对人类生活和健康具有重要影响。国家文件对城市的定义还应包含对城市环境生态的规定和要求，如要求城市建设高标准的环境保护和生态修复措施，确保城市生态环境的可持续发展。

文化历史层面。城市还具有丰富的历史文化背景，包括建筑、艺术、文学、习俗等方面。国家文件在对城市的定义中也涵盖对城市文化遗产保护和传承的要求，确保城市在文化上的多样性和特色。

1.2.1.2 城市的主要特征及等级

城市是以要素聚集为基本特征的。城市不仅是人口聚居、建筑密集的区域，同时也是生产、消费、交换的集中地。城市集聚效益是其不断发展的根本动力，也是与乡村的一大本质区别。城市各种资源的密集性，使其成为一定地域空间的经济、社会、文化辐射中心。城市的发展是动态变化和多样的。古代拥有明确的空间限定，到现代成为一种功能性地域。西方国家出现郊区化、逆城镇化、再城镇化等一系列现象。现今经济全球一体化、全球劳动地域分工，城市传统的功能、社会、文化、景观等方面都发生了重大的变化。城市具有系统性，城市的巨系统包括经济子系统、政治子系统、社会子系统、空间环境子系统以及要素流动子系统。城市各系统要素间的关系是相互交织重叠、共同发挥作用的。

国内城市按照行政划分，中国城市行政级别分 7 级。

1 级：副国级，香港、澳门 2 个特区（对外享受国家和地区中的地区级，可以单独参加国际的经济、社交、体育活动和申办国际级的活动，如奥运会等，高度自治，有自己的区旗、区徽、英文名称和发行自己的货币等）。

2 级：正省级，4 大直辖市，北京、上海、天津、重庆。

3 级：副省级，15 个副省级城市（包括 10 个副省级城市和 5 个计划单列城市），沈阳、长春、哈尔滨、南京、武汉、广州、济南、杭州、成都、深圳、厦门、宁波、青岛、大连、西安。

4 级：准副省级，包括除以上外的所有省会城市和国务院批准的唐山、大同、包头、鞍山、抚顺、吉林、齐齐哈尔、无锡、淮南、洛阳等 10 个较大的市。

5 级：正地级，一般地级市。

6 级：副地级，省直管县级市。

7 级：正县级，一般县级市。

1.2.1.3 城市的规模

按城市规模标准划分，国务院《关于调整城市规模划分标准的通知》（国发〔2014〕51 号）以城区常住人口为统计口径予以明确，将城市划分为五类七档。

城区常住人口 50 万以下的城市为小城市，其中 20 万以上 50 万以下的城市为 I 型小城市，20 万以下的城市为 II 型小城市。

城区常住人口 50 万以上 100 万以下的城市为中等城市。

城区常住人口 100 万以上 500 万以下的城市为大城市，其中 300 万以上 500 万以下的城市为 I 型大城市，100 万以上 300 万以下的城市为 II 型大城市。

城区常住人口 500 万以上 1000 万以下的城市为特大城市。

城区常住人口 1000 万以上的城市为超大城市。

根据第七次全国人口普查数据，根据城市规模划分标准，目前我国共有 106 个大城市，包括 7 个超大城市、14 个特大城市、14 个 I 型大城市以及 71 个 II 型大城市。按城区常住人口数排序，我国有 7 个超大城市，分别是上海、北京、深圳、重庆、广州、成都、天津，上海以 1987 万城区常住人口居首；有 14 个特大城市，分别是武汉、东莞、西安、杭州、佛山、南京、沈阳、青岛、济南、长沙、哈尔滨、郑州、昆明和大连。见表 1-6。

表 1-6　我国大城市基本情况表

城市	常住人口（万人）	城区人口（万人）	城市规模划分	所属省市
上海市	2487.1	1987.3	超大城市	上海
北京市	2189.3	1775.2	超大城市	北京
深圳市	1749.4	1743.8	超大城市	广东
重庆市	3205.4	1634.4	超大城市	重庆
广州市	1867.7	1487.8	超大城市	广东
成都市	2093.8	1334.0	超大城市	四川
天津市	1386.6	1093.3	超大城市	天津
武汉市	1244.8	995.3	特大城市	湖北
东莞市	1046.7	955.8	特大城市	广东
西安市	1218.3	928.4	特大城市	陕西
杭州市	1193.6	874.2	特大城市	浙江
佛山市	949.9	853.9	特大城市	广东
南京市	931.5	791.5	特大城市	江苏
沈阳市	907.0	706.7	特大城市	辽宁
青岛市	1007.2	600.8	特大城市	山东
济南市	920.2	587.8	特大城市	山东
长沙市	1004.8	554.6	特大城市	湖南
哈尔滨市	1001.0	549.9	特大城市	黑龙江
郑州市	1260.1	534.5	特大城市	河南
昆明市	846.0	534.1	特大城市	云南
大连市	745.1	520.8	特大城市	辽宁
南宁市	874.2	456.7	I 型大城市	广西

城市	常住人口（万人）	城区人口（万人）	城市规模划分	所属省市
石家庄市	1123.5	442.4	I 型大城市	河北
厦门市	516.4	436.4	I 型大城市	福建
太原市	530.4	405.0	I 型大城市	山西
苏州市	1274.8	399.1	I 型大城市	江苏
贵阳市	598.7	382.7	I 型大城市	贵州
合肥市	937.0	377.8	I 型大城市	安徽
乌鲁木齐市	405.4	373.0	I 型大城市	新疆
宁波市	940.4	360.9	I 型大城市	浙江
无锡市	746.2	357.1	I 型大城市	江苏
福州市	829.1	353.6	I 型大城市	福建
长春市	906.7	342.6	I 型大城市	吉林
南昌市	625.5	334.8	I 型大城市	江西
常州市	527.8	308.8	I 型大城市	江苏
兰州市	435.9	288.9	II 型大城市	甘肃
中山市	441.8	274.3	II 型大城市	广东
惠州市	604.3	266.9	II 型大城市	广东
汕头市	550.2	253.1	II 型大城市	广东
临沂市	1101.8	246.7	II 型大城市	山东
淄博市	470.4	239.6	II 型大城市	山东
温州市	957.3	238.2	II 型大城市	浙江
呼和浩特市	344.6	223.3	II 型大城市	内蒙古
绍兴市	527.1	216.7	II 型大城市	浙江
唐山市	771.8	213.6	II 型大城市	河北
海口市	287.3	209.0	II 型大城市	海南
柳州市	415.8	205.9	II 型大城市	广西
徐州市	908.4	205.5	II 型大城市	江苏
烟台市	710.2	201.0	II 型大城市	山东
洛阳市	705.7	199.3	II 型大城市	河南
邯郸市	941.4	194.1	II 型大城市	河北
珠海市	244.0	189.8	II 型大城市	广东

城市	常住人口（万人）	城区人口（万人）	城市规模划分	所属省市
包头市	270.9	189.8	Ⅱ型大城市	内蒙古
保定市	1154.4	189.7	Ⅱ型大城市	河北
潍坊市	938.7	186.1	Ⅱ型大城市	山东
大同市	310.6	175.5	Ⅱ型大城市	山西
江门市	479.8	167.3	Ⅱ型大城市	广东
赣州市	897.0	163.9	Ⅱ型大城市	江西
西宁市	246.8	161.9	Ⅱ型大城市	青海
南通市	772.7	158.2	Ⅱ型大城市	江苏
银川市	285.9	151.9	Ⅱ型大城市	宁夏
扬州市	456.0	150.7	Ⅱ型大城市	江苏
遵义市	660.7	146.7	Ⅱ型大城市	贵州
襄阳市	526.1	146.4	Ⅱ型大城市	湖北
鞍山市	332.5	145.7	Ⅱ型大城市	辽宁
昆山市	209.2	141.4	Ⅱ型大城市	江苏
莆田市	321.1	138.2	Ⅱ型大城市	福建
绵阳市	486.8	138.2	Ⅱ型大城市	四川
盐城市	671.0	135.4	Ⅱ型大城市	江苏
泉州市	878.2	135.4	Ⅱ型大城市	福建
咸阳市	498.3	135.1	Ⅱ型大城市	陕西
台州市	662.3	133.8	Ⅱ型大城市	浙江
芜湖市	364.4	131.7	Ⅱ型大城市	安徽
株洲市	390.3	131.6	Ⅱ型大城市	湖南
淮安市	455.6	130.3	Ⅱ型大城市	江苏
济宁市	835.8	130.1	Ⅱ型大城市	山东
吉林市	362.4	129.6	Ⅱ型大城市	吉林
大庆市	278.2	127.6	Ⅱ型大城市	黑龙江
桂林市	493.1	125.3	Ⅱ型大城市	广西
秦皇岛市	313.7	124.9	Ⅱ型大城市	河北
湛江市	698.1	123.2	Ⅱ型大城市	广东
宜昌市	376.2	122.3	Ⅱ型大城市	湖北

城市	常住人口（万人）	城区人口（万人）	城市规模划分	所属省市
齐齐哈尔市	406.8	121.2	Ⅱ型大城市	黑龙江
抚顺市	186.1	120.8	Ⅱ型大城市	辽宁
上饶市	649.1	119.7	Ⅱ型大城市	江西
南充市	560.8	119.3	Ⅱ型大城市	四川
义乌市	185.9	118.4	Ⅱ型大城市	浙江
邢台市	711.1	117.3	Ⅱ型大城市	河北
泰安市	547.2	115.9	Ⅱ型大城市	山东
开封市	482.4	110.2	Ⅱ型大城市	河南
张家口市	411.9	109.4	Ⅱ型大城市	河北
新乡市	625.2	109.3	Ⅱ型大城市	河南
聊城市	595.2	109.1	Ⅱ型大城市	山东
淮南市	303.4	108.6	Ⅱ型大城市	安徽
十堰市	320.9	108.4	Ⅱ型大城市	湖北
宜宾市	458.9	108.0	Ⅱ型大城市	四川
枣庄市	385.6	107.5	Ⅱ型大城市	山东
岳阳市	505.8	106.7	Ⅱ型大城市	湖南
慈溪市	183.0	106.2	Ⅱ型大城市	浙江
衡阳市	664.5	102.6	Ⅱ型大城市	湖南
长治市	318.1	102.4	Ⅱ型大城市	山西
连云港市	459.9	102.2	Ⅱ型大城市	江苏
锦州市	270.4	101.5	Ⅱ型大城市	辽宁
赤峰市	403.6	101.4	Ⅱ型大城市	内蒙古
晋江市	206.2	101.3	Ⅱ型大城市	福建
泸州市	425.4	100.0	Ⅱ型大城市	四川

资料来源：2020 年中国人口普查分县资料。

一个城市的城区人口规模大小，受多重因素的影响。首先，城市人口规模与经济发展紧密相关，经济越发达的城市往往吸引了大量外来人口。比如成都首次进入超大城市行列，佛山、长沙、哈尔滨、昆明和大连 5 个城市晋升为特大城市。东莞、佛山、厦门、苏州等二线城市均集聚了大量的外来人口，部分城市外来人口超过了户籍人口。其次，城区人口规模在很大程度上也受到行政资源的影响。比如，城区人口 300 万基本成了目前划分一二线城市与三四线城市的一个重要门槛。

1.2.1.4 大城市在我国区域分布

同我国的人口分布一样，106 个大城市主要是分布在"胡焕庸线"以东。从大的区域来看，东部地区共有 54 个，占比达 51%；中部地区和西部地区各有 21 个；东北地区共有 10 个。各省份来看，第二经济大省江苏最多，达到 11 个，包括 10 个设区市和昆山这个县级市，其省会城市南京的城区人口达 791.5 万人，处于特大城市行列。中部6 省的大城市分布较为均衡，河南、湖北和湖南这三个位于京广大动脉边上的省份均有4 个大城市，山西、安徽和江西各有 3 个，6 省大城市数量合计达到 21 个。西部地区人口大省四川的大城市数量最多，达到 5 个；内蒙古和广西各有 3 个；贵州和陕西各2 个；新疆、云南、宁夏、青海、甘肃各 1 个，均为省会城市。加上直辖市重庆，西部地区大城市数量达到了 21 个。东北三省中，辽宁有 5 个大城市、黑龙江有 3 个、吉林有 2 个，三省合计达 10 个。总体上看，东三省的大城市数量并不少。见表 1-7。

表 1-7 我国大城市的区域分布情况表

省份	大城市数量	城市名
江苏	11	南京、苏州、无锡、常州、昆山、南通、扬州、连云港、徐州、淮安、盐城
山东	10	青岛、济南、临沂、泰安、济宁、聊城、潍坊、烟台、枣庄、淄博
广东	10	广州、深圳、珠海、汕头、佛山、江门、湛江、惠州、东莞、中山
河北	7	石家庄、唐山、秦皇岛、邯郸、邢台、保定、张家口
浙江	7	杭州、宁波、温州、绍兴、义乌、慈溪、台州、
辽宁	5	沈阳、大连、鞍山、抚顺、锦州
福建	5	厦门、福州、泉州、莆田、晋江
四川	5	成都、泸州、绵阳、南充、宜宾
河南	4	郑州、开封、洛阳、新乡
湖北	4	武汉、襄阳、宜昌、十堰
湖南	4	长沙、株洲、衡阳、岳阳
山西	3	太原、大同、长治
内蒙古	3	呼和浩特、包头、赤峰
黑龙江	3	哈尔滨、齐齐哈尔、大庆
安徽	3	合肥、芜湖、淮南
江西	3	南昌、赣州、上饶
广西	3	南宁、柳州、桂林
吉林	2	长春、吉林
贵州	2	贵阳、遵义

省份	大城市数量	城市名
陕西	2	西安、咸阳
海南	1	海口
云南	1	昆明
甘肃	1	兰州
青海	1	西宁
宁夏	1	银川
新疆	1	乌鲁木齐
北京	1	北京
天津	1	天津
上海	1	上海
重庆	1	重庆

资料来源：2020 中国人口普查分县资料。

1.2.1.5 现代城市主要功能

城市生态功能。城市生态功能是指城市在资源利用和环境保护等方面为满足人类（包括当代和后代）生存和发展需求所承担的任务和作用，以及由此带来的效应。城市的生态功能实现不仅需注重资源的可持续利用，还需关注环境的可持续发展，在两者之间保持平衡。为发挥城市生态功能，需要改变当前的生产和生活模式，减少自然资源消耗和人均生态负荷，并提高资源利用效率，尽可能用最少的资源生产最大的产出，并减少有害废物的产生。衡量城市生态功能的标准可以通过一系列指标反映，如资源使用效率、废弃物处理效率和城市环境质量状况等。

城市社会经济功能。城市社会功能是指城市在国家或地区中的角色和任务，包括满足人类生存和发展的需要，提供医疗、教育、就业和社会公平等方面的作用。城市社会功能在生活质量、物质文明和精神文明方面提高城市和人的整体素质，从而达到可持续发展的目标。城市经济功能是城市在经济发展方面所承担的角色和任务，包括发挥主导性优势、反映城市的经济性质和保障基本条件。城市经济功能又包括主要经济功能和辅助经济功能，其中主要经济功能是为本城市以外地区服务的，而辅助经济功能是城市正常运行的基础和保证。城市经济功能不仅包括集聚和扩散两个方面，还强调经济发展的质量、节能和无污染生产，以及经济效益、生态效益和社会效益的统一。

城市服务及创新功能。城市服务功能指的是城市在满足人类自身生存和发展需要方面所承担的任务和作用，包括经济、文化、科技、教育、交通运输、医疗保健等领域。在信息社会中，城市的调控和组织能力至关重要，特别是在信息资源方面的优势。信息服务和金融服务成为城市服务的重要内容。城市创新功能指的是城市在技术研发与创新、新产品与新服务的生产、文化与管理创新等方面所承担的任务和作用，以及由于这种作用的发挥而产生的效能。

1.2.2 城市体系与城市群

城市群是城镇化发展到一定阶段的高级产物，而城市体系则是主要表征不同等级和规模大小城市（镇）的一种组织结构，二者都是区域框架下产生的关键概念，是影响小城镇发展和功能演化的重要因素。

1.2.2.1 城市体系

1960年，邓肯（Dunean.O）等在《大都市与区域》（*Metropolis and Region*）中首次引入城市体系（urban system）的概念，城市体系可以更好地发挥区域优势，组织和进行专业化生产，进行区域分工和交换。[①] 按布莱恩·贝利的理解，城市体系是空间组织的两个重要因素之一，是一个国家或区域范围内按照每个城市承担的功能呈等级体系排列而成的城市集合体，它包括几个大都市、大量的中等规模城市，以及更多的小城镇，它们遍布于中心区域和内陆区域，在全国增长过程中分担职能并发挥作用。[②]

一般来讲，这种具有等级规模分布的城市体系就是一个平衡的城市体系，而如果偏离等级规模分布则会被认为是过度城镇化。过度城镇化则意味着最大城市的人数超过了建立在等级规模分布基础上所预期的人数，成为首位城市。首位城市的出现表明现代企业仍然集中于主要的城市，而在外围地区，包括小城镇及其所毗邻的乡村地区仍保留着传统的生活方式。由此看来，小城镇作为城市体系的最低层次和基础力量，其发展程度如何关系到整个城市体系是否有效、合理。而一个有效、合理的城市体系是确保国家或区域经济社会持续发展的条件，也是推动各类城市之间竞争发展的重要动力。

1.2.2.2 城市群

现代意义上城市群概念的研究是由吉恩·戈特曼（1957）开启的。他在考察美国东北沿海连片城镇化地区的基础上提出了大都市带（megalopolis）[③]的概念，旨在表明这种新型大都市已不再是单体城市，而是一个城市共同体，是聚集了若干个大城市，在人口和经济活动等方面发生密切联系的一个多核心、多层次的巨大整体。在戈特曼的影响下，对城镇化区域的研究，开始扩展到全世界。日本学者提出了以城市服务功能范围为边界的都市圈概念，并在此基础上进行了大量的研究和规划实践。麦吉（T.G.Mcgee）则进一步发展了大都市带概念，他提出了Desktop这一亚洲特有的，包括两个或两个以上由发达的交通联系起来的核心城市，当天可通勤的城市外围区及核心城市之间。此后，彼得·霍尔（2006）还提出了巨型城市区域（mega-cityregion）的概念，用以表达以全

---

① Duncan, et al.Mlelro Polis and Region[M].Baltimore:Jolms HoPkins Press, 1960:25.

② 布莱恩·贝利. 比较城镇化：20世纪的不同道路[M]. 顾朝林译. 北京：商务印书馆，2010:111.

③ Gottmann Jean.Megalopolisor the urbanization of the northeastern seaboard[J].Economic Geography, 1957(3)：189-200.

球城市或世界城市为中心，由数量多达 30—40 个城市以及周边小城镇所形成的结构复杂的庞大网络状城市复合体（vastnetworked urban complexes）。① 在全球化浪潮的推动下，城市群的范围正在超越地域空间限制，向着更加广阔的视野迈进。

我国对城市群的研究主要是受到国外 megalopolis、metropolitan area 等概念的影响。从 1982 年起，我国城市地理学家周一星在收集世界 100 多个国家资料的基础上，开展了经济发展与城市化关系的理论与指标体系研究，提出了中国的区域城市体系思想——都市连绵区：以都市区为基本组成单元，以若干大城市为核心并与周围地区保持着强烈交互作用和密切的社会经济联系，沿一条或者多条交通走廊分布的巨型城乡一体化地区。而姚士谋（1992）等城市地理学家则对中国城市群进行了系统研究，他们将城市群（Urban Agglomerations）定义为若干大城市和特大城市集聚所形成的庞大的、多层次、多中心的城市群体。② 2001 年又进一步修订为，在特定地域范围内具有相当数量的不同性质、类型和等级规模的城市，依托一定的自然环境条件，以一个或两个特大或大城市作为地区经济的核心，借助于现代化交通工具和综合运输网的通达性以及高度发达的信息网络，发生与发展着城市个体之间的内在联系，共同构成一个相对完整的城市综合体。③

1.2.3 城镇化

城镇化，是人类社会具有现代城市特征之演化的历史过程，是指随着一个国家或地区社会生产力的发展、科学技术的进步以及产业结构的调整，其社会由以农业为主的传统乡村型社会向以工业（第二产业）和服务业（第三产业）等非农产业为主的现代城市型社会逐渐转变的历史过程。城镇化是多维的概念，内涵包括人口城镇化、经济城镇化（主要是产业结构的城镇化）、地理空间城镇化和社会文明城镇化（包括生活方式、思想文化和社会组织关系等的城镇化）。

关于城镇化的内涵，学术界也有不同的见解。我国著名人口学家田雪原④ 认为，新中国成立初期我国实行的是以小为主的城镇化战略，但是进入 2000 年以后实际上已经转变为大城市主导了，因此城镇化的说法已经不再适合当前我国的发展模式，甚至会成为城镇化发展的障碍。温铁军⑤ 强调，城镇化与城镇化在城乡人口比重这个基本概念上本无不同，只不过在实现方式上更多体现了中国特色，把农村城镇化作为突破"三农"问题和推进人口城镇化的路径，从而规避其他发展中国家城镇化进程中贫民窟出现而

① United Nations.Principles and recom mendations for population and housing censuses(Revision2)，2007:142.
② 姚士谋，等.中国的城市群[M].合肥：中国科学技术大学出版社，1992:7-10.
③ 姚士谋，朱英明，等.中国城市群(第二版)[M].合肥：中国科学技术大学出版社，2001:144-157.
④ 田雪原.城镇化还是城市化[J].人口学刊，2013，35(06):5-10.
⑤ 温铁军，温厉.中国的"城镇化"与发展中国家城市化的教训[J].中国软科学，2007(07):23-29.

引发的一系列社会问题。此外还有学者（刘卫东，陆大道，2005）[1]认为，无论城镇化，还是城镇化都不是单指城市或城镇，也就是说，我国当前提及的城镇化实际上包含了城市和城镇两部分，同义于国际上的城镇化。

城镇化是当前我国小城镇理论研究和实践发展的一个重要宏观背景。国际上通识的城镇化，是与西方发达国家的工业化进程相伴生的，主要是以大城市的集聚和扩散效应为依托，从而带动整个区域人口实现生产生活方式转变和价值观念变迁的过程。联合国人口委员会原秘书长乔治·塔皮诺斯（Georges Tapinos）认为城市在规模上区分大、中、小不同规模，并且小城市里就包含着镇（town）的概念。[2]因此，"城镇化"一词在西方可以囊括所有区别于乡村的聚落类型。但是在我国，对 urbanization 的理解则被统一到城镇化这个官方口径上来。究其本质来讲，城镇化与城市化并没有什么区别，但这种提法势必与中国城镇化发展阶段和小城镇在整个城市体系中的重要性息息相关：就城镇化进程而言，不少学者认为，中国的城镇化进程太快了，从而带来了许多问题，比如过度依赖房地产、土地资源的耗尽、城市空间的大量浪费，等等。美国知名经济师 H.钱纳里、M.塞尔昆等给出了城镇化和工业化协调发展的基本模式，通过推动小城镇的发展，可以减轻大城市发展压力，实现平衡发展。

小城镇作为城镇化的重要组成部分，引起关注。城镇化在表现形式上是人口的聚集，但实质意义上是产业的聚集，只有实现了产业的聚集，才能带动人口的聚集。所以产业聚集是小城镇品质提升的基本条件，而人口聚集则是小城镇品质提升的充分条件。城镇化需要通过产业的积累与成长，促进农村剩余劳动力就业机会的非农化，并利用现代工业对农村生产的技术改造，促进农业信息化。杨敏之[3]指出在当前城镇化发展过程中，明显面临小城镇的发展质量赶不上发展速度、内涵提升赶不上向外部拓展的两个问题，进一步说明企业集聚对城镇化和小城镇健康快速发展产生的巨大影响。

1.3 我国乡村概念解读

乡村，亦称农村。《辞源》书中，乡村被解释为主要从事农业、人口分布较城镇分散的地方。到新石器时代，农业和畜牧业开始分离，以农业为主要生计的氏族定居下来，出现了真正的乡村。中国已经发掘的最早村落遗址属新石器时代前期，如浙江的河姆渡以及陕西的半坡等。与人口集中的城镇比较，农村地区人口呈散落居住。在进入工业化社会之前，社会中大部分的人口居住在农村。以从事农业生产为主的农业人口居住的地区，是同城市相对应的区域，具有特定的自然景观和社会经济条件。针对城镇来说，乡村主要是以从事农业为主要生活来源人口较分散的地方，居民以农业为经济活动基本内容的一类聚落的总称。

---

① 刘卫东，陆大道.我国城镇化及小城镇发展态势分析 [J].今日国土，2005(Z3):21-23.

② 田雪原.城镇化还是城市化 [J].人口学刊，2013，35(06):5-10.

③ 杨敏之.聚焦小城镇建设中一个应当深化和拓展的课题 [J].城乡建设，1999(01):23-25.

1.3.1 乡村分类

1.3.1.1 以主导产业分

以主导产业为主，将乡村类型划分为农业主导型村、工业主导型村和商贸主导型村，并依据产业特点进一步细分，将农业主导型村划分为传统耕作村、林业村、牧业村、渔业村等，也有农林、农牧、农渔等兼业村落。工业主导型村可进一步划分为矿产加工村、木材加工村、农副食品加工村等；商贸主导型村可进一步划分为仓储物流村、观光游憩村、专业市场村等。[①]

一是农业主导型乡村

传统耕作村：传统耕作村是以传统耕作方式自给自足的乡村居民点，即采用人力、畜力、手工工具等为主的手工劳动方式，靠世代沿袭的耕作方法和农业技术种植粮食、蔬菜和水果等，以自给自足的自然经济居主导地位的乡村。传统耕作村一般没有形成突出且具规模的农业产业，极度依赖土地和自然环境。

经济作物村：经济作物村是以种植经济作物为主的乡村居民点。我国经济作物村可按照经济作物的用途分为：纤维作物村，如棉花村、蚕桑村；油料作物村，如油菜村、芝麻村、大豆村等；糖料作物村，如甘蔗村；饮料作物村，如茶叶村、咖啡村；嗜好作物村如烟叶；药用作物村，如人参村、灵芝村；热带作物村，如橡胶村、椰子村等。

传统养殖村：传统养殖村是以圈养家畜家禽、野生经济动物为主的乡村居民点。我国主要的家畜家禽有牛、马、驴、骡、骆驼、猪、羊、鸡、鸭、鹅、兔、蜂等，驯养的野生经济动物常见为鹿、貂、水獭、麝等。

林业村：林业村是以林业、林果种植为主的农村居民点。我国多见种植经营竹、木等用材林的村落和种植经营桑、茶、果、油桐、油茶、鲜花等经济林的村落。

牧业村：牧业村多分布于干旱半干旱地区，可以是固定的或者流动的居民点。由于牧业生产的特点，单位面积土地上获得的经济收入一般不如农耕业获得的经济收入多，同时草原牧区的载畜量又有一定的限制，使得牲畜的放牧半径远大于农耕区的耕作半径，因此牧业村一般都规模较小而且分布较散、农户之间的距离较远。

渔业村：渔业村多位于沿海、沿湖地区，是以捕鱼为主的村落。他们的生产区域是广阔的水域，因此可以在较优质的避风港或堤岸等安全区域内形成较大规模的聚落。浙、闽、粤等省的渔业村落人口可以达到数千至上万人。在江河下游的平原低洼地区，也有以捕鱼为业的村落，或专以养鱼为生的渔村，广泛分布在珠江三角洲、长江中下游平原等地。

副业村：副业村一般也称为手工业村，是指乡村地区长期以手工业为主、农业为兼业的居民点。常见的手工业有石磨、石碑、伞具、竹器、陶器等制造。《徐霞客游记·江右游日记》中记叙浙江一个山村"石坪，山环一谷……居民数十家，以造纸为业"。

① 宁志中，王灵恩，虞虎，等.中国乡村地理 [M].北京：中国建筑工业出版社，2019.

一些平原村落以养蚕为主，形成了一些具有一定规模的养蚕村。

二是工业主导型乡村

矿产加工村：在赋存矿产资源的乡村地区，会因矿产资源的开采形成居民点。居民点的兴起与交通位置、用地条件、原有基础、资源条件等有关。这类居民点由于规模较小，形不成市镇，但也较少从事农业活动，居民多为工人或者是农业户口的工人。

农副食品加工村：农副食品加工村是指直接以农、林、牧、渔业产品为原料进行的谷物磨制、饲料加工、植物油和制糖加工、屠宰及肉类加工、水产品加工，以及蔬菜、水果和坚果等食品加工为主要经济活动的居民点。

酒水茶加工制造村：依托粮食和茶叶种植，以酒水、茶叶等加工制造为主要产业的乡村居民点。

木材加工村：通过对木材进行机械和化学加工，以建筑方木、板材、防腐木、碳化木、成品或半成品家具、锯末、边角料、刨花、树皮等木材加工产品为主要产业的乡村居民点。在我国主要分布在江苏、山东、广东和广西等省区。

三是商旅服务业主导型乡村

市场村：市场村是指存在经营商品批发零售交易的村庄。按照市场商品的分类，可以将综合市场村分为农产品综合市场村、工业品综合市场村、生产资料综合市场村和其他专业市场村。

旅游村：依托自然风景、历史建筑与街区、特色文化、农业景观、游乐设施或周边景区，以观光游览、休闲体验、游憩等为主要的产业活动或经济来源的乡村居民点。

仓储物流村：依托空运、公路、铁路、水运等便利的交通运输条件，以货物、商品运输、中转、装卸、包装、仓储及其相关活动为主要经济来源的乡村居民点。

新兴产业村：随着产业融合发展和农村新业态的植入，跨界融合新产业进驻乡村，形成一批互联网村、艺术村（画家村、雕塑村）、金融村等，这些新兴产业村多依托于特大城市的新兴产业发展，多分布于特大城市周边。

1.3.1.2 其他乡村类型划分标准

以乡村动态变化来划分，可分为原始、古代、近代、现代和未来乡村。

以地域分布来划分，可分为平原、山区、沿海与城郊乡村等。

根据乡村是否具有行政含义划分，可分为自然村和行政村。自然村是村落实体，行政村是行政实体。一个大自然村可设几个行政村，一个行政村也可以包含几个小自然村。

1.3.2 乡村发展存在的问题较多

截至 2022 年，我国乡的数量为 8227 个，村民委员会数量为 489403 个，相比 2003 年均有不同程度的下降。见图 1-1。随着城镇化不断深入，我国乡村社会结构会持续产生新变化，尤其是乡村发展不充分，"乡村病"等问题日趋严重。乡村的发展不充分体现在人力、土地、资本和环境等各生产要素的发展上。

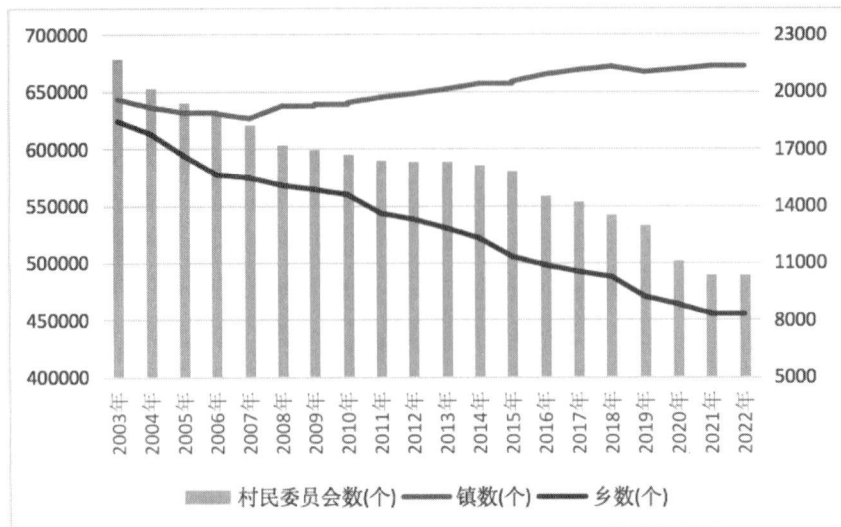

資料来源：国家統計局年度数据。

图 1-1 我国乡村统计情况

1.3.2.1 从业者综合素质不高

农村人力发展不充分。随着城镇化不断深入，大量劳动力走向城镇，导致了空心村、贫困化、老龄化、留守儿童等问题。乡村发展受到冲击不可避免，发展不充分，"乡村病"等问题日趋严重。我国乡村社会结构持续发生着新变化，村庄持续不断地消亡。2023 年年底，我国人口总量为 14.0967 亿人，常住人口城镇化率 66.2%，这就意味着相比 2022 年我国农村大概有 1453.82 万人转移到城市，作为城镇的常住居民。农村劳动力向城镇转移是一个大趋势。

由于缺乏知识型和技能型新型职业农民，农业从业人员的年龄偏大，劳动力不足，乡村老龄化和"三留"人员问题日益加剧。农业从业人员多为传统型农民，缺少知识型、技能型的新型职业农民，导致人力发展不充分。城乡建设统计年鉴数据显示，自2003 年始至 2021 年乡村户籍人口在不断减少。截至 2022 年，农业生产经营人员共计121.17 万人，其中女性 56.37 万人，占 46.5%。从事农业生产经营的人员主要年龄阶层为 36—54 岁，农业从业人员偏老弱化，农村青壮劳动力的快速非农化，促使乡村老龄化和"三留"人员的问题加剧。农村经济发展的人口红利消失，人口流失降低乡村经济发展速度，经济发展降速反过来加剧人口流失的严重性。

农村发展意识不足，人员素质、管理水平和思想观念等方面存在问题。农民文化素质普遍较低，难以承担现代农业发展的重任，而农村群众思想观念陈旧、市场意识不强，往往只顾眼前小利，而忽视长远效益。

农村基层干部的综合素质也有待提高，包括年龄老化、文化素质偏低、政策理论水平不高和工作责任心不强等问题。这些都造成了乡村发展和集体经济发展速度的减缓，从而加剧了人口流失的严重性。

1.3.2.2 农村发展基础差

土地发展不充分。农业耕地流失问题严峻，农产品价格过低，成本较高，农民增收困难。土地资源空废化严重。

农村土地使用效率低下。2022年末，全国耕地面积为13486.32公顷（20.23亿亩），年内净减少耕地面积6.09万公顷。全国人均耕地为1.45亩。农业耕地资源紧缺。农业耕地流失问题严峻，乡村土地资源严重空废化，宅基地空废率持续增长、农用地闲置撂荒等情形日益凸显，土地发展不充分，迫切需要对农村土地制度进行改革，盘活闲散土地资源，避免土地撂荒。

农村农业发展资金短缺严重。政府财政收入总体偏低，城镇化过程中大量的资金都流向于城市，对乡村发展的资金支持力度不充分，乡村发展资金较少。农业农产品价格过低，成本增加导致农民增收困难，农村发展很不充分。发展资金严重不足。发展现代农业各方面的要求比较高，从生产设施建设到栽培管理都较以往更加严格，为此，需要更多的资金投入。而据调查虽然近两年各级对农业有一定的政策和资金支持，但仍不能解决资金不足的问题，由于历史原因，现在农村信用社、农行等金融部门不愿发放小额贷款，更加剧了资金瓶颈问题，制约了农业产业发展。我国乡村缺乏资金的情况主要表现在以下几个方面：资金来源单一。乡村地区的经济基础薄弱，很多地方还处于农业、手工业时代，缺乏多元化的经济来源。因此，乡村地区的资金来源相对单一，主要依靠政府财政拨款和农民个人储蓄。金融服务不足。乡村地区金融机构较少，金融服务水平不高，导致乡村居民难以获得贷款和其他金融支持，进而影响了乡村经济的发展。土地流转困难。乡村地区土地流转市场不成熟，土地的使用权难以变现，这也限制了乡村地区的投资和发展。基础设施薄弱。乡村地区基础设施建设相对滞后，交通、能源、通信等基础设施不完善，这也制约了乡村地区的经济发展。

1.3.3 小城镇对乡村发展的重要作用

1.3.3.1 小城镇和乡村发展的关系特征

小城镇与农村空间相互融合。小城镇与乡村田野的关系密切，甚至在空间上都互相融合，没有明显的割裂感。从外围农村进入大部分小城镇的建成区，通常呈渐变地自然过渡，没有明显的边界和门户地标。小城镇多建立在一个或几个大村庄的基础上，保留了较多的农村印记，建成区内仍有行政村的小城镇比例高达64%，近三成的小城镇建成区全部由行政村构成。

小城镇与农村的发展互相促进。小城镇地处农村与城市之间，要么处于城市周边，要么远离城市居于农村腹地，因而与农村发展息息相关，二者相互影响、相互促进。小城镇的初级服务业因农村而存在，为周围农村提供服务，对农村地区具有辐射带动效应，小城镇的发展相当程度取决于农村发展。农村为小城镇发展提供所需资源，是小城镇发展的基础，农村的繁荣发展对小城镇发展具有重要促进和支持作用，农村的现代化生活也相当程度依靠小城镇来实现。随着乡村居民对公共服务设施质量要求的提升，镇村之间的服务共享模式开始向多元的区域开放共享型转变。这种转变不仅体现在物质资源的共享上，更体现在智力资源的共享上。尤其是教育与医疗服务，镇村互动形式与内容的多元性日渐显著。这种多元化的互动形式和内容，不仅满足了乡村居民对高质量公共服务的需求，也推动了镇村之间的交流与合作，形成了一种新型的区域发展模式。具体来说，这种多元化的互动形式和内容表现在以下几个方面：首先，教育服务方面，镇村之间不再仅仅是单向的输送关系，而是开始向双向互动转变。例如，镇上的学校不仅会向乡村的孩子提供远程教育资源，也会邀请乡村的老师和学生参与到镇上的教育活动中来，这样既提高了乡村教育的质量，也丰富了镇上教育的多样性。其次，医疗服务方面，镇上的医院也开始与乡村的卫生室建立紧密的合作关系。例如：通过互联网技术，镇上的医生可以对乡村的病人进行远程诊断和治疗，而乡村的卫生室也会定期向镇上的医院汇报当地居民的健康状况，这样既提高了乡村医疗服务的水平，也使得镇上的医生能够更好地了解和适应乡村居民的健康需求。在智力资源的共享方面，镇村之间的合作也日渐紧密。例如，镇上的专家学者会定期到乡村举办讲座或培训，而乡村的居民也可以通过互联网平台向镇上的专家进行咨询或学习。这种智力资源的共享，不仅提高了乡村居民的知识水平和综合素质，也使得镇上的专家能够更好地了解和解决乡村面临的各种问题。

小城镇与农村文化相互影响。小城镇是城市文明的承接区和中转站，城市文明通过小城镇向农村传递。根据住房和城乡建设部主持的《说清小城镇》课题研究针对全国 121 个小城镇进行详细调查表明，小城镇常住居民中 70% 的居民登记为农业户籍，21% 的居民仍在乡村地区从事农业，20% 的居民仍有三代以内近亲在农村居住，13% 的居民在农村有宅基地和老房子，小城镇居民的面貌、想法、生活节奏与生活方式等都仍与农村居民有极大相似之处。

1.3.3.2 小城镇带动乡村发展和改革

小城镇承担了城市与乡村之间连接的桥头堡的作用，对乡村发展和改革产生很大影响。

小城镇促进破除城乡二元结构，提振乡村发展。改革开放 40 多年来，我国城镇化进程不断加快，城乡二元结构转化滞后，僵化农村发展，城乡利益冲突和农民工就业压力并未进一步缓解，失地、无业、保障低的农民比例上升，乡村农业发展受到阻滞，"三农"问题突出。农业土地流转、经营组织方式等落后，农村劳动力人力资本水平低，农民增收困难，乡村发展衰落。随着城镇化深入和改革的不断发展，小城镇可以吸引城乡资源要素合理有序转移，促进城乡融合发展，逐渐破除城乡二元结构，提振乡村发展。

小城镇带动乡村顶层规划设计实施。乡村一直缺乏科学合理的乡村顶层规划，村庄建设规划与国家、省市的发展规划衔接较弱，城乡统筹难以兼顾全局性与长远性，导致乡村空间规划问题突出，表现为乡村空间分布散、个体规模小、具体类型多、发展能力弱。小城镇上接城市，下服务乡村，处于城乡融合的关键节点上。随着城乡一体化进程的不断推进，小城镇建设将促进乡村顶层规划设计实施，扭转乡村规划、建设千村一面的现象，重视乡村原有地貌、自然形态，保留历史传承，打造特色乡村，乡村规划更加科学合理，具有可操作性。

小城镇能实现城乡居民公共服务均等化。小城镇作为周边乡村的公共服务的提供者，在辐射周边乡村的基础设施建设过程中可以提供和扩大就业，提升农村居民收入，促进农业转移人口的市民化和就地城镇化。随着乡村道路基础设施建设提升，小城镇与乡村、乡村与乡村之间更好地实现互联互通，有助于区域内要素的自由流动，促进城镇向周边乡村输送资金、人才与产业经济，实现城乡融合发展、共同富裕和全面建成小康社会。

小城镇发展可以改善乡村基础设施建设，完善社会保障体系。小城镇建设将不断开拓和扩大投资途径，积极吸纳各种资本下乡，以改变农业地区农村基础设施建设相对滞后局面，进一步完善农业区域的供水、电力、通信、交通等基础设施，全域覆盖生产和生活服务设施的路网、排水污水管网、电网的建设。加大对政府补助政策的利用，继续完善新型农村社会保障体系和机制，全面构建城乡服务系统，全面建立教育医疗养老等基本生活服务设施，为乡村发展创造基础条件。

小城镇促进建立健全了乡村管理的体系架构、政策法规制度和组织领导，激发农民主体的积极性、能动性与首创精神，充分调动农村深化改革的创新与活力，破除城乡融合发展的体制机制障碍和要素流动壁垒、探索促进城乡要素的自由流动和土地制度改革，调动城镇的生产要素进入乡村助力乡村振兴。

1.3.3.3 小城镇促进产业兴旺和生态宜居

针对农村的产业兴旺，作为城市和农村的连接处，小城镇扮演着城市和农村相互联系的"桥头堡"的角色，对乡村的产业发展产生辐射效应，带动乡村产业升级换代。通过小城镇的建设，大城市的经济活力和科学技术可以传递到乡村。小城镇升级乡村产业结构，提高市场体系成熟度。小城镇建设发展有助于进一步完善乡村产业结构的调整和升级，提供高效的配套公共服务，吸引资金、技术、人才等生产要素向乡村汇集，发挥乡村发展潜力。深入挖掘现代农业的文化潜力，深入挖掘历史内涵，打造特色乡村产业。适应国民经济和社会发展需求，促进中国农业市场经济体制建立，促进农业流通网络建立，顺畅双向流通渠道，合理发展农业市场机制，提高市场体系成熟度。加强农业科研成果转化率，实现市场—科研—开发—市场的良性循环，形成产业链式的系统服务。

在实现乡村振兴的生态宜居过程中，小城镇作为周边乡村区域的中心，可以承担污物集中处理的职能，提供更高等级的市政污水、垃圾处理设施和服务，促进基本公共服务资源和基础设施投资的优化高效配置。通过在周边小城镇集中处理污物，在实现产业集聚效应的可以降低污物的处理成本；通过小城镇的处理，一部分乡村的生活垃圾、农业垃圾、畜禽垃圾可以通过工业生产进行转化，产生经济价值，形成生态产业，实现乡村生态宜居的环境和经济利益的共赢。

1.4 我国小城镇、城市和乡村差异性

1.4.1 小城镇与城市、乡村之间的差异性和相似性

城市、小城镇以及乡村在本质上存在差异性和相似性，它们的核心及灵魂都是人，在本质上都是一种基于人群集聚之上的物化形式。作为一种人群聚集的小城镇，与城市和乡村的差异性主要表现在人口、经济、空间、社会、文化和生态、核心灵魂、时空维度及发展动力等诸多方面。小城镇作为乡村向城市转化的一种过渡形态，既有城市的一面，又有乡村的一面。见表1-8。

表1-8 我国城市、小城镇、乡村的主要差异性比较

差异因素		城市	小城镇	乡村
人口	非农人口规模、人口密度	非农人口数量庞大，农业人口占比极少，有非农人口限制。人口密度大	非农人口占较大比例，但规模较小，有非农人口限制。人口密度适中	以农业人口为主，没有非农人口限制。人口密度小
行政	国家确定的行政地位	有国家确定的行政级别和地位	有国家确定的行政级别和地位	没有国家确定的行政级别
经济	产业结构生产效率	第三产业较发达，生产效率高	第二产业为主，生产效率一般	第一产业为主，生产效率低
	经济总量	经济总量庞大，人均GDP较高	有一定的经济总量，人均GDP较少	经济总量很小
	消费市场	容量大、活跃程度高，居民有较强的消费意愿及购买能力	容量较小、活跃程度较低，居民有一定的购买能力	总量很小，以生活必需品市场为主，居民购买能力低
	收入	财政收入及居民收入处于较高水平	财政收入及居民收入处于中等水平	财政收入及居民收入处于较低水平
空间	行政区域面积建成区面积	行政区域占地面积大建成区大	行政区域有一定的占地规模建成区小	占地面积小无建成区
	空间特征	建筑大、路网密集	建筑中、路网一般	建筑较小无等级路网
	建筑形式	追求现代性、艺术性、智能性及生态性	追求及模仿城市的建筑形式，但不太强调智能性及生态性	以传统建筑为主，强调实用性

差异因素		城市	小城镇	乡村
社会	人际关系	陌生人社会，以契约关系为主	熟人社会与陌生人社会交往，人情关系依然占有重要地位	熟人社会，人情关系为主
	生活方式	节奏紧张，竞争压力较大	节奏不紧不慢，生活压力较小	节奏悠闲，生存压力较大
	公共供给	水平较高	水平一般	水平薄弱
	公共治理	强调公共参与，公民的参与意识及能力较强，社会组织发达，公共治理水平普遍较高	居民对公共事务有一定关注，但参与程度较弱，社会组织不发达	居民对公共事务参与较少，很少有社会组织
设施	基础设施	基础设施发达	基础设施落后	几乎没有基础设施
文化	人的现代性	现代性	传统性向现代性转变中	传统性
	文化环境	文化市场繁荣，拥有大量包含图书馆、艺术中心、博物馆、展览馆等在内的文化设施	文化市场处于较低发展阶段，文化设施普遍较少，居民文化需求层次较低	文化市场不繁荣，文化设施极其匮乏
	文化精神	进取、包容、创新	呈现出进取与保守的混合特征	保守
生态	生态植被	人工痕迹较重	有若干人工痕迹，周围较好地保留了自然植被	以自然植被为主
	污染物排放	汽车尾气排放、工业排放、生活垃圾排放、光污染、二次污染等均较大	污染物排放相对较小	以生活垃圾排放为主
	生态观念	低碳生活观念深入人心，但居民自律性仍普遍较弱	对现代生态观念有一定关注，践行较弱	对自然的认知较为矛盾，一方面敬畏自然，另一方面又破坏自然

差异因素		城市	小城镇	乡村
设立标准①②	非农产业人口数量 非农业户口人员数量 工业产值 国内生产总值 第三产业产值 地方本级预算内财政收入 城区公共基础设施等 乡总人口的数量 乡政府所在地非农业人口的数量	1.设立县级市的标准 （1）每平方公里人口密度四百人以上的县，达到下列指标，可设市撤县： ①县人民政府驻地所在镇从事非农产业的人口（含县属企事业单位聘用的农民合同工、常年临时工，经工商行政管理部门批准登记的有固定经营场所的镇、街、村和农民集资或独资兴办的第二、第三产业从业人员，城镇中等以上学校招收的农村学生，以及驻镇部队等单位的人员，下同）不低于12万，其中具有非农业户口的从事非农产业的人口不低于8万。县总人口中从事非农产业的人口不低于30%，并不少于15万。 ②全县乡镇以上工业产值在工农业总产值中不低于80%，并不低于15亿元（经济指标均以1990年不变价格为准，按年度计算，下同）。国内生产总值不低于10亿元，第三产业产值在国内生产总值中的比例达到20%以上。地方本级预算内财政收入不低于人均100元，总收入不少于6000万元，并承担一定的上解支出任务。 ③城区公共基础设施较为完善。其中自来水普及率不低于65%，道路铺装率不低于60%，有较好的排水系统。 （2）每平方公里人口密度100人至400人的县，达到下列指标，可设市撤县：①县人民政府驻地镇从事非农产业的人口不低于10万，其中具有非农业户口的从事非农产业的人口不低于7万。县总人口中从事非农产业的人口不低于25%，并不少于12万。	1955年和1963年中共中央和国务院设镇的规定作如下调整： （1）凡县级地方国家机关所在地，均应设置镇的建制。 （2）总人口在2万以下的乡，乡政府驻地非农业人口超过2000的，可以建镇。总人口在2万以上的乡，乡政府驻地非农业人口占全乡人口10%以上的，也可以建镇。 （3）少数民族地区、人口稀少的边远地区、山区和小型工矿区、小港口、风景旅游、边境口岸等地，非农业人口虽不足两千，如确有必要，也可设置镇的建制。	自然形成的聚落

① 摘自《国务院批转民政部关于调整设市标准报告的通知》（1993年）。

② 摘自《国务院批转民政部关于调整建镇标准的报告的通知》（1984年）。

差异因素		城市	小城镇	乡村
设立标准	非农产业人口数量 非农业户口人员数量 工业产值 国内生产总值 第三产业产值 地方本级预算内财政收入 城区公共基础设施等 乡总人口的数量 乡政府所在地非农业人口的数量	②全县乡镇以上工业产值在工农业总产值中不低于70%，并不低于12亿元。国内生产总值不低于8亿元，第三产业产值在国内生产总值中的比例达到20%以上。地方本级预算内财政收入不低于人均80元，总收入不少于5000万元，并承担一定的上解支出任务。 ③城区公共基础设施较为完善。其中自来水普及率不低于60%，道路铺装率不低于55%，有较好的排水系统。 （3）每平方公里人口密度100人以下的县，达到下列指标，可设市撤县： ①县人民政府驻地镇从事非农产业的人口不低于8万，其中具有非农业户口的从事非农产业的人口不低于6万。县总人口中从事非农产业的人口不低于20%，并不少于10万。 ②全县乡镇以上工业产值在工农业总产值中不低于60%，并不低于8亿元。国内生产总值不低于6亿元，第三产业产值在国内生产总值中的比例达到20%以上。地方本级预算内财政收入不低于人均60元，总收入不少于4000万元，并承担一定的上解支出任务。 ③城区公共基础设施较为完善。其中自来水普及率不低于55%，道路铺装率不低于50%，有较好的排水系统。 （4）具备下列条件者，设市时条件可以适当放宽： ①自治州人民政府或地区（盟）行政公署驻地。 ②乡、镇以上工业产值超过40亿元，国内生产总值不低于25亿元，地方本级预算内财政收入超过1亿元，上解支出超过50%，经济发达，布局合理的县。	1955年和1963年中共中央和国务院设镇的规定作如下调整： （1）凡县级地方国家机关所在地，均应设置镇的建制。 （2）总人口在2万以下的乡，乡政府驻地非农业人口超过2000的，可以建镇。总人口在两万以上的乡，乡政府驻地非农业人口占全乡人口10%以上的，也可以建镇。 （3）少数民族地区、人口稀少的边远地区、山区和小型工矿区、小港口、风景旅游、边境口岸等地，非农业人口虽不足两千，如确有必要，也可设置镇的建制。	自然形成的聚落

差异因素		城市	小城镇	乡村
设立标准	非农产业人口数量 非农业户口人员数量 工业产值 国内生产总值 第三产业产值 地方本级预算内财政收入 城区公共基础设施等 乡总人口的数量 乡政府所在地非农业人口的数量	③沿海、沿江、沿边境重要的港口和贸易口岸，以及国家重点骨干工程所在地。 ④具有政治、军事、外交等特殊需要的地方。具备上述条件之一的地方设市时，州（盟、县）驻地镇非农业人口不低于6万，其中具有非农业户口的从事非农产业的人口不低于4万。 （5）少数经济发达，已成为该地区经济中心的镇，如确有必要，可撤镇设市。设市时，非农业人口不低于10万，其中具有非农业户口的从事非农产业的人口不低于8万。地方本级预算内财政收入不低于人均500元，上解支出不低于财政收入60%，工农业总产值中工业产值高于90%。 2.设立地级市的标准 市区从事非农产业的人口25万人以上，其中市政府驻地具有非农业户口的从事非农产业的人口20万人以上。工农业总产值30亿元以上，其中工业产值占80%以上。 国内生产总值在25亿元以上。 第三产业发达，产值超过第一产业，在国内生产总值中的比例达35%以上。 地方本级预算内财政收入2亿元以上，已成为若干市县范围内中心城市的县级市，方可升格为地级市。	1955年和1963年中共中央和国务院设镇的规定作如下调整： （1）凡县级地方国家机关所在地，均应设置镇的建制。 （2）总人口在2万以下的乡，乡政府驻地非农业人口超过两千的，可以建镇。总人口在2万以上的乡，乡政府驻地非农业人口占全乡人口10%以上的，也可以建镇。 （3）少数民族地区、人口稀少的边远地区、山区和小型工矿区、小港口、风景旅游、边境口岸等地，非农业人口虽不足两千，如确有必要，也可设置镇的建制。	自然形成的聚落
相关转化	彼此之间可以相互转化	可以转为小城镇	可以转为城市和乡村	可以转为小城镇
相似性	核心及灵魂	产生和发展来源于人的主观能动性，它们的构成人群各不相同，从而赋予其以独一无二的个性及气质		
	发展动力	来自行政因素的推动，也可以来自经济上的自发生成，更可以来自多因素的交叉影响		
	时空维度	在时间维度上，它们都处于无限变化中，有些会日趋衰落，有些则会走向繁荣。在空间维度，它们都是一种有着有限空间边界的聚落形式		

资料来源：根据相关资料整理。

1.4.2 小城镇与城市、乡村之间的相互转化

在我国城乡系统的各种关系，乡村、小城镇的晋升关系非常清晰。见图1-2。

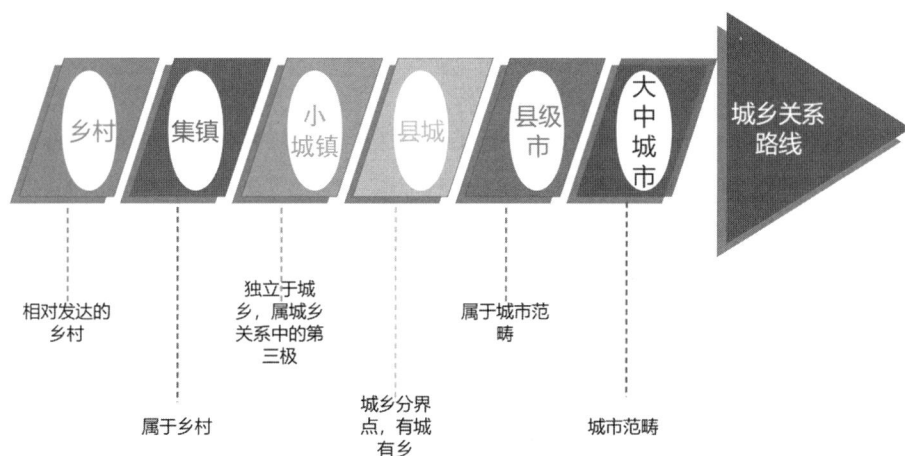

图 1-2　我国城乡关系路线

小城镇还有一个极其重要的特征，即在一定历史条件下，城市和乡村均可以通过小城镇过渡后相互转化。见图1-3。

图 1-3　小城镇与城市和乡村的相互关系

我国城镇区划单位不断地发生变化，只是低层级向高层级转化较多一些。具体见表1-9和图1-4。

表 1-9　我国城镇规模变动情况

时间	地级区划数（个）	地级市数（个）	县级区划数（个）	县级市数（个）	县数（个）	自治县数（个）	镇数（个）
2003	333	282	2861	374	1470	117	20226
2004	333	283	2862	374	1464	117	19883
2005	333	283	2862	374	1464	117	19522
2006	333	283	2860	369	1463	117	19369
2007	333	283	2859	368	1463	117	19249
2008	333	283	2859	368	1463	117	19234
2009	333	283	2858	367	1464	117	19322

时间	地级区划数（个）	地级市数（个）	县级区划数（个）	县级市数（个）	县数（个）	自治县数（个）	镇数（个）
2010	333	283	2856	370	1461	117	19410
2011	332	284	2853	369	1456	117	19683
2012	333	285	2852	368	1453	117	19881
2013	333	286	2853	368	1442	117	20117
2014	333	288	2854	361	1425	117	20401
2015	334	291	2850	361	1397	117	20515
2016	334	293	2851	360	1366	117	20883
2017	334	294	2851	363	1355	117	21116
2018	333	293	2851	375	1335	117	21297
2019	333	293	2846	387	1323	117	21013
2020	333	293	2844	388	1312	117	21157
2021	333	293	2843	394	1301	117	21322
2022	333	293	2843	394	1301	117	21389
2023	333	293	2843	394	1301	117	21421

资料来源：国家统计局历年统计数据。

中国小城镇

我国县域经济发展的支柱和引擎

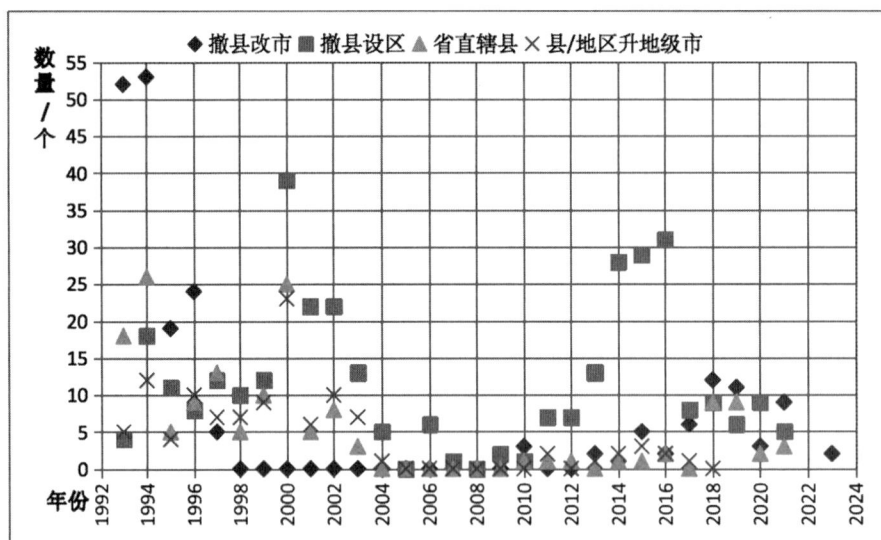

图 1-4　我国近 30 年来行政区划变更数据（1992—2023）

资料来源：民政部区划数据。

第2章　我国小城镇发展实践历程

　　小城镇的出现是历史演进的必然结果。"要想更深刻地理解城镇现状，需要去了解城镇更远古的结构和更原始的功能"[①]，小城镇的形成与发展历史悠久，可以追溯到古代。古代小城镇与现代小城镇有很大的区别。古代小城镇是有别于农村的城市概念，是随着生产力的进步、劳动生产率提升和私有制出现而产生的。今天的小城镇则是城乡过渡体的主体和代表，是沟通城乡区域经济的桥梁和枢纽，是新型城镇化战略的重要组成部分。"如果为城市生活奠定新的基础，就必须明了城市的历史性质，就必须把城市原有的功能，即它已经表现出来的功能，同它将来可能发挥的功能区别开来。"[②]同样，为了推进小城镇健康、快速发展，必须以史为鉴，寻旅我国小城镇实践历程，认真回顾和深入梳理总结小城镇的发展历程，能更加自觉地把握小城镇发展的规律性，从而更加有的放矢地经营，促进小城镇健康发展。

2.1 古代小城镇发展（原始社会至1911年）

　　古代城镇的发展可以划分为几个不同的阶段：

　　最初形成时期：约公元前800—公元前200年，原始社会—春秋战国时期。

　　成熟发展时期：公元前221—907年，秦汉—隋唐时期。

　　多元发展时期：公元907—1840年，宋辽金—元明清。

2.1.1 夏前时期（公元前2070年以前）

　　随着生产力的进步，劳动生产率的不断提升，以及私有制的出现，形成了古代小城镇产生的物质和政治条件，距今4000多年前，黄河中下游地区出现了一种特殊的部

[①] 刘易斯·芒福德.城市发展史——起源、演变和前景［M］.宋俊岭，倪文彦，等译.北京：中国建筑工业出版社，2005:1-2.

[②] 刘易斯·芒福德.城市发展史——起源、演变和前景［M］.宋俊岭，倪文彦译.北京：中国建筑工业出版社，2004.

落或部落联盟，它们是"城镇"的原始雏形（夏禹之父鲧作城郭的时代）。虽不是严格意义上的小城镇，但被认为是中国小城镇的萌芽开始。

社会分工和商品交换是小城镇产生的基础。[①] 夏前时期，逐步产生了农业、畜牧业和手工业三次社会大分工，为小城镇的产生奠定了物质和政治条件。旧石器时代，农业、畜牧业和手工业已经有一定程度的发展。猪已大量饲养，畜牧业逐渐从农业中分离出来，出现第一次社会大分工。之后，陶器、纺织、缝纫得到发展，冶铜业开始出现，手工业逐步从农业中分离出来，出现第二次社会大分工。再后来，随着生产力的发展和剩余产品的出现，以直接交换为目的的商品生产日渐产生和发展（传说颛顼时"祝融作市"，其后又"北用禺氏之玉，南贵江汉之珠"，对被征服部落则是"散其邑粟与其财物，以市虎豹之皮"。[②]），商人又从农业、手工业和畜牧业中分离出来，出现第三次社会大分工。手工业和交换行为本来附属于农业，分工的结果变为相对独立的，由规模甚小到逐步扩大。这些行业内部也在逐步分解、分化。独立的手工业需要有相对集中和固定的地点，商品交换也需要有比较方便和较为固定的交换场所。[③] 这是小城镇产生发展的物质基础。当"劳动者生产的产品除了维持自己的基本需要之外还有剩余，出现了以直接交换为目的的商品生产的情况下，小城镇便逐步产生和形成"。[④]

新石器时代开始出现原始的小城邑。在出现剩余劳动的基础上，产生了私有制、阶级、战争和国家，剥削阶级为了巩固自己的统治，筑城造邑，屯兵扎寨，用来维护私有制，聚敛财富，掠夺和剥削人民，奢侈享乐。据秦汉以来的文字记载[⑤]，禹的父亲鲧率先筑城。而这又为小城镇的产生发展提供了政治基础。因此，一座座"小城镇"次第产生。

这些古代小城镇被称作中国的"原始城市"，很多的遗迹至今依然尚存。据考证，在内蒙古赤峰东八家和辽宁凌沅南城子等地，曾发现新石器时代的石城遗址。甘肃民勤县西的沙井也有土墙的遗迹。山东淄博境内的教场铺古城遗址，规模宏大，总面积达40万平方米；山东章丘龙山文化时期的城子崖古城遗址[⑥]，周围保存有相当完好的板筑围墙的残存。其他的还有登封王城后岗[⑦]、淮阳平粮台古城[⑧]、郾城郝家台古城[⑨]、湖北天门的石家河古城、河南二里头夏朝都城遗址、安阳商朝殷墟等都是中国原始社

① 郑宗寒. 试论小城镇 [J]. 中国社会科学，1983(04):119-136.

② 《世本作篇》，《管子揆度》，《绎史》卷十。

③ 马克思说："城市工业本身一旦和农业分离，它的产品一开始就是商品，因而它的产品出售就需要有商业作为媒介，这是理所当然的。因此，商业依赖于城市的发展，而城市的发展也要以商业为条件，这也是不言而喻的。"（《资本论》第三卷，《马克思恩格斯全集》第25卷，第371页。）

④ 王可侠. 谈小城镇发展的阶段性 [J]. 安徽大学学报，1986(01):37-40.

⑤ 参见《吕氏春秋》《世本作篇》《淮南子·原道训》。

⑥ 李聪. 简论城子崖遗址的发掘和保护 [J]. 管子学刊，2015(03):74-77.

⑦ 方燕明，郝红星. 追寻"禹都阳城"河南登封王城岗遗址考古发现历程 [J]. 大众考古，2017(02):23-34.

⑧ 白盼. 河南淮阳平粮台古城探究 [J]. 时代报告（下半月），2013(3):164.

⑨ 河南省文物考古研究所. 郾城郝家台 [M]. 郑州：大象出版社，2012:41.

会后期的古城堡遗址。① 这些遗址，大约是氏族部落中比较先进的聚居区和高级村邑，可看作小城镇的原始形态。这些古代城堡遗址印证了我国小城镇开启发展之路。

2.1.2 夏商周时期（公元前2070—公元前256年）

进入奴隶社会后，我国小城镇逐渐成形并兴起。

随着新的生产关系的推动，农业、手工业和畜牧业迅速发展，剩余产品不断增加，社会分工和商品经济逐渐成熟，真正意义上的小城镇开始萌芽和发展。商朝时期，金属工具的使用已经开始普及，畜牧业种类齐全，手工业门类多样，分工系统更加细致，各行各业的百工开始出现。商品交换逐渐扩大，人们已经能够驾车、用牛驮运货物进行远距离的贸易往来（"牵车牛远服贾"②）。"贝币"的普及也为商品经济的发展提供了重要的基础条件。古代建筑业也在这个时期得到了长足的发展。在夏商晚期，小城镇初步规模化，城镇总体布局以及分区规划井然有序。如已经发掘出来的商代后期的王都——殷墟，就是当时城镇建筑讲究的代表之一。殷墟建筑宏伟壮观，内部布局严谨有序，占地面积超过24平方公里，是当时举世罕见的都城之一。

西周时期最主要的政治制度，就是以宗法制为基础的分封制度。"宗法制是通过血缘关系调整统治阶级内部权力、土地、财产继承的矛盾，进而有利于内部团结，保证了贵族世卿世禄特权。""宗法制下大宗与小宗既是血缘关系又是君臣关系，通过宗法分封形成了牢固的以血缘或联姻为纽带的政治关系，以维护周王朝的政治秩序、社会稳定、贵族利益。"③西周开国之初为推行宗法分封政体，大事封国建侯，做邑做邦，广为营都建邑，制定了一套营国制度，内涵颇为全面，包括都邑建设理论、建设体制、礼制营建制度、都邑规划制度和井田方格网系统规划方法，制定了千里京畿区域规划制度。一个个小城镇应运而生，掀起周代第一次小城镇（奴隶城市）建设高潮。

周朝生产力进一步发展，手工业分工更细④，商业分为官商（奴隶主办）和私商。除王都外，诸侯国出现大小都邑。大都邑是商业中心，有相对固定的商业和手工业，那是名副其实的小城镇。中等都邑有市，是农村中小范围定期的交换中心，称有市之邑，如韩国的上党，其中70邑有市。小邑则有小市。《易传·系辞传》称"神农氏作，列廛于国，日中为市，致天下之民，聚天下之货，交易而退，各得其所"。⑤就是指这种情况。有些都邑内部行业齐全、分布整齐，交易时间、地点和手续有严格的规定。有些大都邑商业四通八达，后来发展成为全国闻名的城市。

---

① 参见史念海. 河山集[M]. 北京：三联书店，1978:23-24.

② 参见《周书》中的《酒诰》。

③ 中国早期政治制度的特点和走向大一统的秦汉政治。

④ 《考工记》把木工分为七部，金工六部，皮革工五部，设色工五部，利磨工五部。

⑤ 廛（音馋）是指一家人住的房子。《说文解字》说"在野曰庐，在邑曰廛"。邑分有城垣和无城垣两类，有城垣邑，又分为王都、国都、畿内、小封君首邑和老百姓住的城邑等。

春秋战国时期（公元前五六世纪），城市从奴隶社会的"城"——都邑，演变为封建社会的"城市"，实质上是由政治城堡的"城"，转化为兼备的政治经济双重职能的"城市"，掀起周代第二次城市（封建城市）建设高潮。第二次城市建设高潮对前次形成的都邑规划传统，并非全盘否定，而是既有批判的一面，也有继承和发展的一面。古籍中有关小城镇的记载也不少。《周礼》中有不少关于小城镇的记载，被作为城市（《周礼》中的国中）的近郊、远郊以外的农村地区。古籍中的县甸丘邑等很多行政单位均可以看作古代的小城镇。《周礼·地官司徒·小司徒》：凡国之大事、致氏、大故、致余子，乃经土地而井牧其田野。九夫为井，四井为邑，四邑为丘，四丘为甸，四甸为县，四县为都。以任地事而令贡赋。都是封国的子邑。这里的县甸丘邑是都之下的一级行政单位，它不是属于国中，而是属于四郊都鄙的范围，均可以看作古代的小城镇。《逸周书·作雒解》载：周公……乃作大邑成周于土中。城方千七百二十丈，郭方七十里……制郊、甸方六百里。这是王城及其近郊，是在天子管辖范围内出现的小城镇。"邑为居民所聚，居民有多少，故邑有大小。"[1] 春秋战国时期，各诸侯国出于政治和军事的需要，纷纷扩旧建新，城邑的数量急剧增加，大小数量达 600 多个，甚至超过 1000 个，分布在 35 个诸侯国中。[2]

2.1.3 秦汉三国时期（公元前 221—280 年）

秦汉时期，形成秦制[3]，主要内容为中央集权的地方郡县制[4]。郡县制加快了秦汉时期小城镇的培育和发展，催生了区域经济，开拓了封建社会城市规划学和小城镇科学发展的道路。

秦汉时期，小城镇较为落后，通常位于沿着河流、交通要道等重要地理位置上。这些地方主要以农业和手工业为主要经济来源，人口相对较少，社会生活比较简单。秦汉时期的小城镇中，许多人的主要职业可能是农民或手工艺人，以生产粮食、织物和家具为主。小城镇中的市场和集市供应基本的日用品和食物，比如米、面、水果、蔬菜、家畜等。小城镇中通常只有一些基础设施，如市场、集市和一些手工作坊等，比如由冶铁作坊来生产农具、铁器等并交易。一些小城镇拥有城墙和简陋的防御设施，以保护自身不受敌人入侵。秦汉时期小城镇的生活相对街市和宫殿更加朴素和传统，社会和经济发展相对较为滞后。

三国时期，小城镇主要是指各地区的小型聚落，这些聚落往往以商业和手工业为

---

① 摘自金锷（清代）作品《求古录·礼说·邑考》。
② 张鸿雁. 春秋战国城市经济发展中 [M]. 沈阳：辽宁大学出版社，1988:121.
③ 江连山. 秦国历代国君的经济措施与王权扩大的关系纵论 [J]. 西安财经学院学报，2013，26(02):98-104.
④ 郡县制影响了中国此后数千年的行政区划。即使在今天，郡县制对当今城镇体系建设的影响也是巨大的，带动了城市的飞速发展，同时也带来了一些弊端，比如区域间发展的差距加大、中小城市发展不协调、城乡二元制结构突出、中央与地方利益分配矛盾等。

主要经济活动，是当时重要的经济中心。政治上，三国时期的小城镇没有明确的行政地位，但是这些小城镇承担着一定的行政职能。例如，一些较大的小城镇都设有乡、县等地方政权机构，具备一定的行政管理能力，同时也是政府对外联系和民生发展的重要场所。军事上，一些重要的小城镇成了防御要塞，是当时的军事重镇。经济上，三国时期的小城镇以手工业和商业为主要经济活动。手工业是当时重要的生产方式，尤其是军事用品、家居用品和工艺品等领域，手工业者在小城镇中占有很高的比例。同时，商业也是小城镇的重要活动，许多小城镇都有市集和商贸场所。这些商业活动的发展，也带来了交通和运输业的快速发展，小城镇也成为物资流通的重要节点。文化上，小城镇也扮演了一个重要的角色。小城镇是地方文化的交汇点，不同地区的文化在小城镇中得到了互相融合和交流。三国时期的小城镇中涌现出了许多舞蹈、音乐、文学、技术等方面的新文化和新技术，这些文化和技术的创新为当时社会的进步和发展带来了不可替代的推动作用。三国时期的小城镇是经济文化发展的重要社会和地方组织，对三国时期社会的进步和发展发挥了重要作用。

据统计，秦有46个郡治首邑。西汉时郡治首邑发展到51个，有8个有名的商都。另外，汉代"草市"开始出现，作为镇的原始形成阶段的一种物理形式开始存在。所谓草市，是指农村地区自发形成的较为稳定的集市，受政府约束较少。

2.1.4 晋朝时期（265—420 年）

晋朝时期，中国的城镇经济开始呈现出明显的发展趋势，出现了大量的小城镇。晋朝时期是中国历史上一个重要的时期，其时代背景不同于秦汉时期，随着战争和政治动荡的加剧，许多城镇逐渐走向繁荣，同时也有许多城镇经历了被毁坏和消失的历程。

晋朝时期的小城镇相对于秦汉时期，多是兴起于兵荒马乱中的居民据点或由寺庙、集市、码头等匠商聚居所发展而成，这些小城镇在经济、文化和地位造就方面的特点也因地理位置、历史背景等有所不同。晋朝时期的小城镇是由历史所铸，也是历史的见证。每个小城镇不同的地理、文化和历史背景都赋予其不同的特点和价值。

晋朝时期的小城镇，通常是由集市逐渐发展而来。随着地方经济的进一步繁荣，这些集市转变为集镇，将铺子、零售、贸易和手工业的生产结合在一起。潼关，位于今陕西省渭南市潼关县一带，是连接中原和西北地区的要道，也是中国历史上重要的关隘之一。南阳，位于今河南省南阳市一带，山水环绕，物产丰富，是一个历史悠久、文化繁荣的城市。邺城，位于今河北省邢台市临城县一带，是魏晋南北朝时期的崇文重地，历史上曾是慕容氏、拓跋氏建都之地。平阳（同晋朝时期，非秦汉时期的山西平阳），位于今山西省晋城市阳城县一带，是一个自古就有名的商业城镇。在东晋时期被划为平阳郡治，是商业和文化中心之一。孝义，位于今山西省临汾市孝义市一带，是南北朝时期的一座城镇，以制铁和制作武器闻名于世。同时，这里也有许多知识分子居住，孝义城在文化、经济和军事上均有一定的影响力。

晋朝时期的小城镇中，以手工业和商业为主导产业，农业也占有很大比重。由于当时交通、通信设施比较落后，交易多以本地区为主，自给自足的特点比较明显。小城镇的经济活动，不仅提供了物质需求，还拓宽了文化交流和知识传播的渠道，进一步促进了社会的发展和进步。

2.1.5 南北朝时期（420—589年）

南北朝时期，因为政治动荡和战乱较多，小城镇在经济、文化、军事和政治等方面虽然发展相对缓慢，但也表现出了自己的特色和成就。

随着封建农业经济的发展和国家长治久安政策的实施，南北朝时期许多小城镇开始发展起来。这些小城镇主要是依附于地方大族或历史名胜发展而起，如合肥、南京、成都等。经过几百年发展，南北朝时期的小城镇在经济、文化、军事、政治等方面逐渐成熟。南北朝时期的小城镇以手工业为主，如丝绸、纸张、瓷器、铁器、竹器等，同时市场贸易、流水作业模式也逐渐形成。在文化方面，南北朝时期是中国艺术、文学、思想繁荣的时期，许多文化名城应运而生，如洛阳、南京、襄阳等。这些小城镇不仅有许多文化遗址和文化名胜，而且在文化交流方面都有着重要的地位。

在军事方面，南北朝时期由于战乱较多，小城镇主要扮演了军事要塞的角色，许多城镇因其地理位置而成了军事重镇，具有重要的战略作用。镇的起源最早可追溯至北魏时期，最初的镇是作为军队戍所而兴建的，这一时期的镇具有军事性与羁縻性双重特征，承担着防守边境、抗击游牧民族的入侵、维持地方治安及勘定内乱的军事功能及有抚绥边境少数民族的功能。[①] 北魏末年，六镇起义一度导致中央政府改镇为州，但直至北周，军镇依然存在并延续到五代时期。

在政治方面，南北朝时期，小城镇主要由地方大族、官僚、士绅等掌控，同时在政治制度上也出现了一些地方性且具有特色的政治组织形式，如郡县制度、州郡制度、土司制度等。

2.1.6 隋唐时期（581—907年）

隋唐时期的小城镇在经济、文化、军事和政治等方面都表现出了较快的发展。这些城镇的发展，不仅推动了当时中国的经济、文化、科技的进步，小城镇较快地发展，为后来中国的城镇化和现代化进程打下了基础。小城镇的发展一般伴随着农业的发展和交通的便利化，同时也带动了手工业、商业和服务业的兴起。隋唐时期的小城镇也是文化、教育、科技的重要场所。一些著名的小城镇，如扬州、苏州、开封等，成为当时的文化、教育、科技中心，吸引了大量文人学士和知识分子。隋唐时期的小城镇也有不少学校、书院和寺庙，为教育的推广和文化的传播提供了良好的平台。需要注意的是，隋唐时期的小城镇在经济、文化等方面的发展并不是平衡的。一些城镇在经

---

① 梁伟基. 北魏军镇制度探析 [J]. 中央民族大学学报（社会科学版），1998(02):57-62.

济和文化方面取得了较快的发展，而另一些则相对较弱。隋唐时期的小城镇在政治和军事方面也扮演了重要角色。许多小城镇因其战略位置而成为军事要塞，需要承担起防御和战争的责任，但同时也成为政治和行政中心，承担了国家管理和治理的职责。

在这一时期，小城镇的交通逐渐便利化，陆路和水路交通逐渐发展起来，贸易得以进一步扩大。随着经济的发展，商业贸易、手工业生产的规模也不断扩大，使得更多的人从事手工业、商业活动。城镇中出现了不少的职业群体，如商人、工匠、伎乐、酒楼老板等。在行政区划和社会组织结构方面，唐代设立的坊（城镇）和村里（乡镇）基本上可以看作我国近现代城镇雏形。"唐太宗贞观九年，在实行乡里制的为强化府、州、县驻地及附近地区的治理，在镇廓内设坊，五百户以上的市镇亦设坊，在城郊设村里。坊和村里属县下自治组织，不属于州、县行政组织系统，这是我国历史上第一次将乡村与城镇、乡镇分而治之。"①

隋唐时期，小城镇的空间结构逐渐趋于规则化。城镇外也逐渐形成相对清晰的城镇边界，城镇内则逐渐形成不同的功能区，如商贸、手工业和居住区等。小城镇的规模也不断扩大，逐渐成为经济文化中心。小城镇的经济活动更加多元化，手工业、商业和服务业成为小城镇的主要产业，并且逐渐形成了以家庭手工业为主的制造业模式。隋唐时期的小城镇商业活动发达，许多城镇都建有集市或市场。城镇周边的农业和畜牧业也逐渐发展起来，为小城镇提供了支持。小城镇的社会组织结构比较复杂，既包括了统治者和国家机关，也包括了商人和手工业者、贫民和流浪汉等群体。在城镇内部，行业协会和商会等组织也相继出现，这些组织将同行业的商人和手工艺人聚集在一起，以更加规范的方式组织和管理生产和经济活动。

唐代全国共有镇、戍587个，其中上镇20个、中镇90个、下镇135个、上戍11个、中戍86个、下戍245个。②

2.1.7 辽代时期（907—1125年）

辽是中国历史上的一个重要王朝，其小城镇在中国城乡发展史上具有特殊的地位和作用。辽境内的小城镇，大多设置在山丘或更加平坦的地区。基于交通非常不便和安全威胁较大的原因，许多辽代小城镇位于城墙之内。城墙一般用砖块、石头或土坯等材料建造，有些城墙甚至高达十几米。同时城墙外有护城河或护城壕，加强了城市的防御能力。

辽代小城镇的经济以农业、手工业以及贸易业为主。农业是辽代社会的主导产业，手工业则大多以铁器、纺织品、陶瓷等行业为主，贸易以市集为代表，城市中的"瓦子街"等商业集市是主要的交易场所。辽代小城镇的社会制度相对于唐宋时的中央集权更加灵活，它是由中央的贵族和地方的土司共同治理。城镇内有领导的州、县、乡三级管

---

① 王志宪，吕霄飞.中国小城镇发展概述 [J].青岛科技大学学报（社会科学版），2010，26(02):7-10.
② 傅宗文.宋代草市镇研究 [M].福州：福建人民出版社，1989:19.

理机构，基于这种制度奠定了辽朝独特的文明与发展。

辽代的小城镇在中国城区历史上具有重要地位，它的经济、文化、社会制度以及防卫策略展示了适应当时严峻的社会面貌的全面思考，奠定了今日北国文明的基础。辽代小城镇内的建筑多数是木质建筑，如宫殿、庙宇、市场、银庄等。辽代小城镇有一定的发展，用雨后春笋一般勃兴比喻并不过誉。这些小城镇，大多分布在今天的东北（辽渤海旧城）、河北（古幽州）、山西（古云州）、内蒙古西部、辽宁（古襄平地）以及蒙古国境内。近年来考古人员在今西辽河上游赤峰境内发现近 100 处的中、小城市和集镇遗址，这些城址其规模小者周长 1—2 里，大者 3—5 里，其建筑布局，均有高大坚固的城墙、城门，有的有敌格，城内房舍、街道、建筑、院落井井有条、错落有序。①

2.1.8 宋代时期（960—1279 年）

真正意义上的市镇、集镇直到宋代才开始，"民聚不成县而有税课者，则为镇，或以官监之"②。从此之后，镇作为基层行政单位归县管辖，③是我国行政体系的重要组成部分。

北宋时期，"随着商品经济的发展和城市人口的增加，彻底打破了坊、市的界线，商店可以随处开设。"④不再采取集中的方式，坊市制度全面崩溃。商业的经营方式和城市的空间格局向开放型转变，形成许多繁华热闹的商业街与新兴的服务和娱乐行业（如浴堂、茶坊、勾栏等），令商人、小贩、卖艺者及他们的客人城市居民成为城市的最重要部分。南宋开始进入后期封建社会，市坊制度的改革，带动了城市规划的革新，更加突出了城市的经济职能。宋代交换经济繁荣，为城市的发展创造了有利条件。市坊制度⑤的改革，带动了城市规划的革新，更加突出了城市的经济职能。宋代交换经济繁荣，为城市的发展创造了有利条件。

在宋代商品经济的影响下，原本有着明确界限的市与镇开始结合而形成了市镇。宋代市镇主要有两种形成途径：一是由原有的军镇转化而来。唐代安史之乱后，内地藩镇林立，这些镇往往设于内地水陆交通要道，并设镇将主持镇务，干预地方政治，部分镇将长期从事商业经营活动。这些镇驻扎着数量众多的士兵，由此产生了规模可观的"集中消费人口，除食品、服装、军备等物资由官府集中统一供应外，其他生活

① 高娃.中国古代城镇建设史上有益的借鉴——辽代中小城镇建设的人文思维.// 中国古都研究（第十八辑上册）——中国古都学会 2001 年年会暨赤峰辽王朝古都历史文化研讨会论文集 [C].2001:8.

② 宋代高承.事物纪原（卷七）——库务职局.

③ 顾朝林，等.中国城市地理 [M].北京：商务印书馆，1999.

④ 中国古代史之隋、唐、宋极简笔记。

⑤ 闫玉芬.如何理解市坊制度的瓦解和崩溃 [J].快乐阅读（中旬刊），2013(14):93.

性消费需求往往需要通过市场"①来满足。由于这些镇位于内地要冲之地，交通区位优势明显，十分有利于贸易活动，常有商贩聚集，随着时间的推移与经济的发展，人口不断聚集繁衍，军镇的市开始形成，至南北朝时期，军镇设市已经成为普遍现象，此后，军镇逐渐发展成为市井繁盛的商业居民点，镇作为乡村地区农副产品交易集散地的经济职能日益突出，在宋代商品经济发展、中央集权加强的背景下，罢镇将、镇使，收其权于知县，镇的军事意义降低，逐渐成为具有一定居民规模的乡村经济中心，即市镇。镇的经济功能开始取代军事功能成为主要功能，如浙江北部平原地区的长安镇与硖石镇，在唐宋时期主要以军事职能为主，后来慢慢演变成为海宁的两个重要经济中心。二是从草市转化而来。草市是指中国古代的乡村集市，草市最初多为定期集市。②两宋时期，商品经济空前发达，一方面，宋太祖下诏改革坊市制度，解除了商品交换的时间与空间限制，商业活动空前繁荣；另一方面，伴随着农民与市场的联系日益紧密，商品交易活动增多，部分农业人口开始离开土地而聚集到草市从事工商业活动，草市周围逐渐有了定居者，一些草市逐渐发展成本地区物资交流与交易中心，成为商业聚落。从北宋中期起，官府在多数情况下把镇的设立标准从军事重要性转向商业上的考虑，③普遍在县以下的重要乡村集贸市场设立镇。"镇设监镇和监税官，负责维持市镇的日常社会秩序并管理商业活动。"④如湖州乌程县衰泽乡南浮村，原为一个居民聚落点，伴随着经济社会发展而转化为南浮镇。至此，镇原有的军事色彩已经消失，逐渐演变为一种地方经济单位，即在商品经济发展基础上形成的一种贸易和交换的经济中心，镇的历史开始进入一个以经济功能为主的崭新时期。部分镇在经济发展基础上，开始关注社会性及公益性事业，大力发展文化教育、慈善救济事业，镇的社会功能也有所发展。⑤

南宋开始进入后期封建社会，市坊制度的改革，带动了城市规划的革新，更加突出了城市的经济职能。在南宋革新城市规划制度的基础上，为探索城市规划进一步发展营国制度传统，树立了光辉样板。

宋朝有明确记载的小城镇 1884 个⑥。包括景德镇、大同、遵化在内的要地约有 70 个⑦，集镇估计不低于 4000 个。⑧当时，一些都城、商都，如北京、西安、开封、成都、

① 徐东升. 明清市场名称的历史演变——以市、镇、墟、集、场为中心 [J]. 中国经济史研究，2007(03):37-43+62.

② 郑瑭. 宋代的镇 [J]. 乡镇论坛，1991(10):47.

③ 高承. 事物纪原 [M]. 北京：中华书局，1989:358.

④ 脱脱. 宋史 [M]. 清乾隆武英殿刻本，卷一百六十一.

⑤ 脱脱. 宋史 [M]. 清乾隆武英殿刻本，卷一百七十八.

⑥《元丰九域志》（参见光绪八年金陵书局冯集梧校订本）.

⑦ 据南开大学编《中国古代史教学参考地图》第 719、第 15- 第 53 页资料统计。

⑧ 在宋朝，镇与市的数量大约是 1:3(参见《成淳临安志》)，广西、广东及江浙沿海带是 1:5 甚至更高。按 1:3 计算，当时的集镇(市)约为 6000 个。打一个折扣，以 1:2 计算，为 4000 个。

广州等，早已超出小城镇范围，成为名副其实的城市了。[1] 更有学者统计，史载宋代市镇达 3600 多个。[2]

2.1.9 西夏、金、元时期（1038—1368 年）

西夏、金、元时期的小城镇，建筑、经济、文化和社会制度各有其特点，但都在不同程度上继承了中国传统文化。

西夏是中国历史上的一个少数民族政权，其统治区域包括今天的宁夏、山西、甘肃、陕西等地。西夏时期的城市建筑以官府建筑和寺庙为主要特征，如临夏天主庙、介休崇义寺等。西夏时期的经济主要以农业和手工业为基础，商业贸易活跃，与中原地区频繁往来。西夏城市中的贸易街、市场以及当时非常有名的各种市集，如银川市、石嘴山市等，是西夏的重要城镇，是商贸活动的重要场所。

金是中国北方的一个少数民族政权，统治区域包括今天的辽宁、吉林、黑龙江等地。金代小城镇的建筑常常是由石头和土建成的，较少采用木质建筑。金代小城镇经济仍以农业为主，其次则是手工业，如铁器制造业和织布业，同时也有繁荣的市集活动，如沈阳市的"高阳城市场"。

元代小城镇建筑的特点是深受蒙古族和汉族文化影响，建筑多使用土木结构。元时期的经济多以农业、手工业和商业为主，元代的铜合金、金合金工艺和丝绸等产品在当时享有较高的盛名。元代城市中的市场和商业街非常繁荣，如汴京世界闻名的霍州集中市场。

2.1.10 明代时期（1368—1644 年）

明代时期是中国历史上一个重要的时期，不同于唐、宋、元等朝代的中央集权，明朝政府把更大的地方行政权力下放到了地方，许多小城镇逐渐成为经济和文化中心，同时也受到了政府的大力扶持。16 世纪中叶出现资本主义萌芽以后，我国小城镇的发展进入一个新的阶段。

明代时期的小城镇，经济和文化得到了繁荣，这与明朝政府实行的商业主义的经济政策密切相关。由于明代的政治稳定，社会秩序相对安定，使得商业、手工业、区域文化得以迅速发展，许多小城镇由此发展壮大。如乌镇，位于今天的浙江省嘉兴市，是一座古城镇，保留了大量的明代时期的古建筑，同时也是江南水乡的代表之一。在明代时期，乌镇是一个繁荣的商业城镇，以生产和贸易丝绸和竹编等为主。镇江，位于江苏省，是一个长江流域的城市，以明代时期的市场建设和沿江的码头和商业港口而闻名。镇江市在明代时期有着很高的地位，主要是因为它凭借独特的地理位置，连

---

① 顾朝林. 论中国建制镇发展、地域差异及空间演化——兼与"中国反城镇化论者"商榷 [J]. 地理科学，1995(03):208-216+297.

② 傅宗文. 宋代草市镇研究 (宋代草市镇名录)[M]. 福州：福建人民出版社，1989:369-550.

接南北，在交通运输方面有着巨大的优势。开封，位于今河南省开封市一带，是一个历史悠久的文化城市，同时也是明代时期的政治经济中心之一。在明代的时期，开封是一个繁荣的制造业城镇，因此有许多手工业和制造业作坊以及中小型工厂。

明代小城镇是当时的重要商贸中心，因为它们位于重要交通枢纽，比如运河、山川要隘、海港等。同时，它们也是商品集散地，各种货品以及手工艺品都可以在这里集中流通。明代小城镇在农村和大城市之间扮演了一个重要的角色，它们提供了就业机会、商业和交通服务，也为贫困人口提供了基本的救济和保障服务，使得社会生活得到良性发展。明代小城镇的手工业者和商家大多归属于行会组织，这些组织发挥了重要的经济和社会组织的作用，同时，在这些行会组织中还出现了工匠阶层，他们拥有丰富的知识和技术，对当时经济的发展做出了重要贡献。明代小城镇的文化不仅包括传统文化，还涌现出了一些新的思潮和文化现象，如地方文学、艺术、科技等，这些文化变革的产生与小城镇处于地方文化的交汇点有关，从中产生了大量的新思想和新文化形式。

除了经济、文化发展外，明代小城镇还有其他的特点。

多样化的手工艺品。明代时期，手工业发达，各个小城镇都有其特色的手工艺品。例如，浙江乌镇的竹编、江苏镇江的紫砂壶、河南洛阳的铜器等。

联防制度。明代小城镇一般都有联防制度，即各个街坊、邻里、行会组成联防单位，负责城镇的安全和治安维护。

街巷规划。明代小城镇的街巷规划非常严谨，一般采用"三进三出"的格局，即一个镇分为三个等级的街巷，每个街巷又分为三个进出口。这种规划可以方便防止火灾和盗贼的入侵。

城镇文化。明代小城镇一般都有其独特的文化氛围，比如江南水乡的渡口文化、湖广道的门庭文化、京杭大运河沿线的运河文化等。传统节日清明节、"三月三"等也是明代小城镇的一个重要文化现象。人们会在这一天拜祭祖先和英烈，并举行各种传统文化活动，比如荡秋千、放风筝、跳排舞等。

明代时期的小城镇因政治秩序稳定、经济繁荣、文化传承等方面的原因而得以繁荣发展，明代小城镇在经济、文化和社会管理等方面都有其独特的特点和贡献，这些特点和贡献对中国历史和文化的发展产生了积极的影响。

2.1.11 清代时期（1616—1911 年）

明清之际（16 世纪中叶）出现资本主义萌芽以后，我国小城镇的发展进入一个新的阶段。清代民族资本主义工商业和银行的出现促进了小城镇的繁荣，形成了景德镇、佛山镇、朱仙镇、武汉三镇等一批中外闻名的城镇，小城镇和中大城市进入兴盛时期。据统计，清末全国已有 2000 多个县级小城镇。然而，由于鸦片战争和帝国主义侵略，小城镇，特别是城市经济遭受半殖民地化的困境，导致经济走向衰败。1908 年，清政府颁布"《城镇乡地方自治章程》"，规定府、厅、州、县治所驻地城厢为城，城厢之外的市镇、村庄、屯集人口满 5 万者设镇，其余均设乡"。[①]

鸦片战争前是我国小城镇经济迅速发展与空前繁荣的时期，伴随着农业专业化与手工业专业化生产的扩大，小城镇的功能能级及功能结构也相应地发生了变化，小城镇功能专业化程度凸显，部分小城镇发展成为区域经济中心。我国江南地区在人地矛盾日益凸显的特定背景下，农业经济结构发生重大变化，由于蚕桑、棉花等经济作物的劳动收益明显高于粮食作物，农民种植经济作物的比例不断上升，以致出现了农业经济专业化的趋势。在农业经济专业化的推动下，小城镇贸易中的市场专门化也开始出现。"布商盛于南翔，花商盛于罗店。"（清乾隆《嘉定县志》）伴随着农业生产力水平的提升，农民家庭手工业得以进一步发展，开始从农业中逐渐脱离出来，形成了数量众多的手工业专业化小城镇。据相关学者考证，江南小城镇的专业类别多达 10 余种，[②] 基本形成了以州、府、县等大、中、小城市为中心，以镇、市为主体，具有不同地域特色的城镇体系的功能组合结构。以江南地区为例，唐栖、盛泽等为蚕桑与丝织专业镇，三林塘、江湾、新泾等为棉花与棉纺织业专业小城镇，枫桥、黎里等则为米粮专业小城镇，嘉兴炉镇则以冶铁著称。清代时期，伴随着农业经济的发展，商品交换的需求日益上升，推动了小城镇规模的急剧扩张，一些小城镇无论是人口规模还是经济功能都已经超过了县城甚至府城，逐步发展成为地区性乃至全国性的经济中心。据史料记载，清代时期的汉口、佛山、景德镇、朱仙镇四大名镇，人口规模均已超 10 万人，雍正时期佛山镇已绵延 10 余里，烟户 10 余万。据《广阳杂记》记载，天下四聚，北则京师，南则佛山，东则苏州，西则汉口。由此可见，佛山镇与汉口镇的经济地位甚至已经与首都处于相等位置。

当时经济发达地区自给自足的自然经济逐步解体，商品经济进一步发展。帝国主义侵入中国，对中国经济起了催化分解的作用：一方面刺激一部分商人、地主和封建官僚投资于工业、工场手工业和商业；另一方面一些帝国主义国家以战争赔款、对外贸易、资本输出等形式，大肆掠夺我国的廉价原料、燃料和劳动力，侵占我国市场，使大批农民和手工业者惨遭破产，背井离乡。这种情况，除了引起破产农民作为被剥削者大量盲目地流入沿海城市和城镇，使沿海、沿江一带城市和城镇畸形分布以外。同时也使广大农村和内地一部分地区已有的城镇有的有所发展，有的则日益衰败。

"明清时期是我国封建社会经济高度发展的时期，出现了资本主义的萌芽，促进了小城镇的兴起与发展。这一时期，小城镇数量大幅度增加。"[③] 清代乾隆、道光年间及 19 世纪中叶以后是清代小城镇发展的高峰，形成了著名的江西景德镇、广东佛山镇、湖北汉口镇、河南朱仙镇"四大名镇"。[④]

---

① 侯保疆. 乡镇建制：历史、现状及未来 [J]. 汕头大学学报（人文社会科学版），2005(04):62-66+92.
② 樊树志. 明清江南市镇探微 [M]. 上海：复旦大学出版社，1996:126.
③ 王志宪，吕霄飞. 中国小城镇发展概述 [J]. 青岛科技大学学报（社会科学版），2010，26(02):7-10.
④ 郭元阳. 中国城镇化进程中的小城镇战略 [D]. 大连：辽宁师范大学，2005.

据统计到清末光绪年间，全国共有各类小城镇 3.9 万多个，其中有 3.7 万多个都是非行政中心的小城镇。[①]到新中国成立前夕，仅江苏一个省的小城镇已发展到上百个，集镇则近千个。与之呼应的城镇情况也较为突出。

2.1.12 古代小城镇发展述评

小城镇随着社会生产力的发展变化而兴衰起落，但当它一旦产生并发展起来，就成为社会生产和人民经济生活所不可缺少的组成部分，对生产力的发展和社会政治经济生活起促进作用。其主要方面概括说来是：（1）由于小城镇工商业相对集中，是生产、工艺、技术相对密集之处，代表着当时条件下较高的生产力水平，因而在促进商品交换和发展手工业、建筑业、交通运输、医药卫生等方面起了重大作用，对于促进人类社会从低级形态向较高形态进步，做出了贡献。可以说，小城镇的发展与手工业、商业、交通运输业等的发展是相辅相成的。后者是前者发展的物质基础，而前者则为后者提供了空间和地域的条件。它是生产力发展的结果，又进一步转化为推动生产力发展的基础。（2）小城镇是文化、科学和脑力劳动者比较集中之地，在意识形态方面始终居于重要地位。它的积极部分，是促进人们脱离愚昧落后状态，逐步进入较高的精神、文化境界。消极、腐朽、落后部分，则是为剥削阶级服务的，对社会的发展起阻碍作用。（3）小城镇是剥削者维护和巩固生产资料私有制的重要基地。当一种新的更加符合生产力要求的生产关系建立起来的时候，起城郭沟池以为固作用的小城镇实际上是保护了这种生产关系，对社会进步也有促进作用。

古代社会小城镇的功能历史演变是经济、政治、地理、宗教等多重因素相互交织综合作用的结果。我国古代社会小城镇的功能经历了数次较大的演变：一是从最初的军事功能为主的镇演变为经济功能为主的小城镇。镇"原指戍兵置将的军镇，其含义为设置官将加强镇压。北魏始设军镇，隋唐沿袭其制。北宋建国伊始，赵匡胤废除藩镇以加强中央集权，但有些镇的名称保留下来。置镇之处设有监镇，其功能主要是管理民政、征收商税"。[②]宋代以后，除了军事、政治及经济上的原因设镇以外，有利的自然条件，如土壤肥沃、气候适宜、物产丰富、水运条件便利等，也是推动小城镇形成的重要原因。如杭州府的唐栖镇，宋时无名，明初开运河，后又修塘岸转漕，顿成南北孔道，清康熙时称市，乾隆时称镇。宗教因素也是推动小城镇发展的另一重要因素。刘易斯·芒福德认为，宗教圣地或者说庙宇具有一些精神的或超自然的威力，吸引着各方人口前来朝觐，进而使人口聚集，而市场的那些功能——取得货物，贮存货物，分配货物——原来是由庙宇来承担的。[③]赵冈则认为，郊区的寺庙不但可供市场交易，

---

① 陈国灿，等. 江南城镇通史 [M]. 上海：上海人民出版社，2017:014.

② 任放. 二十世纪明清市镇经济研究 [J]. 历史研究，2001(05):168-182.

③ 刘易斯·芒福德. 城市发展史——起源、演变和前景 [M]. 宋俊岭，倪文彦译. 北京：中国建筑工业出版社，2005:9-11.

第 2 章　我国小城镇发展实践历程

61

往往还容纳商旅住宿，有邸店之功效。[①] 同以后的工业社会时期及现代社会相比，显而易见，地理和宗教因素在古代社会的功能变迁进程中发挥了更为突出的作用。二是在明清商品经济高度繁荣时期，开始出现小城镇职能专业化现象。明代，镇的名称因主要具有市的功能而通称镇市或市镇。[②] 清代，商品经济进一步发展，小城镇的经济功能日益显著，成为具有交通、商业等功能的中小型商业聚落，贸易之所曰市，市之至大者曰镇[③]。清朝的时候，镇已经作为基层行政单位了。据清朝（1909 年）颁布《村镇乡地方自治章程》规定，府、厅、州、县治城厢以外的为镇、村庄、屯集。其中人口满 5 万者设镇，不足者设乡。我国古代社会时期内小城镇的功能始终处于交替演变的状态之中，如江西南城县之磁圭市，唐宋元时期市延 4 里，后经大火消失，明正德年间又逐渐恢复，后又因商业机能萎缩，清代文献中已不见记载。

尽管军事、政治和工矿业等因素在一定程度上可能是小城镇形成和演变的重要原因，但目前绝大多数小城镇都是由集市逐步发展而来。早期的集市通常是定期的，没有固定的交易者，日出而聚，日落人散。随着地方经济的进一步繁荣，这些表面上虚幻的集市转变为集镇，将铺子、零售、贸易和手工业的生产结合在一起，逐渐成为一种生产、交易和居住的重要场所，即集镇。由集市发展成为集镇的过程是我国小城镇产生和发展的主要形式。

在阶级社会，小城镇本质上是统治阶级剥削和管制劳动人民的集中场所。在城镇内部，剥削者以各种方式剥削、压迫手工奴隶、平民、帮工和其他劳动者，形成与他们的尖锐阶级对立。剥削阶级又通过城镇掠夺，统治广大农民，形成与农村和广大农民的尖锐对立。这又不能不阻碍生产力的发展。小城镇的地理分布，城镇内部各业的设置、发展，不是从发展生产力出发，而主要是从加强剥削和巩固剥削者的统治地位出发，因而分布往往不够合理。在不少城镇，维持剥削者寄生生活的纯消费性设施占很大比重，消费性大于生产性，腐朽性大于进步性。

一般来说，中国古代的小城镇，在长期的发展中，由于生产关系落后，商品经济不发达，规模都很小。

2.2 近现代小城镇发展（1911—1949 年）

2.2.1 近现代小城镇发展历程

到了近代，现代意义上的镇制开始形成，镇逐渐成为一级行政区划单位。尽管我国近代以来小城镇变化也非常大，但本质上基本趋同，是国家行政体系里重要组成部分。清末宣统元年颁布的《城镇乡地方自治章程》规定：以城镇、乡村分治为原则，规定府、

---

① 赵冈 . 论中国历史上的市镇 [J]. 中国经济史研究，1992(02):5-18.

② 何昌荣 . 明清时期江南市镇的发展 [J]. 苏州大学学报，1984(03):96-101.

③ 康熙《嘉定县志》卷 1. 参见方行："清代前期农村市场的发展"，载《历史研究》1987 年第 6 期 .

厅、州、县治所驻地城厢为城，城厢外的市镇、村庄、屯集，人口满 5 万者设"镇"，其余设乡 ①。第一次以法的形式明文规定镇为县以下的基层组织。

辛亥革命胜利后，各省制定的乡镇组织条例都规定镇同乡一样为县辖的基层行政建制。如 1911 年江苏省议会颁布的《江苏省暂行市乡制》中，统一将清末的"城""镇"称为市，为县辖基层行政建制。

1921 年，北洋军阀政府在颁布的《市自治制》法规中，规定市分为特别市和普通市两种，普通市相当于今天的镇，由县管辖，但其设置标准降低了，规定商埠及其他居住人口满 1 万人的地方即可设普通市。然而，由于北洋军阀政府没有控制全国，该法规只在北方少数省里实行，南方各省依然自行其是，市、镇建制设置非常混乱。

1928 年，南京国民政府相继颁布了《特别市组织法》《普通市组织法》《县组织法》，规定特别市、普通市分别由中央和省辖，县以下的市改为里，由县辖。1929 年重新修订《县组织法》改里为镇，和乡作为同级行政建制，设镇条件为：县内百户以上的街市地区。第一次明确将人口聚居与经济因素结合在一起，作为建镇标准。

1934 年和 1949 年，国民政府又颁布了《县各级组织纲要》《乡（镇）组织暂行条例》，在明确镇、乡同为县辖基层行政建制的首次明确规定了镇组织结构、政权设施和职权，正式确定乡、镇为县以下的基层行政区划单位。

新民主主义时期，党领导下的红色政权，注重镇、乡分置。1931 年中央苏区政府颁布了《地方苏维埃政府的暂行组织条例》，规定中央和省辖市以外的各个等级的市"和乡一样为苏维埃政权的基本组织"，将市的建制分为中属市、省属市、县属市、区属市四等，其中后两个等级的市相当于今天的镇。到抗日战争年代，为适应抗日民族统一战线的建立，规定县设区级市、县属市、乡级市，同乡一样为敌后根据地的基层行政建制。解放战争时期，镇建制比较混乱，老根据地仍多称市，新解放地区则多称镇。

1937 年以后，由于抗日战争及全面内战的爆发，中国社会长期处于战乱之中，中国经济遭受严重的破坏，战争地区的小城镇数量迅速减少，经济日益凋敝，小城镇的功能发育长期处于停滞甚至衰退状态之中，发展道路曲折。

新中国成立前，中国的小城镇基本上仍然依附于农业，属于自然经济体系，绝大多数的小城镇不仅没有现代工业，而且连手工业和商业也欠发达。手工业的数量不多，在整个农村经济中所占比重也很小，基本上限于为当地农村服务的小农具和简单日常消费品生产领域，工艺简单，工具落后，其从业人员多数是依祖传技艺进行生产的个体手工业者，难于扩大再生产。因此，小城镇中的商业市场相当窄小，交易设施简陋，交易方式落后，贸易额很小。

近代以来，由于社会性质的转变，我国小城镇长期于帝国主义、封建主义及官僚主义的夹缝中生存，发展限制重重。一批传统小城镇开始衰落，而另一批适应国际进

---

① 浦善新. 中国建制镇的形成发展与展望（一）[J]. 村镇建设，1997(03)：42-45.

出口贸易增长需求及社会发展需要的近代小城镇逐步兴起，在我国半殖民地半封建时期的城镇体系等级规模结构中，小城镇这一级占有很重要的地位。[①] 在经济社会发展的驱动下，近代以来我国小城镇曾一度获得了普遍发展。

2.2.2 近现代小城镇发展述评

随着近代工业化的启动，我国相继出现了各种类型的近代新型小城镇。这些小城镇大多是在中国传统的村落或市镇基础上逐步发展起来的，但它们与传统村落及小城镇具有明显的不同。传统村落及镇组织由当地居民选举产生，负责制定和执行当地的政策法规，往往在空间上处于封闭半封闭状态，而近代小城镇则更多地与外部市场存在着紧密的联系。村落与小城镇在空间布局上往往围绕耕地而展开，人口构成较为单一，往往以宗族血缘为纽带。而近代小城镇则以工商业及生活为中心，人口构成更为复杂，既有本地居民，又有外来务工者。近代小城镇已经完成了农业与工业相分离的历程，初步具备城市的雏形，对于繁荣商品经济、推动经济社会结构变化具有重要意义。

根据镇的经济功能来看，这一时期内的小城镇大体可分为以下几种类型。

近代商业小城镇。随着国外市场的扩大，进出口贸易市场日益繁荣，推动部分农民放弃自给性粮食生产转而种植供出口的棉花、茶叶等经济作物，促使农村专业经济进一步扩大，促使原来以国内市场为基础的经济结构转化为与国际贸易紧密相连，并逐步发展成为世界经济体系中的一部分，伴随着贸易结构的转变，小城镇经济结构也出现了相应的调整，各种适应国际市场需求的新型手工业、替代性手工业及近代工矿业开始形成，不少农村小城镇直接与区域性乃至国际性的经济中心产生经济联系，一批新型近代商业小城镇逐渐兴起，尤其是一批靠近通商口岸的小城镇因此而勃兴。如宝山县的江湾镇，明清时期就已发展成为著名的棉业小城镇，19世纪中期以后，由于上海通商口岸的开辟，对外贸易市场日益扩大，得益于近代水陆交通的建设与发展，其与上海的经济联系日益紧密，织布厂、洋纱厂逐渐兴起，推动其成为近代新型商业小城镇。

工业小城镇。在半殖民地半封建社会中期，帝国主义对我国的剥削程度进一步加剧，由原来的商品输出向资本输出转变，纷纷在我国兴办各类工矿企业，逐步形成一批近代工业城市，由此在资本主义侵略的刺激下，我国官僚资本及民族资本工业也逐步发展起来。与国外资本及官僚资本一般选择在城市投资近代工业不同，受资本短缺、技术落后、设备简陋等因素影响，我国民族资本通常在城市外围投资近代工业，带动了一批新兴近代工业小城镇的形成。例如，江苏嘉定县的周家桥，原为一个江南小村落，无锡富商荣氏于民国五年在此开设申新纺织厂，由于第一次世界大战推高了纺价，众多商人集聚于此开设纺织厂，周家桥迅速发展成为新兴的近代纺织业小城镇。再如，

---

① 顾朝林. 中国城镇体系——历史·现状·展望 [M]. 北京：商务印书馆，1992:99.

曹家渡，同治三年起相继开设了缫丝厂、面粉厂，聚集了数以千计的工人，此后又相继开设了鸡毛厂、电灯厂、牛皮厂，逐步发展成为规模可观的工业小城镇。

近代交通小城镇。在通商开埠与近代工商业快速发展的推动下，我国近代交通事业发展迅速。据史料记载，1896—1949 年，我国共建铁路主干线 35 条，部分地区的铁路骨干线路初步形成。公路建设也取得了显著成效，以铁路、公路等为代表的近代交通事业发展对我国小城镇功能产生了深远影响。铁路建设方面：一方面，在近代交通建设的推动下，一批新兴的近代交通枢纽小城镇蓬勃发展起来。如辽宁省开原境内的小孙家店，其坐落于开原城西南 18 里处，原为一个偏僻村庄，因光绪二十五年在此设立火车站，小孙家店的交通优势日渐凸显，逐步发展成为开原的商业中心。再如，黑龙江呼兰区的康金井，呼海铁路在此设立火车站之后迅速由村屯发展成为小城镇。另一方面，近代交通建设也使一些小城镇失去了原有的交通区位优势，发展趋于停滞甚至迅速衰落，尤其以苏北地区大运河沿岸的小城镇表现最为明显。如大运河沿岸的临清、淮阴、南浔等，随着津浦铁路等铁路建成通车以及海上航运的日趋发达，大运河承担的南北方间货物运输量迅速减少，导致运河沿岸小城镇逐渐走向衰落。公路建设方面：近代以来我国东部地区的长距离货物运输主要由水运及铁路承担，公路更多的是作为集散物资的辅助运输线，其对小城镇功能发展影响较小。而在西部地区，受制于地理环境及经济发展水平，公路更多承担着货物远距离运输的任务，因此公路的建设与发展促进了沿线一些小城镇的兴起与发展，如陕西的双石铺、云南的腾冲、甘肃的华家岭等。

2.3 当代小城镇发展（1949 年至今）

1949 年新中国成立以来，伴随我国工业化、城镇化进程的推进，小城镇也经历了曲折发展的过程，小城镇功能也因国家发展战略和经济社会发展的要求做出了相应的调整，发挥着重要的作用。1949—2023 年，建制镇数量由 2000 多个增长到 21405 个。

2.3.1 曲折调整时期（1949—1957 年）

新中国成立后，社会主义基本制度确立，国家财政经济工作中心是建立国营经济，恢复和发展国民经济。我国建制镇由不规范向规范化发展。

1949 年，我国建制镇不多，约 2000 多个，小城镇的叫法不一，建制比较混乱。[1]

1950 年颁布的《共同纲领》，进一步确认了民族资本主义工业化的基本方针，强调只有在完成工业化及形成社会化大生产之后才能进入社会主义阶段。在新民主主义经济体系下，为了在短时间内迅速恢复国民经济，我国先后采取了一系列的政策及措施，尤其是加大了对农业的支持力度，这些政策及措施的贯彻落实对小城镇产生了深刻影

---

[1] 汤放华，汤慧. 小城镇城乡统筹发展与一体化发展对策研究 [J]. 山西建筑，2020，46(01):1-3.

响。

1952 年，伴随社会主义改造的开展，为了更好地适应发展的需要，减少城市总消费，国家开始有意识地控制城镇规模，先后出台了《关于城乡划分标准的规定》及《关于设立市、镇建制的决定》，提高了镇的建制标准。此后，全国各地按照此标准对原有的建制镇进行了一次全面严格的审查，撤销了一批达不到规定标准的镇的建制。

1953 年，全国开展大规模经济建设，开始实现工业化，并在大中城市特别是大城市中建设起了完整的国家工业体系。在这一时期内，小城镇的人口集聚功能开始凸显，成了一个重要现象。据统计，到 1953 年三年恢复时期内，我国城镇的平均每年净迁入率为 33.1%，[1] 其中有相当一部分人口流入了小城镇，此时小城镇数量达到 5402 个，较新中国成立初期数量翻了一倍多。

1954 年，《中华人民共和国宪法》颁布，确定了县、自治县分为乡、民族乡、镇，并将镇作为中国县辖基层政权建制。经过三年恢复时期，我国迅速走出了经济萧条期，社会经济日益繁荣，社会对农副产品的需求日益增长，小城镇的商品集散功能得以恢复，中国的小城镇发生了显著的变化，建制镇数量为 5400 个。

1955 年 6 月，国务院颁布了《中华人民共和国关于设置市、镇建制的决定和标准》，将经省、自治区、直辖市批准的、常住人口在 2000 人以上（其中非农业人口占 50%）的镇，正式批准为建制镇，成了由县、自治县领导的行政单位。这一时期，人口 0.2 万—8 万人不等的城市聚落，包括县城关镇、建制镇、集镇等全部被统称为镇。但是，由于采取了较高的建制镇标准，限制了小城镇的自我发展，其发展受到了一定程度的影响。农副产品及手工业品的流通被完全掌控在国营、集体和供销合作社经营的单一流动渠道中，小城镇作为农村地区农副产品集散地的这一功能受到了很大的限制。另外，国家只供应城市非农户口的粮油供应，这一体制排除了农村人口在城市取得口粮的可能性，限制了农民在城市的生存空间，阻碍了其向城镇转移的可能性。[2] 粮食统购统销政策的推行也使那些原本以粮食经营为主的专业镇走向衰落。1955 年年底建制镇的总数降为 4487 个。

1956 年，我国完成了社会主义改造运动，由新民主主义急剧转向社会主义。全国工业总产值首次超过农业总产值，占工农业总产值的 51.3%。农村城镇化源于城市工业的扩张，城市工业的拉力与农村落后生活的推力，是农村人口流入城市的关键。也正是在这一时期，因急剧增长的城市工业发展的需要，国家用行政手段按计划从农村征调大量的农业劳动力进入城市，并在政策上允许农民自发地进入城镇就业，小城镇得到一定的发展。但国家对农业、手工业和资本主义工商业的社会主义改造，行业公私合营，取消个体商贩和手工业者，小商、小贩、个体手工业者分别进入到集体合作商

① 叶舜赞. 城市化和城市体系 [M]. 北京：科学出版社，1994:29.
② 孟祥林. 小城镇发展的战略选择：实践证明与理论分析 [J]. 人口学刊，2005(2):14.

店的手工业合作社。农村商品流通完全通过国营、集体和供销合作社经营的单一的流通渠道，从而限制了一些镇的发展。从小城镇角度上来看，在农业合作化运动以及对个体手工业和资本主义工商业的社会主义改造过程中，由于合并过急、过快，手工业者和商贩被下放农村，全国实行粮食统购统销，商品流通受到影响，小城镇处于无人管理、店铺关门、经济萧条的状态，一些特色专业镇（如江苏的部分粮食等镇）开始衰落。1953—1956 年，由于土地改革、"一化三反"以及国家经济发展中心的变化，商品流通功能萎缩，小城镇发展经历了一度繁荣到停滞衰落的曲折调整过程。

1957 年年底，"一五"计划的绝大部分指标都大幅度超额完成，极大鼓舞了全国人民，急于求成的情绪导致"大跃进"运动发生，盲目扩大基本建设规模，片面强调发展重工业，使国民经济结果比例严重失调，国家被迫对国民经济进行调整。经济发展速度放慢。此时城市工业体系也基本建成，开始走向内涵型发展的道路，因而城市自身增长的劳动力已能满足工业发展的需求，无须再从农村调入。

1958 年，中国建制镇数量减为 3621 个，但其实质并不是建制镇自身的因素，而是统一标准后产生的误差。

据资料统计，自 1949 年至 1957 年的 9 年中，中国城镇人口占总人口的比重由 10.6% 上升到 15.4%，年平均递增率高达 0.53%，城镇化的速度是相当快的。

2.3.2 停滞衰落时期（1957—1978 年）

1957 年，苏联突然中断了对我国"二五"计划的投资，原有依靠外来资本拉动、重工业优先发展的经济发展模式难以为继。中央政府不得不采取措施进行体制调整。一是限制农村人口向城市流动。为了确保当时有限资源的使用符合重工业优先发展战略的需要，我国通过农产品统购统销、严格户籍管理制度、人民公社等一系列制度安排限制城乡之间的人口流动，农民被严格束缚在土地上，因此国家建立起一个高度集中的计划经济体制，通过行政性资源配置机制，使稀缺性资本的投入向重工业倾斜，严格控制城市规模，城市基础设施及管理方面长期缺乏必要的资本投入，城市功能发展受到很大限制，无法发挥其集聚人口的功能，城市生活功能严重滞后。二是中央政府向地方放权让利。在国家号召下，全国范围内的大炼钢铁与"大跃进"轰轰烈烈开展起来，基本维持了国家高速工业化进程的不中断，但这种以地方政府推动的工业化模式是一种高成本、高浪费的发展模式，全国有超过 1 亿人投入到大炼钢铁中，农业劳动力大幅度减少，农业生产受到极大限制，产生了诸如工农业比例失调、城镇人口膨胀、生活供应紧张等一系列问题，城镇发展严重脱离于经济社会发展规律。

1958 年 8 月，中共中央发布了《关于在农村建立公社问题的决议》，实行政社合一[①]的体制，一些建制镇被撤销而成立人民公社，除公社驻地（集镇）有所发展外，其

---

① 陈文科 . "政社合一"的实质是以政代社 [J]. 经济问题探索，1980(05)：79-80+78.

余小城镇均处于萎缩、衰落之中，出现了新中国成立后小城镇发展史上的第一个大的回落。由于社会经济制度的根本改变，冲破了传统的自给自足的农村自然经济，在全国范围内采取计划供销、产品计划经济等一系列措施，加强了城市工业中心、经济中心和商业中心功能，从而导致了全国大部分农村地区建制镇的停滞和衰落。这一时期各省、市、自治区根据这些标准，结合本地实际，对已有的建制镇进行审查、调整，一大批小城镇建制被撤销，使建制镇数量锐减。而且，从1958年起，国家开始限制农村人口自由流入城市，于是城市开始走向自我封闭式的独立发展之路，全国建制镇数量被调整为3621个。

从1959年开始到1960年，中国政府就从城里迁出了2000万人[①]。

1960—1965年，我国经济社会发生了较大的变化，小城镇也随之受到较大的影响。1960—1962年三年自然灾害期间，农业生产（主要粮食生产）大面积歉收，导致全国范围内口粮短缺。面对自然灾害和经济困难，为了减轻城市人口的压力，城镇人口膨胀超出了当时农业的承受能力，导致全国范围内的口粮短缺，城镇居民粮油副食品供应困难。国家不得不采取压缩城镇人口、减少建制镇数量的措施来压缩商品粮油供应量的措施来缓解这一矛盾，继续动员大量城镇人口下乡，用精简的办法将大批城市职工遣返农村。1960年，"大跃进"开始，由于盲目吸收大量农村劳动力进城，全国城镇人口占全国总人口的比重提高到20.7%，接近1949年（10.6%）的两倍。1961年，全国小城镇数量持续增加，年底达到4429个，比1958年增长了22.3%。[②]小城镇增长较快。从1961年起，我国不得不实行休养生息的政策，实质在于严格控制城镇规模，将城市危机转嫁到农村。一是通过开展上山下乡运动来动员大批城市失业人口到农村去生产自救，靠农村人民公社化的、高度稳定的集体化组织，吸纳来自城市的潜在失业群体。[③]二是进一步限制人口自由迁徙。[④]三是进一步限制小城镇规模。[⑤]"大跃进"的推进导致了政府财政赤字剧烈增加，投资被迫中断，城镇就业人数也由1960年的1.3亿迅速下降到1962年的4537万人，两年内高达8000多万城镇居民失业。[⑥]1962年，中共中央发布了《关于当前城市工作若干问题的指示》，指出：过去小城镇建制标准过宽，新增加的小城镇过多，以致城镇人口增长过多。今后凡是人口在10万以下的城

① 温铁军.我们是怎样失去迁徙自由的[J].中国改革，2002(04):24-25.

② 浦善新.中国建制镇的形成发展与展望（二）[J].村镇建设，1998(01):33-36.

③ 温铁军.八次危机：中国的真实经验[M].北京：东方出版社，2013:34-35.

④ 公安部三局发布的《关于加强户口管理工作的意见》明确规定："对农村迁往城市的，必须严格控制。城市迁往农村，应一律准予落户，不要控制。城市之间必须的正常迁移，应当准许，但中小城市迁往大城市的，特别是迁往北京、上海、武汉、广州等特大城市的，要适当控制。"1962年，国务院要求各地对原有的建制镇进行审查，撤销不符合设置标准的镇的建制。1963年12月，国务院又要求撤销不够设市条件的市，缩小市的郊区，调整镇的建制，提高了镇的设置标准。

⑤ 即政府通过粮食统购统销及工农业产品之间的剪刀差来形成一块超额利润并将其转化为工业资本。

⑥ 温铁军.八次危机：中国的真实经验[M].北京：东方出版社，2013:34-35.

镇，即使是重要的林区和矿区，没有必要设立市的建制的，都应当撤销。应当尽可能动员能够回到生产队的人去参加农业生产，或者改为半工半农，以便大量减少集镇吃商品粮的人口。这一时期的小城镇发展举步维艰。减少城市人口，在很长时间内成为我国应对城市问题的基本手段。到 1963 年 6 月，全国职工减少 1887 万人，城镇人口减少 2600 万人。1963 年，中共中央、国务院根据当时的社会经济状况发出《关于调整镇建制、缩小城市郊区的指示》，通过提高镇设置标准，规定非农业人口占总人口比例。撤销了大部分 10 万人以下的市和大批不符合条件的镇，作出了关于调整小城镇建制的新规定：（1）常住居民在 3000 人以上，非农业人口超过 70%；（2）常住居民在 2500—3000 人，非农业人口在 85% 以上。按此标准，各地对建制镇作了整顿、压缩。对不符合镇标准的建制镇一律撤销，划归人民公社领导。1965 年，国家鼓励发展五小工业，促进了县城和一些人民公社驻地集镇的发展。镇上的商业、手工业、交通运输业、文化教育等公益事业都有一定发展，各类公共建筑，如卫生院、中小学校、邮电所、供销社、农机站、运输公司等相继在镇上兴建，使街容镇貌有一定改观，但大部分小城镇由于商品流通不畅而处于衰落之中。1962—1965 年，全国建制镇逐年减少，由 1961 年年底的 4429 个依次减少为 1962 年年底的 4219 个、1964 年年底的 3148 个、1965 年年底的 2902 个 [1][2]。

1966—1976 年，小城镇建设发展依然较为曲折，小城镇功能继续弱化。一方面，以阶级斗争为纲，小城镇被当作资本主义活动猖獗的地方而受到打击，盲目地下放一批拥有城镇户口的地、富、反、坏、右五类分子到农村接受思想改造，小城镇经济因此失去活力。另一方面，为适应反修、防修的需要，让一批干部和知识青年接受贫下中农再教育，到农村地区锻炼成长。国家从备战、备荒的角度出发，大搞三线建设，促进了内陆地区工业小城镇的形成和发展。"文化大革命"期间，实行人民公社制度，抽取农业剩余发展国家工业，使早已存在的产业结构不合理问题更加突出，城乡分割更趋严重。小城镇中的个体商业和集市贸易不断受到打击，农村中的家庭副业也消失了，小城镇赖以存在的经济基础由此而完全丧失，再加上"十年动乱"的破坏，小城镇住宅破旧，公共设施简陋，有些已经与周围农村相差无几。大量的城市知识青年到农村插队落户，再加上被下放到农村劳动的国家机关干部，大约共有 6000 万城市人口返流到农村，出现人为的逆城镇化现象，城市工业停滞。由于上述诸多政策的作用，我国小城镇在这一时期内长期停滞不前甚至出现倒退，保留的建制镇的规模因种种原因日趋衰落。

1975 年，第四届全国人大一次会议修改宪法时，删除了 1954 年宪法规定的公民有居住和迁徙的自由。

① 叶裕民 . 中国城镇化之路 [M]. 北京：商务印书馆，2001:114-115.
② 浦善新 . 中国建制镇的形成发展与展望（二）[J]. 村镇建设，1998(01):33-36.

1977 年国务院批转了《公安部关于处理户口迁移的规定》，重申了 1964 年《关于户口迁移政策规定》的内容，并对农村人口迁往城镇，对农业人口转为非农业人口，对迁往北京、上海等特大城市的人口进行了更加严格的限制。

1978 年，中国城市人口占全国总人口的比重由 1960 年的 20.7% 下降到 15.9%。从此，农村人口除个别外，就很少有机会再转变为城市人口，农村城镇化处于停滞阶段。1978 年年底，全国仅有 2173 个镇，建制镇发展处于低谷时期。[①]

2.3.3 恢复巩固时期（1978—1992 年）

1978 年，党的十一届三中全会改革开放开启了中国近代历史的新世纪，其中农村家庭联产承包责任制的实施使得农业生产获得突破性进展。然而，城乡经济发展不平衡，农业生产增长速度快于城市工业，导致农村人口的增长远远超过城市对农村劳动力的吸收速度。为了解决这一矛盾，农民开始自己办起乡镇企业，通过兴建小城镇来实现自我城镇化。旧的工农业、城乡二元分割发展格局被打破，新型小城镇迅速发展起来。乡镇企业兴起，农村非农化获得突破性进展，为农村城镇化打下了坚实的产业基础。这一次农村城镇化不是完全由城市工业外力拉动，而是由农村自身发展动力，具有内生性特点。

1979 年 9 月，中共中央通过《关于加快农业发展问题的决定》，提出要有计划地发展小城镇。这一决策推动了小城镇的发展，加速了农村城镇化的进程，小城镇建设为农村中心的政治、经济、文化场所。

1980 年，全国城市规划会议提出了"控制大城市规模，合理发展中等城市，大力发展小城镇"的城市发展方针，各地也纷纷制定了小城镇发展规划，推出了一系列配套政策，保障小城镇稳步发展，并把积极发展小城镇作为农村经济、文化的进步和容纳农村剩余劳动力的基地。小城镇发展进入了一个快速发展的新时期。

1983 年，全国小城镇数量缓步升为 2968 个。

1984 年 1 月 1 日，中共中央发布了"一号文件"，指出随着农村分工分业的发展，将有越来越多的人脱离耕地经营开始从事农林牧渔等生产，转向小工业和集镇服务业，这是一个必然的历史进步。同年 10 月 13 日，国务院发布了《关于农民进入集镇落户的通知》，要求各级政府积极支持有经营能力和技术特长的农民进入集镇经营工商业，各省、自治区、直辖市可以选定若干集镇进行试点，允许务工、经商、办服务业的农民自理口粮到集镇落户。根据修订后的标准，乡政府所在地非农业人口超过 2000 人，且总人口在 2 万人以下的乡，以及总人口在 2 万人以上的乡，乡政府驻地非农业人口占全乡人口 10% 以上的都可以建镇。这一举措的实施让设立镇的标准得到了放宽，对小城镇的发展起到了积极的推动作用。这标志着我国原有的户籍制度开始有所松动，

---

① 蒋永清. 中国小城镇发展研究 [M]. 北京：中央文献出版社，2004.

打破了长期以来从户籍上限制农民进城的旧规定。^①同年11月，国务院再次批转了民政部的报告，重新修订了设镇标准，并撤销了一部分乡，撤乡设镇步伐加快。县级地方国家机关所在地，或总人口在2万人以下的乡，乡政府驻地非农业人口超过2000人的，或总人口在2万人以上的乡，乡政府驻地非农业人口占全乡人口10%以上，非农业人口虽不足2000人但确有必要的少数民族地区、人口稀少的边远地区、山区和小型工矿区、小港口、风景旅游区、边境口岸等地都必须建镇。这也是人们通常所说的撤乡建镇并实行镇管村。小城镇则开始正式走向历史舞台，成为农村发展工副业、学习科学文化和开展文化娱乐活动的基地，逐步发展成为农村区域性的经济文化中心，拓宽了农村人口向城镇的流动，加速了农村城镇化的进程。该年，小城镇数量激增至7186个。

1987年，邓小平强调了乡镇企业发展的意义，他说：乡镇企业的发展，主要是工业，还包括其他行业，解决了占农村剩余劳动力50%的人的出路问题。^②

1988年，爆发通货膨胀危机。

1989年，政治风波引发了计划取向还是市场取向的争论。同年12月26日，颁布《中华人民共和国城市规划法》指出，国家实行严格控制大城市规模、合理发展中等城市和小城市的方针。这些政策在进行行政区划调整时，凡是具备建制镇条件的乡，撤乡建镇后实行镇管村的体制，也促进了建制镇的发展。

2.3.4 快速发展时期（1992—2012年）

进入20世纪90年代以后，随着社会主义市场经济体制的确立与逐步完善，乡镇企业及小城镇在吸纳农村剩余劳动力方面的能力却明显下降。随着人口迁移由离土不离乡向离土又离乡转变，大批农村剩余劳动力迅速向东部沿海地区以及大中城市集聚。小城镇功能能级的区域性差异日益扩大，以出口为导向的外向型经济带动了我国东部沿海地区尤其是苏浙地区、福建厦漳泉地区、山东半岛地区、珠三角地区、长三角地区以及辽宁中南部地区的小城镇的经济发展，建设势头很强，形势发展较快。但与此中西部地区很多小城镇仅是行政建制意义上的小城镇，发展陷入停滞，小城镇发展分化的趋势日益加快，对我国区域城镇空间格局产生了重大影响。

1992年，党的十四大明确提出中国要建立社会主义市场经济运行模式。之后，国家鼓励发展第二、第三产业，中国农村剩余劳动力又进入一个全方位大规模转移阶段，大批农业剩余劳动力向非农产业转移，第二、第三产业得到了前所未有的发展。建制镇的发展速度也有明显加快的趋势。这一时期内，国家出台了一系列引导城镇化发展的政策，国家"八五"计划中首次出现了"城镇化"一词。

1994年，《关于加强小城镇建设的若干意见》发布实施。

① 李成言. 中国农村发展政策分析 [M]. 西安：陕西人民出版社，1999:320.
② 邓小平. 邓小平文选（第3卷）[M]. 北京：人民出版社，1993:238.

1995 年，进一步出台了《中国小城镇综合改革试点指导意见》，随着城市规模的扩张，人口向大城市集聚已经成为不可逆转的发展趋势，在"九五"计划中已不再提严格限制大城市规模。国家体改委确定 57 个改革试点小城镇，小城镇迎来发展的历史机遇。国家的这一调整推动了城镇化的新发展，城镇人口进一步增加，城镇化率进一步上升。到 1995 年，全国建制镇发展到 17532 个，城镇总人口数达到 35174 万人，人口城镇化率提高到 29.04%。[①]

1996 年，全国大规模地进行了撤区、并乡、扩（建）镇工作，使小城镇建设更是有了一个良好的开端。随着我国加快小城镇发展的若干政策的实施，小城镇取得了明显的进展，小城镇数量增加。[②]

1998 年，《中共中央关于农业和农村工作若干重大问题的决定》中又提出"小城镇，大战略"问题，确立了小城镇在我国城镇化过程中的重要作用。《决定》指出，发展小城镇，是带动农村经济和社会发展的一个大战略，有利于乡镇企业相对集中，更大规模地转移农业富余劳动力，避免向大中城市盲目流动，有利于提高农民素质、提高生活质量，也有利于扩大内需，推动国民经济更快增长。要制定和完善促进小城镇健康发展的政策措施，进一步改革小城镇户籍管理制度。小城镇要合理布局，科学规划，重视基础设施建设，注意节约用地和保护环境。[③] 中央政策转向小城镇建设与发展，伴随着城镇空间及规模结构不合理，小城镇面临严重困境，数量多、规模小、服务功能弱、基础设施薄弱、承载能力低等。

2000 年，《中共中央国务院关于促进小城镇健康发展的若干意见》发布，就我国发展小城镇必须坚持的指导原则等十个方面的重大问题提出了指导性意见，明确了户籍管理制度改革、投资体制改革，加快农村经济建设和小城镇建设，为小城镇健康发展指明了道路。同年 10 月召开的中共党的十五届五中全会认为，在今后的工作中，要巩固和加强农业的基础地位。确保国家粮食安全，积极调整农业结构，积极稳妥地推进农村城镇化，促进城乡协调发展。全会讨论通过了《中共中央关于制定国民经济和社会发展第十个五年计划的建议》，《建议》提出，要进一步改革城镇体制，进一步放开小城镇的大门，允许那些在小城镇上有稳定职业、稳定收入来源以及固定住处的农民将其农村户口转为城镇户口。这将进一步推动农村人口向小城镇转移。从而加速中国农村城镇化的进程。在着重发展小城镇的要积极发展中小城市，完善区域性中心城市功能，发挥大城市的辐射带动作用。在此基础之上，最终形成《中华人民共和国国民经济和社会发展第十个五年计划纲要》，《纲要》中提出要有重点地发展小城镇，并明确了发展小城镇是推进我国城镇化的重要途径。《纲要》指出，我国推进城镇化

① 叶明勇. 改革开放以来我国城镇化进程 [DB/CD]. 国史网，http://www.hprc.org.cn/gsyj/zhutiyj/zgggkf/sjpy/shsy/201712/t20171219_4231727.html，2017-12-19.

② 李怡，左娜，廖永生. 小城镇发展的多元动力机制探讨 [J]. 商业时代，2008(13):95-96.

③ 中共中央文献研究室编. 改革开放三十年重要文献选编（下册）[M]. 北京：中央文献出版社，2008:988.

的条件已逐渐成熟，要不失时机地实施城镇化战略。走符合我国国情、大中小城市和小城镇协调发展的多样化城镇化道路，逐步形成合力的城镇体系。有重点地发展小城镇，积极发展中小城市，完善区域性中心城市功能，发挥大城市的辐射带动作用，引导城镇密集区有序发展。《纲要》特别提出，发展小城镇是推进我国城镇化的重要途径。要把发展重点放到县城和部分基础条件好、发展潜力大的建制镇，使之尽快完善功能，集聚人口，发挥农村地域性经济、文化中心的作用。[①]2000 年，小城镇首次超过 2 万个，达到 20312 个，随后一直到今天，我国小城镇基本上都维持在 2 万个左右，小城镇数量趋于相对稳定，增速放缓。

2001 年，我国加入世贸组织，吸引外资和发展外向经济成为这一时期经济发展的主要目标。同时伴随全球化进程的不断深入，也为我国东部沿海地区中小城镇发展带来了新的机遇与挑战。

2002 年，党的第十六次全国代表大会报告指出，全面繁荣农村经济，加快城镇化进程。统筹城乡经济社会发展，建设现代农业，发展农村经济，增加农民收入，是全面建成小康社会的重大任务。农村富余劳动力向非农产业和城镇转移，是工业化和现代化的必然趋势。要逐步提高城镇化水平，坚持大中小城市和小城镇协调发展，走中国特色的城镇化道路。发展小城镇要以现有的县城和有条件的建制镇为基础，科学规划，合理布局，同发展乡镇企业和农村服务业结合起来。消除不利于城镇化发展的体制和政策障碍，引导农村劳动力合理有序流动。党的十六大报告也进一步强调要逐步提高城镇化水平，坚持大中小城市和小城镇协调发展，走中国特色城镇化道路。伴随城镇化方针的多次演变，党中央及政府对城镇化发展规律和中国特色城镇化道路的认识也逐步深化。特别是"十一五"以来，针对越来越严重的区域发展不平衡问题，国家开始制定和实施加速城镇化发展战略和区域协调发展战略。总体来看，这一时期内，城镇化已上升为国家的重要战略，城镇化进程呈现出新的阶段性特征：一是确立了中国特色城镇化道路。二是区域统筹发展战略日益凸显。历史经验表明，每一次国家区域发展战略的重大调整必然对区域空间格局产生重大影响，产生新的战略承载中心。8月，国务院办公厅印发《关于暂停撤乡设镇工作的通知》，我国建制镇数量达到 20601 个，第一次超过了乡的数量，小城镇发展出现历史性拐点。并且各地小城镇建设也不再单纯追求数量，而是采取灵活多样的规划、建设、管理方式，开始从数量扩张向质量提升转变。[②] 这一时期，我国传统限制城市规模的城镇化方针已逐渐淡化，取而代之的是强调坚持大、中、小城市和小城镇协调发展的城镇化战略。"十一五"计划纲要中提出，我国推进城镇化的条件已日趋成熟，要不失时机地实施城镇化战略。

2004 年，国家发展改革委办公厅发布《关于开展全国小城镇发展改革试点工作的

---

① 全国人大财政经济委员会办公室、国家发展和改革委员会发展规划司编 . 新中国成立以来国民经济和社会发展五年计划重要文件汇编 [M]. 北京 : 中国民主法制出版社，2008:131-132.

② 吴康，方创琳 . 新中国 60 年来小城镇的发展历程与新形态 [J]. 经济地理，2009，29(10):1605-1611.

通知》，在全国开展小城镇发展改革试点工作，发掘出一批具有发展潜力、改革发展意识强、勇于探索和试验、不同类型的小城镇。12月，中共中央、国务院颁发《中共中央　国务院关于促进农民增加收入若干政策的意见》，提出，"进一步精简乡镇机构和财政供养人员，积极稳妥地调整乡镇建制，有条件的可实行并村"，就是村庄合并的政策开端。随着部分乡镇合并，小城镇数量开始逐年下降。

2005年，全国平均每个建制镇拥有3.8万人，比2000年增长了15.1%。建成区平均人口达9511人，比2000年增长了27.5%。总人口达到3万人以上的镇占全部小城镇的比重超过53%。小城镇的经济实力在"十五"期间进一步增强，全国平均每个镇的财政收入达2211万元，比2000年增长了130%。财政收入超亿元的镇达751个，超过5000万元的镇达1444个。小城镇基础设施建设水平也日益提高，全国建制镇通电行政村比例达99.5%，通邮行政村比例达97.8%。99%的小城镇拥有医院或卫生院，95%的小城镇拥有汽车站或站点。企业聚集效应越来越明显。2005年平均每个小城镇拥有企业520个，其中工业企业为180个，平均每个小城镇企业实缴税金总额达1970万元。[①]

2006年，党的十六大第一次提出了要走中国特色城镇化道路，这就是新型城镇化的雏形。随着十七大报告中新五化的确立，提出促进科学发展观的新的城镇化。

2007年，党的第十七次全国代表大会报告提出，走中国特色城镇化道路，按照"统筹城乡，布局合理，节约土地，功能完善，以大带小"的原则，促进大、中、小城市和小城镇协调发展。以增强综合承载能力为重点，以特大城市为依托，形成辐射作用大的城市群，培育新的经济增长极。同年，中共中央、国务院颁布《中共中央　国务院关于积极发展现代农业　扎实推进社会主义新农村建设的若干意见》，明确提出"治理农村人居环境，搞好村庄治理规划和试点，节约农村建设用地"。

2008年，第十届全国人大常委会出台《中华人民共和国城市规划法》（该法现已废止），城乡统一规划跃然纸上，城乡统筹迈出了第一步。小城镇缺乏可操作、符合当地特色的规划的局面得到及时纠正。

2009年之后，受国际金融危机影响，外向型主导的经济增长方式已难以为继，城镇化的战略地位日益凸显，小城镇的数量开始逐年稳步增长。

2011年，《国家十二五规划纲要（草案）》指出，优化城镇化布局和形态，加强城镇化管理，不断提升城镇化的质量和水平。构建城镇化战略格局，稳步推进农业转移人口转为城镇居民，增强城镇综合承载能力，打造"两横三纵"的城镇化战略格局，包括21个重大的区域规划。这意味着建设重点转到了大城市。这一时期，我国城镇化高速发展的势头有所减缓，城镇化率平均每年提高约1.07%，平均每年增长2.3%。建制镇数量有所减少，但单个城镇规模迅速扩张，尤其是大城市。从表2-1中也能看出这一时期我国城镇化的发展趋势。

---

① 宋洪远，等."十五"时期农业和农村政策回顾与评价[M].北京：中国农业出版社，2006:326.

表 2-1 我国城镇人口和城镇化水平（1991—2011）

时间	年末总人口（万人）	城镇人口（万人）	城镇化率（%）
1991	1158.23	312.03	26.94
1992	1171.71	321.75	27.46
1993	1185.17	331.73	27.99
1994	1198.50	341.69	28.51
1995	1211.21	351.74	29.04
1996	1223.89	373.04	30.48
1997	1236.26	394.49	31.91
1998	1247.61	416.08	33.35
1999	1257.86	437.48	34.78
2000	1267.43	459.06	36.22
2001	1276.27	480.64	37.66
2002	1284.53	503.12	39.09
2003	1292.27	523.76	40.53
2004	1299.88	542.83	41.76
2005	1307.56	562.12	42.99
2006	1314.48	582.88	44.34
2007	1321.29	606.33	45.89
2008	1328.02	624.03	46.99
2009	1334.50	645.12	48.34
2010	1340.91	669.78	49.95
2011	1349.16	699.27	51.83

资料来源：国家统计局 1992—2012 年统计年鉴数据。

2.3.5 稳步推进时期（2012 年至今）

2012 年，党的十八大强调，要坚持走中国特色新型城镇化道路，推动工业化和城镇化良性互动、城镇化和农业现代化相互协调，促进工业化、信息化、城镇化、农业现代化同步发展，明确提出了新型城镇化的发展路径，并为四化的协调发展指明了方向。通过新型城镇化拉动内需，小城镇转向城镇化，通过减少农民富裕农民解决"三农"问题实现农村改革，从中央层面肯定了小城镇的积极作用。

2013 年 11 月，党的十八届三中全会提出，完善城镇化健康发展体制机制，坚持走中国特色新型城镇化道路，推进以人为核心的城镇化，推动大中小城市和小城镇协调发展。产业和城镇融合发展，促进城镇化和新农村建设协调推进。2013年，我国建制镇数量再次跃过2万大关，达到20117个。

2014年3月16日，中共中央、国务院印发了《国家新型城镇化规划（2014—2020年）》（以下简称《规划》），《规划》要求，促进各类城市协调发展，优化城镇规模结构，增强中心城市辐射带动功能，加快发展中小城市，有重点地发展小城镇，促进大、中、小城市和小城镇协调发展。《规划》还强调，要完善设市标准，严格审批程序，对具备行政区划调整条件的县可有序改市，把有条件的县城和重点镇发展成为中小城市。这就从规划上明确了小城镇享有与城市平等的发展机会。《规划》还提出，要加强市政基础设施和公共服务设施、教育医疗等公共资源配置要向中小城市和县城倾斜。《规划》的出台标志着我国城镇化进入到新的发展阶段，将对城镇化建设发展将起到规范性的指导作用。为进一步贯彻落实党的十八届三中全会的精神及《规划》提出的战略部署，相关配套体制机制改革也在加快推进。8月，国务院印发了《国务院关于进一步推进户籍制度改革的意见》，要求建立城乡统一的户口登记制度，取消农业户口与非农业户口性质区分和由此衍生的蓝印户口等户口类型，统一登记为居民户口。这标志着我国实行了半个多世纪的农业和非农业二元户籍管理模式将逐步淡出历史舞台。同月，国家发改委、财政部、自然资源部等11个部门联合印发了《关于开展国家新型城镇化综合试点工作的通知》，提出了两种镇改市的方案：一种是选择若干建成区人口10万以上的建制镇，开展新型设市模式试点工作，而新设城市需履行法定程序报国务院审批。另一种是赋予吸纳人口多、经济实力强的镇相应的人口和经济规模管理权，这是在试点镇行政级别不提高的前提下，实施强镇扩权，建立镇级市。伴随城镇化进程的加快推进，小城镇在新型城镇化中的地位及作用日益突出，小城镇将以城市群为空间载体，实现功能由生产型向服务型的转变，服务小城镇社区居民、服务城市功能疏解、服务"三农"，部分距离大城市较近的小城镇，在大城市辐射及扩散功能下，日益成为大城市的卫星城，承接了大量来自大城市的功能疏解及产业转移。部分相对独立、地处大城市辐射范围之外的小城镇，依托自身特色资源及区位优势，实行差异化发展战略，大力发展优势产业，成为商贸、旅游等特色型小城镇。部分地处偏远农村地区的小城镇，则日益成为区域内公共服务中心。

2016年，国务院发布《全国农业现代化规划（2016—2020年）》，积极发展小城镇，加快农业转移人口市民化进程，为发展多种形式适度规模经营、提高农业质量效益、实现农业现代化创造条件。

2017年3月，国务院总理李克强在做政府工作报告时提出，优化区域发展格局，支持中小城市和特色小城镇发展。这是"特色小镇"首次被写入政府工作报告，也意味着新型城镇化已经上升到国家战略。

2018年3月，政府工作报告指出坚持实施区域协调发展和新型城镇化战略，着力推动平衡发展。同月，国务院发布《国家新型城镇化规划（2014—2020年）》，坚持大、中、小城市和小城镇协调发展。

2019年4月，党中央、国务院印发了《关于建立健全城乡融合发展体制机制和政策体系的意见》，以协调推进乡村振兴战略和新型城镇化战略为抓手，推进城乡要素双向流动和公共资源合理配置，重塑新型工农城乡关系，小城镇迎来历史发展机遇。《2019年新型城镇化建设重点任务》，从农业转移人口市民化、优化城镇化布局形态、城市高质量发展、城乡融合发展等方面细分出22条重点工作，深度推进新型城镇化进程。

2020年5月，国家发展改革委关于印发《关于加快开展县城城镇化补短板强弱项工作的通知》，强调县城是我国推进工业化城镇化的重要空间、城镇体系的重要一环、城乡融合发展的关键纽带。改革开放特别是党的十八大以来，县城建设日新月异，但新冠疫情暴露出县城公共卫生、人居环境、公共服务、市政设施、产业配套等方面仍存在不少短板弱项，综合承载能力和治理能力仍然较弱，对经济发展和农业转移人口就近城镇化的支撑作用不足，与满足人民美好生活需要还有较大差距。

2021年3月，中共中央、国务院印发《国家新型城镇化规划（2014—2020年）》，明确指出紧紧围绕全面提高城镇化质量，加快转变城镇化发展方式，以人的城镇化为核心，有序推进农业转移人口市民化。以城市群为主体形态，推动大、中、小城市和小城镇协调发展。以综合承载能力为支撑，提升城市可持续发展水平。以体制机制创新为保障，通过改革释放城镇化发展潜力，走"以人为本，四化同步，优化布局，生态文明，文化传承"的中国特色新型城镇化道路。4月，国家发展改革委关于印发《2021年新型城镇化和城乡融合发展重点任务》的通知，深入实施以人为核心的新型城镇化战略，促进农业转移人口有序有效融入城市，增强城市群和都市圈承载能力，转变超大特大城市发展方式，提升城市建设与治理现代化水平，推进以县城为重要载体的城镇化建设，加快推进城乡融合发展，为"十四五"开好局起好步提供有力支撑。12月，中国公布了首批62个地区和2个城镇的新型城镇化试点，这表明我国新型城镇化已从理论转移到实践。特色小镇开始出现。

2022年1月，国务院办公厅转发《国家发展改革委等部门关于加快推进城镇环境基础设施建设指导意见的通知》（国办函〔2022〕7号）提出："重点结合120个县城建设示范地区开展环境综合治理托管服务试点，积极探索区域整体环境托管服务长效运营模式和监管机制。继续开展生态环境导向的开发模式项目试点。"同年5月，中共中央办公厅、国务院办公厅印发的《关于推进以县城为重要载体的城镇化建设的意见》提出："尊重县城发展规律，统筹县城生产、生活、生态、安全需要，因地制宜补齐县城短板弱项，促进县城产业配套设施提质增效、市政公用设施提档升级、公共服务设施提标扩面、环境基础设施提级扩能，增强县城综合承载能力，提升县城发展质量，更好满足农民到县城就业安家需求和县城居民生产生活需要。"作为县域经济发展的重要支撑之一，小城镇迎来了较好的历史发展机遇。5月，国务院《关于"十四五"新型城镇化实施方案》的批复（国函〔2022〕52号），加快构建新发展格局，以"推动城镇化高质量发展"为主题，以转变城市发展方式为主线，以体制机制改革创新为根本动力，以满足人民日益增长的美好生活需要为根本目的，统筹发展和安全，深入推进以人为核心的新型城镇化战略，持续促进农业转移人口市民化，完善以城市群为主体形态，大、中、小城市和小城镇协调发展的城镇化格局，推动城市健康宜居安全发展，推进城市治理体系和治理能力现代化，促进城乡融合发展，为全面建设社会主义现代化国家提供强劲动力和坚实支撑。

2023 年，我国小城镇数量共有 21421 个[①]，是历年之最多。相比 1955 年 4487 个建制镇来说，我国小城镇数量增长了 476.867%，66 年来年平均增加 256 个，可见小城镇在我国发展的迅速程度。见表 2-2。

年份	镇数（个）	年份	镇数（个）	年份	镇数（个）
1949	2000+	1988	11481	2006	19369
1953	5402	1989	11873	2007	19249
1954	5400	1990	12084	2008	19234
1955	4487	1991	12455	2009	19322
1958	3621	1992	14539	2010	19410
1961	4429	1993	15805	2011	19683
1962	4219	1994	16702	2012	19881
1964	3148	1995	17532	2013	20117
1965	2902	1996	18171	2014	20401
1978	2173	1997	18925	2015	20515
1979	2361	1998	19216	2016	20883
1981	2678	1999	19756	2017	21116
1982	2687	2000	20312	2018	21297
1983	2968	2001	20374	2019	21013
1984	7186	2002	20601	2020	21157
1985	9140	2003	20226	2021	21322
1986	10718	2004	19883	2022	21389
1987	11103	2005	19522	2023	21421

资料来源：由国家统计局对应部分统计数据等整理。因统计口径问题，表中部分数据与住房城乡建设部相应年份的统计数据有所不同。

---

① 民政部 2023 年 4 季度民政统计数据。

中国小城镇

78

我国县域经济发展的支柱和引擎

2.3.6 当代小城镇发展述评

自 1949 年新中国成立以来，伴随工业化、市场化、城镇化、全球化、信息化等战略的推进，我国小城镇在规模数量、人口分布、基础设施、产业发展以及治理水平等方面都发生了显著的变化，进一步推动着小城镇的功能升级及内在结构调整。但同时不容忽视的是，受制于我国城镇化发展阶段和发展水平，小城镇在很大程度上缺乏发展的动力和相应的支持，且呈现出典型的区域性差异，在一定程度上难以支撑我国的城镇化战略，不利于城乡一体化和区域一体化的实现。

自 20 世纪 50 年代初至 70 年代末，我国经济采用高度集中的计划经济体制，以农业积累和政府资源动员为基础，实行优先发展重工业的高速工业化战略，同时进行了一系列激进的社会改革。这对小城镇的功能发展产生了深刻影响。其中，特殊的工业资本积累机制导致农村经济长期缺乏活力，农村城镇化发展极为缓慢。城乡二元结构开始形成，导致资本、劳动力等生产要素无法在城乡之间实现自由流动与优化配置，市场机制被排除在外，小城镇集聚人口及商品流动的功能失去了发展基础。小城镇作为连接城乡的重要纽带及桥梁，全国小城镇功能区分明显。小城镇多为政府机关及公社所在地，行政功能突出。工业品下乡与农副产品进城都是通过小城镇这一渠道进行调拨与分配的。很多小城镇仅是行政意义上的小城镇，经济功能发育不足，部分小城镇甚至与乡村无异。小城镇的生活功能与消费功能受到长期忽视，重生产、轻生活，重积累、轻消费地发展，导致小城镇基础设施及公共服务长期严重滞后于经济社会发展需求。在这一时期内，由于地方五小工业及人民公社社队企业的发展，小城镇的工业生产功能一度有所发展，但城乡二元户籍制度和人民公社制度、城镇劳动就业制度和社会保障制度以及国家统购统销制度结合起来，共同维持着城乡二元结构，受"左"的思想的影响，重农抑商、以粮为纲成为这一时期经济上的鲜明特征，个体经济被取缔，大批手工业者及商贩被下放到乡下，小城镇失去了农副产品集散地功能，而人民公社化运动也使得一批小城镇建制被取消，小城镇聚集人口的功能逐渐削弱，不少小城镇因此逐渐衰落下去。这一时期，新中国在曲折中艰辛探索，全国实行的是自上而下的城镇化制度安排，人口在城乡之间的迁移不是由于经济内在原因的驱动而引起的流动，具有明显的政治运动特征。这一阶段小城镇发展进程缓慢，甚至出现一定时段上的停滞和倒退，建制镇发展处于低谷时期。

20 世纪 80 年代以来，我国乡镇企业及小城镇在吸纳农村剩余劳动力方面发挥着举足轻重的作用，乡镇企业和城市改革成为双重动力，推动着小城镇的发展。中国小城镇再次迎来发展的机遇。伴随着我国乡镇企业逐步由数量上扩张发展向质量上集约发展阶段的转变，乡镇企业吸纳农村剩余劳动力的边际递减效应日益凸显，资本对劳动力的吸纳力逐步降低，据统计，1980—1988 年，乡镇企业固定资产年均增长率为 20%，而同期就业增长为 15%，后者比前者低 5 个百分点，乡镇企业对固定资产原值的就业弹性为 0.165。1991—1998 年，乡镇企业固定资产年均增长率为 21%，而同期就业增长为 4%，后者比前者低 17 个百分点，乡镇企业对固定资产原值的就业弹性只有

0.121，资本增长、科技进步，有机构成提高，直接导致资本对劳力的排斥。[①]

进入 21 世纪以来，我国先后出台了振兴东北老工业基地、中部崛起等战略，基本实现了国家区域发展战略在国土空间上的全覆盖。中央对"三农"领域的支持力度逐年加大。自 2003 年以来，我国中央政府逐步加大了对"三农"领域的投入，大规模的新农村建设蓬勃开展起来，使得劳动力、资本等生产要素大规模回流农村，客观上推动了小城镇及县域经济的发展。四是城市群日益成为我国城镇化推进的主体形态。尽管我国自 20 世纪 80 年代以来实行控制大城市规模的城市建设方针，但在实践过程中，人口向大城市集聚的趋势日益加强，伴随着市场经济体制的逐步完善，城市开发程度扩大，城市群发展速度显著加快，不断有新的城市群崛起。城市群客观上要求打破行政区划的限制，强调建立及健全区域分工与协作格局，从而实现生产要素在区域内的自由流动及优化配置，其在推动大、中、小城市与小城镇协调发展方面的作用日益凸显。为进一步推进城镇化进程、提升城镇化质量，我国中央及地方政府先后出台了一系列推动城市群发展的方针及政策。

这一时期内，构建扩大内需的长效机制，促进经济增长由过去依靠出口、投资拉动向依靠消费、投资、出口协调拉动转变成为我国经济社会发展的重要任务，在此背景下，确立城镇化战略，发挥城镇化在释放内需方面的能力成为社会上下的共识。以新型城镇化、区域统筹发展战略为主导的一系列方针、政策相继出台，对小城镇的发展产生了深刻影响。在新型城镇化及区域发展战略的引导下，小城镇适时进行了功能调整及转型，有重点地发展小城镇，小城镇集聚人口的功能有所加强，尤其是 2008 年金融危机之后，小城镇吸纳了大批城市回流人口，2000—2011 年，我国小城镇成为推进新型城镇化的重要平台。据统计，2008 年金融危机发生以前，我国每年从乡村转移到城市的人口增量为 2000 万—3000 万人，其中从县城及小城镇向大城市转移的人口为1500 万人，而 2008—2011 年，转移人口的增量仍为 2000 万—3000 万人，但从县城和小城镇往大城市转移的人口却缩减为四五百万，多数人口沉淀在中小城镇和小城市。[②]

新中国成立以来，我国小城镇数量一直处于动态调整中，我国小城镇经历了由兴到衰、衰而复兴的周期性波动过程，总体上是增加趋势。改革开放前，我国小城镇数量波动很大，和当时政策有很大的关系。1953 年，全国有小城镇 5402 个，随后持续减少，1978 年下降为 2176 个，几乎是新中国成立以来小城镇的最低数。改革开放以后，我国逐步放松了对城乡人口流动的限制，加上乡镇企业异军突起，大批小城镇产生，我国小城镇数量稳步增加，1983 年全国小城镇为 2968 个。1984 年，是小城镇数量急剧上升的重要转折点，这一年，全国建制镇标准进一步放宽，小城镇数量急速翻倍。随后政府开始鼓励将较小的乡合并为镇（特别是 1992 年之后），全国新建了 3430 个镇，

① 赵韩强.小城镇发展与农村剩余劳动力转移 [J]. 人口学刊，2001(05):34-37+62.
② 黄俊溢.实现以"人"为核心的城镇化要以家庭为载体——访中国国际经济交流中心研究部副研究员马庆斌 [N]. 中国经济时报，2014-11-24(10).

仅 1985 年就增加了 1300 个，到 1985 年年底，建制镇的数量高达 9140 个，是 1978 年的 4.2 倍。我国压抑已久的建制镇发展迎来了一个突飞猛进的发展机遇。2000 年，党的十五届三中全会强调：发展是小城镇一个大战略，带动农村经济和社会发展。一系列的利好政策推动我国小城镇数量实现了稳步增长。2000 年，我国小城镇首次超过 2 万，达到 20312 个。小城镇数量趋于相对稳定，增速放缓。在数量逐年增长的小城镇人口规模偏小、集聚能力较弱、质量不高、资源浪费严重、布局散乱等一系列问题日益暴露出来，引起了中央的重视。2002 年 8 月，国务院办公厅专门印发了《关于暂停撤乡设镇工作的通知》，建制镇进入理性发展阶段。小城镇的发展开始由过去的偏重数量扩张转向质量提升。随着部分乡镇合并，小城镇数量开始逐年下降，2008 年降至 19234 个。2009 年之后，受国际金融危机影响，外向型主导的经济增长方式已难以为继，城镇化的战略地位日益凸显，小城镇的数量开始逐年稳步增长，并于 2013 年再次跃过 2 万大关，我国建制镇数量已经达到 20117 个。截至 2023 年，我国小城镇数量为 21421 个[①]，基本上达到历史最高，比改革开放初期（1978 年为 2173 个）增长了 9.8 倍。尽管小城镇数量逐年增长的态势仍在延续，但是增速已明显放缓。见图 2-1。

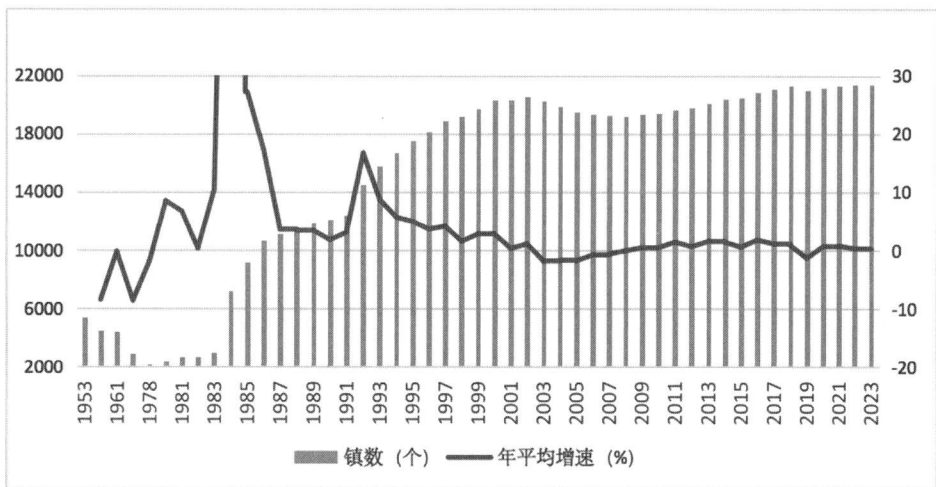

图 2-1　我国建制镇的数量变化（1953—2023 年）

资料来源：根据国家统计局统计数据整理。

2.4 我国小城镇发展的总体评价

2.4.1 小城镇及其职能是逐步发展起来的

小城镇是城市发展的最初形态，要具备城市的基本功能，但同时小城镇也有区别

---

① 民政部 2023 年 4 季度民政统计数据。

于城市的特殊功能，特别是随着当前我国经济社会的发展，交通网络化、产业信息化等现代化技术的广泛应用，小城镇已经不再单纯是一个发展的个体，特别是随着我国城镇化的推进，大城市病越发严峻，"三农"问题更加突出，区域一体化体制机制障碍日益暴露，生态环境渐趋恶化，传统文化消失殆尽，面临着一系列发展中的问题，小城镇特殊功能的发展势在必行。因此，如何激发小城镇在生态环境保护、历史文化传承、服务"三农"、化解大城市病乃至推动区域一体化等方面的重要作用，就显得特别重要。当前来看，我国小城镇的发展取得了很大的成就，日益成为推动我国城镇化进程的重要力量，这不仅是得益于其基本功能的发展，更重要的是契合了经济社会发展的规律，并且不断根据国家的制度和政策变化做出相应的调整。

我国小城镇甫一出现，就是为了发挥相应的功能而存在的。这种功能的发展方向，一方面要适应整个时代的步伐，符合当时社会发展的需要；另一方面还要随着经济社会结构的调整而做出相应的变化。例如，古代时期，小城镇发展的功能主要是为了军事戍防而兴建，而后随着城镇经济社会的发展，特别是进入社会稳定发展时期，小城镇的功能逐渐凸显。小城镇本身就是一个人口聚落的基本单元，人口集聚及商品经济发展势必会促进各种经济活动的产生，因此，"经济功能是小城镇商品经济发展到一定阶段的必然产物"[①]，同时也是小城镇最基本的功能之一，贯穿于小城镇功能发展的始终。即便是后来在商品经济不断发展基础上产生了产品分工，也是更加强化了小城镇的经济功能，从而衍生出更加细化的功能类别。受制于科学技术发展水平，城镇规模有限，且小城镇功能在很大程度上会受到自然环境的影响。例如，在土壤肥沃或者水运便利的地区，容易孕育出规模较大的城镇，行政中心或者军事驻扎要塞也容易发展为相对繁荣的城镇。城镇与城镇相连的地区，往往成为区域性的经济中心。但是近代以来，伴随着资本主义入侵，我国传统的农业社会开始解体，城镇经济发展也带有半殖民地半封建的色彩，在很大程度上是服务于帝国主义国家发展的需要，但同时我国民族资本主义的兴起也在一定程度上催生了小城镇功能发展的新特点。例如，一些交通沿线和商业贸易孔道上的小城镇得以迅速发展，其工业化的特点也开始展现。而一些小城镇由于失去交通和贸易的优势渐趋衰落。因此，如果说传统自然经济状态下小城镇的发展要更多依赖于农业经济的繁荣，那么近代以来，小城镇发展则要建构在工业化的基础之上，小城镇除了发挥基本的生产、流通和消费功能以外，还要适应国际进出口贸易增长需求及经济社会发展需要。小城镇在农产品商品化中的作用不断凸显，并日益发展成为大城市向农村收购原料及推销工业产品、传播近代工业文明的重要介质。进入现代社会，我国小城镇功能的发展更加多元化，经历战争时期的凋敝状态之后，小城镇的流通功能、服务"三农"功能、人口集聚功能以及城乡统筹功能得到进一步的恢复和发展。

---

① 黄馨. 论我国期货市场风险成因与对策 [J]. 南方金融，1995(12):21-22.

我国小城镇政府承担着区域管理职能。镇作为中国最基层的行政单位，镇政府的行政管辖范围就是建制镇的镇域范畴，有明确的行政界线。中国小城镇以管理服务农村为主。中国小城镇政府长期以来一直和广大农村发生着紧密联系，通过小城镇政府来实现对农村的管理，这也是政治的要求。而政府机构设置也是以管理服务农村为主，历史上的七站八所主要是服务农民或者农业生产的，而今虽然机构设置发生了非常大的变化，但是城镇管理功能还是不足，而服务农村的功能仍然占有很大比重，仍然作为农村的区域公共服务中心。即使是在一些人口和经济集聚规模较大的镇，城镇管理在政府管理中所占比重也比城市小很多。从经济角度上讲，历史上集镇就是农村物资集散的中心，商贸业发达，也曾经出现一些手工制造业发达的小城镇。在集镇基础上发展起来的小城镇，作为农村商贸中心的功能一直承担下来，许多小城镇甚至发展成为区域性商贸中心，比如辽宁西柳镇、河北白沟镇等。

但是随着区域一体化进程的加快，特别是在城镇相对密集的区域，小城镇功能的发展必须把所在城市区域作为重要的背景来考量，城市群相对于小城镇来说，既是机遇又是挑战，这是其区别于城市群之外小城镇的一个重要特征。就小城镇发展趋势来看，主要是有两种：一种是最终通过自身产业发展、人口规模增加、基础设施和公共服务水平的提升等转化为城市；另一种则是回归服务"三农"的本质功能。事实上，能发展成为城市的小城镇本来就很少，且基本上都是发生在城市群中，而大部分小城镇最终还是要积极发挥其特殊功能，在协调区域一体化，推动农业、农民、农村发展等方面发挥积极的作用。

相对于国际上大多数国家的小城镇，中国小城镇的行政辖区地域范围大，辖区面积一般在几十甚至上百平方公里。行政辖区内不仅包括建成区等具备城市特征的地区，还拥有大量的农业用地和以农业人口居住为主的村庄，也就是农业生产活动的场所。由于城镇管理农村，在城乡利益关系方面，中国城镇处于明显的优势地位。

国际上大多数国家的小城镇是从点状的居住社区演变而来的。实际上，一些新居民区、工业区随着经济发展渐渐兴起后，逐步从县分离出来。这些小城镇仅管辖城市区域，和其周边的乡村是两个相互独立、相互平行的平等共同体。国际上大多数国家的城市和小城镇并不管辖农村，也没有区域管理的职能，这是中国小城镇与国外小城镇之间的一个主要差别。当然，国际上一些在农村地带的小城镇，也是农村腹地的经济中心，为居住在小城镇的农民和从事农副产品加工、储运的工人提供公共服务。但是在发达国家，小城镇多是与城市发展以及工业化密切相关，成为一些承担特殊功能的镇。比如分担城市人口压力，在发达国家，城市郊区的一些小城镇，往往环境优美，成了高档的居住小区。还有一些小城镇，成为一些大企业的总部所在。国外许多城镇是依托某类企业或产业发展起来的，造就了众多各具产业优势的特色城镇。例如，美国西雅图的林顿市有9.1万人，因波音公司总部曾设在此而闻名，苹果公司的总部在5.8万人的库比蒂诺市，惠普公司总部在6.4万人的帕洛阿尔托，英特尔公司总部在11.6万人的圣克拉拉。在国外还有一些大城市周边的小城镇由于环境优美、交通便利、配套设施完善等而成为城市部分居民的居住选择地，其中很多小城镇是著名的富人区。例如，纽约附近的 Sagaponack 镇是很多纽约富人购房的集中区。西雅图附近的 Hunts Point 小镇也是很多美国富人居住区。

2.4.2 小城镇表现出城镇等级化体系中的最基层本色

小城镇处于中国城镇等级化体系的最基层。世界上大多数国家的城镇是没有行政级别的，在各个层级上小城镇无论大小，在法律上一律平等。经济实力虽相差悬殊，但在法律上拥有同样的权利，不存在领导与被领导的关系。比如，在日本小城镇称为町，与市同属一个层级，相比城市不过仅仅是管辖地域范围较小、人口较少的地方政府而已。美国的县、市、镇均为地方政府，"小城镇是在州法律之下制定小城镇宪章，按宪章规定实行自治"[①]。虽然市、镇称谓不同，但均隶属于州，市镇相互之间并没有隶属关系，也没有行政级别的差异。中国城市设置了行政级别，按照行政等级的高低可以分为直辖市、副省级城市、地级市、县级市和镇，不同行政级别的城市拥有的权利也不相同。小城镇处于等级化城镇管理体制的最底层，这意味着，上级市县政府可以利用更大的行政权力干预，甚至截留小城镇的资源，比如土地指标、财政收入分成等。还存在另外一种情况，就是上级政府有时也会支持下级政府发展，最主要的情况是帮助维持正常运转。

小城镇在中国具有重要的经济和社会地位。我国小城镇发展特色突出、特征明显，既面临发展的挑战，也有发展的机遇。小城镇在发展过程中，仍以农业为经济支柱。农业生产和农村经济依然是小城镇的重要特征。小城镇在发展过程中保留了丰富的传统文化元素。这些文化传统包括民俗活动、手工艺品制作和节庆传统等。小城镇的产业结构相对单一，主要集中在农业、轻工业和传统手工业领域。外部投资和多元化产业发展仍然相对较少。相比大城市，小城镇的基础设施建设相对滞后，交通、水电等方面仍需进一步完善。小城镇的人口流动性相对较低，大多数居民出生在当地，世代定居。由于缺乏吸引力和发展机会，人口迁出的情况较多。小城镇的城市化水平相对较低，城市规模小，城市化进程相对滞后。城市功能和资源配置有限，发展潜力有待挖掘。近年来，我国小城镇面临着快速城市化带来的挑战和机遇。一方面，小城镇在经济发展、基础设施建设、社会公共服务等方面存在一些问题和短板。例如，一些小城镇的经济发展相对滞后，产业结构单一，就业机会相对较少；基础设施建设不完善，交通、水电等配套设施亟待改善；一些小城镇的社会公共服务水平不高，医疗、教育等方面存在不足。另一方面，小城镇也面临着一些发展机遇。随着我国实施新型城镇化战略，小城镇具备了发展的空间和机会。政府采取了一系列政策措施，鼓励各地充分发挥小城镇的优势，推动其经济发展和改善居民生活。同时，我国也加大了对小城

① 陈强. 美国小城镇的特点和启示 [J]. 学术界，2000(02):259-264.

镇基础设施建设和社会公共服务的投入，提升小城镇的发展水平。

2.4.3 小城镇逐渐由政治中心为主向以经济中心为主的转变

目前，我国绝大多数小城镇是一定区域的政治中心。作为政治中心，主要行使乡镇行政管理的权力。当然，小城镇发挥区域行政权力中心作用是必然的和必需的。但须明确，这种功能并不构成小城镇功能的主体，从经济学观点出发，小城镇的根本内涵是农村区域经济的中心，经济功能是小城镇的具体功能，而行政管理功能则属于小城镇的一般功能。小城镇的发育水平最终取决于经济功能的实现程度，而不是取决于后者，只有实现了由政治中心向经济中心的跃迁，小城镇作为独立的经济实体的地位才能被承认，才能真正发挥它在农村区域增长中的中心地位。实质上，劳动力、生产资料、技术、信息等因素的集聚和扩散所形成的外部经济效果会产生马太效应，出现集聚与扩散之间越来越大的循环作用。集聚能力较强，扩散效果愈明显，小城镇的经济功能愈强。因此，制定和推行以发展小城镇非农产业为主导的农业结构转换直接决定着由政治中心向经济中心转化的速度和规模。

一是实现由商品流通为主向商品经济的全面发展转变。自古以来，无商不成镇。小城镇一开始就是作为商品交换场所和农副产品的集散地而出现的，而且随着集镇商品流通的发展而繁荣起来。近年来，相当数量小城镇的兴起在很大程度上归因于商品流通职能的释放。[①] 专业市场的出现对搞活流通、繁荣经济起到了举足轻重的作用。但必须看到，在发展的背后，潜伏着影响和制约小城镇继续成长的内在危机。流通毕竟要有商品载体才行，离开了商品本身，纯粹的流通只能是一句空话。正是由于商品供给的严重不足才导致了小城镇发展速度的降低，使小城镇始终处于一种发展与停滞的交替摩擦之中。而解决这一矛盾的唯一途径就是全面发展商品经济，主要包括：绝不放松商品生产，保证市场的物资供应；继续搞好小城镇商业体制改革，建立真正的多渠道流通而不是循环流通；鼓励作为商品的技术的流动，引导劳动力与资金、技术的重新组合；增加服务性商品经营活动，提高商品服务的质量；建立和完善有利于竞争的市场环境，运用经济原则调节各集团和个人间的经济利益。

二是实现由均衡发展向建立以中心镇为主体的小城镇网络的转变。小城镇本身具有层次性和等级性，这是由小城镇所处的经济地位和位置所决定的。过分追求面宽量大的小城镇均衡发展势必导致整个农村区域经济增长势头减缓。而且，由于小城镇经济发展的不均衡性，把所有的小城镇同时建设好也是不可能的。在小城镇内部，一部分小城镇的超前发展使然。区域性的中心镇无论在经济实力和地理位置上都具有超前和优先发展的可行性。与一般小城镇相比，中心镇具有一些显著的特点：首先，它一般是政府所在地或建制镇，同大、中城市能够保持密切的联系。其次，从影响和涉及

---

① 高雪莲 . 我国小城镇建设模式浅析 [J]. 中国农业大学学报 (社会科学版)，2001(04):17-20.

范围讲都较一般集镇的大。再次，中心镇县有较多的非农业人口，基础设施较为完善，有较为雄厚的县、区甚至省属工业企业、事业单位。最后，中心镇一般历史悠久，交通便利。因此，今后小城镇建设和发展的方向是在一定区域内形成若干具有多种经济功能的中心镇，并以中心镇为主，形成多层次、多功能、结构合理的小城镇网络。

2.4.4 小城镇实现封闭型城镇向开放型城镇的转变

一般而言，封闭型城镇的显著特点是以农业为主的带有乡村特征的小城镇。其表现是市场发育水平低，工业经济不发达，流动人口少，非农业人口比例低，生活方法接近乡村状态，文化教育相对不发达，与外界关联度低，形成半自给商品化的小城镇经济。显然，这种小城镇缺乏有效的自然生长和自积累机制，缺乏再成长的品牌基础。因此，小城镇向开放型的转化就显得更为重要了。

向开放型转化的首要前提就是打开城门，开展广泛的横向经济联系，充分吸引城市的先进技术、人才、资金、信息等要素，同时引进商品的竞争机制和观念，对小城镇的产业结构正采取一系列特殊的政策，以改变和增强小城镇的经济实力为目标，改造和完善现有的市场体系，促使小城镇逐步由封闭模式向开放模式的转变。

小城镇对于农村区域经济增长将会起到愈来愈重要的作用。但还必须认识到，小城镇发展也面临着许多严峻的挑战，诸如小城镇发展的内在动力的减弱，大、中城市发展对小城镇存在的威胁等，在这种形势下，只有实行切实可行的政策和对策，鼓励小城镇非农产业的成长，集中力量培育市场，强化小城镇的自积累机制，协调城乡经济，建立社会化的服务体系，才能使小城镇发展渡过难关，走向发展与繁荣。

2.4.5 小城镇由传统模式演变的迭代特征

我国现代小城镇正在日益摆脱传统模式的窠臼，表现出对其未来发展具有决定性意义的重要迭代特征。

小城镇的辐射半径日趋扩大。作为地方政治、经济、文化中心，通过与周边地区的交流和互动，小城镇不断吸引周边资源、人口、产业等要素的聚集，逐渐形成一定的经济、社会和文化影响力。近年来，城乡基础设施建设有较大进步，交通环境日趋美好，小城镇与城乡连接更加便捷和通畅，小城镇正从商业型向增长型根本转变。小城镇经济传递的功能极大增强，辐射半径显著扩大，与腹地农村的经济联系更加紧密，对农村现代化的加速产生着强有力的积极影响。乡镇企业聚集效应的作用，通过大量吸收长期滞留于土地的农村剩余劳动力，加快土地集中的速度，促使劳动生产率和商品率得到显著提高，以日益壮大的经济实力为改善农业生产条件提供直接的支持，并且用现代生产手段和科学技术逐步取代传统农耕文明。通过小城镇乡镇企业的扩散效应，带动周围农村初级加工业迅速发展，延长农村产业链，不断优化产业结构。现代文明的传播和渗透，刺激农民在生活方式、行为方式和思维方式等方面产生一系列深刻变化，并由此逐步引动农村社会的整体变革。这种影响力不仅局限于周边地区，还通过交通、信息等渠道向更远的地区延伸，从而扩大小城镇的辐射半径。小城镇的发展不仅有利于地方经济的发展，也有助于缓解大城市的压力，促进城乡体系的均衡发展。

小城镇的开放性不断加强。传统单一和相似的小城镇经济正在转变为多样化、独具特色的新型城镇。城市工业和科技的扩散和辐射使得小城镇与大、中城市的联系更加紧密，工业产业链的延伸使得不同小城镇之间的横向联系更加紧密。通过竞争、优化和重组的过程，小城镇的进一步发展，逐步形成"层次分明，功能互补，疏密有致"的小城镇经济网络，形成一个开放而互相渗透的城镇体系。在农村工业化的推动下，小城镇的发展将改变城市和农村经济相互分离的状况，城乡之间的人才、资金、信息、技术等经济要素将更频繁地流动和交融，现代文明的影响将推动从事非农业劳动的农村人口在经济上实现显著增长，他们的生产技能、生活方式和道德伦理观念发生重大变化，城乡融合进一步加强。随着开发性不断加强，小城镇的发展将呈现经济、文化、科技、教育等各个方面的综合发展的特点，经济逐步繁荣，势必加速小城镇基础设施和生活服务系统的完善，推动公共服务均等化，缩小城乡之间的生活环境和质量差距。小城镇开放性不断加强，实际上是乡村城镇化逐步实现的过程。

小城镇集聚趋势明显。集聚是小城镇发展过程中不可逆转的历史趋势，正逐步发展成为区域经济增长的核心，带动一批具有互补优势的乡村共同发展，构建出更加合理的城镇乡村体系，这将引领未来小城镇区域发展的主要趋势，也预示着我国乡村城镇化的未来展望。小城镇的发展呈现出数量和规模的变化，集聚趋势非常明显。随着交通条件、地理位置、产业构成等因素的变化以及竞争因素的增加，一些邻近地区的小城镇出现了相对萎缩的趋势。换句话说，一部分小城镇的规模扩大是以另一部分小城镇的衰退为前提的，这种明显的集聚趋势实际上标志着我国原有小城镇体系的重构和再生。集聚趋势对于一些以农业人口为主的小城镇产生了重大影响，使其初步形成规模，小城镇的人口集聚效应日益增强。小城镇的乡镇企业以及与其相关的农村第二、第三产业的快速发展，为农村剩余劳动力的转移提供了大量非农业就业机会，对增强小城镇的人口集聚效应发挥了关键作用。目前，农民向小城镇迁移的方式正在发生根本性的变化，从临时性流动式迁移向稳定性定居式迁移转变，迁移的演变趋势已经清晰可见。小城镇集聚趋势是城镇化进程中的一种必然趋势，有利于优化资源配置，减少重复建设，节约投资成本，提高城市效率，促进经济和社会发展；可以促进产业聚集和人口聚集，形成规模效应，提高经济效益和社会效益；可以更好地实施城市规划，优化城市空间布局，提高城市的整体形象和品质。

小城镇人口流动逐渐加速。户籍制度根本性变化加速了小城镇人口的流动。2022年3月17日，国家发展改革委发布《2022年新型城镇化和城乡融合发展重点任务》的通知，强调对城市常住人口300万以下的城市全面取消落户限制政策并推进城镇基本公共服务的均等化。具体措施包括推动农民工随迁子女平等接受义务教育、扩大农民工参保范围，以及推动异地就医跨省直接结算范围的扩大。2022年5月6日，中央办公厅和国务院办公厅联合发布了《关于推进以县城为重要载体的城镇化建设的意见》，明确指出全面取消县城落户限制政策，并确保外来人口与本地农业转移人口在稳定就业和生活方面得到同等待遇。此外，2023 年 8 月 3 日，公安部举行新闻发布会，集中发布了 26 项服务保障高质量发展措施，继续深化户籍制度改革，推动农业转移人口进城落户。一方面，推动各地全面取消城区常住人口 300 万以下的城市落户限制，全面放宽城区常住人口 300 万—500 万的 I 型大城市落户条件，完善城区常住人口 500 万以上的超大特大城市积分落户政策，确保社会保险缴纳年限和居住年限分数占主要比例，鼓励取消年度落户名额限制。另一方面，进一步放宽集体户设立条件，鼓励各地在人才市场、众创空间以及乡镇（街道）或者村（社区）设立集体户，更好地便利群众落户。户籍政策的改变促使小城镇吸引农村定居者的比重增加，也激发了农民参与城镇建设的热情。农村人口从之前的被动参与乡村城镇化进程，转变为主动融入，这将极大地推进我国乡村城镇化的进程。农村人口向小城镇的流动也将逐渐突破区域界限，进行跨区域转移。随着小城镇的进一步发展，农村人口将逐渐向小城镇实施区域外的跨区域转移，促进农村劳动力在农村领域实现全方位、大范围的流动，将进一步增强小城镇与大、中城市以及不同小城镇之间的经济联系。随着农民现代意识的提高和区域流动壁垒的进一步消除，跨区域转移规模将不断扩大，将成为农村人口向小城镇转移的主要方式。农村劳动力在更广范围内的合理流动，将为小城镇的发展带来持续的新的活力。

第3章　我国小城镇发展现状解析

我国小城镇因所处的环境不同，千姿百态，现状不一。为更准确地阐述我国小城镇现状，从分布、面积、人口、经济、基础设施、公共服务、就业、生态环境、社会消费、农业发展、营商环境、交易和旅游等多个方面进行粗线条的描述，基本上能为我国现阶段小城镇做一个清晰的画像。

3.1 我国小城镇分布广泛

我国各区域小城镇分布情况不同。2023年9月底，我国共有21421个小城镇。其中，东部、西部、中部和东北部小城镇数量分别为6036个、8183个、5562个和1640个，分别占全国小城镇数量的28.18%、38.20%、25.97%和7.66%。我国西部区域小城镇数量最多，东部区域次之，东北部区域最少。从各省情况看，小城镇数量在全国占比较高的是四川、河北、河南、湖南、广东、安徽等省，分别是9.42%、6.22%、5.56%、5.30%、5.19%和4.73%，小城镇绝对数量都超过1000个。见表3-1。

表 3-1　我国小城镇基本情况（2023 年）

区域	地区名称	小城镇数量（个）（国家统计局数据）	小城镇数量（个）（住房和城乡建设部数据）	占比（%）
	全国	21421	19245	100
东部	北京	143	113	0.67
	天津	124	113	0.58
	河北	1332	1129	6.22
	上海	106	101	0.50
	江苏	701	656	3.23
	浙江	618	576	2.89

区域	地区名称	小城镇数量（个）（国家统计局数据）	小城镇数量（个）（住房和城乡建设部数据）	占比（%）
东部	福建	653	562	3.05
	山东	1072	1056	5.06
	广东	1112	1003	5.19
	海南	175	156	0.82
合计		6036	5465	28.18
东北部	辽宁	640	612	2.99
	吉林	426	390	2.02
	黑龙江	574	486	2.68
合计		1640	1488	7.66
中部	安徽	1011	914	4.73
	江西	832	732	3.89
	山西	632	531	2.95
	河南	1192	1088	5.56
	湖北	761	702	3.55
	湖南	1134	1070	5.30
合计		5562	5037	25.97
西部	重庆	625	589	2.92
	四川	2016	1848	9.42
	贵州	831	772	3.88
	云南	666	588	3.12
	西藏	142	74	0.66
	内蒙古	509	436	2.37
	广西	806	702	3.77
	陕西	973	923	4.55
	甘肃	892	792	4.17
	青海	140	104	0.65
	宁夏	103	77	0.48
	新疆	480	313	2.24
	新疆生产建设兵团	/	37	/
合计		8183	7255	38.20

资料来源：民政部2023年末数据和住房和城乡建设部2022年城乡建设统计年鉴。

从区域镇的密度角度上看，我国东部居前，每百万公顷行政面积上小城镇数量是65个，中部次之，达54个，均高于全国平均水平。西部最少，12个。相对而言，我国西部和东北部的这个指标低于或接近全国平均水平，全国每百万公顷单位行政面积上的小城镇数量为23个。从单位镇域行政面积上来看，我国单位镇域行政面积与我国目前的区域人均国土面积的国情基本一致。我国西部地广人稀，东部用地紧张。单位镇域行政面积大小依次为西部、东北部、中部和东部。见表3-2。如果结合全国经济实力分析，单位行政面积上的小城镇数量能直接反映其地区的经济发展水平，和前面分析的结果一致。

表3-2 我国各省、各区域单位行政区域面积的小城镇密度情况（2023年）

区域	地区名称	小城镇个数（个）	省（市）行政区域面积（公顷）	单位行政区域面积小城镇数量（个/百万公顷）	单位镇域行政面积（公顷/镇）
全国		21421	950533250	23	4437.90
东部	北京	143	1641000	87	11475.52
	天津	124	1196600	104	9572.80
	河北	1332	18880000	71	14174.17
	上海	106	634050	167	5981.60
	江苏	701	10720000	65	15292.44
	浙江	618	10550000	59	17071.20
	福建	653	12400000	53	18989.28
	山东	1072	15790000	68	14729.48
	广东	1112	17970000	62	16160.07
	海南	175	3540000	49	20228.57
合计		6036	93321650	65	143752.34
东北部	辽宁	640	14800000	43	23125.00
	吉林	426	2712000	157	6366.20
	黑龙江	574	47300000	12	82404.18
合计		1640	64812000	25	111895.38
中部	安徽	1011	15670000	65	15499.51
	江西	832	14010000	59	16838.94
	山西	632	16690000	38	26450.08
	河南	1192	16700000	71	14152.54
	湖北	761	18590000	41	24428.38

区域	地区名称	小城镇个数（个）	省（市）行政区域面积（公顷）	单位行政区域面积小城镇数量（个/百万公顷）	单位镇域行政面积（公顷/镇）
中部	湖南	1134	21180000	54	18677.25
合计		5562	102840000	54	116046.70
西部	重庆	625	8240000	76	13184.00
	四川	2016	48600000	41	24107.14
	贵州	831	17616700	47	21199.40
	云南	666	39402900	17	59163.51
	西藏	142	12028000	12	84704.23
	内蒙古	509	39402900	13	77412.38
	广西	806	23760000	34	29478.91
	陕西	973	20560000	47	21130.52
	甘肃	892	45590000	20	51109.87
	青海	140	72100000	2	515000.00
	宁夏	103	6640000	16	64466.02
	新疆	480	166000000	3	355460.39
合计		8183	689559600	12	1644957.20

资料来源：国家统计局 2023 年统计年鉴和民政部 2023 年数据。

如果按照我国八大热点地区对小城镇的分布情况进行统计，从绝对数量上看，西南地区小城镇最多，次之是长江中游和黄河中游地区，小城镇最少的是东部沿海地区。从小城镇分布密度上看，我国北部沿海和东部沿海地区的密度最大，分别达到 71 个镇/百万公顷、65 个镇/百万公顷。密度最低的是大西北地区和黄河中游地区，均低于全国小城镇密度平均水平。见表 3-3。

表 3-3　我国八大热点地区行政面积内小城镇分布情况

热点地区	省份	小城镇	省（市）行政面积（万公顷）	小城镇密度（个/百万公顷）
全国热点地区合计		21421	95053.325	23
东北地区	辽宁	640	1480.000	43
	吉林	426	271.200	157
	黑龙江	574	4730.000	12
合计		1640	6481.200	25

热点地区	省份	小城镇	省(市)行政面积(万公顷)	小城镇密度（个 / 百万公顷 ）
北部沿海地区	北京	143	164.100	87
	天津	124	119.660	104
	河北	1332	1888.000	71
	山东	1072	1579.000	68
合计		2671	3750.760	71
东部沿海地区	上海	106	63.405	167
	江苏	701	1072.000	65
	浙江	618	1055.000	59
合计		1425	2190.405	65
南部沿海地区	福建	653	1240.000	53
	广东	1112	1797.000	62
	海南	175	354.000	49
合计		1940	3391.000	57
黄河中游地区	山西	632	1669.000	38
	内蒙古	509	3940.290	13
	河南	1192	1670.000	71
	陕西	973	2056.000	47
合计		3306	8835.000	37
长江中游地区	安徽	1011	1567.000	65
	江西	832	1401.000	59
	湖北	761	1859.000	41
	湖南	1134	2118.000	54
合计		3738	6945.000	54
西南地区	广西	806	2376.000	34
	重庆	625	824.000	76
	四川	2016	4860.000	41
	贵州	831	1761.670	47
	云南	666	3940.290	17

热点地区	省份	小城镇	省(市)行政面积(万公顷)	小城镇密度(个/百万公顷)
合计		4944	13752.960	36
大西北地区	西藏	142	12028.000	12
	甘肃	892	4559.000	20
	青海	140	7210.000	2
	宁夏	103	664.000	16
	新疆	480	16600.000	3
合计		1757	41317.000	4

资料来源：国家统计局2023年统计年鉴。数据不包括中国的台湾、香港和澳门等地区数据。

无论是区域划分统计还是热点地区划分统计，我们对小城镇的分布规律大概有一个相对直观的认识。统计数据似乎说明了单位国土行政面积上的小城镇数量和经济发展水平呈正相关的关系，小城镇密度越高，该区域的经济发展水平越高。

3.2 我国小城镇区域面积较大

3.2.1 我国小城镇行政区域面积

2022年，全国小城镇行政区域面积为47907.4478万公顷，占全国国土面积的49.90%，将近一半。从区域来看，我国行政面积最大的为西部区域，为29839万公顷；中部区域次之，为7012万公顷；东北部最少，为4322万公顷。

结合区域小城镇数量分析，可以清楚得知各区域单位镇域行政面积及单位行政面积上的小城镇数量。我国西部镇域平均面积最大，接近36465公顷；东部最小，为10983公顷。全国平均每个单位镇域行政面积为22315万公顷。

3.2.2 我国小城镇建成区面积

我国小城镇建成区面积增长较快。2022年城乡建设统计年鉴数据显示，1990—2022年，我国小城镇建成区面积由82.5083万公顷增长到442.3000万公顷，增幅高达5.36倍，呈现出稳步上升的态势。2022年，平均每个小城镇建成区面积229.8259公顷。从趋势上看，该时间段的小城镇数量增长基本稳定，但小城镇的建成区面积却在逐年稳步增长。2014年以后，小城镇建成区面积增幅就开始比小城镇数量增幅大了，且逐年拉大幅度。见图3-1。

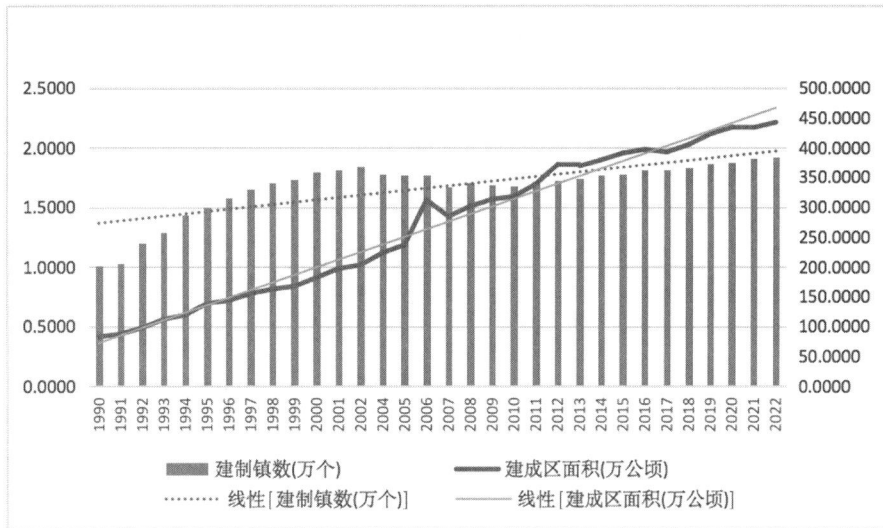

图 3-1　我国小城镇建成区占地面积变化状况（1990—2022 年）

资料来源：住房和城乡建设部 2022 年城乡建设统计年鉴。

从区域上看，2022 年，我国东、中、西、东北部地区的建成区面积分别为 181.3904 万公顷、128.4925 万公顷、106.0131 万公顷和 26.4011 万公顷。从各区域小城镇建成区面积增速上，2006—2015 年间，我国年增速最快的区域为中部区域和东部区域，分别达 3.3394 万公顷 / 年、3.2180 万公顷 / 年。值得关注的是，我国东北部地区小城镇建成区面积萎缩得较多。小城镇建成区面积 2006—2015 年间平均增加的面积为负值，区域内三个省份均为负增长。见表 3-4。数据基本上能反映出我国各区域城镇化推进的速度和质量问题。中部地区城镇化推进的速度相对较快，而东北部的小城镇大多处于萎缩状态，发展受到较大的影响，前景堪忧。这是一个值得思考和研究的问题。

从各省的角度看，河南、山东、湖南、上海和福建等省（市）年增加的建成区面积最多。负增长的省市为北京市、东北三省和新疆建设兵团。见表 3-4。如果深究负增长的原因，大概有迹可循，无非是城镇化快速推进过程中很多小城镇并入城市辖区，变成城市建成区的组成部分。或者，还有一种可能，就是区域内小城镇的人口流失过多导致建成区萎缩，或者消失。北京属于前一种情况，其他区域属于后一种情况的可能性较大。

无论从区域和各省上看，建成区面积大小基本上能真实反映小城镇规模发展的情况，建成区面积增速的大小均与经济发展的情况呈正相关。

表 3-4　我国各省小城镇建成区面积变化情况

区域	省份	2022 年	2006 年	年平均增加的建成区面积（公顷 / 年）
		建成区面积（公顷）	建成区面积（公顷）	
全国		4422970.5100	3121929.0000	86736.1007

区域	省份	2022 年	2006 年	年平均增加的建成区面积（公顷／年）
		建成区面积（公顷）	建成区面积（公顷）	
东部	北京	29390.8500	42300.0000	−860.6100
	天津	45264.3200	35400.0000	657.6213
	河北	178676.7400	154600.0000	1605.1160
	上海	141604.1800	62800.0000	5253.6120
	江苏	271924.3300	223500.0000	3228.2887
	浙江	218212.8300	170000.0000	3214.1887
	福建	147042.4700	78800.0000	4549.4980
	山东	399793.9200	249000.0000	10052.9280
	广东	354418.0800	296100.0000	3887.8720
	海南	27576.3300	18700.0000	591.7553
东部汇总		1813904.0500	1331200.0000	32180.2700
东北部	辽宁	96287.0500	105200.0000	−594.1967
	吉林	79021.7100	79400.0000	−25.2193
	黑龙江	88702.0800	119200.0000	−2033.1947
东北部汇总		264010.8400	303800.0000	−2652.6107
中部	安徽	264074.3000	164500.0000	6638.2867
	江西	148361.3900	95500.0000	3524.0927
	山西	86609.8700	52600.0000	2267.3247
	河南	297777.9400	143100.0000	10311.8627
	湖北	232163.5100	161100.0000	4737.5673
	湖南	255937.5900	167200.0000	5915.8393
中部汇总		1284924.6000	784000.0000	33394.9733
西部	重庆	79696.5400	43500.0000	2413.1027
	四川	250173.5500	131700.0000	7898.2333
	贵州	147891.9300	72500.0000	5026.1287
	云南	78796.1100	57600.0000	1413.0740
	西藏	3455.9200	2029.0000	95.1280
	内蒙古	115229.8500	89600.0000	1708.6567
	广西	100698.3900	54200.0000	3099.8927
	陕西	124672.8500	117600.0000	471.5233

区域	省份	2022 年	2006 年	年平均增加的建成区面积（公顷／年）
		建成区面积（公顷）	建成区面积（公顷）	
西部	甘肃	68633.4200	47700.0000	1395.5613
	青海	8899.0800	7000.0000	126.6053
	宁夏	21650.5900	14100.0000	503.3727
	新疆	45574.6600	28800.0000	1118.3107
	新疆生产建设兵团	14758.1800	36600.0000	−1456.1213
西部汇总		1060131.0200	702929.0000	23813.4680

资料来源：住房和城乡建设部 2022 年、2006 年（西藏为 2017 年数据）城乡建设统计年鉴。

3.2.3 我国小城镇和城市的建成区面积对比分析

我国小城镇建成区面积变化与全国城市建成区面积的变化对比，也有所不同。从 1990 年以来，我国小城镇建成区面积增长 525.48%。同时期的全国城市建成区面积的平均增速差不多，为 525.58%。说明我国小城镇同步参与了我国规模宏大的城镇化战略，成为城镇化发展战略的重要组成部分，成为城镇空间开发扩张的重要增长区域。因我国小城镇数量是城市数量的 27.63 倍（2022 年年底数据），小城镇拥有更广阔的空间扩张容量，是未来县域经济发展和乡村振兴的主战场，也是实现城乡共同富裕的基石。见表 3-5。

表 3-5　我国历年城市和小城镇的数量和建成区面积对比

年份	全国城市			全国小城镇		
	城市个数（个）	建成区面积（万公顷）	城市建成区人口（万人）	小城镇个数（个）	建成区面积（万公顷）	建成区户籍人口（万人）
1990	467	128.557	32530.2	10126	82.5	6114.92
1991	479	140.111	29589.3	10309	87.0	6551.81
1992	517	149.587	30748.2	11985	97.5	7225.1
1993	570	165.883	33780.9	12948	111.9	7861.93
1994	622	179.395	35833.9	14293	118.8	8669.72
1995	640	192.642	37789.9	15043	138.6	9295.91
1996	666	202.142	36234.5	15779	143.7	9852.89
1997	668	207.913	36836.9	16535	155.3	10440.39
1998	668	213.796	37411.8	17015	163.0	10919.89

年份	全国城市			全国小城镇		
	城市个数（个）	建成区面积（万公顷）	城市建成区人口（万人）	小城镇个数（个）	建成区面积（万公顷）	建成区户籍人口（万人）
1999	667	215.245	37590	17341	167.5	11635.48
2000	663	224.393	38823.7	17892	182.0	12267.58
2001	662	240.266	35747.3	18090	197.2	12979.98
2002	660	259.726	35219.6	18375	203.2	13663.56
2003	660	283.08	33805	20226	/	/
2004	661	304.062	34147.4	17785	223.6	14334.46
2005	661	325.207	35923.7	17726	236.9	14805.20
2006	656	336.598	33288.7	17652	312.0	14000.00
2007	655	354.697	33577	16700	284.3	13100.00
2008	655	362.953	33471.1	17000	301.6	13800.00
2009	654	381.073	34068.9	16900	313.1	13800.00
2010	657	400.58	35373.5	16800	317.9	13900.00
2011	657	436.032	35425.6	17100	338.6	14400.00
2012	657	455.658	36989.7	17200	371.4	14800.00
2013	658	478.553	37697.1	17400	369.0	15200.00
2014	653	497.726	38576.5	17700	379.5	15600.00
2015	656	521.023	39437.8	17800	390.8	16000.00
2016	657	543.315	40299.17	18100	397.0	16200.00
2017	661	562.254	40975.7	18100	392.6	15500.00
2018	673	584.557	42730.01	18300	405.3	16100.00
2019	679	603.125	43503.66	18746	422.9	16500.00
2020	687	607.213	44253.74	18822	433.9	16600.00
2021	692	624.205	45747.87	19072	433.6	16600.00
2022	695	636.764	47001.93	19245	442.3	16600.00

资料来源：住房和城乡建设部 2022 年城乡建设统计年鉴。

注：1. 2005 年及以前年份"城区面积"为"城市面积"。

2. 2005 年、2009 年、2011 年城市建设用地面积不含上海市。2020 年和 2021 年城区面积、建成区面积和城市建设用地面积不含北京市。

3.3 我国小城镇人口占比较高

3.3.1 小城镇镇域户籍人口多

小城镇镇域户籍人口规模持续增加。从小城镇人口的总体趋势观察，除60年代的调整时期外，小城镇人口呈稳定增长势头。1954年，小城镇人口为2481万，占城镇总人口的30.1%。1961年为3517万人，1962年小城镇人口为3964万人，1972年为4571万人，1978年上升到4039万人，1982年上升到6211万人，1984年增长到5228万人。1985年猛增至17057万人。与1954年相比，1985年小城镇人口增加14776万人，增长了近6倍。从1954年至1985年，小城镇人口平均每年递增6.4%。根据相关统计年鉴的统计数据，1985—2022年，我国小城镇建成区总人口呈现出逐年逐步增长的态势。

进入21世纪以来，随着城镇化进程的加快，小城镇在吸纳农村剩余劳动力方面的作用日益凸显。我国小城镇吸纳的人口总量很大。据全国第七次人口普查数据，截至2020年年底，全国总人口是14.1212亿人，全国城镇人口是9.0199亿人，全国流动人口是4.9276亿人。其中，我国小城镇镇域人口是8.1869亿人，常住人口是3.2482亿人，户籍人口是2.0449亿人，流动人口是1.2034亿人。这样，我国小城镇镇域人口占全国人口的57.98%，占全国城镇人口的90.76%。我国小城镇建成区常住人口占全国人口的23.00%，占全国城镇人口的36.01%。我国小城镇流动人口占全国流动人口的24.42%。由此可见，我国小城镇在吸纳人口方面十分重要，中国有近六成人口生活在小城镇，城镇人口的1/3在小城镇，1/4的流动人口落脚在小城镇。见表3-6。

表 3-6　我国小城镇人口在全国的地位（2020 年）

全国人口情况（亿人）		小城镇人口情况			
		镇域人口占比（%）	建成区常住人口占比（%）	建成区流动人口占比（%）	建成区户籍人口占比（%）
全国总人口	14.1212	57.98	23.00	8.52	14.48
全国城镇人口	9.0199	90.76	36.01	13.34	22.67
全国流动人口	4.9276	/	/	24.42	/

注：小城镇镇域人口8.1869亿人，建成区常住人口3.2482亿人，建成区户籍人口2.0449亿人，建成区流动人口1.2034亿人。

资料来源：小城镇镇域数据来源于《中国县域统计年鉴（2021）》。其他均来自国家统计局《中国统计年鉴（2021）》数据和第七次全国人口普查数据。

全国小城镇镇域户籍人口规模差别很大。见图3-2。

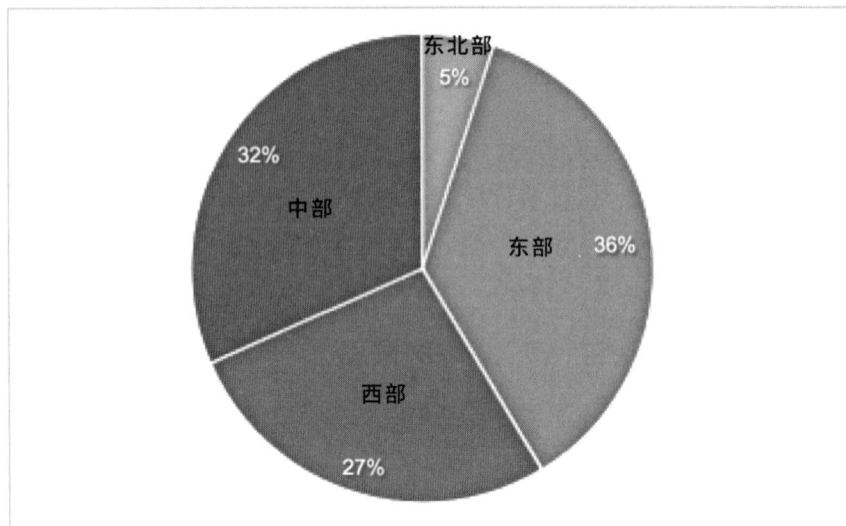

图 3-2　我国小城镇镇域人口分布情况（2020年）

资料来源：国家统计局2021年统计年鉴。

30万以上的小城镇仅有4个，都在我国的东部地区，即河北省三河市燕郊镇、江苏省昆山市玉山镇、广东省南海区狮山镇和大沥镇，其中大沥镇户籍人口高达33.6万人。户籍人口20万—30万的小城镇有17个，东部区域占82.35%，其他区域均很少。户籍人口15万—20万的小城镇有97个，东部区域仍高居首位，达63.92%，中部区域为21.65%。15万以上户籍人口的小城镇中，东部区域表现抢眼，占据半壁以上江山，相反，东北部区域没有一个。户籍人口1万—10万的小城镇占全国小城镇总数的比重约为90.68%，应该是我国小城镇中需要重点关注的部分。规模以上小城镇数量间接地反映了区域的经济差异程度。见表3-7。

表 3-7　我国小城镇按户籍人口规模分组情况（2023年）

区域规模	全国		东部		西部		中部		东北部	
	数量（个）	比重（%）	数量（个）	比重（%）	数量（个）	比重（%）	数量（个）	比重（%）	数量（个）	比重（%）
30万以上	4	100	4	100.00	0	0.00	0	0.00	0	0.00
20万—30万	17	100	14	82.35	2	11.76	1	5.88	0	0.00
15万—20万	97	100	62	63.92	14	14.43	21	21.65	0	0.00
10万—15万	543	100	263	48.43	116	21.36	154	28.36	10	1.84
5万—10万	4791	100	1815	37.88	1098	22.92	1789	37.34	89	1.86
3万—5万	6387	100	2119	33.18	2087	32.68	1817	28.45	364	5.70
2万—3万	4395	100	926	21.07	1891	43.03	1021	23.23	557	12.67

区域规模	全国		东部		西部		中部		东北部	
	数量（个）	比重（%）	数量（个）	比重（%）	数量（个）	比重（%）	数量（个）	比重（%）	数量（个）	比重（%）
1万—2万	3875	100	680	17.55	2056	53.06	637	16.44	502	12.95
5000—1万	859	100	98	11.41	571	66.47	106	12.34	84	9.78
2000—5000	334	100	6	1.80	284	85.03	11	3.29	33	9.88
2000以下	103	100	40	38.83	55	53.40	1	0.97	7	6.80
总计	21405	100	6027	28.16	8174	38.19	5558	25.97	1646	7.69

资料来源：国家统计局统计年鉴，部分资料通过各地统计局获得。

3.3.2 小城镇建成区常住人口增长迅速

3.3.2.1 建成区常住人口总体概况

小城镇建成区是吸纳人口的重要载体。小城镇建成区人口是经济发展的一个重要指标。

据住房和城乡建设部《2022年城乡建设统计年鉴》数据，全国小城镇19245个，建成区常住人口1.85亿，占全国总人口的13.12%，占全国城镇常住人口的20.12%。东部区域小城镇建成区常住人口8260.235万，占全国城镇常住人口的比重为8.97%，中部、西部和东北部同比分别为5.67%、4.66%和0.82%。见表3-8。

表3-8 我国各省份、区域小城镇建成区常住人口基本情况（2022年）

区域	地区名称	小城镇个数（个）	建成区面积（公顷）	建成区户籍人口（万人）	建成区常住人口（万人）	建成区常住人口占全国总人口比重（%）	建成区常住人口占全国城镇常住总人口比重（%）
全国		19245	4422970.51	16629.0472	18520.6531	13.12	20.12
东部	北京	113	29390.85	68.3816	120.1248	0.09	0.13
	天津	113	45264.32	119.3314	160.0154	0.11	0.17
	河北	1129	178676.74	645.663	685.3829	0.49	0.74
	上海	101	141604.18	363.3142	864.4841	0.61	0.94
	江苏	656	271924.33	1219.0488	1398.8392	0.99	1.52
	浙江	576	218212.83	701.6088	1013.5879	0.72	1.10
	福建	562	147042.47	620.4537	686.7981	0.49	0.75
	山东	1056	399793.92	1449.8541	1567.6266	1.11	1.70
	广东	1003	354418.08	1268.7796	1643.4292	1.16	1.78
	海南	156	27576.33	107.0175	119.9468	0.08	0.13

区域	地区名称	小城镇个数（个）	建成区面积（公顷）	建成区户籍人口（万人）	建成区常住人口（万人）	建成区常住人口占全国总人口比重（%）	建成区常住人口占全国城镇常住总人口比重（%）
东部汇总		5465	1813904.05	6563.4527	8260.235	5.85	8.97
东北部	辽宁	612	96287.05	286.5634	303.2928	0.21	0.33
	吉林	390	79021.71	221.5396	199.1678	0.14	0.22
	黑龙江	486	88702.08	274.989	249.6391	0.18	0.27
东北部汇总		1488	264010.84	783.092	752.0997	0.53	0.82
中部	山西	531	86609.87	293.0279	323.1995	0.23	0.35
	安徽	914	264074.3	1033.726	1052.1908	0.75	1.14
	江西	732	148361.39	581.4561	599.4707	0.42	0.65
	河南	1088	297777.94	1288.1201	1297.4136	0.92	1.41
	湖北	702	232163.51	846.5019	865.294	0.61	0.94
	湖南	1070	255937.59	1086.7812	1082.9446	0.77	1.18
中部汇总		5037	1284924.6	5129.6132	5220.5132	3.70	5.67
西部	重庆	589	79696.54	413.6352	421.1032	0.30	0.46
	四川	1848	250173.5	1021.7377	1128.7803	0.80	1.23
	贵州	772	147891.93	562.6027	540.2011	0.38	0.59
	云南	588	78796.11	368.5788	380.6463	0.27	0.41
	广西	702	100698.39	548.1495	515.1183	0.36	0.56
	内蒙古	436	115229.85	218.9972	231.2993	0.16	0.25
	西藏	74	3455.92	8.393	12.7797	0.01	0.01
	陕西	923	124672.85	526.9375	526.9774	0.37	0.57
	甘肃	792	68633.42	240.9302	246.0546	0.17	0.27
	青海	104	8899.08	35.6933	34.8556	0.02	0.04
	宁夏	77	21650.59	52.9445	64.5626	0.05	0.07
	新疆	313	45574.66	126.2491	139.5988	0.10	0.15
	新疆生产建设兵团	37	14758.18	28.0406	45.828	0.03	0.05
西部汇总		7255	1060131.02	4152.8893	4287.8052	3.04	4.66

资料来源：住房和城乡建设部 2022 年城乡统计年鉴数据。

3.3.2.2 建成区人口增长

小城镇建成区人口增长速度快于全国小城镇人口增速,中部地区建成区人口的集聚能力大幅提升,西部地区则呈现下降态势。2013—2022 年,我国小城镇建成区的人口增长速度为 2.89%,略高于同期全国城镇人口增长速度（2.47%）0.42 个百分点。中部地区小城镇建成区人口增长速度较快,达 9.53%,高于东部地区 3.36% 的增长速度。但是西部地区建成区人口数量出现 6.03% 的大幅下滑。

2022 年建成区人口超过 10 万人的小城镇有 238 个、超过 5 万人的有 886 个,东莞小城镇具有较强的人口吸纳能力,其中东莞市虎门镇、长安镇建成区人口超过 60 万人,分别为 66.2 万人和 63.9 万人,塘厦镇、厚街镇和寮步镇建成区人口超过 40 万人,分别为 48.7 万人、43.8 万人和 42 万人。从增长速度上看,建成区人口增长超过 20% 的小城镇有 940 个,其中上海奉贤区庄行镇、上海宝山区顾村镇、山东德州经济技术开发区抬头寺镇、安徽凤台县城关镇和广东香洲区唐家湾镇增长速度最快。

小城镇建成区人口比重不高,而东部小城镇建成区人口比重高于全国其他区域。2022 年我国小城镇建成区人口占镇域人口的比重为 41.01%,较 2013 年提高了 7.88 个百分点,年平均比重提高了 0.87 个百分点。其他区域年平均比重均为负增长,其中东北部区域降幅最高。见表 3-9。总体来看,我国小城镇建成区人口比重还不高,与我国城镇化增长速度相比,小城镇建成区人口比重增长速度也较慢,未来还需进一步增强小城镇建成区人口的集聚能力,以促进小城镇在城镇化进程中发挥更大的作用。

表 3-9 我国小城镇建成区人口各区域比重变化情况（2022 年） 单位：%

区域	2022 年	2013 年	年平均比重提高情况
东部	41.01	33.13	0.87
中部	29.05	29.80	−0.08
西部	23.97	27.61	−0.40
东北部	5.97	9.46	−3.88

资料来源：住房和城乡建设部 2022 年城乡建设统计年鉴。

3.3.2.3 建成区人口密度

小城镇人口分布密度差异性较大。东部区域人口密度大,居民点分布密集,小城镇分布密度也高。西部地区农村小城镇的分布密度就低得多,有的地方 1 万平方公里内还很难看到一个小城镇,人口规模也很小,多则近千人。小城镇分布密度有着很大差异。

建成区人口密度略有增加。2022 年全国小城镇建成区人口密度为 42 人 / 公顷,较 2013 年多 4 人 / 公顷,增加了 9.52%。其中,东、中、西、东北部地区的建成区人口密度分别为 46 人 / 公顷、41 人 / 公顷、40 人 / 公顷和 28 人 / 公顷,均有不同程度的增加。

这说明小城镇建成区扩张的速度过快，人员涌入的速度基本上保持一致，表明小城镇在吸纳人员方面具有很大潜力。未来要对小城镇建成区进一步发展进行合理规划，加强基础设施的建设和配套设施的完善，便利居民生活，主动承接农业专业人口在小城镇工作和生活。见表3-10。

表3-10　我国小城镇分布密度及建成区人口密度情况（2022年）

区域	地区名称	小城镇（个）	建成区面积（公顷）	建成区常住人口（万人）	建成区常住人口密度（人/公顷）
全国		19245	4422970.51	18520.6531	42
东部	北京	113	29390.85	120.1248	41
	天津	113	45264.32	160.0154	35
	河北	1129	178676.74	685.3829	38
	上海	101	141604.18	864.4841	61
	江苏	656	271924.33	1398.8392	51
	浙江	576	218212.83	1013.5879	46
	福建	562	147042.47	686.7981	47
	山东	1056	399793.92	1567.6266	39
	广东	1003	354418.08	1643.4292	46
	海南	156	27576.33	119.9468	43
东部汇总		5465	1813904.05	8260.235	46
东北部	辽宁	612	96287.05	303.2928	31
	吉林	390	79021.71	199.1678	25
	黑龙江	486	88702.08	249.6391	28
东北部汇总		1488	264010.84	752.0997	28
中部	山西	531	86609.87	323.1995	37
	安徽	914	264074.30	1052.1908	40
	江西	732	148361.39	599.4707	40
	河南	1088	297777.94	1297.4136	44
	湖北	702	232163.51	865.2940	37
	湖南	1070	255937.59	1082.9446	42

区域	地区名称	小城镇（个）	建成区面积（公顷）	建成区常住人口（万人）	建成区常住人口密度（人/公顷）
中部汇总		5037	1284924.60	5220.5132	41
西部	重庆	589	79696.54	421.1032	53
	四川	1848	250173.5	1128.7803	45
	贵州	772	147891.93	540.2011	37
	云南	588	78796.11	380.6463	48
	广西	702	100698.39	515.1183	51
	内蒙古	436	115229.85	231.2993	20
	西藏	74	3455.92	12.7797	37
	陕西	923	124672.85	526.9774	42
	甘肃	792	68633.42	246.0546	36
	青海	104	8899.08	34.8556	39
	宁夏	77	21650.59	64.5626	30
	新疆	313	45574.66	139.5988	31
	新疆生产建设兵团	37	14758.18	45.8280	31
西部汇总		7255	1060131.02	4287.8052	40

资料来源：住房和城乡建设部 2022 年城乡统计年鉴。

3.3.2.4 建成区人口集聚能力

小城镇人口集聚特征很清晰。小城镇常住人口主要集中在胡焕庸线以东地区，尤其是哈大沿线、成渝地区、长江中下游以及东南沿海省份。从全国各区域小城镇人口分布情况看，东部和中部地区小城镇人口集聚功能非常强。东强西弱是我国区域间人口分布的一个典型特征。例如，2021 年全国小城镇建成区常住人口在东、中、西和东北部之间的比例分别为 45%、32%、19% 和 4%。见图 3-3。全国小城镇镇域总人口在东、中、西和东北部之间的比例分别为 36%、27%、32% 和 5%。

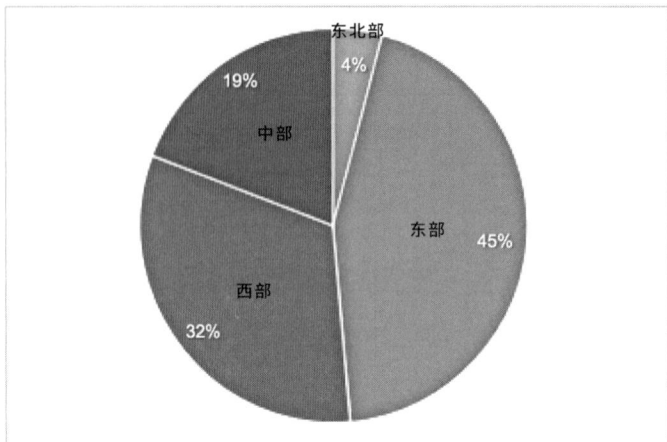

图 3-3　我国小城镇镇区常住人口分布图

资料来源：住房和城乡建设部 2022 年城乡建设统计年鉴。

区域之间小城镇建成区人口集聚能力不同。2021 年东部地区的建成区人口数量为 10520.42 万人，平均每个小城镇建成区人口为 1.62 万人，高于中部的 1.18 万人和西部的 0.81 万人。东部地区建成区人口占东部地区小城镇总人口的 33.99%，比中部高 3.12 个百分点，比西部高 6.42 个百分点。2021 年建成区人口在 20 万人以上的 37 个小城镇中有 33 个来自东部地区，中部地区有 4 个，西部地区没有。10 万—20 万人的小城镇 109 个在东部，56 个在中部，36 个在西部。从建成区人口增长来看，2013—2021 年东部地区小城镇建成区人口增加了 342.11 万人，增长了 3.36 个百分点。其中，303.93 万增长集中在建成区人口在 2 万—10 万人的小城镇，占东部地区增加人口的 88.84%。中部地区建成区人口增加了 695.39 万人，增长了 9.53 个百分点。中部地区小城镇所有人口组别的城镇数量都在增加，人口总量也随之增加，呈现数量和人数齐升的局面，说明中部地区小城镇有较快的发展。而西部地区减少了 6.03%。总体来看，东部地区小城镇建成区人口聚集能力最强，中部地区小城镇建成区集聚能力快速提高，西部地区则有所减弱。

部分小城镇建成区具有较强的人口集聚能力。2021 年建成区人口超过 1 万人的小城镇有 5815 个，仅占小城镇总数的 28.7%，但吸纳了全国 75.7% 的建成区人口，人口吸纳能力进一步增强。其中，建成区人口规模在 5 万人以上的小城镇共有 882 个，共吸纳了 8077 万人口，占全国小城镇建成区总人口的 33.5%。建成区人口规模超过 20 万人的共有 37 个，10 万—20 万人的共有 198 个，其中建成区人口最多的镇为虎门镇和长安镇，建成区人口均超过 60 万人。

各省来看，上海市小城镇建成区平均人口最多，为 6.1 万人，其次为江苏省，建成区平均人口有 2.53 万人，广东省为 1.95 万人。17 个省的小城镇建成区人口超过了 1 万人。从建成区人口中位数来看，建成区人口中位数能够超过 1 万人的省市只有 3 个，分别为上海、江苏和山东，其中山东省小城镇建成区平均人口和中位数之间最为接近，说明从建成区人口角度看，小城镇间发展更为均衡。

结合各区域经济发展水平，很清晰地看到，小城镇人口聚集潜力的高低主要与经济社会发展水平有关[1]，经济增长水平愈快、流动人口收入水准愈高、就业愈来愈好，且流动成本较低的地区，对流动劳动力更具有吸引力。[2] 小城镇人口分布与所在地的经济发展水平呈正相关关系，经济越发达聚集的人将越多。除此之外，资源承载力、环境、基础设施、经济社会发展水平，以及社会政治原因都是影响小城镇人口聚集的重要原因。[3][4]

3.3.2.5 我国的小城镇和城市的建成区人口对比分析

我国的城镇化进程在过去的几十年里迅速发展。大城市经历了快速的人口增长，一线城市（如北京、上海、广州）以及一些发达的二线城市吸引了大量人口流入。这些城市通常提供更好的就业机会、更高的收入水平以及更完善的公共服务设施。作为城镇化进程的一部分，我国的小城镇也经历了人口的增长。为了促进农村经济发展和改善居民生活条件，政府提出了"新型城镇化"战略，实施了一系列措施，鼓励农村人口向小城镇地区转移。与城市和小城镇相比，中国的农村地区人口呈现下降趋势。城乡经济发展不平衡导致了农村人口的流失，许多年轻人和劳动力选择前往城市寻找更好的就业机会和生活条件。数据显示，从1990年到2022年，我国城市建成区人口总数从3.25亿人增长到4.7亿人，城镇化率从26.4%增至65.22%。建成区面积由128.557万公顷增至636.764万公顷。同时期的小城镇建成区人口总数从6114.92万人增长到1.66亿人；建成区面积由82.5万公顷增至442.3万公顷。因此，在城镇化过程中，我国的城市和小城镇几乎是同步发展，小城镇积极参与了我国城镇化飞速发展的进程中。

但是，从增速和趋势上，我国小城镇和城市的建成区人口在2006年前后存在明显的区别。1990—2006年这一阶段，我国小城镇建成区人口数量基本上是稳步增加，同时期的城市建成区人口则是先增后减，波动很大。2006—2022年，我国小城镇和城市的建成区人口方面开始出现明显的分化。这一时期，我国小城镇人口略有增加，但增加幅度基本上变化不大，趋势变化线趋于扁平状态。而同时期的城市建成区人口却是大幅增加，向上趋势线角度明显加大。再结合同一时期的我国农村人口逐年减少的变化情况，可以基本判断出：我国农村转移人口基本上去了城市，留在数量众多的小城镇里比较少。见图3-4。

---

① 徐晓勇，罗淳，雷冬梅．中国小城镇人口集聚能力的省际比较分析 [J]．西北人口，2013，34(04):1-6+11．

② 戚晶晶，许琪．农村劳动力跨省流动与流入省吸引力的分析——基于传统劳动力迁移、人力资本、新劳动力迁移与制度变迁理论 [J]．人口与经济，2013(03):53-61．

③ 许顺才．江南农村人口城镇化和土地集约化进程调研小记 [J]．城市规划通讯，2005(06):12．

④ 刘玉亭，姚龙，刘欢芳．小城镇人口集聚的比较研究及其合理规模浅析 [J]．现代城市研究，2013，28(05):14-22+35．

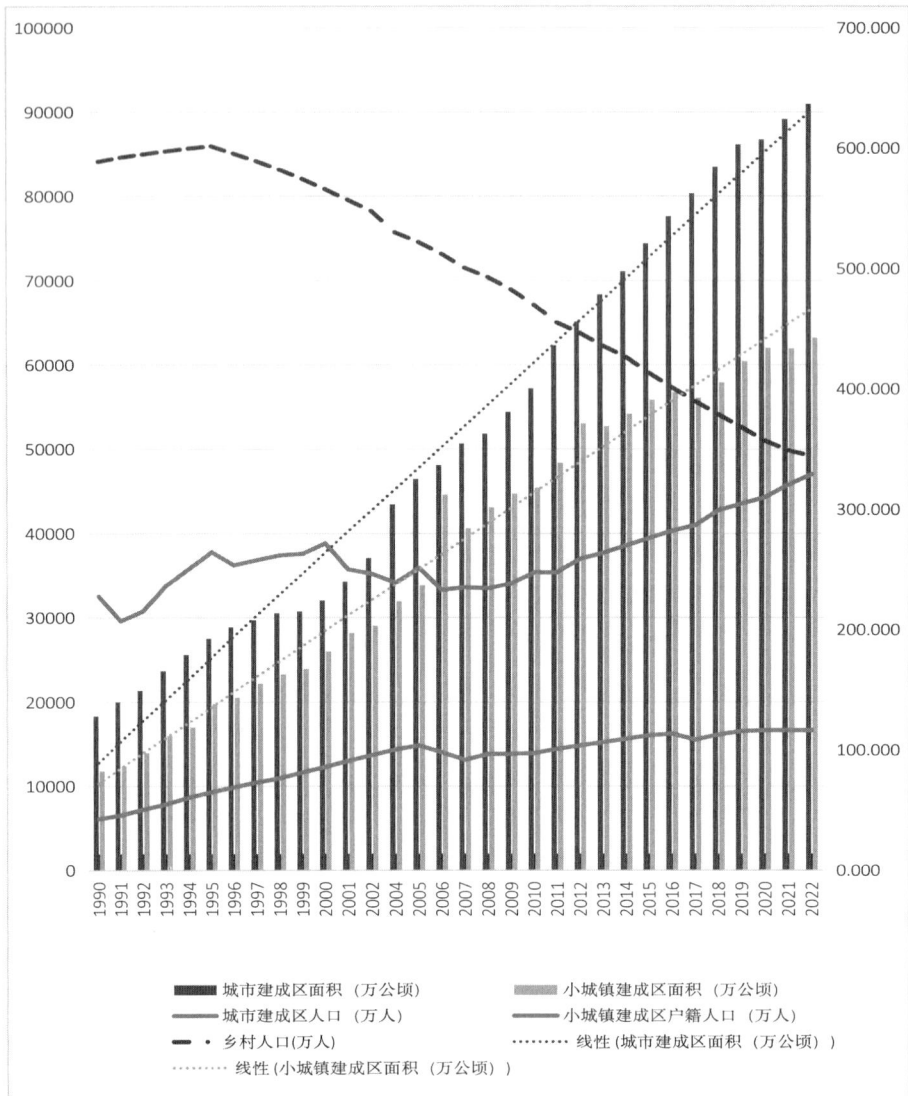

图 3-4 我国小城镇和城市建成区人口比较

资料来源：住房和城乡建设部 2022 年城乡建设统计年鉴。

分析上面现象背后的原因，我们或许能找到答案。进入 20 世纪 90 年代以后，城镇化的概念还处于初步形成阶段，国家对小城镇的建设厚爱有加，连续出台相关鼓励政策，助力我国小城镇发展（可以参见"我国小城镇发展实践历程"章节）。2006 年，我国首次提出要走"中国特色城镇"化道路，构建与区域经济发展和产业布局紧密衔接的城市格局，以城市群为主体形态，大、中、小城市与小城镇协调发展，重点突出城市群的紧密联系和辐射带动作用，提高城市承载能力。从此以后，国家发展的重点就自然而然地集中在大、中城市上了，人口向城市集中转移是必然结果。

小城镇建成区域差异显著。全国有 20% 左右的小城镇在经济和人口聚集等方面的能力较强，发展势头也较为迅猛。而余下 80% 左右的小城镇发展较为平缓，在集聚经济和城镇人口方面发挥作用相对有限。当然，我国小城镇一个重要的功能是转移和接纳农村迁移的人口。

3.3.3 小城镇人口结构变化较大

小城镇人口结构对城镇化发展起着重要作用，很多研究将人口结构作为城镇化质量评价体系的核心指标。由于农村产业结构调整，大批农村人口流入小城镇，致使小城镇人口内部结构产生变化。[①] 我国农业人口未流出人员、农业流入城乡的人口数，以及城乡非农业流入城市人口的生育性别比都脱离了生育性别比的一般水平，农业人口流出也影响了城乡地区的生育性别。[②] 中国农业人口和城镇居民的平均受教育年限均在稳步持续增长，城镇居民平均受高等教育年限的增长更大。[③]

3.3.3.1 人口年龄结构

小城镇的年龄结构相对较为年轻。0—14 岁人口占总人口的 20%，15—34 岁人口占总人口的 26.08%。二者合计约占总人口的 46.08%，基本上一半的人口处于青壮年时期，这对小城镇的发展十分有利。但是，在城镇各年龄阶段人口比重中，青少年人口在城镇总人口中所占比重呈下降趋势，而中老年人口在小城镇总人口中所占比重呈上升趋势，但老龄化问题已经开始显现，目前 65 岁以上老年人口占比 6.37%。见表 3-11。老龄化已成为小城镇人口年龄结构变迁的重要特征。[④][⑤]

表 3-11 我国小城镇人口结构

年龄	人口数（人）			占总人口比重（%）			性别比（女=100）
	合计	男	女	合计	男	女	
总计	324820307	165029877	159790430	100.00	50.81	49.19	103.28
0—4 岁	19259140	10153970	9105170	5.93	3.13	2.80	111.52
5—9 岁	23278035	12439629	10838406	7.17	3.83	3.34	114.77
10—14 岁	22411117	12010832	10400285	6.90	3.70	3.20	115.49
合计（0—14 岁）	64948292	34604431	30343861	20.00	10.66	9.34	113.93

---

① 刘书鹤. 试析小城镇的人口结构 [J]. 东岳论丛，1985(04)：41-46.

② 伍海霞，李树茁，杨绪松. 中国城乡人口流动与城镇出生人口性别比——基于"五普"数据的分析 [J]. 人口与经济，2005(06)：13-20.

③ 陈春林. 人力资本驱动与中国城镇化发展研究 [D]. 上海：复旦大学，2014.

④ 徐晓娜. 城镇人口年龄结构变化对国内旅游消费的动态冲击效应 [J]. 西北人口，2017，38(03)：53-58.

⑤ 马丽君，何镜如，王哲. 我国城镇人口年龄结构变化对城镇旅游发展的影响 [J]. 经济地理，2014，34(10)：157-163.

年龄	人口数（人）			占总人口比重（%）			性别比（女=100）
	合计	男	女	合计	男	女	
15—19岁	20519304	10916999	9602305	6.32	3.36	2.96	113.69
20—24岁	15185202	8037872	7147330	4.67	2.47	2.20	112.46
25—29岁	20079963	10256896	9823067	6.18	3.16	3.02	104.42
30—34岁	28927650	14418673	14508977	8.91	4.44	4.47	99.38
合计（15—34岁）	84712119	43630440	41081679	26.08	13.43	12.65	110.19
35—39岁	23078298	11575785	11502513	7.10	3.56	3.54	100.64
40—44岁	22201769	11161095	11040674	6.84	3.44	3.40	101.09
45—49岁	26787369	13499304	13288065	8.25	4.16	4.09	101.59
50—54岁	27698456	13898540	13799916	8.53	4.28	4.25	100.71
55—59岁	22109153	11020484	11088669	6.81	3.39	3.41	99.39
合计（35—59岁）	121875045	61155208	60719837	37.53	18.83	18.69	100.68
60—64岁	14938709	7469262	7469447	4.60	2.30	2.30	100.00
65—69岁	14963434	7299792	7663642	4.61	2.25	2.36	95.25
70—74岁	9989579	4849995	5139584	3.08	1.49	1.58	94.37
75—79岁	6324210	2991818	3332392	1.95	0.92	1.03	89.78
80—84岁	4055223	1830285	2224938	1.25	0.56	0.68	82.26
85—89岁	2111449	866091	1245358	0.65	0.27	0.38	69.55
合计（60—89岁）	52382604	25307243	27075361	16.14	7.79	8.33	88.54
90—94岁	714885	270745	444140	0.22	0.08	0.14	60.96
95—99岁	164438	55073	109365	0.05	0.02	0.03	50.36
100岁及以上	22924	6737	16187	0.01			41.62
合计（90岁以上）	902247	332555	569692	0.28	0.1	0.17	50.98

资料来源：第七次全国人口普查数据。

3.3.3.2 人口性别比例

小城镇的性别比例相对平衡，男女比例为1:0.93。根据国家统计局2020年发布的数据，我国小城镇人口性别比例呈现出男性略多于女性的趋势。具体来说，全国小城镇常住人口性别比为105.31，即每100个女性对应约105个男性。其中，东部地区的小城镇常住人口性别比较为平衡，中西部地区则普遍偏向男性。值得注意的是，随着城乡发展的不断推进和人口流动的增加，小城镇人口性别比例可能会发生变化。

据国家统计局发布的数据，2019年小城镇常住人口中男女性别比例最高的是西藏自治区，达到了128.91；而性别比例最低的是河南省，为100.31。"中国农村未流动人口、农村流入小城镇人口和城镇非农村流入人口的出生性别比均偏离了出生性别比的正常水平，农村人口流动影响了城镇地区生育性别。"[1]根据分析，小城镇人口性别比例偏高的原因可能与一些地方的传统思想、文化习惯、教育程度等因素相关。针对这一现象，广泛的性别平等教育和宣传，以及妇女就业和创业的政策扶持等方面的措施，有助于缓解小城镇人口性别比例失衡的问题。

此外，政府在实施城乡融合发展政策时还应考虑到性别平等的因素，从而推动统筹城乡发展，提高小城镇生活质量和公共服务设施运营水平，创造更加平等和良好的社会环境和女性就业机会，以弥补小城镇人口性别比例失衡所带来的影响。同时，家庭教育和社会宣传等方面也有着非常重要的作用，需要不断加强性别平等意识的普及和教育，从根本上促进社会性别平等的发展，有效遏制性别比例失衡的趋势。

3.3.3.3 人口教育程度

目前，数据显示在小城镇人口中接受高中及以上教育的比例仍在稳步上升。政府对教育的持续重视和教育改革措施的不断推进，为小城镇人口提供了更好的教育机会和条件。近10年来，我国小城镇人口的教育程度有了显著的提高。根据统计数据显示，小城镇人口中受过高中及以上教育的比例逐年增长。2013年，小城镇人口中受过高中及以上教育的比例为38.3%。随着国家对教育的重视和投入的增加，该比例在接下来的几年里呈现出逐年上升的趋势。2016年，小城镇人口中受过高中及以上教育的比例增至42.9%。这一数字在2017年继续上升到46.2%，2018年达到49.1%。2019年，小城镇人口中受过高中及以上教育的比例首次超过半数，达到50.8%。2020年和2021年，这一比例分别增至53.4%和55.2%。

农村和城镇人口人均受教育年限都在稳定持续增长，城镇人口人均受教育年限的增幅更大。[2]一个重要的原因是随着农村产业结构调整，大批农村人口进入小城镇，使得小城镇人口结构发生重大变化，尤其是城镇在业人口的文化水平会快速提高。[3]见表3-12。

① 伍海霞，李树茁，杨绪松.中国城乡人口流动与城镇出生人口性别比——基于"五普"数据的分析[J].人口与经济，2005(06):13-20.

② 陈春林.人力资本驱动与中国城镇化发展研究[D].上海：复旦大学，2014.

③ 刘书鹤.试析小城镇的人口结构[J].东岳论丛，1985(04):41-46.

表 3-12　我国小城镇人口教育程度分布　　　　　　　　　　单位：人

年龄（岁）	合计	未上过学	学前教育	小学	初中	高中	专科	本科	硕士	博士
总计	14555424	134735	6246	2047890	6655946	2655947	1727892	1254786	65807	6175
16—34	19335033	140608	7081	2211161	8489357	3773275	2661568	1938403	104900	8052
35—59	8737513	65930	2718	1369590	4468806	1450508	782090	567700	26557	3614
60+	1038302	62932	2693	515029	353729	88111	12126	3469	157	56

资料来源：第七次全国人口普查数据。

3.3.3.4 留守儿童及留守老人

现阶段讨论小城镇人口结构，有个现象不能忽视。那就是小城镇的留守儿童和留守老人问题。

留守儿童是指由于父母在外地务工，而留守在家乡由其他成年人，如祖辈、亲戚、邻居、老师等照顾的未成年人群体。在小城镇中，留守儿童的情况普遍存在，其原因主要包括以下几个方面：一是父母外出务工。随着小城镇经济的发展，父母常常离开家乡去外地或城市寻找工作，这是导致小城镇儿童留守的主要原因。二是教育资源不足。许多小城镇的教育资源比较匮乏，父母担心孩子在其他地方读书出现适应难度，也会让孩子选择留在家乡。国家统计局 2022 年中国统计年鉴数据显示，我国 2021 年小城镇仅学龄的留守儿童就约 11991992 人。见表 3-13。另据全国第七次人口普查数据，2020 年年底，全国小城镇 0—4 岁的儿童为 19259140 人见表 3-11。这些孩子到 2021 年时尚未到学龄，其中大部分应该被爷爷奶奶或姥姥姥爷带养，属于典型的留守儿童。这样算来，即使忽略 2021 年小城镇出生的儿童数量，全国约有 31251132 个留守儿童，有 3000 万之多，占全国总人口的 2.21%，数据大得惊人。而《2020 年中国儿童人口状况 事实与数据》相关的数据要大一些。见表 3-14。

表 3-13　我国小城镇留守儿童情况

项目	进城务工人员（人）			农村留守儿童（人）
	随迁子女	外省迁入	本省外县迁入	
普通小学				
毕业生数	1532122	658914	873208	1262665
招生数	1590972	667989	922983	1071499
在校生数	9841120	4185169	5655951	7779315
女性	4475086	1888379	2586707	3613528

项目	进城务工人员（人）			农村留守儿童（人）
	随迁子女	外省迁入	本省外县迁入	
初中				
毕业生数	1136205	448935	687270	1317593
招生数	1342791	553073	789718	1403043
在校生数	3883013	1578647	2304366	4212677
女性	1756590	705746	1050844	1955415

资料来源：国家统计局 2022 年中国统计年鉴。

表 3-14　中国儿童人口状况统计　　　　单位：人

年龄	0—2	3—5	6—11	12—14	15—17	0—17 岁合计
阶段	婴幼儿	学前教育	小学阶段	初中阶段	高中阶段	
全部儿童	4164	5279	10874	5021	4427	29766
流动儿童	808	1147	2321	1043	1791	7109
农村留守儿童	713	780	1590	672	421	4177
城镇留守儿童	454	496	935	385	246	2516

资料来源：国家统计局《2020 年中国儿童人口状况事实与数据》中文版。留守儿童数据根据 2020 年全国人口普查微观数据计算。

姑且抛开留守儿童的数量不谈，单就孩子童年成长质量分析，形势也不容乐观。我们给一个相对可靠的假设：假定每年的招生数量相差不大，因为是义务教育阶段，那么毕业生的数量基本上接近招生数量。可从表 3-13 我们很清晰地看到，义务教育阶段，孩子们的学龄数据除招生数接近外，在校生数和毕业生数相差较多，女孩的数据差别也非常大。普通小学和初中的招生数相差不大，初中少了 83363 人，基本上接近。这意味着小学生毕业之后基本上都转入了初中，这和我国义务教育的规定相符。不同的地方在于，小学和初中的在校生数量差别很大，相差 952 万人，占小学总在校生数的 54.03%。这意味着我国小城镇有很大一部分孩子小学还没毕业就进入了社会，即小学就辍学了。另外，在校生中女孩的辍学率也高达 54.11%。见图 3-5。这两个辍学率如此接近，是否意味着"小城镇的学龄儿童的辍学其实就是学龄女孩的辍学"是一种普遍现象，是巧合还是某种潜在的规律使然，不能草率做出结论。这或许和小城镇固有的传统思想有关。

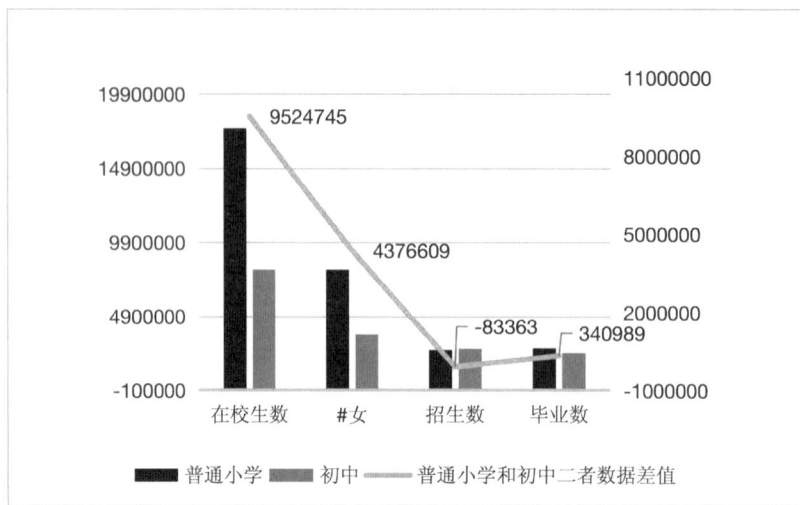

图 3-5 我国小城镇学龄中留守儿童情况分析

资料来源：国家统计局 2022 年中国统计年鉴和国家第七次人口普查数据。

留守儿童是我国城镇化快速发展过程中出现的一种极其不正常的现象，这种现象的发生是制度的缺失和政策引导造成的。现行的户籍管理制度造成了城乡二级分割，人户分离，户不能跟随人流动。政策引导也出现问题，城乡差距越来越大，区域发展不协调越来越严重，城市里常住人口和户籍人口的城镇化率之间存在约 17.5% 的"剪刀差"，这种"剪刀差"还有扩大趋势。

小城镇留守儿童所面临的问题不能被忽略。与父母的分离，经常地没有监护人在旁侧，使留守儿童感到孤单、痛苦和无助。学习和生活方面，留守儿童得不到父母的指导和照顾，存在较大的学习和生活问题。例如，学校的作业、日常生活照顾等方面。长期处于环境变动，受到不良环境的影响或者遭受不同程度的欺凌等，可能会对留守儿童的心理健康产生不良影响，甚至影响社会和谐和稳定。

留守老人也正在面临同样的问题。

小城镇留守老人是指因为子女在外地务工、上学等原因，留在家乡生活，长期没有家人照顾、陪伴和照料的老年人。小城镇留守老人的情况普遍存在，其原因主要包括几个方面：一是子女离家远行。由于工作、人口流动等原因，子女在外地居住，长期不能对留守老人进行有效照料和关怀。二是老年人偏爱家乡。许多小城镇的老年人对家乡很有感情，他们不愿意与家人一起迁往其他地方生活，因此选择留在家乡。

留守老人所面临的问题也不能被忽略。孤独与疏离感。留守老人长期缺乏社交，与社区居民和亲人之间的距离越来越大，使其感到孤独、寂寞、疏离，心理健康问题日渐突出。照料缺失。留守老人的自理能力往往减弱，特别是身体行动慢或多重疾病。在没有子女或家人的照料下，往往缺乏及时的医疗服务。缺乏社区支持。小城镇开展社区支持留守老人等相关工作的服务不足，社区居民很少关注、探视，甚至有较多的乱收费等。

为了解决留守儿童的问题，需要从几个方面进行改进。家庭政策：加强对父母和家庭的政策引导和扶持，鼓励他们留在家乡就业，减少外出务工的数量。公共资源：完善小城镇的教育、医疗和社会福利设施，提供更好的公共服务和管理，以解决留守儿童的实际问题。社区建设：建立起由各方面专业人士组成的团队，常上门走访，关注留守儿童的学习、精神状态，以便及时发现、干预儿童遇到的问题。

针对留守老人的问题，也需要从几个方面进行改进。家庭教育：在子女成长的过程中，家长应该建立正确的家庭观念，培养和引导子女尽责孝顺父母，在必要时候引导老人迁往子女身边。社会福利：完善养老机构的服务内容和管理模式，提供良好的医疗服务，建立长效健康照顾服务，充分满足留守老年人的需求。社群服务：开展各类社区活动，丰富留守老人的社交生活，建立日间照顾站、社区养老护理服务，在社区内为留守老人提供必要的温馨关爱。

小城镇留守儿童和留守老人面临的问题需要得到社会的广泛关注和关心，合理制定和实施针对留守儿童和老人的扶持政策和措施，破除户籍壁垒，改变"人户分离"现象，允许子女和父母随迁入户。同时培养和弘扬家庭美德和社会公德，共同创造和谐、温馨、充实的育儿养老生活。

3.3.4 小城镇流动人口多
3.3.4.1 小城镇流动人口整体情况

我国流动人口在2000—2010年的10年间是逐年增加的趋势，自2010—2019年，我国流动人口数量基本上稳定了，都在2.5亿人上下浮动。2020年，我国流动人口有一个增加的突变，数量急剧增加。和2019年比，2020年流动人口剧增59.32%。分析原因，估计前十年的流动人口的估算有些保守，我们认为"做数"的痕迹比较明显。如果把流动人口与当年的全国人口比例也作为一个参考的话，可以更加明显地感受到这一点，流动人口几乎按照当年总人口的17%左右来估计的。所以，该期间流动人口的数据参考价值不高。2020年的数据是第七次人口普查的数据，相对要可靠真实得多。见表3-15。

表3-15 我国流动人口情况

年份	人户分离人口（亿人）	流动人口（亿人）	全国总人口（亿人）	流动人口占全国总人口的比重（%）
2011	2.71	2.30	13.49	17.05
2012	2.79	2.36	13.59	17.36
2013	2.89	2.45	13.67	17.92
2014	2.98	2.53	13.76	18.38
2015	2.94	2.47	13.83	17.86

年份	人户分离人口（亿人）	流动人口（亿人）	全国总人口（亿人）	流动人口占全国总人口的比重（%）
2016	2.92	2.45	13.92	17.60
2017	2.91	2.44	14.00	17.43
2018	2.86	2.41	14.05	17.15
2019	2.80	2.36	14.10	16.74
2020	4.93	3.76	14.12	26.63
2021	4.45	3.70	14.13	26.19
2022	4.12	3.42	14.12	24.22

注：2020年为当年人口普查时点数据，2015年为1%人口抽样调查样本数据，其他年份为1‰人口变动调查样本数据。

资料来源：国家统计局统计年鉴。

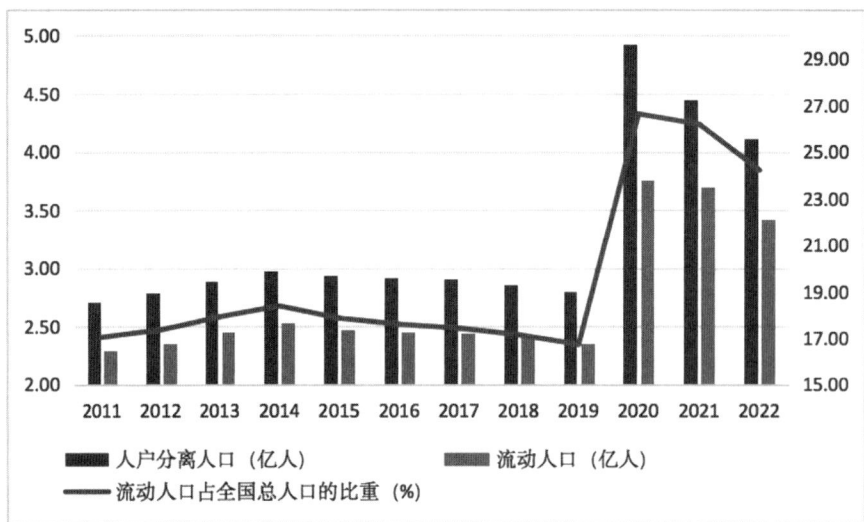

图 3-6　我国历年流动人口（2011—2022 年）

资料来源：住房和城乡建设部2022年城乡建设统计年鉴。

对全国小城镇来说，流动人口流入意义不同。2021年年底，全国总人口是14.12亿人，全国流动人口是3.85亿人。其中，我国小城镇流动人口是1.203亿人，占全国流动人口的32.02%。见图3-6。由此可见，我国小城镇在吸纳流动人口方面十分重要，约1/3的流动人口落脚在小城镇。

从各个省份来看，流动人口数量和分布均有很大的不同。2011年以来，广东、浙江、江苏、四川、山东五省流入的人口数量较多。其中，广东省流入的人数量最多，远超全国其他省份。而西藏、青海、甘肃和海南等省份流入的人口较少。见图3-7。

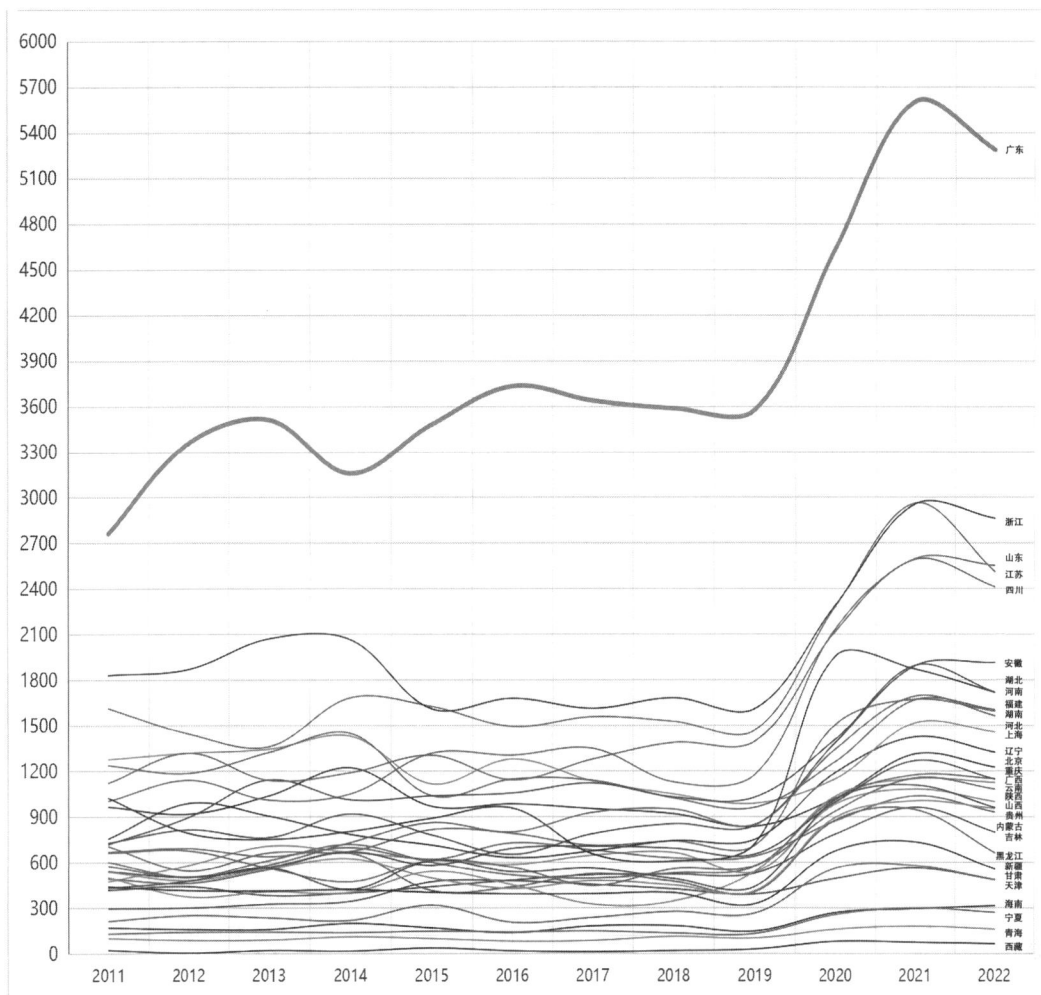

图 3-7 全国各省市流动人口情况（2011 年—2022 年）

资料来源：住房和城乡建设部 2022 年城乡建设统计年鉴。

2021 年，全省小城镇外来人员超过全国小城镇流动人口 5% 的省份有安徽、河南、湖南、四川、河北、江苏、广东、山东和浙江，其中流入最多的前三名是河南、山东和安徽，分别是 9.05%、6.40% 和 6.38%。见表 3-16。

表 3-16　我国各省小城镇外来流动人员情况（2021 年）

现住地		全国流动人口		小城镇流动人口	
		全国总流动人口数（人）	全国小城镇流动人口总数（人）	占全国小城镇流动人口的比重（%）	占全国总流动人口的比重（%）
区域	全国	375816759	120335162	100.00	32.02

现住地		全国流动人口		小城镇流动人口	
		全国总流动人口数（人）	全国小城镇流动人口总数（人）	占全国小城镇流动人口的比重（%）	占全国总流动人口的比重（%）
中部	山西	9673800	3712762	3.09	0.99
	安徽	13872306	7650878	6.36	2.04
	江西	9634030	5297048	4.40	1.41
	河南	21201720	10886032	9.05	2.90
	湖北	12764185	3402071	2.83	0.91
	湖南	14172028	6098970	5.07	1.62
小计			37047761	30.79	9.86
西部	内蒙古	9068444	3768002	3.13	1.00
	重庆	4811388	2130310	1.77	0.57
	四川	20688554	6294096	5.23	1.67
	贵州	9590053	3883864	3.23	1.03
	云南	10599050	3648295	3.03	0.97
	西藏	892230	209670	0.17	0.06
	陕西	9273878	3259683	2.71	0.87
	甘肃	5341595	2333281	1.94	0.62
	青海	1606035	678834	0.56	0.18
	宁夏	2506995	998157	0.83	0.27
	新疆	8051404	2092074	1.74	0.56
	广西	9522526	3635557	3.02	0.97
小计			32931823	27.37	8.76
东部	北京	8418418	963289	0.80	0.26
	天津	3534816	339570	0.28	0.09
	河北	15332928	7415737	6.16	1.97
	上海	10479652	1519147	1.26	0.40
	江苏	23663757	7560036	6.28	2.01
	浙江	25557450	6635682	5.51	1.77
	福建	13661247	4533298	3.77	1.21

现住地		全国流动人口		小城镇流动人口	
		全国总流动人口数（人）	全国小城镇流动人口总数（人）	占全国小城镇流动人口的比重（%）	占全国总流动人口的比重（%）
东部	山东	20743285	7697468	6.40	2.05
	广东	52066150	6263984	5.21	1.67
	海南	2662278	613745	0.51	0.16
小计			43541956	36.18	11.59
东北部	辽宁	9993231	1754590	1.46	0.47
	吉林	7951417	2469625	2.05	0.66
	黑龙江	8481909	2589407	2.15	0.69
小计			6813622	5.66	1.81

资料来源：住房和城乡建设部 2021 年城乡建设统计年鉴。

与2020年相比，2021年小城镇吸纳流动人口增长了100.23万人，其中，57.65%的增量出现在流动人口5万—10万人的小城镇，增长了57.78万人。其次，流动人口1万—5万人规模的城镇增长了49.27万人，可以说流动人口增加集中具有一定人口基础的小城镇，大致可以看到流动人口1万人是个门槛。因此我们注意到，在1万人以下的小城镇吸纳流动人口数量增长缓慢，而且在吸纳流动人口5000人以下的小城镇吸纳流动人口还出现减少现象，比上年减少了4.77%。而从各组吸纳流动人口增长速度来看，增长最快的也是流动人口在5万—10万人以上的小城镇，其次为流动人口在0.5万—1万人的小城镇，流动人口增长了4.76%，虽然增速较快但是增加的总量还是相对较少。见表3–17。

表 3–17 我国小城镇吸纳流动人口增长情况（2020—2021 年）

流动人口规模	流动人口增量（万人）	增量百分比（%）	增长速度（%）
10 万人以上	0.20	0.20	0.01
5 万—10 万人	57.78	57.65	6.36
1 万—5 万人	49.27	49.16	2.93
5000—1 万人	15.18	15.15	4.76
5000 以下	−22.2	−22.15	−4.77
总计	100.23	100.00	2.03

资料来源：住房和城乡建设部 2021 年城乡建设统计年鉴。

从区域上看，我国小城镇流动人口主要集中在我国的东部和中部，比重分别达到36.18%和30.79%，合计占据全国小城镇外来人员的约66.97%。2021年东部地区小城镇吸纳流动人口 4354.20 万人，占小城镇吸纳流动人口总量的 36.18%，平均每个镇吸纳 8417 个流动人口。中部地区小城镇吸纳流动人口为 3704.78 万人，占全国流动人口的 30.79%，流动人口密度为 5205 人/镇，数量略低于西部。流动人口流入最少的是我国东北部，占 5.66%。人口密度最低，仅为 4623 人/镇。见表 3-18。

表 3-18 我国小城镇流动人口区域分布及密度情况（2021 年）

区域	区域镇数（个）	区域总人数（人）	区域流动人口占比（%）	区域流动人口密度（人/镇）
中部	7118	37047761	30.79	5205
东部	5173	43541956	36.18	8417
西部	4899	32931823	27.37	6722
东北部	1474	6813622	5.66	4623
合计	18822	120335162	100	6393

资料来源：住房和城乡建设部 2021 年城乡统计年鉴。

各省来看，小城镇吸引流动人口最多的是广东省，有 1300 多万人，其次是江苏和山东，也都在 1000 万人以上。从各省中每个小城镇平均吸纳流动人口的数量来看，数量最多的是上海，平均每个小城镇吸纳 5.19 万人流动人口，广东的小城镇也平均吸纳 4.04 万人。从各省吸纳流动人口最大的镇的情况来看，广东省的长安镇吸纳了 54.45 万流动人口，其次是上海和江苏两省也各有小城镇吸纳流动人口超过 20 万人。

3.3.4.2 流动人口集聚在少数小城镇

2021 年吸纳流动人口数量在 10 万人以上的小城镇有 84 个，共吸纳 1568.5 万流动人口，占小城镇流动人口总量的 31.12%。吸纳流动人口超过 5000 人的小城镇有 1457 个，仅占全国小城镇总量的 7.19%，但其吸纳流动人口总量达 4596.91 万人，占全国小城镇吸纳流动人口总量的 91.21%。而吸纳流动人口数量在 5000 人以下的小城镇占全国小城镇总量的 92.81%，但仅吸纳 8.79% 的流动人口。见表 3-19。

表 3-19 我国小城镇流动人口数量分布情况（2021 年）

流动人口分布	小城镇		流动人口	
	数量（个）	百分比（%）	数量（万人）	百分比（%）
10 万人以上	84	0.41	1568.46	31.12
5 万—10 万人	141	0.70	965.91	19.16
1 万—5 万人	769	3.79	1728.53	34.30
5000—1 万人	463	2.28	334.01	6.63
5000 人以下	18793	92.81	443.09	8.79
总计	20250	100.00	5040.00	100.00

资料来源：住房和城乡建设部 2021 年城乡建设统计年鉴。

3.3.4.3 小城镇吸纳农业转移人口分布情况

2022 年，全国非农就业人员 1.719 亿人，分布在东部、中部、西部和东北部，人数的比重分别为 27.27%、36.62%、32.37% 和 3.74%。其中，从事第三产业的农民工比重为 51.7%，从事第二产业的农民工比重为 47.8%。见表 3-20、表 3-21。

表 3-20　我国农业转移人口地区分布及构成（2022 年）

按输出地分	外出农民工规模（万人）			外出农民工构成比例（%）		
	区域总数	省内外流动数量		外出农民工	省内外流动比例	
		跨省流动	省内流动		跨省流动	省内流动
合计	17190	7061	10129	100.0	41.1	58.9
东部	4687	703	3984	100.0	15.0	85.0
中部	6310	3511	2799	100.0	55.6	44.4
西部	5588	2657	2931	100.0	47.5	52.5
东北部	605	190	415	100.0	31.4	68.6

资料来源：国家统计局 2023 年农民工监测调查报告。

表 3-21　我国农业转移人口从业行业分布（2022 年）

从事的产业类型	2021 年	2022 年	增减（%）
第一产业	0.5	0.5	0
第二产业	48.6	47.8	−0.8
其中：制造业	27.1	27.4	0.3
建筑业	19.0	17.7	−1.3
第三产业	50.9	51.7	0.8
其中：批发和零售业	12.1	12.5	0.4
交通运输仓储邮政业	6.9	6.8	−0.1
住宿餐饮业	6.4	6.1	−0.3
居民服务修理和其他服务业	11.8	11.9	0.1

资料来源：国家统计局 2023 年农民工监测调查报告。

农业转移人员双向流向基本上比较稳定，从 2016 年至 2022 年的七年间，我国东部、中部、西部和东北部等农业转移人口输入和输出都基本上维持在一个狭小的区间内波动。但总体上，东部地区维持高位吸收接纳农业转移人员的状态，几乎吸纳了全国农业转移人员的一半以上。这与东部经济发达程度较高有关。

2022 年，从输出地看，除东北地区农民工人数减少外，其他三个地区均有所增长。其中，东部地区农民工 10403 万人，比上年增加 121 万人，增长 1.2%；中部地区 9852 万人，比上年增加 126 万人，增长 1.3%；西部地区 8351 万人，比上年增加 103 万人，增长 1.2%；东北地区 956 万人，比上年减少 39 万人，下降 3.9%。从输入地看，流向中部和西部地区的农民工人数增长较快，流向东北地区的农民工减少。其中，在东部地区就业的农民工 15447 万人，比上年增加 9 万人，增长 0.1%；在中部地区 6771 万人，比上年增加 200 万人，增长 3.0%；在西部地区 6436 万人，比上年增加 156 万人，增长 2.5%；在东北地区 843 万人，比上年减少 51 万人，下降 5.7%。见表 3-22。

表 3-22 我国农业转移人口地区分布   单位：万人

地区	2016 年	2017 年	2018 年	2019 年	2020 年	2021 年	2022 年
按输出地分							
东部	10400	10430	10410	10416	10124	10282	10403
中部	9279	9450	9538	9619	9447	9726	9852
西部	7563	7814	7918	8051	8034	8248	8351
东北部	929	958	970	991	955	995	956
按输入地分							
东部	15960	15993	15808	15700	15132	15438	15447
中部	5746	5912	6051	6223	6227	6571	6771
西部	5484	5754	5993	6173	6279	6280	6436
东北部	904	914	905	895	853	894	843
其他地区	77	79	79	86	69	68	65

注：其他地区指中国港、澳、台地区及国外。
资料来源：国家统计局 2017—2023 年农民工监测调查报告。

小城镇特别是建成区作为中国农村地区的政治、经济和文化中心，在连接城乡经济方面发挥着重要作用。小城镇吸纳当地的农村剩余劳动力就业，缓解大城市的移民压力。进入 21 世纪以来，由于外向型经济的发展，我国东部沿海地区小城镇的企业发展尤其迅速，成为吸纳就业的重要力量，在广大中西部地区的小城镇，第一产业吸纳就业人口的比例仍然占到就业总人数的一半以上，在我国西部地区甚至可以达到 57%。[①] 小城镇在吸收农业转移人口的作用非常重要。2020 年全国小城镇实现非农就业达到 1.6959 亿人，占全国非农就业的 45.6%。

① 参见世界银行 . 中国中小城镇概览 [R].2012.

3.3.4.4 影响小城镇吸纳人口的因素

我国小城镇人口的迁徙主要分为两种类型：城市向小城镇的迁移和农村向小城镇的迁移。在城市向小城镇的迁移中，一些大城市周边的小城镇因具有较低的房价和生活成本，同时还有较好的环境和基础设施，成为城市人口迁徙的热门选择。在这些小城镇中，一些优质公共服务设施和医疗资源得到了提升，大大提高了居住环境和居民生活质量。而在农村向小城镇的迁移中，一些农村人口因生活、教育等方面的原因选择前往小城镇谋生。这部分人口的流入也导致小城镇的人口规模增加，一些传统的农业社会逐渐向城镇化转变。特别是在一些经济发达的地区，农村人口向小城镇的迁移也带动了一部分产业向小城镇转移，增强了小城镇的就业机会和经济实力。

影响小城镇吸纳人口的因素很多，中外学者对此均做了大量的研究。从人口转移意愿上看，影响农业转移人口意愿的因素有文化程度、房产、承包地、签订就业合同状况、未婚子女平均年龄等，他们更多地愿意在中小城市和小城镇落户，文化程度偏低、城市生活适应性较弱、获取城市保障机制能力较弱的更愿意落户小城镇。[1] 从人口集聚角度上看，地理环境、经济发展水平、资源承载力、基础设施和社会政治因素是影响小城镇人口集聚的主要因素 [2][3]。小城镇产业结构和市场潜力是人口集聚的主要推动因素 [4][5]。经济发展水平越高、流动人口人均收入水平越高、就业机会越多且流动成本较小的省，对流动劳动力更有吸引力 [6]。从转移动力和途径上看，农村剩余劳动力转移的动力源自城镇就业收益与所付成本之比较。[7] 农村剩余劳动力转移的模式应该是基于综合成本分析框架下所推导出的逻辑结论，转移路径呈外向型多元化，外向型转移路径主要有三条：一是农村剩余劳动力转移的主体形态——县城。二是农村剩余劳动力转移的过渡形态——小城镇。三是农村剩余劳动力转移的有限形态——大、中城市。内向型转移方式，即通过优化农业内部结构来扩充农业本身的就业容量。但是，农业的技术进步又不可避免地会部分乃至全部抵消通过农业扩容所创造的就业机会，所以，这种内向型就业模式可以积极提升，但容量确实有限。从转移形式上看，主要有就地转移、就地消化、永久性空间转移、非永久性空间转移、摆动式空间转移。

① 卢小军，张宁，王丽丽 . 农业转移人口城市落户意愿的影响因素 [J]. 城市问题，2016(11):99-103.

② 许顺才 . 江南农村人口城镇化和土地集约化进程调研小记 [J]. 城市规划通讯，2005(6):12.

③ 刘玉亭，姚龙，刘欢芳 . 小城镇人口集聚的比较研究及其合理规模浅析 [J]. 现代城市研究，2013，28(05):14-22+35.

④ Wang M Y,Li G P.The Shenyang-Dalian megaurban regionin transition[J].International Development Planning Review,2008, 30(1):1-26.

⑤ Wang M Y,Wu J P.Migrant Worker sin the Urbanlab or market of Shenzhen,China[J].Environment and Planning A,2010, 42(6):1457-1475.

⑥ 戚晶晶，许琪 . 农村劳动力跨省流动与流入省吸引力的分析——基于传统劳动力迁移、人力资本、新劳动力迁移与制度变迁理论 [J]. 人口与经济，2013(03):53-61.

⑦ 曹宗平 . 农村剩余劳动力应实施多元化转移 [J]. 农村经营管理，2009(11):24.

在经济转型和城镇化的背景下，小城镇人口迁徙情况较为频繁，既有外来务工人员的涌入，也有居民向大城市转移的趋势。小城镇人口迁徙的规模和速度在未来仍将持续加大，这既是机遇也是挑战，政府和社会需要积极主动地面对这一趋势，加强规划和建设，促进小城镇的平衡协调发展，创造更加宜居、和谐、优美的城乡环境。对于小城镇的财政、公共服务设施及社会管理等方面也需要进行相应的强化和改善，使其有更好的吸引力和竞争力，促进小城镇良性而可持续地发展。

研究表明：一是小城镇流动人口规模与工业企业数量存在正相关关系。小城镇的工业企业数量越多吸引的流动人口数就越多，工业企业的发展可以为流动人口提供就业岗位和发展机会，进一步推动小城镇经济的发展。二是小城镇流动人口规模与建成区总人口存在正相关关系。随着建成区人口增长，人气越旺，越能吸引流动人口向建成区集聚。流动人口已经成为建成区人口中非常重要的一部分，流动人口的增加大概率上带动着建成区人口的增长。三是小城镇流动人口规模与非农就业人员呈强烈正相关关系。小城镇非农就业人员越高，流动人口规模越大，反过来，流动人口集聚在小城镇，大多数进入第二、第三产业务工。流动人口不仅为小城镇第二产业的发展提供了大量劳动力，而且为第三产业发展创造了大量需求，为中小企业蓬勃发展赢得机遇。

需要强调的是，衡量城镇化水平的一项常用指标是非农业人口占总人口的比重，城镇化简单地说就是农转非的过程，即农村人口向城镇人口过渡的过程。组织好农村剩余劳动力的转移是实现城镇化的关键。城镇化的最终目标应是促进经济发展，提高人民生活水平。发达地区，农业已不是农户收入的主要来源，有些农户甚至花钱雇人种地，职业上完全脱离了农业，隐性城镇化人口多，城镇化中应促使这部分人口显性化。与经济发达地区不同的是，经济欠发达地区农民生活水平低下，文化素质普遍较低，大多数农民以农业为生，农户收入主要来源于农业，这部分人基本不具备在城镇生活的能力。因此，不能强制农民向城镇集中。城镇化应以是否有利于推动城乡协调发展，是否有利于促进经济增长为前提和标准，不能强制。随着小城镇户籍制度改革的深化，农民可根据自己的意愿选择进城。有条件的地区应在政府的合理引导下，发挥自下而上的城镇化优势，促进农村剩余劳动力向城镇的转移。

3.4 我国小城镇经济增长较快

小城镇是各种要素、各种产业和各个经济领域有机构成的综合体，其经济具有典型的区域经济综合性特征。小城镇经济发展是小城镇发展进步的基础，其在增加内需、加速城镇化进程和缩小城镇差距等方面有着举足轻重的作用。小城镇经济类型多样，地域特色突出，其经济结构、产业构成、发展模式和动力机制等呈现出多元化的特征。由于地域范围较小，小城镇经济的开放性和专业化程度更高。小城镇经济在宏观经济中占有十分重要的地位，其从业人员、财政收入、财政支出、固定资产投资在宏观经济中都占有较大比重。在城镇化不断推进的趋势下，小城镇经济规模在不断扩大，尤其是财政收入、投资规模和建成区人口呈快速增长态势。小城镇的生产和消费两头在外，消费的产品绝大部分来自镇域之外，而生产的产品绝大部分销往其他地区[①]。我国小城镇经济发展总量、经济发展水平、经济增长率、产业结构和投资结构都存在区域差异[②]。我国小城镇经济发展严重不平衡，东部地区小城镇的集聚能力较强，平均规模增长较快，而中西部地区小城镇的集聚能力较弱，平均规模增长较慢[③]。

3.4.1 经济规模增速较快

小城镇的经济增长一直保持着较快的速度，但增速稍低于大城市。

根据 2016 年住房和城乡建设部对全国 121 个小城镇的调查结果，2015 年小城镇 GDP 平均值约为 14 亿元，人均 GDP 约为 3.4 万元。仅有 6% 的小城镇 GDP 在 40 亿元以上，经济规模在 20 亿—40 亿元的小城镇占 11%，经济规模在 10 亿—20 亿元的小城镇占 29%，经济规模为 5 亿—10 亿元的占 17%，仍有 37% 的小城镇经济规模在 5 亿元以下。按照主导产业与功能类型对小城镇划分为商贸流通型、工业发展型、农业服务型和旅游发展型，其中以第二、第三产业为主导的商贸流通型、工业发展型和旅游发展型小城镇的平均经济规模都在 22 亿—27 亿元，而农业服务型小城镇的平均经济规模则仅有 10 亿元左右。在小城镇对区域经济增长的贡献率上，小城镇的 GDP 年均增速平均从"十一五"高于所在区县、地级市和全国的 5%—8%，到"十二五"期间仅领先区域 1 个百分点，小城镇的经济增长优势逐渐消失，2013—2016 年小城镇对区域经济增长贡献率稳定在 23%—25% 之间。由于小城镇的经济规模总体上仍然较小，对区域经济增长的贡献率依然有限。

2016 年我国小城镇工业企业生产总值为 32.75 万亿元，其中东部区域 20.28 万亿元，占全国 61.92%，显示出我国东部区域小城镇经济活力超强。从镇均角度看，我国东部和中部也是遥遥领先，东北部还有很大的提升空间。总体上看，小城镇工业企业呈现出区域间发展不均衡的态势，但中部地区发展很快，在逐步缩小与东部地区的差距。见表 3-23。

表 3-23 我国小城镇工业企业生产总值情况

区域	小城镇数（个）	企业个数（个）	工业企业单位数（个）	其中：规模以上工业（个）	工业总产值（万元）	其中：规模以上工业总产值（万元）	镇均工业总产值（万元）
全国	18099	3196344	1088762	119142	3275012102	2746294860	180950
东部	5351	1838888	729317	72975	2028061626	1679281167	379006
中部	4711	617713	199147	25370	628043841	531912887	133314

---

① 魏后凯. 我国镇域经济科学发展研究 [J]. 江海学刊，2010(02)：80-86+238-239.

② 袁中金，杨朝辉. 中国小城镇经济发展的地区差异研究 [J]. 经济地理，2004(03)：361-363+369.

③ 魏后凯. 我国镇域经济科学发展研究 [J]. 江海学刊，2010(02)：80-86+238-239.

区域	小城镇数（个）	企业个数（个）	工业企业单位数（个）	其中：规模以上工业（个）	工业总产值（万元）	其中：规模以上工业总产值（万元）	镇均工业总产值（万元）
西部	6572	624982	129203	17232	534922935	464763504	81394
东北部	1465	107714	29755	3350	78766605	65885429	53766

资料来源：国家统计局2016年镇级数据和住房和城乡建设部2016年城乡建设统计年鉴。

从小城镇总体情况看，工业总产值排在前10名的小城镇全部位于我国东部，广东省南海区狮山镇、广东顺德区北滘镇、江苏省张家港市锦丰镇、山东广饶县大王镇等工业企业总产值在全国小城镇中排名靠前。见表3-24。

表3-24　我国小城镇工业总产值前十名的情况（2016年）

省份	小城镇	工业总产值（万元）
广东	狮山镇	34140000
广东	北滘镇	22730735
江苏	锦丰镇	20646730
山东	大王镇	17142747
广东	长安镇	16173242
江苏	滨江镇	14723715
江苏	玉山镇	13600111
上海市	安亭镇	13554839
江苏	春江镇	13000032
广东	黄阁镇	12478500

资料来源：国家统计局2016年镇级数据。

从各省小城镇来看，小城镇镇均工业总产值居前5位的省份为江苏、广东、山东、浙江、湖南和河南，镇均工业总产值超过22亿元。新疆、青海、海南、西藏等省份工业发展水平相对滞后。见表3-25。

表3-25　我国小城镇工业企业总产值指标各省基本情况（2016年）

区域		小城镇数（个）	企业个数（个）	工业企业单位数（个）	其中：规模以上工业（个）	工业总产值（万元）	其中：规模以上工业总产值（万元）
东北部	辽宁	633	55731	12899	1022	18952288.8	14091459.1
	吉林	395	23132	7665	1350	36329881.7	32518269.5
	黑龙江	437	28851	9191	978	23484434.0	19275700.7

中国小城镇

我国县域经济发展的支柱和引擎

区域		小城镇数（个）	企业个数（个）	工业企业单位数（个）	其中：规模以上工业（个）	工业总产值（万元）	其中：规模以上工业总产值（万元）
东部	北京	117	8671	2509	345	7362388.5	6487858.8
	天津	111	38794	12871	1312	50050335.4	45479189.9
	河北	851	188817	57958	4803	167188443.4	132339791.5
	上海	101	107337	17339	2623	50712518.5	44172351.7
	江苏	737	371015	178131	16166	519855536.1	423306398.0
	浙江	621	278051	140568	12953	277142705.3	186352244.4
	福建	534	160020	53269	6370	158840837.0	144154770.6
	山东	1083	139972	66686	12423	392740852.6	351114121.8
	广东	1040	528694	198207	15817	399846068.0	342457249.3
	海南	156	17517	1779	163	4321941.0	3417190.9
西部	内蒙古	426	33255	5800	1146	62078883.5	55650898.3
	广西	688	138300	30117	2188	68598039.9	58139083.3
	重庆	570	76297	17481	2052	77244896.1	65036118.9
	四川	1704	123992	31406	6165	171335978.5	153509977.3
	贵州	702	53662	8773	1323	37828151.3	33582147.6
	云南	590	91728	12020	1364	37390828.7	29195293.8
	西藏	/	1459	178	21	285946.7	146521.7
	陕西	936	38628	11434	1351	44591661.2	39866158.1
	甘肃	562	39672	5650	729	17025252.4	14187650.3
	青海	103	5773	1325	154	4849105.6	3698255.6
	宁夏	78	17164	2976	582	12263883.2	11495476.0
	新疆	213	12099	3383	372	6647403.3	4707796.5
中部	山西	476	32487	6006	615	17633179.7	14139117
	安徽	842	134423	34255	5856	95831699.7	78898429.0
	江西	704	91758	27548	2835	64970786.0	52701353.1
	河南	934	132123	59442	6673	205585775.2	178011328.6
	湖北	746	22230	11491	1030	23829220.6	20873680.0
	湖南	1009	248912	83323	10413	267682169.3	228879725.0

资料来源：国家统计局 2016 年镇级数据。

3.4.2 工业企业众多

2016 年我国小城镇企业总数为 319.63 万个，其中，工业企业数量为 108.88 万个，而东部地区小城镇工业企业个数为 72.93 万个，占全国 66.98%。见表 3-26。

表 3-26 我国小城镇基本情况（2016 年）

区域	小城镇数（个）	企业数（个）	工业企业单位数（个）	规模以上工业企业数（个）
全国	18099	3196344	1088762	119142
东部	5351	1838888	729317	72975
中部	4711	617713	199147	25370
西部	6572	624982	129203	17232
东北部	1465	107714	29755	3350

资料来源：国家统计局 2016 年镇级数据。

各省来看，广东、江苏、浙江、湖南等小城镇工业发展在全国处于领先位置，这些省市小城镇工业发展水平较高，且发展相对均衡。见表 3-25。

从城镇发展角度看，城镇人口规模增加，一般伴随着外来人口的增多，可以推动财政收入水平的提高。人均财政收入和外来人口规模呈现显著的正相关关系，即随着外来人口规模的扩大，小城镇人均财政收入水平也在增加。这说明合理的流动人口规模有助于促进当地的经济发展，带动财政收入水平的提高。

中部地区小城镇出现加速发展的态势。从人均财政收入增速的指标来看，中部地区的发展速度高于东部地区和西部地区，这与第三篇中部地区很多增速指标高于东部和西部地区的情形一致，反映出中部地区正在加速发展的崛起态势，而这一态势能否继续维持还需要进一步观察。

从小城镇经济发展活力来看，对于大多数经济体量小的小城镇，其经济发展较为迟缓，经济集聚能力不强，这部分小城镇要占全国小城镇总量的 80% 左右。而对于 20% 左右的经济体量大的小城镇来说，经济发展活力较强，其经济集聚的能力在进一步增强，可以预见这部分小城镇在未来中国城镇化进程中将会发挥更大的作用。

工业企业数量与财政总收入、社会消费品零售总额、非农就业人口、外来就业人口数之间的相关密切，工业企业数量的增加可以有力带动非农就业人口的增长，对于增加就业起到十分重要的作用。

3.4.3 财政收入不高

3.4.3.1 小城镇财政收入能力总体不高

2016 年我国小城镇财政总收入为 1.2389 万亿元，同年国家地方财政收入为 15.96 万亿元，小城镇财政收入占全国地方财政收入的 7.53%。小城镇镇均财政收入为

5754.19 万元，比 2013 年提高 10.15%，说明 2016 年镇均财政实力有了一定的提高。对比同期全国人均财政收入为 10262.32 元来看，我国绝大多数小城镇的财政收入能力不高。见表 3-27。

表 3-27　我国小城镇财政收入情况

年份	总额（万元）	镇均（万元）	占比（%）
2016	12389.00	5754.19	7.53
2013	10307.20	5224.13	14.94

资料来源：国家统计局 2016 年镇级统计数据。

（1）部分特大镇财政收入能力较强

2016 年，财政收入在 20 亿元以上的小城镇共有 42 个，共实现财政收入 1621.20 亿元，占全国小城镇财政收入的 13.49%；财政收入在 5 亿—20 亿元之间的小城镇有 369 个，实现财政收入为 3159.23 亿元，占全国小城镇财政收入的 25.50%。财政收入超过亿元的镇共有 2206 个，创造了 8460.64 亿元的财政收入，占全国小城镇财政收入总量的 68.29%。见表 3-28。

表 3-28　我国小城镇财政收入分组情况（2016 年）

财政收入规模	小城镇		财政收入	
	数量（个）	占比（%）	总量（亿元）	占比（%）
20 亿元以上	42	0.20	1621.20	13.49
5 亿—20 亿元	369	1.77	3159.23	25.50
1 亿—5 亿元	1795	8.60	3680.21	29.71
0.5 亿—1 亿元	1949	9.33	1359.53	10.97
1000 万—0.5 亿元	9950	79.62	2220.58	17.92
1000 万元以下	6778	32.46	348.25	2.81
合计	20883	100.00	12389.00	100.00

资料来源：国家统计局 2016 年镇级统计数据。

（2）区域间小城镇财政收入差距较大

我国小城镇的财政收入普遍保持了稳步增长的态势。2013—2016 年，我国所有小城镇的财政收入由 2737.81 亿元上升到 12389 亿元。而平均每个小城镇的财政收入也由 2013 年的 5224.13 万元上升到 2016 年的 7416.67 万元。但小城镇财政收入能力整体不强。2016 年公共财政收入超过 1 亿元的小城镇共有 2206 个，约占小城镇数量的 10.56%，产生的公共财政收入合计达到 8460.64 万元，约占全国小城镇财政收入的 68.29%，占全国财政收入总量的比例仅有 5.30%。约 90% 的小城镇公共财政收入不足 1 亿元，仅占全国财政收入的 2.46%。

我国各区域间小城镇的财政收入不均衡，差距较大。2016 年，我国小城镇东部地区财政收入为 7617.50 万元，占全国小城镇财政总收入的 61.48%，而中部、西部和东北部地区的财政收入为 2481.06 万元、1980.27 万元和 310.17 万元，分别占 20.03%、15.98% 和 2.50%。东部地区平均每个小城镇的财政收入为 1.35 亿元，分别是中部地区和西部地区镇均财政收入的 3.3 倍和 5.6 倍。从增速上看，中部地区小城镇财政收入得到较快增长，达 15.61%，然而西部、东北部地区却出现下降。财政收入在 20 亿元以上的小城镇有 42 个，其中 29 个来自东部地区。5 亿—20 亿元的东部有 311 个，中部 43 个，西部 15 个，东部地区特大镇的数量远超过其他三个区域。从小城镇人均财政来看，东部地区为 2823.08 元，是中部地区和西部地区小城镇人均财政收入的 2.6 倍和 3.8 倍。

在东部地区，小城镇经济集聚现象凸显，成为经济快速增长的重要支撑。2022 年，我国财政收入前 1000 名的小城镇中，东部地区占到 825 个，占千强镇的 82.5%。其中仅江苏、浙江、上海和广东 4 个省市就达到 563 个。见表 3-29。

可见，区域间小城镇财政收入存在较大的差距。

表 3-29 我国财政收入前 1000 名小城镇的状况（2022 年）

区域	东部	中部	西部	东北部
进入千强镇个数（个）	825	122	48	5
财政总收入（亿元）	5999.2501	558.7705	286.1657	17.8384
平均财政收入（亿元／镇）	7.2718	4.5800	5.9618	3.5677

资料来源：国家统计局 2023 年统计年鉴。

3.4.3.2 人均财政收入增长

（1）小城镇人均财政收入增长略快于全国平均增长速度

2013—2016 年，我国小城镇人均财政收入增长率为 8.60%，较同期全国人均财政收入的增速（8.07%）快 0.53 个百分点。2016 年中部地区小城镇人均财政收入较上年增长 10.37%，高于东部和西部地区的 8.25% 和 5.19%。1000 元以下的小城镇数量占全国小城镇总量的 70.14%。从人均财政收入分组的情况看，增速呈现 U 形关系，人均财政收入 10000 元以上的小城镇和人均财政收入 1000 元以下的小城镇增速呈现正增长，分别达到 4.44% 和 4.35%。而人均财政收入在 1000 元和 10000 元之间的组别增速为负，分别是 -1.99%、-1.19% 和 -0.73%。2021 年人均财政收入增长超过 20% 的小城镇有 6262 个。相比 2013 年，2016 年人均财政收入下降的小城镇有 6213 个，占小城镇总数的 30.65%。见表 3-30。

表 3-30 按人均财政收入分组的人均财政收入增长情况

人均财政收入分组	人均财政收入（元）		增速（%）	人均财政收入增速（%）		
	2016 年	2013 年		东部	中部	西部
10000 元以上	17399.06	16659.13	4.44	4.03	21.87	-3.54
5000—10000 元	6739.30	6789.08	-0.73	-1.01	0.48	1.31
3000—5000 元	3803.23	3849.23	-1.19	-1.11	-1.04	-2.07
1000—3000 元	1728.44	1763.50	-1.99	-1.40	-2.53	-1.88
1000 元以下	376.33	360.65	4.35	0.79	5.49	7.80
整体上	1456.56	1341.20	8.60	8.25	10.37	5.19

资料来源：国家统计局 2014 年、2017 年统计数据。

（2）人均财政收入和外来人口规模之间存在正相关关系

人均财政收入最高的组是外来人口规模 10 万以上的小城镇，人均财政收入达4764.18 元。随着外来人口规模的下降，小城镇人均财政收入也呈逐渐下降趋势，人均财政收入和外来人口规模之间存在正相关关系。在外来人口规模小于 500 人的小城镇，人均财政收入下降至最低点 933.98 元。

从人均财政收入的增量来看，外来人口在 1 万—5 万人的小城镇人均财政收入增量和增速在所有组别中最大，分别达到 704.07 元和 28.66%。外来人口规模在 500 人以下的小城镇，占总数的 81.86%，人均财政收入负增长，增量和增速分别为 -58.58 和 -5.90%。见表 3-31。

表 3-31 按外来人口规模分组人均财政收入增长

外来人口分组	人均财政收入（元）		人均财政收入增量（元）	人均财政收入增速（%）
	2016 年	2013 年		
10 万以上	4764.18	4505.14	259.04	5.75
5 万—10 万	4422.34	4283.54	138.80	3.24
1 万—5 万	3160.73	2456.66	704.07	28.66
0.5 万—1 万	2114.79	2282.63	-167.84	-7.35
0.1 万—0.5 万	1727.12	1507.86	219.26	14.54
0.05 万—0.1 万	1266.38	1181.31	85.07	7.20
0.05 万以下	933.98	992.56	-58.58	-5.90
合计	1456.56	1341.20	115.36	8.60

资料来源：国家统计局 2014 年、2016 年统计数据。

（3）建成区人口规模越大，小城镇财政收入越高

从各小城镇建成区人口与财政收入的对比中可以发现，建成区人口规模与财政收入之间存在明显的正相关关系，建成区人口的规模越大，财政收入水平越高。其中，建成区人口10万—20万人小城镇增速最快，建成区人口超过20万的小城镇财政收入基本稳定。2016年，从按照建成区人口规模分组的对比情况来看，建成区人口规模在5万人以上的小城镇，共实现财政收入2041.01亿元，占小城镇财政总收入的29.74%。在建成区人口各分组中，镇均财政收入最高的为建成区超过20万人的小城镇，镇均财政收入为12.94亿元，人均财政收入最高的为10万—20万人的小城镇，人均财政收入为3971.76元。10万—20万人的小城镇，镇均财政收入增速和人均财政收入增速都是所有组别中最快的。建成区人口规模在1万人以下的小城镇，镇均财政收入仅为2589万元，人均财政收入仅931.42元。见表3-32。

表3-32 小城镇建成区人口规模分组的财政收入状况（2016年）

建成区人口分组	总额（亿元）	财政镇均（万元）	镇均财政增速（%）	人均（元）	人均增速（%）
20万以上	478.75	129392.56	3.83	3917.75	1.73
10万—20万	1417.85	70539.80	29.21	3971.76	26.97
5万—10万	1444.41	22290.29	10.61	2181.46	9.08
2万—5万	2505.76	12830.29	10.48	2038.10	5.97
1万—2万	1668.53	5604.75	-2.53	1243.05	-1.69
1万以下	3718.84	2589.00	7.59	931.42	8.33
合计	11234.15	5566.97	9.06	1457.89	8.65

资料来源：国家统计局2016年镇级统计数据。

3.4.4 财政支出能力不高

3.4.4.1 小城镇财政支出能力总体不高

2016年我国小城镇财政总支出为10294.21亿元，同期全国地方财政支出为160351.36亿元，小城镇财政支出占全国地方财政支出的6.41%。小城镇人均财政支出为1339.52元。总体来看，我国绝大多数小城镇的财政支出能力不高。小城镇镇均财政支出5687.41万元，比2013年降低了6.56%，而同期的镇均财政收入增长36.77%，镇均财政支出增速远远低于财政收入增速。见表3-33。

表3-33 我国小城镇财政支出情况（2016年）

年份	总额（亿元）	镇均（万元）	人均（元）	占地方财政支出比例（%）
2016	10294.21	5687.41	1339.52	6.41
2013	8218.48	4158.52	1069.41	6.86

资料来源：国家统计局2013年及2016年镇级统计数据。

3.4.4.2 区域间小城镇财政支出差距较大

2016年我国东部地区小城镇财政支出为5901.85亿元，占全国小城镇财政总支出的57.33%，而中部、西部地区分别占17.94%和21.35%。东部地区小城镇财政支出增速高达57.33%，远远高于其他地区。东部地区平均每个小城镇的财政支出为10038.87万元，是中部地区和西部地区镇均财政支出的2.89倍和3.59倍。从人均财政支出看，东部地区小城镇人均财政支出为2103.88元，是中部地区和西部地区小城镇人均财政支出的2.75倍和2.31倍。见表3-34。

表3-34　我国各区域小城镇财政支出情况

区域	总额（亿元）	占比（%）	镇均（万元）	人均（元）
全国	10294.21	60.23	8244.30	1726.50
东部	5901.85	57.33	10038.87	2103.88
中部	1846.86	17.94	3470.24	762.37
西部	2197.95	21.35	2798.15	911.36
东北部	295.14	2.87	1887.08	678.96

资料来源：国家统计局2016年镇级统计数据。

3.4.5 资产及债务不清晰

因为获取的渠道不同，在公开资料中查找我国小城镇近期的资产和债务准确信息有些困难。据国家统计局相关数据，2016年我国小城镇的资产总额为191656393.10万元，债务总额为77990856.40万元。尽管过去了很多年，国内外的发展环境发生了很大的变化，尤其是2013年以来国内投资环境有很多的突变，但是，2016年的我国小城镇的资产和债务数据仍然具有一定的参考价值。

从区域上看，我国东部区域资产总额最多，达11498万亿元。资产最少的是东北区域，为818万亿元。债务情况与资产情况有一定的关联性，全国区域基本上是资产多背负的债务也相应地多。见表3-35。

表3-35　我国小城镇资产和债务情况（2016年）

区域	资产总额（万元）	债务总额（万元）
全国	191656393.1	77990856.4
中部	27588452.6	7210274.1
东北部	8176500.8	1935739.4
东部	114979776.1	60856101.3
西部	40911663.6	7988741.6

资料来源：国家统计局2016年镇级统计数据整理。

最近几年，国内经济发展日新月异，每个小城镇的资产和债务都发生了较大的变化。2016年的资产债务数据显然不能准确反映真实情况。但从中，基本上能大概了解一下。

3.5 我国小城镇基础设施有较大改善

全国小城镇市政公共设施水平整体上有较大改善。近20年以来，我国小城镇市政公共设施建设取得了不少的成绩，道路、桥梁、供水等基础设施有很大增长。截至2021年年底，我国小城镇年供水总量为147.1亿立方米，用水人口突破1.67亿人，供水普及率为90.3%。道路总长度达45.7万公里，桥梁7.4万座。公园绿地面积为4.97万公顷。从增幅上看，自2002年以来，我国小城镇市政公共设施建设增幅最大的为道路长度，增幅高达87.88%。其次是排水管道长度，增幅为62.19%。见表3-36。从建设投资上看，2021年，我国小城镇建设投资共9342亿元，是2002年1520亿元的6.15倍。随着市政公用设施投资的大幅度上升，我国小城镇的基础设施将进一步完善。不过，与全国城市市政公共设施建设情况相比，我国小城镇基础设施上还有很多的空间。《2021年中国城市建设状况公报》数据显示，2021年，全国市政设施固定资产投资2.75万亿元，同比增长4.93%；城市供水普及率99.38%，比上年增加0.39个百分点。

表 3-36 我国小城镇市政公共设施建设发展情况

项目	2002 年	2021 年	20 年间增幅（%）
年供水总量（亿立方米）	97.3	147.1	51.18
用水人口（亿人）	1.1	1.7	52.02
供水普及率（%）	80.4	90.3	12.31
道路长度（万公里）	24.3	45.7	87.88
桥梁数（万座）	6.8	7.4	8.38
排水管道长度（万公里）	13.0	21.1	62.19
公园绿地面积（万公顷）	4.8	5.0	2.67
人均公园绿地面积（平方米）	3.5	2.7	−23.23
环卫专用车辆设备（万辆）	3.3	11.6	246.57
公共厕所（万座）	11.2	12.7	13.24

注：自2006年起，"公共绿地"统计为"公园绿地"。
资料来源：住房和城乡建设部2021年城乡统计年鉴。

自2006年起，"人均公共绿地面积"统计为以小城镇建成区人口和暂住人口合计为分母计算的"人均公园绿地面积"。

如果分区域来看，情况也比较复杂。从供水普及率上看，只有东部区域高于全国平均水平，其他三个区域都不及。污水处理率和污水处理厂集中处理率、燃气普及率、生活垃圾处理率、无害化处理率等情况和供水普及率一样。全国小城镇其他的指标也基本类似。可见，我国东部区域小城镇市政公用设施水平基本上高于全国平均水平，有些指标远远超过我国中西部区域。东北部区域的小城镇各项指标基本上垫底，提升空间较大。见图 3-8。

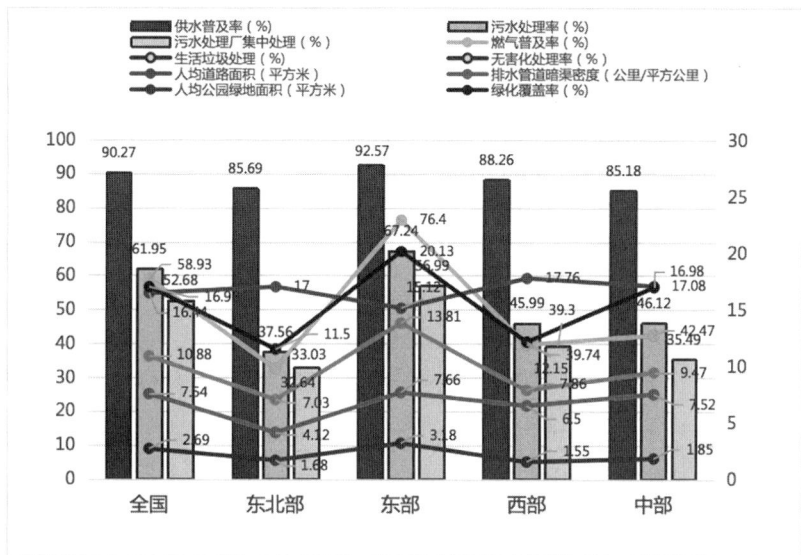

图 3-8　全国小城镇市政公共设施水平情况（2021 年）

数据来源：住房和城乡建设部 2022 年城乡统计年鉴。

从各省的情况看，近 20 年来，小城镇的市政公用设施均有不同程度的进步，维持不小的增幅。详见表 3-37。

表 3-37　我国小城镇市政公用设施情况表

区域	地区名称	人口密度（人/平方公里）	人均日生活用水量（升）	供水普及率（%）	燃气普及率（%）	人均道路面积（平方米）	排水管道暗渠密度（公里/平方公里）	污水处理率（%）	人均公园绿地面积（平方米）	绿化覆盖率（%）	绿地率（%）	生活垃圾处理率（%）
全国		4254	106.79	90.27	58.93	16.44	7.54	61.95	2.69	16.98	10.88	91.12
东北部	辽宁	3148	123.05	78.19	30.32	16.82	4.34	33.46	1.11	13.87	7.52	71.60
	吉林	2611	100.47	92.02	49.90	16.91	3.98	49.71	2.44	11.46	6.90	99.06
	黑龙江	2919	85.14	86.86	17.71	17.26	4.06	29.50	1.49	9.18	6.67	54.68
平均值		2892	102.88	85.69	32.64	17.00	4.12	37.56	1.68	11.50	7.03	75.11

区域	地区名称	人口密度（人/平方公里）	人均日生活用水量（升）	供水普及率（%）	燃气普及率（%）	人均道路面积（平方米）	排水管道暗渠密度（公里/平方公里）	污水处理率（%）	人均公园绿地面积（平方米）	绿化覆盖率（%）	绿地率（%）	生活垃圾处理率（%）
东部	北京	4572	131.43	89.50	62.51	12.87	7.62	65.59	2.55	25.78	17.60	89.37
	天津	3541	93.96	94.11	85.92	14.25	5.73	74.23	2.25	15.23	9.09	90.79
	河北	3911	88.40	93.42	76.16	12.18	4.66	66.94	1.31	14.95	8.94	99.65
	上海	5984	125.28	91.34	79.02	8.51	4.96	70.48	3.05	17.78	11.48	89.88
	江苏	5180	104.11	98.75	94.84	20.10	11.45	86.53	6.95	30.37	24.79	99.52
	浙江	4707	116.92	91.30	58.61	16.88	9.72	75.51	2.68	18.72	12.57	92.10
	福建	4728	116.22	93.38	70.26	16.91	8.13	78.23	5.02	22.48	16.42	99.11
	山东	4000	85.36	93.97	73.33	16.62	7.56	71.27	4.78	24.46	15.91	99.22
	广东	4642	140.91	94.59	84.98	15.87	8.74	65.97	3.05	13.92	9.28	98.62
	海南	4302	96.07	85.34	78.35	16.97	8.04	17.66	0.22	17.59	12.06	98.94
平均值		4557	109.87	92.57	76.40	15.12	7.66	67.24	3.18	20.13	13.81	95.72
西部	内蒙古	2235	86.11	79.84	28.49	17.69	2.75	31.17	3.06	13.34	8.46	45.23
	广西	5183	110.73	88.07	75.30	19.12	9.14	59.67	2.78	16.20	10.18	97.39
	重庆	5468	90.58	95.54	75.40	8.98	9.85	85.14	0.72	12.16	7.16	95.42
	四川	4746	97.01	89.75	70.10	13.75	7.94	71.27	1.00	7.86	5.62	96.61
	贵州	3756	100.63	89.62	13.52	20.15	7.88	48.80	1.28	13.10	7.55	88.12
	云南	4865	101.51	94.63	12.70	16.43	8.86	26.49	0.64	8.78	5.70	85.47
	西藏	4262	998.84	55.51	30.89	19.76	4.62	2.34	0.13	7.15	2.82	91.15
	陕西	4242	84.55	90.35	29.63	16.51	7.29	45.28	1.42	8.59	5.83	71.57
	甘肃	3633	77.17	90.71	14.07	17.37	5.62	27.59	1.04	12.55	7.44	64.56
	青海	3839	89.15	91.14	32.72	16.13	4.79	17.23	0.29	11.78	8.08	74.46
	宁夏	3073	90.39	94.52	51.35	16.70	6.65	74.33	2.37	14.43	8.94	98.33
	新疆	3051	97.65	90.02	26.94	32.11	5.33	32.35	3.82	17.72	14.08	89.46
	新疆生产建设兵团	2959	111.54	97.73	55.48	16.15	3.84	76.15	1.55	14.26	10.27	97.46

区域	地区名称	人口密度（人/平方公里）	人均日生活用水量（升）	供水普及率（%）	燃气普及率（%）	人均道路面积（平方米）	排水管道暗渠密度（公里/平方公里）	污水处理率（%）	人均公园绿地面积（平方米）	绿化覆盖率（%）	绿地率（%）	生活垃圾处理率（%）
平均值		3947	164.30	88.26	39.74	17.76	6.50	45.99	1.55	12.15	7.86	84.25
中部	山西	3845	80.43	85.26	32.9	14.47	6.38	31.48	1.67	16.72	8.82	56.86
	安徽	4067	101.08	85.59	50.84	19.92	8.43	58.36	1.88	18.30	10.21	98.18
	江西	3987	103.01	83.05	44.93	17.33	8.12	41.17	2.06	13.57	9.23	88.28
	河南	4381	126.60	85.61	34.35	17.77	7.03	26.94	1.76	17.27	6.77	78.14
	湖北	3791	103.23	89.23	48.71	19.31	8.33	74.29	1.53	15.34	8.27	97.45
	湖南	4306	106.58	82.32	43.06	13.68	6.82	44.47	2.19	20.68	13.53	88.35
平均值		4063	103.49	85.18	42.47	17.08	7.52	46.12	1.85	16.98	9.47	84.54

资料来源：住房和城乡建设部 2022 年城乡建设统计年鉴。

为更清晰地说明我国小城镇市政公共设施水平的变化情况，以我国小城镇生活污水集中处理率为例进行说明。

2021 年，全国小城镇污水集中处理率为 67.96%，从各地区小城镇污水集中处理率来看，东部地区污水集中处理率为 76.38%，中部和西部地区为 64.87% 和 64.38%，东北部最少，为 37.32%。从各地区近三年来增长率变化来看，东部地区污水集中处理率增长了 3.91 个百分点，东北部、中部和西部分别增长 15.91 个百分点、5.99 个百分点和 14.01 个百分点，东北部和西部增长最快。整体来看，全国小城镇生活污水处理水平逐年增高。见表 3-38。

表 3-38　我国分区域小城镇污水集中处理率情况　　　　　　单位：%

区域	生活污水处理率		
	2019 年	2020 年	2021 年
全国	59.67	65.35	67.96
东北部	21.41	30.63	37.32
东部	72.47	76.59	76.38
中部	58.88	66.72	64.87
西部	50.37	55.88	64.38

资料来源：住房和城乡建设部 2021 年城乡建设统计年鉴。

各省来看，2021 年全国各省（自治区、直辖市）小城镇污水集中处理率最高的是江苏省，达到 100%，福建、上海、湖北、山东、重庆等省（市）也超过了 95%。见表 3-39。

表 3-39 我国各省市小城镇污水集中处理率

区域	省份	生活污水处理率（%）			区域	省份	生活污水处理率（%）		
		2019 年	2020 年	2021 年			2019 年	2020 年	2021 年
全国		59.67	65.35	67.96	西部	内蒙古	19.91	22.07	25.92
东部	北京	83.33	84.35	86.96		广西	66.10	74.50	87.61
	天津	72.57	83.19	86.73		重庆	97.78	98.29	99.66
	河北	21.65	26.38	69.02		四川	78.20	78.09	86.16
	上海	96.88	95.96	97.03		贵州	67.71	76.46	89.06
	江苏	99.85	99.70	100.00		云南	43.84	55.91	59.73
	浙江	95.96	93.87	93.35		西藏	10.14	16.44	24.32
	福建	97.84	98.38	99.46		陕西	40.52	45.42	51.85
	山东	90.14	96.17	97.45		甘肃	34.63	39.46	42.64
	广东	59.49	77.74	91.56		青海	27.18	29.25	31.78
	海南	6.96	10.13	35.26		宁夏	87.84	92.11	93.33
中部	山西	29.85	46.47	49.81		新疆	30.64	42.52	51.83
	安徽	77.71	84.82	91.93		新疆生产建设兵团			93.10
	江西	57.40	64.74	73.07	东北部	辽宁	31.80	32.19	35.29
	河南	46.10	44.38	45.00		吉林	20.62	35.29	46.41
	湖北	85.28	91.99	97.42		黑龙江	11.83	24.42	30.25
	湖南	56.91	67.92	76.97					

资料来源：住房和城乡建设部 2021 年城乡建设统计年鉴。

3.6 我国小城镇就业占比高

小城镇所提供的就业岗位分布与人口分布大致吻合，且集聚程度更高，小城镇就业岗位数量在 20 万以上的县域主要集中在成渝地区、京广铁路沿线及以东地区、东南沿海地区。[①] 小城镇就业岗位对常住人口集聚具有正向显著影响，小城镇就业岗位数量每增长 1%，其常住人口将增长约 0.6%。随着县域小城镇人口规模的增加，

---

① 李国平，宋昌耀，孙瑀. 中国县域小城镇就业岗位对人口集聚地影响研究——基于分位数回归的实证检验 [J]. 地理科学，2017, 37(12):1785-1794.

就业岗位对小城镇常住人口集聚的影响逐渐降低，并且在县域小城镇人口达到一定规模后，第三产业就业岗位对人口集聚的影响将超过第二产业就业岗位的作用。从我国从业人员的岗位分布上可以清晰看出，第三产业就业人员的数量远超第二产业的就业人员数量。见表3-40。

表3-40　我国第一、第二、第三产业从业人员情况（2023年）　　单位：万人

时间	就业人员总数	第一产业就业人员	第二产业就业人员	第三产业就业人员
2002	73280	36640	15682	20958
2003	73736	36204	15927	21605
2004	74264	34830	16709	22725
2005	74647	33442	17766	23439
2006	74978	31941	18894	24143
2007	75321	30731	20186	24404
2008	75564	29923	20553	25087
2009	75828	28890	21080	25857
2010	76105	27931	21842	26332
2011	76196	26472	22539	27185
2012	76254	25535	23226	27493
2013	76301	23838	23142	29321
2014	76349	22372	23057	30920
2015	76320	21418	22644	32258
2016	76245	20908	22295	33042
2017	76058	20295	21762	34001
2018	75782	19515	21356	34911
2019	75447	18652	21234	35561
2020	75064	17715	21543	35806
2021	74652	17072	21712	35868
2022	73351	17663	21105	34583
2023	74041	16882	21520	35639

资料来源：国家统计局2023年统计年鉴。

　　2023年全国小城镇从业人员总数为4.36亿人，占全国从业人口的58.91%，从业人口中有一半以上在小城镇。同期全国从业人员占比也上升了0.25个百分点。见表3-41。

表 3-41　我国小城镇从业人员情况

年份	从业人数总数（亿人）		占总人口比重（%）	
	小城镇	全国	小城镇	全国
2023	4.36	7.40	56.61	58.91
2013	4.29	7.70	55.79	56.57

资料来源：国家统计局统计数据。

2023 年东部地区小城镇从业人员 1.62 亿人，比 2013 年上升了 2.35%。中部地区从业人员总量为 1.47 亿人，增长 0.68%。西部地区从业人员 1.17 亿人，比 2013 年增长 3.54%。见表 3-42。

表 3-42　我国各地区小城镇从业人员情况

地区	从业人员总量（亿人）			占从业人员比重（%）		
	2023 年	2013 年	增长（%）	2023 年	2013 年	变化
东部	1.62	1.58	2.35	37.16	36.92	0.19
中部	1.41	1.40	0.68	32.34	32.71	−0.39
西部	1.10	1.08	3.54	25.23	25.24	0.43
东北部	0.23	0.22	0.02	5.28	5.14	0.14
总计	4.36	4.28	1.86	100.00	100.00	0.00

资料来源：国家统计局统计数据。

从各省小城镇从业人员总量来看，广东省最多达到 3691.6 万人，占全国小城镇从业人员比重达到 8.44%，接下来是山东、河南，也都在 3000 万以上。见表 3-43。

表 3-43　我国各省小城镇从业人员数量（2023 年）

省份	从业人员总量（万人）	占全国比例（%）	省份	从业人员总量（万人）	占全国比例（%）	省份	从业人员总量（万人）	占全国比例（%）
安徽	2677.0	6.12	湖北	1932.6	4.42	陕西	1386.5	3.17
北京	195.3	0.45	湖南	2443.5	5.59	上海	702.4	1.61
福建	1359.7	3.11	吉林	669.6	1.53	四川	2919.5	6.68
甘肃	630.4	1.44	江苏	2892.6	6.62	天津	198.5	0.45
广东	3691.6	8.44	江西	1459.8	3.34	西藏	37.1	0.08
广西	2137.8	4.89	辽宁	848.2	1.94	新疆	296.5	0.68
贵州	1440.8	3.29	内蒙古	729.8	1.67	云南	1440.4	3.29
海南	323.8	0.74	宁夏	163.8	0.37	浙江	1837.5	4.20

省份	从业人员总量（万人）	占全国比例（%）	省份	从业人员总量（万人）	占全国比例（%）	省份	从业人员总量（万人）	占全国比例（%）
河北	1937.3	4.43	青海	135.5	0.31	重庆	1113.7	2.55
河南	3255.9	7.45	山东	3378.5	7.73			
黑龙江	746.8	1.71	山西	744.8	1.70			

资料来源：国家统计局统计数据。

尽管在城镇化过程中，人口向大城市流动的趋势非常明显，但是，小城镇在吸收农业人口转移中的作用同样也非常重要。见表3-44。

表3-44 我国小城镇分地区就业人员数（2023年） 单位：万人

按区域分	地区	就业人员	按城乡分		按一、二、三产业分		
			城镇	乡村	第一产业	第二产业	第三产业
全国		74041	43608	30433	16882	21520	35639
东北部	辽宁	2231	1481	750	631	496	1104
	黑龙江	1473	923	550	538	240	695
	吉林	1261	728	533	472	184	605
东部	广东	7039	5418	1621	767	2526	3746
	江苏	4893	3481	1412	675	1944	2274
	山东	5510	3346	2164	1373	1838	2299
	浙江	3857	2755	1102	208	1692	1957
	河北	3671	2099	1572	815	1171	1685
	福建	2206	1479	727	323	719	1164
	上海	1374	1202	172	27	448	899
	北京	1164	1018	146	28	194	942
	天津	647	538	109	36	221	390
	海南	541	318	223	171	62	308
西部	四川	4745	2489	2256	1542	1098	2105
	广西	2558	1339	1219	866	655	1037
	云南	2806	1292	1514	1226	497	1083
	陕西	2105	1235	870	632	443	1030
	重庆	1676	1100	576	378	421	877
	贵州	1892	977	915	634	472	786

按区域分	地区	就业人员	按城乡分		按一、二、三产业分		
			城镇	乡村	第一产业	第二产业	第三产业
西部	内蒙古	1242	784	458	443	211	588
	新疆	1356	765	591	460	191	705
	甘肃	1331	618	713	597	237	497
	宁夏	344	220	124	83	82	179
	青海	279	170	109	71	62	146
	西藏	193	73	120	69	30	94
中部	河南	4884	2591	2293	1223	1443	2218
	湖北	3261	1872	1389	897	857	1507
	湖南	3280	1871	1409	836	884	1560
	安徽	3243	1791	1452	815	1020	1408
	江西	2264	1296	968	455	767	1042
	山西	1738	1002	736	424	438	876

资料来源：国家统计局统计数据。

3.6.1 小城镇从业人员就业结构分析

3.6.1.1 第一产从业人员多

截至2021年年末，我国48万多个行政村常住人口约6.46亿人，村庄户籍人口为7.72亿人，两者之差约为1.26亿人，估计为外出的流动人员。全国各省村庄人口及面积见表3-45。根据国家统计局全国流动人口数据可知，我国小城镇流动人口是1.203亿人，二者基本吻合。因此，我们基本上能判断出，我国行政村常住人口为我国从事第一产业的人员约6.46亿人。近几年变化不大。

表 3-45 我国村庄人口及面积（2021 年）

地区名称	村庄建设用地面积（公顷）	行政村个数（个）	自然村个数（个）	村庄户籍人口（万人）	村庄常住人口（万人）
全国	12491133.23	481339	2360875	77224.95	64626.47
北京	86638.75	3461	4564	324.70	469.98
天津	61565.41	2924	2947	235.14	225.34
河北	859071.07	44529	67059	4683.19	4132.21
山西	333309.12	19684	43186	1912.99	1605.32

地区名称	村庄建设用地面积（公顷）	行政村个数（个）	自然村个数（个）	村庄户籍人口（万人）	村庄常住人口（万人）
内蒙古	264560.34	11043	45874	1334.93	1001.03
辽宁	473762.01	10572	49366	1686.51	1504.42
吉林	337917.23	9168	39372	1314.52	1037.45
黑龙江	440443.81	8941	34632	1639.37	1213.45
上海	63400.86	1514	18754	306.92	448.42
江苏	659211.47	13586	123480	3433.30	3318.85
浙江	304418.14	16339	74270	2066.52	2135.09
安徽	598909.67	14360	192165	4428.75	3563.71
福建	271833.72	13287	63542	1962.30	1635.25
江西	454130.35	16733	155440	3070.84	2541.90
山东	1034255.99	58654	86975	5306.12	4827.48
河南	997055.43	41759	183730	6708.98	5712.49
湖北	460758.74	20961	107726	3300.39	2674.85
湖南	680369.93	23260	122447	4325.10	3394.03
广东	641480.47	17940	146989	4676.05	3766.88
广西	482216.25	14205	169122	3981.73	2846.24
海南	105167.36	2728	18645	573.50	513.54
重庆	202154.79	8243	57522	1892.65	1169.91
四川	750183.11	26473	126001	5715.67	4233.05
贵州	364388.75	13625	72656	2763.00	2158.76
云南	490995.99	13257	129366	3410.74	3137.82
西藏	39948.44	5413	19957	245.82	234.43
陕西	352209.99	15949	68164	2136.51	1831.87
甘肃	316365.95	15870	85512	1868.69	1582.69
青海	54362.48	4139	11492	362.25	346.01
宁夏	67935.78	2236	12675	372.55	281.36
新疆	211400.37	8781	25395	1093.76	1022.97
新疆生产建设兵团	30711.46	1705	1850	91.45	59.67

资料来源：住房和城乡建设部 2021 年城乡建设统计年鉴。

3.6.1.2 第二产业从业人员少

小城镇是吸纳第二产业就业人员的主要载体。2023 年全国小城镇吸纳第二产业从业人员总量为 2.25 亿人，较 2013 年增加了 1317 万人，占全国第二产业就业人员的 51.61%。从各省情况来看，上海等省、区、市小城镇吸纳二产就业人员占全省二产就业人员的比重超过了 80%，共有 15 个省市（区）的比重超过了 50%，说明小城镇在吸纳二产方面发挥了重要作用，小城镇是吸纳第二产业就业人员的主要载体。

2023 年，平均每个镇吸纳二产就业人员 6515 人，占每个镇平均吸纳从业人员总数的 30.20%。各省来看，上海市小城镇二产从业人口占本市全部小城镇从业人员的比重最高，为 55.66%，浙江和江苏分别达到 47.90% 和 47.36%，说明在这些省份小城镇二产发展水平较高。2023 年二产从业人员数出现下降的小城镇有 5689 个，占小城镇总数的 28.07%，其中江西吉安市敦厚镇、四川泸县福集镇和广东海丰县海城镇二产从业人员减少数量较大。

从各省小城镇来看，平均每个小城镇二产从业人员超过 1 万人的省市有 4 个，分别为上海、江苏、浙江和广东，其中上海最多，为 3.87 万人，说明这些省市二产的创造就业能力很强。而从各省小城镇二产从业人员数量的中位数来看，中位数超过 1 万的省份只有 2 个，分别是上海和江苏，接下来分别为浙江、河南与山东。从二产从业人员数量来看，中部地区的河南小城镇二产发展水平相对较高，且小城镇之间发展也相对均衡。

（1）中部地区二产就业人员增长较快

2023 年，东部地区小城镇吸纳二产业从业人员 6156 万人，较 2013 年增加了 124.9 万人，增长了 1.91%。中部地区小城镇吸纳二产业从业人员 3854 万人，较 2013 年增加了 128.6 万人，增长了 3.31%，速度高于东部和西部。需要注意的是，西部地区小城镇吸纳二产业从业人员较 2013 年减少 56.4 万人，下降了 2.21%。见表 3-46。

表 3-46　我国小城镇第二产业从业人员区域分布情况（2023 年）

区域	从业人员（万人）	镇均（人）	增幅（%）
东部	6156	10297	1.91
中部	3854	5951	3.31
西部	2310	3559	-2.21
东北部	483	2945	-1.73

资料来源：国家统计局统计数据。

（2）二产就业在小城镇间分布不均衡

按照二产从业人员规模分组情况来看，2023 年二产就业超过 1 万人的小城镇共 3593 个，占全国小城镇数量的 17.74%，共吸纳二产从业人员 2.25 亿人，占小城镇二产从业人员总量的 51.61%。其中，二产从业人数大于 5 万人的小城镇仅 180 个，占全部小城镇数量不足 1%，却吸纳了 1582.82 万人的二产从业人员，占小城镇吸纳二产就业人员总量的 12%，展现出了非常强劲的吸纳能力。见表 3-47。

表 3-47　我国小城镇镇域第二产业从业人员分组情况（2021 年）

分组	小城镇数量（个）	占比（%）	人数（万人）	占比（%）
5 万人以上	180	0.89	1582.82	12.00
2 万—5 万人	859	4.24	2477.43	18.79
1 万—2 万人	2554	12.61	3514.03	26.65
0.5 万—1 万人	4392	21.69	3128.17	23.72
0.5 万人以下	11087	60.57	2483.40	18.83
合计	19072	100.00	13185.84	100.00

资料来源：国家统计局统计数据。

3.6.2 第三产业从业人员集中趋势明显

3.6.2.1 三产就业滞后于全国平均水平

2023 年全国小城镇吸纳三产从业人员总量为 1.99 亿人。小城镇吸纳三产从业人员占小城镇从业人员总数的 26.89%，低于全国 40.60% 的三产就业比重，平均每个镇吸纳三产就业人员 5757 人。北京市小城镇三产从业人员占全部从业人员的比重最高，为 44.86%，其次为上海、贵州和四川。

从各省小城镇情况来看，三产从业人员数量较高的是上海、江苏、浙江、北京、广东和湖北，镇均三产从业人员数量超过了 8000 人，但也要远低于二产从业人员的数量。

2023 年东部地区小城镇吸纳三产从业人员 9957 万人，平均每个小城镇吸纳三产从业人员 16486 人。中部地区小城镇三产业接纳能力快速提高，从业人员达到 5714 万人，平均每个小城镇吸纳三产从业人员 10274 人。西部地区小城镇三产从业人员 3601 万人，平均每个小城镇吸纳三产从业人员 4400 人。2023 年中部地区小城镇第二产业和第三产业从业人员增长速度同时超过东部和西部地区，说明随着小城镇建设的加快，中部地区吸纳第二产业和第三产业从业人员速度加快，从而带动中部地区第二产业和第三产业经济的快速发展。相比 2013 年，2023 年三产从业人员出现下降的小城镇有 4889 个，占总数的 24.14%，其中减少数量超过 20% 的镇有 1284 个，占全部小城镇总数的 6.34%。

3.6.2.2 三产就业集中趋势较为明显

2023 年，三产就业超过 2 万人的小城镇共 756 个，共吸纳三产从业人员 5445.95 万，占小城镇三产从业人员总量的 46.67%。三产就业规模超过 5 万人的小城镇有 102 个，吸纳的三产就业人员总量达 774.52 万人，平均每个镇吸纳三产就业人员达 7.6 万人。三产就业在 5000 人以下的小城镇共有 12753 个，其吸纳的三产就业人员仅 2914.76 万人，平均每个镇不足 2300 人。见表 3-48。

表 3-48　我国小城镇镇域第三产业从业人员分组情况（2023 年）

分组	小城镇数量（个）	人数（万人）	占比（%）
5 万人以上	102	774.52	6.64
2 万—5 万人	654	1889.84	16.20
1 万—2 万人	2048	2781.59	23.84
0.5 万—1 万人	4709	3307.41	28.35
0.5 万人以下	11559	2914.76	24.98

资料来源：国家统计局统计数据。

3.6.3 外来从业人员占比持续增加

2020 年全国小城镇外来从业人员总数为 12030 万人，外来从业人员占总从业人员比重从 2013 年的 11.46% 提高到 2020 年的 11.64%，提高了 0.18 个百分点。

从外来从业人员在地区间分布来看，主要集中在东部地区。2021 年东部地区小城镇外来从业人员共 3310.2 万人，占全部小城镇外来从业人员的 65%。中部地区有 1001.4 万人，占 19.7% 左右。西部地区有 778.6 万人，占 15.3%。东部地区平均每个小城镇有外来从业人员 5108 人，中西部地区分别只有 1482 人、1107 人。可见，外来从业人员绝大多数都集中在东部地区，正是由于东部地区小城镇较为发达，有更好的就业岗位和机会，才能吸引更多的流动人口。

从外来从业人员在各省间的分布来看，重点集中在珠三角和长三角地区，这两个地区小城镇的外来从业人员占小城镇外来从业人员的一半左右。其中，广东省共 1081.9 万人，占全国比重达到 21.25%。江苏、浙江和上海，占比分别为 9.84%、9.04%、8.25%，合计占全国的 48.38%。而外来从业人员数量和比例最少的是西藏、青海、宁夏、新疆等西部地区。

从各省小城镇外来从业人员占从业人员比例的情况来看，上海市小城镇外来从业人员占比为 52.58%，意味着上海小城镇的就业人员中有一半以上是流动人口，这一比例超过 10% 的有北京、浙江等 7 个省市。而吉林和广西的小城镇外来从业人员占就业人口的比例都很低，都不超过 5%。

3.7 我国小城镇营商环境基础较好

小城镇营商环境是指小城镇中各种组织和个人开展经济活动所面临的一系列环境因素。小城镇营商环境是一个多层次、多面向的综合体系，要想改善小城镇营商环境，需要政府、企业和社会各界通力合作，从政策法规制定、市场监管、资源配置、文化建设、服务体系、基础设施建设、政务公开等多个方面入手，逐渐构建起良好的营商环境，为小城镇的经济持续增长提供有力的保障。好的小城镇营商环境应该是政策的支持、市场的活力、资源的丰富、文化的领先和服务的多样化。这样能够吸引更多的企业和投资，从而带动小城镇的经济发展和社会进步。营商环境的好坏直接关系到小城镇的经济发展水平和经济效益。小城镇营商环境的好坏主要表现在几个方面：政策环境是小城镇营商环境的基础，政府应制定配套政策，提供宏观导向、政策支持，为企业提供公正合理的政策环境，保障市场公平竞争和有序发展政务环境是指政府对企业的管理和服务水平，包括办事效率、公示透明、信息公开等方面。政务环境能够直接影响到小城镇的营商环境和企业的经营效率，所以政府应不断加强政务环境的建设。营商环境中的市场环境是指市场机制是否健全、市场是否充满活力。小城镇营商环境需要推动市场机制改革、完善市场规则和市场监管，为市场主体提供公平、公正、透明的市场环境。资源环境包括自然资源、人力资源和资本资源，资源丰富度及优劣程度会直接影响小城镇的经济发展。文化环境反映出小城镇的社会文化背景，如营商环境中重视创造力和创新精神的文化环境对于小城镇的经济发展起到重要作用。服务环境是突出的、具有较大权重的环境因素。小城镇应当着重培育专业化服务机构，如投资服务、法律服务、环保服务、科技创新等。基础设施包括交通、通信、水电等公共设施，这些设施对于小城镇的营商环境来说至关重要。良好基础设施环境能够提升小城镇的吸引力和竞争力，促进企业发展，提高生产效率。

小城镇营商环境好坏很难准确定量分析，更多的是偏向软环境的优劣。其中，市场数（这里主要指住宿餐饮、旅行社等企业数）、50平方米以上超市、住宿餐饮企业和金融网点数等很具体的参数能基本上说明各个小城镇的营商环境情况。

从全国角度上看，各区域小城镇营商环境见表3-49。

表3-49 我国各地区小城镇营商情况（2016年）

区域	住宿餐饮业企业个数（个）	住宿餐饮业企业营业总收入（万元）	住宿业法人企业个数（个）	其中：星级饭店个数（个）	住宿业法人企业客房数（间）	其中：星级饭店客房数(间)	旅行社个数（个）	金融机构网点数（个）	营业面积50平方米以上的综合商店或超市个数（个）
全国	248246	65524812	55701	3639	2404555	436295	15670	72957	730330
东部	76345	31712358.2	16101	1117	807866	156470	5105	27577	249542
中部	75886	15257720.3	18417	1168	794472	130577	4942	19139	238261
西部	82425	16589280.3	19393	1262	745724	139179	5126	21533	172445

区域	住宿餐饮业企业个数（个）	住宿餐饮业企业营业总收入（万元）	住宿业法人企业个数（个）	其中：星级饭店个数（个）	住宿业法人企业客房数（间）	其中：星级饭店客房数（间）	旅行社个数（个）	金融机构网点数（个）	营业面积50平方米以上的综合商店或超市个数（个）
东北部	13103	1669336.7	1694	80	50730	8634	469	4415	66419

资料来源：国家统计局2016年镇级统计数据。

从各省情况看，小城镇营商环境也参差不齐。市场数方面，2016年，我国小城镇市场数（主要包含住宿餐饮、旅行社等）为26.39万个，其中住宿餐饮市场数约占94.05%，星级饭店和旅行社比较少，这方面还有很大的提升空间。分区域来看，东部区域小城镇住宿餐饮企业总数最多，为7.6万个，占全国小城镇的30.75%，东北部最少，远低于全国水平。各省来看，2016年全国各省市、自治区小城镇住宿餐饮企业个数差距较大，数量最多的是湖南省，达到3.7万个，占全国小城镇的15.26%。其次是广东、四川、河南、广西、江苏、重庆、云南等省，都超过1.1万个，这七省合计占全国的58.98%，占全国的一半以上。从名单上看，上述各省基本是经济发达或者人口多或者自然资源丰富的省份，营商环境似乎与此正相关的联系。50平方米以上超市方面，总体情况来看，2016年年底，全国小城镇共有50平方米以上超市总数为73.03万个，其中东部区域为24.95万个，占全国小城镇50平方米以上超市总数的34.16%。但从各省情况看，全国小城镇50平方米以上超市总数最多的却是西藏、新疆和贵州等省区。其中，西藏为9.91万个，占全国的13.56%。2019年小城镇50平方米以上超市总数急速攀升至99.79万个，[①]增加了36.64%。金融机构网点数方面，2016年，全国小城镇共有金融机构网点总数为72957个，其中东部区域为27577个，为全国金融网点最多的区域；其次是西部和中部；东北部金融网点数最少，为4415个，仅占全国小城镇网点总数的6.05%。分区域来看，东部地区小城镇拥有金融机构网点数3.37万个，中西部分别为2.71万个和2.31万个。从增长来看，东部地区金融网点数增长了6.66%，明显超过中西部地区，西部出现明显负增长，下降了13.06%。从各地区万人金融机构网点数来看，西部地区最多，达到1.135个/万人，东部、中部地区分别为1.088个/万人、1.045个/万人，中部地区低于全国水平。各省小城镇金融机构网点的情况来看，2016年全国各省、市、自治区小城镇金融网点数量最多的是湖南省，达到7111个，接着依次是广东、四川、江苏、河南，都超过4000个，这五个省都是经济（或人口）大省。五省小城镇金融网点数合计占全国的38.76%。西藏、北京、青海、宁夏和新疆相比较少。其中北京小城镇数量较少确实难以理解。翻看统计数据发现，100多个小城镇中，很多只设置1个金融网点，还有几个没有设置。这是2016年的数据，似乎又可以理解了。

① 参见国家统计局2020年城乡统计年鉴。

见表 3-50。

表 3-50　我国各省小城镇营商环境情况

区域	省别	住宿餐饮业企业个数（个）	住宿餐饮业企业营业总收入（万元）	住宿业法人企业个数（个）	其中：星级饭店个数（个）	住宿业法人企业客房数（间）	其中：星级饭店客房数（间）	旅行社个数（个）	金融机构网点数（个）	营业面积50平方米以上的综合商店或超市个数（个）
东北部	辽宁	8858	888398	787	33	19694	3490	127	1758	26518
	吉林	791	552234	257	15	11452	1555	101	1323	14582
	黑龙江	3454	228705	650	32	19584	3589	241	1334	25319
东部	北京	2406	532501	164	19	13602	7008	20	226	5037
	天津	1543	457310	86	7	4341	931	105	751	4724
	河北	10995	3841651	1516	138	73885	18985	795	3894	33860
	上海	3986	2119254	708	49	50422	11292	253	1150	3174
	江苏	12346	5065912	3440	223	154705	28039	1217	4696	49255
	浙江	5785	5357188	2364	161	100158	17872	478	3686	36813
	福建	4050	4105456	1555	134	64141	15312	646	2460	14574
	山东	6685	2137720	1087	54	39383	6411	238	3781	58419
	广东	23974	7029982	4388	261	268126	34862	1237	6313	40660
	海南	4575	1065386	793	71	39103	15758	116	620	3026
西部	内蒙古	2706	1106127	699	63	31695	5815	196	1739	24526
	广西	13151	1826755	2716	157	91914	15801	705	2671	18668
	重庆	11955	1643617	2489	171	61337	6485	201	1909	8890
	四川	18695	3306969	3619	239	175264	26540	1367	5967	39928
	贵州	9347	1109668	1949	51	53344	4497	1002	2046	24715
	云南	11876	1578936	3294	263	141227	50132	480	2058	17626
	西藏	729	17522	84	7	1284	402	50	106	1656
	陕西	4957	1737268	1576	55	49450	4680	423	2012	12769
	甘肃	5868	1140840	1997	111	87785	12503	373	2050	14248
	青海	927	92602	345	51	12968	3325	53	284	2771
	宁夏	1476	2667333	323	28	23779	3023	96	456	3155
	新疆	1225	657762	398	78	21440	7411	208	528	7156

区域	省别	住宿餐饮业企业个数（个）	住宿餐饮业企业营业总收入（万元）	住宿业法人企业个数（个）	其中：星级饭店个数（个）	住宿业法人企业客房数（间）	其中：星级饭店客房数(间)	旅行社个数（个）	金融机构网点数(个)	营业面积50平方米以上的综合商店或超市个数（个）
中部	山西	4843	560924	922	92	42315	8499	480	1701	10446
	安徽	11478	2567462	3608	272	158210	29355	880	3736	71248
	江西	8202	1841615	2887	243	110696	26820	655	3092	15873
	河南	16619	4117103	3003	131	138188	14884	1550	4194	52632
	湖北	3002	428394	491	11	15723	765	192	699	10592
	湖南	37733	6597028	8484	441	360569	51784	1568	7111	98638

资料来源：国家统计局2016年镇级统计数据。

3.8 我国小城镇交易量逐年升高

2013年以来，全国批发和零售业绝对增加值一直在缓慢爬升，但是增速不是很稳定，大起大落，总体上处于减速状态。见图3-9。

在这样的环境下，小城镇吸纳经济发展要素的天然弱质性，导致小城镇社会公共产品的供给不足，小城镇交易多通过集市等松散的场所进行，可交易的产品多为低端且匮乏，交易主体和交易量均有限。以2016年为例，全国小城镇批发和零售法人单位不多，约为68万个，销售额约为5.9万亿元。亿元以上的商品交易市场不足2500个，但是交易额度约2万亿元，基本上占了全国小城镇交易额的33%以上。就销售规模来看，小城镇的销售规模偏小。同期全国批发和零售的销售额约为7.37万亿元。大的销售市场较为集中，具有一定的垄断地位，在周边具有较大的影响力。见表3-51。

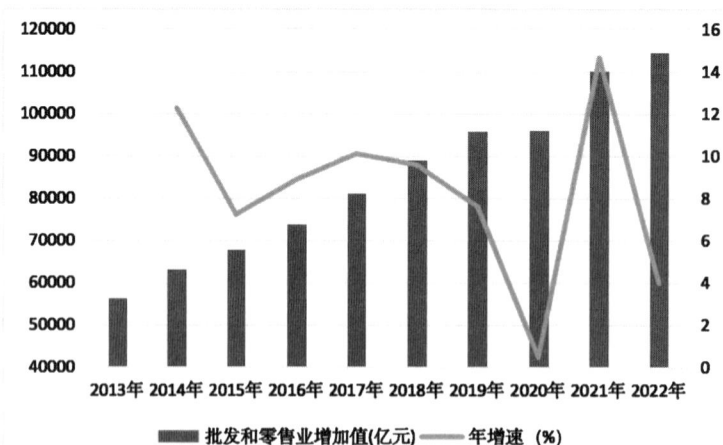

图3-9 全国批发和零售业增加值情况（2013—2022年）

资料来源：根据国家统计局数据整理。

表 3-51　我国小城镇交易情况

区域	批发和零售法人企业个数（个）	批发和零售法人企业商品销售额（万元）	亿元以上商品交易市场个数（个）	亿元以上商品交易市场交易额（亿元）
全国	679864	594592926.8	2487	20040.8
中部	135544	77798198.2	608	2090.8
东北部	25230	11538353.2	83	969.9
东部	356233	416246187.1	1299	14963.2
西部	162857	89010188.3	497	2016.9

资料来源：国家统计局 2016 年统计年鉴。

全国批发和零售法人企业商品销售额为 59459 万亿元。从区域和各省汇总情况看，我国东部区域零售商品总额超过 4162 万亿元，占全国销售额的 6.70%。各省销售额排在前四的依次为广东、江苏、浙江和上海，分别为 9039 万亿元、9016 万亿元、6066 万亿元和 4523 万亿元。

3.9 我国小城镇旅游潜力较大

我国地大物博，幅员辽阔，拥有众多的河流公园、森林田地等，乡村自然和人文旅游资源非常丰富，同时我国是一个多民族国家，全国各地分布着很多大大小小的特色村寨自然保护区，丰富的旅游资源为我国乡村旅游行业提供了非常充分的条件。

小城镇发展与旅游发展有着密切的关系。探索如何利用城镇文化和自然资源进行旅游开发，推动当地经济发展和社会进步，是全国小城镇的命题作文。随着我国经济的发展和人民生活水平的提高，旅游业成为支撑我国经济发展的重要产业之一，而小城镇作为旅游业的重要组成部分，也承担着重要的角色。

旅游业发展是小城镇的一个重要基础。小城镇的风景如画、人文气息浓郁、历史悠久、传统文化丰富，这些都是小城镇成为旅游目的地和旅游产业发展的重要因素。小城镇的规模越大，探索和开发的优秀旅游目的地就会越来越多，旅游资源也会更加丰富多彩，吸引更多游客前来旅游。小城镇发展旅游业能够带动当地经济的发展。发展旅游业可以带动小城镇的餐饮、住宿、交通、购物等相关产业的发展，扩大就业机会，增加地方财政收入，提升当地居民生活水平，实现小城镇的全面发展。小城镇发展影响着旅游资源的可持续利用。小城镇规模小的地区，在旅游发展中可能存在过度开发、资源耗竭等问题，而规模大的地区则可以实现旅游资源的合理开发和利用，提升旅游业的发展质量。

因此，小城镇发展与旅游业的发展密不可分，加强小城镇的规划、管理和保护，发挥小城镇独特的地理、历史和文化优势，不断提升旅游服务和旅游品质，才能实现小城镇的长期繁荣和可持续发展。

近年来高效农业、特色农业的提出和开展，使得农业生产不断现代化，为乡村旅游中生态观光、自然采摘等项目提供了强有力的支持。2015—2022 年，我国旅游业发展势头不错。游客人数居高不下，旅行社数量逐年递增，旅游总花费十年来一直维持在高位。见表 3-52。

表 3-52　我国小城镇旅游业发展情况（2015—2022 年）

指标	2022	2021	2020	2019	2018	2017	2016	2015
旅行社数（个）	45162	42432	31074	38943	37309	29717	27939	27621
星级饭店总数（个）	7337	8771	8423	10130	8962	9566	11685	12327
国内游客（万人次）	253000	324600	287900	600600	553900	500100	443500	399000
城镇居民国内游客（百万人次）	1930	2342	2065	4471	4119	3677	3195	2802
国内旅游总花费（亿元）	20444	29191	22286	57251	51279	45661	39390	34195
城镇居民国内旅游总花费（亿元）	16881	23644	17967	47509	42590	37673	32242	27611
城镇居民国内旅游人均花费（元）	874.6	1009.6	870.3	1062.6	1034	1024.6	1009.1	985.5

资料来源：国家统计局统计数据。

但整体上，我国小城镇旅游尚处在发展阶段，还没有形成大的规模。旅游配套设施少，获客容易，留客难。以 2016 年数据对比，全国小城镇旅行社为 15670 个，每个小城镇还不到 1 个；同期全国旅行社 27939 个。住宿业法人单位为 55701 个，其中星级饭店不足 7%，仅为 3639 个；同期，全国星级饭店是 11685 个。企业客房数为240555 间，但是多为粗陋民宿，星级饭店客房数不足两成。从区域层面上看，我国的东部经济发达，小城镇旅游业相对好些；西部自然风光多态，也促进旅游业一定程度的发展。见表 3-53。到 2022 年，全国小城镇旅游基础设施改善情况不大。

表 3-53　我国小城镇旅游业基础设施配置情况（2016 年）

区域	住宿业法人企业个数（个）	其中：星级饭店个数（个）	住宿业法人企业客房数（间）	其中：星级饭店客房数（间）	旅行社个数（个）
全国	55701	3639	2404555	436295	15670
中部	18417	1168	794472	130577	4942
东北部	1694	80	50730	8634	469
东部	16101	1117	807866	156470	5105
西部	19489	1274	751487	140614	5154

资料来源：国家统计局 2016 年镇级统计年鉴。

国内旅游小城镇较多，比较著名的乌镇、婺源、九寨沟、平遥等。随着城镇化深入推进，我国涌现出一批以旅游为主导产业的小镇，即旅游小城镇。

3.10 我国小城镇基本公共服务质量提升空间大

小城镇作为一种比乡村更高一级的社区，历来是广大农村区域的公共服务中心。2013—2021年，随着城镇化进程的加快推进，我国小城镇的教育、文化、卫生、社会保障等各项事业普遍获得了较大发展，具体来看，在教育方面，我国小城镇小学学校、中学学校数量有所下降，这是由于各地推进学校合并所导致的，数量的缩减客观上有利于进一步提升教育质量及水平。在文化方面，图书馆、文化站及体育场馆的数量稳步上升，但影剧院数量有所缩减。卫生方面，医院、卫生院数量迅速减少，但医生数、病床数却急剧增长，这表明我国小城镇的卫生整体服务水平获得了较大提升。社会保障方面，敬老院及福利院的数量稳步上升，社会保障事业取得了较快发展。见表3-54。

表3-54　我国小城镇公共服务供给状况（2013—2021年）

项目		2013	2019	2021
教育文化	小学学校数	214183	192152	175311
	中学学校数	38757	37578	37782
	幼儿园、托儿所数	136611	145042	152410
	图书馆、文化站	26988	34678	42804
	影剧院	5193	5276	5117
	体育场馆	6703	9771	8798
卫生	医院、卫生院	51182	45304	39406
	医生数	1233512	1216349	139220
	病床数	1522551	1800553	2193647
社会保障	敬老院、福利院	22885	23581	24951

资料来源：由历年国家统计局统计数据计算整理而成。

小城镇的基本公共服务设施配套仍然低于全国、省内平均水平。例如，根据2021年数据，在公共服务方面，医疗服务的全国平均每镇千人医生数为1.61人，仅有全国城乡平均水平4.58人的35.13%。养老服务全国每千老年人口养老床位数为21.48个，而镇的每千老年人口养老床位数仅有1.26个，为全国平均水平的5.86%。小城镇的公共服务设施配套仍远低于城市的水平，未来仍有很大提升空间，亟须加大小城镇的基础设施配套建设力度。

3.10.1 教育资源相对贫乏

2021 年我国小城镇幼儿园、托儿所数量为 18.5743 万个，其中东、中、西、东北部分别为 6.4 万个、5.6 万个、5.9 万个和 0.66 万个，东部数量最多。与 2013 年相比，中部幼儿园托儿所数量增长了 7.79%，高于东部和西部的 1.02% 和 -3.23%。西部地区幼儿园托儿所增长率下降的原因是镇域人口和外来人口分别下降 -6% 和 -15%。人口流失会带来幼儿园托儿所增长率的下降。中部地区幼儿园、托儿所增长率最高的原因是中部镇域人口和外来人口的上涨率均为最高，分别为 5% 和 13%。因此，镇域人口和外来的人口的变化对幼儿园、托儿所的数量影响有着直接关系。

从各省小城镇幼儿园、托儿所的数量情况来看，均值最多的是河南省，平均每个镇有 13.46 个，广西、山东、江西、福建和天津五省（市）都在 10 个以上，数量最少的是西藏，只有 1.37 个。从均值与中位数的对比来看，基本上所有省份小城镇幼儿园、托儿所数量的均值都大于中位数，但差距并不大。

全国小城镇小学师生比相距甚微。2022 年我国小城镇小学教师人数为 316.23 万人，小学在校学生数为 4827.93 万人，生均教师数为 0.067 人，与 2013 年相比，小城镇小学在校生和教师数均有所下降。小学生均教师数与 2013 年（0.0993 人）有所下降。分区域来看，东、中、西、东北部地区小学生均教师数均与全国水平相差不大，其中，中部地区相对最高（0.098 人）。与 2013 年相比，西部地区小城镇小学生均教师数增长最多，这主要是由于西部小学生总数出现下降，东部和中部都处于上涨态势。见表 3-55。

表 3-55 全国小学师生比情况

区域	幼儿园、托儿所数（个）	小学校数（所）	小学专任教师数（人）	小学在校学生数（人）
全国	185743	125638	3243677	48279317
中部	55640	43688	915618	14004089
东北部	6606	4421	142370	1117397
东部	64022	36244	1171391	18504112
西部	59475	41285	1014298	14653719

资料来源：国家统计局 2022 年统计年鉴数据。

流动人口越多的小城镇，小学生均教师数量越低。在流动人口规模不同的小城镇，小学生均教室数量随着流动人口规模的增加而逐渐降低。2022 年流动人口人数在 1000 人以下、1000—5000 人、5000—1 万人、1 万—5 万人、5 万—10 万人和 10 万人以上时，小学生均教师数量分别为 0.088 人、0.112 人、0.075 人、0.066 人、0.054 人和 0.054 人，小学生均教师数量随着流动人口的增多而下降。见表 3-56。

表 3-56 按流动人口分组的小学生均教师数情况

流动人口分组	2022 年小学生（万人）	2022 年教师数（万人）	2022 年小学生均教师数（人）	2022 年小学生均教师数（人）
10 万人以上	125.9	6.2	0.0541	0.0548
5 万—10 万人	128.0	6.6	0.0541	0.0548
1 万—5 万人	443.7	24.3	0.0655	0.095
5000—1 万人	191.7	11.6	0.0747	0.0778
1000—5000 人	423.5	27.7	0.1123	0.1076
1000 人以下	3786.3	249	0.0875	0.1052
合计	5099.0	325.2	0.0747	0.103

资料来源：国家统计局统计数据。

3.10.2 医疗卫生资源质量不高

2022 年我国小城镇医生数为 122.8365 万人。东、中、西、东北部小城镇医生数分别为 46.85 万人、36.66 万人、34.00 万人和 5.3 万人，与 2013 年相比，均有不同程度的下降。全国小城镇万人医生数为 14.88 人，相比 2013 年（12.37 人）略有上升。与全国万人医生数相比，小城镇只是全国水平的 54%，差距较大。分区域来看，东部地区万人医生数为 16.39 人，多于中部地区（14.72 人）和西部地区（13.64 人）。从各省小城镇医生资源配置来看，各省份的平均水平都低于全国小城镇的平均水平。

从区域间医生配置来看，与人口的匹配程度较为接近。2022 年全国小城镇万人医生数差异为 1.33，与 2013 年的 1.32 基本持平。分区域来看，2022 年东、中、西、东北部地区小城镇万人医生数差异分别为 1.10、1.36、1.25 和 1.30，差异值不高，并且与全国平均水平都相差不大，说明区域间的医生配置较为均衡，与人口规模的匹配程度也较为接近。从变化趋势来看，2013—2022 年，东、西部万人医生数差异都略有下降，说明东部和西部区域间医生配置正在逐渐向更为均衡的方向发展，中部万人医生数差异略有上升。各省来看，2022 年各省（市）小城镇间万人医生数差异相差不大，各省内部医生配置更为均衡的态势，北京、浙江、重庆、山东和湖北，差异分别为 0.51、0.7、0.75、0.78 和 0.84。仅有 10 个省（市），省（市）内的差异系数高于全国差异系数，其中差异最大的 5 个省（市）分别是天津、新疆、贵州、宁夏和福建，分别为 3.09、2.21、1.59、1.59 和 1.55。人均财政收入越高的小城镇，其万人医生数越高。在不同人均财政收入水平的小城镇，随着人均财政收入的增加，万人医生数逐渐增加。人均财政收入在 1000 元以下、1000—3000 元、3000—5000 元、5000—10000 元和 10000 元以上的小城镇，2021 年万人医生数分别为 10.74 人、12.86 人、14.49 人、16.81 人和 22.69 人。这是由于人均财政收入越高的小城镇，医疗投入和调配医疗资源的能力越强，因而人均占有的医疗资源越多。

2022年我国小城镇医院床位数为276.7904万张，其中东、中、西、东北部分别为90.31万张、84.78万张、90.13万张和11.57万张。全国小城镇万人医院床位数为33.54张，相比2013年（23.31张）有所上升，但是与全国水平来对比，小城镇的万人医院床位数只是全国的一半。分区域来看，东部地区为31.61张，中部地区为34.04张，西部地区为36.16张。东部地区万人医院床位数相对较低的原因主要是东部地区小城镇外来人口总量较多。

3.10.3 社会保障福利水平低

2021年我国小城镇参加农村新型社会养老保险人数为6.19亿人，比2013年小城镇参加新农保的人数增加了1181.5万人，增长率为1.95%。2021年小城镇新农保参保率为46.25%，比2013年增加了0.91个百分点。

分区域来看，中部地区新农保参保率47.85%，高于东部地区（44.19%）和西部地区（46.62%）。从各区域增长情况来看，西部小城镇新农保参保率提高了1.33个百分点，东部提高了0.69个百分点，而中部提高了0.54个百分点。

从新农保参保情况来看，2021年全国小城镇新农保参保率差异与2013年基本持平，且均不超过0.5，说明全国小城镇新农保参保率差异较小，发展非常均衡。分区域来看，2014年东、中、西部地区差异分别为0.51、0.45和0.48，差异值很低，与全国平均水平也都相差不大，区域内小城镇新农保参保率都极为均衡。

从各省情况来看，新农保参保率高于全国小城镇平均水平的有11个省份，其中除河北、福建、山东之外，均为中西部省份，新农保参保率最高的是重庆、陕西、福建、安徽、河南、山东，分别为60.18%、59.03%、58.29%、57.91%、56.01%和55.07%。从增长率来看，北京、贵州、重庆、福建、四川的增长速度最快，分别提高了6.23个百分点、4.02个百分点、3.53个百分点、3.47个百分点和3.01个百分点。

从各省新型农村社会养老保险的情况来看，参保人数最多的是山东省，有3016万人，占全国小城镇新农保参保总人数的将近10%；其次是河南、安徽和广东，都超过2000万人，占比均在6%以上，这4个省份合计占全国小城镇新农保参保人数的1/3。参保人数最少的是上海、天津和西藏，都不足100万人。从各省每个小城镇平均新农保参保人数来看，人数最多的是山东、安徽、河南、湖北、江苏5省，平均每个小城镇新农保参保人数均在2万人以上。

2021年我国小城镇参加农村新型合作医疗的人数为6.19亿人，其中，东部地区小城镇有2.27亿人，中部有2.16亿人，西部有1.76亿人。从新型农村合作医疗保险参保人数增长来看，全国小城镇增长率达到3.04%，其中，西部地区参保人数增长率超过全国，达到4.49%，东部和中部地区的增长率均低于全国小城镇。

流动人口越多的小城镇，新农保参保率越低。在流动人口规模不同的小城镇，随着流动人口数量的增加，新农保参保率呈现递减的趋势。2021年流动人口为1000以下、

1000—5000 人、5000—1 万人、1 万—5 万人、5 万—10 万人和 10 万人以上的小城镇，其新农保参保率分别为 49.16%、35.90%、27.47%、22.41%、15.25% 和 9.23%，依次降低。这种现象的主要原因有两个方面：一是流动人口不能在流入地参保，都是在流出地参加新农保；二是部分流动人口参加了城镇职工养老保险。

从各省小城镇新型农村合作医疗保险参保情况来看，参保人数最多的是广东省，达到 5099 万人；其次是河南、山东和安徽，都超过 4000 万人，这 4 个省合计占全国小城镇新型农村合作医疗保险参保总人数的 30%，参保人数最少的是上海市和西藏，都不超过 100 万人。从平均每个小城镇参加新型农村合作医疗保险的人数来看，最多的是江苏、广东、河南、广西、安徽和山东这 6 个省份，均在镇均 4.2 万—4.4 万人。

2021 年我国小城镇福利院收养人数为 117.98 万人，相比 2013 年增加了 4 万人。从各地区小城镇福利院收养人数来看，东部地区有 43 万人，中部地区有 47 万人，西部地区最少，只有 28 万人。从小城镇福利院收养人数变化来看，全国小城镇 2021 年比 2013 年增长了 3.89 个百分点，西部地区增长 9.71 个百分点，东部地区增长了 1.92 个百分点。从各地区福利院收养人数占比来看，东部地区占 36.65%，比 2013 年下降了 0.71 个百分点，中部地区占比 39.86%，比 2013 年下降了 0.54 个百分点，西部地区占比为 23.5%，比 2013 年提高了 1.25 个百分点。从福利院收养人口比例来看，2021 年全国小城镇福利院收养人数比例差异为 1.88 个百分点，与 2013 年的 1.39 相比增加 0.49 个百分点。分区域来看，2021 年东、中、西部差异分别为 1.63 个百分点、1.59 个百分点和 2.27 个百分点，差异值较小，说明区域间小城镇福利院收养人数比例发展较为均衡。从变化趋势来看，2013—2021 年东、中、西部福利院收养人数比例差异都基本保持不变。从 2021 年各省小城镇福利收养人数的情况来看，数量最多的是四川省，有 12.6 万人，其次是山东省，有 11.4 万人，江苏、河南和安徽也都有 9 万多人，这 5 个省合计占全国小城镇福利收养人数的 44%，人数最少的是天津，只有 1960 人。从小城镇平均福利收养人数来看，人数最多的上海，平均每个镇收养 342 人，其次是江苏、湖北和山东，也都在 100 人以上，平均收养人数最少的是甘肃，平均每个镇的福利院只收养了 12 个人。

2022 年我国小城镇享受居民最低生活保障的人数为 2615.6204 万人。从各地区小城镇最低生活保障人数来看，东北部地区人数最少，有 152.1855 万人，中部和西部地区分别是 732.665 万人和 1261.1575 万人。从小城镇最低生活保障人数变动情况来看，全国小城镇下降了 1.71%，东部地区下降了 4.6%，大大超过全国小城镇水平，中部地区与全国基本持平。从各地区最低生活保障人数占比来看，比例最低的是东部地区，东部地区 2021 年占比 22.64%，比 2013 年下降了 0.69 个百分点，中部地区 2021 年占比 35.19%，下降了 0.03 个百分点，西部地区占比最大，达到 42.17%，比 2013 年提高了 0.72 个百分点。从低保情况来看，2021 年全国小城镇低保覆盖率差异为 1.01 个百分点，与 2013 年持平。分区域来看，2014 年东、中、西部地区差异分别为 0.99 个百分点、0.72

个百分点和0.92个百分点，与全国水平均相差不大，说明区域间低保覆盖率较为均衡。从变化趋势来看，2013—2022年东、中、西部低保覆盖率差异均有所上升，其中东部和中部地区上升最多，分别从0.95个百分点上升到0.99个百分点、0.68个百分点上升到0.72个百分点，区域间低保覆盖率总体没有大的变化。各省来看，省内低保覆盖率水平比全国情况更均衡，仅有上海、新疆和河北高于全国水平。从各省小城镇最低生活保障人数的情况来看，人数最多的是云南省，有261.7万；其次是贵州、河南、广西和四川，都在200万人以上，这4个省的最低生活保障人数占全国小城镇的1/3多，人数最少的是北京和上海，都不超过5万人。从平均每个镇最低生活保障人数来看，最多的是云南，每个镇平均有3924人；其次是贵州，也有3405人，人数最少的依然还是北京和上海，分别平均只有379人和467人。见表3-57。

表3-57　全国小城镇社会保障情况

区域	全国	中部	东北部	东部	西部
医疗卫生机构个数（所）	506333	147453	27803	176257	154820
医疗卫生机构床位数（床）	2767904	847800	115694	903118	901292
执业（助理）医师数（人）	1228365	366634	53118	468524	340089
各种社会福利收养性单位数（个）	26290	7763	1461	7888	9178
其中：本级政府创办的敬老院个数（个）	16130	5721	710	4585	5114
各种社会福利收养性单位床位数（床）	1811031	527733	120446	693387	469465
各种社会福利收养性单位收养人数（人）	1120224	377088	81319	374758	287059
小城镇居民基本养老保险参保人数（人）	342673834	113085338	16584574	115587750	97416172
小城镇居民基本医疗保险参保人数（人）	649520555	200836138	29906019	220321432	198456966
小城镇居民最低生活保障人数（人）	26156204	7326665	1521855	4696109	12611575

资料来源：国家统计局统计数据。

随着人均财政收入的增加，福利院收养人数比例逐渐上升。在人均财政收入处于不同水平的小城镇，随着人均财政收入的增加，福利院收养人数比例呈现上升的趋势。人均财政收入在1000元以下、1000—3000元、3000—5000元、5000—10000元和10000元以上的小城镇，2022年福利院收养人数比例分别为0.16%、0.19%、0.18%、0.20%和0.16%，基本呈现逐渐上升的趋势，其中人均财政收入在5000—10000元分组下的小城镇，福利院收养人数比例较高，并且2013年也存在这种趋势。福利院收养人员主要是户籍人口，若剔除外来人口而按户籍人口计算，2021年福利院收养人数比例为0.15%、0.17%、0.19%、0.22%、0.19%，这一增长趋势更为明显。因此，经济发展水平越高的小城镇，其社会福利越好。

3.10.4 文体设施建设少

2022 年我国小城镇图书馆和文化站总量为 21.5969 万个，平均每个小城镇有图书馆和文化站 10.17 个。2022 年全国共有 4080 个镇没有图书馆和文化站。人均财政收入越高的小城镇，镇均图书馆、文化站数量越多。在人均财政收入处于不同水平的小城镇，随着人均财政收入的增加，镇均图书馆、文化站数量呈现上升的趋势。这主要是由于人均财政收入越高，可用于文化方面的财政支出和基础设施建设投入也较多，图书馆、文化站的数量也较多。同时人均财政收入较高的小城镇，其城镇居民平均收入也较高，对文化设施的需求也较大。

2022 年我国小城镇影剧院总量 3674 个，镇均影剧院为 0.17 个。从镇均影剧院数量来看，也是东部最高（0.35 个），中部（0.29 个）居中，西部最低（0.14 个）。各省来看，全国有 11 个省（市）的镇均影剧院数量超过全国平均水平，分别是上海（1.1 个）、江苏（0.78 个）、浙江（0.53 个）、湖北（0.46 个）、河南（0.44 个）、山西（0.38 个）、甘肃（0.34 个）广东（0.3 个）、新疆（0.3 个）、福建（0.29 个）和宁夏（0.28 个）。数量最多的是江苏省，有 424 个镇有剧场、影剧院；其次超过 200 个镇的有广东、河南、湖北、浙江、四川和湖南 6 个省份，数量最少的是北京、青海和西藏，分别只有 10 个、9 个和 4 个镇有剧场和影剧院。

2022 年我国小城镇体育健身场所总量为 597363 个，镇均体育健身场馆数为 28.07 个。事实上，人均财政收入越高的小城镇，镇均体育健身场馆数量越多。在人均财政收入处于不同水平的小城镇，随着人均财政收入的增加，镇均体育健身场馆数量呈现上升的趋势。这主要是由于人均财政收入越高，可用于体育场馆建设投入的财政支出也较多，则镇均体育场馆数也较多。同时人均财政收入较高的小城镇，其经济发展水平也较高，居民对业余生活多样性、体育健身的需求较高，对体育场馆的需求也较大。

2022 年我国公园总量为 37707 个，镇均公园为 1.75 个，相比 2016 年，公园总量增加了 26739 个，增长了 24.72%。从增长来看，2016—2022 年，东部公园增加 9053 个，中部和西部分别增加 4421 个和 1561 个，增长率分别为 18.73%、22.22% 和 14.63%，中部增长最快。可以看出，西部地区公园及休闲健身广场总量和镇均数量方面均有明显劣势，且均低于全国平均水平。数量最多的省是四川，有 980 个镇，超过 400 个镇的有湖南、广西、陕西和河北 4 个省份，数量最少的是天津、北京和上海，分别只有 19 个、15 个和 7 个镇没有公园和健身广场。见表 3-58。

表 3-58 我国小城镇文体设施发展情况（2022 年）

区域	图书馆、文化站个数（个）	剧场、影剧院个数（个）	体育健身场馆个数（个）	公园及休闲健身广场个数（个）
全国	217584	3674	600316	37707
中部	49511	973	156829	8979

区域	图书馆、文化站个数（个）	剧场、影剧院个数（个）	体育健身场馆个数（个）	公园及休闲健身广场个数（个）
东北部	9761	130	22385	2422
东部	107049	1675	247078	17935
西部	51263	897	174024	8371

资料来源：国家统计局统计年鉴。

3.10.5 提升小城镇基本公共服务质量

政策引导要坚持以市场为导向，政府为引导，推动小城镇的基本公共服务质量提升。从保障政策、营商环境、人才激励等方面出发，全力打造适合小城镇发展的政策环境，引导企业创新和投资发展，切实提高小城镇的发展潜力。小城镇发展与公共服务之间存在着紧密的关联，二者相互促进、相互作用。小城镇的发展需要与公共服务相辅相成，它们之间关系紧密，缺一不可，公共服务是小城镇可持续发展的重要组成部分。

首先，公共服务是小城镇发展的重要支撑。公共服务包括教育、医疗、交通、安全、环境等多个方面，公共服务的完善可以为小城镇发展提供更好的基础设施和环境保障，促进经济的发展，提升居民生活质量，增强城镇竞争力。小城镇发展需要根据当地实际情况合理布局公共服务。小城镇的发展状况不同，需要有针对性地制定公共服务的布局方案。例如，一些小城镇的经济基础薄弱，人口流动性大，需要更多的短期住宿和就业培训等公共服务，而一些小城镇则需要注重医疗和教育等长期和稳定的公共服务。小城镇发展需要建立健全的公共服务管理机制。不同的公共服务之间存在协调和统筹的问题，如何协调不同部门和机构的工作，如何实现公共服务的整体规划和管理，需要有一套完善的管理机制来保障公共服务的质量和效率，为小城镇的发展提供保障。

其次，要加强基础设施建设，完善公共服务设施，改善城市环境和市民生活条件，提高城市管理水平，打造安全、便利、舒适的小城镇生活环境。小城镇的可持续发展需要建立起高效的公共服务系统，包括医疗、教育、科技等方面的公共服务。同时，也需要完善社会治理机制，积极推进社会管理创新，提高社会治理水平，保障小城镇社会和谐稳定发展。小城镇的发展需要完善公共服务和管理体系，提升小城镇的基础设施和公共服务水平，着力提升公共服务能力，提升城市规划、公共服务设施建设、教育、卫生等民生服务水平，如大力发展城市绿地和公园，不断改善城市居民的生活质量，从而促进小城镇的经济和社会发展，有效提升小城镇的吸引力和人居环境。注重小城镇公共设施建设和民生保障，注重小城镇公共服务配套，提高小城镇综合素质，注重改善民生条件，提升城市品质。

3.11 我国小城镇社会消费能力较低

2023 年我国小城镇社会消费品零售总额快速增长，数额达到 160355.52 亿元，占城镇社会消费品零售总额的 34.01%，与同期城镇消费品零售总额增长率 11.81% 基本持平。2023 年小城镇镇均社会消费品零售总额为 74859.02 万元，比 2013 年增长 18.85 倍，小城镇消费还有一定上升空间。见表 3-59。

表 3-59 我国小城镇社会消费品零售总额情况表

年份	总额（亿元）	镇均（万元）	城镇社会消费品零售总额（亿元）	占比(%)
2023	160355.52	74859.02	471495.20	34.01
2013	79871.67	3970.36	232252.60	34.39

资料来源：国家统计局统计年鉴。

2023 年我国小城镇人均社会消费品零售总额为 19586.84 元，比 2013 年增长 116.22%，其中东部地区人均社会消费品零售总额最高，达到 26783.93 元，是中部和西部地区的 1.67 倍和 2.18 倍，说明东部地区居民的社会商品购买力最强。从增长速度看，中部地区人均社会消费品零售总额增长 111.29%，高于东部和西部地区的 109.96% 和 106.58%。从整体上看，2023 年小城镇人民物质文化生活水平有较快提高，中部地区提高速度最快。见表 3-60。

表 3-60 我国小城镇人均社会消费品零售总额增长情况

区域	人均社会消费品零售总额（元／人）		增量（元／人）	增速（%）
	2023 年	2013 年		
东部	26783.93	12756.68	14027.25	109.96
中部	15981.30	7176.65	8804.65	111.29
西部	12267.28	5938.27	6329.00	106.58
东北部	13121.50	6271.93	6849.57	109.21
合计	19586.84	9058.88	10527.96	116.22

资料来源：住房和城乡建设部 2023 年城乡建设统计年鉴。

3.12 我国小城镇农业发展平稳

小城镇主要承担开展农业生产和为农业生产服务的职能。大多数小城镇镇域内的农村是我国农业生产的主要产区，供应了全国主要的粮食、肉类等农产品、畜产品的种植和养殖。

3.12.1 农作物及粮食播种面积扩大

从 2013 年到 2021 年近九年中，全国小城镇农作物和粮食播种面积变化较大。2021 年全国小城镇农作物播种面积为 167846.02 千公顷，比 2013 年多 4143.78 千公顷，平均每个小城镇播种面积为 7.87 千公顷。

农作物播种面积方面，从整体上看，全国各省份小城镇农作物面积增减情况不同，变化不是很大。东北部和西部区域整体上略增，增加比例分别为 6.26% 和 6.96%。东部和中部区域略减，分别为 2.44% 和 0.35%。从各省份看，北京、上海、海南农作物播种面积下降程度较大，降幅分别为 56.56%、36.69%、12.34%。新疆、西藏两区的农作物播种面积增长较大，分别达 31.82% 和 20.26%。

粮食播种面积方面，从整体上看，全国各省份小城镇粮食面积呈下降趋势。从全国各区域上看变化不是很明显，但就某个省区来说，变化很大。北京、上海、海南、福建等粮食播种面积下降程度较大，降幅分别为 67.81%、41.83%、26.33% 和 12.73%。见表 3-61。

表 3-61 我国小城镇农作物及粮食播种面积情况

地区		农作物总播种面积（千公顷）		增幅（%）	粮食作物播种面积（千公顷）		增幅（%）
区域	省份	2013 年	2021 年		2013 年	2021 年	
东北部	辽宁	4154.41	4270.08	2.78	3412.42	3526.35	3.34
东北部	吉林	5632.95	6221.05	10.44	5132.05	5710.12	11.26
	黑龙江	14211.99	15009.81	5.61	13575.56	14544.57	7.14
	合计	23999.35	25500.94	6.26	22120.03	23781.04	7.51
东部	北京	237.29	103.08	−56.56	158.91	51.15	−67.81
	天津	441.34	420.75	−4.67	333.97	358.93	7.47
	河北	8416.01	8101.87	−3.73	6607.32	6364.54	−3.67
	上海	391.30	247.72	−36.69	190.50	110.81	−41.83
	江苏	7597.93	7512.99	−1.12	5475.22	5379.28	−1.75
	浙江	2062.45	2008.69	−2.61	1016.85	994.59	−2.19
	福建	1740.96	1638.93	−5.86	943.71	823.59	−12.73
	山东	11136.63	10878.97	−2.31	8007.58	8386.97	4.74
	广东	4178.17	4482.24	7.28	2266.52	2200.49	−2.91
	海南	772.48	677.14	−12.34	365.47	269.26	−26.33
	合计	36974.56	36072.38	−2.44	25366.05	24939.61	−1.68

地区		农作物总播种面积（千公顷）		增幅（%）	粮食作物播种面积（千公顷）		增幅（%）
区域	省份	2013 年	2021 年		2013 年	2021 年	
西部	内蒙古	7823.05	8926.61	14.11	6253.09	6842.80	9.43
	广西	6076.46	6068.98	−0.12	2974.13	2840.30	−4.50
	重庆	3318.49	3372.61	1.63	2059.45	1998.80	−2.94
	四川	9371.69	9886.51	5.49	6269.93	6314.90	0.72
	贵州	5388.73	5471.24	1.53	3090.86	2732.26	−11.60
	云南	6848.56	6991.98	2.09	4276.79	4171.04	−2.47
	西藏	225.77	271.52	20.26	175.87	181.57	3.24
	陕西	4108.22	4157.04	1.19	3086.09	2993.99	−2.98
	甘肃	3779.84	3966.7	4.94	2750.87	2657.13	−3.41
	青海	555.77	569.23	2.42	282.68	284.46	0.63
	宁夏	1147.08	1169.87	1.99	755.79	685.32	−9.32
	新疆	4744.47	6254.26	31.82	2256.89	2237.24	−0.87
	合计	53388.13	57106.55	6.96	34232.44	33939.81	−0.85
中部	山西	3667.89	3531.26	−3.73	3245.20	3127.58	−3.62
	安徽	9364.90	8887.32	−5.10	7044.56	7291.48	3.51
	江西	5636.98	5669.57	0.58	3775.26	3779.86	0.12
	河南	14586.50	14673.05	0.59	10697.43	10705.33	0.07
	湖北	7731.26	7979.39	3.21	4416.60	4639.44	5.05
	湖南	8352.67	8425.56	0.87	5009.99	4791.26	−4.37
	合计	49340.20	49166.15	−0.35	34189.04	34334.95	0.43

资料来源：中国农村统计年鉴 2022 年、2014 年。该表数据包含部分乡的数据。

3.12.2 设施农业发展较快

2020 年全国小城镇设施农业占地面积为 287.63 万公顷，较 2013 年减少了 5.77 万公顷，比 2013 年下降了 16.71%。其中，东北部降幅最大。东部和西部设施农业的面积基本上变化不大。2020 年，设施农业主要集中在我国东中西部，占全国 94.17%。见表3–62。

表 3-62 我国小城镇设施农业占地面积情况（公顷）

区域	2013 年	2020 年	增幅（%）	2020 年全国设施农业占比（%）
东北部	364168	167768	−53.93	5.83
东部	1500217	1421748	−5.23	19.26
西部	774850	732777	−5.43	25.48
中部	814142	554040	−31.95	19.26
全国	3453377	2876333	−16.71	17.46

资料来源：中国农村统计年鉴 2021 年、2014 年。

从全国各省设施农业面积情况来看，从 2013 年至 2020 年，设施农业面积维持增长的省份不多，其中增长最大的是广西，达 185.43%，接近两倍。见表 3-63。

表 3-63 我国小城镇设施农业面积基本情况（公顷）

区域	所属省份	2013 年	2020 年	增幅（%）
东北部	辽宁	287788	126143	−56.17
	吉林	23899	14872	−37.77
	黑龙江	52481	26753	−49.02
东部	北京市	10072	6222	−38.22
	天津市	8051	4833	−39.97
	河北	237129	139536	−41.16
	上海市	2634	4413	67.54
	江苏	667406	727286	8.97
	浙江	162963	163873	0.56
	福建	65990	24975	−62.15
	山东	284976	308477	8.25
	广东	29250	31998	9.39
	海南	31746	10135	−68.07
西部	内蒙古	164921	132975	−19.37
	广西	24132	68879	185.43
	重庆市	23530	29344	24.71

区域	所属省份	2013 年	2020 年	增幅（%）
西部	四川	115091	153738	33.58
	贵州	30003	31628	5.42
	云南	77574	103107	32.91
西部	西藏	6336	3202	−49.46
	陕西	164390	95968	−41.62
	甘肃	86258	43214	−49.90
	青海	6169	6541	6.03
	宁夏	35011	22049	−37.02
	新疆	41435	42132	1.68
中部	山西	37143	61442	65.42
	安徽	137589	124845	−9.26
	江西	114626	60184	−47.50
	河南	321971	162752	−49.45
	湖北	147029	70146	−52.29
	湖南	55784	74671	33.86

资料来源：中国农村统计年鉴 2021 年、2014 年。该表数据包含部分乡的数据。

第4章 我国小城镇发展模式与类型

小城镇发展模式是指一定历史条件和一定区域范围内，依据特定区域的区位条件、资源禀赋、产业基础和政策环境等各种条件和特征对相关小城镇具有独特的经济发展过程进行抽象和概括，呈现不同类别的发展特征，用以指导小城镇的规划和建设。[1][2]

小城镇的发展模式和类型是在特定的时期和环境条件下产生的。自 1986 年小城镇发展模式概念提出以来，经过长期深入的调查和比较总结，结合不同地域特点，我国学术界对此进行了广泛的研究，提出了各具特色的发展模式。我国地域辽阔，地形多样，横跨五个气候带，包括热带、亚热带、暖温带、中温带和寒温带。"由于资源禀赋、区位条件、产业基础和政策环境的不同，小城镇的经济地域类型和发展模式也不尽相同"[3]，我国小城镇发展模式呈现出多样化特征。我国小城镇发展模式的研究可以追溯到改革开放初期，随着学者们深入实地考察，小城镇发展模式逐步总结出来并被广泛认可。

4.1 我国小城镇发展模式

费孝通等[4]经过多年广泛的调查和比较总结我国小城镇发展的几大传统模式，即"苏南模式""温州模式""珠江模式""民权模式""侨乡模式""晋江模式"。其他学者也在实践的基础上相继总结出多种发展模式：曹广忠等[5]"孙耿模式"；杨维

① 费孝通，罗涵先.乡镇经济比较模式 [M].重庆：重庆出版社，1998.
② 田明，张小林.我国乡村小城镇分类初探 [J].经济地理，1999(06)：92-96.
③ 韩非，蔡建明，刘军萍.大都市郊区小城镇的经济地域类型及其空间分异探析——以北京市为例 [J].城市发展研究，2010，17(04)：123-128.
④ 费孝通.农村、小城镇、区域发展——我的社区研究历程的再回顾 [J].北京大学学报 (哲学社会科学版)，1995(02)：4-14+127.
⑤ 曹广忠，周一星.论乡镇企业的集中布局——孙耿模式研究 [J].经济地理，1997(01)：65-70.

忠[①]"诸城模式""大唐模式";魏劲松[②]"襄阳模式";王万茂等[③]、汤铭潭[④]"城乡一体化发展模式";曹阳等[⑤]、耿宏兵等[⑥]"协同发展模式";刘淑英[⑦]"转型演化模式"（政策驱动、产业融合）；张鹏等[⑧]"兴农模式"（农业转型、农业结合、农业延伸、新农业、农业一体化）；等等。

4.1.1 苏南模式

苏南模式（South Jiangsu Model）是我国县域经济发展的主要经验模式之一，最初由费孝通在 20 世纪 80 年代提出，这个模式在我国的城乡发展转型中起到了积极的推动作用。临近大中城市，通过发展乡镇企业实现非农化发展的方式，包括农民通过自身力量发展乡镇企业，以集体经济为主的所有制结构，乡镇政府主导乡镇企业的发展，以市场调节为主要手段。这种模式在苏北和苏中地区也得到了一定程度的普及和应用。苏南模式是我国改革开放以来江苏省南部经济发展的一个典型代表。它在我国经济发展历程中的作用巨大，被广泛认为是一种成功的发展模式，具有一些独特的特点和经验。

苏南模式的成功得益于政府积极的政策支持和企业家的创新精神。通过小城镇的发展、经济转型和区域协同发展等举措，推动了农民就业和收入的增加，促进了城乡居民的融合发展，推动了区域经济的繁荣和可持续发展。然而，需要指出的是，苏南模式也面临一些挑战，如经济结构升级难度较大、产业链脆弱等问题。因此，在面对新的发展机遇和挑战时，苏南地区仍需要不断创新和适应变化，进一步深化改革，推动经济发展的可持续性。苏南模式的核心特点为：

一是制造业为主导。苏南模式以制造业为经济发展的主导产业。自 20 世纪 80 年代以来，苏南地区依靠发展轻工业、电子信息技术等制造业，成为中国重要的产业基地之一。苏南地区发展了一批知名的企业，如苏宁、海尔、美的等，它们的成功推动了整个地区的经济发展。

① 杨维忠 . 小城镇发展观点综述 [J]. 山东经济战略研究，2002(07)：60-62.

② 魏劲松 . 让农业生产更"聪明"——湖北襄阳调优农业产业结构效果初显 [J]. 农产品市场周刊，2016(43)：42-43.

③ 王万茂，李俊梅 . 小城镇建设中的土地利用问题 [J]. 中国土地科学，2000，14(2)：4-7.

④ 汤铭潭 . 小城镇发展与规划概论 [M]. 北京：中国建筑工业出版社，2008.

⑤ 曹阳，田文霞 . 沿边开发开放民族地区小城镇发展：耦合力、模式与对策——基于延边州朝阳川镇的调查 [J]. 学术交流，2011(02)：95-97.

⑥ 耿宏兵，刘剑 . 转变路径依赖——对新时期大连市小城镇发展模式的思考 [J]. 城市规划，2009，33(05)：79-83.

⑦ 刘淑英 . 发达地区小城镇结构转型及其保障体系研究 [D]. 重庆：重庆大学，2010.

⑧ 张鹏，杨青山，王晗 . 基于城乡统筹的长吉一体化区域小城镇发展分化与模式研究 [J]. 经济地理，2011，31(04)：599-602.

二是高质量产业升级。苏南模式推动了传统制造业向高端、高技术的产业升级。该地区不断加大科技创新投入，培育和引进高新技术企业，吸引高素质人才集聚。同时，注重完善产业链，促进各产业间的协同发展，提升产业附加值和竞争力。

三是开放型经济。苏南模式在经济发展中注重对外开放合作。该地区积极参与国际经济合作，吸引外资和引进国外先进技术，拓宽出口市场。同时，苏南地区积极参与国内市场的竞争，通过与其他地区合作和竞争，加快自身发展。

四是优化城市布局与乡村振兴。苏南模式注重优化城市和乡村的布局，推动城乡一体化发展。在城市方面，加大城市基础设施建设，提供优质的公共服务，拓宽就业机会。在乡村方面，通过农村土地制度改革，推动农民增收致富，促进农村经济的发展。

4.1.2 温州模式

温州模式是费孝通于 20 世纪 80 年代中期提出的。它通过发展家庭工业和专业化市场的方式，形成小商品、大市场的发展格局。小商品是指生产规模、技术含量和运输成本都较低的商品，而大市场则是温州人在全国建立的市场网络。这种模式备受瞩目，成为全国热议的话题，尤其是在改革开放初期。费孝通三次前往温州进行调查，并三次撰文解读温州经济发展情况，因此，温州模式也成为学术界和经济界广为探讨的话题之一。

温州以小商品加工业为主，积极探索市场化的道路，依靠家庭工业和中小企业，形成一种特有的产业集群和市场网络。这种集群和网络之间的紧密联系，推动了温州经济的持续发展。温州模式对于我国经济的发展产生了积极且深远的影响，成为我国市场经济发展的重要经验之一。[①②]

温州模式的成功得益于良好的创业氛围、政府支持和市场导向的有机结合。它在我国经济发展中展示了一个成功的民营经济范例，也为其他地区提供了可参考的经验。然而，温州模式在经济转型和可持续发展等方面仍然面临着挑战，需要进一步创新和改革，适应新时代的需求和变化。温州模式的核心特点为：

一是民营经济发展。温州模式注重发展民营经济，尤其是小微企业。温州市以民营经济起步较早，从 20 世纪 80 年代开始，许多温州人投身于个体经营和家族企业，并形成了相对完善的产业链。这种发展模式激发了企业家精神和创新意识，推动了温州市快速崛起。

二是政府支持与市场导向。温州模式强调政府的积极作用和市场导向相结合。政府在温州经济发展中扮演重要角色，通过制定相关政策、提供金融支持和服务等方式，为企业提供良好的营商环境。同时，温州市也非常注重市场导向，尊重市场规律，充分发挥市场的作用来推动经济发展。

---

① 赖小科，刘晓东 . 追思费孝通先生与"温州模式" [J]. 杭州金融研修学院学报，2018，259(10):76-78.
② 朱通华 . 费孝通先生提出"温州模式"的前前后后 [J]. 南京医科大学学报，2005(04):269-271.

三是投资和创业文化。温州模式培育了一种投资和创业文化，鼓励个人创新和冒险精神。温州人普遍具有敢于投资和创业的勇气，热衷于风险投资和创业创新。这种创业氛围和文化促进了温州市的经济活力和创新能力。

四是地方联合发展。温州模式强调地方联合发展，促进区域各地的合作和互利共赢。温州市积极与周边城市和县镇开展经济合作，共同发展产业链，实现资源的共享和优势互补。这种区域协同发展有助于提升整个地区的竞争力和经济效益。

4.1.3 珠江模式

珠江模式，又称珠江三角洲模式，通过发展出口外向型经济，推动小城镇发展，是对广东省珠江流域以广州、深圳等地为中心的14个市县在改革开放过程中向市场经济转型的发展道路进行的概括总结。珠江三角洲模式的基本动力是以深圳为龙头的区域极化效应和扩展效应，以出口导向和发展外向型经济为主是珠江三角洲模式的基本战略。充分利用毗邻香港的地理优势，以出口导向和发展外向型经济为主，进一步利用外来直接投资和国际市场，使珠江三角洲地区成为我国开放度最高的地区。在过去的20多年里，深圳发挥了接受高经济势能地区资金、技术和管理等要素的扩展功能，激化了低经济势能地区的要素，同时迅速向周边地区扩张，这三方面的作用和效应在较短时间内相互发生作用，导致了珠江三角洲的快速崛起。深圳特区在改革开放的进程中被视为窗口、试验场和与香港对接的桥梁，获得了特殊经济政策，快速地将地理优势转化为经济优势，在较短时间内成为实力最雄厚的经济特区。随着深圳市的崛起和产业链的延伸，整个珠江三角洲地区也成为香港和深圳的生产基地。

珠江模式具有以下特征：政府主导、外向经济、民营经济的快速市场化，以及国内国外两个市场联动。

一是注重政府主导型经济体制。政府在小城镇经济发展中扮演着重要角色，通过设立专项基金、优惠税收政策等方式，支持小城镇的创新创业和发展，引导和推动经济的发展。

二是重视重点产业的发展。鼓励小城镇依托临近的大中城市或港口，发展制造业，形成产业集聚效应，并打造有竞争力的产业链条。这种发展模式促进了小城镇的经济增长和就业机会的提升。

三是鼓励对外开放，吸引外资和技术引进，积极参与国际贸易。特别是珠江三角洲地区的港口和沿海城市成为对外经济交流的重要窗口。通过与国内外企业合作，促进小城镇的经济发展和产业升级，提升其国内外影响力，推动经济的发展。

四是城市化和工业化并进，优先发展基础设施，提高小城镇的生产力和便利度。通过加快城市化进程和发展制造业，珠江三角洲地区的城市快速崛起，并成为我国经济增长的重要引擎。

五是注重科技创新和人才培养。通过引进和培育高新技术企业、研发机构以及科研院校，引进外国先进技术、培养高素质人才等方式，推动科技创新和技术转化，提升小城镇的核心竞争力。

4.1.4 民权模式

民权模式是指河南省民权县在农业发展中所创造的一种创新型发展模式，以"公司 + 农户"式的农业产业化发展为特征。这种模式旨在通过推进产业转型，引导农民从传统农业生产向现代农业生产转型，提高农业生产效益和农民收入水平。

在实践中，民权模式采取了一些特殊的运作方式。在农业发展中采取了一些创新方式，实现了农村产业转型升级，带动了当地经济发展和农民收入增加，为其他地方农业产业化发展提供了借鉴和参考。如对入股的农户进行技术培训、产品包装设计和市场营销等方面的支持，提高了农业生产的质量和效益。通过投资农业园区和招商引资等举措，扶持企业发展，增加了就业机会，提高了居民生活水平。民权模式的主要特点：

一是"公司 + 农户"式的组织方式。民权模式采用"公司 + 农户"式的组织方式，即由农业公司与农户合作，共同建设和经营农业项目，实现共同受益。

二是集约化经营。民权模式通过集约化经营，实现了规模化、产业化经营，提高了生产效益和产品质量。

三是建立科学的农业生产体系。民权模式建立了科学的农业生产体系，包括科学规划、高效种植、应用科技等方面，提高了农业生产质量和效益。

四是实施营销策略。民权模式重视营销策略，注重打造品牌，积极开拓市场，从而提高销售额和农民收入。

4.1.5 侨乡模式

侨乡是指被海外华人或海外华侨用资金和技术投资兴办而形成的以外向型经济为主的城市或区域。在侨乡的发展中，由于海外华人在技术、资金和市场方面具有一定的优势，因此可以在当地开办各种企业，促进当地经济的发展。其中，由海外华人投资兴办各种企业成片开发工业小区的侨乡模式是最为典型的一种。

侨乡模式在推动当地经济的发展、吸引外资投资和促进科技创新方面发挥了重要作用，也为其他地区的发展提供了借鉴和参考。侨乡模式的成功经验主要体现在以下四个方面：

一是组建华侨经济合作组织。在当地成立华侨经济合作组织，为海外华人提供投资合作、资金保障、技术支持和市场拓展等服务，促进侨乡的经济发展。

二是利用侨资和侨才优势。侨乡充分利用海外华人所具有的优势，大力发展出口型经济和现代服务业。侨乡通过侨资和侨才的带动作用，吸引外资投资，形成集群化发展的产业形态。

三是建设专业工业园区。侨乡充分发挥自身的地理优势和政策优势，吸引大量海外华人投资，集中建设工业园区，打造集中生产、规模化经营的产业集群。

四是强化科技创新。侨乡注重引进高新技术和人才，加强科技创新，提升产业技术含量和附加值，不断提高产品质量和市场竞争力。

4.1.6 晋江模式

晋江模式于1986年由费孝通提出，是指福建省晋江市在民营经济发展中所创造的一种创新型经济发展模式，以市场为主导，外向型经济为核心，集资经营，以股份合作制为主导，是全国唯一的县域经济发展模式。在这种模式下，民营企业通过集资、股份制等方式，共同组建公司，实现资源整合，从而实现规模化、集约化发展，促进企业快速发展、提高效益、促进就业等。

晋江模式有效促进了当地的经济、社会和文化发展，深化了思想解放、贯彻改革开放精神、促进市场经济和社会进步，对我国经济发展具有重要意义，也为其他地方对民营经济发展探索提供了借鉴。晋江模式的主要特点：

一是以集资经营为核心。晋江模式是以集资经营为核心的创新型发展模式，通过民间集资，使得企业规模得以快速扩大，并实现资源整合。

二是以股份制为基础。晋江模式采取股份制经营，实现了企业资本和管理的集中化，从而实现企业的高效管理和优化配置。

三是充分发挥群众投资的积极性。晋江模式充分发挥了群众投资的积极性，通过吸引大量的社会资本来壮大企业的资本实力，提高了企业的市场竞争力。

四是以社区共建共享为特色。晋江模式狠抓发展环境建设，实现了社区共建共享，构建了政府、企业、居民共同推进的新型发展格局，为企业的长期发展提供优质的服务和支持。

4.1.7 襄阳模式

襄阳模式是指我国湖北省襄阳市在转型发展中所创造的一种区域经济发展模式，该模式主要特点是以企业创新为龙头，依托集成电路、新材料等战略性新兴产业，实现乡镇企业和农村产业相结合，企业与区域的共同发展和提升。在襄阳模式的实践中，襄樊市紧密连接农村产业和乡镇企业，通过将乡镇企业和农村产业相结合，使小城镇的发展实现了全面、协调、可持续地发展，同时也创造了可复制、可持续的新型经济发展模式。具体做法包括：

一是发挥乡镇企业的优势。襄阳市充分发挥乡镇企业的优势，通过创新模式和灵活机制，推动农村企业深度融入市场，引导乡镇企业发展新兴产业，打造乡村特色小镇，提升乡村经济发展水平。

二是挖掘农村资源。襄阳市注重挖掘农村资源和潜力，加强农村产业规划和布局，通过实施农业转型升级，推进千亿级农村产业，实现农业高质量发展。

三是促进小城镇全面发展。襄阳市通过在小城镇实施特色产业和旅游业的深度融合，打造休闲度假基地和地方特色品牌，提高小城镇产业档次和品质水平，增强小城镇的吸引力和竞争力。

四是健全政策扶持机制。襄阳市为乡镇企业和农村产业提供政策扶持和投资支持，通过政策和财政补贴促进小城镇经济和社会发展，增强小城镇发展后劲和潜力。

4.1.8 城乡一体化模式

在城乡一体化发展方面，王万茂等[1]提出了城乡一体化发展模式，以小城镇为研究对象，分析了在建设过程中土地利用的影响情况，并提出了城乡一体化建设中土地利用的对策建议。小城镇是我国推动城乡一体化发展的重要载体。[2]小城镇连接城市和乡村，促进各类要素在城乡之间自由流动，形成有机整体，促进了城乡之间经济、文化、社会和生态等方面的一体化发展。因此，在小城镇的建设和发展中，注重发挥其在城乡一体化中的作用，积极引导城市向乡村和农村资源向城市流动，实现城乡要素均衡配置和互动融合。

城乡一体化是我国现代化和城镇化发展的新阶段，也是推动全面发展和现代化的必由之路。小城镇发展在城乡一体化中的角色是非常重要的，它们是连接城乡的纽带，并为城乡一体化发展提供了良好的基础。因此，政府应该通过制定政策、优化投资环境、提高基础服务等多种途径，支持小城镇的发展，推动城乡一体化的顺利实现。

在城乡一体化的背景下，小城镇的发展被视为扩大内需、促进消费和创造就业的重要途径。小城镇发展的关键在于产业布局。小城镇的发展与工业、农业和服务业的结构相互关联。通过优化产业布局，实现小城镇产业发展与城乡经济协调发展的目标。在新一轮城乡一体化发展中，小城镇发挥着越来越重要的角色。这也使得小城镇发展成为当前城乡发展的重要研究主题和政策方向。其特点如下：

一是加强城乡产业融合，推动城市和乡村经济的发展互动。

二是构建城乡统一的基础设施网络，实现城乡交通、通信、水利、能源等方面的互联互通。

三是加强城乡环境协调共治，实现城乡环境资源的统一管理和保护。

四是推动城乡居民互补发展，促进城乡居民融合发展，让城市和乡村居民共享城乡发展成果。

4.1.9 协同发展模式

小城镇协同发展模式是指通过资源、产业、人口等方面的协同发展，促进小城镇的可持续发展。随着城镇化深入推进，我国小城镇的发展模式也发生了很大的变化，

① 王万茂，李俊梅 . 小城镇建设中的土地利用问题 [J]. 中国土地科学，2000，14(2):4-7.
② 汤铭潭 . 小城镇发展与规划概论 [M]. 北京：中国建筑工业出版社，2008.

众多学者从不同角度共同提出了协同发展的模式。曹阳等[①]的研究表明，资源、产业和人口协调发展是城乡一体化的重要方面。耿宏兵等的研究则认为小城镇发展需要转变路径依赖，提出了适应新时期的小城镇发展模式。姜彦旭[②]则提出了产城协同模式，指出工矿型小城镇的转型路径主要包括产城协同自我更新和精明收缩等。夏正超[③]则总结了旅游小城镇的转型模式，包括政策驱动、产业融合、逆向成长等。张鹏等[④]则提出了惠农模式，探讨了城乡统筹的长吉一体化区域小城镇发展分化和模式。这些研究为小城镇协调发展提供了不同的思路和理论支持。

小城镇协同发展模式是一种与城乡一体化发展相适应的新型城镇化发展模式，可以促进小城镇的健康持续发展，提升城乡发展质量和效益。协调发展模式特点在于：

一是在资源方面，协同发展需要通过在城镇和农村之间实现资源共享和优化配置，使小城镇的资源得到最大化利用。例如，通过发展绿色产业，利用农村的农业资源和城镇的科技、资金等资源，实现双方资源的有机融合。

二是在产业方面，小城镇协同发展需要发挥小城镇的特有优势，促进小城镇与周边地区的产业协调发展。例如，通过实现农业与工业的深度整合，发展农产品深加工，提高小城镇的产业附加值；通过发挥小城镇历史文化和环境优势，引导城乡文化融合发展，提升小城镇的文化品位和吸引力。

三是在人口方面，小城镇协同发展需要发挥小城镇的聚集优势，推动城市与乡村之间的交流和融合。例如，通过建设高品质的生态住区，吸引城市居民到小城镇居住，推动城市与乡村的人口流动和交流。

4.2 我国小城镇发展类型

我国小城镇数量众多，分布范围广，涉及的区位、功能、产业、规模等因素复杂，导致发展类型很复杂且多，很难用一些标准统一衡量、区分。在小城镇的类型方面，我国学者从不同角度对小城镇特征进行了研究，包括空间特征[⑤]、经济特征[⑥]、发展

---

① 曹阳，田文霞.沿边开发开放民族地区小城镇发展：耦合力、模式与对策——基于延边州朝阳川镇的调查[J].学术交流，2011(02)：95-97.

② 姜彦旭.基于生命周期理论的工矿型小城镇转型发展路径研究[D].武汉：华中科技大学，2015.

③ 夏正超.旅游小城镇发展的动力机制研究[J].地域研究与开发，2015，34(05)：90-94.

④ 张鹏，杨青山，王晗.基于城乡统筹的长吉一体化区域小城镇发展分化与模式研究[J].经济地理，2011，31(4)：599-602.

⑤ 李树琮.我国小城镇的特征和发展取向[J].首都经济贸易大学学报，2001(03)：58-61.

⑥ 罗震东，何鹤鸣.全球城市区域中的小城镇发展特征与趋势研究——以长江三角洲为例[J].城市规划，2013，37(01)：9-16.

阶段和演变特征①，以及如交通条件等具体要素特征②。从研究的空间尺度来看，分别为国家层面③、区域层面④和具体地市层面⑤。但总体来说，我国小城镇可以从区位和城镇空间关系、功能和主导产业、经济推动因素、人口规模和体制等方面进行大致的划分。

归纳起来，全国小城镇类型基本上可以概括为以下三大类：

第一类为综合性小城镇，包括城郊卫星城市型、区域中心型等。城郊卫星城市型：应充分利用周边大中型城市的区位优势，承接大中型城市的技术、产业、经济和社会辐射。这些城市应该承担中心城市的一部分功能，实现三次产业的同步发展，从而形成综合性小城镇。区域中心型：应该抓住政治区位、资源区位、交通区位、技术区位和产业基础区位的优势，形成县市的中心镇。

第二类为专业小城镇，包括主导产业型、交易型、工业主导型、旅游服务型、商贸带动型和工矿依托型等。主导产业型：中心城市已初步形成集聚的规模效应，应坚持专业化道路，实行一城一产品，并发挥集群效应，走新型工业化道路。交易型：对于交易型小城镇，应该利用传统和新兴商品集散中心的优势，结合市场技术和管理，促进市场吸引辐射，从而促进专业批发市场、区域商城、服务业、服务业和城市建设的繁荣，同时要注重交通效益的培育，优化环境卫生和生活环境卫生。工业主导型：工业主导型小城镇已经初步形成了集聚规模效应，应该走专业化的道路，实行一镇一品，并发挥集群化效应，加强企业之间的深度合作与分工。旅游服务型：旅游服务型小城镇可以利用旅游资源的开发搞好旅游服务，实现山上游，山下住。这不仅保护自然资源，还能够开辟发展第三产业的新路子，形成农民自我建镇、发展旅游产业的良好局面。商贸带动型：商贸带动型小城镇可以利用传统和新兴的商品集散地的优势，加上市场技术和管理优势，推动市场远近吸引辐射，从而服务工业、服务农业和建设城镇。工矿依托型：对于工矿依托型小城镇来说，要为大中型企业协作配套生产，找到可以接缀的产业，并做好原来的工矿服务。同时，也需要注意产业链的延伸和优化，打造智慧型工矿园区。

第三类为特色小城镇，包括交通枢纽型、边疆发展型、人文历史名镇、移民型等。交通枢纽型：交通枢纽类型的特色小城镇，应该利用公路等交通设施带动城市的

① 朱建达. 我国镇（乡）域小城镇空间形态发展的阶段模式与特征研究 [J]. 城市发展研究，2012，19(12)：33-37.

② 关中美，王韶辉. 小城镇交通特征研究 [J]. 洛阳理工学院学报（自然科学版），2007，17(01)：22-24+30.

③ 郭晓鸣. 简论小城镇发展的特征及趋势 [J]. 学术评论，1987(10)：52-54+3.

④ 卢道典，黄金川. 从增长到转型——改革开放后珠江三角洲小城镇的发展特征、现实问题与对策 [J]. 经济地理，2012，32(09)：21-25.

⑤ 王茵茵，崔玲，陈向军. 旅游影响下村落向小城镇形态演变特征分析——以大理市喜洲镇为例 [J]. 华中建筑，2013，31(04)：156-160.

发展。这些小城镇的优势在于交通便捷、信息快、运输量大和流动人口多。应该积极发展第二、第三产业，实现交通促流通，以路兴镇。边疆发展型：边疆发展型特色小城镇可以利用省界、国界发展边境贸易，加强交通运输服务基础设施建设，集聚各种生产要素，构建边疆城镇化的基点。人文历史名镇：注重地域文化背景的延伸和保护，在历史文化中发挥良好作用。历史文化名镇指的是具有悠久历史和丰富文化内涵的古镇。它们不仅是旅游景区，更是历史和文化的见证，是传承和弘扬传统文化的重要载体。在保护历史文化名镇时，需要注重地脉和文脉的延伸，即保护自然环境和文化遗产的相互关系，以确保文化遗产的完整性和真实性。也需要注重保护和开发利用的关系，在保护文化遗产的要合理有序地进行开发利用，使历史文化名镇实现可持续发展。移民建镇型：指通过将人口迁徙到一个新的区域内并建立新的聚居地，来促进当地的经济和社会发展。在移民建镇过程中，需要注重新建镇的规划与建筑质量，以确保新的聚居地有合适的规划和建筑结构，具有现代化的设施和便利的交通。同时，也需要注重环境保护和文化传承，保护当地的自然资源和文化遗产，以实现可持续发展。

针对上述类型小城镇，如果从某些因素上看的话，则细分如下。

4.2.1 按区位条件和城镇空间关系分类

根据区位条件，Hoggartk 和 Hiscockc[①] 以及 Courtneyp 等[②]，城市郊区一般可分为近郊城市功能拓展型、中郊城市新区型和远郊生态涵养保护型。针对上海郊区的小城镇，王振亮[③] 对其发展模式进行了深入分析和研究，提出了专业市场模式、都市蔬菜基地模式、工业配套模式、文化旅游模式、资源开发模式和新产业开发区模式等发展模式。韩非等人[④] 将北京市的京郊小城镇划分为都市农业驱动型、制造业主导型、服务业主导型和均衡发展型。在城乡统筹的框架下，陈白磊等人[⑤] 提出了城市规划的新理念，即区分市域中心镇地位的大城市郊区小城镇和周边城镇的差异化发展模式。

① Hoggartk, Hiscockc.Occupational structurein service class house holds:Comparisons of rural, suburban and inner city residential environments[J].Environment and Planning A, 2005(1):63-80.

② Courtneyp, Mayfieldl, Tranterr, et al.Small towns as "sub-poles" in English rural development:Invest igatingru-ral-urban link agesusing sub-regional social accounting matrices[J]. Geoforum, 2007(38):1219-1232.

③ 李强，王振亮.上海郊区小城镇发展模式的分析研究 [J]. 小城镇建设，1997(09):33-34.

④ 韩非，蔡建明，刘军萍.大都市郊区小城镇的经济地域类型及其空间分异探析——以北京市为例 [J]. 城市发展研究，2010，17(04):123-128.

⑤ 陈白磊，齐同军.城乡统筹下大城市郊区小城镇发展研究——以杭州市为例 [J]. 城市规划，2009，33(05):84-87.

根据城镇空间关系，学者们已经对小城镇的分类及发展模式做了详尽的研究。例如，张小林[1]根据地理区位将小城镇划分为资源型区位、交通运输节点型区位、中心型区位和战略型区位四种类型；而汪珠[2]则将浙江省城镇空间组织类型分为大都市区、城镇连绵区、城镇点轴发展区、城镇点状发展区，并提出它们各自适合的发展模式，如中心城市带动型小城镇可采取TOD新城模式、自组织发展型城镇可采取自组织发展模式等。耿宏兵等[3]对大连市小城镇的发展模式进行研究，指出了内部要素重组型、发展外围型、自我发展型，就地集聚发展型等四种路径，并提出了按圈层划分的中心城市一体化发展型、产业推动型、组织引导发展型、生态保育保护型四种分类指引。李强等[4]则将小城镇按照不同的演化模式进行分类，如自身内部要素重组型、发展外围型等。

4.2.2 按功能和主导产业分类

学者们从不同角度对小城镇进行分类，但基本内容类似。按主导产业和功能分类，小城镇可以分为工业开发型、商贸旅游型、传统集镇型、城郊型、农业发展型、外贸外资推动型、移民发展型、强村扩展型、科技带动型、贸易主导型、乡镇工业主导型、风景旅游型、产业依托型、资源依托型、区位依托型、中心城市辐射型、农副产品牵引型、工业推动型、市场推动型、资源开发型、旅游开发型、交通枢纽型、农业服务型、商贸流通型和旅游发展型小城镇，等等。[5][6][7][8]这些分类方式有些重合和交叉，但为我们了解各类型小城镇的特点和优势提供了便利。

4.2.3 按照经济推动因素分类

赵之枫[9]则按照小城镇经济发展的推动因素不同，将小城镇分为中心城市辐射带动型、龙头企业拉动型、民营经济主导型、外来经济驱动型和产业带动型等五种类型。其中，中心城市辐射带动型小城镇是因为承接大城市的部分工业与人口转移而发展，龙头企业拉动型则是靠乡镇龙头或骨干企业的资本和地方财政支持，形成一定规模农工交叉

① 张小林.小城镇空间类型研究 [J].现代城市研究，1996(03):54-59.

② 汪珠.浙江省小城镇的分类与发展模式研究 [J].浙江大学学报 (理学版)，2008, 35(06):714-716.

③ 耿宏兵，刘剑.转变路径依赖——对新时期大连市小城镇发展模式的思考 [J].城市规划，2009, 33(05):79-83.

④ 李强，陈宇琳，刘精明.中国城镇化 "推进模式" 研究 [J].中国社会科学，2012(07):82-100+204-205.

⑤ 吴伟.我国小城镇的基本类型 [J].城乡建设，1996(03):25.

⑥ 黄妍妍，吴国春.国际比较视域下我国小城镇的建设与发展 [J].学术交流，2015(03):148-153.

⑦ 刘晓鹰，戴宾.小城镇发展与土地资源配置 [M].北京：中国三峡出版社，2003.

⑧ 李珂，杨敏.小城镇循环经济发展模式研究——以兰州市榆中县金崖镇为例 [J].开发研究，2011(06):29-31.

⑨ 赵之枫.关于小城镇发展模式的思考 [J].城市发展研究，2001(02):37-40.

互补的城镇化形式；民营经济主导型则指民营私企为小城镇经济的主导力量；外来经济驱动型小城镇则以珠三角为代表，产业带动型则是靠加工贸易或资源型品牌带动小城镇发展。

4.2.4 按小城镇规模分类

基于人口规模划分小城镇类型。已有对小城镇人口规模的相关研究多根据我国小城镇人口规模总特征及具体的研究需要对小城镇的人口规模进行划分。刘玉亭等[①] 在研究小城镇人口规模的地域差异时，将小城镇划分为5000人以下、5000—8000人、8000—1万人、1万—1.5万人和1.5万人以上五大类；曹健等[②] 依据人口规模将小镇分为市级镇、片级镇、乡级镇、自然小镇。

根据天津市居住区公共服务设施配置标准[③]，小城镇按人口规模大致划分为：超大型小城镇（人口≥5万人）、大型小城镇（2万—5万人）、中型小城镇（1万—2万人）、中小型小城镇（0.5万—1万人）、小型小城镇（0.2万—0.5万人）、微型小城镇（＜0.2万人）6种类型。

4.2.5 按体制分类

谢扬[④] 按照不同的体制将小城镇分为三种类型：第一种是在市管县体制下进行放权让利，以实现小城镇发展的形式；第二种是借助建立开发区或工业新区推动小城镇发展；第三种是在老体制的基础上积极申报小城镇和县级市，探索出一种新的发展路径。

王展[⑤] 则根据小城镇参与主体的性质和发展方式，将小城镇分为政府主导型、民间自主建设型和市场主导型。政府主导型小城镇依托政府特殊政策和财政支持进行建设，民间自主建设型则是通过民间力量来推动城镇化进程，市场主导型小城镇则将市场机制作为经济发展的第一推动力。

以上的分类也只是对我国小城镇的发展类型做了一个简单的梳理。事实上，我国小城镇的类型多种多样，特征复杂。见表4-1。

① 刘玉亭，姚龙，刘欢芳 . 小城镇人口集聚的比较研究及其合理规模浅析 [J]. 现代城市研究，2013，28(05):14-22+35.

② 曹健 . 常熟小城镇的类型与地域结构分析 [J]. 铁道师院学报，1989(S1):64-71+95.

③ 天津市居住区公共服务设施配置标准（DB／T29-7-2014）.

④ 谢扬 . 小城镇发展专题研讨会综述 [J]. 中国农村经济，1994(03):53-55.

⑤ 王展 . 小城镇建设问题、模式与路径研究：一个文献综述 [J]. 当代旅游，2018(09):142-143.

表 4-1　我国小城镇主要类型

分类因素	小城镇类型	研究学者
区位条件和城镇空间关系	资源型、交通运输节点型、中心地区和战略性区位	张小林（1996）
	近郊城市功能拓展型、中郊城市新区型和远郊生态涵养保护型	Hoggartk 和 Hiscockc（2005）以及 Courtneyp 等（2007）
	都市农业驱动型、制造业主导型、服务业主导型、均衡发展型	韩非等（2010）
	专业市场型（以第三产业为特征）、都市蔬菜基地型（以都市农业为特征）、工业配套型（以工业配套产业和食品加工业为特征）、文化旅游型（以旅游业为主导产业）、资源开发型（以资源开发为特征主导产业）、新产业开发区型（以综合开发为特征）	王振亮（1997）
	中心城市一体化发展型、产业推动型、组织引导发展型、生态保育保护型。	耿宏兵（2009）
	中心城市带动型、自组织发展型、偏远地区引导发展型	汪珠（2008）
	大都市区、城镇连绵区、城镇点轴发展区、城镇点状发展区、市域中心镇、大城市郊区小城镇、周边城镇	汪珠（2008）、陈白磊等（2009）
功能和主导产业	自身内部要素重组型、发展外围型、自我发展型，就地集聚发展型	李强等（2012）
	基础农业型、商贸型、工业型、城郊型、交通枢纽型、旅游型、历史型、资源型、综合型和未开发都市农业主导型、制造业主导型、服务业主导型和均衡发展型	吴伟（1996）
	产业型、资源型、区位型	黄妍妍、吴国春（1999）
	中心城市辐射型、农副产品牵引型、工业推动型、市场推动型、资源开发型、旅游开发型、交通枢纽型等	刘晓鹰等（2003）
	中心城镇、工业型集镇、综合型集镇和商业型集镇	曹健（1989）
	综合型、工业主导型、农业主导型、资源主导型、交通型、旅游主导型	李珂等（2011）
	工业开发型、商贸旅游型、传统集镇型、城郊型、农业发展型、工业发展型、外贸外资推动型、移民发展型、强村扩展型、科技带动型	成义军等（1995）[①]、白晨曦（2002）[②]、姚娜等（2003）[③]、汪小宁（2004）[④]

---

① 成义军，王建增 .90 年代中后期中国经济增长的战略选择 [J]. 当代经济研究，1995(5).

② 白晨曦 . 城镇化与小城镇发展模式的选择 [J]. 北京规划建设，2002(02)：62-64.

③ 姚娜，刘学敏 . 对西部地区小城镇发展模式的探讨——东部经验与西部特点的结合 [J]. 中国特色社会主义研究，2003(01)：48-51.

④ 汪小宁 . 论全国小城镇发展的模式类型 [J]. 宁夏社会科学，2004(04)：61-62.

分类因素	小城镇类型	研究学者
功能和主导产业	农业服务型、工业发展型、商贸流通型、旅游发展型	赵鹏军等（2017）⑤
	旅游资源开发型、农业产业化龙头企业带动型、农村农庄经济发展型、卫星城镇型、传统手工艺发展型、矿业开发带动型、农村特色种植业型、水产养殖业型、打工经济型	宋先道（2007）⑥
	贸易主导型、乡镇工业主导型、城郊型、风景旅游型	陈仲伯等（1999）⑦
经济推动因素	中心城市辐射带动型、龙头企业拉动型、民营经济主导型、产业带动型、政府主导型、民间自主建设型、市场主导型	赵之枫（2001）
小城镇规模	超大型小城镇（人口规模≥5万人）、大型小城镇（人口规模2万—5万人）、中型小城镇（人口规模1万—2万人）、中小型小城镇（人口规模0.5万—1万人）、小型小城镇（人口规模0.2万—0.5万人）、微型小城镇（人口规模<0.2万人）6种类型	天津市居住区公共服务设施配置标准
	市级镇、片级镇、乡级镇、自然小镇	曹健等（1989）⑧
体制角度	市管县体制下的放权让利型、工业新区的发展类型、积极申报小城镇和县级市	谢扬（1994）
	政府主导型、民间自主建设型、市场主导型	王展（2018）

资料来源：根据相关文献整理。

4.3 国外小城镇发展模式和类型

国外小城镇建设模式和类型有很多种，以下是一些比较具有代表性的模式。

新城镇模式。这是国外建设小城镇的一种常见模式。新城镇通常是根据发展规划和市场需求而建造的，有良好的城市设计和基础设施。这些城镇往往注重环境保护、社区设施建设以及经济、社会、文化等多方面的发展，具有工作、生活、娱乐、教育等多种功能。

传统城镇更新模式。这种模式通常是在现有城镇基础之上进行更新，改善城镇的基础设施和公共服务设施，引进新产业，推动城镇的经济和社会发展。这种模式的重点是在不破坏原有社会和文化基础上，利用传统资源和历史遗产促进城镇发展。

农村再生模式。这种模式通常是在农村地区建设小城镇，通过农村的渐进式升级，将农村逐渐转变为小城镇，以提供更好的生活条件和就业机会。这种模式的重点是维护农村环境生态，发展可持续农业和生产，以及带动农村社区的社会、文化和经济的

⑤ 赵鹏军，白羽. 不同功能类型的小城镇特征差异性分析 [J]. 小城镇建设，2017(11):37-43.

⑥ 宋先道. 湖北农村小城镇发展模式研究 [J]. 武汉理工大学学报，2007，29(08):60-63.

⑦ 陈仲伯，沈道义. 小城镇带动区域经济发展战略研究——以湖南省为例 [J]. 经济地理，1999(03):25-31.

⑧ 曹健. 常熟小城镇的类型与地域结构分析 [J]. 铁道师院学报，1989(S1):64-71.

全面发展。

创新发展模式。这是在国际经济全球化和科技变革的背景下所提出的一种新型城镇发展模式。该模式主张发挥城市和乡村创新驱动作用，强调小城镇的创新、科技和服务业等产业发展和升级，把小城镇打造成具有较强集聚功能的地区，从而保证其竞争力和可持续发展。

生态城镇模式。这种模式主张以低碳、环保、可持续发展为理念，将小城镇建设为一个绿色生态系统。生态城镇通常会建造自给自足的绿色能源、雨水收集等系统，发展绿色工业和文化产业，提高人们的生活质量。

多元文化模式。这种模式重视文化多样性，将小城镇建设为一个多元文化的社区。这种模式强调文化因素对城市发展的带动作用，通过发展文化产业、建立文化设施、举办文化活动等方式，促进城镇的多元文化融合和文化创新。

区域联合发展模式。在国外的一些国家，小城镇的发展被视为与周边城市的发展是相辅相成的，因此共同发展是非常重要的。在这种情况下，小城镇通过与周边城市建立联盟，共同开发和利用资源，实现城乡互动和协调发展，从而推动整个地区的经济和社会发展。

生物多样性维护模式。这种模式强调保护和维护小城镇周边的生态环境和生物多样性。通过建立自然保护区、生态景观区等措施，保护和维护当地的生态系统和生物多样性，使小城镇的可持续发展和生物多样性保护能够达到良性互动的局面。

低排放模式。在小城镇建设时，通过使用低碳、低排放的技术和物品，减少环境污染，提高资源利用效率，保证小城镇的可持续发展。

智慧城镇模式。这种模式是通过智能化、信息化手段实现小城镇的可持续发展。在智慧城镇建设中，通过大数据、物联网等技术手段，实现多个领域的资源优化配置，提高城镇的智能化水平和管理效率，推进小城镇的可持续发展。

农村时尚小镇。这种模式通过将农村和时尚产业相结合，建设出具有时尚元素和文化特色的小镇。在这种模式中，时尚与传统文化相融合，通过发展文化园区、生态村庄、特色产业等方式，建立出独特的"农村时尚小镇"。

人文历史小镇。这种模式强调小镇历史文化及人文价值的传承与发展。借助小镇本身的历史及人文资源，通过发展文化创意产业、旅游业等方式，推进小镇的文化、历史及旅游产业的发展，让小镇焕发新的生机和能量。

创意小镇。这种模式将小镇建设成集创意、设计、科技、文化于一身的城市空间，以服务创意经济和产业的发展。这些小镇通常会鼓励年轻人和创新型企业入驻，发掘新的创意产业，提供育成、孵化、加速等配套服务，推动小镇的创意经济和科技创新。

归纳起来，比较典型的建设模式主要有自由放任美国模式、均衡发展德国模式、集聚型日韩模式、卫星城市建设模式、分散型法国模式、生态宜居小城镇建设模式以及拉美国家过度城镇化模式等。①②③ 见表4-2。

表4-2 国外小城镇建设模式

国外模式	模式特点	备注
美国模式	1. 低密度蔓延的郊区化模式 2. 数量多、人口规模大 3. 集商业贸易、娱乐多功能于一身的综合体	自由放任
德国模式	1. 依靠特色产业支撑模式 2. 注重特色产业支撑 3. 远离喧嚣，生活成本较低	均衡发展
日韩模式	1. 行政管理导向的高度集中模式 2. 主导产业鲜明突出 3. 社会保障体系完善 4. 生态环境宜人	集聚型
拉美模式	1. 缺乏产业支撑 2. 人口密度过大 3. 环境恶化、交通、教育、医疗等社会问题严重	过渡城镇化
英国模式	1. 依靠大城市发展 2. 减轻母城的人口压力 3. 公共交通发达	建设卫星城市
法国模式	1. 新城建设规模较大 2. 离主城较远 3. 公共设施较齐全 4. 有自身特色产业	分散型
新加坡模式	1. 生态建设体系科学合理 2. 具有区域特色 3. 产业生态化、资源高效化	生态宜居

资料来源：根据相关国家的小城镇资料整理。

　　小城镇建设模式多样，不同的模式在不同的国情下会有所不同，但其本质与目标是一致的，即在可持续发展的基础上，提升小城镇的生态环境、文化内涵、经济实力和社会服务能力，推动小城镇的发展。从经济发展规律上看，不同类型的小城镇发展速度不一。综合型小城镇经济发展快于其他类型小城镇，工贸型小城镇经济发展次之，一般山区型小城镇经济发展最慢。不同地域的小城镇发展速度也有较大区别，城郊（工

① 孙红，张乐柱. 美、英、日三国城镇化路径比较分析 [J]. 亚太经济，2016(03)：86-90.
② 仇保兴. 国外模式与中国城镇化道路选择 [J]. 人民论坛，2005(06)：42-44.
③ 高强. 日本城镇化模式及其农业与农村的发展 [J]. 世界农业，2002(07)：28-30.

矿）区的小城镇发展最快，平原的小城镇发展次之，牧区、山区、渔区的小城镇发展较慢些。小城镇内部结构上，不同类型小城镇具有不同发展的趋势，如以发展工贸型小城镇为主，但其发展目标和最理想趋势将是向综合型小城镇发展。

国外小城镇发展模式涉及城镇规划、建筑设计、文化产业、旅游业、生态保护等多个领域，对于小城镇的可持续发展提出了许多有益的思路和实践方案。尽管如此，由于国情不同，这些模式并不能照搬照抄到中国。

第5章 我国小城镇发展动力机制

小城镇发展的动力机制，是指小城镇依托自身的区位、资源、经济社会等条件，以及受大中城市、产业发展、政策制度的影响，逐渐形成的促进小城镇自我发展的动力因子。小城镇的形成、演化和转型过程受到多种因素的影响，其中多因素在时间和空间上动态变化和相互作用，构成了我国小城镇发展的动力机制。[①] 小城镇受其自身的条件不同和发展阶段的不同使得动力因子不断发生动态变化。

5.1 我国小城镇发展的基础背景

小城镇发展的背景基本上能清晰揭示小城镇发展的动力机制形成规律。

首先，小城镇兴起的制度背景，这就是城乡二元体制[②]。自新中国成立以来，我国制定了以农业为工业输血、保证重工业优先发展的战略。为了实施这一战略，通过户籍、

[①] Oh D,Oh K.A study on typology and success factors of small and medium-sized culture cities:Focused on eight European cities[J].Journal of The Korean Urban Management Association,2016, 29(3):91-130.

[②] 中国城乡二元体制形成的核心是户籍制度。

1958年《中华人民共和国户口登记条例》规定：农民由农村迁往城市，必须持有城市劳动部门的录用证明、学校的录取证明，或者城市户口登记机关的准予迁入证明，向常住地户口登记机关申请办理迁移手续。

1962年公安部发出《关于处理户口迁移问题的通知》，指出：对农村迁往城市的，必须严格控制。这一规定标志着我国严格限制农村人口流向城市的户口迁移制度的形成，城乡分离的制度壁垒形成。

与此同时，中国实行了粮油计划供应制度，国家只负责城市非农业户口的粮油供应，不负责农业户口的粮油供应。农民几乎不可能在城市取得口粮。而在城市劳动用工方面，政府只负责城市非农业人口在城市的就业安置，并且不允许农村人口进入城市寻找职业。此外，还将社会保障、城镇住房等社会福利与城镇户口挂钩，这样城镇户口已经与在城市生活的方方面面相挂钩。户籍制度与就业、社会保障、住房等其他制度相互关联、密切配合而共同发挥作用。各项制度结合在一起及其延续，使中国的城乡人口相对分割和凝滞，最终形成了以工业和计划经济为特征的城市经济和以传统农业和集体经济为主要特征的农村经济。

土地等制度，将农村人口强制性地固定在土地上，从而使国家可以最大限度地获取低价农产品，维持严格限定城市人口的低工资和低消费水平，进而实现国民经济的资本积累。城乡分割的二元体制造成了中国数亿农民被限制于城市大门之外，无法平等地参与到工业化、城镇化和现代化进程中。刚性的城乡二元体制使得城市累积矛盾较多，改革难度相对较大，因此农村问题的解决难以靠城市带动，只能在农村范围自行解决。这是中国小城镇发展所面临的最基本背景，脱离这一背景来认识小城镇问题，必将是片面的。

其次，我国小城镇发展的外部环境。包括两个重要方面：一是我国城镇化进程。中国是一个农业大国，但随着经济发展和人口迁移，农村人口不断向城市转移，城镇化进程加速。作为城市的补充和承接区域，小城镇发展成为适应城镇化需求的重要方向。二是区域发展不平衡。中国地域广阔，不同地区经济发展水平差异较大。一些大城市和沿海地区发展相对较好，而中西部地区和农村地区发展相对滞后。小城镇发展可以促进区域发展均衡，提高农村地区的基础设施和公共服务水平。

再次，城市功能转移。大城市面临人口过剩、资源环境压力等问题，需要减轻城市压力，将一部分人口和产业转移到周边的小城镇。通过小城镇发展，可以实现城市功能的转移，缓解大城市的压力，使城市与乡村之间形成良好的互动关系。

最后，家庭需求和生活方式改变。随着社会经济的快速发展，人们对生活的要求也在变化，追求更好的生活品质和多样化的生活方式。小城镇提供了更为宜居和便利的生活环境，满足人们对居住、教育、医疗等方面需求的同时，也为创业和就业提供了机会。

我国学者对小城镇的动力机制研究的相对较多，视角也宽泛。可以从研究主导动力、辅助动力、内因性动力和外因性动力等方面着手[1]，诸如区位、交通、自然禀赋和政府管理等单个要素的影响相互叠加，对小城镇形态和职能会产生更多影响。[2] 从单要素影响角度来看，区域、交通和行政关系网络之间存在着内生的因果循环关系[3]。随着小城镇不断发展，主导影响因素及其动力机制也不断升级和深化，多要素组合叠加的影响也凸显出来。

根据影响的原因层次分类考虑，演化动能体系内部之间会因其强度和起源的差异，而产生在主要动能和辅佐动能、主要的内因性动能和外因性动能等方面的影响差异[4]。依据小城镇发展的"推力与拉力"理论，对我国小城镇发展的动力机制图进行了构建，影响小城镇发展的主导因素主要包括四个大方面：大城市辐射带动、农村主体推动、创新与改革、产业支撑。见图5-1。

① 夏正超 . 旅游小城镇发展的动力机制研究 [J]. 地域研究与开发，2015，34(05):90-94.

② 徐志耀 . 基于空间外部性的小城镇发展动力机制及其在湖南的实证检验 [D]. 长沙：中南大学，2013.

③ 徐志耀 . 基于空间外部性的小城镇发展动力机制及其在湖南的实证检验 [D]. 长沙：中南大学，2013.

④ 夏正超 . 旅游小城镇发展的动力机制研究 [J]. 地域研究与开发，2015，34(05):90-94.

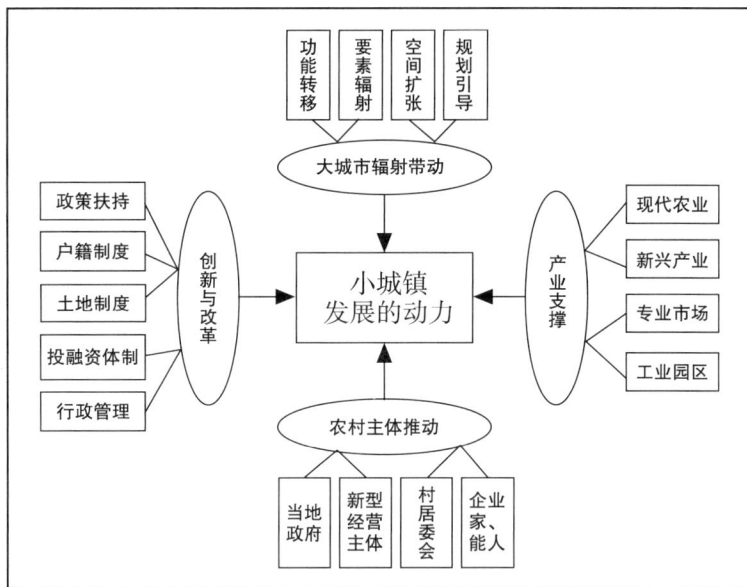

图 5-1 小城镇动力机制

总体来讲，主要分为内生动力和外生动力。内生动力主要包括自然资源、区位条件和自然禀赋、交通、人文等因素；外生动力主要包括国家战略和政策引导、体制机制创新、改革开放、城市辐射、产业聚集、人才聚集、农村经济发展、公共服务和社会治理以及生态环保等。

5.2 我国小城镇发展的内部动力

5.2.1 自然环境因素

我国各地区地理条件和自然环境不同，对小城镇的建设和发展有重要影响，与城镇的形成、发展关系密切，为城镇居民提供必要的生存条件，影响城镇形态和职能发挥，并影响城镇社会生活方式。其中地形、水文地质、气候和自然资源等因素影响较大。

地形条件。不同的地形条件，对人们的生活产生了不同的影响。交通条件经常受制于地形条件。平原大都是沉积或冲积地层，具有广漠平坦的地貌景观。由于地势平坦，便于修建道路等各项基础设施和布局城镇建筑，便于与外界发生联系，劳动力、资源、信息等交流快，为小城镇的发展提供了良好的条件。而山区丘陵地区，由于地质地形条件复杂，难于修建道路等各项基础设施，复杂的地形也不利于建筑的布局。这些地区往往比较贫困，而这些贫困恰是由于不利的自然地形条件以及由此产生的较少的人口迁移流动和信息交流所造成的。

水文地质条件。水在城镇发展中非常重要，古代选址注重水环境。水一方面是生存资源，另一方面为城镇提供水运交通条件。水分为地表水和地下水，江河湖泊等地表水可用作城市生活用水，并在水运、气候、稀释、排洪和美化环境等方面发挥重要作用。地下水是城镇生活和生产用水的主要来源，对于远离江湖或地面水资源不足的地区尤其重要。地下水资源的勘探和开发对城镇选址、确定工业建设和城镇规模都非常重要。

气候条件。气候条件影响小城镇规划与建设，主要因素包括太阳辐射、风向、温度、湿度和降水。太阳辐射影响建筑日照标准、间距和朝向。风向频率是城镇规划考虑的重要因素，为减轻工业污染，工业区应布局在盛行风向的下风向。湿度对工程设计与施工有影响，温度影响城镇供暖和通风。降雨量影响城市排水设施，多雨地区还需考虑防洪和重点工程选址。

自然资源。自然资源是指包括矿产资源、地理性能源、水资源在内的天然资源，同时也包括土地资源、气候气象等环境条件。它是城镇发展的必要条件，是一个城镇吸引力和竞争力的关键因素，但它只是自然要素的主要表现形式之一。由于地域差异的存在，各地的资源类型也各有不同，资源的不同会导致产业发展方向的差异。这些因素的差异会造成小城镇发展模式的多样性。

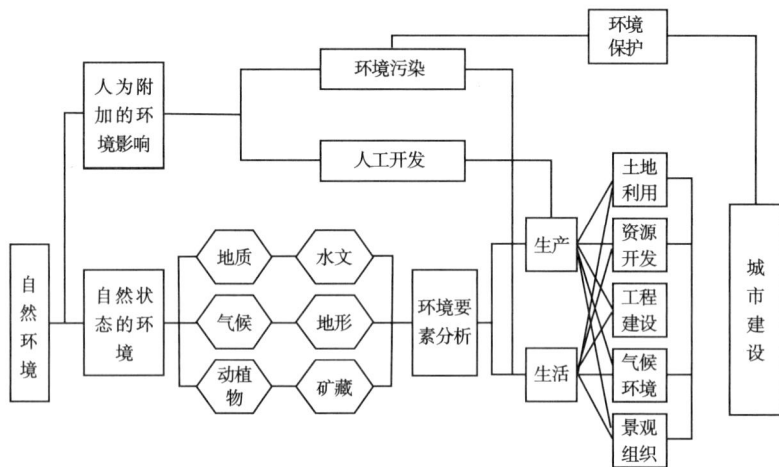

图 5-2　自然环境与小城镇建设的关系

资料来源：李志伟，等.城市规划原理[M].北京：中国建筑工业出版社,1997.

地形条件对人们的生活和交通产生影响。平原地区地势平坦，便于修建基础设施和与外界联系，提供小城镇发展的良好条件。而山区丘陵地区地形复杂，难于修建基础设施，导致贫困和较少的人口流动与信息交流。水文地质条件对城镇发展至关重要。水是生存和交通资源，江河湖泊等地表水用于城市生活和美化环境等方面。地下水是城镇生活和生产用水的主要来源，对选址、工业建设和城镇规模都非常重要。气候条件影响小城镇规划与建设，包括太阳辐射、风向、温度、湿度和降水等因素。太阳辐射影响建筑日照标准、间距和朝向，风向影响工业布局，湿度和温度影响工程设计与施工，降雨量影响城市排水设施和防洪等。自然资源是城镇发展的必要条件，包括矿产资源、地理性能源、水资源等天然资源和土地资源、气候气象等环境条件。它们是吸引力和竞争力的关键因素，并导致小城镇发展模式的多样性。

我国各区域小城镇发展因自然地理因素不同而千差万别，发展水平也相差很大。东部地区以平原地形为主，气候宜人，土地肥沃，交通便利，经济快速发展，城镇化进程加快，以外向型发展模式为主；西部地区自然环境恶劣，交通不便，经济发展受阻，城镇化进程较慢，过去以政府主导的自上而下的发展模式为主，近年来逐渐转向开发本地资源以发展内向型经济；中部和东北部地区也具有鲜明的自然资源特点。

5.2.2 区位条件和自然禀赋因素

小城镇的发展离不开其所处的地理位置和自然资源等自然优势。区位的优劣决定了小城镇与外部联系的程度，同时也决定了其接纳外部资源支持的能力。自然资源对于小城镇的发展也具有重要的支撑作用，资源储量大、质量好且具有高开发价值的小城镇通常具备特定的发展优势。小城镇可以利用地理区位和自然资源等优势加强与周边大城市的联系，找到自身在城镇分工中的定位，积极吸纳城市转移产业，扩大发展空间，实现规模效应的聚集效应。

区位条件和自然禀赋是小城镇发展的重要因素。县（市）中心镇（城关镇）的发展快于中心建制镇，中心建制镇快于一般建制镇，一般建制镇快于集镇的发展。交通（铁路、公路、水道、港口）沿线的小城镇形成和发展快于其他地方。小城镇应加强对自身区位优势的挖掘和利用，发挥其对发展的积极作用。例如，浙江省宁波市慈溪市雪窦镇，位于宁波市南部地势平缓的沿海地区，距离绍兴市仅50公里，距上海市240公里，交通便利，港口资源和物流网络极为发达，因此该镇发挥资源优势和地域优势，推动小城镇特色产业发展，发展了农特产品加工和物流配送等行业。四川省凉山州会理县的乡镇，当地政府发挥天然的生态和文化资源优势，借助国家扶贫开发的政策优势，发展了生态旅游、民俗文化、林业生产等一系列特色产业，推动当地小城镇经济发展。

目前我国已有2万多个小城镇，每个小城镇的形成或多或少地依托着各自的地区优势。因此，"准确辨析小城镇的地区优势、将这些优势融入小城镇的产业政策和规划布局之中，建设功能齐全、优势互补的城镇体系，成为实现小城镇战略发展的前提条件"[①]。

5.2.3 交通因素

"交通是小城镇发展的重要动因，铁路、公路、河流干线将对沿途城镇发展起到明显带动作用"[②]，交通运输能力、运输水平和交通便捷程度等外部交通条件对沿线城镇发展具有重要的影响。一个良好的基础设施包括公路、铁路、机场、水路、通信、

① 湖南小城镇发展战略研究 [D]. 长沙：湖南大学，2007.
② 李怡，左娜，王焕丽 . 经济发展的辐射理论与河北小城镇建设 [J]. 商业时代，2008(11)：109–110.

网络等，这样可以促进流通和交易，提高小城镇的交通网络和商业规模等。交通基础设施改善的影响是小城镇发展的一个关键因素。外部交通条件的改善不仅对沿线小城镇具有明显的促进作用，极大地缩短了城市与小城镇、小城镇与小城镇间的距离，为要素合理流动创造了条件，进而推动了该类地区单体小城镇和小城镇群的发展。

交通枢纽，主要也是人流、物流和资金流的汇聚中心，这些便捷的交通条件和广阔的地理优势，为该类地区小城镇的发展提供了重要的机遇。交通条件的完善程度与小城镇的综合竞争力之间存在显著的正相关关系。近几年，国家实施了扩大内需的发展战略，这为完善小城镇内部交通系统、进而提高小城镇综合竞争力创造了必要条件。通过利用便利的外部交通条件，小城镇可以打破城镇间生产要素流动的空间障碍，接受周边城镇的辐射，从而获得良好的效益。城镇间交通一体化进程的加快，使得同城效应越来越明显，小城镇发展的外部交通环境进一步得到改善，可通达性大幅度提高，区域或地点区位优势逐步形成。这对小城镇自身产业基础和功能结构的完善十分有利。此外，经过长期建设，小城镇间形成了一个便捷、快速的交通网络，以此为基础和动力，小城镇间的分工、协作程度将逐步加强，这有助于提升区域范围内小城镇的整体竞争力。

5.2.4 人文因素

人口因素包括人口数量、素质、流向等。小城镇的发展与人口数量密不可分，人口数量直接影响经济发展。人口素质包括身体素质和文化教育素质。[①] 文化教育素质的提高"可以改变人们的生活和生产方式，有助于经济增长方式的转变，改善农村落后的面貌，以及促进城镇化发展"。[②] 人口流动是指人们为了经济活动而进行的空间移动，[③] 人口流动对地区经济发展，特别是城镇化进程的发展也具有重要影响。人口素质也是社会动力因素的一个基本内容，包括居民的文化程度、科研力量、价值观念等多方面内容，是反映人力资源优势及小城镇发展水平的重要指标。一般情况下，人口素质高的小城镇，经济社会发展也相对较快，人口素质对小城镇发展的积极影响不言而喻。

文化是人类文明的独特产物，是整个人类社会历史的缩影。由于所处的自然和人文环境的不同，生活在不同地域的人们逐渐形成了自己独特的文化。"在现代社会，文化不仅涵盖了所处社会的精神方面的内容，如道德观、审美观、价值观等，也包括人们的日常生活习惯、饮食嗜好、社会制度等社会行为方式的特征，还包括生产、生活用具和其他物质产品。"[④] 凡体现了人的智慧和实践创造力的事物都属于文化，是人的本质力量的外在表现。[⑤] 文化对小城镇发展的影响主要是通过其对区域经济发展的影

① 田雪原.人口、资源、环境可持续发展宏观与决策选择 [J].人口研究，2001(04):1-11.
② 胡丽.三峡库区小城镇资源集聚与配置途径研究 [D].重庆：重庆大学，2004.
③ 范力达.人口迁移对贫困地区发展的影响——一项非经济因素的考察 [J].人口学刊，1997(05):29-33.
④ 胡丽.三峡库区小城镇资源集聚与配置途径研究 [D].重庆：重庆大学，2004.
⑤ 夏丽丽.文化因素对区域经济发展影响初探 [J].人文地理，2000(04):55-58+15.

响而体现。小城镇竞争力的核心层是文化层，中间层是制度层，外围层是营销层。[①]

文化因素具体包括文化模式、文化观念和社会消费，并通过它们影响区域经济发展。文化模式是社会群体在长时间共同生活中形成的，得到认可，超越个体价值观念，具有稳定性。文化模式全面调节控制人们的思维方式、行为准则、道德和价值观念，影响社会成员，它赋予当地社会生活特色，深刻的文化烙印影响区域经济。中国东南沿海地区文化开放、创新、包容，与外界交流频繁，吸收外来文化，较少受封建伦理道德文化影响。相反，中部地区文化保守、排外，缺乏商品经济意识，自给自足的小农经济，对外来事物和新生事物持不积极态度，影响了经济发展。区域经济发展的变革往往从文化观念的更新开始，文化观念的更新对区域经济发展模式的转变起着重要的推动和指导作用。由于城市与乡村长期处于分离状态，农民的传统意识根深蒂固、文化素质偏低等使现代化的城市文明难以扩展、渗透到农村。随着城镇化进程的加速，城市和农村现代化进程的加强，城市和农村之间的联系正在日益紧密。城乡文化之间的碰撞和冲突也已经开始不断发生，逐渐融合成为一体。随着城乡交流的深化，城市文明、现代生活方式和价值观将扩散到农村地区。农村教育水平的提高和农业科技水平的普及将形成兼具城乡文化特色的小城镇文化。[②]这将极大地推动小城镇的发展。随着农民收入的不断提高，他们的消费理念和生活方式也开始发生转变。这些变化将对小城镇旅游、养老和房地产等产业的发展产生积极影响。社会消费需求的不断升级带动了休闲生态旅游在小城镇经济发展中的崛起，为小城镇注入了新的生机和活力。

5.3 我国小城镇发展的外部动力

5.3.1 国家战略和政策引导是小城镇发展的源动力

国家战略对小城镇发展至关重要，对小城镇的发展具有重要影响。国家新型城镇化战略，促进小城镇飞速发展，推动小城镇建设的生态化、智能化、可持续化和人性化，加强城市的管理和服务水平，增加居民的获得感和幸福感。实施城乡融合发展战略，推动区域协调发展，以促进城乡均衡发展，并进一步提高生活质量。优化区域空间结构，加强基础设施建设，推动资源共享和市场合作，实现城镇、农村的协调发展，以促进小城镇的可持续发展。乡村振兴战略是近年来国家战略的重要组成部分，为小城镇带来了新的机遇。通过小城镇的发展，可以促进农民就业和增收，提高农民的生活水平和幸福指数，同时也可以推进农村现代化和产业升级。

政策引导支持对小城镇发展至关重要，影响巨大。由于小城镇在经济、社会和环境等方面存在许多困难和挑战，需要政府制定出一系列的政策来支持和促进小城镇的

---

① 郑昭，楚尔鸣，刘婷，等.论构建农村小城镇核心竞争力 [J]. 管理世界，2007(10):168-169.

② 甄峰，宁登，张敏.城乡现代化与城乡文化——对城市与乡村文化发展的探讨 [J]. 城市规划汇刊，1999(01):51-53+77-81.

发展。政府可以制定出有针对性的政策，鼓励金融机构支持小城镇的建设和发展，提供贷款和其他融资渠道。政府也可以出台税收优惠政策，吸引更多的企业和投资者进入小城镇，促进小城镇产业集群的形成和发展。政府可以提供各种科技项目的资金支持和政策引导，加强科技创新能力的提升，推动小城镇在数字经济、智能制造等领域的快速发展，提高小城镇整体的经济竞争力。政府的政策支持还可以提升小城镇的市场营销能力。政府可以通过政府引进投资，提高城镇企业的市场竞争力。政府可以制定各种扶持政策，激发和提高小城镇居民的创新能力和创业精神。例如，为创业者提供资金、场地、技术等方面的支持，为创业者创建良好的创业环境，帮助小城镇克服各种困难，解决各种问题，提高小城镇整体的产业竞争力和经济发展潜力。

5.3.2 体制机制改革创新是小城镇发展的驱动力

随着中国城市化进程的加速，小城镇作为城镇化发展的重要组成部分，面临着许多挑战和机遇。小城镇规模相对较小，自身发展的激励机制还没有健全，因此直接驱动政策对其影响自然很大。而小城镇具体发展路线的选定、经济发展目标的确定、产业的选定、具体经济发展计划的制订都会与直接驱动政策有关。而小城镇的发展壮大，也就必须有合理的机制安排与之相适应。体制机制改革创新是小城镇发展的重要驱动力。通过改革创新，可以提升小城镇的治理水平，优化区域发展政策，吸引更多的人才和资金，为小城镇的可持续发展打下坚实基础。同时，这也需要政府、企业和社会各界共同努力，形成合力，为小城镇的发展注入新动力。

体制机制改革创新能够为小城镇提供更加有效的治理体系。通过深化行政管理体制改革，优化政府职能，完善法律法规，建立健全的市场经济体制，可以提高小城镇的管理效率和公共服务水平。坚持以人民为中心的发展思想，转变政府职能，推动政务公开和政府决策的透明化，将有助于提升政府的公信力和效能，为小城镇的发展提供更好的保障。行政管理制度影响政府行为和生产要素控制方式。小城镇常常是地方政府机关所在地，政府依靠权力和对社区经济的支配力干预小城镇建设。当前，我国地区间存在行政分割和低水平重复建设，小城镇发展受国家宏观政策影响，市场推动力受到限制，政府行为的主导地位过于突出，导致发展水平低。因此，需要降低政府行为的强度，构建小城镇发展的市场机制。小城镇设置标准直接决定了在其他因素不变的条件下，城镇化水平的高低以及城镇建设的质量。如果小城镇设置标准过低，容易造成城镇过于分散以及降低城镇建设质量。由于小城镇并不是由上一级城镇的功能扩散开来而形成，所属农村人口和产业集聚都很弱，不利于小城镇的发展如果设置标准太高，又加大了城镇化的难度，并且使很多村发展为镇、镇发展为市的目标十分遥远。许多经济达到较大规模的镇，由于缺乏市的建制而难以建设相应的基础设施，限制了城镇化进程和城镇化水平的提高。因此，体制机制改革尤为重要。

体制机制改革创新可以为小城镇提供更加灵活的区域发展政策和制度安排。通过建立适应小城镇发展需求的政策支持体系，并根据各地实际情况提供差异化的发展政策，可以促进小城镇的产业结构调整和转型升级。推动体制机制创新，鼓励各地面向市场、面向企业、面向社会的改革举措，将有助于激发小城镇的创新创业活力，推动经济增长和社会进步。户籍制度是一种按居住地进行户口登记和管理的一套制度，居民在户籍居住地可享受相对低廉的社会服务和一些特殊待遇，而在非户籍登记居住地则无权享受这些待遇。户籍制度限制了劳动力的自由流动。土地是人类生存发展的宝贵资源，是稀缺而珍贵的资源。城市土地有偿使用制度和土地使用权的流转促进了资本的有效利用，也为城市经济的发展注入活力。农村土地市场发育缓慢，土地流转受到各方面的限制，不利于农民脱离对土地的依附关系而进入城市成为真正的市民，也阻碍了城镇化进程。因此，灵活的制度安排能促进小城镇健康发展。

体制机制改革创新可以为小城镇吸引人才和资金提供良好的环境。通过改革开放政策，加强人才流动政策和机制创新，优化教育培训体制，完善社会保障制度，提供更好的生活和发展条件，可以吸引更多的人才到小城镇发展。通过改革金融体制、拓宽融资渠道、降低融资成本，为小城镇的企业发展提供更多的支持。

5.3.3 市场机制是小城镇发展的主动力

市场机制是一种基于供求关系和价格机制的经济组织方式，它通过自由竞争、资源配置和市场调节等方式，促进经济增长和产业升级，推动资源有效配置与优化利用，促进区域互动与合作，并提高居民的生活品质，为小城镇提供了重要的推动力。从市场发展视角，市场主体是合理配置经济社会资源的重要主体，经济发展力量又是当前小城镇发展的第一推动力。[1] 从社会利益引力机理和国家需要视角，我国寻找新的经济增长点的迫切要求和社会自主增长的内部动机就是小城镇建设的驱动机理。[2] 小城镇应积极借助市场机制，构建良好的市场环境，鼓励市场竞争与创新，推动小城镇的可持续发展。

市场机制能够促进小城镇的经济增长和产业升级。通过市场机制，企业和个人在公平竞争的环境下根据市场需求和资源优势进行生产经营活动，形成健康的市场秩序。这将激发创新创业的活力，推动小城镇的经济发展。市场机制还能够促进产业结构调整和转型升级，使小城镇更加适应市场需求的变化，提高产业竞争力。随着经济的不断发展，劳动力在三大产业中的分配也发生了变化，第一产业逐渐减少，而第二、第三产业相应增加。这种转变不仅影响到产业结构，同时也导致劳动力的空间重新分配。这种"产业转移主要体现在从传统产业向现代产业、从农业向非农产业的转移。而空间转移则表现为从分散到集中，从农村向城镇甚至城市的转移"。[3]

市场机制能够促进资源的有效配置与优化利用。通过市场价值的反映和供求关系的调节，市场机制能够有效地引导资源流向小城镇经济中具有竞争力的领域和项目。

① 苏志远. 西部小城镇发展动力机制与实施策略 [J]. 小城镇建设，2003(10):80-82.
② 李怀. 辽宁省小城镇的动力机制与发展机制研究 [J]. 东北财经大学学报，2003(01):3-7.
③ 李怡，左娜，廖永生. 小城镇发展的多元动力机制探讨 [J]. 商业时代，2008(13):93-94.

市场机制强调效益与效率，使得资源配置更加科学合理，避免了行政化资源配置不足和浪费的问题。这将有助于小城镇实现资源优化配置，提高资源利用效率，推动经济的可持续发展。

市场机制能够促进小城镇之间的互动和合作。市场机制为不同城镇之间的商品和服务交流提供了平台，使得小城镇能够充分利用自身的优势资源，与其他区域实现经济互补和合作。通过市场机制的引导，小城镇之间的商业合作、技术创新和人才流动等活动得以加强，促进了区域一体化和协同发展。

市场机制能够提高居民的生活品质。随着资金、技术和劳动力等要素的有效投入，劳动生产率不断提高，导致农业中有越来越多的剩余劳动力得以解放，进而向非农产业转移。经济开放为农村剩余劳动力提供了流动到城市的机会，这一现象尤其在乡镇企业还未迅速发展、农民经济力量仍相对较弱时更为突出。这些农村剩余劳动力通过从事农副产品交易、餐饮服务和手工业等职业，成为小城镇发展的重要动力要素。市场机制下，竞争带来的价格优势和产品品质的提升，居民可以自主选择适合自己需求和预算的商品和服务，享受更多的选择和便利。

5.3.4 改革开放是小城镇外部需求环境的缔造力

自改革开放以来，中国持续推动经济全球化，以外向型发展为导向，充分利用外部需求，吸纳先进管理经验、加速工业化进程、拓展海外市场。外资、中国制造和产品出口的有机结合，成为中国开放发展的典型特征。2017 年，中国吸引外国直接投资达到 1440 亿美元，成为全球外资流入第二大国[①]。在国际贸易方面，中国取得了历史性突破，从 40 多个贸易伙伴增长至 231 个国家和地区，进出口总额实现了 782 倍的增长。[②] 融入经济全球化的过程中，中国成功实施了以出口为导向的发展战略，并实现了经济的迅猛增长。从珠江三角洲、长江三角洲到京津冀协同发展、粤港澳大湾区，中国积极推动区域协同发展。长三角地区一体化发展计划已经实施，成为中国经济创新能力最强、民营经济最有活力、对外开放程度最高、产品市场和要素市场最发达和完备的区域之一。通过卫星城全面提升配套服务，重点发展高端产业和服务业，进一步促进区域经济发展。

自改革开放以来，中国的贸易伙伴已经扩展到 231 个国家和地区，且成了 120 多个国家和地区最大的贸易伙伴之一。新技术产业的发展也非常关键，大量的外资、外企和外援的引进，为高新技术产业的发展提供了资金和技术支持。值得一提的是，"在过去 40 年中，中国吸引的外国直接投资已经占据了所有发展中国家吸引外国直接投资比例的 30% 以上"[③]。此外，中国还实施了以出口为导向的发展战略，成功地融入了

① 中国信息报 . 联合国报告显示中国成为全球第二大外资流入国 [J]. 科技与金融，2018(06):4.
② 李明哲，王勇 . 美国的国际制度领导与多边贸易制度变迁 [J]. 美国研究，2020，34(03):62-82+6-7.
③ 张幼文，黄建忠，田素华，等 . 40 年中国开放型发展道路的理论内涵 [J]. 世界经济研究，2018(12):3-24.

世界经济的国际产业分工之中。中国制造业早已享有盛誉，中国的产品也大量出口到世界各地，这三个环节构成了中国开放型发展的典型特征。

中国经济连续数十年保持高速增长，这得益于出口导向的发展战略的推动。据统计，1979—2017 年，中国的平均经济增长率为 9.5%，明显高于全球同期的平均水平2.9%。尤其是在 1990—2017 年，中国的经济规模和进出口规模快速增长。虽然随着经济规模基数的增大和国内经济政策的调整，中国经济增长对外贸易的依赖度经历了从升到降的过程，从 1990 年的 29.58% 上升至 2006 年的 64.36%，但后来又降至 2015 年的 35.96% 和 2017 年的 33.6%。[①] 但无疑中国经济的发展仍然保持在较高的水平上。

各级地方政府都以发展经济为主要职责和动力，不断改善投资环境、消除体制障碍，激励资本流入，构建了外部因素积极涌入、内部因素充分释放的有效机制。这也就形成了中国独有的经济增长机制和出口发展机制，主要以要素集聚的理念为核心。要素的持续高度集聚催生了中国良好的外部需求环境，同时也给小城镇的发展带来了无限活力。在全球市场、资本和技术等因素对中国小城镇的发展具有重大意义的当下，外向型小城镇的发展成了推动中国地方经济发展的重要推动力量之一。

在中国，外向型小城镇的发展主要是指小城镇以外贸出口和吸引外资为主要手段，以推动地方经济发展。这种模式适用于一些地方经济相对薄弱、资源匮乏、技术较为落后的县域。外向型小城镇的发展，可以通过扶持优势产业、改善产业结构、提高企业的核心竞争力来提升小城镇的竞争力，不断增强其发展潜力。此外，政府对外向型小城镇的支持力度不断加大，还可以通过招商引资、给予财税支持等方式，引入外部资源，激发小城镇的活力，促进经济的发展。

外向型小城镇的发展对于中国的经济发展具有重要意义。一方面，它可以促进中国地方经济的发展，带动当地的产业升级和技术创新，推动经济的进一步发展。另一方面，通过外向型小城镇的发展，中国可以更好地融入全球经济体系，开放自身市场，加强与外部的贸易交流和合作，提高中国在全球经济中的影响力。

外向型小城镇的发展是中国地方经济发展的一个重要方向，对于推动中国经济的可持续发展具有重要的作用。也需要有针对性的政策和措施来支持和促进外向型小城镇的发展，使其发挥更大的作用。

通过改革开放，催生了中国欣欣向荣的外部需求环境，为小城镇发展带来了勃勃生机。我国小城镇深度融入全球产业分工，世界上的市场、资本、信息、技术等源源不断地进来，小城镇的发展迎来了空前的历史机遇，外贸及外贸依存度的提升是小城镇的增长动力之一。

全球化是人类社会发展的必然趋势，为小城镇提供了新的机遇，对外开放也是小城镇发展的重要方向。一些小城镇逐渐成了外商投资的重点目标，吸引了国际知名企

[①] 石建勋，刘宇 . 中美贸易争端理论解释困境、现实悖论及认识误区 [J]. 财经问题研究，2019(01)：3-12.

业和品牌进入，从而为小城镇带来了新的活力和发展机遇。通过促进国内、国际合作，加强与其他城镇、地区的交流，引入外来企业、资金、技术和人才，推动小城镇的国际化进程，有助于拓展市场、提升产业水平、增加外汇收入。

小城镇要靠外来市场动力（资金、项目）的拉动，形成内外共促的良性循环，依靠人本身的创造性与开拓性，发掘自身能量。[①] 小城镇的发展需要加强国际合作，通过开展国际交流、加强国际合作，吸收外部资金、技术和人才，实现小城镇的跨越式发展。

5.3.5 城市辐射驱动是实现小城镇持续发展的控制力

城市辐射驱动是指大城市对周边小城镇的经济、社会和文化发展产生影响，带动其持续增长的过程。当城市地区出现空间聚集边际负效应时就会产生空间扩散，伴随着现代交通和通信方式的改善，出现郊区城镇化现象，催生郊区小城镇兴起。[②] 通过与大城市的合作和互动，小城镇可以借助大城市的资源和优势，促进产业转型和升级，改善基础设施和公共服务，促进人才流动和知识传递。这将为小城镇提供持续发展的动力和可能性，实现经济增长和社会进步。随着城市经济活动聚集程度的提高、大城市人口和经济活动的增长，周围小城镇的基础设施建设得以加强，产业和人口聚集度不断提高，地方经济发展飞速增长。

城市辐射驱动能够为小城镇提供辐射效应和溢出效应。作为经济中心和创新引擎的城市，拥有较高的人才集聚、技术创新和资源配置能力，这些优势可以通过城市与周边小城镇之间的合作和互动，传递给小城镇，带来产业投资、技术创新和经济活力。例如，大城市中的高新技术企业、科研机构和创业孵化器等，可以与小城镇共建科技合作园区，吸引人才和资金进入小城镇，促进产业结构升级和经济增长。

城市辐射驱动能够促进小城镇的产业转型和升级。大城市通常具有更加完善的产业链和市场需求，小城镇可以通过与大城市的紧密合作，引导和培育本地产业发展方向，推动产业升级。大城市的市场需求可以成为小城镇发展新兴产业、扩大就业和提高收入水平的重要动力。例如，传统农业小城镇可以结合大城市的消费需求和现代农业技术，发展特色农产品、休闲农业等产业，提升农民收入和当地经济。

城市辐射驱动能够促进基础设施和公共服务的提升。大城市通常具有更完善的交通、教育、医疗、文化等基础设施和公共服务体系。通过与大城市的合作和借鉴，小城镇可以借助大城市的经验和资源，提升本地的基础设施建设水平和公共服务水平。这将为小城镇吸引人才和资金提供更好的环境，提高居民的生活质量，进一步推动小城镇的可持续发展。

城市辐射驱动能够促进人才流动和知识传递。大城市作为人才聚集地，汇聚了各

① 苏志远. 西部小城镇发展动力机制与实施策略 [J]. 小城镇建设，2003(10):80-82.
② 海岛清治. 紧凑型城市的规划与设计——欧盟·美国·日本的最新动向与事例 [M]. 苏利英，译. 北京：中国建筑工业出版社，2011:16-17.

类专业人才和高等教育机构。通过与大城市的合作和交流，小城镇可以吸引和留住高素质人才，提升本地创新能力和竞争力。此外，大城市的科研成果和知识资源也可以传递给小城镇，促进科技创新和知识产业发展。

小城镇在生产资料、人口、用地以及产业政策等方面都具有较明显的相对优势，并且借助着城市强大的经济辐射所形成的灵敏网络，能够直接受城市经济扩散、人口分流、科技帮扶、资本下沉等城市的辐射，接收最近的信息和支援，城市辐射驱动效应明显。当然，大城市辐射不能覆盖国内全部的小城镇，城市扩散效应表现出时空特性，对城市周边的小城镇影响最大，偏远的小城镇效果衰弱。都市圈逐步发展完善的影响对城市群中的小城镇发展有着促进作用。城市群的兴起对小城镇面临的都市圈/非都市圈的身份分化以及机会差异产生了影响。[①] 全球化生产网络的构建也为小城镇提供了更广阔的成长空间。小城镇依托城市区域的竞争平台，获得了接轨全球经济的机会。[②]

城市辐射对小城镇发展的带动作用非常大，并且可以直接受益于城市的辐射，承担产业扩散和人口分流、截留的任务，实现最低成本、最大收益。

5.3.6 产业集聚是小城镇发展的核心动力

产业是小城镇发展的基本动力，是影响我国小城镇人口聚集最重要的因素，是小城镇发展的外在动力之一。80%以上的小城镇是以工业作为主导产业，其发展情况较好的甚至超过以工业为主的小城镇，其镇化率水平和人均城镇投资强度较高，为广大农民从农业转向非农产业提供了机会，推动了小城镇发展。产业动力因素主要由三部分组成：一是小城镇农业经济的发展状况。镇域范围内的农村是小城镇发展的重要依托，农业经济的支持则是小城镇发展的基本保证。只有农业经济发展了，小城镇才能获得充足的生产、生活资料。而随着农业经济的发展，农民购买非农产业产品能力增强，小城镇消费品市场形成，镇域村镇经济良性循环才能得以实现。二是小城镇工业经济的发展水平。工业经济的发展会带动各种要素向建成区合理流动，从而为小城镇发展奠定坚实的产业基础。工业企业可以为农民在非农产业就业创造大量的机会，这有利于增加农民收入，缩小镇域村镇差距。工业经济水平的提高能为小城镇设施建设提供资金保障，小城镇的服务功能也会随之完善。工业经济水平提高是小城镇最直接的发展动力。三是小城镇市场的发育程度。市场是资金、劳务、商品、信息等要素聚集、流通之所，"伴随着各类市场的蓬勃发展，人口流动、商品流通空前活跃，小城镇经济也就自然而然地得到了较大的发展"。[③] 事实上，这种由市场带动的产业经济

① 陈前虎，龚强，董翊明，等．浙江特色小镇战略背景与空间组织——以嘉善巧克力甜蜜小镇为例[J].浙江工业大学学报(社会科学版)，2017，16(01):10-16.

② 罗震东，高慧智．健康城镇化语境中的小城镇社会管理创新——扩权强镇的意义与实践[J].规划师，2013，29(03):18-23.

③ 李怡，左娜，廖永生．小城镇发展的多元动力机制探讨[J].商业时代，2008(13):93-94.

极具发展活力，市场发育程度也因此成为小城镇经济发展的根本动力，我国许多颇有名气的小城镇就是凭借当地市场（特别是专业市场）发展起来的。

产业集聚是指一定地理范围内相关产业企业的密集程度和集中度高，形成产业链、产业集群和产业生态系统。产业集聚能够促进经济效益的提升、推动创新和技术进步、形成人才聚集效应、促进资源的高效利用。因此，小城镇在发展过程中应该重视产业集聚，积极引导和培育有竞争力的产业集群，构建良好的产业生态系统，以提升小城镇的发展动力和实力。从乡村企业布局和与小城镇的发展关系视角，依据竞争效益、产品特色和规模经济基本原则，产业对小城镇化的推动作用[1]，自下而上的乡村工业发展是促进小城镇迅速发展的重要力量[2]，乡村中小企业建设应与小城镇建设同步[3]。当相关产业企业集聚于某一地区，形成产业链条和完整的产业生态系统后，企业间可以通过资源共享、技术创新和合作共赢等方式获得更大的经济规模效应和竞争力。这将推动小城镇产业的发展，提高企业的效益和竞争力，提高就业机会和劳动者收入水平。产业集聚还会带动相关配套产业的发展，如物流、金融、服务业等，形成依托产业的多元化经济体系，提升小城镇的整体经济实力。

产业集聚能够促进创新和技术进步。当相关产业企业集聚在一起，存在知识和技术的交流和传播，促进产学研合作和技术创新。企业之间可以共享技术创新成果和研发资讯，共同解决技术难题，提高整个产业的技术水平和创新能力。这将为小城镇提供创新动力，推动产业的技术升级和转型发展，增强竞争优势。小城镇的发展需要推动创新创业，不断拓展新的产业领域和业态，提高小城镇的产业竞争力和市场影响力。政府可以出台一系列支持创新创业的政策，吸引创客和企业家，打造小城镇创新创业的生态环境。小城镇可以通过发挥生产的集聚效应和提供服务等方式，解决许多问题，并将农民的职业转移和空间转移结合起来。[4][5]

产业集聚能够促进资源的高效利用。当相关产业企业集聚在一起，共享资源的机会和可能性就会增加，这包括物质资源、人力资源、金融资源等。通过资源的集中利用和优化配置，小城镇可以更有效地利用有限的资源，降低生产成本，提高生产效率和资源利用效率。小城镇作为国家区域经济和城镇化战略的重要组成部分，成为产业升级和经济发展的重要平台。随着许多产业的转移，小城镇应该积极主动地承接产业转移，以适应全球化的经济发展趋势。[6]小城镇的发展需要优化产业结构，加强对新兴产业的支持和引导，加快传统产业升级，推动城镇经济转型升级，实现经济的高质量

① 朱溆，钱陈．产业发展与城镇化——以乐清为例的分析 [J]．浙江社会科学，2003(05)：70-73.

② 王勇，李广斌．生态位理论及其在小城镇发展中的应用 [J]．城市问题，2002(06)：13-16.

③ 赵民，孙斌栋．经济发达地区的乡镇企业布局与小城镇发展 [J]．城市规划，1996(05)：18-21+60.

④ 沈裕谋．探寻小城镇建设与乡镇企业协调发展的途径 [J]．小城镇建设，2003(02)：10-11.

⑤ 徐光远，张利风．"小城镇大战略"的时代内涵 [J]．经济问题探索，2003(09)：24-28.

⑥ 杨宇振．兼容二元：中国县镇乡发展的基本判断与路径选择 [J]．国际城市规划，2015，30(01)：1-7.

发展。在小城镇发展过程中，建设产业园、培育产业基地等，有助于发挥小城镇的发展潜力，形成独具特色的产业集群，进一步推动小城镇发展。政府还可以通过创新投融资模式，引导和扶持优质企业进驻小城镇，提升小城镇的经济实力和产业化水平。

5.3.7 人才集聚和创新发展是小城镇的内在基因张力

人才集聚指各类高素质人才在特定地区的聚集，包括技术人才、管理人才、创业人才等。人才集聚为小城镇带来了创新能力、竞争力和吸引力，促进经济发展和产业升级。同时，人才的集聚也会对小城镇的人文环境产生积极影响，推动社会文化的繁荣和城市形象的塑造。因此，小城镇应当积极营造良好的人才环境和创新氛围，吸引和留住高素质人才，发挥人才集聚和创新发展的潜能，推动小城镇实现可持续发展。

人才集聚是小城镇发展的关键要素。具备一定的人才优势是小城镇实现可持续发展的核心动力之一。当各类高素质人才聚集于小城镇时，他们可以为小城镇带来创新思维、专业知识和技术能力。这些人才通过各种创业、科研和教育机构的聚集与合作，相互交流和碰撞，形成协同效应和创新精神，推动小城镇经济的快速增长和产业的升级。

人才集聚促进了小城镇的创新能力。高素质人才的集聚使得小城镇的人才结构更加优化，有利于培养创新型人才和创新团队。小城镇通过搭建创新平台、设立研发中心、引进高校和研究机构等举措，促使人才在创新方面发挥更大的作用。这些创新活动将促进科技创新和技术进步，推动小城镇从传统产业向高新技术和知识密集型产业转型，增强竞争能力。

人才集聚对小城镇的吸引力和竞争力具有重要作用。优秀的人才倾向于选择生活和工作条件较好、发展潜力较大的地区。当小城镇具备较好的教育资源、就业机会、公共服务和生活环境时，将更容易吸引人才流入。人才的集聚会带来聚集效应和溢出效应，形成更大的人才聚集力量，推动小城镇内部生态系统的形成和发展。同时，人才集聚也会为企业提供更多的合作机会，促进经济活动的开展。

人才集聚还对小城镇社会和文化的发展产生积极影响。高素质人才的聚集会带来多元化的思想观念、文化活动和艺术创作，促进了社会文化的多样性和繁荣。人才的集聚也为小城镇的社会交往和社区建设提供了平台，推动文化产业、教育和公共服务的发展，丰富了居民的生活内容和质量。

人才聚集效应能够形成产业集聚。当某个领域的企业在一定地区集聚时，会吸引大量相关人才的聚集，包括技术人才、管理人才、营销人才等。这种人才集聚可以促进人才之间的相互学习和交流，形成人才创新网络，提高整个产业链的人才素质和人力资源供给，从而吸引更多的相关企业，形成产业集聚效应。

5.3.8 农村经济发展是小城镇兴起的基础保障力

农村经济发展是小城镇兴起的基础条件。农村经济是指以农业、农村产业和农村服务业为主体的经济形态。农村经济提供了充足的人力资源、丰富的自然资源、市场需求和消费潜力，同时也为社会基础设施和公共服务的发展创造了条件。小城镇应当充分发挥农村经济的潜力，通过发展农村经济来推动小城镇的兴起，实现经济的繁荣和社会的进步。回顾改革开放初期中国农村经济发展历程，可以清晰地发现农业生产力进步和农村工业化进程实质上是推动中国小城镇发展的重要动力，小城镇也是农村经济发展的重要成果。

农村经济提供了充足的人力资源。农业生产力大幅提高催生了农村剩余劳动力。农业生产力大幅提高，解决了粮食供给问题，催生了农村剩余劳动力，为农村工业化发展提供了必要的物质和人力基础。农村劳动力的转移和合理利用，可以推动小城镇的产业升级和就业机会的增加。农民自发地追逐城镇化的利益引力机制，农民向往城市生活的社会引力机制，同时国家寻求新的经济增长点的迫切要求，社区自我发展的内在动因，成为小城镇发展的动力机制。市场经济条件下市场是配置社会资源的主体，市场力也是当前城镇发展的第一驱动力。[①]

农村经济提供了丰富的自然资源。农村地区常常拥有较大的土地面积和丰富的自然资源，包括农田、水资源、矿产资源等。这些资源在合理开发利用的基础上，可以为小城镇的产业发展提供重要的支撑。例如，农田可以用于农业生产和农产品加工，水资源可以用于发展渔业和水产养殖，矿产资源可以用于发展矿业和能源产业。这些资源的利用能够促进小城镇的经济增长和产业结构的优化。

农村经济提供了市场需求和消费潜力。随着农村居民收入的提高和消费观念的转变，农村对各类商品和服务的需求不断增加。因此，发展农村经济可以促进消费市场的扩大，为小城镇的商业发展提供良好的机遇。小城镇可以通过建设农村商业中心、农产品加工企业等方式，满足农村居民的消费需求，带动商业活动的兴起。

农村经济提供了社会基础设施和公共服务的发展条件。随着农村经济的发展，农村地区的基础设施和公共服务水平逐步提升，包括交通、教育、医疗、文化等领域的发展。这为小城镇发展提供了基础设施和公共服务的支持，提高了居民的生活品质和吸引外部投资的机会。农村地区的基础设施和公共服务的提升，使得小城镇更具发展潜力和竞争力。

农村工业化迅速发展，推动了小城镇发展。在农村改革的激励下，农村工业化得到快速发展。农村城镇化的原动力在于农业劳动生产力的提高。农业作为国民经济的基础和发展的起点，其劳动生产率的提高不仅为农业剩余生产创造条件，也是推动农村城镇化的动力。农业剩余包括农产品、农业劳动力以及农业资本的剩余，而农业剩余的存在是实现城镇化的必要前提。第二、第三产业比第一产业具有更多的比较利益，这种利益机制是城镇化内在的动力。统计资料显示，农民家庭人均可支配收入仅占城镇居民人均可支配收入的1/3。针对西部贫困地区，进城务工成为实现脱贫的最便捷途

---

① 李怀.辽宁省小城镇的动力机制与发展机制研究[J].东北财经大学学报，2003(01)：3-7.

径。农业生产力进步和农村工业化进程实质上是推动中国小城镇发展的重要动力。农业生产力大幅提高，解决了粮食供给问题，催生了农村剩余劳动力，为农村工业化发展提供了必要的物质和人力基础。农村改革激发了农业劳动生产力的进步，中国长期存在的粮食和农副产品供给紧缺的局面得到了根本扭转，并出现了粮食剩余的现象，农村剩余劳动力开始出现。农村工业化是解决农副产品剩余和农村剩余劳动力的基本途径，并且可以把农村的问题化解在城市之外。随着非农就业人口的增多，就近向小城镇迁徙已成为大多数从事非农产业农民的现实性选择。当然，从交易成本视角，对乡镇企业向小城镇集聚的交易效益问题做出了剖析，指出通过降低市场运行的交易成本和效率，可以确保由乡村企业集聚格局所产生的小城镇聚集效用得到发挥。[1] 支出成本问题也是导致中西部地区小城镇基础设施政府支出成本较高，而东部地区小城镇居民生活成本支出较高的原因之一。[2]

5.3.9 完善公共服务和加强社会治理是小城镇发展的凝聚力

完善公共服务有助于提升小城镇的竞争力和吸引力。良好的公共服务包括教育、医疗、交通、环境等方面，对居民的生活质量和发展需求都有着重要影响。当小城镇的公共服务设施完善时，居民能够享受到优质的教育资源、健康的医疗服务、便捷的交通出行以及良好的环境品质，这将提升居民的满意度和幸福感。同时，完善公共服务也能够吸引外部投资、人才流入和企业发展，增加小城镇的经济吸引力和竞争优势。提供优质的公共服务是小城镇发展的关键。政府可以加大对教育、文化、医疗等公共服务领域的投入，完善小城镇公共服务设施，提高公共服务水平，满足市民的基本需求。要做到以人为本，关注民生，切实提升人民的生活质量。政府可以加强社会事业建设、扶持教育医疗等，同时鼓励公民自我发展和参与小城镇建设。小城镇的发展不能忽视民生改善，需要通过建设公共服务设施、改善基础设施、加大社会保障投入等，提升居民的生活质量和福祉。"利民、利企、利城"得以统一，则小城镇的发展道路将更为广阔。通过加强学校、医院等的建设和运营，提高教育和医疗水平，培养优秀人才，增加公共服务供给，为小城镇的发展和居民的健康保驾护航。小城镇的发展，小城镇发展需要加强社会治理，建立健全城镇的政法和社会治理体系，维护社会稳定和安全，为居民提供更加安全、和谐的社会环境。加强社会管理和服务，弘扬社会主义核心价值观，推进法治建设，提高社会治理水平，有助于营造更加和谐、稳定、安全的社会环境，为小城镇的发展提供坚强的政治保障。

加强社会治理有助于构建和谐稳定的社会环境。社会治理是指通过政府、社会组织和居民自身参与，促进社会关系的协调和社会秩序的稳定。小城镇发展面临着人口流动、就业问题、社会矛盾等多重挑战，因此加强社会治理显得尤为重要。有

---

① 邹兵. 交易成本理论一个研究乡镇企业空间布局的新视角 [J]. 城市规划汇刊，2001(04):8-11+79.
② 谢长青，钱文荣. 我国小城镇基础设施规模经济效应研究 [J]. 农业经济问题，2009，30(10):59-66+111.

效的社会治理能够建立和谐的人际关系，促进居民的团结、和睦和安全感。同时，加强社会治理也能够预防和解决社会矛盾，维护社会稳定，为小城镇的发展创造良好的社会环境。

完善公共服务和加强社会治理有助于提升小城镇的管理能力和效率。公共服务的完善需要高效的公共管理体系来支撑。通过建立科学、透明、高效的公共服务管理机制，可以优化资源配置、提高公共服务的质量和效率，提升小城镇的管理水平。加强社会治理也需要健全的社会组织和参与机制，依法治理和民主管理，实现权责明确、协同配合的社会治理模式。这将提高小城镇的决策和执行效率，推动小城镇的发展。

完善公共服务和加强社会治理有助于实现社会公平和可持续发展。优质的公共服务和高效的社会治理可以缩小城乡差距，实现资源和机会的公平分配。这将促进小城镇内部的社会和谐，并带动更广泛的经济发展和社会进步。此外，良好的公共服务和健全的社会治理也有助于推动小城镇的可持续发展，保护环境、保障资源的合理利用，建设绿色、低碳的小城镇，为未来的发展提供可持续的基础。

5.3.10 生态环保是小城镇发展的底色影响力

生态环保是小城镇发展的底色，指的是在小城镇建设和发展过程中，保护和修复自然生态系统，实现人与自然的和谐共生。通过注重生态环境保护和修复，小城镇能够提升生态品质、促进产业的可持续发展、增加旅游吸引力和经济效益、改善居民健康状况。因此，在小城镇的发展过程中，应当将生态环保作为优先考虑的重要因素，采取综合措施，确保经济发展与生态环境的协调与平衡。

生态环保能够提升小城镇的生态品质和宜居性。通过注重生态环境的保护和治理，小城镇能够营造良好的空气质量、水质清洁、生态景观丰富的环境，为居民提供健康、宜居的生活条件。这将增加居民的生活满意度和幸福感，吸引人才流入和外部投资。

生态环保有助于促进小城镇产业的可持续发展。通过推动绿色发展和环境友好型产业的发展，小城镇可以实现经济增长和生态环境保护的双赢局面。生态环保可以鼓励和引导企业进行资源的高效利用、减少污染排放，推动传统产业向绿色、低碳、循环经济转型，在提高产业竞争力的同时降低环境风险。

生态环保能够增加小城镇的旅游吸引力和经济效益。许多小城镇拥有独特的自然风光和文化遗产，生态环保可以保护和恢复这些资源的价值。通过开展生态旅游和文化旅游等项目，小城镇可以吸引更多的游客和投资者，带动相关产业的发展，促进经济增长和就业机会的增加。

生态环保有助于改善小城镇居民的健康状况。生态环境的好坏直接关系到居民的身体健康。通过保护和改善生态环境，减少污染物的排放和有害物质的暴露，小城镇可以减少居民的环境健康风险，提高居民的生活质量和寿命。

小城镇的发展不仅要促进经济增长，而且要与生态环境保护相协调。在国家大力倡导生态文明建设的背景下，小城镇应该秉持绿色发展理念，加强环保工作，注重环境治理和资源利用，努力实现可持续发展。生态优美、环境整洁、资源丰富成为小城镇发展的新优势。通过加强环境管理、节能减排、资源循环利用等方面的工作，保护小城镇的自然环境，实现小城镇的可持续发展。通过改善城市基础设施、提高城市管理水平、加强社会服务等方面的工作，为居民提供更加舒适、便捷、安全的居住环境。推进生态文明建设、弘扬低碳绿色生活方式等，保护小城镇的生态环境和资源，提高居民的环保素质，有助于实现经济、社会和环境的可持续发展。倡导绿色发展理念、节约资源和环保意识，借此减缓环境压力和生态破坏。政府还可以通过投资建设面向小城镇的新能源基础设施，发展新能源产业，实现小城镇绿色高质量发展。美丽的环境和优质的城镇形象对于小城镇的发展至关重要。政府可以加强城镇基础设施建设、美化城市环境、完善景观资源，打造绿色、宜居、美丽的小城镇形象。

5.4 我国小城镇发展动力机制评价

我国小城镇发展与经济社会发展水平息息相关。中国小城镇经历了一个曲折的发展过程，但总体上讲，其增长是一个渐进的城镇化过程。通过综合分析中国小城镇的形成和发展，可以发现其发展规律主要受人口分布状况和经济发展水平的制约。城镇化的物质基础在于人口总量及其分布状况，同时城镇化的源泉和动力主要来自经济和社会发展水平。农村劳动力的转移是小城镇规模扩大和城镇化率提高的主要动因，而产业集群则是吸引人口集中的重要条件。产业集群能够形成网络型的产业组织，通过现代产业对农村产业的改造，推动农业现代化，从而实现城镇化和经济的可持续发展。城镇化实质上是产业的聚集和人口的集中。只有实现产业的集中，才能吸引人口的集中。因此，产业集中是小城镇质量提高的必要条件，而人口集中则是充分条件。城镇化必须通过产业的聚集和发展，带动农村劳动力就业的非农化，并通过现代产业对农村产业的改造推动农业的现代化。因此，从这个意义来讲，城镇化是人类社会进步的产物，具有共同的发展与演化规律。小城镇的发展是农民追求自身工业化和城镇化所形成的结果，是在城乡二元分割体制下市场力量发挥作用所形成的结果，是一种自发的、自下而上的城镇化。这种独特的城镇化的道路有别于大城市发展的道路，也是城乡二元体制的设计者所始料不及的。

我国小城镇的发展依靠资源供应发展。小城镇的发展高度依赖于乡村的资源供应，如土地、劳动力和原材料。小城镇的发展是区域经济发展的产物，农村劳动力的转移是主要动力之一，能够促进城镇规模的扩大和城镇化率的提高。如果区域经济没有得到发展，第二产业和第三产业就难以发展，劳动力也难以转移，从而阻碍小城镇的发展。[①]产业集群是相互关联的企业形成的网络，以大的制造企业、高校科研机构和经济开发区、

文化背景、家族关系为核心，形成不同形式的产业集群。小城镇建设中存在小城镇数量快速增长而发展质量跟不上、内涵增长跟不上外延扩张的问题。因此，产业聚集可以对小城镇健康发展起到重要作用。[①]

① 杨敏之 . 聚焦小城镇建设中一个应当深化和拓展的课题 [J]. 城乡建设，1999(01)：23-25.

第6章 我国小城镇空间发展

我国小城镇空间发展包括区域空间格局、镇域村镇空间体系和建成区空间结构。区域空间格局更多的是宏观层面上的，是站在全国的角度研判我国小城镇空间发展的整体状况及其变化规律。镇域村镇空间体系和建成区空间结构关注的则是小城镇个体的空间发展演化特征。三者相辅相成，基本上展示了我国小城镇空间发展的基本情况及变化规律。

6.1 我国小城镇区域空间格局

区域空间格局是指小城镇数量和规模在空间上的分布格局和规律，通常从区域角度出发，分析全国或特定地区内城镇体系的等级规模结构、空间结构和发展趋势等。[①]我国小城镇区域空间格局是经过了长期的发展过程而形成。由于具有独特的区域分布、发展特点、职能定位、规模情况和发展趋势等特征，我国小城镇区域空间格局呈现出广泛分布、发展差异明显、职能定位各异、规模多元等特点。

6.1.1 空间分布不平衡

我国小城镇区域空间格局中存在着明显的区域发展差异和不均衡，主要体现在经济发展水平、城市功能水平、城镇化水平和政策支持程度上。首先，经济发展水平。小城镇的经济发展水平在不同地区之间存在较大差异。一些沿海地区或经济发达地区的小城镇经济较为繁荣，这些地区的小城镇通常受益于临近大城市和发达的交通网络，拥有更多的投资和产业资源。而一些内陆地区或经济欠发达地区的小城镇经济相对滞后，缺乏发展的动力和条件。其次，城市功能水平。小城镇在城市功能的发展上也存在较大差异。一些地处交通枢纽、自然资源丰富或特色产业发达的小城镇，具备了更丰富的城市功能，包括工业、商贸、文化娱乐等。一些沿海地区或经济发达地区的小

---

① 许学强，姚华松. 百年来中国城市地理学研究回顾及展望 [J]. 经济地理，2009，29(09)：1412-1420.

城镇经济相对较为繁荣，城市功能较为完善。相比之下，一些地理条件较差或发展基础薄弱的小城镇城市功能相对较弱，主要以农业和基础服务为主。一些内陆地区或经济欠发达地区的小城镇发展相对滞后，经济基础薄弱，城市功能不完善。再次，城镇化水平。小城镇的城镇化水平也存在差异。一些地区由于特殊的位置优势或经济发展快速，小城镇的城镇化水平较高。这些地区的小城镇人口规模相对较大，城市基础设施完善，服务业和工业发展比较活跃。而一些地理条件较差或经济发展滞后的地区，小城镇的城镇化水平较低，城镇化进程相对较慢。

针对我国小城镇区域空间格局中存在着明显的区域发展差异和不均衡，学者做了深入的研究。我国小城镇发展存在明显的空间发展差异，是由我国经济发展水平东高西低等原因造成的[1][2]，而且这种状况在一段时间内可能会长期存在。对于具有相似自然条件和区位条件的区域范围内的小城镇，随着经济发展水平的提高，小城镇群体呈现密集生长的现象，尤其是在沿海经济发达地区。[3]虽然在一定范围内出现了小城镇密集分布的情况，但是小城镇群体内部并没有形成合力。[4]小城镇群体发展面临的问题较多，包括缺乏中心城市、缺乏合作交流、小城镇分工不明、出现恶性竞争、城镇发展空间冲突以及发展腹地重叠等方面，基础设施发展不协调和出现重复建设的情况也是存在的。[5]

我国小城镇区域空间格局中的规模分布情况多样化，从小规模小城镇到中等规模小城镇再到大规模小城镇，不同规模的小城镇在区域经济和社会发展中扮演着不同角色。减少区域发展差异，需要加大对欠发达地区和经济基础薄弱地区小城镇的支持力度，优化资源配置，改善基础设施建设，提高产业发展能力，推动小城镇全面发展，实现区域经济协调发展的目标。随着国家政策的推动，一些地区小城镇规模分布逐渐趋于均衡，促进了小城镇的全面发展和区域经济的协调发展。

大规模小城镇。在我国小城镇中，人口规模较大的小城镇通常位于战略地位重要的地区，或者具有特殊的资源禀赋或地理优势。这些小城镇具备较为完善的城市功能和基础设施，包括工业区、商业中心、居住区和公共服务设施等。一些大规模小城镇还发展了较多的产业和服务业，成为周边地区的经济中心。一些沿海地区、经济发达

① Vaishar, Antonín, Zapletalová, Jana.Small towns as centres of rural micro-regions[J].European Countryside, 2009, 1(2):70-81.

② 郭相兴，夏显力，张小力，等.中国不同区域小城镇发展水平综合评价分析 [J].地域研究与开发，2014，33(05):50-54.

③ 徐强.小城镇密集区空间演变研究——以温州为例 [J].规划师，2007(08):66-70.

④ 龚松青，厉华笑.经济发达地区小城镇群发展初探——浙江省小城镇群规划示例 [J].城市规划，2002(04):32-37.

⑤ 徐强，戴慎志.小城镇密集地区整合发展探索——以温州市鳌江流域为例 [J].城市规划，2006(07):37-41+47.

地区和人口密集地区的小城镇规模较大，城镇化水平较高，功能比较多元，包括工业、服务业、文化娱乐等。一些超大型小城镇在长三角和珠三角集聚区域不断扩张。

中等规模小城镇。一些小城镇具有中等规模，人口规模相对较大。这些小城镇在服务范围和功能上较小规模的小城镇更为广泛，它们往往拥有较完善的基础设施和公共服务设施，包括中小学、医疗机构、商业设施和公共交通等，还发展了一些加工制造业和服务业。中等规模的小城镇的数量在持续增加，由沿海和中西部少数大城市周边分布为主转变为向中西部地区全面扩张，成为中国小城镇的主体。

小规模小城镇。在我国存在着许多规模较小的小城镇，人口规模相对较少，具有相对较低的城镇化水平。这些小城镇通常是农村向城市转型的重要节点，以农业为主导产业，功能主要集中在基本服务、农业加工、商贸等方面，具有基本的公共服务设施，如学校、医院和商店等。这些小城镇为周边农村居民提供基本生活服务。还有一些小城镇地处边远地区和经济欠发达地区而规模较小。

我国小城镇平均规模不断扩大，区域空间格局的区域分布情况多样性、多层次化，呈现出一定的区域差异和特点。小城镇区域分布情况实际情况会因地域特点、经济发展水平和政策导向的不同而有所差异，规模大小各异。在地理分布上，中国小城镇以胡焕庸线为界呈现东南高、西北低的特征。我国小城镇规模一直处于动态调整中，表现出向上转移的积极态势。小城镇规模类型主要向上转移，其中在长三角以北至京津冀之间、沿长江经济带形成了大范围的向上转移的区域。规模相同的小城镇呈现一定的空间集聚特征，珠三角至福州—厦门城市群之间和京广发展轴线上武汉都市圈至长株潭城市群之间的集中程度较高。小规模的小城镇数量则不断减少，则由京广—京哈铁路以西密集分布收缩为主。而西部地区和一些人口较少的省份则分布较为零散。

6.1.2 空间职能定位多样化

我国小城镇区域空间格局中的功能定位情况多样化，不同小城镇在发展过程中具有各自不同的功能定位。我国小城镇在区域空间格局中发挥着重要的角色，它们不仅是农村和城市之间的连接点，还是农村经济发展和农民就业的重要载体。一些小城镇还具有区域性的服务、商业和文化功能，为周边农村地区提供基本公共服务和市场需求。

基本服务功能。小城镇是农村向城市转型的重要环节，同时也承担着为农村居民提供基本公共服务的责任。许多小城镇具备了基础教育、医疗卫生、文化娱乐等基本服务功能，为周边农村地区提供教育、医疗、文化等方面的支持和服务。

农业加工和产业功能。一些小城镇在地理位置、资源禀赋或政策支持下，发展了农产品加工、畜牧养殖、农业物资供应等农业相关的产业。这些小城镇具备农业生产要素集聚和优势，通过加工、市场销售等方式，促进了农村经济的发展。

商贸和服务功能。小城镇在促进农村经济发展的同时，也具备了一定的商贸和服务功能。一些小城镇通过承担集散、流通、零售等商贸环节，打造农副产品市场，带动了周边农村经济的繁荣。同时，小城镇还承担着为周边社区和农村居民提供生活服务、金融服务等功能，提高了农村居民的生活品质。

生态保护和旅游功能。部分小城镇通过改善环境治理和生态保护，将生态资源转化为经济发展的优势。这些小城镇发展了生态农业、生态旅游等产业，借助自然景观、历史文化等资源吸引外来游客，推动当地经济发展。

工业和技术研发功能。一些小城镇通过招商引资、产业结构调整等措施，发展了工业和技术研发领域。这些小城镇承载了一些高新技术产业、装备制造、新材料等产业，为当地经济增长提供了动力。

不同小城镇的功能定位会因地理条件、经济特色、政策导向等因素而有所差异。随着国家推进乡村振兴战略和城乡融合发展，小城镇将与周边乡村和城市紧密联系，逐步转变和完善自身功能定位，为区域经济发展和城乡一体化提供更多的动力。

6.1.3 空间格局发展规律演化因素多

深入理解小城镇的空间变化规律和机制，是实施小城镇空间转型与变化的控制和引导的前提。小城镇空间的演变规律是受多重因素影响的，经济、交通、政策等因素互相作用对其空间演变产生重大影响。其中，经济因素对小城镇空间变化的影响最显著[①]。社会经济发展是小城镇空间结构变化的主要动因，功能—形态互适机制是其演变的主要机制。[②] 从小城镇空间结构的变迁动力上，社会经济发展是小城镇空间变迁的根本动力，功能和形态相互适应的机制是其演变的主要机制。他们通过选取特定的空间扩张距离特征点构建模型，以表达城镇空间增长过程，为小城镇空间规划提供了具有量化意义的指导[③]。小城镇的区域空间格局通常是基于核心商业区域构建，并通过多条主要道路连接其他各功能区域，是影响小城镇可持续发展的关键要素之一[④]。

以小城镇的空间分布及其影响因素为分类依据，分析小城镇的空间类型有三个层次：区位类型、小城镇内部空间类型和县域城镇体系的空间类型。[⑤] 从空间角度进行深入研究的，如对我国沿海发达地区乡村地区城镇化问题进行了深入的探讨，对乡村地区城镇化的基本特征、类型、运行机制、政策调控等问题进行了深入研究，并对各主要地区的城镇化过程和特征进行了研究。[⑥] 从城市发展宏观战略角度进行研究，如地点

① 林晓群，朱喜钢，孙洁，等.从广度研究走向深度研究——中国小城镇空间结构研究的转型与升级 [J]. 人文地理，2017，32(03)：86-92.

② 李国平，李迅，冯长春，等.我国小城镇可持续转型发展研究综述与展望 [J].重庆理工大学学报（社会科学），2018，32(06)：38-55.

③ 王维莉，程雄，吴琦.基于空间形态的小城镇扩展模型研究 [J].华中师范大学学报（自然科学版），2010，44(03)：508-511.

④ Carruthers，J.I.The spatial structure of small cities[J].Journal of Urban Design,2009，14(1)：1-21.

⑤ 张小林.小城镇空间类型研究 [J].现代城市研究，1996(03)：54-59.

⑥ 胡序威，周一星，顾朝林.中国沿海城镇密集地区空间集聚与扩散研究 [M].北京：科学出版社，2000.

轴和"T型"发展模型，这一成果对我国小城镇发展战略产生了深远的影响。[①]小城镇向心增长的空间过程表现为内城更新改造、反向扩展和郊区城镇化，是小城镇对农村人流、物流的集聚和内部空间结构的优化。离心增长的空间过程表现为外向扩展、城镇郊区化和产业区位变迁，是小城镇生产力发展到一定阶段后城镇要素向近郊区的扩散。[②]小城镇空间的发展过程中，小城镇空间结构主要关心小城镇形态和相互作用网络在理性组织原则下的表达方式，即在小城镇结构基础上增加空间维度描述。从工业、居住、中心区、交通、游憩等空间要素以及生长轴的角度来看，小城镇的空间演变划分为五个阶段：点状形成期、轴向生长期、填充稳定期、再次扩展期、飞速发展期。[③]

小城镇空间发展存在多方面的问题和挑战。这些问题包括空间过度扩张、土地利用效率低、土地权属不明确、环境保护缺乏关注、规划管理不足及无序建设频繁等。具体而言，小城镇空间形态分散，土地利用效率低[④]；建设用地过度，土地开发程度低[⑤][⑥]；集体建设用地占比大，建设管理困难，空间品质低[⑦]；空间发展规划失位，无序建设现象严重。[⑧]

6.1.4 空间格局发展趋势呈现新特点

近年来，随着国家政策的出台和城镇化进程的推进，我国小城镇的发展呈现出一些新的特点。一方面，一些小城镇逐渐具备了外向型经济发展和特色产业特点，通过市场化运作吸引外来投资和人才。另一方面，一些小城镇在优化生态环境、提高居民生活品质方面进行探索和创新，发展成为宜居宜业的小城市。我国小城镇区域空间格局的发展趋势包括优化空间布局、提高城镇化水平、产业结构升级、加强生态保护和可持续发展，以及加强城乡融合发展。这将推动小城镇实现可持续发展目标，更好地满足人们的生活需求和经济发展要求。

优化空间布局。未来，我国将更加注重小城镇的空间布局和结构优化。根据国家政策导向，优先发展一批适度规模、合理布局、功能完善的小城镇，推动小城镇集聚发展和功能互补，避免规模庞大而缺乏内涵的发展。

---

① 陆大道.区位论及区域研究方法 [M].北京：科学出版社，1988.

② 张琦.快速城市化地区小城镇土地利用结构变化研究 [D].上海：同济大学，2008.

③ 王士兰，陈前虎.浙江省中小城镇空间形态演化的研究 [J].浙江大学学报（理学版），2001(06):704-708.

④ 郑卫，邢尚青.我国小城镇空间碎化现象探析 [J].城市发展研究，2012，19(03):96-100.

⑤ Chen C，Feng C C.Research on driving forces forrural settlementl and changes in China[J].Ecological Economy，2010，6(3):228-238.

⑥ 赵晖，张雁，陈玲.说清小城镇——全国121个小城镇详细调查 [M].北京：中国建筑工业出版社，2017.

⑦ 林晓群，朱喜钢，孙洁，等.从"广度研究"走向"深度研究"——中国小城镇空间结构研究的转型与升级 [J].人文地理，2017，32(03):86-92.

⑧ 汤铭潭.小城镇发展与规划 [M].北京：中国建筑工业出版社，2012:9-10.

提高城镇化水平。随着我国城乡一体化发展的深入推进，小城镇的城镇化水平将得到提升。这将伴随着增加基础设施投资、提供公共服务、改善城市环境等措施，以满足小城镇居民对良好生活质量的需求。同时，小城镇的城镇化过程将促进农村居民的就业和收入增长，推动农民向城市转移和农村经济的转型升级。

产业结构升级。未来，小城镇将依托自身地理位置、资源禀赋和市场需求，大力推进产业结构升级和创新发展。将加强农业综合开发、推动县域产业集聚、发展现代农业等，推动小城镇经济多元化发展，加强农村产业和城市产业的融合。

加强生态保护和可持续发展。随着人们对生态环境的认识逐渐提高，未来小城镇将加强生态保护和可持续发展。包括倡导绿色发展理念，推动生态农业、循环经济、低碳城镇建设等。通过提升生态品质和保护生态环境，将小城镇打造为生态宜居的城镇模式，吸引人口迁入和投资。

加强城乡融合发展。未来，小城镇将更加注重城乡融合发展。这包括建设"双创"示范基地，推进教育、医疗、文化等公共服务均等化，加强农村和城市的交流与合作。同时，推动小城镇建设具有乡村特色和魅力的文化旅游小镇，促进城乡融合发展。

6.2 我国小城镇镇域村镇空间体系构造

小城镇镇域村镇空间体系（以下简称镇域村镇空间体系）是指镇域范围内由小城镇和农村聚落的分布以及它们之间的联系和互动所构成的一个空间结构组织形式，它是城市和农村的有机结合，是实现城乡融合发展和乡村振兴战略的重要依托。作为经济、政治和文化中心，镇域村镇空间体系为农村提供城市基本服务，为该地区和其他区域进行物质、能量和信息交换和交往提供了重要的支持。[①]

6.2.1 发展原则和要求

镇域村镇空间体系规划的基本原则是合理布局、历史文脉保护、公共休闲、生态友好、区域特色协调发展、高效集约利用土地资源、可持续发展和多元化发展。这些原则可在规划和发展过程中指导政府和相关部门的决策和行动，实现镇域村镇空间体系的健康快速发展，提升居民的生活品质，创造宜居、宜业的小城镇环境。

合理布局原则。小城镇的空间发展应注重合理的区位选择和布局规划，节约用地，注重规模。考虑自然环境、土地资源、交通条件等因素，选择适宜的地理位置，确保城镇能够有效利用资源、便于交通联系，并与周边农村和小城镇形成有机的联系。小城镇的空间发展应遵循节约用地原则，实现高效、紧凑的布局。通过合理设置建筑高度、密度和用地功能，最大限度地节约用地资源，并提高小城镇的品质和便利度。小城镇的规模需要根据当地经济、社会和环境状况进行科学规划。过大的规模可能导致资源

① Vaisha R A, Zapletalovj.Small towns as centres of rural micro-regions[J].European Countryside, 2009, 1(2):70-81.

过度集中，缺乏可持续发展的基础；而过小的规模则可能限制了经济发展和提供必要的服务设施。小城镇的空间发展应促进不同功能的混合利用。通过在同一区域内结合居住、商业、产业、文化、教育等多种功能，提高土地利用效率，创造更便捷的生活环境和多样化的就业机会。功能混合可以提高小城镇的活力，防止小城镇因为功能过于单一而陷入衰退。

历史文脉保护原则。小城镇的历史文化具有不可估量的价值，它不仅能够丰富市民的精神生活和提高文化素养，也是小城镇最宝贵的资产。历史文化是小城镇精神基础和历史联系的象征，如果小城镇不能维持这种历史性因素，人们就会失去与往昔联系的精神支柱。保护历史建筑是历史文化保护的首要任务。历史建筑是小城镇发展历程中具有延续性的空间形态元素，对于塑造小城镇形象有着不可替代的作用。"历史建筑的文化底蕴、历史内涵在城市发展史上具有永恒的魅力，并将延续至未来。"历史文化区域往往是一个城市的净化和灵魂之所在，如果无法保护好这些地方，一个小城镇将会丧失其基本特征。[①] 小城镇作为传统文化的重要承载者，应重视历史文化遗产的保护与传承。在空间发展中，要注重保护和修复历史建筑和传统风貌，通过保护文化遗产，塑造独特的小城镇形象和吸引力。

公共休闲性原则。随着小城镇的不断进步，我们越发关注其空间的公共性和休闲性。为了增强小城镇的社会交往和凝聚力，需要积极开拓更多的公共活动空间。小城镇空间不仅是人们交流的场所，更是体现小城镇社会性的重要载体。在城镇发展的过程中，必须为人们创造更多便于交流和活动的空间，否则将忽视人们的社会心理需求。现在，人们已经逐渐认识到公共空间的作用和吸引人群的内在机制。因此，滨河绿地、步行街、小城镇广场等公共活动空间成为人们关注的焦点。通过这些场所来激发小城镇的活力，提升其吸引力。

生态友好原则。维护小城镇空间的生态友好，需要使人工景观与自然景观相互协调。根据生态原则进行小城镇开发和建设，以保持小城镇生态的可持续发展。小城镇的景观由人工景观和自然景观共同构成。自然景观在小城镇多元空间形态中占据重要地位，与人工景观的巧妙结合，使得小城镇空间形态呈现出千变万化的景象。生态系统的多样性不仅是自然的特性，更能促进小城镇在功能、文化和空间方面的多样性。在可持续发展的理念下，生态小城镇追求景观的多元化。自然景观与人工景观相互依存，确保小城镇不会沦为单一的建筑群落，而是形成一种和谐共生的城镇格局。相反，小城镇变得更加多元化，包括建筑群、绿地、水面、山体等。注重生态可以摒弃以人为中心的模式，更多地强调人和自然互动的作用，在这种互动下产生多元化的小城镇空间。小城镇的空间发展应注重生态环境的保护与改善。通过合理规划绿地、公园和自然保护区，保留自然景观和生物多样性，提供优质的生活环境，增加人们的幸福感。

---

① 刘欢. 小城镇城市空间的演变趋势及发展策略 [J]. 山西建筑，2006(11):9-10.

区域协调特色发展原则。在整个区域内实现城乡经济社会协同发展，通过优化资源配置、产业结构调整、交通物流、市场开放等手段推动区域经济协调发展。充分发挥城乡区域的经济、文化、自然等资源优势，突出区域特色和特色产业的发展，促进镇域村镇空间体系的特色化和差异化发展，实现优势互补和共同繁荣。

高效集约利用土地资源原则。在土地利用上，坚持高效集约利用原则。合理划定建设用地、农业用地、生态保护用地等不同功能区域，保障农业发展需求和生态环境保护，优化土地利用结构和空间布局。

可持续多元发展原则。注重镇域村镇空间体系可持续发展，将经济增长与环境保护、社会公平结合起来，通过绿色发展、循环经济、低碳发展等方式实现经济、社会和生态的可持续性。鼓励多元化的经济发展，推动农村产业结构转型，培育新型农业经营主体和特色产业，发展乡村旅游、文化创意产业和服务业，提升农民的收入水平和就业机会。

镇域村镇空间体系的发展目的和要求，主要有以下三个方面：

产业转型升级。优化产业结构，通过推动产业结构调整和转型升级，培育特色产业和新兴产业，提高经济增长质量。注重发展现代农业、绿色产业、科技创新、文化旅游等具有区域特色和竞争力的产业。增加就业机会，鼓励创业和就业机会在小城镇和农村地区的发展，提供多样化的职业培训和技能提升，推动就业创业的机会和条件的改善。

基础设施建设与改善。加强交通连接，改善小城镇和农村地区的交通网络，提高交通便利性和连通度，加强城乡交通一体化，促进资源和人员流动，推动区域一体化发展。完善水、电、气供应，加强供水、供电、供气等基础设施建设，保障居民的基本生活需求，加强新能源的开发利用，推动可持续能源的应用。改善社会服务设施，提供完善的教育、医疗、文化体育、社区服务等公共服务设施，满足居民的生活与发展需求，提升居民的生活品质。

生态环境保护与建设。加强资源保护，注重农田水利建设，加强水资源、土壤资源和森林资源等的保护与管理，推行可持续农业和生态农业模式，促进农村的绿色发展。推动生态修复，进行湿地、草原、山水等生态景观的修复与保护，提高生态系统的稳定性和功能性，增加自然资源的可持续利用效益。推广清洁技术与循环经济，推动清洁生产技术和循环经济模式的应用，并加强废弃物处理与资源回收利用，降低环境污染。

6.2.2 结构组成和分类

镇域村镇空间体系的空间结构组成主要涉及空间布局、层级关系、空间组织和空间连接等方面。通俗地讲，镇域村镇空间体系的组成要素包括小城镇镇区节点、农村节点以及连接通道与交通网络。对镇域村镇空间体系的空间结构进行详细分析，有助于认清其内在关系和特点，为规划和发展提供科学依据，有助于优化资源配置、促进区域协调发展和提高居民生活质量。

空间布局。镇域村镇空间体系的空间布局是指镇区和农村节点在地理空间上的分布状况。根据不同地区的特点和发展需求，可以存在集中式布局、分散式布局和线性布局等形式。集中式布局指各个镇和农村节点相对密集的区域，如城市群、经济带等；分散式布局则是各个镇和农村节点分散分布在不同地点；而线性布局则是沿着道路、河流等线性地形分布。

层级关系。小城镇是一个相对较小的城市，一般具有城市的行政管理、经济发展和服务功能，它在农村中充当着连接农村与城市的桥梁和纽带。小城镇通常设有政府机关、商业区、集散中心、产业园区、医疗卫生设施、文化娱乐场所等。镇域村镇空间体系内部存在着镇建成区和农村节点之间的层级关系。在不同层级上扮演着不同的角色和功能。这种层级关系有利于实现城乡融合发展、资源要素的合理配置和区域协调发展。小城镇建成区具有最高的层级，它们承载着主要的行政、商业和服务功能。镇建成区具有辐射带动周边区域发展的功能，承担商业、服务、文化、教育等综合性功能，是小城镇中心，拥有完善的基础设施和社会服务设施，吸引人口流入、资本投入和产业发展。规划和建设小城镇建成区节点是镇域村镇空间体系发展的重要策略之一，可以有效推动经济增长、优化资源配置、改善居民生活质量，并提升整个区域的发展水平。农村节点是农村地区的集中居住区域，包括村庄、乡镇以及农民住宅区，是农村居民生产劳作和生活的基本单位，是农村经济社会发展的重要组成部分。农村节点中通常拥有农田、农牧业生产设施、农民住宅、公共服务设施，如学校、医疗站所、村委会等，主要集中于农业生产和农民居住地。

空间组织。镇域村镇空间体系的空间组织是指小城镇和农村节点在空间上的组织方式和结构特征，它涉及小城镇核心区域（如小城镇建成区）、小城镇边缘区域、农村村庄和农田等空间要素组成的结构。在空间组织中，小城镇建成区节点通常拥有更为完善的基础设施和服务设施，而农村节点是镇域村镇空间体系的重要组成部分，起到连接小城镇核心区域节点和乡村的桥梁作用。农村节点集聚了农业生产要素和农村居民，承担着农业生产、农产品加工、乡村旅游等功能。提升农村节点的发展潜力和功能，可以促进农业现代化、农民增收和乡村振兴。通过加强农产品加工、培育乡村旅游、开展特色产业等措施，提升农村节点的综合竞争力，实现城乡融合发展。

空间连接。镇域村镇空间体系的构成之间存在着密切的相互关系和相互依存。镇域村镇空间体系内部的空间连接主要包括连接通道、交通网络以及信息通信等方面，发展完善的交通网络和连接通道，可以实现镇域村镇节点之间、城乡之间以及与外部的快速联系和交流，建立健全的信息通信网络也对促进镇域村镇空间体系的发展和提升具有重要作用。①连接通道与交通网络。连接通道和交通网络是镇域村镇空间体系的血脉，对于区域内外的联系和交流起到关键作用。良好的交通网络可以推动人员流动、物流运输、资源要素流动，促进产业协同、市场扩展和经济发展。②产业联系与合作。小城镇与农村聚落之间形成了一种产业联系与合作关系。小城镇作为农产品的集散地、加工转化地，为其提供市场和贸易机会，带动了农村经济的发展。同时，农村聚落向小城镇提供了大量的劳动力、原材料和资源，支持小城镇经济的持续运转。③公共服务与基础设施。小城镇通过提供公共服务和基础设施来满足农村居民的需求。例如，小城镇提供医疗卫生、教育、文化娱乐等服务设施，为农村居民提供更好的生活条件。同样，农村聚落也需要利用小城镇的设施和服务来满足各种需求，如购物、医疗、交通等。④人员流动与交流。镇域村镇空间体系促进了人员的流动与交流。一方面，农村居民常常到小城镇寻找就业机会、商业服务和教育资源等；另一方面，小城镇的人员也会到农村进行农业生产、服务业发展等。这种人员流动与交流促进了资源的共享和产业的融合，增强了城乡之间的联系。⑤文化交融与共享。镇域村镇空间体系也在文化方面形成了一种互动和共享关系。小城镇作为文化中心和文化活动场所，提供了文化艺术表演、体育活动等机会，丰富了农村居民的文化生活。反过来，农村聚落也保留了自己的传统文化和民俗风情，为小城镇带来了独特的乡村文化体验。⑥改善连接通道。包括道路、铁路、航空等交通设施的建设，可以缩短地理距离、加强区域间联系，同时也有助于促进城乡互联互通和资源要素的高效流动。通过改善连接通道，可以为镇域村镇空间体系提供更多发展机遇和开放空间。

镇域村镇空间体系可以根据不同的分类标准进行分类，包括功能性分类、地理位置分类、发展阶段分类和规模大小分类等，这些分类有助于了解不同镇域村镇空间体系的特点和发展需求，为制定相关政策和规划提供参考依据。镇域村镇空间体系的分类可以根据不同的标准选择最为适合的划分方式。

功能性分类。农业型镇域村镇空间体系：以农业为主导产业，农村聚落与农田紧密相连，依赖农业经济维持生活。工业型镇域村镇空间体系：以工业发展为主要特征，农村聚落内有工业园区和工业企业，实现了农村工业化转型。旅游型镇域村镇空间体系：依托景区、风景名胜或者特色资源，发展旅游业成为引领经济发展的重要方向。

地理位置分类。沿海镇域村镇空间体系：位于沿海地区，具有海洋资源和渔业等优势，发展海洋经济、海洋旅游等。内陆镇域村镇空间体系：位于内陆地区，以农业、畜牧业、矿产资源等为主要经济支柱。

发展阶段分类。发达型镇域村镇空间体系：具有较强的经济实力和优质的基础设施，工商业发达，居民生活水平较高。发展中型镇域村镇空间体系：处于经济增长阶段，具有一定的农业和工业基础，发展潜力较大。落后型镇域村镇空间体系：经济相对落后，基础设施建设滞后，需要加大发展力度来提高农村居民生活水平。

规模大小分类。大型镇域村镇空间体系：人口众多，区域面积广阔，具有较完善的城市功能和经济规模。中型镇域村镇空间体系：人口规模适中，经济较为独立，发展较为均衡。小型镇域村镇空间体系：人口较少，功能相对简单，发展受限制。

6.2.3 主要特征

镇域村镇空间体系具有特色鲜明、互动性、乡村振兴、产业转型升级、基础设施和服务配套、可持续发展等特征。在未来，该体系将逐步实现城乡融合发展、产业转型升级、乡村振兴和绿色生态建设的发展趋势。

特色鲜明。镇域村镇空间体系具有较强的分散性，各个乡镇和农村聚落之间相对独立存在。镇域村镇空间体系在自然环境、历史文化、乡土特色等方面具有独特的地域特点，能够吸引游客和投资者。保护和传承当地的文化遗产，发挥乡村旅游和特色产业的优势，成为小城镇发展的重要特征。不同地区的镇域村镇空间体系在发展水平、经济活动、社会文化等方面存在差异，呈现出多样性的特征。镇域村镇空间体系不仅具有传统农业和农村居住功能，还承担着一部分工业、商贸、服务业等城市功能。这种多功能性使得镇域村镇空间体系成为城乡交流与互动的重要节点。

互动性。镇域村镇空间体系不仅是城市向农村的传导通道，也是农村资源向城市转化和输出的渠道，双向吸纳。镇域村镇空间体系中的乡镇与农村聚落之间存在着密切的联系和互动，通过人口流动、物资交流、信息传递等方式相互影响和促进发展。镇域村镇空间体系中的小城镇和农村地区紧密相连，区域内部的交通联系和人员流动日益便捷。通过融合优势资源和协同发展，实现城乡间的经济合作和资源共享。

乡村振兴。镇域村镇空间体系的发展将倾力推动乡村振兴战略的实施，通过提升农村基础设施、加强产业培育、改善民生福祉等措施，促进农民增收和乡村发展。

产业转型升级。镇域村镇空间体系将逐渐从传统农业为主导向多元化产业结构转变，以创新驱动、技术引领为核心，发展先进制造业、现代服务业和文化创意产业等高附加值产业，提高经济效益和就业水平。

基础设施和服务配套。乡镇作为镇域村镇空间体系的节点，提供基础设施和公共服务，为农村居民提供教育、医疗、交通等多种服务。

可持续发展。镇域村镇空间体系注重生态环境保护和资源的可持续利用。通过推进绿色发展、循环经济和低碳生活方式，实现经济增长与生态环境的协调发展。镇域村镇空间体系将加大对生态环境的保护和修复力度，通过推进生态农业、生态旅游和生态文明建设，实现经济发展和生态环境的协同发展。

6.2.4 发展阶段

镇域村镇空间体系的发展阶段可以更详细地划分为初始阶段、成长阶段、发展阶段、成熟阶段和转型升级阶段。这些阶段的划分是一个大致的框架，在实际情况下可能会存在交叉或重叠的情况。此外，发展阶段的时间长度和特征因地区差异而有所不同。不同阶段的小城镇处于不同的发展需求和挑战，因此需要采取相应的政策和措施，推动小城镇的可持续发展。初始阶段是镇域村镇空间体系的最初阶段，特点是经济基础薄弱、工商业发展较少、基础设施欠缺。农村聚落大多依赖农业为主要生产方式，人口规模较小，基础服务设施不完善。在镇域村镇空间体系的增长阶段，经济发展逐渐加快，基础设施逐步完善，社会服务能力提高。小城镇基于农业、工业、商业等各类产业的发展，开始承担起区域经济中心或县级市的功能，吸引着周边农村居民涌入，增加了人口和产业规模。镇域村镇空间体系进入发展阶段后，具备一定的经济实力和较为完善的基础设施，拥有相对成熟的工商业体系。小城镇经济呈现出较高的增长速度，各类服务设施得到提升，人居环境和社会文化水平得到改善。在镇域村镇空间体系的转型升级阶段，以提升产业结构和改善经济质量为重点，小城镇转向更加智能化、绿色低碳、可持续发展的方向。基础设施非常完善，人口稳定且逐渐趋于发展饱和，居民生活水平有所提升。

需要注意的是，不同地区和不同小城镇在发展阶段上存在差异。有些小城镇可能仍处于初始阶段或增长阶段，而有些则已经进入了发展或转型阶段。随着社会经济的快速变化，镇域村镇空间体系的发展也在不断演进和调整，旧有的阶段划分可能需要根据当前实际情况进行修订。见表 6-1。

表 6-1 我国小城镇不同发展阶段的特征

阶段	经济	基础设施	人口
初始阶段	小城镇经济较为薄弱，以农业为主导产业，农村聚落依赖农业生产为主。	基础设施建设相对滞后或不完善，交通、市政等基础设施建设较少。	人口规模较小，农业劳动力主导，流动人口较少。
增长阶段	小城镇经济开始增长，多元化产业逐步发展，农业、工业、服务业等领域有一定规模的企业和经济活动。	基础设施得到提升，交通、水电、通信等基础设施建设逐渐改善。	人口逐渐增加，流动人口增多，小城镇吸引来自周边农村或其他地区的人员。
发展阶段	小城镇实现经济的快速发展，工商业有较大规模、较高产值，形成一定的产业集聚效应。	基础设施建设完善，交通、水电、通信等基础设施较为健全，服务业设施等得到提升。	人口规模较大，流动人口较多，小城镇成为吸引农村居民和外来人口就业和居住的区域。
成熟阶段	小城镇形成了相对完善的产业体系，产业结构更为先进、多元化，经济增长相对稳定。	基础设施完善，交通、电力、通信、水利等基础设施建设达到一定水平，城乡服务一体化较好。	人口稳定且逐渐趋于发展饱和，具有较高的城镇化率，居民生活水平有所提升。
转型升级阶段	以提升产业结构和改善经济质量为重点。小城镇开始注重技术创新、服务业发展和产业升级，转向更加智能化、绿色低碳、可持续发展的方向。	基础设施非常完善，交通、电力、通信、水利等基础设施建设达到较高水平，城乡服务一体化完成。	人口稳定饱和，具有较高的城镇化率，居民生活水平较高。

6.2.5 实施流程

镇域村镇空间规划。需要进行镇域村镇的空间规划，包括对镇域村镇的土地利用、建设、发展和保护等方面的规划。空间规划需要符合国家和地方的规划法律法规，也需要结合当地的自然地理、历史文化和产业结构等方面的特点进行综合考虑。

镇域村镇基础设施建设。在规划的基础上，需要进行镇域村镇的基础设施建设，包括交通、供水、供电、环保、信息网络等方面的建设，以改善镇域村镇居民的生活条件和促进镇域村镇的经济社会发展。

镇域村镇产业发展。镇域村镇产业发展是镇域村镇空间体系搭建的重要组成部分，需要结合当地的资源和优势，发展适合当地的特色产业，如农业、手工业、旅游、文化等方面的产业，以提高镇域村镇居民的经济收入，促进镇域村镇的经济发展。

镇域村镇社区建设。镇域村镇社区建设是镇域村镇空间体系搭建的重要方面，需要进行镇域村镇的社区规划和建设，包括镇域村镇居民的住房、社区服务设施、教育医疗设施、文化娱乐设施等方面的建设，以改善镇域村镇居民的生活环境和提高生活质量。

镇域村镇环境保护和治理。镇域村镇空间体系搭建需要重视环境保护和治理，需要进行镇域村镇的环境保护和治理规划，包括镇域村镇的水环境保护、大气环境保护、土壤环境保护、固体废物处理、噪声控制等方面的规划和建设，以保护和改善镇域村镇的生态环境。

在具体实施过程中，需要充分发挥镇域村镇居民的主体作用，鼓励镇域村镇居民参与规划、建设和管理等方面的工作，实现镇域村镇的可持续发展。同时，也需要政府部门和社会各界的支持和帮助，共同推进镇域村镇空间体系的搭建。

6.2.6 空间布局及其内容

小城镇空间布局是规划和发展的基础，关注内部空间要素、功能和地域关系。合理布局为小城镇发展提供有利条件，通过科学规划实现用地布局，根据实际情况利用土地资源，提高利用率，有助于提升发展质量。布局定位准确、发展规模适宜，有利于可持续发展和城镇现代化建设，提升发展质量和水平。通过优先发展区域和调整规模与结构，为经济、社会和环境目标提供支撑。小城镇镇域村镇空间体系布局的主要内容涵盖了土地利用、基础设施建设、经济发展、公共服务和城乡协调等方面，通过合理规划和科学发展，可以实现小城镇的可持续发展和社会进步。

土地利用规划。合理的土地利用和城乡规划是小城镇发展的基础。小城镇制定合理的土地利用规划，明确各个功能区域的位置和范围，包括安排居住区、商业区、工业区、农田和自然保护区等，以实现土地资源的有效利用和空间布局的科学合理。

基础设施建设。小城镇需要完善的基础设施，如道路、供水、排水、电力、通信等，以支持经济社会发展和提高居民生活质量。针对小城镇的规模和发展需求，合理规划和建设适度规模的基础设施，为居民提供便利和支持经济的繁荣。小城镇的空间布局应考虑交通运输的便利性，规划道路网络、公共交通站点以及停车设施，提高城市交通的流动性和便捷性，方便居民出行和物流运输。

经济发展和产业布局。小城镇应根据自身条件和优势选择合适的产业方向，推动产业升级和转型。可以发展现代农业、工业园区、服务业等，吸引投资和促进就业增长。

同时，要注意产业结构的合理布局，避免过度集聚和资源浪费。小城镇的经济产业布局应根据地方资源和优势，发展适宜的产业。可以发展农业、工业、服务业等，促进经济多元化和产业升级，提高小城镇的经济竞争力。

公共服务和社会管理。小城镇需要提供完善的公共服务，如教育、医疗、文化、体育等，满足居民的基本需求，还需要加强社会管理，维护社会稳定和安全。小城镇应拓展和完善社会公共服务，包括教育、医疗、文化、体育等。建设学校、医院、文化中心、体育设施等，提供高质量的公共服务，满足居民的各种需求。小城镇应注重景观规划和文化传承。保护历史遗迹、传统建筑和文化景观，同时注重新建建筑的风格与传统风貌的融合，营造独特的文化氛围，塑造美好城镇形象。

城乡规划和建筑设计。小城镇需要进行城市规划和建筑设计，以保持城镇的整体风貌和特色。这涉及建筑高度、外观、风格等方面的控制，营造具有地方特色和宜居性的城镇环境。小城镇的居住区应当有良好的居住环境。这包括合理规划居住用地，建设适宜居住的房屋和社区设施，提供优质的居住环境和配套设施，如公园、绿地、教育和医疗等。公共空间和社区建设。注重公共空间和社区建设是小城镇空间布局的重要内容，规划公共广场、公园、休闲娱乐设施等，为居民提供休闲娱乐和社交活动的场所，促进社区互动和人文氛围的形成。

环境保护与生态建设。小城镇在空间布局中应注重环境保护和生态建设。合理规划自然保护区、湿地保护区等，保护好水源、森林、湖泊等自然资源，推动生态修复和保护。

城乡协调发展。小城镇的空间布局要积极推动城乡融合和农村振兴。小城镇作为城乡接合部的重要组织单位，应努力促进城乡协调发展。可以通过推进农村改革、农村产业发展、农村基础设施建设等，通过发展农村产业、提升农民收入水平，促进城乡一体化发展，实现农村地区与市区的互动和共同发展。减少城乡差距，提高农村居民生活质量。

灾害防治与安全保障。小城镇的空间布局应重视灾害防治和安全保障。合理规划避灾区域、防洪设施、安全疏散通道等，加强自然灾害风险评估和预警机制的建设，保障居民的生命财产安全。

6.2.6.1 土地利用规划和布局

小城镇镇域村镇体系的空间规划与布局的核心任务是进行土地利用规划和布局。为确保小城镇的长期发展，必须合理规划和安排各类土地用途，从而实现对土地资源的有效利用，推动经济发展，提升居民生活质量，以及保护环境等多元目标。小城镇的土地利用规划与布局涉及用地功能区划、居住区规划、产业与商业区布局、农业用地保护与农业产业发展、自然资源保护与生态建设，以及交通网络规划等多个方面。通过科学、合理的规划与布局，能够实现小城镇的可持续发展，并提升居民的生活质量。在制定小城镇土地利用规划与布局时，需要全面考虑人口规模、拓展发展空间、地方资源、居民生活质量、土地经营与利益平衡，以及可持续发展和环境保护等多方面的因素。

确定用地功能区划。首先需要确定小城镇不同用地功能的区域划分。这包括居住用地、商业用地、工业用地、农业用地、自然保护用地等。依据土地的自然条件、城镇规模、经济发展需求等因素，合理划分不同功能区域。

合理配置居住区。小城镇的居住区应根据人口需求和居住环境要求进行合理配置。要考虑到居住区的位置选择、居住用地的大小和居民生活的便利性。同时，要注意优化社区设施，如学校、医院、商业中心、公园绿地等布局。

发展产业与商业区。根据小城镇的产业结构和发展方向，合理规划和布局工业区和商业区。将工业用地与居住区合理划分，避免工业污染对居民的影响。商业区应设在便于交通和吸引消费者的区域，满足居民的购物和娱乐需求。

保护农业用地和发展农业产业。小城镇的土地利用规划与布局还要注重保护农业用地和发展农业产业。明确划定农田保护区，保障农业用地的稳定性和可持续性。同时，根据农村人口、农产品需求和市场需求，合理规划和发展农业产业。

自然资源保护与生态建设。在小城镇的土地利用规划与布局中，要注意自然资源的保护和生态建设。划定自然保护区和生态绿地，保护生态环境和生物多样性。合理规划公园、绿地和景观区，为居民提供休闲娱乐和健康生活的场所。

合理规划交通网络。小城镇的土地利用规划与布局还应考虑交通网络的规划。合理规划道路、交通枢纽和公共交通设施，提供便捷的交通运输条件。同时，加强非机动车和步行系统的规划和建设，鼓励绿色出行方式。

土地利用管理与监控。对小城镇土地利用的规划与布局还需要加强土地利用管理与监控。对土地开发进行严格审批和准入条件，确保土地利用的合规性和合法性。加强土地利用监测和评估，及时发现问题，并采取相应的调整和改进措施。

当涉及小城镇土地利用规划与布局时，还有一些值得深入阐述的关键点，具体如下。

人口规模与土地需求。小城镇的人口规模是决定土地利用规划与布局的重要因素之一。需要根据人口预测和发展需求合理估算土地需求量。同时要考虑人口增长率、人口密度以及城镇扩张的潜力，确保土地供给能够满足未来发展的需求。

拓展发展空间与城市边界控制。小城镇的土地利用规划与布局应充分考虑到城市的拓展发展空间和城市边界控制。合理划定城市用地边界，避免无序扩张。同时，可以考虑引入城市发展边界控制机制，如土地使用权交易等手段，控制城市拓展速度，保障土地供应的稳定性。

地方资源与优势产业发展。小城镇土地利用规划与布局需要充分考虑地方资源和优势产业的发展。根据地方资源的类型和特点，合理配置相应的用地，促进地方经济的发展。比如，充分利用农业资源发展农村经济、发展旅游业利用自然景观等。

空间布局与居民生活质量。在小城镇土地利用规划与布局中，要将居民生活质量作为重要考虑因素。合理规划居住区、商业区和公共服务设施，使其相对均衡分布，减少交通拥堵和距离隔阂。同时，注重绿化空间和景观建设，提供舒适的居住环境和休闲娱乐场所。

土地经营与利益平衡。土地利用规划与布局需要兼顾土地经营和利益平衡。政府应该制定相应的政策措施,确保土地资源的合理开发和利用。注重土地收益的平衡分配,避免土地利益过度集中,促进土地资源的公平利用和社会效益的最大化。

可持续发展与环境保护。小城镇土地利用规划与布局需以可持续发展和环境保护为基础。要制定相应的环境保护政策,考虑到资源的稀缺性和环境的承载能力。推动低碳经济发展,鼓励节能减排,提倡绿色建筑和生态农业等,以实现生态环境和经济效益的双赢。

6.2.6.2 基础设施配置与布局

在小城镇空间发展过程中,基础设施布局研究具有举足轻重的地位,必须进行多方面的综合考量。第一,要确定基础设施的需求,深入了解小城镇的人口、经济发展水平、产业结构以及居民生活需求等方面的信息,为基础设施布局提供有针对性的建议。第二,基础设施布局应与经济发展紧密结合,以促进产业升级和经济增长。合理的基础设施布局能够为经济发展提供有力支撑,推动小城镇的经济繁荣。第三,要规划完善的交通网络。交通是小城镇发展的关键因素,需要综合考虑道路、公交、地铁、自行车道、人行道等交通设施的布局。合理规划交通网络有助于提高小城镇的可达性和便捷性,为居民出行提供便利。第四,要确保能源供应的稳定。在基础设施布局中,应考虑电力、燃气、供水、污水处理等能源设施的布局,确保居民能够便捷地获取所需的能源,保障生活生产的正常进行。第五,要完善公共服务设施。包括教育、医疗、文化、体育、商业等设施的建设,以满足居民的日常生活需求,提升小城镇的生活品质。第六,要加强市政环保设施的建设。在基础设施布局中,应考虑道路、桥梁、排水、照明、通信等设施的布局,确保小城镇的正常运行。同时,要加强垃圾处理、污水处理、绿化等环保设施的建设,提高小城镇的环境质量,打造宜居环境。第七,要注重生态保护。在基础设施布局过程中,要充分考虑小城镇周边的自然环境和生态资源,进行合理的生态保护和规划,确保小城镇的可持续发展。第八,要关注社会公平。基础设施布局应关注社会公平,确保所有居民都能公平地享受到基础设施带来的便利,促进社会和谐稳定。第九,要注重可持续发展。在进行基础设施布局时,应充分考虑小城镇的长期发展需求,确保基础设施的可持续性,为未来的发展奠定坚实基础。

6.2.6.2.1 基础设施建设的规划与布局实施

小城镇基础设施的空间布局需要综合考虑人口规模、经济发展、环境保护以及居民需求等多方面因素,以提供便捷、舒适和可持续发展的城市环境。具体的布局方案应由当地政府根据实际情况进行制定和管理。

在小城镇基础设施的空间布局中,以下是一些关键要素:

道路与交通设施。道路和交通设施是城镇基础设施的重要组成部分。它们应该便捷地连接城镇各区域,并与周边地区的交通网络相连。规划合理的交通网络,包括城市道路、乡村公路、交通枢纽等,提高交通便利性和交通连通度。注重发展公共交通,并推广新能源交通工具。考虑到环保因素，提供自行车道和步行道也很重要。

城市公共基础设施。完善供水、供电、供气等基础设施，确保居民的生活用水、电力和燃气供应安全稳定。加强新能源的开发利用，推动可再生能源的应用。建设垃圾处理设施、污水处理厂等城市设施，提高环境卫生水平和城市品质。

居住区基础设施。小城镇应该有规划良好的居住区域。这些区域应该包括住宅建筑、公共绿地和便利设施，如学校、医院、购物中心等。居住区应该注重环境保护、保障居民的生活质量和社会互动。

商业区基础设施。商业区是城镇经济活动的核心，商业区应该有良好的交通连接和便利的停车位，包括商店、办公楼、餐饮场所和文化娱乐设施，以满足居民和游客的需求。

农村设施建设。改善农村道路、供水、排水等基础设施，提高农民的生产和生活条件。加强农村电商和物流设施建设，促进农产品流通和农业现代化发展。

公共服务设施。政府办公楼、学校、医院、图书馆、体育设施等设施应该分布合理，满足居民的基本需求，并提供良好的公共服务。

绿地和公园。小城镇的空间布局应该充分考虑绿地和公园的布局。这些区域对于居民休闲和健康非常重要，同时也有助于改善城市环境质量。

6.2.6.2.2 小城镇基础设施布局的形式

小城镇基础设施的布局形式可以因地区而异，具体取决于城镇的规模、地理条件和发展目标等因素。不同城镇可能采用不同的形式或者结合多种形式进行布局，以满足当地的发展需求和资源条件。以下是一些常见的小城镇基础设施布局形式。

环形布局。这种布局形式将城镇分为内外两个环，内环通常包括市中心、商业区和主要公共服务设施，外环则包括住宅区和自然景观。这种布局形式可以提供较为集中的城市功能，并使得居民方便前往不同区域。

放射状布局。这种布局形式将城镇的主要街道或道路设计成放射状，呈辐射状延伸出去。市中心通常位于放射状道路的中心点，而其他功能区如住宅区、工业区等则分布在不同的放射状道路上。这种布局形式便于交通流动和区域划分。

网格状布局。这种布局形式以规整的方形道路网格为特征，形成了严谨而有序的街道布局。这种布局形式较为灵活，便于管理和规划，同时具有良好的交通流动性。

自由式布局。这种布局形式较为灵活，没有固定的几何形状。基础设施根据城镇实际需要进行布局，可以根据地形、土地利用等因素进行调整。这种布局形式适用于地理条件复杂或者城镇发展步伐较快的情况。

6.2.6.3 产业布局

小城镇空间发展中的产业布局研究是一个复杂的问题，涉及多个方面。第一，要分析小城镇所在地区的资源禀赋、产业基础以及市场需求，确定适宜发展的主导产业。例如，如果当地有丰富的自然资源，可以发展资源加工产业；如果有丰富的劳动力资源，可以发展劳动密集型产业。第二，产业集群发展。鼓励产业集群发展，形成规模效应，降低生产成本,提高竞争力。产业集群可以通过企业相互合作,共享资源,降低创新成本。第三,产业链延伸。根据当地产业基础,发展相关产业链,形成产业链集群。例如,发展农产品加工产业,可以引入原料供应商、物流公司等相关产业,形成产业链集群。第四,产业布局优化。根据小城镇的实际情况,合理布局产业空间。可以采取集中发展、分散发展等多种模式,根据不同产业的特点和发展需求进行布局。第五,产业政策引导。制定有利于产业发展的政策,如税收优惠、财政补贴、金融支持等,鼓励产业创新和发展。第六,环境保护与可持续发展。在产业布局过程中,要充分考虑环境保护和可持续发展,避免产业发展对生态环境造成破坏。第七,人才培养与引进。培养和引进专业人才,为产业发展提供人才支持。可以通过与高校、企业合作,开展人才培训、技术交流等活动。第八,社会参与和公众参与。鼓励社会各界参与小城镇空间发展的产业布局研究,提高公众的参与度,增加政策的透明度。小城镇空间发展中的产业布局研究需要综合考虑多个因素,制定科学合理的产业发展规划,以实现产业结构的优化和升级。

（1）小城镇产业布局的构建及其形式

小城镇产业布局的形式通常取决于当地的资源特点、经济发展目标以及市场需求。实际上,每个小城镇都有其独特的地方优势和发展需求。最终的产业布局形式应该根据当地的具体情况进行综合评估和规划,以实现经济发展和可持续性。以下是一些常见的小城镇产业布局形式。

单一产业布局。某些小城镇可能会根据其特定的资源禀赋和优势产业进行布局。例如,如果某个小城镇在农业方面具有优势,那么可能会将重点产业定位为农业生产和相关加工业。这种专注于单一产业的布局有助于发挥当地资源优势,并迅速推动经济发展。

多元化产业布局。其他小城镇可能会选择多元化发展,通过培育和吸引不同类型的产业来实现经济的多样化。这种布局形式旨在减少产业之间的依赖性,提供更多的就业机会,并提高小城镇的经济韧性。

产业园区布局。为了促进产业协同发展和集聚效应,一些小城镇会设立专门的产业园区。这些园区可以根据不同产业的需求,提供相应的基础设施和支持服务,吸引企业入驻并构建产业集群。产业园区布局有助于提升小城镇的产业竞争力和创新能力。

旅游产业布局。对于一些具有风景名胜或历史文化资源的小城镇,可能会选择以旅游业为主要产业进行布局。通过发展旅游相关的设施和服务,吸引游客,推动经济发展。

创新型产业布局。随着科技进步和经济转型,越来越多的小城镇正在将重点放在创新型产业上,如高科技产业、文化创意产业等。通过培育创新氛围和支持创新企业,小城镇可以实现经济的高质量发展。

小城镇产业布局形式的优劣取决于各种因素,包括当地资源、市场需求、政策支持和发展目标等。每种小城镇产业布局形式都有其优、劣势。最佳的布局形式应基于充分的分析和评估，并结合当地的资源条件、市场需求和发展目标来决定。同时，灵活性、适应性和可持续性也应成为布局的考虑因素，以实现小城镇的长期稳定发展。见表6-2。

表 6-2 我国小城镇产业布局的情况

布局形式	优势	劣势	案例
单一产业布局	利用当地的特定资源和优势，有助于形成明显的竞争优势。专注于某一主导产业可以提高效率和生产力。通过聚焦于单一产业，可以吸引相关的投资和人才。	过度依赖单一产业可能使小城镇在面对外部经济波动时更加脆弱。单一产业存在风险，如市场竞争激烈或技术变革可能导致产业衰退，限制了小城镇经济的多样性和韧性。	河北省沙河市。沙河市以砖瓦陶瓷产业为主导，集中发展了大量砖瓦企业和陶瓷制品企业。由于当地富含黄土等砖瓦原料资源，并具有传统的窑洞烧制工艺，形成了该地区特有的砖瓦产业集群。 四川省广安市邻水县。邻水县以钢铁产业为主，拥有多家大型钢铁企业。凭借资源禀赋和政策扶持，邻水县打造了一个具有一定规模的钢铁产业基地，推动了当地经济的迅速发展。
多元化产业布局	分散风险，减少对某一产业的依赖性。创造多个就业机会，提高居民收入和生活质量。促进小城镇经济的稳定性和可持续发展。	需要更多的资源和管理投入来支持多产业的发展。不同产业之间的协调和管理可能存在挑战。由于资源有限，小城镇可能很难在所有领域都达到竞争优势。	浙江省诸暨市。诸暨市以服装制造业、纺织业和鞋业等为主要产业，形成了较为完善的产业链。通过吸引国内外知名服装品牌及企业入驻，诸暨市形成了融设计、生产、销售为一体的纺织服装产业集聚区，促进了小城镇经济的多元化发展。 江苏省溧阳市。溧阳市以汽车零部件制造业、机械制造业和电子信息产业等为主要支柱产业。通过发展多个产业领域，溧阳市实现了工业结构的多样化，提高了经济的韧性和可持续发展能力。
产业园区布局	创造集聚效应，提高企业之间的合作机会和创新潜力。提供共享的基础设施和服务，降低企业成本。利用园区品牌影响力，吸引更多的投资和人才。	需要大规模土地和资源支持，造成土地和环境压力。对园区内企业的产业结构和增长有较强的依赖性，缺乏多样性。管理和维护园区的复杂性较高，需要有效地规划和协调。	广东省东莞市厚街镇。厚街镇拥有多个产业园区，涵盖了电子、纺织、家具和电器制造等行业。这些园区提供了先进的设施、完善的服务和专业的管理，吸引了大量企业入驻，并形成了产业配套和协同创新机制。 江苏省苏州工业园区。苏州工业园区是中国首个开放的、政府主导的产业园区。该园区依托优美的生态环境和良好的基础设施，集聚了众多国内外企业，涵盖了电子信息、生物医药、新材料等多个领域。

布局形式	优势	劣势	案例
旅游产业布局	利用当地景观、文化等资源，发展独特的旅游产品。 带动其他相关行业的发展，如餐饮、住宿和交通等。 可以向外地游客带来经济收入，推动小城镇的发展。	高度依赖旅游季节性和景点的吸引力，需面对旅游市场波动的风险。 受限于当地景点和资源，发展空间可能受到局限。 需要合理规划和管理，避免过度开发对环境和文化的破坏。	云南省丽江市古城区。丽江古城以其独特的纳西民族风情和优美的自然景观而著名，成为重要的旅游目的地之一。该地区发展了丰富的旅游产业，包括民宿、手工艺品、餐饮和文化表演等，推动了当地旅游经济的繁荣。 四川省都江堰市。都江堰市以著名的世界文化遗产都江堰景区闻名。围绕景区，发展了旅游服务、特色农业、文化创意产品等相关产业，促进了当地经济增长和农民收入的提升。
创新型产业布局	推动科技创新和人才培养，提高小城镇的竞争力。 带来高附加值的产业和就业机会。 推动经济结构转型，实现可持续发展。	创新型产业的发展需要强大的科技支持和资金投入。 与传统产业相比，创新型产业发展周期长，风险较大。 必须培育良好的创新生态系统，包括技术研发、人才培养和政策支持。	北京市中关村科技园区。中关村科技园区是中国最大的高新技术产业集聚区之一，聚集了许多国内外知名的科技企业和研发机构。这里以信息技术、生物医药、新材料等创新产业为核心，形成了产学研用一体的创新生态系统。

（2）镇域村镇产业体系的优化

针对小城镇镇域村镇体系的产业布局，需要进行产业体系的构建与优化，包括以下方面。

产业规划与定位。根据当地资源禀赋和市场需求，合理确定小城镇的产业规划与定位。针对不同城镇可发展特色产业、优势产业，并结合农村区域特点发展农业产业。

优化产业链条。推动小城镇的产业链条延伸和升级，加强上下游产业的协同发展。鼓励加工制造业与服务业深度融合，提升附加值和品牌效应。加强产业协作，促进小城镇产业的协同发展，推动不同产业间的合作与共享，形成集群效应和规模化效益。

培育特色产业。依托小城镇的地域文化、自然风光、传统工艺等优势，培育具有地方特色的产业。开发乡村旅游、农产品加工等，打造品牌和增加就业机会。绿色可持续发展。推动小城镇产业向清洁能源、低碳环保方向发展。鼓励节能减排、循环利用和环保技术的应用，推动绿色产业的发展。

发展特色农业。结合当地资源和市场需求，培育特色农产品和农业品牌，推动农村经济的多元化发展。

强化创新驱动。鼓励小城镇培育和引进高新技术企业，促进科技创新和产业升级。加强创新平台建设和人才引进，提升小城镇产业的竞争力和创新能力。加强科技创新，推动小城镇产业的技术创新和商业模式创新。鼓励企业与高校、研究机构合作，推动科研成果转化为实际生产力。智能化发展，积极探索智能制造和数字化技术在小城镇产业中的应用，提高生产效率和产品质量，实现产业的智能化升级。培育创业创新氛围，营造良好的创新创业环境，提供创业培训、创投支持等服务，激发创新创业活力，吸引优秀人才和项目进驻小城镇。

6.2.6.4 人口与用地布局

镇域村镇空间体系的人口与用地布局需要根据各个节点的功能定位、发展需求和当地资源状况进行科学规划。合理的人口与用地布局有利于优化人口结构、提高土地利用效率和促进经济社会可持续发展。镇域村镇空间体系的人口与用地布局是指针对不同镇域村镇节点的人口规模和人口分布，以及相应的土地利用情况进行分析和规划。在人口与用地布局方面，需要进行科学地规划和管理。根据城乡发展需求，要结合人口增长预测、产业发展规划、土地资源状况等因素，科学规划镇域村镇空间体系内不同节点的人口数量和土地利用率，逐步实现合理的人口与用地布局。这包括合理引导人口流动，优化城市人口规模与用地关系，合理控制建设用地规模，推动农村土地整治和扩大农田面积。在镇域村镇空间体系中，人口与用地之间存在紧密的关系。城市节点人口数量多、用地密集，需要提供更多的公共服务设施和基础设施。次级镇和农村节点则相对稀疏，但要根据人口规模和功能需求合理安排土地利用，以满足当地人口居住和生产发展的需求。合理的人口与用地关系有助于实现土地资源的有效利用、提升社会服务水平和改善居民生活质量。

（1）小城镇镇域村镇空间体系的人口布局

镇域村镇空间体系的人口布局是指各个镇和农村节点的人口数量和分布状况。在小城镇空间发展中，人口布局是一个关键因素。合理的人口布局不仅能够促进经济发展，提高居民生活质量，还有助于提高小城镇的竞争力。通常，城市节点拥有较高的人口密度，吸引了大量人口集聚，包括城市居民、就业人口、外来人口等。次级镇和农村节点则根据实际情况具有不同程度的人口规模和分布特点。合理的人口布局有助于优化城乡人口结构、提高社会服务能力和促进人口资源的合理利用。小城镇人口布局实际布局形式会根据具体情况和发展需要而不同。重要的是在制定人口布局策略时，考虑到人口数量、结构和需求，以及合理利用资源和促进经济社会发展的要求。特别是要关注就业机会、教育、医疗、居住等方面的需求，确保提供适宜的条件和设施，满足人口的生活和发展需求。重点通常在以下几个方面。

综合考虑人口和经济发展的关系。人口布局和经济发展密切相关。要结合既有产业和发展潜力，通过引导就业机会分布，吸引人口前往适宜发展的区域。同时，要注重培育新兴产业，提供多样化的就业机会，避免产业单一化导致人口集中或失业问题。人口布局的一个重点是合理规划居住区域规划，这意味着将不同群体的人口分配到相应的居住区域，如建立适宜居住的住宅社区、安置新移民或农民工的集体宿舍等。考虑到人口的多样性和需求，需要规划公共设施和基础设施，以满足日常生活需求。人口布局要考虑就业机会的分布。通过在不同区域引进和培育不同产业的企业，促进就业机会的增加。这样可以吸引和留住人才，促进人口的分布均衡，减少资源和人口的过度集中。人口布局也需要注意社区设施的布局。规划公园、体育场馆、文化活动中心等社区设施，为居民提供休闲娱乐、文化交流和社交活动的场所，这样可以增加人口居住的吸引力，并营造宜居的社区环境。在人口布局中，要有前瞻性的规划，考虑未来发展趋势和需求，应该充分研究未来人口增长趋势、经济发展方向和社会变革等因素，以便能够及时调整布局策略和措施。

重视基础设施建设。合理的人口布局需要健全的基础设施作为支撑。在小城镇空间发展中，要加大基础设施建设投入，确保道路、供水、电力、通信等基础设施的完善，以提供便利的生活条件和良好的发展环境。为了吸引人口、促进发展，必须加强基础设施建设。例如，道路交通、水电供应、通信网络等基础设施的完善和提升，对于吸引人口和推动经济发展至关重要。

保障公共服务水平。人口布局需要考虑到教育、医疗、文化等公共服务的分布。要合理规划学校、医院、文化设施等公共服务设施的位置，确保居民能够便利地享受到这些服务。此外，要关注社会福利和社会安全等问题，提供全面的社会保障体系。规划和建设学校和医院等公共服务设施，确保人口能够方便地享受教育和医疗服务，这对于吸引人口、提高居民生活质量和促进社会发展非常重要。

尊重环境和生态。人口布局必须尊重环境和生态，避免在环境脆弱区域过度开发，以及对自然资源的过度消耗。要坚持可持续发展理念，通过合理的土地利用规划、生态保护措施等，实现人与自然的和谐共存。人口布局时必须综合考虑城市生态环境，避免过度填海、乱占耕地、严重水资源短缺等问题，必须保护和维护城市生态系统的平衡，注重生态保护和可持续发展。

引导城乡一体化发展。小城镇空间发展过程中，要注重城乡一体化发展，促进城乡人口协调流动和资源共享。通过推动农村地区经济发展、提升农民收入水平，逐步缩小城乡差距，减少城市人口吸纳压力。重点是实现城乡之间、不同区域之间的均衡发展，避免出现"热点城市"和"冷门地区"的问题。这需要制定合理的规划政策，并在各个区域安排合适的产业和就业机会。

小城镇人口布局的形式可以有多种，根据具体情况和发展目标会有一些典型的形式。

中心集聚型布局。在小城镇的中心位置建立主要的商业、行政和文化中心，吸引人口集聚于此。周边地区则分散布置住宅区、工业区等，形成以中心集聚为核心的空间布局。

点状分散型布局。通过在不同位置建立多个点位，各个点位相互独立但又有一定联系。每个点位都有一定规模的人口聚集，拥有基本的市政设施和服务设施。这种布局可促进资源和人口的分散利用，减缓区域人口压力。

温和扩散型布局。以城镇中心为核心，逐渐向外发展，形成一定规模的城市圈。城镇中心聚集了商业、文化、行政等功能，而周边地区则分布了住宅区、工业区以及农田等。这种布局旨在实现区域性的均衡发展，避免资源和人口过度集中。

特色区域分布型布局。根据城镇的特色和优势产业，将不同的功能区域进行分布。

例如，规划建设特色农业园区、科技创新园区、文化艺术区等，吸引人口根据不同需求在不同的区域定居。

（2）小城镇镇域村镇空间体系的用地布局

镇域村镇体系的用地布局是指在不同镇域村镇节点内部的土地利用情况。城市节点通常具有较高的建设用地比例，主要是商业、住宅、办公、工业和公共设施等用途。而次级镇和农村节点则主要是农田、农业生产、农村居住等用途。合理的用地布局可以满足不同节点的发展需求，有利于提高土地利用效率、保护农田和促进经济发展。

小城镇空间发展中的用地布局要综合考虑资源利用、功能区域、基础设施、社会需求、环境保护和人口分布等因素，以实现城镇的有序发展和可持续繁荣。小城镇空间发展中的用地布局需要考虑以下要求。

合理利用土地资源。用地布局要充分考虑土地资源的合理利用。这意味着避免过度占用耕地和自然生态环境，保护农田和生态系统的完整性。同时，要优化土地利用方式，提高土地利用效率，避免低效用地和闲置用地。

综合规划城市功能区域。用地布局需要综合规划不同的功能区域，如商业区、住宅区、工业区、文化教育区等。通过合理划定和组织这些功能区域，可以促进城市各项活动的有序开展，并实现城市空间的有效组织。

强化基础设施支持。用地布局应该考虑到基础设施的布置和支持。例如，交通网络、供水供电、通信等基础设施的布局和建设，以便为城镇居民提供便捷的生活条件和良好的城市环境。

考虑社会需求和居民福祉。用地布局应当考虑到社会需求和居民福祉。注重布局公共服务设施，如学校、医院、文化娱乐设施等，以满足居民的教育、医疗、文化等需求。同时，关注社区设施的设置，提供方便的购物、休闲、社交等场所，提升居民生活质量。

强调环境保护和可持续发展。用地布局必须注重环境保护和可持续发展。要避免对自然资源的过度开发和破坏，实现经济发展与生态环境的协调。注重生态保护、绿地规划、水资源管理等方面的考虑，推动城市的生态文明建设。

引导人口合理分布。用地布局也应该与人口分布相结合，引导人口合理分布在各个功能区域。例如，将居住区布置在交通便利、生活配套完善的地方，将工业区布置在污染控制及用地经济效益相适宜的地方。这有助于实现人口和资源的合理配置，促进城镇的可持续发展。

小城镇空间发展中的用地布局可以采取多种形式，具体取决于城镇的特点和发展目标。以下是一些主要的用地布局形式：

中心城区布局。将城镇的核心功能区域集中在中心城区，包括商业、行政、文化教育等。这种布局形式有利于形成集聚效应，提高城市的经济活力和魅力。苏州市的周庄古镇，其布局集中在一个中心城区，以水系为特色，保留了传统的古建筑和文化景观。

分散型布局。将城镇的功能区域分散安置在不同地点，以避免人口和资源过度集中。例如，将工业区和居住区分开布局，以减少工业对居民生活的影响。张家界市慈利县澧源镇，将不同功能区域分散安置在不同地点，如商业区、住宅区和农田分离，以提高生活质量和保护环境。

环形布局。将城镇的不同功能区域沿着环形路径布置，形成一个环状的城市格局。这种布局形式有利于交通流动和城市扩张，同时也可以提供较好的景观效果。浙江省诸暨市西塘镇，采用环形布局，以古典水乡风貌和运河沿岸的建筑为特色。

轴线式布局。在城镇中设立主干道或轴线，将不同功能区域沿着轴线进行布局。这种布局形式有利于增强城市的整体性和组织性，方便居民的出行和交流。江苏省无锡市宜兴市太湖街道，通过主干道和轴线的布局，串联起不同功能区域，包括商业区、工业区和住宅区。

网格式布局。将城镇划分为网格状的街区，并在每个街区中安置不同的功能区域。这种布局形式有利于城市管理和规划，同时也可以提供便捷的行走和交通条件。福建省安溪县奎洋镇，布局为网格状的街区，每个街区都有自己的商业设施、社区公共设施和住宅。

集群式布局。将相似的产业或功能区域集中在一起，形成一个集群。例如，将工业企业、科技园区或文化创意区域集中在某个特定地点，有利于形成互动合作和协同创新效应。广东省东莞市虎门镇，以制造业为主导，集中了大量的制造企业和工业园区。

各向异性布局。根据城镇的地形和环境特点，采取不同方向的布局方式。例如，将商业区位于主要的道路交会处，居住区位于安静的区域，工业区位于远离住宅区的地方。湖南省醴陵市船山镇，商业区和住宅区位于山脚下，而农田和田园风光则分布在山坡上。

当然，以上只是一些常见的用地布局形式，实际应用时需要结合具体情况进行综合考虑和灵活运用，以实现小城镇空间发展的目标和要求，以推动小城镇的可持续发展和改善居民生活质量。

6.2.6.5 公共服务设施的配置与布局

小城镇镇域村镇空间体系的公共服务设施的配置与布局主要包括教育设施、医疗卫生设施、文化体育设施和社会服务设施等。教育设施。合理配置幼儿园、小学、中学等教育机构，满足当地居民的教育需求。根据人口规模和教育资源分布，构建合理的教育布局。医疗卫生设施。建设医院、卫生院、诊所等医疗机构，为居民提供基本的医疗保健服务。注重满足基层医疗需求，提高基层医疗机构的服务能力。文化体育设施。建设图书馆、文化活动中心、体育馆等设施，丰富居民的文化生活和体育运动场所。注重发展具有地方特色的文化产业，促进文化创意发展。社会服务设施。配置社区服务中心、邮局、银行、物流中心等设施，为居民提供便利的生活服务和社会支持。

小城镇公共服务设施布局的主要形式包括集中式布局、分散式布局和混合式布局。以下是它们的详细阐述以及各自的优、缺点。

集中式布局。集中式布局是将各类公共服务设施集中在一个区域或者几个特定区域，形成一个服务中心，这种布局形式在一些小城镇中比较常见，如政务中心或市中心。

优点在于：一是方便居民。集中布局使得公共服务设施更加便捷和集中，居民可以快速到达所需的服务场所。二是缩短距离。在设施之间的距离较短，减少了居民行程的时间和成本。三是资源共享。多个设施之间的资源如停车场、道路等可以进行共享，提高资源利用效率。缺点主要是：一是交通压力。集中式布局可能给区域内交通带来压力，特别是高峰时段，造成交通堵塞。二是区域不平衡。集中式布局可能造成部分区域过度拥挤，而其他地区则缺乏公共服务设施的供给。

分散式布局。分散式布局是将公共服务设施分散在城镇的不同区域，以满足居民需求。优点：一是均衡发展。分散布局有利于城镇较为均衡地发展，避免某些区域过度拥挤，同时也可以提高设施的覆盖率。二是分散压力。将设施分散布局可以减轻特定区域的交通压力和资源压力，提高整体城市的可持续性。缺点：一是交通成本高。分散布局可能导致不同设施之间的行程较远，增加了居民的交通成本和时间。二是区域差异。分散布局可能造成一些地区公共服务设施供给不足或者分散而无法形成明显的需求规模。

混合式布局。混合式布局是将公共服务设施在城镇中采用集中和分散相结合的方式进行布局，以平衡各方面的考虑。优点：一是综合利益。混合式布局可以兼顾不同区域的需求和特点。在集中的服务中心区域提供主要的公共服务设施，如政务中心、医疗机构、教育机构等，以满足居民日常生活和工作的需要。同时，在其他区域分散布置一些特定的设施，如便利店、社区健身设施等，以提供更加便捷的服务。二是提高资源利用效率。混合式布局可以实现资源共享和合理利用。例如，公共交通设施和停车场等可以在集中的服务中心区域共享，减少土地占用和设施建设成本。三是降低交通压力。通过在不同区域布置公共服务设施，可以减少居民长途通勤和交通拥堵问题。居民在离家较近的地区就可以享受基本的公共服务，减少交通成本和时间。四是促进社会互动。混合式布局鼓励人们在不同区域活动，促进社会互动和交流。例如，在公共广场、公园和社区中心等地方，人们可以进行休闲活动、举办社会聚会和文化艺术活动等，增加社区凝聚力和居民之间的联系。缺点：一是规划复杂性。混合式布局需要精细地规划和协调，涉及不同区域的用地分配、基础设施建设等方面。因此，需要投入更多的规划和管理资源来确保布局的合理性和协调性。二是距离不便。在混合式布局中，居民可能需要在不同的区域之间移动，造成较长的行程时间和额外的交通成本。尤其是在没有良好的交通网络和连接设施的情况下，可能影响居民的便利性和出行效率。三是设施供给不均衡。在混合式布局中，某些区域可能由于各种原因（如地理条件、土地限制等）无法获得足够的公共服务设施。这可能导致一些区域设施供给不足或者无法满足居民的需求。在制订混合式布局方案时，需要综合考虑城镇的特点和需求，并进行科学规划和适当的资源配置。

6.2.6.6 生态与环境规划

镇域村镇体系的生态与环境规划是指在小城镇和农村地区，为了保护生态环境、促进可持续发展和改善居民生活质量而进行的规划工作。通过镇域村镇体系的生态与环境规划，可以实现经济发展与环境保护的协调发展，提升居民的生活质量，增加旅游和生态产业等经济增长点，推动小城镇与农村地区可持续发展。同时，需要政府、企业和社会各界加强合作与投入，加强环境监管和治理措施的落实，确保规划的有效执行和实施成效。通过加强公共服务设施和基础设施的建设，以及环境整治与提升，可以提高小城镇镇域村镇居民的生活品质和幸福感，促进小城镇的可持续发展和城乡一体化。同时，政府、企业和社会各界需要共同努力，加强合作与投入，为小城镇镇域村镇体系的公共服务与基础设施建设创造良好的环境和条件。重点关注以下几点：

生态环境治理。加强空气污染、水污染和噪声污染等环境问题的治理，改善小城镇镇域村镇的生态环境。采取措施减少工业排放、加强污水处理、推广清洁能源等，提升环境质量和居民生活品质。

城市美化与绿化。加强城市景观规划和建设，注重美化城市公共空间和街区环境，提供良好的居住和工作环境。加强绿地建设和绿化覆盖，增加城市的生态功能和景观魅力。

垃圾污染治理。推行垃圾分类处理，建设垃圾处理设施，加强垃圾回收和资源利用，减少垃圾对环境的污染。

乡村环境整治。进行农村面貌和环境改造，处理农村生活污水、垃圾和农业废弃物问题。推进农田水利建设，提高农民的生产条件和生活品质。

环境保护与监管。加强对环境污染和违法行为的监管，并依法开展环境执法和处罚。倡导环保意识，培养公民环境责任和保护意识。

环境治理与污染防控。大气污染治理：制订大气污染控制计划，减少工业和交通排放，推行清洁能源替代，提高空气质量。水污染治理：加强农村和城市污水处理，推广农田污水利用和农业面源污染治理。地下水保护：加强地下水的监测和保护，制定合理的地下水开发和保护措施。固体废物管理：促进垃圾分类与资源化利用，建设垃圾处理设施，控制垃圾对环境的污染。

生态保护与恢复。自然生态保护。根据自然资源分布和独特性，划定生态保护区、自然保护地等区域，严格保护自然生态系统，保留和修复受损的森林、湿地、山水等生态景观。水资源保护。制定水资源保护规划，优化水资源利用结构，加强水源地保护，推行水土保持措施，遏制水土流失，改善水质。生物多样性保护。保护重要的生物多样性区域，采取措施保护野生动植物，恢复和保护生物多样性的自然栖息地。

生态景观与绿化。城市绿化：推行城市绿化规划，建设公园、绿地和植树造林，增加绿色空间，改善城市生态环境。乡村景观：保护和修复农田、湿地、山水等乡村景观，营造宜居的农村环境，提升农村旅游和生态产业发展。

环境教育与意识培养。环境教育：推行环境教育计划，普及环境保护知识，提高公众对环境问题的认识和意识，激发公民的环保行动。社会参与合作：鼓励社会组织、居民和企业参与环境保护和绿色发展，加强政府与社会各界的合作与沟通，形成共建共享的生态环境。

6.2.6.7 特色文化与风貌保护

（1）特色文化的发掘与传承

保护和传承小城镇镇域村镇体系的特色文化，包括：

文化资源调查与保护。对小城镇镇域村镇地区的历史、文化、传统建筑等进行详细的调研和记录，制订相应的文化资源保护计划。通过保护重要的历史遗迹、传统村落和民俗文化，加强文化资源的保护，并开展相关文化传统的挖掘和传承工作。

传统技艺传承与培训。鼓励传统手工艺、民间工艺等传统技艺的传承，通过设立培训机构、举办展览和比赛等活动，培养年轻一代对传统技艺的兴趣与热爱，确保这些技艺得以传承。

民俗文化活动推广。组织丰富多样的民俗文化活动，如传统节日庆祝、民俗表演、舞蹈、音乐等，吸引人们参与并传播当地特色的文化和风俗习惯。

建立文化交流平台。鼓励小城镇与其他地区、国内外的文化交流与合作，促进文化交流和知识传播，提升当地特色文化的影响力。

（2）风貌保护与规划，提升与改造的策略

为了保护小城镇镇域村镇的独特风貌和建筑特色，需要做以下方面的工作：

制定风貌保护规划。根据不同小城镇和农村地区的历史文化特点和建筑风格，制定相应的风貌保护规划。包括规定建筑高度、外立面设计、建筑材料等方面的规定，确保新建和改建项目符合当地的建筑风貌和文化传统。

加强建筑保护管理。加强对历史建筑和具有地方特色的建筑的保护管理，修缮与维护重要建筑遗产和历史风貌街区等。同时，加强对建筑颜色、外墙装饰、标识等方面的管理，确保整体风貌的一致性。更新基础设施，改善道路、供水、供电等基础设施，提高交通便利性和居民生活质量，同时以美化和绿化为目标，打造宜居环境。

规范城乡景观建设。制定城乡景观规划，注重景观的绿化和美化，选择适宜当地气候条件和生态环境的植物品种，营造宜居的城乡环境。保护和改善农村环境，提升农村居民的生活品质。注重乡村旅游和休闲农业的开发，增加乡村的经济收入来源。同时，注重保护农田和自然生态环境，推动可持续农业和环境保护。

优化商业和市场布局。通过改造和提升当地的商业街区、集市和农贸市场，吸引更多的人流和商家，提升商业氛围和经济活力。

打造特色街区与文化中心。根据当地的特色和历史文化，打造具有吸引力的特色街区和文化中心，通过创意设计和文化活动，增加游客的驻留时间和消费。根据不同地区的资源禀赋和特色文化，确定特色小镇的定位和发展方向。注重打造独具特色的产业聚集区，同时发展旅游、文化创意、生态农业等产业，吸引人才和投资，提升小镇的整体发展水平。

政府支持与政策引导。加大对特色小镇和美丽乡村建设的政策支持和财务投入。推出相关的政策和措施，鼓励企业和社会力量参与特色小镇和美丽乡村的建设，促进资金和技术的引进和应用。

社会与居民共享。鼓励社会组织和居民参与特色小镇和美丽乡村建设的决策和管理，形成多元化的合作机制和共治模式。同时，积极开展宣传和教育活动，增强居民对特色文化和风貌保护的认同和参与意识。

6.2.7 治理与优化策略

实施镇域村镇空间体系的优化策略是确保其顺利发展和实现长远目标的关键。以下是实施优化策略的必要性和关键因素：统一规划和指导。制定符合实际情况的规划和指导政策，明确小城镇镇域村镇发展的总体目标和具体措施。通过规划，协调和整合资源，推动镇域村镇空间体系的有序发展。加大资金投入和政策支持。政府需要提供充足的资金支持和政策扶持，为小城镇镇域村镇的发展提供有效保障。资金的投入能够推动基础设施建设、产业发展和公共服务改善。加强人才培养与引进。优化镇域村镇空间体系需要具备相关专业知识和技能的人才，政府应加大投入，提供培训和引进措施，吸引高素质的人才参与到小城镇镇域村镇的规划和发展中。强化社会参与和合作。鼓励广大居民、企业和社会组织参与到镇域村镇空间体系优化中，形成多方共治的格局。政府需要加强社会与政府的合作，共同推动优化策略的实施。坚持可持续发展原则。在优化镇域村镇空间体系时，应注重生态环境保护和资源的持续利用。将经济发展与环境保护相结合，推动可持续发展。实施优化策略对于确保镇域村镇空间体系的发展和实现长远目标至关重要。

空间布局调整方面。为了优化小城镇镇域村镇的空间布局，实施分区分级管理，科学规划整治。根据小城镇镇域村镇的特点和发展需求，将地区划分为不同的功能区、发展区、保护区等，根据不同区域确定相应的管理政策和规划措施。对于存在问题的区域进行整治，改善环境质量和基础设施条件。小城镇镇域村镇发展的合理布局原则。在确定小城镇镇域村镇发展的布局时，考虑资源禀赋、交通便利性、生态环境和人口分布等因素。注重合理组织空间结构，促进小城镇镇域村镇的互联互通，实现城乡一体化发展。

产业转型升级方面。为促进小城镇镇域村镇的产业转型升级，推动农村产业升级与现代化农业发展。通过引入新技术、改善农业基础设施、提升农产品质量等措施，推动农村产业的升级和现代化农业的发展。鼓励农民从传统农业转型为现代农业经营者，提高农业效益和农民收入。促进小城镇镇域村镇经济多元化和可持续发展。通过培育新兴产业、发展服务业、促进文化创意产业等举措，推动小城镇镇域村镇经济的多元化发展。注重生态环境保护，发展生态农业、可持续旅游等绿色产业，实现经济发展与环境保护的良性循环。发展核心城市和城市群。在小城镇镇域村镇的空间布局中，应注意发展有潜力的核心城市和城市群。通过引导资源向核心城市集聚，形成具有辐射带动作用的中心地区，推动周边小城镇镇域村镇的发展。加强基础设施建设。优化小城镇镇域村镇的空间布局需要加强基础设施建设，包括道路、交通、供水、供电、通信等。改善基础设施条件，提高居民生活质量和经济发展效率。引导人口流动和就业就近原则。鼓励人口向小城镇集聚，实现人口的分散分流，促进农村劳动力就地就近就业。提供良好的就业机会和社会保障，吸引年轻人留在小城镇镇域村镇，推动人口的稳定与增长。保护传统文化和历史遗产。在优化小城镇镇域村镇空间体系时，要注重保护和传承当地的传统文化和历史遗产。通过保护古建筑、文化景观等，发挥文化资源的独特魅力，提升小城镇镇域村镇的形象和吸引力。强化政府引导和政策支持。政府在小城镇镇域村镇空间优化中起到重要的引导和支持作用。加强政策制定和实施，推动相关部门的协调配合，提供有效的政策扶持和优惠政策，鼓励和引导各方面力量积极参与小城镇镇域村镇的发展。小城镇镇域村镇空间体系的优化需要平衡利益和协调各方关系，在做出相关规划和决策时，要充分考虑经济、社会、环境等多重因素的影响。同时，还需要不断总结和借鉴成功的经验和案例，为小城镇镇域村镇的发展提供更加科学和可行的优化策略。

城乡融合发展方面。首先，着力推动城乡资源要素的共享与流动。通过建立健全的城乡资源配置机制，有力地促进城市和农村之间资源要素的共享与流动，包括资金、技术、人才等关键性资源。这些机制将包括但不限于推广城乡经济融合发展模式，搭建城乡一体化的资源配置平台，实现城乡间各类资源的公平高效利用。其次，鼓励农民积极参与到城市产业和服务业的发展中来，并提供相应的支持政策和培训机会。政府将出台一系列优惠政策，为农民进入城市企业、参与城市服务业提供便利，以激发农民参与城市产业和服务业发展的热情和活力。此外，打破行政壁垒，促进城乡融合发展。加强城乡规划衔接，推动城市和农村之间信息和资源的互通共享。这包括加快城乡基础设施建设，提高城乡信息化水平，实现城乡信息资源的无缝对接；打破行政分割，建立统一的城乡规划，确保城乡规划的一体化和协调性。取消或简化行政审批程序，鼓励城市企业和机构向农村地区拓展，让更多城市产业和服务业的资源、机会向农村地区辐射，助推城乡一体化发展。支持农民在城市创业就业，促进农民在城市与农村之间的双向流动，为城乡融合发展注入新的活力。

6.2.8 实施策略的关键因素和难点
6.2.8.1 政府政策支持与资金投入

政府的政策支持和资金投入是实施小城镇镇域村镇空间体系策略的重要保障。政府需要制定出符合实际情况的政策措施，为小城镇镇域村镇发展提供指导和支持。同时，政府还需要加大对小城镇镇域村镇的投入，包括资金、技术、人才等方面的支持，确保实施策略的顺利进行。

提供政策支持。制定相关政策法规，推出小城镇和农村地区的专项政策，鼓励创新、拓展市场、增加投资等，促进小城镇镇域村镇体系的发展。政策激励。针对小城镇和农村地区的市场环境和特点，制定相应的税收减免、优惠利率、人才引进等政策激励措施，吸引更多的企业和个体户投资和创业。明确政府部门在小城镇镇域村镇体系发展中的职责和权限，推动政府职能转变和简政放权，鼓励创新务实的行政管理模式。

完善城乡土地流转和利用机制，鼓励农民适度规模经营、土地经营权流转，促进农村土地资源的合理利用和增加农民收入。制定相关法律法规，明确小城镇和农村地区的发展目标和政策纲领。保障小城镇和农村地区的发展权益，规范土地流转、资源保护、生态环境治理等方面的行为。

完善产业政策。建立健全的小城镇产业政策体系，提供税收减免、土地扶持、优惠融资等政策支持，吸引和扶持企业发展。政府加大对小城镇镇域村镇体系发展的资金支持力度，通过设立专项资金、引导基金等方式，提供财政资金支持小城镇和农村地区的发展项目和投资。设立专门的融资机构，加大对小城镇产业的投融资支持力度，为企业提供便捷的融资渠道。加大对小城镇和农村地区的金融支持力度，为企业发展提供贷款和融资支持，促进金融资源向小城镇和农村地区倾斜。加强人才培养和引进，建设高素质的产业人才队伍，提供人才服务和咨询支持。加强科技创新支持，设立科技创新基金，加大对小城镇产业的科技创新支持，鼓励企业进行技术研发和转型升级。

公共服务保障。加强基础设施建设和公共服务设施建设，提高医疗、教育、文化、交通等公共服务水平，保障居民的基本生活需求。鼓励社会组织和居民参与，建立多元化的参与机制和合作机制，鼓励社会组织和居民积极参与小城镇镇域村镇体系的建设和管理，形成共治的局面。

6.2.8.2 规划与环境保护的平衡

镇域村镇空间体系的实施策略面临一些关键因素和难点，包括政府政策支持与资金投入、文化传承与村庄风貌保护、群众参与和社会力量的推动，以及规划与环境保护的平衡。在优化镇域村镇空间体系时，要找到规划与环境保护的平衡点。合理的规划是实现发展目标和保护环境的重要手段，但是在规划过程中需要充分考虑环境的容量和可持续性，避免过度开发和资源浪费。应制定相应的环境保护政策和措施，确保开发与保护的协调发展。

地方政府意识与能力不足。地方政府在制定和执行镇域村镇空间规划时可能缺乏专业知识和能力。它们可能没有清晰的发展目标和长远规划，也可能缺乏有效的监管和管理机制。因此，提升地方政府的意识和能力是一个关键的挑战。

用地压力和资源短缺。小城镇镇域村镇的用地需求日益增加，如何合理利用有限的土地资源，平衡经济发展和生态保护，是一个重要的难题。在一些地区，缺乏足够的土地供应和水资源，这限制了小城镇镇域村镇空间体系的发展。

人才流失和社会保障问题。由于小城镇镇域村镇的经济发展水平较低、公共服务设施不完善等原因，一些年轻人和有技能的劳动力选择离乡就业或者流向大城市。这导致人才流失和劳动力荒问题，同时也给小城镇镇域村镇的社会保障带来挑战。

投资回报周期较长。小城镇镇域村镇发展的许多项目具有较长的回报周期，投资风险较高。这使得一些投资者犹豫投资，限制了项目的推进和实施。因此，如何吸引更多的资金和投资者，并为他们提供稳定的投资环境，是一个需要面对的难题。

面对这些挑战，需要采取一系列措施来解决。例如，加强地方政府的能力建设，提升规划和管理能力；加大对小城镇镇域村镇发展的资金支持和政策扶持；制定完善的土地利用政策和资源配置机制，确保合理利用和保护资源；加强人才培养和吸引，提升小城镇镇域村镇的竞争力；建立稳定的投资环境，吸引更多的投资者参与到小城镇镇域村镇的发展中。全面考虑政府支持与资金投入、文化传承与村庄风貌保护、群众参与社会力量推动以及规划与环境保护的平衡等方面，同时解决地方政府能力、用地压力、人才流失和投资回报周期等挑战。通过协同合作和综合施策，才能促进小城镇镇域村镇空间体系的健康发展。

6.3 我国小城镇建成区空间结构

建成区空间是小城镇居民日常生活和活动的核心区域，包括与居民生产和生活密切相关的社区，即小城镇相应的建成区。小城镇建成区空间特点是城市空间特征和乡村聚落特点的交汇，既有城市景观又有乡村景观，展现出独特的空间特征。[①]

6.3.1 空间发展要求规模适度

小城镇的土地资源较为有限。因此，在小城镇建成区空间布局上需要充分考虑土地利用的紧凑性和高效性，合理利用有限的土地资源。在空间发展过程中，要注重保护和传承历史文化遗产，保留传统建筑风格和历史街区，以提升城市的文化魅力和吸引力。注重多功能集聚，小城镇建成区可通过多功能的集聚来优化土地利用。例如，通过合理规划和布局，将居住、商业、文化、教育和公共服务等功能有机地融合在一起，在有限的空间内实现功能的重叠和互补，提高城市的便捷性和活力。强调生态环境保护。小城镇建成区通常处于自然环境较好的地域，要注重保护生态环境，保留自然景观和生态系统。通过合理布局绿地、公园和湿地等生态要素，提供优质的生活环境，增加居民对城市的归属感和幸福感。

经济适度规模。小城镇建成区的规模应适度，要根据人口规模、经济发展水平和土地资源情况合理确定。过大的规模可能导致资源过度集中，难以持续发展；过小的规模则可能限制了经济发展和提供必要的服务设施。合理居住环境。小城镇建成区的居住环境要注重居民的生活品质。要提供多样化的住房选择，注重居住环境的美观、舒适和安全，包括良好的居住配套设施、社区设施和公共服务设施等。交通便捷性。小城镇建成区的交通需注重便捷性和流动性。要合理规划道路网络，建设高效的公共交通系统，确保居民出行方便快捷，同时减少交通拥堵和环境污染。社区设施完善。小城镇建成区的社区设施要完善，包括教育、医疗、文化娱乐等公共服务设施。要考虑居民的需求和便利度，提供高质量的教育资源、卫生保健等基本公共服务。合理布局原则。在小城镇建成区空间发展中，要遵循合理布局原则。这包括选择合适的区位

---

① 宁越敏，项鼎，魏兰 . 小城镇人居环境的研究——以上海市郊区三个小城镇为例 [J]. 城市规划，2002(10)：31-35.

和区域规划，确保城市各功能区域的合理分布。例如，将商业区、居住区、产业园区等规划在不同的地段，使其相互补充和协调发展。小城镇建成区空间发展需要遵循合理布局、高效用地、历史文化保护、生态环境保护、发展特色产业和公共服务设施建设等原则，并采取相应的具体措施。这些措施旨在实现小城镇的可持续发展，提升居民的生活品质，打造宜居、宜业、宜游的城市环境。

6.3.2 空间发展具体措施多元

优化规划与设计。在规划和设计阶段，应充分考虑小城镇的特点和需求。确保规划合理，设计人性化，同时注重环境和生态保护。高效用地措施。由于土地资源有限，小城镇建成区应采取高效用地措施。这可以通过密集化建设，提高土地利用率；推行综合开发和复合式用地，将不同功能结合在一起，实现多功能集聚。此外，还可以推动土地整理和再开发，合理利用闲置土地和老旧建筑。

历史文化保护。小城镇建成区要注重历史文化保护。具体措施包括修复和保护历史建筑、传统街区和文化景观，设立文化保护区域，保留历史遗迹和文化遗产。同时，还可以开展文化活动和节庆活动，增强居民对历史文化的认同感和自豪感。

生态环境保护。小城镇建成区要采取生态环境保护措施。可以建设绿地、公园和湿地等生态空间，加强植被保护和绿化，减少污染物排放，提高空气质量和生态系统的健康状况。推广可持续建筑和清洁能源，减少对环境的负面影响。提升环境质量。注重小城镇的生态环境保护，推广绿色建筑，推广清洁能源，减少污染排放，提高环境质量。

加强产业发展。根据小城镇的地理位置、资源条件和产业基础，发展特色产业，增强小城镇的经济实力和发展潜力。发展特色产业措施。小城镇建成区要发展特色产业，具体措施包括吸引投资、引进高新技术企业，培育本土产业和企业，促进产业结构优化升级。同时，还要提供相应的产业园区和创新基地，提供必要的支持和服务，吸引人才和资源。

创新发展模式。鼓励创新发展模式，如共享经济、数字经济等，促进小城镇的创新发展。

公共服务设施建设。小城镇建成区要加强公共服务设施建设。这包括教育、医疗、文化、体育等领域的设施建设，为居民提供高质量的教育资源、卫生保健服务、文化交流和体育娱乐场所。此外，也要注重社区设施的建设，提供便利的购物、餐饮、休闲娱乐等配套设施。提升公共服务水平。提高小城镇的公共服务水平，包括教育、医疗、文化、体育等，提升小城镇居民的生活质量。

强化基础设施建设。强化小城镇的基础设施建设，包括道路、交通、水电、通信等，提高小城镇的生活品质和发展潜力。

促进城乡融合。加强城乡之间的联系，促进城乡融合，提高小城镇的发展水平。

第7章 我国小城镇发展规模

小城镇的发展规模是指小城镇在经济、社会和城镇化方面的发展水平和规模大小，是小城镇在不同的发展阶段达到的规模大小的变化。其具体定义因国家和地区而异，但通常由人口规模、经济规模、城镇化水平、环境容量、社会服务设施和城市基础设施等方面综合评判。小城镇规模主要衡量指标包括人口数量多少、用地大小、经济强弱、环境承载能力大小等。一般指的是城镇人口和城镇用地规模，其中，小城镇人口数量是影响小城镇发展壮大的重要因素或核心原因，是小城镇规模的主要衡量指标。小城镇规模是在小城镇发展过程中逐步形成的，其大小直接影响到小城镇的行政级别和发展质量，直接关系其在我国城镇体系内的地位和影响。在我国城镇体系中，小城镇处于城镇等级的末端，小城镇的发展规模与其经济发展、人口规模等方面息息相关，政府需要针对当地的具体情况，制定相应的发展战略和政策，以逐步推动小城镇的发展和繁荣。

小城镇发展规模是有规可循的。在初期发展阶段，小城镇一般是指人口规模较小、经济发展水平较低的城镇。在这一阶段，政府主要任务是通过扶持当地的产业发展、资金投入等措施，以推动小城镇的经济发展，提高人民生活水平。随着小城镇的经济发展和人口规模的增加，小城镇的发展规模也会相应地扩大。这个过程中，政府需要重点推动城镇基础设施建设和住房建设，以满足人民日益增长的需求。同时，政府也需要支持当地企业的发展，促进小城镇的产业升级和发展。最终，小城镇的发展规模会达到一个相对稳定的状态，这时政府的任务是推动小城镇经济逐步实现可持续发展，重点保障人民生活水平，提高小城镇文化建设和城镇管理水平，以及引导当地居民拓展产业，实现小城镇的全面发展。

7.1 小城镇规模研究

我国的小城镇规模发展研究相较于国外来说起步晚了些，国内关于小城镇规模发展的研究，很多学者从不同角度对小城镇规模进行了研究。直到20世纪50年代初，我国才开始进行小城镇体系的探究，而在20世纪80年代之后才广泛开展。我国的学者们在借鉴国外理论成果的基础上进行了修正，主要采用了小城镇首位度指数、小城镇位序—规模分布理论和帕累托分布等方法，其中对位序—规模法则进行应用并进行检验的学者包括严重敏、宁越敏、许学强、王法辉和陈勇等。此外，还有一些学者试图利用分形理论来研究小城镇规模分布，认为其显示出统计上的分形特征，并将这些理论与模型广泛应用于城镇体系规划和小城镇规划等实践工作中。

严重敏和宁越敏[①]通过小城镇位序—规模法则的研究，开创了我国小城镇规模分布研究的局面。他们发现，由于各国城镇化水平存在差别，不同国家的小城镇顺序—规模分布图也会有所不同。而经过对我国1952年和1978年小城镇数据的研究，发现我国小城镇体系发生了很大的变化，主要表现为首位小城镇人口增长缓慢，而大小城镇、特大小城镇数量、规模都有所增加，小小城镇发展相对缓慢。

在近年来的小城镇规模分布研究中，学者们越来越关注这一领域。例如，王放和代合治[②]选取了不同指标进行研究并对小城镇规模结构进行聚类分析，提出了不同的小城镇规模结构类型及形成机制，以及未来的发展趋势。朱士鹏等[③]则运用分形理论对广西北部湾经济区域城镇规模分布进行研究。俞燕山[④]利用熵—DEA方法，根据不同规模城镇的资本、土地、劳动力三要素的投入产出差异，就我国小城镇的规模效率进行了实证分析。李伟芳和赵子健[⑤]通过建立城镇合理用地规模评价指标体系，研究了邱隘镇城镇合理用地规模的评价方法。马晓冬、王志强、徐建刚[⑥]对江苏省1291个小城镇的规模结构、空间分布特征以及规模与经济发展的空间分异特征进行系统聚类和异质方差图等方法的技术分析。

虽然国内针对小城镇规模发展的研究层出不穷，但各方观点存在分歧。针对小城镇发展问题，多位学者提出了不同的观点和对策。吴晓华[⑦]认为，应发挥农民的力量来建设小城镇，将农业工业化的力量引入城镇化进程。而尹成杰[⑧]则指出，小城镇建设与农业、农村经济的紧密结合是重要的保证。卫龙宝等[⑨]则主张建立多元化投入机制，吸引银行、企业、农民和社区集体组织等力量参与建设。冯云廷[⑩]则认为市场是小城镇发

① 严重敏，宁越敏. 我国城镇人口变化特征初探 [C]// 人口论文集. 上海：华东师范大学出版社，1981:20-37.
② 代合治. 中国小城镇规模分布类型及其形成机制研究 [J]. 人文地理，2001，5(16):40-57.
③ 朱士鹏，毛蒋兴，徐兵，等. 广西北部湾经济区城镇规模分布分形研究 [J]. 广西社会科学，2009(01):19-22.
④ 俞燕山. 我国城镇的合理规模及其效率研究 [J]. 经济地理，2000(02):84-89.
⑤ 李伟芳，赵子健. 城镇合理用地规模评价方法的初步研究 [J]. 天津建设科技，2000(02):27-28.
⑥ 马晓冬，王志强，徐建刚. 江苏省小城镇规模与经济发展分异研究 [J]. 经济地理，2004(02):231-240.
⑦ 吴晓华. 城镇化：我国农业剩余劳动力转移的新阶段 [J]. 中国农村经济，1993(12):28-32.
⑧ 尹成杰. 小城镇建设与农业现代化 [J]. 农业经济问题，1999(09):2-8.
⑨ 卫龙宝，胡慧洪，钱文荣，等. 城镇化过程中相关行为主体迁移意愿的分析——对浙江省海宁市农村居民的调查 [J]. 中国社会科学，2003(05):39-48.
⑩ 冯云廷. 从城镇化到城市化：农村城镇化模式的转换 [J]. 中国农村经济，2006(04):71-74+80.

展的内在推动力，注重生态环保也是必要的策略。城镇低碳发展路径、小城镇生活循环系统、生态农业和旅游业发展等方面也屡屡被提及。[①] 然而，随着乡镇企业的衰落，小城镇发展的可持续问题成了研究热点。例如，张正河、谭向勇[②] 认为，中国并不是唯一鼓励发展小城镇限制大城市的国家，但大多数国家防止人口向大城市流动并鼓励人们流向小城镇的努力大多失败了。而孙自铎[③] 在其研究中则指出，至今为止，世界上还没有一个国家是通过小城镇方式实现城镇化的。

然而国风[④] 则表示，大力发展小城镇可以解决我国农业剩余劳动力问题，是今后若干年内解决该问题的根本出路。王良虎[⑤]、廖丹清[⑥] 和肖金成[⑦] 表示，由于小城镇规模较小，缺乏基础设施和公共服务，大部分小城镇和小城镇对农民吸引力不大，其对农民城市梦的实现与就业和收入问题都难以解决。因此，应把小城镇建设与生态环保、基础设施改善和公共服务等方面紧密结合，才能够促进小城镇的可持续发展。

当前也有许多专家学者从不同角度研究小城镇的规模合理性问题，研究的结果各有不同。如彭艳从人口规模角度，研究小城镇人口容量与可持续发展之间的关系，最终得出结论，认为小城镇在 5 万—50 万人之间的非农业人口规模具有正的规模效应，10 万—20 万人的非农业人口规模可以达到最佳状态，可以促进小城镇的经济可持续发展。邵秦[⑧] 研究了台湾人口迁移与小城镇规模之间的关系问题，发现人口净迁入率最高地区是 10 万人左右的城市。刘茂松[⑨] 研究认为，农村城镇化的最佳人口规模是 25 万—50 万人。夏飞、陈修谦[⑩] 指出，小城镇只有人口达到 15 万左右才能形成一定的主导产业，才能具备较齐全的基础设施和城镇服务体系，才能吸引人才和投资获取集聚经济效益。当然，也有不同的观点。陈浩、郭力[⑪] 认为，小城镇的综合效益是最差的，这也正是小城镇难以留住农民工的根本原因。

国外对于城镇合理规模的研究较早，很多的学者从不同的研究角度对合理规模进行了探讨。从古希腊思想家柏拉图到 20 世纪 50 年代以来，关于城镇合理规模的研究

① 顾巧泼，岳平.大连小城镇低碳发展的空间性路径研究 [J].低温建筑技术，2012，34(06):42-44.

② 张正河，谭向勇.小城镇难当城镇化主角 [J].中国软科学，1998(8):14-19.

③ 孙自铎.小城镇建设实践与思考 [J].管理世界，1995(05):210-214.

④ 国风.中国农村工业化和劳动力转移的道路选择——论我国的小城镇建设 [J].管理世界，1998(06):197-201.

⑤ 王良虎.农民进城：农民怎么看 [J].农业经济问题，2007(01):94-99.

⑥ 廖丹清.论我国城镇化道路的选择 [J].经济学动态，2001(09):34-37.

⑦ 肖金成.谈谈农民工的市民化、本地化、家庭化——中国城镇化的基本途径 [J].中国经贸导刊，2012(21):27-29.

⑧ 邵秦.略谈台湾城市人口与城镇化特点 [J].社会学研究，1986(05):84-93.

⑨ 刘茂松.我国农村城镇化的战略思考 [J].经济学动态，2000(8):18-21.

⑩ 夏飞，陈修谦.高速公路对我国农村城镇化影响研究 [J].管理世界，2004(08):135-136+143.

⑪ 陈浩，郭力."双转移"趋势与城镇化模式转型 [J].城市问题，2012(02):71-75.

经历了漫长的发展历程。柏拉图主张最佳城镇人口规模为 5040 人，而霍华德则提倡田园城市，规模限制在 3 万人。20 世纪 50 年代以后，国外学术界开始广泛研究城镇合理规模问题，但目前还没有被广泛接受的城市最优规模观点。对于城市人口规模的选择，最为理想城市规模是美国城市规划学家兼社会学家莫尔（Melvin Webber）在 20 世纪 60 年代提出的。莫尔认为，城市的理想大小是由城市内人们的社会关系和社会互动所定义出的城市范围。越来越多的城市在发展过程中变得过于大型化，而规模过大的城市无法适应人类的跨地域性、跨文化性和人际互动的需求，失去人情味和社区感。因此，莫尔主张建设小型城市群，以自然环境为基础，同时提高城市质量和城市民生水平。他认为，城市需要有足够的规模来提供高质量的公共服务和设施，如公共交通、医疗和教育等，以及提供足够的就业机会和商业交流，但同时也不应该太大以至于社交网络的密度过低，从而破坏城市的凝聚力和社区感。莫尔最为理想城市规模理论主张支持城市小型化、限制大型城市的快速发展，从而减少城市的环境负荷和人口流动，促进城市的平衡、协调、繁荣和发展。这个理论对城市规划和管理的演变有着重要的影响，成为现代可持续城市发展理念和实践的基础之一。需要注意的是，莫尔最为理想城市规模理论并不是一个固定的城市规模标准，而是在城市规模和城市功能之间寻求最佳平衡点，以提高城市的可持续性和适应性。因此，智能城市在发展过程中，应该充分考虑到人们社会互动这一因素，努力打造更加人性化、宜居的小型城市群。美国地理学家莫尔[①]认为中等城市最为理想，即城市人口达到 25 万—35 万人的规模。

7.2 小城镇发展规模的相关理论

7.2.1 聚集与扩散理论

聚集是小城镇发展基本的特征。在城镇过程中，技术、资金、人力、交通及基础设施等资源不断向小城镇集聚，形成聚集效应和经济效益，使得小城镇比周围其他地区更具有发展优势，成为经济发展的核心区域，进而推动该地区的整体发展，继续实现更大程度的聚集。在城镇化推动的集聚过程中，各个产业在集聚效益下逐渐壮大，小城镇人口不断增加，工业企业被大力发展。当聚集达到一定程度后，便开始了向中心外扩散过程，驱使人口逐渐转移到边缘地区。这就是小城镇规模发展的基本规律。

城镇化水平高的小城镇，其扩散现象越是明显。通常表现为，城镇化水平高的小城镇区域向城镇化水平低的小城镇区域进行扩散。[②] 过度的集聚效应必然带来相反的作

---

① 美国地理学家莫尔 (Ellsworth Huntington Morrill) 于 1895 年生于马萨诸塞州的皮茨菲尔德，是一位杰出的地理学家和地理教育家。莫尔的著作包括《宇宙星球的故事》(The Story of the Universe) 和《海洋世界的起源》(The Ocean World of the Atlantic) 等多部富有启发性的科普读物。此外，莫尔还撰写了一系列地理课本，如《地球探险》(Exploring Our Earth) 和《我们的世界》(Our World) 等。

② 司怡. 中国人口城镇化水平及未来发展趋势研究 [D]. 长春：吉林大学，2004.

用，如人口密度过大，导致交通拥挤、房价过高，从而引发一系列社会不安全问题，等等。工业发展过快，也会对环境造成一定的破坏。

经济学家杰弗里·怀特海德认为事物发展都是由小累积到大。比如，早期是由家庭—村落—乡村，逐渐由乡村演变成小城镇。随着区域经济结构的变革，区域空间结构的性质也会发生变化。演化过程可以划分为四个阶段：第一阶段是低水平的均衡阶段，以农业社会为主，经济活动孤立而分散，地域间缺乏交流互换，小城镇规模较小，以手工业和少量商贸服务业为主。第二阶段是极核式集聚发展阶段，低技术水平的产业迅速集聚，明显提高了产业效益，带动产业集聚连锁，小城镇规模快速扩张。先进生产力的组成要素逐渐集聚于等级体系端峰小城镇，小城镇和城乡之间的交流主要依赖少量的交通网络。第三阶段是扩散均衡发展阶段。集聚效应产生的规模化生产发展到一定程度，出现大量小城镇。小城镇的等级关系变得复杂，城乡联系更加紧密，网络覆盖度非常高，节点流量也变得更大。第四阶段是高级均衡阶段。随着区域一体化的发展，城乡差别变得模糊，联系非常紧密，网络异常发达，城镇分布密集，区域空间结构形成了多中心、均衡化、网络化的特征。这种结构多为后工业化社会以及信息化社会的典型结构，处于一个极高水平、动态的稳定发展中。[①]

7.2.2 地域理论

地域理论认为，小城镇的规模是由其自身特征和周围环境因素共同作用所产生的，小城镇的规模应该是根据其自身的特点和周边环境的因素所决定的。地域理论是近年来比较重要的小城镇地理学理论之一，该理论提出每个地区都有其独特的发展特征和经济优势。地域理论的创始人是美国小城镇学家凯文·琼斯（Kevin A. Lynch）。

地域理论的核心要点包括：（1）地区的经济优势。每个地区都有自己独特的优势和特色。例如，一些地区因为资源丰富，适合发展农业和采矿业等基础产业，而一些地区适合发展高科技和服务业等新兴产业。（2）地方政府和社区合作。地方政府和社区应根据自身的优势，发挥自己的作用来推动地区的发展。政府应该提供必要的基础设施和公共服务，社区则应该积极参与到地区的发展中来。（3）地理环境的影响。地理环境包括地形、气候、人文特色等因素，对地区发展有着巨大的影响。例如，一个地区的气候条件决定了该地区适不适合发展特定的农业和采矿业等产业。（4）地域联动。不同地方之间的合作和互动也决定了该地区经济的发展。例如，小城镇和周边地区之间的交通便利程度、产业结构的相似性等因素都关系到小城镇地区的经济发展。地域理论与小城镇发展规模的关系密切，可以为小城镇的发展提供重要的指导。地域理论指出不同地区的独特性和优势，小城镇在发展中要充分挖掘本地区资源和特色，根据本地区经济优势调整产业结构。地域理论强调了地方政府和社区充分参与地区的发展

---

① 杰弗里·怀特海德. 经济学 [M]. 北京：新华出版社，2000.

中，对于小城镇而言，政府和社区的合作至关重要，特别是在基础设施建设、公共服务提供等方面。同时，小城镇也应该借鉴地域联动的思想，积极参与区域经济合作与交流，实现资源和优势互补，促进小城镇经济发展。

7.2.3 合理分配理论

合理分配理论是从小城镇空间布局角度出发的理论，认为小城镇规划和发展应该是合理、协调和有序的。小城镇的规模不应大于其所处地区的能力范围，必须与周围环境协调和适应。合理分配理论是由美国经济学家肯尼斯·阿罗和劳埃德·沙普利创立的，创立时间为20世纪50年代。该理论主要探讨的是资源的合理利用问题，着重强调了"资源""效率""公平"等概念。

该理论的要点包括：（1）效率。资源的利用应该达到最优效率，实现生产和消费的最大值，以满足社会需求。（2）公平。资源的分配应该公平、公正，以实现社会公平。（3）反映资源价值。资源的分配必须根据资源的价值和贡献来决定。

合理分配理论与小城镇的发展规模的关系非常密切。在小城镇的规划和发展过程中，需要充分考虑资源的合理配置和利用，以达到最优效率。只有资源的合理利用，才能够实现小城镇的可持续发展，促进小城镇的经济增长和社会发展。同时，小城镇的发展也需要注意公平问题，要在经济效益的基础上，实现资源的公平分配，确保每个社会成员都能够分享城镇发展的成果。这样有利于调动社会成员的积极性，促进小城镇的发展。此外，在小城镇规划和发展中，合理分配理论还可以帮助城镇规划者和决策者更好地理解城镇发展中资源的分配问题，制定合理的发展策略和规划方案，保证小城镇的可持续发展和长期实现资源的合理利用。小城镇发展是经济增长方式的重要组成部分之一，它的发展需要经济效益的支撑。而经济效益的实现依赖于资源的合理配置和利用。因此，合理分配理论在小城镇的经济发展和经济效益的实现过程中也具有重要作用。

根据合理分配理论的要点，小城镇应该优先考虑资源的合理配置与利用，以最大化经济效益和社会效益。同时，小城镇需要保持公平性，避免资源的不合理流失和浪费，确保资源的公平分配，提升城镇发展的包容性，促进可持续发展。

7.2.4 中值理论

在研究小城镇的过程中，笔者发现了一个十分重要的规律。当涉及非常复杂且不知从何处着手的时候，我们可以选择一个相对简单的理论方法，便能很轻松地解决比较棘手的问题，这便是中值理论。所谓中值理论就是，在一定的约束条件下，取样本群的平均值作为依据，进而推导出约束条件下的各种值，然后根据这些取值得出约束条件下的取值范围，并在取值范围区间内寻找相应的规律。所谓的约束条件包括时间、地理、空间等因素，诸如地域范围、时间区间、空间区域等。

中值理论的公式为：

$$N_{avg} = \frac{\sqrt{k}}{i} \sum_1^i \left(N_1 + N_2 + ... + N_{min} + ... + N_{max} + ... + N_i \right) \qquad （7-1）$$

式中：N_{avg} 为约束条件下的中值数；N_i 为约束条件下的各个因子的数值；i 为约束条件下的各个因子；N_{max} 为约束条件下的各个因子中的最大值；N_{min} 为约束条件下的各个因子中的最小值；k 为参考系数，取值介于 1.0—1.5 之间。如果问题复杂，可以高取值；如果问题简单，取低值。

根据约束条件，我们很容易算出最大值和最小值，即：

$$N_{max} = N_{avg} \times N_{max} \qquad （7-2）$$

$$N_{min} = N_{avg} \times N_{min} \qquad （7-3）$$

$$N_{avg} = N_{avg} \times N_{avg} \qquad （7-4）$$

这样，我们在约束条件下便得到了三个关键值，即 N_{avg}、N_{max}、N_{min}。在约束条件内，这三个值是相互关联的，其数值大小将揭示问题的发展规律和趋势。如果用三者中的某一个值（如 N_{avg}）的变化来判定某种趋势或规律时，该值便有三种状态，即值增加、值不变、值降低。对应的其他值同样有三种状态，变化出了 12 种现象。每一种现象变化均能揭示出相应的规律。根据规律可以有的放矢地解决棘手的问题。见表 7-1。

表 7-1　中值理论因子变化情况

类别	1	2	3	4	5	6	7	8	9	10	11	12
N_{max}	↑	↑	↓	↓	↓	↓	↑	↑	↑	↑	↓	↓
N_{avg}	↑	↑	↑	↑	↓	↓	↓	↓	o	o	o	o
N_{min}	↑	↓	↑	↓	↑	↓	↑	↓	↑	↓	↑	↓

注：表格中"↑""o""↓"分别表示值的变化状态，即增加、不变和减少。

针对这 12 种状态，举例子说明其揭示的经济发展的相应规律。比如第一种情况，N_{max}、N_{avg}、N_{min} 三个影响因子值同时增加，说明经济整体发展情况欣欣向荣，N_{max} 不断向上拓展，不断改革创新，勇往直前，屡创新高。N_{min} 艰苦奋斗，连续高涨，不断推高。当 N_{max} 和 N_{min} 均不断高涨，自然而然推高了 N_{avg}。随着 N_{avg} 不断推高，整个区域的经济整体上快速协调向好发展。再如第三种情况，当 N_{avg} 保持上升时，N_{max} 下降，N_{min} 上升，这说明，N_{min} 增长强劲，对约束条件内的问题起极大的促进作用。这种情况可能发展在当前的经济发展上。就全国来说，当大中以上城市发展缓慢或者增速为负的时候，但是整个国家的经济依然向好发展，经济保持一定的增速。这说明县域经济起到了非常大的作用，尤其是基层的小城镇的发展迅猛，对整个国家的经济发展起到了极大的支撑作用。这样，我们可以针对性地出台更有利于小城镇发展的政策措施，给予各类资源支持。

其他情况也可以根据类似的分析找出原因、找出规律，并提出对应的解决办法。

中值理论简单易懂、操作方便，适合解决各类困难的问题。比如，如果让我们确认我国小城镇的规模的问题。我们就完全可以根据中值理论，找出全国小城镇人口的 N_{avg}、N_{max}、N_{min}，从而得出合理的小城镇规模数值。本章后面有详尽的介绍。

7.3 小城镇发展规模确定原则

小城镇的规模发展是一个需要考虑多种因素的复杂过程，小城镇发展规模的确定需要考虑多种因素。在制定规模时，需要综合考虑城镇的功能定位、资源环境条件、人口状况、成本效益交通设施、经济能力和政策支持等各方面的因素，依照具体情况，合理确定小城镇规模，推动城镇的可持续发展。

小城镇功能定位原则。在确定小城镇的规模上，应该根据小城镇的功能定位和发展需求来制定规模。城镇的功能要与小城镇和乡村相区别，明确城镇的主导产业和经济结构，从而制定合理的发展规模。

人口定位原则。人口是城镇发展重要的支撑力量，根据人口的数量和结构来确定小城镇的规模。当城镇人口不断增加，城镇所提供的服务设施和公共设施也需要相应增加，城镇规模也会随之扩大。

经济能力和政策支持原则。合理的小城镇规模需要一定的投资和政策的支持，开展市场化发展需有较高的财政生成能力和资金支持。政府应该通过增加产业集聚区、发展新产业，以及加强政策扶持等，从而逐步增强小城镇的经济能力和政策支持。

资源环境定位原则。根据小城镇所处的自然和社会环境，确定其合理的发展规模。应该重视资源的可持续利用和环境保护，合理制定城镇规模，避免过度开发和破坏环境。

成本效益原则。规划合理的小城镇规模，需要进行成本收益的对比。这里的成本收益对比是社会成本和社会收益的比较。其社会成本不但包括所有企业成本和公共支出，而且将环境和社会损失计算在内。与此相对应，社会收益的概念是涵盖了经济、社会和环境三方面内容的综合收益。按照经济学边际分析的原理，当小城镇的边际社会成本小于边际社会收益时，可继续扩大小城镇的规模；反之，则需要缩减小城镇的规模。当小城镇的边际社会成本恰好等于边际社会收益时的规模最为合理。

交通设施与交通网络原则。城镇的交通设施和交通网络对城镇规模的发展有重要影响。通畅的交通路网能够加快区域的联系和发展，从而推进小城镇的规模发展。

可持续发展原则。小城镇处于不断地运动变化之中，随着经济的增长和社会的发展而不断地发展。因此，确定小城镇规模应遵循人口自然增长规律和经济发展规律，以小城镇实际的经济和环境负载能力为依据来规划小城镇的建设，以使小城镇的资源得到充分利用、环境得到最有效保护、经济得到合理发展，达到人口、经济、社会、资源、环境的协调和持续。

7.4 小城镇发展规模确定的核心要素

7.4.1 人口规模

小城镇人口规模，是影响小城镇规模的最重要因素之一。小城镇人口集聚是由多种因素决定的，主要包括自然资源条件、经济发展水平、就业情况等。当然，这些也是影响小城镇规模的重要因素。

自然资源条件作为小城镇建设的客观环境，直接影响着小城镇规模的确定。小城镇规模的确定不仅受到土地地形、地貌的制约，而且水资源丰裕状况也在很大程度上决定小城镇的规模容量。

经济发展因素包括经济发展水平、经济规模、产业结构及相关就业容量等，同时还包括区域经济基础。随着经济规模的扩大，需要的劳动力数量也会相应增加，这可能会导致小城镇人口规模的增加。小城镇人口集聚程度取决于本地区的经济发展所决定的抚养力，即由社会经济发展所决定的收入水平。不同的经济发展水平将会导致小城镇对资源的利用程度和产出水平之间的差异，以及人口规模的变化。随着经济发展水平的提高，小城镇人口规模也会相应提高。

小城镇规模对产业发展的推动和转型起到了非常重要的作用。小城镇规模扩大促进当地产业结构优化和提高产业附加值，有助于小城镇经济跨越式发展。随着中国制造业和劳动力成本不断上升，传统产业的竞争优势逐渐下降。而共享经济、互联网等新兴产业，正逐渐形成新的竞争格局。这就要求小城镇朝着产业升级和转型的方向发展，走向高端型消费和服务型产业，这种产业具有高科技含量、高增长性极强的竞争优势。小城镇主导产业是指该城镇所依托的最具优势和发展潜力的产业。小城镇主导产业的发展状况直接影响小城镇的发展规模和质量。首先，主导产业对小城镇的经济增长起到决定性作用。一个有竞争力的主导产业可以带动整个小城镇经济的发展，促进产业链上下游的协同发展。同时，小城镇引进适合自己的主导产业，也能更好地发挥核心竞争力，增加小城镇与其他城镇的竞争力和地位，进一步扩大小城镇规模和发展。其次，主导产业的特点和发展趋势也直接影响着小城镇的发展方向和规模。例如，小城镇主导产业是服务业，就可能更倾向于发展小城镇化趋势，注重交通、人口、文化等要素的增长，努力打造一个便利、宜居的小城镇环境；主导产业是农业，就可能更注重水资源、土地资源的保护和开发，优先考虑一些农业生产、加工、销售链的应用，发展出口农产品、乡村旅游等产业，推进小城镇发展。

小城镇规模大小决定能否带动当地就业的增长，能不能提高当地居民的就业水平和收入水平。随着城镇化的不断推进，就业压力的不断增大，小城镇就业的作用越来越受到重视。小城镇的就业模式相较于大中城市有其优势，小城镇人口密度相对较小，工业基础也较薄弱，这就意味着小城镇应该朝向服务业、文化创意产业等领域发展，这些产业具有比制造业灵活多变、创造性强、创新力强等优势。小城镇应采取政策优惠等各种方式，引导和培育中小企业的发展，促进就业机会的增加。

7.4.2 基础设施

基础设施建设是小城镇经济发展的先决条件，也是衡量小城镇建设情况的重要指标。总体上看，规模越大的小城镇基础设施的普及率越高，数量越多，规模效益表现得更为突出。小城镇的基础设施建设是发展规模的核心，包括道路建设、水电供应、卫生设施、公共交通、供应链，等等。只有基础设施建设跟上，小城镇才能发展起来。

小城镇规模扩大对小城镇设施的影响是比较显著的。随着小城镇人口和经济的发展，城镇化的需求和程度也越来越高，小城镇设施建设和提升也成为必然趋势。合理规划小城镇设施，提高城镇化的质量和水平，就显得尤为重要。例如，合理规划人口、道路、绿地、供水、排水、停车等小城镇设施，可以提高小城镇的生活品质，提升居民生活质量，打造宜居宜业的城镇环境。另外，小城镇基础设施的建设也可以促进小城镇经济的发展，吸引更多的资金、人才和投资进入小城镇，增加就业机会，提高经济效益。

小城镇规模扩大对小城镇交通的影响也是比较明显的。小城镇交通是影响小城镇和小城镇发展的重要因素之一，一定程度上也影响着居民生活质量和经济发展。随着小城镇的不断壮大，交通需求和交通流量也不断增加。因此，需要发挥小城镇在小城镇交通中的作用，提高小城镇交通的效率和便捷性。例如，可以通过发展公共交通、加强小城镇间轨道交通的连通性、加强小城镇公路网的建设、提供多元化出行模式等来改善小城镇交通状况。也需要探索小城镇的特色交通模式。例如，推广电动自行车、步行、公共自行车等，减少汽车出行所造成的交通拥堵和环境污染，提高小城镇居民的出行体验和交通效率。

7.4.3 基本公共服务质量

良好的基本公共服务质量对小城镇发展规模起到至关重要的作用。良好的基本公共服务质量有助于吸引人口，促进小城镇规模的扩大。有良好的教育、医疗、住房等基础设施服务的小城镇可以为人们提供更优质的生活条件，吸引外来和本地人口迁入和到访，推动城镇人口增加和扩大小城镇的规模。良好的基本公共服务质量能够吸引更多的投资和产业，促进小城镇规模的快速发展。当政府能够提供高品质、高效率的基本公共服务，而且人均收入较高，相对成本较低，就会吸引更多的人和资本流入小城镇，助推其发展的规模。良好的基本公共服务质量不仅能够提升小城镇发展的规模，还有助于推进城镇现代化的建设。有高质量的基础设施服务的小城镇可以更好地吸纳、培养和留住有才华和创新能力的人才，进而推动城镇的科技和文化进步，提升城镇的知名度和影响力。小城镇基本公共服务质量对于小城镇的发展规模有着至关重要的作用。政府应该不断提升和优化基本公共服务质量，并且根据小城镇的集约化特点，注重投资和建设以服务为导向的基础设施，以促进小城镇的快速发展和现代化建设。

7.4.4 环境容量

　　小城镇发展规模需要注重小城镇环境的改善，包括垃圾处理、空气质量、水质环境等方面。只有小城镇环境改善了，才能吸引更多的人来到小城镇发展。从生态保护角度上看，小城镇规模发展必须与生态环境保护相结合。只有通过科学的规划和保护措施，在保护生态环境的前提下进行小城镇建设，才能实现小城镇与自然的和谐发展，保证小城镇的可持续发展。小城镇的环境容量大小直接影响其规模和发展潜力，对于实现可持续发展至关重要。若小城镇规划过大而地区环境容量太小，人口增多会导致环境恶化，从而对小城镇发展带来负面影响。因此，资源环境是小城镇发展的基础，需要一定的资源承载，如土地、水、能源、基础设施和生态环境等因素。这些因素制约着小城镇的发展规模。①

　　随着小城镇规模的扩大和城镇化的进程，人口数量的增加必然会引起对当地环境的影响。小城镇的规模扩大，城镇化的进程加快，将导致一系列环境问题的出现，如水源污染、大气污染、垃圾处理等，这些问题与环境保护息息相关。

　　小城镇规模的大小影响着环境保护能力和防灾减灾应对能力。小城镇规模较小的地区，受限于经济和技术力量，往往难以进行大规模的环境治理和应对自然灾害的防御。而符合小城镇实际的环保和防灾措施的实施，则成为小城镇发展的必要条件。保护环境是小城镇发展的重要组成部分，为了实现小城镇的可持续发展，必须在经济发展中注重环境保护，推广节约资源和环保技术，增强环保意识和能力，建立科学完善的环境保护机制和制度。

7.4.5 小城镇空间规划及空间布局

　　小城镇空间布局是指小城镇各种空间要素、功能和地域之间的相互关系和排列组合，是小城镇规划和发展的基础。小城镇发展规模与空间布局密切相关，合理的空间布局可以为小城镇的发展提供良好的外部条件。空间布局可以根据小城镇的特点、资源、产业等情况，科学实现城镇用地的规划和布局，充分利用土地资源，提高土地的利用率，为小城镇的快速发展创造优良的条件。优先发展的区域以及其规模和空间结构的布局和调整，可以为小城镇经济、社会和环境等目标提供有力支撑。通过适当的布局和管理，小城镇可以得到最佳的利用和组合，以合适的规模发展，强化自己的核心地位。空间布局规划在城镇发展中有着长期的时间性，通过将未来的城镇规划纳入考虑，可以提高环境友好性，建立可持续发展的城镇模型。一个合理的小城镇空间布局不仅定位准确，发展规模适宜，而且还能有利于小城镇的可持续发展，推进城镇现代化建设，提升城镇发展质量和水平。

---

① 王浩，江伊婷. 基于资源环境承载力的小城镇人口规模预测研究 [J]. 小城镇建设，2009(03):53-56.

7.5 小城镇发展规模核算和确定

小城镇的发展规模受多种因素制约，主要是小城镇的经济发展能力、城镇基础设施、城镇居民生活质量和城镇管理水平等。如果小城镇达不到一定规模，小城镇的经济效益就低，满足不了小城镇发展的需求。相反，小城镇如果超过一定规模，导致效益递减，公共投入增加，费用升高，导致小城镇发展的边缘效益和边际成本不协调。城镇体系中的小城镇具有不同的规模，这主要是基于该小城镇的功能和结构而形成的。处于城镇体系末端的小城镇应该有其合理的规模，在该规模下小城镇不但第二、第三产业发达，有较高的经济效益，而且能为城镇居民提供良好的居住环境[①]。

小城镇的规模主要取决于当地的人口规模、用地规模两大指标，其他的如基础设施、环境容量、公共服务等都是次要指标。而人口和用地指标涉及经济发展水平、城镇空间分布等。

7.5.1 小城镇人口规模核定

城镇人口规模的问题具有重大意义。恰当的人口规模对于推动小城镇健康发展至关重要，乃至被视为小城镇建设的核心目标。

7.5.1.1 人口预测方法

科学合理地预测人口规模是一项艰巨任务，传统的预测方法有很大的局限性，需要结合小城镇的土地、水、生态、大气和能源等多方面因素，针对小城镇的特点尝试以传统预测方法为主，辅以水资源容量、土地资源容量相校核的预测方法，以期更加科学合理地预测人口规模。

（1）土地承载力法

土地的人口承载力取决于两个变量：一是预测年末的城镇建设用地规模，这个规模可能来自土地开发潜力的绝对约束，也可能是受土地开发控制等人为制约的结果；二是预测年末的人均建设用地标准，该指标应结合现状、根据土地开发潜力，按照国家有关标准或参考其他小城镇的相应指标来确定。根据建设用地潜力和有关人均用地标准预测人口规模，预测公式为：

$$P_i = \frac{L_i}{I_i} \tag{7-5}$$

式中：P_i——预测目标年末人口规模；

L_i——根据土地开发潜力确定的预测目标年末小城镇建设用地规模；

I_i——预测目标年宜采用的人均建设用地标准。

（2）水资源承载力法

水资源的人口承载力取决于预测年末的水资源总量和预测年末的人均用水量。水

---

① 《城镇合理规模》课题调研组. 研究城镇合理规模的理论和方法 [M]. 南京：南京大学出版社，1986.

资源是一个开放系统，不像土地，不仅包括本地水资源，还应包括可供利用的外地引入水。因此，对小城镇水资源进行预测分析时，所有可能的水资源潜力都应考虑到；人均用水量指标需根据实际小城镇人均用水量，预测规划目标年人均用水量，包括了小城镇各类生产及公共用水在内，是人均的综合用水量。预测年末的水资源总量和预测年末的人均用水量相除即得规划期年人口规模。

$$P_i = \frac{W_i}{w_i} \tag{7-6}$$

式中：P_i——预测目标年末人口规模；

$\quad\quad W_i$——预测目标年可供水量；

$\quad\quad w_i$——预测目标年人均用水量。

（3）基础设施承载力预测法

在城镇规划中，我们通常是先规划城镇一个规划区的人口规模，再根据其指标对各项服务设施进行统一配置，所以这里采用基础设施来预测人口规模，会让我们产生规划先后次序疑问。其实，在总体规划编制过程中，人口、用地、各项设施等规模的最终确定，并不仅仅是由人口单个要素决定的，这些问题会受到经济社会其他多方面的影响，特别是各项政策的控制。因此这些元素就可以进行相互反馈作用分析。土地是资源有限的、各项设施也是受投资能力制约的，在规划工作中不可能完全不考虑土地与投资能力的限制而预测人口规模。另外，在城镇规划中，相关的专项规划有可能比总体规划先完成，也可以作为输入和预测的依据。

道路承载力法：

根据规划期末小城镇道路总面积和人均道路面积的目标值预测人口规模，公式如下：

$$P_i = \frac{A_{ri}}{a_{ri}} \tag{7-7}$$

式中：P_i——预测目标年末人口规模；

$\quad\quad A_{ri}$——预测目标年末道路总面积；

$\quad\quad a_{ri}$——预测目标年人均道路用地面积。

教育设施承载力法：

根据规划期末中小学学位总数和人均中小学学位数的目标值预测人口规模，公式如下：

$$P_i = \frac{S_i}{s_i} \tag{7-8}$$

式中：P_i——预测目标年末人口规模；

$\quad\quad S_i$——预测目标年末中小学学位总数；

s_i——预测目标年末人均中小学学位数。

医疗设施承载力法：

根据规划期末医疗设施的病床总数和人均病床数的目标值预测人口规模，公式如下：

$$P_i = \frac{B_i}{b_i} \tag{7-9}$$

式中：P_i——预测目标年末人口规模；

B_i——预测目标年末病床总数；

b_i——预测目标年度人均病床数。

小城镇合理规模的研究是一个包含着多种因素的复杂系统，上述方法只是一个静态的估算，没有考虑城乡融合背景下的资源流动所带来的人口规模的动态扩容，是基于理想假设条件的小城镇人口情况。第一，理想地认为某区域是一个与其他区域没有经济往来，而且所属小城镇也是相互独立的封闭地区，各小城镇的人口仅依赖于本地区的自然环境、资源和经济发展所决定的抚养力，即仅依赖于本地区的耕地所决定的农作物种植业产值和由社会经济发展所决定的收入水平；第二，某区域内的各个小城镇人民的生活、消费水平均相同；第三，从总量上来讲，某区域内的人民跟其拥有的自然资源及社会经济条件之间的关系是协调的。换句话说，根据上述方法计算的人口规模很可能比实际的人口规模要小很多。因此，可以采用动态分析方法对影响小城镇合理规模的主要因素进行重点研究。这种方法通过将小城镇合理规模的影响因素进行理想假设，分析比较小城镇合理规模外生变量变化对内生变量的不同影响。

7.5.1.2 人口测算

除了基于小城镇资源条件测算人口规模外，根据上文中的中值理论，还可以通过现有的全国小城镇数据对其规模做一个基本的评判。从全国小城镇行政区域面积、建成区面积以及全国小城镇人口密度等因素分析，也可以测算出小城镇人口规模。因为全国各区域差异较大，不妨简单处理，从均量上做一个粗略的判断，然后再根据实际予以调整。均量参数选取全国小城镇平均面积（包括小城镇平均行政面积和建成区平均面积）、我国区域内小城镇人口密度（包括镇域和建成区人口密度）。见下面的公式：

$$P_i = A_{ti} \times D_{pi} \tag{7-10}$$

式中：P_i——预测目标年末人口规模；

A_{ti}——小城镇的面积；

D_{pi}——人口密度。

根据国家统计局统计数据，我们不难找到上述数据。

表 7-2　我国小城镇人口规模数据统计

区域	小城镇数量	面积（公顷）		人口（万人）		人口密度（人/公顷）		镇均面积（公顷/镇）		人口规模测定（人）	
		行政区域面积	建成区面积	镇域户籍人口	建成区常住人口	镇域人口密度	建成区人口密度	行政区域面积	建成区面积	镇域户籍人口	建成区常住人口
全国	21172	467781057	4338503	82318	18433	2	42	22094	205	12555	102112
东部	5856	65045949	1757721	28172	8058	4	46	11108	300	2565	38342
中部	5439	70154553	1061153	24844	4310	4	41	12898	195	3642	26126
西部	8269	288708758	1230072	25039	5129	1	42	34915	149	40258	29502
东北部	1608	43871797	262020	4264	830	1	32	27283	163	28072	8272

资料来源：国家统计局和住房和城乡建设部数据综合整理。

根据上述分析及数据，基本上可以计算出我国小城镇科学合理的人口规模。

我国镇域人口规模计算如下：k 取值 1。

根据中值理论公式：

$$N_{\mathrm{avg}} = \frac{\sqrt{k}}{i} \sum_1^i \left(N_1 + N_2 + ... + N_{\min} + ... + N_{\max} + ... + N_i \right) \tag{7-11}$$

小城镇镇域面积 A_{t1}：

中值 $N_{t1\mathrm{avg}} = A_{t1\mathrm{avg}} = 22094$ 人，$N_{t1\max} = A_{t1\max} = 34915$ 人，$N_{t1\min} = A_{t1\min} = 11108$ 人。

小城镇镇域人口密度 D_{p1}：

中值 $N_{p1\mathrm{avg}} = D_{p1\mathrm{avg}} = 2$ 人，$N_{p1\max} = D_{p1\max} = 4$ 人，$N_{p1\min} = D_{p1\min} = 1$ 人

因此，可以计算出我国小城镇科学合理的人口规模情况：

最大值数：$P_{1\max} = N_{t1\max} \times N_{p1\max} = A_{t1\max} \times D_{p1\max} = 34915 \times 4 = 139660$ 人

最小值数：$P_{1\min} = N_{t1\min} \times N_{p1\min} = A_{t1\min} \times D_{p1\min} = 11108 \times 1 = 11108$ 人

中值数：$P_{1\mathrm{avg}} = N_{t1\mathrm{avg}} \times N_{p1\mathrm{avg}} = A_{t1\mathrm{avg}} \times D_{p1\mathrm{avg}} = 22094 \times 2 = 44188$ 人

即小城镇镇域人口介于 11108 人和 139660 人之间为好，其中，镇域人口规模 4 万多人较为适宜。

同样，小城镇建成区人口规模也可根据上述理论推导出来。k 取值 1。

小城镇建成区面积 A_{t2}：

中值 $N_{t2avg}=A_{t2avg}=205$ 人，$N_{t2max}=A_{t2max}=330$ 人，$N_{t2min}=A_{t2min}=149$ 人。

小城镇建成区人口密度 D_{p2}：

中值 $N_{p2avg}=D_{p2avg}=42$ 人，$N_{p2max}=D_{p2max}=46$ 人，$N_{p2min}=D_{p2min}=32$ 人

因此，计算出我国小城镇建成区人口规模情况：

最大值数：$P_{2max}=N_{t2max} \times N_{p2max}=A_{t2max} \times D_{p2max}=300 \times 46=13800$ 人

最小值数：$P_{1min}=N_{t2min} \times N_{p2min}=A_{t2min} \times D_{p2min}=149 \times 3=4768$ 人

中值数：$P_{2avg}=N_{t2avg} \times N_{p2avg}=A_{t2avg} \times D_{p2avg}=205 \times 42=8610$ 人

即小城镇建成区人口介于 4768 人和 13800 人之间为好，其中，建成区人口规模 8600 人左右较为适宜。

这是根据中值理论计算出来的结果。

对于这个结果，我们在进行反算验证。人口规模选取我国东部区域作为参考。之所以选取我国东部区域，是因为东部经济发展水平较高，是全国小城镇发展的一个必经的高级阶段，具有非常高的代表性。根据国家统计数据，东部区域镇域人口和建成区分别为 28172 人、8058 人。二者比较可以看出，小城镇建成区人口基本吻合，镇域人口有点差别，因为镇域人口具有不确定性，不是实际人数，计算结果有些偏差，属正常现象。因此，中值理论有一定的实践价值，可以运用。

7.5.2 其他规模相关指标核定

这个数据至关重要。由此可以理论上计算出很多小城镇方面的规划依据。比如用地规模、基础设施情况、公共服务情况、经济规模等。例如，按照国家人均 GDP 数据，可以计算出小城镇的总体的 GDP 规模，如果实际规模偏离太多，就需要认真查找原因，制定对策。

就小城镇用地规模，可以基于小城镇人口规模情况推定。小城镇用地包括居住区、公共建筑、行政管理、教育机构、文体科技、医疗保健、商业金融、集贸市场、工业区等方面的用地，此外还预留一部分弹性发展用地。这些用地组成了小城镇用地规模。这些用地规模基本上都有相应的规范可参考计算。但核心参考还是小城镇的人口规模。小城镇的土地利用基本上是满足生活职能为主，生活和生产用地比例约为 8∶1。居住、商业、公共服务、道路等满足基本生活需求的用地占镇区建设用地比例平均高达82%；工业仓储类生产用地平均约占 12%；绿地广场、基础设施用地平均占比最低，均为 3%。这与小城镇基础设施投入普遍不足有直接关系。见表 7-3。

表 7-3　我国小城镇建设用地功能结构

用地类型	占建设用地比例的平均值（%）	占建设用地比例的中位数（%）	占建设用地比例的变异系数
居住用地	52	50	0.3
商业服务用地	8	7	0.7
公共服务用地	9	8	0.6
工业仓储用地	12	12	1.0
公用设施用地	3	1	1.7
绿地广场用地	3	3	1.2
道路与其他用地	13	10	0.7

资料来源: 赵晖,等.说清小城镇——全国121个小城镇详细调查[M].北京:中国建筑工业出版社,2017:146.

7.5.3 综合效益分析

综合比较经济发展水平、教育水平、人口健康水平、环境污染、交通状况和占用土地等指标，国内的实证研究发现，与城市相比，我国小城镇的综合效益最差。但这一结论是以小城镇结构不变为前提得出的。事实上，小城镇规模扩张在带来小城镇聚集经济效益变化的也必然带来小城镇结构的变迁。如果小城镇结构的变迁能导致小城镇产业结构的高度化和合理化，则小城镇的聚集力将得到进一步的增强，从而改变小城镇聚集效益。即在达到第一轮理论合理规模后的小城镇，有可能因为其产业系统的变化和小城镇发展动力的改变而出现第二轮的小城镇规模扩张，达到新的理论合理规模[1]。

因此，小城镇合理规模最终取决于小城镇内部多种因素，而对于一个发展动力不断更新的小城镇来讲，并不存在绝对规模的界限，所存在的只是相对规模的界限区间。所谓的小城镇合理规模应是某一时期与影响城镇规模发展的多种因素相对应的、具备良好城镇聚集效益的规模，也可以称为适度规模[2][3]。

小城镇规模主要受两方面因素的影响：首先是小城镇人口规模；其次是小城镇用地规模。由于小城镇人口数量和小城镇占地规模基本可以反映出小城镇在空间实体上的发展，所以小城镇的人口规模和用地规模是相互影响、相互制约。合理规模，是指

① 李加林，许继琴，叶持跃.宁波市域城镇体系中重点镇发展的若干问题研究[J].人文地理，2002(03):18-21.

② 金相郁.最佳小城镇规模理论与实证分析——以中国三大直辖市为例[J].上海经济研究，2004(07):35-43.

③ 刘玲玲，周天勇.对小城镇规模理论的再认识[J].经济经纬，2006(01):112-115.

小城镇的发展规模必须符合城镇人口增长的自然规律与经济规律，能够使城镇各方面活动做到低消耗、高效率，为生产事业发展和居民各项活动提供方便与良好的环境，并取得良好的经济效益、社会效益和生态效益 [①]。合理规模是个经济概念，是指成本最低或外部最经济的一种规模。城镇的聚集导致产业、人口在城镇的聚集，即小城镇的规模效应，从而导致了小城镇规模的扩大。然而，随着小城镇规模的扩大，虽然边际收益在增加，但拥挤成本和交易费用也在快速增大，从而抵消了边缘效益的增加。当边际收益等于边际成本时，小城镇就达到了其规模的均衡点或理论上的合理规模。用小城镇规模与效益曲线来说明小城镇的合理规模。见图 7-1。

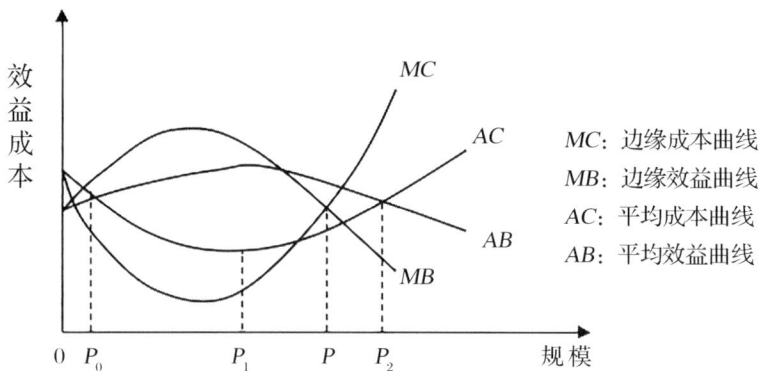

图 7-1 小城镇规模与效益曲线

注：当小城镇规模处于 P_0 以下时，小城镇规模过小，平均成本高，实际效益低，影响小城镇自身的发展。当小城镇规模处于 P_0—P_2 时，小城镇实际收益大于成本费用，小城镇有吸引力，小城镇外部经济要素与经济活动向小城镇聚集，小城镇逐渐发展壮大。当小城镇规模达到 P_1 点时，小城镇效益最好，小城镇规模也最合理。当到达 P_2 以上时，小城镇的实际费用高于实际收益，小城镇便失去吸引力，小城镇的聚集过程无法继续，小城镇难以发展，小城镇规模趋于稳定。因而小城镇的规模不能太小，也不能太大，处于中等时最合理。

结合小城镇规模的科学分析，很清晰地看到，小城镇的规模大小是有很多主、客观因素决定的，是有规律可循的。一般来说，小城镇是由当地的自然禀赋等资源决定的，随着资源的充分科学利用，引发当地经济的发展，经济发展水平高低又促进城镇化的进展的快慢。城镇化的推进吸引人口和产业的进一步聚集，推动当地人口规模的变化，人口规模的变化促使小城镇发展规模调整，以及其他相关的一系列变化和调整，如小城镇管理、城镇规划等。这就涉及小城镇规模的界定问题。

---

① 张忠国，吕斌.市场经济条件下用经济分析的观点优化小城镇规模 [J]. 经济地理，2005(3):215-218.

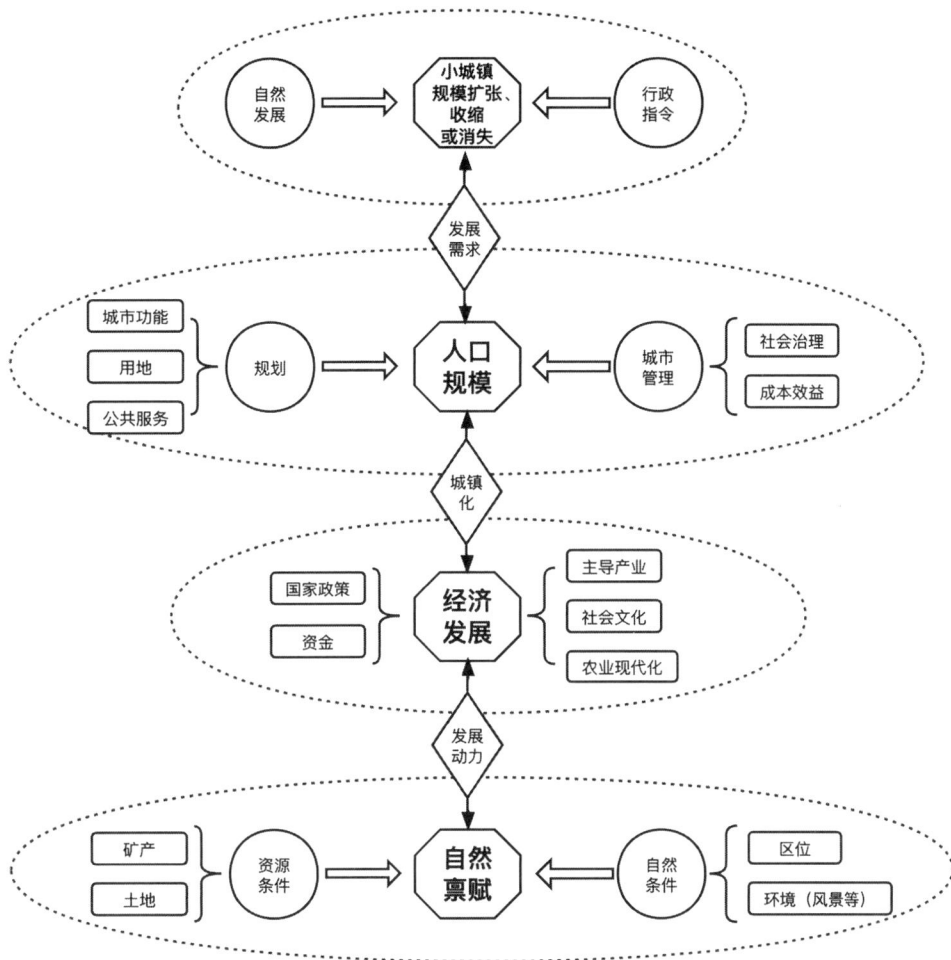

图 7-2 我国小城镇规模发展规律的逻辑

7.6 小城镇规模发展建议

　　小城镇发展规模必须在多方面的因素的作用下进行综合分析和决策。只有综合考虑小城镇特点、经济、社会、文化、生态保护等因素，采取科学的规划和管理措施，才能实现小城镇的可持续发展。基于以上几个方面的因素，小城镇的发展建议如下。

　　分类施策。为了更好地促进小城镇的发展，需要对小城镇进行分类施策，以便制定相应的政策和措施。对于人口规模较大的小城镇，通常可以发展为小城镇。对于人口规模较小的小城镇，则可以进行合并和取消建制。这是为了推动小城镇发展，实现资源整合和优化配置的重要举措。目的在于：改变小城镇的长期制约，降低小城镇公共服务设施建设和运营成本。为推动小城镇产业转型升级创造必要的经济环境，实现产业转移和产业的集中化经营。提高小城镇的整体竞争力，促进城乡和区域经济的协作和互利。在实践中，取消建制或者合并小城镇需要注意以下几个问题：需要充分考虑各地实际情况，不能"一刀切"，应该因地制宜，量身定制政策。取消建制或者合并小城镇需要进行周密准备和全面规划，确保资源配置合理，避免局部利益被忽视，要切实维护居民的合法权益，避免居民反感和抵制。按照人口规模大小对小城镇进行分类施策，有利于推动小城镇经济发展，优化小城镇规划和服务体系，提高小城镇的整体发展水平和竞争力。

优化产业结构。小城镇通常无法与大中城市竞争，是在公共事业服务、生态环保、文化创意产业等方面发展，目的是构建更为适合城乡居民的生活方式和多样化的经济发展模式。经济资源流动的一般规律是从低效益区位向高效益区位移动。农民从农业转移到非农产业、工业向城镇地区的聚集，主要都是追求利益最大化的结果。随着人口规模的增长，经济效益呈上升趋势。特别是人口超过 5 万人以后，经济效益明显提高。人口规模小于 3 万人的小城镇，公共设施利用率低，投资效益差。随人口规模增加，经济效益增加的趋势。但 100 万人以下的各类小城镇其效益差距并不明显。[①]

推动新型城镇化发展。作为新型城镇化建设的基础和示范，小城镇将通过新常态下的城镇化来推动其经济、文化、人口等方面的发展。建设现代城镇。小城镇发展应当有一个现代化建设规划，突出公共信息服务、小城镇管理、社区建设、小城镇交通等方面，提高城乡居民的生活水平。

加强区域合作。针对小城镇的发展难题，需要通过加强区域合作来实现产业转移、资源整合以及人才共享等方面的优势。

---

① 俞燕山. 我国城镇的合理规模及其效率研究 [J]. 经济地理，2000(02)：84-89.

第8章 我国小城镇发展存在问题及难点

改革开放以来，我国小城镇发展取得了一定的成绩，但确实也存在一系列问题，亟待解决。小城镇普遍经济基础薄弱，产业结构单一，企业规模小，创新能力有限，导致小城镇在吸引投资、培育新兴产业和提升产业竞争力方面面临较大的困难。小城镇的公共服务设施相对滞后，包括教育、医疗、文化等方面的资源投入和质量都存在不足，限制了居民的生活质量和社会发展的速度，并增加了人才流失的可能性。由于就业机会和发展环境的相对不足，小城镇面临人口外流和人才短缺的问题，许多年轻人和高素质人才选择去大城市寻找更好的发展机会，进一步抑制了小城镇的发展潜力。与大城市相比，小城镇的基础设施建设相对滞后，包括交通、通信、能源等方面的配套设施存在不足，制约了小城镇的发展空间和吸引力，也限制了企业的发展和居民的生活质量。小城镇发展与城市的差距逐渐扩大，社会内部的不稳定因素增加。

8.1 小城镇行政体制机制存在缺陷

8.1.1 行政体制僵化

城乡二元制阻碍小城镇发展。城乡分割的二元体制仍未打破，导致小城镇缺少投入、配套制度不完善、社会保障制度还不完善等问题。"对小城镇的财政投入、信贷支持、劳动就业、最低生活保障等方面不能享受与城市一样的待遇，缺少保障措施。"[1] 城乡"二元社会经济结构，致使许多社会问题凸显，大量生产要素从外围农村流向中心增长极城市，生产要素的流出抑制了农村经济增长，导致城乡差距不断拉大、城乡发展严重失衡"。[2] 在一些地区，小城镇发展相对滞后，与大城市之间的发展差距明显。一些小城镇缺乏核心竞争力和发展优势，导致资源分配不均衡，发展机会不足。二元制导致的小城镇资金缺乏，公共基础设施设备等方面无法满足居民需求，对小城镇发展

---

[1] 陈前金. 小城镇建设存在的问题及对策建议 [J]. 农村财政与财务，2010(11)：12-13.
[2] 陈书全，杨林. 小城镇行政管理体制改革研究 [J]. 经济体制改革，2005(05)：89-92.

产生负面影响，阻碍了城镇化建设整体水平的提高，制约了经济社会的发展[①]。

小城镇缺乏行政等级上升渠道。随着小城镇经济的快速增长及人口规模的不断扩大，公共服务需求日益增长，但受制于行政级别，小城镇公共管理权限已不适应经济社会发展状况及人口规模的需要，事权财力不相匹配，严重制约其公共服务能力与公共管理水平的提升，影响整个城镇化进程。在我国的体制下，处于我国行政层级低端的小城镇缺乏这种上升渠道。一方面，对于这些特大镇要实现切块设市的愿望，在实际操作中往往由于其所在的县级政府普遍反对而阻力重重。撤镇设市成功的小城镇仍是凤毛麟角。小城镇严重缺乏行政等级上升渠道。由于设市工作的停滞、设市标准的不完善，我国许多经济发达、吸纳人口较多、实际已经是城市的小城镇，却仍然实行与其人口规模和经济发展水平不相匹配的镇级管理机构和权限设置，限制了竞争力的提升，阻碍了向功能完善城市的转化。目前，我国区划调整中，除撤镇设区少见外，撤县设市和撤县设区的情况经常发生。1983 年，"撤县改市"序幕正式拉开，有 31 个县域改为县级市，并新设了 7 个县级市。到 1986 年，形成"撤县改市"的第一波高潮。1997 年，国务院暂停了实施 11 年多的撤县设市政策。原因在于，当时许多地方盲目追求"县改市"，造成县级市市区农村人口比重过大、城郊比例失调、城乡概念模糊等"假性城市化"问题。从此，中国县级市的数目基本上是处于逐步减少的状态。在冻结期间，从 2010 年起只有极个别县实现了撤县设市，且这些实现撤县设市的县份大多分布在边疆及少数民族集聚区，如云南、四川等地，[②] 也预示着随着城镇化建设的深入推进，撤县设市政策逐步松动。2022 年由国家发展改革委印发的《2022 年新型城镇化和城乡融合发展重点任务》提出，慎重从严把握撤县（市）改区，严控省会城市规模扩张，确需调整的要严格程序、充分论证。[③] 2023 年撤销米林县设立县级米林市以及撤销错那县设立县级错那市，标志着撤县设市有序开启。同样，撤县设区也屡见不鲜。撤县设区一般是指直辖市或地级市将其所辖的县改设为市辖区。从 1992 年武汉市汉阳县改为蔡甸区开始，到 2021 年洛阳市孟津县改为孟津区为止全国共有 133 个县改区。撤镇设

① 宁遽，刘雨夕．城乡统筹背景下小城镇建设问题研究 [J]．黑龙江社会科学，2015(04)：83-85.

② 2010 年 9 月，民政部批准：云南省撤销蒙自县，设立县级蒙自市。同年 12 月，云南省撤销文山县，设立县级文山市。2013 年 1 月 24 日，民政部批准：吉林省撤销扶余县，设立县级扶余市；云南省撤销弥勒县，设立县级弥勒市。2013 年 7 月 3 日，民政部批准：青海省撤销玉树县，设立县级玉树市。2014 年 12 月 16 日，民政部批准：云南省撤销香格里拉县，设立县级香格里拉市。2015 年 2 月 17 日，民政部批准：四川省撤销康定县，设立县级康定市。同年 8 月 1 日，广西壮族自治区撤销靖西县，设立县级靖西市；云南省撤销腾冲县，设立县级腾冲市。同年 11 月 2 日，四川省撤销马尔康县，设立县级马尔康市。12 月 15 日，黑龙江省撤销东宁县，设立县级东宁市。2016 年 1 月 13 日，民政部批准：黑龙江省撤销抚远县，设立县级抚远市。同年 3 月 20 日，江西省撤销星子县，设立县级庐山市。6 月 16 日，云南省撤销泸水县，设立县级泸水市。

③ 慎重从严！撤县建市设区为何按下暂缓键？[EB/OL]．澎湃网，www.thepaper.cn/news Detail_forward_17226542.

区相对少，目前只有四川前锋镇改为广安市前锋区。安徽博望镇改为马鞍山市博望区，安徽叶集镇改为六安市叶集区和广西覃塘镇改为贵港市覃塘区等。与这些幸运镇相比，撤镇设市变得异常困难。截至目前，全国仅有浙江省苍南县龙港镇设立为县级龙港市，由浙江省直辖，温州市代管。[①] 由此可见，小城镇行政等级上升渠道基本上被封上。

行政区划与小城镇发展不相适应。行政区划是国家的一项重要制度安排，旨在管理和组织国家领土范围内的行政事务。小城镇的发展受到行政区划过大或过小的限制。行政区划过大意味着一个行政单位需要管理较大的区域范围，因此无法充分照顾到小城镇的特殊需求和发展特点。相反，行政区划过小则限制了小城镇的规模和发展空间，难以形成良好的发展格局。随着社会经济发展和城市化进程的推进，一些小城镇面临行政区域过大或过小等问题和挑战。行政区划的不合理，严重制约着小城镇的发展和功能的提高，造成城镇空间布局不合理、重复建设和浪费基础设施建设等现象，也制约着生产要素集聚和区域经济的发展。不少小城镇建成区无法达到最低的人口规模，要素集聚能力差，造成基础设施建设的浪费。行政区划的调整和优化是一项长期的任务，以适应国家发展和社会变革的需要。在小城镇发展方面，确实存在行政区划与实际发展不相适应的情况。

小城镇的财权与事权不匹配。财权方面，1994 年的分税制改革并未明确省以下财政关系，县镇之间的财政关系更是有利于县一级。一方面，财政关系并不稳固，县级政府可以随意调整。比如，目前很多县镇之间实行核定基数、一定几年的财政分成办法。这种办法的主动权完全掌握在县市级政府手中，县市政府不但可以确定基数的年限、改变基数的核算方式，而且可以利用其权力随时调整分成税种，将一些增长较快的税种划为县级税等。另一方面，财政留成比例并不高，这对小城镇的发展并不利。在现行财政体制下，小城镇政府财政功能不全，不少城镇财政收支平衡缺口较大，出现了入不敷出、负债运行的问题。此外，现行金融体制对县域和小城镇经济发展的支持力度也明显不足。小城镇在规划、国土、交通和城镇建设管理等方面的管理权限有限，掌握的财政收入也有限，无法及时进行公共基础设施投入，导致管理效率低下。受资金的制约，出现了因缺乏投入而无法发展、因投入不足而更贫困的恶性循环。统筹城乡发展缺乏融资主体，社会资金因融资政策措施不到位而不愿投入小城镇发展中来。小城镇发展缺乏项目支撑，难以集聚优势产业。事权方面，小城镇政府缺乏相应的行政管理权限，导致责任与权力不对等，这使得小城镇加强和创新社会管理的难度较大，在一定程度上严重影响了政府公共服务的供给水平。在建成区内，公安、环保、安监、税务、交管等社会管理机构往往是上级政府的派出机构，小城镇政府对这些机构无权管理但需承担相应的责任。对于环境污染、安全生产事故、食品卫生等问题，小城镇

---

① "农民城"温州龙港镇"撤镇设市"[EB/OL]. 新华网，www.xinhuanet.com/politics/2019-08/30/c_1124943856.htm.2021-03-05.

政府无权查处，这极大地制约了当地经济社会的发展。小城镇政府作为我国行政层级中的基层政府，行政审批权限不足。城镇规划、基础设施投资项目、外商投资产业项目等绝大多数经济和社会管理事项需要上级政府审批。出于自身利益考虑，上级政府往往会拖延或干扰相关审批事项的办理，导致审批周期较长，严重制约了当地经济社会发展。因此，当前小城镇的财权与事权并不匹配。

8.1.2 政府管理和市场机制不协调

小城镇政府管理和市场机制的不协调是指在小城镇发展过程中，政府管理和市场运作之间存在一些不适应或矛盾的问题。现行的小城镇管理存在职能僵硬性、组织弱能性、结构离散性等体制弊端，[①] 阻碍小城镇产业集聚[②]，与市场要求相差较远。我国城镇结构体系是按行政级别的高低形成垂直等级结构，行政地位的不平等，导致不同等级城镇在资本、建设用地指标等资源分配及公共服务配置方面存在差异，处于城镇体系底端的小城镇在公共资源的调配、流动人口的吸引力以及可持续财政的造血能力等方面能力有待加强，生产资源和要素向中心增长极流动与集聚，不仅加剧了各等级城镇之间的发展差距，而且也抑制了区域整体经济发展[③]。

现行行政资源分配机制背离了市场发展的需要。等级化行政体制是我国区别于西方发达国家的一项重要制度安排，在一定程度上决定了我国行政资源配置形式，同时也影响了我国城镇化发展方式。[④] 资金、土地是推进城镇化不可或缺的重要资源。在等级化的行政体制之下，资金、建设用地指标等资源分配权掌控在中央政府手中，在"从中央向地方分配的项目、资金和建设用地指标，除非支持农村发展的项目，一定是要按照行政级别，逐级分解下达"。[⑤] 行政等级越高的城镇所获得的资源也就越多，反之亦然。等级化的城镇行政体制所决定的行政资源流向客观上也意味着人口流动、聚集的基本格局。在这样的资源流向下，市场化资源为获取更多的回报也逐渐向高等级的大城市集中。这样，就严重制约了小城镇的发展。

管理体制及政策无法适应市场现实需求。小城镇政府管理过于干预市场经济。由于历史原因或行政习惯，政府在小城镇的经济活动中过于干预和参与，直接或间接地影响市场的自主运作，镇政府表现出短期化行为、作秀行为和趋利性行为等特征。[⑥⑦]

① 王雄杰.论小城镇政府管理转型——以浙江省"强镇扩权"为例 [J].学术交流，2010(06):47-49.

② 刘向舒，卢山冰，赵生辉.西部小城镇产业集聚问题研究 [J].西北大学学报，2011，41(04):74-77.

③ 石忆邵.德国均衡城镇化模式与中国小城镇发展的体制瓶颈 [J].经济地理，2015，35(11):54-70.

④ 中国城市和小城镇改革发展研究中心课题组.中国城镇化战略选择政策研究［M］.北京：人民出版社，2013:306.

⑤ 成斌.大丰市推进城镇化建设的调查与思考 [J].农村经济与科技，2010，21(09):33-35.

⑥ 宋崇辉.小城镇发展中地方政府行为：国际经验及优化路径 [J].国际经济合作，2010(12):34-38.

⑦ 王振亚，王海峰.利益视角下的乡镇政府行为逻辑分析——以甘肃 A 镇小城镇建设为例 [J].西北大学学报(哲学社会科学版)，2011，41(05):109-116.

政府过多干预市场导致资源配置失衡、创新能力不足以及企业发展受限等问题。

小城镇政府管理和市场机制的信息不对称问题也导致不协调。政府管理过程中存在信息获取和传递不畅、公开透明度不够等问题，这使市场参与者对市场环境和政策预期产生误解或缺乏准确的了解，从而影响市场的运作效率和公平竞争。

政府在政策制定和决策实施方面与市场机制不协调。政府决策和政策执行的速度和效果往往较慢，在市场快速变化的环境下，政府的决策不能及时适应和响应市场需求。这导致政府对市场的引导作用不够明确或无法及时发挥，影响小城镇经济的发展。政府服务影响着市场运作，发达区域小城镇政府服务水准，普遍超过了京津冀地区以及东北①②③。

小城镇政府管理和市场机制的不协调问题需要通过改革措施来逐步解决。政府应减少干预，加强信息公开和透明度，提高政策执行的效果和速度，进一步优化政府管理与市场机制的关系，以促进小城镇经济的健康发展。政府部门间应加强沟通和协调，提高政策的一致性和配合性，以促进政策执行的有效性。推动相关法律法规和制度建设，完善市场监管和执法机制，增强市场经济的竞争力和公平性。加强政府职能转变和服务意识的培养，提高政府服务质量和效率，积极促进小城镇经济的繁荣和发展。

8.1.3 政府管理能力尚待提升

由于资源有限、技术水平相对较低，缺乏专业的管理人才和先进的管理理念，小城镇的行政机构在组织、管理和执行能力方面存在不足，行政决策的科学性和有效性亟待提升。

小城镇政府管理能力尚待提升，主要体现在以下几个方面：一是人员素质和能力不足。一些小城镇政府在管理过程中面临人员素质和能力不足的问题。由于一些小城镇在经济和社会发展相对较慢，政府工作人员的培训和能力提升相对滞后，缺乏应对复杂管理需求的专业知识和技能。二是决策水平和效率有待提高：小城镇政府在决策过程中可能存在水平和效率不高的问题。政府决策不够科学、权衡不足、信息收集不全面，导致政策制定过程中缺乏科学性和针对性。同时，一些小城镇政府内部决策过程冗长，执行效率低下，难以及时抓住机遇和应对挑战。三是制度建设和管理机制有待完善：小城镇政府管理能力的提升还需要依靠健全的制度建设和管理机制。一些小城镇政府的管理制度不完善，行政职权划分不清、协作机制不顺畅、执法机制不够有效等问题较为突出。建立健全科学的管理制度和有效的管理机制，对于提升政府管理能力至关重要。四是公众参与和民主治理有待加强：小城镇政府在公众参与和民主治

① 李晓燕.小城镇公共服务区域差异研究——基于省级数据的实证分析 [J].首都经济贸易大学学报，2012，14(04):40-45.

② 许莉，万春，杜志雄.中国小城镇公共服务供给水平评价 [J].城市问题，2015(08):39-44.

③ 李锐，谢长青.小城镇公共产品配置公平性研究——基于地理视角 [J].农业技术经济，2012(06):22-29.

理方面还存在不足。一些小城镇政府在决策制定中缺乏广泛的民意征集、公众参与，导致决策的合法性和公信力受到挑战。加强公众参与、民主决策和透明度，能够提高政府管理的合法性和有效性。

小城镇政府作为地方政府的基层机构，其职责相对分散、冗杂，难以统筹各项工作。由于受资金、人力等资源限制，小城镇政府在财政扶持、公共服务等方面表现薄弱，面临着人才流失、经济发展不平衡等问题。因此，小城镇政府需要加强自身能力建设，提高政府的管理效率，同时也要注重与社会组织和企业等各方面合作，以实现小城镇的可持续发展。

小城镇政府应该采用多层次、多角度、多部门间协调的治理网络模式，加强政府与社会组织之间的联系，提高政府服务效率，为民众提供更好的公共服务。[①] 小城镇政府面临的城乡融合的挑战与机遇，并提出了政府应该加强城乡融合的规划与管理，推进小城镇的转型升级，以适应新的社会发展需求。[②] 加强小城镇政府的责任和领导力，通过建立健全的政府管理体系和领导机制，保障小城镇的各项工作有序稳定进行，实现小城镇的可持续发展。[③] 小城镇政府在土地利用与管理方面的政策采取了一些具有创新性的做法，如加强土地规划、推行土地集约利用等，以优化土地资源的利用，促进小城镇的发展。[④] 同时，加强人员培训和能力提升，提高政府工作人员专业素养和管理技能。设立科学决策机制，加强信息收集和分析，提高管理决策的科学性和针对性。完善制度建设和管理机制，明确行政职权划分，加大部门协作和执法力度。加强公众参与，建设开放透明的政府，促进民主决策和治理。推动数字化转型，提高信息化水平和管理效能，优化服务和提升治理能力。

8.2 小城镇规划管理落后

8.2.1 缺乏科学的规划与管理

缺乏科学的规划与管理。总体上，我国小城镇规划编制科学性有待提升，甚至，有些小城镇还没有总体规划，谈不上科学规划，更不用说控制性详细规划了。据住房城乡建设部 2022 年城乡建设统计年鉴数据显示，我国小城镇都有总体规划编制的小城镇为 87.75%，至少有 2358 个小城镇没有总体规划。从地区上看，我国东部、中部、西部地区小城镇总规编制率和全国差不多，保持在 87% 上下。分省来看，海南、江苏和江西三省辖区范围内的小城镇几乎都有总体规划。而天津小城镇总体规划编制率仅为

---

① 李鹏翔，金芳芳 . 小城镇政府治理网络的实践与创新 [J]. 文化研究导刊，2019(07)，294-295.

② 张岳，刘彦腾 . 城乡融合背景下小城镇政府的战略转型研究 [J]. 中州学刊，2016(06):288-289.

③ 白玉洁，刘强 . 小城镇政府的责任和领导力 [J]. 政府管理论坛，2022(3):88-92.

④ 王玉，王文渊 . 城市化过程中小城镇政府土地资源政策的实践与创新 [J]. 城市与区域规划研究，2017(03):53-55.

54.87%，有接近一半的小城镇没有总体规划，作为一个直辖市和超大城市有些不可思议。见表 8-1。很多已有的总体规划编制缺乏科学性。一方面，小城建成区域规划落地实施难，更多地从小城镇地区自身的角度出发来制定和实施其发展规划与发展战略，忽视了小城镇与大中城市之间以及与其他小城镇之间的依存关系[①]，容易导致其在区域城镇体系结构中的地位和功能定位不准确，使得本来布局分散、职能单一的各个小城镇更加难以形成互补协调的良性循环。当前，尚未形成较为成熟的小城镇组团，小城镇突破行政体制的实践较少。实践证明，弱势小城镇的发展战略必须从单纯的小城镇战略向小城镇组团、城市群，以及小城镇与区域结合的战略转变。另一方面，小城镇普遍存在土地利用效率偏低的现象，小城镇空间扩张粗放式、无序化严重。小城镇财政收入普遍较低，无法通过房地产开发来深挖内部潜力，存量土地难以盘活。在国道、省道、高速公路等道路规划中，途经小城镇的发言权有限，难以实现城镇有序地扩张。仍有多数小城镇未编制或及时更新城镇总体规划，导致建设超于规划，使得土地利用结构不够优化，建筑布局松散凌乱，功能分布混乱，各类建设用地比例失调，公共设施用地和绿地所占比例偏低。

表 8-1　我国小城镇总体规划编制情况（2022 年）

区域	地区名称	建制镇个数（个）	有总体规划的建制镇个数（个）	本年规划编制投入（万元）	总规编制率（%）
	全国	19245	16887	310075.81	87.75
中部	江西	732	700	12024.34	95.63
	湖北	702	664	13621.63	94.59
	安徽	914	854	26520.62	93.44
	湖南	1070	980	25108.42	91.59
	河南	1088	935	10939.13	85.94
	山西	531	372	2091.30	70.06
中部地区总体规划平均编制率（%）					88.54
西部	广西	702	670	6421.71	95.44
	青海	104	99	388.00	95.19
	云南	588	556	15982.32	94.56
	重庆	589	555	1396.70	94.23
	贵州	772	712	5537.90	92.23

[①] 王伟波，向明，范红忠.德国的城镇化模式 [J]. 城市问题，2012(6).

区域	地区名称	建制镇个数（个）	有总体规划的建制镇个数（个）	本年规划编制投入（万元）	总规编制率（%）
西部	新疆	313	288	1554.60	92.01
	内蒙古	436	392	1975.00	89.91
	宁夏	77	69	8080.50	89.61
	甘肃	792	708	6261.04	89.39
	陕西	923	810	9857.55	87.76
	新疆生产建设兵团	37	30	238.00	81.08
	四川	1848	1425	44931.49	77.11
	西藏	74	47	307.00	63.51
西部地区总体规划平均编制率（%）					87.85
东部	海南	156	152	8074.33	97.44
	江苏	656	635	15233.55	96.80
	浙江	576	545	23127.16	94.62
	山东	1056	989	8407.40	93.66
	福建	562	524	20035.48	93.24
	广东	1003	910	19633.78	90.73
	北京	113	96	5483.47	84.96
	上海	101	85	2735.87	84.16
	河北	1129	839	2723.77	74.31
	天津	113	62	1631.74	54.87
东部地区总体规划平均编制率（%）					86.48
东北部	辽宁	612	525	1336.91	85.78
	黑龙江	486	386	595.50	79.42
	吉林	390	273	7819.60	70.00
东北部地区总体规划平均编制率（%）					78.40

资料来源：住房和城乡建设部 2022 年城乡建设统计年鉴。

　　政绩观的压力。在规划过程中，由于存在体制机制上的弊端，地方管理者往往迫于政绩压力，贪大求洋，只注重形态，不注重功能。小城镇最基本的功能就是满足城镇居民日常生活需求。这种需求在很大程度上表现在就业、居住、交通、教育、医疗、文化休闲、社会交往等不同层次和方方面面。但我们看到一些小城镇在建设过程中往往超出居民的实际需求，过分强调道路的宽阔、广场的宏伟，完全脱离小城镇自身发展的实际，有的镇竟然在建成区人口不足 2 万的情况下按 15 万—20 万人做规划，有的镇甚至在镇中心规划出将近 1 公顷的土地作为绿地，既浪费了土地资源，也挤占了居民的日常生活空间。对小城镇发展缺乏正确的认知。我国城镇化进程起步虽晚，但发展速度非常快，经过改革开放 40 多年的时间，我国基本上实现了西方发达国家上百年才能达到的城镇化水平。其中特别需要强调的是，我国小城镇的发展脱胎于农村地区乡镇地区的集聚过程，甚至有一些小城镇直接通过行政手段，由乡政府所在地转化而来。这种自下而上的生成机制，在很大程度上导致了我国小城镇发展过程中，没有什么成功的经验可以借鉴，工业企业发展、集中和城镇面貌缓解的压力几乎并存。但可以参照的城镇类型，基本上就是当时的我国的大中城市以及国外的城市形态。急于发展和急功近利，导致了很多小城镇在发展中，脱离城镇本质，过度追逐城镇发展的表象，甚至不惜在发展的过程中大拆大建，危害农民和居民的利益。[1] 谢惠芳等 [2]、朱桂龙等 [3]、周宇英等 [4]、刘发良等 [5] 众多学者采取实地调研、案例分析等方法，发现主要问题在于缺乏总体发展规划、产业技术层次较低、产业链环节缺失，研发能力较弱、自主创新意识不强、缺乏共性技术供给和产学研合作创新长效机制、公共服务平台数量少且缺乏协同以及专业技术人才缺乏。

信息平台不衔接，管理难以协调。规划编制和管理存在多部门和多规划的不一致、不协调的问题，缺乏有效的衔接与统一的管理。国土规划和集镇规划的数据来源、用地分类标准、工作底图、空间发展底线等不同，城市信息模型不统一，行政界限束缚下空间管制的增长边界受限，规划冲突明显。政出多门、相互掣肘的体制和机制性障碍也导致了自然资源的浪费和生态环境的破坏，导致政府对城镇建设管理引导效率低，规划编制难协调。既不利于规划的实施，也不利于小城镇的建设发展。

8.2.2 规划落后，缺乏全局性、系统性和前瞻性

规划理论体系不完整。当前，我国小城镇建设发展迅速，但城镇规划技术理论却难以适应这一趋势，尚未形成一套科学完整的城镇规划理论与技术管理体系。由于我国小城镇种类繁多、地理环境各异，现行《城镇规划标准》（GB 50188—2007）难以满足全国众多小城镇建设的实际需求。在这种情况下，许多小城镇不得不借鉴城市规

① 李铁 . 我所理解的城市 [M]. 北京 : 中国发展出版社，2013:68.

② 谢惠芳，潘子欣，刘佐菁 . 产学研趋势下广东省专业镇转型升级的思考 [J]. 科技管理研究，2012，32(09):60-63.

③ 朱桂龙，钟自然 . 从要素驱动到创新驱动——广东专业镇发展及其政策取向 [J]. 科学研究，2014，32(01):29-33.

④ 周宇英，赵家将 . 加快推进江门专业镇转型升级的对策研究 [J]. 科技管理研究，2013，33(13):87-90+158.

⑤ 刘发良，陈武军 . 新型城镇化下专业镇转型升级的探索与实践——来自广东省东莞市横沥模具专业镇的发展报告 [J]. 城市发展研究，2015，22(06):1-3.

划理论体系和模式，导致小城镇建设普遍存在套用大中城市建设模式的现象。从法律法规和行业标准的角度来看，小城镇规划具有城乡二重性。首先，表现在规划标准的二元性。《城乡规划法》中将小城镇纳入城市范畴进行规划，强调其城市聚落的性质；而在《村镇建设标准》中，小城镇又被划归为农村居民点进行规划。其次，小城镇规划的编制过程和指导理论也具有二元性。在规划编制过程中，小城镇需要按照村镇规划理论分为总体规划和建设规划两个阶段进行编制；同时，还需结合城市规划理论来确定小城镇的性质、规划和用地布局。最终形成的总体规划和详细规划既具有城市规划的特点，又融入了乡村规划的特色。为了更好地适应小城镇建设发展的需要，我们应加强完善城镇规划技术理论体系，形成一套科学完整的理论与技术管理体系。同时，针对不同类型的小城镇和地理环境，制定更具针对性的规划标准和技术规范，以提升小城镇规划的针对性和实用性。通过加强法律法规和行业标准的制定与执行力度，进一步规范小城镇规划的编制与实施过程，推动小城镇建设的可持续发展。

千镇一面，缺乏特色。小城镇发育程度不高、特色不突出、规划滞后等问题，[1][2]千镇一面，没有形成自身特色。空间分布格局不合理，土地集约程度低，基础设施严重不足或重复建设，建设资金筹措渠道过于单一。小城镇规划水平不高，主要表现在几个方面：一是小城镇规划思路不够清晰，水平有待提高。在规划过程中，未能充分考虑城镇未来发展方向，缺乏对城镇建设、产业发展、生态保护等系统的整体规划，导致城镇基础设施规划设计缺乏前瞻性、预见性及适度超前性，无法实现资源的合理有效配置。二是规划细节不够详尽，缺乏特色。部分小城镇的规划未能充分结合经济发展需求和当地自然因素，盲目追求现代化，导致布局不合理，居民区、商业区、工业区分布混乱。规划设计手法普遍落后，相互抄袭、雷同，缺乏地域特色与历史文化特色，出现了千城一面的现象。三是发展方式粗放落后。一些城镇的发展方式过于粗放，过度依赖低成本的资源进行数量扩张，超出了资源环境承载能力，导致人口、土地、资源、环境的矛盾日益突出。四是土地资源浪费严重。一些地方城镇建设随意性大，随意开发、占用耕地的现象普遍存在，盲目建设大马路、大广场、大厂区、标志性建筑等，造成土地资源的严重浪费。工业用地布局混乱，导致城镇规模快速外延扩张，存在大量新的闲置土地，土地利用率和产出率较低。

城镇化的快速推进，致使小城镇传统的、具有差异性的城镇特色正逐渐缺失，小城镇特色规划设计应得到进一步强化[3][4]。此外，在规划上照搬照抄大城市，缺乏自身的发展特色。小城镇有其自身的发展规律，不是所有的小城镇都能发展成为城市，盲目照搬城市规划，只能让小城镇丧失自己独有的价值，最终沦为发展的牺牲品。小城

① 张根东. 在推进农村改革发展中加快西部小城镇建设 [J]. 生产力研究，2010(04):55-56+64.
② 朱建芬. 择优培育小城镇的探索——江苏省重点中心镇发展调研报告 [J]. 小城镇建设，2003(12):4-7.
③ 严剀. 小城镇文化特色塑造及景观设计浅析 [J]. 江苏城市规划，2012(05):25-29.
④ 顾朝林. 县镇乡村域规划编制手册 [M]. 北京：清华大学出版社，2016.

镇规划的不科学性在很大程度上造成了小城镇功能发展的滞后。特别是在当前城市群发展的背景下，小城镇应更好地发挥自身的特色优势，积极嵌入城市群的功能分工中去，同时还要注重自身在生产空间、生活空间以及生态空间规划方面的协调发展，真正体现规划的以人为本。小城镇发展规划滞后，城乡一体化发展空间不科学、土地集约利用效益低。小城镇规划工作滞后，大部分城镇没有从未来城市发展的前景编制详细规划，致使城镇布局混乱，一些经济实力雄厚的城镇从布局来看仍然像一个规模被扩大了的大村庄。缺乏规划导致的后果是土地集约程度低、利用程度低。小城镇规划缺乏前瞻性，小城镇发展空间分布不合理。在小城镇规划与城市、区县经济发展规划、土地利用规划等的协调衔接上还不够，一些规划对小城镇发展的指导作用和实际操作性欠缺，小城镇规划的发展方向雷同现象较多，城镇发展特色不显著，在个别的小城镇有受到多头管理的情况，乱占地、乱开发、土地浪费现象比较突出。

由于隶属不同的行政区划，镇与镇之间的相互竞争大于合作，即便各自有规划也缺乏统一性。这种方式不仅容易造成恶性竞争，也会带来资源的巨大浪费，影响小城镇的可持续发展。例如，小城镇与大、中、小城市往往是隶属的关系，在城市制定规划的过程中，不可避免会涉及各个城镇的功能和定位，这个规划不仅要与国家的发展战略相一致，同时还要充分考虑到小城镇的实际情况，考虑到小城镇的长远发展。例如，有的地方政府为了实现生态发展的需要，将一些镇规定为城市的生态用地，但忽略了城镇的经济发展，使其在实现就地城镇化或者吸纳外来人口方面处于被动。也有些地方在规划过程中，往往只注重眼前的利益，忽略长远的发展，规划缺乏持续性，不利于区域城镇化水平的提升和区域一体化的实现。

小城镇的规划多是总体规划，没有控制性详细规划，多与小城镇现实经济规模和人口规模不相符。部分小城镇在规划过程中存在严重的问题。规划缺乏系统性、整体性，导致了人力、物力、财力的浪费。规划完全忽略了小城镇的现状情况、经济发展水平和地方特色，未将城镇建设与经济发展相结合，违背了经济发展规律，使规划脱离实际。在规划设计时限上，小城镇规划表现为静态规划，不注意安排实施的时间顺序，使小城镇规划实施停留在静态的蓝图计划层面，无法应对市场变化的需求。建成区规划与农村腹地结合不紧密，忽视城乡联系与融合，使建成区为核心的城镇发展诉求与广大农村地区的发展愿望难以协调结合。此外，小城镇规划中市场和村民参与度较低，规划的可操作性、弹性差，实施难度较大。同时，小城镇结构形态环境雷同，缺乏地方特色。在文化方面，小城镇建设长期处于重经济、轻文化的状态，不注重本地的历史、文化与文脉，对本地文化的传承不够，缺少对自然风光和历史文化遗产的展现，无法体现小城镇的个性特色。这些问题导致很多小城镇的自身文化特征逐渐消失、人民的传统文化生活也愈加单一、城镇空间也逐渐趋于统合，小城镇的自身特色风貌日渐消失。

8.2.3 小城镇功能定位不明确、不科学

小城镇功能定位，就是在对自身优劣势、区位条件、外部环境等深入分析的基础

上，通过确定在区域当中的位置，使小城镇获得更大城市竞争力的过程。小城镇功能都是相对于其他城镇及其所处区域而言的，一些小城镇之间存在着功能相似性，也有一些小城镇存在着较大的功能差异性。一般来说，一定区域内的各个小城镇功能各异，才能形成协作互补、分工合理的小城镇体系或小城镇群体。因此，小城镇群区域内的小城镇只有合理、科学地进行功能定位，才能推动技术、资本、劳动力等生产要素在区域内的优化配置，推动自身经济社会发展。对于城市群区域内的小城镇而言，其功能定位应当从区域性的视角出发，小城镇功能要与区域发展条件相适应。

功能定位不够明确及科学。近年来，我国部分小城镇与中心城市的依存度不高，在很大程度上是因为小城镇功能定位尚不够明确及科学。一是对小城镇功能定位缺乏正确认知。部分小城镇由于规模小，经济基础薄弱，难以聚集相关城市运营管理高端人才，对小城镇功能定位缺乏系统、科学认知。我国很多地方的小城镇对功能定位存在大而全的误区，往往是从封闭的小农经济观念出发，对小城镇功能定位的理解仍处于肤浅阶段，搞小而全的产业发展，而不考虑从市场需求出发挖掘本地的资源和地缘优势，忽略了从小城镇大市场的角度来发展小城镇的产业。小城镇产业发展必须克服小而全的问题，只有集中力量发展一两个主导产业，才能在现代城镇竞争中突围，推动小城镇经济持续快速健康发展。长期以来，我国地方政府的政绩评估指标偏重于经济总量及增速，导致地方采取唯GDP至上的发展模式，将小城镇功能简单等同于经济功能。GDP主导的政绩考核机制在客观上有利于激励地方发展经济的热情，但不少小城镇政府却在发展经济的同时忽视了生态、社会等其他领域的建设，盲目引进高污染、高能耗产业，长期缺乏对教育、医疗等民生领域的投资，对经济社会持续发展带来了不利影响。二是特色功能不凸显。功能定位在很大程度上取决于小城镇自身的区位条件、资源优势、产业结构及基础设施建设，在功能定位的过程中要着力凸显自身特色功能的发挥，塑造人无我有、人有我特的竞争优势，打造以特色产业为主导、以特色文化为灵魂、以特色城镇风貌为形象的特色型小城镇。但在实际建设过程中，不少地方存在用一张图纸、一个式样、一种格调建设小城镇，导致千镇一面。此外，由于特色产业发育不足，不少小城镇在现代城市竞争中处于劣势地位，难以实现城镇经济社会的跨越式发展，其与中心城市和其他大、中、小城镇之间的发展差距已日益扩大。三是功能同构现象突出。功能定位旨在明确自己在区域内的分工地位，这种地位必定是同优势的开发利用联系在一起的，并且尽量要区别于其他小城镇。功能定位当然要表明与区域中心城镇的关系和联系，因而最终要体现为在何种产业领域和何等程度上使自己在城镇圈中构成产业链、技术链、供求链。科学的功能定位是破解内部过度竞争的重要基础，每个小城镇都应该根据自身的差异化定位来带动区域的协调发展。小城镇则应当立足自身区位及资源禀赋，充分发挥自身优势，实现与区域内其他城市的功能互补，宜农则农、宜工则工、宜商则商。但在具体实践中，许多小城镇在产业发展中并没有充分考虑到自身所具有的资源优势及区位条件，导致主导功能不突出，盲目模仿城市，盲目承接来自大城市的产业转移，忽视了自身所具有的产业承受能力和空间尺度。缺乏区域间分工与协作的意识，导致各城镇间存在盲目投资及重复建设的情况层出不穷，基础设施难以实现统一衔接、共建共享，城镇之间长期处于无序恶性竞争状态之中，使小城镇既不能发挥对大中城市的补充功能，也不能对周边农村地区形成足够的辐射带动作用。

功能能级不足。加快推进新型城镇化的意义在于通过对要素和资源的集聚来提高资源配置的效率及水平，但从整体来看，我国小城镇的集聚水平仍然处于较低的水平，功能能级发育不足。据中国统计年鉴的数据显示，2016 年我国小城镇行政辖区范围内平均人口规模为 4.2 万人，其中核心建成区的人口为 1.1 万人，但实际人口要低于这个数字，因其包含了部分农村成分而有所偏高[①]。因此，平均人口在一定程度上掩盖了小城镇之间人口规模存在显著差异的事实。《2016 年中国乡镇统计年鉴》的数据显示，最小的镇人口规模仅有 4000 人，而最大的镇人口却高达 55 万人，有 1/4 的镇人口低于 2 万人，尚不够 1984 年国家规定的乡转镇标准。此外，与镇人口不同，建成区人口往往能较为真实地反映其经济社会发展水平，一般而言，建成区人口规模越大，其经济发展水平也越高。小城镇人口规模普遍偏小，集聚功能不足，严重制约了小城镇经济社会发展，也不利于小城镇对周边农村地区辐射带动功能的发挥。

功能冲突现象突出。我国地方政府在政绩评估工作中长期偏重于对 GDP、经济增长速度等指标的考核，导致部分地方采取唯 GDP 至上的发展模式，为了在 GDP 竞赛中取胜，相当多的小城镇开展了大规模的招商引资活动，希望通过吸引外资来进一步扩大本地经济规模，推动镇域经济快速发展。GDP 主导的政绩考核机制在客观上有利于激励地方政府发展经济的热情，但也推动了部分小城镇片面注重经济功能的培育，忽视了生态、社会、文化等其他领域的建设，盲目引进高污染、高能耗产业，长期缺乏对教育、医疗、文化等民生领域的投资，城镇功能结构不合理，严重制约了经济社会的健康快速可持续发展。

8.2.4 空间结构不协调

小城镇功能的实现和产业的发展需要落实到具体的地理空间中，体现为功能区的形式。"由于空间和区位条件的异质性，小城镇功能的实现和产业的发展必须根据空间特点，将功能和产业布局到最适宜的空间，由专门的空间来承载。"[②] 在我国小城镇发展具体实践中，功能空间不合理的现象依然突出，严重制约了小城镇经济社会的发展及功能的发挥。

区域功能空间结构不均衡。小城镇建成区域分布不均衡，发展差异显著。在不同历史条件下，要素流动机制的差异造成了城镇化发展程度的不同，并且演化成了不同

---

① 世界银行. 中国中小城镇概览 [R].2012:11.

② 彭晖，韦荟. 城市功能与产业发展的耦合 [J]. 科技创新与生产力，2011(01):55-61.

的空间格局。① 受到历史条件、地理区位以及经济社会发展水平等多因素的影响，近代以来，我国城镇分布一直呈现出自东向西、由密而疏的空间分布特征。特别是 21 世纪以来，尽管我国出台了一系列区域发展战略，如西部大开发、振兴东北老工业基地以及中部崛起等，但是从地理空间分布来看，我国城镇依然呈现出东部沿海发达地区人口分布密集、中部地区人口居中、西部广大地区人口稀疏的不均衡态势。其中，我国东部地区以 8.4% 的国土面积承载了 43.5% 的城镇人口，聚集了 35.3% 的城市、31.2% 的小城镇。城镇及人口分布密度远高于其他地区，是我国城镇化的主要承载区。这既是我国城镇与区域发展的一般规律，也是我国城镇化发展的显著特征。

小城镇空间结构有待进一步优化。改革开放以来，我国小城镇发展加快了对国土空间的开发利用，有力支撑了国民经济的快速发展与社会进步，但空间结构不合理、空间利用率低等一系列的问题也异常突出。生产空间无序蔓延。2010 年国务院印发的《全国主体功能区规划》，进一步强调了我国只有 180 余万平方公里的国土面积适宜进行工业化和城镇化开发。扣除已经使用的建设用地以及必须严格控制的耕地，还可以利用的国土面积就只剩下 28 万平方公里。这意味着未来我国的建设用地非常有限，土地供需矛盾日益突出。然而当前我国城镇化仍延续着粗放开发和过度开发的利用方式，伴随我国城镇化进程的推进，我国耕地面积也从 1996 年的 19.51 亿亩剧减至 2008 年的 18.26 亿亩，已逼近 18 亿亩耕地保护红线。② 而我国小城镇在发展过程中，建设用地规模长期保持较高增速，生产空间处于无序蔓延状态。因此我国乡镇企业布局分散现象依旧严峻，无法产生相应的聚集效应和辐射能力，亦无法带动农村第三产业的发展。全国第一次农业普查资料显示，截至 1996 年年底，全国乡镇企业分布在大中城市、县城、乡镇所在地、村的比例分别为 1.6%、3.4%、20.5%、74.5%。③ 生活空间宜居化程度不高。在城镇空间总面积急剧增加的部分小城镇却长期面临生活空间不足的问题，工矿建设用地的扩张挤占了大量城镇居民的居住、公共设施及绿地空间，对居民的生活带来了诸多不利影响。随着大批农村剩余劳动力转移到城镇，原有的农村生活空间依然没有减少，部分农民宅基地及居住点长期处于闲置状态之中，造成了资源浪费。在城镇空间布局中，部分小城镇过分强调工矿建设空间及各类开发区的扩张，忽视了事关居民生活的服务业及公共设施空间的适度扩张及合理布局，公共基础设施及公共服务水平严重滞后于经济社会发展需要，生活宜居性不高。

尚未形成组团化发展的空间布局。城乡间公共服务水平差距较大。从城镇体系上看，城关镇比其他小城镇或者集镇的发展水平要高。这主要是因为城关镇是县级政府驻地，是县域内政治、文化、科技以及教育中心，聚集了较多的行政资源，其行政地位奠定并

① 住房和城乡建设部课题组．"十二五"中国城镇化发展战略研究报告 [M]．北京：中国建筑工业出版社，2011：2.

② 张晓玲，刘康，蔡玉梅．坚守 18 亿亩耕地红线不动摇 [J]．求是，2009(21)：43-45.

③ 孔祥智，朱信凯．农村城镇化与劳动力转移 [EB/OL]．人文社会科学评价与发展研究网，2005-1-11.

强化了其作为县域内最大商品集散地及交易中心的地位，基础设施配套水平较高，公共服务供给能力较强，在行政资源趋向城关镇的大量资本、农村剩余劳动力为追逐更高收益也趋向于落户城关镇，从而为其带来较发达的工业以及强劲的人口吸纳能力。这使得那些普通小城镇在集聚效应方面远远落后于县城，基础设施建设不足，导致城乡之间和不同小城镇之间的公共服务水平差距较大，无法实现基本公共服务在区域内的均衡配置。区域间联动机制缺乏，未能实现功能在区域内合理布局。城市群之所以成为群，就是因为城市（镇）之间可以通过密切联系和深度合作，获得比单个城市自身发展更大的收益，最终使得资源在城市群范围内得到有序集聚和均衡配置。近年来，城市群各级政府虽然在推进区域一体化和协同发展方面取得了一定的共识，相关制度和政策也陆续出台，但多数合作仍停留在低级的层次，尤其在跨省城市群，实质性合作的步伐仍比较缓慢。城市群内无论从产业结构、人口分布还是土地的开发利用来看，都存在诸多的问题，未能真正实现功能在城市群区域内的合理布局，严重制约着城市群功能的发挥。

8.3 小城镇缺乏有力的产业支撑

小城镇缺乏有力的产业支撑，经济水平不高、区域发展不平衡、产业集聚功能弱、产业低端和结构不合理等，[1][2] 第二产业整体素质不高、档次低，第三产业发展严重滞后，规模小，缺乏聚集力和吸引力，发展动力严重不足。多数小城镇面临整体产业结构落后、传统农业后劲不足、现代农业发展不均衡、劳动力外流、就业环境差等局面，经济发展速度不快和发展质量不高的问题同时存在。小城镇产业发展存在产业区域发展不平衡、产业结构不合理、与农业关联度低、污染型产业比重较大、缺乏科技支撑等主要问题。[3][4][5] 小城镇产业发展落后造成了小城镇就业机会少、收入低这一突出短板。小城镇工业发展方面存在的问题：产业园规模小且分散、工业类型同质化、产出目标分配和工业规模错位，以及劳动力资源未能得到合理利用等，小城镇工业集聚区人口潜力的不足。[6] 大部分的小城镇都没能充分发挥其工业功能和居民的聚集作用，其问题主要在于小城镇内部产业的集中程度差别很大，规模较小，带来的劳动力需求不足、城市基础设施建设滞后和社区经营成本过高。[7][8] 小城镇发展存在产业区域发展不均衡、

① 张杰，沈豁莹. 新型城镇化背景下小城镇规划管理机制创新 [J]. 规划师，2013，29(03):23-26.

② 赵莹，李宝轩. 新型城镇化进程中小城镇建设存在的问题及对策 [J]. 经济纵横，2014(03):8-11.

③ 金逸民，乔忠. 关于小城镇产业发展问题的思考 [J]. 中国人口·资源与环境，2004(01):64-68.

④ 张建军. 农村城镇化与新型工业化联动发展模式研究 [J]. 人口与经济，2008(06):1-6.

⑤ 王正新. 扩大消费需求视角下小城镇发展模式的新探索 [J]. 中州学刊，2010(03):61-64.

⑥ 扈万泰，王力国. 重庆城市发展新区小城镇产业发展探索 [J]. 城市发展研究，2015，22(06):11-16.

⑦ 李富田，李戈. 进城还是进镇：西部农民城镇化路径选择对四川省 31 个镇、村调查 [J]. 农村经济，2010(04):95-97.

⑧ 卢黎霞，丁如曦，李富田. 西部小城镇的产业集聚效应分析——甘肃省天水市 10 个小城镇调查 [J]. 农村经济，2010(9).

制造业结构不合理、与农村关联性较低、污染类工业比例过大、缺少生产技术基础等主要问题。[①②③]

资源匮乏和产业结构单一。许多小城镇地处资源相对匮乏的区域，缺乏核心竞争力和明确的发展方向。同时，部分小城镇的产业结构单一，主要依赖传统农业或传统制造业，缺乏新兴产业和高附加值产业的支撑，使得小城镇经济面临转型困难，难以适应新的经济发展模式和趋势。

产业结构不合理。各小城镇多以劳动密集型产业为基础，产业同构现象严重。产业结构不合理、水平低。工业化、城镇化与服务业的发展没有形成良性循环，产业集聚带动社会分工深化细化不够，第二产业整体素质不高、档次低，人口城镇化滞后导致需求拉力不强，服务业规模小、缺乏聚集力、发展严重滞后。小城镇发展极不平衡且大多是低端产业，产业配套严重不足。[④⑤⑥⑦]我国小城镇普遍存在产业低端的问题。农业产业效益低。缺乏有实力的龙头企业带动，农产品品牌效应不强，产业整体效益不高，发展不平衡。农业产业化技术力量薄弱，科技创新能力较低。农产品加工大部分还是简单加工，产品附加值较低。工业主导能力弱。工业企业整体发展水平较低，以生产初级产品为主，加工转化能力较弱，资源利用水平不高，产品附加值低，污染问题严重，企业收益较低。服务业发展严重滞后。小城镇服务业发展总体上还处于起步、分散状态，市场化程度低，产业化进展慢，基础设施相对落后，知识密集型生产性服务业难以有效发展。高投入、高消耗、高污染、低产出的粗放型发展方式仍未得到有效扭转。

产业布局不合理，第三产业水平低，城乡一体化进程缓慢。近年来县域经济中小企业发展缓慢，尤其是在西部地区，作为非农就业主体的乡镇企业发展还出现萎缩状态。许多小城镇产业发展中都没有充分考虑和发挥小城镇的中心功能和特色优势，盲目模仿城市的产业布局，在对资源和市场的竞争中明显处于不利地位。小城镇数量多，规模小，经济动力不够，枢纽功能薄弱，建设品质不高，示范效应不强，也缺少相应的政策吸纳辐射力量。小城镇中存在着城镇化质量不高，半城镇化特点突出，人多地少的矛盾关系日趋严重，工业低端化和农业生产附加值过低的现象迫切需要改造。[⑧]调查

① 金逸民，乔忠.关于小城镇产业发展问题的思考[J].中国人口·资源与环境，2004(01):64-68.

② 张建军.农村城镇化与新型工业化联动发展模式研究[J].人口与经济，2008(06):1-6.

③ 王正新.扩大消费需求视角下小城镇发展模式的新探索[J].中州学刊，2010(03):61-64.

④ 郭军，刘瀑.基于产业集群视角的县域小城镇经济研究——以河南省为例[J].中州学刊，2007(03):53-57.

⑤ 乐章，李芳，常贤波.长江经济带沿江小城镇建设研究——基于湖北省沿江城镇调查数据的分析[J].中国人口科学，2015(01):106-114+128.

⑥ 刘宝发，孙理军.湖北小城镇可持续发展之路：绿色产业集群[J].商业研究，2008(06):90-93.

⑦ 孙元元，杨刚强，江洪.中部地区小城镇建设的城乡统筹发展[J].宏观经济管理，2014(10):33-36.

⑧ 卢道典，黄金川.从增长到转型——改革开放后珠江三角洲小城镇的发展特征、现实问题与对策[J].经济地理，2012，32(09):21-25.

表明，小城镇经济发展极不均衡且主要为中低端产业，产品搭配严重不足，公共服务落后，污染也相对突出。①②③④ 小城镇经营技术水平不高、农村地区发展不均衡、城市工业聚集功能减弱、工业低端和城市内部结构不合理、研发能力差、环境污染问题严重等。⑤⑥ 通过现场调查、个案研究，认为主要问题包括没有总体研究计划、行业整体科技水平较低，产业链环节缺失，基础研究能力薄弱、企业自主创新能力不高、缺少共性科技供给和产学研协同的长效机制、公众平台数量过少且不够协同，以及专门技术人员的短缺。⑦⑧⑨⑩ 产业结构不合理，工业化水平较低，主要表现在：一是产业集聚层次低，城乡之间各种生产要素缺乏流动，技术创新能力严重不足；二是产业结构重复，不能形成特色产业集聚，布局不合理，难以实现产业集聚；三是分工和专业化程度不高，产业链不完善；四是在一些乡镇并没有很好地遵循经济资源配置效率最大化原则，而是简单地把几个乡镇合并，片面追求规模大小；五是工业化、城镇化发展水平较低，进程缓慢，城乡之间二元经济结构突出，城镇工业表现出较强的地缘性、封闭性，统筹城乡发展速度缓慢。

小城镇聚集能力较差。我国大多数小城镇规模小，动力不足，枢纽功能弱小，建设质量不高，示范效应不强，缺乏应有的吸引辐射能力。小城镇人口集聚能力的强弱与经济发展水平密切相关，江苏、浙江、福建、广东、山东等沿海省份小城镇人口集聚能力最强，而黑龙江、吉林、青海等省份人口集聚能力最弱⑪。通过对甘肃省天水市10个小城镇进行实地调研发现，小城镇之间产业聚集程度差异较大、规模较小、层次较低。小城镇就业不足，基础设施也非常落后，也是一个原因。通过实地调研验证，大部分的小城镇没能发挥出产业和人口的集聚功能。其原因在于小城镇提供的就业量不足、基础

① 郭军，刘瀑.基于产业集群视角的县域小城镇经济研究——以河南省为例 [J].中州学刊，2007(03):53-57.

② 乐章，李芳，常贤波.长江经济带沿江小城镇建设研究——基于湖北省沿江城镇调查数据的分析 [J].中国人口科学，2015(01):106-114+128.

③ 刘宝发，孙理军.湖北小城镇可持续发展之路：绿色产业集群 [J].商业研究，2008(06):90-93.

④ 孙元元，杨刚强，江洪.中部地区小城镇建设的城乡统筹发展 [J].宏观经济管理，2014(10):33-36.

⑤ 张杰，沈黉莹.新型城市化背景下小城镇规划管理机制创新 [J].规划师，2013，29(03):23-26.

⑥ 赵莹，李宝轩.新型城镇化进程中小城镇建设存在的问题及对策 [J].经济纵横，2014(03):8-11.

⑦ 谢惠芳，潘子欣，刘佐菁.产学研趋势下广东省专业镇转型升级的思考 [J].科技管理研究，2012，32(09):60-63.

⑧ 朱桂龙，钟自然.从要素驱动到创新驱动——广东专业镇发展及其政策取向 [J].科学研究，2014，32(01):29-33.

⑨ 周宇英，赵家将.加快推进江门专业镇转型升级的对策研究 [J].科技管理研究，2013，33(13):87-90+158.

⑩ 刘发良，陈武军.新型城镇化下专业镇转型升级的探索与实践——来自广东省东莞市横沥模具专业镇的发展报告 [J].城市发展研究，2015，22(06):1-3.

⑪ 徐晓勇，罗淳，雷冬梅.中国小城镇人口集聚能力的省际比较分析 [J].西北人口，2013(04):1-6.

设施落后和社会管理成本较高。^{①②}小城镇对镇域农村转移人口吸引力不足。小城镇受土地制度、户籍制度等制度的影响，对镇域农村转移人口吸引力不足，城镇化的水平和质量偏低。当前，小城镇的基础设施落后，城镇化质量和城镇化率普遍偏低，多数小城镇常住人口小于户籍人口，这主要是由于尚未探索出切实可行的宅基地和农用地有偿退出机制、户籍改革配套政策尚未完善、小城镇投融资渠道尚窄等制度因素导致的。可见，小城镇的发展，必须破除体制机制的制约，研究制订符合小城镇实际的户籍改革、土地制度改革等方案，才能有效地推进小城镇建设，吸引农村转移人口到小城镇定居。

缺乏优秀的建设管理人才。小城镇的建设离不开人力资源，不仅需要各类型的管理和专业技术人才还需要充足的劳动者，但是目前受到城市集聚效应的影响，大量小城镇和农村居民（尤其是年轻人）通过外出务工或买房离开小城镇进入城市，留在小城镇的以中老年人居多。除了外出求学就业的人口，小城镇中的活动人口越来越多流向县城，县城的活动人口则流向省城，留在小城镇的主要是当地政府及公共机构的人员及活动能力有限的老幼妇孺。乡镇基层领导的教育层次相对较低、文化意识淡薄，缺乏对自身发展情况的准确认识，保障措施不完善，人口外流现象严重，整体削弱了小城镇的活力。

小城镇缺乏产业支撑的主要原因有：一是资源匮乏。由于一些小城镇地处偏远地区或缺乏资源，基础设施和物资资源的匮乏会限制小城镇的经济发展。例如，江苏省盐城市滨海县大新镇，是个海岛小城镇，由于地域偏远、土地面积较小，以及交通运输困难等，限制了该镇的经济增长。二是人口流失。由于小城镇人口基数较小，随着人口流失，城镇经济和社会结构面临内在和外在压力。以广东省大埔县为例，该县是个山区小城镇，由于人口外流和人口老化，导致产业结构单一，经济面临严重压力。三是缺乏资金支持。由于小城镇市场经济的紊乱，很少有投资人愿意在小城镇投资，加之银行的资金支持不足，也加重了小城镇的资金困难。以四川省宜宾市珙县为例，该县十分贫困，长期缺乏资金支持，使得该县的经济增长缓慢。四是产业结构单一。一些小城镇的主导产业比较单一，依赖一两种产业，如果这种产业受到市场变化、销量下降等多种因素的影响，那么小城镇就容易出现经济危机，从而限制了经济的发展空间。例如，安徽省蒙城县的小城镇，该县自古以来依赖农业，随着农业现代化进程的推进，农业盈利减少，小城镇经济增长也受到了阻碍。许多小城镇经济主要以农业为支柱，严重依赖农业，缺乏多元化的产业结构，缺乏多样化的产业支持，使得小城镇难以实现经济多元化，容易受到自然灾害和市场变化的影响。五是缺乏创新驱动力。小城镇缺乏多元化，高科技产业少，缺乏高科技的产业布局，无法吸引高新技术企业和人才进驻，高新技术与传统产业转型需求矛盾突出。六是人口老龄化。随着人口老龄化，老年人口的数量逐渐增加，而产业机会的减少又导致了生活水平的下降。因此，

① 卢黎霞，丁如曦，李富田.西部小城镇的产业集聚效应分析——甘肃省天水市 10 个小城镇调查 [J]. 农村经济，2010(09):92-94.
② 李富田，李戈.进城还是进镇：西部农民城镇化路径选择 [J]. 农村经济，2010(04):95-97.

政府还需要采取相应措施来提升老年人的生活质量和护理服务，加强家庭和社区的养老服务。例如，山东省临沂市费县，该县是个老龄化小城镇，政府出台了一系列措施来提升老年人的生活质量和护理服务，加强家庭和社区的养老服务。七是制度不健全。一些小城镇的政策支持力度不够，市场经济环境不够完善，缺乏可持续发展的制度保障。

8.4 小城镇政府投入和支持不足

资金投入不够。小城镇在融资方面面临较大困难，无法获得足够资金来推动发展。小城镇政府投入不足是指这些地区政府在经济、基础设施和公共服务等方面的资源和资金投入相对有限，难以满足居民的需求和支持小城镇的发展。由于小城镇规模相对较小，产业基础薄弱，税收收入较有限，导致政府财政收入不足。缺乏足够的财力会限制政府投资在小城镇的开发和项目实施能力，限制了小城镇经济的发展潜力。由于投资不足，许多基础设施项目无法得到及时落实或者无法进行必要的更新和维护。例如，道路网络、水电供应、通信网络等基础设施老化或不足，影响居民的交通出行、生活便利等。由于政府投入不足，小城镇的学校、医院、社区服务中心等数量不足、质量有限，影响居民的教育、医疗和社会保障需求的满足。

金融服务薄弱。小城镇的金融机构较少，金融服务不完善，企业和居民在金融方面缺乏支持和保障。相比于大城市，缺乏投融资机制和渠道，资金来源的困难，小城镇在融资渠道和发展资金方面面临较多的困难。由于投资回报率低、风险较大，银行和其他金融机构对小城镇项目的融资支持有限，导致小城镇的资金紧张和发展受限。需要探索多元化的资金筹措途径，如吸引投资、借助互联网等。融资难和政策支持不足：相比大城市，小城镇在融资渠道上面临较大的困难，金融机构对小城镇项目的融资支持不充分。此外，一些小城镇的发展政策支持不足，缺乏特色和差异化发展的指导和引导。

政策支持不够明确。小城镇政策支持不够明确是指政府对于小城镇发展的支持政策不够具体、明确或者执行不到位，导致小城镇面临发展困境和挑战。政策制定不够具体。小城镇发展涉及多个领域，包括经济、产业、基础设施、社会保障等方面。然而，政府在这些方面的支持政策缺乏详细的规划和目标。缺乏明确的政策导向和措施，会影响到小城镇的发展方向和重点领域的发展。政策执行不到位。即使有一定的政策支持，但政府在实施过程中面临一些问题。例如，政策制定需要相关部门的配合和协调，如果不同部门间的沟通不畅或者职责不清晰，导致政策执行不到位。此外，政府监管和执法的力度不够严格，也会影响政策的执行效果。政策对小城镇的特殊性考虑不足。小城镇的发展面临着自身的困境和挑战，如资源匮乏、人口流失、市场规模有限等问题。政府的支持政策应该根据小城镇的实际情况和特点，采取相应的措施和政策，促进小城镇的可持续发展。

8.5 小城镇城镇化的水平和质量偏低

我国虽然自改革开放以来城镇化进程明显加快，但从总体上看城镇化水平仍较低，而工业化水平较高。这种脱离了城镇化的工业化进程，形成我国传统经济增长模式的一个显著特征。目前，我国长期的城乡二元结构造成国家将财政资金更多地分配给了城市，尤其是大城市，使得小城镇的建设发展长期滞后，资金不足、政策缺乏等现象突出，造成了小城镇基础设施建设和管理的落后。

小城镇发展不平衡。我国小城镇生产力发展水平也基本呈现出从东向西依次递减的态势，发展差异性显著。东部沿海地区的小城镇在国内生产总值、产业结构、城市规划、公共服务供给水平等方面普遍高于中西部地区平均水平，发展水平最高。例如，2022年，在国家统计局评选的全国千强镇中，东部沿海地区中江苏、浙江、广东等3省市的入围数量就高达602个，而中西部地区小城镇的工业基础薄弱、产业结构单一，大多属于资源开发型经济支撑，或者属于区位优势推动，竞争能力普遍不强。

建设重视不够、指导乏力。小城镇建设相对落后，千城一面，未能形成自己特点。空间分配布局不合理，用地集约程度低下，基础设施条件严重不足或重复建设，城乡建设投资筹集途径也较为单一。张根东[1]指出了小城镇发育程度不高、经济特点不明显、基础设施建设滞后、生产规模落后，以及小产业发展基础能力欠缺等问题。中国城镇化的迅速推进，小城镇特色规划与设计应当更加完善[2][3]。当前，小城镇普遍面临基础设施和配套功能落后的问题，亟待解决。为了更好地招商引资，小城镇必须具备水通、路通、电通、邮通等基础设施，以及健全的消费和服务功能。然而，由于缺乏建设资金，基础设施建设相对滞后，制约了小城镇的发展。一方面，小城镇的基础设施相对薄弱。一些小城镇的基础设施和公共设施建设明显滞后于当地经济发展，生产、生活区混杂，道路、商贸区混杂，缺乏相应的水、电、路、气和环卫等配套设施。基础设施供给能力不足的问题普遍存在，基础设施系统配套存在结构性缺陷，导致城镇基础设施综合服务功能不强、效率低下。另一方面，小城镇的基本公共服务体系不完善。由于建设资金不足等因素，大部分小城镇缺乏优质的教育、基本的医疗公共服务和快速便捷的公共交通，居民的文化、体育、休闲娱乐场所匮乏。这不利于城镇中心职能和多功能作用的发挥。此外，小城镇的管理水平也较低。管理体制落后，管理机构和法规不健全，管理队伍人员少、素质低、执法不严。对城镇环境缺乏长效的管理，管理体制不顺，综合治理能力弱，城镇脏、乱、差状况较为普遍。为了改善小城镇的基础设施建设，需要提高用水普及率、燃气普及率、人均道路面积、排水管道暗渠密度、污水处理率，以及人均公园绿地面积等指标。同时，需要加强对基础设施的维护和管理，确保基础设施的安全和稳定运行。此外，还需要加强对基本公共服务体系的建设和管理，提高公共服务的质量和效率。小城镇基础设施建设是一个长期而艰巨的任务，需要政府和社会各方面的共同努力和支持。只有通过加强基础设施建设和管理，才能促进小城镇

① 张根东. 在推进农村改革发展中加快西部小城镇建设 [J]. 生产力研究，2010(04)：55-56+64.
② 严剀. 小城镇文化特色塑造与景观设计浅析 [J]. 江苏城市规划，2012(05)：25-29.
③ 顾朝林. 县镇乡村域规划编制手册 [M]. 北京：清华大学出版社，2016.

的可持续发展和提高居民的生活质量。

小城镇建设质量亟待提升，管理水平欠佳，社会化服务水平滞后。主要表现在：一是基础设施薄弱，配套设施不完善。一些小城镇缺乏水、电、路、气和环卫等必要设施，供水和供电稳定性差，影响居民生活和企业发展。二是交通网络相对落后，缺乏现代化交通设施，制约了小城镇的发展潜力。基础设施和公共设施建设滞后于经济发展，生产、生活区混杂，镇容镇貌改善不明显。三是规划设计缺乏特色和协调性。一些小城镇不重视建设详细规划，街景规划设计、重要地段和建筑物的规划设计与总体规划不协调，显得孤立而缺乏特色，风格品位有待提高。四是开发建设方式落后，综合开发率低。许多小城镇仍以零散建设为主，缺乏统一规划和综合开发，导致整体环境质量不高。五是物业管理队伍素质有待提高。小城镇管理人员数量不足、待遇较差、素质较低、手段缺乏，导致综合治理能力较弱，生态建设和环境保护工作滞后，脏、乱、差现象未得到根本治理。六是生产要素市场发育不足。由于城镇规模较小，金融、信息、技术服务水平较低，生产要素市场发育受限，影响了小城镇在人才引进、项目合作、技术更新和产业升级等方面的提升，制约了城镇功能的提高。

服务于城市地区的功能被忽视。小城镇为农村的区域公共服务中心，以管理服务农村为主，使城镇管理功能还是不足。改革开放以来，小城镇被定位于上接城市、下引农村的城乡区域结合的社会综合体，向上承接城市的技术、资金和人才等发展要素，下引作为农村地区的增长极和经济、政治、文化中心来带动农村的发展，忽视了小城镇服务于城市地区的作用，导致我国大多数地区小城镇的发展都存在着供需关系严重结构性不平衡的状况。"小城镇生产和提供了大量中低端的产品和服务，既不能提升农村地区的发展质量，也无法支撑小城镇本身的发展需求，更大范围区域在发展进程中所产生的中高端的需求却得不到充分的供给。"[①] 城市随着人口密集、交通拥堵、土地成本增加、基础设施公共服务承载限制，部分功能向外围转移扩散，教育科研、文化体育、医疗养老等功能需要转移扩散，周边的小城镇是承接这些功能的首选之地，但是目前大部分小城镇发展迟缓，政策和服务水平等不能满足承接这些功能，未做好承接部分小城镇功能的准备。服务和带动功能不足。对农村经济的带动作用不足。改革开放以来，小城镇的第二产业得到了迅速发展，然而第一产业和第三产业的发展相对迟缓。在我国经济发展新常态的背景下，传统工业产业在发展形势上发生了重大变化，市场供给侧结构性矛盾日益凸显，人力成本不断上升等外部压力使得小城镇整体呈现经济规模总量较小、产业结构层次较低、就业规模较小、经济持续增长能力较低、整体经济发展活力较弱以及小城镇建设水平较低等问题，导致提质升级乏力的现象，无法有效辐射和带动周边农村发展。目前，大量劳动力仍被束缚在农村农业上，农村剩余劳动力转移不足。从统计数据观察，全国农业发展和劳动力配置之间存在着结构性

---

① 彭震伟. 小城镇发展作用演变的回顾及展望 [J]. 小城镇建设，2018，36(09)：16-17.

矛盾，农村劳动力未被充分释放，2000—2022 年，第一产业增加值占国内生产总值比重不断下降，从 14.7% 降到 7.3%。2022 年，三次产业结构在不断优化，但第一产业劳动力比重仍然高达 47.14%，大量的农村剩余劳动力未被转移。根据对全国各地 1.2 万余名小城镇居民的问卷调查，对小城镇发展最不满意的业绩中在就业机会、产业发展和基础设施等三个方面，不满意的比例分别为 32.5%、21.5% 和 16.4%，[①] 带动农村经济社会发展的作用没有充分发挥，对农村转移人口缺乏吸引力。小城镇对农村特色资源的开发、利用与保护有待深化。小城镇对农村生产方式的辐射带动作用有待提升。

小城镇规模小，难以发挥聚集效应和规模效益。小城镇只有达到一定规模才能产生一定的聚集效应。理论研究表明：当一个小城镇人口在 5 万人以上，建成区人口在 2 万—3 万人时才能产生一定的聚集效应和规模效益。集聚能力弱，发展动力不足。一般来讲，小城镇的镇驻地人口达到 2 万—2.5 万人临界规模，才能产生集聚效应，而小城镇建成区人口规模较小，缺乏产业支撑，财政收入偏低，基础设施建设落后，对人口的吸纳能力不足，竞争力较弱，使得小城镇综合功能不强，无法形成强有力的集聚力，无法有效地整合区域内部的优势资源和要素。小城镇经济薄弱，人口不易集聚，基础设施不配套。由于地理区位、经济基础、人口数量等差异，城镇间经济实力差距较大。根据世界银行一些专家的分析，小城镇只有达到 15 万人左右的规模，人口聚集效应才能发挥出来。然而，从全国总体水平来看，目前，小城镇的人口规模普遍比较小，城镇人口逐渐向市区转移，小城镇和部分农村出现停滞甚至退步的现象。可以看到，部分城镇由于受到城市的虹吸效应的影响，大树底下不长草，经济基础削弱，无力投资基础设施建设，农村公路等级、布局、技术状况均处在较低的水平。

基础设施滞后。基础设施不完善，相比大城市，小城镇的基础设施建设相对滞后，交通、水利、供电等公共服务设施不足，影响居民的生活质量和企业的发展。此外，缺乏信息技术基础设施也限制了小城镇的数字化转型和创新发展。部分小城镇的基础设施建设滞后，交通、电力、供水等公共设施不完善，影响了居民的生活便利性和产业发展的基础条件。同时，公共服务设施如教育、医疗、文化等也存在不平衡、不均等问题，无法满足居民的多样化需求。缺乏文化内涵。小城镇建设应是全方位的建设，不仅仅是经济，还包括社会、文化、环境等方面的建设。目前我国小城镇面临的一大难题就是小城镇质量不高，表现在小城镇环境质量差、没有地方特色、缺乏文化内涵等。小城镇相关配套设施设备建设水平与经济建设发展速度未能取得同步增长，城镇化进程以低水准快速扩张，忽视了环保设施设备的建设与相关管理制度的制定，有效地长久防污治污机制有待进一步健全完善[②]。

缺乏大量的发展资金。小城镇建设依靠政府推动，政府主导小城镇规划、基础设

① 翟超 . 我国中小城镇污水治理现状 [J]. 环境与发展，2014，26(03)：147-148.

② 王兆君，张占贞 . 国外小城镇建设经验、教训对我国东部沿海地区村镇建设的启示 [J]. 经济问题探索，2011(11)：47-50.

施建设和招商引资，存在投资渠道单一。自上而下政府主导的行政体制，导致资金向上集中，加上市场机制往往促使资金流向回报较高的地区，强化了大城市获得融资机会的优势。小城镇镇级地方财政收入偏低，更加缺乏融资渠道和金融机会，难以获得发展所需的资金支持，建设资金不足的问题，小城镇本级的财政资金不足以满足建设发展的需求，甚至无法保障镇管理服务机构日常运转，财政高度依赖上级补贴。在这种循环累积效应[①] 的作用下，小城镇发展缺乏内生动力。资金问题一直是制约小城镇发展的重大问题。尽管小城镇建设的投融资机制呈现出多样化特点，但尚未形成一套充分利用市场机制筹措小城镇建设资金的模式。目前，乡镇政府投资在小城镇建设资金中占据较大比重，特别是在小城镇公共基础设施建设方面。许多乡镇财政仍然紧张，乡镇政府主要采取以地生财、集资建镇和借资建镇三种方式筹措资金。然而，以地生财的方式在当前土地宏观调控、以人为本的大环境下将越来越不可行；集资建镇存在变相乱收费、乱摊派等问题；借资建镇虽然能解决短期困难，但会导致债务无法化解。总体而言，小城镇发展缺乏内生动力，资金问题仍然是制约其发展的主要瓶颈。要使产业集聚与人口聚集互相促进，建立多元投入机制、资产经营机制、要素整合机制。[②]

8.6 小城镇公共服务质量不高

小城镇在教育、医疗、文化、社会保障等具有代表性的公共设施配置上，虽然服务半径和指标配置上基本达标，但是服务质量难以满足人民对于现代化美好生活的需求。

小城镇在基础教育、医疗卫生等公共服务设施配置基本齐全，但是教育、医疗资源的配置严重不平衡。主要是专业技术力量不足，软件不够，教学水平和医护水平与城市有很大差距，而且相关人才稀缺。现有小城镇存在就业、医疗教育等公共服务、相关保障和管理机制不健全问题，这是由于小城镇建设前期在制度、资金、监管等方面存在缺陷造成的[③]。教育资源有限，影响居民子女的受教育权益。学前、义务教育资源欠缺。小城镇教育和医疗资源相对紧缺，无法满足居民需求，进一步加剧人才流失和人口老龄化问题。医疗设施和人才不足，导致居民健康保障不完善。乡村医生匮乏，医疗服务水平低下。据有关数据统计，大城市每千人口执业医师达到 2.96 人，而小城镇及农村地区仅为 1 人，2016 年 1—4 月，乡镇卫生院的医疗服务量仅占总量的33.3%，其间的病床使用率，大医院达到 87.6%，乡镇卫生院仅为 56.8%。[④]

小城镇在养老方面问题突出。小城镇人口老龄化趋势明显，建成区常住人口中 60 岁

① Marshall, A. The Housing of the London Poorl Where to House Them[J]. The Contemporary Review, 1884:45.

② 郑雪龙. 对欠发达地区城镇化的思考 [J]. 小城镇建设，2003(12):12-13.

③ 袁中金. 中国小城镇发展战略研究 [D]. 上海：华东师范大学，2006.

④ 张娜. 新型城镇化背景下小城镇可持续发展存在的问题及对策研究 [J]. 绿色科技，2018(20):177-180+187.

及以上老年人占 19%，高于 2015 年 16% 的全国水平[①]。年轻人离开父母及外出务工在小城镇十分普遍，导致空巢老人越来越多，目前小城镇以居家养老为主，基本只是依靠家庭、亲属，缺乏专业的社会化服务内容，随着老龄化的程度加重，这种问题会越来越严重。

文化体育和娱乐设施匮乏。小城镇的文化体育和娱乐设施匮乏是指这些地区在文化、体育和娱乐设施建设方面的资源有限，无法满足居民的需求和提供多样化的娱乐活动。小城镇的文化设施相对较少。文化设施包括博物馆、图书馆、剧院、艺术馆等。这些设施可以丰富居民的文化生活，提供艺术、历史和知识的交流平台。然而，在小城镇中，由于资源有限和发展重心不集中，许多文化设施缺乏或者不存在，居民很难接触到丰富多样的文化资源。体育设施在小城镇也较少。体育设施包括体育场馆、运动场地和健身设施等，可供居民进行各种体育运动和锻炼身体。然而，由于小城镇规模较小，经济能力有限，投入体育设施建设的资源相对较少，导致居民在体育运动方面的选择和机会受限。此外，娱乐设施也在小城镇中匮乏。娱乐设施可包括电影院、游乐场、娱乐中心等，提供各种休闲娱乐活动的场所。然而，由于小城镇的市场规模较小，商业投资相对有限，导致在娱乐设施方面缺乏多样性和丰富性，居民的娱乐选择受到限制。

社区服务设施不健全。小城镇社区服务设施不健全是指这些地区的社区服务设施不足以满足居民的基本需求和提供必要的公共服务。这种情况涉及医疗、教育、社会保障等方面。医疗设施不健全是一个常见的问题。在小城镇中，由于医疗资源有限和专业人才不足，医院和诊所的数量和质量无法满足居民的健康需求。居民需要到较远的城市才能获得更好的医疗服务，这增加了就医的不便和费用。教育设施也相对薄弱。小城镇的学校数量和质量无法满足学生的教育需求，尤其是更高级别的教育阶段。这导致学生需要到城市寻求更好的教育资源，造成人才流失和教育机会不均等。社会保障设施也不健全。社区服务中心、养老院、托儿所等社会保障设施在小城镇缺乏或者容量不足。这给居民的生活带来不便，特别是对于有特殊需求的人群，如老年人、残疾人和儿童。

小城镇政府在公共服务供给方面存在问题，如资源分配不均、服务质量不高等，提出应该采用多元化供给方式和加强对公共服务的监管等对策，以改善小城镇居民的生活质量。[②]

8.7 小城镇社会治理不完善

一些小城镇缺乏有效的社会管理和公共安全体系，社会治理存在薄弱环节。组织化程度低，小城镇的社会组织建设相对滞后，社区居民自治组织和公民参与度较低。缺乏有效的社区组织和居民自治机制，导致社会治理难以形成协同合力。信息共享不畅，小城镇社会治理中信息的流通和共享渠道有限，政府部门之间的信息互通和社会各界

① 赵晖，张雁，陈玲 . 说清小城镇——全国 121 个小城镇详细调查 [M]. 北京 : 中国建筑工业出版社，2017:61.
② 刘婷，邓淇言 . 浅析小城镇政府公共服务供给的问题及对策 [J]. 财经理论与实践，2018(17):101-102.

对政策措施的了解不足。这造成了决策的局限性和滞后性，制约了社会治理的科学性和高效性。监管执法不严格，小城镇社会治理中，监管执法机构的人员和资源相对不足，监管力度不够严格，容易导致违法行为得不到及时查处和纠正。这会增加社会不稳定性，影响社会秩序和公共安全。信任度较低，小城镇社会关系相对密切，但由于近亲繁殖现象和信息交流受限等问题，相互之间信任度较低。这导致社会治理中公众与政府之间的互动和合作相对困难，制约了社会治理能力的提升。公共服务不足，小城镇的公共服务设施相对欠缺，包括教育、医疗、文化等方面的资源投入和覆盖率较低。这影响了居民的福利享受和满意度，增加了社会治理的难度。

提升小城镇的社会治理能力，必须加强社区建设和自治能力培育，鼓励和支持小城镇居民积极参与社区事务管理，建立健全社区自治组织和协商机制，提高社区自治的组织化程度和治理效能。优化信息化建设，加大信息化建设力度，推进电子政务、智慧城市等信息化项目，提升信息共享和互通的能力，提高决策的科学性和智能化水平。加强监管执法力量，增加监管执法力量的投入，提高执法者的业务能力和素质水平，严格执法标准，加强对违法行为的打击和整治。加强社会信用体系建设，推动建立健全的社会信用体系，倡导诚信行为，加强对不良行为的惩戒和引导，提高社会信任度。增加公共服务投入，加大对小城镇公共服务设施的投资，提升医疗、教育、文化等领域的服务水平，满足居民的基本需求。

8.8 小城镇生态环境面临严峻挑战

小城镇环境治理滞后，存在诸如垃圾处理、工业废水排放等环境问题。随着我国小城镇建设步伐的加快，环境污染的规模和影响也在不断扩大。一是生活污水、垃圾污染问题日益严重。人口聚集产生的生活污水、垃圾无法得到及时有效处理，严重破坏了水质、土壤和农田，生态平衡受到严重影响。二是农业污染规模持续扩大。农药、化肥使用量严重超标，养殖场粪便污染加剧，空气、土壤和水源受到严重污染，给人们的生产和生活带来巨大影响。三是乡镇工业污染日益加剧。由于大多数乡镇企业生产规模较小、经营粗放，缺乏相应的环保设施和配套的污水处理设备，乱排乱放现象普遍存在，已成为破坏农村生态环境的重要污染源。

在推动小城镇发展过程中，一些地方片面追求经济效益，大量引进工业企业，忽视对生态环境的保护。这导致小城镇的生态优势遭到严重破坏，并对居民身心健康产生危害影响。我们必须认识到，生态环境是生存之本，对小城镇的自然生态环境置之不理将加剧环境恶化，影响小城镇社会、经济的可持续发展。

在发展过程中，一些小城镇出现了环境污染和生态破坏问题。由于缺乏环保意识和有效的监管机制，部分小城镇的农业、工业和生活排放物无法得到有效处理，导致水体污染、空气污染等环境问题日益严重。同时，对资源的过度开发和浪费也给小城镇的可持续发展带来了巨大压力。

随着城镇化进程的推进，我国小城镇建设过程中出现了耕地减少过快、生态系统退化、资源开发强度大、绿色生态空间缩减等问题。一些小城镇忽略自身发展特色，盲目追求规模和速度，"千城一面"的现象十分普遍。这不仅违背了自然规律，也不利于城镇化的健康和可持续发展。

我国生态建设存在明显的区域分割状态，缺乏城乡统一性以及跨部门协作机制。这导致生态资源的开发利用无法进行整体规划，大大降低了利用效率。因此，我们需要加强环保意识教育，完善监管机制，促进绿色发展，确保小城镇建设的可持续发展。

8.9 小城镇法律和法规待完善

在中国，小城镇法律和法规的规范体系不断完善，但其实施情况仍不尽如人意。小城镇法律和法规的规范体系分为国家层面、省市层面和县镇层面三个层次。国家层面的法律法规包括宪法、法律等，省市层面的法律法规包括地方性法规和行政规章，县镇层面的法律法规包括地方性法规和规章。

小城镇法律和法规的实施情况存在一些问题。一方面，法律知晓率普遍较低，居民对法律的认知和理解还存在差距。另一方面，有些地方缺乏有效的执法机构，执法的能力和效率也存在一定的问题。对于小城镇法律和法规的完善，需要充分发挥法律的功能，填补法律制度中的漏洞。小城镇法律和法规存在一些漏洞，需要进行改进和完善。一方面，法律知晓率不高，需要推行普及法律知识的教育和宣传。另一方面，执法机构建设需要进一步完善，加强执法能力和效率，减少滞后和漏洞。小城镇法律和法规的完善需要从多个角度入手，包括信息化建设、教育和宣传、建立监管体系等。同时，需要加强有关部门之间的合作，推进法律与实践之间的落差。

中国小城镇法律和法规的现状需要通过完善和改进、加强监管等多种途径来提高其效果和执行力。这有助于维护小城镇社会的和谐稳定，促进地方经济的发展和进步。

第9章 我国小城镇功能及历史作用

　　小城镇作为一种复杂的社会形态，对其功能的考察与认知必然也会面临百家争鸣的状态。不同学科对小城镇功能概念有着不同的解读。

　　小城镇具有城乡双重属性，要相对准确地了解小城镇的功能，首先要从城市功能谈起。城市功能一般基于三个视角：第一是从城市对外活动的角度，认为城市功能就是城市作用于外围经济地域系统的能力，是城市内部和外部关系中所表现出来的特性和能力，强调城市对外联系的作用能力。[①] 第二是从城市内部活动的角度，认为城市功能就是城市内部关系中所表现出来的特性和能力。第三是从综合视角考虑城市功能，认为城市功能是支持在城市内或周边生产、生活和服务活动的总和，[②] 是城市所提供产品和服务的功效与作用，或者说城市在内部和外部物质、信息、能量相互作用的关系或联系中所表现出来的属性、能力、功效和作用。[③] 城市功能与城市职能两个概念既有联系又有区别。从广义上讲，城市功能与城市职能都是强调城市对经济、社会、文化等领域所产生的作用及在一定区域范围内所承担的分工，两个概念之间并没有本质上的区别。从狭义上讲，城市功能强调城市在某个领域内所产生的功效，城市职能则强调城市对外部一定区域范围内发挥的突出功能，反映着城市在一定区域范围内的地位及所承担的分工，更强调在城市体系的水平分工或垂直分工下所形成的区域关系。国外学者一般普遍使用"城市职能"这一概念，认为人们在城市中进行的各种生产、服务活动均属于城市职能的范围。[④] 与城市功能相比，小城镇既有城市功能的一般性特性，又有其自身的独特功能，表现在服务三农、统筹城乡发展等方面，小城镇这一与生俱来的特殊功能是城市所不可替代的，其产生也有着特定的历史文化渊源。伴随着经济

---

① 包红玉，李诚固，曹传新．新时期城市功能结构体系解构及集成演化规律探讨 [J]．软科学，2005(03)：61-63.

② 鲍悦华，陈强．基于城市功能的城市发展质量指标体系构建 [J]．同济大学学报（自然科学版），2011，39(05)：778-784.

③ 刘社建．城市功能转型与功能创新探讨——以上海为例 [J]．区域经济评论，2013(02)：120+24.

④ 张复明，郭文炯．城市职能体系的若干理论思考 [J]．经济地理，1999(03)：20-24+31.

社会发展，小城镇在疏解城市功能、破解城市发展瓶颈等方面的新功能也日益凸显。

　　小城镇功能是由小城镇这种组织形式的各种结构性因素决定的城镇机能或能力，是小城镇在一定区域范围内的政治、经济、文化、社会、生态活动所具有的能力与所能发挥的功效与作用。小城镇功能具有多种特征：第一，动态性。小城镇功能并非一成不变的，而是随着社会生产力的进步和社会分工细化而不断调整、转型、丰富及发展，作为一个历史范畴，小城镇功能经历了一个由单一到多元、由简单到复杂、由低级到高级的逐步发育完善的进化过程，小城镇功能在不同时期内呈现出不同作用特征。第二，结构性。小城镇作为一个复杂的容器，其存在着诸多功能，并呈现出结构性特征。对一定区域内的城市而言，可以按照功能异质性将其功能分成若干类，分类可包含若干个大类及亚类甚至子类。第三，空间性。小城镇功能必须依附于空间载体而得以发挥，小城镇功能的空间性表现为功能区，即能实现相关社会资源空间聚集、有效发挥某种特定小城镇功能的地域空间，是小城镇有机体的一部分，[1] 是实现城市各种功能的空间载体。一般而言，功能区具有专业功能突出、辐射带动功能较强、各类生产要素高度集聚、区内相似性与区际异质性并存等四个特点。[2] 相似的小城镇功能往往在空间上呈现出集聚特征，反映在小城镇空间层面必然是不同的小城镇空间承担着不同的功能。

9.1 小城镇功能及历史作用

9.1.1 小城镇是完善城镇体系的重要组成部分

　　我国小城镇大多数脱胎于乡集镇，居于城市和乡村之间，是城乡的过渡单元，是城市体系的有机组成部分，[3] 与城市和乡村组成了我国完整的城乡体系。我国城乡体系中，小城镇是不可或缺且几乎永远存在的部落单元。

　　从定位上看，小城镇是城乡接合部或中间体[4]，是连接城乡的增加城市供给的途径中转站，是城市现代化要素向乡村扩展和辐射的中间环节。[5] 小城镇处于城市和农村之间的过渡性层次，其产业结构更接近于城市，但在与农村经济的联系上比城市更密切得多。[6] 小城镇的发展定位是成为农村的工业中心，农村商品经济、合作经济的中心，现代化大农业的产前、产中、产后服务中心，也是接受大、中城市能量扩散的重要阵地。[7] 小城镇是农村的中心，应该从农村的经济和社会发展出发来研究和规划小城镇的布局和建设。[8]

① 顾朝林，甄峰，张京祥. 集聚与扩散——城市空间结构新论［M］. 南京：东南大学出版社，2000:18-23.
② 王卫华，王开泳. 北京城市功能区演变与优化调控［J］. 中国名城，2014(06):32-37.
③ 陈颐，印证. 论小城镇在农业现代化中的地位和作用［J］. 经济研究，1986(12):67-71.
④ 汪小亚. 中国城镇城市化与金融支持［J］. 财贸经济，2002(08):31-34.
⑤ 洪银兴，陈雯. 城镇化模式的新发展——以江苏为例的分析［J］. 经济研究，2000(12):66-71.
⑥ 孔祥智. 当前农村小城镇发展中存在的主要问题和对策建议［J］. 管理世界，2000(06):156-164.
⑦ 张雨林. 小城镇建设与城乡协调发展［J］. 中国社会科学，1986(04):169-181.
⑧ 张雨林. 城—镇—乡网络和小城镇的整体布局［J］. 经济研究，1985(01):12-18.

在我国新型城镇化加速推进和现代农业迅速发展的宏观背景下，从城乡统筹的角度明确小城镇的战略定位，确定小城镇的产业支撑，从而促进小城镇的可持续发展。推动小城镇发展要与中国的城镇化和乡村振兴结合起来，充分利用小城镇的低成本优势，发挥小城镇与大城市的功能互补的基本特征，充分转移农村劳动力。小城镇具有相对独立性既非城市，亦非乡村。小城镇的独特性注定了其是城乡统筹的战略纽带，"无论是脱离农村融入城市，还是脱离城市融入农村，都将使小城镇的发展陷入不可持续状态。小城镇与城市相比的独特优势就是贴近农村，无论是地理位置、文化习俗还是生活方式都与农村更为接近"[1]。

从产业结构上看，小城镇是非农产业的集聚地，重点发展工商业而不是农业，是服务农村、农民和农业的非农产业。小城镇三次产业结构相似于我国改革开放初期水平[2]，小城镇三次产业产值比为 32：41：27。[3]其中：小城镇第一产业增加值占国内生产总值的比重为 32%，这一比例远高于全国[4]以及县城的三产比例。我国小城镇的产业发展、经济增长基本上是由劳动密集型产业推动的。劳动力优势在很大程度上变成了小城镇的优势，既实现了大量农村劳动力转移就业，又凭借劳动力优势获得了快速成长。小城镇立足农业发展非农产业，服务对象主要是其周边的农村地域，[5]立足农村实现乡村城镇化。小城镇从农村中寻求小城镇的发展源泉和力量源泉，与城市展开错位竞争，形成不同的产业结构，在为农业服务和为农民服务中发展小城镇，让小城镇的发展深深扎根于农村这片沃土。

从就业结构看，小城镇建成区主要是非农业人口，从事非农业生产劳动。小城镇就业人口在三次产业的分布比例为 47：30：23，农业与非农业部门的就业人口数量各占一半，与全国 1997 年的水平接近（50：24：26）。相对于县城"3—4—3"和全国"3—3—4"的就业结构，小城镇仍然有大量的人口在从事农业，随着我国农业劳动生产率的进一步提高，未来农业剩余劳动力转移尚有较大空间。[6]见表 9-1。

表 9-1　小城镇、全国、全国城区就业三次产业人口就业比（2022 年）

指标	小城镇	全国	全国城区
三次产业产值比	32：41：27	9：43：48	3：46：51
三次产业人口就业比	47：30：23	30：30：40	1：50：49

资料来源：2022 年中国统计年鉴。

---

① 李圣军.小城镇：战略定位与产业支撑 [J].中国延安干部学院学报，2016，9(01):128-136+112.

② 我国 1984 年改革开放初期的产业结构 31.5：42.9：25.5。

③ 赵晖，张雁，陈玲.说清小城镇——全国 121 个小城镇详细调查 [M].北京：中国建筑工业出版社，2017:76-77.

④ 2015 年，全国三次产业比值为 9：40.5：50.5.

⑤ 孙涛.我国农村城镇化影响因素分析 [J].农业经济问题，2004(06):63-65.

⑥ 赵晖，张雁，陈玲.说清小城镇——全国 121 个小城镇详细调查 [M].北京：中国建筑工业出版社，2017:77-78.

企业是小城镇最重要的非农业就业部门。非农部门提供的就业岗位中，企业提供的数量最多，平均每镇约 671 个，占到了非农部分岗位的 50%；其次为商铺，岗位约 306 个，占到了 23%，学校（中小学、幼儿园）岗位 219 个，占 16%，镇政府及医院提供的岗位占 10%。见表 9-2。因此，小城镇的非农业就业部门能否提供充分的岗位，关键在于企业。只有充分发展工商业，引入或创办更多的企业，才能创造更多的就业岗位，吸纳农业部门转移的劳动力，带动人口向建成区集聚，实现就近城镇化。

表 9-2　我国小城镇主要非农就业部门提供就业岗位分布

非农业就业部门	占非农业岗位数量的比例（%）
企业	50
商铺	23
学校	16
政府	6
医院	4
合计	100

资料来源：赵晖，等．说清小城镇 [M]．北京：中国建筑工业出版社，2017:078.

小城镇在中国城镇化进程中发挥了重要的作用，未来小城镇低成本优势仍然明显，将继续作为工业类中小企业发展的平台，推进改革的试验田，吸纳农业转移人口的重要载体。

9.1.2 小城镇能创新我国城镇体制改革

当前，我国的城镇体系存在许多弊端，城市对镇乡的资源抽吸日益加重，城镇化发展遇到了许多现实问题。具体来说，我国城镇化表现出的现状、特点与挑战都很突出。城镇化发展的导向多以物为主，过快的土地城镇化滞后于人口城镇化和经济发展水平。这使得城镇化跑偏，引发了一系列问题。一些短视的行为，如圈地卖钱、拆除旧建筑、无约束扩大城市面积、大搞工业等，导致城市病的爆发，出现了城市盲目扩张、布局不合理、投资过热、债务负担加重，以及环境资源受到破坏等负面效应。因此，需要切实解决这些问题，促进城镇化健康发展。具体而言，需着重优化城乡资源环境，加强城乡统筹规划，规范城镇化导向，防止城镇化过度发展造成大城市病等问题。此外，需要加强公共服务的城乡均等化，保障农民在当地城镇就近享受城镇化的成果，促进经济结构优化和城镇化转型升级。城镇化是一场深刻的社会变革，由于过去偏重经济发展，忽视经济社会的全面改革，固化利益格局没有被打破。小城镇的建设和发展恰恰能弥补这些缺憾，构建和谐的城镇格局。发展小城镇建设，积极稳妥提高城镇化质量，能有效推进城镇化体制机制改革创新。

小城镇为改革积累和探索经验，加快了中国改革进程。改革开放以来，小城镇为城镇化改革进行了积极探索，未来小城镇仍将是深化城镇化改革的先行者。但是小城镇改革权力在上级城市政府，在小城镇的改革能否真正贯彻实施，也是改革深化程度的基本体现。在改革开放初期，城市的计划经济体制还是铁板一块，而小城镇作为联系城乡的节点，相关体制率先得以突破。在户籍改革方面，自理口粮落户政策首先在小城镇实施。到 20 世纪 90 年代中期，户改作为小城镇试点的重要内容，试点成果促使 2001 年《国务院批转公安部关于推进小城镇户籍管理制度改革的意见的通知》（国发〔2001〕6 号）文件的颁布，户改范围也扩大到县级市，加快了户籍制度改革进程。在经济体制方面，小城镇的乡镇企业的发展中的一些灵活的经营方法，逐步在国企改革中得到推广。90 年代中期以后，乡镇企业产权制度改革，也为其后国企产权制度改革提供经验，改制后的乡镇企业发展活力进一步释放，部分已经发展成为国内外知名企业。在城镇用地制度方面，湖南省浏阳市的大瑶镇，允许镇政府以出让集体建设用地获得城镇建设的资金的模式在全国范围内推广，是后来中国城市以地生财支持城镇建设的雏形。2000 年以后，天津华明镇、浙江嘉兴余新镇、四川成都蒲阳镇等相当一批小城镇积极探索城乡集约用地的办法。目前，我国在城镇体制改革创新方面有一些积极的尝试。如特大镇改市，就是一个创举。温州苍南县龙港镇是一个特大镇，现在成了县级市。这是我国城镇发展史上的重大变革，也是镇域经济社会发展的结果。这标志着我国城镇制度改革创新取得了重大成果。对现行的小城镇的改革和发展将起到引领示范作用。目前，这项改革还在向前推动，一大批同类的特大镇转市还要涌现。

小城镇是深化城镇化改革的试验田。城镇化是一个巨大的社会变革，但因为在过去偏重经济发展，忽略了经济社会的全面变革，所以固化利益格局并没有被完全破除。从人的视角出发，农村城镇化就是要解决农民的进城问题，而农民进城又会进一步摊薄现有城市居民所获得的社会福利。最易实现突破的重点，就是农民进城农户和既有城市居民之间所获得社会福利差异最小的区域，很显然小城镇的差异性要低于城市。在行政体制方面，推行小政府，大社会的服务模式是多年改革的目标，但是在城市，政府和居民已经习惯了由政府来包揽各项公共服务，社会服务并未充分发育。或者说在过去政府大包大揽的制度惯性之下，政府要退出的难度很大。而在小城镇，政府所承担的服务职能相对更少，因此在一些特大镇已经出现了"小马拉大车"的特征，已经具备了"小政府，大社会"的一些雏形，市场在市政建设和公共服务供给方面有更大空间，推行行政管理体制改革的难度更小。在土地制度方面，小城镇的国有建设用地比例相对城市的城区比例更低，而城镇发展对建设用地需求同样强烈，因此对推行建设用地制度改革的愿望更强。在设市改革方面，管理权限不足已经阻碍了特大镇发展活力的充分释放，只有设市才能从根本上解决这个问题。撤县设市不过是一个名称的变动，发展权限变动并不大，发展活力的释放并不大。而特大镇设市后，自主权加大对发展推动将更大，改革必要性更大。

改革开放以来，小城镇发展为城镇化改造做出了积极探索，而未来小城镇仍将是中国推进城镇化改造的重要先锋。但小城镇改革决定权仍在上级城市人民政府，而对小城镇的改革措施能否真正贯彻与实施，又是改革推进程度的基本反映。

9.1.3 小城镇是推动经济增长的重要动力

小城镇的发展可以推动地方经济发展，促进社会繁荣。近年来，小城镇在中国经济中的贡献逐步增强，已经占据了1/3。发展小城镇对于统筹城乡发展的关键性日益凸显。在新一轮的经济增长周期中，小城镇发展呈现新的趋势。把握这一趋势，适时调整促进小城镇发展的改革政策，将对中国经济的持续、健康和快速发展产生更大的推动作用。一方面，东部沿海地区的小城镇在建设次区域中心城市和形成城市群方面具备了良好的基础。例如，台温城市带逐渐形成，通过多个小城镇将台州—温州沿104国道连成一线。每个小城镇都形成了以特色产业为主的块状经济，如大溪是中国水泵之乡、柳市是中国电器之都、龙港是中国印刷城。温州的经济更是完全依靠小城镇的支撑。发展城市群的关键在于提升连接城市的小城镇，通过城市经济的外溢或小城镇特色经济的发展最终形成更大的聚集效应。因此，在城市群建设过程中，应合理分配大城市和小城镇的职责，通过块状经济形成和谐共同发展的局面，避免大城市无限扩张的不良影响。国际经验表明，城市群是不同类型城镇特色经济发展的结果，而不是依靠行政力量推动大城市的空间扩张过程。例如，在美国，75%的城市人口居住在郊区和小城镇，只有30%居住在大城市。另一方面，东部沿海地区产业升级和梯度转移为中西部小城镇的发展提供了机遇。中西部小城镇的发展之所以缓慢，是因为缺乏推动产业发展的市场力量。近年来，随着沿海地区要素价格的上涨，许多劳动密集型产业纷纷内迁，尤其是向输出劳动力较多的长江流域各省内迁，如安徽、江西、湖北、湖南、四川等省，这为当地转移农村劳动力和发展小城镇带来了市场机遇。据调查，在浙江慈溪，2005年上半年企业外迁流出资金达到18亿元。因此，发展小城镇的关键在于培育产业基础。

小城镇能完善消费市场，促进消费升级。加快小城镇建设对于完善消费市场、促进消费升级、推动农村经济发展以及增加投资需求具有重要意义。制约我国经济持续健康发展的首要因素是内需不足，小城镇的发展对于完善消费市场和促进消费升级具有重要作用。加快小城镇建设是解决内需不足、扩大内需、转变经济发展方式、促进经济增长最有效的手段之一。通过积极发挥小城镇的纽带作用，将区域内的小生产与大市场连接起来，聚集各种生产、经营要素，发展一定规模的商品生产、流通、销售等，同时将农村地区的生产与消费结合起来，完善农村地区的消费市场和消费环境，将农村市场纳入以城市为中心的统一开放市场体系中，推动小农户与现代农业发展有机衔接。

小城镇建设对农村消费产生全面影响。农村剩余劳动力进入小城镇后，其生产与生活方式发生改变，个体消费量自然会提高。同时，消费环境的改善将潜移默化地改变进镇农民的消费习惯、模式和观念，小城镇居民的消费水平将全面提高，为经济发展提供持久动力。据统计，城镇化对居民消费会产生累积效应，城镇化率每提高1%，就会吸纳100万—120万农村人口涌入城镇，拉动消费增长1.6%左右[①]。

加快小城镇建设还可以推动农村经济发展，增加农民收入和消费能力。小城镇居民的消费模式示范作用将改变农民传统的量入为出观念，激发消费欲望，并促使农村新型经济增长点的形成。此外，农民进镇工作和生活将带来基础设施建设、文教卫事业发展和生态环境改善方面的投资需求增加。同时，满足城镇人口居住和工商企业发展需求使得小城镇房地产及相关产业的投资需求也会增加。统计资料显示，每建设1000平方米的市政设施可以带动投资1.5亿元，每增加1个小城镇人口可以带动2.5万元的投资。[②] 如果再加上农民进城镇从事第二、第三产业的投资，小城镇启动投资需求、拉动经济增长的作用就更加明显。随着小城镇的快速发展，小城镇的消费需求快速增加。一方面，随着越来越多农村人口进入到小城镇，小城镇的消费人群也不断扩大，随着小城镇经济的快速发展和人口的不断积聚，小城镇的道路、水电、通信等基础设施和住房都需要建设，从而也带来相应投资需求的快速增长。住房和城乡建设部数据显示，1990—2020年，全国小城镇的建成区面积从0.83万平方公里增长到3.79万平方公里，建成区单位面积建设投入从189万元/平方公里增长到1890万元/平方公里，20多年来小城镇建设投入累计超过5万亿元。另一方面，随着收入水平的提升，小城镇居民的消费支出也不断增加。1978年我国小城镇建成区人口5294万，城镇居民人均消费支出405元，当年小城镇居民消费总支出为214.4亿元。2020年我国小城镇建成区人口为2.41亿人，城镇居民人均消费支出为19968.1元，当年小城镇居民消费支出达到4.8万亿元。

小城镇能加快消费升级，是转变经济发展方式、实现经济又好又快增长的重要支撑，是推动经济增长的重要动力。小城镇发展有助于提高农村城镇化水平，改善农村生产、生活环境，改善农村居民消费观念，改变农民的消费方式，刺激消费需求不断扩张，对市场的依赖性增强，促使消费内容、消费结构随之变化、消费水平不断提高。促进消费的多元化趋势从城市向农村蔓延，从近郊区向远郊区扩展。农村居民消费水平不断提高，由2006年到2022年，全国居民、城镇居民、农村居民人均消费支出水平持续增长，15年来增长18904元、21540元、12844元，分别增长3.35倍、2.43倍和4.18倍。见表9-3。农村居民人均消费支出增长超过了城镇和全国平均水平。

---

① 邹兵. 交易成本理论——一个研究乡镇企业空间布局的新视角 [J]. 城市规划汇刊，2001(04):8-11+79.

② 周伟 (2004) 以5公里和10公里为缓冲半径，对沿京包、京承铁路干线进行缓冲区分析，通过现实发达的城镇和缓冲区内城镇的结果匹配，来分析北京对外交通给北京市郊区县城镇化造成的影响，结果表明匹配度高达55%。

表 9-3 我国居民人均消费支出

时间	全国居民人均消费支出（元）	全国居民人均消费支出比上年增长 (%)	城镇居民人均消费支出（元）	城镇居民人均消费支出比上年增长 (%)	农村居民人均消费支出（元）	农村居民人均消费支出比上年增长 (%)
2006	5634	10.2	8851	8.1	3072	10.1
2007	6592	11.6	10196	10.2	3536	9.2
2008	7548	8.1	11489	6.7	4054	7.6
2009	8377	11.8	12558	10.3	4464	10.5
2010	9378	8.4	13821	6.6	4945	6.9
2011	10820	9.5	15554	6.8	5892	12.6
2012	12054	8.6	17107	7.1	6667	10.4
2013	13220	6.9	18488	5.3	7485	9.2
2014	14491	7.5	19968	5.8	8383	10
2015	15712	6.9	21392	5.5	9223	8.6
2016	17111	6.8	23079	5.7	10130	7.8
2017	18322	5.4	24445	4.1	10955	6.8
2018	19853	6.2	26112	4.6	12124	8.4
2019	21559	5.5	28063	4.6	13328	6.5
2020	21210	-4	27007	-6	13713	-0.1
2021	24100	12.6	30307	11.1	15916	15.3
2022	24538	-0.2	30391	-1.7	16632	2.5

注：1. 人均可支配收入增长（%）和人均消费支出增长（%）为扣除价格因素的实际增长（%），其余增长（%）均为名义增长（%）。

2. 服务性消费支出是指住户用于餐饮服务、教育文化娱乐服务和医疗服务等各种生活服务的消费支出。

资料来源：国家统计局。

2022 年全国居民恩格尔系数为 35.5%[①]，其中城镇、农村居民恩格尔系数分别为 33.3% 和 40.7%。农村居民恩格尔系数进入联合国粮农组织划分的 30%—39% 为小康区间。从趋势线看，我国农村居民和城镇居民相比趋势线斜率明显大些，这意味着，我国农村居民摆脱贫困的速率要快一些，这个过程中，小城镇功不可没。见图 9-1。需要说明的是，与全国城镇居民相比，农村居民的富裕程度还差很多，甚至远不及全国平

[①] 根据联合国粮农组织的标准划分，恩格尔系数在 60% 以上为贫困，50%—59% 为温饱，40%—49% 为小康，30%—39% 为富裕，30% 以下为最富裕。

均水平。振兴乡村仍然任重道远。

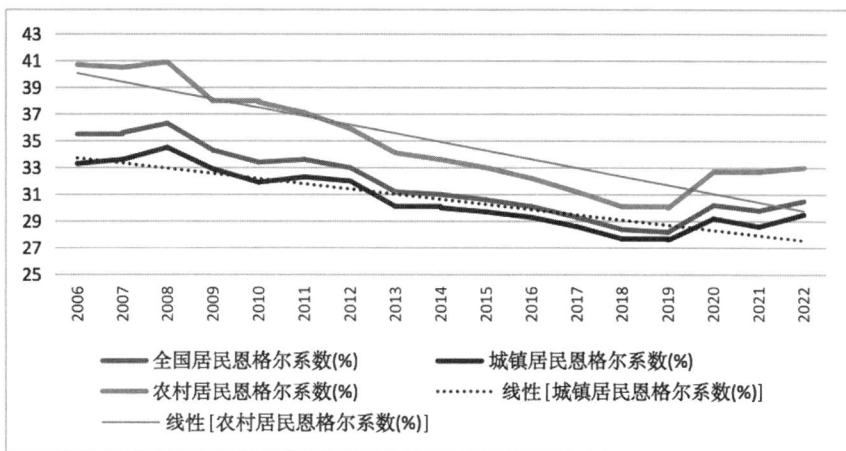

图 9-1　我国城镇和农村居民恩格尔系数变化情况（2006—2022 年）

资料来源：国家统计局统计数据。

9.1.4 小城镇能协调产业兴旺和生态宜居

　　针对农村的产业兴旺，作为城市和农村的连接处，小城镇担负着城市和农村相互联系的桥头堡的角色，对乡村的产业发展产生辐射效应，带动乡村产业升级换代。通过小城镇的建设，大城市的经济活力和科学技术可以传递到乡村。小城镇升级乡村产业结构，提高市场体系成熟度。小城镇建设发展有助于进一步完善乡村产业结构的调整和升级，提供高效的配套公共服务，吸引资金、技术、人才等生产要素向乡村汇集，发挥乡村发展潜力。深入挖掘现代农业的文化潜力，深入挖掘历史内涵，打造特色乡村产业。适应国民经济和社会发展需求，促进中国农业市场经济体制建立，促进农业流通网络建立，顺畅双向流通渠道，合理发展农业市场机制，提高市场体系成熟度。加强农业科研成果转化率，实现市场—科研—开发—市场的良性循环，形成产业链式的系统服务。

　　小城镇是中小企业培育的重要平台。我国城市产业的发展压力逐渐增大，而发展小城镇可以为城市传统产业转移创造良好的条件，这不仅有助于缓解城市产业发展压力，加速城市产业升级换代，还能促进城镇经济的融合发展。此外，发展小城镇可以为农村工业企业在小城镇聚集提供有利条件，农村工业化步伐会加快。处于城市与乡村过渡地带的小城镇可以促进农村与城市间的人口和产业集聚 [1]。而一定规模的产业、人口集聚又必然创造出新的生产能力和社会需求，第三产业规模扩大，小城镇产业结

---

[1] 陈白磊，齐同军. 城乡统筹下大城市郊区小城镇发展研究——以杭州市为例 [J]. 城市规划，2009，33(05)：84-87.

构就能得到改善。最后，小城镇建设可以带动农村就业结构的调整，大量农村剩余劳动力向小城镇转移，农业适度规模经营程度提高。通过建立、健全小城镇现代农业社会化服务体系，加大小城镇反哺农村力度，广大农村地区的农业生产、管理现代化水平也会逐渐提高。反过来，农业和农村经济的发展，又能为小城镇和城市的非农产业壮大、结构调整优化奠定坚实的基础，城市—小城镇—农村产业经济良性互动发展格局就此形成。很显然，发展小城镇是调整优化产业结构、推进国民经济增长的突破口。

从城市经济布局规律来看，当大城市发展到一定规模以后，城市中心区一些附加值相对较低、产业链层次相对较低的一些企业，主要是工业企业，由于大城市中心城区成本的上升，将逐渐向周边转移，而大城市周边的小城市和小城镇将会成为吸纳工业企业转移的重要载体。从我国改革开放以来的工业化进程来看，小城镇在农村孵化了大量中小企业，形成了我国具有国际竞争力的制造能力，培育了一批具有竞争力的企业。当前，大中城市的各类工业园区在产业选择上更倾向于现代新兴产业和大企业，忽视甚至排斥传统产业和中小企业的发展。而小城镇仍然处在快速增长过程，而且具有成本低廉的特征，对中小企业的吸引要大于排斥。从我国人口结构来看，未来就业人口中将还有大量文化素质不高的农民工，适合他们就业特点的是传统产业，小城镇可为这些传统产业发展提供必要的空间。从农民工返乡创业来看，小城镇也是吸纳农民工返乡创业的重要载体。

小城镇促进产业集聚。小城镇仍将是保持经济低成本发展的重点区域，推动产业聚集。随着我国大中城市经济迅猛发展，土地和劳动力价格快速上涨，环境保护要求不断提高，各方面的成本都在上涨。然而，与大中城市相比，我国的小城镇在土地价格、劳动力价格等方面仍然具有天然的低成本优势。首先，小城镇的土地价格远低于大中城市。例如，2013年浙江海宁市长安镇工业用地出让价格约20万元/亩，而邻近的杭州市萧山区则在50万元/亩以上。长安镇的商业用地为50万元/亩，海宁市区则达到200万元/亩。小城镇低廉的土地价格使得小城镇在发展产业和提供住房等方面具有很强的优势。大量集体建设用地也主要分布在小城镇，随着土地制度改革的深入推进，也可以激发小城镇集体建设用地活力的释放。其次，小城镇的劳动力成本也会低于大城市。小城镇的生活成本相对较低。这主要体现在居住成本方面，与大城市居高不下的房价相比，小城镇房价相对低廉，更为重要的是建设在集体土地上的出租屋为各类人口提供了低廉的住房。调研发现，相比在城区租房，在小城镇出租屋租房成本可以省一半左右。小城镇的地理位置较好、交通便利、基础设施较完善、社会服务系统较健全，边际成本和平均成本较低，这些都为乡镇企业节省投入成本创造了条件。小城镇企业数量较多、就业门槛较低，提供了就业大量的机会。小城镇经济社会功能的不断增强和生态环境的日渐优化，小城镇生活设施比较完善、生活条件比较优越，越来越多的农村居民纷纷进入小城镇生产和生活，进镇工作居住的愿望也越来越强烈，小城镇人口逐渐集聚。一个企业的建立与发展离不开劳动力和生产资料，而小城镇生产资料价低货全、劳动力成本低等特点十分明显，所以越来越多的城市企业向小城镇转移，小城镇的产业集聚功能更为突出。

小城镇能推动农村的工业化发展。发展小城镇有利于吸引农村地区分散的乡镇企业在小城镇连片聚集，带动土地、农村剩余劳动力及其他生产要素的优化配置，缓解农村地区工业发展造成的人与生态环境的尖锐矛盾。乡镇企业在小城镇集中布局也能促使企业走集约化规模经营发展道路，提高资源集约利用和废弃物再利用程度，最大限度减少污染物，提升镇村环境质量。而农村剩余劳动力特别是生态恶劣地区的人口迁入小城镇就业、居住，既有利于用较低的资金投入统筹建立和完善防污排污系统，有效改变镇村脏、乱、差面貌，又能使农村土地资源的使用走向规模化、集约化。此外，受小城镇发展带来的保护环境、治理污染等先进观念的影响，农民发展生态农业和有机农业、使用新能源与清洁能源的意愿增强。在技术支撑下，农民会改变传统落后的生产、生活方式，农业生产占用的资源数量减少，农药、化肥及养殖业产生的面源污染可以得到有效控制。农村人均能源消耗大幅度降低，生活环境和卫生条件也会明显改善。小城镇是解决我国城市与农村生态环境问题的重要空间，加强小城镇对保护城乡生态环境、共建城乡生态文明具有重要的现实意义。

发展小城镇的三种模式：一是以生产为主，以乡镇企业集中连片发展，完成产业分工为标志。二是以流通为主，以商品集散、信息快速传递为核心。三是以消费为主，以超前发展的社区生活服务设施为特色。[①] 在乡镇企业发展之初，分散的特征还是比较明显的。全国乡镇企业在小城镇的集聚程度在 20 世纪 90 年代仅为 12%，到 2002 年已经提高到 20% 以上。虽然从数量上，小城镇集聚乡镇企业比重不算高，但是规模较大的乡镇企业都集中于小城镇，创造了近 57% 的乡镇工业增加值。在发达地区尤为明显，如，浙江省小城镇的乡镇企业总产值已占全省乡镇企业总产值的 76.5% 左右。[②]

小城镇能有效解决生态环境问题。随着城镇化深度发展，我国许多城市的经济和人口规模不断扩大，对自然资源和能源的不合理利用，造成土地、水等自然资源及能源紧缺危机频现，废弃物排放量增加，城市环境质量普遍下降，生态系统遭受破坏，生态系统运行的失调又给城市经济社会系统的运行带来了危害。城市生态环境问题不可避免，已经成为制约城市发展的瓶颈。小城镇必将成为解决城市生态环境问题的重要依托，从根本上解决城市生态环境问题。通过发展小城镇，可以吸引城市传统产业及非常住人口（如城市就业困难人口、农民工等）向小城镇合理有序转移，这有助于减少城市资源消耗量和环境破坏，增强城市生态环境自然修复能力。再利用生态学规律指导城市经济社会活动，实现资源利用最大化、污染物排放最小化，就能从根本上推进城市的生态化转型。在实现乡村振兴的生态宜居过程中，小城镇作为周边乡村区域的中心，可以承担污物集中处理的职能，提供更高等级的市政污水、垃圾处理设施

---

① 国风.中国农村工业化和劳动力转移的道路选择——论我国的小城镇建设 [J].管理世界，1998(06)：197-201.

② 国务院法制办公室.中华人民共和国民政典 [M].北京：中国法制出版社，2011：402-404.

和服务，促进基本公共服务资源和基础设施投资的优化高效配置。通过在周边小城镇集中处理污物，在实现产业集聚效应的同时可以降低污物的处理成本；通过小城镇的处理，一部分乡村的生活垃圾、农业垃圾、畜禽垃圾可以通过工业生产进行转化，产生经济价值，形成生态产业，实现乡村生态宜居的环境和经济利益的共赢。

9.1.5 小城镇能加快我国城镇化的发展

城镇化是社会历史发展的重要现象，也是实现现代化的必要途径。它是社会分工发展的必然产物，既是物质文明进步的凸显，也是精神文明前进的推动力。城镇化进程是城镇数量与规模扩大、城镇结构和功能转变的过程，而小城镇在这一体系中有着不可或缺的作用。小城镇的健康发展对于推动中国城镇化也尤为重要，它可以带动农村经济和社会全面发展，促进新型城镇化的发展。加速小城镇建设进程，是实现大中小城市和小城镇协调发展战略的关键措施，为城市产业转型升级创造了有利条件。

小城镇与我国城镇化发展密切关联。近年来，我国城镇化进程得以快速推进，城镇化发展与工业化发展开始同步。2004 年，城镇化率首次超过工业化率，目前已经达到 65.22%，城镇化发展远高于世界平均水平（世界城镇化平均水平 2021 年为 56%）[①]。城市群的发展稳步促进着一体化发展水平的提高，一些重大区域战略，如京津冀协同发展、粤港澳大湾区的建设、长三角一体化发展等也在有序推进。城市规模结构不断改善，新生中小城市正在逐渐形成，并且以浙江省龙港镇为代表的特大镇探索了设市新模式。城市可持续发展能力不断提升，城市产业转型升级过程也在逐渐加快。

新中国成立后我国小城镇的增长是一个渐进的城镇化的过程。1954—1958 年，尽管中国小城镇数量由 5400 个减为 3621 个，但其实质并不是小城镇自身的因素，而是统一标准后产生的误差。据资料统计，自 1949 年至 1957 年的 9 年中，中国城镇人口占总人口的比重由 10.6% 上升到 15.4%，年平均递增率高达 70.5%，城镇化的速度是相当快的。1958—1965 年，是中国城镇化最快、起伏最大的时期。1958—1960 年的"大跃进"期间，中国城镇人口从 1957 年的 9949 万人猛增到 1960 年 13073 万人，3 年中城镇人口净增 31.4%，事实上中国城镇化也进入了一个"大跃进"时期。1961—1962 年的三年自然灾害，从城镇居民口粮和就业角度又动员了近 3000 万城镇人口返回农村，使城镇人口数量基本维持在 1957 年的水平。这种城镇居民返回农村，是城镇化过快过猛，与社会经济基础不相适应所造成。1966—1976 年，由于整个国民经济增长停滞，城市新增就业岗位极少，加上城市人口增长的巨大压力，形成事实上的城市劳动力过剩，青年就业困难，迫使采用知识青年上山下乡、干部下基层锻炼等措施以缓解城市日益增长的就业压力，中国城镇化过程也处于停滞时期。1978 年以来，随着中国改革开放政策落实，尤其农村经济改革的巨大成功，国民经济得到持续的高增长，从而进一步

[①] 联合国人居署 .2022 年世界城市状况报告 [R/OL].https://g-city.sass.org.cn/_s52/2022/1114/c4951a493786/page.psp.

推动中国城镇化进程。改革开放后，我国城镇化发展随着改革开放经济飞速发展和这一阶段经济发展密切相关的。城镇化既可增加投资，又能拉动消费。[1] 据统计，发达国家城镇化率一般达到 80%，人均收入与我国相近的一些发展中国家城镇化率也在 60% 以上。2010 年我国农村居民消费为 96562.2 元，城镇居民消费为 353905.9 元，城镇居民消费水平是农村居民的 3.6 倍。[2] 按此测算，一个农民转化为市民，消费需求将会增加 2.57 万多元。城镇化率每年提高 1 个百分点，可以吸纳 1000 多万农村人口进城，进而带动 2.57 万亿元的消费需求，而相应增加的投资需求会更多。2023 年全国农民工总量 29753 万人，比上年增加 191 万人，增长 0.6%。其中，外出农民工 17658 万人，比上年增加 468 万人，增长 2.7%；本地农民工 12095 万人，比上年减少 277 万人，下降 2.2%。年末在城镇居住的进城农民工 12816 万人。[3]

新中国成立以来，我国小城镇的数量基本上是持续增加的，建成区户籍人口稳步增加的（当然，常住人口也随之增加），推动我国常住人口城镇化率逐年提高。见表 9-4。

表 9-4 我国小城镇与城镇化发展之间的关系

年份	小城镇数量（千个）	建成区户籍人口（百万人）	常住人口城镇化率（%）
1990	10.13	61.15	26.41
1991	10.31	65.52	26.37
1992	11.99	72.25	27.63
1993	12.95	78.62	28.14
1994	14.29	86.70	28.62
1995	15.04	92.96	29.04
1996	15.78	98.53	29.37
1997	16.54	104.40	29.92
1998	17.02	109.20	30.40
1999	17.34	116.35	30.89
2000	17.89	122.68	36.22
2001	18.09	129.80	37.66
2002	18.38	136.64	39.09
2003	18.21	137.85	40.53
2004	17.79	143.34	41.76

---

[1] 2012 年 12 月 15 日，李克强总理在全国发展和改革工作座谈会上的谈话.
[2] 国家统计局 2023 年度统计数据.
[3] 2023 年农民工监测调查报告.

年份	小城镇数量（千个）	建成区户籍人口（百万人）	常住人口城镇化率（%）
2005	17.73	148.05	42.99
2006	17.65	140.00	43.90
2007	16.70	131.00	44.94
2008	17.00	138.00	45.68
2009	16.90	138.00	46.59
2010	16.80	139.00	47.50
2011	17.10	144.00	51.27
2012	17.20	148.00	52.57
2013	17.40	152.00	53.73
2014	17.70	156.00	54.77
2015	17.80	160.00	56.10
2016	18.10	162.00	57.35
2017	18.10	155.00	58.52
2018	18.30	161.00	59.58
2019	18.70	165.00	60.60
2020	18.80	166.00	63.89
2021	19.10	166.00	64.72
2022	19.20	166.00	65.22

资料来源：住房和城乡建设部 2022 年城乡统计年鉴数据。

9.1.6 小城镇是吸纳农村转移人口的重要载体

　　大力发展小城镇是促进农村经济与社会全方位健康快速发展的大策略，是破解农村"三农"社会发展重大问题最基本、最高效的路径之一[1]，是统筹城乡经济社会协调发展的综合服务载体和纽带[2]，是我国农业劳动力转移的主要途径[3][4]，是吸纳农民变市民的"大盆地"，是形成城市群的连接点，是未来的"新城市"[5]。小城镇在农村发展中发挥着至关重要的作用，小城镇可以成为城市和农村之间的桥梁，促进农村社区

① 朱建芬. 择优培育小城镇的探索——江苏省重点中心镇发展调研报告 [J]. 小城镇建设，2003(12):4-7.
② 杨林防. 对促进小城镇经济发展的思考 [J]. 小城镇建设，2003(12):78-79.
③ 吴家政. 农业劳动力转移与小城镇发展 [J]. 农村经济，2003(03):70-71.
④ 张运生，曾志远，李硕. 关于农村剩余劳动力解决途径的探索 [J]. 人口与经济，2003(02):33-37.
⑤ 陶友之. 实施新型城镇化重点在"镇" [J]. 社会科学，2014(03):52-55.

的经济、社会和文化发展。①小城镇聚集农业转移人口以及提供社会服务条件，与中国农村的职业迁移与空间迁徙问题紧密。②③此外，小城镇在促进区域经济增长、为农村转型提供工作机会、吸引外来投资等方面也能发挥重要作用。④

过度的城市发展带来了许多问题和难题，而小城镇的发展则可以成功地实现农村富余劳动力的转移。然而，要想实现大量农村劳动力的转移，就必须调整农业产业结构并推动农业科技的发展。现在，大量的劳动力聚集在大城市，这种趋势已经不能满足社会经济发展的需求。大城市产业的转移和升级不能像过去一样带动农村富余劳动力大规模迁移。大都市高昂的生活成本和严格的户籍制度使得农村劳动力很难适应城市生活。同时，大城市也无法为众多外来劳动力提供充足的社会保障和公共服务，导致了交通拥堵、环境污染、医疗和教育等诸多问题的出现。此外，农村富余劳动力在大都市立足面临着困难，又引发了留守儿童、空巢老人和土地荒芜等问题的产生，从而对社会稳定和经济发展产生了影响。

小城镇在城乡发展中扮演着极其关键的角色。根据人口普查数据显示，七普期间，我国县和县以下吸纳城镇人口增长了77.8%，而同期地级市、省会城市和直辖市的增长速度分别为43.9%、41.4%和49.3%，县和县以下的增长最快，85.6%的城镇人口增长来自农业转移人口。2020年，我国城镇化率为63.89%，距离城镇化成熟阶段，城镇人口还将增加2亿左右，这主要是农业转移人口。小城镇在吸纳农业转移人口方面发挥重要作用，成为容纳农村人口转移的巨大场所。我国小城镇发展空间广阔，能够吸纳大量农村转移人口。如果平均每个小城镇建成区人口仅提高1000人，那么全国城镇人口将增加2000万左右。

小城镇也是保持经济低成本发展的重点区域。由于当前大中城市的蓬勃发展，地价与劳务价值迅速攀升，环保要求日益增强，各领域的生产成本也在提高。但是，与大中城市比较，通过低人力资源成本、低土地和房地产成本、政府的政策支持、市场潜力和优质生活环境等因素，吸引了企业和人才的关注，小城镇成为经济发展的重要组成部分。小城镇的人力资源成本通常较低，劳动力成本一般也会小于大都市，生活成本也相对较低。相对于大城市在土地和房地产方面的成本较低，小城镇在发展工业和供应住宅等方面都有着很大的优越性。大量集体建设土地也大多分布于小城镇，随着用地管理制度改革的深入实施，将有助于激发小城镇集体建设土地活力的进一步释放。政府一直致力于推动小城镇的发展，出台了一系列支持政策，为小城镇提供的税

① Philipsen, M., Westlund, H.Small towns in rural development: An interdisciplinary review and agenda for research[J].Journal of Rural Studies, 2018.

② 沈裕谋.探寻小城镇建设与乡镇企业协调发展的途径[J].小城镇建设，2003(02):10-11.

③ 徐光远，张利凤."小城镇，大战略"的时代内涵[J].经济问题探索，2003(09):24-28.

④ Serena H.Chen, Jeffrey D.Sachs, Wing Thye Woo.The Oxford Companion to the Economics of China[M].Oxford University Press,2014.

收减免、贷款扶持和补贴等措施，为企业提供了更多的发展机会和降低了其经营成本。随着城市化进程的推进，越来越多的资源和市场需求向小城镇转移。小城镇相对较小的市场规模和竞争压力，为企业提供了更好的发展机会和更广阔的市场空间。

9.1.7 小城镇能促进乡村振兴

随着城市与小城镇间合理的功能分工格局逐渐形成，城市的部分功能向小城镇转移，小城镇能有效疏散和分流城市的部分功能，许多小城镇特别是卫星镇承载了城市的部分生产功能，避免摊大饼式的城市发展倾向。受大中小城市的影响，小城镇在经济发展、消费观念、生活方式等方面具有明显的先进性和时代性，这些都会对农村产生示范效应，促使农村尽快改变落后面貌、提高文明程度，进而推动农村经济社会的全面发展。

在中国城镇化进程中，小城镇是不可缺少的重要一环，在特定区域的政治、经济、文化、技术等方面，小城镇呈现出举足轻重的独特作用和意义。小城镇建设有助于推动我国城镇化发展，促进城乡要素自由流动，推动城乡融合发展。发挥自身集聚、传导和服务功能，疏散和分流城市部分功能，优化城乡人口格局，承接农村转移人口，推动进城农民的市民化，加快农村消费升级，提高农业生产生活水平，实现农业现代化。积极推动城镇体制机制改革创新，摆脱小城镇的层级困境，激发我国自下而上的发展动力，为乡村振兴发展提供有力的服务支撑。

小城镇能发挥疏导和服务功能。小城镇具有较强的双向疏导、服务功能。小城镇是城乡之间的联系纽带，具有明显的中间传导作用。作为城尾乡首，小城镇是承接大、中、小城市辐射的最直接载体，城市的资金、良种、农药化肥、原材料、日用消费品等有形商品能顺利向农村传递，信息、技术、先进工艺和方法等向农村扩散，农村地区的农产品、劳动力等向城市合理流动，实现城乡生产生活资源要素的优化组合，促进城乡协调发展和城乡一体化进程。

小城镇是吸纳农业转移人口的重要载体。过去，我国县和县以下是吸纳农业转移人口的主要载体，根据人口普查数据显示，六普到七普期间，我国县和县以下吸纳城镇人口增长了77.8%，而同期地级市、省会城市和直辖市的增长速度分别为43.9%、41.4%和49.3%，县和县以下的增长最快。从城镇人口增长的来源来看，县和县以下城镇人口的增长主要来自农业转移人口，82.4%的城镇人口增长来自农业转移人口。2015年我国城镇化率为56.1%，距离城镇化成熟阶段，城镇人口还将增加2亿左右，这主要是农业转移人口。小城镇在吸纳农业转移人口方面发挥重要作用，成为容纳农村人口转移的巨大场所。据调查，71.4%的30岁以上农民工在未来3—5年会选择回到自己的老家附近打工。我国小城镇发展空间广阔，能够吸纳大量农村转移人口。2021年，我国小城镇建成区平均1.2万人，如果平均每个小城镇建成区人口仅提高1000人，那么全国城镇人口将增加2000万左右。小城镇建设吸纳农村大量的剩余劳动力，吸纳农业转移人口市民化。我国小城镇人口整体占据1/4的城镇人口和60%以上的全国总人口。

改革开放初期，小城镇人口迅速增长。1985 年与 1978 年相比，中国小城镇人口总增长量为 2 亿，其中小城镇人口增长量占 62.4%[①]，小城镇人口增长撑起了城镇人口增长的半壁江山。我国城镇化近些年处于高速增长期，到 2050 年，预计中国的城镇人口将增加 2.55 亿左右[②]，通过城镇化带动农村人口向城镇转移空间仍很大。其中，有近一半转移人口进入小城镇，提高了就地城镇化水平，是实现农村城镇化的一个重要步骤。小城镇是我国农业劳动力转移的主要途径，[③④] 是吸纳农民变市民的"大盆地"，是形成城市群的连接点，是未来的新城市。[⑤]

　　小城镇是城市和农村过渡的中间带，具有拦阻和蓄积流动人口的作用，是防止人口向大城市过度集中的蓄水池 [⑥⑦]。小城镇可以把城乡两个市场连接起来，促进农村第二、第三产业的发展，乡镇企业能够大量吸纳农村剩余劳动力，缓解农村人多地少的矛盾，促进农业规模效益的提高和农民收入的增加[⑧]。发展小城镇理论主张农民离土不离乡，实现就近、就地转移[⑨]。农业人口向小城镇转移的途径有就近城镇化和就地城镇化，可以降低城镇化的制度障碍和成本，促进区域均衡发展，有利于农业和乡村可持续发展[⑩]。小城镇是关联城乡的关键纽带，是农村人口向城市转移和发展城市经济的过渡带，是缩小城乡差距的关键点 [⑪]。小城镇发展加速乡村富余劳动力转移就业，促进乡村社会共同富裕。统筹城乡发展，打破城乡二元经济结构，解决农村富余劳动力的就业安置是我国城镇化道路必然经历的历史阶段。由于城市发展对城市人群在科学知识、技能等诸多方面都较高于小城镇的需求，这也就对乡村富余劳动力的就业设置了一个较高的门槛，使得农村富余劳动力转移缓慢。

　　发展小城镇能加速农村的转变，是解决"三农"问题最根本、最有效的途径之一。[⑫]发展小城镇引发了农民思想观念的更新。一是市场意识取代了小农意识。随着小城镇的勃兴，市场商品观念快速地改变了自给自足的小农观念，使农民的心灵和形象发生

---

① 马淑莺 . 关于小城镇人口迁移和流动特征的分析 [J]. 人口研究，1990(04)：2-8.

② 国家发展和改革委员会 .2017 年中国居民消费发展报告 .

③ 吴家政 . 农业劳动力转移与小城镇发展 [J]. 农村经济，2003(03)：70-71.

④ 张运生，曾志远，李硕 . 关于农村剩余劳动力解决途径的探索 [J]. 人口与经济，2003(02)：33-37.

⑤ 陶友之 . 实施新型城镇化重点在"镇"[J]. 社会科学，2014(03)：52-55.

⑥ 费孝通 . 小城镇大问题（之二）——从小城镇的兴衰看商品经济的作用 [J]. 瞭望周刊，1984(03)：24-25.

⑦ Schultztw.Migration：Aneconomist'sview ［M］/MCNEILLWH,ADAMSRS.Humanmigration：Pattern andpolicies.Bloomingten/London：Indiana university press,1978.

⑧ Wilmsen B,Wang M.Voluntary and involuntary resettlement in China：A false dichotomy?[J]. Development in Practice,2015，13(5)：612-627.

⑨ 赵新平，周一星，曹广忠 . 小城镇重点战略的困境与实践误区 [J]. 城市规划，2002(10)：36-40.

⑩ 李强，陈振华，张莹 . 就近城镇化与就地城镇化 [J]. 广东社会科学，2015(01)：186-199.

⑪ 孔凡文，徐玉梅 . 论中国小城镇发展速度与质量 [J]. 农业经济，2007(10)：11-12.

⑫ 杨林防 . 对促进小城镇经济发展的思考 [J]. 小城镇建设，2003(12)：78-79.

了深刻改。变他们纷纷从田间走向车间，由稻场走向市场，寻求高品位的生存方式和实现自身价值的更广阔空间。目前，小城镇居民中，80%来自农村，他们已成为小城镇运行的主体。二是现代意识取代了传统观念。为适应市场经济的需要，现在无论是农民还是城镇居民，不再满足一般工作之需和生活之求，开始自觉地洗心洗脑、充电蓄能，有的自费深造，有的创新手段，有的四面出击，力争更多地创造财富。据初步调查，全市乡镇企业职工和城镇居民中，具有大专以上学历和中级以上技术职称的，分别占17%和8%。有2000余人能熟练地从事网上交易，有效地提高了经济运行质量。

发展小城镇激发了农村社会变革。首先是改变了传统农业的社会形态，自然村落正快速地被规划有序的新村替代，工商业产值超过了农业，加快了农村工业化、城镇化进程。全市已形成以小城镇建设为龙头，以乡镇企业（农业产业化龙头企业）、民营企业为支撑，城乡联动、共同发展的格局，去年农民人均收入2980元，20%来自粮棉油，30%来自多种经营，50%来自小城镇。其次，大批农民进入小城镇务工经商，促进了社会分工，生发了"人进厂、全家进城"的社会效应。近几年全市通过小城镇稳定转移了1/4的农村人口，推动形成了1/5的种植业大户，用电占耕地1/4的面积，创造了1/3的种植业产值。1/4的养殖业大户，创造了1/2的养殖业产值。再次，受小城镇环境的熏陶，城镇居民的组织性、纪律性增强，卫生意识、文明素质大大提高，千百年来形成的陈规陋习，正逐步被现代文明所取代。

小城镇能促进农业现代化。小城镇劳动力生产水平的提高与其自身素质的增强密切相关。相对农村来说，小城镇教育设施较完善、优质教育资源较充分，这无疑有利于小城镇劳动力素质的提高。小城镇劳动力在第二、第三产业就业，风险意识、竞争意识增强，职业道德和团队观念有所提高，敬业精神与开拓创新精神得以形成，生产技能持续增强，其结果必然是劳动力素质和生产水平不断提高。而劳动力生产水平的提高又为其自身收入增长奠定了基础，小城镇劳动力物质与精神生活消费增加，生活水平进一步提高。目前，小城镇中农业人口仍然占据着压倒性的多数。这导致了二元经济结构的出现，以及其在小城镇发展中所带来的阻碍和矛盾日益凸显。要想有效地解决"三农"问题并促进农村经济社会的健康发展，加速中小城镇的发展，让更多的农民在中小城镇定居并找到就业和发展的机会，是极其重要的措施。小城镇建设是新农村建设发展的核心。小城镇不仅是进行新农村建设的重要基地，也是实现农业现代化的关键载体。小城镇可促进先进的理念和文明传播到农村，并让农村劳动力学习并掌握先进技术和技能，同时增强市场、法律、环保、竞争、文明等意识，从而提高整体素质水平，推动农业现代化的进程。小城镇有利于为农业现代化提供必备的物质条件、技术装备和社会资本，推动生产要素向乡村转移，改善农业规模生产模式，引入生态农业、品牌农业、信息化农业等新型现代农业理念，并充分吸纳农业劳动力，推动第一、第二、第三产业融合发展，提高农民收入，缩小城乡差距，振兴农村经济，助推农业现代化的进程。对小城镇中的文化教育、卫生、信息和科技服务设施进行优先建设，为推进信息技术向农村地区的传播提供了很好的平台。小城镇作为农村区域的服务型平台，通过建设村镇银行、担保服务中心、土地银行等，为农村新型经营主体提供技术和资金支持，将直接促进农业产业化、农业现代化的进程。发展小城镇产生了经济扩张的动力。小城镇的发展，不仅改善了农民的消费环境，而且转变了农民的消费观念，农民的潜在购买力变成了现实的有效需求，成为生产、消费、分配良性循环中必不可少的重要环节，成为全市经济持续、快速发展的支撑力量。

　　小城镇的崛起也决定于小城镇的特殊地位。小城镇一般都是农村区域商品经济增长中心，对于区域经济发展具有集聚、传导、渗透、辐射等功能。农村人口向小城镇的永久性转移和临时性转移是当今农民的自觉选择。这种转移浪潮随着农村经济体制改革的深化和城市经济体制改革的实现将会不断得到壮大和推动。展望未来，面对各种良好机遇，及时地确定和选择小城镇的发展趋势与前景就显得极为重要。伴随这一过程而生的就是劳动力向小城镇非农产业的转移，生产要素的重组、流动，从而产生新的更高的农村生产力。但是，需要重点强调的是，我们必须清醒地认识到，小城镇也是间接导致乡村兴衰的重要因素。农村青壮劳力进城打工使得农村出现严重的空心化现象，农村劳动力的不足只能依靠老年人种地，留守儿童得不到家庭关爱等问题，成为眼下十分突出的问题。但是，如果我们从现代化的角度看，农村的这种衰落是不可避免的。在这个过程中，除了应该着力保留具有人文和自然景观的非物质文化遗产的分布外，大部分自然村庄恐怕都要慢慢消失。随着农业本身的工业化、现代化的完成，最终，城镇和乡村将呈现一种新型的良性互动发展关系。

　　小城镇作为一个区域经济内的社会实体和沟通城乡联系的中介，是在长期的城乡隔绝和自然经济条件下发展起来的，始终保持着浓重的乡村色彩，小城镇发展对农村有着复杂的影响，既有正面的也有负面的。一方面，小城镇的发展可以提高农民就业机会，提高收入水平，同时也为农村提供了更加便利和多元化的服务和商品。但另一方面，小城镇的发展客观上也促使了农村凋敝衰微。随着小城镇的发展，小城镇的快速发展带来了农村人口持续流失到城市，导致农村的老龄化和人口减少，影响到农业生产和农村经济的发展。农村青壮劳力进城打工使得农村出现严重的"空心化"现象，农村劳动力的不足只能依靠老年人种地，耕地大量减少、荒芜；留守儿童得不到家庭关爱等问题，成为眼下十分突出的问题。小城镇的发展需要大量的土地和资源，这会导致农业用地缩小、耕地资源回收等问题，进一步损害农村的经济和社会发展。由于政府发展小城镇的政策导向，一些农村地区会被政策所忽视或边缘化，导致农村发展的不平衡和不充分。从现代化的角度看，随着农业本身的工业化、现代化的完成农村的衰落是不可避免的。在这个过程中，除了应该着力保留具有人文和自然景观的非物质文化遗产的分布外，大部分自然村庄恐怕都要慢慢消失，小城镇和乡村将呈现一种新型的发展关系。

　　小城镇带动乡村发展和改革。小城镇承担了城市与乡村之间连接的"桥头堡"作用，对乡村发展和改革产生很大影响。

　　小城镇促进破除城乡二元结构，提振乡村发展。改革开放 40 多年来，我国城镇化进程不断加快，城乡二元结构转化滞后，僵化农村发展，城乡利益冲突和农民工就业压力并未进一步缓解，失地、无业、保障低的农民比例上升，乡村农业发展受到阻滞，"三农"问题突出。农业投入资金来源渠道有限和融资困难，农业土地流转、经营组织方式等落后，农村劳动力人力资本水平低，农民增收困难，乡村发展衰落。随着城镇化深入和改革的不断发展，小城镇可以吸引城乡资源要素合理有序转移，促进城乡融合发展，逐渐破除城乡二元结构，提振乡村发展。

小城镇带动乡村顶层规划设计实施。乡村一直缺乏科学合理的乡村顶层规划，村庄建设规划与国家、省市的发展规划衔接较弱，城乡统筹难以兼顾全局性与长远性，导致乡村空间规划问题突出，表现为乡村空间分布散、个体规模小、具体类型多、发展能力弱。小城镇上接城市，下服务乡村，处于城乡融合的关键节点上。随着城乡一体化进程的不断推进，小城镇建设将促进乡村顶层规划设计实施，扭转乡村规划、建设千村一面的现象，重视乡村原有地貌、自然形态，保留历史传承，打造特色乡村，乡村规划更加科学合理，具有可操作性。

小城镇能实现城乡居民公共服务均等化。小城镇作为周边乡村的公共服务的提供者，在辐射周边乡村的基础设施建设过程中可以提供和扩大就业，提升农村居民收入，促进农业转移人口的市民化和就地城镇化。随着乡村道路基础设施建设提升，小城镇与乡村、乡村与乡村之间更好地实现互联互通，有助于区域内要素的自由流动，促进城镇向周边乡村输送资金、人才与产业经济，实现城乡融合发展、共同富裕和全面建成小康社会。

小城镇发展可以改善乡村基础设施建设，完善社会保障体系。小城镇建设将不断开拓和扩大投资途径，积极吸纳各种资本下乡，以改变农业地区农村基础设施建设相对滞后局面，进一步完善农业区域的供水、电力、通信、交通等基础设施，全域覆盖生产和生活服务设施的路网、排水污水管网、电网的建设。加大对政府补助政策的利用，继续完善新型农村社会保障体系和机制，全面构建城乡服务系统，全面建立教育医疗养老等基本生活服务设施，为乡村发展创造基础条件。

小城镇促进建立健全了乡村管理的体系架构、政策法规制度和组织领导，激发农民主体的积极性、能动性与首创精神，充分调动农村深化改革的创新与活力，破除城乡融合发展的体制机制障碍和要素流动壁垒、探索促进城乡要素的自由流动和土地制度改革，调动城镇的生产要素进入乡村助力乡村振兴。

9.1.8 小城镇能强化城乡融合发展

小城镇发展能够突破城乡二元结构，促进城乡一体化，有助于加速农村城镇化进程[①]，对区域经济发展有重要战略作用。长期以来，我国城乡二元社会经济结构使

---

① 郑成光.发展安徽小城镇，加快区域经济发展 [J].财贸研究，1999(04):63-64.

得城乡成为两个对立的空间，造成了城市和乡村的隔离分化，城乡二元结构的壁垒阻滞了城镇化的发展，把大量的农业剩余劳动力滞留在农村。相对于乡村而言，城市经济发达、人均收入高，第二、第三产业发达，就业机会多，基础设施和配套设施完善，文化娱乐生活丰富，交通方便信息快捷，文明程度高，城市的优越性吸引着人们对城市生活的向往，使得相对贫穷落后的农村人口向城市流动。而从乡村中流出的人口，往往是乡村中文化层次较高的、年轻力壮的这部分人，剩下的是年幼的、年老的、文化程度差的，最没有劳动能力和竞争力的人群，这导致了城乡差距的不断扩大。城镇化的目标不是使城乡隔离，而是在保持城乡各自功能的前提下使城市和乡村得到协调发展，即城镇化的发展目标是实现城乡一体化。小城镇建设对区域农村工业化、农业产业化进程具有推动作用，为区域经济发展提供新的增长点。[1]小城镇的发展促进乡镇企业的快速成长壮大，而乡镇企业的发展使二元经济结构发生了巨大的变化，经济结构从二元结构走向三元结构。社会结构从传统的二元特征：农村社会阶层与城市社会阶层，转向三元结构：农村、小城镇和城市社会阶层[2]。这为我国制定城镇化战略提供了一条新思路。灰色区域理论指明了一条适合发展中国家的城镇化道路，即在城市与乡村的相互作用区域（Desakota）形成的城乡融合、城乡一体化的城镇化模式[3]。城乡融合重视城镇化过程中城乡统筹的作用，主张消除城乡二元结构，而小城镇要承担起村头城尾责任，鼓励以乡镇企业为连接点，以农业产业化为纽带的城乡互动发展模式[4]。

小城镇能切实推动城乡融合发展。小城镇作为连接城乡发展的平台之一，具有独特的辐射带动作用。优化教育、医疗、就业和社会保障等公共服务，提高公共服务绩效，始终坚持效率与公平并重，致力于改善城乡居民的生活水平，让人民群众共享城镇的发展成果，提升资源配置能力和基础设施的运行效率。小城镇是介于城市与乡村之间的一种中间状态，是建设和发展城乡经济共同发展的载体和纽带。提升小城镇的节点平台功能，应按照统筹兼顾的要求，重点是城乡基础设施连接、文化融合、资源流通、生态环境等方面，发挥更大的桥梁和纽带作用。在基础设施建设中，不能盲目扩张，浪费有限的土地资源，重复建设基础设施，增加政府的财政负担。因此，应走内涵式发展道路，注重基础设施建设的科学规划，适度超前，不要过度超前。基础设施建设应突破行政区划和管理体制的制约，实行共建共享，提高资源配置能力和基础设施的运行效率。小城镇是协调城乡发展的平衡杆，是平衡城乡利益的重要手段。我国经济社会发展中，城乡二元结构壁垒是一个严重障碍。其中包括城乡户籍、治理体制和市

---

① 阳国亮，唐志良.试论小城镇建设在区域经济发展中的战略意义[J].改革与战略，2001(02):41-44.

② 杨培峰.城乡一体化系统初探[J].城市规划汇刊，1999(02):51-54+35-82.

③ 胡必亮.灰色区域理论概述[J].经济研究，1993(06):72-80.

④ 陈宇.中原农业地区县域单元城镇化路径研究——以河南省西华县为例[J].城乡规划(城市地理学术版)，2014(06):22-31.

场体系的壁垒。为推动城乡融合发展，小城镇建设成了重要途径。小城镇建设以城乡接合部为切入点，注重以人为本，实现了农业转移人口的就地市民化，促进了城镇化与农业现代化、工业高端化、服务业特色化的深度融合。注重产业链的延伸，挖掘利用农业新的附加功能，加强农业的多功能性，实现了第一、第二、第三产业横向融合。小城镇作为连接周围乡村的农产品集散地，通过发挥仓储与物流方面的成本优势降低物流成本，带动农产品价格下降，使百姓受益、农民增收。小城镇的发展也有利于推进城乡基础设施和环境保护一体化发展，作为农村延伸的重要服务基地和新型社区，承担着服务农村、保护环境和传承文化的重要职能。小城镇处于城乡融合的交汇点，承接了大城市产业梯度转移、吸纳农村转移劳动力就业人口的职能，是推动城乡互动、城乡融合的重要节点。

小城镇能促进共同富裕。小城镇促进共同富裕主要表现在协调城乡发展、调节收入分配、建设农村等方面。

小城镇能促进城乡区域协调发展。优化现代化经济体系的空间布局，有效实现城乡区域均衡和共同富裕。共同富裕是社会主义的本质要求和中国式现代化的重要特征。因此，高质量发展是解决我国所有问题的基础和关键，没有高质量的发展，就没有共同富裕的物质基础。构建城市群为主体的城镇布局，实现大、中、小城市和小城镇的协调发展。要加快农业转移人口的市民化进程，推进乡村振兴，建立现代农业产业、生产和经营体系，培养新型农业经营主体，完善农业社会化服务体系，提高农业生产效率和质量。在这个过程中，需要平衡不同需求，保障和改善民生，促进全民共同富裕的前提下促进经济发展和财政可持续性。高质量发展小城镇能够缩小收入分配差距。

小城镇能正确处理效率和公平的关系。构建初次分配、再分配、三次分配协调配套的基础性制度安排，促进社会公平正义，促进人的全面发展。要挖掘城乡区域发展不平衡蕴藏的可观发展空间，通过政府支出的结构性调整，逐步替代以硬件建设为主要方向的投资，提升居民收入水平和基本公共服务均等化水平。当前我国在收入分配方面面临一些重大问题，其中包括收入差距加大、初次分配中劳动报酬占比偏低和居民收入在国民收入分配中的比重不足等。为解决这些问题，必须实现经济高质量增长，扩大蛋糕规模，通过政策调整提高中等收入群体的消费水平，并通过建立市场评价贡献机制等措施，推动知识、技术、管理和数据等要素的贡献得到报酬，以帮助更多普通劳动者跻身中等收入群体。要完善再分配调节机制，保障社会公平正义，实现收入差距问题的解决，让发展成果更公平地惠及全民。为了实现经济增长和居民收入的同步增长，需要拓宽居民劳动收入和财产性收入的渠道，加强政府再分配调节职能，加速构建基本公共服务平等化的体系，缩小收入分配差距。

发展小城镇是新农村建设的催化剂。小城镇脱胎于农村，是农村地区的发展核心。通过极化效应和扩散效应，小城镇可以影响、带动周边农村地区的发展。发展小城镇可以为农民向非农产业转移创造条件，可以促进农业生产规模化、集约化、标准化，有助于推进农业产业化经营和现代化。通过发展小城镇，农村剩余劳动力减少，农民人均收入可以按比例增加。而小城镇多样化产业的出现，又会进一步拓宽农民非农就业门路，农民收入水平大幅度提高，消费的商品化程度加大，生活质量得以提升。随着小城镇的发展，地方政府公共财政对农村设施、公共服务建设的投资力度加大，小城镇带来的新技术、先进观念和文明意识也会促使农民自觉改善农村生产、生活环境，这些都有利于实现村容整洁的目标。在镇村统筹环境下，农民很容易受到外来信息、价值观念的影响，进而抛弃传统的生活方式和习惯，农村地区也更容易形成乡风文明的社会氛围。小城镇发展对新型农民的培育具有促进作用，农民素质提高，民主法制意识增强，新农村管理民主程度就随之加深。总而言之，小城镇的发展会改善农村软、硬件环境，这对城乡融合，最终实现城乡一体化具有极其重要的意义。可以说，城乡统筹、构建和谐社会的关键在农村发展，而农村发展的关键就在于小城镇发展。小城镇加速了城镇化的发展，城镇化水平每提高1个百分点，城乡收入差距将缩小10个百分点。[①]

9.1.9 小城镇是解决未来城市病的主要途径

小城镇被看作中国城镇化中的重要一环。小城镇具有发展潜力和机会，成为解决大城市问题的一个途径。

推进城镇化不仅是一个城镇化率提高的过程，更是一个从城乡分离到城乡融合的过程。经过多年的努力，我国城镇化率不断提高。但受二元管理体制、资金等因素的影响，目前，我国城镇化进程仍然以流动就业为主要形式，大量农民工常年在城市打工，也已经习惯了城市生活，却无法真正融入城市。对此，我们必须有清晰的认识：中国的国情和发展阶段决定了以城市为载体大幅度提高无形城镇化率可行性较小。而小城镇作为城乡之间的过渡性社区，承接城乡有机融合的作用表现得比较明显，以小城镇为平台，更容易消解城乡间深层次的矛盾。例如，小城镇户籍、社会保障、劳动力培训制度改革比较容易，这有利于进镇农民获得城镇居民身份并享受与之相同的待遇，也能加速其思想观念与生活方式的转变。而小城镇是城市辐射的对象，城市的各种物流、资金流、信息流以及生产、生活、思维方式不断流入小城镇，城镇新居民的素质、生活质量会因此得到更大的提高。因此，发展小城镇是推进无形城镇化的现实选择。

通过合理发展小城镇，稀释城市过度密集的人口，"城市病"问题才能得以解决，有形城镇化的有效性才能得到提高。伴随着农业劳动生产率的不断提高，越来越多的农村劳动力处于隐性失业或剩余状态。从公共经济角度看，单纯依靠城市来吸纳这些农村人口难度较大。而从农村剩余劳动力角度看，由于自身素质较低、技能较差，这些农村人口盲目进入城市的风险性也非常大。小城镇离农村近、数量多、分布广，农民进入小城镇的成本和风险都比较小。作为工业与农业的接合部，多数小城镇会大力

---

① 李尚蒲，罗必良. 城乡收入差距与城镇化战略选择 [J]. 农业经济问题，2012(08):37-42.

发展劳动密集型工业、农副产品加工业以及配套于工农业和农村的服务业，从而创造出大量的就业岗位。通常情况下，这些岗位对劳动力技能要求较低，可以更有效地吸纳农村剩余劳动力。所以说，发展小城镇是加快农村剩余劳动力转移、提高有形城镇化率的最佳路径。

9.2 小城镇功能优化原则

小城镇功能的优化是指在现有资源、经济和技术条件下，依据城市功能发展的客观规律，调整城市功能的合理结构和空间布局，对原有城市功能中不合理部分进行调整，使城市功能系统更加有效地运行，以实现城市价值的不断增值。[①] 城市群的兴起与发展为小城镇功能优化带来了前所未有的机遇，必须顺势而为，积极推进小城镇功能优化，使其与经济社会发展规律相适应，注重城镇经济、社会、生态的可持续发展。

对小城镇的功能定位必须因地制宜、分区域和分类型指导，以满足其自身发展特点和符合区域发展的要求。小城镇功能的优化必须注重统筹协调的原则，不仅统筹小城镇各种功能之间的关系，同时还要考虑小城镇空间范围的承载力，立足现实，融入区域，着眼未来，实现空间范围内资源的合理利用，有序发展。

9.2.1 小城镇功能定位要体现区域发展战略

小城镇是统筹城乡发展的桥梁和纽带，既是城市边缘地，又是农村现代化的先导区及城乡关系协调区。[②] 小城镇功能定位要体现区域发展战略。

在东部地区，推动产业结构升级，优化小城镇的发展动能。由于地理位置、历史基础和政策倾斜与支持等因素的影响，东部沿海地区在社会经济发展和城镇化水平方面已经取得了较高的成就，成为吸纳城镇化产业和人口的重要载体。然而，该地区小城镇的内部发展差距很大，因此，下一步通过经济发展方式的转变，进一步提高城镇化质量，解决结构性矛盾，提升社会公共服务水平和生活质量水平，优化城市群内部的产业结构，为小城镇发展创造宽松的制度环境，使其有更大的发展空间。

在中部地区，加快优势产业培育，提升小城镇的人口集聚功能。中部地区一直是我国粮食的主产区，也是连接东西、贯通南北的重要交通枢纽。尽管早期国家的投资与工业布局为这一地区城镇化奠定了重要的经济基础，但从一定时期来看，我国中部地区城镇化压力仍然很大。该地区的城市群缺乏中小城市和小城镇的支撑作用，呈现出典型的城乡圈特点[③]。因此，下一步协调城镇化和耕地保护的矛盾，通过城市群的区域联动，增强产业支撑能力、就业岗位供给能力以及中小城市和小城镇基础设施和公共服务体系的建设力度，改善人居环境，解决好农村剩余劳动力转移和农民工回流问题。

① 王书汉.现代城市功能结构的优化思路 [J].鞍山师范学院学报，2006(05):16-18.
② 阳国亮，唐志良.试论小城镇建设在区域经济发展中的战略意义 [J].改革与战略，2001(02):41-44.
③ 童贯中.中国城镇化大趋势 [M].北京：知识产权出版社，2013:74.

在西部地区，促进城市集聚发展，激发小城镇的城乡统筹功能。对西部地区而言，城镇化发展与生态环境保护的矛盾一直是比较突出的问题。在国家发展战略和政策的推动下，我国西部地区依托几个重点经济区，发展了若干特色城市带，形成城市群集聚发展的态势。但目前来看，我国西部地区城市群明显呈现出较低的紧凑度和空间结构稳定度，大城市首位度高，中小城市和小城镇动力普遍不足。因此，下一步解决城镇人口集聚容量问题，重视小城镇的差异和特色，进行分类引导，以城乡统筹综合配套改革为切入点，提升小城镇的服务"三农"的水平和能力，通过农村人口向城镇空间集聚，提高农村人口的生活水平和质量，同时也有利于生态环境的保护和恢复。

在东北部地区，经济欠发达，小城镇的发展需要坚持科学规划，不断完善基础设施，加大投入力度，提升地区的综合实力，助力地区经济社会的全面发展。小城镇发展是促进地方经济发展的重要途径之一。在当前的发展阶段，东北部地区小城镇的功能定位应以区域发展战略为依据，重点突出以下几个方面。产业结构升级：东北部地区是我国老工业基地，过去以重工业为主导，但随着经济结构的调整和产业升级，应逐渐向高质量、高附加值、低耗能、低污染的先进制造业和服务业转型升级。小城镇应该发挥产业承载作用，吸引先进制造业、科技服务业等高端要素和资金，加快新兴产业的发展。此外，也应加强农产品特色化发展，提升品牌效应和附加值，满足消费者需求。发挥交通枢纽作用：东北部地区交通条件较好，通道经济发展潜力大。小城镇应该加强基础设施建设，发挥交通枢纽的集聚效应，创建适度规模、注重特色的物流分拨中心。发展旅游业，加强交通设施的完善，吸引游客，增强地区综合实力。推动城乡融合发展：东北部地区在城乡发展方面差距较大，小城镇应发挥承上启下的重要作用，加强与周边农村区域和城市间的衔接和协调。通过加强农村与城市的联系，促进农村转移人口就业，提升农民收入水平，并加强农村基础设施建设，提高农村生活品质。发挥文化内涵：东北部地区拥有丰富的文化传统和资源，小城镇应该通过挖掘本土特色文化，丰富文化内涵，打造小城镇特色文化品牌，形成文化品位和地方文化特色的优势，吸引游客，增加旅游收益。坚持可持续发展：在小城镇的规划建设中，应坚持合理用地、保护生态环境和资源，实现小城镇的可持续发展。要将生态环境和资源优势转化为经济发展优势，在经济发展与生态保护之间取得良好的平衡。

9.2.2 小城镇功能定位要适应城市群协调发展的要求

小城镇作为城市群的重要组成部分，是城市群内承接产业和吸纳人口的关键载体。缺少广大的小城镇作为腹地支撑，大城市的发展也必将面临不可持续性的挑战。发达国家的城市群发展经验表明，城市群外围的小城镇通常承担了与中心城市协调互补的产业功能，呈现出一定的圈层式梯度扩展结构，并有效促进了城市群内各城镇间的紧密联系和一体化发展。以东京都市圈的例子来看，位于10公里圈以内的东京都区部，通过发展以金融保险业、出版印刷业、精密仪器制造业和商品零售业及交通物流业为支柱产业的模式，巩固了其金融中心、信息中心及物流中心的地位。而位于首都圈50

公里的圈层内，神奈川县凭借强大的枢纽功能及产官研的发展模式，已经与东京都连成一片，形成京滨工业带。千叶县则以发展食品、纺织等轻工业为主，向东京都及周边县域提供生活必需品，被誉为东京的厨房，并在不断发展中，积极打造临海工业区，成为日本的门户。东京延长线的埼玉县通过宅地化发展，成为东京的卫星城市，承载了从东京或其他县流入的大量人口，成为全国人口增长最快的地区。[1]

但目前我国城市群的发展状况显示出内部协调机制存在诸多不完善之处。例如，在长三角城市群地区，大多数小城镇以制造业为主，差异不明显，在产业升级方面也往往都将重点锁定新能源、新材料、高端装备制造业和电子信息技术等领域，形成了激烈的产业争夺现象，并导致恶性竞争，从而大大降低了城市群的整体效益。在京津冀城市群地区，以北京和天津为核心的大城市通常承担了更多的城市功能，而周边的中小城市和小城镇则由于各种资源或制度性障碍无法形成自身的竞争力，甚至出现了典型的环首都贫困带现象。

9.2.3 小城镇功能定位要符合自身的发展水平和特色

近年来，我国小城镇在政策引导、农村非农产业发展和城乡关系调整等多方面因素的共同推动下获得了长足的发展。但是，从全国范围来看，小城镇数量庞大、类型繁多、发展水平差异明显。为此，我们需根据小城镇的发展阶段和水平，适时予以不同的调整，小城镇功能定位要符合自身的发展水平和特色，在功能定位方面不能简单地搞"一刀切"。

依据小城镇的主要形成方式，我们可以将其分为经济型和制度型两种。经济型小城镇主要基于产业结构的转变而形成，能够有效促进周边农村地区的发展，并成为连接城乡的重要纽带。制度型小城镇则是通过行政力量的推动而形成，虽然名称上是小城镇，但其实质并未实现集聚效应，只是单纯的加法。对于这两种不同类型的小城镇，采用不同的发展策略，赋予发展势头较好的重点小城镇更多自主权，进一步推进产权改革、社会保障、公共服务等配套改革，鼓励其实现就地城镇化；而经济力量相对薄弱的小城镇，则需要积极引导其他服务业的发展，发挥其农村地区经济、政治、文化和商贸中心的作用。

从小城镇发展特色来看，我们可以将其分为特色农业型、特色工业型、特色旅游型、历史文化型、特色商贸型和边境口岸小城镇等几种类型。这些特色小城镇的发展主要依据其自身的区位和资源优势，积极打造特色产业，以实现经济效益。这是小城镇建成区别于大城市的关键发展策略，我们需要将功能定位与自身的发展特色相结合，并适时与区域内其他小城镇形成联合或错位竞争，以增强自身竞争力。在发展过程中，我们还应注重符合小城镇自身的发展规律，不要盲目强调规模和数量，也不要追求那

① 冯奎，郑明媚.中外都市圈与中小城市发展 [M].北京：中国发展出版社，2013：127-128.

些不切实际的外在虚化功能。

由于小城镇经济发展水平具有很大差别，以及所在区域的社会历史蓬勃发展阶段截然不同，所处的地理位置也各有不同，确定了人们在制定小城镇的经济发展政策措施时需要坚持因地制宜、分级引导。更为重要的是要从小城镇经济发展所处经济发展层次入手，利用低成本优势，而不能对小城镇经济发展提出过高的技术要求，以避免复制大城市视觉化的发展路线。

9.3 小城镇功能优化

9.3.1 优化小城镇空间布局

小城镇作为一种空间聚落类型，它是人口与产业集聚的空间载体，伴随着城镇规模的扩大及产业结构的调整，小城镇内部功能将出现分化，不同产业对空间的要求趋于不同。而长期以来，我国小城镇存在着产业布局分散、缺乏明晰的功能分区，因此，科学划分城镇功能分区并据此调整相关产业布局，对推动产业升级、优化空间布局、提升城镇功能等具有重要意义。

精明增长，实现空间集约化。总的来看，当前我国小城镇空间存在着以下显著特征：一是人口集聚速度低于土地扩张速度。二是产业用地布局分散，规模优势不突出。三是存量土地利用率低，但潜力较大。四是城镇建设用地指标不足，土地增量有限。小城镇的建设发展既受到18亿亩耕地红线的刚性制约，又面临扩展建设空间的压力，这需要小城镇优化城镇空间布局，推进精明增长战略，妥善处理建设开发与耕地保护的关系。要加快推进工业向集中发展区集中，农民向城镇和新型社区集中，土地向适度规模经营集中，实现土地利用方式由粗放型向集约型转变。积极推进国民经济和社会发展规划、城乡规划与土地利用总体规划三规合一，调整城市空间布局，盘活存量土地。最后，要实现土地利用方式由单纯的土地储备向城市更新改造转变，通过旧城改造更新来进一步拓展城市发展空间。

科学布局，实现空间组团化。我国很多小城镇在建设过程中往往沿主要干道及河流发育，形成了带状发展格局，但由于缺乏科学规划，城市的商业、教育、居住、服务、信息、办公、工业等过于集中，给城镇交通、生态环境、居民生活等带来了诸多不便。土地用途与土地区位价值不相符，土地不能依其用途实现利用率最大化，不仅不能满足产业发展的需要，也不利于城市居民生活。优化小城镇功能客观上要求推动原有带状式空间布局向组团式转变，每个组团内都有各自的生产、生活、商业活动中心，各组团在功能定位上各有侧重，有的侧重生产，有的侧重生态，有的侧重综合，每个组团之间既有相应的生态保护屏障隔离，又有快速的交通连接，各组团在开发时序上具有显著的差异化特征。

混合分区，实现空间宜居化。与国外不同，我国的城镇化在很大程度上受到来自城乡二元体制分割的影响，是一种半城镇化，随着经济社会发展和城镇化进程的加快，小城镇聚集大量外来人口的本地人与外地人的居住分异与隔离问题也日益凸显，社区同质化的加剧对构建社会主义和谐社会带来了巨大挑战。小城镇功能优化客观上要求在空间布局上适当增加混合住区，通过不同类型的住房混合布局来提升社会弱势群体的居住质量及社会地位，加快社会融合，以达到住区的功能互补与互惠共生。增加混合住区是指在基于不同群体特征基础上，推进社区多元化建设，在居住空间组织宜采取大混居、小聚居、邻里同治的模式。此外，对事关居民生活的教育、商业、医疗等重要功能要适当混合分布于城市内部，增加居民生活便利度。

9.3.2 打造功能完善的综合性小城镇

一般而言，远离中心城市的小城镇大都属于农业型小城镇，难以接收到来自中心城市、都市圈及经济带的辐射作用，城镇规模小，经济基础薄弱，尽管也有一定的工业基础，但布局分散且规模小，市场竞争力不强，具有较为典型的农产品集散及初加工型城镇的特点，难以辐射带动周边农村地区发展。但这些远离中心城市的小城镇往往处于广大农村腹地，在连接城乡、服务"三农"、推进城乡一体化进程等方面发挥着难以替代的作用，其产业结构、基础设施、公共服务水平的高低直接关系"三农"问题能否妥善解决、新型城镇化能否顺利推动、全面现代化的宏伟目标能否实现。

完善基础设施，统筹规划基础设施建设，建立健全基础设施运营管理机制。城镇基础设施是城镇赖以生产、发展、壮大的物质基础，[①] 其根本功能就是满足城镇居民对生产、生活、生态等方面的基本需求。按照城镇基础设施的性质，一般可以分为生产性基础设施、生活性基础设施、生态环境性基础设施三种类型。近年来，我国加大小城镇尤其是远离中心城市的小城镇的基础设施建设力度，有效地提升了城镇综合服务功能，但基础设施建设依然存在欠账多、数量少、水平低、配套差等的问题，严重制约了经济发展与社会进步，这就需要我们创新小城镇基础设施投融资机制，强化规划引导及基础设施管理工作，加快基础设施建设步伐。强化规划的引导作用，统筹安排电力、给排水、燃气、通信等基础设施建设，加快推进供水、道路、电力、燃气等基础设施向农村延伸，实现基础设施城乡联网、共建共享。优化城镇基础设施布局，构建科学合理的生活服务和市政基础设施网络体系，打造包括便利店、加油站、菜市场、物流配送等在内的便利生活服务网络。坚持量力而行的原则，将基础设施建设规模控制在适度范围之内，避免贪大求全，使有限资金发挥最大化效用。有序推进基础设施建设，合理确定各种设施建设的时间顺序，优先建设道路、通信等关系城镇经济社会发展全局的基础设施。我国小城镇在基础设施建设中普遍存在只注重建设、不重管理的现象，缺乏完善的基础设施运营管理机制，基础设施运营未能产生预期效益，加强

---

① 黄新文.加快小城镇基础设施建设的对策性建议 [EB/OL]. 中国乡村发现，2013-7-26.

基础设施建设运营管理对于发挥城镇综合服务功能及集聚功能、推动经济社会发展具有重要意义。构建城镇基础设施运营管理机制，以精简、效能、目标为原则，建立适应发展的基础设施运营管理机构并配备相应人员，统筹负责基础设施运营管理。强化对基础设施运营管理队伍人员的教育培训工作，造就一批法律素质高、业务能力强的专业化管理人才、技术人才和操作人才，全面提升城镇管理的综合能力。通过广播电视、报刊网络等舆论媒体，引导城镇居民爱护基础设施，形成大家的城市大家爱的浓厚社会氛围。运用法律手段，严肃处理破坏城镇基础设施的人及行为，形成强大的法律震慑局面。

完善公共服务，增强服务功能。一方面要规范公共服务资金管理。对各类公共服务投入资金的管理与使用，要严格遵循规范管理、统筹安排的原则，将资金投入到事关民生的教育、医疗、社会保障、保障性住房等关键领域的建设，坚决杜绝搞形象工程。公共服务水平是提升小城镇集聚能力的重要指标之一。因此，对于公共服务资金的管理和使用要纳入政绩考核评价体系，进一步健全公共服务资金预算的公开机制，实现分级负责、环环相扣、密切配合、统筹协调的工作机制，确保各项政策措施落实到位，稳步提升财政支出用于公共服务的比重，为基本公共服务均等化提供有力支撑。另一方面要创新公共服务供给方式。创新公共服务供给方式最重要的举措就是引入市场机制，充分发挥社会组织的力量，让社会资本和社会公众参与到公共服务供给中来，实现自我服务、自我管理和自我监督。这既是当前我国社会治理体制创新的重要途径，也是我国转变政府职能，进一步协调政府、市场和社会三者之间关系的关键一环。但在实现公共服务供给主体多元化的各级政府还要逐步健全相关制度，保证各种信息的公开透明、竞争环境的公平有序、行政审批手续的简单明了，等等。目的是要在经济社会发展状况和财力水平允许的范围内，逐步提高城镇居民基本公共服务水平，彻底实现人的城镇化。

发展现代农业，夯实发展基础。农业现代化是支撑工业化、城镇化、信息化发展的基础力量，是国家粮食安全和重要农产品持续有效供给的重要保障，是保持农民收入水平较快增长的重要途径。一般而言，远离中心城市的小城镇大都处于农产品主产区，农业发展条件较好，是推动农业现代化的重要空间载体。首先，在国家不断完善对农业支持保护体系的背景下，加快发展现代农业，坚持在工业化、城镇化、信息化发展的过程中同步推进农业现代化，走中国特色的农业现代化之路。坚持以现代农业理念为指导，坚持以资源的永续利用及生态环境保护为前提，发展可持续性农业，实现经济效益、社会效益、生态效益的适度平衡。其次，以集约农业理念推动资源高效整合，在坚持农民自愿的基础上鼓励土地经营权有序流转向家庭农场、专业大户等规模经营农户，推动农业集约化、规模化发展，提升土地资源利用率。再次，以品牌农业理念提升市场竞争力，建立完善的品牌建设激励机制，鼓励、支持包括企业、专业合作社、个人等在内的农业市场主体积极注册商标，申请无公害农产品、绿色食品、有机食品等认证，积极培育企业品牌，加大品牌市场营销推介力度，不断增强品牌知名度与美誉度，提升农产品附加值及市场占有率。加快实施现代农业产业化集群培育工程，积极引导农业深加工企业向工业园区适度集中，推动产业集群发展。大力扶持培育农业产业化龙头企业，在土地、税收等方面予以倾斜，鼓励、支持龙头企业积极探索公司+农户等现代农业双赢模式，带动周边地区农民增产增收。不断延伸农业产业化链条，推动产学研结合，形成融研发、种植（养殖）、加工、储运、销售为一体的全产业链，构建现代新型农业产业体系。构建现代农业产业化经营体系。积极培育发展农民专业合作社、家庭农场、专业大户、股份合作等多种新型经营主体，开展多种形式的合作经营、规模经营，扶持发展农业社会化服务组织，对农业生产全过程提供相应的托管、技术、信息、销售等专业化服务，加快形成主体多元化、经营专业化、运行市场化、组织社会化的现代新型农业产业化经营体系。大力培育新型农民。建立健全农民职业技能教育培训机制，开展包括创业培训、农村实用新型技术培训、市场经营管理知识培训等在内的多种职业技能培训，用现代农业科技及市场经营管理知识武装农民头脑，加快培育一批职业技能强、管理水平高、善于经营的现代新型农民及农村实用人才，为现代农业发展提供人才支撑。

建立多元化基础设施建设投融资机制。以财政性收入为基础，吸引社会资本广泛参与到城镇基础设施建设中来，构建包括政府、市场主体、非营利组织等在内的多元化基础设施建设投融资机制，为小城镇基础设施建设构筑长效、充足的资金保障。建立完善的财政资金管理机制，确保财政性城镇建设资金的足额收缴与合理使用，为城镇基础设施奠定坚实基础。认真学习国家有关基础设施建设的各项扶持政策，吃透政策精神，领会要义，把握要点，多渠道积极向上级政府各部门争取专项资金支持。通过政策引导、税收减免、经营补贴、短期让利等多种优惠措施，鼓励、引导市场主体积极参与城镇基础设施建设，通过 BOT、PPP、BOOT 等融资模式，对城镇供水、污水处理、燃气等项目实行市场化运营，拓宽融资渠道。推动基础设施产品价格体系改革，赋予基础设施产品以合理的市场价格，通过公共事业经营单位微利经营实现可持续化发展。

9.3.3 打造独具特色的专业小城镇

追求个性、突出特色是西方发达国家小城镇建设与发展的共同特点之一，包括英国、美国、德国等国在内的发达国家通过富有特色的小城镇建设，很好地解决了城镇化进程面临的发展瓶颈问题，在缩小城镇发展差距、扩大就业、疏解大城市人口、生态保护、推进城乡一体化进程等方面都发挥了不可替代的作用。[①]部分特色小镇甚至发展成为区域乃至世界范围内的经济高地，如美国格林尼治小镇，凭借独特的区位优势，在 174 平方公里的范围内集聚了 380 家对冲基金总部，管理资产高达 1500 亿美元，其

① 王晓维. 从英国的田园风光到美国的特色小镇 [J]. 决策探索（上半月），2013(02):18-20.

掌控的资本足以撬动华尔街乃至整个美国的金融产业,成为世界知名的对冲基金小镇。[①]改革开放以来,我国部分地区大力实施特色小城镇建设与发展战略,涌现出一批在产业、文化、建筑等方面具有鲜明特色的小城镇,如龙港镇的印刷、虎门镇的服装、桥头镇的纽扣、乌镇的建筑等,这些特色小城镇在推动县域经济发展、缩小城镇发展差距等方面发挥着重要作用。国内外发展经验表明,小城镇要想在激烈的城市竞争中取胜,必须坚持特色小城镇建设与发展战略,打造特色小城镇。

特色小城镇的基本内涵。在激烈的城市竞争中,特色就是竞争力,就是生命力。小城镇在建设与发展过程中应当避免千城一面、模式化及盲目模仿城市,通过挖掘、开发、利用自身特有资源,迅速形成具有较强竞争力的竞争优势,增强城镇对包括资本、人才等在内的生产要素的聚集能力,提升城镇对周边农村地区的辐射带动作用,加快推动城乡一体化进程及县域经济发展。特色小城镇一般是指城乡地域中地理位置重要、资源优势独特、经济规模较大、产业相对集中、建筑特色明显、地域特征突出、历史文化传统保存相对完整的乡镇。[②]特色小城镇强调立足小城镇自身条件和发展基础,通过规划引导、市场运作,在主导产业、城镇风貌和历史文脉等方面突出发展特色,积极培育为资源加工、商贸物流、文化旅游、交通枢纽等专业特色镇。小城镇的特色并不是孤立的,一个小城镇可以有多种特色,或者是一种主导特色附带其他特色,或是多种特色融为一体而呈现出综合特色。

9.3.3.1 打造特色产业小镇

根据当地资源环境综合承载力、要素禀赋、发展规律及比较优势,确立特色主导产业,合理规划产业结构及产业布局,着力形成多业并举、特色鲜明、优势突出的特色城镇产业体系。改造提升传统优势产业,在做大做强传统优势产业的同时积极谋划布局节能环保、先进制造业、生物、新材料等战略性新兴产业。加快政府职能转变及体制机制改革,为特色产业发展营造良好的经营环境。强化城镇间专业化分工协作,构建城镇间特色鲜明、优势互补的产业发展格局。例如,四川省成都市郫都区近年来通过发展特色产业集群走出了一条产业兴镇之路。其主要经验包括:一是依托郫县豆瓣这一传统品牌资源,大力发展川菜调味品、川菜原辅料等特色产业,创新运用T-BOD融资模式破解基础设施建设融资难题,建设了占地2.4平方公里的产业园区,集聚了一批包括丹丹豆瓣、有友食品等在内资金实力强、市场竞争力强的农业产业化龙头企业。二是鼓励、支持企业推行品牌战略,园区内有4家企业获得中国驰名商标称号、1家企业获得"中华老字号"称号。三是坚持以工促农的发展战略,依托川菜产业园区及农业产业龙头企业的辐射带动作用,积极探索包括园区企业领办、园区企业与农民专业合作社合作、园区企业与种植大户及家庭农场合作等方式,有力推动了当地农业向集

① 南湖区打造中国"基金小镇" 筑长三角金融高地 [N].嘉兴日报,2013-1-9.
② 张其悦.以"特色"引领小城镇建设 [N].重庆日报,2011-7-21.

约化、机械化、现代化发展。四是不断延伸产业链条，坚持以全产业链的现代农业理念为指导，不断推动川菜产业向上下游延伸，大力发展包括生态观光、休闲度假、餐饮娱乐、文化体验等在内的新兴产业业态，大力发展总部经济、物流会展、教育培训、生态基地、餐饮娱乐、文化旅游等产业业态，初步构建起以川菜产业为核心，生态农业—川菜原辅料加工—川菜文化传播及体验三次产业联动发展的产业体系。[①]

9.3.3.2 打造特色文化小镇

城市的文化是城市的灵魂和吸引力的来源。芒福德高度重视城市的文化功能，因为在他看来，文化不仅是城市发生的原始机制，而且也是城市发展的最终目标。在政治型城市和经济型城市的两个阶段之后，文化型城市正在成为中国城市实现可持续发展的重要选择。

在城镇化快速发展的过程中，我们需要坚持以文化保护和弘扬为导向，并且加强文化传承和创新，发掘传统文化资源，增强城市的文化软实力。我们应该将城市建设成为历史文化底蕴厚重、时代特色鲜明、具有特色文化的城市。因此，我们需要推进城镇历史风貌保护，保护城镇历史建筑、街道格局、城镇形态和民族文化风格，在保护的同时积极促进城镇功能提升，实现旧城保护与发展的有机统一。在新城区建设中，我们需要注重与原有城镇风貌风格的相互协调，运用传统工艺和建材、典型建筑符号等，塑造出具有地域文化特色和时代特点的城镇形态。

为加强历史文化名城名镇、历史文化街区和民族风情小镇文化资源的保护和传承，以及推动地方特色文化的发展和城市文化记忆的保存，我们需要进行系统挖掘和整体保护工作。传承和弘扬优秀的传统文化，鼓励多样化的城市文化发展，促进传统文化与现代文化、本土文化与外来文化的交融和多元开放的现代城市文化的形成。在培育和践行社会主义核心价值观的我们也应该加快完善文化管理体制和文化生产经营机制，建立现代公共文化服务体系和文化市场体系。尤其在城市发展战略中，我们需要注重文化城市的理念。城市发展史上的著名规划大师刘易斯·芒福德曾指出，城市的三大基本使命是贮存文化、流传文化和创造文化。因此注重城市文化的发展和传承，加强对地方文化的挖掘和保护。

小城镇建设及改造要与历史文化保护相结合。广大小城镇地区延续着我国厚重的、多元化文化的生命脉络，文化成为小城镇最重要的资产和标识。但是在城镇化过程中，很多地区错误理解文化立城的内涵，往往通过大拆大建的方式，贪大、求洋、求新，从而进入千城一面、文化迷失的误区。因此，在小城镇建设和改造的过程中，应当注重对于历史文化遗产、民族文化风格及传统风貌的保护，使其成为小城镇发展独特的文化资本，通过文化继承和创新来增强城市特色和吸引力，提升城市的创意和创新能力，从而打造具有地方色彩和文化底蕴的小城镇。

---

① 以统筹城乡为主线，着力推进农村城镇化 [EB/OL]. 中国中小城市网，2013-10-24.

鼓励居民参与文化社区的营造。无论是传承历史文化保护、积极发展文化创意产业，还是丰富居民的精神文化生活，提升小城镇的文化气质，都离不开当地居民的广泛参与。一方面，在开发当地历史文化资源的要积极发挥居民的自组织能力，让居民参与到经营和建设中来，在保护传统文化和特色，让文化融入生活，成为一种实实在在的活文化气[①]，而不是随意圈出一个观光园或者文化公园，然后就是不可遏制的商业化经营，完全丧失了文化原有的日常生活的意味。因此，在文化资源开发和文化产业创立地一定要发挥政府引导作用，积极发挥居民的组织能力和创造性，既可以丰富文化的内容，也增加了居民的就业机会，为其提供生活保障。另一方面，还要积极提倡社区文化建设，开展多层次的文化活动，丰富居民的精神文化生活，通过政府公共服务的方式来提升居民的文化理念，提高文化素养。

9.3.4 打造生态优势凸显的小城镇

生态城市的理念古已有之，但是现代生态城市思想起源于工业大城市发展时期，随着大城市蔓延、城市综合承载力超限，生态城市越来越被作为城市规划和建设的重要参照指标之一。按照国家新型城镇化战略的推进，还要进一步将生态文明的理念全面融入城镇化进程，着力推进绿色、低碳发展，节约集约利用资源，推动形成绿色低碳的生产、生活方式和城市建设运营模式。其实，相对大城市而言，中小城镇在规模上更加人性化，环境上也更亲近自然，特别是在环境治理和生态低碳各方面具有明显的优势。因此，充分认识小城镇在生态文明建设中的重要性，不仅可以发挥其生态建设示范区的作用，同时还可以通过绿色低碳小城镇的打造，提升宜居性，增强吸引力。

促进服务业发展。在我国2万多个小城镇里，分布着我国绝大多数的农村中小企业，它们往往规模小、技术含量低、能耗高、污染严重，是威胁小城镇生态环境的重要来源。随着节能减排政策的推进，虽然一些企业已经实现了关停并转，但也使得小城镇发展丧失了资金来源，并带来了大量的失业人口。如何通过服务业来置换传统工业企业，成为小城镇经济产业发展的重要任务。例如，在临近大城市的小城镇地区，发展都市生态农业。在具有旅游资源的小城镇发展旅游业和度假产业。在边境口岸或者交通枢纽的小城镇发展物流产业和商贸产业等。

树立低成本理念。对生态城市的理解，必须脱离传统的以视觉为评判标准的认知框架，避免落入大空间、大广场、大山水、大花园的窠臼。要更多强调打造低耗能、低排放的生态空间，将山水融于城镇，适度提高建成区建设的容积率，做到城市基础设施配置和产业项目的投放与实际的人口规模相一致，以提高基础设施建设的利用率，降低运行和维护的成本，同时也为服务业发展提供充足的空间，协调好生态建设和经

---

① 许沁. 乡村社区营造，不妨从身边做起 [N]. 解放日报，2015-1-19.

济发展和社会生活之间的关系，致力于提高居民生活的便利性和舒适性。[①]

充分发挥小城镇组织功能。小城镇作为一个基层行政单元，其辖区范围内还囊括了广大的乡村地域。因此，在生态建设方面，不能仅仅关注小城镇建成区本身，还要积极发挥其对农业生产和农村生态的组织功能。一方面，在农业生产过程中，要积极倡导可持续的农业发展模式。另一方面，在乡村建设过程中，要合理编制村庄规划，适应村庄变化与人口转移新趋势，同时还要保持乡村风貌和特色，加强农村基础设施和服务网络建设，深入开展农村综合环境治理，致力于美丽乡村的建设。

9.3.5 打造感知未来的智慧小城镇

自 2009 年，美国 IBM 提出"智慧城市"的概念以来，引发了全球智慧城市建设的热潮。伴随全球信息化和网络社会的到来，区域的地方性和功能性被打散，更加强调科学技术与经济社会发展的深度融合、城市间和部门间的有机协作、基础设施的智能化、城市规划管理的信息化、公共服务的便捷化、产业发展的现代化以及社会治理的精细化等。目前在我国已经有 400 多个城市宣布建设智慧城市，不仅覆盖了东中西各个区域，也涉及了大、中、小各类城市和城镇。近年来，国家城镇化进一步发展以及各种政策的支持，也为各地智慧社区的落地创造了有利的条件，为小城镇的智慧化开辟了道路。事实上，很多大城市在践行智慧城市的过程中，都会遇到相似的难题，城市人口载体太大，资金和技术的投入缺乏明确的导向性，运行成本高，反倒在中小城镇推进试点相对容易一些。而智慧小城镇建设，作为小城镇治理的一种新理念，不仅可以提升城镇治理水平，在一定程度上也有助于新型城镇化建设。

充分发挥政府的引导作用。政府一方面要加大智慧小城镇建设的投入，构建一套相对完善的城镇规划、建设和管理体系，在政府治理方面，要利用信息化和智能化推动政府决策和管理的科学性，提升公共参与决策和大众参与监督的积极性。在基础设施建设和运营方面，要积极推广新能源和新技术在基础设施和住房建设方面的应用，提高基础设施运营和管理的技术含量，将公共资源的配置和使用同低碳和高效结合在一起。在公共服务供给方面，要全面提升信息化和公共服务水平，切实提高小城镇在教育、医疗和文化方面的公共服务能力。

促进特色产业的智慧化发展。小城镇产业发展首先应当立足自身实际，充分挖掘优势资源和特色资源，特别是在当前信息化发展的背景下，将互联网技术引入小城镇，积极发展智慧乡村旅游、农产品电子商务等特色产业，以特色产业推动小城镇的整体发展水平。为了推动区域特色经济规模化发展，我们需要大力发展和吸引龙头企业，并延伸产业链，推动"一镇一品"和"一村一品"规划。例如，通过电子商务综合服务商＋网商＋传统产业的商业模式，遂昌模式在阿里巴巴集团的带动下，构筑了信息

① 李铁. 我所理解的城市 [M]. 北京：中国发展出版社，2013:286-287.

时代县域经济发展的道路。

推动智慧城镇或智慧社区的品牌建设。积极引导地产企业从短期开发商向长期的运营商转型，并参与城镇或社区后期的运营和管理工作，实现政府与社会的新型利益关系。此外，通过与互联网企业的合作，我们可以推进物联化智慧城镇建设。例如，广东省佛山市顺德区乐从镇依托本地三大专业市场和本土互联网企业的合作规划建设了基于物联网的公共云平台和智慧城镇公共云平台，[①] 成为该地区的重要增长极，实现了电子商务和物联网产业的快速发展，成为商贸之都和物联新城的杰出代表。[②]

---

① 仇保兴强调：智慧城镇须具备七个条件 [J]. 城市规划通讯，2012(10):3.

② 仇保兴 . "智慧城镇"是方向 [J]. 中国经济周刊，2012(19):20-21.

第 10 章　我国小城镇发展战略及方向

　　我国幅员广阔，小城镇数量众多，类型各异，区位不同，发展水平存在较大差异，决定了我们在制定小城镇政策和措施时要从我国各区域内小城镇发展实际出发，针对我国各个区域小城镇的特点，审时度势，因地制宜，分类施策。从国家战略的高度上，在共同富裕的背景下，结合当前县域经济的发展实际，对我国小城镇发展的战略、发展方向及其发展规模做一个清晰的认识和规划，并分门别类地予以指导。不对小城镇提出过高的要求，防止复制大城市视觉化的发展模式和做法。既要发挥区域内小城镇的特长、特色和优势，又要结合小城镇所处发展阶段切合实际予以指导，发挥小城镇应有的作用。

10.1 我国小城镇发展战略研究

10.1.1 小城镇发展战略

　　小城镇发展对策研究比较多，学者们从政策、城乡关系、可持续发展、产业、管理、生态环保以及借鉴国际经验等方面给出发展对策。近年来，国内许多城市都开始探索小城镇发展策略，针对小城镇的人口规模、地理条件、资源禀赋等因素，探讨该地区适宜的发展道路和产业转型方向。

　　政策支持。2018 年，政府发布《乡村振兴战略规划（2018—2022 年）》，强调发挥小城镇在农村振兴中的作用，引发学术界各方关注和研究。吴明荣、李惠英[1] 提出，要推动小城镇可持续发展，必须发挥政府主导作用，加强小城镇规划和管理，改善小城镇的生态环境和公共服务配套设施。夏明达[2] 关注小城镇创新创业的问题，强调了要加强创新创业教育和培训，提供创业资金和政策支持等，以激发小城镇经济发展的活力。郝东升[3] 指出，小城镇是中国城市化进程中的重要组成部分，应该得到更多关注和

---

① 吴明荣，李惠英 . 小城镇规划与生态环境管理探讨 [J]. 现代城市研究，2021(8)：19-23.

② 夏明达 . 小城镇创业环境研究：以创户为例 [J]. 创业研究，2018(01)：85-87.

③ 郝东升 . 小城镇发展新疆看点 [J]. 中国人口 • 资源与环境，2007(04)：24-28.

支持，小城镇发展面临着许多机遇和挑战，需要注重发挥其优势，加强基础设施建设，提升人口素质，推动循环经济发展等方面的工作。

构建可持续发展策略。刘淑英[1]则在规划系统、资源共享和体制改革等方面对中国小城镇可持续发展问题展开了深入研究。潘智慧等[2]、张志斌等[3]认为小城镇的可持续发展一切都应从城乡统筹发展和充分发挥小城镇功能入手，以小城镇人口增长与整体素质提升为核心，追求小城镇经济社会健康成长和对自然资源合理使用、保护利用的良性循环。苏金明[4]认为，小城镇的经济结构优化是实现小城镇可持续发展的关键，提高小城镇的经济多元化程度，促进经济增长和就业机会的增加。政府应该加强对小城镇经济发展的支持，优化投资环境，引导社会资本进入小城镇，实现小城镇经济可持续发展。肖向荣、彭华[5]认为实施小城镇转型升级的关键是加强与大城市的联动协调，促进小城镇的发展与大城市的互补共赢。徐宜兴[6]认为小城镇的可持续发展需要从经济、社会、环境等多个方面加以考虑，强调了保护环境、创新模式等重要性。田红旗[7]提出了"小城镇联合发展"理念，认为小城镇可以通过互联互通、合作共赢来共同发展，并强调了政府在引导、协调和监管方面的作用。王琳琳[8]提出了"以人为本，全域发展"的理念，认为要从人口、产业、环境等方面考虑小城镇发展，同时强调了合理城市规划的重要性。

差异化发展。李兰昀等[9]认为从产业政策、产业特色、城市规划引导、行政区划调控等方面提供了具体的差异化发展措施，培育中心镇的必然规律。

发挥集聚作用，重点发展产业。王金荣[10]指出为了调整产业结构转变，多途径推进农村农业剩余劳动力转移、完善农村小城镇社会服务保障体系建设。石忆邵[11]对中国大部分的小城镇都没能充分发挥出工业和人口的聚集功能，以及小城镇就业总量不够、基础设施建设滞后和社区管理成本较高等问题，提出要优先发展的智能发展基础设施

① 刘淑英. 小城镇可持续发展研究 [J]. 城市发展研究，2005(01):17-20.

② 潘智慧，张仕廉. 小城镇可持续发展评价指标体系研究 [J]. 重庆建筑大学学报，2004(04):106-109+135.

③ 张志斌，李夏. 甘肃小城镇可持续发展研究 [J]. 中国人口·资源与环境，2004(05):75-78.

④ 苏金明. 小城镇经济结构优化——基于资源型城市的思考 [J]. 中国农村经济，2011(05):63-73.

⑤ 肖向荣，彭华. 实施小城镇转型升级的关键是加强与大城市的联动协调 [J]. 地理科学进展，2021，40(02):210-215.

⑥ 徐宜兴. 浅谈小城镇可持续发展的实现途径 [J]. 现代城市研究，2016(04):94-96.

⑦ 田红旗. 小城镇联合发展的路径选择和政策实践研究 [J]. 经济地理，2014，34(04):94-99.

⑧ 王琳琳. 小城镇全域发展规划设计研究 [J]. 城市规划学刊，2017(02):71-75.

⑨ 李兰昀，吴朝宇，李恺. 重庆市主城区小城镇城乡统筹发展规划策略研究 [J]. 城市发展研究，2012(12):8-10.

⑩ 王金荣. 当前我国小城镇经济发展困境及对策探析 [J]. 齐鲁学刊，2011(03):85-88.

⑪ 石忆邵. 中国新型城镇化与小城镇发展 [J]. 经济的地理，2013，33(07):47-52.

条件较好的中心镇和专业城镇。金逸民等[①]、张建军[②]、王正新[③]等明确了坚持以市场为导向，充分发挥经济政策的导向功能，坚持突出小城镇建成区域特点，进一步地方产业集聚发展。周国华[④]指出了注意与城市产业统筹和相衔接，择优发展，大力培育小县城和重点中心镇。王永作[⑤]、张青云[⑥]、李宝军[⑦]等建议形成了乡村产业化、农民城镇化和环境保护等共同发展的联动机制。钱文荣等[⑧]提出了在城镇化运动中，把特定范围内的各种城市资源成了一个统一的城市生态发展体系，并提出了产业要素向市中心集聚，劳动人员向中心镇聚集。

强化镇级管理。陈剩勇等[⑨]提出了建设地方各级人民政府与有关部门的合作机制、完善相关政府建设、赋予小城镇地方财政权、增强政府服务供给能力、完善对小城镇政府部门领导及干部的政绩考核等措施。张杰等[⑩]主张培养系统的、多边关注的管理观念，建立健全高效的机制和建设城镇规划体系。

注重生态环保建设。顾巧泼等[⑪]提出小城镇要走科学合理建设规模（适度合村，避免扩散）、建设绿色公共交通体系以及维护生态绿地环境的城乡低碳建设途径。黄海峰等[⑫]给出了建设生态农业、建立生态化产业园、开发生态化观光旅游、科学合理规范完善对生态环境的保障体系等措施。

借鉴国际经验。刘光卫[⑬]、叶于岗[⑭]等人剖析了美国小城镇的特征，强调注重公民参与，注重发展质量和环保建设等。石向实经过对中美欠发达区域的研究，提出了应在自然环境和交通运输经济发展条件较好的区域蓬勃发展大城市和中心镇，不要到处开花发展小城镇。谢丰斋[⑮]考察了英格兰的小城镇，指出了英格兰城镇化的主体是小城镇，中国可以借鉴。

① 金逸民，乔忠.关于小城镇产业发展问题的思考 [J].中国人口·资源与环境，2004，14(01):63-65.

② 张建军.农村城镇化与新型工业化联动发展模式研究 [J].人口与经济，2008(06):1-6.

③ 王正新.扩大消费需求视角下小城镇发展模式的新探索 [J].中州学刊，2010(03):61-64.

④ 周国华.湖南小城镇发展研究 [J].长沙流域资源与环境，2000(03):299-306.

⑤ 王永作.大城市、小城镇与农业可持续发展的思考 [J].农业经济问题，1999(11):23-26.

⑥ 张青云.可持续发展与小城镇可持续发展 [J].安阳师专学报，1999(04):41-45.

⑦ 李宝军.小城镇建设要关注环境问题 [J].小城镇建设，2003(06):84-85.

⑧ 钱文荣，马继国.城市化过程中的城乡资源系统配置——浙江省海宁市实证研究 [J].浙江学刊，2003(04):221-223.

⑨ 陈剩勇，张丙宣.强镇扩权：浙江省近年来小城镇政府管理体制改革的实践 [J].浙江学刊，2007(06):215-221.

⑩ 张杰，沈豁莹.新型城镇化背景下小城镇规划管理机制创新 [J].规划师，2013，29(03):23-26.

⑪ 顾巧泼，岳平.大连小城镇低碳发展的空间性路径研究 [J].低温建筑技术，2012(06):42-44.

⑫ 黄海峰，王庆忠.建设生态小城镇与发展循环经济 [J].农村经济，2006(05):117-119.

⑬ 刘光卫.当代美国小城镇特征及其对我国小城镇发展的启示 [J].城市开发，1999(11):31-34.

⑭ 叶于岗.美国两座小城镇的建议经验 [J].北京规划建设，1999(02):62.

⑮ 谢丰斋.12—14世纪英国小城镇兴起初探 [J].世界历史，2002(04):50-59+128.

10.1.2 小城镇发展趋势

小城镇发展趋势一直是争论较大的议题。

支持者们指出，随着中国城镇化发展水平的迅速提升，城市病不断涌现，支持政府重点发展小城镇，如周干峙[①]、崔功豪等[②]均指出发展小城镇，可以解决农村的大量剩余劳动力，统筹城乡关系，逐步实现农村城镇化。茅于轼[③]从规模经济的角度廓清了小城镇与大城市的争论。随着城镇化进程的发展，中国小城镇也将步入黄金发展阶段，并呈现严重分化态势，要高度重视中心镇的建设发展[④]。政府要采取相应的对策措施，给予小城镇发展培育期[⑤⑥]。

反对者认为，我国在未来 20—30 年内大城市继续占据主导地位，中小城市的增长还是必须借助大城市的辐射和拉动作用[⑦]。中小城市尤其是小城镇的发展是改革开放初期特殊经济发展阶段、体制与政策环境下的产物，现在中国已经步入了工业化中后期，应该以发展城市经济为主[⑧]，坚持实施过去把小城镇建设作为城镇化战略重点，已经不适应城镇化的一般规律[⑨]。

国内很多学者均认同协调发展的策略。吴建楠等[⑩]、周一星[⑪]、王富喜等[⑫]、王建军等[⑬]、陈彦光[⑭]等人对城镇化发展的速度和阶段进行研究，认为要城乡协调发展。姚士谋等[⑮]、陆大道[⑯]对产生影响城镇化的各种资源因素、环境、体制（户籍等）、人口等因素展开了深入研究，普遍认为走大、中、小城市和小城镇统筹协调发展的路线，是

① 周干峙 . 促进小城镇在城镇化过程中发挥更大的作用 [J]. 城市规划，1988.

② 崔功豪，马润潮 . 中国自下而上城镇化的发展及其机制 [J]. 地理学报，1999，54(02):10.

③ 茅于轼 . 城市规模的经济学 [J]. 中国改革，2000(12):32-34.

④ 段进军 . 关于我国小城镇发展态势的思考 [J]. 城市发展研究，2007(06):52-57.

⑤ 李兵弟，郭龙彪，徐素君，等 . 走新型城镇化道路，给小城镇十五年发展培育期 [J]. 城市规划，2014，38(03): 9-13.

⑥ 刘军 . 新型城镇化背景下西北小城镇发展的政策反思 ——以甘肃省为例 [J]. 甘肃社会科学，2015(03):197-201.

⑦ 王小鲁 . 中国城市化路径与城市规模的经济学分析 [J]. 经济研究，2010(10).

⑧ 蔡继明 . 切勿重蹈小城镇遍地开花的覆辙 [J]. 经济纵横，2010(07):50-53.

⑨ 蔡之兵，张可云 . 大城市还是小城镇？ ——我国城镇化战略实施路径研究 [J]. 天府新论，2015(02):89-96.

⑩ 吴建楠，姚士谋，朱天明，WilliamYBChang. 中国城市化发展速度界定的初步探索 [J]. 长江流域资源与环境，2010，19(05):487-492.

⑪ 周一星 . 关于中国城镇化速度的思考 [J]. 城市规划，2006(S1):32-35+40.

⑫ 王富喜，孙海燕 . 山东省城镇化发展水平测度及其空间差异 [J]. 经济地理，2009，29(06):921-924.

⑬ 王建军，吴志强 . 城市化发展阶段划分 [J]. 地理学报，2009，64(02):177-188.

⑭ 陈彦光 . 城市化水平增长曲线的类型、分段和研究方法 [J]. 地理科学，2013，32(01):12-17.

⑮ 姚士谋，王辰，张落成 . 我国资源环境对城镇化问题的影响因素 [J]. 地理科学进展，2008，27(03):94-100.

⑯ 陆大道 . 我国的城镇化进程与空间扩张 [J]. 城市规划学，2007(4):47-52.

最适合于我国现实国情发展的必然选择，要加强小城镇与大城市的协作和合作，发挥小城镇的区位优势和资源优势，推动小城镇向城市化的方向发展。①

10.1.3 小城镇发展影响因素

小城镇产生、发展与改造过程的影响因子一直以来引起理论界的普遍重视，尤其是多变量因素在时间与空间上的动态变化②。

制度与政策的影响。小城镇经济、社会和环境问题是影响小城镇经济发展的最主要原因，主要包括政府政策导向等。随着城镇体制改革和国家对工业、资金、用地等优惠政策的调整，已成了根本性影响③。石忆邵④指出等级化的小城镇垂直结构制度和地方政府体系，使得小城镇的财政能力、经济发展空间等遭到削弱或阻碍，并指出了不合理的户籍制度、不公正的社会福利体系、由市管县的体制等社会制度因素，极大地降低了小城镇经济发展的活力。推进小城镇发展的财税、投融资、用地和户籍等体制创新，带来新的发展空间和巨大机会⑤。融资支持小城镇建设的相关政策措施，对于全面提高小城镇的发展管理水平和经济能力有着重大的作用⑥。

经济发展模式变化带来的影响。以区域经济长期发展视角打开去价值链环节低端锁定的产业升级路线，或有望作为其发展的关键性抉择⑦。围绕着农业的生态、休闲和体验等经济价值的逐步凸显，都将成为广大小城镇经济社会发展的新的方向和增长点⑧。

产业集聚水平影响。刘秉镰等⑨认为，规模经济是中国小城镇工业发展的中心问题。聚集效应也是小城镇经济的固有规律，因此靠近大都市更有利于小城镇经济的发

① 张国庆，李琴.小城镇与大城市的协作与合作 [J].区域经济研究，2022(02):62-66.

② Oh D,Oh K.A study on typology and success factors of small and medium-sized culture cities:Focused on eight European cities[J].Journal of The Korean Urban Management Association,2016，29(3):91-130.

③ 曹阳，田文霞.沿边开发开放民族地区小城镇发展：耦合力、模式与对策——基于延边州朝阳川镇的调查 [J].学术交流，2011(02):95-97.

④ 石忆邵.中国新型城镇化与小城镇发展 [J].经济地理，2013，33(07):47-52.

⑤ 翁加坤，余建忠.浙江省首轮小城市培育试点三年行动计划评估方法——以象山县石浦镇为例 [J].小城镇建设，2014(04):56-60.

⑥ 彭震伟.小城镇发展需要明确方向 [J].小城镇建设，2017(11):110-112.

⑦ 唐伟成，罗震东，耿磊.重启内生发展道路：乡镇企业在苏南小城镇发展演化中的作用与机制再思考 [J].城市规划学刊，2013(02):95-101.

⑧ 罗震东，高慧智.健康城镇化语境中的小城镇社会管理创新——扩权强镇的意义与实践 [J].规划师，2013，29(03):18-23.

⑨ 刘秉镰，尹喆.规模经济、最小最优规模与小城镇建设的路径选择研究——来自微观层面的证据 [J].生态经济，2016，32(06):26-31.

展[1]。罗震东等[2]认为，小城镇发展应当产生大规模效应，高质量地集约发展以增加生产效益。

城市群和国际化的影响。陈前虎等[3]指出，如果城市群开始发展起来，将促进整个城市群中的小城镇发展。罗震东等[4]指出，国际化生产网络的形成拓宽了小城镇的发展空间，小城镇也得到了接轨于世界市场经济的机遇。

交通基础设施改善的影响。谢长青等[5]指出全球都市范围中的小城镇蓬勃发展得益于高速互联网构建所导致的地域均质化进程，部分行业门类会向制造业成本更低的小城镇地域聚集。也有相反的观点。高铁及交通枢纽的构建进一步将小城镇排挤到产业发展梯度的外缘，产业更偏向于在高铁通达的中心城市布局。苏红键等[6]则认为基础配套建立与提升水平对小城镇可持续性发展有着显而易见的负面影响。区位因素已逐步成为小城镇转型升级的重要变量[7]。

社会居民消费需求提升的直接影响。收入增加所带动的社会居民消费观念和日常生活方式转变，并带动了小城镇观光、养老、房产投资等行业的发展和社会公共服务功能的健全。罗震东等[8]指出，随着社会居民对消费要求的提升，休闲生态旅游将成为小城镇经济与社会发展的新的增长点，而小城镇基础较完善的自然生态环境，也可以发展为休闲娱乐、文化艺术以及影视等文化产业的聚集点。不过，石忆邵认为小城镇以避开城市喧闹、环境清洁、日常生活方便、经营成本低等优点，还不能作为吸纳人口和产业入驻的主要竞争力因素[9][10]。

10.2 我国小城镇发展道路之争

"大城市论"和"小城镇论"是我国小城镇发展战略的两种观点之间的争论。

① 孙斌栋，丁嵩. 大城市有利于小城市的经济增长吗？——来自长三角城市群的证据 [J]. 地理研究，2016，35(09)：1615-1625.

② 罗震东，何鹤鸣. 全球城市区域中的小城镇发展特征与趋势研究——以长江三角洲为例 [J]. 城市规划，2013，37(01)：9-16.

③ 陈前虎，龚强，董翊明，等. 浙江特色小镇战略背景与空间组织——以嘉善巧克力甜蜜小镇为例 [J]. 浙江工业大学学报 (社会科学版)，2017，16(01)：10-16.

④ 罗震东，何鹤鸣. 全球城市区域中的小城镇发展特征与趋势研究——以长江三角洲为例 [J]. 城市规划，2013，37(01)：9-16.

⑤ 谢长青，钱文荣. 我国小城镇基础设施规模经济效应研究 [J]. 农业经济问题，2009，30(10)：59-66+111.

⑥ 苏红键，魏后凯. 城市规模研究的理论前沿与政策争论 [J]. 河南社会科学，2017，25(06)：75-80.

⑦ 刘卫东，陆大道. 我国城镇化及小城镇发展态势分析 [J]. 今日国土，2005(Z3)：21-23.

⑧ 罗震东，高慧智. 健康城镇化语境中的小城镇社会管理创新——扩权强镇的意义与实践 [J]. 规划师，2013，29(03)：18-23.

⑨ 石忆邵. 中国新型城镇化与小城镇发展 [J]. 经济地理，2013，33(07)：47-52.

⑩ 石忆邵. 德国均衡城镇化模式与中国小城镇发展的体制瓶颈 [J]. 经济地理，2015，35(11)：54-60+70.

"大城市论"认为，应该走以大城市为主的集中式城市发展道路，将有限的资源集中到少数大城市上。大城市具有规模经济效益和创新能力，能够提供更好的教育、医疗等公共服务，也能够更好地吸引外商投资和国内外高端人才。通过打造全球竞争力的大城市，吸引人才和产业集聚，形成经济增长的引擎，产生较强的集聚效应，带来的规模收益将超过外部成本，经济效益远高于小城镇。小城镇是"特定制度和政策环境下城乡分割体制的产物，在我国已进入工业化中后期，应以发展大城市为主，坚持实施以小城镇作为城镇化战略重点不符合城市规模变动的一般规律"。[①] 发展小城镇不能从根本上解决农村改革与发展问题，过度发展小城镇会得比"城市病"问题更严重的"农村病"。"中国在未来 20—30 年内百万人口以上的大城市仍然处于主导地位，中小城镇的发展仍然需要依靠大城市的辐射和带动作用。"[②]

　　"小城镇论"主张以小城镇为核心的分散式城镇化建设，强调小城镇的重要地位。作为我国城镇化关键组成部分的小城镇，发挥着连接大城市和农村地区的节点作用。它承担着接受大城市产业转移和吸纳农村劳动力就业的任务，具有吸收当地人口、推动城镇化的能力。小城镇的发展有助于解决农村大量剩余劳动力问题，缩小城乡差距，促进城乡互动和融合。此外，作为高层次城镇和低层次城镇双向扩散的枢纽，小城镇能够促进城乡经济整合，有助于基本解决城乡统筹过程中的公共服务均等化问题。小城镇具有地方特色和优势产业，发展潜力巨大。小城镇建设以城乡接合部为出发点，推动第一、第二、第三产业的融合发展。通过合理的产业布局和资源利用，小城镇的发展可以促进区域经济的均衡发展，减少大城市的人口压力、资源消耗和环境污染。小城镇作为连接城乡建设和发展的平台，有助于打破城乡二元结构，畅通城乡资源和要素流动，形成紧凑的城乡空间格局，加速城乡一体化进程。随着城镇化水平的提高，大城市病问题日益凸显，这为小城镇的发展提供了广泛的支持。

　　概括起来，"大城市论"和"小城镇论"的争议主要集中在以下方面：一是人口流动与资源配置。支持"大城市论"的观点认为，将有限的人力、物力和财力集中到少数大城市中，能够更有效地配置资源和创造经济效益。大城市的规模经济效益和产业集群效应能够提高生产力，促进创新和经济增长。反对者则担心大城市过度吸引人口流入，导致资源过度集中和"城市病"问题，同时也忽视了小城镇的发展潜力和地方特色产业的价值。二是区域均衡发展。"大城市论"的拥护者则认为大城市的发展是拉动整个区域发展的引擎，通过大城市的发展能够带动周边城镇的发展。支持"小城镇论"的观点强调小城镇在区域经济发展中的重要性。通过加强小城镇的基础设施建设、产业扶持和公共服务改善，促进区域经济的均衡发展，减少城乡之间的差距。三是就业机会和社会保障。支持"大城市论"的观点认为，大城市能够提供更多的就

① 蔡之兵，张可云. 大城市还是小城镇？——我国城镇化战略实施路径研究 [J]. 天府新论，2015(02)：89-96.

② 王小鲁. 中国城市化路径与城市规模的经济学分析 [J]. 经济研究，2010，45(10)：20-32.

业机会和较高的薪资水平，以及更完善的社会保障体系，吸引人才流入。而"小城镇论"的支持者则强调小城镇创造就业机会的重要性，通过发展特色产业和提升公共服务水平，吸引和留住当地人才，减轻大城市的压力。四是生活品质和社会环境。"大城市论"强调大城市的规模经济、创新和多样性等优势可以带来更高的生产力和更美好的生活。大城市的市场竞争更加激烈，可以促进企业创新和提高效率。大城市的多样性提供了更多的文化、娱乐和社交机会，带来更丰富的文化和思想交流，使得人们的生活更加丰富多彩。支持"小城镇论"的观点认为，在小城镇中生活更宜居、环境更优美，有更好的社区氛围和人与自然的互动空间。大城市虽然提供了丰富的经济和文化资源，但也面临着交通拥堵、污染和社会压力等问题。因此，他们主张在小城镇中提供良好的公共服务设施，提高居民的幸福感和生活质量。

2022 年，我国城镇化率已经达到 65.22%[①]，接近世界中等以上水平。在城镇化发展过程中，我国学者对无论是城镇化的现状[②]、发展阶段[③]、发展方向[④][⑤][⑥]进行研究，还是影响城镇化的因素（制度因素、资源因素、人口因素、环境因素等）进行研究[⑦]，甚至对城镇化的发展模式[⑧]和对策[⑨]等方面的研究，从各个角度真实记录和见证了我国小城镇与大城市的争论和发展，尤为可贵。

"大城市论"和"小城镇论"本身并无对错，国际上关于两条道路都有比较成功的案例。大城市道路成功的典型代表是日本、韩国，小城镇道路成功的典型代表是德国、美国。无论是哪种道路，美国、英国、日本、德国等西方发达国家，第二次世界大战以来经济发展迅速，产业稳步发展，产业结构升级很快，但小城镇始终健康发展，并在城镇体系中占据主导地位。例如，2021 年年底，德国有 2058 个城市，其中百万人以上的只有 4 个，而人口在 20 万以下的城市占了 98.06%。日本全国城市数量为 970 个，小城市占了 83.40%。英国有 399 个城市，小城市占 90.98%。见表 10-1。需要说明的是，由于中外人口基数差异很大，国外人口规模在 20 万以下的城市在我国基本上被计入小城镇了，计算的结果或许很难能准确说明小城镇在国外的真实地位。但不可否认的是，不同类型国家殊途同归，都走了一条促进小城镇快速发展的城镇化道路，与大中城市发展相辅相成，推动城乡协调发展。

① 我国 2022 年年底国家统计局统计数据 .
② 钱振明 . 中国特色城镇化道路研究：现状及发展方向 [J]. 苏州大学学报（哲学社会科学版），2008(03):1-5.
③ 杨爽，吴若兰 . 中华人民共和国成立以来城镇化的演进历程与未来发展方向 [J]. 建筑与文化，2020(12):165-166.
④ 吴志强，杨秀，王伟 . 中国城镇化的发展方向与城乡规划应对 [J]. 政府管理评论，2017(00):65-80.
⑤ 吴际纬 . 中国城镇化现状、影响因素及发展方向 [J]. 中国人口·资源与环境，2015,25(S1):340-343.
⑥ 李嘉珣 ."新基建"下新型城镇化发展方向探析 [J]. 建筑经济，2020,41(10):5-8.
⑦ 姚士谋，王辰，张落成 . 我国资源环境对城镇化问题的影响因素 [J]. 地理科学进展，2008(03):94-100.
⑧ 王素斋 . 科学发展观视域下中国新型城镇化发展模式研究 [D]. 天津：南开大学，2014.
⑨ 吴庆鑫 . 黑龙江省小城镇发展现状及对策研究 [J]. 哈尔滨师范大学自然科学学报，2007(04):93-96.

表 10-1　国外典型国家城市情况

国别	城市及人口分类		城市规模		
			10 万—20 万人	5 万—10 万人	5 万人以下
德国	城市	城市数量（个）	40	113	1865
		城市数量占比	1.94%	5.49%	90.62%
	人口	城市人口总数（人）	5443228	7625485	26819036
		城市人口总数占比	8.92%	12.50%	43.95%
日本	城市	城市数量（个）	245	272	292
		城市数量占比	25.26%	28.04%	30.10%
	人口	城市人口总数（人）	34692659	19405123	9708954
		城市人口总数占比	29.56%	16.53%	8.27%
英国	城市	城市数量（个）	60	136	167
		城市数量占比	15.04%	34.09%	41.85%
	人口	城市人口总数（人）	8459985	9238307	5490714
		城市人口总数占比	29.02%	31.69%	18.83%

资料来源：根据德国、日本、英国的国家统计部门 2021 年数据整理。

　　无论是"大城市论"还是"小城镇论"，都有其合理性和局限性。在实际发展中，应该根据国家的规划和区域特点，采取两者之间的平衡策略，充分发挥大城市和小城镇的优势。这也是符合我国国情实际的必然选择。随着城镇化水平的快速提高，我国小城镇发展呈现出分化趋势，不同区域的小城镇开始出现差异化的特征。

10.3 我国小城镇发展战略

　　小城镇发展战略指的是制定和实施促进小城镇发展的长远规划和政策措施，通过优化资源配置、推动产业升级、完善基础设施建设、提升公共服务水平等方式，促进小城镇的经济增长、就业创造和居民生活质量的提升。发展战略的具体内容包括但不限于：一是优化空间布局。合理规划小城镇的土地利用，提高土地利用效率，推动城乡一体化发展，避免过度扩张和过密化。二是引导产业转移。吸引外来投资，引导产业转移到小城镇，推动小城镇产业结构升级和多元化发展，提高经济竞争力和区域发展均衡性。三是完善基础设施建设。加大基础设施投入，在交通、能源、水利、通信等领域提供更好的服务和支持，增强小城镇的城市功能和生活便利性。四是改善公共服务。加强教育、文化、医疗、体育等公共服务设施建设，提高居民的生活品质和社会福利水平。五是强化创新驱动。促进科技创新、创业创新，培育小城镇的创新型企业和人才，推动经济结构转型升级。六是注重生态环境保护。推动绿色发展，保护小城镇周边的自然环境和生态资源，建设可持续发展的小城镇。通过综合利用和充分发挥小城镇的优势，可以实现城乡融合发展的目标，解决小城镇的发展问题，实现小城镇快速、健康、可持续发展。

我国小城镇发展战略包括城乡统筹发展战略、差异化发展战略、联合互强发展战略、创新改革驱动战略、绿色可持续发展战略以及借鉴国际经验等。

10.3.1 城乡统筹发展战略

城乡统筹发展是通过体制机制改革等手段，打破城乡二元结构体制，形成协调的城乡关系，推进城乡共同富裕和一体化发展。小城镇的发展要促进资金、技术、资源等要素的流动，壮大小城镇的要素集聚能力，逐步改变现代农业发展和农民增收缓慢、工业基础薄弱、小城镇吸纳农村富余劳动力弱的局面，实现农业现代化、新型工业化和新型城镇化的良性互动，推动城乡一体化协调发展。

城乡统筹发展是小城镇发展必经的阶段，是新型城镇化发展的必然趋势。小城镇在推动城乡一体化发展中起到重要的节点作用，是破解户籍制度、产权制度、就业管理制度、社会保障和教育制度等方面的突破口。小城镇要通过城乡规划、公共服务、基础设施、产业布局、城乡就业市场以及城乡社会管理等方面一体化，逐渐形成"以城带乡，以乡促城，城乡互动"的发展格局。

10.3.2 差异化发展战略

差别化发展战略依据小城镇发展条件差异大、发展不均衡的现状和增长极、地域分工等相关理论，采取分类指导、非均衡发展的策略，走因地制宜非统一模式的发展战略，主要体现在要对小城镇进行类型划分和分类指引，发挥各类小城镇自身的优势。

差别化发展战略，要优先培育区域增长极，鼓励和支持发展条件好、发展潜力较大的小城镇建设和发展，要采取科学的方法对小城镇现状条件和发展潜力进行评价，合理地确定重点小城镇和符合实际的扶持政策，加快重点小城镇产业和人口集聚，将重点小城镇逐渐培育成小城市。

合理界定小城镇在区域范畴的职能定位和分工，要走特色发展的路径，实现"一镇一品""一镇一业"的发展格局。小城镇的发展要保持特色，要对小城镇特有的传统文化、风俗民俗进行保护和合理开发，要避免走"千城一面""千篇一律"的小城镇建设，要善于通过文化继承和创新来增强城镇的特色和吸引力，提升城镇建设的品位。

10.3.3 联合互强发展战略

联合互强发展战略就是结合小城镇发展的实际情况和需求，按照统一的愿景和标准采取强强联合、优势互补、短板优化的手段，增强局部区域发展实力。历史和实践经验表明，城镇的发展方式由单一中心和单极化走向组团式演变是不可避免的趋势。都市圈是城镇化发展的高级形态，联合互强发展是必由之路。小城镇发展要积极适应和应用这种发展战略。

远郊小城镇的交通、区位等条件相比较差,要摆脱行政边界狭窄的视野和对单体城镇化的封闭理解,要重新评估自身的发展条件,包括区位、环境、资源、交通、产业以及社会文化等方面,寻找符合特色定位的区域城镇体系或城镇群的定位,采取抱团联合、组团互强式发展的道路。

通过联合投资和联合招商的优势,创建共建的产业园区以及共享基础设施,实现产业互补、交通一体化以及生态共享。

10.3.4 创新改革驱动战略

改革是最大红利,创新是最大的动力。小城镇的发展必须走创新与改革驱动发展战略,推进新型城镇化与工业化、信息化、农业现代化同步发展。小城镇面临着人才匮乏、企业科技水平偏低、农业科学技术普及不足、科技政策法规体系不健全等问题,要加快中心城区技术创新体系向农村辐射。通过建立科学技术推广站、企业技术研发中心、设立科技专项基金等手段,增强小城镇发展的动力。

结合小城镇当前面临的体制束缚,从户籍、土地、财税金融、行政管理、农村产权等领域循序渐进地推进各项改革,创新体制机制,优化发展措施,发挥市场的主导作用,促进资源要素的优化配置,破解小城镇发展的障碍,增强小城镇的人口与产业集聚力,进一步激活小城镇发展的活力。

10.3.5 绿色可持续发展战略

绿色小城镇发展战略是以经济结构调整、产业结构转型升级,以及新型城镇化为契机,从低碳规划、绿色建筑、可再生能源应用、环境综合整治、文化旅游产业构建,以及低碳交通体系等方面,为建设生态宜居、基础设施完善、文化特色鲜明、经济社会协调、管理体制健全的友好型城镇制定一系列政策和管理体系。小城镇应结合本地实际、因地制宜,要在低碳经济、低碳交通、产业转型、绿色清洁能源开发等方面开展深入研究,加强规划建设管理、资源环境和历史文化的保护,要强化生态环境保护,突出小城镇特色,科学规划相关产业,走可持续发展的道路。

小城镇可持续发展战略是指在社会、经济、人口、资源、环境等条件发生变化的情况下,确保小城镇系统能够保持稳定、协调和持续发展的战略。小城镇可持续发展与城市、区域可持续发展有所不同,它具有阶段性,每个阶段都对可持续发展有着新的含义和内容。要考虑小城镇的地域特点与发展阶段,给出一个时空界定,实现社会、经济、资源、环境的协调发展是整个小城镇可持续发展的内在条件,整个小城镇系统的稳定则是小城镇可持续发展的外在表现与要求。

10.3.6 借鉴国际经验

吸收和借鉴国外典型国家的小城镇发展的经验和教训,选择真正适合本国国情的小城镇的发展道路，是小城镇发展非常重要的战略。在我国发展小城镇的过程中，在吸取国外典型国家小城镇发展经验的同时，回避存在的教训，少走弯路。

英国注重规划的引领作用，将城市规划作为政府的一项职能，以规划引领城镇化发展。日本注重产业支撑作用，以制造业为开端的工业化作为城镇化的最初动力，同时注重第三产业的发展，提高城镇化水平。德国积极发挥中小城市和小城镇的作用，注重区域协调发展，形成一种统筹城乡、分布合理、均衡发展的独特模式。在破解城乡二元结构难题方面，英国、美国、日本的城乡一体化发展经验值得借鉴。在政府的引导下，积极促进劳动力自由流动平等就业，促进公共资源均衡配置，注重城乡统一规划布局，以助力城乡一体化发展。促进区域协调发展方面英国和美国的经验值得学习，国家通过制定具有区域指向性的法律法规和设立专门的管理机构，增强对欠发达地区的援助，以缩小区域发展差距。

这是值得我国小城镇发展借鉴的宝贵经验。

10.4 我国小城镇发展方向

我国小城镇的发展有几个重要方向：一是内涵式发展。小城镇的发展不再仅仅注重数量的增加和经济积累，而是更加注重提高内部的质量和功能。通过优化产业结构、提升服务水平、加强文化教育等方面的建设，实现小城镇的全面发展和提升。综合考虑经济、社会、环境和文化等多个方面的因素，注重协调各个领域的发展，打造具有特色和竞争力的小城镇，实现经济效益和社会效益的良性互动。二是产业升级。小城镇应积极推进产业结构的升级和转型，培育和发展具有竞争力和可持续性的新兴产业。优化资源配置，提高产业附加值，促进小城镇经济的健康发展。三是基础设施建设。加大对小城镇基础设施建设的投入，提升交通、通信、能源和水利等方面的硬件设施，改善城镇的生活环境和基础条件，提高居民的生活质量。四是人居环境改善。注重小城镇的人居环境建设和生态保护，通过改善居住条件、提供便利的公共服务设施、增加绿化覆盖等方式，提高居民的幸福感和获得感。五是城乡融合发展。打破城乡二元结构，实现资源要素的有机流动和优势互补。通过推进农村城镇化，加强农村公共服务设施建设，提升农民的生活水平和城镇化程度。这些方向将有助于推动我国小城镇的可持续发展和提升。

但就具体的区域（甚至某区域内的局部地方），小城镇的特点和发展不足是不一样的，发展的方向也是不同的，要有针对性的措施。现就我国东部、东北部、中部和西部区域的小城镇发展方向及其相应的措施做一个简单的分析。

10.4.1 我国东部区域小城镇发展方向
10.4.1.1 东部区域小城镇特点和发展不足
（1）小城镇密集，要素集聚强度不够

我国东部区域小城镇城乡一体化格局基本形成，但在小城镇飞速发展的同时也出现一些问题。小城镇的数量多，要素分散在各个小城镇，难以形成一个地区的经济中心和商贸集散地。许多小城镇实际就是在原有的村落的基础上发展起来的，农村人口始终缺乏流动和集中，导致了小城镇建设水平的低下，质量低，缺乏内涵，城不像城，村不像村。

小城镇分布密集，小城镇之间距离过近，拉不开档次，城镇规模难以扩展，集聚效应难以发挥。土地资源与粗放土地利用方式之间的矛盾日益突出，不利于要素的集中，小城镇对周围地区的吸引力减弱。

城镇等级不明显，中心镇对外的辐射力减弱。

实现小城镇空间结构由分散向集中转变是加强小城镇集聚效益的重要途径。促进资源的有效流动和合理利用，成为这一区域发展面临的最突出的矛盾。

（2）小城镇发展结构趋同，乡镇企业迭代需求难以满足

我国东部区域小城镇的发展模式与结构相似，这种趋同性主要源于东部区域较高的经济发达程度和完善的基础设施与服务体系，小城镇之间的经济、文化和社会需求相对一致。我国东部区域的小城镇基本扮演着当地政治、经济和文化中心的角色。由于发展冲动，小城镇间分工协作较少，都致力于构建成为小而全的综合性小城镇，从而呈现出小而全、小而散、小而乱的特征。

由于布局的碎片化，乡镇工业的建设较为分散，无序且规模较小，效益较低，不利于企业的迭代升级。东部区域由于地理位置和优势，乡镇企业的发展较早，曾经历了一个超常规发展的时期，成为经济发达地区工业化和高增长的主要驱动力。然而，从 20 世纪 80 年代初的超常规发展到 20 世纪 90 年代中后期的衰退，乡镇企业吸纳就业的比重增长乏力，乡镇企业逐渐暴露出自身的弊端。随着经济发展和市场竞争的变化，乡镇企业面临的问题包括技术创新、品牌建设和市场拓展等方面的要求。在生产过程中，软资源的投入比例逐渐增加，产品的信息含量、技术含量和服务含量越来越大。然而，由于资源和能力的限制，乡镇企业往往难以满足这些需求，导致发展面临一定的困难。这固然与企业自身发展有关，但也与小城镇布局的分散化正相关。东部区域小城镇的分散化直接导致乡镇企业呈分散布局，难以满足乡镇企业迭代需求的增加。

因此，大力发展小城镇建设，优化小城镇基础设施配置，为乡镇产业的集中发展和规模壮大提供了良好场所，也有利于建立新的生产经营机制，以突破不适应市场经济要求的血缘和地缘关系网。

（3）小城镇基础设施的效益难以发挥

基础设施是服务于民众的物质基础，其服务容量和服务范围有一定限制，只有在客流量达到一定规模时，基础设施才能实现其最优的社会价值和经济效益。由于基础设施建设需要投入大量资源，建设过程漫长，投资的回收期也相应漫长，因此并非所有小城镇都能承担这样的财政压力，只有在人口和产业密集度高涨时，城市才能构建大容量基础设施，并通过有效运营实现经济效益和社会效益的最大化。小城镇并不会主动投资建设大规模高质量基础设施。

东部区域由于小城镇数量众多，且分布分散，导致其基础设施建设也分散且层次低下。这种均质性使得东部区域无法构建高效优质的基础设施，无法满足所需的服务容量和服务范围，也无法发挥展现出其集中优势和效果。还有就是，在东部区域，虽然大多数小城镇已经有了明确的规划，但普遍存在时间滞后、起点不高等问题，且存在规划滞后的问题，导致未能充分发挥规划的统领作用。城镇建设存在无序现象，甚至出现了先建设后规划的情况，这对当前的扩展升级造成了重大困扰。此外，东部区域很多小城镇都沿公路主干道呈线性延伸发展，这种线性布局不仅造成了土地的浪费，也不利于整体功能的发挥。许多小城镇的规划未立足于自身实际，大多模仿大城市规划制定，一味追求建设宽马路、高楼大厦等表面工程，而忽视了小城镇特有的文化特色内涵。

（4）小城镇行政区划缺乏弹性

行政区划难以适应经济发展和城镇化的需要。东部区域的小城镇行政区划多数是在 20 世纪 80 年代计划经济时期形成的，是在经济发展水平较低的情况下制定的，当时主要是为了方便行政管理而设立的。随着市场经济的发展和城镇化的加速，这些行政区划已经难以适应经济发展的需要，东部大多数小城镇的行政区划面积较小，因为行政区划的限制而无法进行有效的资源整合和区域协调发展。虽然近 20 年来进行了一些调整，但由于调整权掌握在中央和省级政府手中，行政区划变化程度一直有限。

在小城镇规划中，需要考虑小城镇的整体发展和各个区域之间的协调发展。随着改革的深入，东部沿海地区的经济发展水平显著提高，一些经济实力强劲的小城镇迅速发展，超出了原有规划的范围。一些相邻的镇已经连成经济区域，具备一定的城镇化水平。但是行政区划的限制往往会导致城镇规划难以实现。

行政区划难以满足社会管理的需要。小城镇行政区划的设置往往是根据人口和地理条件来确定的，但是这些条件并不能完全反映社会管理的需要。东部一些地区因为行政区划的限制而无法实现有效的社会管理和服务，导致一些社会问题无法得到有效解决。比较明显的是，受行政区划的限制，这些区域无法共享基础设施，各小城镇之间存在竞争。受限于政绩和本位主义，同一经济区域内的小城镇争夺市场和资源，导致小城镇基础设施和公用事业重复建设。

为了适应经济发展和城镇化的需要，满足城市规划和社会管理的需要，需要进一步优化小城镇行政区划，增强其弹性和适应性。从优化资源配置的角度来看，突破行政区划的限制，及时实施灵活的区划调整，已成为我国推进小城镇建设应该吸取的重要教训之一。

（5）小城镇无完整的财权

小城镇是我国最基层的一级政权，但无完整的财权，导致了小城镇财权与事权的不对等，财政体制不合理。按照现行的财政体制，小城镇政府不是一级完整的预决算财政单位，小城镇范围内所征收的地方税收归县市财政所有，小城镇政府只能按人头和事项获得各项经费，税收超收部分按一定比例分成给小城镇财政，[①] 大多数的行政事业性收费则由县市级政府派驻小城镇的部门直接收取。尽管东部区域小城镇的经济总量很大，每年的财政总收入颇为可观，但分得的可自由支配的量却只占很少一部分，大多只占 10%—20%。在这种财政体制下，小城镇政府直接投资城镇建设的资金就显得捉襟见肘，导致对城镇建设和经济发展的调控引导能力大为降低。受此制约，小城镇政府对小城镇建设又有着强烈的本能冲动，这必然导致将城镇建设的资金来源盯上了土地和收费。而低价征用土地和大量行政收费则不仅有损农民和个体私营业主的利益，并且抬高了农民进城的门槛，无形中给小城镇建设的良性循环发展设置了障碍。这些都是小城镇行政区划缺乏弹性导致的必然结果。

（6）小城镇环境污染严重

我国东部区域小城镇环境污染严重，主要存在水污染、大气污染和农用化学物质污染等问题。

东部区域的小城镇建设与乡镇企业、三资企业、个体私营企业的高速成长是共生的。农村工业化的大步推进，推动了小城镇经济的繁荣，同时也带来了较严重的环境污染和生态破坏，给小城镇的可持续发展造成了很大的负面影响。小城镇镇区环境"脏、乱、差"现象较为普遍，生态不堪重负，以至于出现了经济发展越快、环境污染越重的怪现象。现在，东部区域已充分认识到生态环境的重要性，纷纷投巨资来改善小城镇生态，走了西方发达国家在 50 年前的旧路，给国民经济发展和城镇化建设背上了沉重的环境治理重负。

10.4.1.2 东部区域小城镇发展方向和措施

东部地域散布着众多小城镇，它们规模较小且彼此相近。考虑到东部地域小城镇的特性，主要的发展措施集中在对区域内小城镇空间进行重大调整，以优化空间体系。各区域内城镇的空间网络层次和类型各异，强化网络和层次关系是构建整体小城镇空间体系的前提。东部区域的空间发展策略应聚焦于集中区域内的分散发展势头，提升小城镇间的空间整合，强化小城镇整体的关联性和素质，构建稳定且均衡的小城镇空间结构。

因此，我国东部区域的小城镇发展方向可归纳为以下几点：对于那些条件较好且规模适中的小城镇，如果与大中城市相邻，它们需要寻求向城市转型或者与之合并；对于条件较好但规模相对较小的城镇，其发展重点在于提升为重要的中心镇；而对于条件较差、规模较小的乡镇，它们则需要进行合并，通过空间整合，推动小城镇空间布局的优化，构建小城镇群。

（1）扩权强镇，趋向小城市

在我国东部区域，经济发展动力充足，已经涌现出许多经济强镇。这些小镇发展

---

① 吴永生. 基于统筹城乡发展的小城镇规划建设初探 [J]. 城市建设理论研究（电子版），2013(24):1-10.

迅速，经济实力强大，人口规模已经超越了小城镇的标准，接近中等城市甚至大城市的水平。然而，由于行政体制的限制，其基础设施、环境设施、商业设施、文化教育设施等配套设施的建设仍然以小城镇的标准为依据，建设水平滞后于经济发展和城镇规模的增长。这种低水平的城镇建设与经济发展水平不相适应，制约了小城镇的发展。

为了解决这一问题，我们需要采取措施来打破行政体制的束缚，提升小城镇的规模和档次，增强其在区域经济发展中的重要作用，发挥等级规模优势，发挥其对次一级城镇的带动作用。具体而言，我们需要明确镇级扩权事项目录，建立权责明确、责权对应的责任机制，增强乡镇一级的行政权力，赋予镇级行政管理单位在土地、建设、税收、工商、财政和教育等方面的独立审批权。

此外，我们还应该结合相关扶持政策，对于人口众多且经济实力强大的镇，我们应给予与人口和经济规模相适应的管理权，将这类小城镇重点打造为小型城市，培育成为东部区域的新增长极。推进中心城镇的发展是我国城镇化进程的必然趋势，应充分重视中心城镇的发展。

（2）小城镇合并重组

我国东部小城镇合并重组是指为了优化资源配置、提高城镇化水平、促进经济发展，许多靠近大、中城市的小城镇需要通过重组、兼并与合并的方式进行整合，并被纳入城市范围或者改造为卫星城镇，成为中心城镇、重点城镇。将地理位置相邻、资源条件相似的小城镇进行合并，整合资源，提高规模效益。将规模较小且距离近、资源禀赋不足、未形成合理的层次网络分工，难以发挥城镇的集聚效应与辐射效应的小城镇进行重组，整合资源，提高城镇化水平。在城市周边地区建设新的城镇，吸引人口和产业向新城镇集聚，促进城镇化进程。

需要积极引导东部小城镇集聚人口、集聚社会能量，使土地得到集约使用，从而提高小城镇土地的产业承载强度和人口容量。社会财富与经济能量的高度集聚将产生强烈效应，形成社会生活与产业活动的中心。小城镇并不能成为独立的孤岛，为了生存与发展，小城镇需要与外部环境、与经济腹地和其他城市交换资源、交换物流、交换信息、交换人才。通过合并重组小城镇，优化资源配置，提高资源利用效率，促进经济发展。

经过持续的发展进程，小城镇正致力于提高质量，其重点在于遵循市场经济原则，对小城镇布局进行适当的调整，选择了一些具有发展潜力的小城镇，为其提供积极的支持与培育，以使其具备高级的设施配备并满足周边乡镇的需求。同时，建立高质量的职能分工体系，合理地分配各城镇的任务，并通过完善区域性基础设施、合理布局关键产业、配置社会服务设施、强化城镇间的联系，从而构建出联合发展的整体。①

① 单德启，赵之枫. 从芜湖市三山镇规划引发的思考——中部地区小城镇规划探讨 [J]. 城市规划，2002(10)：41-43+72.

（3）建立小城镇群

在地域成长的进程中，单个小城镇的影响力渐渐削弱，而它们之间的横向联系逐渐增强，分工协作越发紧密，区域内的小城镇群体效应日趋显眼。当前，小城镇的发展重点已从数量扩张和经济积淀的任务转向了内涵式提升。一些小城镇已积累了丰富的资本和力量，并面临着扩大规模的挑战。以小城镇为主导的经济地域结构正逐渐向以小城镇群为主导的区域小城镇体系转变。由于农村城镇化及城乡一体化水平的提高，小城镇的集聚力逐渐减弱，发展步伐也逐渐放缓。因此，东部区域小城镇发展的核心议题是内涵式的提升。

发展小城镇群，要求我们推动各种资源要素在空间范围内自由流通并促进城镇间的全面开放合作。在规划和引导上，我们需要根据小城镇的功能定位，发挥各自的比较优势，推动小城镇群内部实现合理分工和协调发展，特别是在诸如"长三角""珠三角"和"粤港澳大湾区"等城市群区域发展中，要着重协调各个小城镇群的内部发展，提升整体区域的竞争力。建立多层次政府间的沟通协商机制，建立成本共担、利益共享的分配机制。调动各小城镇和各局部区域的积极性，保障小城镇群一体化高质量发展，[①] 并按照稳定存量、改善增量的原则进行推进。在小城镇群之间，要妥善处理交通基础设施的互联互通、产业发展的协同合作、市场要素的对接流通等跨区域事务，稳健发展小城镇群。

选取空间距离、产业关联度、交通条件、空间发展方向、人文历史等 5 个因素，对城镇组群进行定性分析，对于空间距离较近、产业互补、现状及未来交通条件良好、空间发展协调、内部合作意向良好的区域。通过相关组合，将小城镇打造成物流中心、产业集群和蔬菜交易中心等小城镇群。见表 10-2。通过对城镇群的构想，充分发挥规划对小城镇发展的指引作用，促进城镇群整体竞争力的提升。

表 10-2　我国发展区域中心小城镇群

序号	未来发展定位	重点产业
1	城镇群物流中心	现代物流、新材料
2	重要的产业发展集群	矿产资源开发、锻打铸造、石化设备、塑窗设备、旅游业
3	特色产业带	生物制药、炭素产业、机械装备制造、煤炭化工
4	重要的工业基地	新能源、机械制造、汽车配件、玻璃制品、旅游休闲
5	绿色蔬菜交易中心	高端农业

为促进产业集群跨区域协调发展，遵循政府引导、市场决定和企业推动的原则。建立多元化的小城镇集群管理组织架构，协调各方利益，维护公平竞争秩序，优化产

---

① 范恒山. 大力推动城市群高质量发展 ——序《中国城市群研究系列丛书》[J]. 区域经济评论，2021(03)：76-80.

业结构，并不断调整和创新产业发展政策，增强小城镇群区域中心的作用。

（4）产业集聚，进一步推动工业化

产业集聚是小城镇可持续发展的必然要求，因为小城镇需要增加镇区人口、扩大镇区规模、完善基础设施，而这就需要发展支柱产业，形成小城镇的比较优势和规模优势，增强其发展的内在动力。我国东部区域小城镇发展水平较高，大多数都已经形成了"一镇一品"的产业聚集优势，这种聚集优势为其提供了强大的发展动力。

在东部区域的小城镇中，工业化发展是推动城镇化、工业化的快速发展的重要手段，它促进了大量的农村剩余劳动力转移到工业，[①] 实现了工业企业和人员的规模聚集，推动了当地小城镇的健康发展。这种发展模式不仅提高了小城镇的经济实力，还为其提供了更多的就业机会和社会福利。

这些小城镇依托良好的产业基础、区位交通条件、资源优势等，受到中心城区的辐射带动作用较大，因此集中发展了制造业、商贸物流、新兴产业等产业。这些支柱产业的聚集发展，不仅带动了相关产业的发展，形成了具有规模优势的产业集群，还带动了相关专业市场的建设，为小城镇的扩容提质提供了延绵不断的内在发展动力。

（5）改善生态环境

采取积极的措施，是解决东部区域小城镇环境污染问题的有效途径。这些措施旨在保护生态环境，促进经济可持续发展。其中，提高废水处理率是一项关键措施，通过加大对污水处理设施的投入，能够显著提高废水处理能力，从而减少废水的排放。对乡镇企业进行改造也是必要的。具体来说，应提高工业锅炉和窑炉的烟尘、粉尘处理能力，以减少这些设备对环境的影响。为了进一步减少污染，限制小型工业和乡镇企业的发展也是必要的。在减少大气污染方面，加强秸秆综合利用是一个重要的策略。禁止焚烧秸秆，可以减少有害气体的排放，从而改善空气质量。为了确保各类污染源达标排放，应加大对小城镇环境监管力度。建立环境监测体系，加强对环境污染源的监管，是实现这一目标的关键步骤。此外，加强环保宣传教育，增强公众环保意识，鼓励公众参与环保行动，也是解决环境污染问题的重要途径。

10.4.2 我国东北部区域小城镇发展方向

10.4.2.1 东北部区域小城镇特点和发展不足

（1）小城镇发展落后

东北部小城镇的产业结构单一，主要以传统农业和低端制造业为主，缺乏新兴产业和高科技产业的支撑，小城镇的经济发展缓慢，经济发展水平相对较低。东北部小城镇的基础设施建设滞后，交通、水利、能源、通信等方面的设施不够完善，给小城镇的生产和生活带来了很大不便。由于财政投入不足，东北部小城镇的公共服务水平

---

① 黎晓玲，谢霖雾，李志刚.基于常住人口的城乡基本公共服务均等化研究——以江西赣州医疗服务设施为例 [J]. 规划师，2015，31(S1):123-131.

较低，教育、医疗、文化、体育等方面的设施不够完善，小城镇居民的生活质量受到了一定的影响。

（2）小城镇规模小，发展差异大，城镇化质量差

东北部小城镇数量较少，整体实力较差，集聚与辐射能力不强。小城镇的职能受规模的制约难以完善，多数城镇没有特色。小城镇的地域差异较大，经济实力和建设水平相差悬殊。城镇化的质量不高，城镇人均国内生产总值、单位土地效益低于长江三角洲、珠江三角洲等发达地区。城乡联系稀疏，未能形成显著的规模优势和整体优势。城镇类型多元（分为资源型、交通枢纽型、旅游型、边境口岸型、卫星城型和农垦型），城镇之间发展差异显著，其中资源型小城镇多依赖于煤和林业资源的开发，城镇化程度较高；而偏远地区和自然条件恶劣的农业型小城镇的城镇化程度相对较低。交通干线上的小城镇经济总量排在全省前列。中心镇地位不突出，缺乏应有的吸引力和辐射力。由于过度追求经济效益，忽视长期的环境效益，带来许多环境问题。

小城镇规划难以与统筹城乡发展、县域经济发展战略、产业特点相衔接。规划覆盖面也比较低，小城镇区域性规划和建设规划滞后，小城镇发展不能自觉地与周围大中城市形成在人口、就业和产业布局上的有机联系，在发展建设上出现了许多盲目性。受短期利益制约，缺乏长远打算，形成沿公路干线一条街，两排房的建设格局。有的乡镇盲目扩大人口和用地规模，随意开发建设工业园区，造成土地资源的大量浪费，等等。

东北部许多小城镇面临财政困难。按照现行的财政体制，镇政府在预算财政上不是一个完整的一级单位，各种费用则由上级部门直接收取。上级财政收取的提留比例过高，经常导致一些区域的小城镇建设资金短缺。小城镇基础设施建设资金主要靠小城镇政府自筹解决，资金投入严重不足，不能满足小城镇迅速发展的需要，已经成为制约小城镇进一步发展的关键问题之一。由于建设资金严重短缺，其建设的标准普遍偏低。小城镇基础设施比较落后，限制了乡镇企业向小城镇集聚，抑制了小城镇经济社会全面发展。

（3）小城镇高素质人才匮乏

东北部区域的小城镇人口外流严重，缺乏足够的高素质人才支持和推动小城镇的发展。由于经济发展缓慢，就业机会少，许多年轻人选择到城市或其他地区发展，导致东北部小城镇的人口外流严重，小城镇的人口结构老龄化，使小城镇失去了发展的活力。由于经济结构调整和产业转型的需要，许多优秀的人才流向了大城市或者外地，尤其是一些高端人才更容易选择去发达地区就业，导致了东北部小城镇的人才储备相对不足。东北部区域经济发展相对滞后，吸引人才的机会和条件相对较少，很多有能力的年轻人也选择离开寻求更好的发展机会，进一步加剧了小城镇人才匮乏问题。此外，教育资源和人才培养体系的不完善也是影响小城镇人才储备的重要原因。相对于大城市，东北部小城镇的教育水平和培养机制还有待提升，无法为当地培养更多的人才。特别是经济落后的小城镇，高素质人才的供应明显不足，许多当地的大专毕业生只有输出而无法在本地寻求发展机会。先进的科学技术难以在乡镇及农村推广普及。大城

市的辐射传导效应在这些区域不明显。

对于小城镇的企业，其管理者的素质平均来说较低，且他们的经营理念仍受小富即安、富则思乐的观念影响。大部分民营企业依赖于家族式的管理模式，欠缺核心技术和知名品牌，核心竞争力不足。

10.4.2.2 东北部区域小城镇发展方向和措施

（1）撤乡设镇，快速扩容小城镇数量

根据全国小城镇发展规律，单位面积范围内小城镇数量多少与经济发展水平呈正相关的关系。东部区域小城镇数量明显少于其他区域。集聚和集约发展是未来城镇发展的主要导向，未来还将有一些被撤并或者说被经济发展淘汰的小城镇走向衰落，最终复归为乡，成为以居住功能为主的农村社区。因此，撤乡设镇是当务之急。

有相当一部分发展条件差的乡镇由于缺乏产业创新机制，没有了新的增长点，在竞争中处于劣势，随之导致了劳动力、资金及工业开始向外迁移，经济功能逐渐趋于衰落，甚至有不少乡镇出现空壳化。

合并小城镇。有些小城镇介于城市与乡村之间，镇不像镇，村不像村，建筑连片，村落密集、规模小，村点火，村冒烟，造成了土地的极大浪费与环境污染，合并小城镇有利于土地集约化利用，有利于产业化发展，有利于统一规划进行旧村改造受自然地形条件的影响，不允许走摊大饼式的发展道路。

优先发展条件较好的小城镇。重点支持和建设那些具有良好区位条件、资源条件，已形成一定人口和经济规模的小城镇。国道沿线、大中城市周围、沿边主要口岸、农林场管理中心地、矿区的主要矿点应率先发展。挖掘小城镇特色，建立特色型小城镇。小城镇要有发展特色和主导产业，以农业产业化为主导产业的小城镇，边境口岸贸易、旅游为特色的城镇。大力发展第二、第三产业，培育小城镇的经济基础。特别是大城市周边的小城镇，应积极接受大城市的产业转移，引进技术人才，建立一批有集群实力的第二、第三产业群。要加强对小城镇的建设和规划管理。

优先向镇区布局新型社区。引导人口有序集聚，重点小城镇的镇驻地人口规模普遍低于 3 万人，重点小城镇的人口城镇化率普遍比较低，在推进新型城镇化的过程中，要合理引导农村剩余劳动力有序转移，要按照人口优先向重点镇集聚、适度向普通镇集聚、中心村社区防止盲目建设的原则，即新型社区优先向重点小城镇的镇驻地布局、人口优先向重点小城镇集聚、产业要向重点小城镇产业园区集中，优先壮大重点小城镇的规模，并加大对重点小城镇的基础设施投资，提升其综合承载能力。重点小城镇在建设新型社区的过程中，在城乡用地增减挂钩政策的基础上，县（市、区）财政要给予重点支持，尤其是教育、医疗等方面，优先完善污水处理和垃圾回收等各项基础设施配套。要积极探索以宅基地换房、土地流转换社保等多种促进农村人口向城镇转移的政策，降低农民进城镇落户的成本，保障农村转移人口的生活质量和水平不降低。可以借鉴宅基地复垦后结余的建设用地指标，要优先用于基础设施建设和补贴农村转移人口，或为集体经济组织配置一定比例的经营性用房，转移人口可每年获得分红，以扩大转移到城镇人口的收入来源。

（2）增强小城镇对农村的带动和辐射地位和作用

小城镇在农村发展中具有重要地位和作用，通过其辐射作用实现农村向城市的自然延伸，衔接城市和农村两个市场，促进农村第二、第三产业的发展。[①]

增加对小城镇公共事业发展转移支付的比例，提高公共事业发展水平，增强公共服务功能。东北部区域的大多数小城镇应明确自身在农村公共服务中心的地位，进一步强化其作为农村发展的带动和辐射作用。为此，我们需要改善小城镇的基础设施条件和公共服务水平，提升其居住和公共服务功能，积极引导农民进入城镇生活并定居。此举不仅可以吸引农村剩余劳动力到小城镇就业，提供更多的就业机会和收入来源，同时还能提供更好的教育、医疗等公共服务，改善农村生活环境，提高农民的生活质量。通过发挥小城镇服务"三农"的作用，可以有序推进就地城镇化，进一步推动农村地区的发展和繁荣。

带动周边农村地区的产业升级。通过引导农村剩余劳动力向小城镇转移，可以促进劳动力密集型产业的发展，推动农村产业结构调整和优化。健全农业技术服务网络建设，提高农业技术服务水平。通过加强基础设施建设和市场培育，完善水、电、路、气等基础设施条件，为农副产品、手工业品的加工、贸易提供有利条件。

位于近郊区具有一定发展实力、区位交通条件较好、产业基础条件较好、规模较大、对区域具有一定的辐射带动作用的小城镇，应加强小城镇的居住区、医院、学校、产业、休闲和商业中心等配套设施建设，强化集聚效应。

（3）城镇化与工业化协同发展

城镇起源于工业化，工业化发展必然导致城镇化。工业化的聚集效应导致了人口随着工业的发展相对集中。当经济和人口在一个特定地理位置的集中度达到一定规模时，就形成了城镇。随着工业发展水平的提升，新的城镇不断形成，原有城镇规模也在扩大，[②]并进一步发展为城市。工业化需要借助小城镇的集聚和扩散效应，小城镇为工业化提供了理想的空间和发展舞台。

基于此，因为我国东北部的小城镇历史欠账较多，现在必须走城镇化与工业化的协调发展的道路，补齐短板。随着农业社会向工业社会的转变，更多的农村富余劳动力离开土地，走向城镇向非农产业转变，这导致农村人口比重下降，城镇人口比重上升。随着人才的不断涌入城镇，科技的不断发展，这有利于工业的进一步发展。[③]要实现城镇化与工业化的协调发展，当前的首要任务是提高东北部小城镇的城镇化水平，缩小工业化与城镇化之间的差距。为此，要大力发展第三产业，增加就业比重，通过加快

① 崔德芹. 发展小城镇　促进新农村建设 [J]. 农业与技术，2006(03):10-12+15.

② 申东润. 中国农村工业园区政策的演变和提示 [J]. 当代经济管理，2010, 32(12):42-48.

③ 吴来桂. 我国城镇化与工业化的协调发展 [J]. 新财经 (理论版) ，2011(17):35-36.

服务业的发展来带动城镇化，而不是反过来，依靠加快城镇化来促进服务业发展。[①] 通过发展第三产业，增强城镇的吸纳能力，加速城镇化的进程，为工业化发展提供丰富的人力、物力资源。我国东北部小城镇的城镇化与工业化协同发展需要依靠第三产业的繁荣和发展，以提升城镇化水平，促进工业化的进一步发展。同时，这种协同发展也将带动我国东北部小城镇的经济社会发展。

在推动城镇化与工业化的过程中，要充分发挥市场机制起着关键作用。无论是城镇化推动小城镇经济发展，还是工业分散发展向小城镇集中，都依靠市场机制的作用，而不是行政力量。在推进小城镇发展的过程中，合理利用市场机制，加强市场引导，激发各方投资参与。城镇化的推进是一个复杂的改革过程，需要一定的时间才能更好，不能急功近利。应该遵循市场经济以及工业化、城镇化发展的规律，只在少数问题上适度保留政府的干预政策。坚持正确的发展思路和方法，才能推动城镇化与工业化同步发展，实现东北部小城镇经济的可持续发展和社会进步。

（4）改善小城镇营商环境

东北部小城镇的营商环境还有很大的提升空间。改善中小城镇的营商环境，关键在于降低并简化行政审批项目，推动政府职能的转变，以实现政务服务的高效化。转变思想观念，打破行政壁垒，重构服务流程，简化审批程序，加强政务信息系统整合和数据资源共享，提升审批效率。加强各单位之间的横向协同运作，建立横向联动机制，实现审批业务的无缝对接，提高一体化程度。推进涉企服务事项整合集成，提高政务服务便利度。完善执行保障工作机制，解决"执行难"问题。提高营商环境政策的集成程度，加强涉企服务平台建设。重视本地人才的挖掘、保留与发展，提高人才发展支持政策力度。提高市场主体信用水平，加强政务失信治理。

营造良好的营商环境，其目标在于促进投资便利、完善金融服务、引领高端产业集聚、保障法制公正运行、提升行政效率和透明度、实现显著的辐射带动效应等方面。

10.4.3 我国中部区域小城镇发展方向

10.4.3.1 中部区域小城镇特点和发展不足

我国中部区域小城镇的发展特点和不足均非常明显。

发展特点：一是资源禀赋丰富。中部区域拥有较为丰富的自然资源，如煤炭、铁矿等，为小城镇的发展提供了一定的基础。二是农业基础较强。农业在中部区域的经济中扮演着重要角色，农产品的种植和养殖业是中部区域小城镇特色产业之一。三是工业崛起。随着国家产业转型升级的推进，中部区域也出现了一些工业园区和制造业企业，为小城镇的工业发展提供了良好的条件。四是政府关注度高。中部区域小城镇受到政府的重视和支持，通过政策扶持和资金投入，促进了小城镇的发展。

---

① 李强 . 城镇化与工业化协调发展的思路与若干政策措施 [J]. 法制与经济，2006(05):51.

发展不足表现在：一是中部区域的小城镇经济结构相对单一，经济结构不够多元化，依赖传统的农业和传统制造业，缺乏创新和高附加值产业的支撑。内向型经济与产业结构低度。与东部经济发达地区不同，中部区域小城镇发展水平低，产业结构层次偏低。在产业体系中，第一产业的占比较大，农业是农村居民主要的收入来源，占据了总收入的相当大比例。第二产业的技术基础相对薄弱，主要由农产品加工业延伸而来，但产业化水平低，且以小规模分散布局为主。产业水平的低下和小规模分散经营导致产业聚集力不足，使得小城镇在发展过程中缺乏动力，对周边农村剩余劳动力的吸纳能力有限，甚至一部分小城镇居民亦农亦工，呈现出不彻底的城镇化倾向。小城镇对周边地区经济的辐射力较弱，城镇化的推动力也受到限制。第三产业的层次和效益相对较低，主要以个体经营的小型服务业为主，辐射范围也仅限于小城镇附近的乡村地区。二是基础设施滞后。一些中部区域小城镇的基础设施建设滞后，交通、水电等基础设施条件有待提升，制约了小城镇的发展。公共服务设施不完善，在教育、医疗、文化等公共服务设施方面需要加强。交通条件有限。由于中部区域的山川起伏和复杂的地理环境，交通条件相对欠发达，限制了小城镇的联系和资源流动。三是市场需求不足，人才短缺。中部区域市场规模相对较小，消费需求水平有限，对小城镇的经济发展构成了一定制约。人才流失严重和缺乏创新能力。中部区域小城镇面临人口流出和人才匮乏的问题，年轻人选择外出就业或移居到大城市，导致劳动力短缺和人才流失。同时也缺乏创新创业的环境和能力。

10.4.3.2 中部区域小城镇发展方向和措施

（1）城乡统筹发展

小城镇在城乡协调发展进程中，扮演着关键的节点角色。为解决小城镇在工业分布、规模及竞争力方面的问题，中部区域的小城镇应当将城乡协调发展设定为核心目标，推动农村产业的现代化进程，推进第二、第三产业健康发展。通过协调城乡发展，构建出合理的产业结构，科学地布局，实现农业剩余劳动力的有序流动和非农产业的有效空间转移，最终形成良好的城乡双向互动机制。向重点小城镇转移大量农村人口，将有助于提升重点镇的人口规模，展现集聚效益，同时也能减轻大中城市的人口压力，推动城乡协调发展。实现城乡协调发展，小城镇的规划建设、基础设施建设、资源要素的双向流动和优化配置，以及社会事业建设等都是重要的方面。

区域城镇通过合作与协作等方式，提升综合竞争能力。城市区域化和区域小城镇化成为中部区域城镇化的主要形式。在城市与区域一体化发展、城市区域系统网络关系增强的趋势下，小城镇将不再独立发展，而是融入经济社会联系紧密、具有一体化倾向的城镇区域。加强城乡联动，构建城乡融合发展的体制机制和政策环境，促进资源要素的优化配置和协同发展，深化城乡一体化发展。创新发展模式，通过推动产业结构调整和创新创业，培育新的经济增长点和支柱产业，实现经济的多元化发展。

（2）构建产业园区，促进产业集中

中部区域小城镇发展的策略之一是构建产业园区，以促进产业的集聚。产业园区

是一种有效的产业组织形式，能够优化资源配置，提升产业效率，推动产业升级。构建产业园区的过程中，需要遵循科学规划、优化布局的原则，充分考虑区域现有的资源优势和产业布局，制定标准化的产业发展规划。同时，也要坚持发挥比较优势、合理分工协作的原则，防止区域产业结构趋同，实现产业布局的合理化。

为了提升产业集聚的层次，需要鼓励科研机构、技术中介机构和金融机构将服务延伸到产业集群和产业链中，建设技术创新服务中心、创业服务中心、教育培训中心等。同时，加快发展先进制造业，吸引跨国公司和优势企业在该地设立制造基地、研发中心、采购中心和地区总部，以促进产业集中。此外，中部区域小城镇的发展也需要积极发展高新技术产业。重点发展电子信息、健康医药、精细化工、新能源和新材料等高新技术产业，引导生产要素向产业基地和产业园区集聚，打造具有特色和完善配套的高技术产业群。

在构建产业园区和促进产业集中的过程中，同样需要注重产业生态化和生态产业化。规划和建设产业集聚区时要按照生态产业链进行布局，建立实现物质能量循环利用的网络，并推行清洁生产和资源节约利用等措施，推动产业集群向资源节约和生态环保方向发展。同时，鼓励规模较大的乡镇企业向小城镇转移，以促进产业集中，真正实现农村剩余劳动力的空间转移，打破进入城市的障碍。在产业和人口转移方面，要实现产业和人口的高度集聚，提高城镇化水平，保持工业化和城镇化的同步协调发展。

培育产业集群，走产城融合发展模式。将新型社区建设和产业园区建设同步规划、同步实施，要将吸纳农村转移劳动力和加强产业园区建设结合起来，形成人口与产业的良性互动。要完善产业园区的基础设施配套，吸引企业项目落地，前期发展阶段要培育农业产业化龙头企业、食品加工业、加工制造业等劳动密集型企业，同时要加强培育主导产业，逐渐形成产业集群。要加强农村转移人口对产业的支撑作用，通过对产业园区内新型社区的农民统一进行技术培训，提高农村转移人口的综合素质，为产业园区的发展提供充足且高质量的劳动力，这也有利于吸引企业向小城镇产业园区集聚。小城镇要结合自身的实际情况，从培育主导产业、打造产业集群、产业园区配建新型社区等方面，壮大其综合实力。

中部区域小城镇发展需要通过构建产业园区，促进产业的集聚，提升产业效率，推动产业升级。这一过程需要充分发挥政府引导和市场机制的作用，实现资源优化配置和产业布局合理化。

（3）主动承接东部区域资源外溢

主动承接大城市的辐射。我国中部区域离东部区域最近，离经济发达的城市最近，具有得天独厚的便利条件。主动承接大城市的辐射和外溢非常重要。大城市带动是小城镇发展的重要动力之一，大城市近郊区的小城镇主要位于大城市地域半小时距离范围内的城郊接合部，具有优越的经济地理位置，能够优先享有大城市交通、资金、人才、技术，以及市场等要素的辐射，即近郊小城镇能够成为大城市产业梯度转移的承接地、人口和基础设施郊区化布局的重要区域、大城市都市区化发展的首选扩展空间。

中部区域城关镇要充分利用沿海地区产业转移的有利机会，把握返乡农民工创业带来的人才、技术、信息等资源，进一步强化人口集聚的产业基础，提升带动县域经济发展的龙头作用。

发展是第一要务，要借鉴东部沿海地区在改革开放初期小城镇发展的经验，在激活机制方面下功夫，在低成本上做文章，为产业提供低成本的发展机会，为农民工返乡和农村人口进城就业、创业和居住提供低成本的发展环境。为了进一步明确各级政府的投资责任，优化基础设施环境，我们将着力改善产业发展的环境和公共服务设施的状况。

探索小规模用地的出让方式，通过出让小规模用地，我们可以建设厂房，发展服务业，以及建设住房，从而降低产业发展和人口进城居住的门槛。让更多的市场主体拥有财产权利，从而充分激发他们的发展活力。对于已经被视为长期工业用地的集体建设用地，我们认为它们可以作为银行的抵押资产，并通过这种方式，盘活存量土地资产，并以此为基础，加大金融支持的力度。

（4）分类施策

依据小城镇与中心城区之间的空间距离远近、交通联系密切度、产业关联度、发展限制条件等主导因素，以及各小城镇区域职能分工，对小城镇发展进行发展定位和模式选择，分类施策。

近郊区小城镇能够优先成为承担大城市某项职能分工的区域，也成为吸纳农村地区剩余劳动力转移的首选集聚地。因此，大城市近郊区的小城镇，因其特殊条件能够获得更多的发展机会、能够快速地集聚市场要素实现发展，它们的发展有着独特的路径，把成为城市职能区或者小城市作为首选目标。

对距离城区较近、生态环境较好、旅游业基础良好的小城镇，要发展旅游业，成为附近城市休闲度假的旅游地。

而在远离大城市、区位条件较差地区的远郊小城镇，对外联系少，受大城市发展辐射较少，经济发展较为闭塞，农业产业结构调整推动力不足，产业结构中第一产业所占比重大，工业基础薄弱、发展缓慢，要重点发展农业，提供生活服务。如果交通条件较好、产业基础好，可以作为附近城市产业承接地区。见表10-3。

表10-3 我国小城镇发展定位

区域特点	发展定位
城镇区位条件良好、产业基础良好、未来发展潜力较大	城市职能区或小城市模式
距离较近、生态环境较好、旅游业基础良好	旅游休闲模式
距离较远、交通条件良好、产业基础较好	产业承接模式
距离较远、交通条件较差、缺乏工业基础	生活服务模式

10.4.4 我国西部区域小城镇发展方向

10.4.4.1 西部区域小城镇特点和发展不足

我国西部区域地理环境复杂，山川起伏，交通闭塞，地理环境复杂。长期以来，我国西部区域经济增长缓慢，城镇化水平低，小城镇建设落后且一直徘徊不前。小城镇发展带有明显的集镇特征，还处在城镇化缓慢地积累的初期阶段。[①] 城镇体系职能结构松散，结构等级弱化，小城镇与乡村发展相对均衡。小城镇与乡村发展相对均衡使得小城镇对乡村没有吸引力，发挥不了增长点的带动作用，不利于区域经济的发展。

整体上，西部区域小城镇具有以下特点：一是人口规模相对较小。相比东部区域，西部区域地域广阔，但人口相对稀少，人口密度较低。这使得西部区域的小城镇分布较为分散，小城镇人口数量相对较少，规模相对较小。二是经济基础薄弱。西部区域的资源开发和产业发展相对滞后，经济基础相对薄弱，小城镇的产业结构较为单一，主要以农业和传统工业为主。三是资源丰富。西部区域拥有丰富的自然资源，如矿产、水利、森林、土地等。这些资源的开发利用，可以为西部区域的小城镇提供了发展的机遇和潜力。四是发展水平不均衡。在西部区域，小城镇之间的发展水平存在较大差异。一些小城镇得到了政府的重点扶持并取得了较好的发展，而另一些小城镇面临发展困境。城镇体系的等级结构显得较为薄弱。小城镇发展的主要经济增长点往往集中在那些技术含量较低、但拥有资源利用优势的项目上。小城镇的成长速度较为缓慢，与乡村的发展相对平衡。五是其他特点。西部区域公共服务设施相对不完善。由于资源分配不均和资金投入不足，西部区域的小城镇在教育、医疗、文化等公共服务设施方面较为欠缺。生态环境较为脆弱，这使得西部区域的小城镇在发展过程中需要更加注重环境保护和生态建设。由于经济发展相对滞后，西部区域的小城镇在基础设施建设方面相对滞后，如交通、通信、水利等方面。西部区域是一个多民族、多文化的地区，这使得西部区域的小城镇具有丰富的文化内涵和特色。

西部区域的小城镇在发展中也存在一些明显不足。一是缺乏经济主导产业。许多小城镇仍然依赖传统的农业和资源开发，集中在小城镇的第二、第三产业发展均很薄弱，区域经济中的同构现象相当严重，且规模层次雷同，致使一类产业的发展几乎无利润和竞争优势。缺乏具有竞争力的经济主导产业，难以实现可持续发展。二是人才流失严重。由于发展机会相对较少，一些年轻人选择外出就业，导致人才流失问题。三是技术创新能力不强。相对于东部区域的科技创新中心，西部区域的小城镇在技术创新方面缺乏能力和平台支撑。四是基础设施建设滞后。由于投资有限，西部区域的小城镇基础设施建设相对滞后，影响了其发展。

---

① 焦凤祥.加快经济落后地区小城镇发展的措施——对砀山县县域城镇体系规划的思考 [J]. 安徽建筑工业学院学报 (自然科学版)，2006(01)：53-55.

10.4.4.2 西部区域小城镇发展方向和措施

（1）强化小城镇等级，培育增长点

西部区域目前经济发展水平和社会发展水平较低，小城镇发展中不能求均衡发展。在经济薄弱、人口布局分散的情况下，均衡发展小城镇只会导致资源的分散、基础设施建设投资分散、劳动力的分散，分散的状况导致小城镇建设水平低、产业集聚度低、重复建设等问题，不利于规模效益的发挥。

有重点地发展小城镇。应选择区位较好、有资源优势的小城镇，有重点地发展，培育区域经济增长点，发挥增长点在区域经济中的带动作用。有重点地发展小城镇，能使分散的劳动力、资源、资金集中，发挥规模效益，同时有利于发挥基础设施的集聚优势，为第二、第三产业的发展和升级提供了广阔的空间。

采取点—轴式发展，注重培育增长极。必须加强资源要素的流动与集中，促进资源向点的集中，增强点的辐射力与集聚效应，切不可就地城镇化，分散建设，遍地开花。应在点的带动下，走点轴发展的道路，逐步实现区域经济、社会的协调发展。在多数情况下，社会经济要素倾向于汇集至一点。可以从单一或极少数点的基础设施建设开始，以线状模式连接各种级别的城镇。这样的连接形成了轴线，这个轴线将点与点紧密地联系在一起。随着开发活动的持续增加和经济发展水平的不断提高，更多级别较低的中心城市和发展轴线得以出现。同时，开发活动的关注焦点也逐步转移到数量更多但级别较低的发展轴线上。这就使得我们在另一发展阶段仍能够保持区域经济的迅速增长。

选择小城镇时，应打破行政体制的条块分割，在一个大的区域内，集中精力发展个别小城镇，促进人口、资源向小城镇的集中，加强小城镇在区域中的核心作用，加强区域城镇体系的等级结构，发挥小城镇对农村地区的带动作用。

（2）注重质量建设、构建合理的小城镇体系

小城镇建设应是全方位的建设，不仅仅是经济，还包括社会、文化、环境等方面的建设。西部欠发达区域小城镇处于起步阶段，小城镇建设质量低，在其发展的初期就应注重城镇质量与环境的建设，不能走发达地区的老路，避免土地浪费与环境污染，注意科学规划、合理开发建设，创造一个良好的人居环境。

要注重构建合理的小城镇体系。城镇是应有规模档次之分的，这样有利于各级城镇集聚效益的发挥，有利于整个小城镇体系结构的优化和城乡一体化的发展。

（3）重点打造专业化特色小城镇

根据我国西部区域小城镇资源丰富的特点，重点打造专业特色小城镇，形成强势互补的城镇体系。

工业。西部工业发展具有两大比较优势。一是自然资源禀赋优势，包括丰富的能源和矿产资源，如四川的矿产和水能资源、青海的盐湖和油气资源、贵州的生物资源以及内蒙古的煤炭基地。二是劳动力和土地等生产要素价格优势，目前中国制造业人工成本较发达国家低廉。因此，西部工业应充分发挥这些优势，大力发展资源型产业，并将自身定位为中国的能源和资源中心。通过深加工资源型产品，延长产业链，提高

产品附加值，将资源优势转化为经济优势。同时，抓住数字经济发展机遇，推动制造业转型升级，以新型工业化推动实现高质量发展。

现代农业。西部区域的一些地方发展现代农业，比如高原特色农业、观光农业等，以吸引游客和增加农业收入。西部区域小城镇多是现代农业型的，此类小城镇以第一产业为主。现代农业发展缓慢，要加快培育农业产业化龙头企业、农村合作社、家庭农村等新型经营主体，建立科技推广机构体系，建立农产品销售信息平台，促进现代农业的发展。要通过农村产权制度改革、土地制度改革、投融资体制改革等手段，破解农村经营主体融资困难、农业规模化发展缓慢的难题。对以区位交通、资源，以及大中城市辐射为依托的传统工业型小城镇，应加强培育主导产业，加快构建特色产业集群，通过科技技术创新等手段延长产业链条。

商贸物流业。对主要依托良好的交通条件和专业化市场的商贸物流型小城镇，重点发展商贸、物流园区，以及现代服务业。小城镇要强化对外联系，加强交通基础设施的改造升级，提升其通达性。小城镇主要以一种或几种产品的专业化生产为主，距离中心城区规模较远，应充分利用自身的农业、自然资源、矿产资源等发展农产品加工业，集中发展与中心城市密切相关的生产和生活类服务业，可以依托自身区位条件、绿色蔬菜等优势条件，可以发展生产和生活服务类产业，为中心城区提供现代服务。

发展旅游业。西部区域拥有许多独特的自然和人文旅游资源，比如红色文化、少数民族文化、自然资源等。发展旅游产业，可以充分利用这些特色资源，提升小城镇的知名度和经济活力。例如，一些地方成为爱国主义教育、革命传统教育和红军精神教育基地，吸引游客。西部区域地广人稀，风景秀美，可以重点发展旅游休闲型小城镇。小城镇主要依托良好的自然景观和区位条件，为中心城区居民提供节假日短途自驾游等服务，主要以农家乐、体验式游乐园、旅游风景区为主。小城镇多分布处于重要的水源涵养生态功能保护区，生态环境脆弱，人口优化外迁动力不足，交通不便，旅游休闲服务设施不完善，发展约束条件较大，旅游业缺乏大型项目带动，交通与休闲基础设施配套不完善。应加大财政转移支付，加快人口优化外迁，加大环境整治力度，缓解对生态环境的破坏，通过合理的引导和规划管理，走依托大项目带动的策略，通过合理的规划与设计，结合当地的传统文化风俗，打造高端旅游休闲综合体，改善区域的整体面貌，提升旅游服务的质量和品位。旅游休闲型小城镇要注重历史文化的开发，注重环境的保护，走持续发展的道路。

文化体育产业。西部区域的一些地方发展文化产业，比如民族手工艺、非物质文化遗产等，以保护和传承当地文化。西部区域的一些地方发展体育产业，比如户外运动、健身等，以吸引体育爱好者，提升小城镇的知名度和活力。

（4）加强小城镇基础设施的建设，形成交通发展轴

经济欠发达区域基础设施建设薄弱，道路交通不发达，这已成为制约这些地区经济发展的重要瓶颈。交通通道的闭塞导致欠发达地区与外界的信息流通受到阻碍，进一步加剧了区域封闭与发展滞后。由于资源未能获得高效的利用和配置，内向型封闭

经济现象在这些地区内越发显著。以综合交通为核心的全面发展策略，应当成为这些欠发达地区的优先选择。

为了加强小城镇基础设施的建设，构建更多的高速公路和公路，以便小城镇之间能够更方便地相互连接，促进区域内的贸易和人员流动，从而推动经济发展。完善铁路网络，提高小城镇的铁路覆盖率，提高交通运输效率，降低物流成本。改善农村交通，便于农民和农村居民更好地与外界联系，促进农村经济发展。发展物流网络，提高小城镇区域内的物流效率，降低物流成本。

促使成为区域交通枢纽和节点地区，将成为未来西部小城镇区域发展的重要方向。提升地区间的交通环境质量，有助于促进城镇空间的一体化发展。综合交通网络的构建，对于重点区域的开发具有重要的推动作用，并为区域内的中心城市优化空间布局和小城镇的集中发展创造有利条件。小城镇的空间拓展形式出现了许多新的变化，如各类开发区（包括大型工业园区、高科技园区、保税区等），这些新型的城市空间拓展模式已经成为整体化空间体系的重要组成部分，对于引导小城镇功能区的发展具有显著的推动作用。

（5）吸引外流人口回乡创业

人口是最重要的劳动力资源，尤其是掌握了一定技术的人。人口流动的一般趋势是由欠发达地区流向发达地区，对于欠发达地区来说，人口外流应看作农民非农化的一种方式。

外流人口返乡将带回资金和技术及先进的思想意识，将会为这些区域非农化创造条件，他们将会成为这些区域城镇化的重要动力，他们的劳动汇集了发达地区的发展与资金积累，也为今后将发达地区优势向落后地区转移做出一定的贡献。一方面，从感情上能够认同，由于从小在这个地方长大，对当地优势资源、风土人情、社会状况等十分了解。另一方面，外出多年，对外部情况也比较了解，积累了一定的资金和经验，因此，回乡创业将有利于地方经济的发展。

吸引外流人口回乡创业是一个复杂的社会问题，需要多方面的策略和措施。改善乡村创业环境。加强农村地区的基础设施建设，提高农村教育和医疗水平，改善农村居住环境和生活条件，为返乡创业人员提供更好的公共服务。提供创业支持和培训。政府可以提供创业资金、技术、政策等方面的支持和培训，帮助返乡创业者解决实际问题，提高创业成功率。发掘乡村资源优势。乡村拥有独特的自然资源和文化资源，可以通过开发这些资源，发展特色产业，吸引返乡创业人员。创新乡村产业模式。通过互联网、物联网等技术手段，创新乡村产业模式，发展农村电商、休闲农业、乡村旅游等新型产业，为返乡创业人员提供更多机会。加强乡村人才引进。制定优惠政策，吸引更多的人才回到乡村创业创新，同时加强乡村本土人才的培养和引进。营造良好的创业氛围：通过宣传和推广，营造良好的创业氛围和文化，树立返乡创业的榜样和典型，激发更多人返乡创业的热情和动力。吸引外流人口回乡创业需要多方面的措施和支持，需要政府、社会、个人等各方面的共同努力。

10.5 我国几种特殊小城镇发展方向

10.5.1 大城市周边小城镇要走与大城市功能互补的发展路径

在城镇化快速发展的今天,大城市、特大城市周边的小城镇承载了大城市的外溢功能,与大城市主城区功能互补性得以体现。重点是把握好以下四个方面:一是吸纳大城市中心区产业转移,承接了大城市产业(主要是工业)转移和外溢,重点是大城市退二进三带来的产业转移。二是分担大城市外溢人口,承担了吸纳大城市外来人口居住功能。特大城市、大城市是外来人口流入的重要地区,但是受我国特大城市、大城市居住空间有限、生活成本相对较高等因素的影响,郊区的小城镇成为吸纳城市外来人口居住的功能。三是承担大城市中心区服务功能的对外转移,比如教育、养老、行政等功能外溢。辐射区的小城镇要从交通、产业分工、市政基础设施、公共服务等方面加强规划,积极与中心城区对接,承接城区服务功能。四是为大城市人口消费外溢提供平台,重点发展休闲旅游相关产业。大城市要将相应的基础设施和公共服务设施向这些小城镇进行延伸,特别是要完善大容量公交系统、轻轨线路建设。改善外来人口的居住生活条件。鼓励小城镇利用大城市人口外溢的优势,发展与主城区功能互补、各具特色的小城镇。为城市居民居住、消费提供空间,鼓励本地农民利用自有土地积极探索发展小规模服务。

10.5.2 特大镇逐步发展为功能完备的中小城市

我们把在经济规模、财政收入、吸纳人口等方面能力较强,达到甚至超过一些城市的水平,但仍然实行镇级管理体制的小城镇,称之为特大镇。特大镇是我国目前一个客观存在的实体现象。随着我国经济强劲的发展,我国特大镇群体已成规模,按照民政部设市标准,很多特大镇均具备设市的条件和基础,并已经在承担着城市的辐射和带动功能。

从区域分布来看,特大镇主要分布在我国东部沿海地区和三大城市群。2022年财政收入千强镇位于东部区域的有825个,占比超过八成。而中部为122个,西部为48个,东北部仅有5个,三个区域合计只有不到20%。整体来看,我国特大镇在空间上的集聚的现象比较明显。在城镇人口方面,截至2022年年底,我国小城镇户籍人口大于10万人的有667个,其中,户籍人口10万—20万人的有643个,户籍人口大于20万人的有24个。其中户籍人口最多的前三名分别为广东省佛山市南海区狮山镇389055人、河北省三河市燕郊镇384849人、广东省佛山市南海区大沥镇338003人,均位于我国东部区域。户籍人口规模远远超过一般的城市。[①] 在经济规模和财政收入方面,2022年,全国综合实力百强镇均实力超凡。如广东省珠海市香洲区横琴镇在2022年一般公共预

---

① 国家统计局2022年县域城乡统计年鉴.

算收入高达 109 亿元，远远超过大部分县城，甚至大部分中等城市。见表 10-4。

表 10-4 我国特大镇情况表

一般公共预算收入居全国前 10 位的小城镇				
区域	省份	代码	乡镇名称	数量（万元）
东部	广东	440402104	珠海市香洲区横琴镇	1086774
东部	江苏	320583100	昆山市玉山镇	1073803
东部	江苏	320582100	张家港市杨舍镇	595059
东部	广东	440605124	佛山市南海区狮山镇	528439
东部	江苏	320583104	昆山市花桥镇	515255
东部	江苏	320582103	张家港市锦丰镇	426350
东部	江苏	320583102	昆山市周市镇	375242
东部	江苏	320509105	苏州市吴江区盛泽镇	364101
东部	江苏	320585103	太仓市浮桥镇	357222
西部	内蒙古	150627102	伊金霍洛旗乌兰木伦镇	351731
户籍人口居全国前 10 位的小城镇				
区域	地区	代码	乡镇名称	数量（人）
东部	广东	440605124	佛山市南海区狮山镇	389055
东部	河北	131082109	三河市燕郊镇	384849
东部	广东	440605125	佛山市南海区大沥镇	338003
东部	江苏	320583100	昆山市玉山镇	315528
东部	广东	442000118	中山市小榄镇	299911
东部	浙江	330327100	苍南县灵溪镇	298311
东部	江苏	320685100	海安市海安镇	296011
东部	江苏	320582100	张家港市杨舍镇	284481
东部	江苏	320681100	启东市汇龙镇	250337
东部	江苏	321012100	扬州市江都区仙女镇	250167

资料来源：国家统计局 2022 年中国县域城乡统计年鉴。

特大镇发展是在激烈的市场竞争中脱颖而出，相比于一般城市和小城镇，特大镇发展更具竞争力，可持续发展能力更强。特大镇已经有了城市之实，却仍然以镇级管理体制的形式存在，始终无法获得城市之名。尽管一些地方也以扩权强镇等形式进行了探索，但并未转变镇级机构对特大镇发展的根本束缚，也未能实现特大镇发展质的飞跃。解决特大镇发展的根本途径在于设市，通过设市充分释放改革红利，推动特大镇向功能完善的中小城市方向发展，这也是新型城镇化改革突破口。

探索设立县级市或县辖市。为了优化和强化对于远离城市核心地带、人口超过5万人的大城镇的管理，我们可以考虑实施县级市或县辖市制度。在提升其功能性和公共服务水平的基础上，我们可以采用以小政府、大社会为特征的管理模式。为了使县级市的人口规模和城镇化水平能与之相匹配，我们应当制定科学合理的管理机构及人员编制安排，打破传统的上下对口的架构。在现有县域编制总数保持不变的前提下，我们可以根据县辖市的实际功能需求来调整机构设置。作为一级政府单位，县辖市享有独特的管辖权，可以自主处理其辖区内的相关事务，并积极探索城乡分治的管理模式。此外，我们需要建立和维护一个完善且稳定的县级市与上级政府的税收分配关系，并在财力分配中提升县辖市的比重，以增强其财政自主权。

10.5.3 发展动能衰竭的小城镇，主动撤销合并

发展衰竭的小城镇将随着时间推移逐渐消失，比如资源枯竭型小城镇，如重庆市北碚区天府镇、黑龙江鹤岗和辽宁抚顺的部分小城镇。还有就是曾经在特殊时期执行特殊任务聚集起来的小城镇，随着相关任务的结束，人口迁移走而荒废消失，如我国战备时期的某些边远小城镇。主动撤销合并这部分发展衰竭的小城镇，增强发展动能。

综上所述，根据我国各个区域小城镇发展实际情况，小城镇发展战略、方向以及采取的相应的措施均有所不同。要结合我国各区域小城镇的发展特点和不足，要因势利导，灵活应用，尽快地制定符合当地实际的政策措施，促进区域协调发展，为实现乡村振兴和共同富裕尽力尽责。需要强调的是，每个区域都有相似和不同的地方，相似的地方完全可以采用同一种措施，不同的地方因地制宜。见表10-5。

表10-5 我国各区域小城镇发展方向及相应的措施

区域	特点和不足	措施
东部	小城镇密集，要素集聚强度不够 小城镇行政区划缺乏弹性 小城镇发展结构趋同，乡镇企业迭代需求难以满足 小城镇基础设施的效益难以发挥 小城镇环境污染严重	扩权强镇，趋向小城市 小城镇合并重组 建立城镇群 产业集聚推动工业化 改善生态环境
东北部	小城镇发展落后 小城镇规模小，发展差异大，城镇化质量差 小城镇管理体制不完善 小城镇高素质人才匮乏	撤乡设镇，快速扩容小城镇数量 增强小城镇对农村的带动和辐射地位和作用 小城镇与工业化协同发展 改善小城镇营商环境

区域	特点和不足	措施
中部	资源丰富 基础设施落后 小城镇经济结构相对单一 市场需求不足 人才流失严重和缺乏创新能力	城乡统筹发展 构建产业园区，促进产业集中 主动承接东部区域资源外溢 分类施策
西部	经济基础薄弱，小城镇发展缓慢，分布密度较小，开发强度偏低 资源丰富，缺乏经济主导产业 发展水平不均衡，产业、技术与人才的集聚度不够 小城镇功能薄弱，技术创新能力不强 人才流失严重	培育增长点，强化小城镇等级 注重质量建设、构建合理的小城镇体系 重点打造专业化特色小城镇 加强小城镇基础设施的建设，形成交通发展轴 吸引外流人口回乡创业

　　小城镇是我国城镇化的关键组成部分，在我国共同富裕和乡村振兴的背景下意义非凡。小城镇能有效地解决农村大量剩余劳动力问题，缩小城乡差距。小城镇整合城乡经济，作为高层次城镇和低层次城镇双向扩散的枢纽，基本解决城乡统筹过程中的公共服务均等化问题。小城镇具有地方特色和优势产业，发展潜力巨大，通过合理的产业布局和资源利用，可以促进区域经济的均衡发展。小城镇是连接大城市和农村地区的节点，有接受大城市产业转移和辐射的便利条件。随着大城市生态文明建设发展，城市人口对生态空间、农业休闲旅游、绿色消费等需求的增加，小城镇可以发挥重要作用。

第 11 章　我国小城镇发展机遇及挑战

11.1 小城镇发展的机遇

　　我国小城镇发展具有较大的潜力，政府的政策支持、行政体制创新、产业转移和区域协调发展、农业现代化和农村产业发展、人才流动、全球化、科技发展、乡村振兴等因素都将为小城镇发展提供良好的发展机遇。

11.1.1 行政体制的创新激发小城镇的发展活力

　　小城镇的发展与其所处的经济、社会、制度环境密不可分。改革开放以来，小城镇的经济、社会形态发生了根本性变化，但与之相比，小城镇的制度城镇化却严重滞后，制约了小城镇的进一步发展。随着经济社会的快速发展，小城镇行政体制的弱能性、僵硬性和离散性问题日益突出，扩大小城镇政府权力和职能、打破发展障碍的诉求日趋强烈。

　　深化体制改革。一是继续加大扩权力度，把一大批中心镇、重点镇建设成为产业发达、功能完善、环境优美、宜居宜业的小城市。二是按照由重点到一般的路径，将权力逐步下放到各个小城镇，实现改革从点到面的跨越。在新的发展方向引导下，小城镇经济、社会发展自主权明显扩大，尤其是镇级市改革试点镇获得了更多的城市发展权，这必然会为小城镇规划建设管理水平的提高、集聚辐射能力的增强打下良好的基础。

　　推进了扩权强镇改革。此次改革的整体思路是通过下放经济社会管理权和财政权，增强小城镇政府权能、转变其职能并实现职能纠偏，最终目的是提升小城镇政府综合治理能力，加快建立与地区经济、社会发展相适应的管理体制及运行机制，推进新型城镇化，实现城乡统筹发展。扩权后，中心镇政府权小责大的窘境得到了缓解，小城镇经济发展活力得以提高，提供公共服务、产品的能力增强，对周边地区的辐射带动作用不断加大。

　　然而，小城镇行政管理体制改革风险性也比较大，用权不规范造成的廉政风险就是一个具体表现。随着改革的深入推进，小城镇转型升级、统筹城乡发展步伐明显加快，小城镇行政体制的再次创新是小城镇发展面临的又一重大机遇。

11.1.2 产业转移和区域协调发展是小城镇发展的助力器

随着我国工业化进程和城市化进程的加速，一些大城市面临着一系列积累的问题，如人口拥挤、交通堵塞、环境污染等。为了缓解这些压力，政府开始实施产业转移和区域协调发展的策略，鼓励将一些产业和人口疏解到小城镇，实现全国区域的协调发展。这个过程称为逆城镇化。逆城镇化是解决中心城市问题、优化空间结构、突出产业优势、增强集聚和带动效应、实现中心城市可持续发展的最佳途径。

对于小城镇而言，逆城镇化是一股巨大的发展能量，只要与其良好对接，小城镇就能获得重要的发展动力。随着城镇化建设水平的提高，一些中心城市的逆城镇化势头增强，通过分析，我们发现这股逆城镇化主流包括两个分支：一是产业逆城镇化，即小城镇成为中心城市产业转移的主要承载地；二是人口逆城镇化，部分城里人选择到小城镇定居。

产业转移和区域协调发展可以带动相关产业的发展，创造更多的就业机会，提高人们的收入水平。随着制造业的转移，小城镇可以发展起一系列配套服务行业，如物流、商贸、金融等。这将为当地居民提供更多的就业机会，促进经济的多元化发展，有助于改善城乡之间的差距，促进社会稳定和谐发展。

小城镇应该抓住这个契机，继续强化自身的天然、历史优势，创造条件提高吸纳发展要素的能力，如吸引投资、培养人才等。努力构建与中心城市协作共荣、良性循环的发展局面，实现城乡协调发展，推动区域经济繁荣。

11.1.3 乡村振兴国家战略为小城镇发展插上了翅膀

乡村振兴国家战略的实施，为小城镇的发展插上了翅膀。这一战略为小城镇提供了政策、资金和人才支持，引领小城镇实现经济发展、社会进步和环境保护的目标。同时，也加强了农村与城市之间的连接和互动，为小城镇实现可持续发展提供了动力和机遇，为乡村振兴注入了新的活力。

传统的农业发展模式已难以满足农民需求，小城镇作为连接农村与城市的纽带，具有振兴农村经济、提升农民收入的潜力。通过定位小城镇在乡村振兴中的角色，政府给予了小城镇更多的政策和财力等支持。在政策层面，政府出台了一系列切实可行的政策措施，包括加大对小城镇的基础设施建设投资、优化产业布局、扶持新产业发展、改善公共服务水平等，有针对性地促进小城镇的发展，为其提供了良好的政策环境。在资金方面，政府通过设立专项资金、开展金融创新等方式，加大对小城镇发展的资金支持力度，推动小城镇的基础设施建设、产业升级、公共服务提升等方面，有助于解决小城镇发展中的资金瓶颈问题。在人才方面，政府鼓励高素质人才返乡创业和就业，通过创新人才引进政策和培育计划，吸引各领域的专业人才投身小城镇发展。这为小城镇提供了技术、管理和创新方面的支持，推动小城镇实现可持续发展和转型升级。

乡村振兴国家战略为小城镇的发展提供了全方位的支持和保障。通过政策、资金和人才的综合投入，小城镇将迎来更加繁荣和可持续发展的未来，这将有力推动乡村振兴的进程，实现农村与城市之间的协调发展。

11.1.4 农业现代化和农村产业发展是小城镇发展的基础

农业现代化和农村产业发展的繁荣为小城镇的发展注入了新的活力。通过建设现代农业园区，小城镇推动了农业产业链的延伸，促进了农产品加工和农村旅游业等领域的繁荣，有效提高了农民收入和农村经济的发展。这为农村市场经济的增强提供了有力支撑，也为小城镇发展奠定了坚实的经济基础。

小城镇拥有广阔的市场和资源，为企业提供了丰富的发展机会。政府积极鼓励企业通过投资和创新，利用小城镇的地理位置和区位优势，在当地建设产业园区、科技园区、文化创意产业基地等，以推动经济发展。这些举措将进一步推动小城镇的发展，并为当地居民提供更多的就业机会和更好的生活条件。

农村非农产业的发展作为小城镇的基本经济推动力，打破了农村搞农业的单一僵化局面，为小城镇的崛起注入了新的活力和机制。这一趋势将会持续下去，并有望在未来几年中持续发展。近年来农村非农产业发展的波动性并没有否定它作为农村经济结构变迁与转化的根本变革力量。

据有关部门预测，按照农副产品每年递增 5.5% 的速度计算，农村市场可提供的农副产品价值可达上万亿元以上。这需要拥有数百万个农产品收购销售网点和与之相适应的市场规模。在这样的背景下，小城镇作为商品流动中心的商品容量的增大，必然促使小城镇功能发生质的飞跃。

11.1.5 全球化为小城镇发展拓展了需求空间

全球化是指以经济为主体，文化、政治等方面相互交流和融合的过程。全球化无疑在一定程度上为小城镇的发展带来巨大的机遇，拓展了小城镇的需求空间。

全球化带来了更多的经济机会。随着全球经济一体化和对外贸易加强，小城镇产品和服务更易进入全球市场，获得经济机会。全球化带来更多元化的消费需求，小城镇可通过引进跨国品牌、提供个性化服务等方式满足更多消费需求，促进地方经济发展。全球化可促进旅游业发展，小城镇可开展文化旅游、国际交流等吸引游客，增加经济收入。

全球化为小城镇提供了更多的资金来源。随着全球投资的增加，小城镇可以吸引更多的外来投资和资金，进一步提升自身的发展实力。这样一来，小城镇可以加强基础设施建设、提高公共服务水平、促进人口流动等措施，打造更加宜居、宜业的环境，吸引更多的人才和企业入驻。单就提高基础设施建设来说，全球化可以为小城镇提供更多的资金来源和技术支持。一些跨国公司在全球化的大背景下，会在一些小城镇设立区域总部或生产基地，在当地投资新建或扩建工厂、修建道路、建立新的公共设施等，这些投资和建设将带来大量的资金和技术转移，从而提高当地经济的整体发展水平。

全球化也为小城镇提供了更广阔的视野，帮助小城镇了解全球市场和国际经济发展趋势，有利于小城镇的产业结构调整、技术更新和产品升级。在全球化的趋势下，跨国公司和外资企业的引入，可以促进小城镇与国际市场的对接和融合，提高小城镇在全球分工中的地位和影响力。例如，一些国际品牌的入驻，不仅可以带来品牌效应和美誉度，也有助于提高小城镇的产品质量和市场认知度，有效扩大小城镇的市场份额和品牌价值。

当然，全球化对小城镇的负面影响也需要警惕。全球化可能会加剧全球经济和社会的不平等，带来一些负面影响。因此，在小城镇全球化过程中，需要制定相应的政策和措施，以引导全球化的发展方向，保障小城镇的正常发展和稳定。

11.1.6 科技人才为小城镇发展提供了核心动力

人才是创新的重要驱动力量，他们带来的创新思维和专业知识能够激发小城镇的创新活力。随着人才流动的增多，小城镇的人力资源更加丰富。这为小城镇提供了发展人才培养和教育的机会，培养本地人才，提高人才的素质和能力，为小城镇未来的发展打下坚实的基础。

小城镇可以采取更多的措施，利用好人才红利。制定优惠政策吸引人才，出台税收优惠政策、提供住房补贴等措施，吸引人才到小城镇发展。加大投资力度提升基础设施，提升通信、交通等基础设施水平，为人才提供更好的发展环境。加强人才培养和教育，加强与高校和研究机构的合作，建立合适的培训机制和教育体系，培养本地的专业人才。创造良好的创新创业环境，建立创新创业基地、科技园区等，提供更多创业机会和资源支持，吸引人才创新创业。小城镇发展可以创造更多的就业机会，促进居民就近就业，减少农民外出打工和流动人口。政府鼓励小城镇吸引投资并引进龙头企业，提供多样化的就业岗位，促进就业稳定和社会稳定。小城镇在科技创新、创业孵化等方面有着巨大的潜力和机会。当地政府积极打造创新创业生态圈，吸引高科技企业和创业者落户小城镇，推动经济的转型升级。

11.2 小城镇面临的挑战

小城镇发展主要取决于在国际、国内环境和国家宏观政策导向下自身的适应能力和开拓创新能力。从这一角度看，小城镇发展仍然面临着许多严峻的挑战，挑战主要来自政策倾斜、发展模式、资金投入、人才及人口老龄化、基础设施、产业单一、公共服务和社会治理水平、国际环境等。

11.2.1 小城镇政策倾斜优势减弱

国家政策对地区小城镇发展具有显著影响，尤其是区域发展战略转型导致小城镇政策倾斜优势减弱。

自改革开放以来，得益于优先发展政策，小城镇市场体系趋于完善，经济社会发展迅速。过去的一段时间，中国政府高度重视小城镇的发展，将小城镇作为促进农村经济发展和农民增收的重要手段。政府出台了一系列政策，推动小城镇建设和发展，包括提供财政补贴、税收优惠和金融扶持等支持措施，以及相关产业政策和人才政策。这些政策倾斜使得小城镇在一定程度上获得了发展的优势。然而，近年来，随着国家区域发展战略的调整和变化，小城镇政策倾斜的优势相对减弱。政府的关注点逐渐从小城镇转移到大城市和特大城市，重心开始向地区经济中心城市和特色产业集聚区域倾斜，政府资源和资金的投入也更多地流向这些重点城市和区域。政府更加注重发展高效便捷的交通网络和现代化的基础设施，以支撑大城市和特色产业集聚区域的发展。近年来，全国各区域在国家政策支持下，掀起了城市群、经济区培育的高潮，工业化、城镇化快速推进，形成了多元化竞争格局，给小城镇带来了巨大的发展压力。随着城市化进程的加速，大城市和特大城市的吸引力持续增加，人口向城市集中带来了更多的就业机会、教育资源和医疗保障等优势，使得年轻人更倾向于选择在大城市发展和生活。这导致小城镇人才流失的加剧，使小城镇的经济发展和发展前景受到了挑战。此外，小城镇基础设施相对滞后，缺乏现代化的交通、通信和公共服务等设施。

非均衡发展战略引发了一系列重大问题，如地区发展机会不均等、区域差距扩大及区域间利益冲突加剧等。从宏观层面看，推动区域协调发展是实现全面建成小康社会的必然选择，但对小城镇而言，国家区域发展战略的转型导致小城镇政策倾斜优势相对减弱。政府资源和资金的投入更多地流向大城市和特大城市，小城镇的发展面临一定的挑战。

11.2.2 小城镇科学发展模式尚未全面形成

小城镇存在着产业结构不合理、发展方式落后、环境污染严重等一系列问题。

小城镇产业结构仍不合理。首先，无农不稳，小城镇产业竞争力的提高始终都取决于农业的发展，所以发展现代农业、推动农业持续发展是小城镇的首要任务。[①] 然而许多小城镇一产比重较低，农业与工业、服务业关联度弱，产业链条短，科技支撑力度不足，产品附加值不高，农业现代化进程缓慢。其次，工业经济快速发展是小城镇实力增强的根本原因，但部分小城镇出现了二产比重过大、产业结构层次低、经济效益不高等问题。因为产业发展定位和分工不合理，部分城市间形成了产业同构、同质化竞争的格局。由于小城镇的工业结构大多与城市趋同，再加上行政壁垒、地方逐利导致统一的市场体系被割裂，部分小城镇横向联系松散、盲目攀比、重复建设、同质化恶性竞争等问题也非常突出，严重阻碍了小城镇的发展。再次，面对经济、社会发

---

① 陈前虎，宋珍兰，宋炳坚，等.浙江省农业型小城镇转型发展思路 [J].浙江工业大学学报（社会科学版），
　2011，10(03):272−276.

展的新形势，小城镇积极应对挑战，有所侧重地发展第三产业。特别是一些重点镇、中心镇坚持第三产业发展标准为目标，加快产业转型升级步伐。但也应看到小城镇第三产业整体规模仍然较小、业态相对陈旧、集聚力弱、成长空间缺乏，[①] 在经济后发达地区，一些小城镇在发展过程中，片面追求三产外形，就三产论三产，结果违背客观规律，导致第三产业对镇域经济的带动作用难以显现。

小城镇高投入、高消耗、高排放的经济发展模式依然没有发生根本改变。小城镇产业用地规模普遍过大，布局相对分散，土地集约利用率不高，又致使土地资源紧缺问题更加严峻。粗放型经济发展方式不仅造成小城镇能源、原材料、土地等资源紧缺，而且还加剧了水、大气、噪声、土壤等环境污染问题。近两年，经济发达地区小城镇传统产业转移进程加快，而在实际承接产业转移的过程中，后发达地区小城镇普遍缺乏警惕性、急功近利、重量轻质，随意承接高能耗、高污染产业，再加上产业布局过于分散，污染治理难度较大，当地的生态环境受到二次破坏，城镇间矛盾冲突不断。

由于存在种种障碍和歧视，部分小城镇农民、农民工获得社会福利、待遇门槛仍然过高，制约小城镇发展的新型城乡二元结构依然存在，小城镇的城镇化还只是半拉子城镇化。由于难以获得镇民待遇，目前小城镇居民户口对农民、农民工的吸引力正在逐渐变弱。而随着国家一系列惠农政策的推行，农村户口含金量提升。许多小城镇出现了农民、农民工回流农村现象，一些已经转成非农户口的小城镇居民也纷纷要求将户口迁回农村，小城镇的城镇化水平和质量直线下降。

由于缺乏合理的建设指导规划，部分城镇建设滞后于发展的现象仍然存在。一方面，交通、环境等基础设施不健全，且统筹建设力度不够，服务半径不足，共享利用率低，规模效益无法形成。另一方面，一些小城镇（包括部分中心镇）公共基础设施建设滞后，相关公共服务能力有限，镇域范围内服务中心地位不突出。而且小城镇普遍存在着重建设、轻管理现象，小城镇脏、乱、差，人居环境恶劣，城镇形象不佳。因此，加强城镇管理、提高社会效益已经成为小城镇发展的一项重要任务。

11.2.3 小城镇存在产业结构单一和经济转型难题

小城镇的产业结构通常较为单一，在产业升级和经济转型的过程中，小城镇面临着调整结构、提升技术水平和创新能力的困难，这会带来经济转型的难题。一些小城镇的经济主要依赖于传统产业，缺乏多样化的产业结构。小城镇的经济往往依赖于一两个主导产业。这些主导产业通常是传统的农业、工业或者矿产资源开发等。小城镇的经济高度依赖于特定的产业，一旦这些产业遭受影响（如市场波动、人工成本上升、环境限制等），小城镇的经济会受到冲击。由于主导产业的限制，小城镇的企业往往缺乏多样化的发展机会和市场需求，而且这种单一性可能导致企业对技术创新和市场

① 李晓琴，金兆森 . 小城镇建设与第三产业的发展研究 [J]. 小城镇建设，2010(01)：90-93.

变化的适应能力不足，限制了经济的持续发展。

小城镇的经济转型面临许多困难。一方面，经济转型需要大量的资金投入和技术支持，而小城镇的财力和技术创新能力受限，难以拥有足够的资源进行转型。另一方面，小城镇的社会结构相对稳定，存在着人员安置和就业转型的问题。由于缺乏多元化的经济发展机会，小城镇的居民面临着就业压力和经济收入下降的风险。

小城镇创业发展中面临的问题和机遇是不同于大城市的，必须采取创新驱动的战略，如发掘地域特色、加强科技创新、实施人才战略等。同时还强调了政府的引导和扶持，如制定政策、提供创业服务等，以创造良好的创业环境，促进小城镇的可持续发展。加强小城镇的创新和科技发展，通过提供创新资源和支持政策，吸引高端人才和科技企业，推动小城镇的领先发展和创新驱动型发展。[1] 小城镇的教育水平普遍低下，需要加强小城镇的基础教育建设，提高小城镇居民的综合素质和创新能力。[2] 要加强小城镇的人才培养和引进，通过提供优质的教育、医疗和社会服务等，吸引和留住高端人才和民生需求的服务人员，推动小城镇的社会发展和人力资源优化。[3]

解决小城镇产业结构单一和经济转型的难题需要政府、企业和社会各方的积极参与和合作。加大对小城镇的扶持力度，包括财政补贴、优惠税收和金融支持等，吸引外部投资，推动产业转型升级。鼓励创业创新和人才培养，在小城镇中建立创新创业孵化基地和技术研发中心，提供支持和配套服务，培育新兴产业和创业精神。推动城乡一体化发展，加强城市与小城镇之间的互联互通和经济合作，促进资源共享和经济协同发展。推动小城镇的产业结构转型，通过鼓励科技创新、产业升级和拓展新兴产业，促进经济多元化发展。

11.2.4 小城镇基础设施滞后和交通不便问题突出

小城镇基础设施滞后与交通不便问题，已成为制约其发展的主要瓶颈之一。相较于大城市，小城镇在基础设施与交通条件方面普遍存在较大的差距，这给当地发展带来了极大的不便，同时也对企业投资与人员流动形成了限制。

造成这一现象的原因，主要是小城镇的发展相对较慢，导致对基础设施建设的投入不足。由于资源分配有限，小城镇常常面临资金和投资来源不足的困境，严重制约其发展速度与整体质量。受制于地方经济规模，政府在提供全面的基础设施建设方面缺乏足够的财力与资源，基础设施（涵盖了道路、桥梁、给排水系统、电力和通信网络等多个方面）的匮乏，进一步导致小城镇面临交通不便和生活品质下降的问题，对当地经济发展与居民生活质量产生严重影响。

交通不便这一问题，也是小城镇所面临的重大挑战。由于缺乏现代化的交通网络

---

① 吕艳霞，杨文平．小城镇的创新与科技发展 [J]．科技与管理，2022(09):16-20.

② 李婷，张正潮．小城镇基础教育建设与居民素质提升 [J]．教育科研，2022(8):95-98.

③ 常维国，宋立峰．小城镇人才培养和引进的重要性 [J]．人力资源管理，2022(5):32-36.

与便捷的交通工具，公共交通覆盖率低，交通运输设施与服务也相对不完善，这给居民出行与货物运输带来了不小的困难。交通不便不仅限制了小城镇在教育、医疗等领域的均衡发展，更使得对外来投资和人才的吸引力大打折扣，严重制约了小城镇的经济发展。交通不便对小城镇发展与人口流动也产生了不小的影响。由于交通条件不便利，小城镇可能无法吸引外来投资与人才流入，限制了经济发展。同时，居民也可能因交通不便而选择外出谋生，导致本地人口流失与小城镇衰退。

11.2.5 小城镇人才流失和人口老龄化现象严重

随着经济的发展和城市化进程的推进，部分年轻人选择赴大城市务工或寻求更好的发展机会，导致小城镇面临人才流失的问题。与此同时，小城镇的人口老龄化问题也日益凸显，对公共服务和社会养老保障体系提出了更高的要求。

小城镇因发展机会和吸引力相对不足，导致人才流向大城市。由于经济发展相对较慢，小城镇的就业机会有限，职业发展空间相对较小，促使部分年轻人选择外出谋求更好的就业和发展机会。这种人才流失现象加剧了小城镇经济发展的不均衡性。

小城镇的人口老龄化问题日益突出。一方面，人才流失和经济发展相对滞后导致小城镇的老年人口比例逐渐上升；另一方面，年轻人外出务工或进城读书等因素导致小城镇劳动力减少。老年人口的增加以及劳动力减少给小城镇的社会养老、医疗服务、社区建设等方面带来了挑战。

人才流失和人口老龄化给小城镇的经济发展和社会稳定带来了负面影响。人才流失导致小城镇的创新能力和竞争力下降，限制了经济发展潜力。人口老龄化给社会保障体系带来压力，导致医疗资源紧张，社区服务需求增加。然而，小城镇的财力和资源有限，难以有效应对这些挑战。

解决小城镇人才流失和人口老龄化问题需要政府、企业和社会各方的共同合作和努力。政府需要加大政策支持和投资力度，营造良好的发展环境和社会保障体系。企业需要积极参与并提供就业机会和发展空间以吸引人才留在小城镇。社会各界可以积极参与社区建设和养老服务，关注老年人的需求，共同营造适宜生活和发展的环境。

11.2.6 生态环境保护和可持续发展面临考验

小城镇承载了大量人群，生态环境问题非常重要。[①] 小城镇的发展往往涉及土地利用、资源开发和环境保护等问题，在经济发展和城市化进程中往往面临着生态环境破坏和资源过度开发的挑战。许多小城镇存在土地利用不合理、水资源浪费、大气污染等问题，给生态环境带来了严重的压力，小城镇的可持续发展面临着资源利用效率低下和经济转型困难的挑战。

---

① 李志远. 小城镇生态环境建设与管理 [J]. 环境科学学报，2007，27(05)：719-724.

鼓励小城镇推行生态建设，倡导绿色发展理念，强调资源节约和环境友好型产业发展。加强对小城镇的环境监管和执法力度，推动环保法规的严格执行。积极引导小城镇开展产业转型和升级，促进绿色和可持续发展。通过提供财政补贴、税收优惠和金融支持等方式，鼓励企业采用清洁能源、循环经济和绿色技术，减少对环境的负面影响。鼓励和支持小城镇的科技创新和人才培养，推动环境保护和可持续发展的技术进步。通过建立科研机构、技术研发中心和创新创业孵化基地等方式，提供支持和政策激励，培育创新能力和创业精神。

提高城镇化的质量与效率，改变农业生产方式与消费方式，循环、绿色与低碳发展的必然选择[1]。从维护城市自然环境的角度，给出了用地布局意见。[2] 通过系统分析影响城市建设用地生态适应度对自然环境、社会经济发展与生态安全的影响，构建了城市建设用地的生态适应度评估模型系统与方法，[3][4][5] 实现小城镇的生态环境保护和可持续发展。政府需要加大政策支持和资源投入，加大环境监管和执法力度，推动绿色发展。企业需要注重环境责任，采用清洁生产技术，减少对环境的污染。社会各界需要加强环境保护意识，积极参与和支持绿色经济和可持续发展的行动。

① 李迅.建设生态文明，构筑美丽中国，实现永续发展——关于生态文明与生态城市发展的思考 [J].小城镇建设，2012(11):26-30.

② 陈燕飞，杜鹏飞，郑筱津，等.基于GIS的南宁市建设用地生态适宜性评价 [J].清华大学学报(自然科学版)，2006，46(06):801-804.

③ 王海鹰，张新长，康停军.基于GIS的城市建设用地适宜性评价理论与应用 [J].地理与地理信息科学，2009，25(01):14-17.

④ 尹海伟，张琳琳，孔繁华，等.基于层次分析和移动窗口方法的建设用地适宜性评价 [J].资源科学，2013，35(03):530-535.

⑤ 桂萍，孔彦鸿，刘广奇，等.生态安全格局视角下的城市水系统规划 [J].城市规划，2009，33(04):61-64.

第12章　我国小城镇主导产业

小城镇主导产业在发展过程中面临诸多问题，如缺乏特色、产业结构雷同、主导产业不明确、缺乏吸纳农业人口的能力、环境污染等。这些问题导致小城镇虽然脱离了农村，但人口吸纳能力较弱，吸引力也不强，使得小城镇发展陷入了脱离了农村却又入不了城市的尴尬境地。

在确定主导产业时，应从实际情况出发，充分考虑每个小城镇的独特性，选择适合自身发展的产业。这需要深入了解当地的资源优势、市场需求以及历史文化特点，并充分挖掘和利用这些优势条件。主导产业的选择不仅要考虑资源优势和市场需求，还要考虑产业之间的关联度和互补性。只有选择与当地资源相匹配、与市场需求相适应的主导产业，才能有效地推动小城镇的经济发展和社会进步。同时，在确定主导产业的过程中，还应注重生态环境保护和可持续发展，实现经济发展与环境保护的良性互动。主导产业决定小城镇发展方向。

12.1 小城镇主导产业多元

12.1.1 主导产业分类及发展原则

我国小城镇的主导产业类型及其选择是一个复杂而多样化的过程，会受到地理位置和资源禀赋、市场需求和竞争优势、产业链和产业集群以及政策支持和发展战略等多方面因素的影响。小城镇主导产业类型的选择应综合考虑以上因素，并根据各个城镇自身的实际情况和发展潜力进行精细化分析，以确保选择的产业具有可持续性、适应市场变化和促进当地经济发展的潜力。不同阶段的小城镇发展可能需要调整和转型其主导产业，以适应社会经济发展的需求和变化。

地理位置和资源禀赋。不同地区具有不同的自然资源、气候条件和地理位置优势，这些因素将对小城镇主导产业的选择产生重要影响。在选择小城镇的主导产业时，必须充分考虑其与自身地理、环境资源条件的匹配程度，以利于发挥自身优势，提升产业的持续发展能力。① 例如：沿海地区可能更适合发展港口物流、船舶制造等产业；山区和丰富资源地区则可能更适合发展农业、矿产资源开发等产业。

市场需求和竞争优势。小城镇需要根据市场需求选择适合的主导产业。通过分析目标消费者群体和市场前景，选择能够满足需求并具有竞争优势的产业类型。例如，鉴于旅游行业的快速发展，许多小城镇选择发展旅游业作为主导产业，以吸引游客和促进地方经济增长。

产业链和产业集群。小城镇可以利用产业链和产业集群效应发展主导产业，并与周边地区形成合作联动效应。通过建立完整的产业链或发展相关产业集群，可以提高小城镇的竞争力和经济效益。例如，某个小城镇可以选择发展纺织业，通过建立与纺织原材料供应商、纺织加工企业和销售渠道的合作关系，形成完整的产业链条。主导产业的选择应注重产业的关联性，主导产业的前向效应、后向效应和旁侧效应。小城镇应注重城乡产业的协调与衔接，调整产业结构，转变经济发展模式，促进农村剩余劳动力的转移，并加强城镇社会保障体系建设。② 针对一些小城镇未能充分发挥产业和人口的集聚功能的问题，择优发展，重点支持具有较好基础的中心镇和专业镇，大力发展县城和重点中心镇。③ 加强生态环境建设，注重可持续发展。必须具备长远的战略眼光，不能以牺牲生态环境为代价，必须与小城镇的经济发展阶段相适应。在产业发展方面，小城镇应当注重解决"三农"问题，坚持市场导向，发挥政府的引导作用，突出地方特色和区域优势，并将外延扩张与内涵提高相结合。④⑤⑥⑦

政策支持和发展战略。政府的政策支持和发展战略对小城镇主导产业的选择起到至关重要的作用。政府可以通过给予税收减免、土地政策优惠、补贴和资金支持等方式，鼓励小城镇发展特定的产业。例如，中国政府在近年来出台了一系列扶持新能源汽车产业的政策，许多小城镇选择发展新能源汽车产业作为主导产业。

12.1.2 服务城市型小城镇的支撑产业

服务城市型小城镇通常位于城市郊区，依托城市产业外迁或自身优势，发展成为具有鲜明特色的产业型小城镇。它们主要通过物流交通业、旅游疗养业和资源开发业等产业来支撑自身发展，同时不断优化产业结构，提升产业水平，打造具有核心竞争

① 李国平，李迅，冯长春，等 . 我国小城镇可持续转型发展研究综述与展望 [J]. 重庆理工大学学报（社会科学），2018,32(06):32-49.
② 王金荣 . 当前我国小城镇经济发展困境及对策探析 [J]. 齐鲁学刊，2011(03):85-88.
③ 托娅 . 中国新型城镇化与小城镇发展 [J]. 商业文化，2015(06):188-189.
④ 金逸民，乔忠 . 关于小城镇产业发展问题的思考 [J]. 中国人口·资源与环境，2004(01):64-68.
⑤ 张建军 . 农村城镇化与新型工业化联动发展模式研究 [J]. 人口与经济，2008(06):1-6.
⑥ 王正新 . 扩大消费需求视角下小城镇发展模式的新探索 [J]. 中州学刊，2010(03):61-64.
⑦ 周国华 . 湖南小城镇发展研究 [J]. 长沙流域资源与环境，2000(03):299-306.

力的现代小城镇。

（1）物流交通业

服务城市型小城镇通常具有便利的交通条件和优越的地理位置，因此可以充分利用这些优势发展物流仓储业、分拣加工业、商贸服务业、运输维修业等产业。通过构建现代化的物流网络，为城市提供高效、便捷的物流服务，促进城市产业的外延和升级。同时，还可以围绕物流业相关产业发展，如信息技术、商贸服务等，形成多层次、全方位的产业体系，推动小城镇的经济发展。

（2）旅游疗养业

对于拥有优美风景、清洁环境、悠久历史和丰富古迹的小城镇，可以大力发展旅游业、养老业、休闲业、餐饮业、酒店业等旅游休闲产业。通过打造旅游风情小镇、养老疗养小镇等特色小镇，吸引城乡居民前来旅游、休闲、观光、采摘、养老、休养等，为小城镇注入新的发展动力。同时，还可以通过开发旅游商品、推广旅游品牌等措施，提升小城镇的知名度和美誉度，促进地方经济的繁荣。

（3）资源开发业

对于拥有丰富矿产资源的小城镇，如煤、石油、天然气或各种有色金属等，可以充分利用这些资源优势发展煤化工、石油化工及各种新材料产业。通过深度开发和加工，提高资源的附加值和竞争力，为城市提供重要的能源和化工产品。同时还可以通过技术升级和环保措施，提高产业水平，实现可持续发展。

（4）高新技术产业

一些小城镇依托科技创新和创业企业的发展，培育高新技术产业，如信息技术、生物技术、新能源等。这些产业具有较高的发展潜力和创新力，能够为小城镇的经济发展注入新的活力。通过政策引导和技术支持等措施，鼓励企业加大科技研发投入，推动科技成果转化和应用，提升小城镇的科技实力和综合竞争力。

（5）教育和培训

一些小城镇发展教育和培训产业，包括学前教育、职业培训和远程教育等。这些产业可以提供教育服务，并培养当地人才，推动人力资源发展。通过加强与高校、职业院校等教育机构的合作，提高教育培训的质量和水平，为小城镇培养更多具有专业技能和创新精神的人才，推动经济社会的可持续发展。

12.1.3 服务农村型小城镇的支撑产业

对于大部分远离大城市且无资源优势、交通优势和环境优势的大量小城镇，无法接收大城市辐射，而农村建设发展又需要非农产业的支撑，因此，必须立足农村建设小城镇，围绕农村繁荣、农业发展、农民需求，发展各种服务于"三农"的非农产业，建设服务农村型的小城镇，发展基于农业的非农产业。

（1）农产品加工业

农产品加工业是指对各类农产品进行加工、处理、分类、包装等生产活动，以满足市场需求和推动农业产业升级的重要产业。在农产品加工业中，粮食作物、畜产品、瓜果蔬菜等农产品被广泛利用，形成了面粉业、基于面粉的加工业、瓜果蔬菜收购、储存、交易行业、畜产品屠宰行业、运输业及信息咨询业等多元化的产业链。这些多元化的产业链不仅为人们提供了丰富的食品来源，还带动了劳动力就业和地方经济发展。

农产品加工业在国民经济中具有重要地位，是农业产业升级的关键环节之一。通过加工，农产品可以增值，提高农业效益和农民收入水平。同时，农产品加工业还可以带动相关产业的发展，如包装业、物流业、农业机械制造业等，进一步促进农业现代化和农村经济发展。

（2）农民公共服务业

农民公共服务业是指为农民提供各种公共服务的事业，包括镇政府机关、镇医院、邮政储蓄所、农村信用合作社、小学和初中等在内的公共服务机构。这些服务机构为农民提供了方便快捷的服务，满足了农民的基本生活需求。

农民公共服务业的发展对于促进农村经济发展和提高农民生活水平具有重要意义。通过提供公共服务，可以满足农民的基本生活需求，提高农民的生活质量，促进农村社会的稳定和谐。同时，公共服务机构的建设和发展也可以带动相关产业的发展，如建筑业、交通运输业等，进一步促进农村经济的繁荣和发展。

（3）农业生产服务业

农业生产服务业是指为农业生产提供各种服务支持的产业，包括技术培训、化肥农药种子等生产资料销售、农机销售及售后维修、病虫害防治、测土配方、集中育苗等生产服务业。这些服务机构为农民提供了方便快捷的服务，满足了农业生产的需求。

农业生产服务业是农业现代化发展的重要支撑之一。通过提供各种服务支持，可以提高农业生产效率和质量，促进农业现代化和生态农业的发展。同时，农业生产服务业还可以带动相关产业的发展，如农业机械制造业、农药化肥行业等，进一步促进农村经济的繁荣和发展。

（4）生态农业和绿色发展

一些小城镇致力于发展生态农业和绿色发展模式，通过保护生态环境和推动可持续发展来实现农业产业的升级和转型。这包括有机农业、生态种植、生态养殖等绿色产业。这些产业以环保、健康、安全为核心理念，以实现经济、社会和生态效益的统一为目标，为人们提供更加健康、环保、安全的农产品和生态环境。

生态农业和绿色发展是未来农业发展的趋势之一。通过采用环保、健康、安全的农业生产方式，可以保护生态环境、提高农产品质量、促进农业可持续发展。同时，绿色产业的发展还可以带动相关产业的发展，如生态旅游、健康养生等，进一步促进农村经济的多元化发展。

（5）休闲农业

休闲农业是指将农业资源和农村环境相结合，提供休闲、观光、旅游等服务的产业。通过开发农业资源和农村环境，休闲农业可以为城市居民提供放松身心、体验乡村生活的机会。同时，休闲农业还可以促进农村经济的发展和增加农民的收入来源。

休闲农业是近年来迅速发展的产业之一。它不仅提供了城市居民休闲旅游的选择，而且也为农村经济发展注入了新的活力。通过开发农业资源和农村环境，休闲农业可以带动相关产业的发展，如住宿业、餐饮业等，进一步促进农村经济的多元化发展。

（6）健康养生业

健康养生业是指以健康为目的而提供的各种服务支持的产业，包括健康食品、保健品、健身锻炼、健康咨询等。这些服务机构为人们提供了维护和促进健康的各种支持和服务。随着人们健康意识的提高，健康养生业正逐渐成为重要的产业之一。通过提供各种健康服务和产品，可以满足人们对健康的需求和追求。同时，健康养生业还可以带动相关产业的发展，如医疗保健业、体育健身行业等，进一步促进经济的发展和社会的健康与福祉。

需要强调一点，小城镇的主导产业因地区差异较大，需要根据当地的资源、地理位置和市场需求等因素来确定。政府在制定发展策略和政策时需要充分考虑这些因素，为小城镇的主导产业提供必要的支持和鼓励。只有通过这种方式，我们才能够推动小城镇的产业升级和发展，使它们更好地服务于当地的经济和社会发展。

总体上来说，小城镇的产业支撑体系主要是依赖于非农产业，而非农业。这决定了小城镇的产业类型与城市具有相似性。由于小城镇自身的经济规模相对较小，其要素集聚能力相对较差，因此它们无法直接与城市进行竞争。为了在竞争中获得优势，小城镇必须采取与城市不同的合作方式，主要是在接收大城市的辐射和立足农村寻求内生性发展方面下功夫。对于位于大城市周边的小城镇或具有显著资源、位置优势的小城镇，它们可以以服务城市为出发点来确定主导产业。在这些地区，可以大力发展物流交通业、旅游疗养业和资源开发业。这些产业不仅有助于满足城市的需求，还能够带动小城镇的经济发展。然而，对于大多数的小城镇来说，它们的产业支撑应以服务"三农"的服务业和加工业为主，大力发展农产品加工业、农民公共服务业和农业生产服务业。通过为农村和农业提供必要的服务，小城镇可以促进社会主义新农村建设和现代农业发展，同时实现自身的可持续发展。

12.2 主导产业集聚特征明显

小城镇产业集聚是指在小城镇地区，通过引导和促进相关产业的集中发展，形成具有一定规模和较强竞争力的产业集群。小城镇产业集聚可以推动产业发展，提高企业的规模和效益，推动整体经济的发展和增长，有利于形成关联产业、协同效应和规模效应，提高企业和产业链的竞争力。通过小城镇产业集聚，可以调整和优化区域的经济结构和空间布局，提高资源利用效率和土地利用效益。小城镇是向都市和乡村过

渡的中间带 ①，能够将城乡二元市场连接起来，带动了第二、第三产业的发展，大规模吸收农业剩余劳动力。②

产业集聚的特点明显。一是产业互动关联。产业集聚通常是由不同但相互关联的产业组成，形成产业链或价值链，产业间存在相互依赖和互动的关系。二是知识与技术密集。产业集聚通常涉及知识密集型或技术密集型产业，需要充分发挥科技创新和人才优势。三是规模经济效应。通过集聚效应，产业集群形成了规模经济效应，可以实现成本优势、资源共享和合作创新。

小城镇产业集聚的影响因素。科技创新和政府引导的重要作用、劳动者素养、企业家水平对中小企业的集聚与发展，有着关键影响。③④ 制造业结构和市场潜力都是农村人口集聚的重要驱动因素。⑤⑥ 全球性经济危机对农业流动人口迁移趋势的影响，并对农村失业人数的未来趋势做出了初步预期⑦。小城镇产业创新发展的路径和机制，产业升级需求、政府引导和创新体系建设也是重要因素。⑧

小城镇就业量不足、基础设施落后和社会管理成本较高等问题，大部分的小城镇没能发挥出产业和人口的集聚功能。要发展也只能发展基础较好的中心镇和专业镇。加强小城镇与农村的联系是小城镇发展的关键，通过实施产业带动和农民参与式城市化，可以促进小城镇的繁荣发展。⑨

小城镇产业集聚需要结合各地的实际情况和优势产业进行精细化规划和实施，需要政府、企业、社会各方的积极参与和支持，形成多方合作的良好局面，推动小城镇产业集聚的持续发展。

产业政策和支持。政府可以制定和实施有针对性的产业政策，为小城镇提供支持

① Schultz T W.Migration：An economist's view.//Mcneill W H,Adams R S.Human migration：Pattern and policies ［C］.Bloomingten／London：Indiana university press,1978.

② Wilmsen B,Wang M.Voluntary and involuntary resettlement in China：A false dichotomy? [J].Development in Practice,2015，13 (5)：612-627.

③ Combes P,Duranton G,Gobillon L,et al.The productivity advantages of large cities：Distinguishing agglomeration from firm selection[J].econometrics,2012，80(6):2543-2594.

④ Glaeser E L.The challenge of urban policy[J].Journal of Policy Analysis and Management,2012,31(1):111-122.

⑤ Wang M Y,Li G P.The Shenyang-Dalian mega-urban region intransition[J].International Development Planning Review,2008，30(1):1-26.

⑥ Wang M Y,Wu J P.Migrant Workers in the Urban labor market of Shenzhen,China[J].Environment and Planning A,2010，42(6):1457-1475.

⑦ Wang M Y.The impacts of the global economic downturn on China's migrant workers：A survey of 2700 in 2009[J].Eurasian Geography and Economics,2010，51(2):218-235.

⑧ 朱红，姜坤．小城镇产业升级与创新发展研究 [J]. 经济地理，2015，35(6).

⑨ 刘建庆，王传华．产业带动和农民参与式城市化推进小城镇发展 [J]. 发展研究，2022(2):84-87.

和鼓励，包括提供财政补贴、减免税收、提供临时用地和资金等方面的支持，以吸引企业在该地区建立业务。

产业链衔接。搭建完整的产业链条，引导上下游企业在小城镇地区发展，以形成产业协同和附加值提升。加强小城镇的产业集群建设，通过产业链的优化和扩展，建立小城镇特色产业和品牌，提升小城镇的产业发展水平和市场竞争力。[①] 建设完善的产业配套和服务机构，提供一揽子的支持服务，如培训、融资、市场开拓等。

产业园区和科技园。建设产业园区或科技园是吸引产业集聚的有效方式。这些园区提供现代化的办公和生产设施，以及其他配套设施，如会议中心、展览馆和商业服务。低租金、税收优惠和方便的交通连接也可以增加企业选择该地区的意愿。

基础设施建设。良好的基础设施是吸引产业集聚的重要因素。政府应加大对小城镇的基础设施建设投资，提供良好的交通、电力、通信等硬件条件，吸引企业进驻和发展，包括道路、桥梁、电力、水源、通信网络等，这些设施的完备性可以提高小城镇的竞争力，更好地满足企业的需求。

教育和技术培训。为了吸引人才和提升地方产业的技术水平，小城镇应该投资于教育和技术培训，设立职业培训中心、技术学院和研究机构，培养本地人才，提供技术支持，并吸引大学、研究机构和企业合作。加强人才培养和创新支持，提供优质的人才服务和科研平台，吸引高水平的专业人才和科研机构。

创新创业生态系统。促进创新和创业精神在小城镇中的发展也是重要的措施之一。支持创业孵化器、共享办公空间、科技公司孵化中心等创意产业基地的建设，以吸引创新型企业和初创企业。

文化和旅游。小城镇可以依托其独特的历史和文化资源，发展文化产业和旅游业。通过保护和开发遗产建筑、举办文化节庆活动、建设博物馆和艺术中心等，吸引更多游客和文化爱好者前来，从而带动相关行业的发展。

合作和合作伙伴关系。小城镇可以与周边城镇、大学、研究机构和企业建立合作关系，促进资源共享和合作创新。例如，组建产业集群和联盟，共同解决产业发展中的共性问题，提升竞争力。

总体而言，小城镇产业集聚需要综合考虑政策支持、基础设施建设、人才培训、科技创新、文化旅游等多个方面的因素。通过采取合适的措施，小城镇可以实现产业多元化、经济增长和社会发展的目标。

12.3 产业转型的路径和机制清晰明确

小城镇产业转型是指小城镇经济结构和产业格局的调整和转变，以适应经济发展和市场需求的变化。小城镇产业转型的路径和机制需要根据每个小城镇的实际情况进

① 钟国华，徐家庆. 小城镇产业集群建设的路径探析 [J]. 企业经济，2022(06):76-80。

行具体规划和操作。从产业发展阶段、结构调整和政策环境三个方面探讨了小城镇产业转型的路径和机制，为小城镇产业升级提供了借鉴。[①] 重要的是政府、企业、社会各方的合作与共同努力，在政策引导下，形成产学研一体化的创新生态系统，推动小城镇产业转型升级，实现可持续发展。

转型路径：一是产业结构调整。通过加大对新兴产业和高技术产业的培育和发展，逐步减少传统产业比重，提高产业结构的技术含量和附加值。调整产业结构转变经济发展模式，多种渠道促进农村剩余劳动力转移、加强城镇社会保障体系建设。[②] 二是转型升级。通过提高技术水平、改善产品质量、增加研发投入等方式，使传统产业向技术密集型和知识密集型产业升级。推进小城镇的产业升级和转型，发展高端服务业和智能制造业等新兴产业，提高小城镇的经济竞争力和可持续发展水平。[③] 三是战略性新兴产业培育。通过政府指导和支持，培育战略性新兴产业，如新能源、新材料、生物产业等，推动小城镇产业迈向高端领域。四是产业链延伸与协同发展。通过延伸产业链和推动产业协同发展，构建完整的产业链条，提高产业附加值和竞争力。

转型的机制：一是政策支持。政府需要出台相应的政策和措施，提供财政支持、优惠税收、土地使用等方面的扶持，引导小城镇产业转型升级。二是增加研发投入。加大对科研和技术创新的支持力度，鼓励企业增加研发投入，加强自主创新能力，推动产业技术进步和竞争力提升。三是人才培养和引进。加强人才培养和引进，提供良好的教育培训机会，培养适应新产业要求的人才队伍，吸引高技能人才和专业人士加入产业转型升级的行列。四是建立科技创新平台。建设创新平台，包括科技园区、孵化器等，提供创新创业服务，促进科技成果转化和产业升级。五是加强产学研合作。推动企业与科研院校、科研机构等资源的深度合作，实现产学研紧密结合，促进科技创新和产业升级。

12.4 小城镇产业布局与结构

小城镇发展和产业结构与布局之间存在着一定的规律。

首先，小城镇发展需要发展富有活力和发展潜力的产业。富有活力和发展潜力的产业可以为小城镇带来持续的经济增长动力，促进就业增长，提高当地居民的生活水平。发展符合小城镇发展方向和特点的产业也有利于小城镇的特色发展和潜力释放。

其次，小城镇产业需要与小城镇的资源禀赋、地域特点和人口状况相适应。小城镇的资源禀赋、地域特点和人口状况各不相同，政府需要因地制宜，发掘和培育适合小城镇发展的产业。例如，小城镇如果具有良好的农业基础和自然资源，可以发展畜牧业、水产养殖、果蔬种植等相应的产业，同时开发农产品的深加工，提升农产品附加值。

① 王健，魏俊胜 . 小城镇产业转型的路径选择与机制建构 [J]. 中国人口·资源与环境，2016，26(3).
② 王金荣 . 当前我国小城镇经济发展困境及对策探析 [J]. 齐鲁学刊，2011(03):85-88.
③ 范健，史文娟 . 小城镇产业升级与转型研究 [J]. 工业经济研究，2022(03):72-76.

再次，产业结构是小城镇经济发展的结果。经济发展过程中，农业份额下降规律同样适合于小城镇产业结构的转换。从宏观和全局分析，我国小城镇产业结构仍然是以农业为主的综合性结构，并且这种结构中农业份额随经济发展呈现由西向东的梯度下降趋势。这一结论可以从农村非农化水平的省际差异和区际差异中得到证实。地处经济发达地区的北京、天津、上海、江苏、辽宁、广东等省（市）农村劳动力中非农业劳动力所占比重均超过 32.0%，而地处不发达地区的贵州、云南、青海、宁夏、新疆等省（区）非农化水平在 10% 徘徊。1985 年，上大经济地带非农化水平的计算结果是这样的，东部地区为 27.6%，中部地区为 16.0%，曲郡地区为 10.1‰，这种递减趋势与经济发展同向梯度。在我国经济不发达的西部地区，小城镇产业结构的农业特征表现最充分、最典型。甘肃省定西地区是最有代表性的贫困地区之一，1988 年，从事第一产业的劳动人口占小城镇总人口的 89.0%，第二产业为 5.3%，第三产业为 5.7%。而在经济发达的东部沿海地区，伴随地区经济的成长，小城镇产业结构中农业份额下降趋势很明显。江苏省是我国小城镇最发达的地区之一，小城镇产业结构特征很有代表性。据对 7 县 190 个集镇的调查看，第一产业劳动者占总产业劳动力的 17.6%，第二产业占 57.2%，第三产业占 25.2%。由此可见，实现小城镇产业结构的转变是经济发展的必然结果，只有遵循这一发展规律，适时地、积极地推动产业结构的根本转化，才能够从根本上增强小城镇的经济功能，使小城镇的发展长盛不衰。

小城镇是推动产业升级和优化结构的重要力量。随着我国经济发展模式的转型和产业升级，小城镇可以为国家经济处于转型时期的重要任务做出努力。在科技创新等方面，小城镇具备一定的优势，可以为转型发展赋能。沿海发达地区的小城镇在制造业、科技服务等行业领域的发展，已经成为当地之所以成为经济发达地区不可或缺的因素。

小城镇产业需要注意平衡发展和差异化发展。平衡发展是指小城镇应当注重发展不同产业的平衡性，以避免因单一产业过度发展而导致产业结构不合理、经济风险加大。差异化发展则是指小城镇应根据自身优势和特点，发展符合自身背景的特色产业，打造小城镇独特的产业标签，以提升小城镇的品牌影响力和吸引力。

小城镇的发展与其产业有很大的关系。一些小城镇的发展是基于自然资源、人力资源或者传统行业等产业基础上的，需要通过技术更新、资源整合等方式来提高生产力。而一些小城镇也会通过新兴产业的发展来推动其经济转型。

在我国经济不发达的西部地区，小城镇产业结构的农业特征表现最充分、最典型。而在经济发达的东部沿海地区，伴随地区经济的成长，小城镇产业结构中农业份额下降趋势很明显。江苏省是我国小城镇最发达的地区之一，小城镇产业结构特征很有代表性。

小城镇的产业结构应该是依托特色产业，通过形成产业聚集区和区域经济合作组织等手段来实现产业升级与转型，从而实现小城镇经济的繁荣。支持和推进小城镇主导产业和特色产业发展。福建省福安市政府积极支持和推进小城镇主导产业和特色产业发展，通过发放扶持政策和设立产业孵化基地。

提高小城镇产业层次和质量。山西省太谷县政府通过推进传统产业升级和发展新兴产业，逐渐打造了具有一定规模和跨区域影响力的特色小城镇。

小城镇以产业为基础，实现发展战略转型。陕西省洋县政府坚持以产业为基础，通过产业转型升级和宣传推广，实现了从传统农业小城镇向文化旅游和特色产业小城镇转型发展。

产业集群和区域协同发展。小城镇的产业发展需要形成良好的产业集群，促进区域协同发展。要推进小城镇产业和区域之间的协同发展，促进产业链上下游企业之间的合作与创新，增强小城镇产业的竞争力和适应性。

产业结构调整。小城镇需要加强产业结构调整，注重产业升级和转型，加强新兴产业的培育和发展，减少传统产业的环境污染和资源消耗，实现小城镇产业的可持续发展。

产业转型升级。浙江省杭州市余杭区临平镇在以传统制造业为主导的情况下进行产业转型，大力发展高端科技产业和现代服务业，通过与名企合作，引进先进技术和人才，推动产业转型升级，形成产业园集群效应，带动当地经济快速发展。

第13章 我国小城镇社会生活与文化传承

作为历史悠久的存在，小城镇承载着丰富的地方文化和乡土风情，传承着悠久的历史和文化遗产。居民们通过举办各种文化活动，包括节日庆典、民间艺术表演、传统手工艺等，将这些文化元素传承下去，使小城镇成为文化瑰宝的保护者和传播者，凸显出独特的社会特征。小城镇的发展促进了文化产业的兴起，为居民提供了更多的文化享受和就业机会。不同文化背景的人们相互交流、融合出新的文化元素和创意，展现了其独特的文化魅力，这种多元文化的交融，不仅丰富了小城镇的文化内涵，也为其发展注入了新的活力。

13.1 小城镇社会生活

在小城镇生活，人们的生活节奏相对较慢，社会关系相对简单，生活更加自然轻松，注重品质生活、家庭生活、互助与文化传承、环保、健康等。相较于大城市，小城镇生活中的居住环境通常更加安静舒适，生活节奏也更为缓慢。人们更加注重品质生活，愿意花费更多时间享受生活，如散步、在公园中度过周末等。由于人口相对较少，社区活动和聚会成为居民之间交流互动的重要途径，小城镇的社会生活呈现出亲密性和融洽性，居民之间相互信任、友好相处、互相照应、相互帮助，有效增强了社会凝聚力和社区认同感。

小城镇生活方式注重社交和家庭生活。一方面，社交活动相对容易开展，社交关系相对简单。人们通常会选择在家里聚会或走到朋友的家中一起吃饭、玩游戏等。另一方面，小城镇生活注重家庭生活。人们花费更多的时间和家人在一起，经常进行家庭活动，如一起做家务、吃饭、逛街等。小城镇生活注重互助和文化传承。由于城乡交流密切，小城镇的社区生活经常将互助精神融入其中。人们之间相互支持，乐于帮助别人。各个社区经常会有一些文艺活动和传统文化活动，如戏曲、民乐、绘画等，许多人也会积极参与其中。小城镇生活方式相对环保、健康。相比于大城市过于拥挤的环境，小城镇生态环境更加宜人，空气更加清新，水质更加洁净，使得人们在小城镇中更加注重健康生活方式。许多人喜欢在户外运动，如慢跑、骑行、打球等。此外，小城镇中的食材质量也更加可靠，自给自足的生活方式更加易于实施。人们的工作方式有所不同。为了追求更加自由的工作时间，许多人选择在小城镇中自主创业或者在家里开展自己的事业。除了生活相对简单的原因外，小城镇的政策和环境也更加支持创业。

小城镇生活能够为人们提供更加自然、轻松的生活体验，融合了自然、生活质量、家庭、文化传承、互助等多个方面。小城镇中可能存在一些传统观念限制，这些限制并非普遍存在，而是根据具体小城镇情况而异。

13.2 小城镇社会文化特征

小城镇具有许多独特的社会文化特征，包括社区关系紧密、传统文化保护、教育重视、美食文化、家庭生活、自然环境优美、社会秩序稳定、社交生活丰富和安逸悠闲生活方式，这些因素都体现出小城镇生活的独特魅力。

文化传承和乡土认同。小城镇作为传统文化的重要载体，一直致力于保护和传承民族文化。当地居民对本地区的深厚历史底蕴、传统习俗和乡土情感有着强烈的认同感。在传统节日及民俗活动中，如富有年味的春节庙会、充满活力的舞龙舞狮、盛大的巡游和庄重的祭祀仪式等，居民们均积极参与。由于历史背景各异，全国各地的小城镇均保留了独特的传统文化元素，如节日庆典、手工艺技能和宗教信仰等。这些传统文化不仅塑造了小城镇的独特气质与魅力，也吸引了大量游客前来游览。与大城市快节奏的饮食文化不同，小城镇的餐饮业着重提供具有地方特色的美食，如传统糕点、烤鸭、海鲜等。同时，许多小城镇还保留了丰富的历史文化遗产，这使得人们更加关注传统文化的传承与弘扬。

农耕生活和乡村经济。相较于大城市，小城镇及周边地区的农业和乡村经济占据着更为重要的地位。当地居民往往从事蔬菜种植、家禽养殖或手工艺等农业活动，不仅满足了他们的基本生活需求，同时也是他们保持身心健康和平衡生活方式的重要手段。小城镇及周边地区的经济主要依赖于本土产业，如农业、手工业等。当地居民通常会从事农耕活动，如耕种农田、养殖家禽等。通过这些农耕活动，居民们与大自然有了更紧密的接触，体验到了农事的繁忙与收获，也培养了他们对自然环境的关注和保护意识。

社交活动和社区参与。在小城镇的社区中，居民之间的联系较为紧密，彼此相识、相知、相互关照和协助。他们常常参与邻里聚会和共同举办的活动，关心周围的生活环境，并乐于为他人提供帮助。社区组织和社区服务较为发达，为居民提供多种公共服务。一些节日和活动的组织形式通常是由社区居民自发形成和流传的。社区的社交生活丰富多样，经常举办各类社交活动，如音乐会、文艺演出、体育比赛和游行等，这些活动促进了市民之间的交流，增强了社区的凝聚力。小城镇的居民积极参与社交活动，并参与社区事务。社区组织和社区服务设施发展完善，为居民提供各类公共服务和支持。居民不仅关注自身的生活品质，同时也愿意参与到社区建设和改善中。小城镇的生活节奏相对较慢，人们更加注重休闲和娱乐。例如，他们喜欢聚集在公园、广场或庙宇等进行群众性的健身活动、舞蹈或打太极等。同时，小城镇的人们也会参与传统的民俗活动和集市。

简朴的生活方式和节俭的消费习惯。相较于大城市的繁忙和物质导向，小城镇居民的生活步调较为缓慢且宁静。由于资源有限和经济水平相对较低，小城镇的居民更加注重节约和实用性，而非过分追求奢华生活。他们倾向于过着简朴的生活，并重视家庭和邻里之间的交流与互动。许多家庭秉持着节约、宁静的生活方式。可能是由于房价相对较低，居民更倾向于将金钱投入到更有实用性的领域，如旅游、教育和娱乐等，而家庭聚会已成为小城镇生活的常态。小城镇对教育的重视，使得所有孩子都有均等的教育机会。

集体意识和公共事务参与。小城镇的居民普遍具有强烈的集体意识和社区认同感。他们乐于参与社区公共事务、社区建设和公益活动，积极发声和表达自己的观点。居民之间的合作和协作相对紧密，共同推动社区的发展。

自然与环境意识。小城镇通常地理位置优越，自然环境相对较好。居民普遍对周边的自然资源、环境保护和生态平衡有一定的意识。他们倾向于保护本地环境和生态系统，喜欢接近自然，享受大自然带来的美丽风景和宁静。小城镇通常的建筑风格比较古朴，建筑间有许多花草树木相间的绿化带，并且周围常常是山水环绕的景色，这些都为小城镇增添了自然美的色彩。

社会秩序相对稳定。小城镇的犯罪率通常较低，社会秩序相对稳定。由于市民之间互相认识，警察、地方政府等机构与市民之间的交流相对易于建立，一旦有什么问题出现，社会组织和政府通常会很快组织起来处理。

13.3 小城镇文化娱乐活动

小城镇的文艺娱乐活动相对较少，但别具特色。其文艺团体与文化娱乐活动为居民提供了感受传统与现代文化的机会，强化了他们对文化的归属感与自豪感。随着互联网技术的普及，小城镇的文化娱乐活动逐渐转向线上，如在线文学创作和网络直播等，为居民提供了丰富多样的文化消费体验，同时也为小城镇注入了新的活力。虽然小城镇的文艺团体和文化娱乐活动的规模较小，但它们对当地社会和文化建设具有重要价值。

小城镇的文化娱乐活动逐渐呈现多元化和现代化的趋势，为文化生活注入了新的活力。小城镇中的书法绘画、民间音乐、演出文化、电竞和游戏表演、电影和视频展映及文化艺术节等文化娱乐形式逐渐兴起。这些活动不仅为当地居民提供了更加丰富多彩的文化生活，也展现了小城镇独特的文化魅力。

政府愈加重视并支持小城镇的文化娱乐活动，通过增加资金投入、建设文化设施以及组织各类文艺活动等途径，推动小城镇文化娱乐事业的繁荣发展，满足居民对文化娱乐的需求，提升小城镇的文化软实力。

13.4 小城镇的文化符号

小城镇是中国的重要基层组织形式，有着丰富多彩的文化符号，是小城镇文化的重要组成部分，同时也反映了中国的传统文化和地方文化的特点。小城镇的文化符号主要包括建筑、祭祀活动、口头文化等多个方面，这些文化符号与当地地理、气候等多方面因素密切相连，共同构成了小城镇独特的文化面貌。

小城镇的建筑。小城镇的建筑是小城镇文化符号中最直观和最具有代表性的部分，它是小城镇历史和文化的重要记录和表现。小城镇的建筑主要以传统民居和宗教建筑为主，同时还包括商业建筑、政府建筑和公共设施。小城镇的传统民居建筑通常采用土木结构、木石结构、砖石结构等多种材料，建筑形式多样，建筑风格充满地方特色，反映了不同地方的历史、文化和自然环境等方面的特点。例如：南方的小城镇建筑具有檐口高翘、飞檐翘角，雕刻精美的窗花，繁复的楼阁、亭台等建筑形式；而北方的小城镇则更加注重墙面和门头的装饰，更多采用木结构和砖石结构。

小城镇的祭祀活动。小城镇的祭祀活动是小城镇文化符号中另一个重要的方面，它是小城镇文化的重要组成部分，也是中华传统文化遗产的重要组成部分。在中国传统文化中，祭祀活动是一种非常重要的文化现象，它不仅是人们尊重祖先、传承文化的方式之一，也是表现社会团结和社会文化认同的重要方式之一。在小城镇中，祭祀活动多以神庙园林及街道庙宇为场地开展，如庙会、神诞节、元宵节等活动，这些活动中，音乐、舞蹈、民俗表演、祭祀仪式和美食都是不可或缺的元素，让人们在欢快的氛围中更加感受到小城镇的文化魅力。

小城镇的口头文化。小城镇的口头文化是小城镇文化符号中非常重要的一个方面，主要包括方言、地方俚语、地方戏曲、小调等，这些都是对当地文化、历史、地理等方面的特点进行的一种传统的口头表达方式。在小城镇的方言和俚语中，有时也融合了一些古代汉语和少数民族语言的特点，更加丰富和多元，比如广东的潮汕话、闽南的福州话、四川的四川话，等等。小城镇的地方戏曲和小调则更加贴近人民群众的生活，表现出更为真实的人性、情感和生活面貌，产生了广泛的影响，成为中国文化宝库中的一份珍贵财富。

小城镇的非物质文化遗产。非物质文化遗产代表着中国丰富而多样的文化传承，也是重要的历史见证。小城镇的非物质文化遗产通常涉及传统手工艺、民间音乐、舞蹈、戏剧、节日等方面。在中国，很多小城镇都有自己独特的非物质文化遗产。在当前的社会环境中，新一代的年轻人往往缺乏对这些传统文化的兴趣和认同，并且相应的非物质文化遗产保护措施缺乏，许多小城镇的非物质文化遗产正在面临着消失的严重威胁。

13.5 小城镇的文化传承

在现代城镇化的高速发展中，我国许多传统文化正在逐渐被淡化和遗忘。然而，小城镇的传统文化却在某种程度上得到了保护。小城镇的传统文化通常是这些地方的历史和文化积淀，为人们提供了与过去联系的渠道。社会各界和公众开始重视小城镇文化传承的重要性，并积极参与保护和传承工作。一些志愿者组织和非营利机构开展了一系列文化教育项目，旨在激发年轻人对传统文化的兴趣和认同感。

小城镇文化传承的现状是多样的，受到地区和经济发展水平的不同而有所差异。总体来说，中国小城镇文化传承面临着一些挑战和机遇。许多小城镇面临着由现代化进程加快带来的文化冲击和转型。经济发展和城市化过程中，许多小城镇丧失了传统的建筑、习俗、节日等文化元素，导致传统文化受到影响甚至消失。对于这些小城镇来说，保护和传承传统文化是一项重要任务。

小城镇的文化传承受到经济条件限制的影响。一些小城镇经济相对落后，文化资源缺乏投入和保护，导致文化传承的困难。一些小城镇的文化活动缺乏质量和可持续性，因此鲜有参与者和影响力。此外，由于人口流动和年轻一代的追求更广阔的发展机会，一些年轻人也缺乏对传统文化的兴趣和了解，年轻人更喜欢追逐城市的潮流，而不是关注传统文化，传承面临更大的挑战。一些小城镇也在积极探索新型的文化活动，如非遗文化展示、吸引游客、举办文艺演出等。这些活动旨在吸引年轻人和游客，以推动小城镇文化的传承和发展。

近年来，我国政府已经采取了一系列措施来促进小城镇文化传承。政府鼓励保护传统建筑、历史遗迹和非物质文化遗产，支持文化创意产业等相关产业的发展，为小城镇文化传承提供了资金和政策支持。政府、社会和公众应共同努力，加强保护和传承工作，发挥各自的作用，确保小城镇的传统文化能够得以传承和发展。小城镇文化的挖掘和保护，是一项复杂而且长期的工作。除了政府和非政府组织的努力外，还需要更广泛的社会参与和支持。

13.6 小城镇的非物质文化遗产保护

小城镇文化遗产一直受到广泛的社会关注。在保护小城镇传统文化遗产方面，许多地方政府已经采取了切实的行动，包括设立文化活动中心、举办文化节、修缮古建筑等，以及制定相关的法律和规章制度，实施文化遗产的登记和保护机制，并采取专业的保护措施。这些措施应与其他领域的政策和措施相协同，以推动小城镇文化的持续发展。我们应重视文化的传承和价值，寻找和发掘小城镇的独特文化资源，打造更多的文化品牌等。

小城镇的非物质文化遗产对中国文化传承和发展具有极其重要的价值。保护这些珍贵文化资源，传承和弘扬民族文化，是我们共同肩负的责任。非政府组织和企业也应积极投入到小城镇非物质文化遗产的保护与利用工作中。这些组织和企业可以提供资金和技术支持，启动具有积极意义的文化项目，以增强文化遗产的保护和传承。采取一系列具体的措施，如推出文化教育项目、加强文化遗产保护宣传、鼓励传承人和非物质文化遗产的创新等。科技的发展也可以应用于数字化非物质文化遗产，以保护和传承文化遗产。

文化遗产保护政策和措施对于小城镇的非物质文化遗产的保护至关重要。政府应该加强对小城镇文化遗产的保护和管理，并制定具有可行性的公共政策，以保护小城镇的非物质文化遗产，包括设立文化遗产保护制度、建立专门的文化遗产保护机构，以及为小城镇的非物质文化遗产提供资金和技术支持等。另外，社会应该加强对小城镇非物质文化遗产保护的重视，并积极参与到文化保护的过程中，保护和传承这些丰富多彩的文化资源。

小城镇的非物质文化遗产有很大的利用潜力。小城镇的非物质文化遗产可以通过设计各种文化节庆活动和文化产品，如手工艺和食品，吸引游客到来，从而提高小城镇的经济活力。

保护和传承小城镇的非物质文化遗产，应该成为全社会的共同责任，政府、企业、民间组织、个人等多方面应该加强合作，保护、传承和利用这些文化资源。只有这样，我们才能够保留有价值的文化遗产，才能够实现文化的多元化发展。

13.7 小城镇的文化产业及创新

13.7.1 小城镇文化产业发展

小城镇文化产业是指在小城镇范围内以文化及创意产业为主导的产业形态，它涵盖了艺术表演、文化旅游、古村落保护与利用、文物保护与修复、传统手工艺制作、文化创意设计等领域。小城镇文化产业发展初期，主要局限于传统文化领域，普遍存在着产品同质化问题。在当前新经济时代的背景下，随着数字化、信息化等技术的深刻影响，小城镇文化产业正在不断发展壮大，并涌现出许多有特色的文化企业。

小城镇文化产业的发展情况在中国各地存在一定的差异，但总体上呈现出良好的发展势头。在产业结构的多样化、丰富的文化资源、完善的产业链、不断增长的市场需求、政策扶持和民众参与度提高等方面取得了显著进展。小城镇文化产业的发展有望成为小城镇经济转型升级和社会发展的重要推动力量。

产业结构多样化。随着经济发展和人民生活水平提高，小城镇的文化产业呈现出多元化的态势。除了传统的文化遗产保护和传承外，小城镇也开始涌现出更多类型的文化产业，如文创产品设计制造、创意设计、文化旅游、文化艺术演出等。

文化资源丰富。小城镇往往具有独特的历史文化底蕴和自然风光，这些独特的文化资源成为小城镇文化产业发展的重要支撑。通过挖掘和利用本地的文化资源，小城镇能够塑造出具有特色的文化品牌，并吸引更多的游客和消费者。

市场需求不断增长。随着人们对文化生活的日益关注和消费能力的提高，小城镇文化产业市场需求呈现出稳定增长态势。人们愿意花费时间和金钱去体验和欣赏小城镇独特的文化艺术、手工制品等，也愿意为文化旅游和观光体验支付一定的费用。

民众参与度提高。小城镇文化产业的发展也得益于民众的积极参与。居民们更加关注本地文化的保护和传承，积极参加和支持文化活动和项目。他们的参与不仅推动了文化产业的繁荣，也增强了小城镇社区凝聚力和认同感。

小城镇文化产业的发展策略应该注重创新，创新是推动文化产业快速发展的主要动力。注重人才培养和引进，为文化产业提供有素质的从业人员和专业人才。政府应积极推动相关政策和资金支持，加强小城镇文化产业的投资和扶持，促进产业发展。

13.7.2 推动小城镇文化创新

小城镇文化创新，政府、企业和社会各界要共同担负起责任，团结协作，共同推动小城镇文化的繁荣发展。

加强政策引导。政府需要出台相关政策，支持小城镇文化创新的发展，包括财政扶持、技术支持、人才招聘等方面。同时，政府还可以加大对文创企业和文化旅游产业的扶持力度，为小城镇文化创新提供更好的市场环境和政策环境。

加强活动策划和组织。企业、社会组织和政府部门可以共同参与策划和组织文化创新活动，为小城镇文化创新提供更多的展示平台和机会。通过举办文化节、文艺比赛、旅游推广活动等形式，吸引更多的游客和投资者，促进小城镇文化创新的繁荣发展。

提高文化创意水平。政府、企业和社会各界需要共同加强对小城镇文化创意的研究和开发，提高文化创意水平和技术水平。同时，还需要培养更多的文化创意人才，为小城镇文化创新注入更多的创意和创新。

加强公共服务建设。政府和社会各界需要共同加强对小城镇公共服务设施的建设，为文化创新提供更好的基础设施和环境。如修缮历史建筑、构建公共文化场所、提高通信和交通设施等，为小城镇文化创新提供更好的物质保障。

小城镇文化创新的实践已经取得了一些成功案例。比如，江苏省扬州市邗江区瓜洲镇通过对特色庭院的整合，展示了传统的民俗文化和现代的居住需求，得到了广泛的认可。同时，该镇还结合当地的稻荷神社文化，创建了一个小型稻荷神社主题公园，通过各种形式的活动，让更多人了解稻荷文化，吸引了大量的游客，成为该小镇的一张名片。另外，山东省青岛市即墨区古城镇采取了"文化+"策略，以城市文化为核心，将文化与科技、新兴产业、商业等领域相互融合，不断提升自身品牌价值和旅游吸引力。在经济不断发展的今天，文化创意产业已成为国家战略性产业之一。随着城镇化进程的加快，各地小城镇面临的机遇与挑战也不断增加。小城镇作为城市与乡村之间的过渡地段，其地方性文化的传承、保护、创新不仅可以拓展城乡发展空间，也可以带动文化创意产业的增长。在小城镇文化创意产业中，文创产品的开发和文化旅游产业的发展是主要方向。因为这些产业既能传承地域文化传统，也能满足新消费者的需求。

小城镇文化创新是一个非常有发展潜力的领域。如果能够充分把握住当前的机遇，积极探索可持续发展的模式，相信小城镇文化创新将会在未来发展中扮演越来越重要的角色。

虽然小城镇文化创新有着广泛的发展前景，但是也面临着一些风险与挑战。一个城市或乡镇如果想要创造自己的文化特色，不光要有文化创意，更要有市场的需求。因此，小城镇要在传承地域文化的基础上，充分了解市场需求，增强市场敏锐性。同时，小城镇文化创新还面临着资源和资金的限制，需要依托相关政策的支持和创新创业氛围的营造，积极探索可持续发展的模式。

13.8 小城镇文化产业作用

小城镇文化产业在经济社会发展中的作用不可忽视。通过推动经济增长、提升居民生活品质、保护文化遗产和推动产业结构转型等方面的发展，可以促进小城镇的全面发展和繁荣。

促进经济增长，增强经济活力。文化产业能够为小城镇带来经济增长和就业机会。通过发展文化旅游、艺术表演、手工艺制作等产业，可以吸引游客和消费者前往小城镇消费，推动当地经济的发展。文化产业包括了艺术表演、文化遗产保护、创意设计、旅游等领域，这些都能够为当地带来直接和间接的经济效益。例如，举办艺术节、音乐会等文化活动，能够吸引游客前来观光旅游，并带动本地酒店、餐饮、交通等相关产业的发展。同时，文化产业也需要一定的人力资源，提供了就业机会，增加了居民的收入。

提升居民生活品质。文化活动和设施的提供，可以丰富居民的业余文化生活，满足他们对艺术、美学以及社交交流的需求。例如，在小城镇建立文化中心、图书馆、博物馆等设施，提供了居民学习、娱乐和休闲的场所。这不仅有助于提高居民的文化素质，还可以促进社会融合和社区凝聚力的提升。

推动文化传承和保护。小城镇通常拥有丰富的历史文化遗产，文化产业的发展可促进对这些遗产的保护与修复。通过合理开发利用，不仅保护了历史遗产的完整性，同时也提升了小城镇的知名度和吸引力。每个小城镇都有自己独特的历史、传统和文化符号，通过开展文化产业，可以促使这些传统得到传承和保护。例如，挖掘和呈现当地的非物质文化遗产，可以让年轻一代更好地了解和传承，有助于保护本土文化的多样性和独特性。小城镇文化产业发展能够传承和弘扬当地优秀的文化传统和民俗风情。通过艺术表演、文化展览、手工艺制作等活动，让更多人了解和欣赏文化，促进传统文化的传承与发展。

推动地方经济结构的升级和转型。传统的农业和工业模式在一定程度上存在资源消耗大、环境污染等问题，而文化产业具有较少的资源消耗和环境污染特点。加强小城镇文化产业的发展，有助于实现经济发展方式的转变，推动产业结构的优化升级，从而实现可持续发展。

促进城乡融合。小城镇文化产业发展能够促进城乡融合，提高农村地区的文化软实力和吸引力。通过保护和传承传统手工艺、民俗文化等，让农民参与其中，实现城乡居民共同分享文化红利。

现仅就小城镇文化旅游做一个简单的介绍，其他文化产业做法可以以此为借鉴。

小城镇的旅游发展需要结合本地实际情况，探索特色发展，同时注重资源保护，提升旅游产品的质量，形成符合市场需求的旅游产业发展。

小城镇旅游资源的利用。小城镇旅游资源主要包括人文景观、自然景观、文化遗产等。在利用这些旅游资源时，需要优先考虑旅游资源的特色和市场需求，确定开发方向。在开发过程中，要注重保护原有资源，进行科学规划，开发旅游景点，设计旅游线路，创新旅游模式等，以提升旅游质量。

小城镇旅游产业的发展。小城镇旅游产业的发展趋势是以"特色、高品质、低碳环保"为主导的发展模式。在小城镇旅游产品开发方面，要注重打造具有地方特色的品牌旅游产品，从而形成市场竞争力。同时，为了提升旅游质量，小城镇应该注重旅游设施和服务设施的完善，严格按照国家标准进行规范化管理。此外，小城镇还需关注"低碳环保"的发展理念，采用环保型旅游产品，减少旅游对环境的影响。小城镇的旅游发展需要结合本地实际情况，探索特色发展，同时注重资源保护，提升旅游产品的质量，形成符合市场需求的旅游产业发展。

利用文化遗产进行旅游开发。文化旅游的概念及重要性。文化旅游是一种旅游模式，是以文化为基础的旅游产品和服务。文化旅游有助于传承和弘扬文化遗产，推动文化交流，提高地方知名度和城市形象，带动经济发展，因此具有重要价值。利用文化遗产进行旅游开发需要实施保护、利用和开发三步走。首先，保护文化遗产，以避免遗产流失、减轻人为损伤等问题；其次，利用文化遗产搭建旅游基础设施并吸引游客，如旅游公路、旅游线路、旅游设施等；最后，通过开发文化旅游产品和服务，为游客提供舒适和独特的游览体验。

第14章 我国小城镇社会治理

　　小城镇社会管理的核心是维系社会秩序，通过政府主导和社会各方参与，协调社会关系，规范社会行为，解决社会问题，化解矛盾，促进公正和应对风险等，为人类社会创造有序、有活力的基础运作条件和社会环境，促进社会和谐。

　　小城镇的社会治理需要有针对性地进行，需根据小城镇自身的情况进行分析和规划。比如，如果该地区存在较大的经济发展压力，政府应当加大对企业发展的支持力度，促进就业增长，提高当地居民的生活水平。政府研究制定一系列更加精准的社会治理政策，如公共安全保障、文化教育发展等。小城镇的社会治理需要注重政府与居民之间的互动。政府应当通过多种方式建立有效的沟通渠道，了解居民的需求和诉求，并及时对其反映的问题进行处理。此外，政府还应当根据实际情况适度放权，给小城镇的社会组织和居民更多的自治权利，鼓励他们积极参与到社会治理中来。小城镇的社会治理需要强化统筹协调。政府应当在社会治理中发挥统筹协调作用，加强跨部门协同合作，避免部门之间的信息不对称，协调各方面利益，推动小城镇的社会治理工作顺利开展。政府还应当加强与社会组织合作，引导和协调社会组织的力量，共同促进小城镇社会治理的改善和落实。小城镇需要加强社区建设，构建和谐有序的社区环境，提高社区服务水平和社区管理能力，增强社区参与和社会治理的有效性，带动整个小城镇的发展。浙江省杭州市西湖区文新街道，注重社区治理，通过加强社区建设和提高社区自治水平，推动社会信用体系建设，促进社会和谐稳定。江苏省南京市江宁区天元东路街道，位于南京市的东部，是一个经济发展较为活跃的城市社区。该街道注重社会治理，加强社区组织建设和社会联防联控，加强对社会矛盾和治安问题的预防和化解，促进社会和谐稳定和民主法治建设。小城镇的发展需要加强社会管理和公民意识建设，推动小城镇社会和谐稳定发展。要加强社会组织和公民自治的建设，增强公民素质和法制意识，增强小城镇的文明程度和社会凝聚力，营造和谐、安全、和睦的社会环境。

14.1 小城镇社会治理现状

　　小城镇在我国行政体系中处于基层末端，这意味着它们在政策执行和社区管理中承担着最基层的责任。由于其地理位置和行政级别的限制，小城镇的资源获取和能力建设往往受到限制，导致其基层社会治理任务极其繁重，需要应对各种各样的社区问题和挑战。近年来，属地管理要求日渐强化，越来越多的管理服务事务被下放到小城镇，这使得小城镇的治理责任和担子越来越重。原本有限的资源和管理能力面临更大的压力，属地管理变成责任属地，小城镇基层政权不得不疲于应付各种任务和考核，难以体现小城镇基层社会治理通畅性和有效性。由于历史原因和现行的行政体制机制等方面原因，小城镇基层政权存在体制机制、自治组织建设、权力和责任不对等、参与主体单一积极性不高、人才、能力以及智慧化管理等一系列问题。

目前，小城镇社会治理结构趋于完善，基本框架已经初步形成。社区（村、居委会）作为基层社会治理机构，在监督社会管理、文化建设、环保等方面起到了重要作用。在城市管理方面，政府、公安、人民法院、检察院等机构发挥了重要作用，加强了城市治理。少数民族自治地区的建设，也进一步增强了地方自治，加强了政府与民间的联系。

14.1.1 社会矛盾和纠纷频发

特别是在经济发展迅猛和城乡差距显著的小城镇，社会矛盾和纠纷表现得尤为突出，甚至已经出现了一些群体事件。这些矛盾和纠纷可能涉及诸如经济利益的分配不均、资源的不公平分配、教育医疗等公共服务的不足等多个方面。这些问题的存在不仅严重影响了小城镇的顺利发展，也给当地居民的生活带来了很大的困扰和不安。

首先，经济利益的分配不均是一个重要的矛盾源。一些小城镇由于历史、地理等原因，经济发展主要集中在某些行业或企业，而其他行业或企业则相对滞后。这就导致了不同行业和企业之间的利益冲突，以及个人之间经济利益的争夺。这种不均衡的分配不仅会引发社会不满情绪，还可能引发一些群体事件。其次，资源的不公平分配也是小城镇中一个普遍存在的问题。一些企业和个人通过各种手段获取了大量的资源，而其他人则无法获得这些资源。这种不公平的分配不仅会导致社会资源的浪费和滥用，还会引发社会的不满和抗议。此外，教育医疗等公共服务的不足也是小城镇中一个亟待解决的问题。由于资金、地理、人口等因素的影响，小城镇的教育和医疗资源往往相对匮乏。这种不足不仅会影响当地居民的基本生活需求，还会影响他们的健康和教育水平。

解决这些问题已经成为小城镇发展过程中必须面对的挑战。只有通过制定公平合理的政策，加强公共服务的投入，提高居民的生活水平，才能有效地缓解社会矛盾，推动小城镇的健康发展。

14.1.2 小城镇社会基层治理管理制度缺失

小城镇社会基层治理管理制度的缺失，通常表现为各种社会问题的涌现和秩序的混乱。由于缺乏有效的管理制度和法规，小城镇的社会基层治理常常无法得到有效的保障。在小城镇社会治理共同体的建设过程中，信息共享机制、监督评估机制、人才培养机制等仍未完全建立起来，使得整个治理体系不能够在制度的框架内平稳有效地运行。信息不对称、无法有效监督、人才短缺等问题，导致不能够及时有效地解决问题，极大地影响了小城镇社会治理的整体成效。这种情况不仅影响小城镇的形象，还会影响居民的生活质量和社会稳定。

为了解决小城镇社会基层治理管理制度缺失的问题，需要对小城镇的特点有全面的了解。小城镇通常人口较少，但麻雀虽小五脏俱全，其社会构成复杂程度并不亚于大城市。这就意味着小城镇的社会基层治理需要更加精细化和个性化的管理策略。需要深入分析小城镇社会基层治理管理制度缺失的原因。这可能涉及多方面，比如缺乏法律法规、缺乏有效的管理机构、缺乏资金投入、公众参与不足，等等。只有明确了原因，才能找到有效的解决方案。需要提出切实可行的解决方案。这需要从多方面入手，比如完善法律法规、建立有效的管理机构、增加资金投入、提高公众参与度，等等。同时，还需要考虑到小城镇的特点，确保解决方案符合实际情况并能够得到有效的实施。这需要政府、社会组织、企业和居民等各方的共同参与和努力。

小城镇社会基层治理管理制度的缺失是一个复杂的问题，需要全面了解小城镇的特点和深入分析其背后的原因，才能提出有效的解决方案。我们关注到小城镇社会基层治理制度管理缺失主要表现在几个方面：第一，政策支持力度不够。在民生保障、社会治理、行业管理等领域，县级层面在社会组织参与承接购买服务、扶持品牌社团等方面支持政策较少。一是保障机制不足。街道（社区）工作经费投入不足，资金缺口较大；街道（社区）经济没有自主发展的渠道和方式，造血功能弱，老旧小区大多数未配建街道（社区）服务用房，新建小区服务用房不能及时足额移交。二是街道（社区）信息化建设整体上较落后。信息化建设缺乏统筹规划、组织协调和统一标准，有低水平重复建设现象，难以实现互联互通和信息共享，"信息孤岛""数据烟囱"现象仍然存在。三是街道（社区）工作人员考核激励机制不健全，很难留住人才，制约了小城镇治理规范、高效推进。第二，政府强势治理倾向。在一些小城镇，政府采取了相对强硬的手段进行社会治理，但缺乏更为人性化、市民化的管理理念和手段。这些手段的采取，往往导致小城镇在应对日益复杂的社会治理需求时显得力不从心，难以满足广大人民群众日益增长的需求和期待。特别是在一些技术性要求较高的领域，如环境保护、公共安全等，小城镇往往没有形成有效的专业力量来应对，从而陷入疲于应付的尴尬局面。由于缺乏足够的专业人才和技术支持，小城镇在处理一些技术性强、专业性高的社会问题时，往往力不从心，无法给出科学有效的解决方案。这不仅影响了小城镇基层社会治理的通畅性，也影响了其有效性。例如，当面临突发环境事件或公共安全事件时，小城镇可能无法及时、有效地进行应对，给当地居民带来不必要的损失和困扰。第三，突出包办主义社会失灵现象。少数党政干部对基层社会治理理念理解不深刻，传统管理思维根深蒂固，开展工作"以我为中心""以我为主"的现象较多，存在"包办""扛包"问题。居民存依赖心理，参与度总体不强，"干部干，群众看"现象仍然明显，一些疫情防控、应急处突、城市治理等领域存在突出的包办主义和代理主义。

14.1.3 小城镇基层社会组织权责不匹配

小城镇社会治理共同体权责不清。社会治理的力量源泉不仅来自小城镇，而且最突出的矛盾和问题也往往在小城镇。"上面千条线，下面一根针"是对小城镇与上级政府关系的一个比较贴切的比喻。在"属地管理"的格局下，许多管理服务事务被下放到小城镇，导致小城镇治理的责任越来越重，但相应的权力、资源和能力却没有得到匹配，特别是在技术性较强的领域，小城镇缺乏专业力量来应对，造成了"看得见的管不了，管得了的看不见"的局面。此外，治理主体之间存在职权交叉，信息共享机制缺失，容易出现重复工作和治理效率低等问题。居委会、村委会等治理主体之间担负着部分政府行政职能，对政府的依赖性过强，削弱了小城镇自治组织的治理能力。

部门职责交叉不清。小城镇缺乏以"镇域"为主体的战略性、系统性镇域社会治理政策，镇域社会治理责任散落在不同职能部门，难以发挥整体性势能。在小城镇社会治理中存在多种主要治理实践，缺乏协调机制，增加了小城镇负担。

社会组织参与小城镇社会治理权利受限。当国家进入应对突发事件状态时，政府就基本接手了市场调控和资源调配，一些拥有优质资源或是丰富经验的企业、社会组织难以利用自身优势来参与社会治理。政府主导下的小城镇社会治理存在资源调配难度大、权力清单划分不清、在智能化建设方面严重滞后，数据建设缺乏统一规划，以及平台建设缺失等问题，这不能很好地顺应社会治理智能化、体系化趋势。在疫情防控期间，奋战在一线的往往是村委会、居委会等小城镇组织，根据《中华人民共和国城市居民委员会组织法》规定，居委会是居民自我管理、自我教育、自我服务的小城镇群众性自治组织。"但目前有的街道（社区）居委会还存在过度行政化的问题，承接了过多来自区县或者街道政府的行政职能，'当了政府的腿，没当好群众的头'。上面千条线，下面一根针，各种繁重的行政事务经常把居委会变成了街道事实上的下属机构。"正因如此，它们承担了巨大的事务压力，却并未拥有与之相匹配的权力。他们是具体防控措施的实施者，却无法自主地调配资源，只能完全听从上级政府的指导，缺少小城镇组织所独有的灵活性。而市场的不断竞争和优胜劣汰已经使社会上的一些企业、组织等社会力量先行掌握一些核心技术、经验、数据，已经建立了较为成熟的平台。倘若他们能够用自身所掌握的核心技术或是成熟平台来服务于街道（社区），则可更高效地进行管控和治理。

小城镇社区治理人员从业素质不高，社区服务水平不高，社会治理能力有限。许多小城镇的社会治理理念和手段仍然停留在传统管理阶段，无法满足当前复杂多变的社会治理需求。

小城镇政权社会治理责任重大和治理能力不足之间存在矛盾。在小城镇治理中，小城镇组织承担着重要的职责。近年来，随着小城镇属地管理要求的加强，管理服务事务不断下放到小城镇，属地管理变成责任属地，小城镇治理的责任和担子越来越重。但由于行政体制机制等方面的原因，小城镇政权存在权力和责任不对等的问题，乡镇和城市街道（社区）都没有相应的权力、资源和能力来完成上级下达和转移的繁重治理任务，特别是在涉及技术性较强的领域，缺乏专业人才，导致"看得见的管不了，管得了的看不见"的尴尬局面。另外，小城镇社会治理中存在的问题也对治理能力造成了影响，如小城镇党建工作中存在的软弱涣散问题和党员"两不管"等问题，以及小城镇社会组织数量偏少、能力不足、治理"失灵"的问题等。这些问题使小城镇政权在承担社会治理责任时显得力不从心。

14.1.4 小城镇基层社会自治组织建设尚待加强

小城镇自治结构不优。小城镇习惯于传统行政管理思维，对划小划细治理单元，推动社会治理网格化、扁平化认识不深；部分小城镇干部年龄偏大，不适应社会治理信息化、智能化科技手段，不能最大限度满足人民群众利益诉求；小城镇社会治理牵涉部门众多，部分职能部门设在小城镇的站所重视条线任务，忽视属地协作配合，造成执行和运作过程碎片化。辖区职能部门与街道（社区）（村）之间的配合度也不高，共建存在靠人情推动工作现象。此外，小城镇社会组织数量偏少且能力不足，治理出现"社会失灵"的现象。

基层社会治理中法治和德治教化氛围不够。法治意识思维不足。部分党员干部运用法治思维和方式深化改革、推动发展、化解矛盾、维护稳定的能力不足；依法行政意识不强，"不作为""乱作为""慢作为"现象不同程度存在，被动执法多，重事后整治、轻事前预防，重审批、轻管理；依法决策不规范，多数决策前没有进行社会风险评估，没有咨询相关法律专家，导致决策风险增加。崇德向善的良好社会氛围仍需进一步巩固，弘扬正能量，倡导社会主义核心价值观，鼓励见义勇为、用好德育基地、深化创建活动、加强舆论宣传等德治方式运用不足。社会转型时期，发挥德治教化作用进行有效治理不足，侵害群众利益、失信败德、网络空间乱象等问题时有发生。各地长期传承下来的优秀传统文化、红色文化、家风村风等与现今社会生活的互相融入不够，普通的文明创建针对性不强。

社会治理结构体系有待进一步健全和完善。小城镇社会治理共同体建设的重点在于构建一个由国家、小城镇组织和社会构成的能够实现有效衔接与循环畅通的社会治理结构体系。然而，随着小城镇组织尤其是村委会和居委会的日益"行政化"，其在社会治理结构体系中所具有的衔接与纽带功能在逐步弱化。此外，由于受到人口大流动的影响，乡村治理结构体系出现了所谓"尾部断链"，即大量村民外出务工导致国家通过小城镇政权对农民的管理和服务变得越来越难。

维系小城镇社会治理共同体的纽带有待加强。关于共同体的理论研究指出，无论是何种共同体都需要一定的社会关系来维持其存在和发展，比如血缘、地缘和业缘以及"礼俗"等。然而，随着城镇化和工业化的推进，基于血缘、地缘等而建立的社会关系不断趋于弱化是一个不争的事实，这在乡村社会体现得尤为明显，以至于"乡村衰败"的观点曾经风靡一时。再扩大范围来看，小城镇社会治理共同体主要由国家、市场和社会三大力量构成，这意味着如何协调这三者之间的关系是小城镇社会治理共同体建设必须面对的重要问题。街道（社区）对于街道（社区）养老依然保持着相对保守的主导性行政管理方式，难以接受社会组织市场化运营的模式，对于相关措施的落实相对谨慎，准许开展的服务单一，低偿服务项目无法落地实施，导致服务方无法实现自我造血，致使服务内容、形式、质量、水平相对较低。街道（社区）对于社会组织的扶持力度不够，社会组织进驻街道（社区）服务的门槛较高，这与街道（社区）乃至所属街道的主观意识有关，没有充分提供可让社会组织发芽的沃土。在街道（社区）落地服务的社会组织不多，通常只有承接过政府购买服务的社会服务组织可以进驻街道（社区），对于可提供其他街道（社区）服务的社会组织，落地街道（社区）服务的过程相对较难，无法让专业服务真正下沉到街道（社区）。

构建小城镇社会治理共同体能力不足。一是小城镇社会治理主体之间权责界限不清。小城镇政府、居委会（村委会）、社会组织三者之间的关系存在治理职能交叉。居委会（村委会）和社会组织的治理能力较弱，过度依赖小城镇政府主导管理，自身被动接受安排。很多时候也会因为参与主体之间缺乏沟通交流的平台，难以达成共同参与、协商、合作的局面。二是治理共同体相关机制保障有待健全。信息共享机制、协商合作机制等不健全，小城镇社会治理体系中缺乏系统的诉求表达、利益协调、权益保障及矛盾调解机制，治理主体中人民群众很难与政府相关部门直接对话沟通。

治理平台功能亟须完善。在隐患排查、矛盾调解、政策宣传等职能作用发挥中能力不足，加之乡镇自身没有执法权，导致在履行监管、督办等工作职责时缺少依据，工作开展难度大，常常处于被动状态。部分村由于集体经济收入体量过小，财力有限，导致小城镇综合治理能力受到限制，村民主动参与村级管理的积极性不够高，村规民约和自治章程作用没有得到充分发挥。

社会组织培育发展不均衡。多数社会组织活动开展单一，争取项目资金能力偏弱，整体参与小城镇治理、服务群众能力有待进一步提高。

14.1.5 参与主体积极性问题

在小城镇社会治理中，居民参与度较低，无法体现民主共治的理念。

居民参与度不足以及构建社会治理共同体意识不强。当代社会治理需要解决的问题是跨界性、关联性、复杂性增强，但长期以来，我国小城镇社会组织和自治组织发育还不充分，小城镇群众的责任感和参与的主动性不足，这已经成为小城镇治理共同体构建中亟待突破的难点问题。

小城镇街道（社区）在治理过程中普遍存在社会参与动力不足的问题。社会治理专业性组织较少，参与社会治理意愿不强烈、能力经验不足，部分社会组织重经营、轻公益，无法有效承载政府职能转变和功能下放。即使有社会组织介入的街道（社区），城乡参与差别较大，部分城市街道（社区），群众参与动机被动，往往由于所组织活动枯燥降低了参与率，农村多为空巢老人和留守儿童，因没有参与意识而放弃公众参与的权力。居民参与状况大多呈现人员固定、持续性不强、治理事务参与度低等问题。一些小城镇单位由于自身工作繁忙、对社会治理职责认识不足等，参与社会治理的热情并不高，很多地区的社会组织对于小城镇治理任务完全托付给地方政府。调研发现，群众被动参与活动多，主动参与活动少，参与度较低。其中60岁以上居民参与比例最高，作为中坚力量的18—40岁人群参与最少。激发群众参与小城镇治理的动力，迫在眉睫。小城镇社会治理问题复杂和多元主体参与动力不够，地缘性自治亟待改善。

小城镇社会治理问题较为复杂，主要表现在多元主体参与动力不足方面。随着城镇化和社会转型的加快，小城镇社会矛盾日益增多，政府单靠自身力量难以解决问题。因此，社会治理需要形成共同体，党委、政府、社会和公众需要携手解决跨界性、关联性、复杂性增强的问题。然而，长期以来，小城镇社会组织和自治组织发展不足，群众的责任感和参与主动性不足，往往造成"街道（社区）（村）干部忙碌而老百姓袖手旁观"的局面。小城镇社会治理主体也比较单一，传统治理一直具有强政府色彩，市场、社会和公民不够主动参与公共事务治理，这也是建设"社会治理共同体"存在的短板之一，尤其在小城镇社会管理体制中表现得更加突出。小城镇社会治理除小城镇政府外的其他主体并未享有过多参与小城镇社会治理的权利。小城镇社会治理的主体单一，造成小城镇政府压力大。但很多优质资源如今掌握在社会、市场层面，仅凭借小城镇政府这一主体无法有效地进行优质资源配置，造成小城镇社会治理效率低下、成果不显。

参与主体自主性、积极性不高。小城镇社会治理共同体构建是在小城镇政府的主导下，各小城镇自治组织、社会组织、人民群众共同参与的社会治理方式，但现阶段我国的社会治理仍然是以政府为主导，小城镇自治组织、社会组织和群众参与小城镇治理的自主性、积极性不高。广大群众并未完成从传统社会的被管理者身份到治理者身份的转变。

社会组织参与力度不大。社会组织的服务虽然针对性强，但广泛性不够，较多集中于心理疏导、贫困帮扶、老年人日间照料等外围服务，在行政事务上作用发挥较少。而且，社会组织多是接受政府委托或承接政府项目，属于政府职能的延伸，难以主动参与小城镇社会治理。

民众参与小城镇社会治理意识不强。自向服务型政府转型以来，社会更加强调小城镇政府对民众的服务，而民众履行公民义务和参与小城镇社会治理的共同体意识却较为淡薄。在当下小城镇社会当中，许多民众缺乏应有的街道（社区）认同感、街道（社区）主人翁意识及街道（社区）责任感，从而导致民众自治内生动力不足，进而造成街道（社区）日趋"行政化"。小城镇组织疲于应付各种理应由居民自治自行解决的琐碎问题，以至于无法专心解决小城镇社会中更加需要依靠小城镇组织力量来解决的问题。

专家、学者在小城镇社会治理中缺位。"闻道有先后，术业有专攻。"专业各异，擅长不同，专业的事情应由专业的人来做。目前我国小城镇社会治理主要还是依靠行政部门落实发布的具体措施来推进小城镇社会治理，在关于小城镇社会治理的法律体系、制度建设方面仍不完善。存在既未将小城镇治理与现行法律法规有效衔接，也未将小城镇社会治理理论化、体系化的现象。小城镇政府在进行日常行政管理中已经耗费大量时间、人力，在小城镇社会治理理论化方面分身乏术。目前，我国发达地区的小城镇政府更加重视专家、学者等专业人才在小城镇治理方面的作用，一些拥有较多高等院校的城市在关于小城镇治理方面的法律法规往往也是比较健全的。但我国大多数欠发达地区小城镇政府在这方面仍不重视，专家、学者等专业人才在小城镇社会治理中缺位。

小城镇治理的基本形态是由不同层级的行动者所创造的小城镇自治体系。伴随着社会结构的转型，小城镇自治的行动者需要从缺席走向回归。民众是小城镇社会的基本构造者，要想加强小城镇社会治理，始终依靠外在推动力是不够的，还需要民众这一内生动力。只有培育民众参与小城镇社会治理的意识，让民众积极参与到小城镇社会治理当中来，小城镇社会治理才能取得更好效果。

14.1.6 文化认同和文化冲突问题

中国小城镇的文化认同和文化冲突问题是一个复杂且多元的主题。由于中国历史悠久，文化传统丰富，小城镇的文化认同通常与特定地区的民族、语言、宗教和习俗紧密相连，多元化和多样性的同时也带来了文化冲突和分化。

首先，就文化认同的多样性来讲，中国的小城镇覆盖了广泛的地理区域和多元的人口结构，每个小城镇都拥有自己独特的文化认同。这包括各具特色的民族身份、方言习尚、传统习俗及宗教信仰等。这种多样性塑造了小城镇居民文化认同的丰富多样性。中国有 56 个民族，小城镇中存在着丰富多样的文化认同。根据 2020 年中国人口普查数据，中国的主要民族包括汉族（占总人口的 91.5%）和壮族、回族、满族、维吾尔族等其他少数民族。每个民族都有自己的语言、宗教信仰、风俗习惯和传统文化。

其次，经济发展和社会变迁往往带来文化冲突问题。随着经济的发展和城市化进程的加速，小城镇经历了社会变革和价值观念的变化。这可能导致新一代更加容易接受现代文化和理念，与传统文化观念存在一定的冲突。这种传统与现代价值观之间的摩擦可能会引发代际、不同社群之间的文化冲突。随着中国经济的快速增长和城镇化进程的推进，小城镇经历了社会变革和价值观念的转变。这可能导致不同年龄群体和不同社群之间存在文化冲突。例如，年轻一代可能更加受到现代文化和理念的影响，而与传统文化观念产生冲突。

再次，地区差异也会带来争议和冲突。中国地域辽阔，不同地区的小城镇有着独特的文化背景和历史传统。这可能会导致一些地方之间的文化冲突或争议，如历史纷争、方言差异及风俗习惯差异等。政府常常鼓励地方各方加强交流与沟通坚持尊重和包容多元文化的发展。中国地域广阔，小城镇之间存在着不同地区的文化差异和争议。

这可能表现为历史、宗教、风俗习惯、方言等方面的差异根据具体的地区和历史背景，文化冲突的性质和程度会有所不同。

最后，多元文化的宣传和教育扮演着积极的角色。政府鼓励小城镇居民了解和尊重多元文化，并运用多种方式来推动各种文化形式的共享和交流其中包括举办文化节庆活动、展览及电影放映等。政府推动不同地区之间的文化交流与合作通过举办文化交流活动、知识产权保护等措施促进文化认同之间的对话和融合垂直文化政策支持。政府通过制定并执行相关的文化政策保护并扶持各个小城镇的传统文化，鼓励艺术、文学、音乐等艺术形式的发展并提供支持和保护措施。

14.1.7 人才短缺制约治理能力提升

小城镇社会治理人才队伍短缺。目前，街道（社区）（村）专职工作人员的队伍结构有待完善，小城镇工作岗位吸引力不强，极大地削弱了年轻人进入小城镇工作的积极性。部分工作人员年龄偏大，学历层次不高，专业化水平偏低，缺乏相关专业知识，难以适应小城镇社会治理现代化的工作要求，缺少具备社会学专业背景的高层次、复合型人才。而且，任务繁重待遇不高，街道（社区）（村）专职人员大量工作时间被行政事务挤压，少有时间和精力投入街道（社区）服务，独立性不够，主体作用发挥不佳。二是小城镇工作人员专业性不强。小城镇工作岗位在招聘人员时，囿于人员短缺的原因往往对招聘人员要求不高，从而使参与小城镇治理组织的工作人员在学历结构上非专业化明显。三是小城镇人才职业前景不明，上升通道狭窄，致使许多小城镇治理工作人员参加工作为权宜无奈之举，工作过程中出现敷衍塞责、效率低下的现象。

街道（社区）人才队伍建设较为薄弱。街道（社区）工作人员普遍存在结构不尽合理、总体能力偏弱、服务能力不强等问题，加之居民自治功能弱化问题依然存在。一是街道（社区）"行政化"倾向较重。目前街道（社区）承担着大量涉及行政职能的工作，政府行政功能无形挤压街道（社区）自治功能，一些街道（社区）也习惯于依靠行政手段开展工作，对居民自治重视不够。二是居民自治意识不强。一些小区自治组织不健全，尚未成立业主委员会；有的虽然成立了业主委员会，但形同虚设，没有发挥应有作用。三是街道（社区）居民参与积极性不高，协同治理的范围不广、载体不多，加之居民自我激励、自我约束、自我完善、自我教育的街道（社区）意识普遍淡薄，致使居民参与度较低，活力不强。

14.1.8 智慧化管理不足

在信息时代，许多小城镇的信息化建设滞后，信息化发展水平不高，社区信息化治理手段有限，信息交流渠道单一。社会治理智能化趋势与小城镇智慧治理系统建设滞后，系统性治理效能未能发挥。

小城镇社会治理在智能化建设方面严重滞后，存在数据建设缺乏统一规划、数据整合不够及平台建设缺失等问题，还不能很好地顺应社会治理智能化趋势。伴随主要矛盾变化，人民群众对社会治理需求呈现多样化、多层次、多方面等特点，对公共安全关切程度更高，对社会稳定风险敏感度更强，整体而言，社会治理体系社会化、法治化、专业化、智能化程度还不高。

网络治理平台服务能力不强。一是网络治理平台的板块内容更新不及时。平台不能够随着经济社会生活的发展变化情况及时地做出调整，以贴合群众日常生产和生活，影响群众参与热情。二是网络治理平台承载量不高，当出现突发事件时或者需要群众同时登录某一服务平台时，会出现宕机情形。

社会治理的智能化趋势与小城镇智慧治理能力的不足之间存在矛盾。科技进步不仅是社会发展的引擎，也是提高社会治理效能的推动力。因此，应该善于将大数据、人工智能等现代科技与社会治理深度融合起来，通过现代科技推进社会沟通、改进管理服务以及打造数据驱动、人机协同、跨界融合、共创分享的智能化新模式。小城镇社会治理的智能化建设滞后，存在着数据建设缺乏统一规划、数据整合不够以及平台建设缺失等问题，使其不能很好地顺应社会治理智能化趋势。

搭建智能化治理平台，提高数字赋能市域治理的能力。小城镇数字治理存在许多短板和弱项。一是覆盖面不够广，重建设轻运维。例如，"雪亮工程"涉及县城、乡镇、农村等各个领域，在系统建设中，需要建设前端设备以外的后端支撑平台、存储管理、综合运维等，这涉及广泛的区域和复杂的系统建设和运维，因此还未真正实现"全域覆盖"。二是共享大数据格局待形成，精准风险预警不足。部门壁垒导致大量数据存在"不敢公开、不能公开、不会公开"等问题，已开放数据格式标准缺失无法关联融合，形成数据孤岛、部门壁垒。前端数据采集和智能解析仍存在盲区和不足，社会化大数据获取不充分、更新不及时，特别是水电气、外卖订单、高速公路通行等数据难以获取，无法满足精准风险预警需求。三是投入资金不足，技术有待提升。省市县各级财政对硬件资源支持力度不够，受资金及技术限制，许多农村及乡镇已建成的视频监控系统智能化水平不够，无法实现实时智能分析。随着"雪亮工程"建设飞速发展，社会数据量呈指数型爆发式增长，但这些数据或被定时覆盖或被遗忘，数据价值没有被及时充分挖掘。四是重形式轻内涵，与群众需求结合不紧密。据调查发现，很多群众反映数字治理过程中，政府"提供的服务不需要，需要的服务找不到"，大数据基座支撑能力不足，还难以满足日益增长的数据接入和智能化应用需求，公众的满意度与获得感有待提升。五是专业队伍建设滞后，人才保障不足。全省大数据专业队伍建设滞后，已成为制约运用先进信息技术开展"智治"市域社会治理的一大瓶颈，各地具有网络安全、大数据建模等专业背景人才缺乏，既懂技术又懂业务的复合型专家人才缺口更大，南平、三明、宁德、龙岩等山区地市尤为突出。

"小网格，大数据"建设难度大。现阶段我国城市管理中信息报送不及时、信息壁垒、信息倒流等问题还广泛存在。部分疑难问题受各类主客观因素影响始终无法解决。以城市地下管线安全管理为例，目前地下管线信息数据属国家秘密，我国暂无城市完全实现了相关涉密信息数据的脱敏脱密工作，导致有关信息数据暂无法与综合网格底层数据进行融合，与"小网格存放大数据"、实现城市基础信息"一张图"管理的目标还存在一定差距。目前我国如电力、煤气等专业信息管理系统与综合网格平台的信息互联共享工作仍处于前期研讨阶段，这也导致了在实际的城市基础设施安全巡检过程中，发现的问题上报后的推送信息工作难以保证一步到位，往往需经多轮咨询、转办方能确认主管及责任单位，极大程度地影响了事件处理、应急响应等工作的效率。

"1+N网格"管理体系尚需完善。现阶段，我国推行网格化管理的城市大部分都在传统综合网格的基础上，由城市各属地镇街建立与城市基础设施安全管理网格事项相对应的小城镇专业网格；市级重大、民生基础设施的维护运营单位，如轨道交通、燃气等建设运维单位，也建立了与市综合网格相配套的专业巡查网格，通过落实"1+N网格"的管理体系，结合各单位工作职责实际，开展涉及威胁城市基础设施安全的巡查和处置工作，但在实际工作中，存在部分主管部门职能交叉、职责不清、管理零散化、碎片化等情况，"管一些，不管全部""都能管，都不管"等条块分割、多头管理、推诿扯皮情况屡见不鲜，给小城镇工作人员带来了庞大且费心费神的沟通协调工作。如何让"基础网格"与"专业网格"相辅相成、互助共赢，是下个阶段城市基础设施安全网格化体系建设的重点。

网格员队伍的管理建设力度有待提高。现阶段我国各城市的小城镇综合网格员关于城市基础设施安全管理工作的主要任务为发现情况、上报问题，是问题的"吹哨人"，原则上不参与后续案件处理的具体经办工作，因此对综合网格员的学历、专业性、工作经验等聘任条件无过高要求，大多数综合网格员的聘任方式为无编制的雇员或合同工形式，薪资待遇相对较低。各属地政府普遍面临经费、人手紧张、工作繁杂等情况，造成了小城镇综合网格员"任务多，收入少"的现实问题，在日常工作中不可避免地存在"多一事不如少一事"的消极心态。

14.2 小城镇社会治理举措

14.2.1 构建小城镇社会治理体系

在构建小城镇社会治理体系时，必须遵循法治化、专业化、民主化、信息化和组织化的原则，并充分考虑当地的特点、资源和实际情况，通过整合资源和管理中心的建设，实现社会治理的全过程和全方位。对于市域社会治理现代化，顶层设计至关重要。为此，应完善自上而下的社会治理工作领导体制，并借鉴上海、北京等地区在社会治理创新方面的经验和做法，制定相关指导性文件以加强和创新社会治理。同时，建立常态化的社会治理工作领导体制，进一步明确各级社会治理工作的领导责任，并在市、区、街（镇）成立由党政主要负责人为主任的社会治理工作委员会。最后，应树立现代治理理念，推进区市体制改革，加强部门职能整合，建立联动机制，形成治理合力，全面推进"大统筹，大治理"的理念。

小城镇的治理结构包括政府职能部门和社会组织以及居民委员会等。政府职能部门是小城镇治理的关键部门。它应该包括市政管理、公安机关、卫生防疫、建设规划、环保等职能部门，负责管理和指导小城镇的各项事务，制定和执行政策法规，并承担对内对外的协调和联络工作。社会组织作为小城镇的补充力量，可以发挥重要的作用。它们可以直接参与基层民主建设和社会治理，为居民提供更广泛和更多样化的服务。同时，居民委员会也是基层组织的重要组成部分，作为居民和政府之间的桥梁和纽带，居民委员会可以更好地协调和解决群众的问题和诉求。

小城镇社会治理体系的构建。随着我国城镇化进程的加快和新型城镇化战略的提出，小城镇的发展成了重要的发展方向。小城镇的社会治理体系构建既需要与城市社会治理体系相衔接，又需要具有小城镇特点，需要根据实际情况进行探索和创新。小城镇社会治理体系的构建需要围绕几个方面来开展：一是理顺领导机构设置。小城镇的特点是机构相对简单，领导机构设置也需要特别注意。需要根据实际情况依法设立人民代表大会、政府、法院、检察院、公安机关等机构。二是完善社会组织和人士参与机制。小城镇社会治理需要充分发挥社会力量和广大人民群众的参与作用，完善社会组织和人士参与机制，积极引导志愿服务组织、工会组织、妇女组织等社会力量参与社会治理。三是强化信息化建设。在小城镇社会治理体系构建过程中，需要加强信息化建设，建立信息共享机制，使各个部门的信息互通互联，提高工作效率，降低管理成本。四是推进智慧城市建设。智慧城市建设可以通过应用先进的信息技术，提高城市治理效能，实现城市智能化和数字化，提高服务水平，提供更加便利高效的服务，强化城市治理体系。

小城镇社会治理体系的运作。一方面需要政府加强领导，完善法律法规体系，提升公共服务水平和政府效能；另一方面还需要积极发动和引导群众、鼓励各方参与，促进共建共治共享。小城镇社会治理体系的运作中需要充分发挥社区治理、人民代表大会、政府、公安机关、审判机关、检察机关等各种力量的作用，形成"上下联动，内外联动，政府引导，多元参与"的社会治理模式，提高社会治理效能。

小城镇社会治理体系创新。随着社会变革不断深入，小城镇社会治理体系需要不断创新。其中，信息化、智慧城市建设、社区治理等方面的创新具有重要意义。在社区治理方面，可以通过创新社区组织形式，加强社区志愿者队伍建设，提高居民自治的水平和程度，增强小城镇社会治理的活力和可持续发展的能力。

14.2.2 完善基层治理的体制机制

健全管理机制。一是健全网络信息共享机制。在现有的网络平台基础上，利用大数据、云计算、人工智能等技术，建立涵盖各治理主体的智能化大数据交换信息共享平台，推动社会治理全领域数据整合，实现各治理共同体间信息共享。二是健全监督体系。建立基层社会治理共同体内部自我监督与外部群众监督的双层监督机制。增加网络评估监督机制，对社会治理的成果进行网络评估。鼓励群众参与到社会治理监督的各个环节之中，确保治理机制有效运行。三是健全人才培养制度。首先是提高社会治理人才的准入标准，着重吸收年轻、高学历、有社会治理专业背景的人才进入治理体系之中。其次是注重岗前培训。对相关工作人员入岗前进行专业培训，确保治理工作稳定有序进行。再次是明确人才上升通道，提高人才待遇。通过政策手段对从事基层社会治理的工作人员尤其是优秀的工作人员在公务员、事业单位招考中予以一定的政策支持。四是推进基层社会治理立法。整合现阶段各基层行政机关、自治组织关于基层治理相关规定及治理经验，结合当前基层社会治理现状，吸收引入社会主义核心价值观、乡规民约等道德价值规范，通过立法的方式予以明确，提升我国基层社会治理水平。

明确政府管理权与群众自治权的界限。减轻不必要的行政负担，同时强化必要的自治内容。建立基层群众性自治组织法人备案制度，规范撤销村民委员会改设社区居民委员会的条件和程序，同时加强集体资产管理。提高村（社区）组织的动员能力，完善应急预案，改进网格化管理服务，加强群防群治、联防联治机制建设。优化村（社区）服务格局，规范村（社区）公共服务和代办政务服务事项，推进城乡社区综合服务设施建设。加强综合服务、兜底服务能力，实施政府购买社区服务，鼓励社区服务机构与市场主体、社会力量合作。

14.2.2.1 健全镇域社会矛盾综合治理机制

制度性社会矛盾是一种牵涉某个群体、某个阶层甚至某个社会层面的普遍性矛盾，它对社会的冲击是以"面"的形式展开的。而且这种社会矛盾要么不爆发，一旦爆发即给社会带来很大危害。首先，要做好矛盾排查。此类矛盾根源于制度冲突，所以要下大力气梳理各种制度之间（特别是各种经济制度与人民日常生活制度）是否存在冲突关系，对于存在冲突关系的制度组（群）要进行风险评估，列入社会风险管理库。其次，要做好矛盾化解。制度性社会矛盾的化解关键在于如何协调制度之间的矛盾。其中的难点在于，施行于市域范围内的制度有国家层面制度、省级层面制度、市级层面制度和县级层面制度，而市级层面对国家、省级层面的制度没有修改权。所以当遇到国家、省级层面制度在市域或基层社会发生冲突时，一方面要及时向上级提出反馈；另一方面市级政府要及时采取补救措施缓和矛盾。而对于市级及以下政府出台的政策制度之间发生冲突时，就要启动相应权限及时修改相关制度或制定消除矛盾的补充制度。最后，要重视非正式制度建设。在经济社会生活中，存在国家政府层面出台的正式制度和社会层面日积月累形成的非正式制度。市域内广大基层社会成员在日常生活中的思想意识活动通常处于社会心理的感性意识层面上，上升到理性推论或理论思维层面来思考问题、支配行为是非常有限的或很少发生的。而支配人们在日常生活中展开各种行为的制度，更多的是习惯、习俗和惯例及在文化传统中传承下来的道德伦理规范，这些都属于内在的、非正式制度。因此，要以社会主义核心价值观引领社会生活中的习惯、习俗等非正式制度的建设和发展，确保社会成员生活所依赖的非正式制度都是健康向上的。

14.2.2.2 统筹社会治理发展全局

一是基层政府明确各基层治理主体权责范围。在现有的治理机制基础上，进一步细化网格化管理服务，明确基层社会治理各主体的职责内容，最大限度地减少村委会、居委会、社区的行政事务，将乡镇街道等"行政末梢"转变为基层社会的"治理枢纽"。二是加大系统性赋权增能。将治理的重心向基层下移，使基层有人有物有权，看得见，管得了。三是注重吸收社会组织力量，提升基层社会治理能力。基层社会治理共同体构建需要多元主体共同参与治理，发挥社会各领域的作用，丰富社会治理主体结构，提升社会治理能力。四是鼓励群众参与，提高群众社会治理的自主性和积极性。首先，通过互联网、广播等宣传手段提升群众参与社会治理的意识。其次，加强与高校的合作，从高校中选拔出优秀人才参与到社会治理之中，提升基层社会治理能力。再次，对从事基层社会治理的志愿者，组织培训，使其成为社会治理的一员，为社会治理储备人才。

14.2.2.3 多元主体协商治理

强调治理手段现代化。智慧治理能力建设要适应信息化时代的发展趋势，在规划建设、数据资源整合、应用拓展等方面发力。推动智慧城市、社区基础设施和应用终端建设。整合数据资源，推动基层治理数据资源共享，拓展应用场景，提高基层治理数字化智能化水平，让"数据多跑路，群众少跑腿"。

完善线上网络协商治理平台建设。构建党委、基层政府、社会组织、群众融通互动的治理平台，使得各治理主体能够通过网络平台便捷地参与到社会治理之中。运用科技手段收集并解决治理症结。利用大数据、云计算、人工智能等现代数字科技手段，收集群众反映的热点、难点问题，明确基层社会治理的症结。在现有的平台基础上，适时增加板块，就治理症结问题鼓励社会组织、群众通过网络治理平台对社会治理建言献策，对有积极作用、切实可行的建议予以采纳公示，并予以物质奖励。丰富线下民主协商形式。线下以更加贴近群众生活的民主协商方式，现场提出、现场解决相应治理问题，提高群众参与民主协商的积极性。升级软件服务，提升网络服务平台的硬件设备。网络服务平台的软、硬件水平决定了服务平台的承载能力，直接影响群众参与治理的热情。

强化技术治理，建设市域社会治理平台。首先，治理重心下移，整合部门力量，建立区级综治中心，集政务、公共、社会服务于一身，实现"多网融合，一网治理"。其次，提高社会治理智能化水平，构建社会治理大数据平台和智慧控制中心，推动智慧城市建设模式。最后，在完善社会心理服务体系方面建立健全工作机制，增进民众身心健康。

实施多元共治，扩大社会力量参与社会治理。提升社会组织参与治理能力，发展社会组织分类管理体制，加快发展各类社区社会组织和慈善组织，打造具有地方特色的社区基金会，发挥现有社会组织枢纽和支持型作用，激活社会组织参与社会治理的创新动力。

14.2.2.4 小城镇的基层民主和决策机制

基层民主和决策机制是小城镇治理的重要组成部分，它是实现治理的根基和手段。

基层民主建设包括选举产生、议事决策、信息公开和舆论监督等多个方面。其中，选举产生是民主决策的重要途径，要求在选举程序中要公平、公正、公开，让选举结果能够反映民意和保障利益。议事决策是在民主和自治的基础上，通过多方沟通和协商，达成共识和决策，并在执行中得到良好的执行和监督。信息公开和舆论监督是民主治理的重要保障，只有让信息透明化，才能在舆论监督中得到更好的社会认可和支持。

决策机制和公共决策是小城镇治理的基础。要建立健全决策机制，通过制度化、规范化、程序化等方式，保障决策的科学性、公正性和可持续性。同时，要注意公共决策的合法性、公正性和民主性，让市民参与决策，提高决策的公众性。

增强群众自治主体意识。

14.2.3 着力解决文化冲突

为了解决小城镇社区的文化认同和文化冲突问题，我们需要加强文化教育和传承，促进文化交流和融合，促进城乡和谐发展。同时，政府和社区组织要引导和规范文化市场和商业活动，防范极端思潮对社会的负面影响。

在增进文化认同的基础上，让小城镇社区的文化多元性得到尊重和包容，实现文化多样性的和谐发展。除了加强文化交流和融合，重新认识和尊重不同文化都是解决小城镇社区的文化认同和文化冲突问题的重要途径。这涉及当地政府和社区组织的领导和管理责任，需要加强对城乡文化交流的引导和规范。

一些有效的措施：建立多元文化交流的平台，平等开放的文化资源，支持和鼓励不同文化的艺术团体和音乐组合，加强对文化活动的管理，保障反映地方文化的文化手工艺品的保护和传承，等等。

加大对冲突的预警和管理。一些意外的事件可能导致文化冲突的发生。针对这种情况，政府和社区应设立应急机构，建立应急预警机制，增强全社会的文化冲突防范意识，减少文化冲突带来的负面影响，维护稳定并推动社会发展。小城镇社区的文化认同和文化冲突问题也需要防范极端思潮、宗教极端主义等意识形态方面的影响，维护社会稳定和谐。

解决小城镇社区的文化认同和文化冲突问题需要各种力量的参与和协同合作。政府和市民、非政府组织等各界都应该密切配合，共同创建一个和谐、稳定的小城镇社区，为地方发展和进一步推动城乡交流的健康发展提供有利的文化环境。

14.2.4 增强群众自治主体意识

提高小城镇社会治理过程中群众自治主体意识，需要采取多种措施，包括宣传教育、建立健全自治组织、加强自治能力建设、创新自治方式、加强自治法制建设等。

宣传教育。通过开展各种形式的宣传教育活动，向广大群众普及自治的概念、原则和方法，提高群众对自治的认识和理解。例如，可以通过举办自治知识讲座、制作自治宣传资料等方式，向社区居民、村民等群众传递自治的理念和思想。

建立健全自治组织。为了推进小城镇社会的自治，需要建立健全自治组织，包括社区居民委员会、村民委员会等组织。这些组织应该有明确的组织结构和职责分工，能够有效地履行管理职责，调解社会矛盾，促进自治的实践。同时，自治组织还应该鼓励和支持群众参与自治的活动，提高群众自治的参与度和积极性。

加强自治能力建设。提高小城镇社会治理过程中群众自治主体意识，需要加强自治能力建设。自治能力是指群众自我管理、自我服务、自我监督的能力。因此，需要通过开展自治能力培训、提高群众的组织能力和协调能力等方式，提高群众自治的能力和水平。

创新自治方式。为了推进小城镇社会的自治，需要创新自治方式，尝试各种自治的方式和方法。例如，可以通过开展自治实践活动、组织自治评比等方式，激发群众自治的积极性和创造性。同时，还可以借鉴其他地区的自治经验，寻找适合本地区的自治方式和方法。

加强自治法制建设。自治法制建设是推进小城镇社会自治的重要保障。需要建立健全自治法规和制度，明确自治的权利和义务，规范自治的程序和方法。同时，还需要加强自治法律意识的普及，提高群众对自治法规和制度的认识和理解。

14.2.5 加强基层社会治理人才培养和管理

解决基础社会治理人才短缺问题需要采取多种措施，包括加强人才培养、完善人才选拔机制、加强人才激励、拓宽人才来源渠道、加强人才管理等。这些措施的实施可以提高基层社会治理人员的素质和能力，推进基层社会治理工作的规范化和民主化。解决基础社会治理人才短缺问题，可以从以下几个方面入手。

加强人才培养。要解决基础社会治理人才短缺问题，首先需要加强人才培养。可以通过开展各种形式的培训和学习活动，提高基础社会治理人员的专业素质和管理能力。例如，可以开设社会治理专业课程，组织实践教学、案例分析等活动，增强基础社会治理人员的实践经验和能力。

完善人才选拔机制。完善人才选拔机制也是解决基层社会治理人才短缺问题的重要措施。可以通过建立健全人才选拔制度，规范人才选拔程序和标准，选拔符合条件的人才担任基层社会治理职务。同时，还可以采取多种方式，如公开招聘、内部竞聘等，吸引更多优秀的人才加入基层社会治理队伍。

加强人才激励。加强人才激励也是解决基层社会治理人才短缺问题的重要手段。可以通过建立健全薪酬体系、提供职业发展机会等方式，激励基础社会治理人员的积极性和创造性。同时，还可以加强对优秀人才的表彰和奖励，激发基层社会治理人员的工作热情和干劲。

拓宽人才来源渠道。拓宽人才来源渠道也是解决基层社会治理人才短缺问题的重要措施。可以通过开展人才招募、引进高端人才等方式，吸引更多优秀的人才加入基层社会治理队伍。同时，还可以加强与高校、科研机构等组织的合作，充分利用各种资源，拓宽人才来源渠道。

加强人才管理。加强人才管理也是解决基层社会治理人才短缺问题的重要手段。可以通过建立健全人才管理制度，规范人才管理程序和标准，提高基层社会治理人员的管理水平和效能。同时，还可以加强人才流动和交流，促进人才的知识共享和技能提升。

14.2.6 强化小城镇智慧化管理

小城镇社会治理智慧化管理，是指利用信息技术和互联网技术，将小城镇社会治理工作实现智能化、数字化、网络化。小城镇社会治理智慧化管理需要建立健全信息化平台、推进智慧社区建设、推进"互联网＋"小城镇治理、加强人才培养和管理等措施的支持和保障。这些措施的实施可以提高小城镇社会治理工作的效能和水平，促进小城镇社会的稳定和发展。

建立健全信息化平台。建立健全信息化平台是小城镇社会治理智慧化管理的重要措施。可以通过建设信息化平台，实现小城镇社会治理信息的共享和协同，提高小城镇治理的效能和透明度。具体措施包括：建立社区信息化平台、村级信息化平台，实现小城镇治理信息的共享和协同；建立小城镇治理大数据平台，对小城镇治理中的各种数据进行整合和分析，产生各种决策支持和预警提示；加强小城镇治理信息安全保障，确保信息的安全性和保密性；等等。

推进智慧社区建设。推进智慧社区建设也是小城镇社会治理智慧化管理的重要措施。可以通过建设智慧社区，实现社区信息化、智能化、服务化。具体措施包括：建设智慧社区公共服务平台，提供便民服务、生活服务、社区医疗服务等；推广智慧社区管理系统，实现社区管理的数字化、智能化；建设智慧社区安防系统，提高社区安全防范水平；等等。

推进"互联网＋"小城镇治理。推进"互联网＋"小城镇治理也是小城镇社会治理智慧化管理的重要措施。可以通过利用互联网技术，推动小城镇治理工作的数字化、网络化。具体措施包括：建设小城镇治理互联网平台，实现小城镇治理信息的在线发布、在线咨询、在线投诉等；推广小城镇治理App，提供便民服务、在线交流、社区活动等；利用大数据和人工智能技术，对小城镇治理工作进行分析和预测，提高小城镇治理工作的效能和精准度。

加强人才培养和管理。加强人才培养和管理也是小城镇社会治理智慧化管理的重要手段。需要通过建立健全人才培养和管理制度，提高小城镇社会治理人员的专业素质和管理能力。同时，还需要加强对小城镇社会治理人员的考核和激励，提高其工作热情和积极性。

14.2.7 夯实风险防范措施

　　小城镇的风险防范措施包括安全防范、自然灾害防范和卫生防疫。安全防范是小城镇管理的关键，它包括消防、交通管理、治安管理等多个方面。要实行多保护、多预防、多措施并举的原则，整合社会各方力量，制订和实施综合治理方案，提高安全防范的能力和水平。自然灾害是小城镇面临的重大安全威胁。要建立完善的自然灾害预警和应急机制，加强基础设施建设，特别是建设防洪、排涝、抗震等设施和系统，提高小城镇的承灾能力。卫生防疫是小城镇管理的关键，它包括医疗机构、卫生防控和卫生监管等多个方面。要从源头上做好卫生防控工作，提高卫生监管的能力和水平，加强医疗机构的建设和管理，提高医疗服务的质量和水平。通过多样化产业转型来形成产业支撑，推进社区治理转型形成小城镇城镇化的社会基础保障。①

---

① 马黎明 . 英国小城镇建设对我国小城镇城镇化的启示——基于"田园城市"理论的视角 [J]. 青岛农业大学学报（社会科学版），2015，27(04):16-20+25.

第15章 我国小城镇全球化视野

在全球化的背景下，小城镇正在面临着结构和发展环境的巨大变化，全球化已经成为小城镇发展的重要驱动力之一。随着市场的全球化，越来越多的企业家意识到跨国经营的重要性，这为小城镇中企业家的发展提供了机遇。全球化还带来了通信技术和信息技术的变革，使得小城镇更加便捷地了解全球文化，进一步促进了当地经济和社会发展。拥有全球视角并能在全球市场中获得成功，可以使小城镇实现跨越式发展。当地的政府采取相应措施，支持企业家参与全球化市场竞争，以提高当地的整体经济实力。全球化不仅改变了城镇面貌，还对小城镇经济产生了深刻的影响。小城镇与全球化之间的关系，以及小城镇在全球化浪潮中的发展机会和战略已引起越来越多的关注。

15.1 全球化概念及其影响

15.1.1 全球化定义和特征

全球化是指不同国家和地区在经济、政治、社会、文化等各个领域之间相互联系和相互依存的过程，涉及信息技术的发展、贸易自由化、人员流动增加、跨国公司活动的扩大等因素，涵盖了经济、技术、文化、社会等多个领域，具有经济一体化、信息技术的发展、跨国公司的活动、文化多样性与交流以及全球治理和国际组织的特征。

经济一体化。全球化使得各个国家和地区的经济更加紧密地联系在一起。全球化通过自由贸易、跨国投资和全球产业链的形成，资金、商品和服务可以自由流动，促进了不同国家之间的贸易自由化和投资自由化，推动了国家在经济活动方面的专业化和分工。通过降低关税和非关税壁垒、签订自由贸易协定和加入经济联盟等措施，各国之间的货物和服务可以更加便利地流通，形成了全球供应链和生产网络。

信息技术。信息技术的进步是全球化的重要推动力之一。互联网、智能手机、社交媒体等技术的快速发展，互联网和智能手机的普及使得人们可以随时随地获取各种信息，跨越国界与他人进行实时交流和合作，使得全球范围内的信息传递和沟通变得更加便捷和实时，加强了不同国家之间的信息交流和知识共享，也促进了全球化过程的加速。

全球治理和国际组织。全球化推动全球治理的重要性，国际组织和全球治理机制也越来越重要。面对全球问题，如气候变化、贸易争端、安全威胁等，各国需要通过国际组织和协议进行合作和协调，联合国、世界贸易组织和国际货币基金组织等在全球化过程中扮演重要的角色。随着全球化的发展，在面对全球性问题时，各国需要通过国际组织和协议来进行合作和协调，以维护国际秩序和解决共同挑战。

跨国公司。跨国公司在全球化中发挥了重要的作用，它们利用投资和生产的灵活性，将资金、技术和人力资源跨越国界，在全球范围内开展经营活动。跨国公司既是全球化的推动者，也是受益者，它们在不同国家和地区创造就业机会，同时也在全球范围内获取市场份额和利润。大型跨国公司通过在不同国家和地区设立分支机构、工厂和办公室，实现了资金、技术和人力资源的跨境流动，充当了全球化的驱动者和承接者，引领着全球经济的发展和市场的整合。

文化多样性与交流。全球化使得不同文化之间的交流和融合更加频繁，促进了不同文化之间的交流与融合。通过电影、音乐、文学、体育、艺术、食物等文化元素，不同国家和地区的文化元素可以迅速传播并影响其他地区。人们更加容易接触和了解来自不同文化的观点和价值观，促进了文化多样性的发展，促进了各国之间的文化多样性和理解。

全球化并不是一种单一的趋势，它在不同国家和地区的表现和影响程度可能会有所差异。一些国家在全球化中经济实力增强，与其他国家在经济、科技和文化领域处于较为有利的地位，但也有一些国家可能面临经济失衡、社会不公和文化冲突等问题。因此，全球化需要谨慎评估和管理，以确保其对各个国家和地区的可持续发展产生积极影响。

15.1.2 全球化影响

全球化对经济、文化和社会产生了广泛而深远的影响，既带来了经济发展和繁荣的机遇，也带来了社会变革和文化冲击的挑战。在推动全球化的同时，确保经济、文化和社会的可持续发展，保护本土文化、促进社会公正和包容性成为重要任务。在全球化的背景下，国内外的发展趋势发生了多方面的变化。新兴市场经济国家和地区的崛起和影响是全球发展中的一个重要趋势。这些新兴市场包括中国、印度、巴西、俄罗斯等国家和地区。

15.1.2.1 经济影响

全球化的推动带来了全球市场的全面开放，商品和服务的供应量因此得以增加，而国际贸易则在自由化的浪潮中逐步得到了推动和发展。跨国投资活动的增加同样也是全球化的一种表现，它为更广大的市场提供了无尽的可能，并使资源配置的效率得以优化和提升。因此，全球化为国家和地区带来了更多的经济发展机遇。

一是跨国公司增加。全球化带来了国际金融市场的发展和金融资本的流动性增强。跨国公司通过在全球范围内的投资和运营，创造了大量的就业机会和经济增长。根据联合国贸易和发展会议（UNCTAD）的数据，自1990年以来，全球跨国公司数量从6.3万家增加到2021年的8.8万家。这些跨国公司的增长推动了全球贸易和投资。二是供应链的国际化。全球化加速了国际贸易、跨国投资和全球供应链的形成和发展，使得不同国家和地区可以根据各自的优势进行专业化和分工，进而提高了整体生产效率。一些国家和地区通过参与全球价值链，迅速成为全球制造和服务业中心。一些发展中国家通过积极参与全球贸易，实现了经济增长和脱贫。全球化使得制造业和服务业的供应链趋向于全球化。根据世界贸易组织（WTO）的数据，2019年全球价值链参与度达到了48%。三是跨国直接投资（FDI）的增加。全球化促使了跨国直接投资的增加。根据UNCTAD的数据，2019年全球FDI流入达到1.54万亿美元。四是全球劳动力市场。全球化促进了劳动力的跨国流动，尤其是对具备特定技能的人才有利。根据国际劳工组织（ILO）的数据，全球移民工人数量在2019年超过2亿人。五是经济增长和贫困减少。通过促进全球贸易和跨国投资，全球化为发展中国家提供了机遇，促进了经济增长和贫困减少。根据联合国的数据，自1990年以来，全球10多亿人口摆脱了极端贫困。六是产业结构调整。全球化加快了产业结构的调整。一些发达国家的制造业相对下降，而一些新兴经济体的服务业得到了发展。根据国际货币基金组织（IMF）的数据，发展中国家的服务业占GDP的比重从1990年的48%增加到了2021年的59%。新兴市场的崛起推动着全球经济格局的重塑。这些国家和地区以其庞大的人口规模、丰富的资源和低成本劳动力吸引了大量的外国投资。他们通过改革开放、加强基础设施建设和扩大内需等举措，实现了快速的经济增长。他们成为全球化过程中重要的生产和消费市场，为全球贸易提供了新的动力。新兴市场国家的崛起使得全球经济活动的中心逐渐向东移动，并对全球贸易和金融市场产生了巨大的影响。新兴市场国家的崛起带动了南南合作和南北合作的深化。他们通过加强与其他新兴市场和发展中国家的经济合作，建立了广泛的贸易和投资伙伴关系。与此同时，他们也积极参与国际机构和全球经济规则的制定和改革，推动着全球经济治理体系的变革和多样化。

然而，全球化也带来了一些问题，如经济不平衡和贫富分化。一些国家和地区可能受到经济剥夺和贸易竞争的冲击。然而，在全球化的过程中也出现了一些问题。经济不平衡和贫富差距扩大成为一个普遍的挑战。一些发展中国家可能陷入依赖性发展陷阱，仍然存在着贸易壁垒和不公平竞争等问题。

15.1.2.2 社会影响

全球化对社会结构和社会关系产生了深远的影响。一是人口迁移和流动。全球化加速了人口迁移和流动。根据国际移民组织（IOM）的数据，2020年全球移民人数约为2.7亿人。全球化对就业市场和工作方式产生了影响。全球化提供了更多就业机会和职业选择，但也带来了经济不稳定性和就业压力的问题。全球竞争也可能导致劳动权益的削弱和收入差距的扩大。收入分配不均、社会不公和贫困问题成为许多国家和地区所面临的共同挑战。跨国移民增加使得各国社会结构发生了变化，不同文化、宗教和价值观的碰撞引发了社会认同与社会和谐的问题，随着全球交流和移民增加，不同国家和地区的人口成分发生了变化，引发了社会多元化和文化碰撞的问题，社会结构和社会认同面临新的挑战。二是文化融合和多样性。全球化促进了人口流动、文化交流和社会多元化。使不同国家和地区的文化交流更加频繁。根据联合国教科文组织（UNESCO）的数据，目前世界上有 5000 多种语言被使用。全球化加强了不同国家和地区之间的文化交流和认同。例如，全球化促进了流行文化的传播，如电影、音乐和时尚。三是教育机会的增加。全球化使得学生可以跨国界获取更广泛的教育机会。根据联合国教科文组织（UNESCO）的数据，2018 年全球范围内有超过 500 万人在国外就读。跨国合作与知识共享。全球化促进了各国之间的合作和知识共享，特别是在科学研究、医疗协作和环境保护等领域。四是全球化影响到社会服务和公共政策。因为人口流动和多样化的社会需求，教育、医疗、社会福利等领域需要适应新的挑战和问题，需要适应人口多样化和社会变化的要求。经济发展和增加就业机会改善了许多人的生活水平，减少了贫困和不平等现象。这些国家也加大了对教育、医疗和社会福利等领域的投资，提高了社会服务的质量和覆盖范围，在全球减贫和可持续发展目标实现方面发挥了积极的作用。五是改变了全球地缘政治格局。新兴市场国家，在国际事务中发挥着越来越重要的作用。这些国家通过加强区域经济合作和建立新的多边机制，推动全球治理体系的改革和完善。我国提出了一系列倡议和合作框架，如"一带一路"倡议、金砖国家合作机制等，为国际合作注入了新的动能。新兴市场国家的崛起也为本国居民的福祉提供了更多机会。

15.1.2.3 文化影响

全球化促进了文化多样性的发展和文化交流的增加。一是信息技术的普及。全球化推动了信息技术的快速发展和普及。根据国际电信联盟（ITU）的数据，截至 2021 年，全球互联网用户数超过 53 亿。二是大众传媒的全球化。全球化使得各国的大众传媒媒体可以跨国界传播。2019 年，全球最大的社交媒体平台 Facebook 的活跃用户数量达到 20 亿。三是媒体多样性与普及。全球化使得各种媒体内容更加容易被传播和获取。世界上许多国家都能够接触到来自其他国家的电影、电视节目和新闻报道。通过电影、音乐、艺术、体育等文化输出和传播，不同国家和地区的文化元素得以传播和影响其他地方，使得人们更加容易接触到和了解来自不同文化背景的观点、思想和价值观。但同时，也面临着来自西方文化的冲击和本土文化保护的挑战。四是语言变迁与多元化。全球化促进了不同语言之间的接触和融合。例如，英语作为一种全球通用语言的地位在很多国家得到加强。五是旅游业的发展。全球化促进了旅游业的繁荣，人们能够更容易地前往其他国家和地区进行旅游和文化交流。根据世界旅游组织（UNWTO）的数据，全球国际旅游人数从 2010 年的 9.4 亿增加到 2019 年的 14.4 亿。六是新兴市场国家的崛起带来了社会文化领域的影响。它们所代表的文化、价值观和生活方式逐渐扩展到全球舞台，这种文化融合和交流促进了不同文化的对话和交流，并为全球文化多元性做出了贡献。新兴市场国家在全球文化产业中发挥着越来越重要的角色，它们的电影、音乐、文学等文化产品在全球范围内都有影响力。

然而，全球化也带来了文化同质化的问题，文化产业的全球化也导致文化产品的商业化和标准化，影响到本土文化的多样性和独特性，一些传统文化可能受到冲击和侵蚀。因此，在全球化过程中保护和传承本土文化的重要性需要引起关注。

15.1.2.4 技术影响

全球化对技术的发展和应用产生了深远影响，推动了信息通信技术的普及、数字经济的发展以及技术创新与研发的增加，促进了技术的跨国传播和技术转移与合作，加速了全球范围内的技术发展和进步。然而，全球化也带来了一些挑战，如数字鸿沟、知识产权保护、数据隐私等问题需要得到充分关注和解决。

一是信息通信技术（ICT）快速推广。新兴技术的涌现推动了经济创新和生产方式的变革，互联网、智能手机、人工智能等技术的普及和应用，使得信息传递和交流更加便捷和快速。移动电话普及率不断提高，根据国际电信联盟（ITU）的数据，2021年全球移动电话用户数量超过53亿，移动电话普及率达到了70%。互联网使用者大幅增长，根据ITU的数据，2021年全球互联网使用者数量超过47亿，并且互联网普及率达到了63%。移动互联网迅速普及，根据ITU的数据，2020年全球移动宽带用户数超过40亿。二是数字经济快速发展。电子商务交易规模快速增加，根据联合国贸易和发展会议（UNCTAD）的数据，2020年全球电子商务交易总额达到了26.7万亿美元。跨境电子商务飞快增长，根据UNCTAD的数据，2019年全球跨境电子商务交易金额超过4.3万亿美元。三是技术创新与研发变化明显。国际专利申请数量大幅增加，根据世界知识产权组织（WIPO）的数据，2020年全球专利申请数量超过32.6万件，其中中国大陆成为第一申请国。科研合作机会大增，根据SciVal的数据，全球的科研论文合作数量从2000年的35%增加到了2021年的59%。四是技术转移与合作。跨国技术合作增加，根据世界银行的数据，2019年全球跨国技术引入的资本流入达到了1400亿美元。跨国研发中心的建设，根据麦肯锡全球研发中心调查报告，全球跨国公司在2018年建立了近800个新的研发中心，并进行技术创新和研发工作。五是新兴市场在崛起。新兴市场国家投入巨大的资源和精力来推动科技创新和研发能力的提升，这些国家意识到科技创新是实现可持续发展和赢得全球竞争优势的重要驱动力。中国作为一个新兴市场国家，在信息技术、人工智能和5G等领域取得了重要突破，成为全球科技创新的重要力量。其他新兴市场国家也在不同领域展示了强大的创新实力。它们通过科技合作、吸引外国研发投资和培养本土创新人才等举措，对全球科技格局产生了显著影响。

然而，技术趋势也带来了一些挑战，数字鸿沟的存在加剧了信息不平等和数字排斥的问题。随着自动化和人工智能的发展，劳动力市场可能面临更多就业机会减少和技能需求变化的挑战。

15.1.2.5 环境影响

全球化对环境产生了深远影响，全球贸易和金融活动的增加导致资源利用和能源消耗的增加，对环境造成了更大的压力。随着工业化和城市化的进程加快，各国面临着日益严重的环境问题，如空气污染、水资源短缺和生态破坏等，气候变化、自然资源枯竭和生物多样性的丧失成为全球关注的焦点。一是温室气体排放。全球化带来了大规模的贸易和运输活动，导致温室气体排放增加。根据国际能源署（IEA）的数据，2018年全球二氧化碳排放量约为33.1亿吨。在全球化的背景下，推动可持续发展的需求日益增长，减少碳排放、促进清洁能源、强化环境保护和可持续资源管理等成为国际合作的重要议题。二是生物多样性减少。全球化促进了物种迁移和生态系统的颠覆。根据世界自然保护联盟（IUCN）的数据，目前全球有超过3万个物种处于濒危状态。三是资源消耗与环境压力。全球化促进了资源消耗的增加和环境压力的加剧。例如，由于全球贸易的增加，跨国运输导致燃油消耗增加，进而带来更多的温室气体排放。四是环境合作与保护。全球化推动了各国之间在环境保护方面的合作。例如，各国签署了《巴黎协定》，承诺采取行动应对气候变化。五是环境标准与可持续发展。全球化使得环境标准在国际上得到普遍认可，各国在可持续发展方面进行协调和合作。例如，推动清洁能源的开发和使用。

全球化的背景下，国内外的发展趋势发生了多方面的变化，涉及经济、技术、社会和环境等领域。不同国家和地区需要积极适应变化，抓住机遇，应对挑战，并通过国际合作寻求共赢和可持续发展的路径。各国都在努力制定政策和采取措施，平衡经济发展与环境保护之间的关系。新兴市场国家的崛起也带来了环境挑战，这些国家正逐步意识到环境保护的重要性，并采取了一系列政策措施来应对环境挑战，推动可持续发展的实践，它们参与全球环保合作并提供了范例，持续推动了全球环境改善。

15.2 小城镇的全球化视野

小城镇的全球化视野是指小城镇能够从全球视角来认识和把握自身的地位和发展机遇，能够主动融入全球经济和社会体系，不断开拓国际市场和国际资源，提高自身的国际竞争力和地位。小城镇的全球化视野是一个广阔而多元的概念，是一个非常重要的发展方向，它需要小城镇领导者和居民不断探索和实践，积极参与全球化进程，以全球化的眼光审视自身，实现城市可持续发展和繁荣。随着全球化趋势日益明显，小城镇也需要把目光放远，拥有以全球视角看待事物的能力，全面发掘本地资源的潜力。这有利于小城镇拥有更多的机会，进一步增强经济实力。通过全球化视野的实践和探索，小城镇可以掌握全球化的趋势和规律，提高自身的竞争力和国际地位，为实现长期可持续发展奠定坚实的基础。

在全球化的背景下，小城镇正在面临着结构和发展环境的巨大变化。全球化带来了通信和信息技术的变革，使得小城镇能更加便捷地了解全球文化，进一步促进了当地经济和社会发展。拥有全球视角并能在全球市场中获得成功，可以使小城镇实现跨越式发展，全球化已经成为小城镇发展的重要驱动力之一。全球化不仅改变了城镇面貌，还对小城镇经济产生了深刻的影响。小城镇与全球化之间的关系，以及小城镇在全球化浪潮中的发展机会和战略已引起越来越多的关注。

15.2.1 小城镇的全球化视野

　　小城镇的全球化视野是指小城镇能够从全球视角来认识和把握自身的地位和发展机遇，能够主动融入全球经济和社会体系，不断开拓国际市场和国际资源，提高自身的国际竞争力和地位。小城镇的全球化视野是一个广阔而多元的概念，是一个非常重要的发展方向，它需要小城镇领导者和居民不断探索和实践，积极参与全球化进程，以全球化的眼光审视自身，实现小城镇可持续发展和繁荣。目前，城市已经成为国际经济、文化和社会交流的中心，主要关注的往往是大型城市的发展。而对于小城镇的地位和作用，往往被忽视。事实上，小城镇融入全球化同样具有重要性，并且它们对全球经济体系的稳定和可持续发展起着重要的作用。随着全球化趋势日益明显，小城镇需要把目光放远，拥有以全球视角看待事物的能力，全面发掘本地资源的潜力，这有利于小城镇拥有更多的机会，进一步增强经济实力。通过全球化视野的实践和探索，小城镇可以掌握全球化的趋势和规律，提高自身的竞争力和国际地位，为实现长期可持续发展奠定坚实的基础。

15.2.2 小城镇全球化视野具体内容

　　小城镇的全球化视野指的是在全球化背景下，小城镇所拥有的广阔的视野和意识，以及对全球事务、趋势和机遇的认知和理解。小城镇应该接受全球化的现实，树立开放、包容、合作、共赢的观念，拥抱多元文化，融合全球化的元素，学习借鉴全球化的发展经验，提高自身的文化软实力和知名度。小城镇全球化视野至少包括经济、社会、文化和环境四个方面。

　　经济视野。小城镇的全球化视野使其能够更好地把握全球经济发展的脉搏。小城镇了解并关注全球市场的变化、贸易政策的调整以及全球产业链的演变。通过理解和积极适应全球经济的趋势，小城镇可以调整和优化自身的产业结构，开拓国际市场，并吸引国内外投资。积极融入全球经济体系。小城镇应该主动寻求国际市场机会，发展出口贸易、服务贸易和跨境投资，吸引外资入驻，推动本地产业的国际化和多元化发展，提高自身的国际竞争力和创新能力。

　　社会视野。小城镇的全球化视野让其关注并了解全球社会问题和社会变革。小城镇开始关心全球社会公平、人权以及社会创新和企业社会责任等议题，并积极参与相关国际组织和倡议。通过开展国际交流和合作，小城镇可以学习和借鉴其他地区的成功经验，共同解决全球社会挑战。小城镇的全球化视野不仅可以帮助其抓住全球化带来的机遇，也使其能够更好地应对全球化带来的挑战。通过增强全球意识和拓宽视野，小城镇可以更好地融入国际社会，实现可持续发展，提升城市竞争力，并为全球社会的繁荣与进步做出贡献。维护全球化的开放性和稳定性。小城镇作为全球化的重要参与者之一，应该致力于维护全球化的开放性和稳定性，促进国际的交流与合作，推进全球化的平衡和普惠发展，为构建人类命运共同体做出贡献。小城镇应该主动学习借鉴先进国家的成功经验和科技成果，不断加强技术交流和人才引进，提高自身的创新能力和核心竞争力。

文化视野。小城镇全球化视野使其了解和尊重世界其他地区和国家的文化多样性。小城镇开始意识到本土文化与全球文化之间的相互影响和交流，这推动了小城镇本土文化的保护和传承。同时，小城镇也能够吸纳和融合来自全球的文化元素，丰富本土文化，提升城市的文化魅力和竞争力。发展文化及旅游产业。随着旅游业的不断发展，文化和旅游产业已成为推动全球经济和社会发展的重要力量。小城镇应发展自身的文化及旅游产业，推动文化和旅游的全球化，提高文化品牌形象，吸引更多国际游客和投资，为经济发展注入新动力。

环境视野。全球化视野使小城镇更加关注全球环境问题，如气候变化、资源短缺和环境污染等。小城镇开始意识到可持续发展的重要性，并积极主动地采取环保措施，如推广绿色建筑、促进可持续交通和能源利用等。小城镇也开始加入全球环保行动和合作，为共同应对全球环境挑战做出贡献。参与全球环境治理。全球环境问题已成为全人类共同面临的挑战。小城镇应该积极参与全球环境治理，采取环保措施，减少污染排放，拓展可再生能源和生态农业等绿色产业，为实现全球可持续发展贡献力量。

小城镇全球化视野需要在以下几个方面下功夫：思想上的转变。小城镇应该接受全球化的现实，树立开放、包容、合作、共赢的观念，拥抱多元文化，融合全球化的元素，学习借鉴全球化的发展经验，提高自身的文化软实力和知名度。积极融入全球经济体系。小城镇应该主动寻求国际市场机会，发展出口贸易、服务贸易和跨境投资，吸引外资入驻，推动本地产业的国际化和多元化发展，提高自身的国际竞争力和创新能力。加强与国际社会的交流和合作。小城镇应该积极参与国际组织和国际会议，开展国际友好交流和城市合作，共同探讨和解决全球性问题，从中获取更多的发展资源和支持。借鉴先进国家的经验。小城镇应该主动学习借鉴先进国家的成功经验和科技成果，不断加强技术交流和人才引进，提高自身的创新能力和核心竞争力。发展文化及旅游产业。随着旅游业的不断发展，文化和旅游产业已成为推动全球经济和社会发展的重要力量。小城镇应发展自身的文化及旅游产业，推动文化和旅游的全球化，提高文化品牌形象，吸引更多国际游客和投资，为经济发展注入新动力，建设智慧城市。随着科技的不断进步，智慧城市已成为全球发展的趋势。小城镇应该建设智慧城市，提高城市管理和公共服务的效率和质量，提高居民的生活品质，使城市更加具有国际化的魅力和竞争力。参与全球环境治理。全球环境问题已成为全人类共同面临的挑战。小城镇应该积极参与全球环境治理，采取环保措施，减少污染排放，拓展可再生能源和生态农业等绿色产业，为实现全球可持续发展贡献力量。维护全球化的开放性和稳定性。小城镇作为全球化的重要参与者之一，应该致力于维护全球化的开放性和稳定性，促进国际的交流与合作，推进全球化的平衡和普惠发展，为构建人类命运共同体做出贡献。

15.2.3 小城镇融入全球化的重要性

全球化对小城镇的影响是多方全球化对小城镇的影响是多方面的，包括经济、文化、社会和城市规划等方面。这些影响既带来了机遇，也带来了挑战，小城镇需要灵活应对并加以利用。随着全球市场的开放和贸易机会的增加，小城镇有机会扩大其市场份额，并吸引更多的投资和资金流入。这为小城镇带来了经济增长、就业机会增加和收入提高的潜力。然而，全球化也带来了竞争加剧的压力。小城镇需要与其他城市竞争吸引外来投资和企业进驻。为了保持竞争力，小城镇需要注重创新和技术升级，提升产业链的附加值和综合竞争力。全球化对小城镇的影响是复杂而多维的。小城镇应该正确认识全球化带来的机遇和挑战，通过合理的规划和政策措施，积极适应全球化的趋势，促进小城镇的可持续发展。

全球化对小城镇的影响是多维度的，经济、文化、社会和城市规划等方面都受到了影响。小城镇应更好地适应全球化，把握机遇，应对挑战，积极融入全球化，以实现可持续发展和提升自身竞争力。小城镇融入全球化的重要性不可忽视。通过吸引外部投资、推动科技创新、提升城市形象、促进区域发展以及推进世界人民交流与合作，小城镇能够实现可持续发展并为全球经济和社会发展做出贡献。因此，我们应该重视小城镇的融入全球化，为其提供必要的支持和发展机遇。

15.2.3.1 经济方面

全球化对我国小城镇经济也产生了明显的影响。一市场开放和贸易机会。全球化打破了贸易壁垒，使小城镇能够扩大市场范围，从而增加贸易机会和出口潜力，能够更广泛地参与国际贸易。它们可以通过出口商品和服务来扩大市场份额，并与全球市场中的其他企业竞争。全球化也为小城镇提供了更多投资机会，吸引外国直接投资和区域总部等企业设立，外商直接投资（FDI）的增加，外资企业数量增长。根据中国工商银行研究院的数据，截至2020年年底，全国近40%的外商直接投资企业在小城镇设立。外资进出口贸易增加。根据中国海关总署的数据，小城镇的外商直接投资企业贡献了约25%的进出口额。二是制造业转移和劳动力市场。全球化促使一些制造业转移到低成本地区，小城镇在这个过程中成为吸引外资和外来企业的重要目的地。产业转移和制造业发展，促进制造业链条的延伸。随着跨国公司将生产基地转移至中国，小城镇成为制造业链条中重要的环节。例如，广东省东莞市的制造业就以小城镇为核心，成为全球制造业中心之一。随着制造业技术的进步和自动化的发展，小城镇需要关注劳动力市场的培训和转型，以适应新兴行业的需求。制造业的发展为小城镇提供了大量的就业机会。根据国家统计局的数据，2019年全国农村地区就业人员中，约有23%就业于制造业，其中包括许多小城镇居民。三是小城镇融入全球化能够促进经济发展和就业机会的增加。小城镇融入全球化可以带动地方经济的发展。全球化使得跨国公司可以选择在小城镇设立分支机构或生产基地，从而带来更多的投资和就业机会。这不仅可以提升小城镇的产业水平和经济实力，还能够促进当地居民的收入增长和生活水平的提高。小城镇融入全球化还能够推动当地企业与国际市场的对接，拓宽出口渠道，增加贸易额，促进外贸结构的优化。通过吸引外部投资和跨国公司的设立，小城镇可以实现经济多元化和产业升级。这将带来更多的就业机会和创造更多的财富。四是农产品出口和农村经济发展。农产品出口增加。全球化促进了中国农产品向国际市场的出口。许多小城镇的农户通过参与农产品出口，获得了更多的收入。根据中国海关总署的数据，2020年我国农产品出口额达到2130亿美元。农村电商兴起，全球化推动了互联网技术在农村地区的普及和应用。农村电商平台的兴起为小城镇居民提供了销售农产品和乡村旅游等机会，从而推动了农村经济的发展。五是旅游业的发展。文化旅游产业的兴起。全球化促进了文化旅游的发展，小城镇通过挖掘本地的历史和文化资源，吸引了更多的游客。根据国家统计局的数据，2019年全国接待游客最多的目的地中，有一部分是小城镇。旅游收入的增加旅游业的发展为小城镇带来了直接和间接的经济收入。根据相关数据，2019年我国旅游业总收入约为5.7万亿元人民币，其中一部分来自小城镇的旅游业。六是资金流动和融资渠道。全球化带来了资本、投资和金融机构的流动，为小城镇提供了更多的融资渠道和发展机会。它们可以通过吸引外国投资和金融机构，获得直接投资、贷款或股权融资。这将有助于推动小城镇的经济发展和创新。小城镇的融入全球化可以吸引到更多的外商投资，促进当地企业和市场的发展，从而改善人民的生活水平。七是小城镇融入全球化还能够促进区域协调发展和减少地区差距。在全球化过程中，城市之间的发展差距很容易拉大。大型城市通常享受到更多的资源和机会，而小城镇则相对较为弱势。然而，通过融入全球化，小城镇可以与周边城市和地区形成紧密的联系和互动，共同促进区域一体化发展。这有助于减少地区差距，实现区域经济的均衡发展。八是小城镇的融入全球化有利于推动科技创新和知识共享。全球化带来了跨国公司和国际组织的进入，这意味着小城镇可以接触到最新的科技和创新理念。通过与外部企业和组织的合作，小城镇可以吸收和传播先进的知识和经验。这将提升当地企业和人才的创新能力，并促进全球科技和知识的交流与合作。

15.2.3.2 社会方面

全球化对中国小城镇社会的影响，通过就业机会增加、教育水平提升、城乡差距缩小和社会交流与多元化的推动，全球化为小城镇社会带来了积极的发展机遇。全球化对中国小城镇社会也带来了显著影响。一是就业机会增加。全球化给小城镇带来了就业机会的增加。全球化促使跨国公司进入小城镇，为当地居民提供了更多的就业机会，改善了就业状况。对小城镇居民来说是一种经济机遇。吸引外来投资和外企进驻，增加了就业岗位数量，改善了居民的生活水平。全国城乡居民就业率提高。根据国家统计局的数据，2020年全国城乡居民就业率分别达到了77.2%和73.8%，全球化推动了小城镇的产业发展和就业机会增加。外资企业就业贡献。根据中国工商银行研究院的数据，截至2020年年底，全国近40%的外商直接投资企业在小城镇设立，为当地居民提供了就业机会。二是社会服务需求增加。小城镇融入全球化有助于改善社会福利和提供公共服务。随着外部投资和经济发展，小城镇的财政收入增加，地方政府可以投入更多资源用于改善教育、医疗、交通等公共服务设施。同时，全球化也能够带来更多的文化和社会交流，增加人们的交往机会和多元化的生活体验，提高社会的包容性和多元化价值观。随着小城镇与国际接轨，对社会服务的需求也会增加，如教育、医疗和公共设施等方面需要提升和改进，以满足不断增长的需求。随着人口流动和新的社会结构，小城镇需要关注社会服务保障，包括教育、医疗和公共设施的改进，以满足不断增长的需求。小城镇高等教育机会增加。根据教育部的数据，2020 年全国已设置普通本科院校中，设在小城镇的院校占比超过 39%。全球化推动了教育资源向小城镇倾斜，提升了居民的教育水平。留学机会增加。根据中国教育部留学服务中心的数据，2020 年中国赴海外留学生人数超过 100 万人。三是城乡差距缩小。农村居民收入增加。根据国家统计局的数据，2020 年全国农村地区居民人均可支配收入增长超过 6.1%。小城镇借助全球化机遇，提高了经济发展水平和居民收入水平。城乡基础设施差距缩小。全球化推动了城乡基础设施的改善，小城镇逐步实现了更好的交通、通信、水电等基础设施建设。四是社会交流与多元化。国际交流机会增加。全球化促进了小城镇与其他国家和地区之间的社会交流和互动。例如，国际友好城市的建立和文化交流活动的举办，为小城镇居民提供了了解和体验其他文化的机会。文化多元性增强。全球化使得小城镇的居民接触到来自世界各地的文化，拓宽了视野，促进了社会多元性的增强。五是社会变迁。全球化对小城镇的传统社会结构和习俗造成冲击，小城镇需要适应社会变迁，保持社会和谐稳定。随着小城镇与全球接轨，社会服务需求也会增加。政府需要增强基础设施建设，如道路、交通和通信网络，以承载更多人口和满足不断增长的需求。社会变迁和社区发展。全球化推动社会变迁和转型，小城镇需要适应这些变化，同时保持社会稳定和社团的和谐发展。重视社区建设和社会心理健康，推动社会公平和均衡发展。六是小城镇融入全球化的重要性还在于促进世界人民的交流与合作。全球化使得人们有更多的机会去旅行、学习和工作。小城镇融入全球化可以吸引到更多的外国游客和学生来到当地，促进文化和教育交流。这有助于增强人们对其他文化的了解与尊重，并促进不同国家和地区人民之间的友好合作。

然而，也需要关注和解决全球化可能带来的一些问题，如收入差距、社会文化冲突等。

15.2.3.3 文化方面

全球化对中国小城镇文化带来了深远影响。一是流行文化传播。电影票房增长。根据中国电影资料馆的数据，2019 年中国电影票房收入超过 640 亿元人民币。全球化使得中国电影在国际市场上获得更大的关注和认可。音乐流媒体用户增长。根据腾讯音乐的数据，2021 年中国音乐流媒体平台用户数量超过 6.7 亿，全球化促进了中国音乐的传播和消费。二是文化交流与认同。全球化使得不同文化之间的交流和融合更加频繁。小城镇可以通过吸纳外来文化元素和推广本地文化特色，打造独特的城市形象。同时，小城镇需要通过教育和文化活动的支持，加强公民意识的培养，促进社区和谐与共享。多元化社区。全球化带来了不同民族、文化背景的人口流动，小城镇需要适应和融合多元文化，打造宽容包容的社区环境。文化交流多元化。全球化带来了更加频繁和广泛的文化交流，小城镇可以通过吸纳外来文化元素丰富自身文化，同时也有更多机会展示自己的文化特色。全球化促进了文化交流和互动，小城镇可以通过吸纳外来文化元素，丰富自身的文化内涵。同时，小城镇需要预防文化冲突，并促进多元文化的融合与包容。跨国游客增加。根据国家统计局的数据，2019年全国接待入境游客数量达到约1.4亿人次。这些游客的到访促进了中国小城镇与其他国家和地区的文化交流。彩电普及率提高。根据国家广播电视总局的数据，2021年中国彩色电视机普及率达到了98.5%。这使得小城镇居民能够更广泛地接触到来自世界各地的电视内容，拓宽了文化视野。三是乡村旅游业的发展。城市形象和旅游业。全球化使得城市形象对外的重要性增加，小城镇需要加强对外形象的打造，以吸引游客、投资者和人才的关注。全球化增加了小城镇对外界的曝光度，城市形象的品牌塑造变得尤为重要。小城镇可以弘扬自己的文化和特色，吸引更多的游客和投资者，推动旅游业的发展。乡村旅游收入增长。根据相关数据，2019年中国乡村旅游收入超过1.5万亿元人民币。全球化提升了国内外游客对中国小城镇景点和文化特色的兴趣。旅游休闲设施建设加速。为满足旅游需求，小城镇在基础设施建设方面加大了投资力度。根据国家统计局的数据，2020年中国乡村旅游项目吸引投资超过600亿元人民币。四是文化创意产业发展。文化创意企业数量增加。根据国家统计局的数据，2019年我国文化创意产业从业人员达到了4400万人次。小城镇的文化创意企业逐渐崭露头角，推动了当地经济的发展和文化产业的繁荣。文化产业增加值占比提高。根据国家统计局的数据，2019年全国文化产业增加值占GDP的比重达到了5.04%。这部分增加值主要来自小城镇文化创意产业的发展。五是小城镇融入全球化有助于提升城市形象和文化品牌。随着全球化的发展，城市形象和文化品牌越来越重要。小城镇通过与世界上其他地区的城市进行合作和交流，能够增加自己的知名度和影响力。这有助于吸引更多的游客、投资者和创业者来到小城镇，推动旅游业和文化创意产业的发展。小城镇融入全球化有助于推动文化多样性和文化创意产业的发展。随着全球化的深入，不同国家和地区的文化交流和融合日益增多。小城镇作为一个文化节点，可以吸引来自世界各地的艺术家、设计师、创意人才，形成独特的文化氛围和创意产业集群。这不仅能够促进本土文化的保护和传承，还能够推动文化创意产业与旅游业的融合，促进城市形象和品牌的塑造。

15.2.3.4 城市规划方面

在城市规划方面，全球化推动了基础设施的建设和城市更新的需求。通过加大基础设施建设、促进都市功能转型和提升、融合文化与旅游，以及推动环境保护和可持续发展，全球化为小城镇城市规划带来了新的机遇和挑战。需要注重整体规划、平衡发展，确保城市建设符合社会、经济和环境可持续发展的要求。

全球化对中国小城镇的城市规划也产生了影响。一是城市建设和基础设施。基础设施建设。小城镇需要强化交通运输网络、能源供应和通信系统等基础设施建设，以适应全球化对城市功能和形象的要求。注重可持续发展和环境保护也是小城镇可持续发展的重要因素。小城镇需要加强基础设施建设，包括道路、交通、通信网络等，以便更好地与全球市场连接。城市更新。全球化使得小城镇需要进行城市更新和升级，提升城市形象和功能，以吸引外来投资和人才。城市化水平提升。根据国家统计局的数据，截至2023年年底，中国常住人口城镇化率达到了66.2%。全球化推动了城市化进程，小城镇面貌得到明显改善。基础设施建设投资增加。为应对全球化带来的发展需求，小城镇加大了基础设施建设投资。根据国家统计局的数据，2019年全国固定资产投资中，基础设施投资占比接近40%。二是都市功能的转型和提升。基础设施和城市更新。小城镇需要加强基础设施建设，提升交通运输、能源供应和通信等方面的发展水平。城市更新和改造是为了提高城市形象和吸引力，增强城市的竞争力。可持续发展和环境保护。全球化带来的经济发展必须与环境保护相结合。小城镇需要谨慎规划和管理资源利用，提倡绿色发展，促进可持续发展。商业和服务业发展。随着全球化经济的不断发展，小城镇商业和服务业迎来了新的机遇。根据相关数据，2020年全国商务服务业、金融业等新兴行业增加值占GDP的比重超过50%。城市更新与改造。为适应全球化需求，小城镇进行了城市更新和改造，提升了都市功能。例如，老旧工业区的改造和优化，使其更适应现代经济发展的需求。三是文化与旅游融合。乡村旅游规划和开发。随着全球旅游业的繁荣，小城镇积极规划和开发乡村旅游资源。根据数据，2020年中国乡村旅游项目吸引投资超过600亿元人民币。保护与传承优秀传统文化。全球化推动了小城镇对传统文化的保护和传承。例如，修复和保护历史建筑、举办文化艺术节等活动，吸引游客到访，并促进传统文化的发扬。四是环境保护和可持续发展。城市绿化覆盖率提高。为应对全球环境问题，小城镇加大了绿化建设力度。根据国家林业和草原局的数据，2020年全国城市绿化覆盖率超过40%。可持续交通和能源规划。全球化促进了小城镇对可持续交通和能源的重视和规划。例如，推广绿色出行方式和能源利用技术，减少环境污染。小城镇融入全球化对环境的影响是不可忽视的。在全球化的背景下，小城镇往往需要面临大量的工业化和城市化进程，这可能带来环境污染、资源消耗和生态破坏等问题。因此，在融入全球化的过程中，小城镇应该注重可持续发展和生态环境保护，采取相应的环保措施，确保经济发展与环境保护相协调。小城镇融入全球化对经济、社会、环境和文化等方面都具有深远的影响和重要性。在推动小城镇融入全球化的过程中，需要注重平衡各个方面的利益，提升小城镇自身的核心竞争力，同时注重保护当地文化、加强生态环境建设，以实现可持续发展和人民的共同福祉。

15.3 小城镇在全球化背景下面临的机遇和挑战

15.3.1 全球化背景下小城镇面临的机遇

全球化背景下，小城镇在驱动区域经济合作、创新发展等方面具有重要作用。小城镇往往是区域发展的节点，承载着一些新兴产业和科技创新中心，可通过多种方式推动本地区域经济发展，并能搭建区域创新发展的桥梁。全球化背景下，小城镇作为乡村振兴战略中的核心载体，在推动区域农村经济转型升级和农业产业化发展等方面具有重要作用。小城镇能发挥其地理、社会、经济等优势，积极创造条件和吸引资源，推动本地农村经济实现转型升级和产业转型升级。全球化背景下，小城镇对于推动中国出境投资和对外合作也尤为重要。近年来，随着中国经济实力的不断增强，越来越多的企业和个人涉足国际市场，而其中包括不少小城镇中的企业和创业者。小城镇企业积极开展走出去战略，进入国际市场，在全球化背景下，推动中国出境投资和对外合作发展的同时，也能够实现小城镇本地产业的升级和发展，进一步加强小城镇的国际化程度和市场竞争力。

15.3.1.1 经济发展机遇

开放市场和自由贸易。全球化为小城镇提供了更广阔的市场和贸易机会。通过参与国际贸易和全球价值链，小城镇可以扩大出口、吸引外资和技术，促进产业升级和经济增长。

数字经济发展。全球化带来了数字技术和互联网的广泛应用，小城镇可以利用数字平台和电子商务，拓展市场、推动创新和提高效率。

旅游业发展。全球化加剧了人员流动和旅游需求。小城镇可以充分发挥自然景观、文化遗产和特色产业等优势，发展旅游业，增加就业和经济收入。

全球化改变了小城镇的国际地位和影响力。面对全球化的挑战和机遇，小城镇可以通过深入了解国际市场和国际经济环境，积极开展国际合作和交流，提升本地的国际影响力和地位。同时，需要调整和完善国际化和城镇化的发展策略，加强城市品牌和城市形象的宣传和塑造。

15.3.1.2 教育和科技创新机遇

小城镇成为吸引人才和创新者的重要聚集地。全球化和信息化的进程，使得人才、创新和资本在全球范围内自由流动，而小城镇容积和人文环境等方面的优势吸引了一批批拥有高素质的人才和创新者的加入。这些人才和创新者的到来，不仅可以推动小城镇经济的快速发展，还可以为当地的文化、教育和科技等方面注入新的生命力。全球化对当地经济和劳动力市场带来了一系列的变革。小城镇的传统产业和服务可能难以适应全球市场的需求和竞争。一些工厂和公司可能转移到低成本劳动力市场，从而导致失业率增加。然而，全球化也可能为小城镇带来新的机遇。它使得转型和创新的机会更多了，可以加速当地经济和社会的转型和发展。全球化加强了人才的流动和交流。这为小城镇带来了新的机会和挑战。小城镇可以吸引更多优秀的人才，通过引进外来人才和培养本地人才，提供更多的服务和创新，推动经济和社会发展。同时，人才流动也可能导致人才的流失，加剧人才争夺和竞争，因此需要积极采取措施吸引和留住优秀的人才。教育资源倾斜。为了推动全民素质提升和人才培养，政府通常会加大对小城镇教育资源的投入，如建设高校分校、职业教育中心等。这为小城镇提供了发展教育产业和培养本地人才的机会。

科技创新支持。全球化促进了科技创新的交流和合作。小城镇可以积极参与全球科技创新网络，引进高科技人才、技术合作和创新资源，提升自身的科技创新能力。全球化加速了新技术的传播和应用。这为小城镇的发展带来了极大的潜力和机遇。随着科技的进步，小城镇可以更好地应用新技术和模式，提高生产和管理效率，促进经济的快速发展。同时，新技术的应用也可以改变小城镇的生活方式和社会文化，促进城镇化进程，提升城镇的整体形象。

15.3.1.3 文化交流和多元融合机遇

跨文化交流。全球化加速了不同文化之间的交流和融合。小城镇可以保护和传承本土文化，同时欢迎外来文化的融入，丰富城市文化和促进多元发展。

文化创意产业发展。借助全球化的机遇，小城镇可以培育文化创意产业，推动本地文化资源的商业化和创新，提高城市的知名度和内涵。

15.3.2 全球化背景下小城镇面临的挑战

15.3.2.1 经济竞争压力

随着越来越多的国际企业进入中国市场，小城镇本地企业面临日益激烈的市场竞争和国际化的压力，经济风险和竞争压力凸显。

全球市场竞争。小城镇在全球市场中面临来自国内外大城市和跨国企业的激烈竞争。由于规模相对较小，资源和技术相对较少，小城镇的企业可能面临价格竞争、技术差距等方面的挑战。在海外投资和合作中，小城镇企业需要承担更多的经济风险，同时还会面临来自国际大企业的竞争压力。因此，需要小城镇企业在防范风险和应对竞争上下足功夫，提升核心竞争力，确保海外投资和合作的可持续性。要把握全球化的趋势，发挥各类资源的优势，主动适应全球化的发展趋势，积极开展国际合作，以吸纳有利因素，促进小城镇的发展和繁荣。借助于信息技术的便利，小城镇也可以积极拓展与全球市场的联系，开放更多的机遇和渠道，谋求更好的发展。全球化的趋势需要分析把握，及时模式更新，才能在新的格局中实现更好的发展。

关税和贸易壁垒。全球贸易保护主义的兴起和贸易摩擦加剧可能导致贸易壁垒的提高，增加了小城镇企业的出口难度。小城镇参与拓展国际市场和合作机会的过程中需要克服一些困难和挑战。政府和企业应该认识到这些问题的重要性，并采取积极的政策和行动，充分发挥小城镇的潜力和优势，实现经济和社会可持续地发展。成功应对全球化的挑战需要当地政府、企业和社会各界的共同努力。政府、企业和社会团体需要齐心协力，做好全面的策划和准备工作，加大资金和政策支持，以最优实践推进小城镇的国际化发展，进而推动全球化进程中的小城镇在国际市场的发展繁荣。小城镇参与拓展国际市场和合作机会，不仅可以促进当地经济发展和企业的发展壮大，还可以扩大国际合作和交流领域，提高国际影响力，在国际经济中获得更多机遇，推动小城镇向着更加广阔的未来发展。

15.3.2.2 人才流失和人口老龄化

大城市吸引力。全球化使得年轻人更倾向于去大城市发展，小城镇面临人才流失的风险。这可能导致小城镇的劳动力供应不足，影响到经济发展和社会服务水平。

人口老龄化。全球化进程中，小城镇面临的另一个挑战是人口老龄化。由于年轻人和有活力的人口流失，加之长寿和生育率下降，小城镇可能经历人口老龄化带来的社会经济问题。

15.3.2.3 不平等发展和地区差距

资源集中化。全球化加速了资本、技术和人才向经济发达地区的集中。这可能导致小城镇在资源分配、产业布局和发展机会等方面受到不公平对待，加剧地区间的发展差距。

基础设施滞后。一些小城镇基础设施滞后、交通不便、电力供应不稳定等问题可能限制了市场准入和发展潜力。

15.3.2.4 文化和社会价值观念冲击

全球化消解了许多传统的文化，也随之带来了新的文化冲击。小城镇的文化和社会价值观念可能被全球化影响，也可能会因此引发文化冲突。然而，全球化也可能带来新的文化交流和文化创新，为小城镇的文化和社会发展提供新的机遇。

15.3.2.5 国际化步伐受到一些地域制约

有的小城镇地处偏远，交通不便，信息不畅，限制了其与外部世界的联系。而有的小城镇虽位于经济中心地带，但由于产业结构单一、产品附加值不高，缺乏足够的竞争优势，难以吸引国际市场的投资者和合作伙伴。

小城镇在海外投资和合作过程中可能会遇到文化、法律和政策等方面的障碍。在不同文化背景和法律制度下开展合作时，需要了解和遵守各自的法律和文化规范，保证合作的顺利进行。同时，很多国家和地区出于自身的政治和经济利益考虑会制定一些限制性政策，对外国企业的进入和活动进行限制，小城镇在拓展国际市场和合作时需要逐一解决这些问题。

15.4 小城镇全球化战略及措施

15.4.1 小城镇全球化战略

小城镇作为中国城镇化发展的重要组成部分，已经成为全球经济和社会发展的重要力量。小城镇的全球化战略是一个包括政策、文化、经济、城市管理和可持续发展等几个方面的全面性战略，旨在通过全球化交流，提升小城镇的竞争力和发展水平，实现智慧、宜居、绿色的现代城镇化。小城镇的全球化战略的目标是实现更加美好的城市发展和生活质量，同时为全球化做出积极的贡献。从中长期来看，这种战略的实施能够为小城镇带来更为广泛的机遇和发展空间。

小城镇的全球化战略包括以下七方面：

第一，开放发展，吸纳全球投资。小城镇通过开放政策，吸引全球投资，推动本地经济的发展和产业升级。一方面，小城镇可以通过设立经济开发区或自由贸易区、引进外资企业等方式，来吸引资金和技术，促进本地产业升级；另一方面，小城镇也应促进本地优质企业走向海外，寻求更大的市场和资源，实现更广泛的合作和交流。

第二，推进城市国际化，加强文化交流。小城镇在实现全球化的过程中，应充分利用文化和教育的力量，推动城市国际化。通过举办文化节、艺术展览等活动，推广本地文化，提高城市吸引力，同时也为全球化交流和合作提供了更充分的平台。

第三，建设智慧城市，提高城市管理和公共服务水平。小城镇应该充分利用现代科技和信息化手段，建设智慧城市，提高城市管理和公共服务的效率和质量。通过推进数字化、智能化、"互联网+"等手段，提升城市管理和服务水平，实现城市更加便捷、高效、人性化的服务体系。

第四，推进生态环保，加强环境治理。小城镇在实现全球化的过程中，应注重环保和可持续发展。通过采取节能减排措施，加强环境保护和生态建设，实现城市绿色发展，同时也为全球可持续发展探索出新的路径。

第五，推动人才引进和交流。小城镇应该拓宽人才引进渠道，鼓励有才华、创新能力强的人才来到本地发展。同时，通过国际人才培养和交流，提高本地的全球化视野和创新能力，以提高城市竞争力和进一步发展。

第六，优化城市基础设施和交通网络。小城镇应该通过投资基础设施建设来提高交通、水、电等基础设施的质量和效率，加强城市与周边地区的交通联系，提高本地的国际物流能力。

第七，拓展外向型产业，实现更多的贸易和经济合作。小城镇的全球化战略不仅要关注传统产业的发展，更要拓展外向型产业，结合国际市场需求，积极参与全球产业分工和价值链的重构。此外，小城镇还可以通过开拓海外市场，推进贸易和经济合作，扩大本地产业的规模和影响力，提升本地的全球竞争力。

15.4.2 小城镇全球化战略措施

小城镇作为中国城镇化发展的重要组成部分，已经成为全球经济和社会发展的重要力量。小城镇的全球化战略是一个包括政策、文化、经济、城市管理和可持续发展等几个方面的全面性战略，旨在通过全球化交流，提升小城镇的竞争力和发展水平，实现智慧、宜居、绿色的现代城镇化。小城镇的全球化战略的目标是实现更加美好的城市发展和生活质量，同时为全球化做出积极的贡献。从中长期来看，这种战略的实施能够为小城镇带来更为广泛的机遇和发展空间。小城镇全球化发展战略的定位是在全球化背景下，利用自身独特的资源和优势，积极参与全球经济、文化和科技交流，实现经济增长、社会进步和可持续发展。

15.4.2.1 积极拓展国际市场

小城镇可以通过国际经贸展会、招商引资等形式拓展国际市场，利用物美价廉的产品、地域文化、旅游资源等吸引国际市场企业和投资者，建立合作关系，推进当地产业发展。同时，积极开展外贸、跨境电商等业务，加深与国际市场的联系，不断拓宽市场空间。加强国际交流合作，推动当地产业向更广泛的国际市场推进。在合作中学习借鉴国外的先进技术和管理模式，提升产业技术和管理水平，提高小城镇的国际竞争力。推动小城镇的对外贸易和投资合作，寻找合适的市场和合作伙伴，通过多种形式促进国际合作。开放发展，吸纳全球投资，推动本地经济的发展和产业升级。设立经济开发区或自由贸易区、引进外资企业等方式，吸引资金和技术，促进本地产业升级。促进优质企业走向海外，寻求更大的市场和资源，实现更广泛的合作和交流。

小城镇还可以通过针对性政策的支持和资源的整合，进一步鼓励和促进当地企业的海外投资和合作。在此过程中，对于那些有特定海外投资需求的小城镇企业，政府可以加大资金和政策支持力度，引导优秀企业积极参与海外投资和合作。这些举措不仅能够增加小城镇企业的海外投资与合作机会，还可以进一步提升小城镇在国际市场中的影响力，为当地发展注入新动力。

15.4.2.2 参与小城镇国际合作交流

小城镇国际合作还可以促进小城镇间的交流和合作。小城镇间的交流和合作有助于促进小城镇之间的合作和共同发展。国际合作可以促进小城镇之间的文化交流，吸纳其他小城镇或国际城市的先进理念，提高小城镇的管理水平和创新能力。同时，国际合作还可以促进小城镇之间的产业合作，形成新的合作机制，推动小城镇共同发展。国际合作与小城镇间的交流是实现小城镇现代化的重要途径之一。通过国际合作，各国政府和合作伙伴可以为小城镇的发展提供技术、资金和市场等多方面的支持。而小城镇的发展也可以吸引国际投资和人才，促进国际技术和知识的流动，从而实现互利共赢。

（1）加强国际合作交流

拓展国际合作伙伴关系。我国积极寻求与其他国家和地区的合作伙伴建立联系和项目合作。政府组织相关机构和企业参加国际性的经济、商贸、文化等展会和交流活动，以拓展合作伙伴关系，并促进小城镇参与国际合作。政府鼓励小城镇的企业、学校和科研机构与国际伙伴进行人才交流。例如，开展国际培训计划、学术交流项目、专业技能交流等，旨在引进先进的技术和管理经验，提升小城镇的创新能力和竞争力。

加强国际交流合作平台建设。政府积极构筑国际交流合作平台，如搭建国际合作交流网站、组织国际合作交流论坛等。这些平台旨在促进小城镇与其他国家和地区的交流沟通，分享经验和技术，寻求合作机会。通过分享经验、进行合作项目和技术交流，加强与其他城市的联系，获得更多的支持和机会。小城镇可以积极寻求与其他小城镇或城市形成联盟或合作伙伴关系，共同开展项目合作、资源共享和经验交流。这种合作可以加强城镇间的互补性，提供更广阔的发展机会。

设立海外经贸合作区。政府鼓励小城镇在国际上设立海外经贸合作区，为当地企业提供更好的国际交流合作平台。通过建设这些合作区，可以吸引外资、技术和市场资源，促进小城镇的产业发展和经济增长。政府通过支持项目申报和审批，鼓励小城镇与国际合作伙伴开展经贸、投资、基础设施建设等领域的合作项目。政府可以提供资金支持、政策支持和项目咨询等服务，促进小城镇与国际合作伙伴共同开展合作项目。

促进小城镇间的交流和合作。小城镇的国际合作与交流已成为小城镇发展的重要途径。这种交流与合作有助于促进小城镇之间的合作与共同发展，包括文化交流、管理水平和创新能力的提高以及产业合作等方面。通过国际合作，小城镇可以实现多方参与、平等互惠、逐步推动的合作机制，形成科学合理的制度和渠道，建立高效的联盟模式，持续推进交流与合作的深入发展。这种合作对于实现小城镇共同成长和城乡共同发展目标具有重要意义。同时，小城镇之间的交流合作也是推动城乡一体化发展的重要途径之一，可以通过相互学习和经验分享，共同发展和提升，达到共赢和互惠的目标。国际合作还可以吸引更多的投资和资源，提高小城镇的经济实力，促进小城镇间的交流和合作，加快小城镇的发展步伐。

加强文化交流与合作。小城镇可以通过举办文化节、艺术展览、国际交流活动等方式，加强与其他国家和地区的文化交流与合作。这将有助于提升城镇的知名度和吸引力，并促进深入的人文交流。增强城市品牌形象。打造小城镇的独特品牌形象，提高知名度和美誉度。通过宣传推广，展示城镇的历史文化、自然风光和特色产业，吸引游客和投资者的关注。推进城市国际化，加强文化交流。小城镇在实现全球化的过程中，应充分利用文化和教育的力量，推动城市国际化。通过举办文化节、艺术展览等活动，推广本地文化，提高城市吸引力，同时也为全球化交流和合作提供了更充分的平台。

（2）合作交流形式多样

国际合作方面，政府可以签署合作协议、提供技术转移和资金援助来支持小城镇发展，这也是实现小城镇现代化的重要途径。合作协议可促进国内企业走向国际市场，技术转移可提高本地产业现代化水平，资金援助可解决小城镇资金短缺问题，加速现代化步伐。国际交流方面，各国政府和合作伙伴可通过组织国际论坛、展览会和研讨会等方式与小城镇进行深入交流和探讨，为小城镇提供更多发展机会和创新创业灵感，促进小城镇发展和现代化。合作交流的形式很多，包括建立城镇联盟、互派代表团、远程交流、加强产业合作等。

建立城镇联盟。城市联盟是一种由若干个城市组成的合作组织，旨在促进城市之间的交流与合作。城市联盟通常包括各类城市，如大城市、中等城市和小城镇。城市联盟可以开展一系列的活动，如共同开展城市规划、举办交流研讨会、共享技术和经验、共同推进城市可持续发展的相关项目等。建立小城镇合作机制。在城市联盟的基础上，可以建立小城镇合作机制，包括建立小城镇领导人联席会议、定期举行小城镇合作委员会会议等，这些机制可以帮助小城镇之间快速建立合作关系，协调合作事项，推进小城镇的发展。

互派代表团。各个小城镇可以通过互派代表团的方式，互相了解和学习彼此的城市规划、社会建设、文化发展等方面的经验。借鉴先进经验，共享发展机遇，可以有效提高小城镇的管理水平和城市品质。共同制定规划。小城镇之间可以参考国家的城镇化规划、城市总体规划、城市总体设计标准等，制定本地的城镇化、城市总体规划和板块布局设计，制定好的规划设计将有助于城镇之间协商和协调共同发展的具体实践。

远程交流。远程交流是一种灵活的交流方式，可以节约时间和成本。小城镇可以通过开展远程视频会议、网络研讨等形式的远程交流，实现信息流动和技术转移，实现经验分享和知识共享。促进人文交流。小城镇之间可以通过文化交流和旅游合作等方式打造城镇品牌和城镇文化形象，进而提高城镇的知名度和影响力。城乡之间的教育和文化交流，形成城里人到乡下走、城镇其他地区与乡镇联合、农民去城镇建设等新型人类流动方式，有助于构建更加平等和开放的一体化合作关系。

加强产业合作。小城镇之间可以加强产业合作，促进在项目合作、技术转化、产业对接、资金扶持，以及物流等方面实现合作。如共同打造旅游营销平台、发展休闲农业、推广智能制造等产业，搭建更多产业服务的合作交流平台和创新创业培训、技术转化等支撑体系，共同推动小城镇产业的蓬勃发展。共同开展项目。小城镇之间可以共同开展一些小型的合作项目，如共同开展环境治理、建设文化设施、推进旅游业发展等。共同开展项目不仅可以促进双方合作，还可以加强合作城市之间的友谊和交流。

推进人才交流。小城镇之间可以推进人才的交流，如开展校园招聘、互派实习生、开展暑期社会实践等。通过人才交流，可以促进小城镇的发展与交流，增强城镇的吸引力，并为小城镇发展提供更宽广的发展视野。

在国际合作与小城镇间交流的过程中，应秉持开放包容的原则，倡导多元化交流和合作，避免盲目追求"西方模式"和"一刀切"的做法。各国应相互尊重和学习，探索符合自身国情和文化传统的发展路径。同时，应加强信息交流和共享，建立信息平台和交流平台，促进各国政府、企业和民间组织之间的信息共享和合作。应加强对小城镇发展的研究和评估，探索有效的发展路径和可行措施。加强人才交流和合作，为小城镇吸引和培养创新型人才。相应地，还需加强知识产权保护和法律法规的制定和实施，保障各方的合法权益。应优化政策环境和市场环境，为小城镇的发展提供有力的政策和市场支持。各国政府可以出台有利的政策和税收优惠，引导和吸引更多的投资和人才。同时，应建立健全的市场机制，推动创新、竞争和合作，实现共同繁荣。加强组织协调和交流合作机制的建设，确保各方的交流和合作能够持续稳定。各国政府和合作伙伴可以通过建立交流合作机制和协调组织网络，推动国际合作与小城镇间的深入交流和合作。

国际合作和小城镇发展是相辅相成的关系。只有加强国际合作，发挥其积极作用，才能更好地推动小城镇发展，实现经济社会可持续发展。国际合作和小城镇发展是两个有着密切联系的领域。国际合作可以为小城镇发展提供重要支持和帮助，而小城镇的发展也是国际合作的重要方向之一。国际组织和小城镇发展的互惠共赢。小城镇发展中的经验、技术、资源等是国际组织解决全球可持续发展问题的重要依托。在国际组织的帮助下，小城镇也可以借助其技术创新、项目开发等优势来实现可持续发展，如进行城市规划、环境保护、基础设施建设等。小城镇的发展是人类社会可持续发展的重要体现，对于全球的可持续发展具有重大的战略意义。小城镇发展中的环境保护、资源节约、文化传承等问题也与国际组织的主题息息相关。因此，一些国际组织也将小城镇发展作为其助力维护全球可持续发展的战略举措。

15.4.2.3 参与全球价值链和创新链

小城镇要顺应全球化潮流，加入企业的全球价值链和科技创新链，进一步扩大产业结构，增强本地经济的集聚能力。小城镇作为中国经济的重要组成部分，在全球价值链和创新链中的作用也越来越重要。在全球化趋势加速的今天，小城镇参与全球价值链和创新链已经成为提高地方经济发展水平的重要途径。小城镇要积极参与全球价值链和创新链，需要从多个方面入手，包括建设科研平台和人才交流平台，拓展国际市场和加强国际贸易合作，优化产业结构和提高自主创新能力，建设智慧城市和提升城市管理水平，推进企业加入科研联盟或产业联盟，引导企业建设和保护自主知识产权，加强与其他小城镇或地区的交流与合作等。只有全面展开这些工作，才能实现小城镇参与全球价值链和创新链的战略目标。

第一，小城镇需要建设科研平台和人才交流平台，提高科技创新能力。科研平台包括建设科技创新中心、技术转移中心、孵化器、众创空间等，营造良好的科研创新环境。人才交流平台则包括建设大学科技园区、创新人才中心、外籍人才创新园等，吸引更多高层次人才和优秀的研发机构落户，为小城镇的科技创新提供人才和资源支持。小城镇还需要积极推进企业加入科研联盟或产业联盟，开展技术研发、技术共享、产学研合作以及人才培养等方面的合作，进一步扩大企业的技术、市场、资源等方面的优势，提高企业的创新能力和核心竞争力。同时，小城镇可以引导企业加强自主知识产权的建设和保护，推动知识产权的转化和运用，促进技术等资源的本地化利用和产业化应用。

第二，小城镇需要拓展国际市场和加强国际贸易合作，实现自身的国际化发展。可以采取多种方式，如积极参加国际展览会、发展跨境电子商务、参与"一带一路"建设等，扩大企业的国际影响力，推动本地产品和服务走向世界。

第三，小城镇需要优化产业结构和提高自主创新能力，实现高质量发展。可以通过技术创新、工艺创新、产品创新等多维度创新，提高本地产业的附加值和市场竞争力。同时，应该重视知识产权保护，防止技术泄露，增强自主创新能力和核心竞争力。小城镇可以通过抓住产业升级的机会，加强自身的产业基础建设和技术创新能力，提高产品品质和附加值来参与全球价值链。例如，依托当地的资源优势，发展高端装备制造产业，通过技术改造、智能化升级，提高产品水平，走向高端市场，从而获得更高的附加值和利润。同时，还可以积极探寻优质的国际供应链，深度参与到全球经济体系之中。小城镇可以通过加强人才培养和科技创新，推动自身向全球创新链的前沿不断迈进。在当今科技发展的加速期，以创新为驱动的经济发展方式已经成为全球共识。小城镇可以依托当地的科研机构、高校等，成立创新团队或科技孵化基地，积极奔走于各种创新资源之间，建立起科技创新交流平台，在技术创新方面与世界领先的研发机构建立紧密合作关系，为当地经济发展注入新的生命力。

第四，小城镇需要建设智慧城市和提升城市管理水平，为企业和居民提供更加便利、智能的服务，提升城市品质。通过数字化、网络化、智能化等方式，营造创新创业的良好环境。

第五，小城镇要加强与其他小城镇或地区的交流与合作，共同探索全球价值链和创新链这一行业、地域、产业两个方面的发展规律，分享成功的经验和先进的技术，形成一个良性的创新创业生态圈，实现共赢和共同发展。

参与全球价值链和创新链是小城镇拥有全球化视野的关键。全球价值链是在全球范围内设计、生产、分配和销售商品和服务的生产流程，全球创新链是在全球范围内产生和扩散新知识、技术和创新的过程。全球创新链是在全球范围内产生和扩散新知识、技术和创新的过程。对于小型企业，参与全球创新链和价值链可能比大型企业更为重要，因为这可以使小型企业从全球市场中获得更多的机会和优势。通过参与全球创新链，小城镇可以借助全球技术产业的优势，学习先进的生产和管理技术，并将其应用到本地企业中。同时，在全球价值链中占据更高的生产环节，可以实现资源获取和产品质量的提升，更好地适应全球市场的需求。通过参与全球创新链，小城镇可以借助全球技术产业的优势，学习先进的生产和管理技术，并将其应用到本地企业中。同时，在全球价值链中占据更高的生产环节，可以实现资源获取和产品质量的提升，更好地适应全球市场的需求。

15.4.2.4 打造产业特色

发展特色产业。国际交流为小城镇的特色产业提供了更广阔的市场和发展空间。小城镇的全球化战略不仅应关注传统产业的发展，还应拓展外向型产业，结合国际市场需求，积极参与全球产业分工和价值链的重构。小城镇通过开拓海外市场，推进贸易和经济合作，扩大本地产业的规模和影响力，提升本地的全球竞争力。小城镇需要加快产业结构调整和转型升级，通过科技创新、跨界融合等方式提升产品质量和附加值，提高利润。例如，发展智能制造、绿色能源、区块链、人工智能等高科技产业，推进数字经济发展，打造文化、旅游等特色产业，提升小城镇的发展水平和竞争力。国际交流有助于促进本地产业的升级和发展，推广本地的产业特色和旅游资源，打造小城镇品牌，吸引更多的国际游客和投资。小城镇可以发展具有地方特色的产业，如本地农产品的加工和销售、文化创意产业、旅游业等，以提升自身的竞争力和知名度。同时，应鼓励本地企业进行技术创新和品牌建设，拓展外向型产业，实现更多的贸易和经济合作。此外，小城镇可以发展现代服务业，包括金融、法律、咨询、人力资源等，通过提供高质量的服务，为国内外企业和个人提供便利与支持，吸引更多的商务活动和人员流动。

完善产业配套。为在全球市场上发挥自身优势，小城镇需提升产业配套服务水平，提供全面、一体化的服务，涵盖基础设施、交通网络、财税金融等方面。应建立健全的服务和保障体系，为企业和市场提供更有力的保障和支持。同时，应加大政策支持和投资引导。小城镇在全球化发展过程中缺乏充足的财力支持和资源保障，因此政府应制定针对性的优惠政策，鼓励企业投资和发展，吸引优秀人才和智力成果，落实相关政策和措施，以实现小城镇的繁荣与发展。小城镇的全球化发展需要政府、企业、社会等多方面的参与和努力，共同打造一个完善的环境和生态，为小城镇的未来发展提供坚实的基础和保障。此外，应推进产业升级和科技创新。小城镇的产业结构相对简单，附加值不高，需要通过产业升级和科技创新提升竞争力。为实现产业链升级，应构建产业链升级体系，加强各产业环节之间的协调配合，推进产业链的整合和优化。

积极吸引外国投资，引进具有先进技术和管理经验的外资企业。通过合资、合作或并购等方式，提高城镇的产业水平和竞争力，并提升员工的技术水平和工作能力。创新科技应用。推动小城镇的科技创新和数字化转型，将先进的科技应用于城镇的各个领域，包括智能交通系统、智慧城市管理、电子商务等。通过提升科技水平，可以提高城镇的效率和竞争力，吸引更多的投资和创业者。加强人才培养和吸引。为了推动全球化发展，小城镇需要加强人才培养和吸引。建设高水平的教育机构，培养符合全球市场需求的专业人才。同时，提供有吸引力的薪酬待遇、良好的工作环境和生活条件，吸引人才留在小城镇发展。推动人才引进和交流。小城镇应该拓宽人才引进渠道，鼓励有才华、创新能力强的人才来到本地发展。同时，通过国际人才培养和交流，提高本地的全球化视野和创新能力，以提高城市竞争力和进一步发展。

发展电商和物流网络。随着电商的不断发展，小城镇可以通过主动拓展电商业务，打造本地的销售品牌，提高当地的知名度和影响力。小城镇也需要发展物流网络，提高配送效率和质量，进一步提高小城镇在全球市场的竞争力。培育本地企业品牌。要想在国际市场上获得更多的份额，小城镇的企业需要有自己的品牌，并在品牌上下功夫，增强品牌的知名度和美誉度。可以通过掌握核心技术、塑造企业文化、开展品牌活动等方式，培育本地企业品牌，实现更好的市场推广和品牌传播。

加大技术创新投入。技术创新是小城镇实现产业升级和跨越式发展的重要方式之一。加大技术创新投入，提高技术创新的质量和效益。同时，加强科技成果的转化和应用，推动科技与产业深度融合。实施人才引进和培养计划，通过人才来推进城市的创新和发展。可以利用科技园区、创业基地等平台，吸引国内外优秀企业家和创业人才，提供优惠政策和扶持措施，鼓励本地企业注重人才培养和留用，为城市建设提供源源不断的人才支持。引进高端人才，培养科技领军人才，是实现小城镇产业升级和科技创新的重要保障。要加强对人才的吸引和引进，同时加大人才培养的力度，提高科技领军人才和科技创新人才的比例，推动小城镇科技实力的快速提升。

15.4.2.5 加强城市治理和服务能力

政府应当加强城市治理能力，建立高效、透明、便利的行政管理体系。这包括推进政务服务数字化、改善营商环境、强化行政效能等方面的工作。政府还应提供优质的公共服务，包括教育、医疗、交通、环境保护等领域，提升居民的生活质量和幸福感。

制定和实施战略规划。政府应当制定综合的战略规划，明确小城镇全球化的发展目标和方向。这包括确定重点发展产业、培育竞争优势、优化城市布局、完善基础设施等方面的规划。政府还需要通过制定相应的政策和措施，推动规划的实施，并对进展进行监测和评估。

提供支持和激励政策。政府可以制定一系列支持和激励政策，为小城镇吸引外资、引进技术、扶持创新创业提供支持。这包括财政、税收、融资等方面的措施，以及建立优惠政策和便利条件，鼓励投资者和企业在小城镇进行经济活动。

提升城镇基础设施。小城镇需要加强基础设施建设，包括道路、桥梁、供水、供电、通信等，提高城镇的竞争力，吸引更多的投资和人才。优化城市基础设施和交通网络。通过投资基础设施建设来提高交通、水、电等基础设施的质量和效率，加强城市与周边地区的交通联系，提高本地的国际物流能力。建设智慧城市，提高城市管理和公共服务水平。小城镇应该充分利用现代科技和信息化手段，建设智慧城市，提高城市管理和公共服务的效率和质量。通过推进数字化、智能化、"互联网＋"等手段，提升城市管理和服务水平，实现城市更加便捷、高效、人性化的服务体系。

发挥引导和服务作用。政府的角色包括规划和管理、支持和激励、合作与交流、服务和监管等方面。政府需通过有效的政策和措施，创造良好的发展环境，促进小城镇的可持续发展和融入全球化进程。在全球化发展中，要注重社会公平和可持续发展的实践。通过建立健全的社保体系、加强教育和培训机会的提供，确保所有居民都能分享全球化发展的成果。同时，积极推进低碳经济发展、资源的合理利用和环境的保护，实现经济、社会和环境的协调发展。

增进社会公平与可持续发展。政府在推动小城镇全球化发展过程中需注重实现社会公平与可持续发展。这包括加强基础教育、公共卫生、社会保障等领域的投入，提升居民的福利水平。政府还应推动低碳产业发展、环境保护、资源利用效率提升等方面的工作，促进城镇的可持续发展。

加强环境治理。小城镇在实现全球化的过程中，应注重环保和可持续发展。通过采取节能减排措施，加强环境保护和生态建设，实现城市绿色发展，同时也为全球可持续发展探索出新的路径。加强环境保护。全球化发展不能忽视环境保护的重要性。小城镇需要制定和执行环境保护政策，推动低碳发展、循环经济和可持续资源管理。这将有助于提升城镇的生态环境质量，增强可持续发展的竞争优势。

加强监管和风险管理。政府需要加强对全球化进程中的市场经济活动的监管与风险管理。这包括加强对投资项目的审批管理、保护知识产权、维护市场秩序、风险防范等方面的工作。政府还应建立健全风险应对机制，及时应对可能出现的经济、社会和环境风险。

第 16 章 我国小城镇国内外经验借鉴

由于国情差异，我国与西方发达国家在城镇化道路及面临的经济社会问题上存在较大差异，国外在城镇化及经济社会协调可持续发展等方面积累了丰富的经验与教训，了解它们在小城镇建设方面的理念、模式、经验，对我国来说仍然具有一定的启示和借鉴作用。他山之石，可以攻玉。只有积极借鉴国外发达国家小城镇建设发展的经验，才能更好地解决我国小城镇在城镇化进程中面临的诸多问题。

16.1 国外小城镇建设经验

16.1.1 美国小城镇建设经验

16.1.1.1 美国小城镇发展历程及现状

美国小城镇分布广阔，重视都市宜居环境建设，积极承接都市辐射，与大中城市在空间结构、产业布局上互相配合，发展能力日益提升，并成功过渡为中心都市发展的必不可少的重要组成部分。美国小城镇数量多，人口规模大。总人口在 3 万—10 万人之间的小城镇有 878 个，3 万人以下的小城镇有 3.4 万多个。绝大多数美国城镇人口生活在小城镇，3 万人以下的小城镇人口约占城市总人口数的 99.3%。美国的小城镇发展历程可以追溯到殖民地时期，经历了漫长而复杂的历史进程。

殖民地时期（17—18 世纪）。在殖民地时期，美国小城镇主要是围绕着农业和贸易活动发展起来的。早期的殖民地大部分是由英国和其他欧洲国家的移民组建的，他们在北美大陆建立了一系列定居点，这些定居点逐渐发展成小城镇，这些城镇通常以农业、渔业、造船业及商品流通为主要经济活动。

扩张与西进时期（19 世纪初—19 世纪末）。19 世纪中期，美国西进运动推动了许多小城镇的建立和发展，为探险者、拓荒者和罗曼主义者提供了机会。小城镇起初是为了支持西部的采矿、牧场、农业和交通基础设施而建立的，如加利福尼亚州的金矿镇和俄勒冈州的小城镇。随着西进运动的推进，这些小城镇逐渐成长为繁荣的社区，拥有学校、教堂、市政建筑等基础设施。

工业化和城市化时期（20世纪初—20世纪中叶）。一般认为，美国这种具有现代意义的小城镇建设始于20世纪初，其目的是摆脱城市恶性膨胀困境。在美国，小城镇是一种介于城市、乡村之间的社区单位，是美国城镇化发展的产物。19世纪晚期，以纽约、芝加哥为中心，美国开始推进城镇化进程。尽管起步相对较晚，但因为选择了农工协调发展道路，美国城镇化进程较快。虽然人口规模较小，但由于地方自治度高，美国小城镇与市、县没有太大的行政级别差异。20世纪初，美国进入了工业化时期，小城镇的发展受到了工业化的冲击。许多工厂和企业集中在大城市，吸引了大量劳动力。随着城市化的加速，一些小城镇经历了衰退和人口流失。但是，美国城内受恶性膨胀严重困扰，人们开始寻求新的出路和解决办法，开始把目光聚焦在小城镇上，开始推进城镇化进程，小城镇开始诞生，一些小城镇通过结合农业和工业发展带来了新的机遇，成功转型为经济多元化和特色行业的中心，如汽车、钢铁和纺织等。在城镇化过程中，美国采取了城乡协调发展的战略，迅速完成了城镇化进程。20世纪60年代，为减轻大城市发展压力，美国颁布了《示范城市与大都市发展法》，实施"示范城市"[①]计划，开始对大城市中心区进行再开发，大量城市人口和农村人口向小城镇转移，小城镇人口比重快速攀升，美国出现了郊区化趋势，这标志着小城镇已经是美国人口集聚重心，小城镇在美国城市体系中的地位持续提升。到了70年代，美国小城镇人口总数超过中心城市，达到7600万，美国10万人以下的城镇人口从7700多万人增长到9600万人，增长了25%。[②]此后十年，美国50个大城市人口总数持续下降了4个百分点，而小城镇人口总数则增加了11%。在小城镇工作、生活成为美国人最重要的生活方式之一。

现代发展时期（20世纪末至今）。随着科技和信息技术的快速发展，小城镇面临新的机遇和挑战。20世纪末以来，一些小城镇通过发展文化旅游、创意产业、高端服务业和高新技术产业等新兴领域，实现了经济的快速增长。与此同时，一些小城镇仍然面临人口外流、老龄化和经济衰退等问题。政府通过投资基础设施、提供税收优惠、鼓励创新等手段来支持小城镇的发展。21世纪初，小城镇在美国城市体系中的地位继续上升。从发展现状看，小城镇已经构成了美国城市体系的基础，具体表现在两个方面：首先，小城镇数量多，人口规模大。在美国的城市体系中，总人口在3万—10万的小城市有878个，3万以下的小城镇3.4万多个，二者之和约占城市总数的99.3%。此外，美国人口调查数据显示，当前，八成以上的美国人居住在城市，其中，绝大多数城市人口生活在小城镇。由此可见，小城镇不仅是美国城市体系中最重要的组成部分，也是最主要的人口集聚地。其次，以地理区位、发展特点为标准，美国小城镇大致可分成四种类型：城郊小城镇、城乡小城镇、乡村地带小城镇和林、矿区小城镇。这些小城镇分布广泛，而且大多是集就业、商贸、娱乐等功能于一身的综合体。近年来，

---

① 唐春根. 中英小城镇模式比较研究 [J]. 世界农业，2012(01):75-77.
② 杨彦春. 美国小城镇的变迁 [N]. 经济日报，2011-3-19(6).

在经济发展与宜居城市环境建设主旋律下，美国小城镇的发展质量不断提高。特别是大中城市周边的小城镇在空间、产业布局上重视与中心城市相互配套，最终顺利转型，成为中心城市的重要组成部分。其中，88个小城镇集合组成的洛杉矶日渐兴旺、繁荣，就是小城镇质量提升、基础地位形成的典型体现。

美国是当今世界城镇化水平最高的国家之一，其城镇化率已超过85%，美国城镇化水平的提升在很大程度上依赖于中小城镇的发展，城市周围及腹地的小城镇的健康快速发展为美国大城市兴旺与繁荣提供了有力支撑。一方面，小城镇星罗棋布地散布于美国各地，是美国城镇体系中的基础环节及重要构成部分。据美国人口调查局的统计数据，2008年美国有八成以上的人口居住在城市，其中10万—20万人口的城市有131个，3万—10万的有878个，3万人以下的小城市（镇）达3.4万多个。美国城市的规模以10万人以下的小城市（镇）居多，占城市总数的99%左右。[①]另一方面，众多小城镇既相互独立又相互联系，有机构成了大城市。例如，洛杉矶则是由88个小城镇组成的，而美国芝加哥则是由260个小城镇组成的。小城镇的建设与发展，极大地改变了农村落后面貌，也有效缓解了大城市中心区的人口压力，使得美国经济社会能够长期保持繁荣的发展局面，城乡一体化达到较高水平。

美国的小城镇发展历程经历了殖民地时期的创立、扩张与西进时期的挑战、工业化和城市化时期的冲击以及现代发展时期的转型。小城镇在不同的历史阶段扮演着不同的角色，从作为农业和贸易中心到工业重镇，再到如今的经济多元化和特色产业发展。

16.1.1.2 美国小城镇建设经验

（1）以大都市区为主要空间载体

美国的城镇化进程基本经历了两个阶段：第一阶段是传统城镇化时期，以城市集中型发展为主，城市是其主要的空间载体。第二阶段是新型城镇化时期，以多中心格局和城乡统筹发展为主，大都市区是其主要的空间载体。[②]20世纪70年代以后，美国进入到郊区化的发展阶段，开始了以城市为中心、以市郊为外围的蜘蛛网形的城市扩张，伴随着城市郊区化扩张以及区域交通体系的不断完善，区域界限得以打破，经济要素跨域流动频率加快，在市场机制的作用下，自然而然地形成了多个大都市圈及都市连绵带，有力地推动了区域内的资源利用、产业布局、环境保护、项目建设等实现整体统筹，有效发挥了综合性及整体性优势，城乡一体化进程加快推进，使得大城市与周边中小城镇形成互补关系，有力推动了中小城镇的发展。

（2）重视规划作用，以人为本

城市建设，规划先行。规划是一种调控经济社会发展、引导城市建设的重要手段，科学完善的规划能够引领城镇健康快速发展。美国在小城镇建设过程中始终高度重视

---

① 孙卓.美国城镇化战略成败启示录[EB/OL].凤凰网，2010-3-10.

② 王旭.大都市区：20世纪美国城市史的主导[N].光明日报，2013-4-18(11).

规划作用，编制了详尽的城镇建设总体规划，其内容涵盖土地开发利用、人口规模、市政基础设施建设、交通等多方面，并充分考虑自然环境综合承载力及生态因素。以人为本推进城镇建设。在示范城市运动中美两国提出要考虑人的基本需求，从居民自身出发，以舒适宜居为导向。在城镇规划制定过程中，鼓励公众参与，因此规划中以人为本的理念得到较好的贯彻。在城镇建设中重视垃圾处理、污水处理等环保设施的建设，注重人文素质的提高，加强对历史遗迹和古建筑的研究和保护，统筹推进教育、就业、福利、医疗、社区、交通等各方面建设。城镇规划的设计、编制一般都依据联邦政府、州政府的相关法律规定以及本地区的产业特色、区位特点等来明确自身功能定位，注重规划的综合性、整体性，强调与大都市区、州、县等区域性规划实现有序衔接。在规划设计、编制过程中积极采用各种先进的理念、技术及方法，强调通过功能分区来实现土地开发利用的合理性、协调性，强调通过规划的适度前瞻性来避免重复建设与资源浪费。此外，规划一经制定即具有法律约束性及权威性，任何人都无权随意更改规划及违反规则，否则要受到相应制裁，各届政府都严格按照规划规定来从事相应城镇建设。

（3）重视公众参与

小城镇倡导居民和社区成员的广泛参与，通过社区会议、公民论坛和志愿者活动等方式，鼓励居民发表意见和建议，共同推动小城镇的发展。公众广泛、积极参与城镇建设能够集思广益，博采众长，实现对城镇建设全方位、全过程监督，从而有效避免少数人暗箱操作及长官意志，增强居民的认同感及向心力。美国各级政府都十分重视听取当地居民及社会公众对城镇建设的意见，鼓励与支持社会各界积极、广泛地参与到小城镇建设中来。尤其是在项目策划及规划设计阶段，积极召开包括政府相关工作人员、开发商、设计人员以及当地居民等在内的恳谈会、论证会等，共同讨论项目立项及规划设计方案，往往由开发商或政府工作人员详细介绍项目建设的具体方案，然后进行相关讨论征求社会各界的意见，然后进行相应调整及修改，反复多次才能最终确定。居民及社会公众可以通过电视、报刊、广播等多种形式了解到市议会审议规划方案的全过程。

（4）重视小城镇特色

美国小城镇建设与发展的一个重要特点就是追求个性、体现特色，在这个过程中，美国形成了众多各具特色的小城镇。这些小城镇以大都市为依托，既受到来自大都市的辐射带动效应，承接了大量来自大城市中心区的疏解功能，又为大都市补充着资源。依据小城镇的产业特色，可以将小城镇基本分为三种类型：一是以高新技术产业为主导的特色小城镇，通过高新技术产业的集聚发展带动小城镇发展。例如，美国旧金山湾区的山景城（MountainView），谷歌等众多高科技公司云集于此，吸引了众多来自世界各地的高科技人才落户，凭借全球领先的高科技产业优势，山景城逐渐发展成为旧金山湾区最富有的小镇。二是以农副产品加工和制造业为主导的小镇，通过发展具有本地特色优势的产业推动小城镇发展。例如，以巧克力产业为核心的美国宾夕法尼亚州的好时镇（Hershey），是美国好时公司和好时乐园的所在地，小镇的道路、医院、体育馆、剧场等在内基础设施建设基本由好时公司承担，小镇的生活水平并不逊于大城市，而好时乐园的建造更是带动了娱乐业、旅游业等其他产业的发展，现在，好时镇凭借其甜蜜的巧克之城这一特色品牌成为世界著名的休闲旅游胜地。三是以旅游业为主导的小城镇，凭借独特的自然人文景观来发展旅游业等第三产业，带动小城镇经济社会发展。例如，美国西部地区的杰克逊镇，其位于怀俄明州，是进入黄石公园及大提顿国家公园的主要门户，以牛仔文化而闻名于世，旅游业发达，现已发展成为美国知名的西部小镇。

（5）综合治理促进小城镇发展

从经济、政治、社会各方面对城镇进行综合治理，并顾及城镇文化、生态和可持续发展问题。在改革计划制定时，打破原有行政区划的局限并设立相应计划执行机构，促进资源的优化配置和生产要素的自由流动，培育提升龙头镇和城镇群的聚集效能。在推进城镇群向都市圈和城市带的发展中，推进区域城乡一体化、公共服务均等化，消除城乡差别，实现城乡均衡发展。

城乡协调发展，强调农业现代化与城镇化协调发展。美国秉持以农民为本的理念，不以牺牲农民利益为代价完成城镇化，尊重农民利益，出台《宅地法》等法律为农业发展提供法律制度保障，制定了一系列有利于农业农村发展的政策，用工业剩余反哺农业。重视农业基础设施建设和农业技术进步，通过颁布法案免费拨地建立高等院校、拨款兴建农业研究机构来形成富有效率的农业科研推广系统，通过设立大学和农村科学研究组织，积极研发和引进农村高新技术，城乡一体化发展。平衡城郊发展，提高电器的普及率，实现农村生活方式向城镇化的转变，让农村居民享受到现代化城市的发达、便利，实现生活质量、生活方式、生活观念的全面升级。

（6）重视居住环境建设

小城镇致力于实现可持续发展，通过保护环境资源、发展清洁能源和促进生态旅游等方式，保护本地生态环境并推动经济增长。尽可能满足人民的生活需求是美国小城镇建设与发展的中心任务，美国小城镇普遍都高度重视生活环境的改善，积极完善交通、通信、水电等生活配套设施，不断提升医疗、教育等公共服务水平，积极打造比城市更为优美、舒适的居住生活环境。从整体上来看，美国小城镇不仅拥有可以媲美大中城市的基础设施及公共服务，而且还拥有城市所不具备的亲近自然的优美舒适的居住环境。

16.1.2 英国小城镇建设经验

16.1.2.1 英国小城镇发展历程及现状

英国是世界上最早开始城镇化的国家，其小城镇发展历程丰富多样，经历了漫长而复杂的历史进程。从历史的角度看，英国小城镇经历了一个相对衰落—质量提高—转型升级的发展过程。

中世纪时期（11—16 世纪）。在中世纪时期，英国的小城镇主要以农业、手工业和贸易为基础进行发展。这些城镇通常位于重要交通路线上，发展成为商业和手工业中心，吸引了大量居民和商人。一些小城镇在此时期获得了特许状，授予城市特权和自治权。

工业革命时期（18—19 世纪）。英国工业革命的发展带动了小城镇的快速增长和繁荣。18 世纪中期，英国进入城镇化水平持续上升阶段。随着煤炭、铁矿石等资源的开发，许多小城镇成为工业中心，发展起制造业和纺织业。一些小城镇如曼彻斯特、伯明翰等迅速崛起，成为全国范围内的工业重镇。此时期也出现了城市化和城市规划的发展，许多小城镇开始兴建工厂、住宅和交通基础设施。到 19 世纪中期，英国已经基本实现了城镇化。然而，这种以城市为主导力量的快速城镇化也引发了一系列的"城市病"。随着城镇化的继续深入，英国"城市病"更加严重，交通拥挤、污染严重，"雾都"现象很多。对此，英国不仅没有采取相应的治理措施，还继续加快了城镇化步伐。社会资源不断流入城市地区，既加重了日趋明显的"城市病"，又给小城镇的发展带来极大的负面影响，小城镇衰落也就成为必然。

农村和观光发展时期（20 世纪初至今）。随着工业化进程的推进，一些小城镇在20 世纪初开始经历人口外流和衰退，许多工厂和企业关闭。20 世纪初期，英国政府依据霍华德的"田园城市"理论发起了新城镇运动。20 世纪 30 年代以后，英国政府颁布了一系列限制大城市扩张和惠农政策（如《工业配置法案》《城乡规划法案》等），控制大城市投资，实施农业保护，大量工作职位向小城镇转移，第二、第三产业迅速发展，小城镇逐渐复苏。因此英国政府开始重视"城市病"问题，一系列限制大城市扩张的政策先后出台，如以控制大城市投资为目的的工业配置法案、城乡规划法案等。这些政策实施的结果是大量工作职位向小城镇转移，对小城镇发展质量的提高起到了不可估量的带动作用。1946 年，英国国会颁布《新城镇法》（*New Town Act*），政府成立了新城镇发展公司，负责新城镇的规划、建设和管理工作。在此指导下，交通条件的改善、汽车的普及又为城市工业企业、人口向小城镇迁移创造了极其便利的条件，小城镇工业发展趋势日渐强劲，规模不断扩大。20 世纪 80 年代初期，英国先后共建设了包括米尔顿·凯恩斯、哈洛、科比、昆布兰、纽顿艾克里夫等在内的 33 个新城，其中有 11 个新城散布于伦敦外围 129 公里周长范围之内，由于市政基础设施及公共服务设施完善，这些新城共吸纳了 180 万人口并提供了 18.8 万个就业岗位。[①]

副都市和区域经济中心发展（20 世纪后半叶至今）。20 世纪 60 年代末，英国小城镇工业发展成为推动小城镇高质量发展的重要支撑力量，使得城镇功能日趋多元和完善。英国开始限制城市工业建设用地面积，小城镇因此获得了更多的工业发展机会。

---

① 陈振华，张章. 世界城市郊区小城镇发展对北京的启示——以伦敦、东京和纽约为例 [J]. 北京规划建设，
2010(04):68-73.

而交通条件的改善、汽车的普及又为城市工业企业、人口向小城镇迁移创造了有利的条件，小城镇工业发展势头日渐强劲。此后，工业发展成为小城镇高质量发展的重要支撑力量，小城镇规模不断扩大，城镇功能日趋多元化。到 20 世纪 80 年代，英国一共规划建设了 26 座新城镇，其中大部分用于承接伦敦的人口疏解。21 世纪初，英国的小城镇开始发展成为副都市和区域经济中心。许多小城镇通过提供高质量的住宅、商业和文化设施，吸引了人口和投资。一些小城镇如格拉斯哥、布里斯托尔等迅速发展，成为重要的商业中心和金融中心。作为世界上最早开启城镇化进程的国家，在工业革命的推动下，早在 1921 年，英国的城镇化率就已高达 77.3%，[①] 进入城镇化相对成熟的阶段。英国在早期城镇化进程中也曾面临过由于人口迅速向大城市集聚而引发了住房短缺、交通拥挤、贫民窟、公共设施匮乏等一系列社会问题及矛盾。第二次世界大战之后，英国政府启动了新城开发运动，旨在推动小城镇发展成为农村地区的经济中心，有效缓解人口向伦敦等大城市迅速集聚的趋势，在英国，几乎每个中心城市附近都散布着众多的小城镇，尤其是伦敦周边地区，星罗棋布的小城镇与伦敦市区有机组成了伦敦大都市区。英国小城镇普遍承担着向外输出本地农产品及调进原材料的职能，在破解大城市病、推动城乡一体化等方面发挥了显著作用，其经验值得我国借鉴。实践证明，新城开发运动有效地解决了英国战后城市人口拥挤及无序发展的问题，新城凭借先进的规划、完善的功能、便捷的交通、舒适的环境吸引着众多城市人口前来落户、定居。1946 年，为了有效缓解伦敦等大城市人口膨胀所引发的一系列社会问题，英国政府出台了《新城法案》，成立了新城开发公司，新城开发运动开始启动。新城开发运动的主要内容是：成立新城开发公司，在全国范围内选择合适的地块建设新的城市，其资金来源依靠政府投资，待城镇开发建设初具规模时，将开发后的土地、房屋等城市设施租赁给公司或个人以收回政府投资。新城开发公司规划、建造了第一个新城，即斯蒂夫尼奇。以米尔顿·凯恩斯为代表的第三代卫星城更是新城开发运动的成功典范，1967 年英国政府开始规划建设米尔顿凯恩斯新城，总规划面积为 34 平方公里，涵盖 3 个小镇及数十个村庄，1971 年开始建设，新城由中心区、居住区及工业区构成，三者之间依靠公共交通连接，其中，工业区基本上位于边缘地带，同以往的新城相比，米尔顿·凯恩斯具有完善的城镇功能，居民的基本生活及工作问题已不再依赖母城解决，完全可以依靠自身力量发展，经过 40 多年的开发建设，已逐步发展成为英国的重要经济增长极，城镇居民生活水平已经与伦敦毫无差别。此后，由于撒切尔夫人认为新城开发运动有政府过度干预之嫌一度暂停了新城开发计划，1990 年新城开发公司解散，但小城镇建设并未停止，90 年代末期以后英国布莱尔政府又重启了大规模的小城镇改造计划，使得小城镇基础设施和社会服务设施不断完善，推动小城镇进入良性循环的发展轨道。

---

① 高珮义.中外城镇化比较研究 [M].天津：南开大学出版社，1991:29.

英国的小城镇发展历程经历了中世纪时期的商业和手工业发展，工业革命时期的工业繁荣，农村和观光发展时期的产业转型以及副都市和区域经济中心发展的现代化阶段。每个时期都为小城镇带来了不同的经济、社会和文化影响。尽管小城镇面临各种挑战，如城市化、人口流失和经济变迁，但它们在保护传统和发展新兴产业的努力下，仍然具有巨大的发展潜力和吸引力。目前，英国独立的小城镇已经发展成为一大批活力十足的新城镇。[①] 在新城镇发展规划指导下，承载着居住和部分就业功能的小城镇脱离了大城市的依托，逐渐发展成为自主平衡的新城镇。迄今为止，英国此类新城镇有3000多个，几乎每个中心城市周围都分布着若干个新城镇。总体上看，这些小城镇规划合理、经济活跃、设施完善、环境优美，在平衡区域经济、社会、环境协调发展等方面发挥了重要作用。对英国其他小城镇而言，未来一段时间内，新城镇已经成为其发展的主要趋向。

16.1.2.2 英国小城镇建设经验

（1）新城开发模式

英国的小城镇新城开发模式是在 20 世纪中叶以来引入的一种重要方法。二战后，英国面临着旧工业城市的繁荣衰退、人口迁移和住房短缺等问题。为解决这些问题，政府开始考虑通过兴建新城来促进经济发展、改善居住条件和提供更多的工作机会。新城是指根据规划而建设的全新城市，具有完备的社会基础设施、住房、教育、医疗和商业设施等。新城的规划注重人文关怀、环境保护、经济增长和良好的社区生活质量。新城发展模式最具代表性的就是威廉·莫里斯（William Morris）和帕特里克·金（Patrick Geddes）等人提出的"花园城市"理念。他们强调城市规划应该以人为中心，注重自然环境和美学价值。根据具体情况，英国实施了多个新城开发项目。其中最著名的是戈斯福思（Gosforth）和斯蒂文尼奇（Stevenage）等小城镇，以及以米尔顿·凯恩斯（Milton Keynes）为代表的更大规模的新城。

新城的开发通常由中央或地方政府牵头，在土地选址、规划和基础设施建设等方面起到重要作用。新城的规划着重于合理分配土地用途，提供各类住房、教育设施、商业中心、公园绿地和交通系统等。新城的发展过程中注重社区参与，通过举办公众会议、听取居民意见等方式，确保居民对新城规划和建设有所贡献。新城开发模式强调经济多元化，通过吸引投资、建设工业园区和商业中心，提供就业机会并推动经济发展。新城开发模式在一定程度上取得了成功。新城提供了大量的住房和就业机会，改善了居住条件，吸引了人口流入。同时，新城规划注重自然环境保护和社区建设，创造了宜居的生活环境。然而，一些新城面临着公共交通不足、基础设施压力、失去独立性等挑战。

英国的新城开发模式为小城镇发展提供了一种创新的方法。通过政府引导、全面

---

① 杨彦春. 美国小城镇的变迁 [N]. 经济日报，2011-3-19(6).

规划、人文关怀和社区参与，新城模式为英国创造了许多成功的现代化小城镇，并为其他国家的小城镇发展提供了借鉴经验。

（2）塑造地域性历史特色小镇

在新城开发建设的英国政府以文化传承与弘扬为导向，高度重视城镇历史遗存及特色传统文化资源的保护与开发工作，充分发挥文化在城市复兴中的作用，建立了完善的历史文化建筑保护与改造的运作机制，依据小城镇所处区域的人文传统及自然景观，因地制宜、因势利导选择不同的建筑风格、建筑材料、色彩肌理等来塑造城镇特色，形成了一批地域性文化特色突出的小城镇。

一是建立完善的历史建筑保护与改造法律体系。英国先后颁布了包含《历史建筑和古老纪念物保护法》《城乡规划法》《国家规划政策框架》《历史文化建筑保护条例》等在内的一系列相关法律法规，对历史建筑保护及改造做出了详尽规定，以规范和引导城市建设及改造行为。二是社会各界高度重视历史建筑的保护与改造，形成了包括政府、非营利组织、开发商、房屋业主、个人等在内的多元参与的历史文化建筑保护与改造运作机制。三是遵循先进的保护理念，采用先进保护技术。主张在保持原有风貌的基础上根据当前使用功能进行改造利用，对于已经损毁的历史建筑不主张进行修复复原。在具体的保护及改造工作中广泛运用先进的现代建筑科技，使历史建筑符合当今建筑的功能要求。四是机构齐全，资源充足。有一大批包括国家机构、行业协会、企业等在内的机构为历史文化建筑保护与改造提供资金、技术支持，并具有齐全的英国各时期历史建筑风格的建筑材料生产线。

（3）坚持以科学完善的发展规划统筹城镇建设

在城镇化早期，英国采取了自由放任的经济政策，导致城镇化发展出现了盲目性、自发性以及不平衡性等不良影响。为了规避这些问题，在制定和实施城镇化规划方面，英国政府高度重视科学的发展规划，进而发挥规划的引导作用。在英国的城镇化规划中，注重规划执行的刚性要求，严格按照相关法律法规和规划的要求开展各项城镇建设。规划中反映出了可持续发展的目标和理念，推动政府实现四项可持续发展目标。此外，英国注重强调规划建设的适度超前性，将城镇的远期规划与近期规划相结合，为未来城镇发展留出适度空间，避免重复建设及资源浪费。在规划立法方面，英国维护规划的权威性，形成了一个完整的城市规划法律体系，并将原来指导性地区规划上升为立法性规范，进一步强化了政府宏观调控的作用。此外，英国积极引导公众广泛参与到规划制定和管理过程中来，具有完善的社会公众参与公共政策的体制机制。城镇规划的全过程中，各个层次的规划都有公民参与，形式也多种多样，包括调查表格、意见听证、网络投票等。公众的意见往往能够反映到规划中，并真正得到落实。

（4）注重城乡协调发展

英国小城镇健康发展的一个重要因素在于政府及时进行政策干预和规划引导，促使工业下沉，注重城乡协调发展。

16.1.3 德国小城镇建设经验

16.1.3.1 德国小城镇发展历程及现状

德国的小城镇发展历程可以追溯到古罗马时期，经历了丰富多样的历史变迁。下面是德国小城镇发展的几个重要阶段及其现状。

中世纪时期。在中世纪时期，德国的小城镇主要以农业、手工业和贸易为基础进行发展。这些城镇通常位于重要的交通枢纽或河流沿岸，如汉萨同盟成员城市，发展起商业和手工业，吸引了大量居民和商人。中世纪的城市特点在德国的小城镇中仍然可见，包括古老的市政厅、教堂和城墙等。

工业化时期。19—20世纪初，德国开始工业化进程，小城镇也开始承担工业中心的角色。一些小城镇以其特定的产业而闻名，如杜塞尔多夫的化学工业、斯图加特的汽车工业等。这些小城镇通过发展制造业、提供就业机会和投资基础设施，实现了经济繁荣。1815年，德国进入城镇化兴起准备阶段，农村剩余劳动力逐渐向城市转移，城市经济获得较快发展。

1871年，德国城镇化繁荣时期来临，各联邦城市蓬勃发展，人口迅猛增加，部分城市人口已经超过10万。从城市发展历程看，德国与英国、美国略有不同，城镇化初期就呈现出大中小城市（镇）并行发展的趋势。正因如此，在城镇化进程中，德国虽然形成了柏林、汉堡、慕尼黑等大城市，但没有出现农业劳动力过分集中、大城市畸形发展的局面，大量人口呈分散状流向全国各地的小城市、小城镇，从而对城镇均衡发展、防止城乡两极分化产生了不可低估的作用。

战后重建和城市规划。二战后，德国的小城镇面临着废墟和人员短缺的问题。为了重建城市及改善居民生活条件，德国开始实施城市规划项目。这些规划注重保护历史建筑、提供公共设施和改善交通基础设施，并将环境保护和可持续发展作为重要考虑因素。20世纪90年代初期，德国统一，由于西部地区经济发展水平较高，东部大量人口西迁，许多地区人口结构发生改变。为了弥合地区发展差距，有效推进城镇化，德国采取了抑制大城市膨胀、均衡配置与努力振兴小城市、小城镇政策，小城镇获得全面发展机会。[①] 例如，1989年，欧共体拟定社区倡议计划。借此，数百个小城镇充分发挥自主权，因地制宜，推出各类经济发展项目，本地就业机会增多。而联邦生态农业等鼓励小城镇发展的系列计划启动后，在德国，人与自然、人与人、历史与未来和谐共生的小城镇形态逐渐显现，以小城镇为主的城镇化特征也越来越明显。2004年统计资料显示，德国城市体系中，百万人以上的大城市只有4个，50万人以上的城市不超过10个。与之相反，小城市、小城镇数量众多，特别是小城镇多达13500个。从人口分布情况看，德国总人口8000多万，其中，30%左右的人口集中在10万人以上的城市，剩下的则大多生活在2000—10000人的小城镇，典型的小城镇主导型城镇化模

① 杨彦春. 美国小城镇的变迁 [N]. 经济日报，2011-3-19(6).

式已经形成。现在，在小城镇良性循环发展带动下，德国的城镇化率已高达 97%。

总体而言，德国的小城镇发展经历了中世纪的商业和手工业时期、工业化时期、战后重建和现代化阶段。如今，德国的小城镇在保留传统特点的同时，注重环境保护、可持续发展和提供高品质的生活标准。小城镇通过发展旅游业、文化产业和高科技产业等手段，努力实现经济繁荣和社会进步。同时，政府也在加大投资，改善基础设施，提供更好的公共服务和支持，推动德国小城镇发展进一步蓬勃。

德国的小城镇发展一直都很成功，得益于德国城镇化发展的主导思想。在城镇化过程中，德国政府遵循"在全国境内形成平等的生活环境"的指导思想，奉行"均衡城镇化发展"的模式。

以发展小城镇为主的城镇化特征越来越明显。2020 年统计资料显示，德国城市体系中人口最多的前十大城市分别是柏林（360 万人）、汉堡（180 万人）、慕尼黑（150万人）、科隆（110 万人）、法兰克福（74 万人）、斯图加特（63 万人）、杜塞尔多夫（61万人）、多特蒙德（60 万人）、莱比锡（59.03 万人）和埃森（59.01 万人）。百万人以上的大城市只有 4 个，50 万人以上的城市也是在 10 个左右。德国的城镇化模式是典型的以小城镇为主导类型，城镇化发展非常健康，城镇化率已高达 97%。70% 的人口生活在小城镇里。

16.1.3.2 德国小城镇建设经验

当包括中国在内的众多国家还在致力于解决城镇化进程中出现的诸如人口规模急剧膨胀、房价高企、交通拥堵、垃圾围城等城市病，以及区域、城乡之间发展差距持续扩大等一系列问题时，城镇化率高达 94.6%。[①] 的德国却显得高枕无忧，它在城镇化进程中似乎从未面临上述问题带来的困扰。与法国、美国等国家相比，德国在启动较晚的情况下却最早基本完成了城镇化，并且在城镇化速度、水平以及质量等指标上都居于世界前列，其在推进城镇化进程中的先进理念、模式、经验，对其他发达国家的城镇化进程产生了深远影响，其经验也值得我国借鉴。

（1）健全小城镇管理体制

一是德国以扁平的城镇市场网络结构体系[②]替代垂直的城镇行政等级结构体系，从规划和立法、资源的再分配、公共服务的供给、行政机构的配置等诸多方面采取均衡化的配套措施，创造各种物质和文化条件，满足当地居民合理的工作与生活需要，并高度重视村镇改造和建设，完善村镇基础设施和社会服务设施，提高村镇居民生活的舒适度，从而形成了比较均衡的城镇结构体系。二是民众广泛参与小城镇建设。首先，德国积极引导市民参与规划建设的决策，广泛采用"政府 + 专家 + 公众"的三结合模式。其次，以完善的机制和法律保障公众参与。再次，以广泛的手段引导公众参与。如编制规划的

① 数据来自中国区域监测 CHINAREGIONALOBSERVATION.
② 王雷，祖运奇. 日本小城镇的过疏化衰败现象及其对策 [J]. 华中建筑，2016，34(11):96-100.

决定做出后，即通过报纸、宣传册、居民大会等将规划的目标、必要性等公之于众。在编制过程中，广泛采用公告、传单、展览会、网络等手段公示规划文件，征求公众意见。

（2）构建工业产业城镇集群

构建工业产业城镇集群。① 德国通过独特的梯级带动模式实现了大中城市和小城镇均衡发展，让小城镇拥有了产业支撑、稳定的工作和经济来源。德国的产业小城镇集群采取分工合作的策略，一镇主攻一业，多镇抱团发展，形成了区域大产业链的生态圈，其中既有传统工业产业集群，如机械制造产业集群，也有顶尖技术产业集群，如高科技产业集群和工业4.0的先行区域。这些产业小城镇集群共享在企业合作、技术转化、人才培训方面提供专业服务的平台，形成了产业均衡分布的良好局面。

工业化是推动城镇化进程的基础性力量，从某种意义上而言，工业化水平的高低决定着城镇化水平的高低。德国小城镇在城镇化进程中十分注重产业支撑，以产业促进城镇经济社会持续发展，通过加快基础设施建设，完善城镇综合功能，为产业发展提供良好的发展平台。例如，德国的中部小城比特弗尔德沃尔芬，其人口只有4万多人，原为经济欠发达城镇，两德统一之后，政府将化工明确为主导产业，规划建设了占地1200公顷的化工园区，并且先后投入了25亿欧元对路网、通信、排污等公共基础设施进行了高标准建设，吸引了包括拜耳、林德等国际知名企业先后落户于此。由于规划先进、科学，园区内具有完善的化学品输送管网，功能完善，有力推动了产业上下游一体化发展，园区内有60家企业从事化工生产，其余300余家企业则承担着供水供气、物流仓储、培训、贸易、污水废料处理等服务性职能，使得比特弗尔德沃尔芬化工园区逐步发展成为德国乃至欧盟境内的化工产业重镇。比特弗尔德沃尔芬在发展化工产业集群的同时高度重视城镇的可持续发展，坚持按照国际最高环保标准排放污水及废弃物，在经济社会发展的同时依然空气清新、鸟语花香，实现了可持续发展。②

（3）以中小城市和小城镇为发展重点

小地即美地，这是德国在城镇化进程中遵循的基本原则。它始终坚持以中小城市及小城镇建设为重点，将基础设施建设、产业政策、财政投入等长期向中小城市和小城镇倾斜，使得德国中小城镇数量众多且相对均衡地分布于各地，从而形成了一种大、中、小城市与小城镇均衡发展的城镇化格局，城乡间、区域间发展差距较小。与英国、法国等其他欧洲国家不同，德国并没有特大城市，人口超过百万的城市仅有3个，即柏林、汉堡、慕尼黑，其人口规模最大的柏林也不过才370万人。截至2010年年末，德国共有各类城市2065座，其中，30%的全国人口生活在82个人口超10万的城市中，60%的人生活在人口2000—10万人之间的中小城镇里③。

① 李莉.工业小城镇的胜利：德国工业产业城镇群的制胜秘诀 [J].北京规划建设，2017(03)：24-30.
② 柴野.德国：小城镇建设走新路 [N].光明日报，https://epaper.gmw.cn/gmrb/html/2013-12/12/nw.D110000gmrb_20131212_1-08.htm，2013-12-12.
③ 韩墨.德国如何医治"城市病" [J].半月谈，2011(04)：86-88.

此外，德国自 20 世纪 60 年代起开始规划建设都市圈以来，至今已形成 11 个都市圈[①]。这些都市圈聚集了 70% 的人口，解决了 70% 的国内就业，[②] 并且均衡地分布在全国各地，在都市圈内部形成了多中心格局，使得德国各地区经济能够均衡发展，有效地避免了区域发展差距过大带来的两极分化，缩小了社会贫富差距。但是在德国都市圈内部，小城镇只是在规模、功能强度、影响力等方面不及大城市，但在基础设施、生活配套等方面却与大城市相差无几。例如，施瓦堡市，其人口规模只有 1.5 万人，但拥有 7 所学校，银行、图书馆、火车站、游泳馆等基础设施一应俱全，具有完善的商业生活配套服务设施，可谓麻雀虽小，五脏俱全。[③]

德国政府遵循在全国境内形成平等的生活环境的指导思想，重视减小各地区差异，追求可持续发展，不建大规模的巨型城市，以中小城市为主，且全境内城市分布比较均衡，许多农村就地转化为城市，形成一套城乡统筹、分布合理、均衡发展的城市体系，被学界概括为均衡城镇化模式。

（4）加强小城镇公共服务均等化

加强小城镇公共服务均等化。[④] 德国城乡之间的基础设施、社会保障、就业机会[⑤]、就医就学条件几乎没有差异，德国小城镇的通信、电力、供水等条件与大都市相比也毫不逊色，医院、学校、购物场所等一应俱全。均衡的公共服务保障均等的生活品质，统一而健全的社会保障体系，保障了劳动力在不同地区的自由流动。完善的城乡交通运输网络系统，保障了大、中、小城市和小城镇平等的发展机会。

（5）注重传统与现代的自然融合

在德国的小城镇中，历史建筑的外观基本上没有变化，现代化的建筑很少见，但是对这些历史建筑的内部进行了现代化改造，以保留传统的自然及人文景观。德国小城镇注重传统文化资源的保护和传承，并通过发展特色文化产业来打造特色文化小城镇。不同城市的文化差异很大，而这种不同的城市文化催生了多样化的旅游产业，如音乐之旅、歌德之路、童话之路等。此外，德国的丰收节、南瓜节、洋葱节、土豆节等也结合了各地的民俗节庆文化。在城镇化的进程中，德国小城镇实现了传统与现代的自然融合，每个小城镇都具有独特的文化气质，从而提升了居民的自豪感、社会凝聚力和城市竞争力。

[①] 即莱茵—鲁尔区、柏林—勃兰登堡区、莱茵—美茵区、斯图加特区、慕尼黑区、大汉堡区、纽伦堡区、法兰克福区、不莱梅—奥登堡区、莱茵—内卡区、汉诺威—布伦瑞克—哥廷根—沃尔斯堡区和德国中部都市圈等 11 个都市圈。

[②] 王伟波，向明，范红忠 . 德国的城市化模式 [J]. 城市问题，2012(06):87-91.

[③] 王伟波，向明，范红忠 . 德国的城市化模式 [J]. 城市问题，2012(06):87-91.

[④] 夏鸣晓 . 德国小城镇发展的经验与启示 [J]. 小城镇建设，2016(08):100-103.

[⑤] 石忆邵 . 德国均衡城镇化模式与中国小城镇发展的体制瓶颈 [J]. 经济地理，2015，35(11):54-60+70.

（6）注重环保

德国十分注重小城镇的生态环境保护。德国先后推出了一系列鼓励小城镇发展计划（如"联邦生态农业"等），注重小城镇人与人、人与自然、历史与未来等和谐共生，共同发展。

16.1.4 法国小城镇建设经验

16.1.4.1 法国小城镇发展历程及现状

法国的小城镇拥有悠久的历史和文化遗产，小城镇的发展历史可以追溯到中世纪，经历了文艺复兴、工业化、现代等不同阶段，但一直致力于保护本地文化遗产，发展本地经济和旅游业。这些城镇通常建在山丘或河畔，有狭窄的街道和古老的建筑，是法国文化和艺术的重要组成部分。下面是法国小城镇发展历史的主要阶段。

中世纪时期。在欧洲的中世纪时期，法国小城镇起源于许多修道院和城堡周围的贸易中心。城镇通常建在战略位置，如农田、海洋港口、交通要道等地点，可以为当地农民和商人提供安全的贸易场所。这些城镇的核心通常是一座城堡，这座城堡在当地文化和历史中占有重要地位。

文艺复兴时期。在文艺复兴时期，法国的小城镇开始变得更加繁荣。这个时期，许多城镇，出现了一种新的艺术风格，并修建了许多华丽的花园和建筑。

工业化时期。随着机器和工业的兴起，一些法国小城镇开始发展成为工业中心。许多城镇如里昂、马赛、图卢兹等，因为优越的地理位置和自然资源，成了工业中心。这些城镇缺乏自然资源，因此开始依赖技术和人力资源来发展经济。

当代时期。现代的法国小城镇，在文化、艺术、旅游和建筑等方面，都有很大的发展和创新。随着旅游业的发展，许多城镇将重点放在文化和遗产的保护上。目前，许多法国小城镇已经成为国家重要的旅游目的地，得到了世界各地游客的称赞和欣赏。

16.1.4.2 法国小城镇的建设经验

法国小城镇的发展历史和建设经验是注重历史文化遗产保护、加强城镇规划，注重城市交通，促进城镇经济发展等方面。这些做法为城镇发展提供了许多有益的启示，可以在其他国家的城镇发展中借鉴。概括起来包括以下几点。

（1）保护历史文化遗产

法国小城镇非常注重保护其历史和文化遗产。许多小城镇都有数百年的历史，并拥有许多古老的建筑和文物。这些城镇致力于保护他们的遗产，使它们在未来得以保存下来。法国政府也在积极推动城镇保护计划，为小城镇的历史文化遗产提供经济支持。

（2）加强城镇规划

法国小城镇注重城镇规划，通过合理的城市设计和城市规划，使得街道看起来更为美好。法国小城镇的街道和广场通常宽敞、整洁、匀称，保持一致的建筑风格和颜色，构成了独特的景观。城镇规划还注重发展城镇公共设施、绿化带等。

（3）注重城市交通

城市交通是城镇的重要组成部分。法国小城镇的交通通常是步行、自行车、公共汽车等方式，这样可以减少对环境的损害。此外，法国政府鼓励居民使用公共交通，通过提供良好的交通设施和服务，来减少私家车对城镇的负面影响。

（4）促进城镇经济发展

城镇经济发展是城镇建设的主要目的。法国小城镇注重培育本地经济和旅游业，发展当地的产业和商业，加强和本地企业的合作，提高当地居民的生活质量。

16.1.5 日本小城镇建设经验

16.1.5.1 日本小城镇发展历程

日本小城镇的发展历程充满了特色和创新。经历了古代时期、幕末与近代化、经济复苏和现代发展的不同阶段。如今，日本小城镇通过农山村再生、观光业发展和社区参与等手段，致力于实现经济繁荣、社会发展和环境保护的平衡。小城镇发展中的创新和可持续发展使其成为吸引人口和游客的魅力之地。

古代时期。日本小城镇的发展可以追溯到古代时期，特别是8—16世纪的平安时代和战国时代。在这个时期，许多小城镇由贵族、寺庙和武士领主建立，发展成为政治、经济和文化的中心。许多小城镇同时也发展起商业和手工业，如京都、奈良等。

幕府和近代化时期。19世纪中叶至20世纪初，日本经历了幕府时期和近代化的浪潮。在这个时期，小城镇开始面临西方现代化的冲击，并引入了新兴的产业和技术。例如，在铁路交通的发展中，一些小城镇如名古屋、长崎和小田原等崛起为重要的工业和商业中心。20世纪初，日本小城镇数量稳步增长，增幅很大，小城镇发展迈向"安定成长期"，集聚规模效益越来越明显，小城镇经济取得了长足的发展，发展质量得到全面提升。小城镇成为日本城镇化进程的主要推动力量。日本小城镇已经成为全日本重要的生产和生活空间载体。

二战后经济复苏时期。二战后，日本国持续经历了经济的快速发展和复苏，小城镇的发展也进入了一个新阶段。政府通过区域政策和基础设施投资，鼓励跨地区和跨产业的发展。许多小城镇通过发展制造业、服务业和旅游业等，实现了经济繁荣。20世纪50年代，日本进入经济高速增长期，以东京、大阪、名古屋为中心的大城市迅速发展，大量的农业劳动力脱离土地，向大城市流动，町村发展基础越来越薄弱。为了全面实现现代化，1955年，日本政府着手实施城市分散化战略，主要内容就是通过合并町村，发展中小城镇。此后，日本进入小城镇数量增长的高峰期，到1965年，人口规模较大的小城镇已经发展到2005个。然而，由于缺乏城乡统筹思想的引导，这一时期的小城镇建设并没有取得太大的实质性成效。

大城市迅速发展，小城镇和广大农村地区人口锐减，农村地区出现了人口过疏现象，町村发展基础也越来越薄弱，城市与农村地区的基础设施水平差距加大。20世纪50年代中后期，随着日本经济高速增长，大量年轻人成家后涌入城市，导致小城镇和农村地区的人口锐减，城乡基础设施水平的差距加大，使得农村地区出现了过疏现象。1950 年，日本有 10246 个町村，平均面积是 34.98 平方公里，平均人口为 5396 人。1953 年，日本《町村合并促进法》出台，全国范围的市町村合并运动展开。为了应对过疏化带来的风险，到 1960 年，人口规模小于 1 万的町村只剩下 1487 个，而 1 万—3 万人的町村数量却成倍增加。此外，一些规模大、设施完备、经济发达的町村合并成市，10 万人以下的小城市数量比 1950 年增加了两倍。日本小城镇迅速步入高质量发展期。1953 年，日本有 10246 个町村，平均面积是 34.98 平方公里，平均人口为 5396 人。为了应对过疏化带来的风险，日本政府相继实施了《町村合并促进法》《关于市镇村合并特例的法律》等一系列治理过疏化的政策法规，在全国范围内开展"市町村"合并运动，通过合并町村，大力发展中小城镇，取得了不少效果。在 20 世纪 60 年代，日本相继实施了一系列治理过疏化的政策法规。进入 21 世纪后，日本中央政府的治理策略主要集中在内生开发上，力图通过产业振兴、基础设施建设、加强交流、提高高龄人群的健康福利、教育文化振兴、改善生活环境等多方面来刺激出现过疏倾向的地区。

为了保障小城镇质量提升的连续性，1965 年，日本政府颁布了《关于市镇村合并特例的法律》，1975 年、1989 年、1995 年又对其进行了三次修改。在完善的法规引导下，日本町村数量继续减少。统计资料显示，1980 年，日本町村数量由 1960 年的 3013 个减少为 2609 个。2000 年，进一步减少至 2558 个。与之相反，同期日本小城市数量稳步增长，町村质量持续提升。据不完全统计，2000 年，日本拥有 672 个小城市，与 1960 年的 561 个小城市相比，数量增幅将近 20%。21 世纪初，日本町村人口总量是 80 年代的 3.6 倍，4 万—5 万人的町村数量占绝对优势，小城镇逐步迈向安定成长期，集聚规模效益越来越明显。另外，对日本城镇化发展与市町村结构—质量关系的分析表明，在 1920—2000 年的 80 年间，日本城镇化水平与町村数量呈负相关关系，与市数量、质量和町村质量呈明显的正相关关系。这说明开展市镇村合并运动后，质量提升的小城镇已经成为推进日本城镇化进程的主要力量。

1960 年，小城市（镇）数量相对于 1950 年增加了两倍。日本小城镇迅速步入"高质量发展期"，到 1965 年，人口规模较大的小城镇已经发展到 2005 个。1967 年后，日本确立城乡统筹发展的战略，促进小城镇的经济集聚。日本颁布了众多有利于小城镇发展的法律，如《向农村地区引入工业促进法》《落后地区工业开发优惠法》《防止农田污染法》等，并帮助完善全国、大都市圈和地方城市开发促进计划，着重对小城镇的发展形势进行分析，展示小城镇未来发展蓝图，引导小城镇据此制定中长期规划。法律、规划确定后，实施阶段的关键是资金扶持。为此，日本政府重视扩大公共财政投资，加强小城镇的设施建设。致力于开发特殊的债券市场，发行地方债券，加速小城镇的经济集聚。设立专门的金融机构，重点为偏远地区的小城镇提供贷款支持，加大小城镇的开发力度。经过多年的努力，到 20 世纪 80 年代中后期，日本小城镇的基础设施建设水平已经基本和城市持平，城镇经济取得了长足的发展，大量的劳动力在小城镇安居乐业，小城镇发展质量得到全面提升。进入新世纪，日本小城镇的综合功能更加完善：（1）在经济功能方面，小城镇主导产业日渐突出、特色鲜明，为公众提供了更多的就业机会。到20世纪80年代中后期，日本小城镇的基础设施建设水平已经基本和城市持平。（2）农山村再生与观光发展时期。当前，日本小城镇的发展注重农山村再生和观光业的发展。政府推出了一系列政策和项目，以促进农业和乡村地区的发展。许多小城镇通过发展农产品加工、农家乐、自然体验和文化活动等，吸引了大量游客和居民。现在，日本的小城镇也注重社区参与和创新发展。许多小城镇通过引入新兴的产业、技术和创意产业，实现经济多元化、人才吸引和高品质的生活环境。同时，社区活动、文化传承和环境保护也成为小城镇发展的重要组成部分。在社会功能方面，政府制定了护理保险制度，加大对小城镇居民的教育、国民养老金等经费投入，小城镇社会保障体系更加完善。（3）在生态功能方面，按照田园式小城镇发展规划，建设者积极建立生态指标体系，营造良好的生态环境，小城镇生态化水平进一步提高。调查资料显示，2000年，日本小城镇人口占农村地区总人口的比率达到91%，高于全国城镇化平均水平6个百分点，广大小城镇已经成为具有魅力的生产、生活空间载体。

16.1.5.2 日本小城镇建设经验

故乡纳税制度[①]。为了平衡大都市与地方间的财政收入差距，日本于2007年推出故乡纳税制度。该制度允许居民向想要的地方自由地进行纳税（捐赠），同时根据捐款的金额，在扣除2000日元的基本费用部分后，其余金额可以用于抵扣个人所得税和住民税税额。此外，捐赠人还可得到捐赠地方政府回赠的与其捐款金额相当价值的地方特产礼包。故乡纳税制度实行几年来，募集到的税金呈逐年上升趋势。

（1）高质量创建特色城镇

遵循市场经济规律，发挥过疏化地区独特的自然资源、人文历史、乡土民俗、文化环境等方面的比较优势，确立主导产业。围绕主导产业谋划小城镇发展，通过发展地方经济促进小城镇建设，以小城镇建设推动经济上档次，二者互相促进、良性循环。日本通过"一村一品"运动，在鼓励人们深度挖掘当地资源，将特色资源充分放大，以此带动小城镇发展。[②]

（2）发挥市场机制经营小城镇

在日本，市场机制已成为城镇发展的推进器，经营城镇已成为城镇管理的新观念、新手段。日本各城镇纷纷采取出让项目经营权、道路冠名权、环境管理权、可利用空间使用权以及级差地租等方法，将城镇资源多方位推向市场。在小城镇建设上，对建设投资实行多元化。对城镇土地和非公益性基础设施，实行市场化供给和有偿使用。对居民住房实行商品化。

---

① 王雷，祖运奇.日本小城镇的过疏化衰败现象及其对策 [J].华中建筑，2016，34(11):96-100.
② 杨书臣.日本小城镇的发展及政府的宏观调控 [J].现代日本经济，2002(06):20-23.

16.1.6 韩国小城镇建设经验
16.1.6.1 韩国小城镇发展历程及现状

20世纪60年代，韩国经济高速增长，城镇化速度随之加快，但同时农村空洞化及城乡间差距扩大等问题也越来越严重。以收入差距为例：来自韩国统计厅的资料显示，首尔奇迹形成期间（1961—1972年），韩国城乡居民收入差距曾经达到3：1左右。巨大的城乡差距使得乡村居民不满情绪高涨，进而形成政治压力，给城市和乡村都带来了负面影响。因此，70年代后，韩国政府开始重视农村和小城镇的发展，小城镇随即进入三步走建设阶段。

第一阶段：1972年后，以培育农村地区的流通、生活、文化中心地为目标，韩国政府实施了小城市培育事业计划，1458个小城镇成为重点培育对象。为了保障小城镇的长远发展，韩国政府坚持立法先行，出台了一系列专门的法律法规，如《国土建设综合计划法》《岛屿开发促进法》《地方工业开发法》《边远地区开发促进法》《农渔村整治法》等。各部委也共同制订了促进小城镇发展的专项计划。此外，小城镇发展过程中还得到财政的大力支持，每个小城镇平均获得了1.65亿韩元的资助金。在良好的政策、资金环境中，韩国小城镇自主生产能力日渐增强，落后的生活环境得到改善。

第二阶段：20世纪90年代，韩国行政自治部开始实施小城市开发事业政策，[①]主要任务是把小城镇建成农村地区的经济、行政、文化综合性中心地，借此缓解城乡间的开发差异，谋求福利均衡。共有1443个小城镇被纳入该项事业（实际落实的只有606个小城镇），在平均12.4亿韩元资助金支撑下，这些小城镇积极整治道路、交通、基础环境设施，振兴传统产业，培育新兴产业，改善居住环境，扩大居民福利，复原、保护历史和文化环境。

第三阶段：21世纪初期，韩国政府掀起新一轮推动小城镇发展的高潮，地方小城镇综合事业培育工作全面展开。中央、市、道、郡政府纷纷提高财政资金支援力度，引进政民共建机制，制定吸引民间资本的政策法规，设立国民投资基金，鼓励符合一定条件的民间部门、资金参与小城镇发展事业，重点扶持具有综合培育规划、开发条件相对优越的小城镇。各个小城镇建设主体则立足于挖掘地方潜力，探讨特色鲜明的主题，推进小城镇各项事业。具体实践过程中，这些小城镇紧紧围绕发展主题，扩充城镇设施空间，综合安排基础设施。培育本地区特有产业。建设舒适的生活环境。创造个性的地区文化，集中、利用传统文化和历史资源，发展旅游事业。综合功能齐全的小城镇得以形成。

21世纪之初，韩国政府决定促进小城镇综合培育事业，先后制定《地方小城镇培育支援法》（2001）[②]和《小城镇培育事业10年促进计划（2003—2012年）》（2002），

---

① 申东润. 韩国小城市发展的经验 [J]. 当代韩国，2010(02):55-63.
② 金钟范. 韩国小城镇发展政策实践与启示 [J]. 中国农村经济，2004(03):74-78+80.

掀起新一轮促进小城镇发展高潮。

16.1.6.2 韩国小城镇建设经验

（1）构建相关法律制度

《地方小城镇培育支援法》颁布之前，虽有针对小城镇发展的开发事业，但由于缺乏法律保障，计划往往停滞不前。而该法明确了小城镇发展的综合培育计划，使小城镇发展进入制度化轨道。

（2）与其他计划事业联系促进

韩国政府采取了综合利用各部门政策的方法，将小城镇综合培育计划与其他开发促进地区事业相联系，从而实现了双赢的效果。综合开发各种资源，安排经济、基础设施、生活环境、文化等方面的事业。

（3）引进政民共同促进机制

政府和民间共同促进机制的引进，允许符合条件的民间部门参与小城镇发展计划，形成政府与民间共同促进的形式。政府为鼓励民间资本投资，在税收、融资、土地开发、利用国有土地等方面实施了优惠政策。政府承担基础设施的建设，而民营部门则承担本区特色产业、旅游设施、学校、医院等的投资建设。

16.2 国内小城镇建设经验

16.2.1 浙江省美丽城镇建设经验

以美丽城镇建设为重要支点，通过完善城镇功能和加强城镇统筹能力，推进镇带村、镇村联动等创新举措，浙江省正在积极推动乡村振兴战略。近两年，浙江省以小城镇环境综合整治为引领，推进美丽城镇建设，打造乡村振兴示范。促进城乡融合发展，一项重要措施是推广设计人员驻乡镇的服务模式。自2017年开始，浙江省在各地乡镇政府聘任专职或兼职的驻镇规划师，填补小城镇技术人才的空白，使规划设计更为科学合理，更突出地域特色。一些地方已经看到了成效，如最早探索此项制度的嘉兴市王店镇，因为有了驻镇规划师的指导和把关，城镇面貌有了明显改观，民居变得更具特色，街道更加整洁有序。

整治行动也是推动城镇发展的重要手段。小城镇环境综合整治可以提升城镇人居环境质量，还可以引入创新要素，培育新经济、新业态，促进产业转型升级，并推进农商旅融合发展。例如，宁波洪塘街道的洪塘西路既进行了改造提升又进行了业态的更新换代，使其成为时尚文化街区；衢州市九华乡通过城镇环境面貌优化提升，助推绿色产业兴起和壮大，并建设大荫山飞越丛林冒险乐园，加速当地的休闲旅游业发展；绍兴市章镇镇则在提升集镇新区的功能和品位地发展工业功能区和农业旅游产业，促进第一、第二、第三产业齐头并进良好发展态势。

重视文化的传承、保护和发展。其中，有两个方面需要特别关注。首先是挖掘和传承小城镇的文化基因。比如，在嘉兴市新塍镇的小城镇环境整治过程中，历史文化和现代元素相融合，建成区主要道路还原了老街味道，传承发展传统糕点加工、羊肉烧制等特色非遗技艺，将新塍打造成看得见历史建筑、望得见儿时记忆、感受得到现代繁华的江南水乡古镇。其次，需要抓好历史文化保护和时代风貌创新。建德市梅城镇的小城镇环境综合整治以古城综合保护为核心，对千年古府——严州古城的主要街道、核心区块和重要古迹，进行概念性规划和城市设计，通过全面提升古镇环境，联动三江口区域的生态、文化、休闲度假等资源，打造年接待量达 500 万人次的国家 5A 级旅游景区。

此外，为了实现小城镇的创新发展，需要探索多种小城镇运营管理模式。浙江省在美丽城镇建设中已经取得了一定的探索成果。第一，市场化运营、公司化运作的模式在安吉县天子湖镇得以实现；第二，政府、社会、市场互动合作的社区发展新模式在嘉兴市新塍镇得以建立，形成了"小事不出社区，大事不出镇办"的参与式社区治理新模式；第三，引入大物业管理模式，推进城乡公共服务均等化，在宁海县越溪乡的乡集建成区得到了实施，将政府主导的市政维护、园林绿化、民生服务、环卫保洁、交通协管等十余项政府公共服务，采用政府购买社会服务形式，统一交给市场第三方公司进行管理。

16.2.2 四川省百镇建设行动

从 2013 年开始，四川省推行百镇建设行动，目标是通过选定 300 个小镇并重点培养，以使这些小镇成为千镇的引领。

在百镇建设行动中，四川省实行了一镇一规的推进特色发展政策，并根据各镇的产业、人口和空间等情况，制定最佳的发展方向和路径。小城镇总体规划和控制性详规也同时进行，以确保小城镇的土地、城建、产业和基础设施配套，使其符合新型城镇化总体规划布局的定位和规模等方面的要求。

在小城镇规划中，特别注重山、水、林生态资源的利用，以原有城镇自然风貌为基础，规划出小城镇发展的红线和边界，引导小城镇集约紧凑发展，在开发中保护、在保护中开发。

百镇建设行动探索了"3+N"的发展模式。即以特色工业园区、商贸物流、旅游休闲镇为基础，积极发展生态宜居、现代农业、创新创业等新兴产业镇，形成类型多样的小城镇发展新格局。小镇依据其产业基础、资源禀赋等因素，明确其主导产业，各级部门在资金、用地、审批等方面给予支持，着力发展产业集群，推进产供销一条龙、科工贸一体化，形成企业群。

扩权强镇改革也是百镇建设行动中的重要一环，依法赋予或行政委托试点镇县级经济社会管理权限。新津县、大竹县通过委托或直接交办等方式，分别将 97 项和 111 项县级经济社会管理权限和公共服务事项下放到花源镇和庙坝镇。并将行政管理权限和公共服务事项，集中纳入便民服务中心，减少办事环节和流程。

成都市安德镇实行镇与功能区建成区合一、两块牌子、一套人马的管理体制，使得镇政府主要抓社会管理和公共服务，管委会主要抓产业规划和招商引资，实现了镇域的一体化管理。

产业集群发展。小城镇将根据资源禀赋、工业基础设施条件等要求，着力发展壮大产业集群经济。各主管部门将从投资、土地、建设项目审核等相关工作方面，对各行业给予着重支持。

16.2.3 江苏省城镇规划经验总结

江苏省坚持以规划作为城市建设的龙头和灵魂，坚持工业强县战略，走新型工业化道路。加快城镇化进程，优化区域空间结构。加快发展生态农业，推进农业产业化经营。以旅游业带动区域经济。加大生态建设力度，加大工业用地的比例，突出发展空间延伸拓展，突出旧城改造与新区建设并举。

坚持工业化和城镇化战略，推动经济快速增长，经济结构出现新变化。

实施大园区战略，形成规模，增强凝聚力和辐射力，为招商引资提供良好载体。积极推动城镇化发展以提高城市品位。在抓工业化城镇化的同时，对旅游和农业也不放松，开发包装一些新的经济增长点，高速农业布局，加快农业产业化进程，要建成几个优质水果基地和一批种养基地。

以科学发展观为指导，以工业化带动城镇化、以城镇化促进工业化，产业结构优化升级加快，区位优势日益突出，大办交通基础设施建设，全面提高公路等级，加快实现城乡公共一体化。

各城镇发展实施优势互补，注重特色，以点带面逐步提升全县乡镇的规划建设水平，增强城镇吸引力和凝聚力。加大对工业园区建设的投入，做好发展规划，合理产业布局，促进产业集聚、资源集约、功能集成，大胆探索各种建园模式，使工业园区成为县域经济的重要载体，承接大珠三角产业转移的主要基地。

依托区位优势，把工业化发展的步子放在达地区产业转移上，打造以轻型、加工型工业为主的工业产业体系，打造以自然生态为主的旅游产业体系，打造以绿色、生态型和创汇型农业为主的农业产业体系，打造具有现代化气息的城市建设体系。

16.2.4 贵州省镇村联动发展模式

贵州省以城镇村联动建设为特色路径，推进新型城镇化，改善城乡人居环境整治，提高城乡统筹发展水平。其中，推广"1+N"镇村联动发展模式，即以集镇为中心，辐射所辖村庄，促进城—镇—村空间体系连片协调发展，实现镇村联规、联动、联建、联美、联富、联强。安顺市以30个特色示范小城镇建设为引领，联动周边152个行政村协调发展，镇村联动覆盖率达85%。另外，以镇村联动为撬动点推进村镇化，促进山、水、林、田、湖与建成区和村居点融合发展，发挥自然生态景观资源在镇村空间中的价值，同时让生活、生产、服务方式现代化，推动村镇化与城镇化有序进行，双轮驱动。

16.2.5 台湾省宜兰县城镇存量化发展经验

宜兰县在长期保持高品质的生活环境的基础上，吸收欧洲的城镇化经验，充分发掘环境存量、空间存量及综合存量的资产价值，培育高品质的城镇簇群，通过小城镇带动乡村发展，促进就地城镇化，实现城乡公共服务均衡发展，促进城乡高度融合。

打造高品质景观工程。制定环境管控政策，保护景观基底，以景观资源产业化为根基，基于生态本底，提升旅游价值，通过带动旅游观光业发展。公共建设以自然化、生态化的基调，采用高标准的自然材料进行整改建设。通过划定生长边界、严控总量与增量、分期发展、区域优先和公私协作的措施，渐进完善基础设施。

升级培育存量空间。结合空间控制的契机，通过社区营造，政策指导、弹性引导升级培育存量空间，通过文化活动整合文化设施及文化空间，形成文化集群，采用都市针灸的设计手法，构建日常生活廊道，形成精细化旅游网络，带动旅游发展深入社区，实现了全域旅游发展。

促进园区与社区融合。提出科技园区社区化、公园化、开放式的理念，园区外围成立农渔产品及地方特色专区，通过园区带动宜兰县农副产品发展。引进大学城，成立社区大学，培育科技人才，协助产业技术升级和新兴企业的发展。

宜兰县小城镇建设就地城镇化，城乡公共服务平衡快速发展，着力建设优质城市景观项目，升级培育城市存量空间，推动公园建设和社会高度融入，城乡一体化融合发展。

出台了环境监管政策，保留了自然景观基底，以景观资源产业化为根本，依托自然生态本底，完善服务设施，提高游览价值，通过促进旅游观光业的蓬勃发展。结合利用空间调控的契机，引导、提升和培育存量空间，建立精细化的旅游服务网络，促进旅游发展深入社区，促进全域旅游发展。引进大学城，成立社区大学，培育科技人才，协助产业技术升级和新兴企业的发展。

16.3 小城镇建设经验借鉴及发展启示

16.3.1 经验借鉴

各国城市发展规律也为我们提供了许多启示。在世界范围内，欧美地区的英国、美国、德国城镇化建设起步较早，逆城镇化趋势也最明显。面对大量难以解决的经济、社会矛盾，这些先行国都不同程度地关注小城镇建设，小城镇对城镇化的有效促进作用得以充分发挥。经过近百年的发展，英国、美国、德国先后实现了各自的城镇化目标，也积累了典型的、丰富的小城镇建设经验。英国则以乡村工业化为特色，缓解了特大城市人口过剩的压力。[1] 美国则近20年来致力于培育发展小城镇，形成了以发展小城

① Wirth Petal.Peripheralisation of smalltowns in Germany and Japan-Dealing with economic decline and population loss[J].Journal of Rural Studies,2016(47):62-75.

镇为特色的城镇化路径，目前 50% 以上人口居住在小城镇。[①] 一些小城镇已成为人口和产业承载的主体。尽管这些特定时期、不同国情背景下的小城镇发展经验不具备完全的适用性，但部分经验对小城镇建设仍具有一定的借鉴意义，有必要对其进行深入的思考和学习。

总体来说，小城镇作为城市和乡村之间的过渡形态，与乡村相比，它是能够享受较高生活质量的居住区，与城市相比，它还具有生活成本低、生活便利、生态环境良好等优势。而位于城市群中的小城镇更是兼具了得天独厚的区位条件，通过便利的交通设施、协调的产业协作机制以及一体化的公共服务体系，优化自身的产业结构、提升自身的服务水平和人口集聚能力。其中，大多数小城镇凭借发展特色产业长期保持活力和繁荣的发展局面，但那些缺乏产业支撑的市郊型城镇或者分布在城市群外围接近农村地区的小城镇，其发展却异常缓慢。尤其在 2008 年金融危机爆发之后，部分小城镇公共财政入不敷出，已濒临破产的边缘。例如美国的加利福尼亚州的维克多威尔小镇，距洛杉矶市中心约 100 英里，城镇发展缺乏产业支撑，就业机会不足，大多数城镇居民白天开车 1 个多小时去洛杉矶上班，金融危机爆发后，各种生活必需品及油价持续攀升，加上公共交通的不完善，使得维克多威尔小镇迅速走向衰落。

美国长期自由放任、城市无限蔓延的发展模式付出了高昂的代价，给美国经济社会等方面带来了很多新的问题和挑战：由于缺乏及时、有效的政府调控措施，使得城市长期处于无限蔓延扩张之中，土地资源浪费现象突出，经济成本居高不下，生态环境恶化趋势加剧。伴随着城市郊区化发展，愈来愈多的中产阶级转向郊区居住，导致中心城市空心化及社会阶层分化等现象。地方自治引发的政治零碎化弊端日益凸显，与大都市区一体化发展的要求相去甚远。美国的发展经验与教训表明：小城镇在发展过程中必须坚持以产业为支撑，通过产业发展为本地居民创造更多的就业机会，实现产城融合。小城镇发展必须走紧凑、集约、可持续的发展之路。大都市区建设的根本在于实现行政管理一体化。只有这样，才能有力地推动区域内大、中、小城市及小城镇的健康协调发展。

当然，在小城镇建设浪潮中，日本、韩国也留下了许多引以为鉴的教训。日本城市大发展时期，小城镇不断萎缩，但随后通过鼓励人们回乡创业和完善基础设施，培育发展小城镇，形成了大都市圈和大中城市与中小城镇共同发展的格局。德国的城镇化水平非常高，70% 的人口居住在各种职能类型的小城镇。[②] 最值得关注的就是日本单纯的房地产住宅投机产生的危险影响。获得住房是居民的一种基本权利，小城镇房地产住宅建设首要目标应该是体现社会公平，保证人人享有适当住房。其次才是按照居

---

① 刘军. 新型城镇化背景下西北小城镇发展的政策反思 —— 以甘肃省为例 [J]. 甘肃社会科学，2015(03)：197-201.

② Fang Q H, Zhang L P et al.Towards adaptive town environmental planning：the experience from Xiamen, China[J].Environment and Urbanization, 2006(1)：87-101.

民需求，提高住房档次。从这一角度看，与黄金等家庭、社会财富积累的重要物品不同，住宅只能作为居住消费物，不能用以投机、炒作。但是，20世纪80年代，在高额利润诱惑下，日本众多行业经营者纷纷退出工商业领域，转而投资小城镇地产、房产住宅投机市场。这些经营者通常的做法是囤积土地，推动小城镇土地价格猛涨。用土地做担保，向银行贷款，投资房地产住宅建设。提高房地产住宅价格，形成虚假需求，获得高额利润。实践证明，这种单纯炒地炒房的畸形发展方式给日本小城镇带来了非常大的负面影响：一是土地囤积居奇，导致在土地交易过程中，真正的土地使用者常常被排除在外。如因为土地价格过高，小城镇公益性建设只能移到远离镇中心、人口密度小的低地价区，公益设施不能合理配置，建成区居民对土地、公益设施的需求难以得到满足。二是合法住宅的价格奇高，小城镇居民特别是转移劳动力没有购买房屋的能力，无法在小城镇永久安身。三是房地产住宅投机者获得大量的社会财富，这与小城镇普通居民的低收入形成鲜明对比，新的贫富不均等社会问题日渐严重。四是房地产住宅企业乱建设，小城镇生态环境遭到破坏。五是房地产住宅投机带来的虚假需求形成泡沫，泡沫最终破裂，引发了经济危机，进而导致日本小城镇经济的长期低迷。

和日本相比，韩国小城镇则选择了一条比较正确的房地产住宅建设道路。例如，二战后，韩国政府对农村土地进行了集中改革和调整，形成了农村土地私有比较均匀的局面。随着放开人口流动政策的实施，大量农民向小城镇转移，他们在工业、服务业企业中就业，并逐渐产生了购买小城镇住宅的需求。因为有权将农村的土地和住宅变现，再加上各级政府对小城镇土地、住房价格控制十分严格，这些转移劳动力购买小城镇住宅的能力非常强。此外，政府特别关心低收入群体的住房难问题，采取的一项有效措施就是建造保障性住房，让其共享小城镇发展成果。在政府的宏观调控下，韩国小城镇房地产住宅开发基本目标得以实现，绝大多数城镇居民拥有体面的住房。房地产住宅开发还对韩国小城镇的发展产生了另外一些不可替代的作用，如按照规划集中建设住房，大大提高了小城镇土地利用率。创造更多的住房、就业机会，缓解城市压力，推进小城镇发展进程。综合配套安排生活、文化教育、休憩娱乐等设施，提供更为充足的潜在发展空间等。

尽管日本、韩国当年小城镇房地产住宅市场开发的基础各不相同，与小城镇的现实状况也有很大的差异，但两国在小城镇房地产住宅建设方面积累的经验、教训仍然对小城镇具有很大的指导意义。

当前，我国已经进入到全面建成小康社会的攻坚阶段，城市群的快速崛起给小城镇带来了前所未有的发展机遇及挑战，城镇化进程中的不平衡、不协调、不可持续性问题依然严峻。例如，城乡之间人口流动面临的二元结构阻碍依然存在。资源浪费、环境污染等问题依旧严峻。区域间、城乡间发展差距仍在扩大，公共服务均等化目标实现旷日持久。城市文脉断裂，历史遗产消失。跨区域利益协调机制尚未形成，产业同构及恶性竞争现象屡见不鲜，等等。这些发展中出现的问题，都与现行的体制机制改革不到位、不适应密不可分。因此，城市群区域内小城镇功能优化任重道远，是一项系统性、长期性的工作，不仅需要依靠市场力量的自发驱动，也需要包括户籍、土地、财税、行政制度等在内的多方面体制机制改革配套推进。

16.3.2 小城镇发展启示

世界小城镇的发展和建设经验给我国小城镇建设的启示很多，具体包括以下内容。

16.3.2.1 优化地方政府行为

地方政府是小城镇的管理者和建设者，其行为同小城镇的发展密切相关。为了更好地发挥地方政府的积极作用，欧美发达国家强化精简、高效、透明服务型小城镇政府理念，地方政府则通过准确定位职能、完善管理体系、实施民主管理等途径，不断优化自身行为，其对小城镇的促进作用得以显现。具体表现在以下两方面。

一是地方政府行为不越位，小城镇发展动力强。在小城镇建设过程中，欧美发达国家小城镇政府的主要任务是发挥好引导、监管、扶持、服务职能，弥补市场失灵，确保小城镇规范、有序、健康发展。市场才是小城镇发展的根本动力。例如，在建设资金筹集方面，美国联邦政府担任城镇间高速公路的建设工作，资金来源于稳定、合理的税收。州、镇政府负责建设小城镇的供水厂、污水处理厂、垃圾场等设施，资金来源于地方财政收入、当地税收以及靠政府债券筹集的资金。其余大部分生活配套设施（住房、水电、通信、交通等）建设则都是市场行为，由小城镇开发商负责，资金主要来源于政府监控下的银行贷款。近年来，美国小城镇政府陆续将更多的基础设施建设、公共服务项目推向市场，私人投资经营范围几乎扩大到所有项目。

与之相类似，英国小城镇政府设立了许多企业化机构，这些机构通常的做法是：利用各种资金（如财政部提供的长期贷款、各级政府发放的小城镇专项资金、地方财政收入资金等），代表小城镇政府进行示范性开发建设。充分发挥政府资金引导、示范作用，吸引私人企业、城市居民等共同参与小城镇各种项目的建设。

德国大中小城镇均衡发展的独特模式形成时间较早，在这一过程中，德国政府行政主导作用非常强。特别在重大建设方面，德国联邦政府建立了小城镇发展援助机制，每年将一部分来自大都市的资金作为国家专项资金，投在小城镇建设上。州、镇政府也注重用拨款、贷款、税收资金支持小城镇设施建设和公益事业的发展。但同美、英一样，德国小城镇政府也会采用公共事项、服务外包等手段，制定各种优惠政策，吸引社会资金投向垃圾分类、污水处理、绿化保洁等项目。

二是地方政府行为不缺位，居民生活水平尽如人意。地方政府行为不缺位指地方公务人员正确行使属于自己的事权，在应该管的领域内积极作为。如上所述，欧美发达国家小城镇政府行为不缺位主要表现在采用灵活方法，组织小城镇基础设施运营和公共服务配套上。[①]

① 陈玉兴，李晓东 . 德国、美国、澳大利亚与日本小城镇建设的经验与启示 [J]. 世界农业，2012(08)：80-84.

良好的基础设施是小城镇实现可持续发展的首要条件。按照高起点、高标准、严要求原则，美国小城镇政府不断加强水利、交通、通信等基础设施建设，并取得了实际性的成效。以交通设施为例，美国绝大多数小城镇内部、外部路网密集，四通八达。交通工具先进，服务设施完善，部分小城镇甚至还建有机场。这些都对投资者产生了吸引力，他们将小城镇看作最佳投资地，纷纷来此开创新的产业，有效推动了小城镇的发展。同样，在多方资金支持下，德国小城镇政府也一直致力于现代化的基础设施建设。小城镇配套设施齐全、覆盖面广，很好地满足了居民的现实需求。例如：方便的交通网络、运行效率高的交通工具使小城镇居民活动半径大大增加，交通污染、噪声、堵塞等现象也很少出现。目前，德国大多数人在小城镇生活，事实证明，小城镇基础设施完备是这种人口分布特点形成的最根本原因。

完善的公共服务配套是吸引人们到小城镇定居的重要因素，也是保障小城镇居民日常生活的基础。美、德、英小城镇政府普遍重视当地生活环境的改善，镇内医院、学校、银行、商店、图书馆、文化中心、博物馆、综合性体育场、网球和游泳中心等服务设施一应俱全，公共服务系统与大城市几乎没有差别，部分小城镇社保、教育等服务系统甚至比大城市更完善、更优越，对小城镇发展起到了有力的支撑作用。例如：人才集聚是小城镇发展的关键。为此，美国、德国地方政府将大量财政收入投在教育上，镇域范围内，档次不同的公共文化设施数量众多，教育机构完备，科教工作人员综合素质高、收入好、工作稳定，学生获得良好教育的机会多。因为有了这些基础性保障，美国、德国许多小城镇教育水平高于大城市，大批高素质人才集聚，为小城镇发展创造了有利的条件。

建立"企业型＋服务型"小城镇政府，正确履行政府职能，为小城镇发展提供基础支撑。从本质上看，小城镇发展是一个市场主导的演化过程。在此过程中，政府只不过是顺水推舟的引导者，必须有所为又有所不为。就现实而言，小城镇市场化程度较高，但由于无法准确定位自身角色，部分小城镇政府行为还存在着一些缺陷。因此，继续强化小城镇政府的管理、服务职能，确保其行为的合理性和有效性已经成为当务之急。未来一段时间内，小城镇政府应着重做好以下两方面工作。

一方面，合理引入市场机制，努力构建企业型政府，避免政府行为越位。从表面看，小城镇政府都声称要扩大市场活动空间，但在具体工作开展过程中，一些地方政府仍会以全能者身份出现，市场在小城镇发展中的作用依然十分有限，这为小城镇政府行为越位埋下了隐患，也对小城镇健康发展构成了较大的威胁。例如，当前，部分小城镇建设投资主体仍然是地方政府。为了满足对建设资金的需求，在小城镇土地利用配套法规尚不健全的背景下，这些小城镇政府过度依赖以地生财、以地兴镇的发展模式，政府行为越位现象频频出现，对小城镇发展的负面影响也越来越明显。主要表现为：小城镇地方政府对土地财政依赖性过高，在土地利用特别是土地征用、出让中，习惯于凭借自身垄断地位，对其进行过多干预。小城镇用地规模不断扩大，各种非农建设用地整地零批、非法批地、非法转让等问题日益突出，给耕地保护、土地集约利用、廉政建设、社会稳定带来了巨大的隐患等。

所以说，在市场力量面前，小城镇政府必须对自身未来的发展路径做出理性选择。可以考虑以企业型政府为奋斗目标，在市场导向下，运用各种创新策略，引进竞争力量，充分发挥市场在资源配置中的基础性作用。以此致力于建立、维护有效的市场竞争秩序，增强政府活力与生气，积极构建一个有创新动力、成本意识、公民导向的高效政府。切实改变政府主导者身份，避免政府行为越位，真正形成政府搭台、市场唱戏的小城镇发展局面。以土地、资金利用为例，应引入市场机制，通过市场作用集中土地。小城镇政府只需做好土地流转市场环境改善、农民利益保护、用地行为监督、提高土地资源利用率等方面的工作即可。而在小城镇建设资金利用上，要打破政府大包大揽的传统做法，建立多元化资金筹措机制，引导社会资本投向小城镇设施建设和部分公用事业。并遵循公益性与开发性并举的原则，大力推进设施有偿使用、公共服务合理计价，提高政府、社会资金投资回报率，培育小城镇新的经济增长点。

另一方面，建设服务型政府，履行好政府应负的责任。有所不为不等于无为，面对地方政府职能管辖范围内的问题，小城镇政府必须尽快到位并有所为，否则，小城镇政府存在的价值就可能受到质疑。比如，部分设施和公共服务的城镇化供给是小城镇惠民最直接的体现。欧美发达国家小城镇建设过程中，地方政府始终注意把完善设施、公共服务放在首要位置。近年来，随着社会结构、利益格局的深刻变动与调整，小城镇公众也对地方政府提出了提供更方便、更全面的设施与服务的要求。然而，由于投资不足、重建轻管、贪大求洋等原因，一些小城镇的设施与服务供给往往难以满足公众的现实需求。而部分镇政府采取的增加公众负担、提高设施与服务质量的做法甚至导致公众对其合法性产生怀疑。对此，小城镇政府必须转变自身职能，加快建设能统筹城乡发展的服务型政府，[①]并按照服务型政府标准，正确履行基本公共服务职能：坚持大交通战略，加强建成区、镇村、村间道路建设。推进基础服务设施一体化。鼓励相邻村镇共享防洪减灾、垃圾处理等重要设施。促进教育、文体、卫生、金融、公交等社会事业发展等。也应做好产业服务、经济调节、市场监管、社会管理等工作，全力扮演好小城镇宏观规划者、利益协调者和规则裁判者角色。

16.3.2.2 科学规划，推进小城镇健康有序发展

在小城镇建设过程中，欧美发达国家普遍重视做好规划工作。经过长期的实践与调整，这些国家的小城镇规划渐渐成熟、稳定，对小城镇发展的导向、协调、促进作用也得以充分发挥，并呈现出以下共同特点。

规划是驾驭未来的有效手段，小城镇的建设首先要从规划入手。

第一，参考欧美发达国家小城镇规划建设经验，完善法律法规依据是关键。我国城乡规划法律体系相对健全，《城乡规划法》等相关法律比较成熟。相比之下，经济

---

① 吴坚. 小城镇发展视域下的基层政府转型研究——以浙江省为个案 [J]. 开发研究，2012(01):74-76.

社会发展规划、土地利用规划等方面的法律基础较为薄弱，难以为小城镇规划建设提供必要的依据。所以在严格遵守中央各部委颁布的法律法规基础上，两省一市政府和有关部门应结合区域内小城镇发展的实际情况，制定公平公正、明确细致的小城镇规划地方性法规、条例，从根本上保证小城镇规划的规范性。

第二，应以增强规划的可实施性为目标，将规划的具体建设权下放到小城镇，明确小城镇规划设计的行政主体。小城镇规划建设行政主体则应按照人与环境、人与经济活动、人与人和谐共处的原则，创新理念，引导其他主体做好小城镇规划工作。

首先，由于缺乏理性认识，部分小城镇行政主体常常急功近利，盲目追求以破坏环境为代价的规划。导致大量建设资金和土地资源被浪费，生态环境遭受破坏，从而违背了小城镇发展的初衷和规律。对此，应立足当前，面向未来，树立集约节约、可持续发展理念，制定环境友好型和紧凑型规划，为小城镇未来的持续发展留下充足的空间。

其次，小城镇随意建设规划的现象仍然存在，许多规划缺乏合理性、科学性。所以小城镇行政主体应向全社会招标，委托资质较高的设计单位、高素质的规划师编制规划。并坚持改善外部环境，防止规划师受地方政府意愿、规划经费等因素的影响，制定不切实际的规划，引导其因地制宜、建设与当地小康社会阶段性发展目标同步的小城镇规划。

再次，建设规划的根本目的是为公众服务，因此，规划建设本身应该是一个公共决策形成的过程。只有充分听取公众诉求、了解公众意愿，建立符合公众需求的规划，才能造就活力十足的小城镇。近年来，在认识到公众参与重要性的基础上，许多小城镇管理者、规划师已经开始注重与公众的沟通，小城镇规划建设中也有了一定程度的公众参与。例如，在规划建设的前期、中期阶段，认真开展调研工作，了解公众想法，实行公示听证的公众参与程序等。但从已经立项定案的规划看，许多公众意见并没有被规划所采纳，公众参与还只是停留在表面，没有得到应有的效果。为此，小城镇行政主体必须按照"以人为本"的科学发展观，把公众参与提高到小城镇规划决策的出发点和最终目的高度，做好展览、宣传等工作，调动公众积极性。必须建立、健全公众参与机制，采用民主讨论、举办听证会等多种方式，确保群众真正参与到小城镇规划设计的全过程，巩固小城镇规划建设的社会基础，提高规划质量和档次。

第三，在科学理念指导下，小城镇三大规划主体应改变简单的趋势性推导法和分析法，采用先进的技术方法建设小城镇规划。开展具体工作时，应拓宽视角，结合区域发展的要求，坚持统筹规划原则，制定与市、县、周边小城镇规划紧密衔接的总体规划，如小城镇建设规划、土地规划、经济社会发展规划等。应充分认识到解决农村发展问题是小城镇建设的首要目标，统筹编制小城镇及内部行政村资源环境、产业发展、基础设施、公共服务等专项规划，完善镇域控制性详规。另外，要注意凸显小城镇规划的三个特点：（1）部分小城镇规划缺乏弹性。以总体规划为例，小城镇总体规划时效性一般为15—20年，但由于编制规划所需时间较长（通常为2—3年）、政策和上级规划不断变更等原因，部分小城镇总体规划频繁修订，连续性、有效性受到很大程度的损害。因此，要有发展眼光和超前意识，高起点、高标准编制各项规划，保障规划的前瞻性。（2）小城镇规划不仅具有宏观层面的指导意义，也是微观建设、项目安排的总纲领。必须正确处理远期规划、中期规划和近期规划三者间的关系，建设总体规划的压缩编制周期，强化中期、近期建设规划，凸显规划的综合性特征。（3）特色是小城镇规划的核心。必须考虑当地的地理、历史、政治、经济等因素，设计个性化规划，保持小城镇规划的生命力。

第四，规划的意义在于实施，只有全面实施规划，其对小城镇发展的积极作用才能得以体现。小城镇建设中，经常出现规划随意变更等现象，这既有监管不力方面的原因，也与地方干部考核机制不科学密切相关。客观事实表明，为了满足自身利益诉求，小城镇规划行政主体倾向于制定功利色彩鲜明的短期规划。而新行政主体就职后，又通常会随意变动原有的规划，导致规划实施缺乏延续性。可见，在地方政绩考核中，有必要增加规划实施的合理度指标，加大民众满意度权重，规范行政主体行为，确保规划实施的严肃性。更应注重突出规划的法律效力，依法健全规划编制审批、实施管理、监督检查等管理机制，完善规划许可、规划政务公开等制度。鼓励有关部门和公众采用动态监管手段，对规划进行前期、中期监督和后期评估检查，尽早发现、制止、改正违法违规行为，保证规划的稳定性和长远性。

（1）注重发挥高层次法规政策的规范作用

依法建设规划是欧美发达国家小城镇遵循的共同原则。德国现有的《规划法案》涉及国土利用规划、州规划、专区规划和市镇建造规划四个方面，依据该法案，各州制定了一系列具体的建设法规。在国家《规划法案》和各州法规引导下，德国小城镇政府按照联邦政府规划建设部门制定的原则，在相关管理机构的协助、监督下，深入开展规划建设的具体工作并取得了实际性的成效。与之相类似，1947 年，英国颁布实施了《城镇和乡村规划法》。随后半个世纪，这一城乡统筹规划指导性规章对英国小城镇规划建设产生了重大影响，小城镇制定合理规划成为可能。

2004 年，英国新修订的《城乡规划法》出台，在其规范下，小城镇进入良性规划建设阶段，规划的科学性、有效性越来越明显。和德国、英国不同，美国联邦政府不制定、审批全国性城市规划法规，在联邦和州政府授权下，地方规划的编制、审批、立法、实施工作通常由地方政府完成。[①] 但是，联邦和州政府颁布的《国家环境政策法案》等相关法令仍然是小城镇规划建设的法律基础，从而在根本上保证了小城镇规划建设的规范性。

（2）强调小城镇规划理念和目标的科学性

欧美发达国家小城镇规划理念十分科学，其中，以人为本和可持续发展理念贯彻

---

① 万博，张兴国 . 和谐之城：德国小城镇建设经验与启示 [J]. 小城镇建设，2010(11)：89-95.

得最为彻底。一方面，改善生存环境、提高民众生活质量是欧美发达国家小城镇建设的根本目的，所以"以人为本"理念体现在小城镇规划建设的方方面面。特别是在人文主义思想的发源地之一德国，大到公共服务设施配置规划、社会保障规划，小到基础设施布局、设置规划，都考虑到满足民众的各种需求，充分体现出对人性的关爱。另一方面，科学的小城镇规划必须以可持续发展理念为基础。早在20世纪初，美国就形成了可持续发展理念。20世纪中期，该理念成为小城镇规划设计的依据，并产生了不言而喻的影响力。同美国相比，德国生态环境基础好、人文素质高，小城镇居民可持续发展意识较强。工业化时代后期，这种意识逐渐上升为深入人心的可持续发展理念。进入20世纪90年代，可持续发展问题成为德国多数小城镇关注的焦点，此后，可持续发展理念就贯穿在小城镇规划建设的始终。如今，这一理念已经成为小城镇规划建设最重要的影响因素。

在科学理念支撑下，欧美发达国家扭转了中小城镇建筑、街道设计等物质性建设规划的局面，规划重点转到解决小城镇突出问题和内在矛盾上。鼓励发展经济、增加就业岗位、提供优质公共服务、满足民众多方面需求、控制城镇无序蔓延、保护生态环境等已经成为小城镇规划建设的主要目标。

（3）重视小城镇规划建设主体的多样性

从规划建设流程看，欧美发达国家小城镇规划建设主体有四个：地方政府、规划师、专家和公众。四大主体中，地方政府行政干预主导作用明显，主体功能较强。

此外，在地方政府重视下，公众规划主体地位也日渐提升。实际上，在公众支持下，欧美发达国家小城镇规划工作已经由宏观转向微观，由理论性、专业性、集中的权力转向感性、具体、自下而上地参与。例如，德国地方政府采用了集中—再分散—再集中的方式，对民众意见进行处理。基于此，形成规划草案和建设项目，上报主管部门审议。经公众听证并获得批准后，由居民参加的理事会负责组织、协调施工招标、土地调整等事宜。公众要想了解规划的相关情况，随时可以到规划管理部门查询。在美国，公众也可以站在主导地位，参与小城镇规划建设、实施的全过程。以规划立法为例：美国有很多性质不同的规划机构，这些机构成员多是民众代表。在规划立法阶段，他们会及时表达民众的想法、发表意见。除此之外，一些小城镇还会采取全民公决的方式确定规划法案，在这一过程中，公民可以自由参加公开听证，不服者可以申述，公民的知情权、参与权、申诉权得到了充分的体现。客观事实表明，以政府、公众为核心，确保规划主体多样化，既能体现出规划的民主性，避免人为的随意性，又能充实规划建设内容，提高规划的质量。

（4）突出规划内容的科学性

欧美发达国家小城镇规划的内容相当丰富，涉及经济、社会、资源、生态等各个方面，具体包括产业经济发展规划、就业规划、住宅规划、公共服务与城镇建设规划、环境保护规划等。在时间维度上，欧美小城镇不仅有近期、中期规划，还有远期规划。另外，这些规划都表现出较强的前瞻性色彩。以英国、美国的城镇建设规划为例，19世纪，在城镇建设规划指导下，英国建立了小城镇地下管网设施，直到今天，这些设施仍然能满足日益增长的人口需求，规划的超前性可见一斑。同样，美国小城镇政府也坚持了长远性原则，将未来需要重建、扩建的项目纳入当期城镇建设规划考虑中，最终有效避免了重复建设和资源浪费。

（5）保障规划的稳定性

加强法律监督是欧美发达国家保证小城镇规划顺利实施普遍采用的手段。美、英、德国小城镇规划一经通过，就具有很强的法律效力。小城镇建设全过程必须严格遵循规划程序，任何组织、个人随意更改、违背规划，都会受到法律的制裁。如果由于特殊原因，必须对小城镇规划进行调整，调整的程序往往也非常复杂，这就从根本上保证了规划调整的严肃性和有效性。此外，欧美发达国家小城镇规划实施过程中，任何公民或团体认为自身利益受到侵害时，都可以向法庭申诉，并获得公正的经济赔偿。在民众舆论监督下，欧美发达国家小城镇规划日趋稳定、公平公正。以英国为例，1947年以来，英国小城镇建设日新月异，但当初规划中划定的用地功能至今仍未改变，规划的刚性色彩非常明显地体现出来。

（6）坚持城镇化战略，科学制定发展规划

县域发展要坚持城镇化战略，以全新的视角正确分析县情，确立了符合自身的发展战略，充分利用特色优势、边际优势、区位优势、交通优势，突出特色，着眼跨越式发展，超前规划，全方位提升城镇建设层次与水平，突出城建拉动主导地位，加快城镇化建设步伐，优先发展县城镇和县（市）中心镇，发挥其经济辐射力与带动力。

16.3.2.3 保护、优化小城镇环境

首先，小城镇环境承载力是镇域人口、资源、社会、经济、生态环境等众多要素所能支撑的城镇规模和容量，具体包括小城镇自身的经济和财政能力、管理与服务能力、自然生态及历史文化环境承受能力。但在一定程度上，小城镇环境承载力更多的是强调城镇发展与环境的关系问题。进入"十二五"后，许多小城镇的产业结构转型升级步伐加快，生产要素优化配置率逐渐提升，经济和财政自我造血功能增强，社会服务管理水平得以提高。然而，生产方式的转变、人口规模的扩大、公众生活质量要求的提高、资源能源消耗量的增加也给环境带来了巨大的压力。因此，有必要借鉴欧美发达国家的经验，将小城镇的发展置于整个环境系统中，按照镇域环境承载力确定小城镇的发展规模、速度，保持小城镇的发展与环境系统间的平衡与协调。

其次，转变传统经济发展模式和生活方式是保护与优化小城镇自然生态环境的基本任务。小城镇发展过程中，必须以完成基本任务为目标，尽快出台、完善支持小城镇自然生态环境保护的相关政策、法规和制度，如制定节能控制指标和清洁发展机制，完善低碳生产和生活激励机制，建立碳交易制度等。在此基础上，应倡导循环、绿色、低碳经济发展模式，利用技术创新优势，加快调整产业结构，发展高新技术产业。有条件的小城镇应结合自身的特点，营造生态产业园区，重点扶持新型能源产业和生产性服务业发展，实现整个产业的低碳化、绿色化和循环化。要通过多种途径加强自然

生态环保教育，强化小城镇居民环保意识，帮助公众改变追求奢侈、浪费资源的消费理念，突出绿色建筑、绿色能源、绿色交通和绿色消费四大重点，鼓励全民采用低能量、低消耗的生活方式。除此之外，还要建设小城镇自然生态保护区和敏感区，保护土壤、维护水系、呵护生物，避免对高山、草原、湿地等生态敏感资源造成影响，修复已遭破坏的生态环境。更应重视美化小城镇的生态景观，保证建成区园林、绿地面积占到一定的比例，优化小城镇周边的农村环境，集聚整合农业基地，保持良好的田园风貌，增强绿地系统的碳吸收能力。

最后，小城镇老城区内广泛散布着不同时期遗留下来的古建筑、旧街道、传统文化、民俗习惯和生活方式，这些不可再生性的历史文化资源是瑰宝，一定要加以保护和利用。应制定优惠政策，采取经济利益引导等方式，吸引小城镇居民保护、传承历史文脉，并使之逐渐成为公众的一种自觉行为。应结合现代需求，在小城镇历史结构中，挖掘文化内涵，设计特色历史小镇，形成感召力，吸引更多的镇域内部、外部资源在小城镇集聚。要协调好历史文化资源保护、利用和产业发展的关系，同时建立一套可行性较强的后续量化运行评估机制，及时对历史文化资源的保护、开发现状进行跟踪报告、监控、调整，形成多方参与、利益共享的历史文化环境保护、利用格局，实现小城镇发展与历史文化环境的和谐共处。

优先考虑环境保护，打造个性小城镇。

首先，欧美发达国家许多小城镇景色优美、干净整洁，这主要得益于他们特别重视保护自然生态环境。美国小城镇各类社会组织会综合运用法律、规划、技术、意识培育等手段，积极构建有效的自然生态控制体系。如加大环境保护法的对外宣传力度，按照依法办事、违法必究的原则，对自然生态环境破坏行为进行处罚。开展环保活动，增强全民自然生态环境保护意识，用软性指导减少、避免自然生态环境破坏现象，从源头上推进自然生态环境保护工作。此外，美国小城镇拥有和大城市相同的环保设施，这些先进的垃圾、污水处理等设施基本上解决了小城镇环保问题。而通过大规模的绿化、水土保持工程建设，小城镇形成了大片的森林、绿地，城镇空气污染程度减轻，自然环境优雅舒适。

在英国，保护自然生态环境也是小城镇建设的主要内容之一。例如，按照环境保护规划，英国小城镇周边修建了许多绿化带，其目的在于保护城镇周边的自然环境和农田、湖泊、河流、林木、沼泽等环境资源。目前，以英格兰为中心，英国小城镇绿化带覆盖率已经达到13%。另外，英国一些小城镇建设者重视强化零能源发展理念，鼓励企业、民众充分利用太阳能等自然能源，减少水耗、能耗、汽车使用量，小城镇自然生态环境污染率非常低。

而在森林覆盖率高达33%的德国，构建良好的自然生态环境始终是小城镇建设工作的重中之重。德国地方政府会定期颁布工业废弃土地转型等指令性环境保护计划，各项具体规章制度也制约着小城镇建设的全过程，绝对禁止以牺牲环境为代价开发建设某个项目。此外，小城镇建设注重以绿取胜，任何项目的建设也必须以保证绿地总量平衡为前提。[①] 现如今，德国小城镇园林绿化面积与总面积之比为 1：3，城镇空气清新、环境优美、居民生活舒适，实现了人与自然的和谐相处。

16.3.2.4 发掘文化内涵

通过发掘文化内涵，可以引导更多的镇域内、外资源在小城镇聚集。实现了小城镇发展和周围历史与人文环境的和谐共存。通过建设个性特色小城镇，景观多样化、文化色彩丰富，但总体形象与特点却各不相同，实现小城镇的可持续发展。保护历史文化环境是新世纪欧美发达国家小城镇建设的重要课题，[②] 英、德小城镇政府均将具有一定历史的文化遗产列为保护对象，成立保护协会，设定专款对其进行维修和保护。特别是对那些具有独特历史风貌和文化价值的老建筑，不仅不允许拆除，还要按照成片保护、修旧如旧的原则，尽量彰显其历史底蕴和文化品位。在保护历史文化环境的英、德小城镇正紧紧围绕传统历史文脉，积极开发第三产业，既为历史文化延续做出了贡献，又扩大了保护经费来源渠道。

同样，美国小城镇也高度重视保护、维修旧建筑和历史纪念物，关注道路线形、路标、沿途景观等小城镇整体景观要素。很多小城镇最终因其古朴精美的建筑、宜人的空间格局、传统的城镇肌理、丰厚的历史文化而闻名于世，为小城镇赢得了更多的发展先机。

小城镇环境特色是一个由地理景观、历史文脉、城镇形态、建筑艺术构成的有机融合体，具体包括经济特色、生态特色、人文特色等多方面内容。突出环境特色是增强小城镇综合竞争力的重要基础，对此，德国小城镇以建筑特色为切入点，努力打造个性小城镇。现在，德国小城镇特色建筑随处可见，这些建筑与城镇整体建设景观、自然环境巧妙地融合在一起，漫步在这样的小城镇，人们常常为和谐城镇中彰显出来的独有特性而震撼。追求个性、重视特色也是美国小城镇建设的主要特点。美国的小城镇建设景观形式多样、色彩丰富，整体面貌和特色各不相同，千城一面、万镇雷同的现象根本不存在。

16.3.2.5 树立经营城市理念，多元化筹资

树立新理念，使国有土地的资本效益趋向最大化。筹建项目库，积极招商，吸引外来资金参与小城镇建设。

16.3.2.6 加快工业化进程，培育县域产业园区

总结浙江、江苏和广东等地发展经验，以科学发展观为指导，以工业化带动城镇化、以城镇化促进工业化，根据区域分工，充分挖掘自身潜力，形成各具特色的产业园区，包括各类高新技术开发区、经济技术开发区、特色工业区和生态工业区等。集中人力、财力和物力，突出重点，使其成为当地的经济增长极，加快产业结构优化升级，加大对园区建设的投入，做好发展规划，合理布局县（市）之间产业，形成错位发展，提

---

① 丁声俊. 德国小城镇的发展道路及启示 [J]. 世界农业，2012(02):60-65.

② 曹小琳，马小均. 小城镇建设的国际经验借鉴及启示 [J]. 重庆大学学报（社会科学版），2010，16(02): 1-5.

高县域经济水平，促进县域经济持续健康地发展。

16.3.2.7 制定小城镇法律

制定符合国情的小城镇法律，用法律手段来规范和约束我国小城镇的建设和发展，提升科学性。

第 17 章　我国小城镇综合实力评价

　　小城镇，作为我国城镇体系中的重要组成部分，不仅在县域经济发展中扮演着举足轻重的角色，而且在整个国家现代化进程中也具有不可替代的地位。为了进一步客观评估我国小城镇的发展水平与发展质量，有必要对小城镇一般性发展规律进行深入研究，探寻我国小城镇的高质量发展途径。通过构建我国小城镇综合实力评价体系，从社会经济发展水平、基础设施建设、投资吸引潜力、社会民生保障、科技创新能力、区域禀赋条件等多个方面系统评价我国小城镇的发展现状。这将有助于丰富和完善小城镇发展理论体系，为新型城市发展理念与社会经济高质量发展提供现实依据。

17.1 评价体系构建原则

　　为全面贯彻国家对促进小城镇建设发展的有关意见，积极引领小城镇建设健康发展，切实正确评估小城镇发展水平，将按照科学性、可操作、动态性、前瞻性、典型性、综合性等原则综合能力评估小城镇，既要将小城镇建设放到全区域统筹发展的重大背景下评价，注重区域带动引领。又要从供给侧结构性改革的高度来评估小城镇发展水平，还要凸显小城镇的特点，强调其综合能力。注重经济发展水平等对小城镇未来发展的影响，并综合各种因素，客观评估我国特色小城镇的综合发展能力。

17.2 评价指标体系组成和指标说明

17.2.1 评价指标体系组成

　　为了能够全面反映小城镇发展情况，结合国内外现有小城镇统计指标，对小城镇实力评价指标体系进行构建，综合评价小城镇综合实力。我国小城镇综合实力评价指标体系主要包括经济发展水平、基础设施建设、投资吸引潜力、社会民生保障、人居生态环境、科技创新能力、区域禀赋条件7个指标（一级指标）、29个指数（二级指数）共220个具体项目。见表17-1。在量化过程中，以上7个指标可以分为两种类型：一类是通过统计资料才可以得到的，可以量化的；另一类影响因素则是无法直接用国家统计信息的绝对值指数来衡量的因素，拟通过定量分析方式来获得，比如采用专家打分等方法来获得指标分数。

表 17-1　中国小城镇高质量发展综合实力评价指标体系

一级指标 / 权重	二级指数 / 权重
经济发展水平指标 （0.26260）	经济发展质量指数
	产业集聚度指数
	人口聚集能力指数
	社会消费水平指数
	投资集聚指数
	人才吸引力指数
基础设施建设指标 （0.19950）	城镇活力指数
	基础设施建设成果指数
投资吸引潜力指标 （0.14960）	政府效能指数
	城乡融合发展指数
	人口和劳动力指数
社会民生保障指标 （0.15570）	公共服务指数
	基本养老保障指标
	基本医疗保障指标
	基本就业保障指标
	基本贫困保障指标
	文化消费指标
	生活质量指数
人居生态环境指标 （0.09000）	环境承载能力指数
	资源节约指数
	绿色生活指数
	污染治理指数
	生态建设指数
科技创新能力指标 （0.09520）	科技创新平台指数
	科技创新活力指数
	科技创新成效指数

一级指标 / 权重	二级指数 / 权重
区域禀赋条件指标 （0.04740）	交通区位指数
	资源禀赋指数
	承接辐射力指数

17.2.2 评价指标说明

17.2.2.1 经济发展水平指标

经济发展水平指标主要评估我国小城镇经济发展状况，从经济发展质量、产业聚集度、投资聚集度和人口聚集能力等 6 个维度 16 个方面构建出相对合理有效地反映经济发展水平的指标体系。见表 17-2。

表 17-2　中国小城镇经济发展水平指标

一级指标	二级指数	三级项目	代号
经济发展水平指标 （0.26260）	经济发展质量指数	GDP（亿元）	A100
		一般公共预算收入（亿元）	A200
		规模以上工业企业数（家）	A201
		万元工业增加值能耗（吨标准煤）	A202
		人均国内生产总值（万元）	A203
		非农产业增加值占国内生产总值的比重(%)	A204
		非农产业从业人口占从业人口总数的比重（%）	A205
		单位土地产出率（%）	A206
		固定资本形成净额（万亿）	A207
	产业集聚度指数	主导产业在全国市场的份额（%）	A300
	人口聚集能力指数	镇域人口总数（万人）	A400
		外来人口总数（万人）	A401
		建成区人口占镇域人口比例（%）	A402
	社会消费水平指数	社会消费品零售总额（万元）	A500
	投资集聚指数	全社会固定资产投资增长速度（%）	A600
	人才吸引力指数	城镇居民人均可支配收入（万元）	A700

17.2.2.2 基础设施建设指标

基础设施建设是我国国民经济的重要建设内容，能直接反映出所在地的经济活力水平和发达程度，是一个重要的实力评价指标。本项指标评价从城镇活力和基础设施建设 2 个维度 25 个方面进行综合评价。见表 17–3。

表 17–3 中国小城镇基础设施建设评价指标体系

一级指标	二级指数	三级项目	代号
基础设施建设指标（0.19950）	城镇活力指数	建成区面积（公顷）	B100
		年计划新增建设用地面积（公顷）	B101
		建成区污水集中处理率（%）	B102
		建成区生活垃圾无害化处理率（%）	B103
		建成区道路硬化率（%）	B104
		20 分钟生活服务圈功能完善度（%）	B105
		宽带入户率（%）	B106
		公共区域 WIFI 是否全覆盖（%）	B107
		人均公园绿地面积（公顷）	B108
		农民人均纯收入（万元）	B109
		营业面积 50 平方米及以上超市数（个）	B110
		城乡居民人均纯收入（万元）	B111
		公众主动搜索城镇相关条目次数（个）	B112
		购物网站、订票网站发布地区交易统计数据（个）	B113
	基础设施建设成果指数	建成区路网密度（快速道、主干道）（公里／平方公里）	B200
		万人公共厕所数（个）	B201
		工业化率／城镇化率（%）	B202
		人均拥有道路面积（m^2／人）	B203
		市政供水管道长度／城镇常住人口数（万人／米）	B204
		人均居住面积（m^2／人）	B205
		城镇公共供水普及率（%）	B206
		城镇管道燃气普及率（%）	B207
		城镇家庭宽带接入速率（Mbps）	B208
		邮电单位（家）	B209
		气象单位（家）	B210

17.2.2.3 投资吸引潜力指标

投资吸引潜力指标用于评价我国小城镇吸纳投资方面的能力。见表 17-4。

表 17-4　中国小城镇投资吸引潜力指标

一级指标	二级指数	三级项目	代号
投资吸引潜力指标 （0.14960）	政府效能指数	是否具有便捷、高效、系统、灵活的行政管理办法（是 / 否）	C100
		国家及地方金融、投资、土地、税收、人才等各项优惠政策（是 / 否）	C101
		本级政府审批事项的数量（项）	C102
		综合执法机构、"一站式"综合行政服务机构、规划建设管理机构等是否健全（是 / 否）	C103
		审批性备案事项在全部备案事项中所占比重（%）	C104
		非税收入占一般公共财政预算收入的比重（%）	C105
		政府债务变化率（%）	C106
		财政供养公职人员与常住人口之比（%）	C107
		特色小城镇规划定位合理、方案可行（是 / 否）	C108
	城乡融合发展指数	城镇化率（%）	C200
		城乡居民收入差距（较大 / 没差距 / 差距大）	C201
		城乡教育差距（较大 / 没差距 / 差距大）	C202
		城乡医疗差距（较大 / 没差距 / 差距大）	C203
		城乡消费差距（较大 / 没差距 / 差距大）	C204
		就业差距（较大 / 没差距 / 差距大）	C205
		政府公共投入差距（较大 / 没差距 / 差距大）	C206
	人口和劳动力指数	乡镇总人口（万人）	C300
		常住人口规模（万人）	C301
		户籍人口占常住人口比重（%）	C302
		劳动年龄人口平均受教育年限（年）	C303
		教育普及（%）	C304
		建成区人口密度（人 / 公顷）	C305

17.2.2.4 社会民生保障指标

社会民生保障指标评价包括公共服务、基本养老保障、基本医疗保障、基本就业保障、基本贫困保障、文化消费和生活质量 7 个维度 79 个方面对小城镇社会民生保障进行综合评估。见表 17-5。

表 17-5 中国小城镇社会民生保障指标

一级指标	二级指数	三级项目	代号
社会民生保障指标（0.15570）	公共服务指数	体育设施（处）	D100
		警察人数（位/万人）	D101
		城镇居民人均可支配收入/农民人均可支配收入（元）	D102
		社会保障覆盖率（%）	D103
		人均受教育年限（年）	D104
		城乡每万人专业卫生技术人员数（人）	D105
		消防（个/镇）	D106
	基本养老保障指标	城乡基本养老保险参保率（%）	D200
		城乡基本养老保险待遇享有率（%）	D201
		城乡基本养老保险覆盖率（%）	D202
		城乡养老保障覆盖率（%）	D203
		职工基本养老保险替代率（%）	D204
		城乡居民基本养老保险替代率（%）	D205
		城乡千人老年人养老床位数（床）	D206
		职工基本养老保险负担系数（%）	D207
		职工基本养老保险基金累计结余系数（%）	D208
		职工基本养老保险基金当期收支率（%）	D209
		城乡居民基本养老保险负担系数（%）	D210
		城乡居民基本养老保险基金累计结余系数（%）	D211
		城乡居民基本养老保险基金当期收支率（%）	D212
		职工基本养老保险缴费率对替代率的弹性（%）	D213
		城乡居民基本养老保险缴费率对替代率的弹性（%）	D214
		城乡养老服务机构床位利用率（%）	D215

一级指标	二级指数	三级项目	代号
社会民生保障指标 （0.15570）	基本医疗保障 指标	城乡基本医疗保险参保率（%）	D300
		职工基本医疗保险报销率均值（%）	D301
		城乡居民基本医疗保险报销率均值（%）	D302
		城镇居民家庭灾难性医疗支出风险度（高／低）	D303
		农村居民家庭灾难性医疗支出风险度（高／低）	D304
		城乡每万人卫生技术人员数（人）	D305
		城乡每万人医疗卫生机构病床数（床／万人）	D306
		职工基本医疗保险基金累计结余系数	D307
		职工基本医疗保险基金当期收支率（%）	D308
		职工基本医疗保险负担系数（%）	D309
		城乡居民基本医疗保险基金累计结余系数（%）	D310
		城乡居民基本医疗保险基金当期收支率（%）	D311
		职工基本医疗保险报销率均值对缴费率的弹性（%）	D312
		城乡居民基本医疗保险报销率均值对缴费率的弹性（%）	D313
		医院病床使用率（%）	D314
		卫生技术人员每日人均担负诊疗人次（人次）	D315
	基本就业保障 指标	失业保险参保率（%）	D400
		工伤保险参保率（%）	D401
		生育保险参保率（%）	D402
		城乡非农业就业率（%）	D403
		城镇登记失业率（%）	D404
		失业保险待遇替代率（%）	D405
		工伤保险待遇替代率（%）	D406
		生育保险待遇替代率（%）	D407
		地区人均生产总值增长率（%）	D408
		失业保险基金累计结余系数（%）	D409
		失业保险负担系数（%）	D410

一级指标	二级指数	三级项目	代号
社会民生保障指标（0.15570）	基本就业保障指标	失业保险待遇替代率对缴费率的弹性（%）	D411
		工伤保险待遇替代率对缴费率的弹性（%）	D412
		生育保险待遇替代率对缴费率的弹性（%）	D413
	基本贫困保障指标	城市贫困保障率（%）	D500
		农村贫困保障率（%）	D501
		城乡贫困保障率（%）	D502
		城市平均最低生活保障标准替代率（%）	D503
		农村平均最低生活保障标准替代率（%）	D504
		城乡平均最低生活保障标准替代率（%）	D505
		城市贫困人口收入缺口率（%）	D506
		农村贫困人口收入缺口率（%）	D507
		城市贫困保障财政投入率（%）	D508
		农村贫困保障财政投入率（%）	D509
		城乡贫困保障财政投入率（%）	D510
		城乡最低生活保障标准替代率对财政投入率的弹性（%）	D511
	文化消费指标	文化消费环境（好/一般/差）	D600
		文化消费意愿（好/一般/差）	D601
		文化消费能力（强/一般/弱）	D602
		文化消费水平（高/一般/低）	D603
		文化消费满意度（好/一般/差）	D604
	生活质量指数	居民收入（万元）	D700
		居民消费（生活成本）（万元）	D701
		生活环境（好/一般/差）	D702
		生活节奏（快/一般/慢）	D703
		生活便利（好/一般/差）	D704
		人均财富（万元/人）	D705
		通货膨胀率（%）	D706
		绿地面积（公顷）	D707
		恩格尔系数（0—1）	D708

17.2.2.5 人居生态环境指标

人居生态环境，人与自然和谐共生。从 5 个维度 47 个方面进行评价。见表 17-6。

表 17-6　中国小城镇人居生态环境指标

一级指标	二级指数	三级项目	代号
人居生态环境指标（0.09000）	环境承载能力	绿化覆盖率（%）	E100
		污水集中处理率（%）	E101
		空气质量达到及好于二级天数（天）	E102
		生活垃圾无害化处理率（%）	E103
	资源节约指数	万元 GDP 能耗（吨标准煤）	E200
		万元 GDP 耗水量（立方米）	E201
		新能源使用比重（%）	E202
		单位建成区面积第二、第三产业增加值（万元/平方公里）	E203
		工业"三废"综合利用率（%）	E204
		主要农作物秸秆综合利用率（%）	E205
		农田灌溉水有效利用系数	E206
	绿色生活指数	城市公共交通机动化出行分担率（%）	E300
		公共交通出行比例（%）	E301
		新能源汽车保有量增长（%）	E302
		城镇绿色建筑占新建建筑比重（%）	E303
		农村卫生厕所普及率（%）	E304
		绿色产品占有率（高效节能产品）（%）	E305
	污染治理指数	工业废气达标排放率（%）	E400
		工业废水达标排放率（%）	E401
		工业固废处置率（%）	E402
		建设用地安全利用率（%）	E403
		城镇生活污水处理达标率（%）	E404
		城镇生活垃圾无害化处理率（%）	E405
		农村生活污水处理率（%）	E406
		农村生活垃圾无害化处理率（%）	E407
		主要污染物排放强度（%）	E408
		单位耕地使用农药减少率（%）	E409

一级指标	二级指数	三级项目	代号
人居生态环境指标（0.09000）	污染治理指数	单位耕地使用化肥减少率（%）	E410
		环保投入占 GDP 比重（%）	E411
	生态建设指数	本年度投入到生态治理、环境整治、美丽乡村建设项目的资金占本镇 GDP 的比例（%）	E500
		单位 GDP 碳排放（吨／万元）	E501
		重大污染天数（天）	E502
		建成区大气环境质量等级（好／一般／差）	E503
		空气质量优良率（%）	E504
		PM2.5 浓度下降率（%）	E505
		具有污水处理垃圾收集的村庄比例（%）	E506
		镇域地表水环境质量等级	E507
		断面水质达标率（%）	E508
		建成区环境噪声达标区覆盖率（%）	E509
		建成区绿地率（%）	E510
		本地自然灾害防治措施得当（是／否）	E511
		新增水土流失面积（公顷）（非必选项）	E512
		新增矿山恢复治理面积（公顷）（非必选项）	E513
		草原综合植被覆盖率（%）（非必选项）	E514
		森林覆盖率（%）（非必选项）	E515
		森林蓄积量增加率（%）（非必选项）	E516
		可治理沙化土地治理率（%）（非必选项）	E517

17.2.2.6 科技创新能力指标

科技创新能力评价重点评估小城镇的科技创新平台建设指数、科技创新潜力指数、科技创新活力和科技创新成效指数等 4 个维度 17 个方面的情况。见表 17-7。

表 17-7　中国小城镇科技创新能力指标

一级指标	二级指数	三级项目	代号
科技创新能力指标（0.09520）	科技创新平台指数	国家级、省级高新技术产业园区个数（个）	F100
		国家级、省级、市级科技部门认定的新型研发机构数（个）	F101
		国家级、省级、市级科技创新创业平台数（个）	F102
		科技咨询服务项目（项）	F103

一级指标	二级指数	三级项目	代号
科技创新能力指标（0.09520）	科技创新活力指数	教育科技支出占本级财政支出比重（%）	F200
		研发投入增长率（%）	F201
		研发投入占 GDP 比重（%）	F202
		每万人专业技术人员数（个）	F203
		每万人大专以上学历人数（个）	F204
		新增发明专利授权占专利授权总数的比重（%）	F205
		新增注册商标数占全部商标比重（%）	F206
		科技推广服务（次）	F207
	科技创新成效指数	科技进步贡献率（%）	F300
		战略性新兴产业产值占规上工业总产值比重（%）	F301
		高新技术企业数（家）	F302
		省级以上"专精特新"企业数量（家）	F303
		技术市场成交金额占 GDP 比重（%）	F304

17.2.2.7 区域禀赋条件指标

区域禀赋条件是小城镇发展的重要内生动力，从交通区位、资源禀赋和承接辐射力 3 个维度 14 个方面进行评估。见表 17-8。

表 17-8　中国小城建成区域禀赋条件指标

一级指标	二级指数	三级项目	代号
区域禀赋条件指标（0.04740）	交通区位指数	本镇是否位于经济发达地区（是 / 否）	G100
		本镇相对于所属地级市及周边大城市的距离（公里）	G101
		辖区内是否有（高铁站、民航机场、普通客运火车站、货运火车站、港口）（是 / 否）	G102
		辖区高铁站、民航机场、普通客运火车站、货运火车站、港口距离（公里）	G103
		辖区内高速公路出入口个数（个）	G104
		对外交通条件（好 / 一般 / 差）	G105

一级指标	二级指数	三级项目	代号
区域禀赋条件指标 （0.04740）	资源禀赋	劳动力充足与否（是／否）	G200
		资本充足与否（是／否）	G201
		土地充足与否（是／否）	G202
		技术先进与否（是／否）	G203
		自然资源充足与否（是／否）	G204
		景观资源充足与否（是／否）	G205
		文化资源充足与否（是／否）	G206
	承接辐射力	承接辐射力（强／一般／弱）	G300

17.3 评价模型及评价方法

17.3.1 评价模型

采用多评价因素（指标、指数和项目）综合加权计分模型，评价模型的建模思路是：根据小城镇综合实力各个评价因素及其重要程度的不同，确定综合实力评价指标体系各评价因素的权重，将各个评价因素值加权求和，得到小城镇综合实力评价结果。

17.3.2 数据标准化

为消除评价因素间的量纲误差，对收集到的原始数据进行标准化处理。其模型为：

$$a_{ij} = \frac{X_j - MinX_j}{MaxX_j - MinX_j} \tag{17-1}$$

式中：a_{ij} 为第 i 个小城镇的第 j 个评价因素经过标准化处理后的数据，X_j 为第 j 个评价因素（比如 D700，居民收入）实证获得的真实数据，$MinX_j$ 为第 j 个评价因素的最小数据，$MaxX_j$ 为第 j 个评价因素的最大数据。经过处理后的新数据，最大值为 1，最小值为 0，均在 0—1 之间，便于比较，一目了然。

17.3.3 评价指标权重确认

在数据进行标准化处理后，需要将小城镇综合实力的各个级别指数分别赋予相应的权重。我们主要是根据当前宏观政策的要求，采用专家讨论法进行权重的确定。

根据各类评价因素的重要程度，经过多次分析，确定了每一类评价因素的具体权重数。一类指标里，经济发展水平、基础设施建设、投资吸引潜力、社会民生保障、人居生态环境、科技创新能力、区域禀赋条件权重值分别为：0.26260、0.19950、0.14960、0.15570、0.09000、0.09520 和 0.04740，合计为 1。

17.3.4 评估方法

小城镇发展条件是个综合系统，评价结果要反映各个因素的综合作用。其计算步骤为：

第一步：对评价因素的重要性进行排序，然后通过德尔菲法（Delphi）赋予权重。

第二步：各因素的分值在0—1之间，最大值为1，最小值为0。本模型在处理数据时，对其中可以根据统计资料查到的数据利用"极差标准法"进行数据处理，使其数值都在0—1之间，计算方便；而对于另一类影响因素，不能直接用绝对值指标来量化的，采用德尔菲法（Delphi），通过专家根据各因素的优劣势直接进行打分实现，数值也在0—1之间。

第三步：计算各小城镇综合分值为各个评价指标分值与其相应的权重值乘积后的总和。评价计算模型为：

$$S_i = \sum \left(a_{i1} \times \delta_1 + a_{i2} \times \delta_2 + a_{i3} \times \delta_3 + ... + a_{ij} \times \delta_j + ... + a_{i29} \times \delta_{29} \right) \quad (17\text{--}2)$$

其中，S_i 为第 i 个小城镇所有指标的加权得分总和，$a_{i1} \cdots a_{i29}$ 为各评价指标分值，$\delta_1 \cdots \delta_{29}$ 为各评价指标的权重值。

第四步：对计算结果进行分值标准化处理，确定综合分值的分级标准并划分出小城镇发展综合实力得分等级。每个评价因素，都将评价因素数据进行标准化以后，得出结果乘以其权重，得出三级项目的数值。再将各二级指标下的三级项目评价因素的值相加得出二级指标数值，将二级指标相加后得出相应一级指标数值，然后再将所有的一级指标相加，得到综合实力评价的最终值。最终值按顺序排名，得出优劣。

17.4 综合实力评价及千强镇分析

经过科学缜密的分析计算，通过对我国18315个小城镇各个指标数据综合计算，得到了综合实力前1000名小城镇的排名。综合实力排名前二十名的小城镇如表17-9，其余小城镇的排名情况请详见附录5。

表 17-9 中国小城镇综合实力评价前 20 名的排名情况

排名	镇名	省份	综合实力	经济发展水平指标	基础设施建设指标	投资吸引潜力指标	社会民生保障指标	人居生态环境指标	科技创新能力指标	区域禀赋条件指标
1	江苏昆山市玉山镇	江苏	0.928730	0.996053	0.854700	0.419200	0.783200	0.332900	0.466100	0.501400
2	江苏张家港市杨舍镇	江苏	0.909271	0.993653	0.888100	0.330500	0.795700	0.316000	0.248600	0.518400
3	广东珠海市香洲区横琴镇	广东	0.890777	0.933211	0.864300	0.471200	0.440200	0.319400	0.305900	0.583100

排名	镇名	省份	综合实力	经济发展水平指标	基础设施建设指标	投资吸引潜力指标	社会民生保障指标	人居生态环境指标	科技创新能力指标	区域禀赋条件指标
4	广东佛山市南海区狮山镇	广东	0.874391	0.964628	0.840800	0.633200	0.526300	0.410300	0.240900	0.457400
5	江苏昆山市花桥镇	江苏	0.869786	0.945752	0.669300	0.694500	0.420400	0.373200	0.321100	0.536700
6	浙江乐清市柳市镇	浙江	0.846904	0.884752	0.844700	0.397900	0.566500	0.368900	0.288400	0.501400
7	江苏昆山市周市镇	江苏	0.838948	0.921052	0.844700	0.467900	0.566500	0.268900	0.288400	0.461400
8	广东东莞市长安镇	广东	0.837387	0.667194	0.694700	0.710600	0.494400	0.339400	0.356500	0.581900
9	江苏张家港市锦丰镇	江苏	0.836627	0.994378	0.657400	0.720900	0.489300	0.273200	0.246600	0.447800
10	江苏昆山市张浦镇	江苏	0.835376	0.739310	0.669800	0.467800	0.772300	0.337000	0.293200	0.546700
11	江苏苏州市吴江区盛泽镇	江苏	0.830992	0.965475	0.847600	0.612800	0.345900	0.253900	0.244900	0.457100
12	河北三河市蕊郊镇	河北	0.829034	0.939202	0.700800	0.422400	0.626600	0.315100	0.265700	0.481400
13	江苏苏州市吴江区同里镇	江苏	0.825303	0.935510	0.897000	0.398700	0.455900	0.281300	0.249600	0.466200
14	广东佛山市南海区大沥镇	广东	0.821466	0.796906	0.829800	0.578100	0.337800	0.297600	0.313600	0.529400
15	广东佛山市南海区里水镇	广东	0.807243	0.670703	0.698400	0.685000	0.243800	0.334100	0.365000	0.604500
16	江苏常州市武进区湖塘镇	江苏	0.804842	0.488598	0.895700	0.533400	0.658900	0.376800	0.303100	0.533100
17	江苏苏州市吴中区木渎镇	江苏	0.804644	0.646987	0.673800	0.549600	0.554100	0.324800	0.319600	0.574200
18	广东佛山市顺德区北滘镇	广东	0.802905	0.746086	0.777000	0.503200	0.194300	0.316300	0.319800	0.606600
19	广东广州市增城区新塘镇	广东	0.800403	0.695024	0.723800	0.493500	0.499000	0.341300	0.305000	0.553200
20	江苏太仓市浮桥镇	江苏	0.794038	0.696234	0.725100	0.419300	0.646700	0.320900	0.267800	0.524800

资料来源：由国家统计局统计年鉴、住房和城乡建设部城乡建设统计年鉴和各地统计单位数据整理，经综合评价得来。

根据全国小城镇的各项数据，我们对小城镇综合实力进行了评价。基于数据量和篇幅的考虑，本书重点对排名前 1000 的小城镇的基本情况进行简要说明。

2022 年，全国小城镇综合实力千强镇分布情况是东部地区数量为 797 个，中部地区有 149 个，西部地区有 43 个，东北部地区 11 个。见图 17-1。从千强镇的省份分布情况来看，数量最多的仍然是江苏省，有 260 个，其次是浙江 230 个，广东 112 个，排名其后是山东、福建、安徽、河北和河南，分别由 85 个、59 个、46 个、44 个和 41 个组成。这 8 个省千强镇的数量占全国的一大半（87.7%）。与 2020 年相比，江苏和浙江两省增长强劲。其中，江苏由 166 个激增至 260 个，浙江由 142 个激增至 230 个。

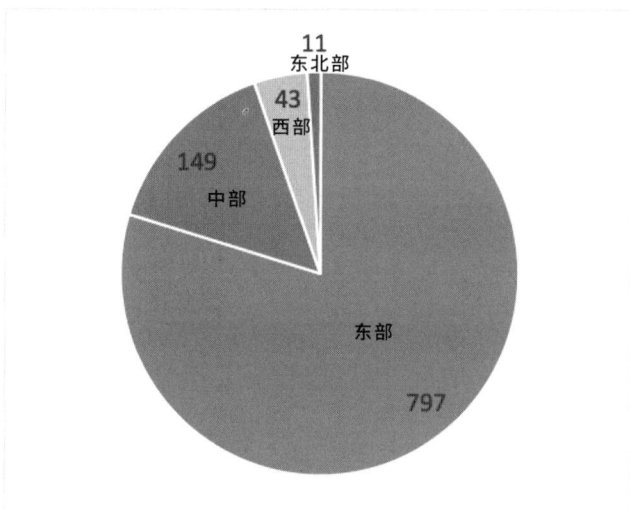

图 17-1　我国综合实力排名前 961 位的小城镇在全国各区域分布

资料来源：根据国家统计局中国统计年鉴及地方政府统计部门数据综合评价得出的。

17.5 小城镇间发展不平衡性分析

小城镇间发展不平衡性指的是不同小城镇之间在经济、社会、人口、基础设施等方面的发展水平、发展机会和生活质量存在不平衡的现象。全国小城镇综合实力评价很清晰地说明了小城镇间发展不平衡性，这种现象尤为普遍。通常表现为一些小城镇经济相对发达、基础设施完善、社会服务和公共设施齐备，而另一些小城镇则经济落后、基础设施滞后、公共服务不足、社会贫困等问题比较突出。全国各地小城镇经济发展水平的差异十分明显，具有明显的不平衡性。有 20% 左右的小城镇在经济方面能力较强，发展势头较好，余下 80% 左右的小城镇发展较为平缓。

小城镇的经济发展水平，主要受当地区位条件、商品经济的发育程度以及城市经济辐射功能的大小等因素影响。经济较发达的中国东南沿海，小城镇城镇化水平也很高，已发展成为产业集聚的现代新型城市。经济欠发达地区的小城镇经济发展水平很低，有的甚至还只是一个小区域的集贸中心。经济发展水平不同地区，城镇化水平表现出明显的地域差异性。"东强西弱"是我国区域间经济发展程度的一个典型特征。根据国家统计局 2022 年统计年鉴，2022 年我国一般公共预算收入前 961 名（前 1000 名乡镇中有 961 个建制镇）中，进入前 961 个排名的东部区域小城镇是 797 个，中部区域 138 个、西部区域 51 个，东北部区域仅有 5 个，分别占比为 82.93%、14.36%、5.31% 和 0.52%。东部区域是东北部的 159.4 倍，悬殊之大让人吃惊。见图 17-2。我国小城镇间发展不平衡性非常突出，小城镇区域协调发展任重道远。

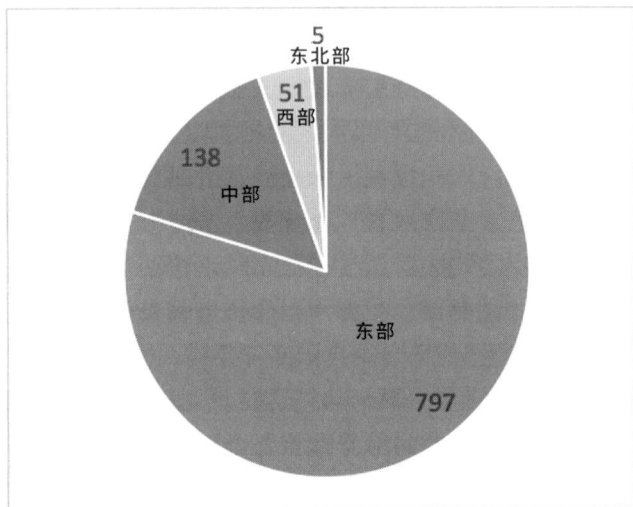

图 17-2　我国一般公共预算收入居全国前 961 位的小城镇分布

资料来源：国家统计局 2022 年中国县域统计年鉴。

　　我国小城镇间的发展不平衡性表现在以下几个方面：一是地理位置差异。一些小城镇地理位置不利，交通不便、资源匮乏，因此相对发展滞后。二是经济基础差异。一些小城镇的经济基础薄弱，没有形成优势产业或产业集聚效应，难以实现经济规模效益。三是政策扶持不足。政策扶持是小城镇发展的重要保障，但一些小城镇没有得到足够的政策支持，发展缺乏动力。四是人才资源流失。一些小城镇缺乏吸引人才的优势，人才流失严重，使得其发展面临严重挑战。五是城乡发展差异。我国城乡差距明显，一些小城镇受到城市的辐射，具有更好的资源优势和发展机遇，而一些偏远的小城镇则在城乡差距拉大的背景下越发困难。六是城市化进程不平衡。一些小城镇在城市化进程中面临着机会与挑战并存的情况，城市化率较高的小城镇发展潜力大，而城市化率较低的小城镇则面临发展空间受限的情况。七是基础设施建设不足。一些小城镇的基础设施建设相对滞后，如交通、能源、水务等方面的短板制约了小城镇发展的进程。

　　我国小城镇发展不平衡性在多方面表现出来，这些问题的存在不仅影响了小城镇经济的发展，也使得小城镇的人民生活水平难以提高。解决小城镇间的不平衡问题，需要制定相应的政策措施，加强基础设施建设，提高教育和医疗等公共服务的水平，优化城乡规划，鼓励产业转型升级和招商引资，加强对小城镇的支持和保障。这样可以促进小城镇经济的稳定发展，提高居民的生活质量，缩小城乡差距。在国家推行新型城镇化、协调大中小城市与小城镇发展、实施乡村振兴战略的背景下，小城镇政府层面应当营造良好的营商环境和创业环境，通过招商引资、创造就业岗位吸引人口集聚实现自身的良性发展。对于小城镇发展初期的县域而言，特别是对于中西部地区，工业化是城镇化的直接引致因素，应当在秉承可持续发展理念和考虑生态环境承载力的基础上，重视工业化发展对于小城镇人口集聚的促进作用，依据自身要素禀赋特征发展资源密集型、劳动密集型制造业，通过工业化创造就业岗位实现快速城镇化。

小城镇经济发展水平的地区差异性。从总体上看我国农村小城镇的经济发展水平远低于大中城市的发展水平，而且各地农村小城镇经济发展水平的差异也是十分明显的。小城镇的经济发展水平主要是由当地农村商品经济的发育程度决定的，也受城镇距离大中城市的远近及城市经济辐射功能的强弱制约。很明显，在经济发达的苏南地区和珠江三角洲地区，农村小城镇经过20年的改革开放，其城镇化水平已大大提高，相当一批小城镇已发展为工商业集中的现代新型城市，完全脱离了原有农村小城镇的原始粗放状态。如广东省顺德市、中山市、东莞市的一些小城镇都已成为国内一流家电企业集中的基地，其产品已大批辐射到全国各地市场和世界市场。另外，随着改革开放以来地区之间经济差距的增大，经济欠发达地区的小城镇不少仍停留在原始的粗放状态，有的仅仅是一个小区域集贸中心。

城镇化水平的地区差异性。经济发展的不同地区其城镇化水平相差也很大，城镇化水平表现出明显的地域差异性。经济发达地区人多地少，人地矛盾突出、文化教育水平相对较高、区位条件优越，非农化程度高。经济欠发达地区，交通闭塞、文化教育落后、传统思想观念浓厚，小城镇发展缓慢，城镇化水平相对较低。

第 18 章　我国小城镇助推乡村全面振兴

乡村，这一地域综合体承载着多重功能，包括生产、生活、生态和文化，它的繁荣与衰落直接关系到国家的命运和前景。当前，我国主要矛盾在乡村最为突出，乡村成为国家发展的关键所在。实施乡村振兴战略，是解决我国社会主要矛盾、实现共同富裕的必然选择，是建设现代化经济体系的重要基础。在新发展理念的指引下，重塑城乡关系，健全现代社会治理格局，实现乡村全面振兴，是小城镇责无旁贷的历史重任。在长期的城镇化进程中，小城镇积累了丰富的发展经验，不断加强与周边乡村的联系，拓展商业服务，引领乡村消费市场的发展，吸引外出人员回流就业，为乡村振兴提供了必要的经济、文化、社会等方面的支撑。

我国小城镇振兴乡村的基本路径包括体制机制、经济发展、规划建设管理、土地改革、城乡文化发展和生态环境等方面，明确具有地方实践意义的路径分析，对指导我国小城镇建设发展具有一定的参考依据。

18.1 体制机制

18.1.1 加快统筹城乡发展

统筹城乡发展是指通过优化资源配置，实现城乡共同发展和繁荣的生态环境体系。深化改革体制机制，打破城乡二元结构体制，推动城市与乡村在规划管理、城市服务功能、基础设施建设、行业布局、城乡建设就业市场、城市社区治理等领域的一体化实施。作为实现城乡有机联系的关键节点，小城镇能够及时且精准地承接中心城市的产业转移，建立起农村城镇化和中心城市产业有机扩散的网络桥梁。通过强化自身的集散效应，小城镇可以带动区域经济的同步发展，成为区域经济发展的重要增长极。培育农村新型经营主体、推广科技创新技术、建设农业生态示范园区、建设村镇银行、产权制度改革、加强教育等基础设施配置等，促进资金、技术、资源等要素的流动，壮大小城镇的要素集聚能力。逐步改变现代农业发展和农民增收缓慢、工业基础薄弱、小城镇吸纳农村富余劳动力弱的局面，实现农业现代化、新型工业化和新型城镇化的良性互动，推动城乡一体化协调发展。

18.1.2 完善小城镇管理体制

强镇扩权。在深化镇级行政管理体制改革方面，依法赋予或行政委托部分小城镇县级经济社会管理权限。通过委托或直接交办等方式，将县级经济社会管理权限和公共服务事项下放到镇，旨在进一步提升镇对经济社会事务的统筹协调能力与管理水平，使镇政府能够更加贴近群众、更好地服务群众，有力促进经济社会持续健康发展。为确保群众办事便捷高效，将行政管理权限和公共服务事项集中纳入便民服务中心。便民服务中心在运行过程中，必须明确办事依据、办事程序和办结时限，不断优化办事环节和流程，有效提升行政效率。这不仅能够让群众更加便捷地办理各类事务，还能进一步增强政府的公信力和良好形象，促使群众更加信赖与支持政府工作。除了赋予小城镇相应的行政管理权限，还当赋予小城镇与责任相匹配的财政权、人事权、规划权、土地指标等，使小城镇有更多的自主权和决策权，更好地发挥自身优势和潜力，促进地方经济社会的发展，提高小城镇政府的积极性和创造力，推动小城镇政府的创新和发展。

建立扁平化城镇网络。积极推动城镇行政体制的深入改革，促进垂直结构的城镇行政等级体系向扁平化的城镇网络结构体系转变，形成一个比较均衡的城镇结构体系，有助于缩小城乡差距，提高居民的生活质量，推动整个社会的均衡发展。转变乡镇政府职能，深入推进行政管理体制改革，逐步改变按照行政等级配置公共资源的管理体制，简化冗余的行政层级，明确县乡行政分级管理体制的关系，强化乡镇政府的公共服务和社会管理功能，有助于提高社会管理能力，形成设置科学、布局合理、功能完善、集约高效的行政体制。要适时适度调整行政区规模和管理幅度，科学设置管理机构和人员编制，健全应急管理和治安防控体系，增强公共安全和社会治安保障能力，不断提高社会管理水平。这一改革借助法律机制和公共财政分配机制等手段，以确保不同城镇间的资源、公共产品和公共服务供给的同质性。为了实现这一目标，从多个方面采取均衡化的配套措施。首先，在规划和立法方面，制定相关法律法规，明确不同城镇间的职责和权力，确保资源的公平分配和公共服务的优质供给。其次，在资源的再分配方面，借助公共财政分配机制等手段，引导资源向基层倾斜，促进城镇间的均衡发展。最后，重视公共服务的供给。通过加强基础设施建设，提高公共服务的质量和覆盖面，满足当地居民合理的工作与生活需要。另外，还要关注村镇改造和建设，完善村镇基础设施和社会服务设施，提高村镇居民生活的舒适度。

建设管理队伍。加强小城镇的管理队伍建设，对小城镇管理人员进行全面培训和考核，确保他们具备必要的管理能力和专业素养。小城镇的管理团队更加专业、高效，能够更好地服务于小城镇的发展，将加大以集中治理脏、乱、差为重点的小城镇创卫力度，小城镇的形象也将得到提升。小城镇的环境更加优美、宜居，为小城镇的发展提供了良好的环境基础。

18.1.3 建立健全乡村治理机制

创新治理机制，对于提高政府治理效能、促进城乡居民共同参与和共同发展具有积极意义。优化地区、部门和基层社区的治理机制，推动公私合作，创造条件让城乡居民参与城镇化过程的讨论和决策。创新社区管理和社会组织管理体制，完善社会领域决策、执行和监督机制，推动决策民主化。在治理机制的创新中，注重发挥群众的参与作用，增强乡村的治理能力。

为提高乡村治理水平，注重加强农村新经济组织和社会组织的自治能力。自治组织是乡村治理中的重要力量，引导这些组织坚持为农村服务，发挥其在乡村治理中的积极作用。加强规范化、制度化建设，健全村级议事协商制度，确保村民自治的权利得到充分保障。

完善网格化管理体系和乡村便民服务体系。打造一门式办理、一站式服务、线上线下相结合的村级综合服务平台，满足人民群众的需求，推动乡村的可持续和谐稳定发展。

18.1.4 推动户籍制度改革

通过小城镇户籍制度改革，完善农村转移人口市民化、健全城乡人才合作交流，推动乡村振兴。

完善农村转移人口市民化管理制度。小城镇完善农村转移人口市民化管理制度，推动了农村转移人口的融入和城乡一体化发展。小城镇经济发展促进产业升级和就业增长，加强就业创业支持，提供良好的就业环境和机会，帮助农村转移人口实现稳定就业和增加收入，吸引更多的农村转移人口定居并参与经济活动，推动农民工，特别是新生代农民工融入城市。加强土地管理，积极推进农村土地制度改革，保持他们的土地承包权、宅基地使用权和集体收益分配权，为农村转移人口提供稳定的保障。加大基础设施建设力度，提高小城镇的生活品质和公共服务水平，为农村转移人口提供更好的生活条件。推动教育医疗等公共服务均等化，确保农村转移人口享受与城镇居民同等的教育和医疗资源。加大社会保障力度，建立健全农村转移人口的社会保障制度，确保其享受基本养老、医疗、失业等社会保障待遇。

建立健全城乡人才合作交流机制。加强城乡之间的人才流动，以提升乡村的整体形象和发展质量。一方面，当制定政策倾斜措施，推动职称评定、工资待遇等向乡村教师、医生倾斜，优化乡村教师、医生中高级岗位结构比例。这不仅提高乡村教师和医生的职业发展机会和待遇，更能吸引更多优秀的人才到乡村服务。另一方面，要引导规划、建筑、园林等设计人员入乡，为乡村发展提供专业的规划设计支持。这有助于提升乡村的整体形象和发展质量。允许农村集体经济组织探索人才加入机制，吸引人才、留住人才，促进农村经济的繁荣和发展。要建立健全城市人才入乡激励机制，通过一系列的激励政策，包括财政、金融、社会保障等方面，吸引各类人才返乡入乡创业。鼓励原籍普通高校和职业院校毕业生、外出农民工及经商人员回乡创业兴业。推进大学生村干部与选调生工作衔接，鼓励引导高校毕业生到村任职、扎根基层、发挥作用。

通过加强城乡之间的人才流动，优化乡村教师、医生中高级岗位结构比例，引导规划、建筑、园林等设计人员入乡等措施，有效提升乡村的整体形象和发展质量。通过吸引各类人才返乡入乡创业，促进农村经济的繁荣和发展。

18.1.5 健全基本公共服务体制机制

健全全民覆盖、普惠共享、城乡一体的基本公共服务体系。推动公共服务向农村延伸、社会事业向农村覆盖，推进城乡基本公共服务标准统一、制度同轨，建立一个全民都能享受到的、普惠共享的、城乡一体化的基本公共服务体系。推动城乡一体化的发展，打破城乡分割的局面，为农村地区提供更好的公共服务和社会事业。做好城乡社会保障制度之间的衔接与整合，促进社会保障更为充分地体现出互助共济和社会公平的功能。改革和完善现有的社会保障制度，促进社会保障更为充分地体现出互助共济和社会公平的功能，提高农村进城务工人员的社会保障待遇，让他们能够更好地融入城市生活，促进城乡一体化发展。

优化小城镇在就业、住房、教育、医疗、基础设施、社会保障等方面的公共产品供给，鼓励中小城镇将农业转移人口纳入城镇住房保障、社会保障和就业培训体系，提高城乡居民的生活水平，促进社会公平与和谐。推进医疗、教育、社会保障、文体等基本基础设施建设，健全社会福利体制，积极建设社会综合服务设施，促进基本公共服务均等化，完善和统筹城乡的基本公共服务体制建设。促进城市基本公共服务体系向乡村延伸和覆盖面，进一步推进了城乡一体的城市基本公共服务体制构建进程。

18.1.5.1 建设完善公共医疗管理体系

完善乡镇农村三级医疗服务网络，织牢织密公共防护网。加强政府对小城镇医药卫生事业财政投入，促进农村卫生健康信息化建设，充分运用5G、区块链等技术，建立一体化全民健康信息平台或城镇医共体平台，实现城乡信息系统一体化，打造智慧医院，大力推进居民健康卡开发利用，实现城乡居民看病、结算、存储、查阅一卡通。加强食品安全标准体系建设。健全乡村医疗卫生服务体系。为推动医疗卫生体系的持续发展和完善，建立优化相关政策制度，增强基层医务人员的岗位吸引力，强化乡村医疗卫生人才队伍的建设。通过改善乡镇卫生院和村卫生室的基础设施条件，因地制宜地构建完善医疗废物收集转运体系，提高对慢性病、职业病、地方病和重大传染病的防治能力，加强精神卫生方面的工作，积极倡导优生优育。为提升医疗卫生服务的质量和效率，构建网络化服务运行机制，鼓励县医院与乡镇卫生院组建县域医共体，而城市大医院也与县医院建立相应的对口帮扶、巡回医疗和远程医疗机制。通过全面实施分级诊疗制度，能够推行差别化的医保支付政策，更好地满足居民的医疗服务需求。在推动城镇医疗体系改革方面，科学地制定区域卫生规划，依据当地的人口分布和医疗需求情况，合理配置医疗卫生资源。加强基层医疗卫生人才队伍的建设，制订针对性的人才培养计划，以提升基层医疗卫生机构的服务能力和水平。积极吸引社会资本在医疗资源薄弱的地区举办公立或非公立医疗机构，给予优先支持。通过建立高效规范的医疗卫生机构运行机制，进一步明确各级公立医疗机构的功能定位，推动建立分级诊疗、分工协作和双向转诊制度。巩固基层医疗卫生机构综合改革的成果，积极推进公立医院的改革进程，健全药品和医疗服务价格体系，控制医药费用的不合理增长。推行医院岗位人事制度，完善相关人员的职称评定制度，建立医务人员的绩效考核和激励分配制度，以切实提高医疗卫生服务的质量和效率。

18.1.5.2 完善城乡教育体系资源均衡机制

确保城乡教育资源的均衡配置，建立一个相关机制，形成区域内学校、师资流动轮岗和城市共建教学联盟制度，促进优质教学资源配置均衡、城乡资源共享。

优先发展农村教育事业，通过建立以城市带动农村、整体推进、城乡一体、均衡发展的义务教育发展机制，鼓励省级政府建立统筹规划、统一选拔的乡村教师补充机制。为乡村学校输送更多优秀的高校毕业生，推动教师资源向乡村倾斜。为增强乡村教师岗位的吸引力，稳步提高待遇等措施来保障乡村教师的权益和福利。推动小城镇普惠性幼儿教育建设，健全学前教育保教科研联组激励机制，推动幼儿教育内涵式发展。为满足城镇居民对学前教育的需求，根据城镇居住区规划和居住人口规模，充分考虑进城务工人员随迁子女接受学前教育的需求，配套建设幼儿园。大力发展公办幼儿园，积极扶持普惠性民办幼儿园的发展。鼓励社会力量以多种形式举办幼儿园，通过政府购买、以奖代补、公建民营、委托办园、派驻公办教师等方式来引导和支持民办幼儿园提供普惠性服务。积极稳妥地推进中小学布局调整，扩大城镇义务教育资源。在建设新城区或改造旧城区时，根据规划建设相应规模的中小学，以满足当地居民和进城务工人员子女的教育需求。实施义务教育学校标准化建设是实现教育资源均衡配置的重要手段之一。建设高质量均衡的义务教育，优化小城镇校园布局，在人口聚集地段布局义务教育校园，缩小区域教学资源差距。通过实现中小学校舍、师资、设备、图书、体育场地等基本达标，缩小不同学校之间的差距，保障每个孩子都能接受优质的教育。支持普通高中多样化发展。深入推进普通高中课程改革是实现这一目标的关键。通过完善普通高中办学体制，扩大优质教育资源，提升普通高中的整体办学水平和教学质量。鼓励和支持民办普通高中学校的发展也是实现教育多元化发展的重要途径之一。实施普通高中改造工程改善办学条件和提高教学质量。通过加大投入力度来改善普通高中的基础设施和教学设备，提升其办学水平和教学质量。建设多元特色的普高教学资源，加大对普通高中的经费投入和政策支持。增加小城镇职业教育供给，围绕小城镇重点行业开发，推动人才素质提高。

18.1.5.3 建立健全小城镇社会保障制度

我国城乡社会保障体系主要包括以养老、医疗、失业、工伤、生育五大保险为主的社会保险体系和以城乡居民最低生活保障制度、城乡医疗救助、城乡临时救助为主的社会救助体系等。社会救助体系则是为了帮助那些生活困难的人们提供必要的救助和支持。这包括城乡居民最低生活保障制度、城乡医疗救助和城乡临时救助等措施。这些救助措施旨在为那些无法通过社会保险得到充分保障的人们提供必要的帮助和支持，确保他们的基本生活需求得到满足。

建设和完善城乡统筹发展的新型农村劳动力就业保障服务体系，设立小城镇职业服务中心等社会服务组织，为农业技术转移劳工供给完善的社会保障公共服务。完善最低生活保障制度，积极推动低保人员按标施保，做好对低保特困人员的重点帮扶，提升社会救济精准度和救济水平。进一步完善临时社会救济机制，探索建立救难急制度，加强对因火灾、交通事故或生活必需品支出急剧增加超出家庭承受能力等临时性、突发性困难，导致暂时出现严重困难家庭的救助。促进慈善福利事业的发展，积极举办社区慈善机构，加大依法收养力度，广泛开展社区助养。

推进社会保障制度创新。一是积极稳妥地促进城乡各项社会保障制度逐步统一。我国由于地区差异较大，现在农村基础养老金标准与城镇相比较低差异较大。医疗保险方面，城镇职工、城镇居民、农村居民三种人群的医保制度各不相同，形成了三种筹资水平、三种用药目录、三种待遇标准。失业保险方面，现行《失业保险条例》对城镇职工和农民工就业参保缴费和享受待遇都做出区别规定。根据各地的财政收入水平，下一步要首先解决进城农民中有固定收入、固定住所的转移人员的社会保障与城镇居民相统一问题。二是促进城乡居民养老保险与城镇职工养老保险之间有序对接，逐步消除区域、筹资标准、保障待遇等方面的差异。三是设计多样的社会保险参保费率，采取个人和企业灵活的缴费方式，简化社会保障转移手续，建立具有中国特色的制度。四是加快社会保障资金的管理，推动社会保障资金进入资本市场改革，促进社会保障资金在资本市场实现保值增值。

建立和完善城乡统一的劳动力就业服务体系，加强对农村转移人口的就业创业培训，设立专门的就业服务中心等服务机构，积极引导和帮助农村转移人口就业。加快落实农村转移人口的社保跨区域转移事宜，城镇新建设的新型社区内高龄居民可按照原农村社会保障缴纳标准，逐步实现社会保障一体化。扩大失业保险的覆盖范围，为农村转移劳动力提供完善的社会保障服务。针对流动人口的管理体制，勇于创新，扩大居住证的功能，为暂居大城市的农村转移劳动力提供健全的社会保障服务。为了全面保障农村转移人口的权益，有必要完善统一的城乡居民基本医疗保险、大病保险和基本养老保险制度。要巩固医保全国异地就医联网直接结算的成果，确保农村转移人口能够及时享受到医疗服务。建立完善城乡居民基本养老保险待遇确定和基础养老金正常调整机制，使得农村转移人口在退休后能够获得足够的养老保障。为方便农村转移人口在不同地区之间的社保转移接续，需做好社会保险关系转移接续工作，建立以国家政务服务平台为统一入口的社会保险公共服务平台。针对农村转移人口在城市生活中可能遇到的问题，构建多层次农村养老保障体系，创新多元化照料服务模式，这包括但不限于：提供多种形式的照料服务，如家庭照顾、社区照顾、机构照顾等；开展针对农村转移人口的专门服务，如健康体检、心理咨询、文化活动等；建立农村转移人口自我管理机制，鼓励他们积极参与社区事务，增强他们的社会归属感，有效地保障农村转移人口的权益和生活质量，促进城乡一体化发展和社会和谐稳定。

统筹城乡社会救助体系。为确保城乡困难群众的基本生活权益得到保障，必须采取一系列措施，包括推进低保制度城乡统筹、健全低保标准动态调整机制、实施特困人员救助供养制度、做好困难农民重特大疾病救助工作、健全农村留守儿童和妇女、老年人关爱服务体系、完善残疾人福利制度和服务体系等。其中，推进低保制度城乡统筹是关键环节之一，必须制定更加公平、合理、有效的低保政策，确保城乡困难群众都能享受到基本的保障。要加强监管，防止滥用和漏保现象发生。根据实际情况及时调整低保标准，以保障困难群众的基本生活需求。针对特殊困难人群，要实施特困人员救助供养制度，为那些没有生活来源、没有劳动能力、无法定赡养人或扶养人的老年人、残疾人、未成年人提供必要的救助和保障。要加强相关机构的建设和管理，提高托底保障能力和服务质量，确保救助供养工作的顺利进行。在做好困难农民重特大疾病救助工作方面，制定更加完善的医疗保障制度，为患有重大疾病的农民提供必要的医疗救助和资金支持。还要建立健全的农村留守儿童和妇女、老年人等群体的关爱服务体系。通过开展各类关爱活动和服务项目，为这些群体提供必要的帮助和支持。完善残疾人福利制度和服务体系也是必不可少的。需要为残疾人提供更加全面的福利保障和服务支持，帮助他们融入社会，实现自我价值。

加快农民工社会保障体系建设。推进社会保障制度的整合与城乡衔接工作，建立健全社会保障公共服务体系，进一步规范和优化社会保障制度。加快社会保障的标准化、信息化和专业化建设，以提升社会保障服务的水平和质量。建立全国统一的社会保障信息系统，实现信息的互联互通和资源的共享。在完善城镇职工基本养老保险省级统筹的基础上，逐步实现基础养老金、城乡居民社会养老保险、医疗、失业、工伤、生育保险等全国统筹，以提升社会保障制度的公平性和可持续性。针对农民工进城参保及享受社保待遇的制度障碍，对社保政策进行修改和完善，以保障农民工的合法权益。实现统筹区域内城乡居民医疗保险筹资水平、用药目录、医保待遇的统一，使农民工在务工地即可转移或参加城镇居民医疗保险。修订《失业保险条例》，统一失业保险缴费模式及待遇水平等政策，实现农民工与城镇职工再就业失业登记、免费就业培训、领取失业保险金等待遇标准均等化。为更好地保障工伤保险的覆盖面和待遇水平，逐步扩大强制参加工伤保险的行业，简化工伤保险工伤待遇申请程序。加强与司法部门的合作，确保农民工能够享受到工伤保险的合法权益。全面将其纳入城市社会保障范围，并建立被征地农民基本生活保障风险准备金，解决被征地农民的社会保障问题。资金来源将通过适当提高征地补偿标准或从土地出让金收入中解决。取消户籍制度与低保和社会救助挂钩的做法，改为按居住地原则实施低保和社会救助。对于农村进城务工人员家庭确实困难的，采取临时救助政策，以帮助他们渡过难关。这些措施将有助于确保社会保障制度在农民工身上的公平性和有效性，更好地保障他们的权益。

加大宣传和督查力度。利用各种媒体渠道，如电视、广播、报纸、网络等，广泛宣传社会保险的重要性和益处，让更多的农民工了解认识到参加社会保险的必要性。还通过开展政策宣讲、知识讲座等活动，让农民工更加深入地了解相关政策和规定。

在培训方面，组织各种形式的培训课程，如社会保险知识普及、法律法规解读等，帮助农民工更好地了解和掌握社会保险的相关知识和技能。还针对用工单位进行专门的培训，提高他们对社会保险的认识和重视程度。在督查方面，建立完善的督查机制，对用工单位进行定期或不定期的检查和督查，确保他们按照相关规定为农民工缴纳社会保险费用。对于违反规定的用工单位，采取相应的处罚措施，如罚款、责令整改等，以维护农民工的合法权益。通过以上措施的实施，有效地促进更多农民工参加社会保险，提高他们的社会保障水平，维护他们的合法权益，促进社会公平公正。这也有助于缓解当前社会保险领域存在的问题和矛盾，推动社会保险事业的健康发展。

18.1.6 创新金融管理体制机制

深化金融下沉体制机制。金融下沉小城镇体制是指通过一系列政策和措施，向小城镇和农村地区下沉金融服务，促进金融资源的合理配置，支持小城镇和农村经济的发展。传统上，金融服务主要集中在大城市和经济发达地区，而小城镇和农村地区缺乏金融机构和金融服务的供给，这限制了小城镇和农村居民的资金投入和企业的融资渠道，妨碍了小城镇经济社会发展。为了实现全面协调可持续发展，深化金融下沉小城镇体制显得非常重要。支持金融机构进入小城镇和农村地区，鼓励银行、保险公司和其他金融机构对小城镇和农村地区进行布局，设立分支机构或提供移动金融服务，以提供金融服务和产品。完善金融服务体系，建立健全小城镇和农村金融服务网络，提高金融机构在小城镇和农村地区的覆盖率，增加金融产品和服务的供给，满足小城镇和农村居民的融资和投资需求。强化金融机制建设，加强小城镇信用环境建设，推动农村信用社和农商行回归服务本源，对村镇银行培育发展模式进行改革，创新中小银行和地方银行的金融产品提供机制。加大开发性和政策性金融的支持力度，建立健全农业信贷担保体系，鼓励有条件、有需求的地区按照市场化方式设立担保机构。推动政策性保险扩面、增品、提标，以降低农户生产经营的风险。支持通过市场化方式设立城乡融合发展基金，引导社会资本培育一批国家城乡融合典型项目。结合农村产权制度改革相关政策，在小城镇建设村镇银行、担保机构、小额贷款公司等平台，扩大其服务与经营范围，为小城镇投资建设、农业新型经营主体贷款融资、农民土地房产抵押贷款等方面，提供便捷的渠道，推动小城镇农业现代化和城镇化的快速发展。支持金融创新，鼓励金融机构开展金融创新，推出适应小城镇和农村特点和需求的金融产品和服务，如农村信用合作社、农村互联网金融等，以满足小城镇和农村居民的金融需求。加强金融监管和风险防控，在推进金融下沉的同时，加强对小城镇和农村金融市场的监管，防范金融风险，保障金融市场的稳定和健康发展。通过深化金融下沉小城镇体制，可以促进金融资源的合理配置，支持小城镇和农村地区的经济发展，有助于缩小城乡经济发展差距，推动可持续发展，改善人民群众的生活质量。

健全财政分配关系。分税制原则是小城镇建设的重要基础，将在城关镇和重点中心镇建立一种新型的财政分配关系，从财政体制上为小城镇的发展建设提供充足的调控资金。这将确保小城镇的经济发展得到有力的财政支持，推动小城镇的持续发展。通过这种财政分配关系，小城镇的经济发展得到了有力的支持，也为小城镇的发展提供了稳定的资金来源，为乡村振兴打下良好的基础。

加大财政转移支付力度。通过调整财政支出结构，进一步加大对小城镇基础设施和公共服务的投入，加快推进交通、教育、医疗、卫生等基础设施和服务向小城镇、新农村延伸，逐步建立起财政转移支付与农业转移人口相挂钩的机制，尤其是在推进城乡用地增减挂钩项目建设中，要合理分配结余指标和权益，更大限度地重视小城镇的发展。

制定税收优惠政策。小城镇通过税收优惠政策来促进乡村振兴。例如，对农村专业合作社、农业龙头企业等农业产业化经营主体给予减免所得税、减半征收等税收优惠。对符合条件的农产品生产、销售、加工环节实行营业税、增值税减免、退税等措施，降低农产品流通环节税负，促进农业产业链条形成和乡村经济发展。通过财政税收政策的支持，激励农村经济发展、提升农民收入水平、推进乡村振兴战略的实施。小城镇在财政税收方面的助推乡村振兴的措施将为农村产业发展、农民创业就业、农产品市场化等方面提供有力支持，推动乡村经济的持续发展与繁荣。加大农村土地流转税收优惠。小城镇在土地流转方面推出税收优惠政策，鼓励农民将闲置农地流转给规模经营的农业企业或合作社。对土地流转的土地使用税、土地增值税等税费进行适当减免或免除，降低土地流转成本，促进农业的规模经营和产业集聚。加大农村基础设施建设税收支持。小城镇通过税收政策支持农村基础设施建设，对农村基础设施建设项目实行优惠税收政策，减免企业所得税、增值税等税款，降低项目建设成本。促进农村基础设施的改善，包括农村道路、供水、电力等基础设施建设，提高农民生活条件，促进农村经济发展。加大农业科技创新税收支持。小城镇通过税收政策支持农业科技创新，鼓励农业科技研发机构和企业加大科技研发投入，提升农业科技水平。对符合条件的农业科技研究开发项目给予企业所得税减免、技术转化所得税优惠等税收支持，鼓励农村科技人员的创新能力。加大农产品质量安全税收支持。小城镇通过税收政策支持农产品质量安全特色项目。对获得农产品质量安全认证的企业给予所得税减免等税收支持，提高农产品的质量安全标准，增强农产品市场竞争力。

引导社会资本。小城镇积极引导社会资本进入农村领域，为社会资本提供必要的支持。吸引社会资本参与乡村振兴项目，推动农村产业升级和现代农业发展，带动乡村经济发展。社会资本进入小城镇和乡村，不仅带来了资金，更带来了先进的理念、技术和管理模式以及人才，激活了一片区域、壮大了一个产业、带动了一方农民，对整个区域的经济社会发展起到了积极的推动作用。促进小城镇的农业现代化和商贸物流业的发展，统筹和管理小城镇商贸设施建设等项目融资、城乡物流产业园区建设、现代商贸信息交流平台建设、农产品批发与农村生产生活资料销售网络等方面。放宽社会资本的准入条件，构建多渠道筹措小城镇建设资金的机制。充分运用市场机制，更多地发挥民间投资的作用，建立以政府投入为导向，国家、集体、个人和民间资本

中国小城镇

我国县域经济发展的支柱和引擎

共同投资建设的多元化投资机制。允许社会资本参与公共服务与公共事业运营，如城市供水、供热、污水处理等方面，引入社会资本，加强市场竞争与管理。以优惠政策吸引外地客商参与小城镇建设、兴办企业。鼓励社会资本兴办养老院等社会公共事业，提升小城镇公共服务的效率与质量。鼓励一部分先富裕起来的农民带资进镇，买房建房、兴办企业、务工经商，盘活存量资产、以项目为载体实行股份合作方式直接融资。

18.1.7 深化科技创新机制

发挥科技引领作用。推进中心城区创新体系向广大农村辐射，提高小城镇发展壮大的动力。以建立现代化创新型小城镇为核心目标，促进农村经济社会的可持续优质有效快速发展。进一步落实国家科教兴农经济发展战略，以发挥农业政策的主导作用，以强化农村科学技术支持力量，减少农业经济发展生产成本、改善质量安全、提高农村素质和竞争力的主要目的。促进农村传统文化产业向高质化的方位快速发展；要以大公司为技术创新服务主体，积极引导农村小城镇走向技术含量高、经济环境效益好的新型工业化之路。着重蓬勃发展科技型、知识型、高增加值型的生产性服务业，加速培养掌握专门领域科学文化基础知识的高层次人才；加强技术培养力量，培育规模较大的工农业适用人才。进一步发挥农村高新技术企业对小城镇现代生活性服务业蓬勃发展的关键性影响。积极构建农村科学技术成果入乡转移机制。建立较健全的农村科学技术产权管理制度，赋予农村科研人员科技成果财产权。充分发挥农业政策导向带动功能，形成有效促进涉农科学技术转移推广的机制和收益共享机制。

建立科技成果入乡转化机制。为促进涉农技术的创新与发展，必须建立健全市场导向机制和产学研用合作机制。通过鼓励创建技术转移机构和技术服务网络，推动技术传播利用，建立科研人员到乡村兼职和离岗创业制度，使科研人员更深入地参与基层发展。探索科研人员在涉农企业技术入股、兼职兼薪的机制，以更好地激励科研人员投身涉农技术的研发和创新。为确保涉农科研成果的有效转化和推广，必须建立健全的农业科研成果产权制度，赋予科研人员科技成果所有权，以激发他们的创新热情和创造力。政府也发挥引导推动作用，建立有利于涉农科研成果转化推广的激励机制与利益分享机制，以促进更多科研成果的转化，为农业发展提供强有力支持。为提升农技推广效果和服务质量，探索公益性和经营性农技推广融合发展机制。允许农技人员通过提供增值服务合理取酬，以激励他们更好地为农民服务，提高农技推广的覆盖率和效果。政府加大对农技推广的投入力度，提高农技人员的待遇和地位，为农技推广事业的发展提供坚实的保障。

18.2 经济发展

18.2.1 强化小城镇产业支撑

确定主导产业。小城镇的主导产业发展是促进小城镇进步与壮大的有效途径，也让小城镇的城镇结构变得更完善。让小城镇人民的素质提高、发展的根本目的就是让小城镇越来越壮。小城镇发展要根据自身优势，突出特色，科学地选择和确立主导产业，大力发展小城镇经济，着力夯实小城镇发展根基，是小城镇助力乡村振兴的最重要的基础。

发展龙头企业。集中力量，重点扶持和引导那些规模较大、起点较高、产品较新、具有较强带动农业发展和小城镇发展能力的龙头企业。通过这些企业的壮大，进一步增强小城镇的要素聚集功能和扩散效率，推动地方产业的快速发展。为了实现这一目标，依靠"一镇一品"或"一镇多品"参与竞争和分工，在加入广域集聚产业链的过程中提升地方产业的效率和竞争力。这意味着要鼓励各镇根据自身优势和特点，发展具有地方特色的产业，参与更广泛的产业链分工，以实现产业效率和竞争力的提升。通过这种方式，将小城镇的要素聚集功能和扩散效应发挥到最大，为地方产业的发展注入新的活力，推动经济的持续增长。这也将为农业和小城镇的发展带来新的机遇，提高整个社会的经济效益和生活水平。一是通过兴办高效益的产业化龙头企业来支撑小城镇建设。这些龙头企业以农业、农村为主要发展方向，以粮棉油主导型产业为重点，向特色产业主导型转变。这种转变不仅注重产品的鲜销，还注重与加工的结合，使农业、农村经济发展从低层次的粗加工向高层次的精细生产、系列化加工转变。这些龙头企业的兴起，不仅为小城镇提供了重要的产业支撑，还带动了周边地区的发展，使更多的人受益。二是通过兴建富有特色的工业小区支撑小城镇建设。该市按照统一规划、综合开发、连片发展的思路，以优势企业、骨干企业为核心，以连片开发、规模经营为途径，依托小城镇建立工业小区。这种措施不仅推动了乡镇企业的规模化、集约化发展，还为当地居民提供了更多的就业机会和收入来源。三是通过兴办具有辐射力的各类专业市场来支持小城镇建设。按照大生产、大流通、大市场的要求，依托其交通优势和产业优势，在铁路、国道、省道沿线，以及主要产品产区和边境集镇，重点培育各类专业市场。这些市场的建立不仅激活了一地经济，还富裕了当地群众，实现了经济效益和社会效益的双赢。还鼓励支持农业龙头企业等新型农业经营主体，通过扩大对农业农村产业的投资，不断延伸农业产业链，集中配置生产要素，规范发展农业生产加工、物流销售以及服务管理，以此推动农村产业一体化的发展。为了加速农业龙头企业的发展力度，必须不断调整结构打造更多的精品，以满足市场的发展需求，实现资源的优化配置。这种发展模式不仅推动了农业产业的发展，也提高了农民参与产业融合的积极性。更为重要的是，通过保底分红、农民入股、利润返还等方式建立农民参与企业经营的新型合作组织，让农民更多地分享农业产业链各环节的收益。这种合作组织模式为农民提供了更多的机会和保障，也提高了农民参与产业融合的积极性和信心。

培育小城镇新产业新业态。为促进城乡产业协同发展，积极推动城市与乡村之间的要素跨界配置和产业有机融合，培育发展先行区。小城镇作为重要载体，打造集聚特色产业的创新创业生态圈，以优化提升各类农业园区，完善小城镇联结城乡的功能。

探索创新美丽乡村特色化差异化发展模式，盘活用好乡村资源资产，创建一批城乡融合典型项目，形成示范带动效应。

推进农村三产融合发展。构建三产融合发展体系。借助"互联网＋"和创新创业的力量，推动农业生产经营模式的转变，实现城乡生产与消费的多层次对接。为适应居民消费升级的趋势，制定便利市场准入、加强事中事后监管的政策，确立相关标准，引导乡村新产业改善服务环境、提升品质。在年度新增建设用地计划指标中，安排一定比例支持乡村新产业新业态的发展，探索实行混合用地的模式，以有效缓解其面临的用地问题。

增强产业承接能力。加快园区建设，完善园区建设规划，科学确定园区建设空间布局和发展规模，着力构筑产业转移的承接平台。在承接产业转移时，根据本地的实际情况，突出地方特色，重点围绕已经形成的支柱产业和着力培育的战略性新兴产业，加大资源整合力度，推进生产要素的集聚，发展产业集群以提高产业集中度打造区域性品牌。坚决避免将淘汰的落后生产技术、污染严重的企业向小城镇和农村地区转移，以有效提升农村地区的产业水平和竞争力，为农村经济发展注入新的动力。

推动现代农业发展模式的转型升级。大力发展农业生产性服务业，如农机服务、农产品流通、农业咨询设计、涉农融资租赁服务、农产品品牌服务、农业供应链管理等，以新型农业经营主体，如家庭农场、农民合作社、农业企业等在农业生产中发挥越来越重要的作用。积极培育这些主体，促进其分工协作、优势互补、网络发展，使其更好地服务于农业生产。促进农产品的本地化利用，发展相关的农产品加工、流通和旅游等产业。这不仅增加农业产业链的附加值，还将原本流向外部的就业岗位和附加值内部化，让农业生产者更好地分享农产品加工、流通乃至旅游等消费环节的利润。

充分发挥农村能人、企业家的带动作用。农民企业家的创业是区域非农业发展和中小城镇建设的重要驱动力量，是具有能力、能够承担创新风险、创办个体私营经济的农民群体。国内很多小城镇都是由能人带动致富的。现代企业制度和现代产业的发展需要农民企业家提高自身管理经验、文化素质和适应市场变化的能力。积极发挥人民群众的积极作用，鼓励农村种养大户、家庭农村等经营主体的发展，要注重发挥社会能人、学者、企业家等作用。例如，梁希森创造了梁希森模式，带动了山东乐陵市的快速发展，使得农民改善了居住条件，又发展了养殖和种植业等产业，就地解决了农村劳动力就业问题，利用循环经济原理，在农村普及了沼气等清洁能源，对当地的发展起到了重要作用。要重视能人的作用，注重培育、重视企业家，建立帮扶政策体系，给予他们更多的智力、资金、政策等方面的支持。

18.2.2 构建现代农业体系

建设现代农业生产体系。注重推动农业现代化、标准化和智能化发展，加大农业设施建设和农业机械化程度。推广先进的农业生产技术，包括精确施肥、智能灌溉、农业物联网等，提高农业生产效率和品质。倡导绿色农业、有机农业发展，减少农业对环境的影响，提高农产品的安全性和可追溯性。

优化农业产业结构。鼓励小城镇根据本地资源优势和市场需求，进行农业产业结构调整和优化。发展特色农产品、有机农产品、高效农产品等具有竞争力的农业产业，推动农业提质增效和产业升级。推动农业与农村旅游、休闲度假等产业融合发展，提高农民收入和乡村经济的综合竞争力。推进农业资源整合与优化利用。加强土地资源管理，推动合理用地规划、标准化土地流转和资源整合。通过推进农村土地整治，调整农地结构，提高土地利用效率。促进农田水利设施建设，确保农业生产的基础设施完善和安全。

健全农业的基本经营体制。构建新型农业经营体系，鼓励农村发展合作经济，扶持发展种田大户、家庭农场、农业合作社、农业产业化龙头企业和园区农业，允许财政项目资金直接投向符合条件的合作社，允许财政补助形成的资产转交合作社持有和管护，允许合作社开展信用合作等支持政策。完善农业产业化经营机制。从农村自身资源禀赋出发，加快农村供给侧结构化改造。整理现存的主导产业，挖掘传统优势产业分类施策、适度融合，以激活传统乡村的内生力量，推动产业发展。通过农民 + 专业合作社 + 龙头企业 + 名牌引领 + 协调零售的经营管理模式，在全市设立大量农产品营销专卖店，提升名牌社会影响，推动三产融合。通过城乡联动，城市支持农村，工业反哺农业，品牌农业引领农村三次产业发展，依托特色农产品的品牌效应和市场价值建立生产基地，发展集约化物流，打造集生产—销售—运输为一体的产业链，带动产业融合发展。

强化农业科技创新。加大农业科研投入，加强农业科技研究机构和企业的协作，推动科技与农业的深度融合。鼓励农民参与农业科技示范推广活动，提高他们的技术运用能力。加强农业技术培训和知识普及，让农民了解掌握先进的农业生产技术和管理方法。

18.2.3 打造富农体制机制
18.2.3.1 完善农业支持保护制度

深化农业供给侧结构性改革，坚定地走质量兴农之路，持续提升农业的综合效益和竞争力。确保国家的粮食安全，全面实施永久基本农田特殊保护制度，划定粮食生产功能区和重要农产品生产保护区，完善相关的支持政策。以增加总量、优化存量、提高效能为原则，强化高质量发展导向，加快构建农业补贴政策体系。推动农业现代化，发展多种形式的农业适度规模经营，健全现代农业产业体系、生产体系和经营体系。提高农业生产效率，完善支持农业机械化政策，推动农业机械化全程全面发展，加强对小农户的社会化服务。保护生态环境和实现可持续发展，完善农业绿色发展制度，推行农业清洁生产方式，健全耕地、草原、森林、河流、湖泊的休养生息制度和轮作休耕制度。

18.2.3.2 健全农民收入持续增长的机制

拓宽农民收入渠道。促进其持续增长逐步缩小与城镇居民生活水平的差距，有必要在改革过程中坚守不改变土地所有制性质、不突破耕地红线、不损害农民利益的原则，同时重点确保生态保护红线不受侵占，守护乡村文化根脉。还需有效防范各类政治、经济、社会等潜在风险。在实施过程中，以维护农民基本权益为底线，确保改革红利真正惠及农民。在确保待入市土地符合空间规划、用途管制和依法取得的前提下，不得超越现有规划范围，不得随意改变土地用途，杜绝任何违法用地行为。加强对农民的教育和培训，提高其文化素质和技能水平，协助他们更好地适应市场需求，增加就业机会。推进农业现代化，提升农业生产效率和质量，从而增加农业产值和农民收入。鼓励农民创业创新，支持他们发展农村电商、农产品加工等新型产业，以增强农村经济的多元化和可持续性。在实施这些措施的过程中，充分考虑农民的利益和需求，尊重他们的意愿和选择，保障其合法权益。为保障农民增收、缩小城乡差距的目标得以实现，推动农村经济的持续发展和繁荣，有必要加大政策引导和扶持力度，为农民提供更多的支持和帮助。

完善促进农民工资性收入增长环境。推动建立平等竞争、规范有序、城乡统一的劳动力市场，统筹管理农村劳动力转移就业和就地创业就业。这一措施旨在促进劳动力的自由流动，消除城乡分割，实现城乡劳动力的公平竞争和有序流动。通过建立规范的招工用人制度，消除一切就业歧视，保障农民工的合法权益，落实农民工与城镇职工平等就业制度。健全城乡均等的公共就业创业服务制度，努力增加就业岗位和创业机会。这一措施旨在加强公共就业创业服务体系建设，为城乡劳动者提供均等化的就业创业服务。通过加大政策扶持力度，鼓励企业增加就业岗位，支持劳动者自主创业，实现经济发展与就业增长的良性互动。提高新生代农民工职业技能培训的针对性和有效性，健全农民工输出输入的劳务对接机制。通过建立劳务对接机制，促进输入地与输出地的有效衔接，为农民工提供更多的就业机会和更好的职业发展前景。

健全农民经营性收入增长机制。为确保农业的持续发展，与合作伙伴进行深入研讨，完善财税、信贷、保险、用地等方面的政策，以确保各项政策都能为农业提供有效支持。加强职业农民的培训，以培育更多具有专业技能的新型农业经营主体。在农业经营主体方面，政府支持发展无公害农产品、绿色食品、有机食品和农产品地理标志等三品一标农产品，以提高产品的品质和附加值。政府也支持区域公用品牌的建设，这有助于提升当地农产品的知名度和市场竞争力。为了使农民能够分享加工销售环节的收益，政府鼓励龙头企业与农民合作，共同构建农业产业化联合体。这种联合体的建立，不仅使得农民能够获得更多的收益，也促进了农业产业的发展和升级。在利益联结机制方面，政府引导农户自愿以土地经营权等入股企业，通过利润返还、保底分红、股份合作等多种形式，拓宽农民的增收渠道。这种机制的建立，既保证了农民的收益，也促进了企业的健康发展。为了促进小农户和现代农业的发展有机衔接，突出抓好农民合作社和家庭农场两类农业经营主体的发展。培育专业化市场化服务组织也是政府的重要工作之一，这些组织帮助小农户节本增收，提高他们的生产效益。

建立农民财产性收入增长机制。在以市场化改革为导向的背景下，正在深化农村集体产权制度改革，推动资源转化为资产、资金变为股金、农民变为股东。这一举措旨在激活农村集体经济的活力，让农民分享更多的改革红利。为确保每个集体经济组织成员的权益得到保障，将加快完成农村集体资产的清产核资工作，明确所有权的归属，将其确权到不同层级的农村集体经济组织成员集体。在推进经营性资产股份合作制改革方面，将农村集体经营性资产以股份或者份额形式量化到本集体成员，使每个成员都能分享到资产增值和收益。对于财政资金投入农业农村形成的经营性资产，鼓励各地探索将其折股量化到集体经济组织成员，使这些资产真正为农民所用，发挥其最大的效益。在创新农村集体经济运行机制方面，将探索混合经营等多种实现形式，确保集体资产保值增值和农民收益。将引导农民积极参与集体经济的经营和管理，实现共同富裕。完善农村集体产权权能，完善农民对集体资产股份的占有、收益、有偿退出及担保、继承权等权利，为农民提供更多的保障和便利。通过市场化改革导向的农村集体产权制度改革，致力于实现资源变资产、资金变股金、农民变股东的目标，让广大农民真正成为农村集体经济发展的主体和受益者。

强化农民转移性收入保障机制。政府充分履行再分配调节职能，不断完善农民直接补贴政策，健全生产者补贴制度。这些措施将逐步扩大覆盖范围，使更多的农民受益。政府统筹整合涉农资金，探索建立普惠型农民补贴长效机制，确保农民的权益得到充分保障。政府还创新涉农财政性建设资金使用方式，支持符合条件的农业产业化规模化项目，以促进农业的发展和农民的增收。这些措施的实施将有助于实现农业现代化和农村振兴的目标。

18.2.3.3 探索生态产品价值实现机制

坚定地树立起这样的理念，即绿水青山本身就是宝贵的财富，它们是未来可持续发展的基石。通过政府的引导和主导，企业、社会各界以及市场力量的广泛参与，能够建立一个既符合市场经济规律，又能持续推动城乡生态保护和环境治理的机制。为实现此目标，开展生态产品价值核算工作是必要的，这不仅涉及技术问题，还涉及经济、社会和环境等多个领域的综合问题。通过政府对公共生态产品的采购、生产者对自然资源的约束性有偿使用、消费者对生态环境附加值的付费以及供需双方在生态产品交易市场中的权益交易等方式，构建一个更加完善、更加科学的市场体系，更好地运用经济杠杆来推动生态保护和环境治理。完善自然资源资产产权制度是维护参与者权益的基础，通过明晰自然资源的产权归属，能够更好地推动自然资源的市场化进程，让市场在资源配置中发挥更大的作用。完善自然资源价格形成机制也是必要的，通过建立自然资源的政府公示价格体系，更好地反映自然资源的真实价值，引导市场主体更加理性地参与自然资源开发利用。推进自然资源资产抵押融资以增强市场活力，为生态保护和环境治理提供更多的资金支持。树立绿水青山就是金山银山的理念，建立政府主导、企业和社会各界参与、市场化运作、可持续的城乡生态产品价值实现机制是十分必要的。通过开展生态产品价值核算、完善自然资源资产产权制度和价格形成机制等措施，更好地推动生态文明建设和可持续发展。

18.2.4 健全品牌监管和品牌宣传体系

品牌化发展是社会化生产的必然趋势。当前小城镇品牌监管力度不够，网络信息平台不健全，多数小城镇缺乏对本地品牌和小城镇整体的宣传，使得知名度和影响力减弱。小城镇要注重特色农产品、知名企业、商标等品牌的创立和监管，现代农业必须走品牌农业、规模农业的路子。小城镇注重整体营销策划，通过筹划策划大事件等方式，为小城镇集聚更多的市场要素，吸引企业集聚。

品牌标准与认证体系的建立。制定小城镇品牌标准，明确品牌的内涵、要求和标志，保障品牌的质量和价值。建立小城镇品牌认证体系，为符合标准的品牌提供认证服务，提高品牌的信誉度和市场竞争力。

品牌监管机制的建立。建立健全小城镇品牌监管机制，包括设立专门的品牌监管机构或部门，负责监管小城镇品牌建设、品牌使用和品牌维权工作。该机构具备规范管理、专业运作和监督执法的能力。小城镇品牌的健康发展和有效管理，提升小城镇的品牌价值和竞争力，进一步推动小城镇的经济发展和可持续繁荣。要健全小城镇品牌监管和品牌宣传体系，主要从以下几个方面加强工作。

品牌宣传机制的建设。构建小城镇品牌宣传机制，包括制定品牌宣传策略、打造品牌口号和形象，通过媒体渠道、线上线下活动等方式广泛传播小城镇品牌形象和特色。鼓励和支持企业、社会组织和个人参与品牌宣传，形成全社会共同推动小城镇品牌建设的良好氛围。

加强农产品品牌建设和营销推广。推动小城镇与农业企业、合作社等合作，建立稳定的供应链体系，提高农产品的品牌和市场竞争力。加强农产品质量安全监管和溯源管理，保障农产品的质量和安全。

品牌维权机制的完善。加强小城镇品牌维权工作，建立健全的法律法规和知识产权保护体系，保护小城镇品牌的合法权益。加大对品牌侵权、假冒伪劣等违法行为的打击力度，依法维护小城镇品牌的声誉和市场秩序。

品牌培养和创新机制的推动。加强小城镇品牌培养和创新工作，鼓励和支持小城镇企业、创业者和创作者在品牌建设方面进行创新和探索。通过培训和指导，提升企业和个人的品牌意识和品牌管理能力，促进小城镇品牌的不断壮大和提升。

18.3 规划建设管理

18.3.1 健全城乡统筹规划制度

为确保城镇发展的科学性和规划性，进行严谨、稳重、理性的规划编制。在此过程中，城乡一体化的设计理念得到强化，以统筹安排城镇农田保护、生态涵养、城镇建设、村落分布等空间布局。产业发展和基础设施、公共服务等建设也统一推进，以更好地发挥规划对市县发展的指导约束作用。为满足多规合一的要求，县镇空间规划的编制按照多规合一的原则进行。这包括将土地利用规划、城乡规划等有机融合，以确保各类规划之间的衔接和协调。通过这种方式，确保城镇发展的可持续性和协调性。注重规划的超前性、科学性、合理性和可操作性。根据小城镇的特点和实际情况，制订规模适度、布局合理、节约土地、体现特色的规划方案。要注重规划的动态性和灵活性，根据实际情况及时进行调整和修改。

在统筹规划城乡基础设施方面，要注重基础设施的共建共享。在统筹规划重要市政公用设施方面，要注重向城市郊区乡村和规模较大中心镇延伸。通过优化市政公用设施的布局和建设方式，提高乡村地区的市政服务水平和生活质量。要注重乡村地区的生态环境保护和美丽乡村建设长效机制的建立，实现乡村地区的可持续发展和城乡一体化发展。通过优化城乡路网设计、推动城乡交通运输连接等方式，提高基础设施的利用效率和服务水平。要注重基础设施的安全防范措施，加强城乡公共安全视频监控的规划、建设，统一技术规范、基础数据和数据开放标准。在加快培育乡村规划设计、项目建设运营等方面人才方面，要注重培养具有专业知识和技能的人才。通过培训、实践等方式，提高他们在村庄规划、项目建设运营等方面的能力。要鼓励有条件的地区因地制宜编制村庄规划，以实现村庄的可持续发展和城乡一体化发展。

18.3.2 加强规划引领作用

优化行政区划调整。合自然村落与弱小城镇，突破原有行政区划的阻隔，促进区域内部各类生产要素重新组合、自由流动。

突出规划先行。由于小城镇建设非单纯的人口聚集和住宅集聚，而必须是功能的有机组合。所以，在建设小城镇过程中，十分注意突出城市规划的龙头地位。打造布局合理、基础设施配套、特色突出的现代化小城镇。根据自然景观、土地资源条件、经济基础、交通运输条件、乡风民俗、历史人文价值等各种因素进行规划，使小城镇规划更具有科学性、超前性、特异性。着重在城市规划格局、市场建设、建筑艺术绿化品位等方面精心培植小城镇的风貌，形成建设特色。

做好城市区域规划指导工作。要以地域的视角做好宏观统筹，全面融入重大规划，发挥对大中城市的引领功能和广大乡村地区对区域经济发展的基础功能，边缘化的小城镇则要发挥与相邻小城镇优势互补、互相促进的基础功能，弱势小城镇走组团式发展的路子。目前，城镇实际上是涉及县城、中心城镇、小城镇和新农村的结构。分散的城建成区位形不成集聚效应，达不到规模经济，倡导小城镇组群式发展。要从区域的角度进行宏观协调，融入大规划，充分发挥大中城市的带动作用和广大农村地区对区域经济社会发展的基础作用。针对远郊小城镇密集区内部各自为政、缺乏合理分工、互相排斥，以及产业结构雷同、恶性竞争等现状情况，必须制定全市统一的城镇群发展规划，改变传统体制下的行政区划障碍，寻求优势互补、互相协调的城镇组团式发展道路，如强弱联合、强强联合、弱弱联合发展模式。边缘化的小城镇要充分发挥紧邻小城镇优势互补、互相促进的作用，弱势小城镇走组团式发展的道路。

为了突出城镇发展的集中、集约和生态要求，各级政府在制定城镇化目标时必须以实事求是的态度，采取切实可行的策略。避免通过行政命令或政绩考核的方式，以防止出现拔苗助长的城镇化政绩工程或形象工程。推进城镇化进程需要积极、稳妥、扎实地开展，明确发展方向，保持稳定的步伐，采取切实有效的措施。不能期望一蹴而就，应追求稳健、可持续的发展。

18.3.3 坚持一镇一规，推进特色发展

根据各镇产业、人口、空间等的不同情况，突出特色，定位最佳的发展方向和路径。完善城市统筹规划管理体系。科学合理地制定市县规划，进一步完善城乡一体建筑设计，统筹地确定市县土地保障、生态建设文化涵养、小城镇建设、乡村分配等空间结构格局，协调地促进城市工业发展和基础建设、社会公共服务等方面建设，更好发挥城市区域规划对市县发展的引导约束功能。

在小城镇规划过程中，充分利用其独特的山水林生态优势，以保持城镇的自然风貌为前提，严格划定小城镇发展的红线和边界，引导小城镇朝着集约、紧凑的方向发展，实现保护与发展的目标。关注集镇的发展，为此推出了一系列的扶植政策，通过鼓励各地发展集镇，为居民提供更多的就业机会。

乡村发展规划则综合考虑了地域特色产品、生产经营技术水平、未来发展方向等诸多因素，使得综合性规划设计既满足了当地生产和市场的需求，又充分结合了农产品的市场开发策略。通过提升农产品自身的特色、地域特色、加工传统等附加价值，成功地提高了农村的经营效益。

针对各镇不同的产业、人口、空间等情况，突出其独特的特色，为其定位出最佳的发展方向和路径。为达成这一目标，创新性地采用了小城镇总体规划和控制性详规同步推进的方式。这种方法确保了小城镇的土地、城建、产业和基础设施配套与新型城镇化总体规划布局的定位相符、规模相配、功能相适。

18.3.4 提升小城镇发展的建设水平

小城镇基础设施涵盖了市政工程基础设施，如城市供水、供气、供热以及公共交通等，也包括生态环保设施，如环卫、公共场所保洁、垃圾和粪便清运处理、公共厕所以及城市绿地等。这些设施作为小城镇城市生活和生产的关键支持体系，为城市的正常运转及居民的基本生活需求提供了必要的保障。从经济学角度来看，小城镇基础设施分为三类：纯公益设施、经营性设施以及准公益设施。纯公益设施包括城市绿化、生态环境、城市防灾等设施，这些设施具有非排他性和非竞争性的特点，为城市居民提供公共利益，如改善空气质量、防止自然灾害等，但通常无法通过市场机制向个人收费。准公益设施包括垃圾处理、污水处理、城市轨道交通等设施，具有一定的非排

他性和非竞争性的特点。这些设施在为社会提供服务的，也通过一定的收费机制向使用者收费。例如，城市轨道交通为广大市民提供便捷的交通服务，也通过车票收入来维持运营。而电力、电信、自来水等设施没有外部特征，单独消费、具有竞争性和排他性，属于经营性设施。这些设施通常由私人部门提供，通过市场机制向消费者收费。例如，电信公司提供的电话服务通过收费来获取利润，也确保了广大市民的通信需求得到满足。

完善小城镇硬件支撑，统筹城乡规划建设，提高基础设施管理水平和服务质量，重点实施镇域内市政道路、城市管线、配送投递、城区智慧化、老旧小区建设，加快推进城市更新，激发释放小城镇功能，不断提升服务和辐射乡村的能力。不断提升基础设施水平，优化小城镇道路交通网络，提高路网整体水平。全面改善对外联系途径，构建更有效的都市交通运输网络化管控系统，逐步建立都市一张地图系统、交通监控和预警系统、城市交通及指挥调度体系等，全面优化市政和公务基础建设，进一步增强小城镇的整体综合承受能力。进一步强化对城市污水回收与处置设备运营的管理工作，稳定提升日常生活城市污水的收集处理量、运行负荷率、出水合格率。进一步加大城市燃气管网铺设力度，提升城市燃气普及率。构筑以5G、工业网络、物联网为代表的城市交通互联网基础设施，进一步加快镇域基础配套建设，加强运用光网络、大数据、计算机等现代信息技术，推进从传统基础建设提升的现代基础建设。推进小城镇智能城市建设，尽快形成在主动服务机制下的智能政务系统，进一步加强对企业综合服务、对乡村综合治理、经济运行控制等现代服务体系建设，全方位推进城市网格化、精细化、智能化管理，提高城市治理科学化水平，逐步实现小城镇公共治理与服务功能的全面现代化。

18.4 土地改革

深化改革、完善政策措施、加强监管，实现生产要素的自由流动和优化配置，推动农村经济持续健康发展。推动农业土地承包经营权确权登记注册与管理等各项工作，完善农村土地流转标准化管理体系，逐步激活、指导和规范农民承接的农村土地经营权行为。对进村务工经商农户，鼓励将其所发包的耕地以转包、交换、入股、出租等形式依法组织合理流转乡村耕地，推进农业产业化经营，完善规模经营管理服务。支持耕地所有权质押投资，促进乡村集体所有管理性工程建设项目用地及其土壤附属的建（构）筑物使用权整合、分割交换。允许参与乡村振兴的投资者和促进农村旅游开发主体与农村居民共同开发，合作共赢。

18.4.1 完善农业土地承包管理制度

继续有力地推动农村土地承包经营权确权登记工作的进行，尽快完成基本任务。此项工作的核心目标是明确土地的所有权属关系，为后续的土地流转和开发提供重要的保障。还引导规范承包土地经营权的流转，如设立专门的贷款风险补偿金，建立健全经营权抵押、流转、评估和处置等专业化服务机制。这些举措将有助于提高农村土地的利用效率，推动农业现代化的发展。保持土地承包关系稳定长久不变，是实现农业规模化经营和可持续发展的前提。为此，深化农村土地制度改革，为推进农业规模化经营和可持续发展的各类主体提供稳定的预期。这有助于稳定农业生产，提高农业效益，为各类农业投资者提供长期保障。对进镇务工经商农民，在户口未迁出前，土地承包关系不变，经营权转让，允许其承包的土地以划拨、转让、互换、入股、租赁等形式，在集体经济范围内实行流转，向种植大户集中。

18.4.2 稳慎改革农村宅基地制度

为确保房地一体的宅基地使用权确权登记颁证这一重要任务的顺利完成，采取有效措施，盘活利用农村闲置农宅和宅基地资源。建立宅基地使用权抵押、担保和贷款制度，确保投资者、投入者以及土地所有者的长期利益得到体现。这些措施将有助于吸引更多的社会资本进入农村市场，推动农村产业发展和农民增收。探索宅基地所有权、资格权、使用权三权分置的机制，充分落实宅基地的集体所有权，保障农户的宅基地资格权和农民房屋财产权。通过适度放活宅基地和农民房屋的使用权，促进农村经济的发展和农民的财产权益更好地得到保障。在符合规划、用途管制和尊重农民意愿的前提下，鼓励农村集体经济组织及其成员盘活利用闲置宅基地和闲置房屋。这不仅提高土地利用效率，还为农民带来更多的经济收益。为规范宅基地的使用和管理，推动各地制定省内统一的宅基地面积标准。探索对增量宅基地实行集约有奖、对存量宅基地实行退出有偿的机制。鼓励农民合理利用土地资源，为农村的发展提供更多的动力和支持。

18.4.3 建立集体经营性建设用地入市制度

针对集体经营性建设用地，将重点推进乡镇统筹利用集体产业用地的试点工作，以探索适合我国国情的集体经营性建设用地直接入市模式。此举有助于激活农村集体经营性建设用地的活力，提升土地利用价值，为农村集体经济组织和农民创造更多收益。在国家统一部署下，加快完成农村集体建设用地使用权的确权登记颁证工作，确保农村集体建设用地的合法性和安全性，为农村集体经济组织提供重要的法律保障。在符合国土空间规划、用途管制和依法取得的前提下，允许农村集体经营性建设用地入市，为农村集体经济组织提供了一个重要的经济发展机会。这些建设用地就地入市或异地调整入市，使农村集体经济组织能够更好地利用这些资源，推动当地经济的发展。还允许村集体在农民自愿的前提下，依法把有偿收回的闲置宅基地、废弃的集体公益性建设用地转变为集体经营性建设用地入市。这一措施不仅盘活了农村的闲置资源，也为农民提供了更多的财产权利和就业机会。推动城中村、城边村、村级工业园等可连片开发区域土地依法合规整治入市。此举将有助于改善农村环境状况，提高农村土地利用效率，推动城乡一体化发展。为了进一步推进集体经营性建设用地使用权和地上建筑物所有权的一体化、分割转让，正在完善相关的法律制度。这将使农村集体经济组织能够更加灵活地管理和处置其资产，同时也为投资者提供了更多的投资机会。还计划完善农村土地征收制度，缩小征地范围，规范征地程序，以更好地维护被征地农民和农民集体的权益。此举将确保征地过程的公正性和合法性，充分保障农民的合法权益不受侵犯。

18.5 城乡文化发展

小城镇文体方面基本公共服务的体制机制致力于提供全面、多样化、高质量的文体服务，激发小城镇居民的文化兴趣和体育热情，提高人民的精神文明水平和生活质量。加强小城镇政府文化体制机制建设，强化组织领导和统筹协调，制订相关政策和行动计划，加强对基层机构和人才培训的支持，推动小城镇文体工作专业化、规范化发展。根据本地传统文化保护传承的现状与城镇化的实际需要，制定完善相关的法律法规。通过立法规范传统文化保护与传承的原则性标准、基本制度措施及法律责任，以确保在城镇化进程中不脱离根脉、不失去个性、不丢掉味道，使美丽自然景观和传统文化特色得到有效保护为子孙后代留下宝贵的文化遗产。加大对小城镇文化设施的投入，推动建设多功能文化场所和体育设施，提供方便快捷的文体服务。引导社会力量参与，鼓励社会资本参与，通过公共—私人合作建设和充分利用现有资源，促进小城镇文体设施的建设与发展。鼓励和支持小城镇文体活动的策划、组织和开展，举办各类体育、文化、艺术等活动，提供多样化的文体服务，共同推动小城镇文体事业的繁荣。加强对小城镇文体人才的培养和选拔，建立健全人才培养机制，提供专业化的培训和发展机会。鼓励引进优秀文体人才，扩大人才资源的来源，促进小城镇文体人才队伍的壮大和发展。

18.5.1 健全城乡公共文化服务体系

健全小城镇城乡公共文化服务体系，是指通过建立完善的文化服务机构和设施，提供丰富多样的文化活动和服务，满足小城镇和农村地区居民的文化需求，促进社会文明进步和文化产业的发展。建立多种形式的文化服务机构，包括公共图书馆、文化馆、博物馆、艺术中心等，这些机构可以提供图书借阅、文化展览、艺术表演等各种文化活动和服务。政府可以鼓励和支持社区设立文化站点，方便居民获取文化信息和资源。增加文化设施建设投入，加大对小城镇和农村地区的公共文化设施建设投入，改善场馆和设施的硬件条件。同时，要注重合理布局和适度规模，根据实际需要，在小城镇和农村地区适量建设文化场所，确保覆盖面和服务质量。推广数字文化资源，利用信息技术手段，推广数字化文化资源，提供在线阅读、学习和娱乐等服务。通过建设数字图书馆、数字博物馆等平台，将经典文化资源和创新成果传递给更多的人群。丰富文化活动和节庆活动，组织多样化、丰富精神文化生活的文化活动和节庆活动，如文艺演出、展览、戏曲表演、传统民俗活动等。这些活动能够激发居民的文化兴趣，增加社会交流机会，展示和传承地方文化特色。加强文化人才培养，鼓励和支持小城镇和农村地区培养文化从业人员，开设相关文化艺术培训班，提高文化工作人员的专业水平和服务能力。同时，要注重传承和保护地方文化遗产，培养一批具备传统文化知识和技艺的专业人才。加强政策支持和资金保障，政府应制定相关政策，加大对小城镇和农村地区公共文化服务的支持力度，提供资金保障和财政补贴，吸引社会资本和民间投资参与到公共文化服务体系建设中，形成多元化的资金来源。

健全小城镇城乡公共文化服务体系，提高居民的文化素质和生活品质，促进社会文明进步，激发文化创新活力。统筹城乡公共文化设施布局，确保公共文化服务在城市和乡村的覆盖面，实现服务提供的全面性和适用性。同时，也能够推动文化产业的发展，带动地方经济增长和就业机会的增加。

18.5.2 推行公共文化服务的参与式管理模式

推行小城镇公共文化服务的参与式管理模式是指通过广泛动员居民和社会各界参与公共文化事务的决策制定、组织运作和评估监督，实现公共文化服务的民主化、自主化和社会化。

拓宽社会力量参与的渠道，任何人都能参与到公共文化服务的管理和决策中，无论其社会地位、年龄、性别等。建立健全的社会参与传统文化保护与传承的统筹协调机制，引导和支持社会力量的参与更好地推动传统文化的保护和传承工作。在管理过程中注重不同利益方的意见和建议，通过协商和讨论达成共识，以确保公共文化服务的目标和内容能够最好地满足社区的需求。通过民主程序和方法，让广大居民对公共文化服务的发展方向、内容和形式进行投票表决或代表选举等方式，确保决策结果反映多数人的意愿和利益。设立文化委员会或类似机构，由社区居民选举产生，负责协调管理公共文化事务，监督和评估文化服务的提供和使用。提供充分、透明的信息，让居民了解公共文化服务的各类活动、政策和资源利用情况，促使其积极参与决策和监督。

增强社区凝聚力，通过居民参与公共文化事务的决策和运营，能够增加社区居民的互动和沟通，增强彼此的联系和信任，提升社区凝聚力和共同认同感。提高文化服务针对性，参与式管理模式能够确保文化服务的内容和形式更贴近居民的需求，因为居民直接参与决策，能够将自身的意见和建议反映在文化服务的规划和实施中，从而提高文化服务的针对性和实效性。激发文化活力，广泛参与文化事务的决策制定和组织运作，有助于激发社区内的文化创造和创新精神，激活潜在的文化资源，推动文艺团体的发展和繁荣。增强社会公平性，参与式管理模式能够确保公共文化服务的提供和利用公平公正，减少不平等现象的发生，提升社会公平性，促进社会和谐。

推行小城镇公共文化服务的参与式管理模式既能增强居民的主体意识和满意度，又能够促进社区的发展和文化产业的壮大，是实现公共文化服务目标的重要方式和途径，有助于引导公众参与公共文化服务的规划、建设、管理和监督，重视发掘和突出乡村文化的特色和发展。

18.5.3 加强公共文化服务队伍的专业建设

培养一支具备专业素养、服务意识和创新能力的文化工作团队，能够更好地收集公众的意见和建议，使服务项目更好地满足公众的需求，实现服务项目与公众需求的精准对接。建立文化结对帮扶机制也是必要的。推动文化工作者和志愿者等积极参与乡村文化建设，进而提升乡村文化的整体水平。为了保护乡村文化的历史连续性和完整性，划定乡村建设的历史文化保护线，加强对农业遗迹、文物古迹、民族村寨、传统村落、传统建筑和灌溉工程遗产的保护和维护工作。通过非物质文化遗产的活态传承，能够保持乡村文化的历史连续性和完整性。支持乡村民间文化团体开展符合乡村特点的文化活动，将有助于激发乡村文化的活力和创造力。推动公共文化服务的社会化发展同样重要，鼓励社会力量参与公共文化服务的提供和管理，能够促进公共文化服务的多元化和专业化。发挥风俗习惯、村规民约等优秀传统文化基因的重要作用，推动乡村文化的传承和创新。通过举办传统文化活动和民俗活动，能够促进乡村文化的交流和融合，丰富乡村居民的精神文化生活。

18.5.4 树立乡愁理念，做好文化传承

为确保乡村文化的传承与发展，必须建立一套完善的乡村文化保护与利用机制。在此过程中，要以乡村文明为基础，积极吸收城市文明和外来文化的优秀成果，推动乡村优秀传统文化的创新性转化和创新性发展。还推动优秀农耕文化遗产的保护和合理适度利用，建立一套挖掘和利用地方和民族特色文化资源的机制，以促进特色文化产业的发展。为确保乡村经济的持续发展，必须重视传统工艺的保护与传承工作。为此，建立健全文物保护单位和传统村落整体保护利用机制，以保障乡村历史文化遗产的完整性和可持续性。还鼓励乡村建筑文化的传承和创新，通过强化村庄建筑风貌的规划管控，引导和规范乡村建筑的设计和建设，体现乡村文化的特色和魅力。在城市发展的顶层设计和整体规划中，将传统文化融入其中，充分考虑传统文化的保护和传承，为传统文化预留出足够的发展空间。在城镇规划和建设中，还注重历史文化的开发和保护，保护体现城市历史文化的原始、真实、珍贵的历史原物同时保留它们所蕴含的重要历史信息，融入乡愁。在城镇化过程中，尽量避免大拆大建、完全抹去历史印记的做法。

18.6 生态环境

树立生态发展理念，加强环境规划，努力做到城镇化建设、经济发展与生态环境保护同步规划、同步发展，因地制宜建立小城镇环境与发展的科学决策机制，建立完善生态环境监管体制。

低碳、绿色、可持续的小城镇发展战略，是以科学发展观为指导，以经济结构调整、产业结构转型升级，以及新型城镇化为契机，从低碳规划、绿色建筑、可再生能源利用、环境综合整治、文化旅游产业构建，以及低碳交通体系等方面，为建设生态宜居、

基础设施完善、文化特色鲜明、经济社会协调、管理体制健全的友好型城镇所制定的一系列政策和管理体系。要走工业生态化的发展路线，以生态化小城镇建设为契机，积极发展生态工业。树立低能耗、低碳的工业模式，积极发展生态农业，但如果无法产生直接效益，农户也会没有生产积极性。健全全国环境保护制度系统，从严地管理当地对污染特别大的行业，以减少对污染很大的行业盲目发展。加大对环境保护科学知识的传播，以增强全国人民的环境保护意识。提高学生的环境观念，促使学生参与到环境保护当中，推动小城镇发展切实保护环境。要确保整个规划实施时不会对环境造成影响，对建成区内的对环境有污染的产业要合理科学地规划。加大绿地覆盖率，合理布局。吸引大批农村居民流入小城镇，促进了城镇化的进度。

坚持环保型导向的新型城镇化发展方向，旨在实现城市的可持续发展，走一条节约资源和能源、减少环境污染、保护自然环境的新型城镇化发展模式。这种发展模式注重环保，以可持续发展为目标，不仅注重城市的经济和社会发展，还要保护环境，实现城市的绿色发展。实施蓝天工程，建设美丽中国，是实现这一目标的重要措施之一。蓝天工程是指通过减少大气污染物的排放和控制空气污染，提高空气质量，让城市居民呼吸到更加清新的空气。这一工程的实施需要政府、企业和居民共同努力，采取有效的措施，如推广清洁能源、限制高污染产业的发展、加强环保监管等。建设美丽中国则是实现环保型导向的新型城镇化的重要目标之一。美丽中国不仅是指城市的外观美丽，更是指城市的生态环境优美、自然和文化资源得到有效保护和传承。加强环境保护和生态建设，促进城市与自然的和谐共生，让城市成为人们向往的宜居之地。坚持环保型导向的新型城镇化发展方向，实施蓝天工程，建设美丽中国，是实现城市可持续发展的重要措施。政府、企业和居民共同努力，采取有效的措施，共同推动城市的绿色发展。

切实加强环境安全管理。为完善环境应急防范体系，必须建立健全统一指挥、分级负责、部门协作的全过程管理防控体系。该体系将确保在面对环境问题时，能够迅速、有效地采取措施，避免事态扩大。还需加强对工业危险废物、电子垃圾及医疗废物无害化处置的监管，采取科学的方法和手段，确保这些废弃物得到妥善处理，以避免对环境造成损害。为了持续开展环境风险源调查和污染隐患排查整治，进行实地调查、分析和评估，充分考虑地理位置、气候条件、污染源分布等因素，以准确识别潜在的环境风险。一旦发现环境隐患，立即采取措施进行整治，以确保环境安全。为强化辐射安全规范化管理，必须加强对辐射源的监管和控制，确保其使用和操作符合规范。还需加强对从业人员的培训和教育，以增强他们的专业素养和安全意识，避免因操作不当导致的辐射事故。通过这些措施，实现辐射事故零发生的目标。为了开展重金属、危险废弃物污染治理，加强对重金属生产、使用和处置环节的监管，以减少重金属的排放；对于危险废弃物，推动无害化处理和资源化利用，以降低对环境的危害。还需加强对污染治理设施的维护和管理，以确保其正常运行提高污染治理效果。为加大环境安全监管力度提高应急处置能力，必须建立健全应急预案。预案中明确对突发环境事件的流程和责任人，以确保在紧急情况下能够迅速响应。还需加强队伍建设提高急救人员的专业素质和技能水平，以确保他们能够在关键时刻发挥重要作用。通过这些措施，确保不发生重大环境污染事件。

加大城镇绿色环境保护宣传普及。倡导树立生态价值观和绿色消费观，加强生态环保知识普及，形成社会共识和舆论氛围。积极推广生态环保理念，让每个人都认识到保护环境的重要性，形成一种全民参与、共同行动的社会氛围。增强城镇化居民环境保护意识，树立文明、节约、绿色、低碳、循环的绿色城镇生产和生活消费理念，引导节约消费、适度消费，反对铺张浪费。鼓励城镇居民注重环保，树立绿色生活理念，采取节约、低碳、循环的消费方式，避免过度消费和浪费。鼓励城镇消费者购买和使用节能环保产品、减少使用一次性用品。鼓励消费者购买节能环保的产品，减少对一次性用品的依赖，促进可持续发展。倡导绿色、环保、简约、实用的装修理念。倡导绿色、环保、简约、实用的装修理念，让人们在装修过程中注重环保和节能，避免过度装饰和浪费。鼓励人们在外出就餐时适量点餐，避免浪费，也鼓励人们餐后打包，减少对环境的污染。杜绝随意丢弃垃圾的行为，自觉进行垃圾分类，促进垃圾的减量化、资源化和无害化处理。鼓励人们采用网上购物、视频会议、无纸化办公等新型生活方式，减少对环境的污染和资源的消耗。

第 19 章　我国小城镇发展政策建议

促进小城镇健康发展，在法律、体制机制、城乡格局、融合发展、产业布局、规划、科技、生态、文化等方面重点完善和突破，促进各类要素双向流动，形成城镇、镇村之间的良性循环，为我国小城镇快速发展注入新动能，把小城镇打造成为推动实现乡村振兴战略和促进城乡共同富裕目标的重要载体，福泽华夏。

19.1 制定小城镇法等法律

法律是推动小城镇协调发展和实现乡村振兴战略的基础和制度保障。英国是世界上农村劳动力转移较早、城镇化进程较快和就小城镇专门立法较早的国家之一。英国政府十分重视用法律法规来规范小城镇的健康发展，自 1909 年以来颁布 40 余部关于城镇的法规，逐渐构建了完备小城镇立法体系。先后制定颁布了《住宅、城镇规划条例》（1909 年）、《新城法案》（1946 年）、《城镇和乡村规划法》《综合发展地区开发规划法》（1947 年）、《城镇发展法》（1952 年）、《城乡规划法》（1990 年颁布，2004 年修订）以及《白皮书》（2000 年，乡村政策）等一系列关于小城镇的法律法规，干预、调控、规范、引导小城镇的有序建设，强化了政府宏观调控的作用，对英国小城镇健康发展起到了决定性影响。

目前，我国现有法律体系中没有专门针对小城镇和乡村集镇的法律，立法方面仍处于探索和酝酿阶段，空白有待填补。对小城镇和集镇的管理基本处于交叉、分散、模糊甚至空白的局面，无法有效实现向上对接城市，向下辐射乡村的管理职能，不利于我国小城镇和乡村集镇的建设和管理。因此，制定《中华人民共和国小城镇法》和《中华人民共和国集镇法》，创建和完善可持续发展的小城镇政策法律体系迫在眉睫。

制定《户籍法》，全面推进户籍改革。户籍制度是限制城乡劳动力自由流动的关键因素，其影响深远，严重阻碍了经济社会的进一步发展。在城镇化进程中，户籍制度及其相关的就业制度、社会保障制度等配套制度成为主要障碍。为了推动城镇化的进程，必须对这些制度进行改革，使其更加适应现代社会的发展需求。其中，深化小城镇人口管理制度的改革是至关重要的一环。小城镇是连接城乡的桥梁，也是农业转移人口市民化的重要平台。只有稳妥有序地推进小城镇农业转移人口市民化，才能实现城乡劳动力的自由流动，进一步推动城镇化进程。在户籍制度改革方面，实施较为宽松的户籍制度是必要的。这种制度积极探索居民居住地证明实现户随人走，使得人口及其居住身份能够实现迁移和流动。这样一来，无论是进城的农民还是返乡的城市居民，都不再有任何顾虑，自由地选择自己的居住地和生活方式。促进城乡劳动力的自由流动，进一步推动经济的发展和社会的进步。这也符合我国全面深化改革的目标，为实现全面建成小康社会和现代化建设奠定坚实的基础。因此，制定出台全国统一的《户籍法》，打破农业和非农业二元管理体制，建立以实际居住地为落户条件的基本户籍制度。实行按居住地登记管理人口的办法，建立和完善流动人口社会化管理制度，统筹解决已经在城市居住生活的群众的户籍、保障和公共服务等问题，使流动人口真正融入当地社会。建立完善户籍制度改革的相关配套机制，解决进城农民最为关心的土地、住房、就业、教育等公共服务均等化的问题。建立完善进城落户农民土地处置、就业、住房、子女义务教育、社会和医疗保障等配套机制。规范行政机关办理户口登记的行为，使户籍管理纳入法治化轨道。

19.2 深化体制机制改革

19.2.1 深化行政管理体制改革

全力推进小城镇行政体制改革。积极推动撤镇设县、县（乡）镇合一和行政区域调整等工作，推进了特大乡镇改市的步伐。扩大了小城镇的权限，包括事权、财力、人事权等，赋予部分县级管理权力。积极把一批经济实力较好、人口规模较大、有一定影响的小城镇打造成为小城市。构建新型镇村关系。优化乡村治理结构体制机制建设，构建新型镇村体系。以产业联系为切入点，构建镇村联动关系。促进乡一村、乡一村构成扁平化及共同体型的结构性关系，实现镇村可持续发展。完善基层管理方法，借助地方优势资源，积极培植小城镇产业，以拉动农业产业链式发展，要提高小城镇的管理与服务能力，将小城镇打造为农村经济管理中枢、农业服务中心和农村经营管理中心，成为带动乡村的源动力。

改革小城镇机构设置。小城镇设置了众多的职能部门，采取了条块结合、以条为主的管理模式。随着国家战略的调整和新的导向指引，小城镇的产业结构发生了显著的变化，其发展重点也随之改变。小城镇的政府职能已经覆盖了城市基础设施建设、环境治理、社会治安及交通管理、城市规划和卫生监督等诸多方面，与城市的管理体系基本一致，与传统的小城镇管理方式相比有着显著的差异。随着新型城镇化的加速发展，小城镇的规模和功能也在不断扩大，给管理带来了更多的挑战和要求。因此，必须深入推进城市管理体制机制的改革，努力提高城市管理部门工作人员的服务意识，以确保管理能够满足经济发展和社会发展的需求，树立现代城市管理的理念，满足人民的物质文化需求。小城镇必须从城市管理的角度出发，以服务非农产业发展的视角重新构建自身的机构设置。新型城镇化和城乡统筹战略的新定位下，城乡融合发展已成为大势所趋。在这个背景下，必须加大条管单位管理权限的下放力度，凡是下放到乡镇的，必须下放到乡镇。对于那些不能下放到乡镇的职能部门，遵循条块结合、以块为主的原则。增加服务于非农产业的非农职能部门，以提升小城镇的决策权，释放其发展活力，增强其政府治理能力。强化政府服务能力。为了更好地实施管理，强化管理、以司法为准则、以文明为基础，通过充分利用现代互联网和管理手段，进一步改善管理的精细化水平，推进管理走向规范性、精细化、网格化。加速将标准化建设融入城市管理，进一步提高管理的效率和质量。利用 GIS、互联网、远程监控、遥感等现代信息，建立完善的数字化城市管理体系，实现信息的有效处理、分析、反馈、评估，实现资源的共享、沟通便捷、职责明确、反应迅速、处置及时，提高管理的精细化程度。为了更好地推进城市建设，成立一个由政府领导、专家学者和居民代理人构成的小城镇管理咨询机构，通过听取社会各界的意见，择优分配他们的智慧和能力，使管理更加现代化，进一步提高小城镇的整体管理水平。

稳妥推进小城镇的扩权改革。政府正加大力度推进城镇行政体制改革，赋予小城镇部分县级管理权限，重点扩大事权、财权、人事权和用地指标保障等方面，以释放小城镇发展的空间，突破行政等级的限制，逐步发展成为更具集聚能力的小城市甚至大中城市。在财政方面，采取增量分成制原则，让镇政府和县级政府按特定年份的税收收入划分一定比例的资金作为自由支配的财政收入资金，并将特定税种确定为镇政府的独享收入。完善镇一级财政预算和决算制度，提高镇级财政公开透明程度和规范科学水平，让镇级政府成为一级完整的地方政府，促进小城镇快速发展。政府还赋予小城镇其他相关权力，进一步理顺各级政府之间的关系，制定更多行政管理细则，以实现资源的合理利用和自我发展能力的提升，切实增强小城镇的自我发展能力。

推动政府职能转变。要厘清政府、市场和社会在推进小城镇化建设中的行为界限，从根本上改变政府在小城镇建设资金投入方面大包大揽，职能越位和缺位的现象，进一步缓解政府压力，使政府有更多精力投入基本公共服务供给方面。充分发挥市场和社会的力量，促进投资主体的多元化和广泛性。促进政府与市场的有机融合。政府要发挥社会主义市场力量在资源配置中的决定性作用，根据小城镇自然禀赋条件和现实情况，利用好城市规划、建设、运营和管护等不同阶段的社会主义市场经济契机，积极引进社会资本和市场化融资手段，发展好小城镇。完善政府宏观调控、市场监管、公共服务等职能，以经济手段、法律手段及必要的行政手段营造公平合理的市场环境，提升资源配置效率。

加强社会治理体制的改革。充分发挥市场、社会以及公民自发组织在小城镇社会治理中的重要作用。探索政府购买公共服务、雇员制等具体的工具性方法来实践"小政府、大社会"的治理模式。政府要转变职能，构建服务型政府，加快推进小城镇政府由全能、管制型政府向有限和服务型政府转变，为小城镇发展创造宽松、良好的外部环境，充分发挥基层力量的创造性。适当简政放权，在指导、协调和保障民生等方面发挥基本工作的充分发挥市场在资金和资源方面的优势作用，为其搭建参与市政建设和公共服务的平台。从小城镇内部来看，政府从产业、空间、人口等城镇化要素协调发展的角度出发，重塑政府、市场、社会的关系，推动政府职能回归到提供宏观政策指导和基本公共服务上来。政府要适时引导社会组织的发展壮大，鼓励企业开拓市场资源，加强区域间合作，利用社会的力量来弥补政府和市场的缺陷，发挥政府和居民之间的桥梁作用。政府还要鼓励居民参与社区建设，调动居民自我组织和自我服务的积极性，促进小城镇社区的安定团结，激发小城镇的活力，提升小城镇的凝聚力。要构建多元社会治理体系，小城镇在创新治理体制的过程中，必须顺应城镇社会变化的新趋势，创新政府主导和社会参与机制，实现政府治理社会自我调节和居民自治良性互动。政府要积极推动小城镇，特别是重点镇的治理体制创新，提升治理结构的合理度，实现治理主体和治理方式的多元化。政府还要积极培育适应社会发展的新型治理文化。

19.2.2 深化土地制度改革

土地是人类必不可少的生产和生活要素，在经济发展和城镇建设中，它扮演着至关重要的角色。深化土地管理制度改革，构建集约、节约、健全的土地利用机制，建立城乡统一的土地市场，推动我国城镇化的健康可持续发展。

深化土地管理制度改革，构建城乡统一的土地市场，构建集约的流转机制，推动城镇化的健康可持续发展，实现经济跨越式发展的目标。在深化小城镇建成区国有土地使用权改革的过程中，大力提倡土地租赁一级市场。政府可利用土地使用权作价入股，提高小城镇建设的税收收益。

深化征地制度改革，根据各地情况积极探索适合自身发展道路的农村土地管理制度。进一步拓宽基本公共服务范围，提升其水平，切实保障被征地农民的长远发展生计。完善公共就业培训服务体系，为农民工提供相关就业支持，提升其技能水平及就业竞争力，加大对农民工创业的政策扶持力度，建立健全劳动权益保障机制。逐步扩大社会保障覆盖面，根据常住人口配置城镇服务基本医疗卫生等公共服务资源，纳入农村转移人口来城镇后的公共服务体系。

建立土地流转机制。妥善引导扩大土地规模经营，提高收益水平。对于不愿从事农业劳动力的人，将他们手中的土地让渡给愿意进行规模经营的劳动者，在明确土地使用权内涵的情况下，改革和创新小城镇土地管理制度，建立合理的农村土地使用权流转机制，来确保双方的利益。

改革农村土地制度。改革农村土地制度是至关重要的，因为它是保护农民土地承包经营权的基础。通过改革，确保农民享有承包权、使用权、收益权、抵押权、入股权、转让权、租赁权等多种权利。这些权利的保障，使农民在市场经济中更好地利用土地资源，实现收益最大化。为了扩大土地流转机制，实现农业规模经营，提高农业生产的机械化程度和劳动生产率，农民的土地承包经营权得到充分保护。这种保护促进土地流转的灵活性，使农民能够根据市场需求和自身条件对土地进行合理配置。通过实现农业规模经营，提高农业生产效率，降低生产成本，增加农民收入，促进农村经济发展。农民将以受益最大化为目标，对于承包的土地不仅能够用好，而且能够用活。例如，农民将在承包土地上种植的农产品销售给市场或通过抵押获得贷款来增加收入。这种灵活的土地使用方式有助于提高农民的生计水平，促进农村经济发展。改革农村土地制度还有利于进入城镇落户的农民通过对土地使用权的处置获得一定收益，为其进城创造条件。许多农民在城市中工作和生活，但仍然保留着对农村土地的权利。通过改革，他们将其土地使用权转让或抵押，获得资金支持和生活保障。这有助于减轻他们在城市生活中的经济压力，为其提供一定的社会保障。通过改革农村土地制度，促进农业规模化和现代化经营的发展。促进土地流转和规模化经营，提高农业生产的技术水平和市场竞争力。这将有助于实现农业现代化，提高我国农业的整体实力和国际竞争力。

19.2.3 深化农村产权体制改革

农村产权改革是促进农业现代化的必要步骤。农村生产要素的确权登记是推进农村产权改革的基础工作，有助于实现农村剩余劳动力资产变现入城，以及农村经营主体资产抵押融资。农村生产要素股权化和股份化是推进农村产权改革的关键环节，促进农村生产要素的流动，进而推进农业规模化、产业化经营。

建立农村产权制度。建立健全产权明晰、权能明确、权益保障、流转顺畅、分配合理的农村产权制度，加快农村地籍调查工作，确权登记农民个人宅基地、房屋、农用地等资产，以及集体土地所有权、建设用地使用权、承包经营权、房屋所有权等四权颁证。对于农村集体建设用地和农用地，发放集体土地使用权证书，承包经营权可登记长期。对于集体财产资产，包括集体企业占有的集体房屋，归集体企业所有。对集体所有的基础设施和公益设施，确权给集体经济组织使用权。农民个人所有的房屋由房管局统一核发房屋所有权证书。

扩大农民对土地的用益物权。确保农民依法享有合法所拥有的土地的占有和利用取得收益的权利，包括土地承包权、建设用地使用权、宅基地使用权、地役权。在确权的基础上，农民获得对集体资产股份占有、收益、有偿退出及抵押、担保、继承等权利。保障农民集体经济组织成员权利，实现对不动产各项权益的明确。农民通过承包经营权入股发展农业产业化经营，选择合适的农村承包地与宅基地流转模式，推进农村产权改革。

19.2.4 深化投融资机制改革

积极推进投融资机制改革。建立和完善政府主导、市场运作、多元筹资的小城镇建设资金保障机制，构建一个政府、市场、社会多元参与的小城镇投融资体制，解决小城镇建设过程中的资金难题。

完善政府投资杠杆机制，项目分类与多元融资机制。逐步拓宽市场和社会资本的投融资渠道，探索科学高效的公私合作方式，提升地方政府偿还债务的能力。将政府与市场进行有机结合，为社会优质资源参与小城镇建设搭建了一个高层次平台，这个平台旨在促进小城镇建设的可持续发展，推动城乡一体化进程，为"三农"问题提供有效的解决方案。小城镇作为服务于"三农"的区域政治经济中心，在平台上发挥着重要的作用。通过集中区域内农民的自有资金，调动农民的积极性，鼓励农民自筹资金建设小城镇，实现农民对小城镇建设的深度参与和自我价值的实现。小城镇提供土地和政策，为农民提供了一个良好的发展环境和资源保障。农民则提供资金和劳动力，将自己的资源转化为实际的建设成果，为小城镇建设贡献力量。通过这种合作共赢的方式，实现小城镇和农民的共同发展，推动农村经济的繁荣和农民生活水平的提高。小城镇建设也带来更多的就业机会和公共服务设施，提高农民的生活质量和社会福利水平。

赋予小城镇一定的负债权。小城镇以集体经营性建设用地入市的契机，积极开辟多种融资渠道，大力加强与各种金融机构的融资合作，有效筹措资金，为小城镇的持续发展提供了强有力的资金保障。通过这一举措，小城镇的发展活力得到了大幅度提升，为实现经济社会的可持续发展奠定了坚实基础。

完善财政转移支付制度。根据事权与财权相一致的原则，合理确定各级政府在教育、基本医疗、社会保障等公共服务方面的事权。明确各级政府在这些领域的职责和权力范围，以确保公共服务的高效提供。为了实现这一目标，建立健全的小城镇基本公共服务支出分担机制。制定合理的规则和标准，以确保小城镇的基本公共服务得到充分的资金保障。建立财政转移支付与农业转移人口市民化挂钩的机制。这种机制确保农业转移人口在市民化过程中享受到平等的公共服务，有助于缓解地方财政压力。通过这些措施，实现各级政府在公共服务方面的事权与财权的合理分配，提高公共服务的供给效率和质量，促进社会公平和经济发展。

设立小城镇发展专项资金，推动小城镇发展。

19.2.5 深化文化管理体制机制

深化文化管理体制机制改革，建立现代公共文化服务体系，实现公共文化资源覆盖城乡，服务高效方便，保障基本，促进公平。建立文化宏观调控体系，明确职责，保证有序运转，提供发展环境。

充分发挥市场机制基础性地位。正确处理政府与市场的关系，促进资源的高效配置。为了实现这一目标，推动文化行政管理从直接管理向间接管理转变，从微观管理向宏观管理转变，从办文化向管文化转变。完善其在宏观调控、市场监管、公共服务等方面的职能，以经济手段、法律手段及必要的行政手段营造公平合理的文化市场环境。政府引导文化产业活动，以满足公民对基本公共文化服务的需求。为了提升资源配置效率，党政机关、国有企事业单位将本单位内的各类文化设施免费或有偿向社会开放。建立健全向社会购买基本公共文化服务的机制，逐步扩大购买范围。公共文化设施管理模式需要创新。政府积极探索开展公共文化设施社会化运营试点，以提升公共社会运营效率。通过这些措施，更好地满足公民对基本公共文化服务的需求，提升文化产业的活力和市场竞争力。

建立公共文化服务城乡联动机制。为了进一步推动城乡公共文化服务的均衡发展，建议加强以县级文化馆、图书馆为中心的总分馆制建设。通过这种方式，将各种文化资源整合起来，形成一种总分馆制的文化服务模式，更好地满足广大群众对公共文化服务的需求。加强对农家书屋的统筹管理也是非常重要的。通过这种方式，更好地管理和利用这些资源，为农村文化建设做出更大的贡献。为了加强城市对农村文化建设的帮扶，建议推进城乡结对子工作。通过这种方式，城市与农村建立联系，通过多种文化活动和交流，帮助农村文化建设得到更好的发展。为了形成常态化工作机制，大力开展流动服务和数字服务。通过流动服务，将公共文化服务送到基层，打通公共文化服务最后一公里；通过数字服务，将各种文化资源整合起来，形成一种总分馆制的文化服务模式，更好地满足广大群众对公共文化服务的需求。推进以县级文化馆、图书馆为中心的总分馆制建设、加强对农家书屋的统筹管理、推进城乡结对子工作、大力开展流动服务和数字服务等方式，有效地打通公共文化服务最后一公里，实现城市与农村公共文化服务资源的整合和互联互通。这些措施的实施将有助于提高公共文化服务的普及率和质量，促进城乡公共文化服务的均衡发展。

鼓励文化产业发展。我国拥有雄厚的经济基础和经济快速发展的优势，这为制定小城镇文化产业发展规划完善相关政策提供了有利条件。通过充分利用这些优势，大力发展文化产业。在关注文化产业意识形态属性的也关注其产业属性，探索文化产业公有制的有效实现形式。在制定小城镇文化产业发展规划时，充分考虑当地的文化特色和资源优势，制定符合实际情况的产业发展规划。完善相关的政策措施，包括财政支持、税收优惠、人才培养等方面，以促进文化产业的发展。还注重文化产业的创新发展，鼓励企业加大研发投入，推动文化产业与科技、旅游等产业的深度融合。通过探索文化产业公有制的有效实现形式，更好地发挥公有制经济的优势，推动文化产业的发展。制定小城镇文化产业发展规划完善相关政策是促进文化产业发展的重要举措。通过充分利用我国经济基础雄厚、经济快速发展的优势，关注文化产业的意识形态属性和产业属性，探索文化产业公有制的有效实现形式，推动文化产业的发展，实现经济和文化的双赢。

丰富公共文化服务内涵。"公共文化服务"是一个涵盖广泛的概念，旨在满足公众对于文化生活的多方面需求。这不仅包括基本的文化娱乐活动，如读书和看报，还涵盖了保障公民的文化自由、维护文化的公平和正义，以及鼓励公众参与文化管理等方面。在实际操作中，必须避免一个误区，即过度局限于满足群众的基本文化需求，而忽视了公共文化服务的多元性和深度。在城镇化的发展过程中，小城镇的角色不容忽视。它们在传承和发扬文化特色方面具有独特的优势。强化对民族文化、历史文物、民风民俗、自然景观和人文景观的挖掘、保护和合理开发利用。在严格保护的基础上，因地制宜地规划建设一批具有古镇商贸街区、名人纪念馆等文化产业项目，举办一些具有浓郁地方特色的文化节庆活动。既充实文化保护与文化产业发展的良性互动，又能实现二者的有机统一。文化品牌的建设是小城镇竞争力的重要体现，也是推进小城镇文化特色建设的关键载体。对当地自然历史文化资源的品牌特色及价值进行深入研究、挖掘和包装推介，将有助于实现传统文化保护与经济社会发展的有机统一。不仅提升小城镇的文化品牌形象，还将小城镇的文化特色优势转化为新的经济增长点，有力推动小城镇的健康可持续发展。

积极引导社会力量参与公共文化服务体系建设。通过简政放权、政策优惠、扩大准入等多种措施，鼓励引导社会力量通过兴办实体、资助项目等多种形式参与公共文化服务体系建设，以实现公共文化服务供给主体多元化，不断提升公共文化服务供给能力及水平。积极鼓励社会力量参与到公益性文化事业运营中来，通过国助民办、民企民办等多种形式推动公益性文化事业的发展。

19.3 调整城乡格局和关系

19.3.1 促进小城镇分类施策

我国地域辽阔，城乡发展水平存在着相当大的差异。因此，根据不同区域的实际情况，采用因地制宜的方式，优化城乡格局和关系，最终实现大中小城市以及东、中、西、东北部地区城乡统筹协调、良性互促，形成星罗棋布、分布合理的城乡发展格局。

因地制宜，合理优化调整城乡格局和关系，分类施策，构建城乡统筹协调、分布合理的城乡发展格局。东部地区的小城镇，城镇化水平较高，小城镇多以工业发展型为主，农业占比较小，农业产业化基础较好。在激活机制方面下功夫，在成本上做文章，为企业创造了低成本的创业机遇，为农民工返乡和农业劳动力进城就业、创业和定居，创造了低成本的创业机会。明确各级政府投资责任，改善基础设施条件，主要用于优化产业发展环境、改善公共服务设施。可培育为卫星城市，少数城市则可往国际中心城市发展，城市周边也可建立城市的观光体验、智慧创意为主导的都市农业带。构建健全和稳定的县辖市与上级财政之间的税费分配关系，适当增加在财政分配中的比例，进一步扩大地方财政自主权。大都市周边小城镇也要充分发挥好靠近大都市的资源优势，积极发挥与大都市功能互补的经济发展路径，积极吸纳大城市中心区产业转移，有效承接大城市中心区公共服务功能的对外转移，包括教育、养老、行政服务等功能，为城市人口消费外溢创造平台，重点发展文化休闲旅游等相关产业。中部区域的小城镇，为加速推进城市融合速度，小城镇多以传统商业服务型为主。借助农业产品集散基地或小商品批发市场，将逐渐完成由传统商贸型向现代商务类型的过渡过程。可发展成小城镇城群，少数小城镇向区域（枢纽）中心发展，城市周边的小城镇发展特色小城镇和田园综合体。中西部沿海地区的小城镇，仍处在城镇化发展初期，因此农村地区仍具有很大的耕地和劳动力资源开发利用的空间。小城镇以农业服务型和旅游发展型为主。探索发展小规模土地转让办法，利用土地小规模转让建设工厂、发展服务业、建设住宅等，以大大降低工业发展规模和人口进城居住的门槛，使更多市场主体享有基本财产权利，全面激活城市发展活力。总体上，除特大建制镇向县城发展之外，普通小城镇也要明确定位在乡村公益服务中心。普通小城镇宜在保持现阶段发展规模的基础上，进一步完善设施条件和服务水平，提升居住环境与服务功能，积极带动广大农户进入普通小城镇生活居住，充分发挥普通小城镇服务"三农"的功能，有序推动农村就地城镇化建设。提高政府对普通城镇事业发展转移支出的比重，进一步提升农村公共事业发展管理水平，进一步提升农村服务功能。通过完善农村基础设施建设和商品市场培育，进一步完善农村水电路气等基础设施条件，为农副产品、手工业品的生产加工、交易提供有利条件。通过完善农村科技服务网络建设，进一步提升农村科技管理水平。逐步巩固农村人口大量聚集的工业经济基础，进一步增强农村促进区域经济发展的龙头功能。

工业型小城镇，积极对发展中普遍存在的技术落后、产业结构不合理等问题，关注技术和产品升级，优化产业结构，提高产品质量，创立品牌，向更高层次发展。在激活机制方面下功夫，在低成本方面做文章，为产业提供低成本的发展机会，为农民工返乡和农村人口进城就业、创业和居住提供低成本的发展环境。明确各级政府投资责任，改善基础设施条件，主要用于优化产业发展环境和改善公共服务设施。

大城市周边的小城镇，充分利用与大城市毗邻的地理优势，发挥与大城市功能互补的发展路径，分担大城市外溢人口，吸纳大城市中心区产业转移，承担大城市中心区服务功能的对外转移。对于中部地区的小城镇，城乡融合速度加快，城镇化加快推进，人均经济水平不高，重点发展商贸服务型产业，提高基础设施和公共服务设施水平。

商贸流通型小城镇可依托农产品集散基地或小商品批发市场发展，地方政府坚持以服务为本的原则，提升基础设施建设和公共服务设施水平，逐步实现传统商业向现代商业的转型。可考虑在城市周边开发宜居宜业的特色小镇或田园综合体，发展城市群，少数城市可向区域中心和枢纽城市发展。

农业服务型小城镇规模较小，综合实力相对较弱，产业结构以农业为主导，对外来人口的吸引能力弱，对本地农村人口的吸引力也相对不足。此类小城镇的公共服务设施较少，且设施绩效不高，商铺数量最少，土地利用强度较低，居住用地比例最高。农业发展型小城镇更注重市场和产业的导向，大力发展特色农业经济，形成农副产品的生产、加工和销售基地，提高经济发展水平和居民生活质量。政策上，该类型小城镇允许集体建设用地的使用权进行出让、转让、出租和转租，允许农村集体经济组织利用集体建设用地自办或与其他经济组织联合开发产业园区，进一步降低了招商引资和工业开发成本。探索小规模用地出让方式，实现土地小规模出让建造厂房、发展服务业和建造住房，降低产业发展和人口进城居住的门槛，帮助更多市场主体拥有财产权利，充分激活发展活力。允许已经作为长期工业用地的集体建设用地，作为银行抵押资产，盘活存量土地资产，加大金融支持力度。

旅游发展型小城镇，经济规模较大，人均水平较高。在公共服务设施方面，路网结构最为完善，土地利用方面商业服务用地比例达到12.4%，远高于全国平均水平。此类小城镇以具有一定特色的自然景观和人文旅游资源作为支柱产业，致力于建立可持续发展理念积极发展旅游相关产业，如商贸、旅游纪念品、旅店和餐饮等行业，以切实使旅游产业的发展惠及当地居民。

除特大镇向城市发展以外，一般小城镇要明确定位在农村公共服务中心。一般小城镇宜在维持现阶段发展规模的基础上，完善基础设施条件和公共服务水平，增强居住和公共服务功能，积极引导农民进入城镇生活定居，发挥小城镇服务"三农"的作用，有序推进就地城镇化。增加对小城镇公共事业发展转移支付的比例，提高公共事业发展水平，增强公共服务功能。通过加强基础设施建设和市场培育，完善水电路气等基础设施条件，为农副产品、手工业品的加工、贸易提供有利条件。健全农业技术服务网络建设，提高农业技术服务水平。进一步强化人口集聚地产业基础，提升带动县域经济发展的龙头作用。

打造特色的小城镇。特色小镇是一种独特的经济社会发展形态，它连接着城乡之间的重要纽带，也成了乡村产业的支柱。这些小镇能够积极参与产业分工和服务，且与周边城市形成了紧密的关系。特色小城镇通过深入挖掘乡村资源的价值，激活各类生产要素，加快了乡村现代化进程。它们推动了小城镇产业集聚和高质量发展，使得各类特色产业得以在小镇上繁荣发展，如戏曲小镇、旅游小镇、文化小镇、矿产小镇、科技金融小镇等。这些特色产业的发展不仅带动了小城镇产业链的发展，也使得小城镇成为乡村振兴的重要载体。为了提供人才支撑，加强乡村振兴，完善人才引进和培养机制，强化土地、资金、技术、人才等要素流通。通过盘活土地资本等方式激活资本要素，特色小城镇建设已经成为集聚产业、人才的新空间。这不仅给乡村发展带来了活力，也促进了资本下乡，成为实施乡村振兴战略的重要抓手。

19.3.2 优化乡村治理结构体制机制建设

建立共建共治共享的乡村治理格局。为了确保乡村治理工作的有效推进，落实县乡党委的领导责任，明确党委和政府部门的职责范围，形成多方参与的工作机制。通过加强乡村治理与经济社会协调发展的机制，将乡村治理机制与乡村产业发展、农村人居环境整治、村庄基础设施建设、生态环境保护、文明乡风塑造、脱贫攻坚等方面有机结合，实现共建共治共享的目标。具体而言，县乡党委应当发挥领导核心作用，统筹规划乡村治理工作，明确各部门职责，协调各方资源，确保工作有序进行。政府部门应当根据党委的决策部署，制定具体的政策措施，加强乡村治理与经济社会发展的协调配合，促进乡村治理与产业发展的良性互动。当建立健全乡村治理与经济社会协调发展的机制，将乡村治理机制与农村人居环境整治、村庄基础设施建设、生态环境保护等方面有机结合，实现治理工作的整体推进。在文明乡风塑造方面，应当注重培育村民的文明习惯和公共意识，加强村规民约的制定和执行，营造良好的乡村文化氛围。脱贫攻坚也是乡村治理工作的重要方面之一。应当加强对扶贫政策的落实和监督，确保扶贫政策的精准实施和有效推进。当注重发展乡村产业和促进农民增收，加强农村基础设施建设和公共服务设施建设，提高农村居民的生活质量和福利水平。落实县乡党委领导责任、明确党委和政府部门职责、形成多方参与的工作机制、加强乡村治理与经济社会协调发展的机制等方面是实现共建共治共享目标的关键措施。只有通过这些措施的有效实施，才能推动乡村治理工作的全面提升和社会经济的协调发展。

理顺乡村产权与治权关系的机制。明确产权与治权的定义和界限，确保各方权益得到有效保障。建立健全的法律法规体系，通过法律手段规范产权和治权关系，确保其正常运行。加大监管力度，对违反产权和治权规定的行为进行严厉打击，维护正常的市场秩序和社会稳定。在促进农村新型集体经济发展方面，采取积极的政策措施，支持农村集体经济组织的发展，提高其经济实力和竞争力。加强对农村集体经济的监管和管理，确保其合法、合规、健康发展。完善农村矛盾纠纷排查调处化解机制，建立健全的矛盾纠纷排查调处化解体系，及时发现和处理各类矛盾纠纷。加强对矛盾纠纷的研判和分析，找出问题根源，制定针对性的解决方案。加强对调解工作的宣传和推广，提高群众的法律意识和法律素养，引导群众通过合法途径解决矛盾纠纷。持续推进平安乡村、法治乡村建设是维护农村社会稳定的重要手段。加强对农村社会治安的治理和维护，建立健全的治安防范体系和应急机制，确保农村社会的安全和稳定。加强对农村法律服务和法律援助工作的支持和保障，为农民提供及时、有效的法律服务。加强对农村基层干部和农民的法律培训和教育，提高他们的法律意识和法律素养，促进农村社会的和谐稳定发展。建立理顺乡村产权与治权关系的机制、促进农村新型集体经济发展、完善农村矛盾纠纷排查调处化解机制、持续推进平安乡村、法治乡村建设是维护农村社会稳定的重要措施。只有通过这些措施的实施，才能够实现农村社会的和谐稳定发展，为全面建设社会主义现代化国家做出积极贡献。

完善基层治理方式。加强乡镇政府的职能，提高其行政能力和服务水平，使其能够更好地为乡村的发展提供支持。优化乡镇的资源配置，确保各类资源能够得到充分利用，为乡村的发展提供更多的动力。规范村级组织代办或承接的政府工作事项，避免出现一些不必要的行政事务和检查评比事项，切实减轻村级组织的负担，使乡镇真正成为带动乡村发展的龙头，为乡村的繁荣和发展做出更大的贡献。

构建完善乡村治理的组织体系。构建完善的乡村治理组织体系是至关重要的，它以党的基层组织为领导核心，确保了党的方针政策在乡村的正确实施。在这个基础上，村民自治组织和村务监督组织发挥了重要的作用，它们积极参与到乡村治理中，为村民发声，维护村民的合法权益。集体经济组织和农民合作组织在乡村治理中扮演了纽带的角色，它们紧密联系着农民和农业生产，为乡村的经济发展提供了坚实的支撑。这些组织不仅关注生产效益，还注重环境保护和可持续发展，使乡村经济走上了一条健康、持久的发展道路。其他经济社会组织则为乡村治理提供了有益的补充。这些组织在乡村中发挥着各种各样的作用，如提供公共服务、促进文化交流、参与公益事业等，为乡村的全面发展做出了贡献。实现村级各类组织按需设置、按职履责、有人办事、有章理事是乡村治理的关键，确保了每个职位都有合适的人选，而且每个组织都能够按照规章制度进行有序运作。乡村治理体系既保证了党的领导地位，又充分发扬了民主精神，使乡村治理更加科学、规范、有效。

完善村级权力监管机制。完善村级权力监管机制，建立健全农村小微权力监督制度，制定权力责任清单，确保各项权力的运行都在阳光下进行，接受群众的监督。建立形成农民群众、村务监督委员会和上级部门等多方监督体系，形成有效的制约和监督机制，规范乡村小微权力运行，进一步规范乡村小微权力的运行，防止权力滥用和腐败现象的发生，为农村的稳定和发展提供有力的保障。

健全村级重要事项、重大问题讨论机制。全面落实乡镇、村干部入户走访和党员联系农户机制。这些机制的实施能够确保政府官员和党员深入了解农民的需求和问题，及时掌握农村社会的发展动态，为制定更加精准的农村政策提供重要依据。丰富各类村级组织协同参与乡村治理的方式。这些组织包括村民委员会、村民小组、村民理事会、村民监事会等。通过这些组织的协同参与，更好地发挥基层群众自治制度的作用，提高农村社会的自我管理、自我教育、自我服务的能力。只有当这些措施真正落地生根，才能为乡村振兴打下坚实的基础。通过共建共治共享的乡村治理格局，实现农民群众的共同参与、共同建设、共同治理、共同享有，推动农村社会的全面进步和发展。为了确保这些措施的有效实施，加强监督和考核。政府部门定期对乡镇、村干部的工作进行评估和考核，确保他们的工作符合要求。加强对各类村级组织的监督和管理，确保它们能够真正发挥协同作用，共同推动乡村治理的发展。通过全面落实乡镇、村干部入户走访和党员联系农户机制，丰富各类村级组织协同参与乡村治理的方式，加强监督和考核等措施的实施，建立起共建、共治、共享的乡村治理格局，促进乡村振兴的实现。

19.3.3 创新现代乡村治理手段

建立扁平化城镇网络结构体系。为了打破行政区划限制，采取一种全新的区域化城—镇—村网络，这种网络具有共生性、依赖性、互补性的特点。实现镇村关系从层级性、单一综合性向扁平化、多元化、特色化的网络关系转变。这种转变促进镇村之间的合作和交流，加强彼此的依赖和互补，实现区域内的协同发展。

优化乡村治理结构。在现代社会，乡村治理需要更加注重民主、法治和人性化。通过优化治理结构，增强村民的参与和自治意识，提高治理的透明度和公正性。优化治理结构还为乡村发展提供更好的制度保障和支持。

现代信息技术的发展为乡村治理提供了更多的可能性。通过充分利用"互联网+"治理模式，实现乡村治理的智能化、精细化、专业化，提升乡村治理效率和效果。这种模式利用互联网的技术优势，为村民提供更加便捷、高效的服务和管理，还加强与村民的沟通和互动，提高治理的满意度和公信力。激发参与乡村治理的内生动力，建立村民议事会、村民理事会等组织，为村民提供参与治理的平台和渠道。还通过开展村民自治、民主决策等方式，增强村民的参与感和获得感。加强村民之间的信任和合作，促进乡村的和谐稳定和发展。

推进镇村联动建设。以产业联系为切入点，构建镇村联动关系，通过市场牵龙头、龙头带基地、基地兴农户的形式实现镇村联动发展，推动了小城镇与美丽乡村的规划编制、产业发展、基础设施、公共服务、生态空间、村镇管理，达到促进城乡统筹发展的目的。拓展镇村互动内容和形式，转变服务共享模式，创新新兴的信息互动方式、产业集聚形式、服务共享模式，进一步对镇村关系进行专业性、链接式、网络型的内容性梳理、充实与整合。

19.4 推进城乡融合发展

19.4.1 统筹城乡一体化发展

发挥现代化小城镇的引领辐射功能，协调促进基础设施与城市之间的建设布局、互联互通的合理衔接，进一步完善乡村交通、给排水、供气、供热、环卫、供电、物流、信息、电话、互联网、广播等基础设施的一体化工程。要发挥小城镇的带动作用，推动城镇基础设施向农村延伸，推动农村地区基础设施建设与城市地区有效衔接，进一步改善小城镇的基础设施条件、夯实产业基础。实现城市基础服务均等化，促进教育、医疗、健康、养老、文化教育、社会救助、住房保障等服务系统的均衡化发展，优先发展小城镇教育和职业教育，增加镇村人力资源储备，培植内生发展动力。

强化统筹小城镇全域发展规划，健全小城镇建设规划体系，重塑城乡协调发展空间，统筹城乡发展空间形态和合理地统筹城乡发展空间布局，发挥小城镇在区域空间发展中较强的聚集作用。小城镇建设工程当具备的超前性、科学化、合理性和可操作性。合理确定了小城镇性质与发展规模，确定不同的发展模式和重点，调控区域开发和产业布局，注重实效，着眼长远。针对各镇资源、区域、产品、人口、空间等的不同状况，凸显特点，选取最佳的经济发展方向和途径，实施小城镇整体规划和控制性详规，以实现的工业、土地、生活设施等配套条件和总体规划布局的位置、功能和规模相适。小城镇发展规模要集约紧凑，严格控制小城镇经济发展的城市规划红线和界限。乡镇发展规模大小要综合地域特色产品、生产经营水平、未来经济蓬勃发展走向等方面，进一步优化土地利用，特色发展，努力做到"一镇一规""一村一品"，实现发展规模大小适宜、布局合理、节省用地、循序渐进、集约发展、科学布局、彰显地方特色、集聚特色产业。

19.4.2 促进城乡发展要素双向流动

打破制度上的束缚，实现城乡劳动力、资本、土地等生产要素双向、无差别化、畅通无阻流动，制度供给与生产要素的自由流动相匹配，以放活经营权为突破口，推进农村土地向家庭农场、种养大户、农业龙头企业等新型农业经营主体流动，土地经营权有序流转，优化了土地资源配置，促进了农村经济的转型，解决了农村土地碎片化问题，丰富了土地的经营主体，完善了农村基本经营制度，推动小城镇可持续发展。深化改革后，形成了制度供求相通和生产要素自由流转的新体制机制。积极推进了城市劳动力、资金、用地等生产要素双向、无差别化、畅通无阻流动。打破居民城乡生产就业生活限制。积极引导和鼓励资本向小城镇下沉，参与村镇建设和发展。优化了农产品土地资源配置结构，以放活土地经营权制度为主要突破口，农产品用地经营者的有序流动，有效改变了农业用地破碎化问题，丰富了耕地的经营主体，推动了农业经营的重大变革。

要推进新型城镇化与乡村振兴战略双轮驱动。充分发挥城市地区的辐射引领作用，引导城市资本流向农村。关注乡村地区的公共服务和民生利益，推进乡村振兴和城镇化协调发展，实施城乡统筹，制定财政政策、金融政策、产业政策、住房政策等配套政策体系，协调政策冲突，保障农村地区的基本生活条件，保障农民、农村、农地利益，提升生活品质。

19.4.3 加强对城乡两个市场的服务

小城镇要发挥在城乡区域发展中的双向作用。一方面，大部分规模较小的小城镇将主要承担提供基础服务的角色，为周边的农村地区提供各种支持和服务。这些服务可能包括但不限于基础设施建设、农业技术支持、社会公共服务等。通过这些服务，小城镇将成为连接城乡的关键节点，促进农村地区的发展和城镇化进程。另一方面，规模较大的小城镇则将承担更多带动周边区域整体发展、提高地区城镇化水平、提供城市服务的职能。这些小城镇可能会发展成为区域内的经济中心，吸引更多的人口和资源聚集，进而推动周边地区的经济发展和社会进步。通过优化资源配置和发展特色经济，推动小城镇的持续发展和进步，进一步促进我国城镇化进程和城乡一体化发展。

优化配置好发展的要素资源，调整经济结构，提高供给质量和效率是小城镇发展的关键。通过科技创新、人才培养、政策扶持等多方面的措施，更好地满足城乡两个市场对中高端产品的需求，实现小城镇产品面向城市和乡村两个方向的有效输出。明确小城镇产品和服务的供给方向，对发展的要素资源进行优化配置，对经济结构进行调整，以提高供给的质量和效率。在优化配置的过程中，注重创新和科技的使用。通过加强科技创新和技术改造，提高小城镇企业的生产效率和产品质量，以满足市场对中高端产品的需求。注重人才培养和引进，建立完善的人才激励机制，吸引更多的高素质人才来到小城镇，为小城镇的发展提供智力支持。加强对小城镇企业的支持和扶持。政府出台相关政策，提供税收优惠、贷款扶持等支持措施，鼓励小城镇企业进行技术创新和转型升级。通过引导和推动小城镇企业与大城市的企业进行合作，实现资源共享和优势互补，促进小城镇经济的快速发展。

健全小城镇整体综合公共服务提供功能，弥补基础建设和公共服务提供短板问题，进一步突破了文教、医疗、就学、健康、养老、社会福利等重要范畴，形成了更完善、富有魅力的小城镇生活圈，进一步提高小城镇的整体综合服务和水平，使镇乡市民都就近享用到建成区设施和服务，提升群众的获得感和满意度。优化要素资源配置，调整经济结构，着眼于城市和区域经济发展的转型升级，培育特色经济发展，提高供给质量和效率，增强服务周边乡村功能和集聚人口、经济的带动能力。积极汇聚乡村振兴新动力，培育新兴产业，利用网络平台促进农村电子商务发展，促进闲暇农产品与乡镇旅游繁荣。通过"互联网＋"现代农业及休闲农业和乡村旅游升级行动，推进农业信息化建设，推动休闲农业和乡村旅游发展。

19.4.4 推进融入城市群建设

形成了较为合理的地区经济协调发展新机制，形成城乡体系网络化发展格局。依托的城市发展产业带和经济发展轴线，统筹协调小城镇与农村经济相互关联，进一步扩大了城市群发展对小城镇建设的服务引领功能，提高小城镇对农村经济振兴的辐射服务功能，实现了小城镇发展与基础设施建设互联互通、公共服务基础设施共建与共享，强化小城镇对资源要素和产业发展的吸引力。

19.5 优化产业布局

19.5.1 促进产业结构转型升级

按照错位发展原则，准确定位主导特色产业目标。坚持以新型工业化为动力，走新型城镇化与工业化融合发展之路：处于工业化初期阶段的小城镇继续强化地方根植性主导产业优势，拉长产业链，拓展价值链。适应发达地区产业大规模转移趋势，以规范化、集约化、特色化工业园区为平台，主动与发达地区对接，用较低的成本引入与当地产业契合度高、资源环境代价小的劳动密集型、资本密集型产业，如纺织、服装、钢铁、石化等。增强特色主导产业能级，推动相关产业集群化发展，完善产业发展支撑体系，走可持续经济发展道路。加快淘汰落后工艺、产业，积极引入新型高端制造业。小城镇注重整合提升特色工业园区、功能区，吸引主导产业、相关支持性产业、研发与物流等高端要素资源向园区集聚，培育现代产业集群，助推制造业转型升级。加强规划引导与政策支持，着手发展综合效益好、带动系数大的战略性新兴产业，如新能源、生物、新材料等。在做精做强领先企业的基础上，按照产业集聚、管理集成的要求，拓展全产业链发展模式，建成以技术密集型产业为主体的产业集群，推进新型工业化进程。按照产业发展的内在规律，各镇将服务业现代化与农业现代化、新型工业化结合起来，提高现代服务业在经济总量中的比重。特别是一些拥有工农业服务网络、专业市场、物流设施等基础的小城镇，充分利用优势条件，加快发展同现代工农业配套的生产性服务业。注意建立生产、生活性服务业主体功能区，引导现代服务业集聚发展，提升小城镇服务业整体发展水平，全力培植经济发展的新型增长点。最终形成现代农业、先进制造业和现代服务业三轮驱动、协调发展的产业结构体系，推动小城镇经济进入更高的发展层次和阶段。发展特色经济，培育支柱产业，是小城镇建设的重中之重。

为了推动小城镇经济的持续发展，必须积极培育具有地方特色的产业和支柱产业。

动态调整城乡产业协同和升级。均衡城乡产业布局，是当前社会经济发展的重要任务。积极调整产业结构，不断提高工业制造业的技术装备水平和产业附加值，以实现从传统制造业向先进制造业的转型升级。城市扩大服务业比重，提高公共服务覆盖面和服务水平，创造更多的就业机会，特别是为农业转移人口提供更多的工作机会。在确定城乡主导产业时，根据各自的资源优势、区位优势和发展过程中积累的其他比较优势进行选择。城市着重发展高新技术产业、现代服务业等知识密集型产业，而农村则依托自然资源和劳动力优势，发展生态农业、特色农业等产业。通过形成符合市场需要的产业结构，着重发展特色产业，推动整体的城乡产业协同发展。在新一轮的产业升级中，大力推进以新技术、新材料、新能源为代表的"三新"产业替代传统高污染、高能耗、高排放的"三高"产业是必然趋势。这将有助于实现资源密集型和劳动密集型产业向资本、技术密集型产业的转型，提高产业附加值和国际竞争力。"三新"产业的发展也将带来更多的就业机会和经济增长点，促进社会经济的可持续发展。通过动态调整城乡产业协同和升级，均衡城乡产业布局，推动主导产业的发展和升级，大力推进"三新"产业的发展，将有助于实现资源密集型和劳动密集型产业向资本、技术密集型产业的转型，提高城乡产业的竞争力和可持续发展能力。

承接大城市产业辐射。主动承接大城市向外的工业项目和制造业产业链，带动第三产业和相关配套领域的发展，创造更多就业机会。这一举措不仅促进当地经济的发展，还提高当地人民的生活水平。政府采取一系列优惠措施，如税收减免、财政补贴和信贷优惠等，以吸引各类生产和市场要素向县镇集中。这些措施有效地引导就业主体向内地、中小城市和小城镇转移，实现劳动力的就近转移。这种就近转移的方式有助于缓解大城市的就业压力，也促进中小城市和小城镇的发展。

19.5.2 打造重点发展主导产业

在开展产业发展时，重点发展主导产业。根据城乡的资源、区位和比较优势，确定主导产业，发展特色产业以满足市场需求。推动"三新"产业替代"三高"产业，以此转向资本、技术密集型产业，推进农村供给侧改革，以此发展农村新产业以满足人们的生活需求，促进城乡共生。其中，农村电商业态的发展有助于推动小城镇特色产业的发展，也有助于实现农村商品更广泛的覆盖面。加快传统产业的转型升级和产品附加值提升，加强特色业态的发展，如国家驿站、休闲农庄、采摘篱园、民族风苑、乡村酒店等。在有条件的地区，利用闲置农宅和村庄来发展多元化产业，培育富民产业。通过利用艺术理念来改造农宅，以此鼓励农村文化艺术产业的发展，更好地利用存量农村土地资源。新产业依托农业的生态本源，如粮食、蔬菜、花卉等，融合层次得到显著提高，农商、农游、农养、农文、农教、农健、农科、农展等层次的融合得到充分发挥，以此形成丰富多彩的产业形态。这些产业与城市产业错位发展、互为补充，奠定了融合型新产业可持续发展的基础。鼓励农村电商业态的发展，促进小城镇产业特色化发展，实现城市文明和乡村文明的共生。服务市民和富裕农民，兼顾错位发展和特色价值实现，为乡村经济振兴奠定基础。

19.5.3 积极发展农村新产业、新业态

积极借助自身的区域、资源和地理环境等自身优势，按照推进农产品供给侧改革的方向，积极发展农业新产品新业态，以提升农业产品市场附加值，满足广大人民群众对健身娱乐、食品安全等精神生活方面的质量要求。与城市工业的错位发展，相辅相成，进一步夯实了融合型新工业可持续发展的基石，是中国当前农村经济振兴的重点方向。为推动农村电商产业的发展，积极鼓励本地电商企业将产品销售范围扩大到本地以外区域。大力发展地方特色产业，包括国家驿站、休闲庄园、采摘篱园、中国少数民族风苑、农村宾馆、健康山吧、生态渔村、山水人家、葡萄酒庄、车辆营区等，以提升地方产业特色和品牌影响力。积极推动农村新产业、新业态的发展，实现城市文明和乡村文明的共生，为乡村经济振兴奠定基础。新产业应依托农业的生态本源，发展农村电商等业态，促进小城镇产业特色化发展，延伸产业链条，提升产品附加值。加强特色业态的发展，利用闲置农宅和村庄，发展服务城市功能的产业，实现农村资源的多元化利用。特别是对于有条件的城市近郊和平原地区，可以通过改造旧宅＋艺术的理念来发展文化艺术产业，满足人们对健康休闲、食品安全等精神生活的品质需求。

与城市产业错位发展的农村新产业，将成为我国农村经济振兴的主要方向。

19.6 强化城乡全域规划

推行多规合一和重心下移的原则。为了确保城镇的可持续发展，科学地确定城镇的性质和规模，结合当地的特色产业来推动全面发展。坚持以国民经济和社会发展总体规划为指导、以主体功能区规划为基础，结合土地利用规划、区域规划、城镇规划等各项专项规划，构建一个各规划定位清晰、功能互补、统一衔接的规划体系。在进行全面规划的过程中，不仅要考虑长远发展和环境保护的需要，还要对不合理的开发活动进行限制。其中，对区域土地开发利用活动的控制是间接调控区域开发和产业布局的重要手段。在小城镇发展中，集中合理紧凑，规划好六个功能区，协调各个功能区的发展。注重对山、水、林等生态资源的利用，以原有城镇自然风貌为基础，引导小城镇集约紧凑发展，推行"一镇一规""一村一品"的理念。在乡村规划设计中，注重利用特色核心农产品，提升农村的经营效益。通过这种方式，更好地促进农村经济的发展和农民的增收。为了提升规划管理水平，必须遵循先进的规划理念，不断提升规划管理的科学性。这包括对规划的评估和监督机制的完善，以确保各项规划的顺利实施。加强公众参与和多方协商机制的建设，使公众能够更好地参与到规划制定和实施过程中来，增强规划的民主性和科学性。

遵循先进规划理念，将小城镇打造为农民市民化的重要载体。就目前来看，我国

大中城市人口集聚的趋势依然不减，这些流动人口希望到大城市寻找生存和发展的机会，但事实上，他们多数都无法享受到城镇居民的基本公共服务，甚至出现了城市内部新的二元矛盾。由于小城镇自身发展动力不足和功能发育水平低下，小城镇难以发挥在吸纳农村剩余劳动力和疏散城市功能等方面，客观上也无益于缓解由农村留守儿童、妇女和老人等问题所带来的社会风险。城镇化强调以人为本，主要就是对改革开放 40 多年来，我国城镇化长期以物为本，重物轻人的发展方式所带来的一系列问题予以回应，积极倡导人在城镇化中的主体地位。以人为本，让那些脱离土地和农业生产，进入城市（镇）从事第二、第三产业，为城市（镇）创造巨大物质财富的规模庞大的外来务工群体真正融入城市社会，住房、医疗和教育等方面得到相应的社会保障。

规划强调要以综合承载能力为支撑，提升小城镇的可持续发展水平。要以小城镇的资源禀赋、生态环境、基础设施、就业岗位和公共服务对城市人口及经济社会活动的承载能力为支撑，通过强化小城镇产业就业支持、优化小城镇空间结构及管理格局、提升小城镇基本公共服务和规划建设水平、加强和创新小城镇社会治理和推动新型城市建设等方面来提升小城镇的可持续发展水平。小城镇综合承载能力区分为硬约束和软约束两个方面，对于软约束（就业培训、公共服务等），通过制度的创新或者政府在资金和政策方面的支持加以提升。提升小城镇的居住和服务功能，加强现代化小城镇的建设已经成为整个区域可持续发展的重要支撑点。

做好小城镇的长期规划与短期规划、总体规划与专项规划之间的有效衔接。为确保小城镇的规划实施顺利进行，加强不同规划之间的衔接，分阶段有步骤地实施规划。动员全社会积极参与规划实施，加强规划宣传，增进公众对规划的理解与认同，集全镇之力、聚全镇之智，共同把小城镇建设得更加美好。坚持发挥市场在资源配置中的基础性作用，政府各部门要正确履行职责，合理配置公共资源，引导调控社会资源，保障规划目标和任务的完成。建立健全规划实施监测评估机制。这包括完善统计制度与创新数据采集机制，建立动态化的数据监测和分析机制，加强对规划实施情况的评估工作，自觉接受多元评估主体的监督。为推动科学发展、加快转变经济发展方式等方面发挥领导干部考核体系的积极作用，深化改革政府绩效评价考核体系和具体考核办法，加强对产业转型、结构优化、民生改善、资源节约、环境保护、基本公共服务和社会管理等目标任务的综合评价考核。

加强文化传承和生态保护。在规划过程中，充分考虑地域文化的保护、传承和挖掘。这不仅是对历史和传统的尊重，也是对当地居民文化意识的唤醒。通过将乡土文化的传承和挖掘视为核心工作，更好地弘扬当地的文化底蕴，促进地域文化的可持续发展。关注环境的影响。对于那些可能造成环境污染的产业，科学地进行规划，确保其与环境保护相协调。通过合理的产业布局和环境监管，实现经济发展与环境保护的双赢。按照生态园林小城镇建设的要求进行高起点、高标准的生态规划和景观设计。这样增加绿地面积，提高生态环境质量，为居民提供更加宜居的生活环境。通过这些措施的实施，加速城镇化进程，推动城乡一体化发展。注重地域文化的保护、传承及挖掘，合理规划具有环境污染的产业，提高绿地面积按照生态园林小城镇建设要求进行规划设计，都是为了实现小城镇的可持续发展和加速城镇化进程。充分认识到这些方面的重要性，将其纳入规划中予以关注和落实。

坚持农民主体地位和乡村利益。明确政策边界，坚守原则底线，不能损害农民的利益，这是不可逾越的红线。在小城镇规划、住房建设、公共服务和社区管理等方面，充分考虑农民的实际需要，为他们在城镇就业创造更多的机会。这样方便农民进城工作和生活，提高他们的生活质量。推进城乡交通基础设施一体化建设。便捷、互通、快速的交通体系既充当城乡间人才、资金等生产要素流动的重要载体，也对小城镇的空间扩展、功能变迁、产业布局等具有指向性作用。

加强规划实施及评估管理。建立健全责任明确、统筹协调、分工负责、分类实施、有效监督的规划实施与评估管理机制，发动社会全体力量，共同努力实现规划所描绘的发展蓝图。制订翔实可行的规划执行计划。将总体性、长远性规划中的政策目标分解为每一单位具体实施的分目标、短期目标，将具体目标进一步落实到相关部门和执行人身上，明确各项具体工作由谁负责、由谁执行。合理安排规划执行所需的人力、物力、财力，明确各项具体工作需要配备多少人员、需要多少经费制订相应的时间期限计划。建立规划执行组织，建立健全相关工作管理制度，进行有效指挥协调，使组织内人力、物力、财力能够得到最大化利用。构建一个人、财、物合理配置的规划执行组织，建立健全相关管理制度。小城镇规划编制要在贯彻落实国家、区域战略意图的前提下，结合本地实际情况，着力凸显自身特色，积极推动本地区规划与国家级规划、区域性规划等省级规划提出的战略目标、主要任务的相互协调，尤其是加强约束性指标的统一衔接。

19.7 发挥科技引领作用

科技的快速发展成为小城镇发展的核心动力，体现在多个方面。首先，科技的快速发展为小城镇提供了突破区域限制的机会，扩大了小城镇的发展空间。通过互联网、物联网等技术的应用，小城镇可以实现自身与外界的无缝连接，与全球市场接轨，实现资源的共享和协同发展。而且小城镇可以借助科技的力量优化自身的资源配置，提高资源利用效率，从而降低市场交易成本，促进小城镇发展。其次，科技的快速发展可以为小城镇提供创新动力。现代科技创新在绝大部分情况下都是基于数字科技领域，并将其应用到现实场景中。只要小城镇注重科技的应用，并把握科技发展的最新趋势，就可以获得科技创新带来的巨大发展机遇。例如，可以发展智慧城市，利用大数据、人工智能等技术手段改善交通、环境、治安等公共服务领域，提升城市管理水平和市民生活质量。再次，科技的快速发展可以为小城镇提供优化服务的可能性。物流、医疗、教育等服务领域都可以通过科技的力量得到优化和提升，从而增加小城镇的产值，为当地经济发展注入新的活力。例如，小城镇可以借助科技手段开发特色的生态旅游产品，拓展旅游业的服务领域，发展高端的旅游业，吸引更多的游客和资本来到小城镇。另外，科技快速发展也使得小城镇的生活方式更加方便和高效。例如，在智慧城市建设中，城市设备、物品、信息、服务等都可以互联互通，形成智慧城市的生态系统，为市民提供智慧化、便捷化的生活服务。而在医疗服务方面，互联网医疗、远程医疗等科技手段的应用，可以大大提高小城镇居民就医的便捷度和效率，改善公共卫生水平。此外，科技的快速发展还可以为小城镇提供更多的就业机会，拓展城镇的产业规模和业态，促进小城镇的经济持续发展。

继续坚持技术创新理念。经济增长理论表明，以资本、劳动力投入为主的粗放型经济增长具有不可持续性，技术进步才是经济长期稳定增长的唯一源泉。改革开放以来，依靠初级要素的大量投入，小城镇经济高速增长，但高消耗、高排放、低效率的经济增长方式也进一步导致人口、资源、环境形势日益严峻。当前，从劳动力供给及资源环境现状看，小城镇产业竞争力正在逐步减弱，传统的经济发展方式难以为继，小城镇已经进入了创新经济发展动力源、用低增长率换经济发展方式转型，实现集约型增长的新阶段。必须痛下决心，以建设创新型小城镇为核心，重点提高三次产业技术创新能力，形成新的竞争优势，推动经济可持续高质高效增长。继续实施科教兴农发展战略，充分发挥政府主导作用，加大农业科技投入力度，加快关键性、共生性技术创新，如高产优质、无公害栽培种植技术等。尽快将农业科技研究成果转化为生产力，着力突破农业经济与科技脱节问题，为农业增效、农民增收和农村繁荣创造持续动力。也要积极培育龙头企业，鼓励企业与科研院所合作，提高产业机械化、科技化、信息化水平，增加产品的科技附加值，达到降低发展成本、提高产品质量安全、提升农业整体素质和竞争力的目的。

发挥现代生活性服务业发展的关键性作用。全力发展与现代化农业、新型化工业相匹配的高层次服务业，如科技服务业、文化传播业、信息服务业、网络软件服务业等。与此同时注意改造传统生活性服务业，如实施科技人才发展战略，创新人才培养、评价、激励机制，积极发展工农业职业教育，加快培育掌握专业科技文化知识的高素质人才。加大培训力度，培养规模庞大的工农业实用人才。积极推进各类生活科技服务机构的建设，推广技术、传递信息、防控动植物疫病、监管产品质量，充分发挥科技对小城镇现代生活性服务业发展的关键性作用。

19.8 改善生态环境建设

走产业生态化发展道路。创建生态型小城镇，需要生态产业做支持。小城镇依据控制源头、改造现有、加强监管的原则，制定生态产业建设规划，建立健全生态产业发展机制，引导产业主体发展循环、低碳经济，努力构建绿色生态经济体系：一是积极发展生态工业。小城镇工业是耗能量、污染量最多的产业，因此，构建低能耗、低碳工业运行模式，对生态产业的发展至关重要。制定工业节能、降耗、环保等绿色标准，淘汰落后产能。建设生态工业园区，推进传统工业集群生态化改造，大力发展新材料、新能源、节能环保、生物工程等生态效益高的新兴工业。强化环保教育，深化资源价格等体制改革，鼓励工业企业采用节能环保新技术、新工艺，高效利用常规资源，积极采用清洁资源，从源头上减少能耗和污染。落实节能减排目标责任制，采取合理的企业排污补偿等措施，促进工业企业采用绿色发展模式，推行清洁生产，提高资源循环利用率，实现废物排放最小化。加强环境监管，不断提高排放标准，逐步形成一流的绿色生态工业体系。

大力发展生态农业。制定生态农业发展规划，着重以科技为支撑，努力发展优质、高效生态农业。例如，将农业生产和环境保护结合起来，在产前、产中、产后，推广节水、节肥、节药、集约、高效、循环等技术，采用绿色生产方式，尽可能减少土地、水体等农业资源的消耗，有效控制农业面源污染。发展生态农业，提高农产品质量和农业、农产品附加值，增加农民收入的又达到保护生态环境的目的。推进农业经营产业化、管理市场化，有效增强农业整体竞争力，最终实现农业经济、社会、环境效益最大化。

增加生态服务业在经济中的比重。总体上说，服务业占用资源少、污染物排放量小，属于典型的低耗能、低碳产业。建设资源节约型、环境友好型小城镇社会，必须重视发展服务业。所以，"十二五"期间，小城镇在挖掘生态工业、农业内在发展动力将服务业作为先锋和亮点，大力提升服务业比重。当然，尽管同其他产业活动相比，服务业对生态系统的干扰较小，但随着服务业整体规模的日益扩大，第三产业带来的资源消耗、污染排放对小城镇生态环境的负面影响也越来越明显。这意味着小城镇必须把生态服务业培育作为服务业发展的重中之重。对此，严格禁止不符合生态服务业规划的高能耗、高污染企业落户小城镇。对于达不到节能减排标准的企业（特别是生活性服务业企业），坚决取缔其经营资格。也要注意创造适合于现代金融保险业、生态物流业、环境友好型旅游业等现代服务业发展的环境、条件，全面拉动生态服务产业的发展。

落实各项环境基础设施建设，加强产业污染综合整治工作。重视末端治理、提高节能减排水平对构建生态产业至关重要。小城镇遵循整体规划、科学开发原则，高起点、高标准建设各项环境基础设施。建立规范的环境监测系统，加强监督检查，通过政策引导，保证三次产业生产过程中产生的废水、废气、固体废弃物等污染物统一纳入处理厂进行集中处理。

倡导低碳生活方式，全力优化人居环境。生态小城镇的主体内容是自然与人的和谐发展，小城镇注意以人为本，积极营造生态、高效、和谐的生活环境。居民是构建生态小城镇的主角，所以必须加强环保教育，帮助小城镇居民树立环保意识，掌握生活垃圾分类处理等环保知识，减少过度碳排放行为。引导居民逐渐形成低碳型生活方式。还采用必要的激励手段，扩大低能耗、低污染供热装置、照明设备、电器、绿色建筑材料等产品的适用范围，开发低碳消费项目，倡导绿色交通等低碳消费方式，促使居民养成低碳消费习惯，最终建立起和生态小城镇相适应的人居文化。环境是一种稀缺资源，也是一种公共物品。作为环境资源的拥有者，小城镇居民享有在良好环境中生存的权利，从这一角度看，在严格控制新生活污染源的同时要加强对老污染源的治理，切实改善人居环境。由于环境具有非排他性和非竞争性特征，这种公共物品的使用主体通常不会主动采取措施避免外部不经济现象。因此，除了加强引导、监督、管理，减少企业、居民对环境的破坏，还采取必要的激励政策，赋予小城镇政府更多的环境治理权限，将环境治理与小城镇行政人员绩效考核结合在一起，调动小城镇政府治理环境的积极性。在此基础上，加强公众监督，让公众参与政府环境整治绩效评定全过程，提高环境整治的有效性。而在实际工作中，小城镇政府必须以优化人居环境为目标，不断加大资金投入力度，完善环境治理基础设施，健全组织机构，加强长效管理，重点抓好居民集中地的环境治理，构建洁净宜人的现代化小城镇。要创新理念，积极探索优化人居环境的新方法，全力打造环境优美的生态小城镇。建立联动机制，做好环境监测预警、污染联防协作等工作，促进小城镇联合体大生态系统健康发展，也为生态小城镇建设打下良好的基础。除了保护好小城镇的传统风貌之外，还要注意塑造独具特色的城镇景观。由于绿色植物具有较强的碳汇能力，在优化人居环境过程中，着重树立小城镇绿化指导思想，结合当地实际，科学制定小城镇绿化规划，合理进行绿化建设，提高绿化覆盖率和绿化水平，加强维护与管理，发展园林式小城镇，实现人与自然系统、小城镇与生态环境的和谐发展。制定相应的环保规划，合理布局和科学划分环境功能区。加强对污染的集中控制，减少污染。

加强小城镇环境管理与环境治理工作。为了贯彻和落实强化环境保护的相关法规，增强小城镇的环境法制建设。制定和实施更严格的管理规定，以确保小城镇的固体废弃物排放和水污染等行为得到规范。

19.9 重塑地缘文化记忆

小城镇历史和文化都是与生俱来、不可分割的统一体。人文是小城镇的生机与灵魂，是小城镇发展的重要核心。根据小城镇和乡村的自身特点，深度挖掘其文化基因，因地制宜倾力打造，保存城镇记忆，留下农村乡愁。小城镇与文化之间有着内在联系。中国的城市和乡村文化独具特色，都源于中国传统文化。因此，深入挖掘小城镇和乡村的文化，因地制宜地保护和传承地方文化多样性，实现文化、经济、产业、社会活动、非物质文化遗产传承和自然环境保护的有机融合。在此基础上，将文化与现代生活有机融合，塑造特色文化空间载体，培育常态化的文化活动，重塑小城镇和乡村地缘文化记忆。

优秀传统文化的传承和保护是乡村建设中的重要方面，其中包括传统村落、民族村寨、农业遗迹、戏曲曲艺等文化遗产。乡村公共文化服务体系得到完善，农民的文化素质也得到提高。充分利用文化遗址遗迹、历史人文资源、古镇建筑群落、非物质文化遗产等载体弘扬乡村文化，推动乡村文化的转化和发展。深入认识和自觉保护乡村文化，共同营造文明乡风、良好家风和淳朴民风。正确处理好小城镇建设发展和传统民俗文化保护继承发展的关系，保护好传统村落、少数民族村寨、重要农业遗址、优秀传统戏剧曲艺等文化遗产。突出文化内涵，塑造地方特色。

第 20 章　我国小城镇未来发展展望

我国小城镇的未来发展是充满希望的。国家将继续加大对小城镇发展的支持力度，推动小城镇经济、生态、文化和社会治理的全面提升，努力实现小城镇与大城市的协调发展，让小城镇成为人民生活幸福、社会进步和经济繁荣的重要组成部分。小城镇未来发展过程中依然会有不少机遇，这些将为小城镇未来可持续发展注入新的活力。

20.1 小城镇将成为县域经济增长的新引擎

随着城镇化进程的推进，小城镇承担起吸纳农村转移劳动力、推动地方经济发展的重要任务，成为县域经济增长的新引擎。为推动小城镇发展，国家采取了诸多支持措施，包括政策引导、资金支持、培育产业、制度创新和人才培养等方面，这些措施为小城镇提供了优良的发展环境和难得的机遇，为实现乡村振兴目标提供了坚实的保障。

国家制定了一系列相关政策，为小城镇发展提供了指导方针和政策支持。这些政策倾向于小城镇的产业发展、基础设施建设、土地利用等方面，鼓励小城镇创新机制、改革措施，激发其活力。

国家逐年增加对小城镇的投入力度，以解决城乡二元结构以及城镇化进程中的一系列矛盾和问题。国家投入的资金主要用于满足小城镇基本公共服务设施和产业等发展需求，为小城镇发展带来巨大的机遇。国家通过专项基金、财政扶持等方式提供资金支持，用于小城镇的基础设施建设、农村产业发展、公共服务提升等方面，有效弥补小城镇自身融资能力不足的问题，推动小城镇发展稳步前行。

通过引导产业发展、提供创业就业机会等措施，促进小城镇的经济活力和竞争力的提升。

国家鼓励小城镇进行制度创新，探索适合小城镇特点的土地政策、社会保障制度、产业协同发展机制等。小城镇根据实际情况灵活运用属地管理、市场化运作等机制，推动创新发展。

国家加大对小城镇人才培养的支持力度，通过各类培训项目、人才引进政策等措施，提高小城镇的人才素质和创新能力。这有助于小城镇充分发挥人才资源的优势，推动乡村振兴战略的实施。

20.2 小城镇将推动城乡一体化发展

作为城乡融合发展的重要载体和平台，小城镇将迎来城乡一体化重要的发展机遇。通过产业升级、基础设施建设等方面的努力，加强小城镇的发展，不仅能够为城乡一体化发展做出贡献，也能增强小城镇的实力和竞争力，提升居民的生活水平和获得感。

小城镇作为城乡一体化发展的枢纽，发挥其优势，加强与周边城市、乡村地区之间的合作，实现产业互带、优势互补的效果，推动产业的协同发展。城乡一体化发展过程中，各类产业之间相互融合和协作将成为发展的关键因素。随着国家战略的调整，一部分传统产业开始向小城镇转移，如部分装备制造业、轻工制造业、电子信息、节能环保等产业，这不仅扩大了小城镇的产业规模，也提高了小城镇的产业技术水平和综合效益。区域的协作与合作，推进一体化发展，实现优势互补和资源共享。小城镇在发展中充分整合资源，形成互相补充和协同发展的格局，加强与周边城市的合作和交流，建立起互联互通、协同合作的区域发展新机制。小城镇通过加强同城或同区域的协作与合作，推进一体化发展，实现优势互补和资源共享。

小城镇的发展不仅能够缓解大城市的人口和资源压力，还能够提供良好的城市发展样板。通过小城镇的发展，探索出一种更加优化的城市空间布局和城市发展模式，这将有助于提高整个城市体系的效率。

20.3 小城镇将向现代化小城镇转型升级

随着城镇化进程的推进，小城镇面临着深刻的变化，小城镇向现代化小城镇转型是一种必然的趋势。推进城镇的产业转型升级以及城市规划的完善和提升城市的软硬件设施实为必需。

从发展经济角度出发，推进小城镇创新社会的建设。在小城镇的发展中，大力发展新型经济，尤其是高端制造业、信息技术等，跳出单一产业的发展模式，促进小城镇经济的快速发展。加强人才引进和培育、完善公共服务，支持科技创新和企业创新，构筑创新生态，推动小城镇向现代化、智能化发展。

在城市规划方面，注重城市环境的整治和确保建设住宅区、公共设施区、商业服务区、生态保护区、文化创意区等各种区域在小城镇发展中有机协调。在城镇化过程中，大力推进城市公共服务设施建设，打造更为宜居城镇，实现崭新的小城镇生活。除了要注重经济发展和基础设施建设，提高城镇品质和品位。

从人居环境、文化旅游、生态环保等方面着手，建设文明小城镇、美丽城镇，推进城乡一体化，普及现代化的公共文化服务，丰富城镇群众文化生活。充分挖掘小城镇的潜力，进行现代化城镇化建设，打造精品小城，实现小城镇的全面发展。

20.4 小城镇将促进农业转型升级

我国小城镇农业转型升级的新机遇主要体现在需求结构的变化、政策支持的加强、科技创新的推动、电商和旅游融合发展等方面，为小城镇农业的发展提供了广阔的空间和可能。随着乡村振兴战略的深入推进，小城镇有望在农业转型升级领域有所突破。

农业供给侧结构性改革。农产品需求结构发生变化，对绿色有机、优质特色农产品的需求增长迅速。小城镇地区具有较好的自然生态环境和传统农业优势，通过发展绿色有机农业、特色农业等方式满足市场需求，提供高附加值的农产品，实现农业供给侧结构性改革。

乡村振兴战略。国家提出了乡村振兴战略，为小城镇农业的发展提供了政策支持和资金保障。通过推进农村产业融合发展、建设美丽乡村、改善农村人居环境等举措，为小城镇农业的转型升级提供良好的发展环境。

农业科技创新。我国大力推动农业科技创新，投入资金支持农业科技研发和成果转化。小城镇地区通过引进先进的农业生产技术、推广高效的耕作方式，提高农业生产效率和品质，实现农业由规模化向知识化、技术化转变。引导农民发展多种经营和特色种植业，加强农村农产品全产业链发展，将为小城镇发展注入新的活力。

农村电商发展。拓宽农产品销售渠道，农村电商成为农产品销售的重要渠道之一。通过农产品线上线下结合销售等方式，促进农产品精准销售，提高农民收入。

农旅融合发展。通过发展乡村旅游、农家乐、田园综合体等形式，农业与旅游业的深度融合，将小城镇独特的农业资源和农村风情转化为旅游产品，促进乡村经济多元化发展。

20.5 小城镇将向数字化和智能化发展

数字化和智能化已经成为小城镇发展的新趋势。推进小城镇数字化和智能化发展，是实现小城镇现代化的重要路径之一。推进小城镇数字化和智能化发展，需要政府、企业、社会各界共同努力，形成一种协同发展、创新发展的格局，为小城镇的现代化建设注入新的动力和活力。通过数字化技术，实现信息化、智能化和一体化，推动小城镇发展。加强数字基础设施建设，推广数字化市民服务，建设智能化城市管理系统，加快数字化小城镇建设进程。

加强数字基础设施建设。数字化和智能化发展需要有良好的基础设施支持，包括高速宽带网络、智能化交通系统、数据中心等。因此，加快数字基础设施建设，提高网络覆盖率和速度，为数字化和智能化发展打下坚实的基础。

打造数字化和智能化产业。小城镇利用数字化和智能化技术，发展数字经济、智能制造、人工智能等新兴产业，提高城镇的产业竞争力和核心竞争力，为小城镇的发展注入新的动力。移动互联网、物联网、人工智能等新兴产业已经成为小城镇经济转型升级的重要方向。充分利用数字技术的发展机遇，通过数字化、网络化、智能化等手段提高生产力、服务水平和管理效率，打造数字小城镇，提升城市竞争力和美誉度。将城镇化与电子商务相结合，通过电商平台推广小城镇的特色产品、旅游资源和文化遗产，实现小城镇经济的快速发展。互联网将成为小城镇未来发展的重要途径。在互联网和小城镇的结合过程中，电子商务将是最突出的一种形式，带动小城镇经济的快速发展。借助互联网，小城镇的特色产品、旅游资源等通过网上销售，有效地推进小城镇的发展。小城镇电子商务将是未来发展的主要趋势。在互联网和小城镇的结合中，加强信息化建设，推广互联网，为小城镇提供更为全面的服务。

培育数字化和智能化人才。加强数字化和智能化人才的培养和引进，提高城镇的人才素质和竞争力，为数字化和智能化发展提供强有力的人才支持。小城镇中有大量高素质的人才，包括一线技术人才、大学生等，他们在小城镇中能够充分发挥自己的才能，为小城镇带来更多的创新和发展机遇。一些创新型企业在小城镇中的生存成本相对较低，这也为小城镇的科技创新提供了条件和机遇。

加强数字化和智能化安全保障。数字化和智能化发展面临着安全风险和隐私泄露问题，因此，应加强数字化和智能化安全保障，制定相应的安全管理规范和技术标准，确保数字化和智能化发展的安全可靠。

推广数字化和智能化应用。小城镇利用数字化和智能化技术，开展智慧城市、智慧农业、智慧物流等领域的应用，提高城镇的管理效率和服务质量，改善居民生活环境和品质，促进城镇的可持续发展。

20.6 小城镇将成为推进国际化发展的重要组成部分

随着全球化的发展，小城镇也走向国际化。小城镇国际化发展是一个全方位、多层次的过程，需要政府、企业、社会各界共同努力，形成一种合作共赢的格局，推动小城镇走向更加繁荣和美好的未来。

加强国际交流与合作。小城镇通过参加国际会议、举办国际展览、组织文化交流等方式，加强与国外城镇的联系和沟通，开展经济、文化、科技等多领域的合作，共同推动城镇的发展。

引进外资和技术。小城镇通过引进外资和技术，加快城镇的产业升级和技术创新，提高城镇的核心竞争力。

提高城镇的品牌形象。小城镇通过打造城镇品牌、加强城镇形象宣传等方式，提高城镇的知名度和美誉度，吸引更多的国内外投资和人才，促进城镇的发展。

推进城镇国际化教育。小城镇通过引进国际化教育资源、开展国际化课程等方式，培养具有国际视野和竞争力的人才，为城镇的发展提供强有力的人才支持。

加强城镇的城市规划和建设。小城镇借鉴国外先进的城市规划和建设经验，结合自身的实际情况，制订科学合理的城市规划方案，加快城镇的建设和改造，提高城镇的整体品质和形象。

20.7 小城镇将成为生态宜居的理想居住地

小城镇将成为生态宜居的理想居住地。采取一系列的政策和措施，推动小城镇的生态环境保护、资源合理利用、社会经济发展和居民生活质量的提升，努力打造具有生态宜居特色的小城镇，为人们提供更加美好的生活环境和发展空间。随着人们对生态环境和居住环境的要求不断提高，小城镇将成为绿色发展、生态宜居的新选择。大力推进小城镇环境治理和生态建设，改善基础设施建设，完善公共服务配套设施，维护生态环境，提升小城镇居民的生活品质。

小城镇具备自然资源丰富和生态优势。相比大城市，小城镇拥有更多的自然资源和广阔的乡村景观。通过科学规划和合理利用这些自然资源，保护和开发小城镇的生态优势，打造生态农业示范区、生态旅游景点等，提供居民自然亲近和休闲度假的机会。小城镇发展注重人与自然的和谐共生。小城镇相对于大城市更注重人文关怀和人居环境的改善。推动小城镇公共服务和基础设施建设，提升居民的生活质量，打造更加人性化和便利的社区环境。鼓励小城镇文化传承、创新和产业发展，提升居民的文化娱乐和就业机会。加大对小城镇生态环境的治理和保护力度，推动生态修复、水土保持、生物多样性保护等措施，使小城镇的环境变得更加清洁、绿色、可持续。

20.8 小城镇将成为文化传承和创新的重要平台

小城镇作为承载着丰富历史和人文资源的地方，具有独特的文化魅力。小城镇因其独特的历史文化、人文环境、政策支持和文化活动平台，将逐渐成为文化传承和创新的重要平台。小城镇拥有悠久的历史和丰富的文化遗产，这些历史积淀为文化传承提供了坚实的基础。小城镇的独特文化元素吸引着众多人前来探寻、学习和传承，成为传统文化传承的生动实践场所。相比繁华喧嚣的大城市，小城镇具有更加宜居的自然环境和人文氛围，这种清新纯朴的生活方式吸引了许多文化人才、艺术家和创新者选择在小城镇中生活和从事创作。各级政府部门高度重视小城镇的文化建设和振兴工作，通过政策引导和资金投入来支持相关工作，为小城镇文化传承和创新提供了有力保障。此外，小城镇日益丰富多样的文化活动和交流平台也为文化传承和创新提供了重要支持，通过举办文化节、艺术展、手工艺市集等活动，小城镇不仅促进了当地文化的传承和发展，还能吸引更多游客和文化爱好者前来参与交流，推动文化创新的蓬勃发展。

加强文化遗产保护。加强对历史建筑、文物古迹等文化遗产的保护，制定相应的保护规划和措施，防止文化遗产受到破坏。注重保护和传承小城镇的历史文化遗产，实现城镇可持续发展。政府、企业、社会各界应共同努力，形成一种全社会共同参与、协同发展的格局，为小城镇的可持续发展注入新的动力和活力。挖掘小城镇传统文化的价值，传承、开发、利用、保护文化遗产，拓展小城镇经济的发展空间，通过文化旅游等方式，将小城镇文化推向全国甚至世界。

促进文化传承和发展。加强文化设施建设，包括图书馆、博物馆、文化广场等。

为居民提供文化交流和学习的场所，鼓励文化创意产业的发展，包括文化产品开发、文化旅游等，提高文化产业的经济效益和社会影响力。加强文化教育，包括开展文化课程、推广文化知识等，让居民了解和传承优秀的文化传统，提高文化素养。

鼓励创新、推动文化产业发展，提升小城镇的文化软实力和吸引力。推广传统文化，包括传统节日、文艺表演、民间艺术等，让年轻一代了解传承优秀的传统文化，增强文化自信。小城镇将成为人们旅游观光、休闲度假的理想目的地。

20.9 小城镇将不断完善社会治理

小城镇将不断完善社会治理，需要政府、企业、社会组织和居民共同参与，建立多元化的社会治理体系，提高社会管理的科学性、合法性和效率性，实现小城镇社会和谐稳定可持续发展。政府部门在小城镇社会治理领域不断加大政策支持力度，提倡创新社会治理模式和方法，为小城镇社会治理的改革提供了有力支撑。信息技术和大数据等科技手段的广泛应用为小城镇社会治理提供了新的思路和工具，通过智慧城市建设、在线政务服务等方式，实现社会治理信息化和智能化。鼓励和支持各类社会组织、志愿者团体参与小城镇的社会治理工作，促进社会共治意识的形成，社会力量的广泛参与将为社会问题的解决提供更多可能性。强化法治意识和规范化管理，建立健全的法律法规体系，加强执法监督，提高社会治理的法治化水平。

在完善小城镇社会治理过程中，要多措并举。加强文化教育引导，注重传统文化和价值观宣传，培育良好市民道德素质。文化的力量能够促进社会和谐稳定，为社会治理提供内在支撑。加大对小城镇社会治理的关注和投入，推动社会治理体系的现代化，建立科学规范的指标体系与评价机制，完善社区自治组织，提升居民的参与度和获得感。这将有助于构建和谐稳定的社会环境，推动小城镇的可持续发展。在小城镇的发展过程中，充分尊重民意，采取民主决策的方式，让广大居民能够参与到城镇规划、项目投资、公共服务等方面的决策中来，确保城镇发展的真正符合居民的利益和需求。建立小城镇全民参与的发展新机制，让社区自治成为一种常态化的管理模式，让社区居民能够自主组织、自主管理、自主服务，实现"由我治理，为我服务"的目标。小城镇的发展需要多方参与，不仅要依靠政府和企业，而且要广泛地吸纳社会各界的力量。因此，建立小城镇全民参与的发展新机制，鼓励和支持各种形式的参与，比如社会组织、志愿者、专家学者，等等，让他们能够发挥自己的特长和优势，为小城镇的发展贡献力量。建立小城镇全民参与的发展新机制，加强信息公开，让居民能够了解城镇的发展情况和规划方案，听取居民的意见和建议，及时反馈和处理问题，建立良好的沟通机制。

20.10 小城镇将大规模合并重组

小城镇数量增长上会明显减慢，而小城镇规模上和功能上将会出现新的和质的飞跃。小城镇人口规模相对较小，发展空间有限，社会资源也比大城市少。小城镇发展上，会出现合并的势头，使之形成规模更大、档次更高的较大小城镇，如浙江省温州市瓯海区永中镇、海滨镇、永兴镇、永昌镇紧依相连，两镇相距不到 2 公里，且永中镇与海滨镇、永兴镇与永昌镇都只相隔一条永梅公路，同时镇规模都不大，每个镇人口也只有 2 万—3 万人，合并将产生的综合效益必将大大高于现在的四镇之和。其他地方也有雷同。根据当前的城镇化发展趋势和政府政策导向，未来我国小城镇的合并重组将成为常态，并且规模将不小。

首先，城镇化进程是中国当前的重要战略发展目标之一。随着经济的快速增长和人口的流动，许多小城镇面临着相似的问题，如人口老龄化、公共服务设施不完善、经济发展滞后等。更重要的是，随着科技的发展，行政管理的智慧化、数字化不断推进，有效行政管理半径会越来越大，政府的管理能力越来越强，行政管理手段也越来越多和有效，行政管理区域扩大的诉求会越来越强烈。在此背景下，小城镇之间进行合并重组，以形成更大、更具竞争力的行政单元，将自然而顺畅。

其次，合并重组能够提高治理效率和提供更高质量的公共服务。合并后的小城镇拥有更大的行政区域和更强大的行政能力，能够更加有效地规划和管理城市，提升公共服务水平。在合并重组过程中，能够有效整合和优化城镇规划、产业布局和交通网络等方面的资源，促进城市功能的互补和提升，更有助于优化资源配置和提升城市竞争力。通过集中发展资源优势，小城镇合并后能够形成更具竞争力的经济实力，吸引更多投资和企业进驻，更好地集中和调配资源，促进区域经济发展。政府为小城镇合并重组提供支持的同时，也会加强对城市治理的监督和管理，确保资源利用的合理性和公正性，提供更好的生活环境和福利保障。合并后的小城镇能够更好地整合公共服务设施，提高教育、医疗、交通等基础设施水平，提供更多的就业机会和商业发展空间。同时，降低行政成本，减少人力资源的浪费，提高政府运行效率。

最后，政府对于小城镇合并重组给予了积极的支持和政策引导。政府将继续支持和引导小城镇的合并重组，确保合并过程的公平和顺利进行，以实现可持续发展和人民群众的福祉。中央政府将出台一系列相关政策，包括提供财政补贴、优惠税收政策、土地开发利用等方面的支持，鼓励小城镇主动寻求合并重组机会。同时，政府还积极介入，推动合并重组的顺利进行，协调各方利益，确保合并重组过程中各项工作的顺利进行。当然，合并重组可能会面临一些挑战，比如不同城镇间的文化差异、人口流动产生的社会问题等。

为了实现小城镇内涵发展的新突破，国家应尽早修改小城镇建设标准，并依法进行设镇质量和数量调控，以适应社会主义市场经济条件下对农村城镇化的新要求。需要强调的是，合并重组并不意味着简单的"大而全"，而是要在商定目标和规划的前提下进行合理的整合。尊重每个小城镇的历史文化传承和特色，维护合并后城镇的多样性和可持续发展。政府将注重平衡各方利益，确保合并重组过程中的公平和公正，充分听取居民和相关利益方的声音，保障他们的合法权益。

参 考 文 献

[1]Antonín Vaishar, Jana Zapletalová.Small towns as centers of rural micro-regions[J].European Countryside, 2009, 1(2)：70-81.

[2]Brooke Wilmsen, WANG M.Voluntary and involuntary resettlement in China：a false dichotomy？ [J]. Development in Practice, 2015, 13 (5)：612-627.

[3]Jolene Skordis-Worrall, Kara Hansonb, Anne Mills.Estimating the demand for health services in four poor districts of Cape Town, South Africa[J].Interna-tional Health, 2011, 1(3)：44-49.

[4]Maria Valdemarsson, Elisabeth Jernryd, Susanne Iwarsson.Preferences and frequencies of visits to public facilities in old age—a pilot study in a Swedish town center[J].Archives of Gerontology and Geriatrics, 2005：15-28.

[5]Peter Wirth, Volker Elis, Bernhard Müller, Kenji Yamamoto.Peripheralisation of small towns in Germany and Japan-Dealing with economic decline and population loss[J].Journal of Rural Studies, 2016(47)：62-75.

[6]Saskia Sassen.The Global City：New York, London, Tokyo[M].Princeton University Press, 2001.

[7]Schultz T W.Migration：an economists view[J].Human Migration Patterns & Policies, 1978.

[8]United Nations. Principles and recommend ations for population and housing censuses(Revision2)[S].2007：142.

[9]WACKE R NAGEL M, SCHULZ N B, DEUMLING D, et al.Tracking the ecological overshoot of the human economy[J].Pro-ceedings of the National Academy of Sciences of the United States of America, 2002, 99(14)：9266-9271.

[10]WANG M Y, LI G P.The Shenyang-Dalian mega-urban region in transition[J].International Development Planning Review, 2008, 30(1)：1-26.

[11]WANG M Y, WU J P.Migrant workers in the urban labour market of Shenzhen, China[J].Environment

and Planning A, 2010, 42(6): 1457−1475.

[12]WANG M Y, WU J P.Migrant Workersin the Urban labor market of Shenzhen, China[J].Environment and Planning A, 2010, 42(6): 1457−1475.

[13]WANG M Y.Impact of the Global Economic Crisis on China's Migrant Workers: A Survey of 2, 700 in 2009[J].Eurasian Geography and Economics, 2010, 51(2): 218−235.

[14]White.R.Strategic decisions for sustainable urban development in The Third World.Third World Planning Review, 1994, 16(2).

[15]YANG S G, WANG C L, LO K, et al.Quantifying and mapping spatial variability of Shanghai Household Carbon Footprints[J].Frontiers in Energy(in press), 2015, 9(1): 115−124.

[16]ZHANG W, WANG M.Spatial−temporal char acteristics and deter minants of land urbanization quality in ChinaEvidence from 285 prefectu re−level cities[J].Sustainable Cities and Society, 2018: 3870−79.

[17]ZHAO P J, DIAO J J, LI S X.The influence of urban structure on individual transport energy consumption in China's growing cities[J].Habitat International, 2017, 66: 95−105.

[18]ZHAO P J, LI S X.Restraining transport inequality in growing cities: Can spatial planning play a role？[J].International Journal of Sustainable Transportation, 2016, 10(10): 947−959.

[19]"小康社会与村镇建设"课题组.中国的城镇化道路与小城镇建设[J].经济研究参考, 2005(70): 19−29.

[20]《2018年版世界城镇化展望》报告发布[J].上海城市规划, 2018(3): 129.

[21]2020德国人口最多的城市排名——国土面积[OB/OL].武汉生活网, http://www.wuhan.com/xinwen/43746.html, 2020−04−18.

[22]搜狐网.伦敦·北京双城记之一：伦敦两千年[OB/OL].https://www.sohu.com/a/328520710_651721, 2019−07−22.

[23]阿茹汗.燕郊：30万人撑起离京最近睡城[EB/OL].北京商报, https://www.chinanews.com/house/2014/06−19/6296746.shtml, 2014−6−19.

[24]白晨曦.城镇化与小城镇发展模式的选择[J].北京规划建设, 2002(2): 62−64.

[25]白盼.河南淮阳平粮台古城探究[J].时代报告(下半月), 2013(3): 164.

[26]白玮, 文辉.大城市郊区小城镇土地利用优化研究——以北京市昌平区南口镇为例[J].小城镇建设, 2013(12): 41−45.

[27]白玉洁, 刘强.小城镇政府的责任和领导力[J].政府管理论坛, 2022(3): 88−92.

[28]班茂盛.户籍改革试点：小城镇的调查与思考[J].浙江学刊, 2000(01): 146−149.

[29]包红玉, 李诚固, 曹传新.新时期城市功能结构体系解构及集成演化规律探讨[J].软科学, 2001(3): 61.

[30] 鲍悦华，陈强.基于城市功能的城市发展质量指标体系构建 [J].同济大学学报 (自然科学版)，2001(5)：779.

[31] 彼得·霍尔.城市和区域规划 [M].邹德慈，李浩，陈熳莎译.北京：中国建筑工业出版社，2008.

[32] 布莱恩·贝利.比较城镇化 [M].顾朝林译.北京：商务印书馆，2010：111.

[33] 蔡继明.切勿重蹈小城镇遍地开花的覆辙 [J].经济纵横，2010(07)：50-53.

[34] 蔡之兵，张可云.大城市还是小城镇？——我国城镇化战略实施路径研究 [J].天府新论，2015(02)：89-96.

[35] 曹广忠，周一星.论乡镇企业的集中布局——孙耿模式研究 [J].经济地理，1997(01)：65-70.

[36] 曹建丰.海港城镇岸线利用规划设计思考——以浙江三门县健跳港为例 [J].小城镇建设，2003(11)：8-11.

[37] 曹健.常熟小城镇的类型与地域结构分析 [J].苏州科技学院学报 (社会科学版)，1989(S1)：64-71.

[38] 曹金臣.发达国家小城镇建设的经验 [J].世界农业，2012(10)：103-105.

[39] 曹小琳，马小均.小城镇建设的国际经验借鉴及启示 [J].重庆大学学报 (社会科学版)，2010，16(02)：1-5.

[40] 曹阳，田文霞.沿边开发开放民族地区小城镇发展：耦合力、模式与对策——基于延边州朝阳川镇的调查 [J].学术交流，2011(02)：95-97.

[41] 曹永栋.甘肃城镇化进程中小城镇发展的模式选择及相关问题探析 [J].社科纵横，2002，17(5)：8-9.

[42] 曹宗平.农村剩余劳动力应实施多元化转移 [J].农村经营管理，2009(11)：24.

[43] 曾山山.我国中部地区农村聚居地域差异与影响因素研究 [D].长沙：湖南师范大学，2011.

[44] 柴野.德国：小城镇建设走新路 [N].光明日报，https://epaper.gmw.cn/gmrb/html/2013-12/12/nw.D110000gmrb_20131212_1-08.htm，2013-12-12.

[45] 常维国，宋立峰.小城镇人才培养和引进的重要性 [J].人力资源管理，2022(5)：32-36.

[46] 陈白磊，齐同军.城乡统筹下大城市郊区小城镇发展研究——以杭州市为例 [J].城市规划，2009，33(5)：84-87.

[47] 陈斌开，林毅夫.重工业优先发展战略、城市化和城乡工资差距 [J].南开经济研究，2010(01)：3-18.

[48] 陈春林.人力资本驱动与中国城镇化发展研究 [D].上海：复旦大学，2015.

[49] 陈峰，何杰，刘林好."旅游文化地产"为驱动力的小城镇文化构建研究——以贵州松桃县为例 [J].成都理工大学学报 (社会科学版)，2011，19(06)：87-90+96.

[50] 陈福平.强市场中的"弱参与"：一个公民社会的考察路径 [J].社会学研究，2009，24(03)：89-111+244.

[51] 陈浩，郭力."双转移"趋势与城镇化模式转型 [J].城市问题，2012(2)：71-75.

[52] 陈继宁.美国发展小城镇对我国的启示 [J].经济体制改革，2005(3)：144-146.

[53] 陈建军.长江三角洲地区的产业同构及产业定位 [J].中国工业经济，2004(02)：19-26.

[54] 陈建新.区域背景下小城镇功能构建 [J].浙江经济，2000(12)：36-37.

[55] 陈可石，张运崇，陈楠，等.台湾宜兰县存量化发展"三步走"战略及其路径 [J].规划师，2017，33(12)：73-79.

[56] 陈美球，吴次芳.我国小城镇土地利用问题剖析及其对策探讨 [J].中国农村经济，2002(4)：15-21.

[57] 陈鹏，谢天成.改革开放以来我国城镇化进程中的土地制度研究 [J].规划师，2008(3)：5-8.

[58] 陈前虎，龚强，董翊明，等.浙江特色小镇战略背景与空间组织——以嘉善巧克力甜蜜小镇为例 [J].浙江工业大学学报 (社会科学版)，2017，16(1)：10-16.

[59] 陈前虎，宋珍兰，宋炳坚，等.浙江省农业型小城镇转型发展思路 [J].浙江工业大学学报 (社会科学版)，2011(3)：272-276.

[60] 陈前金.小城镇建设存在的问题及对策建议 [J].农村财政与财务，2010(11)：12-13.

[61] 陈强.美国小城镇的特点和启示 [J].学术界，2000(02)：259-264.

[62] 陈秋玲，等.服务城市：现代城市功能的回归 [M].上海：上海人民出版社，2010.

[63] 陈剩勇，张丙宣.强镇扩权：浙江省近年来小城镇政府管理体制改革的实践 [J].浙江学刊，2007(6)：215-218.

[64] 陈书全，杨林.小城镇行政管理体制改革研究 [J].经济体制改革，2005(05)：89-92.

[65] 陈为邦.加强城市建设的几个问题 [J].经济研究，1979(11)：53-59.

[66] 陈文科."政社合一"的实质是以政代社 [J].经济问题探索，1980(05)：79-80+78.

[67] 陈新民.中国行政法学原理 [M].北京：中国政法大学出版社，2002：16.

[68] 陈延良.农村小城镇发展问题研究 [D].哈尔滨：东北农业大学，2000.

[69] 陈彦光.城镇化水平增长曲线的类型、分段和研究方法 [J].地理科学，2013，32(1)：12-17.

[70] 陈燕飞，杜鹏飞，郑筱津，等.基于 GIS 的南宁市建设用地生态适宜性评价 [J].清华大学学报 (自然科学版)，2006，46(6)：801-804.

[71] 陈颐，印证.论小城镇在农业现代化中的地位和作用 [J].经济研究，1986(12)：67-71.

[72] 陈颐，印证.小城镇的功能和农业现代化 [J].社会学研究，1987(02)：51-61.

[73] 陈有川，尹宏玲，孙博.撤村并点中保留村庄选择的新思路及其应用 [J].规划师，2009(9)：102-105.

[74] 陈宇.中原农业地区县域单元城镇化路径研究——以河南省西华县为例 [J].城乡规划 (城市地理学术版)，2014(6)：22-31.

[75] 陈玉兴, 李晓东. 德国、美国、澳大利亚与日本小城镇建设的经验与启示 [J]. 世界农业, 2012(8)：80-84.

[76] 陈振华, 张章. 世界城市郊区小城镇发展对北京的启示——以伦敦、东京和纽约为例 [J]. 北京规划建设, 2010(04)：68-73.

[77] 陈振明. 公共管理学 [M]. 北京：中国人民大学出版社, 2005.

[78] 陈仲伯, 沈道义. 小城镇带动区域经济发展战略研究——以湖南省为例 [J]. 经济地理, 1999(03)：25-31.

[79] 成斌. 大丰市推进城镇化建设的调查与思考 [J]. 农村经济与科技, 2010, 21(09)：33-35.

[80] 成义军, 王建增. 九十年代中后期中国经济增长的战略抉择——小城镇推动型的经济增长模式 [J]. 当代经济研究, 1995(5).

[81] 《城镇合理规模》课题调研组. 研究城镇合理规模的理论和方法 [M]. 南京：南京大学出版社, 1986.

[82] 迟福林. 人口城镇化要回答四个关键问题 [N]. 上海证券报, http://www.jjckb.cn/opinion/2013-08/13/content_461376.htm, 2013-8-13.

[83] 仇保兴. "智慧城镇"是方向 [J]. 中国经济周刊, 2012(19)：20-21.

[84] 仇保兴. 国外模式与中国城镇化道路选择 [J]. 人民论坛, 2005(6)：42-44.

[85] 仇保兴. 简论我国健康城镇化的几类底线 [J]. 城市规划, 2014, 38(01)：9-15.

[86] 仇保兴. 智慧城镇须具备七个条件 [J]. 城市规划通讯, 2012(6).

[87] 崔德芹. 发展小城镇促进新农村建设 [J]. 农业与技术, 2006(03)：10-12+15.

[88] 崔功豪, 马润潮. 中国自下而上城镇化的发展及其机制 [J]. 地理学报, 1999.

[89] 代合治. 中国小城镇规模分布类型及其形成机制研究 [J]. 人文地理, 2001, 5(16)：40-57.

[90] 单德启, 赵之枫. 从芜湖市三山镇规划引发的思考——中部地区小城镇规划探讨 [J]. 城市规划, 2002(10)：41-43+72.

[91] 当代中国研究所. 中华人民共和国简史 [M]. 北京：当代中国出版社, 2021：25.

[92] 党兴华, 邹华. 陕西省小城镇发展模式研究 [J]. 西安石油大学学报 (社会科学版), 2012, 21(01)：22-28.

[93] 邓祥征, 钟海玥, 白雪梅, 等. 中国西部城镇化可持续发展路径的探讨 [J]. 中国人口·资源与环境, 2013(10)：24-30.

[94] 邓小平. 邓小平文选 (第 3 卷)[M]. 北京：人民出版社, 1993：238.

[95] 翟超. 我国中小城镇污水治理现状 [J]. 环境与发展, 2014, 26(03)：147.

[96] 翟明伟. 东北平原地区小城镇规划优化策略研究 [D]. 长春：东北师范大学, 2013.

[97] 翟毅. 当前我国小城镇建设的几点思考 [J]. 城市, 2008(11)：99-103.

[98] 丁宁宁，葛延风.构建和谐社会：30年社会政策聚焦[M].北京：中国发展出版社，2008.

[99] 丁声俊.德国小城镇的发展道路及启示[J].世界农业，2012(2)：60-65.

[100] 丁益喜.论集群经济的规模经济和小城镇效应[J].农业现代化研究，2003(03)：184-187.

[101] 董欢.和谐社会视野中的我国城市社区建设研究[D].北京：中共中央党校，2009.

[102] 董鉴泓.城市(镇)化与发展小城镇[J].城市规划汇刊，1999(01)：5-6+39-80.

[103] 董鹏程，赵占领，孙瑞芬.小城镇产业集群发展环境与路径研究——以山西省太原市为例[J].经济地理，2015，35(1).

[104] 董绪梅，王雨村.经济全球化对江苏小城镇发展的影响研究[J].经济研究导刊，2011(05)：24-25.

[105] 段进军.关于我国小城镇发展态势的思考[J].城市发展研究，2007(06)：52-57.

[106] 段瑞兰.山东省乡镇空间格局特征研究[J].小城镇建设，2003(10)：30-32.

[107] 樊树志.明清江南市镇探微[M].上海：复旦大学出版社，1996：126.

[108] 范恒山.大力推动城市群高质量发展——序《中国城市群研究系列丛书》[J].区域经济评论，2021(03)：76-80.

[109] 范剑勇，谢强强.地区间产业分布的本地市场效应及其对区域协调发展的启示[J].经济研究，2010，45(04)：107-119+133.

[110] 范健，史文娟.小城镇产业升级与转型研究[J].工业经济研究，2022(3)：72-76.

[111] 范力达.人口迁移对贫困地区发展的影响——一项非经济因素的考察[J].人口学刊，1997(05)：29-33.

[112] 范少言.乡村聚落空间结构的演变机制[J].西北大学学报(自然科学版)，1994(4)：295-298+304.

[113] 范哲涛.小城镇"三规合一"的协调路径研究[J].中国住宅设施，2018(08)：45-46.

[114] 方创琳.中国西部地区城市群形成发育现状与建设重点[J].干旱区地理，2010，33(05)：667-675.

[115] 方燕明，郝红星.追寻"禹都阳城"河南登封王城岗遗址考古发现历程[J].大众考古，2017(02)：23-34.

[116] 房国忠，刘贵清.日美城市群产业空间演化对中国城市群发展的启示[J].当代经济研究，2009(09)：53-56.

[117] 费孝通，罗涵先.乡镇经济比较模式[M].重庆：重庆出版社，1998.

[118] 费孝通.费孝通选集[M].天津：天津人民出版社，1988：201.

[119] 费孝通.论小城镇建设[M].北京：群言出版社，2000.

[120] 费孝通.论中国小城镇的发展[J].中国农村经济，1996(03)：3-5+10.

[121] 费孝通 . 农村、小城镇、区域发展——我的社区研究历程的再回顾 [J]. 北京大学学报（哲学社会科学版），1995(2)：6-7.

[122] 费孝通 . 小城镇，大问题（续完)[J]. 瞭望周刊，1984(05)：24-26.

[123] 费孝通 . 小城镇，大问题（之二）——从小城镇的兴衰看商品经济的作用 [J]. 瞭望周刊，1984(03)：22-23.

[124] 费孝通 . 小城镇四记 [M]. 北京：新华出版社，1985：10.

[125] 费孝通 . 中国城乡发展的道路 [J]. 中国乡镇企业，2001(08)：69-71.

[126] 费孝通 . 中国城镇化道路 [M]. 呼和浩特：内蒙古人民出版社，2010.

[127] 冯华 . 大力发展小城镇，加速推进乡村城镇化 [J]. 小城镇建设，1994(3).

[128] 冯健 . 乡村重构：模式与创新 [M]. 北京：商务印书馆，2012：7-8.

[129] 冯奎，郑明媚 . 中外都市圈与中小城市发展 [M]. 北京：中国发展出版社，2013：127-128.

[130] 冯奎 . 中国小城镇发展规划实践探索 [M]. 北京：中国发展出版社，2013.

[131] 冯云廷 . 从城镇化到城市化：农村城镇化模式的转换 [J]. 中国农村经济，2006(04)：71-74+80.

[132] 冯长春，曾赞荣，崔娜娜 .2000 年以来中国区域经济差异的时空演变 [J]. 地理研究，2015，34(02)：234-246.

[133] 冯长春，张一凡，王利伟，等 . 小城镇"三规合一"的协调路径研究 [J]. 城市发展研究，2016，23(05)：16-23.

[134] 高承 . 事物纪原 [M]. 北京：中华书局，1989：358.

[135] 高珮义 . 中外城镇化比较研究 [M]. 天津：南开大学出版社，1991：29.

[136] 高强 . 日本城镇化模式及其农业与农村的发展 [J]. 世界农业，2002(7)：28-30.

[137] 高娃 . 中国古代城镇建设史上有益的借鉴——辽代中小城镇建设的人文思维 .// 中国古都学会 . 中国古都研究（第十八辑上册）——中国古都学会 2001 年年会暨赤峰辽王朝故都历史文化研讨会论文集 [C]. 赤峰市博物馆，2001：8.

[138] 高雪莲 . 我国小城镇建设模式浅析 [J]. 中国农业大学学报（社会科学版），2001(04)：15-18.

[139] 高宜程，申玉铭，王茂军，等 . 城市功能定位的理论和方法思考 [J]. 城市规划，2008(10)：21-25.

[140] 格尔兹 . 文化的解释 [M]. 上海：上海人民出版社，1973.

[141] 耿宏兵，刘剑 . 转变路径依赖——对新时期大连市小城镇发展模式的思考 [J]. 城市规划，2009，33(05)：79-83.

[142] 耿虹，高永波 . 胶东小城镇空间结构形态当前发展问题探究 [J]. 小城镇建设，2014(10)：53-59+103.

[143] 耿虹 . 构建新型镇村关系，稳定小城镇结构性职能 [J]. 小城镇建设，2018，36(09)：18-19.

[144] 耿雁冰 . 一个园区和一座城：固安产城融合探索 [EB/OL].21 世纪经济报，https://finance.ifeng. com/a/20140520/12364894_0.shtml，2014-5-20.

[145] 龚松青，厉华笑 . 经济发达地区小城镇群发展初探——浙江省小城镇群规划示例 [J]. 城市规划，2002(04)：32-37.

[146] 贡宇 . 城市滨水景观塑造中的文化再生——德阳市旌湖滨水景观规划设计构思 [J]. 中国园林，2003(07)：29-32.

[147] 顾保平，胡志全 . 江苏省小城镇政府与环境超载问题研究 [J]. 当代城市研究，2017(05)：95-96.

[148] 顾朝林，等 . 中国城市地理 [M]. 北京：商务印书馆，1999.

[149] 顾朝林，于涛方，陈金永 . 大都市伸展区：全球化时代中国大都市地区发展新特征 [J]. 规划师，2002(02)：16-20.

[150] 顾朝林，甄峰，张京祥 . 集聚与扩散——城市空间结构新论 [M]. 南京：东南大学出版社，2000：18-23.

[151] 顾朝林 . 论中国建制镇发展、地域差异及空间演化——兼与 "中国反城市化论" 者商榷 [J]. 地理科学，1995(03)：208-216+297.

[152] 顾朝林 . 人文地理学导论 [M]. 北京：科学出版社，2012.

[153] 顾朝林 . 县镇乡村域规划编制手册 [M]. 北京：清华大学出版社，2016.

[154] 顾朝林 . 中国城镇化中的 "放权" 和 "地方化" ——兼论县辖镇级市的政府组织架构和公共服务设施配置 [J]. 城市与环境研究，2015(03)：14-28.

[155] 顾朝林 . 中国城镇体系——历史·现状·展望 [M]. 北京：商务印书馆：1992：99

[156] 顾朝林，等 . 经济全球化与中国城市发展 [M]. 北京：商务印书馆，1999.

[157] 顾巧泼，岳平 . 大连小城镇低碳发展的空间性路径研究 [J]. 低温建筑技术，2012，34(06)：42-43.

[158] 顾松年 . 城镇化重在跨越 "自我造城" 转型走新路——江苏城镇化持续快速推进的成功实践以及由此引发的思考 [J]. 现代经济探讨，2011(02)：19-23.

[159] 关中美，王韶辉 . 小城镇交通特征研究 [J]. 洛阳工业高等专科学校学报，2007(01)：22-24+30.

[160] 桂萍，孔彦鸿，刘广奇，等 . 生态安全格局视角下的城市水系统规划 [J]. 城市规划，2009，33(04)：61-64.

[161] 郭建斌 . 云南小城镇文化：概念、功能与类型探讨 [J]. 民族艺术研究，2004(05)：35-40.

[162] 郭军，刘瀑 . 基于产业集群视角的县域小城镇经济研究——以河南省为例 [J]. 中州学刊，2007(03)：53-57.

[163] 郭汝，邢燕 . 中国小城镇合理规模探讨——以湖北省武汉市柏泉镇为例 [J]. 中国人口·资源与环境，2011，21(01)：38-42.

[164] 郭相兴, 夏显力, 张小力, 等. 中国不同区域小城镇发展水平综合评价分析 [J]. 地域研究与开发, 2014, 33(05): 50-54.

[165] 郭小燕. 统筹城乡视角下中部地区多元城镇化模式研究 [J]. 城市发展研究, 2009, 16(07): 23-27.

[166] 郭晓鸣. 简论小城镇发展的特征及趋势 [J]. 学术评论, 1987(10): 52-54.

[167] 郭元阳. 中国城镇化进程中的小城镇战略 [D]. 大连: 辽宁师范大学, 2005.

[168] 国风. 中国农村工业化和劳动力转移的道路选择——论我国的小城镇建设 [J]. 管理世界, 1998(06): 197-201.

[169] 国家发改委. 国家发展改革委正式发布《2017 年中国居民消费发展报告》 [J]. 中国招标, 2018: 46-46.

[170] 国家发改委城市和小城镇改革发展中心赴日城镇化调研组. 东京都市圈发展对我国特大城市发展的启示 [J/OL]. 城市中国网, http://www.ccud.org.cn/article/93.html, 2014-7-11.

[171] 国家发改委新闻办. 全国开发区清理整顿工作取得初步成效 [EB/OL]. 中央政府门户网站, https://www.gov.cn/gzdt/2007-04/21/content_590648.htm, 2007-04-19.

[172] 国家统计局. 中国统计年鉴 (2004)[M]. 北京: 中国统计出版社, 2004.

[173] 国务院法制办公室. 中华人民共和国民政法典 [M]. 北京: 中国法制出版社, 2011: 402-404.

[174] 海岛清偿. 紧凑型城市的规划与设计——欧盟·美国·日本的最新动向与事例 [M]. 苏利英, 译. 北京: 中国建筑工业出版社, 2011: 16-17.

[175] 韩非, 蔡建明, 刘军萍. 大都市郊区小城镇的经济地域类型及其空间分异探析——以北京市为例 [J]. 城市发展研究, 2010, 17(04): 123-128.

[176] 韩墨. 德国如何医治"城市病" [J]. 半月谈, 2011(4): 86-88.

[177] 韩一丁. 中国东北地区城镇化发展研究 [D]. 长春: 吉林大学, 2018.

[178] 郝东升. 小城镇发展新疆看点 [J]. 中国人口·资源与环境, 2007(04): 24-28.

[179] 何灵聪. 城乡统筹视角下的我国镇村体系规划进展与展望 [J]. 规划师, 2012, 28(05): 5-9.

[180] 何荣昌. 明清时期江南市镇的发展 [J]. 苏州大学学报, 1984(03): 96-101.

[181] 何树全. 融入世界经济, 整合国内经济 [J]. 世界经济研究, 2018(12).

[182] 何宇鹏, 张同升. 小城镇发展对城镇化和经济发展的贡献及趋势 [J]. 中国发展观察, 2008(06): 20-21.

[183] 何悦. 渝东南地区城镇化发展存在的问题及对策研究 [J]. 农村经济与科技, 2016, 27(23): 264-265.

[184] 河南省文物考古研究所. 郾城郝家台 [M]. 郑州: 大象出版社, 2012: 41.

[185] 洪银兴, 陈雯. 城镇化模式的新发展——以江苏为例的分析 [J]. 经济研究, 2000(12): 66-71.

[186] 侯保疆. 乡镇建制：历史、现状及未来 [J]. 汕头大学学报，2005(04)：62-66+92.

[187] 侯丽. 粮食供应、人口增长与城镇化道路选择——谈小城镇在国家城镇化中的历史地位 [J]. 国际城市规划，2011，26(01)：24-27.

[188] 侯亚非，王金营. 人力资本与经济增长方式转变 [J]. 人口研究，2001(03)：13-19.

[189] 胡必亮. 关于城镇化与小城镇的几个问题 [J]. 唯实，2000(1).

[190] 胡必亮. 灰色区域理论概述 [J]. 经济研究，1993(06)：72-80.

[191] 胡道生. 功能优化与我国小城镇的成长 [J]. 国土经济，2002(11)：26-28.

[192] 胡丽. 三峡库区小城镇资源集聚与配置途径研究 [D]. 重庆：重庆大学，2004.

[193] 胡序威，周一星，顾朝林. 中国沿海城镇密集地区空间集聚与扩散研究 [M]. 北京：科学出版社，2000.

[194] 胡勇. 新区城镇如何当好大都市区的卫星城 [N]. 重庆日报，https://news.sina.com.cn/o/2013-09-23/051928273741.shtml，2013-9-27.

[195] 扈万泰，王力国. 重庆城市发展新区小城镇产业发展探索 [J]. 城市发展研究，2015，22(06)：11-16.

[196] 黄春红. 广东小城镇发展状况研究 [EB/OL]. 广东统计信息网，2013-10-18.

[197] 黄道新，艾永梅. 乡村振兴与城镇化协调发展思考 [J]. 农村金融研究，2018(04)：56-60.

[198] 黄富国. 城镇化加速过程中小城镇地域传统文化研究 [J]. 城市规划，2000.

[199] 黄富国. 小城镇的文化问题与集聚效应 [J]. 城市规划汇刊，1996(03)：53-57+66.

[200] 黄光宇，等. 当代集镇建设 [M]. 重庆：重庆出版社，1992：7-14.

[201] 黄海峰，王庆忠. 建设生态小城镇与发展循环经济 [J]. 农村经济，2006(05)：117-119.

[202] 黄汉权，李华刚，胡拥军. 四大体制障碍制约新型城镇化发展 [J]. 中国发展观察，2013(09)：6-9.

[203] 黄俊溢. 实现以"人"为核心的城镇化要以家庭为载体——访中国国际经济交流中心研究部副研究员马庆斌 [N]. 中国经济时报，2014-11-24(10).

[204] 黄明华，王恬，朱亚男. 黄土高原沟壑区小城镇空间形态优化研究 [J]. 规划师，2016，32(3)：114-119.

[205] 黄新文. 加快小城镇基础设施建设的对策性建议 [EB/OL]. 中国乡村发现，https://www.zgxcfx.com/Article/58030.html.2013-7-26.

[206] 黄馨. 东北地区小城镇的地域类型与发展模式研究 [D]. 长春：东北师范大学，2007.

[207] 黄馨. 论我国期货市场风险成因与对策 [J]. 广东金融，1995(12)：21-22.

[208] 黄妍妍，吴国春. 国际比较视域下我国小城镇的建设与发展 [J]. 学术交流，2015(03)：148-153.

[209] 黄泽和. 谈小城镇规划管理的差距与对策 [J]. 小城镇建设，2003(02)：21-23.

[210] 李昊. 吉林省人口城镇化过程中存在的问题及对策研究 [D]. 长春：吉林大学，2014.

[211] 纪爱华.城乡统筹下小城镇发展潜力评价研究——以青岛市为例 [J].国土与自然资源研究，2011(2)：21-22.

[212] 贾凯.新型城镇化背景下城乡结合部社会治理问题研究 [J].理论导刊，2014(3)：10-13.

[213] 江连山.秦国历代国君的经济措施与王权扩大的关系纵论 [J].西安财经学院学报，2013(3)：98-104.

[214] 江曼琦.大城市郊区小城镇发展动力初探 [J].城市，1992(01)：43-47.

[215] 江苏省小城镇研究课题组.江苏小城镇建设的社会目标和基本经验——江苏省小城镇研究综合报告 [J].社会学研究，1986(04)：1-29.

[216] 江逸.经济新常态下小城镇建设与扩大农村消费研究 [J].商业经济研究，2018(15)：125-128.

[217] 姜洪.围绕"人"字做文章 [N].经济日报，https://xcb.nufe.edu.cn/info/1006/1947.htm，2013-5-10.

[218] 姜彦旭.基于生命周期理论的工矿型小城镇转型发展路径研究 [D].武汉：华中科技大学，2015.

[219] 蒋灵德，张振龙.地域文化优势下的苏南小城镇特色研究——基于甪直镇总体规划实践 [J].人民论坛，2011(32)：172-173.

[220] 蒋永清.中国小城镇发展研究 [D].武汉：华中师范大学，2001.

[221] 蒋占峰.西部地区小城镇建设中的规划问题 [J].农村经济与技术，2003(02)：7-8.

[222] 焦凤祥.加快经济落后地区小城镇发展的措施——对砀山县县域城镇体系规划的思考 [J].安徽建筑工业学院学报（自然科学版），2006(01)：53-55.

[223] 焦红，贾丽丽.新型城镇化视角下小城镇规划的慢城模式探索 [J].学术交流，2016(12)：123-128.

[224] 接玉梅，葛颜祥，胡继连.小城镇建设与区域经济发展互动关系研究——以山东省为例 [J].经济地理，2004(3)：370-373.

[225] 杰弗里·怀特海德.经济学 [D].北京：新华出版社，2000.

[226] 金相郁.最佳小城镇规模理论与实证分析，以中国三大直辖市为例 [J].上海经济研究，2004(7)：35-43.

[227] 金逸民，乔忠.关于小城镇产业发展问题的思考 [J].中国人口·资源与环境，2004，14(1)：63-65.

[228] 金钟范.韩国小城镇发展政策实践与启示 [J].中国农村经济，2004(03)：74-28+80.

[229] 孔德继.新中国 70 年国家战略对城镇化的影响 [J].科学社会主义，2019(10).

[230] 孔凡文，徐玉梅.论中国小城镇发展速度与质量 [J].农业经济，2007(10)：11-12.

[231] 孔金平，阎树全.小城镇建设若干问题探讨 [J].学习与探索，1998(02)：97-98.

[232] 孔祥智，朱信凯．农村城镇化与劳动力转移 [EB/OL]．人文社会科学评价与发展研究网，2005-1-11．

[233] 孔祥智．当前农村小城镇发展中存在的主要问题和对策建议 [J]．管理世界，2000(6)：156-164．

[234] 张琦．快速城市化地区小城镇土地利用结构变化研究 [D]．上海：同济大学，2008．

[235] 赖小科，刘晓东．追思费孝通先生与"温州模式" [J]．杭州金融研修学院学报，2018，259(10)：78-80．

[236] 乐章，李芳，常贤波．长江经济带沿江小城镇建设研究——基于湖北省沿江城镇调查数据的分析 [J]．中国人口科学，2015(1)：108-116+130．

[237] 雷安术．湖南小城镇发展战略研究 [D]．长沙：湖南大学，2008．

[238] 黎晓玲，谢霏雯，李志刚．基于常住人口的城乡基本公共服务均等化研究——以江西赣州医疗服务设施为例 [J]．规划师，2015：127-135．

[239] 李宝军．小城镇建设要关注环境问题 [J]．小城镇建设，2003(06)：84-85．

[240] 李兵弟，郭龙彪，徐素君，等．走新型城镇化道路，给小城镇十五年发展培育期 [J]．城市规划，2014(3)：9-13．

[241] 李炳坤，陈吉元，潘盛洲，等．小城镇 大战略——"小城镇，大战略"研讨会发言摘要 [J]．求是，2000(11)：26-35．

[242] 李炳坤．论加快我国小城镇发展的基本思路 [J]．管理世界，2000(3)：180-186．

[243] 李成言．中国农村发展政策分析 [M]．西安：陕西人民出版社，1999：320．

[244] 李聪．简论城子崖遗址的发掘和保护 [J]．管子学刊，2015(03)：74-77．

[245] 李大铭．辽宁省小城镇发展研究 [D]．沈阳：东北大学，2012．

[246] 李富田，李戈．进城还是进镇：西部农民城镇化路径选择——对四川省 31 个镇、村调查 [J]．农村经济，2010(04)：95-97．

[247] 李国平，李迅，冯长春，等．我国小城镇可持续转型发展研究综述与展望 [J]．重庆理工大学学报(社会科学)，2018，32(06)：32-49．

[248] 李国平，罗心然．新型城镇化背景下的乡村综合发展模式创新研究——以河北省唐县通天河沿线两乡 14 村为例 [J]．人口与发展，2018(1)：64-71．

[249] 李国平，宋昌耀，孙瑀．中国县域小城镇就业岗位对人口集聚地影响研究——基于分位数回归的实证检验 [J]．地理科学，2017，37(12)：1785-1794．

[250] 李国庆，王广和，李宏伟，等．小城镇概念的界定及其他 [J]．四川建筑科学研究，2007(04)：212-214．

[251] 李红，夏显力．城乡统筹背景下小城镇发展的战略思考 [J]．中国集体经济，2008(5)：13-14．

[252] 李怀．辽宁省小城镇的动力机制与发展机制研究 [J]．东北财经大学学报，2003(01)：3-7．

[253] 李郇，殷江滨．劳动力回流：小城镇发展的新动力 [J]. 城市规划学刊，2012(2)：47–53.

[254] 李惠．陕西省人口迁移的社会经济因素分析 [J]. 南方人口，1995(03)：13–15.

[255] 李加林，许继琴，叶持跃．宁波市域城镇体系中重点镇发展的若干问题研究 [J]. 人文地理，2002(3)：18–21.

[256] 李嘉珣．"新基建"下新型城镇化发展方向探析 [J]. 建筑经济，2020，41(10)：5–8.

[257] 李建波，张京祥，崔功豪．地域人文环境下苏南小城镇发展演化研究 [J]. 人文地理，2003，18(6)：5–10.

[258] 李建新．也论中国人口数量与结构问题——兼与翟振武教授等商榷 [J]. 人口研究，2001(05)：18–27.

[259] 李京文．中国城镇化进程回顾与前瞻 [J]. 中国城市经济，2010(9).

[260] 李珂，杨敏．小城镇循环经济发展模式研究——以兰州市榆中县金崖镇为例 [J]. 开发研究，2011(6)：29–31.

[261] 李兰昀，吴朝宇，李恺．重庆市主城区小城镇城乡统筹发展规划策略研究 [J]. 城市发展研究，2012(12)：8–10.

[262] 李莉．工业小城镇的胜利：德国工业产业城镇群的致胜秘诀 [J]. 北京规划建设，2017(03)：24–30.

[263] 李廉水，Roger R.Stough，等．都市圈——理论演化·国际经验·中国特色 [M]. 北京：科学出版社，2006.

[264] 李廉水．中国特大都市圈与世界制造业中心研究 [M]. 北京：经济科学出版社，2009.

[265] 李练军．中小城镇新生代农民工市民化意愿影响因素研究——基于江西省 1056 位农民工的调查 [J]. 调研世界，2015(03)：36–41.

[266] 李梅．小城镇生命仪礼的工具理性化转向探析 [J]. 甘肃理论学刊，2013(05)：74–78.

[267] 李苗著．县域城镇化问题研究 [M]. 北京：经济科学出版社，2012.

[268] 李明超．工业化时期的英国小城镇 [D]. 上海：华东师范大学，2010.

[269] 李明超．我国城镇化进程中的小城镇研究回顾与分析 [J]. 当代经济管理，2012(3).

[270] 李明哲，王勇．美国的国际制度领导与多边贸易制度变迁 [J]. 美国研究，2020，34(3)：23.

[271] 李培林，李强，马戎．社会学与中国社会 [M]. 北京：社会科学文献出版社，2008.

[272] 李鹏翔，金芳芳．小城镇政府治理网络的实践与创新 [J]. 文化研究导刊，2019(07)，294–295.

[273] 李强，陈宇琳，刘精明．中国城镇化推进模式研究 [J]. 中国社会科学，2012(07)：82–100.

[274] 李强，陈振华，张莹．就近城镇化与就地城镇化 [J]. 广东社会科学，2015(1)：186–199.

[275] 李强，王振亮．上海郊区小城镇发展模式的分析研究 [J]. 小城镇建设，1997(09)：33–34.

[276] 李强．城镇化与工业化协调发展的思路与若干政策措施 [J]. 法制与经济，2006(10)：51–51.

[277] 李庆海，马海波．小城镇规模对经济增长的影响研究 [J]．城市问题，2018(10)．

[278] 李锐，谢长青．小城镇公共产品配置公平性研究——基于地理视角 [J]．农业技术经济，2012(06)：24-31．

[279] 李尚蒲，罗必良．城乡收入差距与城镇化战略选择 [J]．农业经济问题，2012(8)：37-42．

[280] 李圣军．小城镇：战略定位与产业支撑 [J]．中国延安干部学院学报，2016，9(01)：114+130-138．

[281] 李世庆．新型城镇化形势下的成都市村镇建设新论 [M]．成都：西南交通大学出版社，2013：228．

[282] 李树琮．我国小城镇的特征和发展趋向 [J]．首都经济贸易大学学报，2001，3(3)：58-61．

[283] 李铁，乔润令，等．城镇化改革的地方实践 [M]．北京：中国发展出版社，2013：331-336．

[284] 李铁，邱爱军，文辉，等．中国小城镇发展规划实践探索 [M]．北京：中国发展出版社，2013．

[285] 李铁，文辉．东京都市圈发展对我国特大城市发展的启示 [EB/OL]．中国城市网，http://www.ccud.org.cn/article/93.html，2014-07-11．

[286] 李铁，袁崇法，等．崇礼县西湾子片区发展规划 [EB/OL]．城市中国，http://www.ccud.org.cn/article/1156.html，2012-3-26．

[287] 李铁映．城市发展战略研究：城市问题是个战略问题 [M]．北京：新华出版社，1985．

[288] 李铁．我所理解的城市 [M]．北京：中国发展出版社，2013．

[289] 李婷，张正潮．小城镇基础教育建设与居民素质提升 [J]．教育科研，2022(8)，95-98．

[290] 李同升，刘笑明，陈大鹏．区域小城镇的空间类型与发展规划研究——以宝鸡市域为例 [J]．城市规划，2002(4)：38-41．

[291] 李伟芳，赵子健．小城镇合理用地规模研究 [J]．城镇合理用地规模评价方法的初步研究，2000(2)：31-32．

[292] 李晓琴，金兆森．小城镇建设与第三产业的发展研究 [J]．小城镇建设，2010(01)：90-93．

[293] 李晓燕，谢长青．基于成本收益视角的小城镇人口规模实证研究 [J]．上海财经大学学报，2009，11(02)：84-89．

[294] 李晓燕．小城镇公共服务区域差异研究——基于省际数据的实证分析 [J]．首都经济贸易大学学报，2012，14(04)：40-45．

[295] 李新建．城镇功能与中国小城镇的发展 [J]．中国人口科学，1992(01)：24-29．

[296] 李迅．建设生态文明，构筑美丽中国，实现永续发展——关于生态文明与生态城市发展的思考 [J]．小城镇建设，2012(11)：26-30．

[297] 李燕．都市圈，城市发展重要方向 [N]．人民日报，http://env.people.com.cn/BIG5/n/2014/0604/c1010-25100455.html，2014-6-4．

[298] 李怡，左娜，廖永生．小城镇发展的多元动力机制探讨 [J]．商业时代，2008(13)：93-94．

[299] 李怡，左娜，王焕丽．经济发展的辐射理论与河北小城镇建设 [J]．商业时代，2008(11)：109-

110.

[300] 李远延 . 苏南小城镇规划体系的功能结构界定 [J]. 苏南乡镇企业，2001(02)：20-22.

[301] 李云才 . 小城镇新论 [M]. 北京：气象出版社，1994.

[302] 李志远 . 小城镇生态环境建设与管理 [J]. 环境科学学报，2007，27(05)：719-724.

[303] 联合国报告：中国成为全球第二大外资流入国 [J]. 中国总会计师，2018(06)：12.

[304] 联合国人居署 .2022 世界城市状况报告 [R].https://g-city.sass.org.cn/_s52/2022/1114/c4951a493786/
page.psp.

[305] 梁励韵，刘晖 . 工业化视角下的小城镇形态演变——以顺德北滘镇为例 [J]. 城市问题，
2014(04)：48-52.

[306] 梁庆 . 基于政府信用的中国小城镇建设投融资模式创新研究 [D]. 长沙：中南大学，2005.

[307] 梁思成 . 市镇的体系秩序 [J]. 大公报，1945(10).

[308] 梁伟基 . 北魏军镇制度探析 [J]. 中央民族大学学报，1998(02)：57-62.

[309] 梁文强，龚明珠 . 小城镇规模与经济增长关系研究 [J]. 城市与区域规划研究，2013(4).

[310] 廖丹清 . 论我国城镇化道路的选择 [J]. 经济学动态，2001(9)：34-37.

[311] 列宁 . 列宁选集（第 2 卷)[M]. 北京：人民出版社，1972：808.

[312] 林初昇，马润潮 . 我国小城镇功能结构重构——以广东省为例 [J]. 地理学报，1990(4)：412-
420.

[313] 林文，傅泽田 . 小城镇信息化管理研究 [J]. 中国农业大学学报，2002(02)：7-11.

[314] 林晓群，朱喜钢，孙洁，等 . 从"广度研究"走向"深度研究"——中国小城镇空间结构研究
的转型与升级 [J]. 人文地理，2017，32(03)：86-92.

[315] 刘宝发，孙理军 . 湖北小城镇可持续发展之路：绿色产业集群 [J]. 商业研究，2008(06)：90-93.

[316] 刘秉镰，尹喆 . 规模经济、最小最优规模与小城镇建设的路径选择研究——来自微观层面的证
据 [J]. 生态经济，2016，32(06)：26-31.

[317] 刘成军 . 我国东北地区小城镇建设对策研究 [D]. 长春：东北师范大学，2013.

[318] 刘冬洋 . 吉林省林区小城镇建设和生态格局建构研究 [D]. 长春：吉林建筑大学，2016.

[319] 刘恩东 . 美国如何推进城镇化建设 [N]. 学习时报，https://leo.gdufs.edu.cn/info/1016/1072.htm，
2012-12-17.

[320] 刘发良，陈武军 . 新型城镇化下专业镇转型升级的探索与实践——来自广东省东莞市横沥模具
专业镇的发展报告 [J]. 城市发展研究，2015，22(06)：1-3.

[321] 刘凤祥 . 城市群为主体视角下的小城镇发展研究 [J]. 中国名城，2018(10)：27-32.

[322] 刘光卫 . 当代美国小城镇特征及其对我国小城镇发展的启示 [J]. 城市开发，1999(11)：31-34.

[323] 刘华兵，王红梅，袁梦童 . 典型发达国家小城镇建设经验及启示 [J]. 中国建设信息，2011(23)：

75-77.

[324] 刘欢 . 小城镇城市空间的演变趋势及发展策略 [J]. 山西建筑，2006(11)：9-10.

[325] 刘建平，李云新 . 小城镇基础设施可持续供给的意义和价值 [J]. 城市问题，2011(06)：61-66.

[326] 刘建庆，王传华 . 产业带动和农民参与式城市化推进小城镇发展 [J]. 发展研究，2022(2)：84-87.

[327] 刘杰 . 城市群视角下东部小城镇发展策略的思考 [C]// 中国城市规划学会 . 城乡治理与规划改革——2014 中国城市规划年会论文集（13 区域规划与城市经济）. 上海：上海复旦规划建筑设计研究院有限公司，2014：12.

[328] 刘军 . 新型城镇化背景下西北小城镇发展的政策反思——以甘肃省为例 [J]. 甘肃社会科学，2015(03)：197-201.

[329] 刘可瑶 . 小城镇规模与经济发展的关系分析 [J]. 资源开发与市场，2017(10).

[330] 刘良灿 . 试析杜能的区位理论在我国农村城镇化建设中的应用 [J]. 云南行政学院学报，2003.

[331] 刘玲玲，周天勇 . 对小城镇规模理论的再认识 [J]. 经济经纬，2006(1)：112-115.

[332] 刘鸢君，李涛 . 滨水景观塑造与民族文化特色演绎——以河池市"一江两岸"规划设计为例 [J]. 规划师，2010，26(10)：67-69.

[333] 刘茂松 . 我国农村城镇化的战略思考 [J]. 经济学动态，2000(8)：18-21.

[334] 刘敏 . 经济因素和政策因素与我国乡 - 城人口迁移规模的相关性研究 [J]. 西北人口，1999(03)：30-32.

[335] 刘沛林 . 新型城镇化建设中"留住乡愁"的理论与实践探索 [J]. 地理研究，2015，34(07)：1205-1212.

[336] 刘尚希 . 城镇化对财政体制的挑战及对策思考 [J]. 中国财政，2012(03)：44-46.

[337] 刘社建 . 城市功能转型与功能创新探讨——以上海为例 [J]. 区域经济评论，2013(02)：120.

[338] 刘士林 . 芒福德的城市功能理论及其当代启示 [J]. 河北学刊，2008(02)：191-194+200.

[339] 刘书鹤 . 试析小城镇的人口结构 [J]. 东岳论丛，1985(04)：41-46.

[340] 刘淑英 . 发达地区小城镇结构转型及其保障体系研究 [D]. 重庆：重庆大学，2010.

[341] 刘淑英 . 小城镇可持续发展研究 [J]. 城市发展研究，2005(01)：17-20.

[342] 刘婷，邓淇言 . 浅析小城镇政府公共服务供给的问题及对策 [J]. 财经理论与实践，2018(17)：101-102.

[343] 刘旺洪 . 社会管理创新：概念界定、总体思路和体系建构 [J]. 江海学刊，2011(05)：137-146+239.

[344] 刘卫东，陆大道 . 我国城镇化及小城镇发展态势分析 [J]. 今日国土，2005(Z3)：21-23.

[345] 刘卫东 . 经济地理学与空间治理 [J]. 地理学报，2014，69(08)：1109-1116.

[346] 刘向舒，卢山冰，赵生辉．西部小城镇产业集聚问题研究 [J]．西北大学学报 (哲学社会科学版)，2011，41(04)：74-77.

[347] 刘晓鹰，戴宾．小城镇发展与土地资源配置 [M]．北京：中国三峡出版社，2003.

[348] 刘彦随，刘玉，翟荣新．中国农村空心化的地理学研究与整治实践 [J]．地理学报，2009，64(10)：1193-1202.

[349] 刘易斯·芒福德．城市发展史——起源、演变和前景 [M]．宋俊岭，倪文彦，译．北京：中国建筑工业出版社，2005：9-11.

[350] 刘永刚．专访全国人大财经委副主任委员尹中卿："让更多资金投向县域城镇" [J]．中国经济周刊，2013(08)：38-39.

[351] 刘宇辉，彭希哲．中国历年生态足迹计算与发展可持续性评估 [J]．生态学报，2004(10)：2257-2262.

[352] 刘玉亭，姚龙，刘欢芳．小城镇人口集聚的比较研究及其合理规模浅析 [J]．现代城市研究，2013，28(05)：14-22+35.

[353] 刘玉亭，朱晓灿，李嘉靖．珠三角小城镇社区转型与居住空间重组策略 [J]．城市规划，2013，37(06)：57-62.

[354] 刘铮，陈龙．小城镇发展进程中的土地资源浪费反思 [J]．社会科学辑刊，2014(04)：81-85.

[355] 刘志扬．人口集聚：小城镇建设的根本目标 [J]．中国农村经济，1999(05)：67-68.

[356] 柳士双．新农村建设的空间战略思考——以村镇空间布局为视角 [J]．改革与战略，2007(05)：89-91.

[357] 卢布，黄赢，李建国，等．养老产业模式研究——兼论农区养老主题小城镇建设 [J]．中国软科学，2014(01)：87-95.

[358] 卢道典，黄金川．从增长到转型——改革开放后珠江三角洲小城镇的发展特征、现实问题与对策 [J]．经济地理，2012，32(09)：21-25+38.

[359] 卢黎霞，丁如曦，李富田．西部小城镇的产业集聚效应分析——甘肃省天水市 10 个小城镇调查 [J]．农村经济，2010(09)：92-94.

[360] 卢小君，张宁，王丽丽．农业转移人口城市落户意愿的影响因素 [J]．城市问题，2016(11)：99-103.

[361] 陆大道．论区域的最佳结构与最佳发展——提出"点-轴系统"和"T"型结构以来的回顾与再分析 [J]．地理学报，2001(02)：127-135.

[362] 陆大道．区位论及区域研究方法 [M]．北京：科学出版社，1991.

[363] 陆大道．我国的城镇化进程与空间扩张 [J]．城市规划学刊，2007(04)：47-52.

[364] 陆铭．重构城市体系——论中国区域和城市可持续发展战略 [J]．南京大学学报 (哲学·人文科

学·社会科学版），2010，47(05)：15-26+158.

[365] 路振华. 基于资源、产业、人口协同的小城镇发展模式研究 [J]. 经济体制改革，2014(05)：58-62.

[366] 罗淳，潘启云. 论边疆民族地区小城镇建设的特点、模式与路径 [J]. 中央民族大学学报（哲学社会科学版），2011，38(03)：18-23.

[367] 罗敏. 城镇化与城镇文化刍议——以四川省隆昌县为例 [J]. 小城镇建设，2003(12)：8-9.

[368] 罗雅丽，张常新. 村镇空间结构理论研究综述 [J]. 经济研究导刊，2009(12)：150-151.

[369] 罗震东，高慧智. 健康城镇化语境中的小城镇社会管理创新——扩权强镇的意义与实践 [J]. 规划师，2013，29(03)：18-23.

[370] 罗震东，何鹤鸣. 全球城市区域中的小城镇发展特征与趋势研究——以长江三角洲为例 [J]. 城市规划，2013，37(01)：9-16.

[371] 吕红平，王金营. 关于人口、资源与环境经济学的思考 [J]. 人口研究，2001(05)：28-34.

[372] 吕艳霞，杨文平. 小城镇的创新与科技发展 [J]. 科技与管理，2022(9)，16-20.

[373] 马海涛，李强，刘静玉，等. 中国淘宝镇的空间格局特征及其影响因素 [J]. 经济地理，2017，37(09)：118-124.

[374] 马建平，贾鹏飞，张代亚. 小城镇发展的问题与对策——来自河南省小城镇调查的证据 [J]. 华东经济管理，2012，26(6).

[375] 马克思恩格斯全集（第二卷)[M]. 北京：人民出版社，1957.

[376] 马克思恩格斯全集（第三卷)[M]. 北京：人民出版社，1960.

[377] 马克思恩格斯全集（第四十六卷)（上册)[M]. 北京：人民出版社，1979.

[378] 马黎明. 英国小城镇建设对我国小城镇城镇化的启示——基于"田园城市"理论的视角 [J]. 青岛农业大学学报（社会科学版），2015，27(04)：16-20+25.

[379] 马丽君，何镜如，王哲. 我国城镇人口年龄结构变化对城镇旅游发展的影响 [J]. 经济地理，2014，34(10)：157-163.

[380] 马宁. 费孝通教授谈小城镇建设的第二个突破发展中小城市和超越地区的经济合作 [J]. 农业经济问题，1985(03)：3-5.

[381] 马戎. 小城镇的发展与中国的现代化 [J]. 中国社会科学，1990(04)：131-146.

[382] 马淑鸾. 关于小城镇人口迁移和流动特征的分析 [J]. 人口研究，1990(04)：2-8.

[383] 马武定. 城镇化与城市现代化 [J]. 城市规划，1999(6).

[384] 马晓冬，王志强，徐建刚. 江苏省小城镇规模与经济发展分异研究 [J]. 经济地理，2004(02)：231-235+240.

[385] 马佐澎. 长春市新市镇的形成机制与模式研究 [D]. 长春：东北师范大学，2019.

[386] 迈克·詹克斯，伊丽莎白·伯顿，凯蒂·威廉姆斯．紧缩城市——一种可持续发展的城市形态 [M]．周玉鹏，龙洋，楚先锋，译．北京：中国建筑工业出版社，2004.

[387] 茅芜．城市功能开发研究 [M]．上海：上海三联书店，1998.

[388] 茅于轼．城市规模的经济学 [J]．中国改革，2000(12)：32-34.

[389] 孟建民．江南地区小城镇物质形态初探 [J]．城市规划，1986(05)：53-62.

[390] 孟祥林．小城镇发展的战略选择：实践证明与理论分析 [J]．人口学刊，2005(02)：14.

[391] 南湖区打造中国"基金小镇"筑长三角金融高地 [N]．嘉兴日报，2013-1-9.

[392] 倪鹏飞，邹琳华．坚持调控不放松加速推进房地产制度改革 [N]．经济参考报，http://www.dytfw.com/a/201305/4625503784.html，2013-5-2.

[393] 倪鹏飞．中国城市竞争力报告 No.9[M]．北京：社会科学文献出版社，2011.

[394] 宁登，蒋亮．转型时期的中国城镇化发展研究 [J]．城市规划，1999(12)：17-19+60.

[395] 宁遥，刘雨夕．城乡统筹背景下小城镇建设问题研究 [J]．黑龙江社会科学，2015(04)：83-85.

[396] 宁越敏，项鼎，魏兰．小城镇人居环境的研究——以上海市郊区三个小城镇为例 [J]．城市规划，2002(10)：31-35.

[397] 宁志中，王灵恩，虞虎，等．中国乡村地理 [M]．北京：中国建筑工业出版社，2019.

[398] 牛凤瑞．大区域一体背景下的中小城市发展差异化 [J]．上海城市管理，2012，21(01)：18-20.

[399] 牛文元．中国新型城镇化报告 2012[M]．北京：科学出版社，2012.

[400] 农民城温州龙港镇"撤镇设市" [EB/OL]．新华网，https://baijiahao.baidu.com/s？id=1643302659161390736&wfr=spider&for=pc，2021-03-05.

[401] 帕特里克·格迪斯．进化中的城市——城市规划与城市研究导论 [M]．李浩，等译．北京：中国建筑工业出版社，2012.

[402] 潘家华．新型城镇化道路的碳预算管理 [J]．经济研究，2013，48(03)：12-14.

[403] 潘智慧，张仕廉．小城镇可持续发展评价指标体系研究 [J]．重庆建筑大学学报，2004(04)：107-109.

[404] 裴新生．小城镇规划管理信息系统的研究 [J]．现代城市研究，1998(02)：14-17+62.

[405] 彭代彦．农村基础设施投资与农业解困 [J]．经济学家，2002(05)：79-82.

[406] 彭晖，韦荟．城市功能与产业发展的耦合 [J]．科技创新与生产力，2011(01)：55-61.

[407] 彭艳．我国小城镇人口容量与可持续发展研究 [D]．成都：西南财经大学，2006.

[408] 彭震伟．大都市地区小城镇发展的职能演变及其展望——上海地区小城镇发展的思考 [J]．城市规划汇刊，1995(02)：32-36+53-64.

[409] 彭震伟．小城镇发展需要明确方向 [J]．小城镇建设，2017(11)：110-112.

[410] 彭震伟．小城镇发展作用演变的回顾及展望 [J]．小城镇建设，2018，36(09)：16-17.

[411] 郫都区 . 以统筹城乡为主线，着力推进农村城镇化 [EB/OL]. 中国中小城市网，2013-10-24.

[412] 蒲俊杰 . 构建园林式小城镇探秘 [J]. 小城镇建设，2003(11)：76-77.

[413] 浦善新 . 中国建制镇的形成发展与展望（二）[J]. 小城镇建设，1998(01)：33-36.

[414] 浦善新 . 中国建制镇的形成发展与展望（一）[J]. 小城镇建设，1997(03)：42-45.

[415] 戚晶晶，许琪 . 农村劳动力跨省流动与流入省吸引力的分析——基于传统劳动力迁移、人力资本、新劳动力迁移与制度变迁理论 [J]. 人口与经济，2013(03)：53-61.

[416] 钱文荣，马继国 . 城市化过程中的城乡资源系统配置——浙江省海宁市实证研究 [J]. 浙江学刊，2003(04)：221-223.

[417] 钱振明 . 中国特色城镇化道路研究：现状及发展方向 [J]. 苏州大学学报（哲学社会科学版），2008(03)：1-5.

[418] 乔忠，王敬华 . 我国小城镇发展状况、对策与展望 [J]. 中国农业大学学报（社会科学版），2003(01)：22-27.

[419] 秦润新 . 农村城镇化的理论与实践 [M]. 北京：中国经济出版社，2000.

[420] 全国人大财政经济委员会办公室，国家发展和改革委员会发展规划司 . 建国以来国民经济和社会发展五年计划重要文件汇编 [M]. 北京：中国民主法制出版社，2008：131-132.

[421] 任放 . 二十世纪明清市镇经济研究 [J]. 历史研究，2001(05)：168-182.

[422] 任健 . 马克思恩格斯的"乡村城镇化"思想及当代启示 [J]. 理论学习，2016(01)：51-54.

[423] 沙里宁 . 城市：它的发展、衰败与未来 [M]. 北京：中国建筑工业出版社，1986.

[424] 邵秦 . 略谈台湾城市人口与城镇化特点 [J]. 社会学研究，1986(05)：84-93.

[425] 申东润 . 韩国小城市发展的经验 [J]. 当代韩国，2010(02)：55-63.

[426] 申东润 . 中国农村工业园区政策的演变和提示 [J]. 当代经济管理，2010，32(12)：42-48.

[427] 深圳特区报 . 省政府党组召开会议传达学习习近平总书记重要讲话精神 [DB/CD].http://news.sznews.com/content/2018-03/09/content_18621205.htm，2018-03-09.

[428] 沈裕谋 . 探寻小城镇建设与乡镇企业协调发展的途径 [J]. 小城镇建设，2003(02)：10-11.

[429] 慎重从严！撤县建市设区为何按下暂缓键？ [EB/OL]. 澎湃网-中国城市报，https://m.thepaper.cn/baijiahao_17226542，2022-03-21.

[430] 施端宁，陈乃车 . 制度创新与区域经济发展 [J]. 城市经济·区域经济，2001(1).

[431] 施文鑫 . 基于产业集聚视角的西安都市圈小城镇发展研究 [D]. 咸阳：西北农林科技大学，2009.

[432] 施岳群，金锋 . 城镇化中的都市圈发展战略研究 [M]. 上海：上海财经大学出版社，2007.

[433] 石建勋，刘宇 . 中美贸易争端理论解释困境、现实悖论及认识误区 [J]. 财经问题研究，2019(01)：3-12.

[434] 石建勋. 中国对外开放 40 年的理论解释和新时代面临的现实悖论 [J]. 世界经济研究, 2018(12).

[435] 石楠. 小城镇规划地位的历史性转变 [J]. 北京规划建设, 2008(02): 15-20.

[436] 石向实. 中美欠发达地区城市化进程比较研究 [J]. 理论研究, 2001(01): 5-8.

[437] 石忆邵. 德国均衡城镇化模式与中国小城镇发展的体制瓶颈 [J]. 经济地理, 2015, 35(11): 54-60+70.

[438] 石忆邵. 中国城市化若干理论问题刍议 [J]. 城市规划汇刊, 1999(01): 28-30+80.

[439] 石忆邵. 中国新型城镇化与小城镇发展 [J]. 经济地理, 2013, 33(07): 47-52.

[440] 世界银行. 中国中小城镇概览 [R].2012(11).

[441] 司怡. 中国人口城市化水平及未来发展趋势研究 [D]. 长春: 吉林大学, 2004.

[442] 宋崇辉. 小城镇发展中地方政府行为: 国际经验及优化路径 [J]. 国际经济合作, 2010(12): 34-38.

[443] 宋洪远, 等. "十五"时期农业和农村政策回顾与评价 [M]. 北京: 中国农业出版社, 2006.

[444] 宋林飞. 我国小城镇建设的思路与模式 [J]. 协商论坛, 2000(11): 4-5.

[445] 宋林飞. 中国农村劳动力的转移与对策 [J]. 社会学研究, 1996(02): 105-117.

[446] 宋三平, 饶江红. 中国特色城镇化道路研究 [M]. 江西: 江西人民出版社, 2008(49).

[447] 宋先道. 湖北农村小城镇发展模式研究 [J]. 武汉理工大学学报 (信息与管理工程版), 2007(08): 60-63.

[448] 宋小冬, 廖雄赳. 基于 GIS 的空间相互作用模型在城镇发展研究中的应用 [J]. 城市规划汇刊, 2003(03): 46-51+96.

[449] 搜狐网. 伦敦·北京双城记之一: 伦敦两千年 [OB/OL].https://www.sohu.com/a/328520710_651721, 2019-07-22.

[450] 苏红键, 魏后凯. 城市规模研究的理论前沿与政策争论 [J]. 河南社会科学, 2017, 25(06): 75-80.

[451] 苏金明. 小城镇经济结构优化——基于资源型城市的思考 [J]. 中国农村经济, 2011(05): 63-73.

[452] 苏楠, 郑小岗, 张文忠. 中国小城镇的能动性: 城市间差异的驱动因素 [J]. 经济地理, 2012, 32(2).

[453] 苏雪串. 城市化进程中的要素集聚、产业集群和城市群发展 [J]. 中央财经大学学报, 2004(01): 49-52.

[454] 苏志远. 西部小城镇发展动力机制与实施策略 [J]. 小城镇建设, 2003(10): 80-82.

[455] 苏智良. 城市历史与城市史 (都市文化研究)[M]. 上海: 三联书店, 2020.

[456] 孙斌栋, 丁嵩. 大城市有利于小城市的经济增长吗? ——来自长三角城市群的证据 [J]. 地理研究, 2016, 35(09): 1615-1625.

[457] 孙红，张乐柱.美、英、日三国城镇化路径比较分析 [J].亚太经济，2016(03)：86-90.

[458] 孙涛.我国农村城镇化影响因素分析 [J].农业经济问题，2004(06)：63-65.

[459] 孙晓光.浅谈小城镇功能的转化 [J].城市问题，1984(01)：45-49.

[460] 孙元元，杨刚强，江洪.中部地区小城镇建设的城乡统筹发展 [J].宏观经济管理，2014(10)：33-36.

[461] 孙玥.绿色转型视阈下东北严寒地区小城镇发展战略研究 [D].哈尔滨：哈尔滨工业大学，2018.

[462] 孙卓.美国城镇化战略成败启示录 [EB/OL]，凤凰网，https://www.wenmi.com/article/psielb02dj48.html.2010-3-10.

[463] 孙自铎.小城镇建设实践与思考 [J].管理世界，1995(05)：210-214.

[464] 檀文佳，何依.从边缘到客厅：关厢演变特征与发展策略研究 [C]// 中国城市规划学会，杭州市人民政府.共享与品质——2018 中国城市规划年会论文集（09 城市文化遗产保护）.武汉：华中科技大学建筑与城市规划学院，湖北省城镇化工程技术研究中心，2018：12.

[465] 汤放华，汤慧.小城镇城乡统筹发展与一体化发展对策研究 [J].山西建筑，2020，46(01)：1-3.

[466] 汤铭潭.小城镇发展与规划 [M].北京：中国建筑工业出版社，2012：9-10.

[467] 汤铭潭.小城镇发展与规划概论 [M].北京：中国建筑工业出版社，2008.

[468] 唐春根.中英小城镇模式比较研究 [J].世界农业，2012(01)：75-77.

[469] 唐宏，盛业华，陈龙乾.基于 GIS 的土地适宜性评价中若干技术问题 [J].中国土地科学，1999(06)：36-38.

[470] 唐伟成，罗震东，耿磊.重启内生发展道路：乡镇企业在苏南小城镇发展演化中的作用与机制再思考 [J].城市规划学刊，2013(02)：95-101.

[471] 唐耀华.论城镇向城市演进时的拐点——城镇与城市经济学意义的本质区别 [J].广西民族学院学报（哲学社会科学版），2006(02)：137-141.

[472] 唐勇.浙江小城镇发展模式启示——一个基于"发展维度"的分析框架 [J].国家行政学院学报，2014(06)：86-90.

[473] 唐忠新.中国城市社区建设概论 [M].天津：天津人民出版社，2000.

[474] 陶联侦.小城镇发展规划中景观规划初探 [J].小城镇建设，2003(12)：20-21.

[475] 陶友之.实施新型城镇化重点在"镇" [J].社会科学，2014(03)：52-55.

[476] 滕驰.辽宁省小城镇人口流失问题与对策研究 [D].沈阳：东北大学，2019.

[477] 田红旗.小城镇联合发展的路径选择和政策实践研究 [J].经济地理，2014，34(4)：94-99.

[478] 田丽梅，杨岚.我国小城镇建设问题观点综述 [J].经济视角，1999(3).

[479] 田明，常春平.小城镇发展存在的障碍及制度创新的要点 [J].城市规划，2003(7)：22-26.

[480] 田明，张小林. 我国乡村小城镇分类初探 [J]. 经济地理，1999(12)：92-96.

[481] 田雪原. 人口、资源、环境可持续发展宏观与决策研究 [J]. 人口研究，2001(4).

[482] 田雪原. 城镇化还是城市化 [J]. 人口学刊 .2013(6).

[483] 通振远. 加快推动"省直管县"区划改革全面激活我国县域经济高质量发展动力 [DB/CD]. 人民政协网，http://www.rmzxb.com.cn/c/2023-09-06/3404789.shtml，2023-9-6.

[484] 童贯中. 中国城镇化大趋势 [M]. 北京：知识产权出版社，2013：74.

[485] 涂尔干. 社会分工论 [M]. 上海：三联书店，2000.

[486] 托娅. 中国新型城镇化与小城镇发展 [J]. 商业文化，2015(06)：190-191.

[487] 脱脱. 宋史 (清乾隆武英殿刻本)[M]. 卷一百七十八 .

[488] 脱脱. 宋史 (清乾隆武英殿刻本)[M]. 卷一百六十一 .

[489] 万宝瑞. 关于小城镇建设的几个问题 [J]. 农村经济问题，1994(09)：1-4.

[490] 万博，张兴国. 和谐之城：德国小城镇建设经验 [J]. 小城镇建设，2010(11)：89-95.

[491] 汪大海，魏娜，郇建立. 社区管理 [M]. 北京：中国人民大学出版社，2005.

[492] 汪晖，陈燕谷. 文化与公共性 [M]. 上海：三联书店，1998.

[493] 汪坚强，于立. 小城镇总规阶段城镇空间形态优化探索——以安徽六安市诸佛庵镇为例 [J]. 城市规划，2010，34(4)：87-92.

[494] 汪茜，赵霞. 三专家献计南京城建 [N]. 扬子晚报，https://news.sina.com.cn/c/2001-10-18/381203.html，2001-1-18.

[495] 汪小宁. 论全国小城镇发展的模式类型 [J]. 宁夏社会科学，2004(4)：61-62.

[496] 汪小亚. 中国城镇城镇化与金融支持 [J]. 财贸经济，2002(8)：31-34.

[497] 汪珠. 浙江省小城镇的分类与发展模式研究 [J]. 浙江大学学报 (理学版)，2008，35(6)：714-716.

[498] 王承华，杜娟. 小城镇空间特色塑造探讨——以南京谷里新市镇城市设计为例 [J]. 小城镇建设，2015(5)：66-71.

[499] 王传仕，王培志. 聚集效应与经济增长关系分析 [J]. 山东财政学院学报，2002(05)：64-67.

[500] 王富喜，孙海燕. 山东省城镇化发展水平测度及其空间差异 [J]. 经济地理，2009，29(06)：921-924.

[501] 王海鹰，张新长，康停军. 基于 GIS 的城市建设用地适宜性评价理论与应用 [J]. 地理与地理信息科学，2009，25(1)：14-17.

[502] 王浩，江伊婷. 基于资源环境承载力的小城镇人口规模预测研究 [J]. 小城镇建设，2009(3)：53-56.

[503] 王建军，吴志强. 城镇化发展阶段划分 [J]. 地理学报，2009，64(02)：177-188.

[504] 王健，魏俊胜. 小城镇产业转型的路径选择与机制建构 [J]. 中国人口·资源与环境，2016，

26(3).

[505] 王金荣 . 当前我国小城镇经济发展困境及其对策探析 [J]. 齐鲁学刊，2011(03)：85–88.

[506] 王金柱，李嘉伟 . 智慧城市的哲学审视 [J]. 自然辩证法研究，2018, 34(11)：119–123.

[507] 王俊岭，赵辉，单彦名 . 北京农村基础设施配置标准研究 [J]. 北京规划建设，2006(3)：25–27.

[508] 王可侠 . 谈小城镇发展的阶段性 [J]. 安徽大学学报，1986(01)：37–40.

[509] 王雷，祖运奇 . 日本小城镇的过疏化衰败现象及其对策 [J]. 华中建筑，2016, 34(11)：96–100.

[510] 王立军 . 浙江农村城镇化的现状与对策研究 [J]. 中共浙江省委党校学报，2000(04)：55–60.

[511] 王良虎 . 农民进城：农民怎么看 [J]. 农业经济问题，2007(1)：94–99.

[512] 王琳 . 构建社区治理的多元主体结构 [J]. 社会主义研究，2006(4)：75–78.

[513] 王琳琳 . 小城镇全域发展规划设计研究 [J]. 城市规划学刊，2017(2), 71–75.

[514] 王鹏 . 以创新驱动新型城镇化进程 [EB/OL]. 江苏工作人才网，2013–11–14.

[515] 王启，王晓娜 . 小城镇规模与人均 GDP 的关系及其空间分异 [J]. 测绘与空间地理信息，2019(4).

[516] 王乾，朱喜钢 . 日本城市化进程中的町村发展对浙江小城镇发展的启示 [J]. 小城镇建设，2009(05)：89–93.

[517] 王巧玲 . 关于中国城镇化水平的滞后分析 [J]. 城市问题，2001(2).

[518] 王士杰 . 回眸乌镇：古镇保护与旅游开发 [EB/OL]. 桐乡通讯，2012–12–20.

[519] 王士兰，陈前虎 . 浙江省中小城镇空间形态演化的研究 [J]. 浙江大学学报 (理学版)，2001(06)：704–708.

[520] 王书汉 . 现代城市功能结构的优化思路 [J]. 鞍山师范学院学报，2006(05)：16–18.

[521] 王思斌 . 我国小城镇发展的制度分析 [J]. 社会学研究，1997(05)：79–83.

[522] 王素斋 . 科学发展观视域下中国新型城镇化发展模式研究 [D]. 天津：南开大学，2015.

[523] 王万茂，李俊梅 . 小城镇建设中的土地利用问题 [J]. 中国土地科学，2000, 14(2)：4–7.

[524] 王维莉，程雄，吴琦 . 基于空间形态的小城镇扩展模型研究 [J]. 华中师范大学学报 (自然科学版)，2010(3)：508–511.

[525] 王伟波，向明，范红忠 . 德国的城镇化模式 [J]. 城市问题，2012(6)：87.

[526] 王伟杰，黄文云 . 苏南地区小城镇总体规划编制方法探讨——以常熟市海虞镇为例 [J]. 江苏城市规划，2007：19–23.

[527] 王卫华，王开泳 . 北京城市功能区演变与优化调控 [J]. 中国名城，2014(6)：32.

[528] 王相宜 . 论中国小城镇的概念、类型及其发展趋势 [J]. 地理学报，2012, 67(9).

[529] 王小鲁 . 中国城镇化路径与城市规模的经济学分析 [J]. 经济研究，2010(10).

[530] 王晓东 . 城镇化的动力机制与水平预测 [J]. 河北师范大学学报 (社会科学版)，1993(03)：78–81.

[531] 王晓雅.从英国的田园风光到美国的特色小镇 [J].决策探索 (上半月)，2013(02)：18-20.

[532] 王新娜，胡春燕.美国城镇化体系的发展、特点及其启示 [EB/OL].中国城市发展网，2011-5-20.

[533] 王雄杰.论小城镇政府管理转型——以浙江省"强镇扩权"为例 [J].学术交流，2010(06)：47-49.

[534] 王秀银.谈谈人口城镇化问题 [J].山东人口，1983(1).

[535] 王旭.大都市区：20世纪美国城市史的主导 [N].光明日报，https://epaper.gmw.cn/gmrb/html/2013-04/18/nw.D110000gmrb_20130418_1-11.htm，2013-04-18(11).

[536] 王艳玲.区域整体观与小城镇空间发展规划研究 [D].杭州：浙江大学，2006.

[537] 王茵茵，崔玲，陈向军.旅游影响下村落向小城镇形态演变特征分析——以大理市喜洲镇为例 [J].华中建筑，2013(4)：156-160.

[538] 王英姿.源文化影响下潮汕小城镇空间集约规划方法研究 [M].武汉：华中科技大学出版社，2011.

[539] 王颖，孙斌栋，乔森，等.中国特大城市的多中心空间战略 [J].城市规划学刊，2012(2)：17-23.

[540] 王永刚.街区制的缘起 [N].检察日报，https://news.youth.cn/jsxw/201704/t20170411_9452426.htm，2017-4-11.

[541] 王永作.大城市、小城镇与农业可持续发展的思考 [J].农业经济问题，1999(11)：23-26.

[542] 王勇，李广斌.生态位理论及其在小城镇发展中的应用 [J].城市问题，2002(06)：13-16.

[543] 王宇波.顺应大趋势 发展小城镇——宜城市小城镇建设的实践与探索 [J].中国建设信息，2004(17)：58-61.

[544] 王玉，王文渊.城市化过程中小城镇政府土地资源政策的实践与创新 [J].城市与区域规划研究，2017(03)：53-5.

[545] 王展.小城镇建设问题、模式与路径研究：一个文献综述 [J].当代旅游 (高尔夫旅行)，2018(09)：142-143.

[546] 王昭耀.发展小城镇是带动农村经济和社会发展的大战略 [J].农业经济问题，2000(08)：2-6.

[547] 王兆君，张占贞.国外小城镇建设经验、教训对我国东部沿海地区村镇建设的启示 [J].经济问题探索，2011(11)：47-50.

[548] 王振亮.试论小城镇的建设与乡镇工业化的发展 [J].城市规划汇刊，1999(01)：7-10+80.

[549] 王振亚，王海峰.利益视角下的乡镇政府行为逻辑分析——以甘肃 A 镇小城镇建设为例 [J].西北大学学报 (哲学社会科学版)，2011，41(05)：109-116.

[550] 王正新.扩大消费需求视角下小城镇发展模式的新探索 [J].中州学刊，2010(3)：61-64.

[551] 王志铭 . 中国住房市场分层次调控体系研究 [D]. 南昌：江西财经大学，2012.

[552] 王志宪，吕霄飞 . 中国小城镇发展概述 [J]. 青岛科技大学学报 (社会科学版)，2010，26(02)：7-10.

[553] 韦俊敏，胡宝清，张中秋 . 新型城镇化背景下小城镇土地精明利用评价与应用——以广西上林县为例 [J]. 资源科学，2014，36(08)：1563-1571.

[554] 卫龙宝，胡慧洪，钱文荣，等 . 城镇化过程中相关行为主体迁移意愿的分析 ——对浙江省海宁市农村居民的调查 [J]. 中国社会科学，2003(5)：39-48.

[555] 魏后凯，关兴良 . 中国特色新型城镇化的科学内涵与战略重点 [J]. 河南社会科学，2014(3)：18-26.

[556] 魏后凯 . 我国镇域经济科学发展研究 [J]. 江海学刊，2010(2)：80-86+238-239.

[557] 魏劲松 . 让农业生产更"聪明"——湖北襄阳调优农业产业结构效果初显 [J]. 农产品市场周刊，2016(11)：42-43.

[558] 魏来，胡莉 . 基层社会治理：实践特征、发展困境与化解之策——首届县域治理高层论坛综述 [J]. 社会主义研究，2016(1)：168-172.

[559] 温铁军 . 八次危机 [M]. 北京：东方出版社，2013：34-35.

[560] 温铁军 . 解读新苏南模式 [J]. 社会观察，2012(03)：16-21.

[561] 温铁军 . 历史本相与小城镇建设的真正目标 [J]. 小城镇建设，2000(5).

[562] 温铁军 . 我们是怎样失去迁徙自由的 [J]. 中国改革，2002(04)：24-25.

[563] 温铁军 . 中国城镇化与发展中国家城镇化的教训 [J]. 中国软科学，2007(7).

[564] 文彬 . 浅析小城镇基础设施建设的投融资改革 [J]. 现代乡镇，2003(04)：39-41.

[565] 文辉 . 中国小城镇发展规划实践探索 [M]. 北京：中国发展出版社，2010：18.

[566] 翁加坤，余建忠 . 浙江省首轮小城市培育试点三年行动计划评估方法——以象山县石浦镇为例 [J]. 小城镇建设，2014(4)：56-60.

[567] 吴际纬 . 中国城镇化现状、影响因素及发展方向 [J]. 中国人口·资源与环境，2015，25(S1)：340-343.

[568] 吴家政 . 农业劳动力转移与小城镇发展 [J]. 农村经济，2003(03)：70-71.

[569] 吴坚 . 小城镇发展视域下的基层政府转型研究——以浙江省为个案 [J]. 开发研究，2012(01)：74-76.

[570] 吴建楠，姚士谋，朱天明，等 . 中国城镇化发展速度界定的初步探索 [J]. 长江流域资源与环境，2010，19(5)：487-592.

[571] 吴敬琏 . 当代中国经济改革：战略与实施 [M]. 上海：上海远东出版社，1999.

[572] 吴康，方创琳 . 新中国 60 年来小城镇的发展历程与新态势 [J]. 经济地理，2009(10)：1605-1611.

[573] 吴来桂 . 我国城镇化与工业化的协调发展 [J]. 新财经 (理论版)，2011，000（007）：035-036.

[574] 吴理财，杨桓. 城镇化时代城乡基层治理体系重建——温州模式及其意义 [J]. 华中师范大学学报 (人文社会科学版)，2012, 51(06): 10-16.

[575] 吴明荣，李惠英. 小城镇规划与生态环境管理探讨 [J]. 现代城市研究，2021(8): 19-23.

[576] 吴庆鑫. 黑龙江省小城镇发展现状及对策研究 [J]. 哈尔滨师范大学自然科学学报，2007(04): 93-96.

[577] 吴瑞君. 外来人口聚居区的教育问题及其管理创新研究——以上海为例 [J]. 华东师范大学学报 (哲学社会科学版)，2012, 44(04): 1-6+152.

[578] 吴伟. 我国小城镇的基本类型 [J]. 城乡建设，1996(3): 25.

[579] 吴晓华. 城镇化：我国农业剩余劳动力转移的新阶段 [J]. 中国农村经济，1993(12): 28-32.

[580] 吴闫. 城市群视域下小城镇功能变迁与战略选择 [D]. 北京：中共中央党校，2016.

[581] 吴闫. 我国小城镇概念的争鸣与界定 [J]. 小城镇建设，2014(06): 50-55.

[582] 吴永生. 基于统筹城乡发展的小城镇规划建设初探 [J]. 城市建设理论研究 (电子版)，2013(24).

[583] 吴友仁. 小城镇发展问题的探讨 [J]. 城乡建设，1983(6).

[584] 吴志强，杨秀，王伟. 中国城镇化的发展方向与城乡规划应对 [J]. 政府管理评论，2017(00): 65-80.

[585] 伍海霞，李树苗，杨绪松. 中国城乡人口流动与城镇出生人口性别比——基于"五普"数据的分析 [J]. 人口与经济，2005(6): 11-18.

[586] 夏飞，陈修谦. 高速公路对我国农村城镇化影响研究 [J]. 管理世界，2004(8): 135-136.

[587] 夏锋，等. 新型城镇化是消费升级主要载体 [EB/OL]. 中国乡村发现，https://finance.sina.cn/sa/2014-05-16/detail-iiznezxt1582366.d.html.2014-5-19.

[588] 夏丽丽. 文化因素对区域经济发展影响初探 [J]. 人文地理，2000(04): 55-58+15.

[589] 夏明达. 小城镇创业环境研究：以创户为例 [J]. 创业研究，2018(1), 85-87.

[590] 夏鸣晓. 德国小城镇发展的经验与启示 [J]. 小城镇建设，2016(08): 100-103.

[591] 夏显力，李阳，陈伟. 基于居民认知视角的小城镇群网化影响因素分析——以常州市为例 [J]. 地域研究与开发，2013(1): 70-74.

[592] 夏正超. 旅游小城镇发展的动力机制研究 [J]. 地域研究与开发，2015(5): 90-94.

[593] 小城镇土地使用制度与管理体制改革课题组. 中国小城镇发展与用地管理 [M]. 北京：中国大地出版社，1998: 22-23.

[594] 肖金成. 谈谈农民工的市民化、本地化、家庭化——中国城镇化的基本途径 [J]. 中国经贸导刊，2012(21): 27-29.

[595] 肖向荣，彭华. 实施小城镇转型升级的关键是加强与大城市的联动协调 [J]. 地理科学进展，2021, 40(2): 210-215.

[596] 谢丰斋.12-14 世纪英国小城镇兴起初探 [J]. 世界历史，2002(04)：50-59.

[597] 谢惠芳，潘子欣，刘佐菁.产学研趋势下广东省专业镇转型升级的思考 [J].科技管理研究，2012，32(09)：60-63.

[598] 谢庆奎.当代中国政府与政治 [M].北京：高等教育出版社，2003：168.

[599] 谢小康.关于小城镇的几点认识 [J].嘉应大学学报，2003(03)：70-74.

[600] 谢扬."中国的小城镇"与"农村城镇化" [J].小城镇建设，2003(04)：4-5.

[601] 谢扬.小城镇发展专题研讨会综述 [J].中国农村经济，1994(03)：53-55.

[602] 谢扬.中国小城镇辨析 [J].新视野，2003(02)：25-27.

[603] 谢长青，钱文荣.我国小城镇基础设施规模经济效应研究 [J].农业经济问题，2009，30(10)：59-66，111.

[604] 新时期农业和农村工作重要文献选编 [M].北京：中央文献出版社，1992.

[605] 熊凤平，张勇.加速中小城镇的建设是当前城镇化的战略选择 [J].现代管理科学，2015(03)：54-56.

[606] 熊健，范宇，金岚.从两规合一到多规合一——上海城乡空间治理方式改革与创新 [J].城市规划，2017(8)：29-37.

[607] 熊竞，罗翔，沈洁.从空间治理到区划治理：理论反思和实践路径 [J].城市发展研究，2017(11)：89-93，124.

[608] 徐东升.明清市场名称的历史演变——以市、镇、墟、集、场为中心 [J].中国经济史研究，2007(03)：35-41+60.

[609] 徐光远，张利风."小城镇，大战略"的时代内涵 [J].经济问题探索，2003(09)：24-28.

[610] 徐建华.一条新型城镇化之路——南山经验解读 [J].小城镇建设，2003(10)：24-26.

[611] 徐巨洲.现实主义的城市土地利用与发展观 [J].城市规划，1999(01)：9-13+64.

[612] 徐琪.江苏沿江地区专业化小城镇地域类型与发展研究 [J].南京晓庄学院学报，2004(4)：99-102.

[613] 徐强，戴慎志.小城镇密集地区整合发展探索——以温州市鳌江流域为例 [J].城市规划，2006(7)：37-41+47.

[614] 徐强.小城镇密集区空间演变研究——以温州为例 [J].规划师，2007(8)：66-70.

[615] 徐少君，张旭昆.1990 年代以来我国小城镇研究综述 [J].城市规划汇刊，2004(03)：79-83.

[616] 徐晓娜.城镇人口年龄结构变化对国内旅游消费的动态冲击效应 [J].西北人口，2017，38(3)：53-58.

[617] 徐晓勇，罗淳，雷冬梅.中国小城镇人口集聚能力的省际比较分析 [J].西北人口，2013(04)：1-6.

[618] 徐燕鲁，王要武，张跃松.小城镇投资基金战略 [J].企业管理，2007(08)：92-93.

[619] 徐宜兴 . 浅谈小城镇可持续发展的实现途径 [J]. 现代城市研究, 2016(4)：94-96.

[620] 徐长乐, 马新学 . 长江三角洲发展报告 2012——区域发展态势和新思路 [M]. 上海：上海人民出版社, 2011.

[621] 徐志耀 . 基于空间外部性的小城镇发展动力机制及其在湖南的实证检验 [D]. 长沙：中南大学, 2013.

[622] 徐中民, 张志强, 程国栋 . 甘肃省 1998 年生态足迹计算与分析 [J]. 地理学报, 2000(5)：607-616.

[623] 许经勇 . 值得反思的我国城镇化体系与小城镇建设 [J]. 学习论坛, 2011, 27(03)：38-41.

[624] 许莉, 万春, 杜志雄 . 中国小城镇公共服务供给水评价 [J]. 城市问题, 2015(8)：39-44.

[625] 许莉, 万春, 周东良 . 小城镇公共服务配置：现状、问题与对策 [J]. 江西师范大学学报 (哲学社会科学版), 2015, 48(03)：110-119.

[626] 许莉, 万春 . 小城镇公共服务区域性差异测度 [J]. 城市问题, 2014(9)：60-64.

[627] 许玲 . 大城市周边地区小城镇发展研究 [D]. 西安：西北农林科技大学, 2005.

[628] 许沁 . 乡村社区营造, 不妨从身边做起 [N]. 解放日报, http://snzg.cn/article/2015/0125/article_40421.html, 2015-1-19.

[629] 许顺才 . 江南农村人口城镇化和土地集约化进程调研小记 [J]. 城市规划通讯, 2005(6)：12.

[630] 许学强, 姚华松 . 百年来中国城市地理学研究回顾及展望 [J]. 经济地理, 2009, 29(9)：1412-1420.

[631] 许燕红 . 大国首都圈防膨胀：伦敦逆城镇化发展 [N]. 国际先驱导报, 2014-4-8.

[632] 薛澜 . 制度创新：破解城乡双元难题关键 [J]. 城市管理与科技, 2012(4)：11-12.

[633] 薛瑛瑛 . 东北地区小城镇居住满意度研究 [D]. 哈尔滨：哈尔滨工业大学, 2017.

[634] 闫康, 陈一帆 . 乡村振兴背景下小城镇发展的 SWOT 分析——以盐池河镇为例 [J]. 现代商贸工业, 2020, 41(05)：5-6.

[635] 闫滕, 穆娟, 陶刚 . 建国 60 年来中国共产党应对经济社会发展困局的基本经验 [J]. 理论导刊, 2009(12)：60-62.

[636] 闫玉芬 . 如何理解市坊制度的瓦解和崩溃 [J]. 快乐阅读, 2013(14)：93.

[637] 严金明, 蔡运龙 . 我国城镇化道路的选择与小城镇合理用地的思考 [J]. 中国土地科学, 2000(4)：28-31.

[638] 严剀 . 小城镇文化特色塑造及景观设计浅析 [J]. 江苏城市规划, 2012(5)：25-29.

[639] 严重敏, 宁越敏 . 我国城镇人口变化特征初探 [C]// 人口论文集 . 上海：华东师范大学出版社, 1981：20-37.

[640] 晏群 . 关于小城镇与城镇化的若干问题 [J]. 城市, 2005(03)：15-17.

[641] 晏群 . 如何界定小城镇的概念与范围 [J]. 小城镇建设, 2002(02)：52-53.

[642] 阳国亮, 唐志良 . 试论小城镇建设在区域经济发展中的战略意义 [J]. 改革与战略, 2001(2)：

41-44.

[643] 杨成凤, 韩会然, 李伟, 等. 四川省不同行政层级城镇的人口迁移 [J]. 经济地理, 2015, 35(9): 24-32.

[644] 杨舸. 构建合理城市体系缓解大城市人口压力 [N]. 中国社会科学报, 2013-8-2.

[645] 杨根平. 江苏城市化道路的分析与对策建议 [J]. 江苏社会科学, 2001(04): 187-190.

[646] 杨海霞. 专访国家发展改革委城市和小城镇改革发展中心主任李铁 重视城镇化投资效应 [J]. 中国投资, 2012(07): 51-54.

[647] 杨建波, 王利. 退耕还林生态效益评价方法 [J]. 中国土地科学, 2003, 17(5): 54-58.

[648] 杨开忠, 杨咏, 陈洁. 生态足迹分析理论与方法 [J]. 地球科学进展, 2000, 15(6): 630-636.

[649] 杨林防. 对促进小城镇经济发展的思考 [J]. 小城镇建设, 2003(12): 78-79.

[650] 杨敏之. 聚集: 小城镇建设中一个应当深化和拓展的课题 [J]. 城乡建设, 1999(01): 23-25.

[651] 杨培峰. 城乡一体化系统初探 [J]. 城市规划汇刊, 1999(02): 51-54+35-82.

[652] 杨书臣. 日本小城镇的发展及政府的宏观调控 [J]. 现代日本经济, 2002(6): 20-23.

[653] 杨爽, 吴若兰. 中华人民共和国成立以来城镇化的演进历程与未来发展方向 [J]. 建筑与文化, 2020(12): 165-166.

[654] 杨维忠. 小城镇发展观点综述 [J]. 山东经济战略研究, 2002(8): 60-62.

[655] 杨彦春. 美国小城镇的变迁 [N]. 经济日报, http://views.ce.cn/main/yc/201103/19/t20110319_22313014.shtml, 2011-3-19(6).

[656] 杨宇振. 兼容二元: 中国县镇乡发展的基本判断与路径选择 [J]. 国际城市规划, 2015, 30(01): 1-7.

[657] 姚林香. 聚集与辐射——对小城镇功能整合的重新考量 [J]. 改革, 2007(11): 118-120.

[658] 姚娜, 刘学敏. 对西部地区小城镇发展模式的探讨——东部经验与西部特点的结合 [J]. 中国特色社会主义研究, 2003(01): 48-51.

[659] 姚士谋, 陈爽, 汤茂林, 等. 我国小城镇发展战略问题初探 [J]. 现代城市研究, 1999(03): 8-12.

[660] 姚士谋, 王辰, 张落成, 等. 我国资源环境对城镇化问题的影响因素 [J]. 地理科学进展, 2008(03): 94-100.

[661] 姚士谋, 朱英明, 等. 中国城市群 (第二版)[M]. 合肥: 中国科学技术大学出版社, 2001: 144-157.

[662] 姚士谋, 吴楚材. 我国农村人口城镇化的一种特殊形式 [J]. 地理学报, 1982(2): 94-100.

[663] 姚士谋, 等. 中国的城市群 [M]. 合肥: 中国科学技术大学出版社, 1992: 7-10.

[664] 姚莹, 尚建新, 章兰芳, 等. 京郊卫星城与小城镇发展的关系 [J]. 北京规划建设, 2000(5): 41-42.

[665] 叶本乾. 城镇化中国的逻辑反思与重构：新型城镇化体制机制创新及其限度研究 [J]. 中共四川省委省级机关党校学报, 2013(05)：94-101.

[666] 叶克林. 发展新型的小城镇是我国城镇化的合理模式 [J]. 城市问题, 1986(03)：9-13.

[667] 叶克林. 论以小城镇为主体的中国城镇化模式 [J]. 管理世界, 1986(5)：25-37.

[668] 叶明勇. 改革开放以来我国城镇化进程 [DB/CD]. 国史网, http://www.hprc.org.cn/gsyj/zhutiyj/zgggkf/sjpy/shsy/201712/t20171219_4231727.html, 2017-12-19.

[669] 叶舜赞. 城镇化和城市体系 [M]. 北京：科学出版社, 1994：29.

[670] 叶于岗. 美国两座小城镇的建设经验 [J]. 北京规划建设, 1999(02)：62.

[671] 叶裕民. 实施以人为本的城市群发展战略 [N]. 人民日报, http://theory.people.com.cn/n/2013/0714/c40531-22191054.html, 2013-7-14.

[672] 叶裕民. 中国城镇化之路 [M]. 北京：商务印书馆, 2001：114-115.

[673] 叶裕民. 解读"城市综合承载能力" [J]. 前线, 2007(04)：26-28.

[674] 尹成杰. 小城镇建设与农业现代化 [J]. 农业经济问题, 1999(9)：2-8.

[675] 尹海伟, 张琳琳, 孔繁华, 等. 基于层次分析和移动窗口方法的建设用地适宜性评价 [J]. 资源科学, 2013, 35(3)：530-535.

[676] 游宏滔, 王士兰, 汤铭潭. 不同地区、类型小城镇发展的动力机制初探 [J]. 小城镇建设, 2008(01)：13-17+37.

[677] 于立, 彭建东. 中国小城镇发展和管理中的现存问题及对策探讨 [J]. 国际城市规划, 2014, 29(1)：62-67.

[678] 于立. 英国城乡发展政策对中国小城镇发展的一些启示与思考 [J]. 城市发展研究, 2013, 20(11)：27-31.

[679] 余敏江. 从技术性治理到包容性治理——城镇化进程中社会治理创新的逻辑 [J]. 理论探讨, 2015(1)：141-145.

[680] 俞可平. 推进国家治理体系和治理能力现代化 [J]. 前线, 2014(1)：5-8+13.

[681] 俞孔坚, 韩西丽, 朱强. 解决城市生态环境问题的生态基础设施途径 [J]. 自然资源学报, 2007, 22(5)：808-816.

[682] 俞燕山. 我国城镇的合理规模及其效率研究 [J]. 经济地理, 2000(2)：84-89.

[683] 俞燕山. 我国小城镇改革与发展政策研究 [J]. 改革, 2000(01)：100-106.

[684] 袁家冬, 于宁. 黑龙江省城乡一体化进程中的小城镇发展模式初探——以大庆市肇州县为例 [J]. 经济地理, 2005, 25(6)：847-850.

[685] 袁宁, 陈小溢, 谷芬. 农村城镇化的思路探讨 [J]. 理论月刊, 2002(3)：58-59.

[686] 袁中金, 杨朝辉. 中国小城镇经济发展的地区差异研究 [J]. 经济地理, 2004(3)：361-363+369.

[687] 袁中金.中国小城镇发展战略研究 [D].上海：华东师范大学，2006.

[688] 摘自《国务院批转民政部关于调整建镇标准的报告的通知》(1984 年).

[689] 摘自《国务院批转民政部关于调整设市标准报告的通知》(1993 年).

[690] 张保成.宋代商税法律制度探微 [J].贵州警官职业学院学报，2002(05)：43-44.

[691] 张彬.11 月 CPI 转正 [N].重庆晚报，https://finance.ifeng.com/news/special/200911data/20091212/1575421.shtml，2009-12-12.

[692] 张兵，林永新，刘宛.城市开发边界政策与国家的空间治理 [J].城市规划学刊，2014(3)：20-27.

[693] 张敦福.社会管理、社会建设的理论分析 [M].南宁：广西师范大学出版社，2013.

[694] 张二震，方勇，马野青.城市化：江苏经济发展的重要推动力 [J].江苏社会科学，2001(02)：181-185.

[695] 张峰.江苏城市地域分布格局及地域生产力的优化 [J].城市经济·区域经济，2001(2).

[696] 张复明，郭文炯.城市职能体系的若干理论思考 [J].经济地理，1999(6)：19.

[697] 张根东.在推进农村改革发展中加快西部小城镇建设 [J].生产力研究，2010(04)：55-56+64.

[698] 张国磊，张新文，马丽.农村环境治理的策略变迁：从政府动员到政社互动 [J].农村经济，2017(8)：70-76.

[699] 张国磊,张新文.制度嵌入、精英下沉与基层社会治理——基于桂南 Q 市联镇包村的个案考察[J].公共管理学报，2017(4)：44-53.

[700] 张国庆，李琴.小城镇与大城市的协作与合作 [J].区域经济研究，2022(2)：62-66.

[701] 张恒怡.吉林省图们江流域小城镇的空间形态演变研究 [D].长春：吉林建筑大学，2017.

[702] 张鸿雁.西方城镇化理论反思与中国本土化城镇化理论模式建构论 [J].南京社会科学，2011(9)：01-15.

[703] 张建军.农村城镇化与新型工业化联动发展模式研究 [J].人口与经济，2008(06)：1-6.

[704] 张杰，沈豁莹.新型城镇化背景下小城镇规划管理机制创新 [J].规划师，2013，29(3)：23-26.

[705] 张杰.人均 GDP 达 4000 美元后的发展之策 [N].四川日报，http://www.lsllw.cn/Article/Article.asp?nid=3585，2012-10-10.

[706] 张京祥，陈浩.空间治理：中国城乡规划转型的政治经济学 [J].城市规划，2014(11)：9-15.

[707] 张京祥.西方城市规划思想史纲 [M].南京：东南大学出版社，2005.

[708] 张军.小城镇规划的区域观点与动态观点 [J].城市发展研究，1998(01)：20-23.

[709] 张俊良，彭艳.我国小城镇人口规模问题研究 [J].农村经济，2006(9)：102-104.

[710] 张俊良.1978 年后中国小城镇数量与规模变化研究 [J].上海城市管理职业技术学院学报，2006(6)：33-35.

[711] 张丽君.空间生产视角下的小城镇特色空间重构——以汉源县九襄镇石牌坊街区空间设计为例 [J].农村经济，2015(09)：100-103.

[712] 张明举，李敏，王燕林，等.主成分分析在小城镇经济辐射区研究中的应用——以重庆市大足县为例 [J].经济地理，2003(03)：384-387.

[713] 张娜.新型城镇化背景下小城镇可持续发展存在的问题及对策研究 [J].绿色科技，2018(20)：177-180+187.

[714] 张沛.中国城镇化的理论与实践：西部地区发展研究与探索 [M].南京：东南大学出版社，2009.

[715] 张鹏，杨青山，王晗.基于城乡统筹的长吉一体化区域小城镇发展分化与模式研究 [J].经济地理，2011，31(4)：599-602.

[716] 张其悦.以"特色"引领小城镇建设 [N].重庆日报，2011-7-21.

[717] 张强，张怀超，刘占芳.乡村振兴：从衰落走向复兴的战略选择 [J].经济与管理，2018(1)：6-11.

[718] 张青云.可持续发展与小城镇可持续发展 [J].安阳师专学报，1999(04)：41-45.

[719] 张尚武.长江三角洲地区城镇空间形态协调发展研究 [J].城市规划汇刊，1999(03)：32-35+60.

[720] 张树森，秦云.快速城镇化背景下小城镇发展模式思考 [R].国家科技支撑计划课题(2008BAJ08B09)[Z].

[721] 张庭伟.对城镇化发展动力的探讨 [J].城市规划，1983(5)：59-63.

[722] 张文显.法哲学范畴研究 [M].北京：中国政法大学出版社，2001：15.

[723] 张五明.河北你被谁抛弃？ [EB/OL].凤凰网，https://www.p5w.net/news/gncj/201404/t20140408_549292.htm，2014-4-3.

[724] 张务栋.关于城镇的几个问题 [J].经济地理，1983(03)：220-223.

[725] 张小林.小城镇空间类型研究 [J].现代城市研究，1996(3)：54-59.

[726] 张晓玲，刘康，蔡玉梅.坚守18亿亩耕地红线不动摇 [J].求是，2009(21)：43-45.

[727] 张新焕，徐建刚，马晓冬.大都市边缘区小城镇整合发展模式研究——以吴江东部临沪地区为例 [J].地域研究与开发，2006(04)：25-29.

[728] 张旭亮，宁越敏.长三角城市群城市经济联系及国际化空间发展战略 [J].经济地理，2011，31(03)：353-359.

[729] 张毅，邵举平.我国东北地区煤矿城镇发展现状及对策 [J].哈尔滨师范大学自然科学学报，1996(03)：103-108.

[730] 张毅.黑龙江省小城镇发展现状及对策研究 [C].中国地理学会，南京师范大学，中国科学院南京地理与湖泊研究所，南京大学，中国科学院地理科学与资源研究所.中国地理学会2007年学术年会论文摘要集.哈尔滨师范大学，2007：1.

[731] 张幼文，黄建忠，田素华，等.40年中国开放型发展道路的理论内涵[J].世界经济研究，2018(12)：3-24.

[732] 张幼文.要素集聚：开放型发展道路的时代特征与中国特色[J].世界经济研究，2018(1).

[733] 张雨林.城—镇—乡网络和小城镇的整体布局[J].经济研究，1985(1)：12-18.

[734] 张雨林.小城镇建设与城乡协调发展[J].中国社会科学，1986(4)：169-181.

[735] 张玉昆，周丹.不同人口规模小城镇特征及规划建设思考[J].小城镇建设，2017(11)：44-50.

[736] 张岳、刘彦腾.城乡融合背景下小城镇政府的战略转型研究[J].中州学刊，2016(06)：288-289.

[737] 张运生，曾志远，李硕.关于农村剩余劳动力解决途径的探索[J].人口与经济，2003(02)：33-37.

[738] 张正河，谭向勇.小城镇难当城镇化主角[J].中国软科学，1998(8)：14-19.

[739] 张志斌，李夏.甘肃小城镇可持续发展研究[J].中国人口·资源与环境，2004(05)：75-78.

[740] 张忠国，吕斌.市场经济条件下用经济分析的观点优化小城镇规模[J].经济地理，2005(3)：215-218.

[741] 张忠国，夏川.供给侧结构性改革下的小城镇公共服务设施优化配置研究——以安徽省坛城镇为例[J].小城镇建设，2016(12)：38-44.

[742] 章建明，王宁.县(市)域村庄布点规划初探[J].规划师，2005(3)：23-25.

[743] 长白时评：推动县域经济提质增效[DB/CD].中国吉林网，http://pinglun.cnjiwang.com/jwkp/202211/3656897.html，2022-11-23.

[744] 赵冬梅.东西冲突中的现代小城文化[J].学术研究，2003(04)：106-109.

[745] 赵冈.论中国历史上的市镇[J].中国社会经济史研究，1992(02)：5-18.

[746] 赵韩强.小城镇发展与农村剩余劳动力转移[J].人口学刊，2001(05)：34-37+62.

[747] 赵晖，张雁，陈玲.说清小城镇——全国121个小城镇详细调查[M].北京：中国建筑工业出版社，2017.

[748] 赵俊伟，陈永福，余乐，等.中国生猪养殖业地理集聚时空特征及影响因素[J].经济地理，2019，39(02)：180-189.

[749] 赵民，孙斌栋.经济发达地区的乡镇企业布局与小城镇发展[J].城市规划，1996(05)：18-21+60.

[750] 赵鹏军，白羽.不同功能类型的小城镇特征差异性分析[J].小城镇建设，2017(11)：37-43.

[751] 赵鹏军，孔璐.基于文脉主义的历史小城镇保护规划理念与实践[J].小城镇建设，2016(12)：45-50.

[752] 赵鹏军，张屹雪.小城镇商业业态特征研究[J].小城镇建设，2017(11)：65-70.

[753] 赵淑银，郭克贞，徐冰，等.乌审旗草原生态建设效益评价方法及其指标体系研究[J].中国草

地学报，2007，29(1)：55-60.

[754] 赵新平，周一星，曹广忠 . 小城镇重点战略的困境与实践误区 [J]. 城市规划，2002(10)：36-40.

[755] 赵莹，李宝轩 . 新型城镇化进程中小城镇建设存在的问题及对策 [J]. 经济纵横，2014(3)：8-11.

[756] 赵勇，魏后凯 . 政府干预、城市群空间功能分工与地区差距——兼论中国区域政策的有效性 [J]. 管理世界，2015(8)：14-29.

[757] 赵勇 . 区域一体化视角下的城市群形成机理研究 [D]. 西安：西北大学，2009.

[758] 赵之枫 . 关于小城镇发展模式的思考 [J]. 城市发展研究，2001(02)：37-40.

[759] 甄峰，刘晓霞，刘慧 . 信息技术影响下的区域城市网络：城市研究的新方向 [J]. 人文地理，2007(02)：76-80+71.

[760] 甄峰，宁登，张敏 . 城乡现代化与城乡文化——对城市与乡村文化发展的探讨 [J]. 城市规划汇刊，1999(01)：51-53+77-81.

[761] 郑成光 . 发展安徽小城镇，加快区域经济发展 [J]. 财贸研究，1999(4)：63-64.

[762] 郑明媚，邱爱军，文辉 . 一个美国小城镇规划对我国的启示 [J]. 国际城市规划，2010，25(06)：97-101.

[763] 郑瑭 . 宋代的镇 [J]. 乡镇论坛，1998(10)：47.

[764] 郑卫，邢尚青 . 我国小城镇空间碎片化现象探析 [J]. 城市发展研究，2012，19(3)：102-106.

[765] 郑行洋 . 基于空间距离类型划分的小城镇发展动力机制研究 .// 中国城市规划学会，杭州市人民政府 . 共享与品质——2018 年中国城市规划年会论文集 [C]. 北京：中国建筑工业出版社，2018：11.

[766] 郑雪龙 . 对欠发达地区城镇化的思考 [J]. 小城镇建设，2003(12)：2.

[767] 郑长德 . 民族地区反贫困战略研究 [J]. 经济地理，1998(03)：8-13.

[768] 郑昭，楚尔鸣，刘婷，等 . 论构建农村小城镇核心竞争力 [J]. 管理世界，2007(10)：138-139.

[769] 郑志霄 . 关于城镇的规模等级与分类问题 [J]. 城乡建设，1983(1).

[770] 郑宗寒 . 试论小城镇 [J]. 中国社会科学，1983(04)：119-136.

[771] 中共中央文献研究室，国务院发展研究中心 . 新时期农业和农村工作重要文献选编 [M]. 北京：中央文献出版社，1992：234.

[772] 中共中央文献研究室 . 改革开放三十年重要文献选编（下册）[M]. 北京：中央文献出版社，2008：988.

[773] 中国城市和小城镇改革发展研究中心课题组 . 中国城镇化战略选择政策研究 [M]. 北京：人民出版社，2013：306.

[774] 钟国华，徐家庆 . 小城镇产业集群建设的路径探析 [J]. 企业经济，2022(6)：76-80.

[775] 钟水映 . 小城镇建设与农村现代化 [J]. 经济评论，1994(03)：60-64.

[776] 周超，黄志亮 . 三峡库区小城镇基本公共服务设施分布特征研究——以三峡库区重庆段 385 个

小城镇为样本 [J]. 西部论坛，2017，27(03)：96-105.

[777] 周旦平. 小城镇地产开发模式初探 [J]. 城乡建设，2010(06)：74-75.

[778] 周干峙. 促进小城镇在城镇化过程中发挥更大的作用 [J]. 城市规划，1988.

[779] 周国华. 湖南小城镇发展研究 [J]. 长江流域资源与环境，2000(03)：299-306.

[780] 周坚. 城镇化对小城镇外部空间形态的影响 [J]. 小城镇建设，2010，247(1)：84-87.

[781] 周俊，徐建刚. 小城镇信息图谱初探 [J]. 地理科学，2002(3)：324-330.

[782] 周明长. 新中国建立初期重工业优先发展战略与工业城市发展研究（1949-1957）[D]. 成都：四川大学，2006.

[783] 周其仁. 城乡中国 [M]. 北京：中信出版社，2013：8.

[784] 周蜀秦. 从地方到全球：中国区域城镇化动力与国际化路径研究 [M]. 北京：中国建筑工业出版社，2010.

[785] 周伟林. 中国村镇的死与生 [J]. 文化纵横，2018(03)：88-97.

[786] 周文斌. 北京卫星城与郊区城镇化的关系研究 [J]. 中国农业经济 .2002(12).

[787] 周一星. 关于中国城镇化速度的思考 [J]. 城市规划，2006(S1)：32-35+40.

[788] 周宇英，赵家将. 加快推进江门专业镇转型升级的对策研究 [J]. 科技管理研究，2013，33(13)：87-90+158.

[789] 朱方明. 集镇建设与发展 [M]. 成都：四川大学出版社，1995：1-10.

[790] 朱桂龙，钟自然. 从要素驱动到创新驱动——广东专业镇发展及其政策取向 [J]. 科学学研究，2014，32(01)：29-33.

[791] 朱浩，姚嵩，杨静. 奋力开创多彩贵州小城镇建设发展新未来 [N]. 贵州日报，http://www.gog.cn/zonghe/system/2019/10/23/017409199.shtml，2018-9-18.

[792] 朱红，姜坤. 小城镇产业升级与创新发展研究 [J]. 经济地理，2015，35(6).

[793] 朱厚玉. 小城镇建设投融资机制比较借鉴 [J]. 财政研究，2012(12)：56-58.

[794] 朱建达. 我国镇（乡）域小城镇空间形态发展的阶段模式与特征研究 [J]. 城市发展研究，2012，19(12)：33-37.

[795] 朱建芬. 择优培育小城镇的探索——江苏省重点中心镇发展调研报告 [J]. 小城镇建设，2003(12)：4-7.

[796] 朱澂，钱陈. 产业发展与城镇化——以乐清为例的分析 [J]. 浙江社会科学，2003(05)：70-73.

[797] 朱明，王海. 农产品加工产业聚集与小城镇建设 [J]. 农业工程学报，2006(2)：180-184.

[798] 朱启臻. 关于小城镇发展过程中土地问题的社会学思考 [J]. 中国土地科学，2001(02)：23-25.

[799] 朱士鹏，毛蒋兴，徐兵，等. 广西北部湾经济区城镇规模分布分形研究 [J]. 广西社会科学，2009(01)：19-22.

[800] 朱通华 . 费孝通先生提出"温州模式"的前前后后 [J]. 南京医科大学学报 (社会科学版)，2005(04)：269-271.

[801] 朱通华 . 小城镇发展与"名镇效应" [J]. 南京师大学报 (社会科学版)，1996(02)：16-18+66.

[802] 珠三角城市群：公共服务从区域失衡走向均等优质 [N]. 南方日报，2013-11-13.

[803] 住房和城乡建设部课题组 ."十二五"中国城镇化发展战略研究报告 [M]. 北京：中国建筑工业出版社，2011：2.

[804] 邹兵 . 交易成本理论：一个研究乡镇企业空间布局的新视角 [J]. 城市规划汇刊，2001(04)：8-11+79.

[805] 邹兵 . 我国小城镇产业发展中的困境与展望 [J]. 城市规划汇刊，1999(03)：40-45+80.

[806] 邹兵 . 小城镇的制度变迁与对策研究 [M]. 北京：中国建筑工业出版社，2003.

附录

附录 1　我国小城镇研究理论

1. 城镇等级体系理论

城镇等级系统理论是城市地理学中的一个重要理论，是研究城市等级结构和空间分布规律的基本方法。

城市等级系统理论认为城市等级结构是个"金字塔"型，包括两个方面：一个是城市等级，即城市规模大小等级的层次体系；另一个是城市等级关系，即各级城市之间相互联系依存的关系。该理论按城市规模大小，将城市等分为不同的等级，分别为特大城市、大城市、中等城市、小城市和小城镇，形成城市的等级结构。城市等级体现了城市的经济、文化、政治、社会等发展水平，因此在空间分布上也具有区域集聚的规律。例如，特大城市和大城市通常分布在国家的中心和东部沿海地区，而中等城市则更多地分布在内陆地区，而小城市和小城镇则集中在较为偏远或落后地区。

农村向城市的转移是城镇等级体系的重要组成部分，特大城市和大城市作为城市等级体系中的骨干，对吸纳农民工等转移人口、扩大城市规模、提高城市综合竞争力具有关键作用。

2. 城镇职能分类理论

城镇职能分类理论是由美国城市规划学家欧文·S. 凯恩（Owen S.Kane）在 20 世纪 50 年代提出的一种城镇职能分类方法。

城镇职能分类理论主要是从城市的功能角度来划分城市空间，将城市空间分为不同的职能区，有助于城市规划和管理。该理论认为，城市空间可以基于城市的主要功能进行划分，包括居住区、商业区、工业区、公共设施区和交通运输区等。具体包括：

居住区：居住区是城市的主要职能区，通常位于城市中心或城市周边的郊区。居住区主要用于提供居住和休闲的场所，包括住宅、公寓、公园和运动场等。

商业区：商业区是城市的另一个重要职能区，主要是为了提供商业活动和购物服务。商业区通常位于城市中心，包括商店、市场、购物中心、餐馆和娱乐设施等。

工业区：工业区主要是为了提供生产和制造活动所需的空间。工业区通常位于城市的远离市中心的地区，包括工厂、仓库和物流中心等。

公共设施区：公共设施区包括公共设施和服务场所，如政府办公区、学校、医院、博物馆和图书馆等。

交通运输区：交通运输区位于城市的交通枢纽处，主要用于各种交通和运输活动，如车站、码头、机场、客运站和货运站等。

通过城镇职能分类理论，城市规划师可以更好地了解城市区域的分布、功能和需求，有助于制定有效的城市规划和管理措施。

3. 经济发展梯度理论

经济发展梯度理论（Economic Development Gradients）是指一种描述社会经济发展水平的理论。

经济发展梯度理论认为，社会经济的发展是一种从原始社会向发达社会过渡的过程，这个过程中，不同的社会经济发展水平可以形成一个等级体系，即"经济发展梯度"。随着经济的发展，每个国家或地区所处的经济发展梯度会逐渐升高，这也会对周边的地区和国家产生一定的影响。增长极理论和经济发展梯度理论有些相似，都强调了区域之间的差异和不平衡性，但经济发展梯度理论更加侧重于不同国家之间的差别和发展水平的等级体系。随着经济的发展，不同地区之间的经济差距会逐渐缩小，但是在整个发展过程中，每个地区所处的经济水平都会有所不同，会形成一个由原始社会到发达社会依次排列的等级体系。例如，发达国家的经济水平更高，拥有更先进的技术和高端的产业，而发展中国家的经济水平相对较低，拥有的行业和技术也相对落后。

现代化水平较高的城市或地区的生产要素、思想观念、生活习惯向外扩散是小城镇发展的直接动力。其基本逻辑可以从经济发展梯度理论中获取。该理论强调同一区域内的不同地区之间存在着经济发展势差，在市场和政府推动下，经济发展水平较高的城市生产要素等会依次向二、三级梯度地区转移。由于距离是决定梯度转移的首要因素，与城市经济联系比较密切的邻近城镇或地区往往成为城市生产要素等转移的首选地，发展速度也比较快。此外，交通便利、经济发展条件好、资源较丰富的二、三级城镇或地区接收城市经济辐射的能力较强，受城市影响也较大。经济发展梯度理论对我国小城镇尤其是城市边缘区小城镇具有很大的启示作用。小城镇位于城市与乡村中间，基础设施等较为完善，应充分发挥自身优势，积极承接城市扩散，最终在城市扩散的多要素综合作用下，实现健康发展的目标。

经济发展梯度理论主要内容有三点：一是在某一个区域内，经济发展存在经济发展势差，有客观经济梯度。就经济而言，就是经济水平有好坏之分，此所谓一级、二级、三级等梯度。二是随着经济发展的深入，经济发展好的逐步向经济稍差的辐射，进而带动经济差的地区向经济好的方向发展和融合。此即一级梯度向二级梯度辐射带动。同理，二级梯度仍然会向三级梯度辐射带动，其他梯度依次辐射。三是梯度转移受许多因素影响，如梯度距离、各个梯度所拥有的自然资源禀赋、区位、交通等。

经济发展梯度理论对指导我国小城镇发展有很重要的意义和作用。我国城乡发展水平相差很大，小城镇数量众多、类型多样、分布较广。经济发展梯度理论能站在较高的视角，对我国目前城乡关系做一个纲领性的指导。在目前的城镇系统中，大城市经济发展到一定阶段和水平后，必然向周边的（甚至更远的）小城镇辐射，转移大城市的产业、人口、物质资源、技术、信息和管理等，从而带动小城镇的发展，而小城镇又带动其镇域内外乡村的振兴和发展。最后，城镇村多梯度共同发展，达到区域经济协调发展、整体加强的作用和效果。

4. 区位理论

区位理论是由美国地理学家威廉·佩里·韦伯提出的理论，它是指企业在决定安置位置时，需要考虑多方面因素并进行综合分析，以选择最佳的位置。

区位理论是企业在选址时需要考虑多种要素，并综合分析、权衡利弊的理论。选择最佳位置，有利于企业的成本控制、市场占有率提高、利润水平的提高和可持续发展。区位理论认为，企业选址时需要考虑四个方面的因素，即市场、原材料、劳动力和运输条件。

市场因素是指企业所生产的商品或服务销售的消费者群体的数量、增长率和性质等，这对企业产销规模和利润水平都有巨大影响。在区位理论中，企业需要选择靠近市场的位置，以便快捷地将产品或服务送到消费者手中。

原材料因素是指企业生产的商品或服务所需要的原材料或能源资源的来源和供应情况。企业在选址时需要考虑原材料的稳定性、货源的充足性和价格等因素，以便保证生产成本的合理性。

劳动力因素是指企业在选址时需要考虑的劳动力来源和供应情况，以及当地的劳动力素质和工资水平等因素。在区位理论中，企业应该选择靠近劳动力资源丰富且素质好、工资适中的地方，以保证生产效率和劳动成本的合理性。

运输条件因素是指企业产品或服务的运输成本、时间和安全等因素。在区位理论中，企业需要选择交通网络较为便利和完善的地方，以便快捷、安全和便捷地将产品或服务运送到市场上。

5. 比较优势理论

比较优势理论是由英国经济学家大卫·李嘉图提出的，主要表明如果每个国家只生产它的比较优势所在领域的产品，那么国家之间的贸易便可以相互补充、互惠互利，从而达到整体上的最大化效益。比较优势理论是贸易经济学中的一个重要理论，被视为自由贸易的基石之一。

区域比较优势理论主要强调了经济活动的分工与合作，也就是各区域应当根据自身的优势发展特定的产业和服务，而不是试图在所有领域上独自发展。这样可以避免资源浪费和低效率地生产。区域比较优势理论对于制定区域发展战略和政策非常有指导意义。政策制定者可以在政策制定过程中，借鉴该理论，关注各区域的资源禀赋和市场需求，寻找区域的比较优势，并制定相应的区域发展政策和产业政策，从而进一步激发区域经济的发展与竞争力。

比较优势理论之所以能够被广泛接受，是因为它比绝对优势理论更具有普遍性，能够更准确地解释世界贸易的格局。它认为，即便是某个国家在所有领域都有绝对优势，仍应该利用自身更大的比较优势，推动国际贸易的发展。在比较优势理论的指导下，全球市场经济体系不断完善，形成了一系列国际贸易条约和形式化框架。各国之间由于贸易的相互依存而加强了政治、经济、文化的交流，相互融合，这对于各国的繁荣和发展都具有重要的意义。区域比较优势理论认为，一个地区因其资源、技术和市场等方面的特定优势，而与其他地区相比，在某些领域具有更高的生产效率和竞争力。这一优势可以通过贸易和合作来发挥，从而实现各方面的互利共赢。例如，某地区因其气候条件适宜种植某种农产品而具有比较优势，而另一地区则由于技术先进具有比较优势的制造业。

6. 区域土地分等理论

区域土地分等理论，也称为"分等租论"，是19世纪末20世纪初由美国经济学家亨利·乔治提出的一种阐述土地经济问题的理论。该理论分析了土地利用的机制和土地价格的变化，认为土地价格的差异主要由土地等级和所处区域的压力形成。

区域土地分等理论认为，土地的价值和价格是由其所能创造的价值和价格所决定的。土地按照其生产能力和所处地域进行分等，分别对应不同的土地定价。一般来说，裸露土地租金主要是由土地等级决定的，等级高的土地能够创造更高的价值，因此它们的租金也相对较高。而它们的租金是由生产领域社会总产品的增加和高薪资流转的，也是由雇佣劳动和土地的生产领域来决定的。

区域土地分等理论要求政府必须调节土地的价格、利益和价值之间的关系，采取合理的土地政策，保证土地的持续利用和发展。该理论对于发展土地资源和优化土地利用结构有一定的指导意义，因此在土地管理和规划领域具有广泛的应用。

7. 级差地租理论

级差地租理论是经济学家大卫·里卡多在18世纪末提出的一种解释土地地租的理论。该理论认为，土地地租的大小是跟土地生产力有关，并通过在同一土地上的加盟者间的差异达到体现。

在级差地租理论中，土地根据其生产能力被划分为三个不同的级别：第一级土地生产力最高，第二级次之，第三级最低。当最高级别的土地上种植作物或养畜牧有利润时，该土地的土地地租将被计算为效率高的产出与成本的差价，而作物或畜牧的种植或饲养将继续进行。如果其他土地上的作物或畜牧也有利润，那么根据其生产力的不同，它们分别产生不同数额的土地地租。当土地的生产能力低于一个阈值时，土地租金可能为零，这取决于市场供求关系和需要。这种土地地租的形成是因为最好的土地被先用来满足对食物和其他必需品和服务的需求。

通过级差地租理论，可以更好地理解土地市场和价格的波动。土地地租在一定程度上反映了土地的稀缺性和需求，因此土地的地租往往是制约土地价格走势的一种因素。在现代经济中，级差地租理论仍然具有一定的应用价值，可用于土地利用的规划和决策，以更好地确定土地开发、建设和使用的成本，并优化土地市场的供需关系。

8. 非均衡发展理论

非均衡发展理论（Theory of Uneven Development）是一种经济学理论，强调经济和社会的不平衡性，在这种不平衡性中经济发展不是均匀的。这种不平衡性可以是地区之间的差异，也可以是不同行业和部门之间的差异。

非均衡发展理论认为，经济与社会的不平衡性是一个复杂而多样化的现象，需要从多个角度进行分析和解决。通过全面了解和应用非均衡发展理论，可以更好地促进经济社会的可持续发展。核心观点是，经济的不平衡性和重心的转移是经济发展的必然结果。发展不是一个平稳的过程，而是在不断变化的格局中实现的。非均衡发展理论认为，发达地区和落后地区之间的巨大差距并不是偶然的，而是由于历史、制度、文化等多种因素的影响而产生的。

非均衡发展理论在经济学研究中起着重要的作用，它指出了多种不平衡现象出现的原因和变化趋势。理论可以用于解释发展中国家的问题，如贫穷、落后、就业不足等问题。非均衡发展理论也可以用于指导政府和企业的决策和管理，如经济发展战略、财政政策和产业政策等重要领域。

非均衡变化原理源于非均衡发展理论，它认为社会的发展和变化是不平衡和不稳定的，而非一个平稳、均衡、连续的过程。

非均衡变化原理的核心观点是，社会变化是由于外部和内部因素的相互作用所引起的，而各种因素对不同领域的影响程度是不同的，因此必然产生不同的结果。例如，政治体系的变革可能会引起社会结构的变化；而经济领域中的科技进步可能会改变社会文化的面貌。

非均衡变化原理的应用领域包括历史、社会、经济、文化等各个领域。在历史研究中，非均衡变化原理可以用于解释战争、革命、政党交替等重要事件的发生和演变。在社会学和经济学研究中，非均衡变化原理可以用于研究城镇化、职业分工、文化产业发展等重要现象的变化。

非均衡变化原理是一个可以用于多个领域的基本理论。它强调了变化的不平衡性和不稳定性，为研究历史、社会、经济、文化等各个领域的变化提供了理论基础。它还可以用于指导政策制定和企业管理等实践领域。

9. 对称互动理论

对称互动理论是由美国社会心理学家埃里克·伯恩（Eric Berne）于20世纪50年代提出的，是交往心理学的重要理论之一。

对称互动理论认为，人际关系的互动过程是由双方互动的模式所决定的。互动模式可以分为三种：对称互动、互补互动、交叉互动。

其中，对称互动指的是双方在交往中呈现相同的态度、情感和行为模式，如两个人都喜欢听音乐、看电影等而形成的共同话题。这种互动模式可以增进彼此的交往和了解，但是也容易产生竞争和对抗。

互补互动是指双方在交往中发挥相反的角色，如一个人表现出支配的行为，另一个人则表现出顺从的行为。这种互动模式可以建立起一种稳定的关系，但也容易引起不平等和权力斗争。

交叉互动则是指双方交往中呈现出相互矛盾的行为和态度。例如，一个人说话时，另一个人插话打断了他的发言，这时他们就出现了互相打扰的现象。这种互动模式容易引起紧张和冲突，导致双方的情绪失控。

对称互动理论认为，不同的互动模式会影响到人际关系的质量和进展。因此，人们需要了解和掌握互动模式，建立稳定和健康的人际关系。

10. 情境认知理论

情境认知理论是由美国心理学家巴特莱特（Barlett）于20世纪30年代提出的一种心理学理论，它涉及人们的注意力、记忆和理解等方面的认知心理现象。

该理论认为，人们所处的环境和情境对人们的注意力、认知和情感具有重要的影响。人们会根据当前的情境来理解和解释信息，并采取相应的行为和反应。具体来说，情景认知理论提出了以下五个理论假设：

（1）情境是由所处的环境和人们对环境的感知形成的。不同的情境对人们的认知和行为有不同的影响。

（2）人们在处理新信息时，会借鉴已有的经验和知识，并根据当前情境的需要进行调整和修改，以满足情境的要求。

（3）在处理新信息时，人们会根据以下几个因素来选择和处理信息：注意力、情感、期望、目标和上下文。

（4）人们在处理信息时，会采用不同的策略和模式，如分类、比较、关联和解码等，以适应当前的情境。

（5）情境对人们的行为和决策具有重要的影响，人们会在不同的情境下采取不同的行为和决策。

情境认知理论认为，人们在面对新的信息时，会根据当前的情境选择合适的策略和模式，以适应情境的需要。因此，在实际生活中，人们需要关注当前的情境，以更好地理解和处理信息，从而更好地适应和应对不同的情境。

11. 社会空间理论

社会空间理论是指一种由社会学家和城市规划学家提出的理论，主要用于研究社会在空间中的表现和变化。该理论认为，社会空间不是静态的，而是处于不断变化的过程中，与社会关系和社会政治结构相互作用。

社会空间理论的核心是空间和社会相互关系的观察和研究。其主要关注以下三个方面：

（1）空间的生产：空间是由人类活动产生的，不同的社会活动在不同的空间中发生。因此，社会学家和城市规划学家需要了解不同的社会活动如何形成和变化，以识别和分析不同的社会空间发展的模式和趋势。

（2）空间的实践：空间不仅是由人类活动产生的，人类的社会实践活动也不可避免地受到空间和社会环境的影响。因此，社会学家和城市规划学家需要了解社会实践活动在不同的空间中的表现和变化，以更好地预测和解释社会的变化。

（3）空间的表征：不同的空间表征不同的社会结构和关系，其与社会政治结构、生活方式和文化背景等紧密相关。因此，社会学家和城市规划学家需要从空间的表征方面分析和研究社会空间，以深入了解不同的群体如何在不同的空间中生活和互动。

社会空间理论的意义在于，它提供了一种理解社会空间的思考工具和方法，有助于人们更好地探究社会和空间之间的相互作用。其也为城市规划和社会活动的布局提供了理论基础和指导。

12. 城市意象理论

城市意象理论（Image of the City Theory），是一种由美国城市规划学家凯文·林奇（Kevin Lynch）在20世纪60年代提出的理论。该理论主要是用来研究城市空间的识别、感知和认知过程，旨在探究城市如何被人们所理解和记忆。它认为人们的城市意象是由城市的形态、结构、地理特征、标志性建筑物等多个因素共同构成的一个整体。

林奇将城市意象分为五个元素：

路径（Paths）：指行人或车辆的路线和路径，它将人们的行动与城市的空间结构联系起来，是城市结构的基础。

区域（Districts）：指城市中具有独特特征的区域、街区，如商业、住宅区等，是城市空间不同部分的基本特点。

地标（Landmarks）：指高层建筑、纪念性建筑等可以吸引人们注意力的独特建筑物，是人们在城市中进行空间定位的标志。

节点（Nodes）：指城市中不同街道、街口、交叉路口等可以形成与众不同的交通交汇点，是人们在城市中改变方向的位置，也是城市活动中的集散点。

面（Edges）：指沿城市边缘的地理环境，可以是自然地貌，也可以是建筑物或公共设施等人工环境，是城市与周边环境的交接部分。

城市意象理论的价值在于，它提供了一种城市空间识别和感知的思考框架和方法，可以帮助城市规划者、设计师和管理者更好地了解人们对城市空间的感知和理解，从而更好地规划、设计和管理城市。它也对城市的品牌建设、城市营销等方面产生了积极的影响。

13. 协同理论

协同理论（Theory of Coordination）是为了分析在复杂社会系统中，如何通过社会互动协调个体之间的行为而产生的一种理论模型。

协同理论的核心问题是如何让个体之间的行为相互协调，最终形成一个有意义的整体行为。在复杂社会系统中，密切互动产生的协同行为会随着时间推移而不断演化。然而，由于各种因素的影响，协同行为也可能是不稳定的，并可能有盲点或局限性。

协同理论运用了一些类似于"游戏论"的数学工具来分析各种协同策略的优劣以及个体策略选择的最佳权衡点。理论中还包括社会学、心理学、计算机科学等多学科的研究成果，依托于这些基础研究得出了较为可靠的理论模型。

协同理论的应用十分广泛，它被用于分析自然环境、经济和旅游动协调性、工业和信息技术领域等多种场合。例如，协同理论可以指导网络互联合理分配的同步和协调，这可以应用于大型分布式计算系统以及各种全球电子商务系统的配合管理。另外，协同理论还可以用于生产力是最终由协同关系决定的某些方面的模拟研究。

14. 复杂适应系统理论

复杂适应系统理论（Complex Adaptive Systems Theory）是一种跨学科的理论框架，旨在研究由成千上万的相互作用体系组成的复杂系统。这些系统可以是任何形式，从生态系统到社会网络，从金融市场到人脑网络，总之是功能非常复杂的系统。

复杂适应系统理论认为，这些复杂系统由大量相互作用的部分组成，这些部分可以是生物体或物理部分，这些部分对彼此的行为产生影响。这种耦合（Coupling）和交互作用（Interaction）可能导致意想不到的贡献和行为，这些行为是单个部分的特性无法预测的，也许甚至为不可预测的。

相对于传统的机械式和排列式部分—整体关系的观点，复杂适应系统理论强调了分布式和分散式的组织方式，缓慢演化的变化，以及开放性和适应能力的重要性。这使得复杂适应系统具有灵活性、复原性、韧性和适应性，并且当它们遭遇外界压力或变化时能够自适应调整并保持稳定状态。

复杂适应系统理论的一个应用是在生态学领域。在此情景下，庞大的数量、种类和互动的生产者、消费者和生物物种，以及它们之间的商业和生态关系，构成了一个复杂的网络，这些网络在时间上和空间上都是充满变化和适应性的。

复杂适应系统理论是一个能够解释和预测各种复杂系统的跨学科理论，它的重要性在于强调了复杂系统之间的相互作用，以及系统如何适应其环境和自我改变以满足其需要。

15. 行政分权理论

行政分权理论是指在现代公共管理中，责权利分离和分散化的一种体现。它认为行政分权是一种有效的公共管理方式，可以使政府和公共组织更加灵活地应对复杂多变的社会和政治环境。

传统的行政体制通常具有集中化的特点，即政府中央集权。这种管理体制在实现全国性制度的一致性和统一性方面具有优势，但在应对地方性问题时则存在不足。为了弥补这种不足，行政分权理论提出了将权力下放给地方政府和公共组织，使其拥有更多的自主权和决策权。

行政分权理论的核心思想是，在政府和公共组织中逐渐实现责权利分离，使得各级政府和公共组织在自己的职责范围内，能够根据地方或行业的特点和需求，具有更大的自主权和决策权。这样可以更好地适应社会和政治环境的变化，也可以提高行政效率和服务质量。

具体而言，行政分权将政府管理分为中央、地方和基层三个层次。中央政府负责国家层面的公共管理和决策，地方政府负责本地区的公共管理和决策，而基层公共组织则负责更具体的公共服务和管理。这样一来，不同层次的政府和公共组织之间会形成网络状的分权体系，相互协调合作。

行政分权理论可以促进政府和公共组织的创新和发展，提高公共服务的效率和质量，同时也有助于增强社会参与和民主治理的能力。在实践中，各国政府和公共组织都在不断探索和尝试行政分权的方式和实践，以适应不断变化的社会和政治环境。

16. 人口迁移理论

人口迁移理论是社会学和人口学领域中的一种理论，用于解释人们从一个地方迁移到另一个地方的原因和影响。人口迁移是指人口从一定的区域或地区向另一地区的定居行为，其特点是代际、对称性和交替性。

人口迁移理论主要包括以下四种类型：

环境适应理论（Environmental Adaption Theory）：认为人们的迁移是为了逃避自然灾害和环境恶劣的生存条件，寻找更好的自然环境和资源。

人口压力理论（Population Pressure Theory）：认为人口增长导致资源制约和就业机会减少，从而推动人们寻找其他更好的生存条件。

机会成本理论（Relative Cost-Benefit Theory）：认为迁移是为了获得更好的经济机会和社会福利，而承担迁移的代价。

网络联系理论（Social Contact Theory）：认为人们的迁移是建立在社会网络和人际关系上的，人们会选择与自己熟悉的人或亲友迁居，以获得更好的生存条件和经济机会。

人口迁移理论能够为我们解释和预测人口迁移的原因和影响，这对于政策制定和社会发展都具有重要意义。

城乡人口迁移论，是指研究城市和农村之间的人口流动和定居问题的理论。该理论的出发点是城市与农村之间的经济和社会趋势的变化和发展，以及这些趋势对城市和农村人口的影响和反作用。城乡人口迁移论被广泛应用于农村劳动力转移和城镇化过程的研究。

美国经济学家刘易斯（William Arthur Lewis，1954）最早从经济学角度对人口迁移进行了理论上的解释。刘易斯提出了二元经济结构理论，并用此解释发展中国家人口从农村向城市转移与经济发展的关系。他认为发展中国家的经济呈二元结构状态，包括传统的农业部门和现代的城市部门。其中，农业部门劳动生产力低且存在过剩劳动力，而城市部门则具有高生产力、高效率的特点，是经济增长的主导部门。根据二元经济结构理论，城市部门依靠农业部门提供的过剩劳动力进行扩张，当城市部门有了无限制的劳动力供给时，就能保持低工资下的经济增长，同时获取利润。对于农业部门，人口转移到城市部门正好能解决劳动力过剩问题。如果现代部门将获得的利润用于投资，形成资本积累，从而生产的扩张就能进一步吸纳农村剩余劳动力的转移，这个过程会一直进行下去直到农村剩余劳动力被城市部门全部吸纳，这个过程是发展中国家发展的第一阶段。当农村部门剩余劳动力被吸纳完毕后，农业部门的劳动生产率会提高，人均收入会提高，农业逐渐实现现代化，实现现代化的农业部门将对现代城市部门对劳动力的需要产生竞争，这样城乡差异将逐步缩小，并最终消失，二元经济成为一元，这个阶段是发展中国家经济发展的第二阶段。在这两个阶段，无论现代的城市部门或者传统的农业部门都会从劳动力的城乡迁移中获益，实现经济的发展。

刘易斯的二元经济理论简单易懂，强调了现代城市部门和传统农业部门的结构差异，并且将经济发展同人口迁移结合起来，这个理论能够较好地解释西方发达国家工业化早期的城镇化进程。但是刘易斯的二元经济理论也有一些被人们批评的缺点，主要体现在：在刘易斯的人口流动模式中存在着现代工业部门的劳动与资本的比例是始终不变的这样一个假定。在这一假定前提下，资本积累率与就业创造率是同比例增长的，资本积累越大，就业机会就越多。对于这一观点，不少经济学家持反对态度，认为这不符合实际。现实情况下，随着现代资本主义部门的扩大，资本家越来越倾向用技术去代替人力投资，更多地采用资本密集型技术而不去雇用更多的劳动力，这样，现代工业部门虽然扩大了，但就业机会却并没有随着有大幅增长。此外，该理论更侧重于工业部门的发展，忽视了农业部门和工业部门之间的平衡，并忽视了农业投资的重要性。同时该模型还假设工业部门的工资会保持不变直到农业部门的剩余劳动力转移完毕，但从一些发展中国家的历史数据来看，随着农村到城市迁移人口的增加，工资也随之上涨，而利润则不断下降。最后发展中国家的城市部门中的非正规经济部门对吸纳传统农业部门的剩余劳动力起到重要的补充作用，这一点也被刘易斯忽略了。

费景汉和拉尼斯（1961）对刘易斯模型进行了改进。他们强调了农业部门的重要性，认为只有提高农业劳动生产率，才有可能使一部分的剩余农产品来满足迁移人口的消费，这是迁移能够发生的先决条件。在此基础上他们提出了劳动力转移的三个阶段：第一阶段是劳动力边际生产率为零的劳动力无限供给阶段。第二阶段是农村劳动边际生产率大于零，工资率开始提高的阶段。第三阶段是劳动力边际生产率与工资率相当的阶段。但即使是修正后的二元结构理论也不能解释农民在城市部门充满失业的前提下仍向城市迁移的现象。在刘易斯二元结构模型基础上，托达罗（Todaromp，1969）提出了预期收入理论。其主要思想是人口迁移的决定很大程度上取决于城乡预期收入上的差异而不是实际差异。这种预期收入差距是由城乡实际收入差距和进城后找到工作的机会和收入，以及迁移的实际和机会成本等因素综合计算后决定的。托达罗的预期收入理论解释了刘易斯的二元结构模型不能解释的城乡人口迁移与城市失业并存的现象，并对发展中国家城乡劳动力转移做出了简单而有说服力的解释。之后在理论的基础上也有不少的改进，来更好地解释发展中国家人口城乡迁移的情况。

在城乡人口迁移论中，通常将人口流动分为城市向农村的"逆向迁移"和农村向城市的"城镇化"。在逆向迁移中，大城市中的一些人可能会选择回到农村定居，这可能是城市生活成本高涨、环境污染、工作压力等因素导致的。而随着城镇化进程的发展，从农村迁移到城市的趋势也越来越明显。农民工是其中的主要人群，他们搬迁至城市从事工业、建筑、服务业和其他类型的劳动工作。这种迁移可以通过扩大就业机会，提高收入水平和生活质量等方面来实现，但也会带来一系列问题，如城市住房、公共设施、环境保护等方面的压力。

城乡人口迁移论还关注了城乡人口的社会差异。通过城乡人口迁移，社会阶层之间的结构会发生变化。例如，农民工在城市中的地位通常比城市居民底层，这是由于城市工作需要基本教育甚至高等教育和专业技能，而农村劳动力不一定具备这些条件。此外，还存在着不同地区的差异。发达城市和沿海地区吸引了大量人口的流入，而相对落后和偏远的地区则面临人口贫困和老龄化挑战。

城乡人口迁移论的研究对于了解和解决城乡差距、社会划分和公共服务等问题非常有帮助。

17. 增长极理论

增长极理论是一种描述地域经济增长和发展的理论，它认为当一些城市或地区成为经济增长的中心时，会产生捆绑效应和溢出效应，从而形成一个增长极（Growthpole）。该理论初步提出于 20 世纪 50 年代末和 60 年代初，被美国经济学家佩罗（Perr）和弗里德曼（Friedmann）普及。1955 年，在对抽象的经济空间概念做了进一步分析后，法国经济学家弗朗克斯·佩鲁首先提出了增长极理论。该理论认为，增长极总是以不同强度优先出现在一些具有优势条件的增长点或增长极上，尤其指出技术的进步和创新对经济的增长影响较大，通过不同的方式、渠道及产业链向外扩散，进而对整个区域发展产生不同程度的影响，最终使得区域由不均衡发展到均衡发展。他认为增长极是某些地区内部形成的经济活动中心，通常情况下，该活动中心由主导部门及有创新能力的企业组成。增长极类似于一个磁场极，能产生良好的聚集作用。一旦人口、资金、物质、信息、技术等生产要素在增长极内高度聚集，各类生产要素间的竞争与协作进程就会加快，从而能促进生产要素重组优化，推动整个系统优化升级。而当增长极发展到一定水平后，各种生产要素将向周边其他部门和地区扩散，进而会带动区域的整体经济发展。增长极理论对我国小城镇建设具有很大的指导意义，从聚集功能看，小城镇就是镇域范围内的增长极。应以市场为导向、资源为基础，合理确定小城镇主导产业，并以此为动力带动农村剩余劳动力和其他生产要素集聚，加快各项配套建设，推动小城镇发展。小城镇发展到一定水平后，再通过扩散效应，拉动镇域经济发展。必要时，还可以打破现有的行政区划，加大相邻小城镇主导产业间的配合力度，形成小城镇群增长极，在更大的范围内促进经济发展。

后期经过法国的布代维尔、美国的盖尔等经济学家的进一步研究，增长极理论得到了丰富和发展。布代维尔认为增长极是城市中配置不断扩大的工业综合体，他主张应通过有效的规划来配置增长极，才能促进区域经济的发展。1957年，在《经济理论与不发达地区》一书中，缪尔达尔论述了循环累积因果理论。他认为在自由放任条件下，如果某些地区因具有初始优势而超前发展，那么在既得优势基础上，该地区经济发展速度会更快，相对而言，发展较慢的地区经济发展速度会更慢。这种循环因果经济发展的结果是地区间经济发展差距不断加大，最终会导致整个区域经济增长放慢。对此，缪尔达尔建议在经济发展初期阶段，采取不平衡的发展战略，优先推动增长势头较强的地区发展，再发挥这类地区的扩散、辐射作用，带动其他地区发展。循环累积因果理论对我国小城镇发展有着积极的意义，尤其是非均衡—均衡发展思想为各地政府制定本地区小城镇开发政策奠定了基础。

增长极理论认为，经济发展的过程始终伴随着地域分布的不平衡，而区域发展的不平衡会在一定程度上加剧区域之间的差距。因此，通过有效的区域规划和发展，可以在一定程度上缩小不同地区之间的差距，实现经济资源的合理配置和协调发展。经济增长并非在全国范围内均等分布，而是更倾向于在特定地区和城市聚集。这些地区和城市具有较强的区域经济支配力和地位，能够吸引和汇聚其他近邻地区的人口、资本和资源。在这些地区和城市，经济发展的前景更好，城市规模和经济活力逐步增强，产生了突出的技术、行业和服务优势。而这种优势会向周边地区传递，并促进了这些地区的经济增长。增长极理论还提出了溢出效应和捆绑效应的概念。溢出效应指的是，在增长极地区的经济增长活动中，一些企业、人口和资本会向周边地区扩散，以此支持周边地区的经济增长。捆绑效应指的是，当不同的行业和领域之间出现集群时，它们会形成一种互相支持和加强的相互关系，从而形成一个综合的增长极。

增长极理论反映出各类城镇、产业、部门、工业园区、经济协作区等各类主体的经济增长是一个由点到面、由局部到整体依次逐步推进的过程，增长极的发育离不开硬环境和软环境，软环境主要指资本、技术、人才等因素，硬环境主要指交通、良好的基础设施等因素。依据增长极理论，要推动小城镇的发展，应通过加强基础设施条件和政策扶持等手段，积极培育区域增长极。

根据增长极理论，政策制定者可以投资于增长极地区以促进地区经济增长。这些投资可以包括在基础设施等方面的建设，增强地区竞争力和吸引力，以及通过产业链的促进从而推动地区的整体发展。同时政策制定者还可以考虑为周边地区提供支持，以防止增长极地区发展的不平衡性增长。增长极理论（Growth Pole Theory）是指在全球或国家范围内，由于某些区域拥有一定的优势和特殊资源，使得这些区域在经济发展、技术进步、人口流动等方面具有较大的优势和引领作用，成为经济增长的中心区域，进而带动周边地区的快速发展。

增长极理论对我国小城镇建设和发展具有较强的借鉴和指导作用。我国的小城镇就是其镇域范围内的增长极，吸引小城镇内外的生产要素向小城镇集聚，推动小城镇发展，并辐射和带动镇域（甚至镇域外的）农村的发展。这就是小城镇助力乡村振兴的基本实践。在实践中，增长极理论被广泛应用于地方和国家的规划与发展中。通过挖掘区域潜力，发扬区域特色和优势，弱化地域不利因素，实现区域协调而快速的经济发展。

18. 城市精明增长理论

城市精明增长理论是一种在城市规划领域中逐渐被广泛采用的理论，旨在提高城市的可持续性发展和社会经济效益。城市精明增长理论的核心思想是将城市的资源和能源利用最小化，同时提高城市的环境、社会和经济可持续性的概念。

城市精明增长理论的主要思想包括以下几个方面：

节约城市资源和能源。城市精明增长理论提倡有效地利用城市的现有资源和能源，从而最小化浪费。在城市规划方面，这包括开发节能建筑，推广公共交通以及增加自行车和步行等可持续的交通方式等。

城市环保和可持续性。城市精明增长理论强调城市的环保和可持续性。在城市规划方面，这包括保护自然资源和生态系统，推广可再生能源和降低碳排放等。

提高城市居民的生活质量。城市精明增长理论提倡城市规划的目的不仅仅是经济增长，关注城市居民的生活和幸福感。在城市规划方面，这包括提高公共服务的质量，促进社会公正和平，等等。

鼓励城市的创新和发展。城市精明增长理论主张创新思维和新技术的使用，以提高城市的生产率和经济竞争力。在城市规划方面，这包括推广数字技术和信息技术，以及鼓励城市的文化和创意产业，等等。

城市精明增长理论提供了一种全面的城市规划方法，旨在提高城市的可持续性和经济发展，同时提升城市居民的生活质量和幸福感。

19. 公共选择理论

公共选择理论是指一种关于公共政策制定的理论。该理论认为，政治决策并不一定是建立在公众利益或社会福利基础上的。相反，政治决策是由政治精英和其他利益相关者之间的权力竞争和互动所决定的。

公共选择理论认为，政治决策具有所有经济交易特点，比如需求、供给、价格、成本和效率等。政治参与者的行为也往往是理性的，并考虑自己的利益和目标。此外，利益集团和精英组织的行为也会影响公共政策的制定。

在公共选择理论中，政治决策被视为一种资源配置，像其他资源一样，受到利益集团和其他政治参与者的影响。因此，公共选择理论将政府视为一种资源配置机构，试图在这种机构中使政府更加公正、透明和高效，以确保在政策制定过程中权力的平衡和公共利益的实现。

公共选择理论对于分析政治权力、利益集团和公共政策制定的问题具有重要意义。它指出了政治决策的非合意性和这种决策如何会受到不同群体的影响。该理论在政治和社会学领域得到了广泛应用。

20. 生态位理论

生态位理论是生态学中的一个基本理论，主要研究生物在生态系统中占据不同生态位的特征、变化和作用。生态位是生物与自然环境之间的联系和互动的基本单元，它是生物在自身物种特性和外部环境之间所处的一种地位。

生态位理论认为，每个生物种群都有自己的生态位，包括其对环境的需求、生长阶段、竞争能力、食物链位置等因素。在自然环境中，生物种群之间的生态位差异是保证生物多样性和生态系统平衡的一种重要机制。

生态位理论还探讨了同一生态位上物种之间的竞争。如若两个物种尝试占据同一个生态位，它们之间就会发生竞争，可能导致其中一个物种被排挤出生态位操作，可能导致另一个物种死亡或由于环境因素而迁移。为了避免竞争，有的物种可能会进化出不同的生态位或与其他物种组成一种共生关系。

生态位理论也提出了生态系统的稳定性和平衡性的概念，认为在稳定的生态系统中，每个生物种群都应该寻找不同的生态位并占据它们，以实现资源利用的平衡和多样性的维持。

生态位理论为研究生物与环境之间的相互作用、探讨生物多样性的维持和生态系统稳定性的保持提供了基础，并为生物多样性保护、环境保护和人类可持续发展提供科学依据。

21. 集聚经济理论

1909 年，德国工业区位经济学家韦伯在《工业区位论》一书中将区位因素分成区域因素、集聚因素两部分。对于集聚，他认为可以分为两个阶段：一是市场集中阶段。主要是靠企业自身规模扩张，引起产业集中，这是产业初级集聚阶段。二是高级空间集聚阶段。这一阶段的特点是大企业在某一地方集中，引发更多的同类企业集聚，产业集群形成，地方工业化进程加快。1970 年，英国经济学家巴顿进一步提出城市聚焦经济发展理论，他指出产业追求集聚效应的本能可以推动城镇发展，而政府通过建设公共服务设施、加强企业管理，可以加快推进周边产业在城镇地区集聚。在集聚经济理论指导下，目前世界上已经形成了几种产业集聚模式：一是通过产业横向联系而形成的产业集聚。二是通过产业纵向联系而形成的产业集聚。三是由区位优势带动而形成的各类专业化小型产业集群。从效应角度看，通过横向联系，各类产业群体可以共享彼此所带来的外部经济效应。通过产业链紧密相连，产业集群内部企业可获得规模经济。此外，随着企业间分工、协作专业化程度的不断提高，企业竞争日渐激烈，集聚体内部创新效应越来越明显，整个产业集聚的竞争力得以提高，区域发展进程加快。最后，产业集聚使创业与就业机会大幅度增加，人口持续向产业集聚区转移，基础设施不断完善，制度文化环境逐渐改善。反过来，产业集聚区社会功能的增强又有利于推动产业发展，二者良性互动，产业集聚区整体竞争力得以提升。毋庸置疑，集聚经济理论对小城镇接收城市辐射、吸纳农村非农产业集聚、实现经济社会健康发展有着重要的借鉴意义。

22. 产业聚集理论

产业聚集理论是产业经济学中的一个基本理论，主要探讨生产同类产品或从事相似经济活动的企业在经济地理空间上的空间集聚现象及其影响因素。产业聚集理论认为，企业的聚集是一种自我提高的过程，即当一个地区已经形成了一个产业聚集区时，该地区对这一产业的吸引力会进一步增强，从而更多的企业会进入该地区，形成进一步的产业聚集，最终形成一个产业集群。

产业聚集理论主要有以下三个方面的解释：

生产成本效率解释。产业聚集可以增加企业间的合作和交易机会，减少生产成本，提高效率，如集中采购原材料、集中销售渠道和拓宽销售市场等。

技术外部性解释。企业之间的产业聚集会产生技术上的跨界互动，促进技术创新并增加技术外部性，如近距离地交流、技术共享、职业培训等，从而提高企业的竞争力。

产业机会解释。相似的企业之间在同一地区聚集具有带动效应，产生"区域品牌效应"，传递正面口碑，最终吸引更多的相关产业进驻当地。

产业聚集现象对于国家和地方政府而言是有利还是不利，要视情况而定。如果产业聚集规模较大、企业数量较多，可以促进地方经济的发展，形成核心产业带，如中国的珠三角地区；如果聚集过度、企业数量不足或专业单一，会形成产业的高度依赖性，产业发展可能会受到空间限制或技术瓶颈的制约，如中国传统的钢铁产业。

依据产业聚集理论，从产业聚集角度来探讨小城镇建设，是最近兴起的研究热点。聚集效应指社会经济活动因空间聚集所产生的各种经济效果，包括聚集经济和聚集不经济，聚集效应是由社会经济活动的空间集中所形成的聚集经济和聚集不经济的综合结果。

23. 城市群理论

城市群理论（City Cluster Theory）是指将城市看作群体，而不是单独存在的个体，通过相互合作、协作、共同发展，形成一个具有完整功能的城市群。城市群理论旨在推动城市之间的协调发展和共同繁荣，使得城市之间形成一种互补性和协作性的关系。城市群，又称为城市圈、都市群或都市圈，是指一定区域内不同性质、不同规模等级的城市，以一个或两个大中城市为核心，依托一定的交通区位条件，城市之间联系（如产业分工与合作、交通基础设施共建共享、区域统筹规划等）不断加强，从而形成的一个相对完整、空间距离较近、经济联系密切、功能互补、等级有序的城市综合体。城市群理论起源于霍华德的田园城市学说，经过盖迪斯的《进化中的城市》、雷蒙·恩温的《卫星城市的建设》、伊利尔·沙里宁的《城市：它的发展、衰败和未来》、克里斯泰勒的中心地理论、维宁的理论研究、佩鲁的增长极理论、戈德曼的《大都市带：东北海岸的城镇化》、乌尔曼的空间相互作用理论等学说和理论的发展，已经积累形成了完善的理论体系和实践发展经验。该理论是指一定区域内不同性质、不同规模等级的城市，以一个或两个大中城市为核心，依托一定的交通区位条件，城市之间联系（如产业分工与合作、交通基础设施共建共享、区域统筹规划等）不断加强，从而形成的一个相对完整、空间距离较近、经济联系密切、功能互补、等级有序的城市综合体。

城市群理论是对传统城市规划和发展方式的一种创新和转变，它强调了以下几个方面的内容：

经济协作。城市群之间可以通过经济合作来互相支持发展。例如，一些城市之间可以实现产业协同，形成产业链、供应链以及资金、技术的互补，从而更加高效地利用资源。城市群也可以通过共享信息、市场、物流等实现互相扶持。

交通连通。城市群之间需要建立高效的交通网络，以便更快地互相交流、合作和共享。例如，城市群可以通过民航、高铁、公路等互相联系，方便人员、货物和信息的流动，从而推动城市群快速发展。

文化交融。城市群之间的文化、历史和社会背景存在一定的差异。城市群可以通过文化交流和融合来实现更好地合作和共同发展。例如，城市群可以共同推广文化旅游，加强文艺演出和文化活动等，从而提高城市群整体的文化影响力和吸引力。

生态协同。城市群之间也需要在生态方面进行协作和共同发展，以推动可持续的城市发展。例如，城市群可以共同开展环境保护、资源回收再利用等工作，共同提高城市群的生态环境质量。

城市群理论提出了一种城市之间合作共存、互相帮助、互相推动的发展理念，有助于推动城市之间的协调发展和实现共同繁荣。该理论是以地域分工理论和增长极理论为基础，而城镇组群是城市群的微观尺度表现，结合各类小城镇自身发展现状、区位条件等因素，明确界定重点发展的城镇组群和内部城镇职能合理分工，是实现小城镇互相支撑、互补协调发展的有效路径。

该理论的核心内容是必须在全国范围内建立一个一体化聚落系统，由规模、功能不同的城市、城镇、乡村居民点共同组成。唯有如此，一个国家才能实现全国范围内的经济增长。另外，中心的理论着重指出只有通过小城镇的经济活动，农民与其服务对象间的生产、生活品交换活动才能顺利进行，全国市场交易才能实现。可见，该理论是我国地方政府制定小城镇发展规划尤其是经济发展规划的基本理论依据。结合各类小城镇的自然禀赋、自身发展现状、区位条件等因素，明确界定城市群内部职能合理分工，实现小城镇互相支撑、互补协调发展。

24. 产城融合理论

产城融合理论是指将传统的城市规划领域和产业发展领域紧密结合，借助市场机制、政策手段等措施，打破传统的城市单一功能布局，优化城市内部结构，推进城市产业创新和升级，实现城市生态、社会和经济的协调发展。产城融合理论的关键在于把产业和城市、经济和环境、人文和生态、城市和乡村等联系起来，达到协同发展。

产城融合理论的核心思想如下：基于产业发展的视角，实现城市规划和城市发展的融合。将城市和产业进行同步发展和布局，建立产业和城市的良性互动机制。从市场化的角度出发，实现城市发展中的各个主体之间的协同发展。而不是单纯的城市规划部门或企业的规划和发展。强调城市发展的可持续性，这意味着不仅经济增长要有节制，环境和生态系统的保护也要作为城市规划和发展的主要目标。重视居民的需求与利益，实现公平、公正、公开、可持续的城市发展。这也是产城融合理论的最终目的。

根据产城融合理论，城市规划和城市发展需要更加注重产业发展和城市经济升级，根据当地的区域产业优势和市场需求进行因地制宜的规划和投资，推动城市产业结构转型、创新、升级，以实现城市的可持续发展。产城融合理论关注的是区域范围内城市和产业之间的融合发展，扭转城镇化发展过程中的产城不匹配不融合的格局，既要实现产业发展又要配套相应的城市功能，形成产业和城市共融共生。

产城融合理论对我国小城镇的指导意义在于，在小城镇建设发展过程中，加强顶层规划引导作用，完善基本公共服务设施，强化产业和城市功能合理布局（产业园区与居住区同步规划、同步建设、协调联动，注重小城镇园区与社区应实现有效结合），实现工业城镇化和人口城镇化和谐统一，良性发展。

25. 产业结构理论

产业结构理论是指对不同产业在经济中的比重和作用进行研究的理论。具体来说，它关注的是不同产业的生产力水平、技术依赖和国际竞争力等方面，以及它们对经济增长和社会发展的贡献。产业结构理论认为，经济结构及其演变是影响经济增长和社会发展的重要因素。

在产业结构理论中，一般将产业划分为三个部分：第一产业、第二产业和第三产业。第一产业主要包括农业、林业、牧业、渔业等原始生产领域；第二产业主要包括制造业和建筑业等生产性领域；第三产业主要包括服务业、商业、金融、教育、文化、娱乐等非生产性行业。

产业结构理论认为，产业结构对经济增长有着重要影响。不同产业的增长对经济增长的贡献不同。通常认为，第一产业贡献较小，第二产业和第三产业的贡献较大。第一产业虽然生产规模巨大，但由于产品价格波动比较大、劳动生产率提高缓慢等原因，其对经济增长的贡献比较有限。相反，由于采用机械化和自动化生产工艺的发展，第二产业生产效率提高较快，对经济增长的贡献相对较大。第三产业则是随着人均收入水平的提高而不断壮大，已经成为许多经济体中的主要驱动力。

此外，产业结构理论与产业政策有着密切联系。政府对不同产业的扶持、引导和调整能够直接或间接地影响产业结构的改变和经济增长的速度和质量。而不同国家的产业结构和政策的国际差异也是导致国际贸易的重要原因之一。

产业结构是国民经济中各产业部门之间的比例，以及各自内部的相互关系。产业结构理论诸多经济学家都做出了研究，主要如下：

三次产业演进规律：克拉克（Colin Clark，1941）通过实证研究，在威廉·配第研究的基础上指出了劳动力在三次产业间的变化趋势：伴随着人均国民收入水平的提高，劳动力会逐步从农业转向制造业，进而再转向商业和服务业。同时克拉克还总结出了经济发展过程中三次产业演变的规律：经济发展起初以第一产业为主，之后逐步转向以第二产业为主，继而转变为以第三产业为主。库兹涅茨通过对数据的收集和研究，分析了各产业在国民生产总值中的比重变化，进一步验证了三次产业变动的规律。

工业内部结构演进规律：霍夫曼（W.G.Hoffmann，1931）通过实证分析得出了著名的霍夫曼定理，指出在工业内部结构中消费资料工业的净产值和资本资料工业的净产值之间的比是不断下降的，即随着经济发展消费资料工业在工业产值中的比重会趋向下降，而资本资料工业在工业产值中的占比会稳步上升。

主导产业转换规律：华尔特·惠特曼·罗斯托（Walt Whitman Rostow）在《经济成长的阶段》（1960）一书中将经济发展分为六个阶段，即传统社会阶段、为起飞创造前提阶段、起飞阶段、成熟阶段、高额群众消费阶段、追求生活质量阶段。不同阶段主导产业部门不同，传统社会阶段为食品、饮料、烟草等。起飞阶段为纺织业等替代进口货的消费品制造业。成熟阶段为钢铁、煤炭、电力等重工业和制造业。高额群众消费阶段为汽车工业。追求生活质量阶段为服务业。

26. 城乡一体化理论

城乡一体化理论（Urban-Rural Integration Theory）是指城市和农村之间相互关联、相互渗透、相互发展的一种理论。这种理论认为，城市和农村并不是相互独立、分离的两个体系，而是相互依存、相互贡献的一个整体。城乡一体化是指在城市和农村之间实现一种共生、共赢的发展模式。城乡一体化理论最早起源于霍华德的田园城市理论，后期经过了恩格斯城乡融合理论、刘易斯的二元结构理论、麦基的城乡融合区理论等相关理论得以进一步发展。

城乡一体化理论旨在促进城市和农村的协调发展和共同繁荣。具体来讲，城乡一体化理论强调了以下几个方面的内容。

资源共享。城市和农村可以通过资源共享来互相支持和发展。例如，城市可以提供市场、技术、资金等资源来支持农村的发展，而农村则可以为城市提供一些生态、农产品等资源。

产业协同。城市和农村之间可以通过产业协同来实现共同发展。例如，农村发展农业、畜牧业、林业等产业，为城市提供原材料和食品，而城市则可以提供加工、销售等环节的支持，形成一条产业链条。

公共设施共建。城市和农村之间可以通过共建公共设施来实现共同发展和互通有无。例如，城市可以为农村建设市场、医院、学校等公共设施，提高农村的生活水平和服务能力，而农村则可以为城市提供绿色生态、旅游景点等资源。

人才流动。城市和农村之间可以通过人才流动来实现共同发展和互惠互利。例如，城市可以引导一些优秀的农村人才到城市发展，而农村也可以吸引一些城市人才到农村创业和发展，形成一种人才共享的模式。

城乡一体化理论提出了城市和农村相互依存、相互促进的发展理念，为促进城乡协调发展提供了一种新的思路和方向。我国的城乡一体化理论基础是和谐社会理论，长期分隔的城乡二元结构造成了当前我国城乡差距拉大、社会公平性失衡等问题，北京、上海、苏南地区在 20 世纪 80 年代就提出了城乡一体的概念，并开展了一系列的实践，在新型城镇化新的背景条件下，城乡一体化强调将城乡作为一个统一的整体，发挥两者各自的优势，城乡一体、互为资源与市场、相互依托、统筹协调发展。城乡一体化主要表现在六个方面：城乡体制一体化、城乡基本公共服务一体化、城乡规划一体化、城乡基础设施一体化、城乡产业布局一体化、城乡生态建设一体化，即通过改革的手段打破城乡市场与空间的体制分治和要素分隔的制度障碍，打破原有户籍制度下城乡人口的流动阻隔，合理规划基础设施和产业布局，增强城乡经济与社会的联系互动，促进空间的融合和社会生活的趋同，并从系统性和差异性出发，保护城乡统一的生态系统和传统文化。

城乡一体化理论确定了我国小城镇城乡一体化发展的战略，对我国小城镇的发展至关重要。城乡一体化发展战略确定之后，产业、人口、生产物质、技术、信息等资源要素在城乡间无障碍流动，资源配置优化，在顶层规划设计、基础设施、基本公共服务、产业布局等方面统筹谋划和实施，我国小城镇将迎来新的生机。

因为历史原因，我国长期存在城乡二元制格局，城乡差距越来越大，城乡之间发展不平衡造成的矛盾日益尖锐，对我国整体经济发展造成了很大的影响。

27. 可持续发展理论

可持续发展理论（Sustainable Development Theory）是指在满足现代人类经济、社会和环境需求的基础上，通过优化资源利用、改善生态环境等手段，实现当前和未来世代之间的平衡与协调。可持续发展理论的目标是实现永续发展，即兼顾社会、经济和环境的长期稳定性，以及当代和未来世代的利益平衡。20 世纪 50 年代，一些国家将发展完全等同于经济增长，结果出现了有增长无发展甚至负发展等现象。在这一背景下，瑞典发展经济学家缪尔达尔指出发展是社会改革与经济增长的有机结合，单纯的经济增长不等于发展。20 世纪 70 年代，在《人类环境宣言》中，联合国明确提出要注重持续增长，基于此，1980 年，自然保护国际联盟首次总结出可持续发展的概念。到 1987 年，在《我们共同的未来》研究报告中，挪威首相布隆特兰再次提出可持续发展的经典定义，即：满足我们这一代需求的同时不能损坏未来一代满足自身需求的能力。随后，这一概念传播到全世界并逐渐得到认可。可持续发展理论强调的是以保护和合理利用自然资源、营造良好的生态环境为基础，以人的可持续发展为核心，推动城镇经济与社会的持续发展。在内容上，可持续发展理论涉及人口、经济、社会、文化、环境等方方面面。1992 年，联合国环境与发展大会正式确定了《21 世纪议程》，这表明可持续发展已经从理论探讨转向了实际行动。对我国小城镇而言，该理论的影响主要体现在小城镇经济、社会、环境的和谐关系构建等方面，从而为资源约束背景下的小城镇指明了发展方向，并为小城镇经济、社会、环境效益的统一化、最大化奠定了坚实的基础。

可持续发展理论提出了以下几个要点：

社会、经济、环境三方面相互关联，应该协调推进。例如，经济增长不能以牺牲环境和社会成本为代价，而要优化资源分配和利用，提高效益和减少浪费，同时以保障社会公正和人类福祉为前提。

环境保护与经济发展需要相互融合。例如，提高能源和自然资源的利用效率，鼓励发展清洁能源和环保产业，促进经济可持续发展。

按照可持续发展理念进行规划和决策。例如，将环境保护、社会公正和经济效益融入决策和规划中，制订可持续的经济和社会发展计划。

通过制定环保政策和标准等手段推进可持续发展。例如，制定减排政策、加强环境监管和信息公开，增强公众环保意识和行为等。

可持续发展理论对于人类社会的发展和未来的繁荣至关重要。只有遵循可持续发展理念，建立相应的机制、制度和行动计划，才能实现经济、环境和社会的协调发展，促进人类社会的可持续进步。

28. 循环积累因果理论

循环积累因果理论是一个关于经济增长和发展的理论，它强调了社会经济系统内的循环作用和积累效应。该理论认为，经济增长是一个循环过程，经济中的一个部分增加会导致另一个部分的增加，这种循环会不断积累，形成一个正向循环。循环积累因果理论是瑞典社会学家缪尔达尔提出的，认为一种新工业配置于一个地区，就会产生连锁循环效应——地方的就业增加、个人收入增加、外地移民进入该地区就业导致总人口增加；收入和人口的增加扩大了对地方产品和第三产业的需求。通过税收而使地方政府又有了更多资金，能够建设更好的投资、居住硬软环境。这一系列的效应推动了小城镇的发展。

循环积累因果理论的核心思想是，在一些形式的市场竞争和经济变革下，初始因素的影响是影响产出的根源。随着时间的推移，增长趋势逐渐形成，这反过来又影响初始因素。也就是说，经济增长和初始因素会形成一个良性循环。例如，随着人口的增长和城市的扩展，市场规模逐渐增大，这就促使了更多的企业、资本和人才流入城市，从而促进了城市经济的发展。

循环积累因果理论强调了经济发展的内在因素和外在因素的互动作用，认为只有形成一个良性的循环，才能推动经济的长期增长和发展。因此，在政策制定和经济规划中，应该充分利用和发挥好内部和外部因素的积极作用，以促进经济增长。根据这个理论，积累的因素可以从内部和外部两个方面进行解释。内部因素包括资本、技术、生产力、社会制度和文化等方面，这些因素为经济增长提供了支持和动力。外部因素包括国际经济环境、市场竞争、政策变化等，这些因素也可以通过内部因素的变化起到外部影响的作用，推动经济增长。

29. 极化理论

极化理论是指市场经济发展过程中越来越明显的贫富分化现象，即富者愈富，穷者愈穷。这一现象是由市场分配规律、政策制定以及文化、教育等因素的复杂作用导致的。极化理论法国经济学家弗朗索瓦·佩鲁、瑞典经济学家缪尔达尔、美国经济学家弗里德曼都做过系统研究。极化理论认为经济发展是非均衡的。区域之间由于区位条件不同、规模收益、外部效应和市场结构差异，某些区域会实现率先发展，成为发展的中心，而其他区域则成为外围，外围地区要依附于中心地区而获得发展，形成一个中心—外围模型。中心与外围之间存在着发展不平衡，且不平衡程度呈倒 U 关系。一个区域要成为中心成为经济增长极，就要具备优势产业和先行开发效应。

极化理论主要认为以下两个因素是导致社会经济极化的主要因素：

市场机制的作用。市场机制是市场经济的本质特征，市场的自由竞争、供求关系和价格等机制决定了各行各业的相对优胜劣汰。在市场经济的运作过程中，由于资源的相对流动性，胜者会日益强大，失利者会逐渐边缘化，这就导致了收入、财富的分化和集中。

公共政策的影响。公共政策在市场经济中起到引导和调整市场经济运作的作用。然而，有时政策的实施可能会使一些产业、企业、地区等获得更多的资源，进而取得更高的收益，但同时会使其他产业、企业、地区等缺少资源，因而收益降低，进而加剧贫富分化。

极化理论认为，富人积累财富，贫人则没有足够的资本和资源从事经济活动，从而加剧了贫富差距。穷人的贫困状态也会使其面临一系列的问题，比如教育、健康、住房等问题，从而进一步加剧社会和经济的不平等。因此，极化理论认为缩小贫富差距和促进社会发展需要政府的积极干预和公共政策的支持。

30. 城镇化理论

城镇化理论是指对城市的起源、发展和功能等方面进行综合分析和解释的理论体系。城镇化是人们从农村向城市转移的过程，也是城市规模和数量的增长。城镇化理论主要研究城市的成长、演化和空间结构，解释了城市与农村的关系和城市的功能、作用等问题。以下是常见的城镇化理论。

传统区位理论。传统区位理论指出城市的形成是由于城市初期的交通、商业活动发展，使得人们在城市周边建立居住区，最终形成城市。传统区位理论认为城市的空间结构取决于其位置和功能。

中心地理论。中心地理论强调城市的地位和位置，认为城市的发展与其所处的地位和周边的经济市场有关。中心地理论也提出了中心城市和周边城市的关系，认为中心城市对周边城市的辐射效应可以带动其经济发展。

中心—辐射理论。中心—辐射理论将城市看作一个中心向外辐射的结构。城市中心广场是城市的中心，周边街道向四面八方辐射扩散，形成不同功能区。这种理论强调了中心城市的作用，并认为城市在进一步扩张和发展时会继续以中心为核心向四周辐射。

城市生命周期理论。城市生命周期理论认为，城市的生命周期具有与生物类似的进化模式，从初始的"婴儿"阶段，到发展期、成熟期、衰退期和重生期。在不同的阶段，城市的结构和功能会发生变化。

社会学治理理论。社会学治理理论认为城镇化是一个社会进程，其形成和发展取决于社会和政治结构的演变。这种理论探讨了城市生活和城市与社会结构的相互影响，提出了城市治理的概念，即城市发展需要依靠社会的治理和管理。

城镇化理论从不同角度阐释了城市发展的本质，有助于深入了解城市经济、社会和空间的变化和规律，对城市规划和治理具有重要的指导作用。

31. 托达罗理论

德国经济学家托达罗（Albert Hirschman）在 20 世纪 70 年代初提出的"托达罗理论"（Hirschman's theory of Exit，Voice，and Loyalty）是一种解释个人组织离开与留存决策的理论。这个理论的核心概念是 Exit、Voice 和 Loyalty 三者之间的互动关系。托达罗认为，对于一个组织或机构而言，Exit、Voice 和 Loyalty 三者的作用是动态平衡的。当组织内部存在缺陷或困难时，个人可能会选择 Exit 或 Voice，但在个人忠诚度足够的情况下，可能会倾向于使用 Voice。反之，在个人忠诚度较低的情况下，Exit 则更容易成为首选。因此，组织或机构应该通过提高成员的忠诚度来吸引和维持成员，同时也需要认真倾听成员的 Voice，积极地解决问题。

Exit 是指个人为了追求更好的条件而选择离开组织或机构，相当于市场中的买家流失；Voice 则是指个人通过提出建设性的批评、抗议或表达不满来推动组织变革，相当于市场中的反馈。Loyalty 则是指个人对组织或机构的忠诚度，即个人是否会选择接受目前的状况并留在组织或机构内部。

托达罗理论的适用范围非常广泛，可以应用于个人、家庭、公司、政治组织等各种不同的场合。这个理论也为组织管理和政策制定提供了新的思路，鼓励领导者注重成员的态度和反馈，积极解决成员的问题，提高组织的活力和竞争力。

该理论对农村剩余劳动力如何实现就地转移进行了深入研究，对城乡二元化的发展中国家如何发展小城镇具有一定意义。但其最大不足是未对小城镇发展的制度、机制安排做深入研究，而小城镇作为经济社会共同体，其制度、机制对其发展影响颇大，因此该理论面对中国的具体国情也显得水土不服。

附录 2 我国小城镇研究方法

1. 文献分析法

文献分析法是一种研究方法，主要是通过对已有文献、资料、数据的收集、整理、分析和评价来获得和验证研究问题的有关知识和信息。也就是说，这个方法是利用已有的研究文献，进行系统性的分析和比较，以得出研究结论和建议。

文献分析法的步骤主要包括以下几个方面：

收集文献：收集与研究问题相关的文献，包括期刊、报纸、书籍、报告、论文、数据、统计年鉴等。

建立文献档案：对收集到的文献进行整理、分类、归档，建立文献档案，以便接下来的分析和比较。

定义分析问题：根据研究的目的和问题，明确需要分析和比较的内容和范围，制订具体的分析计划和方法。

分析文献内容：对文献细读，提取和归纳其中涉及研究问题的信息、数据、观点和结论，形成知识点，并按照相关的主题、领域、时间等因素进行分类和整理。

比较文献差异：针对不同文献之间存在的异同点进行比较、分析和总结，形成有意义的结论和见解。

文献评价：对所收集的文献进行评价，包括质量、可靠性、价值等方面的评价，检验文献的贡献度和研究价值。

形成分析报告：根据以上步骤的分析和比较结果，撰写完整的分析报告，对所研究的问题和结论进行解释和阐述，提出成果和建议。

文献分析法是一种方便、系统和全面的研究方法，适用于不同领域的研究，包括历史研究、社会学研究、经济研究，等等。

在文献收集和整理的基础之上，结合当前我国城镇化转型发展过程中新出台的政策和制度，进而分析未来我国小城镇功能重构和发展路径等相关问题。（1）查阅国外城镇化方面的经典著作，了解西方发达国家小城镇发展的历程，各发展阶段主要聚焦的问题以及相关的解决路径。（2）查阅有关中国城镇化、小城镇以及城市群发展的相关著作，了解中国小城镇发展的阶段和主要特点，与区域发展之间的关系以及区域发展的概况和相关理论。（3）查阅网站上有关城镇化的相关信息，了解有关小城镇功能的不同观点及发展政策的走向和研究动态。（4）在相关学术网站下载小城镇方面，尤其是有关城市群区域内小城镇、小城镇功能以及城市群一体化发展等方面的期刊文章和论文，了解其研究的基本情况。

2. 案例研究法

案例研究方法是一种对某一现象或问题进行深入探究的方式，通常是通过对一些实际案例的详细分析和比较，来总结和验证研究结论。该方法可以应用于各种领域的研究，如社会学、心理学、管理学，等等。

案例研究方法的基本步骤如下：

（1）确定研究目标：明确研究的目标和问题，选择适合的案例进行研究。

（2）选取案例：选择包括典型、特殊或有代表性的案例，以便对问题进行比较和分析。

（3）收集资料：对案例进行广泛而细致的调查和收集资料，如采访相关人士、查看文件材料等，以便对案例进行深入了解。

（4）分析数据：对收集到的数据进行整理和分析，以便从中提取出关键信息，并对研究对象进行描述。

（5）进行交叉比较：将所选的案例进行比较和交叉分析，以探索不同研究对象之间的差异和共同点。

（6）形成结论：通过对多个案例的比较分析，得出相应的研究结论，进而进行解释和论证。

（7）撰写报告：最后将研究结果进行分析，并撰写出一份完整的可行性分析报告。

相对于其他研究方法而言，案例研究方法的最大优势在于其具有深、广、全面的研究特点，能够对研究对象进行多方位的研究，而且所得结论较为具体、清晰、易于处理。不过，该方法也存在着一定的难度，如在选择案例以及收集数据时可能会受到诸多障碍，需要进行深入的思考和分析。

3. 问卷调查法

问卷调查法是一种常见的量化研究方法，通过构建问卷，对一定范围内的受访者进行有针对性的提问，以获取数据并进行统计分析，进而对所研究问题进行描述和解释的方法。

问卷调查法的基本步骤如下：

（1）研究目标：确定研究目的，明确需要获取的信息和数据。

（2）设计问卷：根据研究目标和需要获取数据的内容，设计调查问卷。要保证问题准确、易于理解、有针对性、避免引导性等，同时合理选择问卷题型和问卷长度。

（3）受访者选择：根据研究目标和研究对象的特点，选择适当的受访者，通常是通过抽样方式选择一定数量的受访者。

（4）问卷发放：将设计好的问卷发放给受访者，可以通过在线问卷、邮寄、电话等方式进行发放。在问卷发放时需要对受访者进行简要介绍，说明调查目的和所需数据，并保证受访者的隐私和信息保密。

（5）数据统计：收集收到的问卷，对问卷中的数据进行筛选、处理和统计。例如，使用 SPSS 软件对数据进行简单的描述性统计。

（6）结果分析：对数据进行分析和解释，为研究问题提供客观的数据支持。例如，使用各类统计方法如卡方检验、t检验、方差分析等进行数据处理和比较，进而得出结论。

（7）结果报告：将分析结果写成研究报告，提供技术分析和数据分析，简明清晰地呈现分析结果和结论。

问卷调查法适用于各种类型的研究对象、研究问题和研究阶段，常被应用于社会学、心理学、管理学、市场营销等各项研究领域。其最大优势在于能够在尽可能广泛的范围内获取定量数据，并且可以实现大规模的数据收集和分析。当问卷被设计得当时，研究者可以对结果进行可靠的量化分析，提供数学上广泛可接受的准确性。但需要注意的是，问卷调查法也容易受到多种因素的影响，如问卷设计不当、受访者回答不真实、样本选择偏倚等，需进行科学的设计和严格的抽样规范，以改善数据质量。

4. 归纳与系统分析法

归纳与系统分析法是一种研究方法，主要是通过从具体实例中总结出普遍性规律和结论，进行抽象和概括，从而达到对问题和事物的本质深刻认识和掌握的目的。该方法主要由归纳和演绎两个部分组成，常常被应用于社会科学、自然科学和工程技术等多个领域。

归纳是指从一组具体事实中推导出普遍性规律的思维过程。该过程涉及从具体到抽象的认识过程，即从已知的实际经验、观察事例和数据材料等中提炼出重要的特征和规律，从而总结归纳出普遍性结论。例如，社会科学领域中，研究者通过对大量个案的总结归纳，找出了影响人口迁徙的主要因素；在自然科学领域中，研究者通过对实验数据的分析总结，发现了万有引力定律等。

系统分析则是指将研究对象和现象看作一个系统整体，并通过对系统各个组成部分和它们之间的相互作用和影响进行系统思考和分析，以全面理解整个系统的性质和行为。该过程涉及从抽象到具体的认识过程，即从事物的属性和关系出发，对事物进行分类、概括和关系的建立，构建系统框架，进而深入掌握系统的特征、结构、功能、规律和行为。例如，工程技术领域中，研究者通过对产品或服务所在的整个系统的属性、结构和功能进行分析，提出更优化、效率和经济的改进方案。

综合归纳与系统分析，可以得出归纳与系统分析法主要有以下几个特点：

（1）对事物的规律和本质提取能力强：归纳与系统分析法能够从具体实例中提取出普遍性规律，并对事物的全貌和本质进行深入掌握。

（2）抽象能力强：该方法通过对事物进行分类、概括和综合，能够对事物进行更高层次的思考和分析，掌握事物的一般性结构和特点。

（3）缺陷分析能力强：该方法能够从系统的整体与细节、因果关系和影响等多个角度来分析并发现系统的缺陷所在，进而提出改进方案。

但是该方法也存在以下局限：

（1）归纳过程主观性较高，无法完全排除研究者的主观因素对结果产生的干扰。

（2）归纳和系统分析具有普适性，但不能涵盖和解释所有个别实例和特定情况。

（3）该方法需要大量数据和统计分析技术的支持，研究成本较高。

运用归纳分析的方法，对国内外小城镇发展研究进行综述和分析，并对小城镇发展模式、动力机制、地位和作用等进行深入分析、归纳，系统地分析了小城镇发展的现状及存在问题，在吸收经验的基础上，提出小城镇发展的路径选择。

5. 定性与定量分析法

定量分析方法和定性分析方法是指在研究中采用的两种主要的数据分析方法。定量分析侧重于数字和统计数据的收集、处理和分析，而定性分析重在数据中搜寻文字和语言的信息以及各种非数字的数据特征。

定量分析需要大量的数据，一般要从大量的参与者中收集信息，这些信息通常可以被测量和编码，也可以被存储在电脑中进行分析。使用定量分析的研究者通常根据自己要研究的问题设计调查问卷或实验，并对数据进行分组、整理与分析。这种方法可以得到清晰、客观的结果，能够描述某些变量之间的因果关系以及关联性。

相反，定性分析方法则强调研究者自身的观察、感知、理解和解释权。这种方法通常适合于研究过程中难以量化的问题，如个体的信仰、态度和共鸣等。通过定性分析，研究者可以更深入地挖掘出数据中的隐含、模糊的意义，生产出更为深刻且细致的研究结果。

在实际研究中，定性分析和定量分析通常同时使用。例如，在研究某一种心理问题时，定量分析可以首先设计出量表对数据进行评估，然后对定量数据进行相关统计分析，从而做出统计推断、进行测量和预测。然后定性分析可以对数据进行更为完整的解释，诠释不同个体间的差异，生动地描述人的行为和思想，从而提供更为深入和优化的理解。

定性研究与定量分析是贯穿经济学科研究的两条主线。定性研究方法是凭分析者经验，对纷繁复杂的经济现象或事物的本质、发展变化规律做出判断的方法。定量分析是依据统计数据，构建数学模型分析研究对象的方法。定性研究与定量分析二者相辅相成，结合起来运用才能取得最佳效果。由于特点、规律很难量化，所以本文以定性研究为主，注重对定性研究揭示的本质内容予以数据支持，从而使得分析结果更具科学性和说服力。基于城乡统筹的小城镇潜力评价和职能类型划分后，结合小城镇实际扶持情况，采用定量和定性相结合的方法，确定重点培育、扶持的小城镇和城镇职能类型，通过充分的数据论证和结合小城镇发展实际，使得研究结果更为准确和科学。

6. 实地调研法

实地调研法是一种在研究中直接观察和收集数据的方法，主要通过实地走访、访问、观察等方式来获得数据。该方法经常被应用于社会学、地理学、市场调查和公共政策等领域。

实地调研法的主要过程包括确定研究目的、选择研究区域、确定研究人员和准备相关工具、实地调研并收集数据、整理和分析数据、进一步测试和验证结论，并最终形成研究报告等。这些步骤需要遵循一定的流程，确保采集到的数据能够有效反映所研究领域的实际情况。

实地调研法的优点包括：

（1）能够获取真实和准确的数据。通过实地走访和观察，可以直接获取所需的数据，以便更好地了解研究领域的实际情况，有利于建立一个真实且准确的数据集。

（2）可发现问题与机会。实地调研能够发现一些未知或未预料到的问题，如新的市场机会、潜在的风险等，有助于及时采取措施避免风险。

（3）有利于了解目标用户群体。可以通过实地调研了解目标用户群体的需求、态度、习惯、行动等信息，有利于更全面、准确地分析市场情况，为相关的决策提供更加有力的依据。

实地调研法的缺点包括：

（1）需要投入大量的时间和精力。实地调研通常需要外出进行调研、走访，时间和精力的投入都较大，再加上一些不可预估的困难，比如交通堵塞、沟通困难等，会让实地调研的时间成本和费用成本不可承受。

（2）只能获取单一的信息来源。实地调研的数据样本通常只是目标用户的部分，不能有效地反映整个市场或人群的数据，数据样本的单一权威性也不能保证数据的完整性，会存在数据偏差。

（3）有一定的主观性。数据的收集、整理和分析都是人为的，调研者在数据整理和分析时的偏好和主观意识都会对数据的真实性和准确性产生影响。

7. 比较分析法

比较分析法是一种常用的研究方法，主要是通过对比不同对象或群体的差异，来发现问题、解决问题以及了解更多的信息。比较分析法可以针对不同层面，包括时间、空间、国家、地区、产业、个体等，在分析比较过程中可以发现统一和差异、特定的联系和规律性等。

在具体实施时，比较分析法通常包括以下步骤：

（1）选择研究对象：根据研究的问题和目的，选择具有代表性和可比性的对象和群体。

（2）收集数据：收集比较对象之间的相关数据和信息，包括定性和定量数据。

（3）制定比较分析框架：根据收集到的数据和研究目的，制定比较分析框架，即确定要对比的方面和比较的标准。

（4）进行比较分析：将收集到的数据进行系统整理，进行具体的比较分析，比较不同对象或群体之间的差异和共性。

（5）发现问题、解决问题：在比较分析过程中，通过对比发现问题、提出问题、引发思考和解决疑惑。

（6）得出结论：整理比较分析结果，得出结论，对研究进行总结和归纳。

比较分析法可以应用于各种领域和问题，如经济、社会、文化、教育等，可以寻找共性也可以寻找差异，从而深入了解不同对象或群体之间的相互联系和规律性，为进一步研究提供方向和参考。

比较分析法是依据特定的标准，对不同情况下同一事物的不同表现进行对比研究，辨别异同之处，进而得出科学结论的研究方法，这是经济学家研究经济问题时采用的重要方法之一。由于发展基础各异，我国各地小城镇发展特点也不尽相同。通过比较、评价国内外部分国家小城镇发展经验，排除小城镇发展障碍、推动小城镇健康发展的有益参考。

8. 数据分析法

数据分析法指的是将数据进行收集、整理、处理、分析和解释，以便从中提取信息、找到规律、发现问题、支持决策，从而进行深入分析的方法。

在具体实施时，数据分析法通常包括以下步骤：

（1）收集数据：首先需要从现有的数据源中收集数据，包括结构化数据和非结构化数据。

（2）整理和清洗数据：在收集数据后，需要对数据进行整理和清洗，以确保数据的准确性和完整性。

（3）处理和转换数据：对数据进行处理和转换，以获得更有用的信息。

（4）分析数据：使用数据分析技术对数据进行分析，包括描述性统计、回归分析、因子分析、聚类分析等方法。

（5）解释数据：在分析数据后，需要对数据进行解释，以便得出结论和支持决策。

（6）显示和呈现数据：以适当的方式将分析结果呈现给利益相关者，包括表格、图表、报告等方式。

数据分析法在商业、医疗、教育、政府、科学等领域广泛应用。通过数据分析，可以从大量数据中发现有用的信息和规律性，提供前瞻性和洞察力，帮助支持决策，并优化业务和流程。

9. 历史分析法

历史分析法是一种通过对历史事件、人物和文献进行深入研究，以了解和解释历史事件和现象的方法。它是在历史学领域应用较广泛的一种方法。

在具体实施时，历史分析法包括以下几个步骤：

（1）收集史料：从各种渠道收集史料，包括书籍、档案、文献、图片、物件，等等。

（2）整理史料：对收集到的史料进行整理、分类、鉴定和评估，确定史料的可靠性和信任度。

（3）建立史实：根据收集到的史料建立起翔实的史实，并尽量还原历史真实。

（4）分析史实：通过对史实的深入分析，探究历史事件和现象的成因和演变规律。

（5）解释历史：通过分析史实，阐明历史事件和现象的内在含义和影响。

（6）提出结论：根据对历史事件和现象的分析和解释，提出结论，为理解历史事实和预测未来发展提供参考和依据。

历史分析法适用于各种历史事件和现象的研究，包括政治、经济、文化、社会、军事等领域。通过对历史事件和现象的深入研究，可以加深对当今社会的了解和认识，为政策制定和决策提供有益的参考。

从历史的角度来看，城市都是由小城镇发展而来的，经过规模的扩张，经济的发展和功能的完善，逐渐发展成为一体化的区域城市群。但事实上，并不是所有的小城镇都能发展成为大城市，最终的城市群必然是大、中、小城市和小城镇共同发展的结果，它们之间相互独立，又相互联系，缺一不可。因此，探讨小城镇功能变迁的状况，必须站在历史的视角下，分析不同历史阶段的小城镇其所承担的功能是怎样的，对经济社会发展，甚至城镇化进程的推进有怎样的作用，通过历史的探析，才能更加明确当前我国小城镇在发展过程中会呈现怎样的特征，需要如何去构建新的发展体系和发展策略，以及如何去处理好大、中、小城市和小城镇之间的关系，从而为区域一体化的实现发挥其应有的作用

10. 主成分分析法

主成分分析法（Principal Component Analysis，PCA）是一种常用的多元统计方法，主要用于数据降维、提取数据的主要成分和探究数据间关系。

具体实施时，主成分分析法包括以下几个步骤：

（1）数据标准化：为了消除数据的不同量纲和单位带来的影响，需要对数据进行标准化处理，使各个变量具有相同的尺度。

（2）计算相关系数矩阵：计算各个变量之间的相关系数或协方差矩阵。如果各变量之间存在相关性，那么协方差矩阵中的主对角线上的元素会比较大，而其他地方则会比较小。

（3）求特征值与特征向量：通过对相关系数矩阵进行特征值分解，求得各个主成分所对应的特征值和特征向量。

（4）选择主成分：根据各个主成分对应的特征值的大小，选择前k个较大的主成分，通常以特征值大于1的主成分作为选取的依据。

（5）构建主成分：将原始数据乘以主成分对应的特征向量，得到新的数据矩阵，即为主成分矩阵。

（6）解释结果：利用主成分矩阵，对数据的特征作出解释，寻找数据之间的关系和共性，进而得出结论和可用的结果。

主成分分析法能够提取数据间的主要信息，忽略掉无关信息，达到降维的目的，进而便于数据的分析、可视化和展现。它常用于数据挖掘、化学、地理信息系统、信

号处理等领域。

11. 因子分析法

因子分析法是一种多变量统计分析方法，用于发现多个变量之间的相关性和共性因素，并将它们分解为几个不同的因子，以便更好地理解和解释数据。在社会科学、市场研究和心理学等领域广泛应用。

因子分析可以被用来探测隐藏在数据中的潜在因素或构造，以及在数据中存在的相关性和重复性。具体来说，它通过将一组变量分解为一组因子，将其转化为更少的、更有意义的几个因子，从而实现数据简化和分类。

在因子分析中，通常先进行因子提取，目的是确定当前变量集合中有哪些共性因素，然后根据人为或理论假设将变量归到各个因子下面去。常用的因子提取方法包括最大方差旋转因子分析和主成分分析法。在提取因子后，可以通过对因子进行旋转来调整因子的解释性和简洁性。最常见的旋转类型包括正交旋转和斜交旋转。

除因子提取和旋转外，因子分析还需要确定因子的数量。这可以通过查看方差解释率和因子载荷来实现。因子载荷是每个变量与某个因子之间的相关性系数，在确定因子数量时非常重要。

因子分析的应用包括分析消费者市场，研究心理特征、人格和态度等，分析教育测试数据，以及研究组织文化和领导风格等。虽然因子分析可产生更少的、更简单的因子集，并帮助提供有关一些重要的模式和关系方面的见解，但它也存在一些限制和挑战，如对数据的质量和构造的正确选取要求很高。

12. 聚类分析法

聚类分析法（Cluster Analysis）是一种通过量化数据之间的相似性，将其归为一类的统计方法。它将数据集合中的对象分为若干个类别，使得在同一组内的对象之间相似度尽可能高，而不同组的对象相似度尽可能低。

具体实施时，聚类分析法包括以下步骤：

（1）选择距离度量：选择适当的距离度量以计算不同样本之间的相似度，距离度量可以是欧氏距离、曼哈顿距离、闵可夫斯基距离等。

（2）选择聚类方法：聚类方法通常分为层次聚类法和非层次聚类法两种。层次聚类法根据距离或相似度逐步合并样本或分群，分为凝聚聚类法和分裂聚类法；非层次聚类法根据全局优化准则将所有样本划分到不同的类中，分为 k-means 算法、DBSCAN 算法等。

（3）确定聚类数目：确定聚类数目是一个很重要的问题，通常根据实际问题和业务需求进行决策。

（4）进行聚类分析：根据前面选择的距离度量和聚类方法，执行聚类分析。

（5）评价聚类结果：聚类结果通常得到一个聚类标签，需要对聚类结果进行评价和解释，通常利用聚类的可视化、相邻聚类间的距离、类内差异等指标来评价聚类结果的好坏。

聚类分析法常常应用于群体分析、市场划分、生物分类、数据挖掘等领域。它能够从海量的数据集合中挑选出最具代表性的样本，并具备很好的可视化性质，有助于针对一类对象进行分析和探究。

13. 统计分析

统计分析是指利用数理统计学的方法，对数据进行收集、整理、描述、分析、预测和推断的过程。统计分析可以用于解决各种实际问题，比如在质量控制中对生产过程进行监控，根据历史数据预测未来销售量，在医学研究中检验新药的有效性等。

统计分析通常包括以下步骤：

（1）收集数据：收集数据是进行统计分析的第一步，数据可以从实验观测、调查问卷、电子商务记录、传感器等各种渠道获得。收集到的数据应当真实可靠，具有代表性，并按照实际问题要求进行分类整理。

（2）描述性统计：描述性统计是对数据进行概括性的描述，如计算样本对应的均值、标准差等统计指标，描述分布规律并进行数据可视化。

（3）探索性分析：探索性分析是对数据进行探索，找出其中的模式和趋势，并发现其中有趣的规律。通过探索性分析，可以对数据进行预处理，选择合适的统计方法，并提出新的问题和研究方向。

（4）推断性统计：推断性统计是根据样本推断总体的性质，通过构建统计模型并利用抽样原理进行描述，评估推断的可靠性。推断性统计包括假设检验、参数估计、方差分析、回归分析等。

（5）用于决策：根据统计分析结果，制定合适的决策策略，并对其进行质量监控、检验和改进。

统计分析不仅在科学研究领域具有重要意义，也是商业、金融、医学等领域不可缺少的手段。正确应用统计分析，可以有效提高问题解决的质量和效率。

14. 基尼系数和泰尔指数法

基尼系数和泰尔指数法都是衡量一个国家或地区收入分配不平等程度的指标。下面对它们进行详细解释：

（1）基尼系数（Gini Coefficient）：是衡量收入分配不平等程度的指标之一，它的取值范围在 0—1 之间，取值越接近 1 则收入分配越不平等，取值越接近于 0 则收入分配越平等。

基尼系数的定义如下：设 $F(x)$ 为收入分配函数（指从小到大排列的个人或家庭收入与总收入之比），则基尼系数为 $G=2\int_0^1 F(x)[1-F(x)]dx$。在实际计算中，也可以通过对收入进行百分位划分，然后根据百分位划分得到的数据计算基尼系数。

（2）泰尔指数法（Theil's Tindex）：是另一种衡量收入分配不平等程度的指标，它可以分解为两个部分，即结构部分和分配部分。结构部分指不同的经济群体间收入差异的贡献，分配部分指同一经济群体内部个体收入不平等的贡献。

泰尔指数的定义如下：设 N 为总人口数，yi 为第 i 个人的收入，Y 为总收入，则泰尔指数为 T=（1/N）$\sum\sum$（yi/Y）ln（yi/Y）。其中，$\sum\sum$ 表示对所有组合求和。在实际计算中，可以将经济群体划分为不同的收入阶层，然后根据收入阶层得到的数据计算泰尔指数。

基尼系数和泰尔指数法都是衡量收入分配不平等程度的重要指标。在实际应用中，两者的计算方法略有不同，但都可以用于评估一个国家或地区的收入不平等情况，并为未来的政策制定提供参考。

15. 变异系数法

变异系数法也叫作异质程度法，是用来量化统计样本中各个数据之间差异程度的一种方法。它是一个相对指标，可以帮助我们评估数据的离散程度，也就是数据的变异程度。变异系数的计算公式是样本标准差除以样本均值，并乘以 100%。因为标准差和均值的单位一样，所以变异系数没有单位，通常表示为百分比。变异系数越大，说明数据波动越大，说明数据样本的离散程度越强。

变异系数法的优点是可以衡量不同样本之间的离散程度和异质程度，通常可以进行多样本数据的比较。变异系数的计算方法不会受到标准差和均值的大小不同的影响。

16. 物元可拓模型方法

物元可拓模型是一种用来分析复杂问题的方法，它结合了多种信息并将其转换成一种数学模型。该模型基于物元论的思想，将目标、条件和方法等三个要素作为物元，运用熵值理论、层次分析法等多种数学工具，将物元的属性与作用关系进行集成、刻画和管理，进而辅助决策者做出决策。

物元可拓模型的优点在于：

（1）可以将多个因素和属性进行量化和集成，形成具备结构性和动态性的模型，对决策有利。

（2）可以在模型的构建过程中，通过不断的迭代和反馈，进一步优化结果。

（3）可以应用于多种决策场景中，比如推荐系统、市场调研、管理决策等。

物元可拓模型的缺点在于：

（1）可能需要较长时间的训练和学习，需要决策者具备一定的数学和计算机知识。

（2）模型的制定需要建立合理的指标体系和合理的属性权重，如果误差过大会影响决策效果。

（3）模型的结论仅仅是一种指导意见，实际的决策还要根据现实情况进行权衡和调整。

17. T.PSIS 法

T.PSIS 法，全称为 trimmed pairwise schwarzian interval selection method（修剪配对斯瓦茨引理区间选择法），是一种统计学中的参数估计方法。该方法用于解决在回归分析中数据中的异常值（outliers）问题。

T.PSIS 法通过对每个数据点与其他点的影响程度进行评估，并对影响程度较大的点进行除去，从而得出更为准确的回归参数估计。在该方法中，数据点会被分为两组，一组是较为重要的数据点，另一组是较为不重要的数据点。然后，使用一种名为斯瓦茨引理的工具来衡量每个数据点对估计的影响，将影响程度最大的若干个数据点（通常为 10%）进行剔除，再使用仅包含重要数据点的子样本进行回归分析。

T.PSIS 法的优点在于：

（1）可对异常值进行有效的处理，避免了异常值对参数估计结果的影响。

（2）结果更为准确，可以提高拟合的精度。

（3）较为灵活，可以根据具体数据调整所保留的数据点的比例。

T.PSIS 法的缺点在于：

（1）该方法要求数据符合大样本要求，否则可能得到不稳定或不准确的结果。

（2）运算复杂度较高，计算时间较长。

（3）在删减数据点之后，样本量会变小，可能造成参数估计的偏差或不准确性。

18. DEA 方法

DEA 方法是一种多指标综合评估方法，全称为数据包络分析（Data Envelopment Analysis）。它通过数学模型来评估单位（企业、机构或个人等）在多个输入和输出指标下的效率水平，旨在找到所有评估对象中的最优效率单位，从而为其他评估对象提供参考，进一步改善其效率水平。

DEA 方法的核心思想是将评估对象看作一个规模不等的生产单元，通过将输入指标与输出指标相结合，使用线性规划方法找到最优的生产前沿面，从而对各评价单位的效率进行估计。DEA 方法可以处理多个输入和输出指标的效率评估问题，具有很高的适用性和灵活性，一般用于评估和比较企业、医院、学校和政府等公共服务单位的效率。

附录3 我国小城镇名录

（截至 2023 年 12 月 31 日）

北京市

北宫镇、王佐镇、海淀镇、东升镇、温泉镇、四季青镇、西北旺镇、苏家坨镇、上庄镇、王平镇、永定镇、龙泉镇、潭柘寺镇、军庄镇、雁翅镇、斋堂镇、清水镇、妙峰山镇、良乡镇、周口店镇、琉璃河镇、阎村镇、窦店镇、石楼镇、长阳镇、河北镇、长沟镇、大石窝镇、张坊镇、十渡镇、青龙湖镇、韩村河镇、宋庄镇、张家湾镇、漷县镇、马驹桥镇、西集镇、台湖镇、永乐店镇、潞城镇、永顺镇、梨园镇、仁和镇、后沙峪镇、天竺镇、杨镇、牛栏山镇、南法信镇、马坡镇、高丽营镇、李桥镇、李遂镇、南彩镇、北务镇、大孙各庄镇、张镇、龙湾屯镇、木林镇、北小营镇、北石槽镇、赵全营镇、南口镇、马池口镇、沙河镇、东小口镇、阳坊镇、小汤山镇、南邵镇、崔村镇、百善镇、北七家镇、兴寿镇、流村镇、十三陵镇、延寿镇、亦庄镇、黄村镇、旧宫镇、西红门镇、瀛海镇、青云店镇、采育镇、安定镇、礼贤镇、榆垡镇、庞各庄镇、北臧村镇、魏善庄镇、长子营镇、怀柔镇、雁栖镇、庙城镇、北房镇、杨宋镇、桥梓镇、怀北镇、汤河口镇、渤海镇、九渡河镇、琉璃庙镇、宝山镇、平谷镇、峪口镇、马坊镇、金海湖镇、东高村镇、山东庄镇、南独乐河镇、大华山镇、夏各庄镇、马昌营镇、王辛庄镇、大兴庄镇、刘家店镇、镇罗营镇、密云镇、溪翁庄镇、西田各庄镇、十里堡镇、河南寨镇、巨各庄镇、穆家峪镇、太师屯镇、高岭镇、不老屯镇、冯家峪镇、古北口镇、大城子镇、东邵渠镇、北庄镇、新城子镇、石城镇、延庆镇、康庄镇、八达岭镇、永宁镇、旧县镇、张山营镇、四海镇、千家店镇、沈家营镇、大榆树镇、井庄镇。

天津市

中北镇、杨柳青镇、辛口镇、张家窝镇、精武镇、大寺镇、王稳庄镇、咸水沽镇、葛沽镇、小站镇、双港镇、辛庄镇、双桥河镇、八里台镇、北闸口镇、天穆镇、北仓镇、双街镇、双口镇、青光镇、宜兴埠镇、小淀镇、大张庄镇、西堤头镇、梅厂镇、大碱厂镇、崔黄口镇、大良镇、下伍旗镇、南蔡村镇、大孟庄镇、泗村店镇、河西务镇、武清区城关镇、东马圈镇、黄花店镇、石各庄镇、王庆坨镇、汊沽港镇、河北屯镇、上马台镇、大王古庄镇、陈咀镇、豆张庄镇、曹子里镇、大黄堡镇、高村镇、白古屯镇、大口屯镇、王卜庄镇、方家庄镇、林亭口镇、八门城镇、大钟庄镇、新安镇、霍各庄镇、新开口镇、大唐庄镇、牛道口镇、史各庄镇、郝各庄镇、牛家牌镇、尔王庄镇、黄庄镇、口东镇、大白庄镇、新城镇、杨家泊镇、太平镇、小王庄镇、中塘镇、宁河镇、苗庄镇、丰台镇、岳龙镇、板桥镇、潘庄镇、造甲城镇、七里海镇、大北涧沽镇、东棘坨镇、北淮淀镇、俵口镇、廉庄镇、静海镇、唐官屯镇、独流镇、王口镇、台头镇、子牙镇、陈官屯镇、中旺镇、大邱庄镇、蔡公庄镇、梁头镇、团泊镇、双塘镇、大丰堆镇、沿庄镇、西翟庄镇、渔阳镇、泗溜镇、官庄镇、马伸桥镇、下营镇、邦均镇、别山镇、尤古庄镇、上仓镇、下仓镇、罗庄子镇、白涧镇、侯家营镇、桑梓镇、东施古镇、下窝头镇、杨津庄镇、出头岭镇、西龙虎峪镇、穿芳峪镇、东二营镇、许家台镇、礼明庄镇、东赵各庄镇、州河湾镇。

河北省

西兆通镇、南村镇、高营镇、桃园镇、贾庄镇、凤山镇、方村镇、廉州镇、兴安镇、贾市庄镇、南营镇、梅花镇、岗上镇、南董镇、张家庄镇、南孟镇、增村镇、常安镇、西关镇、获鹿镇、铜冶镇、寺家庄镇、上庄镇、李村镇、宜安镇、黄壁庄镇、大河镇、山尹村镇、栾城镇、冶河镇、窦妪镇、楼底镇、微水镇、上安镇、天长镇、秀林镇、南峪镇、威州镇、小作镇、南障城镇、苍岩山镇、测鱼镇、正定镇、新城铺镇、新安镇、南岗镇、曲阳桥镇、南牛镇、龙州镇、南桥镇、上碑镇、口头镇、上方镇、灵寿镇、青同镇、塔上镇、陈庄镇、慈峪镇、岔头镇、高邑镇、大营镇、富村镇、万城镇、中韩镇、深泽镇、铁杆镇、赵八镇、大桥头镇、赞皇、院头镇、南邢郭镇、嶂石岩镇、西龙门镇、西阳泽镇、许亭镇、无极镇、七汲镇、张段固镇、北苏镇、郭庄镇、大陈镇、东侯坊镇、里城道镇、平山镇、东回舍镇、温塘镇、南甸镇、岗南镇、古月镇、下槐镇、孟家庄镇、小觉镇、蛟潭庄镇、西柏坡镇、下口镇、槐阳镇、殷村镇、南佐镇、宋曹镇、南因镇、姬村镇、北褚镇、马村镇、赵州镇、范庄镇、北王里镇、新寨店镇、韩村镇、南柏舍镇、沙河店镇、王西章镇、谢庄镇、宋营镇、郄马镇、丘头镇、辛集镇、旧城镇、张古庄镇、位伯镇、新垒头镇、新城镇、南智邱镇、王口镇、晋州镇、总十庄镇、营里镇、桃园镇、东卓宿镇、马于镇、小樵镇、槐树镇、东里庄镇、化皮镇、承安镇、正莫镇、南大岳镇、杜固镇、邯郸镇、东王镇、马头铺镇、稻地镇、女织寨镇、韩城镇、果园镇、范各庄镇、卑家店镇、开平镇、栗园镇、越河镇、双桥镇、郑庄子镇、洼里镇、胥各庄镇、小集镇、黄各庄镇、西葛镇、大新庄镇、钱营镇、唐坊镇、王兰庄镇、柳树瞿阝镇、黑沿子镇、大齐各庄镇、岔河镇、南孙庄镇、东田庄镇、丰润镇、任各庄镇、左家坞镇、泉河头镇、王官营镇、火石营镇、新军屯镇、小张各庄镇、丰登坞镇、李钊庄镇、白官屯镇、石各庄镇、沙流河镇、七树庄镇、杨官林镇、银城铺镇、常庄镇、姜家营镇、唐海镇、滨海镇、柳赞镇、俵城镇、宋道口镇、长凝镇、胡各庄镇、坨里镇、姚王庄镇、司各庄镇、安各庄镇、扒齿港镇、程庄镇、青坨营镇、柏各庄镇、南堡镇、方各庄镇、东黄坨镇、马城镇、乐亭镇、汤家河镇、胡家坨镇、闫各庄镇、马头营镇、新寨镇、汀流河镇、姜各庄镇、毛庄镇、中堡镇、大相各庄镇、兴城镇、金厂峪镇、洒河桥镇、太平寨镇、罗家屯镇、东荒峪镇、新集镇、三屯营镇、滦阳镇、汉儿庄镇、新庄子镇、东莲花院镇、白庙子镇、上营镇、玉田镇、亮甲店镇、鸦鸿桥镇、窝洛沽镇、石臼窝镇、虹桥镇、散水头镇、林南仓镇、林西镇、杨家板桥镇、彩亭桥镇、孤树镇、大安镇镇、唐自头镇、郭家屯镇、杨家套镇、陈家铺镇、海北镇、汉丰镇、老庄子镇、王滩镇、遵化镇、堡子店镇、马兰峪镇、平安城镇、东新庄镇、新店子镇、党峪镇、地北头镇、东旧寨镇、铁厂镇、苏家洼镇、建明镇、石门镇、崔家庄镇、西留村镇、兴旺寨镇、西三里镇、团瓢庄镇、娘娘庄镇、侯家寨镇、夏官营镇、杨各庄镇、建昌营镇、赵店子镇、野鸡坨镇、大崔庄镇、蔡园镇、马兰庄镇、沙河驿镇、木厂口镇、上射雁庄镇、太平庄镇、扣庄镇、大五里镇、五重安镇、彭店子镇、阎家店镇、东安各庄镇、雷庄镇、茨榆坨镇、榛子镇、杨柳庄镇、油榨镇、古马镇、小马庄镇、九百户镇、王店子镇、东港镇、海港镇、西港镇、海阳镇、北港镇、杜庄镇、石门寨镇、驻操营镇、第一关镇、石河镇、孟姜镇、海滨镇、戴河镇、牛头崖镇、抚宁镇、留守营镇、榆关镇、台营镇、大新寨镇、坟坨镇、青龙镇、祖山镇、木头凳镇、双山子镇、马圈子镇、肖营子镇、大巫岚镇、土门子镇、八道河镇、隔河头镇、娄杖子镇、龙王庙镇、茨榆山镇、昌黎镇、靖安镇、安山镇、龙家店镇、泥井镇、大蒲河镇、新集镇、刘台庄镇、茹荷镇、朱各庄镇、荒佃庄镇、卢龙镇、潘庄镇、燕河营镇、双望镇、刘田各庄镇、石门镇、木井镇、陈官屯镇、蛤泊镇、印庄镇、北张庄镇、河沙镇镇、黄梁梦镇、户村镇、临水镇、峰峰镇、新坡镇、大社镇、和村镇、义井镇、彭城镇、界城镇、大峪镇、肥乡镇、天台山镇、辛安镇镇、大寺上镇、东漳堡镇、毛演堡镇、西吕营镇、元固镇、北高镇、临洺关镇、大北汪镇、张西堡镇、广府镇、永合会镇、刘营镇、西苏镇、讲武镇、东杨庄镇、临漳镇、南东坊镇、孙陶集镇、柳园镇、称勾集镇、邺城镇、章里集镇、张村集镇、砖寨营镇、习文镇、成安镇、商城镇、漳河店镇、李家疃镇、北乡义镇、道东堡镇、大名镇、杨桥镇、万堤镇、龙王庙镇、束馆镇、金滩镇、沙圪塔镇、大街镇、铺上镇、孙甘店镇、北峰镇、黄金堤镇、河南店镇、索堡镇、西戌镇、井店镇、更乐镇、固新镇、西达镇、偏城镇、涉城镇、磁州镇、讲武城镇、岳城镇、观台镇、白土镇、黄沙镇、新马头镇、邱城镇、梁二庄镇、香城固镇、古城营镇、鸡泽镇、小寨镇、双塔镇、曹庄镇、浮图店镇、吴官营镇、广平镇、平固店镇、胜营镇、南阳堡镇、十里铺镇、南韩镇、东张孟镇、馆陶镇、房寨镇、柴堡镇、魏僧寨镇、寿山寺镇、王桥镇、魏城镇、德政镇、北皋镇、双井镇、牙里镇、车往镇、回隆镇、张二庄镇、东代固镇、院堡镇、棘针寨镇、南双庙镇、边马镇、泊口镇、仕望集镇、沙口集镇、大辛庄镇、曲周镇、安寨镇、侯村镇、河南疃镇、第四疃镇、白寨镇、槐桥镇、南里岳镇、尚璧镇、南沿村镇、高臾镇、光禄镇、林坛镇、马头镇、武安镇、康二城镇、午汲镇、磁山镇、伯延镇、淑村镇、大同镇、邑城镇、矿山镇、贺进镇、阳邑镇、徘徊镇、冶陶镇、上团城镇、西土山镇、东郭村镇、祝村镇、晏家屯镇、南大郭镇、李村镇、南石门镇、羊范镇、皇寺镇、会宁镇、西黄村镇、路罗镇、将军墓镇、浆水镇、宋家庄镇、任城镇、邢家湾镇、辛店镇、天口镇、西固城镇、和阳镇、贾宋镇、郝桥镇、三思镇、河郭镇、临城镇、东镇镇、西竖镇、郝庄镇、黑城镇、内丘镇、大孟村镇、金店镇、官庄镇、柳林镇、柏乡镇、固城店镇、西汪镇、龙华镇、隆尧镇、魏家庄镇、尹村镇、山口镇、莲子镇镇、固城镇、东良镇、凤凰镇、河渠镇、北河庄镇、耿庄桥镇、东汪镇、贾家口镇、四芝兰镇、大陆村镇、苏家庄镇、换马店镇、唐邱镇、大曹庄镇、侯口镇、纪昌庄镇、巨鹿镇、王虎寨镇、西郭城镇、官亭镇、阎疃镇、小吕寨镇、苏家营镇、观寨镇、新河镇、寻寨镇、广宗镇、冯家寨镇、北塘疃镇、核桃园镇、平乡镇、河古庙镇、田付村镇、节固镇、洺州镇、梨园屯镇、章台镇、侯贯镇、七级镇、贺营镇、方家营镇、常庄镇、第什营镇、贺钊镇、赵村镇、固献镇、葛仙庄镇、连庄镇、油坊镇、谢炉镇、王官庄镇、坝营镇、临西镇、河西镇、下堡寺镇、尖塚镇、老官寨镇、吕寨镇、大刘庄镇、东汪镇、王快镇、沙河城镇、苏村镇、大高村镇、垂杨镇、明化镇、段芦头镇、紫冢镇、新城镇、白塔镇、十里亭镇、綦村镇、刘石岗镇、册井镇、大激店镇、一亩泉镇、百楼镇、焦庄镇、满城镇、大册营镇、神星镇、南韩村镇、方顺桥镇、于家庄镇、清苑镇、冉庄镇、阳城镇、魏村镇、温仁镇、张登镇、大庄镇、臧村镇、望亭镇、东闾镇、白团镇、石桥镇、何桥镇、安肃镇、崔庄镇、大因镇、遂城镇、高林村镇、大王店镇、漕河镇、东史端镇、留村镇、正村镇、涞水镇、永阳镇、义安镇、石亭镇、赵各庄镇、九龙镇、三坡镇、一渡镇、明义镇、王村镇、娄村镇、东文山镇、阜平镇、龙泉关镇、平阳镇、城南庄镇、天生桥镇、王林口镇、砂窝镇、北果园镇、定兴镇、固城镇、贤寓镇、北河镇、天宫寺镇、小朱庄镇、姚村镇、杨村镇、高里镇、内章镇、东落堡镇、仁厚镇、王京镇、高昌镇、北罗镇、白合镇、军城镇、川里镇、长古城镇、罗庄镇、北店头镇、齐家佐镇、黄石口镇、庞口镇、西演镇、邢家南镇、晋庄镇、小王果庄镇、蒲口镇、庞家佐镇、容城镇、小里镇、南张镇、大河镇、晾马台镇、涞源镇、银坊镇、走马驿镇、水堡镇、王安镇、杨家庄镇、白石山镇、南屯镇、泉坊镇、北石佛镇、望都镇、固店镇、贾村镇、中韩庄镇、寺庄镇、赵庄镇、高岭镇、安新镇、大王镇、三台镇、端村镇、赵北口镇、同口镇、刘李庄镇、安州镇、老河头镇、易州镇、梁格庄镇、西陵镇、裴山镇、塘湖镇、狼牙山镇、良岗镇、紫荆关镇、高村镇、西山北镇、高陌镇、恋乡太行水镇、恒州镇、灵山镇、燕赵镇、羊平镇、文德镇、晓林镇、邸村镇、齐村镇、孝墓镇、产德镇、下河镇、嘉禾镇、蠡吾镇、留史镇、大百尺镇、辛兴镇、北郭丹镇、万安镇、桑园镇、南庄镇、大曲堤镇、鲍墟镇、小陈镇、蒲阳镇、高于铺镇、腰山镇、蒲上镇、神南镇、安阳镇、白云镇、博野镇、小店镇、程委镇、东墟镇、北杨镇、城东镇、南小王镇、雄州镇、昝岗镇、大营镇、龙湾镇、朱各庄镇、米家务镇、鄚州镇、苟各庄镇、白沟镇、松林店镇、码头镇、东城坊镇、高官庄镇、东仙坡镇、百尺竿镇、义和庄镇、刁窝镇、林家屯镇、豆庄镇、留早镇、清风店镇、庞村镇、砖路镇、明月店镇、叮咛店镇、东亭镇、大辛庄镇、东旺镇、高蓬镇、邢邑镇、李亲顾镇、子位镇、开元镇、周村镇、息冢镇、伍仁桥镇、石佛镇、郑章镇、大五女镇、西佛落镇、西城镇、方官镇、新城镇、泗庄镇、辛立庄镇、东马营镇、辛桥镇、肖官营镇、张六庄镇、梁家营镇、姚家庄镇、大仓盖镇、东窑子镇、庞家堡镇、深井镇、崞村镇、洋河南镇、贾家营镇、顾家营镇、赵川镇、江家屯镇、河子西镇、侯家庙镇、孔家庄镇、万全镇、洗马林镇、郭磊庄镇、西湾子镇、高家营镇、张北镇、公会镇、二台镇、大囫囵镇、小二台镇、油篓沟镇、大河镇、康保镇、张纪镇、土城子镇、邓油坊镇、李家地镇、照阳河镇、屯垦镇、平定堡镇、小厂镇、黄盖淖镇、九连城镇、南壕堑镇、大青沟镇、八道沟镇、红土梁镇、小蒜沟镇、三工地镇、满井镇、蔚州镇、代王城镇、西合营镇、吉家庄镇、白乐镇、暖泉镇、南留庄镇、北水泉镇、桃花镇、阳眷镇、宋家庄镇、西城镇、东城镇、化稍营镇、揣骨疃镇、东井集镇、柴沟堡镇、左卫镇、头百户镇、怀安城镇、沙城镇、北辛堡镇、新保安镇、东花园镇、官厅镇、桑园镇、存瑞镇、土木镇、大黄庄镇、西八里镇、小南辛堡镇、涿鹿镇、张家堡镇、武家沟镇、五堡镇、保岱镇、矾山镇、大堡镇、河东镇、东小庄镇、辉耀镇、大河南镇、温泉屯镇、蟒石口镇、卧佛寺镇、赤城镇、田家窑镇、龙关镇、雕鹗镇、独石口镇、白草镇、龙门所镇、后城镇、东卯镇、老鸦庄镇、沈家屯镇、姚家房镇、沙岭子镇、沙沟镇、水泉沟镇、狮子沟镇、牛圈子沟镇、大石庙镇、双峰寺镇、双塔山镇、滦河镇、大庙镇、偏桥子镇、西地镇、陈栅子镇、鹰手营子镇、北马圈子镇、寿王坟镇、汪家庄镇、下板城镇、甲山镇、六沟镇、三沟镇、头沟镇、高寺台镇、鞍匠镇、三家镇、磴上镇、上谷镇、新杖子镇、石灰窑镇、兴隆镇、半壁山镇、挂兰峪镇、青松岭镇、六道河镇、平安堡镇、北营房镇、孤山子镇、蓝旗营镇、雾灵山镇、李家营镇、大杖子镇、三道河镇、蘑菇峪镇、大水泉镇、滦平镇、长山峪镇、红旗镇、金沟屯镇、虎什哈镇、巴克什营镇、张百湾镇、付营子镇、大屯镇、火斗山镇、两间房镇、小营镇、安纯沟门镇、韩麻营镇、中关镇、七家镇、汤头沟镇、张三营镇、唐三营镇、蓝旗镇、步古沟镇、郭家屯镇、茅荆坝镇、苔山镇、荒地镇、章吉营镇、偏坡营镇、大阁镇、大滩镇、鱼儿山镇、土城镇、黄旗镇、凤山镇、波罗诺镇、黑山咀嘴镇、天桥镇、胡麻营镇、将军营镇、宽城镇、龙须门镇、峪耳崖镇、板城镇、汤道河镇、梓罗台镇、碾子峪镇、亮甲台镇、化皮溜子镇、松岭镇、围场镇、四合永镇、克勒沟镇、棋盘山镇、半截塔镇、朝阳地镇、朝阳湾镇、腰站镇、龙头山镇、新拨镇、御道口镇、城子镇、新地镇、哈里哈镇、冯营子镇、上板城镇、平泉镇、黄土梁子镇、榆树林子镇、杨树岭镇、七沟镇、小寺沟镇、党坝镇、卧龙镇、南五十家子镇、北五十家子镇、梓椤树镇、柳溪镇、平北镇、青河镇、台头山镇、小王庄镇、南陈屯镇、旧州镇、兴济镇、杜生镇、崔尔庄镇、李天木镇、纸房头镇、姚官屯镇、杜林镇、汪家铺镇、张官屯镇、清州镇、金牛镇、新兴镇、流河镇、木门店镇、马厂镇、盘古镇、曹寺镇、东光镇、连镇镇、找王镇、秦村镇、灯明寺镇、南霞口镇、大单镇、龙王李镇、于桥镇、苏基镇、辛集镇、高湾镇、赵毛陶镇、张会亭镇、盐山镇、望树镇、庆云镇、韩集镇、千童镇、圣佛镇、边务镇、小庄镇、杨集镇、孟店镇、肃宁镇、梁家村镇、窝北镇、尚村镇、万里镇、师素镇、河北留善寺镇、付家佐镇、南皮镇、冯家口镇、寨子镇、鲍官屯镇、王寺镇、乌马营镇、潞灌镇、刘八里镇、桑园镇、铁城镇、于集镇、梁集镇、安陵镇、乐寿镇、淮镇镇、郭庄镇、河城街镇、韩村镇、陌南镇、陈庄镇、段村镇、高官镇、十五级镇、孟村镇、新县镇、辛店镇、高寨镇、泊镇、交河镇、齐桥镇、寺门村镇、郝村镇、富镇镇、文庙镇、洼里王镇、四营镇、出岸镇、石门桥镇、吕公堡镇、长丰镇、梁召镇、辛中驿镇、麻家坞镇、北辛庄镇、议论堡镇、于村镇、黄骅镇、南排河镇、吕桥镇、旧城镇、齐家务镇、滕庄子镇、常郭镇、羊二庄镇、米各庄镇、景和镇、卧佛堂镇、束城镇、留古寺镇、沙河桥镇、诗经村镇、尊祖庄镇、兴村镇、行别营镇、故仙镇、落垡镇、码头镇、葛渔城镇、东沽港镇、调河头镇、北史家务镇、杨税务镇、仇庄镇、南尖塔镇、万庄镇、九州镇、北旺镇、固安镇、宫村镇、柳泉镇、牛驼镇、马庄镇、东湾镇、渠沟镇、永清镇、韩村镇、后奕镇、别古庄镇、里澜城镇、淑阳镇、蒋辛屯镇、渠口镇、安头屯镇、安平镇、刘宋镇、五百户镇、钱旺镇、钳屯镇、平舒镇、旺村镇、大尚屯镇、南赵扶镇、留各庄镇、权村镇、里坦镇、广安镇、北魏镇、臧屯镇、文安镇、新镇镇、苏桥镇、大柳河镇、左各庄镇、滩里镇、史各庄镇、赵各庄镇、兴隆宫镇、大留镇镇、孙氏镇、德归镇、大厂镇、夏垫镇、祁各庄镇、邵府镇、陈府镇、霸州镇、南孟镇、信安镇、堂二里镇、煎茶铺镇、胜芳镇、杨芬港镇、康仙庄镇、王庄子镇、泃阳镇、李旗庄镇、杨庄镇、皇庄镇、新集镇、段甲岭镇、黄土庄镇、高楼镇、齐心庄镇、燕郊镇、郑家河沿镇、赵家圈镇、邓庄镇、冀州镇、官道李镇、南午村镇、周村镇、码头李镇、西王镇、枣强镇、恩察镇、大营镇、嘉会镇、马屯镇、肖张镇、张秀屯镇、新屯镇、唐林镇、武邑镇、清凉店镇、审坡镇、赵桥镇、韩庄镇、肖桥头镇、龙店镇、武强镇、街关镇、周窝镇、东孙庄镇、豆村镇、北代镇、饶阳镇、大尹村镇、五公镇、大官亭镇、王同岳镇、东里满镇、留楚镇、安平镇、马店镇、南王庄镇、大子文镇、东黄城镇、郑口镇、夏庄镇、青罕镇、故城镇、武官寨镇、饶阳店镇、军屯镇、建国镇、西半屯镇、房庄镇、三朗镇、景州镇、龙华镇、广川镇、王瞳镇、泽河流镇、安陵镇、杜桥镇、王谦寺镇、北留智镇、留智庙镇、梁集镇、温城镇、青兰镇、阜城镇、古城镇、码头镇、霞口镇、崔家庙镇、漫河镇、魏家屯镇、唐奉镇、深州镇、辰时镇、榆科镇、魏家桥镇、大堤镇、前磨头镇、王家井镇、护驾迟镇、大屯镇、高古庄镇、北溪村镇、大冯营镇、穆村镇。

山西省

北格镇、郝庄镇、中涧河镇、向阳镇、阳曲镇、金胜镇、晋祠镇、姚村镇、清源镇、徐沟镇、东于镇、孟封镇、黄寨镇、大盂镇、东黄水镇、泥屯镇、中心镇、娄烦镇、静游镇、杜交曲镇、河口镇、镇城底镇、马兰镇、新荣镇、古店镇、花园屯镇、高山镇、云冈镇、西坪镇、倍加造镇、周士庄镇、龙泉镇、罗文皂镇、大白登镇、王官屯镇、古城镇、东小村镇、友宰镇、玉泉镇、谷前堡镇、米薪关镇、逯家湾镇、新平堡镇、壶泉镇、南村镇、加斗镇、作瞳镇、梁庄镇、武灵镇、东河南镇、上寨镇、永安镇、西坊城镇、蔡村镇、沙圪坨镇、王庄堡镇、青磁窑镇、云兴镇、鹊儿山镇、店湾镇、义井镇、荫营镇、河底镇、平坦镇、冠山镇、冶西镇、锁簧镇、张庄镇、东回镇、柏井镇、娘子关镇、巨城镇、秀水镇、孙家庄镇、路家村镇、南娄镇、牛村镇、苌池镇、上社镇、西烟镇、马厂镇、黄碾镇、西白兔镇、苏店镇、荫城镇、西火镇、八义镇、郝家庄镇、南宋镇、上村镇、渔泽镇、余吾镇、吾元镇、张店镇、丰宜镇、店上镇、微子镇、辛安泉镇、史回镇、古韩镇、王桥镇、侯堡镇、夏店镇、虒亭镇、西营镇、王村镇、下良镇、善福镇、青羊镇、龙溪镇、石城镇、苗庄镇、玉峡关镇、东阳关镇、上遥镇、西井镇、黄崖洞镇、黎侯镇、洪井镇、西仵镇、程家山镇、龙泉镇、百尺镇、店上镇、晋庄镇、树掌镇、大峡谷镇、集店镇、丹朱镇、鲍店镇、石哲镇、大堡头镇、慈林镇、色头镇、南漳镇、宋村镇、南陈镇、丰州镇、洪水镇、蟠龙镇、监漳镇、故城镇、韩北镇、定昌镇、郭村镇、故县镇、新店镇、漳源镇、册村镇、沁州黄镇、南里镇、松村镇、沁河镇、郭道镇、灵空山镇、王和镇、王陶镇、景凤镇、北石店镇、龙港镇、中村镇、郑庄镇、端氏镇、嘉峰镇、郑村镇、柿庄镇、凤城镇、北留镇、润城镇、町店镇、芹池镇、次营镇、横河镇、河北镇、蟒河镇、东冶镇、演礼镇、白桑镇、崇文镇、礼义镇、附城镇、西河底镇、平城镇、杨村镇、潞城镇、南村镇、下村镇、大东沟镇、周村镇、犁川镇、晋庙铺镇、金村镇、高都镇、巴公镇、大阳镇、山河镇、大箕镇、柳树口镇、北义城镇、川底镇、南岭镇、米山镇、三甲镇、神农镇、陈区镇、北诗镇、河西镇、马村镇、野川镇、寺庄镇、神头镇、利民镇、井坪镇、凤凰城镇、玉井镇、北周庄镇、古城镇、岱岳镇、广武镇、金城镇、南河种镇、下社镇、新城镇、右卫镇、威远镇、元堡子镇、吴家窑镇、金沙滩镇、毛家皂镇、乌金山镇、东阳镇、长凝镇、北田镇、修文镇、胡村镇、范村镇、水秀镇、箕城镇、云簇镇、郝北镇、社城镇、辽阳镇、桐峪镇、麻田镇、芹泉镇、拐儿镇、义兴镇、李阳镇、松烟镇、青城镇、横岭镇、乐平镇、皋落镇、冶头镇、沾尚镇、大寨镇、朝阳镇、南燕竹镇、宗艾镇、平头镇、松塔镇、西洛镇、尹灵芝镇、昭馀镇、东观镇、古县镇、贾令镇、城赵镇、来远镇、古陶镇、段村镇、东泉镇、洪善镇、宁固镇、翠峰镇、静升镇、两渡镇、夏门镇、南关镇、段纯镇、义安镇、张兰镇、连福镇、洪山镇、龙凤镇、绵山镇、义棠镇、解州镇、龙居镇、北相镇、泓芝驿镇、三路里镇、陶村镇、东郭镇、猗氏镇、嵋阳镇、临晋镇、七级镇、东张镇、孙吉镇、三管镇、牛杜镇、耽子镇、角杯镇、解店镇、通化镇、汉薛镇、荣河镇、裴庄镇、高村镇、桐城镇、郭家庄镇、瓯底镇、薛店镇、东镇镇、礼元镇、河底镇、阳隅镇、侯村镇、裴社镇、稷峰镇、西社镇、化峪镇、翟店镇、清河镇、龙兴镇、三泉镇、泽掌镇、北张镇、古交镇、万安镇、阳王镇、泉掌镇、横桥镇、古绛镇、横水镇、陈村镇、卫庄镇、磨里镇、南樊镇、安峪镇、大交镇、新城镇、历山镇、古城镇、王茅镇、毛家湾镇、英言镇、瑶峰镇、庙前镇、裴介镇、水头镇、埝掌镇、泗交镇、禹王镇、圣人涧镇、常乐镇、张店镇、张村镇、曹川镇、三门镇、部官镇、洪池镇、古魏镇、风陵渡镇、陌南镇、西陌镇、永乐镇、大王镇、阳城镇、南磑镇、虞乡镇、卿头镇、开张镇、栲栳镇、蒲州镇、韩阳镇、张营镇、樊村镇、僧楼镇、柴家镇、奇村镇、三交镇、庄磨镇、豆罗镇、董村镇、西张镇、忻口镇、合索镇、晋昌镇、河边镇、宏道镇、季庄镇、蒋村镇、台城镇、耿镇镇、豆村镇、白家庄镇、东冶镇、建安镇、上馆镇、阳明堡镇、峨口镇、聂营镇、枣林镇、雁门关镇、峪口镇、繁城镇、砂河镇、大营镇、平型关镇、凤凰镇、阳方口镇、东寨镇、石家庄镇、宁化镇、鹅城镇、杜家村镇、康家会镇、丰润镇、双路镇、王村镇、龙泉镇、义井镇、八角镇、砚城镇、小河头镇、三岔镇、岚漪镇、三井镇、宋家沟镇、西口镇、楼子营镇、刘家塔镇、巡镇镇、旧县镇、沙泉镇、东关镇、义门镇、桥头镇、杨家湾镇、孙家沟镇、新关镇、老营镇、万家寨镇、水泉镇、老牛湾镇、尚峪镇、台怀镇、石咀镇、苏龙口镇、崞阳镇、大牛店镇、闫庄镇、轩岗镇、云水镇、同川镇、屯里镇、乔李镇、大阳镇、县底镇、刘村镇、金殿镇、吴村镇、土门镇、魏村镇、尧庙镇、乐昌镇、史村镇、曲村镇、高显镇、里村镇、唐兴镇、南梁镇、里砦镇、隆化镇、桥上镇、西阎镇、王庄镇、新城镇、赵康镇、汾城镇、南贾镇、古城镇、襄陵镇、邓庄镇、大槐树镇、甘亭镇、曲亭镇、苏堡镇、广胜寺镇、明姜镇、赵城镇、万安镇、刘家垣镇、辛村镇、岳阳镇、北平镇、古阳镇、旧县镇、三合镇、府城镇、和川镇、唐城镇、冀氏镇、良马镇、马壁镇、天坛镇、响水河镇、张庄镇、北王镇、吉昌镇、屯里镇、壶口镇、昌宁镇、光华镇、台头镇、管头镇、西坡镇、昕水镇、曲峨镇、太古镇、龙泉镇、午城镇、黄土镇、芝河镇、桑壁镇、蒲城镇、薛关镇、黑龙关镇、克城镇、乔家湾镇、永安镇、对竹镇、勍香镇、和平镇、僧念镇、白龙镇、辛置镇、大张镇、李曹镇、吴城镇、信义镇、凤城镇、开栅镇、南庄镇、南安镇、刘胡兰镇、下曲镇、孝义镇、天宁镇、夏家营镇、西营镇、水峪贯镇、西社镇、庞泉沟镇、洪相镇、蔚汾镇、魏家滩镇、瓦塘镇、康宁镇、高家村镇、罗峪口镇、蔡家会镇、临泉镇、白文镇、城庄镇、兔坂镇、克虎镇、三交镇、湍水头镇、林家坪镇、招贤镇、碛口镇、刘家会镇、丛罗峪镇、曲峪镇、柳林镇、穆村镇、薛村镇、庄上镇、留誉镇、三交镇、成家庄镇、孟门镇、陈家湾镇、金家庄镇、灵泉镇、罗村镇、义牒镇、小蒜镇、辛关镇、东村镇、岚城镇、普明镇、界河口镇、圪洞镇、马坊镇、峪口镇、大武镇、北武当镇、积翠镇、宁乡镇、金罗镇、枝柯镇、武家庄镇、暖泉镇、水头镇、康城镇、双池镇、桃红坡镇、石口镇、回龙镇、兑镇镇、阳泉曲镇、下堡镇、西辛庄镇、高阳镇、梧桐镇、柱濮镇、大孝堡镇、贾家庄镇、杏花村镇、冀村镇、肖家庄镇、演武镇、三泉镇、石庄镇、杨家庄镇、峪道河镇、阳城镇、栗家庄镇。

内蒙古自治区

保合少镇、攸攸板镇、小黑河镇、榆林镇、黄合少镇、金河镇、察素齐镇、毕克齐镇、善岱镇、台阁牧镇、白庙子镇、沙尔沁镇、敕勒川镇、双河镇、新营子镇、五申镇、伍什家镇、古城镇、和林格尔县城关镇、盛乐镇、新店子镇、巧什营镇、清水河县城关镇、宏河镇、喇嘛湾镇、老牛湾镇、可可以力更镇、哈乐镇、西乌兰不浪镇、河东镇、沙尔沁镇、昆河镇、卜尔汉图镇、青福镇、兴胜镇、五当召镇、麻池镇、哈林格尔镇、哈业胡同镇、萨拉齐镇、双龙镇、美岱召镇、沟门镇、将军尧镇、金山镇、西斗铺镇、下湿壕镇、银号镇、怀朔镇、兴顺西镇、满都拉镇、希拉穆仁镇、百灵庙镇、石宝镇、乌克忽洞镇、明安镇、巴音花镇、万水泉镇、千里山镇、公乌素镇、拉僧庙镇、巴音陶亥镇、乌兰淖尔镇、红庙子镇、文钟镇、风水沟镇、元宝山镇、美丽河镇、平庄镇、五家镇、穆家营子镇、初头朗镇、大庙镇、王府镇、老府镇、哈拉道口镇、上官地镇、安庆镇、太平地镇、天山镇、天山口镇、双胜镇、坤都镇、巴彦花镇、绍根镇、扎嘎斯台镇、林东镇、隆昌镇、十三敖包镇、碧流台镇、富河镇、白音勿拉镇、哈拉哈达镇、大板镇、索博日嘎镇、宝日勿苏镇、查干诺尔镇、巴彦琥硕镇、林西镇、新城子镇、新林镇、五十家子镇、官地镇、大井镇、统部镇、经棚镇、宇宙地镇、土城子镇、同兴镇、万合永镇、芝瑞镇、达来诺日镇、乌丹镇、乌敦套海镇、五分地镇、桥头镇、广德公镇、梧桐花镇、海拉苏镇、亿合公镇、锦山镇、美林镇、王爷府镇、小牛群镇、牛家营子镇、乃林镇、西桥镇、天义镇、小城子镇、大城子镇、八里罕镇、黑里河镇、右北平镇、大双庙镇、汐子镇、大明镇、忙农镇、五化镇、三座店镇、必斯营子镇、新惠镇、四家子镇、长胜镇、贝子府镇、四道湾子镇、下洼镇、金厂沟梁镇、兴隆洼镇、黄羊洼镇、古鲁板蒿镇、牛古吐镇、大林镇、钱家店镇、余粮堡镇、木里图镇、丰田镇、清河镇、育新镇、庆和镇、敖力布皋镇、保康镇、宝龙山镇、舍伯吐镇、巴彦塔拉镇、门达镇、架玛吐镇、腰林毛都镇、希伯花镇、花吐古拉镇、代力吉镇、努日木镇、甘旗卡镇、吉尔嘎朗镇、金宝屯镇、常胜镇、查日苏镇、双胜镇、阿古拉镇、朝鲁吐镇、努古斯台镇、海鲁吐镇、开鲁镇、大榆树镇、黑龙坝镇、麦新镇、义和塔拉镇、建华镇、小街基镇、东风镇、吉日嘎郎吐镇、东来镇、库伦镇、扣河子镇、白音花镇、六家子镇、额勒顺镇、大沁他拉镇、八仙筒镇、青龙山镇、新镇、治安镇、东明镇、沙日浩来镇、义隆永镇、鲁北镇、黄花山镇、嘎亥图镇、巨日合镇、巴雅尔吐胡硕镇、香山镇、阿日昆都楞镇、辽河镇、泊尔江海子镇、罕台镇、铜川镇、树林召镇、吉格斯太镇、白泥井镇、王爱召镇、昭君镇、恩格贝镇、中和西镇、风水梁镇、薛家湾镇、沙圪堵镇、大路镇、纳日松镇、龙口镇、准格尔召镇、魏家峁镇、敖勒召其镇、上海庙镇、城川镇、昂素镇、乌兰镇、棋盘井镇、蒙西镇、木凯淖尔镇、锡尼镇、巴拉贡镇、吉日嘎朗图镇、独贵塔拉镇、呼和木独镇、嘎鲁图镇、乌审召镇、图克镇、乌兰陶勒盖镇、无定河镇、阿勒腾席热镇、札萨克镇、乌兰木伦镇、纳林陶亥镇、苏布尔嘎镇、红庆河镇、伊金霍洛镇、哈克镇、奋斗镇、灵泉镇、那吉镇、六合镇、亚东镇、霍尔奇镇、向阳峪镇、三岔河镇、复兴镇、兴安镇、尼尔基镇、宝山镇、哈达阳镇、阿尔拉镇、汉古尔河镇、西瓦尔图镇、腾克镇、奎勒河镇、塔温敖宝镇、登特科镇、红彦镇、阿里河镇、大杨树镇、甘河镇、吉文镇、诺敏镇、乌鲁布铁镇、宜里镇、克一河镇、巴彦托海镇、大雁镇、伊敏河镇、红花尔基镇、巴彦库仁镇、宝日希勒镇、呼和诺尔镇、嵯岗镇、阿木古郎镇、阿拉坦额莫勒镇、阿日哈沙特镇、呼伦镇、新开河镇、免渡河镇、博克图镇、绰河源镇、乌尔其汉镇、库都尔镇、图里河镇、乌奴耳镇、塔尔气镇、伊图里河镇、牧原镇、蘑菇气镇、卧牛河镇、成吉思汗镇、大河湾镇、浩饶山镇、柴河镇、中和镇、哈多河镇、黑山头镇、莫尔道嘎镇、恩和哈达镇、金河镇、阿龙山镇、满归镇、得耳布尔镇、狼山镇、新华镇、干召庙镇、乌兰图克镇、双河镇、临河区城关镇、白脑包镇、隆兴昌镇、塔尔湖镇、巴彦套海镇、新公中镇、天吉泰镇、胜丰镇、银定图镇、复兴镇、巴彦高勒镇、隆盛合镇、渡口镇、补隆淖镇、乌拉山镇、白彦花镇、先锋镇、新安镇、西小召镇、大佘太镇、明安镇、小佘太镇、苏独仑镇、海流图镇、乌加河镇、德岭山镇、石哈河镇、甘其毛都镇、温更镇、巴音宝力格镇、呼和温都尔镇、潮格温都尔镇、陕坝镇、头道桥镇、二道桥镇、三道桥镇、蛮会镇、团结镇、双庙镇、沙海镇、蒙海镇、白海子镇、卓资山镇、旗下营镇、十八台镇、巴音锡勒镇、梨花镇、长顺镇、朝阳镇、七号镇、七台镇、十八顷镇、大黑沙土镇、西井子镇、屯垦队镇、小海子镇、兴和县城关镇、张皋镇、赛乌素镇、鄂尔栋镇、店子镇、鸿茅镇、六苏木镇、麦胡图镇、永兴镇、蛮汉镇、岱海镇、土贵乌拉镇、平地泉镇、玫瑰营镇、巴音塔拉镇、黄旗海镇、科布尔镇、铁沙盖镇、黄羊城镇、广益隆镇、乌素图镇、白音察干镇、土牧尔台镇、红格尔图镇、贲红镇、大六号镇、乌兰花镇、吉生太镇、库伦图镇、供济堂镇、白音朝克图镇、隆盛庄镇、黑土台镇、红砂坝镇、巨宝庄镇、三义泉镇、乌兰哈达镇、葛根庙镇、太本站镇、义勒力特镇、天池镇、白狼镇、五岔沟镇、明水河镇、科尔沁镇、索伦镇、德伯斯镇、大石寨镇、归流河镇、居力很镇、察尔森镇、额尔格图镇、俄体镇、巴彦呼舒镇、巴仁哲里木镇、吐列毛杜镇、杜尔基镇、高力板镇、好腰苏木镇、音德尔镇、新林镇、巴彦高勒镇、胡尔勒镇、阿尔本格勒镇、巴达尔胡镇、图牧吉镇、好力保镇、突泉镇、六户镇、东杜尔基镇、永安镇、水泉镇、宝石镇、阿尔善宝拉格镇、别力古台镇、洪格尔高勒镇、查干淖尔镇、满都拉图镇、查干敖包镇、巴彦淖尔镇、赛汉塔拉镇、朱日和镇、乌日根塔拉镇、乌里雅斯太镇、道特淖尔镇、嘎达布其镇、满都呼宝拉格镇、额吉淖尔镇、巴拉嘎尔高勒镇、巴彦花镇、吉仁高勒镇、浩勒图高勒镇、高日罕镇、宝昌镇、千斤沟镇、红旗镇、骆驼山镇、永丰镇、新宝拉格镇、巴彦塔拉镇、明安图镇、星耀镇、上都镇、桑根达来镇、哈毕日嘎镇、大北沟镇、多伦诺尔镇、滦源镇、巴彦胡硕镇、温都尔勒图镇、巴润别立镇、巴彦浩特镇、嘉尔嘎勒赛汉镇、吉兰泰镇、宗别立镇、敖伦布拉格镇、腾格里额里斯镇、巴丹吉林镇、雅布赖镇、阿拉腾敖包镇、达来呼布镇、东风镇、哈日布日格德音乌拉镇、乌斯太镇。

辽宁省

于家房镇、朱家房镇、冷子堡镇、刘二堡镇、新民屯镇、满都户镇、杨士岗镇、肖寨门镇、长滩镇、四方台镇、六间房镇、养士堡镇、潘家堡镇、老大房镇、大黑岗子镇、牛心坨镇、小城子镇、张强镇、方家屯镇、郝官屯镇、二牛所口镇、大孤家子镇、三面船镇、秀水河子镇、叶茂台镇、登仕堡子镇、柏家沟镇、丁家房镇、孟家镇、十间房镇、冯贝堡镇、依牛堡子镇、包家屯镇、大红旗镇、梁山镇、公主屯镇、兴隆镇、前当堡镇、大民屯镇、大柳屯镇、兴隆堡镇、胡台镇、法哈牛镇、柳河沟镇、高台子镇、张家屯镇、罗家房镇、三道岗子镇、东蛇山子镇、陶家屯镇、周坨子镇、金五台子镇、新农村镇、大长山岛镇、獐子岛镇、广鹿岛镇、小长山岛镇、海洋岛镇、复州城镇、松树镇、得利寺镇、万家岭镇、许屯镇、永宁镇、谢屯镇、老虎屯镇、红沿河镇、李官镇、仙浴湾镇、元台镇、瓦窝镇、青堆镇、徐岭镇、黑岛镇、栗子房镇、大营镇、塔岭镇、仙人洞镇、蓉花山镇、长岭镇、荷花山镇、城山镇、光明山镇、大郑镇、吴炉镇、王家镇、唐家房镇、大屯镇、甘泉镇、西佛镇、新开河镇、黄沙坨镇、高力房镇、桑林镇、富家镇、达牛镇、韭菜台镇、新台镇、桓洞镇、三家子镇、石庙子镇、黄花甸镇、大营子镇、苏子沟镇、偏岭镇、哈达碑镇、新甸镇、洋河镇、杨家堡镇、清凉山镇、石灰窑镇、前营镇、龙潭镇、牧牛镇、药山镇、大房身镇、朝阳镇、孤山镇、岔沟镇、接文镇、析木镇、马风镇、牌楼镇、八里镇、毛祁镇、英落镇、感王镇、西柳镇、中小镇、王石镇、南台镇、腾鳌镇、耿庄镇、牛庄镇、西四镇、望台镇、温香镇、高坨镇、章党镇、哈达镇、塔峪镇、前甸镇、石文镇、后安镇、上马镇、救兵镇、新宾镇、旺清门镇、永陵镇、平顶山镇、大四平镇、苇子峪镇、木奇镇、上夹河镇、南杂木镇、清原镇、红透山镇、草市镇、英额门镇、南口前镇、南山城镇、湾甸子镇、大孤家镇、夏家堡镇、北三家镇、小市镇、草河掌镇、草河城镇、草河口镇、连山关镇、清河城镇、田师傅镇、南甸子镇、碱厂镇、高官镇、桓仁镇、普乐堡镇、二棚甸子镇、沙尖子镇、五里甸子镇、八里甸子镇、华来镇、古城镇、金山镇、浪头镇、安民镇、汤池镇、同兴镇、五龙背镇、楼房镇、九连城镇、汤山城镇、宽甸镇、灌水镇、硼海镇、红石镇、毛甸子镇、长甸镇、永甸镇、太平哨镇、青山沟镇、牛毛坞镇、大川头镇、青椅山镇、杨木川镇、虎山镇、振江镇、步达远镇、大西岔镇、八河川镇、双山子镇、孤山镇、前阳镇、长安镇、十字街镇、长山镇、北井子镇、椅圈镇、黄土坎镇、马家店镇、龙王庙镇、小甸子镇、菩萨庙镇、黑沟镇、新农镇、宝山镇、白旗镇、沙里寨镇、红旗镇、蓝旗镇、边门镇、东汤镇、石城镇、大兴镇、爱阳镇、赛马镇、弟兄山镇、鸡冠山镇、刘家河镇、通远堡镇、四门子镇、青城子镇、芳山镇、白厂门镇、常兴镇、姜屯镇、励家镇、绕阳河镇、半拉门镇、无梁殿镇、胡家镇、新立屯镇、八道壕镇、四家子镇、新兴镇、太和镇、镇安镇、刘龙台镇、七里河镇、大榆树堡镇、稍户营子镇、九道岭镇、高台子镇、瓦子峪镇、头台镇、前杨镇、张家堡镇、头道河镇、留龙沟镇、聚粮屯镇、石山镇、余积镇、双羊镇、班吉塔镇、沈家台镇、三台子镇、右卫镇、阎家镇、新庄子镇、翠岩镇、安屯镇、大业镇、建业镇、温滴楼镇、白台子镇、大市镇、罗罗堡镇、常兴店镇、正安镇、闾阳镇、中安镇、廖屯镇、赵屯镇、青堆子镇、高山子镇、吴家镇、熊岳镇、芦屯镇、红旗镇、路南镇、柳树镇、边城镇、高屯镇、沙岗镇、九寨镇、万福镇、卧龙泉镇、青石岭镇、暖泉镇、榜式堡镇、团甸镇、双台镇、杨运镇、徐屯镇、什字街镇、矿洞沟镇、陈屯镇、梁屯镇、水源镇、沟沿镇、石佛镇、高坎镇、旗口镇、虎庄镇、官屯镇、博洛铺镇、永安镇、汤池镇、建一镇、黄土岭镇、周家镇、韩家店镇、长营子镇、水泉镇、河西镇、乌龙坝镇、四合镇、阜新镇、东梁镇、佛寺镇、伊吗图镇、旧庙镇、务欢池镇、建设镇、大巴镇、泡子镇、十家子镇、王府镇、于寺镇、富荣镇、新民镇、福兴地镇、平安地镇、沙拉镇、大固本镇、大五家子镇、大板镇、招束沟镇、八家子镇、蜘蛛山镇、塔营子镇、扎兰营子镇、七家子镇、红帽子镇、紫都台镇、化石戈镇、哈达户稍镇、老河土镇、太平镇、彰武镇、哈尔套镇、章古台镇、五峰镇、冯家镇、后新秋镇、东六家子镇、阿尔乡镇、前福兴地镇、双庙镇、大四家子镇、苇子沟镇、兴隆山镇、满堂红镇、四合城镇、大冷镇、两家子镇、平安镇、四堡子镇、西六家子镇、大德镇、兴隆堡镇、小屯镇、罗大台镇、曙光镇、兰家镇、汤河镇、祁家镇、沙岭镇、王家镇、首山镇、刘二堡镇、小北河镇、黄泥洼镇、唐马寨镇、穆家镇、柳壕镇、河栏镇、隆昌镇、八会镇、寒岭镇、兴隆镇、佟二堡镇、铧子镇、张台子镇、西大窑镇、沈旦堡镇、西马峰镇、柳条寨镇、柳河子镇、大河南镇、五星镇、统一镇、陆家镇、田庄台镇、东风镇、新开镇、清水镇、新兴镇、西安镇、新立镇、唐家镇、平安镇、赵圈河镇、沙岭镇、胡家镇、石新镇、羊圈子镇、古城子镇、坝墙子镇、陈家镇、甜水镇、吴家镇、张相镇、杨木林子镇、新台子镇、阿吉镇、平顶堡镇、大甸子镇、凡河镇、腰堡镇、镇西堡镇、蔡牛镇、李千户镇、熊官屯镇、横道河子镇、双井子镇、西丰镇、平岗镇、郜家店镇、凉泉镇、振兴镇、安民镇、天德镇、房木镇、柏榆镇、陶然镇、钓鱼镇、更刻镇、昌图镇、老城镇、八面城镇、三江口镇、金家镇、宝力镇、泉头镇、双庙子镇、亮中桥镇、马仲河镇、毛家店镇、老四平镇、大洼镇、头道镇、鸳鸯树镇、傅家镇、四合镇、朝阳镇、古榆树镇、七家子镇、东嘎镇、四面城镇、前双井镇、通江口镇、大四家子镇、曲家店镇、十八家子镇、太平镇、下二台镇、平安堡镇、大兴镇、后窑镇、长发镇、晓明镇、大明镇、晓南镇、威远堡镇、庆云堡镇、中固镇、八棵树镇、金沟子镇、八宝镇、业民镇、莲花镇、靠山镇、马家寨镇、下肥镇、松山镇、城东镇、李家台镇、上肥镇、黄旗寨镇、桃花吐镇、他拉皋镇、孙家湾镇、七道泉子镇、西大营子镇、召都巴镇、大平房镇、联合镇、边杖子镇、波罗赤镇、木头城子镇、二十家子镇、羊山镇、六家子镇、瓦房子镇、大庙镇、古山子镇、南双庙镇、台子镇、清风岭镇、胜利镇、七道岭镇、杨树湾镇、朱碌科镇、建平镇、黑水镇、喀喇沁镇、北二十家子镇、沙海镇、哈拉道口镇、榆树林子镇、老官地镇、深井镇、奎德素镇、小塘镇、马场镇、昌隆镇、张家营子镇、青峰山镇、太平庄镇、南公营子镇、山嘴子镇、公营子镇、白塔子镇、中三家镇、老爷庙镇、六官营子镇、平房子镇、十二德堡镇、羊角沟镇、兴隆庄镇、甘招镇、东哨镇、水泉镇、西官营镇、大板镇、上园镇、宝国老镇、黑城子镇、五间房镇、台吉镇、东官营镇、龙潭镇、北塔镇、蒙古营镇、大三家镇、万元店镇、宋杖子镇、三十家子镇、杨杖子镇、刀尔登镇、松岭子镇、四官营子镇、沟门子镇、小城子镇、四合当镇、乌兰白镇、瓦房店镇、大河北镇、牛营子镇、三道河子镇、刘杖子镇、钢屯镇、寺儿堡镇、新台门镇、缸窑岭镇、暖池塘镇、高桥镇、虹螺岘镇、金星镇、台集屯镇、绥中镇、西甸子镇、宽邦镇、大王庙镇、万家镇、前所镇、高岭镇、前卫镇、荒地镇、塔山屯镇、高台镇、王宝镇、沙河镇、小庄子镇、建昌镇、八家子镇、喇嘛洞镇、药王庙镇、汤神庙镇、玲珑塔镇、大屯镇、曹庄镇、沙后所满族镇、东辛庄满族镇、郭家满族镇、红崖子镇、徐大堡镇、高家岭满族镇。

吉林省

兰家镇、米沙子镇、万宝镇、合隆镇、乐山镇、永春镇、英俊镇、劝农山镇、泉眼镇、合心镇、西新镇、城西镇、鹿乡镇、齐家镇、太平镇、其塔木镇、上河湾镇、农安镇、伏龙泉镇、哈拉海镇、靠山镇、开安镇、烧锅镇、高家店镇、华家镇、三盛玉镇、巴吉垒镇、三岗镇、兴隆山镇、新立城镇、新湖镇、玉潭镇、五棵树镇、弓棚镇、闵家镇、大坡镇、黑林镇、土桥镇、新立镇、大岭镇、于家镇、泗河镇、八号镇、刘家镇、秀水镇、保寿镇、新庄镇、大青嘴镇、郭家镇、松花江镇、达家沟镇、大房身镇、岔路口镇、朱城子镇、布海镇、天台镇、菜园子镇、二十家子镇、黑林子镇、陶家屯镇、范家屯镇、响水镇、大岭镇、怀德镇、双城堡镇、双龙镇、杨大城子镇、毛城子镇、玻璃城子镇、朝阳坡镇、大榆树镇、秦家屯镇、八屋镇、十屋镇、桑树台镇、孤店子镇、桦皮厂镇、左家镇、乌拉街镇、缸窑镇、江密峰镇、大口钦镇、金珠镇、大绥河镇、搜登站镇、越北镇、旺起镇、口前镇、双河镇、西阳镇、北大湖镇、一拉溪镇、万昌镇、永吉经济开发区特殊乡镇、岔路河镇、新站镇、天岗镇、白石山镇、漂河镇、黄松甸镇、天北镇、松江镇、庆岭镇、夹皮沟镇、二道甸子镇、红石砬子镇、八道河子镇、常山镇、金沙镇、法特镇、白旗镇、溪河镇、朝阳镇、小城镇、上营镇、水曲柳镇、平安镇、金马镇、开原镇、烟筒山镇、红旗岭镇、明城镇、石嘴镇、驿马镇、牛心镇、呼兰镇、吉昌镇、松山镇、黑石镇、朝阳山镇、富太镇、取柴河镇、四平市铁东区山门镇、四平市铁东区石岭镇、四平市铁东区叶赫满族镇、梨树镇、郭家店镇、榆树台镇、孤家子镇、小城子镇、喇嘛甸镇、蔡家镇、刘家馆子镇、十家堡镇、孟家岭镇、万发镇、东河镇、沈洋镇、林海镇、小宽镇、伊通镇、二道镇、伊丹镇、马鞍山镇、景台镇、靠山镇、大孤山镇、小孤山镇、营城子镇、西苇镇、河源镇、黄岭子镇、茂林镇、双山镇、卧虎镇、服先镇、王奔镇、玻璃山镇、兴隆镇、东明镇、寿山镇、灯塔镇、东丰镇、大阳镇、横道河镇、那丹伯镇、猴石镇、杨木林镇、小四平镇、黄河镇、拉拉河镇、沙河镇、南屯基镇、大兴镇、白泉镇、渭津镇、安石镇、辽河源镇、泉太镇、建安镇、安恕镇、平岗镇、云顶镇、金厂镇、通化经济开发区特殊乡镇、鸭园镇、铁厂镇、五道江镇、快大茂镇、二密镇、果松镇、石湖镇、大安镇、光华镇、兴林镇、英额布镇、三棵榆树镇、西江镇、通化聚鑫经济开发区特殊乡镇、朝阳镇、辉南镇、样子哨镇、杉松岗镇、石道河镇、辉发城镇、抚民镇、金川镇、团林镇、庆阳镇、柳河镇、三源浦朝鲜族镇、五道沟镇、驼腰岭镇、孤山子镇、圣水镇、罗通山镇、安口镇、向阳镇、红石镇、凉水河子镇、亨通镇、山城镇、红梅镇、海龙镇、新合镇、曙光镇、中和镇、黑山头镇、水道镇、进化镇、一座营镇、康大营镇、牛心顶镇、杏岭镇、湾龙镇、兴华镇、双兴镇、青石镇、榆林镇、花甸镇、头道镇、清河镇、台上镇、财源镇、大路镇、太王镇、七道江镇、六道江镇、红土崖镇、三道沟镇、湾沟镇、松树镇、砟子镇、石人镇、大阳岔镇、大石人镇、抚松镇、松江河镇、泉阳镇、露水河镇、仙人桥镇、万良镇、新屯子镇、东岗镇、漫江镇、北岗镇、兴参镇、长白山保护开发区池西区特殊乡镇、长白山保护开发区池南区特殊乡镇、靖宇镇、三道湖镇、龙泉镇、那尔轰镇、花园口镇、景山镇、赤松镇、长白镇、八道沟镇、十四道沟镇、马鹿沟镇、宝泉山镇、新房子镇、十二道沟镇、桦树镇、六道沟镇、苇沙河镇、花山镇、闹枝镇、四道沟镇、大洼镇、善友镇、毛都站镇、哈达山镇、前郭尔罗斯镇、长山镇、海渤日戈镇、乌兰图嘎镇、查干花镇、王府站镇、八郎镇、哈拉毛都镇、查干湖镇、长岭镇、太平川镇、巨宝山镇、太平山镇、前七号镇、新安镇、三青山镇、大兴镇、北正镇、流水镇、永久镇、利发盛镇、乾安镇、大布苏镇、水字镇、让字镇、所字镇、安字镇、松原经济技术开发区特殊乡镇、三岔河镇、长春岭镇、五家站镇、陶赖昭镇、蔡家沟镇、弓棚子镇、三井子镇、增盛镇、新万发镇、大林子镇、新源镇、得胜镇、平安镇、青山镇、林海镇、洮河镇、平台镇、到保镇、岭下镇、镇赉镇、坦途镇、东屏镇、大屯镇、沿江镇、五棵树镇、黑鱼泡镇、开通镇、瞻榆镇、双岗镇、兴隆山镇、边昭镇、鸿兴镇、新华镇、乌兰花镇、瓦房镇、万宝镇、黑水镇、那金镇、安定镇、福顺镇、月亮泡镇、安广镇、丰收镇、新平安镇、两家子镇、舍力镇、大岗子镇、叉干镇、龙沼镇、太山镇、小营镇、依兰镇、三道湾镇、朝阳川镇、月晴镇、石岘镇、长安镇、凉水镇、大石头镇、黄泥河镇、官地镇、沙河沿镇、秋梨沟镇、额穆镇、贤儒镇、大蒲柴河镇、雁鸣湖镇、江源镇、江南镇、春化镇、敬信镇、板石镇、英安镇、开山屯镇、老头沟镇、三合镇、东盛涌镇、智新镇、八家子镇、福洞镇、头道镇、西城镇、南坪镇、东城镇、崇善镇、龙城镇、汪清镇、大兴沟镇、天桥岭镇、罗子沟镇、百草沟镇、春阳镇、复兴镇、东光镇、明月镇、松江镇、二道白河镇、两江镇、石门镇、万宝镇、亮兵镇、长白山保护开发区池北区特殊乡镇。

黑龙江省

太平镇、新发镇、新农镇、榆树镇、王岗镇、永源镇、巨源镇、团结镇、民主镇、平房镇、对青山镇、乐业镇、成高子镇、幸福镇、朝阳镇、向阳镇、二八镇、石人镇、白奎镇、方台镇、莲花镇、大用镇、利业镇、平山镇、松峰山镇、红星镇、金龙山镇、韩甸镇、单城镇、东官镇、农丰满族锡伯族镇、杏山镇、西官镇、联兴镇、永胜镇、胜丰镇、依兰镇、达连河镇、江湾镇、三道岗镇、道台桥镇、宏克利镇、方正镇、会发镇、大罗密镇、得莫利镇、宾州镇、居仁镇、宾西镇、糖坊镇、宾安镇、新甸镇、胜利镇、宁远镇、摆渡镇、平坊镇、满井镇、常安镇、巴彦镇、兴隆镇、西集镇、洼兴镇、龙泉镇、巴彦港镇、龙庙镇、万发镇、天增镇、黑山镇、木兰镇、东兴镇、大贵镇、利东镇、柳河镇、新民镇、通河镇、乌鸦泡镇、清河镇、浓河镇、凤山镇、祥顺镇、富林镇、三站镇、延寿镇、六团镇、中和镇、加信镇、延河镇、玉河镇、尚志镇、一面坡镇、苇河镇、亚布力镇、帽儿山镇、亮河镇、庆阳镇、石头河子镇、元宝镇、黑龙宫镇、五常镇、拉林满族镇、山河镇、小山子镇、安家镇、牛家满族镇、杜家镇、背荫河镇、冲河镇、沙河子镇、向阳镇、龙凤山镇、扎龙镇、水师营满族镇、榆树屯镇、雅尔塞镇、卧牛吐达斡尔族镇、达呼店镇、共和镇、梅里斯镇、龙江镇、景星镇、龙兴镇、山泉镇、七棵树镇、杏山镇、白山镇、头站镇、依安镇、依龙镇、双阳镇、三兴镇、中心镇、新兴镇、泰来镇、平洋镇、汤池镇、江桥蒙古族镇、塔子城镇、大兴镇、和平镇、克利镇、甘南镇、兴十四镇、平阳镇、东阳镇、巨宝镇、富裕镇、富路镇、富海镇、二道湾镇、龙安桥镇、塔哈镇、克山镇、北兴镇、西城镇、古城镇、北联镇、西河镇、双河镇、克东镇、宝泉镇、乾丰镇、玉岗镇、蒲峪路镇、拜泉镇、三道镇、兴农镇、长春镇、龙泉镇、国富镇、富强镇、拉哈镇、二克浅镇、学田镇、龙河镇、讷南镇、六合镇、长发镇、通南镇、同义镇、九井镇、老莱镇、梨树镇、麻山镇、鸡东镇、平阳镇、向阳镇、哈达镇、永安镇、永和镇、东海镇、兴农镇、虎林镇、东方红镇、迎春镇、虎头镇、杨岗镇、东诚镇、宝东镇、密山镇、连珠山镇、当壁镇、知一镇、黑台镇、兴凯镇、裴德镇、白鱼湾镇、红旗镇、新华镇、凤翔镇、鹤北镇、名山镇、团结镇、肇兴镇、云山镇、绥滨镇、绥东镇、忠仁镇、太保镇、七星镇、福利镇、集贤镇、升昌镇、丰乐镇、太平镇、友谊镇、兴隆镇、龙山镇、凤岗镇、宝清镇、七星泡镇、青原镇、夹信子镇、龙头镇、小城子镇、朝阳镇、饶河镇、小佳河镇、西丰镇、五林洞镇、龙凤镇、喇嘛甸镇、杏树岗镇、大同镇、高台子镇、太阳升镇、林源镇、肇州镇、永乐镇、丰乐镇、朝阳沟镇、兴城镇、二井镇、肇源镇、三站镇、二站镇、茂兴镇、古龙镇、新站镇、头台镇、古恰镇、林甸镇、红旗镇、花园镇、四季青镇、鹤鸣湖镇、杜尔伯特镇、胡吉吐莫镇、烟筒屯镇、他拉哈镇、连环湖镇、东升镇、美溪镇、乌马河镇、翠峦镇、上甘岭镇、双子河镇、铁林镇、朝阳镇、乌云镇、乌拉嘎镇、保兴镇、乌伊岭镇、汤旺河镇、新青镇、红星镇、五营镇、带岭镇、朗乡镇、南岔镇、晨明镇、浩良河镇、梧桐镇、西林镇、金山屯镇、铁力镇、双丰镇、桃山镇、神树镇、日月峡镇、建国镇、大来镇、敖其镇、望江镇、长发镇、莲江口镇、西格木镇、沿江镇、四丰镇、驼腰子镇、石头河子镇、桦南镇、土龙山镇、孟家岗镇、闫家镇、柳毛河镇、横头山镇、苏家店镇、悦来镇、新城镇、四马架镇、香兰镇、鹤立镇、竹帘镇、汤原镇、同江镇、乐业镇、三村镇、临江镇、向阳镇、青河镇、富锦镇、长安镇、砚山镇、头林镇、兴隆岗镇、宏胜镇、向阳川镇、二龙山镇、上街基镇、锦山镇、大榆树镇、抚远镇、寒葱沟镇、浓桥镇、乌苏镇、黑瞎子岛镇、通江镇、海青镇、红旗镇、万宝河镇、茄子河镇、宏伟镇、兴北镇、勃利镇、小五站镇、大四站镇、双河镇、倭肯镇、兴隆镇、铁岭镇、桦林镇、磨刀石镇、五林镇、三道关镇、温春镇、林口镇、古城镇、刁翎镇、朱家镇、柳树镇、三道通镇、龙爪镇、莲花镇、青山镇、建堂镇、奎山镇、绥芬河镇、阜宁镇、海林镇、长汀镇、横道镇、山市镇、柴河镇、二道镇、新安朝鲜族镇、三道镇、宁安镇、东京城镇、渤海镇、石岩镇、沙兰镇、海浪镇、兰岗镇、镜泊镇、八面通镇、穆棱镇、下城子镇、马桥河镇、兴源镇、河西镇、东宁镇、三岔口镇、大肚川镇、老黑山镇、道河镇、绥阳镇、西岗子镇、暖珲镇、罕达汽镇、上马厂镇、奇克镇、逊河镇、克林镇、孙吴镇、辰清镇、通北镇、赵光镇、海星镇、石泉镇、二井镇、龙镇、和平镇、五大连池镇、双泉镇、新发镇、团结镇、兴隆镇、朝阳山镇、嫩江镇、伊拉哈镇、双山镇、多宝山镇、海江镇、前进镇、长福镇、科洛镇、霍龙门镇、宝山镇、绥胜满族镇、西长发镇、永安满族镇、太平川镇、秦家镇、双河镇、三河镇、四方台镇、津河镇、张维镇、东津镇、东富镇、兴福镇、三井镇、望奎镇、通江镇、卫星镇、海丰镇、莲花镇、惠七满族镇、先锋镇、火箭镇、东郊镇、灯塔镇、兰西镇、榆林镇、临江镇、平山镇、红光镇、远大镇、康荣镇、燎原镇、奋斗镇、青冈镇、中和镇、祯祥镇、兴华镇、永丰镇、芦河镇、民政镇、柞岗镇、劳动镇、迎春镇、德胜镇、昌盛镇、庆安镇、民乐镇、大罗镇、平安镇、勤劳镇、久胜镇、同乐镇、柳河镇、明水镇、兴仁镇、永兴镇、崇德镇、通达镇、双兴镇、绥棱镇、上集镇、四海店镇、双岔河镇、阁山镇、长山镇、安达镇、任民镇、万宝山镇、昌德镇、升平镇、羊草镇、老虎岗镇、中本镇、太平庄镇、吉兴岗镇、卧里屯镇、火石山镇、古大湖镇、肇东镇、昌五镇、宋站镇、五站镇、尚家镇、姜家镇、里木店镇、四站镇、涝洲镇、五里明镇、黎明镇、西八里镇、海城镇、海伦镇、海北镇、伦河镇、共合镇、海兴镇、祥富镇、东风镇、百祥镇、向荣镇、永富镇、长发镇、联发镇、前进镇、共荣镇、东林镇、永和镇、东山镇、长虹镇、西林吉镇、图强镇、阿木尔镇、兴安镇、北极镇、古莲镇、呼玛镇、韩家园镇、塔河镇、瓦拉干镇、盘古镇、古驿镇、开库康镇、东山镇、小扬气镇、劲松镇、古源镇、新林镇、翠岗镇、塔源镇、大乌苏镇、塔尔根镇、碧洲镇、宏图镇、呼中镇、碧水镇、呼源镇、宏伟镇。

上海市

华泾镇、新泾镇、彭浦镇、长征镇、桃浦镇、莘庄镇、七宝镇、颛桥镇、华漕镇、虹桥镇、梅陇镇、吴泾镇、马桥镇、浦江镇、罗店镇、大场镇、杨行镇、月浦镇、罗泾镇、顾村镇、高境镇、庙行镇、淞南镇、南翔镇、安亭镇、马陆镇、徐行镇、华亭镇、外冈镇、江桥镇、川沙新镇、高桥镇、北蔡镇、合庆镇、唐镇、曹路镇、金桥镇、高行镇、高东镇、张江镇、三林镇、惠南镇、周浦镇、新场镇、大团镇、康桥镇、航头镇、祝桥镇、泥城镇、宣桥镇、书院镇、万祥镇、老港镇、南汇新城镇、朱泾镇、枫泾镇、张堰镇、亭林镇、吕巷镇、廊下镇、金山卫镇、漕泾镇、山阳镇、泗泾镇、佘山镇、车墩镇、新桥镇、洞泾镇、九亭镇、泖港镇、石湖荡镇、新浜镇、叶榭镇、小昆山镇、朱家角镇、练塘镇、金泽镇、赵巷镇、徐泾镇、华新镇、重固镇、白鹤镇、南桥镇、奉城镇、庄行镇、金汇镇、四团镇、青村镇、柘林镇、海湾镇、城桥镇、堡镇、新河镇、庙镇、竖新镇、向化镇、三星镇、港沿镇、中兴镇、陈家镇、绿华镇、港西镇、建设镇、新海镇、东平镇、长兴镇。

江苏省

竹镇镇、白马镇、晶桥镇、和凤镇、阳江镇、砖墙镇、羊尖镇、鹅湖镇、锡北镇、东港镇、洛社镇、阳山镇、胡埭镇、璜土镇、月城镇、青阳镇、徐霞客镇、华士镇、周庄镇、新桥镇、长泾镇、顾山镇、祝塘镇、张渚镇、西渚镇、太华镇、徐舍镇、官林镇、杨巷镇、新建镇、和桥镇、高塍镇、万石镇、周铁镇、丁蜀镇、湖父镇、青山泉镇、紫庄镇、塔山镇、汴塘镇、江庄镇、何桥镇、黄集镇、马坡镇、郑集镇、柳新镇、刘集镇、大彭镇、汉王镇、棠张镇、张集镇、房村镇、伊庄镇、单集镇、利国镇、大许镇、茅村镇、柳泉镇、首羡镇、顺河镇、常店镇、欢口镇、师寨镇、华山镇、梁寨镇、范楼镇、宋楼镇、大沙河镇、王沟镇、赵庄镇、龙固镇、杨屯镇、胡寨镇、魏庙镇、五段镇、张庄镇、张寨镇、敬安镇、河口镇、栖山镇、鹿楼镇、朱寨镇、安国镇、王集镇、双沟镇、岚山镇、李集镇、桃园镇、官山镇、高作镇、沙集镇、凌城镇、邱集镇、古邳镇、姚集镇、魏集镇、梁集镇、庆安镇、徐庄镇、瓦窑镇、港头镇、合沟镇、草桥镇、窑湾镇、棋盘镇、马陵山镇、新店镇、邵店镇、时集镇、高流镇、阿湖镇、双塘镇、邳城镇、官湖镇、四户镇、宿羊山镇、八义集镇、土山镇、碾庄镇、港上镇、邹庄镇、占城镇、新河镇、八路镇、铁富镇、岔河镇、陈楼镇、邢楼镇、戴庄镇、车辐山镇、燕子埠镇、赵墩镇、议堂镇、郑陆镇、邹区镇、孟河镇、薛家镇、罗溪镇、西夏墅镇、奔牛镇、湖塘镇、牛塘镇、洛阳镇、遥观镇、横林镇、横山桥镇、雪堰镇、前黄镇、礼嘉镇、嘉泽镇、湟里镇、金城镇、儒林镇、直溪镇、朱林镇、薛埠镇、指前镇、埭头镇、上黄镇、戴埠镇、天目湖镇、别桥镇、上兴镇、竹箦镇、南渡镇、社渚镇、通安镇、甪直镇、木渎镇、胥口镇、东山镇、光福镇、金庭镇、临湖镇、望亭镇、黄埭镇、渭塘镇、阳澄湖镇、平望镇、盛泽镇、七都镇、震泽镇、桃源镇、黎里镇、同里镇、梅李镇、海虞镇、古里镇、沙家浜镇、支塘镇、董浜镇、辛庄镇、尚湖镇、杨舍镇、塘桥镇、锦丰镇、乐余镇、凤凰镇、南丰镇、大新镇、玉山镇、巴城镇、周市镇、陆家镇、花桥镇、张浦镇、千灯镇、城厢镇、沙溪镇、浏河镇、浮桥镇、璜泾镇、双凤镇、西亭镇、二甲镇、东社镇、三余镇、十总镇、石港镇、刘桥镇、平潮镇、五接镇、兴仁镇、张芝山镇、川姜镇、海永镇、常乐镇、悦来镇、四甲镇、余东镇、正余镇、栟茶镇、洋口镇、长沙镇、大豫镇、马塘镇、丰利镇、曹埠镇、岔河镇、双甸镇、新店镇、河口镇、袁庄镇、汇龙镇、北新镇、惠萍镇、东海镇、南阳镇、海复镇、合作镇、王鲍镇、吕四港镇、东陈镇、丁堰镇、白蒲镇、下原镇、九华镇、石庄镇、长江镇、吴窑镇、江安镇、搬经镇、磨头镇、海安镇、城东镇、曲塘镇、李堡镇、角斜镇、大公镇、雅周镇、白甸镇、南莫镇、墩头镇、锦屏镇、新坝镇、板浦镇、浦南镇、青口镇、柘汪镇、石桥镇、金山镇、黑林镇、厉庄镇、海头镇、塔山镇、赣马镇、班庄镇、城头镇、城西镇、宋庄镇、沙河镇、墩尚镇、白塔埠镇、黄川镇、石梁河镇、青湖镇、温泉镇、双店镇、桃林镇、洪庄镇、安峰镇、房山镇、平明镇、曲阳镇、山左口镇、伊山镇、杨集镇、燕尾港镇、同兴镇、四队镇、圩丰镇、龙苴镇、下车镇、图河镇、东王集镇、小伊镇、南岗镇、新安镇、堆沟港镇、田楼镇、北陈集镇、张店镇、三口镇、孟兴庄镇、汤沟镇、百禄镇、新集镇、李集镇、平桥镇、朱桥镇、施河镇、车桥镇、流均镇、博里镇、复兴镇、苏嘴镇、钦工镇、顺河镇、漕运镇、石塘镇、范集镇、南陈集镇、丁集镇、徐溜镇、渔沟镇、三树镇、高家堰镇、马头镇、刘老庄镇、淮高镇、和平镇、黄码镇、蒋坝镇、岔河镇、西顺河镇、老子山镇、三河镇、东双沟镇、高沟镇、唐集镇、大东镇、五港镇、梁岔镇、石湖镇、岔庙镇、东胡集镇、南集镇、成集镇、红窑镇、黄营镇、马坝镇、官滩镇、桂五镇、河桥镇、鲍集镇、黄花塘镇、淮河镇、天泉湖镇、管仲镇、穆店镇、金南镇、塔集镇、前锋镇、吕良镇、银涂镇、南洋镇、新兴镇、便仓镇、盐东镇、黄尖镇、大纵湖镇、楼王镇、学富镇、尚庄镇、秦南镇、龙冈镇、郭猛镇、大冈镇、草堰镇、白驹镇、刘庄镇、西团镇、小海镇、大桥镇、草庙镇、万盈镇、南阳镇、新丰镇、三龙镇、响水镇、陈家港镇、小尖镇、黄圩镇、大有镇、双港镇、南河镇、运河镇、五汛镇、蔡桥镇、正红镇、通榆镇、界牌镇、八巨镇、八滩镇、滨淮镇、天场镇、陈涛镇、滨海港镇、沟墩镇、陈良镇、三灶镇、郭墅镇、新沟镇、陈集镇、羊寨镇、芦蒲镇、板湖镇、东沟镇、益林镇、古河镇、罗桥镇、合德镇、临海镇、千秋镇、四明镇、海河镇、海通镇、兴桥镇、新坍镇、长荡镇、盘湾镇、特庸镇、洋马镇、黄沙港镇、建阳镇、九龙口镇、恒济镇、颜单镇、沿河镇、芦沟镇、庆丰镇、上冈镇、冈西镇、宝塔镇、高作镇、步凤镇、溱东镇、时堰镇、五烈镇、梁垛镇、安丰镇、南沈灶镇、富安镇、唐洋镇、新街镇、许河镇、三仓镇、头灶镇、弶港镇、东台镇、李典镇、沙头镇、头桥镇、湾头镇、扬州市生态科技新城杭集镇、扬州市生态科技新城泰安镇、公道镇、方巷镇、槐泗镇、瓜洲镇、杨寿镇、杨庙镇、仙女镇、小纪镇、武坚镇、樊川镇、真武镇、宜陵镇、丁沟镇、郭村镇、邵伯镇、丁伙镇、大桥镇、吴桥镇、浦头镇、安宜镇、氾水镇、夏集镇、柳堡镇、射阳湖镇、广洋湖镇、鲁垛镇、小官庄镇、望直港镇、曹甸镇、西安丰镇、山阳镇、黄塍镇、泾河镇、施桥镇、八里镇、朴席镇、真州镇、新集镇、新城镇、马集镇、刘集镇、陈集镇、大仪镇、月塘镇、青山镇、龙虬镇、汤庄镇、卸甲镇、三垛镇、甘垛镇、界首镇、周山镇、临泽镇、送桥镇、高桥镇、辛丰镇、谷阳镇、上党镇、宝堰镇、世业镇、姚桥镇、大路镇、丁岗镇、司徒镇、延陵镇、珥陵镇、导墅镇、皇塘镇、吕城镇、陵口镇、访仙镇、界牌镇、丹北镇、新坝镇、油坊镇、八桥镇、西来桥镇、下蜀镇、白兔镇、边城镇、茅山镇、后白镇、郭庄镇、天王镇、宝华镇、九龙镇、罡杨镇、苏陈镇、华港镇、港口物流产业园－永安洲镇、白马镇、胡庄镇、大泗镇、野徐镇、溱潼镇、蒋垛镇、顾高镇、大伦镇、张甸镇、淤溪镇、白米镇、娄庄镇、俞垛镇、戴窑镇、合陈镇、永丰镇、新垛镇、安丰镇、海南镇、钓鱼镇、大邹镇、沙沟镇、中堡镇、竹泓镇、沈伦镇、大垛镇、荻垛镇、陶庄镇、昌荣镇、周庄镇、陈堡镇、戴南镇、大营镇、兴东镇、千垛镇、新桥镇、东兴镇、斜桥镇、西来镇、季市镇、孤山镇、生祠镇、马桥镇、黄桥镇、分界镇、古溪镇、元竹镇、珊瑚镇、广陵镇、曲霞镇、张桥镇、河失镇、新街镇、宣堡镇、滨江镇、虹桥镇、耿车镇、埠子镇、龙河镇、中扬镇、陈集镇、蔡集镇、王官集镇、屠园镇、洋河镇、仰化镇、大兴镇、来龙镇、关庙镇、新庄镇、皂河镇、陇集镇、胡集镇、钱集镇、塘沟镇、马厂镇、沂涛镇、庙头镇、韩山镇、华冲镇、桑墟镇、悦来镇、刘集镇、李恒镇、扎下镇、颜集镇、潼阳镇、龙庙镇、高墟镇、耿圩镇、新河镇、贤官镇、吴集镇、青伊湖镇、爱园镇、王集镇、裴圩镇、新袁镇、李口镇、临河镇、穿城镇、卢集镇、三庄镇、双沟镇、上塘镇、魏营镇、临淮镇、半城镇、孙园镇、梅花镇、归仁镇、金锁镇、朱湖镇、界集镇、龙集镇。

浙江省

三墩镇、双浦镇、楼塔镇、河上镇、戴村镇、浦阳镇、进化镇、临浦镇、义桥镇、所前镇、衙前镇、瓜沥镇、益农镇、党湾镇、径山镇、瓶窑镇、鸬鸟镇、百丈镇、黄湖镇、万市镇、洞桥镇、渌渚镇、永昌镇、里山镇、常绿镇、场口镇、常安镇、龙门镇、新登镇、胥口镇、大源镇、灵桥镇、高虹镇、太湖源镇、於潜镇、太阳镇、潜川镇、昌化镇、河桥镇、湍口镇、清凉峰镇、岛石镇、板桥镇、天目山镇、龙岗镇、塘栖镇、富春江镇、横村镇、分水镇、瑶琳镇、百江镇、江南镇、千岛湖镇、文昌镇、石林镇、临岐镇、威坪镇、姜家镇、梓桐镇、汾口镇、中洲镇、大墅镇、枫树岭镇、莲花镇、乾潭镇、梅城镇、杨村桥镇、下涯镇、大洋镇、三都镇、寿昌镇、航头镇、大慈岩镇、大同镇、李家镇、高桥镇、横街镇、集士港镇、古林镇、洞桥镇、鄞江镇、章水镇、慈城镇、澥浦镇、九龙湖镇、瞻岐镇、咸祥镇、塘溪镇、东钱湖镇、东吴镇、五乡镇、邱隘镇、云龙镇、横溪镇、姜山镇、溪口镇、裘村镇、大堰镇、松岙镇、石浦镇、西周镇、鹤浦镇、贤庠镇、墙头镇、泗洲头镇、定塘镇、涂茨镇、大徐镇、新桥镇、长街镇、力洋镇、一市镇、岔路镇、前童镇、桑洲镇、黄坛镇、大佳何镇、强蛟镇、西店镇、深甽镇、临山镇、黄家埠镇、小曹娥镇、泗门镇、马渚镇、牟山镇、丈亭镇、三七市镇、河姆渡镇、大隐镇、陆埠镇、梁弄镇、大岚镇、四明山镇、掌起镇、观海卫镇、附海镇、桥头镇、匡堰镇、逍林镇、新浦镇、胜山镇、横河镇、崇寿镇、庵东镇、长河镇、周巷镇、龙山镇、藤桥镇、山福镇、泽雅镇、大门镇、桥头镇、桥下镇、大若岩镇、碧莲镇、巽宅镇、岩头镇、枫林镇、岩坦镇、沙头镇、鹤盛镇、金溪镇、昆阳镇、鳌江镇、水头镇、萧江镇、腾蛟镇、山门镇、顺溪镇、南雁镇、万全镇、海西镇、南麂镇、麻步镇、凤卧镇、怀溪镇、灵溪镇、宜山镇、钱库镇、金乡镇、藻溪镇、桥墩镇、矾山镇、赤溪镇、马站镇、望里镇、炎亭镇、大渔镇、莒溪镇、南宋镇、霞关镇、沿浦镇、大峃镇、百丈漈镇、南田镇、西坑畲族镇、黄坦镇、珊溪镇、巨屿镇、玉壶镇、岙口镇、周壤镇、铜铃山镇、二源镇、罗阳镇、司前畲族镇、百丈镇、筱村镇、泗溪镇、彭溪镇、雅阳镇、仕阳镇、三魁镇、南浦溪镇、龟湖镇、西旸镇、塘下镇、马屿镇、陶山镇、湖岭镇、高楼镇、桐浦镇、林川镇、曹村镇、平阳坑镇、大荆镇、仙溪镇、雁荡镇、芙蓉镇、清江镇、虹桥镇、淡溪镇、柳市镇、北白象镇、湖雾镇、南塘镇、南岳镇、蒲岐镇、磐石镇、凤桥镇、余新镇、新丰镇、大桥镇、王江泾镇、油车港镇、新塍镇、王店镇、洪合镇、大云镇、西塘镇、干窑镇、陶庄镇、姚庄镇、天凝镇、沈荡镇、百步镇、于城镇、澉浦镇、通元镇、许村镇、长安镇、周王庙镇、丁桥镇、斜桥镇、黄湾镇、盐官镇、袁花镇、乍浦镇、新埭镇、新仓镇、广陈镇、林埭镇、独山港镇、乌镇镇、濮院镇、屠甸镇、石门镇、河山镇、洲泉镇、大麻镇、崇福镇、织里镇、八里店镇、妙西镇、埭溪镇、东林镇、南浔镇、双林镇、练市镇、善琏镇、菱湖镇、和孚镇、千金镇、石淙镇、乾元镇、新市镇、洛舍镇、钟管镇、雷甸镇、禹越镇、新安镇、莫干山镇、洪桥镇、李家巷镇、夹浦镇、林城镇、虹星桥镇、小浦镇、和平镇、泗安镇、煤山镇、鄣吴镇、杭垓镇、孝丰镇、报福镇、章村镇、天荒坪镇、梅溪镇、天子湖镇、富盛镇、平水镇、王坛镇、稽东镇、漓渚镇、夏履镇、长塘镇、上浦镇、汤浦镇、章镇镇、下管镇、丰惠镇、永和镇、驿亭镇、谢塘镇、盖北镇、回山镇、小将镇、沙溪镇、镜岭镇、儒岙镇、沃洲镇、应店街镇、次坞镇、店口镇、姚江镇、山下湖镇、枫桥镇、赵家镇、马剑镇、五泄镇、牌头镇、同山镇、安华镇、璜山镇、陈宅镇、岭北镇、浬浦镇、东白湖镇、甘霖镇、长乐镇、崇仁镇、黄泽镇、三界镇、石璜镇、谷来镇、仙岩镇、金庭镇、下王镇、罗店镇、雅畈镇、安地镇、白龙桥镇、琅琊镇、蒋堂镇、汤溪镇、罗埠镇、洋埠镇、孝顺镇、傅村镇、曹宅镇、澧浦镇、岭下镇、江东镇、塘雅镇、赤松镇、柳城畲族镇、履坦镇、桐琴镇、泉溪镇、新宅镇、王宅镇、桃溪镇、茭道镇、黄宅镇、白马镇、郑家坞镇、郑宅镇、岩头镇、檀溪镇、杭坪镇、仁川镇、大盘镇、方前镇、玉山镇、尚湖镇、冷水镇、尖山镇、游埠镇、诸葛镇、黄店镇、香溪镇、马涧镇、梅江镇、横溪镇、佛堂镇、赤岸镇、义亭镇、上溪镇、苏溪镇、大陈镇、巍山镇、虎鹿镇、歌山镇、佐村镇、东阳江镇、湖溪镇、马宅镇、千祥镇、南马镇、画水镇、横店镇、石柱镇、前仓镇、舟山镇、古山镇、方岩镇、龙山镇、西溪镇、象珠镇、唐先镇、花街镇、芝英镇、石梁镇、航埠镇、上方镇、峡川镇、莲花镇、全旺镇、大洲镇、后溪镇、廿里镇、湖南镇、高家镇、杜泽镇、白石镇、招贤镇、青石镇、球川镇、辉埠镇、芳村镇、桐村镇、杨林镇、苏庄镇、齐溪镇、村头镇、华埠镇、马金镇、池淮镇、湖镇镇、小南海镇、詹家镇、溪口镇、横山镇、塔石镇、四都镇、坛石镇、大桥镇、新塘边镇、廿八都镇、长台镇、上余镇、凤林镇、峡口镇、石门镇、贺村镇、金塘镇、白泉镇、干览镇、六横镇、虾峙镇、桃花镇、东极镇、普陀山镇、高亭镇、东沙镇、岱东镇、岱西镇、长涂镇、衢山镇、菜园镇、嵊山镇、洋山镇、大陈镇、宁溪镇、北洋镇、头陀镇、院桥镇、沙埠镇、新桥镇、横街镇、金清镇、蓬街镇、珠岙镇、亭旁镇、健跳镇、横渡镇、浦坝港镇、花桥镇、白鹤镇、石梁镇、街头镇、平桥镇、坦头镇、三合镇、洪畴镇、横溪镇、埠头镇、白塔镇、田市镇、官路镇、下各镇、朱溪镇、泽国镇、大溪镇、松门镇、箬横镇、新河镇、石塘镇、滨海镇、温峤镇、城南镇、石桥头镇、坞根镇、汛桥镇、东塍镇、汇溪镇、小芝镇、河头镇、白水洋镇、括苍镇、永丰镇、尤溪镇、涌泉镇、沿江镇、杜桥镇、上盘镇、桃渚镇、清港镇、楚门镇、干江镇、沙门镇、芦浦镇、龙溪镇、碧湖镇、大港头镇、老竹畲族镇、雅溪镇、温溪镇、东源镇、高湖镇、船寮镇、海口镇、腊口镇、北山镇、山口镇、仁庄镇、祯埠镇、壶镇镇、新建镇、舒洪镇、大洋镇、东渡镇、东方镇、大源镇、新路湾镇、北界镇、金竹镇、大柘镇、石练镇、王村口镇、黄沙腰镇、古市镇、玉岩镇、象溪镇、大东坝镇、新兴镇、崇头镇、石塘镇、紧水滩镇、黄田镇、竹口镇、荷地镇、左溪镇、贤良镇、百山祖镇、渤海镇、东坑镇、英川镇、沙湾镇、八都镇、上垟镇、小梅镇、查田镇、安仁镇、锦溪镇、住龙镇、屏南镇。

安徽省

大兴镇、大杨镇、井岗镇、南岗镇、小庙镇、淝河镇、大圩镇、水湖镇、庄墓镇、杨庙镇、吴山镇、岗集镇、双墩镇、下塘镇、朱巷镇、陶楼镇、杜集镇、义井镇、左店镇、店埠镇、撮镇镇、梁园镇、桥头集镇、长临河镇、石塘镇、古城镇、八斗镇、元疃镇、白龙镇、包公镇、陈集镇、上派镇、三河镇、官亭镇、山南镇、花岗镇、紫蓬镇、桃花镇、丰乐镇、高店镇、严店镇、庐城镇、冶父山镇、万山镇、汤池镇、郭河镇、金牛镇、石头镇、同大镇、白山镇、盛桥镇、白湖镇、龙桥镇、矾山镇、罗河镇、泥河镇、乐桥镇、柯坦镇、栏杆集镇、苏湾镇、柘皋镇、银屏镇、夏阁镇、中垾镇、散兵镇、烔炀镇、黄麓镇、槐林镇、坝镇镇、庙岗镇、沈巷镇、二坝镇、汤沟镇、白茆镇、峨桥镇、湾沚镇、陶辛镇、六郎镇、花桥镇、红杨镇、繁阳镇、荻港镇、孙村镇、平铺镇、新港镇、峨山镇、籍山镇、许镇镇、弋江镇、三里镇、何湾镇、工山镇、烟墩镇、家发镇、无城镇、襄安镇、陡沟镇、石涧镇、严桥镇、开城镇、蜀山镇、牛埠镇、刘渡镇、姚沟镇、泥汊镇、福渡镇、泉塘镇、赫店镇、红庙镇、高沟镇、鹤毛镇、十里墩镇、昆山镇、洪巷镇、长淮卫镇、秦集镇、马城镇、小蚌埠镇、吴小街镇、曹老集镇、梅桥镇、沫河口镇、榴城镇、包集镇、龙亢镇、河溜镇、常坟镇、双桥集镇、魏庄镇、万福镇、唐集镇、白莲坡镇、褚集镇、古城镇、荆山镇、淝南镇、陈集镇、淝河镇、兰桥镇、五河县城关镇、新集镇、小溪镇、双忠庙镇、小圩镇、东刘集镇、头铺镇、大新镇、武桥镇、朱顶镇、浍南镇、申集镇、谷阳镇、王庄镇、新马桥镇、连城镇、刘集镇、任桥镇、湖沟镇、濠城镇、杨庙镇、仲兴镇、杨庙镇、上窑镇、洛河镇、九龙岗镇、舜耕镇、安成镇、曹庵镇、三和镇、望峰岗镇、李郢孜镇、唐山镇、杨公镇、八公山镇、山王镇、高皇镇、平圩镇、泥河镇、潘集镇、芦集镇、架河镇、夹沟镇、祁集镇、贺疃镇、凤台县城关镇、新集镇、朱马店镇、岳张集镇、顾桥镇、毛集镇、夏集镇、桂集镇、焦岗湖镇、凤凰镇、杨村镇、丁集镇、刘集镇、大兴镇、尚塘镇、寿春镇、双桥镇、涧沟镇、丰庄镇、正阳关镇、迎河镇、板桥镇、安丰塘镇、堰口镇、保义镇、隐贤镇、安丰镇、众兴镇、茶庵镇、三觉镇、炎刘镇、刘岗镇、双庙集镇、小甸镇、瓦埠镇、大顺镇、窑口镇、濮塘镇、向山镇、银塘镇、博望镇、丹阳镇、新市镇、姑孰镇、黄池镇、乌溪镇、石桥镇、塘南镇、护河镇、太白镇、年陡镇、湖阳镇、大陇镇、环峰镇、运漕镇、铜闸镇、陶厂镇、林头镇、清溪镇、仙踪镇、昭关镇、历阳镇、白桥镇、姥桥镇、功桥镇、西埠镇、香泉镇、乌江镇、善厚镇、石杨镇、朔里镇、石台镇、段园镇、渠沟镇、烈山镇、宋町镇、古饶镇、濉溪镇、韩村镇、刘桥镇、五沟镇、临涣镇、双堆集镇、铁佛镇、南坪镇、百善镇、孙疃镇、四铺镇、西湖镇、五松镇、顺安镇、钟鸣镇、天门镇、东联镇、西联镇、铜山镇、大通镇、老洲镇、陈瑶湖镇、周潭镇、横埠镇、项铺镇、钱桥镇、麒麟镇、义津镇、浮山镇、会宫镇、官埠桥镇、钱铺镇、金社镇、白柳镇、雨坛镇、枞阳镇、欧山镇、汤沟镇、海口镇、大龙山镇、杨桥镇、罗岭镇、高河镇、石牌镇、月山镇、马庙镇、金拱镇、茶岭镇、公岭镇、黄墩镇、三桥镇、小市镇、黄龙镇、平山镇、腊树镇、洪铺镇、江镇镇、晋熙镇、徐桥镇、新仓镇、小池镇、寺前镇、天华镇、牛镇镇、弥陀镇、北中镇、百里镇、孚玉镇、复兴镇、汇口镇、许岭镇、下仓镇、二郎镇、华亭镇、凉亭镇、长铺镇、华阳镇、杨湾镇、漳湖镇、赛口镇、高士镇、鸦滩镇、长岭镇、太慈镇、雷池镇、天堂镇、店前镇、来榜镇、菖蒲镇、头陀镇、白帽镇、温泉镇、响肠镇、河图镇、五河镇、主簿镇、冶溪镇、黄尾镇、中关镇、老峰镇、孔城镇、吕亭镇、范岗镇、新渡镇、双港镇、大关镇、青草镇、金神镇、嬉子湖镇、唐湾镇、黄甲镇、鲟鱼镇、梅城镇、源潭镇、余井镇、王河镇、黄铺镇、槎水镇、水吼镇、官庄镇、黄泥镇、黄柏镇、天柱山镇、屯光镇、阳湖镇、黎阳镇、新潭镇、奕棋镇、甘棠镇、仙源镇、汤口镇、谭家桥镇、太平湖镇、焦村镇、耿城镇、三口镇、乌石镇、岩寺镇、西溪南镇、潜口镇、呈坎镇、徽城镇、深渡镇、北岸镇、富竭镇、郑村镇、桂林镇、许村镇、溪头镇、杞梓里镇、霞坑镇、岔口镇、街口镇、王村镇、雄村镇、三阳镇、海阳镇、齐云山镇、万安镇、五城镇、东临溪镇、蓝田镇、溪口镇、流口镇、汪村镇、商山镇、月潭湖镇、碧阳镇、宏村镇、渔亭镇、西递镇、柯村镇、祁山镇、小路口镇、金字牌镇、平里镇、历口镇、闪里镇、安凌镇、凫峰镇、塔坊镇、新安镇、乌衣镇、沙河镇、章广镇、黄泥岗镇、珠龙镇、大柳镇、腰铺镇、施集镇、新安镇、半塔镇、水口镇、汊河镇、大英镇、雷官镇、施官镇、舜山镇、三城镇、独山镇、张山镇、襄河镇、古河镇、大墅镇、二郎口镇、武岗镇、马厂镇、石沛镇、十字镇、西王镇、六镇镇、定城镇、炉桥镇、永康镇、吴圩镇、朱湾镇、张桥镇、藕塘镇、池河镇、连江镇、界牌集镇、仓镇、三和集镇、西卅店镇、桑涧镇、蒋集镇、大桥镇、府城镇、临淮关镇、武店镇、西泉镇、官塘镇、刘府镇、大庙镇、殷涧镇、总铺镇、红心镇、板桥镇、大溪河镇、小溪河镇、枣巷镇、铜城镇、汊涧镇、秦栏镇、大通镇、杨村镇、石梁镇、金集镇、永丰镇、仁和集镇、冶山镇、郑集镇、张铺镇、新街镇、万寿镇、张八岭镇、三界镇、管店镇、自来桥镇、涧溪镇、石坝镇、苏巷镇、桥头镇、女山湖镇、古沛镇、潘村镇、柳巷镇、王店镇、程集镇、三合镇、西湖镇、九龙镇、三十里铺镇、三塔集镇、口孜镇、插花镇、袁寨镇、枣庄镇、老庙镇、正午镇、杨楼孜镇、新乌江镇、伍明镇、宁老庄镇、闻集镇、行流镇、杨桥镇、铜城镇、谭棚镇、老集镇、滑集镇、吕寨镇、单桥镇、长官镇、宋集镇、张新镇、艾亭镇、陈集镇、韦寨镇、迎仙镇、瓦店镇、姜寨镇、庙岔镇、黄岭镇、白庙镇、关庙镇、高塘镇、太和县城关镇、旧县镇、税镇镇、皮条孙镇、原墙镇、倪邱镇、李兴镇、大新镇、肖口镇、关集镇、三塔镇、双浮镇、蔡庙镇、三堂镇、苗老集镇、赵庙镇、宫集镇、坟台镇、洪山镇、清浅镇、五星镇、高庙镇、桑营镇、大庙集镇、阮桥镇、双庙镇、胡总镇、郭庙镇、二郎镇、马集镇、方集镇、中岗镇、柴集镇、新村镇、朱寨镇、柳沟镇、赵集镇、田集镇、苗集镇、黄岗镇、焦陂镇、张寨镇、王堰镇、地城镇、洪河桥镇、王家坝镇、王化镇、曹集镇、鹿城镇、会龙镇、慎城镇、谢桥镇、南照镇、杨湖镇、江口镇、润河镇、新集镇、六十铺镇、耿棚镇、半岗镇、王岗镇、夏桥镇、江店孜镇、陈桥镇、黄桥镇、八里河镇、迪沟镇、西三十铺镇、红星镇、十八里铺镇、鲁口镇、古城镇、袁集镇、光武镇、泉阳镇、芦村镇、新马集镇、大黄镇、田营镇、陶庙镇、王集镇、砖集镇、顾集镇、戴桥镇、舒庄镇、符离镇、芦岭镇、朱仙庄镇、褚兰镇、曹村镇、夹沟镇、栏杆镇、时村镇、永安镇、灰古镇、大店镇、大泽乡镇、桃园镇、蕲县镇、大营镇、顺河镇、蒿沟镇、杨庄镇、解集镇、苗安镇、西二铺镇、支河镇、桃沟镇、永镇镇、砀城镇、赵屯镇、李庄镇、唐寨镇、葛集镇、周寨镇、玄庙镇、官庄坝镇、曹庄镇、关帝庙镇、朱楼镇、良梨镇、程庄镇、龙城镇、黄口镇、杨楼镇、闫集镇、新庄镇、刘套镇、马井镇、大屯镇、赵庄镇、杜楼镇、丁里镇、王寨镇、祖楼镇、青龙集镇、张庄寨镇、永堌镇、白土镇、官桥镇、圣泉镇、庄里镇、酒店镇、孙疃子镇、灵城镇、韦集镇、黄湾镇、娄庄镇、杨疃镇、尹集镇、浍沟镇、游集镇、下楼镇、朝阳镇、渔沟镇、高楼镇、冯庙镇、禅堂镇、虞姬镇、向阳镇、大庙镇、朱集镇、大路镇、泗城镇、墩集镇、丁湖镇、草沟镇、长沟镇、黄圩镇、大庄镇、山头镇、刘圩镇、黑塔镇、草庙镇、屏山镇、大路口镇、大杨镇、瓦坊镇、木厂镇、马头镇、东桥镇、张店镇、毛坦厂镇、东河口镇、双河镇、施桥镇、孙岗镇、三十铺镇、椿树镇、城北镇、中店镇、先生店镇、苏埠镇、韩摆渡镇、新安镇、顺河镇、独山镇、石婆店镇、城南镇、丁集镇、固镇镇、徐集镇、分路口镇、江家店镇、三元镇、洪集镇、姚李镇、霍邱县城关镇、河口镇、周集镇、临水镇、新店镇、石店镇、马店镇、孟集镇、花园镇、扈胡镇、长集镇、乌龙镇、高塘镇、龙潭镇、岔路镇、冯井镇、众兴集镇、夏店镇、曹庙镇、范桥镇、潘集镇、彭塔镇、宋店镇、临淮岗镇、冯瓴镇、舒城县城关镇、晓天镇、桃溪镇、万佛湖镇、千人桥镇、百神庙镇、杭埠镇、舒茶镇、南港镇、干汊河镇、张母桥镇、五显镇、山七镇、河棚镇、汤池镇、梅山镇、麻埠镇、青山镇、燕子河镇、天堂寨镇、古碑镇、吴家店镇、斑竹园镇、汤家汇镇、南溪镇、双河镇、白塔畈镇、流波䃥镇、衡山镇、佛子岭镇、下符桥镇、但家庙镇、与儿街镇、黑石渡镇、诸佛庵镇、落儿岭镇、磨子潭镇、大化坪镇、漫水河镇、上土市镇、单龙寺镇、古井镇、芦庙镇、华佗镇、魏岗镇、牛集镇、颜集镇、五马镇、十八里镇、谯东镇、十九里镇、沙土镇、观堂镇、大杨镇、城父镇、十河镇、双沟镇、泚河镇、古城镇、龙扬镇、立德镇、西阳镇、涡南镇、楚店镇、高公镇、高炉镇、曹市镇、青疃镇、石弓镇、龙山镇、义门镇、新兴镇、临湖镇、丹城镇、马店集镇、花沟镇、店集镇、陈大镇、牌坊镇、公吉寺镇、标里镇、双涧镇、小涧镇、坛城镇、许疃镇、板桥集镇、马集镇、岳坊镇、立仓镇、楚村镇、乐土镇、三义镇、篱笆镇、利辛县城关镇、阚疃镇、张村镇、江集镇、旧城镇、西潘楼镇、孙集镇、汝集镇、巩店镇、王人镇、王市镇、永兴镇、马店孜镇、大李集镇、胡集镇、展沟镇、程家集镇、中疃镇、望疃镇、城北镇、殷汇镇、牛头山镇、涓桥镇、梅街镇、梅村镇、唐田镇、牌楼镇、乌沙镇、棠溪镇、尧渡镇、东流镇、大渡口镇、胜利镇、张溪镇、洋湖镇、葛公镇、香隅镇、官港镇、昭潭镇、龙泉镇、泥溪镇、仁里镇、七都镇、仙寓镇、丁香镇、小河镇、横渡镇、蓉城镇、木镇镇、庙前镇、陵阳镇、新河镇、丁桥镇、朱备镇、杨田镇、九华镇、酉华镇、水阳镇、狸桥镇、沈村镇、古泉镇、洪林镇、寒亭镇、文昌镇、孙埠镇、杨柳镇、水东镇、新田镇、周王镇、溪口镇、建平镇、十字镇、新发镇、涛城镇、梅渚镇、毕桥镇、飞鲤镇、凌笪镇、姚村镇、泾川镇、茂林镇、榔桥镇、桃花潭镇、琴溪镇、蔡村镇、云岭镇、黄村镇、丁家桥镇、华阳镇、临溪镇、长安镇、上庄镇、扬溪镇、伏岭镇、金沙镇、瀛洲镇、旌阳镇、蔡家桥镇、三溪镇、庙首镇、白地镇、俞村镇、兴隆镇、孙村镇、版书镇、云乐镇、港口镇、梅林镇、中溪镇、宁墩镇、仙霞镇、甲路镇、胡乐镇、霞西镇、桃州镇、柏垫镇、誓节镇、邱村镇、新杭镇、杨滩镇。

福建省

洪山镇、仓山镇、城门镇、盖山镇、建新镇、螺洲镇、马尾镇、亭江镇、琅岐镇、鼓山镇、新店镇、岳峰镇、宦溪镇、首占镇、玉田镇、松下镇、江田镇、古槐镇、鹤上镇、湖南镇、金峰镇、文岭镇、梅花镇、潭头镇、白沙镇、南屿镇、尚干镇、祥谦镇、青口镇、南通镇、上街镇、荆溪镇、凤城镇、敖江镇、东岱镇、琯头镇、晓澳镇、东湖镇、丹阳镇、长龙镇、透堡镇、马鼻镇、官坂镇、筱埕镇、黄岐镇、苔菉镇、浦口镇、坑园镇、潘渡镇、江南镇、下宫镇、凤山镇、松山镇、起步镇、中房镇、飞竹镇、鉴江镇、梅城镇、梅溪镇、白樟镇、金沙镇、白中镇、池园镇、坂东镇、塔庄镇、省璜镇、雄江镇、东桥镇、樟城镇、嵩口镇、梧桐镇、葛岭镇、城峰镇、清凉镇、长庆镇、同安镇、大洋镇、金井镇、君山镇、苏平镇、海口镇、城头镇、南岭镇、龙田镇、江镜镇、港头镇、高山镇、沙埔镇、三山镇、东瀚镇、渔溪镇、上迳镇、新厝镇、江阴镇、东张镇、镜洋镇、一都镇、灌口镇、后溪镇、莲花镇、洪塘镇、汀溪镇、五显镇、新圩镇、内厝镇、常太镇、华亭镇、灵川镇、东海镇、三江口镇、白塘镇、国欢镇、梧塘镇、江口镇、萩芦镇、白沙镇、庄边镇、新县镇、西天尾镇、黄石镇、新度镇、北高镇、笏石镇、东庄镇、忠门镇、东埔镇、东峤镇、埭头镇、平海镇、南日镇、湄洲镇、山亭镇、月塘镇、枫亭镇、榜头镇、郊尾镇、度尾镇、鲤南镇、赖店镇、盖尾镇、园庄镇、大济镇、龙华镇、钟山镇、游洋镇、陈大镇、洋溪镇、莘口镇、岩前镇、青州镇、夏茂镇、高砂镇、高桥镇、富口镇、大洛镇、雪峰镇、盖洋镇、胡坊镇、瀚仙镇、龙津镇、嵩溪镇、嵩口镇、灵地镇、长校镇、赖坊镇、林畲镇、翠江镇、泉上镇、湖村镇、石壁镇、曹坊镇、安远镇、淮土镇、安乐镇、水茜镇、城郊镇、城南镇、均溪镇、石牌镇、上京镇、广平镇、桃源镇、太华镇、建设镇、奇韬镇、华兴镇、吴山镇、文江镇、梅山镇、尤溪县城关镇、梅仙镇、西滨镇、洋中镇、新阳镇、管前镇、西城镇、尤溪口镇、坂面镇、联合镇、中仙镇、古镛镇、万安镇、高唐镇、白莲镇、黄潭镇、水南镇、光明镇、南口镇、杉城镇、朱口镇、下渠镇、濉溪镇、里心镇、溪口镇、均口镇、西洋镇、贡川镇、安砂镇、小陶镇、大湖镇、曹远镇、洪田镇、槐南镇、罗溪镇、马甲镇、河市镇、南埔镇、界山镇、后龙镇、峰尾镇、前黄镇、涂岭镇、螺城镇、螺阳镇、黄塘镇、紫山镇、洛阳镇、东园镇、张坂镇、崇武镇、山霞镇、涂寨镇、东岭镇、东桥镇、净峰镇、小岞镇、辋川镇、凤城镇、蓬莱镇、湖头镇、官桥镇、剑斗镇、城厢镇、金谷镇、龙门镇、虎邱镇、芦田镇、感德镇、魁斗镇、西坪镇、参内镇、长卿镇、桃城镇、五里街镇、一都镇、下洋镇、蓬壶镇、达埔镇、吾峰镇、石鼓镇、岵山镇、东平镇、湖洋镇、坑仔口镇、玉斗镇、锦斗镇、东关镇、桂洋镇、苏坑镇、仙夹镇、浔中镇、龙浔镇、三班镇、龙门滩镇、雷峰镇、南埕镇、水口镇、赤水镇、上涌镇、葛坑镇、盖德镇、美湖镇、灵秀镇、宝盖镇、蚶江镇、祥芝镇、鸿山镇、锦尚镇、永宁镇、安海镇、磁灶镇、陈埭镇、东石镇、深沪镇、金井镇、池店镇、内坑镇、龙湖镇、永和镇、英林镇、紫帽镇、西滨镇、省新镇、仑苍镇、东田镇、英都镇、翔云镇、金淘镇、诗山镇、蓬华镇、码头镇、九都镇、乐峰镇、罗东镇、梅山镇、洪濑镇、洪梅镇、康美镇、丰州镇、霞美镇、官桥镇、水头镇、石井镇、浦南镇、天宝镇、郭坑镇、海澄镇、角美镇、白水镇、浮宫镇、程溪镇、港尾镇、九湖镇、颜厝镇、榜山镇、紫泥镇、东园镇、武安镇、岩溪镇、陈巷镇、枋洋镇、云陵镇、陈岱镇、东厦镇、莆美镇、列屿镇、火田镇、绥安镇、旧镇镇、佛昙镇、赤湖镇、杜浔镇、霞美镇、官浔镇、石榴镇、盘陀镇、长桥镇、前亭镇、马坪镇、深土镇、六鳌镇、沙西镇、古雷镇、大南坂镇、南诏镇、四都镇、梅岭镇、桥东镇、深桥镇、太平镇、霞葛镇、官陂镇、秀篆镇、西潭镇、西埔镇、樟塘镇、康美镇、杏陈镇、陈城镇、前楼镇、铜陵镇、山城镇、丰田镇、靖城镇、龙山镇、金山镇、和溪镇、奎洋镇、梅林镇、书洋镇、船场镇、南坑镇、小溪镇、山格镇、文峰镇、南胜镇、坂仔镇、安厚镇、大溪镇、霞寨镇、九峰镇、芦溪镇、华丰镇、丰山镇、沙建镇、新圩镇、高安镇、仙都镇、来舟镇、樟湖镇、夏道镇、西芹镇、峡阳镇、南山镇、大横镇、王台镇、太平镇、塔前镇、茫荡镇、洋后镇、炉下镇、将口镇、徐市镇、莒口镇、麻沙镇、黄坑镇、水吉镇、漳墩镇、小湖镇、建西镇、洋口镇、元坑镇、埔上镇、大历镇、大干镇、仁寿镇、郑坊镇、富岭镇、石陂镇、临江镇、仙阳镇、水北街镇、永兴镇、忠信镇、莲塘镇、九牧镇、杭川镇、寨里镇、止马镇、郑墩镇、渭田镇、东平镇、石屯镇、铁山镇、镇前镇、城郊镇、水北镇、下沙镇、卫闽镇、沿山镇、拿口镇、洪墩镇、大埠岗镇、和平镇、肖家坊镇、大竹镇、吴家塘镇、星村镇、兴田镇、五夫镇、徐墩镇、吉阳镇、房道镇、南雅镇、迪口镇、小桥镇、玉山镇、东游镇、东峰镇、小松镇、红坊镇、适中镇、雁石镇、白沙镇、万安镇、大池镇、小池镇、江山镇、岩山镇、苏坂镇、坎市镇、下洋镇、湖雷镇、高陂镇、抚市镇、湖坑镇、培丰镇、龙潭镇、峰市镇、城郊镇、仙师镇、虎岗镇、堂堡镇、岐岭镇、金砂镇、洪山镇、高头镇、汀州镇、大同镇、古城镇、新桥镇、馆前镇、童坊镇、河田镇、南山镇、濯田镇、四都镇、涂坊镇、策武镇、三洲镇、临江镇、临城镇、中都镇、蓝溪镇、稔田镇、白砂镇、古田镇、才溪镇、南阳镇、蛟洋镇、旧县镇、湖洋镇、溪口镇、太拔镇、通贤镇、下都镇、茶地镇、中山镇、岩前镇、十方镇、中堡镇、桃溪镇、城厢镇、东留镇、武东镇、万安镇、永平镇、象洞镇、中赤镇、湘店镇、大禾镇、莲峰镇、北团镇、姑田镇、朋口镇、莒溪镇、新泉镇、庙前镇、文亨镇、四堡镇、林坊镇、隔川镇、宣和镇、新桥镇、双洋镇、永福镇、溪南镇、和平镇、拱桥镇、象湖镇、赤水镇、西园镇、南洋镇、芦芝镇、城南镇、漳湾镇、七都镇、八都镇、九都镇、霍童镇、赤溪镇、洋中镇、飞鸾镇、三都镇、虎贝镇、长春镇、牙城镇、溪南镇、沙江镇、下浒镇、三沙镇、平湖镇、大桥镇、黄田镇、鹤塘镇、杉洋镇、凤都镇、水口镇、大甲镇、古峰镇、双溪镇、代溪镇、长桥镇、棠口镇、鳌阳镇、斜滩镇、南阳镇、武曲镇、犀溪镇、平溪镇、凤阳镇、清源镇、狮城镇、咸村镇、浦源镇、七步镇、李墩镇、纯池镇、双城镇、富溪镇、赛岐镇、穆阳镇、上白石镇、潭头镇、社口镇、晓阳镇、溪潭镇、甘棠镇、下白石镇、溪尾镇、溪柄镇、湾坞镇、城阳镇、贯岭镇、前岐镇、沙埕镇、店下镇、太姥山镇、磻溪镇、白琳镇、点头镇、管阳镇、嵛山镇。

江西省

扬子洲镇、青云谱镇、京东镇、罗家镇、湖坊镇、塘山镇、望城镇、西山镇、石岗镇、松湖镇、樵舍镇、乐化镇、溪霞镇、象山镇、石埠镇、太平镇、罗亭镇、招贤镇、梅岭镇、流湖镇、莲塘镇、向塘镇、三江镇、塘南镇、幽兰镇、蒋巷镇、武阳镇、冈上镇、广福镇、昌东镇、麻丘镇、联圩镇、龙津镇、万埠镇、石鼻镇、鼎湖镇、长埠镇、东阳镇、黄洲镇、民和镇、李渡镇、温圳镇、文港镇、梅庄镇、张公镇、罗溪镇、架桥镇、前坊镇、鲇鱼山镇、丽阳镇、浮梁镇、鹅湖镇、经公桥镇、蛟潭镇、湘湖镇、瑶里镇、洪源镇、寿安镇、三龙镇、峙滩镇、镇桥镇、乐港镇、涌山镇、众埠镇、接渡镇、洪岩镇、礼林镇、后港镇、塔前镇、双田镇、临港镇、高家镇、名口镇、浯口镇、十里岗镇、安源镇、高坑镇、五陂镇、青山镇、湘东镇、荷尧镇、老关镇、腊市镇、下埠镇、排上镇、东桥镇、麻山镇、琴亭镇、路口镇、良坊镇、升坊镇、坊楼镇、上栗镇、桐木镇、金山镇、福田镇、彭高镇、赤山镇、芦溪镇、宣风镇、上埠镇、南坑镇、银河镇、麻田镇、姑塘镇、威家镇、新港镇、莲花镇、赛阳镇、马回岭镇、江洲镇、城子镇、港口街镇、新合镇、新宁镇、泉口镇、鲁溪镇、船滩镇、澧溪镇、罗坪镇、石门楼镇、宋溪镇、义宁镇、白岭镇、全丰镇、古市镇、大桥镇、渣津镇、马坳镇、杭口镇、港口镇、溪口镇、西港镇、山口镇、黄沙镇、黄港镇、何市镇、上奉镇、四都镇、太阳升镇、宁州镇、涂埠镇、吴城镇、三溪桥镇、虬津镇、艾城镇、滩溪镇、白槎镇、梅棠镇、燕坊镇、马口镇、柘林镇、蒲亭镇、聂桥镇、车桥镇、丰林镇、吴山镇、都昌镇、周溪镇、三汊港镇、中馆镇、大沙镇、万户镇、南峰镇、土塘镇、大港镇、蔡岭镇、徐埠镇、左里镇、双钟镇、流泗镇、马影镇、武山镇、城山镇、均桥镇、凰村镇、龙城镇、棉船镇、马垱镇、芙蓉墩镇、定山镇、天红镇、杨梓镇、东升镇、瀼溪镇、黄花镇、码头镇、白杨镇、南义镇、横港镇、范镇、肇陈镇、高丰镇、夏畈镇、甘露镇、江益镇、南康镇、白鹿镇、温泉镇、星子镇、华林镇、蛟塘镇、横塘镇、牯岭镇、海会镇、水北镇、下村镇、良山镇、罗坊镇、姚圩镇、珠珊镇、鸪山镇、河下镇、观巢镇、欧里镇、水西镇、分宜镇、杨桥镇、湖泽镇、双林镇、钤山镇、洋江镇、凤阳镇、童家镇、锦江镇、潢溪镇、中童镇、马荃镇、画桥镇、春涛镇、泗沥镇、河潭镇、周坊镇、鸿塘镇、志光镇、流口镇、罗河镇、金屯镇、塘湾镇、文坊镇、冷水镇、滨江镇、天禄镇、雷溪镇、龙虎山镇、上清镇、沙石镇、水东镇、湖边镇、沙河镇、水西镇、蟠龙镇、潭口镇、潭东镇、唐江镇、凤岗镇、龙岭镇、龙回镇、镜坝镇、横市镇、龙华镇、梅林镇、王母渡镇、沙地镇、江口镇、田村镇、南塘镇、茅店镇、吉埠镇、五云镇、湖江镇、储潭镇、韩坊镇、嘉定镇、大塘埠镇、古陂镇、大桥镇、新田镇、安西镇、小江镇、铁石口镇、大阿镇、油山镇、小河镇、西牛镇、正平镇、南安镇、新城镇、樟斗镇、池江镇、青龙镇、左拔镇、黄龙镇、吉村镇、东山镇、陡水镇、社溪镇、营前镇、黄埠镇、寺下镇、横水镇、扬眉镇、过埠镇、铅厂镇、长龙镇、关田镇、欣山镇、孔田镇、版石镇、天心镇、龙布镇、鹤子镇、三百山镇、车头镇、历市镇、岿美山镇、老城镇、天九镇、龙塘镇、岭北镇、鹅公镇、城厢镇、大吉山镇、陂头镇、金龙镇、南迳镇、龙源坝镇、梅江镇、青塘镇、长胜镇、黄陂镇、固村镇、赖村镇、石上镇、东山坝镇、洛口镇、小布镇、黄石镇、田头镇、贡江镇、铁山垅镇、盘古山镇、禾丰镇、祁禄山镇、梓山镇、银坑镇、岭背镇、罗坳镇、澂江镇、江背镇、古龙冈镇、梅窖镇、高兴镇、良村镇、龙口镇、城岗镇、永丰镇、文武坝镇、筠门岭镇、西江镇、周田镇、麻州镇、庄口镇、长宁镇、晨光镇、留车镇、南桥镇、吉潭镇、澄江镇、桂竹帽镇、琴江镇、小松镇、屏山镇、横江镇、高田镇、赣江源镇、象湖镇、瑞林镇、壬田镇、九堡镇、沙洲坝镇、谢坊镇、武阳镇、叶坪镇、龙南镇、武当镇、杨村镇、汶龙镇、程龙镇、关西镇、里仁镇、渡江镇、九连山镇、兴桥镇、樟山镇、长塘镇、曲濑镇、天玉镇、值夏镇、新圩镇、富滩镇、富田镇、文陂镇、敦厚镇、永阳镇、天河镇、横江镇、固江镇、万福镇、永和镇、桐坪镇、凤凰镇、油田镇、敖城镇、梅塘镇、浬田镇、文峰镇、阜田镇、盘谷镇、枫江镇、黄桥镇、金滩镇、八都镇、双村镇、醪桥镇、螺田镇、白沙镇、白水镇、丁江镇、乌江镇、水南镇、水边镇、马埠镇、巴邱镇、仁和镇、砚溪镇、罗田镇、金川镇、三湖镇、大洋洲镇、七琴镇、麦斛镇、界埠镇、溧江镇、恩江镇、坑田镇、沿陂镇、古县镇、瑶田镇、藤田镇、石马镇、沙溪镇、澄江镇、桥头镇、禾市镇、螺溪镇、苏溪镇、马市镇、塘洲镇、冠朝镇、沙村镇、老营盘镇、小龙镇、灌溪镇、苑前镇、万合镇、沿溪镇、泉江镇、雩田镇、碧洲镇、草林镇、堆子前镇、左安镇、高坪镇、大汾镇、衙前镇、禾源镇、汤湖镇、枚江镇、珠田镇、芙蓉镇、五丰镇、枧头镇、窑头镇、百嘉镇、高陂镇、潞田镇、沙坪镇、夏造镇、平都镇、浒坑镇、洲湖镇、横龙镇、洋溪镇、严田镇、枫田镇、羊狮慕镇、禾川镇、石桥镇、龙源口镇、澧田镇、龙门镇、沙市镇、文竹镇、埠前镇、怀忠镇、高桥楼镇、厦坪镇、龙市镇、古城镇、新城镇、茨坪镇、拿山镇、碧溪镇、茅坪镇、罗浮镇、彬江镇、西村镇、金瑞镇、温汤镇、三阳镇、慈化镇、天台镇、洪塘镇、渥江镇、新坊镇、寨下镇、芦村镇、湖田镇、新田镇、南庙镇、竹亭镇、水江镇、辽市镇、洪江镇、冯川镇、赤岸镇、赤田镇、宋埠镇、干洲镇、澡下镇、会埠镇、罗市镇、上富镇、甘坊镇、株潭镇、黄茅镇、潭埠镇、双桥镇、高村镇、罗城镇、三兴镇、高城镇、白良镇、田心镇、徐家渡镇、锦江镇、泗溪镇、翰堂镇、南港镇、敖山镇、新界埠镇、蒙山镇、新昌镇、澄塘镇、棠浦镇、新庄镇、潭山镇、芳溪镇、石市镇、黄岗镇、黄垦镇、双溪镇、仁首镇、宝峰镇、高湖镇、璪都镇、官庄镇、永宁镇、温泉镇、棋坪镇、排埠镇、三都镇、大墅镇、白土镇、袁渡镇、张巷镇、杜市镇、淘沙镇、秀市镇、洛市镇、铁路镇、丽村镇、董家镇、隍城镇、小港镇、石滩镇、桥东镇、荣塘镇、拖船镇、泉港镇、梅林镇、曲江镇、上塘镇、临江镇、永泰镇、黄土岗镇、经楼镇、昌傅镇、店下镇、阁山镇、刘公庙镇、观上镇、义成镇、蓝坊镇、荷岭镇、黄沙岗镇、新街镇、八景镇、独城镇、太阳镇、建山镇、田南镇、相城镇、灰埠镇、石脑镇、龙潭镇、杨圩镇、村前镇、伍桥镇、祥符镇、大城镇、华林山镇、上顿渡镇、温泉镇、高坪镇、秋溪镇、荣山镇、龙溪镇、大岗镇、云山镇、唱凯镇、罗针镇、罗湖镇、太阳镇、东馆镇、腾桥镇、青泥镇、孝桥镇、抚北镇、展坪镇、崇岗镇、孝岗镇、小璜镇、圩上桥镇、马圩镇、詹圩镇、岗上积镇、杨桥殿镇、黎圩镇、王桥镇、红星镇、建昌镇、株良镇、上唐镇、里塔镇、洪门镇、沙洲镇、龙湖镇、新丰街镇、万坊镇、徐家镇、日峰镇、宏村镇、洵口镇、熊村镇、龙安镇、德胜镇、华山镇、琴城镇、太和镇、白舍镇、市山镇、洽湾镇、桑田镇、紫霄镇、巴山镇、相山镇、航埠镇、孙坊镇、河上镇、礼陂镇、马鞍镇、鳌溪镇、公溪镇、山砀镇、龚坊镇、戴坊镇、牛田镇、万崇镇、增田镇、招携镇、凤冈镇、棠阴镇、黄陂镇、东陂镇、梨溪镇、二都镇、中港镇、桃陂镇、秀谷镇、浒湾镇、双塘镇、何源镇、合市镇、琅琚镇、左坊镇、对桥镇、鹤城镇、马头山镇、高阜镇、嵩市镇、乌石镇、盱江镇、头陂镇、赤水镇、驿前镇、甘竹镇、塘坊镇、沙溪镇、朝阳镇、秦峰镇、五都镇、洋口镇、横山镇、桐畈镇、湖丰镇、大南镇、排山镇、毛村镇、枧底镇、泉波镇、壶峤镇、霞峰镇、吴村镇、沙田镇、铜钹山镇、田墩镇、上泸镇、华坛山镇、茶亭镇、皂头镇、四十八镇、枫岭头镇、煌固镇、花厅镇、五府山镇、郑坊镇、临湖镇、必姆镇、横街镇、下镇镇、岩瑞镇、双明镇、紫湖镇、仙岩镇、樟村镇、枫林镇、河口镇、永平镇、石塘镇、鹅湖镇、湖坊镇、武夷山镇、汪二镇、葛仙山镇、岑阳镇、葛源镇、曹溪镇、漆工镇、樟树墩镇、朱坑镇、圭峰镇、叠山镇、港口镇、弋江镇、三县岭镇、玉亭镇、瑞洪镇、黄金埠镇、古埠镇、乌泥镇、石口镇、杨埠镇、九龙镇、社赓镇、鄱阳镇、谢家滩镇、石门街镇、四十里街镇、油墩街镇、田畈街镇、金盘岭镇、高家岭镇、凰岗镇、双港镇、古县渡镇、饶丰镇、乐丰镇、饶埠镇、陈营镇、石镇镇、青云镇、梓埠镇、大源镇、裴梅镇、紫阳镇、清华镇、秋口镇、江湾镇、思口镇、赋春镇、镇头镇、太白镇、中云镇、许村镇、绕二镇、海口镇、新岗山镇、泗洲镇、大茅山镇、花桥镇。

山东省

马山镇、双泉镇、垛庄镇、仁风镇、新市镇、牛泉镇、苗山镇、大王庄镇、寨里镇、杨庄镇、茶业口镇、和庄镇、东阿镇、孝直镇、孔村镇、洪范池镇、玫瑰镇、安城镇、殷巷镇、怀仁镇、龙桑寺镇、郑路镇、贾庄镇、玉皇庙镇、白桥镇、孙集镇、韩庙镇、沙河镇、张坊镇、琅琊镇、泊里镇、大场镇、大村镇、六汪镇、海青镇、宝山镇、藏马镇、田横镇、金口镇、段泊岚镇、移风店镇、李哥庄镇、铺集镇、里岔镇、洋河镇、古岘镇、仁兆镇、南村镇、蓼兰镇、崔家集镇、明村镇、田庄镇、新河镇、店子镇、大泽山镇、旧店镇、云山镇、姜山镇、夏格庄镇、院上镇、日庄镇、南墅镇、河头店镇、店埠镇、马连庄镇、昆仑镇、岭子镇、西河镇、龙泉镇、寨里镇、罗村镇、洪山镇、双杨镇、太河镇、南定镇、沣水镇、傅家镇、中埠镇、房镇镇、域城镇、白塔镇、八陡镇、石马镇、源泉镇、池上镇、博山镇、齐都镇、皇城镇、敬仲镇、朱台镇、金岭镇、凤凰镇、金山镇、北郊镇、南郊镇、王村镇、萌水镇、商家镇、起凤镇、田庄镇、荆家镇、马桥镇、新城镇、唐山镇、果里镇、青城镇、高城镇、黑里寨镇、唐坊镇、常家镇、花沟镇、木李镇、鲁村镇、东里镇、悦庄镇、西里镇、大张庄镇、中庄镇、张家坡镇、燕崖镇、石桥镇、南鲁山镇、税郭镇、孟庄镇、齐村镇、永安镇、西王庄镇、沙沟镇、周营镇、邹坞镇、陶庄镇、古邵镇、阴平镇、底阁镇、榴园镇、峄山镇、邾庄镇、张山子镇、泥沟镇、涧头集镇、马兰屯镇、店子镇、西集镇、桑村镇、北庄镇、城头镇、徐庄镇、水泉镇、冯卯镇、党城镇、洪绪镇、南沙河镇、大坞镇、滨湖镇、级索镇、西岗镇、姜屯镇、鲍沟镇、张汪镇、官桥镇、柴胡店镇、羊庄镇、木石镇、界河镇、龙阳镇、东郭镇、牛庄镇、六户镇、史口镇、龙居镇、义和镇、仙河镇、孤岛镇、新户镇、胜坨镇、郝家镇、永安镇、黄河口镇、董集镇、北宋镇、盐窝镇、陈庄镇、汀罗镇、大王镇、稻庄镇、李鹊镇、大码头镇、花官镇、陈官镇、经济开发区直属乡镇、高疃镇、张格庄镇、回里镇、臧家庄镇、观水镇、龙泉镇、玉林店镇、水道镇、高陵镇、王格庄镇、昆嵛镇、莒格庄镇、刘家沟镇、潮水镇、大柳行镇、小门家镇、大辛店镇、村里集镇、北沟镇、砣矶镇、黄山馆镇、北马镇、芦头镇、下丁家镇、七甲镇、石良镇、兰高镇、诸由观镇、沐浴店镇、团旺镇、穴坊镇、羊郡镇、姜疃镇、万第镇、照旺庄镇、谭格庄镇、河洛镇、吕格庄镇、高格庄镇、大夼镇、山前店镇、沙河镇、朱桥镇、郭家店镇、金城镇、平里店镇、驿道镇、程郭镇、虎头崖镇、柞村镇、夏邱镇、土山镇、辛庄镇、蚕庄镇、金岭镇、毕郭镇、玲珑镇、张星镇、夏甸镇、阜山镇、齐山镇、观里镇、蛇窝泊镇、唐家泊镇、桃村镇、亭口镇、寺口镇、苏家店镇、杨础镇、西城镇、官道镇、庙后镇、留格庄镇、盘石店镇、郭城镇、徐家店镇、发城镇、小纪镇、行村镇、辛安镇、二十里店镇、朱吴镇、五井镇、寺头镇、九山镇、山旺镇、柳山镇、蒋峪镇、乔官镇、唐吾镇、红河镇、营丘镇、弥河镇、王坟镇、庙子镇、邵庄镇、高柳镇、何官镇、东夏镇、谭坊镇、枳沟镇、贾悦镇、石桥子镇、相州镇、昌城镇、百尺河镇、辛兴镇、林家村镇、皇华镇、桃林镇、化龙镇、营里镇、台头镇、田柳镇、上口镇、侯镇、纪台镇、稻田镇、羊口镇、景芝镇、官庄镇、大盛镇、石埠子镇、石堆镇、柘山镇、辉渠镇、吾山镇、金冢子镇、柏城镇、夏庄镇、姜庄镇、大牟家镇、阚家镇、井沟镇、柴沟镇、柳疃镇、龙池镇、卜庄镇、饮马镇、北孟镇、下营镇、长沟镇、石桥镇、喻屯镇、大安镇、新驿镇、颜店镇、新兖镇、漕河镇、小孟镇、韩庄镇、欢城镇、南阳镇、鲁桥镇、留庄镇、两城镇、马坡镇、赵庙镇、张楼镇、微山岛镇、西平镇、清河镇、鱼城镇、王鲁镇、张黄镇、王庙镇、李阁镇、唐马镇、老砦镇、罗屯镇、羊山镇、胡集镇、霄云镇、鸡黍镇、司马镇、马庙镇、化雨镇、卜集镇、兴隆镇、纸坊镇、梁宝寺镇、疃里镇、马村镇、金屯镇、大张楼镇、马集镇、孟姑集镇、老僧堂镇、仲山镇、满硐镇、黄垓镇、南旺镇、次邱镇、寅寺镇、郭楼镇、康驿镇、苑庄镇、义桥镇、郭仓镇、白石镇、杨店镇、刘楼镇、泉林镇、星村镇、柘沟镇、金庄镇、苗馆镇、中册镇、杨柳镇、泗张镇、圣水峪镇、高峪镇、华村镇、小路口镇、韩岗镇、拳铺镇、杨营镇、韩垓镇、馆驿镇、小安山镇、寿张集镇、黑虎庙镇、马营镇、吴村镇、姚村镇、陵城镇、尼山镇、王庄镇、息陬镇、石门山镇、防山镇、香城镇、城前镇、大束镇、北宿镇、中心店镇、唐村镇、太平镇、石墙镇、峄山镇、看庄镇、张庄镇、田黄镇、郭里镇、省庄镇、邱家店镇、山口镇、祝阳镇、范镇、角峪镇、徂徕镇、满庄镇、夏张镇、道朗镇、黄前镇、大汶口镇、马庄镇、房村镇、良庄镇、下港镇、泗店镇、东疏镇、伏山镇、堽城镇、蒋集镇、磁窑镇、华丰镇、葛石镇、东庄镇、鹤山镇、沙河站镇、老湖镇、银山镇、斑鸠店镇、接山镇、大羊镇、梯门镇、新湖镇、戴庙镇、东都镇、小协镇、翟镇、泉沟镇、羊流镇、果都镇、西张庄镇、天宝镇、楼德镇、禹村镇、宫里镇、谷里镇、石莱镇、放城镇、刘杜镇、汶南镇、龙廷镇、潮泉镇、桃园镇、王庄镇、湖屯镇、石横镇、安临站镇、孙伯镇、安驾庄镇、边院镇、汶阳镇、张村镇、羊亭镇、温泉镇、桥头镇、文登营镇、大水泊镇、张家产镇、高村镇、泽库镇、侯家镇、宋村镇、泽头镇、小观镇、葛家镇、米山镇、界石镇、初村镇、崮山镇、泊于镇、草庙子镇、汪疃镇、苘山镇、俚岛镇、成山镇、埠柳镇、港西镇、夏庄镇、崖西镇、荫子镇、滕家镇、大疃镇、上庄镇、虎山镇、人和镇、夏村镇、乳山口镇、海阳所镇、白沙滩镇、大孤山镇、南黄镇、冯家镇、下初镇、午极镇、育黎镇、崖子镇、诸往镇、乳山寨镇、徐家镇、河山镇、后村镇、西湖镇、陈疃镇、南湖镇、三庄镇、涛雒镇、碑廓镇、虎山镇、巨峰镇、高兴镇、黄墩镇、中楼镇、街头镇、潮河镇、许孟镇、于里镇、汪湖镇、叩官镇、中至镇、松柏镇、招贤镇、夏庄镇、刘官庄镇、峤山镇、小店镇、龙山镇、东莞镇、长岭镇、安庄镇、棋山镇、洛河镇、寨里河镇、桑园镇、果庄镇、白沙埠镇、枣园镇、半程镇、义堂镇、李官镇、方城镇、汪沟镇、沂堂镇、褚墩镇、黄山镇、汤河镇、八湖镇、郑旺镇、岸堤镇、孙祖镇、双堠镇、青驼镇、张庄镇、砖埠镇、大庄镇、辛集镇、蒲汪镇、湖头镇、苏村镇、铜井镇、依汶镇、马头镇、重坊镇、李庄镇、杨集镇、港上镇、高峰头镇、庙山镇、红花镇、胜利镇、花园镇、泉源镇、马站镇、高桥镇、许家湖镇、黄山铺镇、诸葛镇、崔家峪镇、四十里堡镇、杨庄镇、夏蔚镇、沙沟镇、高庄镇、院东头镇、富官庄镇、道托镇、泉庄镇、大仲村镇、兰陵镇、长城镇、磨山镇、神山镇、车辋镇、尚岩镇、向城镇、新兴镇、南桥镇、庄坞镇、鲁城镇、矿坑镇、芦柞镇、上冶镇、薛庄镇、探沂镇、朱田镇、梁邱镇、新庄镇、马庄镇、胡阳镇、石井镇、东蒙镇、仲村镇、武台镇、保太镇、柏林镇、卞桥镇、地方镇、铜石镇、温水镇、流峪镇、郑城镇、白彦镇、临涧镇、丰阳镇、大店镇、坊前镇、板泉镇、洙边镇、文疃镇、石莲子镇、岭泉镇、筵宾镇、涝坡镇、道口镇、相沟镇、团林镇、坪上镇、壮岗镇、朱芦镇、常路镇、岱崮镇、坦埠镇、垛庄镇、高都镇、野店镇、桃墟镇、联城镇、蛟龙镇、大兴镇、石门镇、曹庄镇、青云镇、玉山镇、店头镇、马厂湖镇、二屯镇、黄河涯镇、郑家寨镇、糜镇、宋家镇、徽王庄镇、神头镇、滋镇、前孙镇、边临镇、义渡口镇、丁庄镇、柴胡店镇、长官镇、杜集镇、保店镇、大柳镇、大曹镇、相衙镇、时集镇、张大庄镇、庆云镇、常家镇、尚堂镇、崔口镇、东辛店镇、临邑镇、临南镇、德平镇、林子镇、兴隆镇、孟寺镇、翟家镇、理合务镇、表白寺镇、焦庙镇、赵官镇、祝阿镇、仁里集镇、潘店镇、胡官屯镇、宣章屯镇、马集镇、华店镇、刘桥镇、王凤楼镇、前曹镇、恩城镇、王庙镇、王杲铺镇、张华镇、腰站镇、王打卦镇、南城镇、苏留庄镇、新盛店镇、雷集镇、郑保屯镇、白马湖镇、东李官屯镇、宋楼镇、香赵庄镇、双庙镇、武城镇、老城镇、鲁权屯镇、郝王庄镇、甲马营镇、四女寺镇、李家户镇、赵虎镇、抬头寺镇、袁桥镇、杨安镇、朱集镇、黄夹镇、丁坞镇、花园镇、郑店镇、化楼镇、孔镇、铁营镇、伦镇、房寺镇、张庄镇、辛店镇、安仁镇、辛寨镇、梁家镇、十里望回族镇、莒镇、侯营镇、沙镇镇、堂邑镇、梁水镇、斗虎屯镇、郑家镇、张炉集镇、于集镇、许营镇、朱老庄镇、顾官屯镇、韩集镇、广平镇、乐平铺镇、冯官屯镇、菜屯镇、博平镇、杜郎口镇、韩屯镇、胡屯镇、肖家庄镇、贾寨镇、洪官屯镇、阎楼镇、阿城镇、七级镇、安乐镇、定水镇、石佛镇、李台镇、寿张镇、十五里园镇、张秋镇、郭店屯镇、西湖镇、高庙王镇、金斗营镇、张鲁镇、朝城镇、观城镇、古城镇、大张家镇、古云镇、十八里铺镇、燕店镇、董杜庄镇、王奉镇、樱桃园镇、河店镇、妹冢镇、魏庄镇、张寨镇、大王寨镇、徐庄镇、王庄集镇、柿子园镇、俎店镇、刘集镇、牛角店镇、大桥镇、高集镇、姜楼镇、姚寨镇、鱼山镇、陈集镇、贾镇、桑阿镇、柳林镇、清水镇、东古城镇、北馆陶镇、店子镇、定远寨镇、辛集镇、梁堂镇、范寨镇、甘官屯镇、梁村镇、尹集镇、清平镇、固河镇、三十里铺镇、琉璃寺镇、赵寨子镇、姜店镇、杨屯镇、松林镇、老赵庄镇、康庄镇、魏湾镇、刘垓子镇、八岔路镇、潘庄镇、烟店镇、唐园镇、金郝庄镇、戴湾镇、尚店镇、三河湖镇、杨柳雪镇、下洼镇、古城镇、冯家镇、泊头镇、大高镇、黄升镇、滨海镇、石庙镇、桑落墅镇、淄角镇、胡集镇、李庄镇、麻店镇、魏集镇、清河镇、姜楼镇、辛店镇、大年陈镇、皂户李镇、商店镇、温店镇、河流镇、翟王镇、流坡坞镇、水落坡镇、劳店镇、水湾镇、碣石山镇、小泊头镇、埕口镇、马山子镇、车王镇、柳堡镇、余家镇、信阳镇、西小王镇、曹王镇、兴福镇、陈户镇、湖滨镇、店子镇、吕艺镇、纯化镇、庞家镇、乔庄镇、长山镇、魏桥镇、临池镇、焦桥镇、韩店镇、孙镇镇、九户镇、青阳镇、明集镇、台子镇、码头镇、沙土镇、吴店镇、王浩屯镇、黄堙镇、都司镇、高庄镇、小留镇、李村镇、安兴镇、大黄集镇、胡集镇、冉固镇、张湾镇、黄店镇、孟海镇、马集镇、仿山镇、半堤镇、杜堂镇、南王店镇、庄寨镇、普连集镇、青堌集镇、韩集镇、砖庙镇、古营集镇、魏湾镇、侯集镇、苏集镇、孙老家镇、阎店楼镇、梁堤头镇、安蔡楼镇、邵庄镇、王集镇、青岗集镇、常乐集镇、大集镇、仵楼镇、楼庄镇、朱洪庙镇、郭村镇、黄岗镇、终兴镇、高韦庄镇、徐寨镇、蔡堂镇、朱集镇、李新庄镇、浮岗镇、菜河镇、时楼镇、杨楼镇、张集镇、龙王庙镇、谢集镇、李田楼镇、大田集镇、天宫庙镇、汶上集镇、南鲁集镇、伯乐集镇、苟村集镇、白浮图镇、孙寺镇、九女集镇、党集镇、张楼镇、龙固镇、大义镇、柳林镇、章缝镇、大谢集镇、独山镇、麒麟镇、核桃园镇、田庄镇、太平镇、万丰镇、陶庙镇、董官屯镇、田桥镇、营里镇、黄安镇、杨庄集镇、侯咽集镇、武安镇、郭屯镇、玉皇庙镇、程屯镇、随官屯镇、潘渡镇、双桥镇、南赵楼镇、黄泥冈镇、唐庙镇、李集镇、黄集镇、张鲁集镇、什集镇、红船镇、旧城镇、闫什镇、箕山镇、李进士堂镇、董口镇、临濮镇、彭楼镇、凤凰镇、郑营镇、大埝镇、引马镇、左营镇、富春镇、东明集镇、刘楼镇、陆圈镇、马头镇、三春集镇、大屯镇、武胜桥镇、菜园集镇、沙窝镇、小井镇、陈集镇、吕陵镇、马岭岗镇。

河南省

马寨镇、峡窝镇、花园口镇、古荥镇、韩寺镇、官渡镇、狼城岗镇、万滩镇、白沙镇、郑庵镇、黄店镇、刘集镇、雁鸣湖镇、姚家镇、九龙镇、石佛镇、张庄镇、八岗镇、三官庙镇、米河镇、新中镇、小关镇、竹林镇、大峪沟镇、河洛镇、站街镇、康店镇、北山口镇、西村镇、芝田镇、回郭镇、鲁庄镇、夹津口镇、涉村镇、乔楼镇、豫龙镇、广武镇、王村镇、汜水镇、高山镇、刘河镇、崔庙镇、贾峪镇、新密市城关镇、米村镇、牛店镇、平陌镇、超化镇、苟堂镇、大隗镇、刘寨镇、白寨镇、岳村镇、来集镇、曲梁镇、新村镇、辛店镇、观音寺镇、梨河镇、和庄镇、薛店镇、孟庄镇、郭店镇、龙湖镇、大金店镇、颍阳镇、告成镇、大冶镇、宣化镇、徐庄镇、东华镇、唐庄镇、杏花营镇、陈留镇、仇楼镇、八里湾镇、曲兴镇、朱仙镇、罗王镇、五里河镇、傅集镇、圉镇镇、高阳镇、葛岗镇、阳堌镇、邢口镇、竖岗镇、玉皇庙镇、四所楼镇、朱砂镇、长智镇、洧川镇、朱曲镇、蔡庄镇、永兴镇、张市镇、十八里镇、水坡镇、大营镇、庄头镇、堌阳镇、南彰镇、考城镇、红庙镇、谷营镇、东坝头镇、小宋镇、仪封镇、白马寺镇、翟镇镇、岳滩镇、顾县镇、猴氏镇、府店镇、高龙镇、山化镇、大口镇、邙岭镇、会盟镇、平乐镇、送庄镇、白鹤镇、朝阳镇、马屯镇、麻屯镇、横水镇、常袋镇、寇店镇、诸葛镇、庞村镇、佃庄镇、石寺镇、五头镇、磁涧镇、铁门镇、南李村镇、北冶镇、仓头镇、正村镇、石井镇、青要山镇、赤土店镇、合峪镇、潭头镇、三川镇、冷水镇、陶湾镇、石庙镇、庙子镇、狮子庙镇、白土镇、叫河镇、嵩县城关镇、田湖镇、旧县镇、车村镇、闫庄镇、德亭镇、大章镇、白河镇、纸房镇、饭坡镇、九皋镇、陆浑镇、汝阳县城关镇、上店镇、付店镇、小店镇、三屯镇、刘店镇、内埠镇、陶营镇、宜阳县城关镇、柳泉镇、韩城镇、白杨镇、香鹿山镇、锦屏镇、三乡镇、张坞镇、莲庄镇、赵保镇、樊村镇、高村镇、洛宁县城关镇、王范回族镇、上戈镇、下峪镇、河底镇、兴华镇、东宋镇、马店镇、故县镇、赵村镇、长水镇、景阳镇、鸣皋镇、水寨镇、彭婆镇、白沙镇、江左镇、高山镇、吕店镇、半坡镇、酒后镇、白元镇、鸦岭镇、葛寨镇、焦店镇、宝丰县城关镇、周庄镇、闹店镇、石桥镇、商酒务镇、大营镇、张八桥镇、杨庄镇、赵庄镇、任店镇、保安镇、仙台镇、叶邑镇、廉村镇、常村镇、辛店镇、洪庄杨镇、龚店镇、龙泉镇、下汤镇、梁洼镇、张官营镇、张良镇、尧山镇、瓦屋镇、赵村镇、冢头镇、安良镇、堂街镇、薛店镇、长桥镇、茨芭镇、黄道镇、李口镇、遵化店镇、滍阳镇、尚店镇、八台镇、尹集镇、枣林镇、寄料镇、温泉镇、临汝镇、小屯镇、杨楼镇、蟒川镇、庙下镇、米庙镇、陵头镇、纸坊镇、大峪镇、夏店镇、焦村镇、宝莲寺镇、柏庄镇、曲沟镇、水冶镇、龙泉镇、马投涧镇、善应镇、铜冶镇、白璧镇、吕村镇、伦掌镇、崔家桥镇、辛村镇、韩陵镇、永和镇、都里镇、高庄镇、汤阴县城关镇、菜园镇、任固镇、五陵镇、宜沟镇、白营镇、伏道镇、韩庄镇、古贤镇、瓦岗镇、白道口镇、留固镇、上官镇、牛屯镇、万古镇、高平镇、王庄镇、老店镇、慈周寨镇、焦虎镇、四间房镇、八里营镇、赵营镇、半坡店镇、东庄镇、井店镇、梁庄镇、后河镇、楚旺镇、田氏镇、二安镇、亳城镇、豆公镇、六村镇、中召镇、合涧镇、临淇镇、东姚镇、横水镇、河顺镇、任村镇、姚村镇、陵阳镇、原康镇、五龙镇、采桑镇、东岗镇、桂林镇、茶店镇、石板岩镇、黄华镇、鹤壁集镇、石林镇、大赍店镇、钜桥镇、善堂镇、屯子镇、新镇镇、小河镇、卫贤镇、王庄镇、白寺镇、高村镇、北阳镇、西岗镇、庙口镇、洪门镇、小店镇、平原镇、大块镇、耿黄镇、王村镇、牧野镇、翟坡镇、小冀镇、七里营镇、朗公庙镇、古固寨镇、大召营镇、获嘉县城关镇、照镜镇、黄堤镇、中和镇、徐营镇、冯庄镇、亢村镇、史庄镇、太山镇、齐街镇、太平镇、福宁集镇、官厂镇、大宾镇、路寨镇、阳阿镇、东屯镇、丰庄镇、石婆固镇、王楼镇、封丘县城关镇、黄陵镇、黄德镇、应举镇、陈桥镇、赵岗镇、留光镇、潘店镇、李庄镇、陈固镇、居厢镇、鲁岗镇、尹岗镇、原武镇、师寨镇、韩董庄镇、汲水镇、太公镇、孙杏村镇、后河镇、李源屯镇、唐庄镇、上乐村镇、薄壁镇、峪河镇、百泉镇、孟庄镇、常村镇、吴村镇、南村镇、南寨镇、上八里镇、北云门镇、占城镇、冀屯镇、赵固镇、丁栾镇、樊相镇、恼里镇、常村镇、赵堤镇、孟岗镇、满村镇、苗寨镇、张三寨镇、方里镇、佘家镇、修武县城关镇、七贤镇、郇封镇、周庄镇、云台山镇、柏山镇、月山镇、许良镇、磨头镇、孝敬镇、詹店镇、西陶镇、谢旗营镇、大封镇、乔庙镇、圪垱店镇、嘉应观镇、祥云镇、番田镇、黄庄镇、武德镇、赵堡镇、阳庙镇、宁郭镇、崇义镇、西向镇、西万镇、柏香镇、山王庄镇、紫陵镇、化工镇、南庄镇、城伯镇、谷旦镇、赵和镇、西虢镇、岳村镇、清丰县城关镇、马庄桥镇、瓦屋头镇、仙庄镇、柳格镇、韩村镇、固城镇、阳邵镇、南乐县城关镇、韩张镇、元村镇、福堪镇、张果屯镇、千口镇、谷金楼镇、范县城关镇、濮城镇、龙王庄镇、高码头镇、王楼镇、辛庄镇、陈庄镇、张庄镇、台前县城关镇、侯庙镇、孙口镇、打渔陈镇、马楼镇、吴坝镇、濮阳县城关镇、柳屯镇、文留镇、庆祖镇、八公桥镇、徐镇镇、户部寨镇、鲁河镇、子岸镇、胡状镇、王称堌镇、梁庄镇、王助镇、新习镇、将官池镇、五女店镇、尚集镇、苏桥镇、蒋李集镇、张潘镇、灵井镇、安陵镇、马栏镇、柏梁镇、陈化店镇、望田镇、大马镇、陶城镇、张桥镇、彭店镇、只乐镇、南坞镇、马坊镇、襄城县城关镇、颍桥回族镇、麦岭镇、颍阳镇、王洛镇、紫云镇、库庄镇、十里铺镇、山头店镇、汾陈镇、湛北镇、火龙镇、顺店镇、方山镇、神垕镇、鸿畅镇、梁北镇、古城镇、无梁镇、文殊镇、鸠山镇、范坡镇、郭连镇、朱阁镇、浅井镇、方岗镇、花石镇、张得镇、茨庄镇、小吕镇、和尚桥镇、坡胡镇、后河镇、石固镇、老城镇、南席镇、大周镇、董村镇、石象镇、古桥镇、增福镇、佛耳湖镇、大刘镇、阴阳赵镇、空冢郭镇、孟庙镇、商桥镇、裴城镇、新店镇、龙城镇、李集镇、黑龙潭镇、召陵镇、万金镇、老窝镇、姬石镇、青年镇、舞泉镇、吴城镇、北舞渡镇、莲花镇、辛安镇、孟寨镇、太尉镇、侯集镇、九街镇、章化镇、繁城回族镇、杜曲镇、王岗镇、台陈镇、巨陵镇、瓦店镇、三家店镇、窝城镇、王孟镇、大郭镇、后谢镇、邓襄镇、大营镇、原店镇、西张村镇、观音堂镇、渑池县城关镇、英豪镇、张村镇、洪阳镇、天池镇、仰韶镇、卢氏城关镇、杜关镇、五里川镇、官道口镇、朱阳关镇、官坡镇、范里镇、东明镇、双龙湾镇、灵宝县城关镇、尹庄镇、朱阳镇、阳平镇、故县镇、豫灵镇、大王镇、阳店镇、函谷关镇、焦村镇、官庄镇、瓦店镇、红泥湾镇、黄台岗镇、金华镇、高庙镇、石桥镇、潦河镇、安皋镇、蒲山镇、陆营镇、青华镇、英庄镇、潦河坡镇、谢庄镇、南召县城关镇、留山镇、云阳镇、皇路店镇、南河店镇、板山坪镇、乔端镇、白土岗镇、独树镇、博望镇、拐河镇、小史店镇、赵河镇、广阳镇、杨楼镇、券桥镇、清河镇、四里店镇、古庄店镇、杨集镇、柳河镇、二郎庙镇、丹水镇、西坪镇、双龙镇、回车镇、丁河镇、桑坪镇、米坪镇、五里桥镇、重阳镇、太平镇、阳城镇、二郎坪镇、石界河镇、军马河镇、田关镇、石佛寺镇、晁陂镇、贾宋镇、侯集镇、老庄镇、卢医镇、遮山镇、高丘镇、曲屯镇、枣园镇、杨营镇、安字营镇、张林镇、柳泉铺镇、彭营镇、内乡县城关镇、夏馆镇、师岗镇、马山口镇、湍东镇、赤眉镇、瓦亭镇、王店镇、灌涨镇、桃溪镇、岞岖镇、余关镇、荆紫关镇、老城镇、香花镇、厚坡镇、丹阳镇、盛湾镇、金河镇、寺湾镇、仓房镇、上集镇、马蹬镇、赊店镇、桥头镇、饶良镇、兴隆镇、晋庄镇、李店镇、苗店镇、郝寨镇、朱集镇、下洼镇、太和镇、大冯营镇、陌陂镇、源潭镇、张店镇、郭滩镇、湖阳镇、黑龙镇、大河屯镇、龙潭镇、桐寨铺镇、苍台镇、上屯镇、毕店镇、少拜寺镇、祁仪镇、马振抚镇、王庄镇、沙堰镇、新甸铺镇、施庵镇、歪子镇、五星镇、溧河铺镇、王集镇、月河镇、吴城镇、固县镇、毛集镇、大河镇、埠江镇、平氏镇、淮源镇、黄岗镇、安棚镇、朱庄镇、程湾镇、罗庄镇、汲滩镇、穰东镇、孟楼镇、林扒镇、构林镇、十林镇、张村镇、都司镇、赵集镇、刘集镇、桑庄镇、彭桥镇、白牛镇、腰店镇、九龙镇、文渠镇、高集镇、夏集镇、陶营镇、小杨营镇、谢集镇、双八镇、观堂镇、刘口镇、水池铺镇、李庄镇、宋集镇、郭村镇、李口镇、高辛镇、坞墙镇、冯桥镇、路河镇、闫集镇、毛固堆镇、包公庙镇、临河店镇、人和镇、龙塘镇、北关镇、程庄镇、王庄寨镇、孙六镇、白云寺镇、王桥镇、庄子镇、双塔镇、野岗镇、老颜集镇、长岗镇、平岗镇、周堂镇、蓼堤镇、西陵寺镇、睢县城关镇、潮庄镇、尚屯镇、河堤镇、匡城镇、城关回族镇、张弓镇、柳河镇、逻岗镇、石桥镇、黄岗镇、华堡镇、陈青集镇、起台镇、胡襄镇、慈圣镇、安平镇、远襄镇、岗王镇、伯岗镇、张桥镇、老王集镇、朱襄镇、虞城县城关镇、界沟镇、木兰镇、杜集镇、谷熟镇、大杨集镇、利民镇、张集镇、站集镇、稍岗镇、乔集镇、大候镇、夏邑县城关镇、会亭镇、马头镇、济阳镇、李集镇、车站镇、杨集镇、韩道口镇、太平镇、罗庄镇、火店镇、北岭镇、郭店镇、张阁镇、贾寨镇、芒山镇、高庄镇、郦城镇、裴桥镇、马桥镇、薛湖镇、蒋口镇、陈集镇、十八里镇、太丘镇、李寨镇、苗桥镇、顺和镇、苘村镇、郦阳镇、龙岗镇、马牧镇、大王集镇、刘河镇、双桥镇、卧龙镇、黄口镇、新桥镇、条河镇、李家寨镇、吴家店镇、东双河镇、董家河镇、浉河港镇、明港镇、五里镇、邢集镇、平昌镇、洋河镇、肖王镇、信阳国际家居产业小镇、周党镇、竹竿镇、灵山镇、子路镇、楠杆镇、青山镇、潘新镇、彭新镇、莽张镇、东卜镇、铁铺镇、十里镇、寨河镇、孙铁铺镇、马畈镇、泼陂河镇、白雀园镇、砖桥镇、新集镇、沙窝镇、吴陈河镇、苏河镇、八里畈镇、上石桥镇、鄢岗镇、双椿铺镇、汪桥镇、余集镇、达权店镇、丰集镇、汪岗镇、观庙镇、金刚台镇、陈淋子镇、黎集镇、蒋集镇、往流镇、郭陆滩镇、胡族铺镇、方集镇、三河尖镇、段集镇、汪棚镇、张广庙镇、陈集镇、武庙集镇、分水亭镇、石佛店镇、泉河铺镇、祖师庙镇、李店镇、沙河铺镇、徐集镇、双柳树镇、伞陂镇、卜塔集镇、仁和镇、付店镇、埝孜镇、桃林铺镇、黄寺岗镇、江家集镇、魏岗镇、马集镇、防胡镇、新里镇、期思镇、赵集镇、包信镇、夏庄镇、东岳镇、项店镇、小茴店镇、曹黄林镇、城关回族镇、新站镇、鲁台镇、四通镇、临蔡镇、安岭镇、白楼镇、刘振屯镇、崔桥镇、江村镇、白潭镇、韭园镇、练寺镇、大新镇、包屯镇、汴岗镇、西夏亭镇、逍遥镇、奉母镇、红花集镇、聂堆镇、东夏亭镇、西华营镇、址坊镇、迟营镇、黄寨镇、练集镇、魏集镇、固墙镇、白寺镇、巴村镇、谭庄镇、邓城镇、胡吉镇、郝岗镇、姚集镇、张庄镇、槐店回族镇、刘庄店镇、留福镇、老城镇、赵德营镇、付井镇、纸店镇、新安集镇、白集镇、刘湾镇、莲池镇、洪山镇、北杨集镇、邢庄镇、周营镇、冯营镇、吴台镇、南丰镇、白马镇、宁平镇、宜路镇、钱店镇、汲冢镇、石槽镇、汲水镇、城关回族镇、常营镇、逊母口镇、老家镇、朱口镇、马头镇、龙曲镇、板桥镇、符草楼镇、马厂镇、毛庄镇、张集镇、清集镇、大许寨镇、转楼镇、涡北镇、玄武镇、宋河镇、太清宫镇、王皮溜镇、试量镇、辛集镇、马铺镇、贾滩镇、杨湖口镇、张店镇、观堂镇、生铁冢镇、南顿镇、孙店镇、李寨镇、贾岭镇、高寺镇、新桥镇、付集镇、官会镇、丁集镇、郑郭镇、秣陵镇、王明口镇、范集镇、三店镇、永丰镇、水屯镇、沙河店镇、板桥镇、诸市镇、蚁蜂镇、五沟营镇、权寨镇、师灵镇、出山镇、盆尧镇、嫘祖镇、宋集镇、二郎镇、黄埠镇、杨集镇、洙湖镇、党店镇、朱里镇、华陂镇、塔桥镇、东洪镇、邵店镇、五龙镇、和店镇、韩寨镇、蔡沟镇、杨埠镇、东和店镇、庙湾镇、射桥镇、西洋店镇、阳城镇、李屯镇、万金店镇、高杨店镇、万冢镇、双庙镇、寒冻镇、汝南埠镇、铜钟镇、陡沟镇、熊寨镇、大林镇、永兴镇、袁寨镇、雷寨镇、兰青镇、竹沟镇、任店镇、新安店镇、留庄镇、刘店镇、瓦岗镇、双河镇、石滚河镇、李新店镇、普会寺镇、羊册镇、马谷田镇、春水镇、官庄镇、赊湾镇、郭集镇、泰山庙镇、王店镇、杨家集镇、高店镇、高邑镇、王岗镇、梁祝镇、和孝镇、老君庙镇、留盆镇、金铺镇、东官庄镇、常兴镇、罗店镇、韩庄镇、三桥镇、张楼镇、玉山镇、查岈山镇、石寨铺镇、和兴镇、沈寨镇、阳丰镇、常庄镇、花庄镇、砖店镇、陈店镇、佛阁寺镇、练村镇、棠村镇、韩集镇、龙口镇、李桥回族镇、黄楼镇、孙召镇、余店镇、克井镇、五龙口镇、轵城镇、承留镇、邵原镇、坡头镇、梨林镇、大峪镇、思礼镇、王屋镇、下冶镇。

湖北省

凤凰镇、兴国镇、富池镇、黄颡口镇、韦源口镇、太子镇、大王镇、陶港镇、白沙镇、浮屠镇、三溪镇、龙港镇、洋港镇、排市镇、木港镇、枫林镇、王英镇、金牛镇、保安镇、灵乡镇、金山店镇、还地桥镇、殷祖镇、刘仁八镇、陈贵镇、大箕铺镇、汪仁镇、大川镇、黄龙镇、柏林镇、安阳镇、杨溪铺镇、青曲镇、白桑关镇、南化塘镇、白浪镇、刘洞镇、谭山镇、梅铺镇、青山镇、茶店镇、柳陂镇、鲍峡镇、胡家营镇、谭家湾镇、郧阳县城关镇、郧西县城关镇、土门镇、上津镇、店子镇、夹河镇、羊尾镇、观音镇、马鞍镇、河夹镇、竹山县城关镇、溢水镇、麻家渡镇、宝丰镇、擂鼓镇、秦古镇、得胜镇、上庸镇、官渡镇、竹溪县城关镇、蒋家堰镇、中峰镇、水坪镇、县河镇、泉溪镇、丰溪镇、龙坝镇、兵营镇、汇湾镇、新洲镇、房县城关镇、军店镇、化龙堰镇、土城镇、大木厂镇、青峰镇、门古寺镇、白鹤镇、野人谷镇、红塔镇、窑淮镇、尹吉甫镇、土关垭镇、浪河镇、丁家营镇、六里坪镇、盐池河镇、均县镇、习家店镇、蒿坪镇、石鼓镇、凉水河镇、官山镇、龙山镇、艾家镇、桥边镇、樟村坪镇、雾渡河镇、分乡镇、太平溪镇、三斗坪镇、乐天溪镇、龙泉镇、鸦鹊岭镇、黄花镇、鸣凤镇、花林寺镇、旧县镇、洋坪镇、茅坪场镇、嫘祖镇、古夫镇、昭君镇、峡口镇、南阳镇、黄粮镇、水月寺镇、茅坪镇、归州镇、屈原镇、沙镇溪镇、两河口镇、郭家坝镇、杨林桥镇、九畹溪镇、龙舟坪镇、高家堰镇、磨市镇、都镇湾镇、资丘镇、渔峡口镇、榔坪镇、贺家坪镇、渔洋关镇、仁和坪镇、长乐坪镇、五峰镇、湾潭镇、红花套镇、高坝洲镇、聂家河镇、松木坪镇、枝城镇、姚家店镇、五眼泉镇、王家畈镇、两河镇、河溶镇、淯溪镇、庙前镇、王店镇、半月镇、草埠湖镇、安福寺镇、白洋镇、顾家店镇、董市镇、仙女镇、问安镇、七星台镇、百里洲镇、欧庙镇、卧龙镇、牛首镇、太平店镇、高新区团山镇、高新区米庄镇、龙王镇、石桥镇、黄集镇、伙牌镇、古驿镇、朱集镇、程河镇、双沟镇、张家集镇、黄龙镇、峪山镇、东津镇、南漳县城关镇、武安镇、九集镇、李庙镇、长坪镇、薛坪镇、板桥镇、巡检镇、东巩镇、肖堰镇、谷城县城关镇、石花镇、盛康镇、庙滩镇、五山镇、茨河镇、南河镇、紫金镇、冷集镇、保康县城关镇、黄堡镇、后坪镇、龙坪镇、店垭镇、马良镇、歇马镇、马桥镇、寺坪镇、过渡湾镇、孟楼镇、竹林桥镇、薛集镇、张集镇、仙人渡镇、洪山嘴镇、李楼镇、琚湾镇、七方镇、杨当镇、太平镇、新市镇、鹿头镇、刘升镇、兴隆镇、王城镇、吴店镇、熊集镇、平林镇、郑集镇、小河镇、刘猴镇、孔湾镇、流水镇、板桥店镇、王集镇、雷河镇、太和镇、东沟镇、梁子镇、涂家垴镇、沼山镇、华容镇、葛店镇、庙岭镇、段店镇、泽林镇、杜山镇、新庙镇、碧石镇、汀祖镇、燕矶镇、杨叶镇、花湖镇、长港镇、栗溪镇、子陵铺镇、漳河镇、马河镇、石桥驿镇、牌楼镇、团林铺镇、麻城镇、沙洋镇、五里铺镇、十里铺镇、纪山镇、拾回桥镇、后港镇、毛李镇、官垱镇、李市镇、马良镇、高阳镇、沈集镇、曾集镇、洋梓镇、长寿镇、丰乐镇、胡集镇、双河镇、磷矿镇、文集镇、冷水镇、石牌镇、旧口镇、柴湖镇、长滩镇、东桥镇、客店镇、张集镇、曹武镇、罗店镇、宋河镇、坪坝镇、三阳镇、绿林镇、杨集镇、孙桥镇、石龙镇、永漋镇、雁门口镇、钱场镇、新铺镇、西河镇、杨店镇、陡岗镇、肖港镇、毛陈镇、三汊镇、祝站镇、花园镇、丰山镇、周巷镇、小河镇、王店镇、卫店镇、白沙镇、邹岗镇、大悟县城关镇、阳平镇、芳畈镇、新城镇、夏店镇、刘集镇、河口镇、四姑镇、吕王镇、黄站镇、宣化店镇、丰店镇、大新镇、三里镇、云梦县城关镇、义堂镇、曾店镇、吴铺镇、伍洛镇、下辛店镇、道桥镇、隔蒲潭镇、胡金店镇、田店镇、杨河镇、三合镇、郎君镇、黄滩镇、天鹅镇、义和镇、陈河镇、杨岭镇、汤池镇、赵棚镇、李店镇、巡店镇、棠棣镇、雷公镇、王义贞镇、烟店镇、孛畈镇、洑水镇、马口镇、脉旺镇、城隍镇、分水镇、沉湖镇、田二河镇、回龙镇、新堰镇、垌塚镇、麻河镇、刘家隔镇、新河镇、庙头镇、杨林沟镇、锣场镇、岑河镇、观音垱镇、关沮镇、纪南镇、川店镇、马山镇、八岭山镇、李埠镇、弥市镇、郢城镇、埠河镇、斗湖堤镇、夹竹园镇、闸口镇、杨家厂镇、麻豪口镇、藕池镇、黄山头镇、孟家溪镇、南平镇、章庄铺镇、狮子口镇、斑竹垱镇、毛家港镇、资市镇、熊河镇、白马寺镇、沙岗镇、普济镇、郝穴镇、滩桥镇、新厂镇、横沟市镇、大垸镇、小河口镇、桃花山镇、调关镇、东升镇、高基庙镇、南口镇、高陵镇、团山寺镇、螺山镇、乌林镇、龙口镇、燕窝镇、新滩镇、峰口镇、曹市镇、府场镇、戴家场镇、瞿家湾镇、沙口镇、万全镇、汊河镇、黄家口镇、南海镇、八宝镇、浃市镇、老城镇、陈店镇、王家桥镇、斯家场镇、杨林市镇、纸厂河镇、街河市镇、沧水镇、刘家场镇、沙道观镇、容城镇、朱河镇、新沟镇、龚场镇、周老嘴镇、黄歇口镇、汪桥镇、程集镇、分盐镇、毛市镇、福田寺镇、上车湾镇、汴河镇、尺八镇、白螺镇、网市镇、三洲镇、桥市镇、路口镇、堵城镇、陈策楼镇、团风镇、淋山河镇、方高坪镇、回龙山镇、马曹庙镇、上巴河镇、总路咀镇、但店镇、红安县城关镇、七里坪镇、华家河镇、二程镇、上新集镇、高桥镇、觅儿寺镇、八里湾镇、太平桥镇、永佳河镇、凤山镇、骆驼坳镇、大河岸镇、九资河镇、胜利镇、河铺镇、三里畈镇、匡河镇、白庙河镇、大崎镇、温泉镇、南河镇、红山镇、金家铺镇、石头咀镇、草盘地镇、雷家店镇、杨柳湾镇、清泉镇、巴河镇、竹瓦镇、汪岗镇、团陂镇、关口镇、白莲镇、蔡河镇、洗马镇、丁司垱镇、散花镇、兰溪镇、漕河镇、赤东镇、蕲州镇、管窑镇、彭思镇、横车镇、株林镇、刘河镇、狮子镇、青石镇、张塝镇、大同镇、檀林镇、黄梅镇、孔垄镇、小池镇、下新镇、大河镇、停前镇、五祖镇、濯港镇、蔡山镇、新开镇、独山镇、分路镇、中馆驿镇、宋埠镇、歧亭镇、白果镇、夫子河镇、阎家河镇、龟山镇、盐田河镇、张家畈镇、木子店镇、三河口镇、黄土岗镇、福田河镇、乘马岗镇、顺河镇、梅川镇、余川镇、花桥镇、大金镇、石佛寺镇、四望镇、大法寺镇、龙坪镇、汀泗桥镇、向阳湖镇、官埠桥镇、横沟桥镇、贺胜桥镇、双溪桥镇、马桥镇、桂花镇、高桥镇、陆溪镇、高铁岭镇、官桥镇、鱼岳镇、新街镇、渡普镇、潘家湾镇、牌洲湾镇、隽水镇、麦市镇、塘湖镇、关刀镇、沙堆镇、五里镇、石南镇、北港镇、马港镇、天城镇、沙坪镇、石城镇、桂花泉镇、白霓镇、路口镇、金塘镇、青山镇、通羊镇、南林桥镇、黄沙铺镇、厦铺镇、九宫山镇、闯王镇、洪港镇、大畈镇、新店镇、赵李桥镇、茶庵岭镇、车埠镇、赤壁镇、柳山湖镇、神山镇、中伙铺镇、官塘驿镇、黄盖湖镇、万店镇、何店镇、洛阳镇、府河镇、淅河镇、厉山镇、高城镇、殷店镇、草店镇、小林镇、淮河镇、万和镇、尚市镇、唐县镇、吴山镇、新街镇、安居镇、澴潭镇、洪山镇、长岗镇、三里岗镇、柳林镇、均川镇、万福店镇、武胜关镇、杨寨镇、陈巷镇、长岭镇、马坪镇、关庙镇、余店镇、吴店镇、郝店镇、蔡河镇、李店镇、太平镇、骆店镇、龙凤镇、崔家坝镇、板桥镇、白杨坪镇、三岔镇、盛家坝镇、谋道镇、柏杨坝镇、汪营镇、建南镇、忠路镇、团堡镇、毛坝镇、文斗镇、业州镇、高坪镇、红岩寺镇、景阳镇、官店镇、花坪镇、长梁镇、信陵镇、东瀼口镇、沿渡河镇、官渡口镇、茶店子镇、绿葱坡镇、大支坪镇、野三关镇、水布垭镇、清太坪镇、珠山镇、椒园镇、沙道沟镇、李家河镇、高罗镇、高乐山镇、忠堡镇、坪坝营镇、朝阳寺镇、清坪镇、唐崖镇、曲江镇、翔凤镇、百福司镇、大河镇、绿水镇、旧司镇、革勒车镇、走马镇、容美镇、太平镇、燕子镇、中营镇、郑场镇、毛嘴镇、豆河镇、三伏潭镇、胡场镇、长倘口镇、西流河镇、沙湖镇、杨林尾镇、彭场镇、张沟镇、郭河镇、沔城回族镇、通海口镇、陈场镇、竹根滩镇、渔洋镇、王场镇、高石碑镇、熊口镇、老新镇、浩口镇、积玉口镇、张金镇、龙湾镇、多宝镇、拖市镇、张港镇、蒋场镇、汪场镇、渔薪镇、黄潭镇、岳口镇、横林镇、彭市镇、麻洋镇、多祥镇、干驿镇、马湾镇、卢市镇、小板镇、九真镇、皂市镇、胡市镇、石家河镇、佛子山镇、松柏镇、阳日镇、木鱼镇、红坪镇、新华镇、九湖镇。

湖南省

莲花镇、雨敞坪镇、跳马镇、桥驿镇、茶亭镇、靖港镇、乔口镇、白箬铺镇、黄兴镇、江背镇、黄花镇、春华镇、果园镇、路口镇、高桥镇、金井镇、福临镇、青山铺镇、安沙镇、北山镇、开慧镇、社港镇、官渡镇、张坊镇、达浒镇、沿溪镇、古港镇、永和镇、大瑶镇、金刚镇、文家市镇、枨冲镇、镇头镇、普迹镇、永安镇、北盛镇、龙伏镇、澄潭江镇、中和镇、柏加镇、洞阳镇、大围山镇、沙市镇、淳口镇、高坪镇、官桥镇、葛家镇、蕉溪镇、道林镇、花明楼镇、东湖塘镇、夏铎铺镇、双江口镇、煤炭坝镇、坝塘镇、灰汤镇、双凫铺镇、老粮仓镇、流沙河镇、巷子口镇、龙田镇、横市镇、回龙铺镇、黄材镇、大成桥镇、青山桥镇、金洲镇、大屯营镇、资福镇、仙庾镇、白关镇、云田镇、群丰镇、雷打石镇、三门镇、渌口镇、朱亭镇、古岳峰镇、淦田镇、龙门镇、龙潭镇、南洲镇、龙船镇、酒埠江镇、桃水镇、网岭镇、渌田镇、石羊塘镇、黄丰桥镇、鸾山镇、丫江桥镇、皇图岭镇、新市镇、菜花坪镇、莲塘坳镇、宁家坪镇、界首镇、湖口镇、马江镇、高陇镇、虎踞镇、枣市镇、火田镇、严塘镇、秩堂镇、腰潞镇、霞阳镇、沔渡镇、十都镇、水口镇、鹿原镇、白兔潭镇、浦口镇、王仙镇、泗汾镇、沈潭镇、船湾镇、均楚镇、东富镇、石亭镇、孙家湾镇、官庄镇、嘉树镇、板杉镇、沩山镇、枫林镇、李畋镇、明月镇、左权镇、茶山镇、鹤岭镇、楠竹山镇、姜畬镇、易俗河镇、谭家山镇、中路铺镇、茶恩寺镇、河口镇、射埠镇、花石镇、青山桥镇、石鼓镇、云湖桥镇、石潭镇、杨嘉桥镇、乌石镇、白石镇、昭山镇、山枣镇、栗山镇、中沙镇、虞唐镇、潭市镇、棋梓镇、壶天镇、翻江镇、金石镇、白田镇、月山镇、泉塘镇、梅桥镇、毛田镇、龙洞镇、清溪镇、银田镇、茶山坳镇、岳屏镇、角山镇、呆鹰岭镇、雨母山镇、南岳镇、西渡镇、集兵镇、杉桥镇、井头镇、演陂镇、金兰镇、洪市镇、曲兰镇、金溪镇、界牌镇、渣江镇、三湖镇、台源镇、关市镇、库宗桥镇、岘山镇、石市镇、茶市镇、冠市镇、江口镇、宝盖镇、花桥镇、铁丝塘镇、泉溪镇、洪山镇、三塘镇、谭子山镇、岐山镇、泉湖镇、柞市镇、茅市镇、硫市镇、栗江镇、近尾洲镇、咸塘镇、松江镇、开云镇、白果镇、东湖镇、萱洲镇、长江镇、新桥镇、店门镇、渼水镇、石湾镇、新塘镇、大浦镇、吴集镇、甘溪镇、杨林镇、草市镇、杨桥镇、霞流镇、荣桓镇、高湖镇、白莲镇、三樟镇、蓬源镇、金桥镇、鸟江镇、粮市镇、河洲镇、归阳镇、过水坪镇、双桥镇、灵官镇、风石堰镇、白地市镇、黄土铺镇、石亭子镇、官家嘴镇、步云桥镇、砖塘镇、蒋家桥镇、太和堂镇、黄市镇、小水镇、公平圩镇、三都镇、南阳镇、夏塘镇、龙塘镇、哲桥镇、永济镇、遥田镇、新市镇、泹田镇、大市镇、仁义镇、南京镇、大义镇、东湖圩镇、马水镇、导子镇、柏坊镇、水口山镇、烟洲镇、荫田镇、白沙镇、西岭镇、三角塘镇、洋泉镇、庙前镇、罗桥镇、板桥镇、胜桥镇、官岭镇、新河镇、高崇山镇、渡头桥镇、罗市镇、陈家桥镇、酿溪镇、严塘镇、雀塘镇、陈家坊镇、潭溪镇、寸石镇、坪上镇、龙溪铺镇、巨口铺镇、新田铺镇、小塘镇、太芝庙镇、大新镇、塘渡口镇、白仓镇、金称市镇、塘田市镇、黄亭市镇、长阳铺镇、岩口铺镇、九公桥镇、下花桥镇、谷洲镇、郦家坪镇、五峰铺镇、小沙江镇、金石桥镇、司门前镇、高平镇、六都寨镇、荷香桥镇、横板桥镇、周旺镇、滩头镇、鸭田镇、西洋江镇、岩口镇、北山镇、三阁司镇、南岳庙镇、七江镇、羊古坳镇、罗洪镇、江口镇、毓兰镇、高沙镇、竹市镇、石江镇、黄桥镇、山门镇、蓼田镇、花园镇、岩山镇、水东镇、杨林镇、月溪镇、石柱镇、长铺镇、武阳镇、李熙桥镇、红岩镇、唐家坊镇、金屋塘镇、瓦屋塘镇、黄土矿镇、金石镇、水庙镇、崀山镇、黄龙镇、高桥镇、回龙寺镇、一渡水镇、马头桥镇、儒林镇、茅坪镇、西岩镇、丹口镇、五团镇、长安营镇、白毛坪镇、邓元泰镇、湾头桥镇、文坪镇、荆竹铺镇、稠树塘镇、邓家铺镇、龙溪镇、司马冲镇、秦桥镇、双牌镇、大甸镇、牛马司镇、界岭镇、九龙岭镇、仙槎桥镇、火厂坪镇、佘田桥镇、灵官殿镇、团山镇、砂石镇、廉桥镇、流光岭镇、流泽镇、魏家桥镇、野鸡坪镇、杨桥镇、水东江镇、黑田铺镇、简家陇镇、西塘镇、陆城镇、路口镇、广兴洲镇、许市镇、钱粮湖镇、良心堡镇、荣家湾镇、黄沙街镇、新墙镇、柏祥镇、筻口镇、公田镇、毛田镇、月田镇、张谷英镇、新开镇、步仙镇、杨林街镇、三封寺镇、治河渡镇、北景港镇、鲇鱼须镇、万庾镇、插旗镇、注滋口镇、操军镇、东山镇、梅田湖镇、章华镇、禹山镇、东塘镇、樟树镇、三塘镇、岭北镇、新泉镇、湘滨镇、南湖洲镇、鹤龙湖镇、静河镇、石塘镇、洋沙湖镇、金龙镇、安定镇、三市镇、加义镇、长寿镇、龙门镇、虹桥镇、南江镇、梅仙镇、浯口镇、瓮江镇、伍市镇、向家镇、童市镇、岑川镇、福寿山镇、余坪镇、石牛寨镇、上塔市镇、营田镇、河市镇、汨罗镇、新市镇、古培镇、白水镇、川山坪镇、弼时镇、长乐镇、大荆镇、桃林寺镇、三江镇、屈子祠镇、归义镇、神鼎山镇、罗江镇、白塘镇、忠防镇、聂市镇、江南镇、桃林镇、长塘镇、白羊田镇、詹桥镇、黄盖镇、羊楼司镇、坦渡镇、河洑镇、白鹤镇、蒿子港镇、中河口镇、十美堂镇、牛鼻滩镇、韩公渡镇、石公桥镇、镇德桥镇、周家店镇、双桥坪镇、蔡家岗镇、草坪镇、石门桥镇、谢家铺镇、黄土店镇、尧天坪镇、石板滩镇、花岩溪镇、深柳镇、大鲸港镇、黄山头镇、三岔河镇、官垱镇、下渔口镇、陈家嘴镇、大湖口镇、蒋家嘴镇、岩汪湖镇、坡头镇、西港镇、洲口镇、罐头嘴镇、沧港镇、朱家铺镇、太子庙镇、崔家桥镇、军山铺镇、百禄桥镇、西湖镇、洋淘湖镇、丰家铺镇、龙潭桥镇、小渡口镇、梦溪镇、复兴镇、盐井镇、大堰垱镇、王家厂镇、金罗镇、码头铺镇、甘溪滩镇、火连坡镇、澧南镇、如东镇、涔南镇、官垸镇、城头山镇、合口镇、新安镇、佘市桥镇、太浮镇、四新岗镇、停弦渡镇、修梅镇、陬市镇、盘塘镇、热市镇、黄石镇、漆河镇、理公港镇、观音寺镇、龙潭镇、三阳港镇、剪市镇、茶庵铺镇、西安镇、沙坪镇、桃花源镇、架桥镇、马鬃岭镇、夷望溪镇、双溪口镇、九溪镇、牛车河镇、杨溪桥镇、郑家驿镇、木塘垸镇、佘家坪镇、蒙泉镇、夹山镇、易家渡镇、新关镇、皂市镇、维新镇、太平镇、磨市镇、壶瓶山镇、南北镇、白云镇、新铺镇、子良镇、祝丰镇、新洲镇、白衣镇、药山镇、毛里湖镇、新桥镇、茅岩河镇、教字垭镇、天门山镇、沅古坪镇、尹家溪镇、王家坪镇、岩泊渡镇、溪口镇、东岳观镇、通津铺镇、杉木桥镇、象市镇、江垭镇、苗市镇、零溪镇、高桥镇、龙潭河镇、广福桥镇、三合镇、二坊坪镇、澧源镇、瑞塔铺镇、官地坪镇、凉水口镇、龙潭坪镇、五道水镇、陈家河镇、廖家村镇、利福塔镇、八大公山镇、桥自弯镇、人潮溪镇、迎风桥镇、沙头镇、茈湖口镇、长春镇、新桥河镇、八字哨镇、泉交河镇、欧江岔镇、沧水铺镇、岳家桥镇、新市渡镇、兰溪镇、衡龙桥镇、泥江口镇、明山头镇、青树嘴镇、厂窖镇、武圣宫镇、南洲镇、华阁镇、茅草街镇、三仙湖镇、麻河口镇、浪拔湖镇、中鱼口镇、修山镇、鸬鹚渡镇、石牛江镇、牛田镇、松木塘镇、桃花江镇、灰山港镇、武潭镇、马迹塘镇、三堂街镇、大栗港镇、沾溪镇、高桥镇、清塘铺镇、仙溪镇、长塘镇、小淹镇、羊角塘镇、冷市镇、奎溪镇、烟溪镇、渠江镇、平口镇、柘溪镇、乐安镇、滔溪镇、梅城镇、大福镇、马路镇、东坪镇、江南镇、龙塘镇、河坝镇、金盆镇、北洲子镇、千山红镇、谢林港镇、四季红镇、泗湖山镇、南嘴镇、新湾镇、茶盘洲镇、南大膳镇、黄茅洲镇、草尾镇、阳罗洲镇、共华镇、华塘镇、鲁塘镇、白露塘镇、良田镇、栖凤渡镇、坳上镇、许家洞镇、五里牌镇、五盖山镇、飞天山镇、仁义镇、太和镇、洋市镇、和平镇、流峰镇、塘市镇、莲塘镇、春陵江镇、荷叶镇、方元镇、樟市镇、敖泉镇、正和镇、浩塘镇、雷坪镇、欧阳海镇、四里镇、白石渡镇、杨梅山镇、瑶岗仙镇、梅田镇、黄沙镇、迎春镇、一六镇、栗源镇、岩泉镇、玉溪镇、天塘镇、笆篱镇、里田镇、五岭镇、马田镇、金龟镇、柏林镇、鲤鱼塘镇、悦来镇、黄泥镇、樟树镇、太和镇、油麻镇、高亭司镇、珠泉镇、塘村镇、袁家镇、行廊镇、龙潭镇、石桥镇、坦坪镇、广发镇、晋屏镇、舜峰镇、金江镇、武水镇、南强镇、汾市镇、水东镇、楚江镇、麦市镇、香花镇、热水镇、土桥镇、泉水镇、暖水镇、大坪镇、三江口瑶族镇、卢阳镇、马桥镇、井坡镇、沤江镇、沙田镇、清泉镇、大塘镇、四都镇、寨前镇、普乐镇、安平镇、龙海镇、灵官镇、永乐江镇、金紫仙镇、滁口镇、三都镇、蓼江镇、兴宁镇、州门司镇、黄草镇、汤溪镇、清江镇、白廊镇、水口山镇、珠山镇、黄田铺镇、富家桥镇、菱角塘镇、邮亭圩镇、石岩头镇、花桥街镇、普利桥镇、牛角坝镇、高溪市镇、黄阳司镇、上岭桥镇、伊塘镇、蔡市镇、白牙市镇、大庙口镇、紫溪市镇、横塘镇、石期市镇、井头圩镇、端桥铺镇、鹿马桥镇、芦洪市镇、新圩江镇、花桥镇、大盛镇、南桥镇、泷泊镇、江村镇、五里牌镇、茶林镇、何家洞镇、麻江镇、梅花镇、寿雁镇、仙子脚镇、清塘镇、祥霖铺镇、蚣坝镇、四马桥镇、白马渡镇、柑子园镇、白芒铺镇、桥头镇、乐福堂镇、潇浦镇、上江圩镇、夏层铺镇、桃川镇、粗石江镇、天堂镇、水市镇、湾井镇、冷水镇、太平镇、禾亭镇、仁和镇、中和镇、柏家坪镇、清水桥镇、鲤溪镇、保安镇、塔峰镇、毛俊镇、楠市镇、所城镇、新圩镇、祠堂圩镇、土市镇、太平圩镇、金陵镇、骥村镇、枧头镇、新圩镇、石羊镇、新隆镇、三井镇、大坪塘镇、陶岭镇、金盆镇、沱江镇、大路铺镇、白芒营镇、涛圩镇、河路口镇、大圩镇、水口镇、码市镇、涔天河镇、回龙圩镇、观音滩镇、茅竹镇、三口塘镇、大忠桥镇、肖家镇、八宝镇、白水镇、进宝塘镇、黄泥塘镇、羊角塘镇、梅溪镇、潘市镇、七里桥镇、下马渡镇、黎家坪镇、文富市镇、大村甸镇、文明铺镇、龚家坪镇、金洞镇、黄金坳镇、中方镇、泸阳镇、花桥镇、铜湾镇、桐木镇、铁坡镇、新建镇、接龙镇、铜鼎镇、新路河镇、袁家镇、麻溪铺镇、五强溪镇、明溪口镇、凉水井镇、七甲坪镇、筲箕湾镇、官庄镇、沅陵镇、辰阳镇、孝坪镇、田湾镇、火马冲镇、黄溪口镇、潭湾镇、安坪镇、锦滨镇、修溪镇、卢峰镇、低庄镇、桥江镇、龙潭镇、均坪镇、观音阁镇、双井镇、水东镇、两丫坪镇、黄茅园镇、葛竹坪镇、大江口镇、思蒙镇、深子湖镇、祖师殿镇、三江镇、统溪河镇、北斗溪镇、林城镇、坪村镇、堡子镇、团河镇、若水镇、广坪镇、马鞍镇、金竹镇、锦和镇、江口墟镇、岩门镇、兰里镇、吕家坪镇、高村镇、尧市镇、郭公坪镇、波洲镇、鱼市镇、凉伞镇、扶罗镇、中寨镇、晃洲镇、林冲镇、贡溪镇、禾滩镇、芷江镇、罗旧镇、新店坪镇、碧涌镇、公坪镇、岩桥镇、三道坑镇、土桥镇、楠木坪镇、渠阳镇、甘棠镇、大堡子镇、坳上镇、新厂镇、平茶镇、双江镇、县溪镇、播阳镇、牙屯堡镇、菁芜洲镇、溪口镇、陇城镇、万佛山镇、独坡镇、黔城镇、安江镇、托口镇、雪峰镇、江市镇、沅河镇、塘湾镇、杉山镇、万宝镇、石井镇、水洞底镇、蛇形山镇、荷叶镇、井字镇、梓门桥镇、杏子铺镇、走马街镇、洪山殿镇、甘棠镇、三塘铺镇、青树坪镇、花门镇、锁石镇、石冲口镇、洋溪镇、槎溪镇、水车镇、文田镇、奉家镇、炉观镇、游家镇、西河镇、孟公镇、琅塘镇、白溪镇、圳上镇、吉庆镇、温塘镇、田坪镇、桑梓镇、曹家镇、禾青镇、渣渡镇、铎山镇、三尖镇、金竹山镇、安平镇、湄江镇、伏口镇、桥头河镇、七星街镇、杨市镇、枫坪镇、斗笠山镇、白马镇、茅塘镇、荷塘镇、金石镇、龙塘镇、渡头塘镇、湖泉镇、矮寨镇、马颈坳镇、河溪镇、丹青镇、太平镇、达岚镇、兴隆场镇、潭溪镇、洗溪镇、武溪镇、浦市镇、合水镇、廖家桥镇、茶田镇、吉信镇、腊尔山镇、禾库镇、沱江镇、阿拉营镇、木江坪镇、山江镇、落潮井镇、新场镇、箄子坪镇、千工坪镇、龙潭镇、民乐镇、吉卫镇、麻栗场镇、雅西镇、边城镇、花垣镇、双龙镇、石栏镇、普戎镇、复兴镇、迁陵镇、清水坪镇、比耳镇、毛沟镇、水田河镇、葫芦镇、碗米坡镇、吕洞山镇、古阳镇、岩头寨镇、默戎镇、红石林镇、断龙山镇、高峰镇、坪坝镇、首车镇、芙蓉镇、永茂镇、小溪镇、青坪镇、石堤镇、万坪镇、塔卧镇、砂坝镇、灵溪镇、松柏镇、泽家镇、洗车河镇、石牌镇、茨岩塘镇、红岩溪镇、靛房镇、苗儿滩镇、里耶镇、桂塘镇、召市镇、洗洛镇、水田坝镇、农车镇。

广东省

人和镇、太和镇、钟落潭镇、江高镇、新龙镇、南村镇、新造镇、化龙镇、石楼镇、石碁镇、梯面镇、花山镇、花东镇、炭步镇、赤坭镇、狮岭镇、万顷沙镇、横沥镇、黄阁镇、东涌镇、大岗镇、榄核镇、温泉镇、良口镇、吕田镇、太平镇、鳌头镇、新塘镇、石滩镇、中新镇、正果镇、派潭镇、小楼镇、仙村镇、西联镇、西河镇、龙归镇、江湾镇、重阳镇、新韶镇、乐园镇、十里亭镇、犁市镇、花坪镇、马坝镇、大塘镇、枫湾镇、小坑镇、沙溪镇、乌石镇、樟市镇、白土镇、罗坑镇、太平镇、马市镇、澄江镇、顿岗镇、罗坝镇、司前镇、隘子镇、城南镇、沈所镇、闻韶镇、扶溪镇、长江镇、城口镇、红山镇、石塘镇、董塘镇、大桥镇、周田镇、黄坑镇、龙仙镇、坝仔镇、江尾镇、官渡镇、周陂镇、翁城镇、新江镇、铁龙镇、乳城镇、一六镇、桂头镇、洛阳镇、大布镇、大桥镇、东坪镇、游溪镇、必背镇、黄礤镇、马头镇、梅坑镇、沙田镇、遥田镇、回龙镇、北乡镇、九峰镇、廊田镇、长来镇、梅花镇、三溪镇、坪石镇、黄圃镇、五山镇、两江镇、沙坪镇、云岩镇、秀水镇、大源镇、庆云镇、白石镇、乌迳镇、界址镇、坪田镇、黄坑镇、邓坊镇、油山镇、南亩镇、水口镇、江头镇、湖口镇、珠玑镇、主田镇、古市镇、全安镇、百顺镇、澜河镇、帽子峰镇、唐家湾镇、南屏镇、横琴镇、桂山镇、万山镇、担杆镇、莲洲镇、斗门镇、乾务镇、白蕉镇、井岸镇、三灶镇、南水镇、红旗镇、平沙镇、海门镇、河溪镇、和平镇、西胪镇、关埠镇、谷饶镇、贵屿镇、铜盂镇、金灶镇、井都镇、成田镇、司马浦镇、陈店镇、两英镇、仙城镇、胪岗镇、红场镇、雷岭镇、陇田镇、上华镇、隆都镇、莲下镇、莲上镇、溪南镇、东里镇、盐鸿镇、莲华镇、后宅镇、云澳镇、深澳镇、南庄镇、九江镇、西樵镇、丹灶镇、狮山镇、大沥镇、里水镇、陈村镇、北滘镇、乐从镇、龙江镇、杏坛镇、均安镇、大塘镇、乐平镇、白坭镇、芦苞镇、南山镇、杨和镇、明城镇、更合镇、棠下镇、荷塘镇、杜阮镇、大泽镇、司前镇、罗坑镇、双水镇、崖门镇、沙堆镇、古井镇、三江镇、睦洲镇、大鳌镇、大江镇、水步镇、四九镇、白沙镇、三合镇、冲蒌镇、斗山镇、都斛镇、赤溪镇、端芬镇、广海镇、海宴镇、汶村镇、深井镇、北陡镇、川岛镇、沙塘镇、苍城镇、龙胜镇、大沙镇、马冈镇、塘口镇、赤坎镇、百合镇、蚬冈镇、金鸡镇、月山镇、赤水镇、水口镇、龙口镇、雅瑶镇、古劳镇、桃源镇、鹤城镇、共和镇、址山镇、宅梧镇、双合镇、横陂镇、圣堂镇、良西镇、沙湖镇、牛江镇、君堂镇、大田镇、那吉镇、大槐镇、东成镇、南三镇、坡头镇、乾塘镇、龙头镇、官渡镇、麻章镇、太平镇、湖光镇、硇洲镇、黄略镇、洋青镇、界炮镇、乐民镇、江洪镇、杨柑镇、城月镇、乌塘镇、建新镇、岭北镇、北坡镇、港门镇、草潭镇、河头镇、附城镇、迈陈镇、海安镇、曲界镇、前山镇、西连镇、下桥镇、龙塘镇、下洋镇、锦和镇、和安镇、新寮镇、南山镇、石城镇、新民镇、吉水镇、河唇镇、石角镇、良垌镇、横山镇、安铺镇、营仔镇、青平镇、车板镇、高桥镇、石岭镇、雅塘镇、石颈镇、长山镇、塘蓬镇、和寮镇、白沙镇、沈塘镇、客路镇、杨家镇、唐家镇、企水镇、纪家镇、松竹镇、南兴镇、雷高镇、东里镇、调风镇、龙门镇、英利镇、北和镇、乌石镇、覃斗镇、附城镇、浅水镇、长岐镇、覃巴镇、王村港镇、振文镇、樟铺镇、吴阳镇、塘㙍镇、黄坡镇、兰石镇、金塘镇、公馆镇、新坡镇、镇盛镇、鳌头镇、袂花镇、高山镇、山阁镇、羊角镇、马踏镇、岭门镇、坡心镇、七迳镇、树仔镇、沙院镇、麻岗镇、旦场镇、小良镇、霞洞镇、观珠镇、沙琅镇、黄岭镇、望夫镇、罗坑镇、那霍镇、博贺镇、林头镇、电城镇、谢鸡镇、新垌镇、云潭镇、分界镇、根子镇、泗水镇、镇江镇、沙田镇、南塘镇、荷花镇、石板镇、大井镇、潭头镇、大坡镇、平山镇、深镇镇、马贵镇、古丁镇、曹江镇、荷塘镇、石鼓镇、东岸镇、长坡镇、长岐镇、同庆镇、杨梅镇、良光镇、笪桥镇、丽岗镇、新安镇、官桥镇、林尘镇、合江镇、那务镇、播扬镇、宝圩镇、平定镇、文楼镇、江湖镇、中垌镇、镇隆镇、水口镇、丁堡镇、池洞镇、贵子镇、怀乡镇、茶山镇、洪冠镇、白石镇、大成镇、钱排镇、合水镇、新宝镇、平塘镇、思贺镇、金垌镇、朱砂镇、北界镇、永安镇、沙浦镇、凤凰镇、莲花镇、河台镇、乐城镇、水南镇、禄步镇、小湘镇、大湾镇、新桥镇、白诸镇、莲塘镇、活道镇、蛟塘镇、回龙镇、白土镇、金渡镇、金利镇、蚬岗镇、排沙镇、潭布镇、江屯镇、螺岗镇、北市镇、坑口镇、赤坑镇、宾亨镇、五和镇、横山镇、木格镇、石咀镇、古水镇、洲仔镇、坳仔镇、汶朗镇、甘洒镇、凤岗镇、洽水镇、梁村镇、大岗镇、岗坪镇、冷坑镇、马宁镇、蓝钟镇、永固镇、诗洞镇、桥头镇、中洲镇、连麦镇、江川镇、白垢镇、大洲镇、渔涝镇、河儿口镇、连都镇、杏花镇、罗董镇、长岗镇、平凤镇、南丰镇、大玉口镇、都平镇、金装镇、长安镇、新圩镇、回龙镇、官圩镇、马圩镇、高良镇、莫村镇、永丰镇、武垄镇、播植镇、凤村镇、悦城镇、九市镇、龙甫镇、地豆镇、威整镇、罗源镇、迳口镇、大沙镇、石狗镇、黄田镇、江谷镇、下茆镇、汝湖镇、三栋镇、潼湖镇、沥林镇、马安镇、横沥镇、芦洲镇、潼侨镇、沙田镇、新圩镇、镇隆镇、永湖镇、良井镇、平潭镇、石坝镇、麻陂镇、观音阁镇、公庄镇、杨村镇、柏塘镇、泰美镇、湖镇镇、长宁镇、福田镇、龙华镇、园洲镇、石湾镇、杨侨镇、横河镇、白花镇、梁化镇、稔山镇、铁涌镇、平海镇、吉隆镇、黄埠镇、多祝镇、安墩镇、高潭镇、宝口镇、白盆珠镇、麻榨镇、永汉镇、龙田镇、龙潭镇、地派镇、龙华镇、龙江镇、三角镇、长沙镇、城北镇、西阳镇、城东镇、石扇镇、梅西镇、大坪镇、石坑镇、水车镇、梅南镇、丙村镇、白渡镇、松源镇、隆文镇、桃尧镇、畲江镇、雁洋镇、松口镇、南口镇、程江镇、扶大镇、湖寮镇、青溪镇、三河镇、银江镇、洲瑞镇、光德镇、桃源镇、百侯镇、大东镇、大麻镇、枫朗镇、茶阳镇、高陂镇、西河镇、北斗镇、汤西镇、汤南镇、埔寨镇、建桥镇、龙岗镇、潘田镇、黄金镇、小胜镇、砂田镇、八乡山镇、丰良镇、潭江镇、汤坑镇、留隍镇、大龙华镇、转水镇、潭下镇、郭田镇、双华镇、梅林镇、华阳镇、华城镇、周江镇、水寨镇、河东镇、岐岭镇、长布镇、横陂镇、安流镇、棉洋镇、龙村镇、石正镇、八尺镇、差干镇、河头镇、中行镇、上举镇、泗水镇、长田镇、热柘镇、东石镇、仁居镇、大柘镇、三圳镇、文福镇、广福镇、新铺镇、蓝坊镇、南礤镇、蕉城镇、长潭镇、永和镇、新圩镇、罗浮镇、罗岗镇、黄槐镇、龙田镇、石马镇、宁中镇、径南镇、坜陂镇、水口镇、黄陂镇、合水镇、大坪镇、叶塘镇、新陂镇、刁坊镇、红草镇、东涌镇、捷胜镇、梅陇镇、小漠镇、鹅埠镇、赤石镇、鲘门镇、联安镇、陶河镇、赤坑镇、大湖镇、可塘镇、黄羌镇、平东镇、海城镇、公平镇、附城镇、城东镇、河田镇、水唇镇、河口镇、新田镇、上护镇、螺溪镇、东坑镇、南万镇、甲子镇、碣石镇、湖东镇、大安镇、博美镇、内湖镇、南塘镇、陂洋镇、八万镇、金厢镇、潭西镇、甲东镇、河东镇、上英镇、桥冲镇、甲西镇、西南镇、源南镇、埔前镇、紫城镇、龙窝镇、九和镇、上义镇、蓝塘镇、凤安镇、义容镇、古竹镇、临江镇、柏埔镇、黄塘镇、敬梓镇、水墩镇、南岭镇、苏区镇、瓦溪镇、好义镇、中坝镇、老隆镇、义都镇、佗城镇、鹤市镇、黄布镇、紫市镇、通衢镇、登云镇、丰稔镇、四都镇、铁场镇、龙母镇、田心镇、黎咀镇、黄石镇、赤光镇、廻龙镇、新田镇、车田镇、岩镇镇、麻布岗镇、贝岭镇、细坳镇、上坪镇、元善镇、上坪镇、内莞镇、陂头镇、溪山镇、隆街镇、田源镇、油溪镇、忠信镇、高莞镇、大湖镇、三角镇、绣缎镇、阳明镇、大坝镇、长塘镇、下车镇、上陵镇、优胜镇、贝墩镇、古寨镇、彭寨镇、合水镇、公白镇、青州镇、涮源镇、热水镇、东水镇、礼士镇、林寨镇、仙塘镇、灯塔镇、骆湖镇、船塘镇、顺天镇、上莞镇、曾田镇、柳城镇、义合镇、蓝口镇、黄田镇、叶潭镇、黄村镇、康禾镇、锡场镇、新港镇、双江镇、涧头镇、新回龙镇、半江镇、埠场镇、平冈镇、闸坡镇、双捷镇、东城镇、北惯镇、那龙镇、东平镇、雅韶镇、大沟镇、新洲镇、合山镇、塘坪镇、大八镇、红丰镇、织簧镇、程村镇、塘口镇、上洋镇、溪头镇、沙扒镇、儒洞镇、新圩镇、河朗镇、松柏镇、石望镇、春湾镇、合水镇、陂面镇、圭岗镇、永宁镇、马水镇、岗美镇、河口镇、潭水镇、三甲镇、双窖镇、八甲镇、源潭镇、龙塘镇、石角镇、飞来峡镇、太和镇、太平镇、山塘镇、三坑镇、龙颈镇、禾云镇、浸潭镇、石潭镇、石角镇、水头镇、汤塘镇、龙山镇、高岗镇、迳头镇、青莲镇、江英镇、杜步镇、七拱镇、太平镇、杨梅镇、大崀镇、小江镇、岭背镇、黄坌镇、黎埠镇、阳城镇、永和镇、吉田镇、太保镇、禾洞镇、福堂镇、小三江镇、上帅镇、三江镇、大麦山镇、寨岗镇、三排镇、涡水镇、大坪镇、香坪镇、沙口镇、望埠镇、横石水镇、桥头镇、青塘镇、白沙镇、大站镇、西牛镇、九龙镇、浛洸镇、大湾镇、石灰铺镇、石牯塘镇、下石太镇、波罗镇、横石塘镇、大洞镇、连江口镇、黎溪镇、水边镇、英红镇、东华镇、黄花镇、连州镇、星子镇、大路边镇、龙坪镇、西岸镇、保安镇、丰阳镇、东陂镇、九陂镇、西江镇、石碣镇、石龙镇、茶山镇、石排镇、企石镇、横沥镇、桥头镇、谢岗镇、东坑镇、常平镇、寮步镇、樟木头镇、大朗镇、黄江镇、清溪镇、塘厦镇、凤岗镇、大岭山镇、长安镇、虎门镇、厚街镇、沙田镇、道滘镇、洪梅镇、麻涌镇、望牛墩镇、中堂镇、高埗镇、黄圃镇、东凤镇、古镇镇、沙溪镇、坦洲镇、港口镇、三角镇、横栏镇、南头镇、阜沙镇、三乡镇、板芙镇、大涌镇、神湾镇、小榄镇、意溪镇、磷溪镇、铁铺镇、官塘镇、古巷镇、登塘镇、凤塘镇、浮洋镇、龙湖镇、金石镇、沙溪镇、彩塘镇、东凤镇、庵埠镇、江东镇、归湖镇、文祠镇、凤凰镇、赤凤镇、枫溪镇、黄冈镇、上饶镇、饶洋镇、新丰镇、建饶镇、三饶镇、新塘镇、汤溪镇、浮滨镇、浮山镇、东山镇、新圩镇、樟溪镇、钱东镇、高堂镇、联饶镇、所城镇、大埔镇、柘林镇、洪洲镇、海山镇、炮台镇、地都镇、登岗镇、云路镇、玉窖镇、锡场镇、新亨镇、玉湖镇、埔田镇、霖磐镇、月城镇、白塔镇、龙尾镇、桂岭镇、龙潭镇、南山镇、五经富镇、京溪园镇、灰寨镇、塔头镇、东园镇、凤江镇、棉湖镇、金和镇、大溪镇、钱坑镇、坪上镇、五云镇、上砂镇、惠城镇、华湖镇、仙庵镇、靖海镇、周田镇、前詹镇、神泉镇、东陇镇、岐石镇、隆江镇、溪西镇、鳌江镇、东港镇、葵潭镇、侨园镇、赤岗镇、大坝镇、洪阳镇、南溪镇、广太镇、麒麟镇、南径镇、占陇镇、军埠镇、下架山镇、高埔镇、云落镇、大坪镇、船埔镇、梅林镇、里湖镇、梅塘镇、普侨镇、腰古镇、思劳镇、前锋镇、南盛镇、六都镇、高村镇、白石镇、镇安镇、富林镇、石城镇、都杨镇、新城镇、车岗镇、水台镇、稔村镇、东成镇、太平镇、里洞镇、大江镇、天堂镇、河头镇、簕竹镇、六祖镇、都城镇、平台镇、桂圩镇、通门镇、建城镇、宝珠镇、大方镇、千官镇、大湾镇、河口镇、宋桂镇、东坝镇、连滩镇、历洞镇、南江口镇、罗镜镇、太平镇、分界镇、罗平镇、船步镇、朗塘镇、苹塘镇、金鸡镇、围底镇、华石镇、礼滨镇、黎少镇、生江镇、连州镇、泗纶镇、加益镇、龙湾镇。

广西壮族自治区

三塘镇、五塘镇、昆仑镇、刘圩镇、南阳镇、伶俐镇、长塘镇、吴圩镇、苏圩镇、延安镇、江西镇、金陵镇、双定镇、坛洛镇、良庆镇、那马镇、那陈镇、大塘镇、南晓镇、蒲庙镇、那楼镇、新江镇、百济镇、中和镇、城厢镇、太平镇、双桥镇、宁武镇、锣圩镇、仙湖镇、府城镇、陆斡镇、两江镇、罗波镇、灵马镇、甘圩镇、马头镇、城厢镇、南圩镇、雁江镇、那桐镇、乔建镇、丁当镇、白山镇、百龙滩镇、林圩镇、古零镇、金钗镇、周鹿镇、永州镇、大丰镇、明亮镇、巷贤镇、白圩镇、三里镇、乔贤镇、西燕镇、宾州镇、黎塘镇、甘棠镇、思陇镇、新桥镇、新圩镇、邹圩镇、大桥镇、武陵镇、中华镇、古辣镇、露圩镇、王灵镇、和吉镇、洋桥镇、陈平镇、横州镇、百合镇、那阳镇、南乡镇、新福镇、莲塘镇、平马镇、峦城镇、六景镇、石塘镇、陶圩镇、校椅镇、云表镇、马岭镇、马山镇、平朗镇、雒容镇、洛埠镇、白沙镇、里雍镇、太阳村镇、洛满镇、流山镇、石碑坪镇、沙塘镇、长塘镇、拉堡镇、百朋镇、成团镇、三都镇、里高镇、进德镇、穿山镇、土博镇、大埔镇、龙头镇、太平镇、沙埔镇、东泉镇、凤山镇、六塘镇、冲脉镇、寨隆镇、马山镇、鹿寨镇、中渡镇、寨沙镇、平山镇、黄冕镇、四排镇、长安镇、浮石镇、泗顶镇、板榄镇、大将镇、大良镇、融水镇、和睦镇、三防镇、怀宝镇、洞头镇、大浪镇、永乐镇、古宜镇、斗江镇、丹洲镇、八江镇、林溪镇、独峒镇、雁山镇、柘木镇、临桂镇、六塘镇、会仙镇、两江镇、五通镇、四塘镇、南边山镇、中庸镇、茶洞镇、阳朔镇、白沙镇、福利镇、兴坪镇、葡萄镇、高田镇、灵川镇、大圩镇、定江镇、三街镇、潭下镇、九屋镇、灵田镇、全州镇、黄沙河镇、庙头镇、文桥镇、大西江镇、龙水镇、才湾镇、绍水镇、石塘镇、咸水镇、凤凰镇、安和镇、两河镇、枧塘镇、永岁镇、兴安镇、湘漓镇、界首镇、高尚镇、严关镇、溶江镇、永福镇、罗锦镇、百寿镇、苏桥镇、三皇镇、堡里镇、灌阳镇、黄关镇、文市镇、新街镇、新圩镇、水车镇、龙胜镇、瓢里镇、三门镇、龙脊镇、平等镇、乐江镇、资源镇、中峰镇、梅溪镇、平乐镇、二塘镇、沙子镇、同安镇、张家镇、源头镇、恭城镇、栗木镇、莲花镇、嘉会镇、西岭镇、平安镇、荔城镇、东昌镇、新坪镇、杜莫镇、青山镇、修仁镇、大塘镇、花篢镇、双江镇、马岭镇、城东镇、龙湖镇、夏郢镇、长洲镇、倒水镇、龙圩镇、大坡镇、广平镇、新地镇、石桥镇、沙头镇、梨埠镇、岭脚镇、京南镇、狮寨镇、旺甫镇、六堡镇、木双镇、藤州镇、塘步镇、埌南镇、同心镇、金鸡镇、新庆镇、象棋镇、岭景镇、天平镇、蒙江镇、和平镇、太平镇、古龙镇、东荣镇、大黎镇、蒙山镇、西河镇、新圩镇、文圩镇、黄村镇、陈塘镇、岑城镇、马路镇、南渡镇、水汶镇、大隆镇、梨木镇、大业镇、筋竹镇、诚谏镇、归义镇、糯垌镇、安平镇、三堡镇、波塘镇、涧洲镇、福成镇、银滩镇、平阳镇、侨港镇、南康镇、营盘镇、兴港镇、廉州镇、党江镇、西场镇、沙岗镇、乌家镇、闸口镇、公馆镇、白沙镇、山口镇、沙田镇、石湾镇、石康镇、常乐镇、星岛湖镇、企沙镇、光坡镇、大菉镇、华石镇、那梭镇、那良镇、峒中镇、江山镇、茅岭镇、扶隆镇、思阳镇、在妙镇、华兰镇、叫安镇、东兴镇、江平镇、马路镇、沙埠镇、康熙岭镇、黄屋屯镇、大番坡镇、龙门港镇、久隆镇、东场镇、那丽镇、那彭镇、那思镇、犀牛脚镇、大垌镇、平吉镇、青塘镇、小董镇、板城镇、那蒙镇、长滩镇、新棠镇、大直镇、大寺镇、贵台镇、新圩镇、丰塘镇、平山镇、石塘镇、佛子镇、平南镇、烟墩镇、檀圩镇、那隆镇、三隆镇、陆屋镇、旧州镇、太平镇、沙坪镇、武利镇、文利镇、伯劳镇、泉水镇、石埔镇、安石镇、张黄镇、大成镇、白石水镇、北通镇、三合镇、龙门镇、福旺镇、寨圩镇、乐民镇、六硍镇、平睦镇、官垌镇、大圩镇、庆丰镇、根竹镇、武乐镇、桥圩镇、木格镇、木梓镇、湛江镇、东津镇、新塘镇、瓦塘镇、东龙镇、三里镇、黄练镇、石卡镇、五里镇、樟木镇、蒙公镇、平山镇、寺面镇、六陈镇、大新镇、大安镇、武林镇、大坡镇、大洲镇、镇隆镇、安怀镇、丹竹镇、官成镇、思旺镇、大鹏镇、同和镇、东华镇、木乐镇、木圭镇、石咀镇、油麻镇、社坡镇、罗秀镇、麻垌镇、社步镇、下湾镇、木根镇、中沙镇、大洋镇、大湾镇、白沙镇、石龙镇、蒙圩镇、西山镇、南木镇、江口镇、金田镇、紫荆镇、大塘镇、茂林镇、仁东镇、仁厚镇、福绵镇、成均镇、樟木镇、新桥镇、沙田镇、石和镇、容州镇、杨梅镇、灵山镇、六王镇、黎村镇、杨村镇、县底镇、自良镇、松山镇、罗江镇、石头镇、石寨镇、十里镇、容西镇、浪水镇、温泉镇、米场镇、马坡镇、珊罗镇、平乐镇、沙坡镇、大桥镇、乌石镇、良田镇、清湖镇、古城镇、沙湖镇、横山镇、滩面镇、博白镇、双凤镇、顿谷镇、水鸣镇、那林镇、江宁镇、三滩镇、黄凌镇、亚山镇、旺茂镇、东平镇、沙河镇、菱角镇、新田镇、凤山镇、宁潭镇、文地镇、英桥镇、那卜镇、大垌镇、沙陂镇、双旺镇、松旺镇、龙潭镇、大坝镇、永安镇、径口镇、浪平镇、石南镇、大平山镇、葵阳镇、城隍镇、山心镇、沙塘镇、蒲塘镇、北市镇、龙安镇、高峰镇、小平山镇、卖酒镇、洛阳镇、北流镇、新荣镇、民安镇、山围镇、民乐镇、西埌镇、新圩镇、大里镇、塘岸镇、清水口镇、隆盛镇、大坡外镇、六麻镇、新丰镇、沙垌镇、平政镇、白马镇、大伦镇、扶新镇、六靖镇、石窝镇、清湾镇、阳圩镇、四塘镇、龙川镇、永乐镇、田州镇、那坡镇、坡洪镇、那满镇、百育镇、玉凤镇、头塘镇、五村镇、洞靖镇、平马镇、祥周镇、林逢镇、思林镇、印茶镇、江城镇、朔良镇、义圩镇、那拔镇、德保县城关镇、足荣镇、隆桑镇、敬德镇、马隘镇、东凌镇、那甲镇、城厢镇、平孟镇、龙合镇、泗城镇、逻楼镇、加尤镇、下甲镇、同乐镇、甘田镇、新化镇、花坪镇、乐里镇、旧州镇、定安镇、六隆镇、浪平镇、八达镇、古障镇、那劳镇、马蚌镇、新州镇、桠权镇、天生桥镇、平班镇、德峨镇、隆或镇、新靖镇、化峒镇、湖润镇、安德镇、龙临镇、渠洋镇、岳圩镇、龙邦镇、禄峒镇、武平镇、地州镇、马头镇、新安镇、果化镇、太平镇、坡造镇、四塘镇、旧城镇、榜圩镇、凤梧镇、贺街镇、步头镇、莲塘镇、大宁镇、南乡镇、桂岭镇、开山镇、里松镇、信都镇、灵峰镇、仁义镇、铺门镇、黄田镇、鹅塘镇、沙田镇、公会镇、水口镇、望高镇、羊头镇、昭平镇、文竹镇、黄姚镇、富罗镇、北陀镇、马江镇、五将镇、走马镇、樟木林镇、钟山镇、回龙镇、石龙镇、凤翔镇、珊瑚镇、同古镇、公安镇、清塘镇、燕塘镇、红花镇、富阳镇、白沙镇、莲山镇、古城镇、福利镇、麦岭镇、葛坡镇、城北镇、朝东镇、东江镇、六圩镇、六甲镇、河池镇、拔贡镇、九圩镇、五圩镇、庆远镇、三岔镇、洛西镇、怀远镇、德胜镇、石别镇、北山镇、刘三姐镇、洛东镇、南丹县城关镇、大厂镇、车河镇、芒场镇、六寨镇、月里镇、吾隘镇、罗富镇、六排镇、向阳镇、凤城镇、长洲镇、三门海镇、东兰镇、隘洞镇、长乐镇、三石镇、武篆镇、长江镇、东门镇、龙岸镇、黄金镇、小长安镇、四把镇、天河镇、怀群镇、思恩镇、水源镇、洛阳镇、川山镇、明伦镇、东兴镇、巴马镇、甲篆镇、燕洞镇、安阳镇、高岭镇、地苏镇、下坳镇、拉烈镇、百旺镇、澄江镇、大兴镇、拉仁镇、永安镇、大化镇、都阳镇、岩滩镇、北景镇、凤凰镇、良江镇、小平阳镇、迁江镇、石陵镇、平阳镇、蒙村镇、大湾镇、桥巩镇、寺山镇、城厢镇、三五镇、陶邓镇、石牙镇、五山镇、良塘镇、忻城县城关镇、大塘镇、思练镇、红渡镇、古蓬镇、果遂镇、象州镇、石龙镇、运江镇、寺村镇、中平镇、罗秀镇、大乐镇、马坪镇、武宣镇、桐岭镇、通挽镇、东乡镇、三里镇、二塘镇、黄茆镇、禄新镇、思灵镇、金秀镇、桐木镇、头排镇、岭南镇、北泗镇、河里镇、新和镇、濑湍镇、江州镇、左州镇、那隆镇、驮卢镇、新宁镇、渠黎镇、渠旧镇、柳桥镇、东门镇、山圩镇、中东镇、东罗镇、城中镇、爱店镇、明江镇、海渊镇、桐棉镇、那堪镇、亭亮镇、龙州镇、下冻镇、水口镇、金龙镇、响水镇、桃城镇、全茗镇、雷平镇、硕龙镇、下雷镇、天等镇、龙茗镇、进结镇、向都镇、东平镇、福新镇、凭祥镇、友谊镇、上石镇、夏石镇。

海南省

长流镇、西秀镇、海秀镇、石山镇、永兴镇、东山镇、城西镇、龙桥镇、新坡镇、遵谭镇、龙泉镇、龙塘镇、云龙镇、红旗镇、三门坡镇、大坡镇、甲子镇、旧州镇、灵山镇、演丰镇、三江镇、大致坡镇、那大镇、和庆镇、南丰镇、大成镇、雅星镇、兰洋镇、光村镇、木棠镇、海头镇、峨蔓镇、王五镇、白马井镇、中和镇、排浦镇、东成镇、新州镇、通什镇、南圣镇、毛阳镇、番阳镇、嘉积镇、万泉镇、石壁镇、中原镇、博鳌镇、阳江镇、龙江镇、潭门镇、塔洋镇、长坡镇、大路镇、会山镇、文城镇、重兴镇、蓬莱镇、会文镇、东路镇、潭牛镇、东阁镇、文教镇、东郊镇、龙楼镇、昌洒镇、翁田镇、抱罗镇、冯坡镇、锦山镇、铺前镇、公坡镇、万城镇、龙滚镇、和乐镇、后安镇、大茂镇、东澳镇、礼纪镇、长丰镇、山根镇、北大镇、南桥镇、三更罗镇、八所镇、东河镇、大田镇、感城镇、板桥镇、三家镇、四更镇、新龙镇、定城镇、新竹镇、龙湖镇、黄竹镇、雷鸣镇、龙门镇、龙河镇、岭口镇、翰林镇、富文镇、屯城镇、新兴镇、枫木镇、乌坡镇、南吕镇、南坤镇、坡心镇、西昌镇、金江镇、老城镇、瑞溪镇、永发镇、加乐镇、文儒镇、中兴镇、仁兴镇、福山镇、桥头镇、大丰镇、临城镇、波莲镇、东英镇、博厚镇、皇桐镇、多文镇、和舍镇、南宝镇、新盈镇、调楼镇、加来镇、牙叉镇、七坊镇、邦溪镇、打安镇、石碌镇、叉河镇、十月田镇、乌烈镇、昌化镇、海尾镇、七叉镇、抱由镇、万冲镇、大安镇、志仲镇、千家镇、九所镇、利国镇、黄流镇、佛罗镇、尖峰镇、莺歌海镇、椰林镇、光坡镇、三才镇、英州镇、隆广镇、文罗镇、本号镇、新村镇、黎安镇、保城镇、什玲镇、加茂镇、响水镇、新政镇、三道镇、营根镇、湾岭镇、黎母山镇、和平镇、长征镇、红毛镇、中平镇。

重庆市

小周镇、大周镇、新乡镇、孙家镇、龙沙镇、响水镇、武陵镇、瀼渡镇、甘宁镇、熊家镇、高梁镇、李河镇、分水镇、余家镇、后山镇、弹子镇、长岭镇、新田镇、白羊镇、龙驹镇、走马镇、罗田镇、太龙镇、长滩镇、太安镇、白土镇、郭村镇、南沱镇、青羊镇、百胜镇、珍溪镇、清溪镇、焦石镇、马武镇、龙潭镇、新妙镇、石沱镇、同乐镇、大顺镇、增福镇、罗云镇、八桥镇、建胜镇、跳磴镇、鱼嘴镇、复盛镇、五宝镇、青木关镇、凤凰镇、回龙坝镇、曾家镇、中梁镇、华岩镇、含谷镇、金凤镇、白市驿镇、走马镇、石板镇、巴福镇、陶家镇、西彭镇、铜罐驿镇、南坪镇、涂山镇、鸡冠石镇、峡口镇、长生桥镇、迎龙镇、广阳镇、澄江镇、童家溪镇、天府镇、施家梁镇、静观镇、柳荫镇、三圣镇、金刀峡镇、万东镇、南桐镇、青年镇、关坝镇、丛林镇、石林镇、金桥镇、黑山镇、石角镇、东溪镇、赶水镇、打通镇、石壕镇、永新镇、三角镇、隆盛镇、郭扶镇、篆塘镇、丁山镇、安稳镇、扶欢镇、永城镇、中峰镇、横山镇、龙水镇、宝顶镇、中敖镇、三驱镇、宝兴镇、玉龙镇、石马镇、拾万镇、回龙镇、金山镇、万古镇、国梁镇、雍溪镇、珠溪镇、龙石镇、邮亭镇、铁山镇、高升镇、季家镇、古龙镇、高坪镇、玉峰山镇、龙兴镇、统景镇、大湾镇、兴隆镇、木耳镇、茨竹镇、古路镇、石船镇、大盛镇、洛碛镇、界石镇、安澜镇、圣灯山镇、木洞镇、双河口镇、麻柳嘴镇、丰盛镇、二圣镇、东温泉镇、姜家镇、天星寺镇、接龙镇、石滩镇、石龙镇、阿蓬江镇、石会镇、黑溪镇、黄溪镇、黎水镇、金溪镇、马喇镇、濯水镇、石家镇、鹅池镇、小南海镇、邻鄂镇、白石镇、中塘镇、沙坝镇、太极镇、五里镇、水市镇、邻封镇、但渡镇、云集镇、长寿湖镇、双龙镇、龙河镇、石堰镇、云台镇、海棠镇、葛兰镇、洪湖镇、万顺镇、油溪镇、吴滩镇、石门镇、朱杨镇、石蟆镇、永兴镇、塘河镇、白沙镇、龙华镇、李市镇、慈云镇、蔡家镇、中山镇、嘉平镇、柏林镇、先锋镇、珞璜镇、贾嗣镇、夏坝镇、西湖镇、杜市镇、广兴镇、四面山镇、支坪镇、四屏镇、沙鱼镇、官渡镇、涞滩镇、肖家镇、古楼镇、三庙镇、二郎镇、龙凤镇、隆兴镇、铜溪镇、双凤镇、狮滩镇、清平镇、土场镇、小沔镇、三汇镇、香龙镇、钱塘镇、龙市镇、燕窝镇、太和镇、渭沱镇、双槐镇、青峰镇、金龙镇、临江镇、何埂镇、松溉镇、仙龙镇、吉安镇、五间镇、来苏镇、宝峰镇、双石镇、红炉镇、永荣镇、三教镇、板桥镇、朱沱镇、三泉镇、南平镇、神童镇、鸣玉镇、大观镇、兴隆镇、太平场镇、白沙镇、水江镇、石墙镇、金山镇、头渡镇、大有镇、合溪镇、黎香湖镇、山王坪镇、木凉镇、楠竹山镇、石溪镇、德隆镇、民主镇、福寿镇、河图镇、庆元镇、古花镇、石莲镇、乾丰镇、骑龙镇、冷水关镇、八塘镇、七塘镇、河边镇、福禄镇、大兴镇、正兴镇、广普镇、三合镇、健龙镇、土桥镇、二坪镇、水口镇、安居镇、白羊镇、平滩镇、小林镇、双山镇、虎峰镇、石鱼镇、福果镇、庆隆镇、少云镇、维新镇、高楼镇、大庙镇、围龙镇、华兴镇、永嘉镇、安溪镇、西河镇、侣俸镇、太平镇、上和镇、龙形镇、古溪镇、宝龙镇、玉溪镇、米心镇、群力镇、双江镇、花岩镇、柏梓镇、崇龛镇、塘坝镇、新胜镇、太安镇、小渡镇、卧佛镇、五桂镇、田家镇、别口镇、寿桥镇、荣隆镇、仁义镇、盘龙镇、吴家镇、直升镇、万灵镇、清升镇、清江镇、古昌镇、河包镇、观胜镇、铜鼓镇、清流镇、远觉镇、龙集镇、大德镇、厚坝镇、金峰镇、温泉镇、郭家镇、白桥镇、和谦镇、河堰镇、大进镇、谭家镇、敦好镇、高桥镇、九龙山镇、天和镇、中和镇、义和镇、临江镇、竹溪镇、铁桥镇、南雅镇、巫山镇、岳溪镇、长沙镇、南门镇、渠口镇、满月镇、雪宝山镇、礼让镇、云龙镇、屏锦镇、袁驿镇、新盛镇、福禄镇、聚奎镇、明达镇、荫平镇、和林镇、回龙镇、碧山镇、虎城镇、七星镇、龙门镇、文化镇、石安镇、柏家镇、大观镇、竹山镇、蟠龙镇、星桥镇、曲水镇、安胜镇、复平镇、紫照镇、白马镇、江口镇、火炉镇、鸭江镇、长坝镇、平桥镇、桐梓镇、和顺镇、双河镇、凤来镇、巴山镇、坪坝镇、庙坝镇、明通镇、修齐镇、高观镇、高燕镇、东安镇、咸宜镇、高楠镇、虎威镇、社坛镇、三元镇、许明寺镇、董家镇、树人镇、十直镇、高家镇、兴义镇、双路镇、江池镇、龙河镇、武平镇、包鸾镇、湛普镇、南天湖镇、保合镇、兴龙镇、仁沙镇、龙孔镇、暨龙镇、双龙镇、仙女湖镇、新民镇、沙坪镇、周嘉镇、普顺镇、永安镇、高安镇、高峰镇、五洞镇、澄溪镇、太平镇、鹤游镇、坪山镇、砚台镇、曹回镇、杠家镇、包家镇、白家镇、永平镇、三溪镇、裴兴镇、黄沙镇、长龙镇、任家镇、洋渡镇、东溪镇、复兴镇、石宝镇、汝溪镇、野鹤镇、官坝镇、石黄镇、马灌镇、金鸡镇、新立镇、双桂镇、拔山镇、花桥镇、永丰镇、三汇镇、白石镇、黄金镇、龙角镇、故陵镇、红狮镇、路阳镇、农坝镇、渠马镇、黄石镇、巴阳镇、沙市镇、鱼泉镇、凤鸣镇、宝坪镇、南溪镇、双土镇、桑坪镇、江口镇、高阳镇、平安镇、云阳镇、云安镇、栖霞镇、双龙镇、泥溪镇、蔈草镇、养鹿镇、水口镇、堰坪镇、龙洞镇、后叶镇、耀灵镇、大阳镇、白帝镇、草堂镇、汾河镇、康乐镇、大树镇、竹园镇、公平镇、朱衣镇、甲高镇、羊市镇、吐祥镇、兴隆镇、青龙镇、新民镇、永乐镇、安坪镇、五马镇、青莲镇、庙宇镇、大昌镇、福田镇、龙溪镇、双龙镇、官阳镇、骡坪镇、抱龙镇、官渡镇、铜鼓镇、巫峡镇、城厢镇、凤凰镇、宁厂镇、上磺镇、古路镇、文峰镇、徐家镇、白鹿镇、尖山镇、下堡镇、峰灵镇、塘坊镇、朝阳镇、田坝镇、通城镇、菱角镇、蒲莲镇、土城镇、红池坝镇、西沱镇、悦崃镇、临溪镇、黄水镇、马武镇、沙子镇、王场镇、沿溪镇、龙沙镇、鱼池镇、三河镇、大歇镇、桥头镇、万朝镇、冷水镇、黄鹤镇、枫木镇、隘口镇、溶溪镇、龙池镇、石堤镇、峨溶镇、洪安镇、雅江镇、石耶镇、梅江镇、兰桥镇、膏田镇、溪口镇、妙泉镇、宋农镇、里仁镇、钟灵镇、龙凤坝镇、涌洞镇、龙潭镇、麻旺镇、酉酬镇、大溪镇、兴隆镇、黑水镇、丁市镇、龚滩镇、李溪镇、汴溪镇、西水河镇、苍岭镇、小河镇、板溪镇、涂市镇、铜鼓镇、五福镇、万木镇、南腰界镇、保家镇、郁山镇、高谷镇、桑柘镇、鹿角镇、黄家镇、普子镇、龙射镇、连湖镇、万足镇、平安镇、长生镇、新田镇、鞍子镇、太原镇、龙溪镇、梅子垭镇、大同镇。

四川省

洛带镇、洪安镇、山泉镇、弥牟镇、城厢镇、姚渡镇、清泉镇、福洪镇、清流镇、军屯镇、和盛镇、万春镇、寿安镇、彭镇、黄龙溪镇、永安镇、黄水镇、唐昌镇、三道堰镇、友爱镇、兴义镇、安西镇、永商镇、宝墩镇、五凤镇、三溪镇、福兴镇、金龙镇、赵家镇、竹篙镇、转龙镇、土桥镇、云合镇、又新镇、王泗镇、新场镇、悦来镇、安仁镇、邮江镇、花水湾镇、西岭镇、鹤鸣镇、大塘镇、朝阳湖镇、西来镇、大兴镇、甘溪镇、成佳镇、聚源镇、天马镇、石羊镇、青城山镇、龙池镇、龙门山镇、丽春镇、九尺镇、通济镇、丹景山镇、敖平镇、桂花镇、白鹿镇、葛仙山镇、桑园镇、平乐镇、夹关镇、火井镇、临济镇、天台山镇、南宝山镇、大同镇、廖家镇、元通镇、观胜镇、怀远镇、街子镇、文井江镇、白头镇、道明镇、隆兴镇、杨家镇、禾丰镇、云龙镇、三星镇、镇金镇、石钟镇、施家镇、三合镇、平武镇、踏水镇、江源镇、涌泉镇、芦葭镇、青龙镇、高明镇、武庙镇、壮溪镇、宏缘镇、雷家镇、董家埝镇、海螺镇、仲权镇、荣边镇、飞龙峡镇、艾叶镇、建设镇、龙潭镇、桥头镇、五宝镇、莲花镇、成佳镇、大山铺镇、团结镇、三多寨镇、何市镇、新店镇、新民镇、牛佛镇、庙坝镇、回龙镇、沿滩镇、兴隆镇、富全镇、永安镇、联络镇、王井镇、黄市镇、瓦市镇、仙市镇、旭阳镇、双石镇、鼎新镇、乐德镇、古文镇、河口镇、新桥镇、正紫镇、度佳镇、东佳镇、长山镇、保华镇、留佳镇、来牟镇、双古镇、观山镇、高山镇、东兴镇、铁厂镇、琵琶镇、狮市镇、骑龙镇、代寺镇、童寺镇、古佛镇、永年镇、兜山镇、板桥镇、福善镇、李桥镇、赵化镇、安溪镇、飞龙镇、怀德镇、长滩镇、银江镇、格里坪镇、仁和镇、平地镇、大田镇、福田镇、同德镇、金江镇、布德镇、前进镇、攀莲镇、丙谷镇、得石镇、撒莲镇、白马镇、普威镇、草场镇、桐子林镇、红格镇、渔门镇、永兴镇、新九镇、惠民镇、黄舣镇、通滩镇、江北镇、方山镇、丹林镇、分水岭镇、大渡口镇、护国镇、打古镇、上马镇、合面镇、丰乐镇、白节镇、天仙镇、新乐镇、龙车镇、胡市镇、双加镇、金龙镇、福集镇、嘉明镇、喻寺镇、得胜镇、牛滩镇、兆雅镇、玄滩镇、太伏镇、云龙镇、石桥镇、毗卢镇、奇峰镇、潮河镇、云锦镇、立石镇、百和镇、天兴镇、方洞镇、海潮镇、望龙镇、白沙镇、先市镇、尧坝镇、九支镇、凤鸣镇、榕山镇、白鹿镇、甘雨镇、福宝镇、先滩镇、大桥镇、车辋镇、白米镇、法王寺镇、神臂城镇、石龙镇、真龙镇、荔江镇、叙永镇、江门镇、马岭镇、天池镇、水尾镇、两河镇、落卜镇、后山镇、分水镇、摩尼镇、赤水镇、龙凤镇、正东镇、观兴镇、向林镇、麻城镇、大石镇、黄坭镇、龙山镇、太平镇、二郎镇、大村镇、石宝镇、丹桂镇、茅溪镇、观文镇、双沙镇、德耀镇、石屏镇、皇华镇、东新镇、椒园镇、马蹄镇、黄荆镇、白泥镇、黄许镇、孝泉镇、柏隆镇、德新镇、双东镇、新中镇、和新镇、万安镇、鄢家镇、金山镇、略坪镇、调元镇、新盛镇、白马关镇、凯江镇、南华镇、回龙镇、通济镇、永太镇、黄鹿镇、集凤镇、富兴镇、辑庆镇、兴隆镇、龙台镇、永安镇、玉兴镇、永兴镇、悦来镇、继光镇、仓山镇、广福镇、会龙镇、万福镇、普兴镇、联合镇、冯店镇、积金镇、太安镇、东北镇、三水镇、连山镇、高坪镇、向阳镇、小汉镇、金轮镇、金鱼镇、南丰镇、三星堆镇、洛水镇、禾丰镇、马祖镇、马井镇、鋈华镇、南泉镇、渝氏镇、师古镇、九龙镇、汉旺镇、麓棠镇、广济镇、玉泉镇、新市镇、孝德镇、富新镇、什地镇、清平镇、丰谷镇、青义镇、吴家镇、杨家镇、新皂镇、永兴镇、石马镇、新桥镇、魏城镇、沉抗镇、忠兴镇、松垭镇、小枧镇、信义镇、仙鹤镇、盐泉镇、桑枣镇、花荄镇、黄土镇、塔水镇、秀水镇、河清镇、界牌镇、睢水镇、千佛镇、潼川镇、塔山镇、龙树镇、石安镇、富顺镇、三元镇、秋林镇、新德镇、新生镇、鲁班镇、景福镇、紫河镇、观桥镇、郪江镇、中新镇、古井镇、西平镇、八洞镇、乐安镇、建平镇、中太镇、金石镇、新鲁镇、刘营镇、灵兴镇、芦溪镇、立新镇、永明镇、建中镇、老马镇、北坝镇、云溪镇、玉龙镇、富驿镇、金孔镇、黄甸镇、巨龙镇、高渠镇、鹅溪镇、岐伯镇、文通镇、永泰镇、九龙镇、西陵镇、嫘祖镇、文昌镇、长卿镇、许州镇、黎雅镇、卧龙镇、观义镇、玛瑙镇、石牛镇、自强镇、仁和镇、双板镇、金龙镇、文兴镇、演武镇、宏仁镇、曲山镇、擂鼓镇、永昌镇、通泉镇、永安镇、禹里镇、桂溪镇、陈家坝镇、小坝镇、龙安镇、古城镇、响岩镇、大桥镇、水晶镇、江油关镇、太平镇、三合镇、含增镇、青莲镇、彰明镇、龙凤镇、武都镇、大康镇、新安镇、战旗镇、双河镇、永胜镇、小溪坝镇、河口镇、重华镇、厚坝镇、二郎庙镇、马角镇、雁门镇、西屏镇、大堰镇、方水镇、荣山镇、大石镇、盘龙镇、宝轮镇、三堆镇、元坝镇、卫子镇、王家镇、磨滩镇、柏林沟镇、太公镇、虎跳镇、红岩镇、昭化镇、青牛镇、射箭镇、清水镇、朝天镇、大滩镇、羊木镇、曾家镇、中子镇、沙河镇、两河口镇、云雾山镇、水磨沟镇、李家镇、东河镇、嘉川镇、木门镇、白水镇、张华镇、黄洋镇、普济镇、三江镇、五权镇、高阳镇、双汇镇、英萃镇、国华镇、龙凤镇、九龙镇、米仓山镇、大德镇、大两镇、水磨镇、盐河镇、天星镇、乔庄镇、青溪镇、房石镇、关庄镇、凉水镇、竹园镇、木鱼镇、沙州镇、姚渡镇、三锅镇、建峰镇、乐安镇、普安镇、龙源镇、盐店镇、柳沟镇、武连镇、东宝镇、开封镇、元山镇、演圣镇、王河镇、公兴镇、金仙镇、香沉镇、白龙镇、鹤龄镇、杨村镇、羊岭镇、江口镇、木马镇、剑门关镇、汉阳镇、下寺镇、涂山镇、店子镇、张王镇、姚家镇、义兴镇、陵江镇、云峰镇、东青镇、白桥镇、五龙镇、永宁镇、鸳溪镇、三川镇、龙王镇、元坝镇、唤马镇、歧坪镇、白驿镇、漓江镇、文昌镇、岳东镇、石马镇、运山镇、东溪镇、高坡镇、龙山镇、亭子镇、百利镇、黄猫垭镇、河地镇、龙凤镇、仁里镇、永兴镇、河沙镇、新桥镇、桂花镇、老池镇、保升镇、北固镇、安居镇、东禅镇、分水镇、石洞镇、拦江镇、保石镇、白马镇、中兴镇、横山镇、会龙镇、三家镇、玉丰镇、西眉镇、磨溪镇、聚贤镇、常理镇、赤城镇、新会镇、文井镇、明月镇、常乐镇、天福镇、红江镇、宝梵镇、大石镇、吉祥镇、鸣凤镇、任隆镇、三凤镇、蓬南镇、群利镇、金桥镇、槐花镇、蓬莱镇、隆盛镇、回马镇、天保镇、河边镇、卓筒井镇、玉峰镇、象山镇、金元镇、武安镇、大榆镇、广兴镇、金华镇、沱牌镇、太乙镇、金家镇、复兴镇、天仙镇、仁和镇、青岗镇、洋溪镇、香山镇、明星镇、涪西镇、潼射镇、曹碑镇、官升镇、文升镇、东岳镇、瞿河镇、白马镇、史家镇、凌家镇、朝阳镇、永安镇、全安镇、龙门镇、交通镇、靖民镇、田家镇、郭北镇、高梁镇、白合镇、顺河镇、双才镇、杨家镇、桦木镇、石子镇、永兴镇、平坦镇、双桥镇、富溪镇、永福镇、严陵镇、新店镇、向义镇、界牌镇、龙会镇、高石镇、东联镇、镇西镇、山王镇、观英滩镇、新场镇、连界镇、越溪镇、小河镇、重龙镇、归德镇、鱼溪镇、铁佛镇、球溪镇、龙结镇、罗泉镇、发轮镇、银山镇、太平镇、水南镇、新桥镇、明心寺镇、双河镇、公民镇、龙江镇、双龙镇、高楼镇、陈家镇、孟塘镇、马鞍镇、狮子镇、响石镇、圣灯镇、黄家镇、双凤镇、龙市镇、界市镇、石碾镇、石燕桥镇、胡家镇、云顶镇、普润镇、牟子镇、土主镇、白马镇、茅桥镇、青平镇、苏稽镇、水口镇、安谷镇、棉竹镇、平兴镇、悦来镇、剑峰镇、沙湾镇、嘉农镇、太平镇、福禄镇、牛石镇、葫芦镇、踏水镇、轸溪镇、竹根镇、牛华镇、金粟镇、金山镇、西坝镇、冠英镇、蔡金镇、石麟镇、永和镇、金河镇、玉津镇、孝姑镇、石溪镇、清溪镇、罗城镇、芭沟镇、龙孔镇、定文镇、舞雩镇、玉屏镇、大兴镇、九井镇、铁炉镇、寿保镇、双溪镇、马踏镇、竹园镇、研经镇、周坡镇、千佛镇、王村镇、三江镇、东林镇、集益镇、纯复镇、宝五镇、镇阳镇、高凤镇、门坎镇、黄土镇、甘江镇、吴场镇、木城镇、华头镇、新场镇、马村镇、沐溪镇、永福镇、大楠镇、箭板镇、舟坝镇、黄丹镇、利店镇、富新镇、沙坪镇、大堡镇、毛坪镇、五渡镇、新林镇、黑竹沟镇、红旗镇、民建镇、荣丁镇、下溪镇、苏坝镇、烟峰镇、劳动镇、菝坝镇、建设镇、民主镇、梅林镇、雪口山镇、三河口镇、绥山镇、高桥镇、罗目镇、九里镇、龙池镇、符溪镇、双福镇、桂花桥镇、大为镇、黄湾镇、共兴镇、金台镇、芦溪镇、李家镇、双桥镇、渔溪镇、江陵镇、擦耳镇、东观镇、长乐镇、胜观镇、阙家镇、石圭镇、青居镇、会龙镇、走马镇、曲水镇、李渡镇、吉安镇、龙岭镇、金凤镇、安福镇、安平镇、世阳镇、大通镇、一立镇、龙蟠镇、里坝镇、金宝镇、三会镇、双桂镇、七宝寺镇、河西镇、老鸦镇、永定镇、碑院镇、谢河镇、盘龙镇、铁佛塘镇、石河镇、王家镇、富利镇、楠木镇、长坪镇、东坝镇、河坝镇、定水镇、大王镇、黄金镇、流马镇、建兴镇、三官镇、伏虎镇、双佛镇、花罐镇、大桥镇、大河镇、万年镇、升钟镇、升水镇、大坪镇、神坝镇、八尔湖镇、石龙镇、西水镇、桐坪镇、渌井镇、东升镇、骆市镇、黄渡镇、小桥镇、灵鹫镇、老林镇、木垭镇、消水镇、双流镇、绿水镇、蓼叶镇、新店镇、回龙镇、星火镇、西桥镇、望龙湖镇、青山镇、锦屏镇、巨龙镇、正源镇、金溪镇、徐家镇、河舒镇、利溪镇、龙蚕镇、杨家镇、罗家镇、福德镇、银汉镇、兴旺镇、睦坝镇、金城镇、新政镇、马鞍镇、永乐镇、日兴镇、土门镇、复兴镇、观紫镇、先锋镇、三蛟镇、回春镇、柳垭镇、义路镇、立山镇、三河镇、瓦子镇、大寅镇、二道镇、赛金镇、丁字桥镇、大仪镇、张公镇、五福镇、杨桥镇、保平镇、文星镇、双胜镇、永光镇、思德镇、太平镇、大全镇、仙林镇、古楼镇、义兴镇、关文镇、凤鸣镇、青狮镇、槐树镇、鸣龙镇、双凤镇、高院镇、仁和镇、多扶镇、莲池镇、常林镇、彭城镇、柏垭镇、飞凤镇、思依镇、文成镇、二龙镇、石滩镇、老观镇、龙泉镇、千佛镇、望垭镇、妙高镇、洪山镇、水观镇、金垭镇、玉台镇、木兰镇、五马镇、天宫镇、太和镇、尚义镇、多悦镇、秦家镇、万胜镇、思蒙镇、修文镇、松江镇、崇礼镇、富牛镇、永寿镇、三苏镇、复兴镇、锦江镇、公义镇、黄丰镇、文宫镇、禾加镇、龙马镇、方家镇、大化镇、高家镇、禄加镇、宝飞镇、彰加镇、慈航镇、汪洋镇、钟祥镇、始建镇、满井镇、富加镇、龙正镇、黑龙滩镇、北斗镇、宝马镇、珠嘉镇、曹家镇、谢安镇、新店镇、藕塘镇、板桥镇、贵平镇、止戈镇、洪川镇、余坪镇、槽渔滩镇、中保镇、东岳镇、柳江镇、高庙镇、瓦屋山镇、七里坪镇、将军镇、中山镇、仁美镇、杨场镇、张场镇、齐乐镇、汉阳镇、瑞峰镇、西龙镇、高台镇、李庄镇、菜坝镇、金坪镇、牟坪镇、李端镇、宗场镇、宋家镇、思坡镇、白花镇、双谊镇、永兴镇、金秋湖镇、刘家镇、江南镇、大观镇、汪家镇、黄沙镇、仙临镇、长兴镇、裴石镇、南广镇、观音镇、横江镇、柳嘉镇、泥溪镇、蕨溪镇、商州镇、高场镇、安边镇、双龙镇、合什镇、樟海镇、江安镇、红桥镇、怡乐镇、留耕镇、五矿镇、迎安镇、夕佳山镇、铁清镇、四面山镇、大井镇、阳春镇、大妙镇、仁和镇、下长镇、长宁镇、梅硐镇、双河镇、硐底镇、花滩镇、竹海镇、老翁镇、古河镇、龙头镇、铜鼓镇、井江镇、铜锣镇、梅白镇、文江镇、庆符镇、沙河镇、嘉乐镇、罗场镇、蕉村镇、可久镇、来复镇、月江镇、胜天镇、复兴镇、落润镇、庆岭镇、珙泉镇、巡场镇、孝儿镇、底洞镇、上罗镇、洛表镇、洛亥镇、王家镇、沐滩镇、曹营镇、筠连镇、腾达镇、巡司镇、沐爱镇、镇舟镇、蒿坝镇、大雪山镇、古宋镇、夔王山镇、共乐镇、莲花镇、九丝城镇、石海镇、周家镇、五星镇、锦屏镇、新市镇、中都镇、龙华镇、大乘镇、新安镇、书楼镇、屏山镇、官盛镇、协兴镇、浓溪镇、悦来镇、兴平镇、井河镇、花桥镇、龙台镇、肖溪镇、恒升镇、石笋镇、白市镇、大安镇、穿石镇、大龙镇、东岳镇、桂兴镇、观阁镇、广兴镇、代市镇、观塘镇、护安镇、龙滩镇、虎城镇、花园镇、坪滩镇、龙孔镇、镇裕镇、白庙镇、西溪镇、同兴镇、兴隆镇、秦溪镇、顾县镇、苟角镇、天平镇、石垭镇、乔家镇、罗渡镇、裕民镇、中和镇、新场镇、普安镇、临溪镇、西板镇、齐福镇、伏龙镇、沿口镇、中心镇、烈面镇、飞龙镇、乐善镇、万善镇、龙女镇、三溪镇、赛马镇、胜利镇、金牛镇、清平镇、街子镇、万隆镇、礼安镇、华封镇、宝箴塞镇、石盘镇、鸣钟镇、鼎屏镇、城北镇、城南镇、柑子镇、观音桥镇、牟家镇、合流镇、坛同镇、高滩镇、九龙镇、御临镇、袁市镇、丰禾镇、八耳镇、石永镇、兴仁镇、王家镇、石滓镇、三古镇、两河镇、太和镇、椿木镇、梁板镇、复盛镇、黎家镇、天池镇、禄市镇、永兴镇、明月镇、阳和镇、高兴镇、溪口镇、庆华镇、罗江镇、蒲家镇、复兴镇、双龙镇、江陵镇、碑庙镇、磐石镇、东岳镇、梓桐镇、北山镇、金石镇、青宁镇、亭子镇、福善镇、麻柳镇、大树镇、南岳镇、万家镇、景市镇、百节镇、赵家镇、渡市镇、管村镇、石梯镇、石桥镇、堡子镇、平滩镇、双庙镇、赵固镇、桥湾镇、大堰镇、罐子镇、河市镇、金垭镇、君塘镇、清溪镇、普光镇、天生镇、柏树镇、芭蕉镇、南坝镇、五宝镇、峰城镇、土黄镇、华景镇、樊哙镇、新华镇、黄金镇、胡家镇、毛坝镇、大成镇、下八镇、塔河镇、茶河镇、厂溪镇、红峰镇、白马镇、桃花镇、马渡关镇、庙安镇、上峡镇、南坪镇、新宁镇、普安镇、回龙镇、永兴镇、讲治镇、甘棠镇、任市镇、广福镇、长岭镇、八庙镇、灵岩镇、乌木镇、团坝镇、杨家镇、清河镇、柏林镇、石河镇、中华镇、石桥铺镇、观音镇、周家镇、石子镇、文星镇、妈妈镇、高穴镇、欧家镇、庙坝镇、清水镇、月华镇、高明镇、童家镇、天城镇、四合镇、永胜镇、临巴镇、土溪镇、三汇镇、文崇镇、涌兴镇、贵福镇、岩峰镇、静边镇、清溪场镇、宝城镇、有庆镇、鲜渡镇、琅琊镇、李渡镇、中滩镇、三板镇、丰乐镇、李馥镇、合力镇、青龙镇、卷硐镇、望溪镇、龙凤镇、新市镇、万寿镇、渠北镇、定远镇、东安镇、太平镇、青花镇、旧院镇、罗文镇、河口镇、草坝镇、竹峪镇、大竹镇、黄钟镇、官渡镇、白沙镇、沙滩镇、石窝镇、八台镇、石塘镇、铁矿镇、大沙镇、魏家镇、白果镇、长坝镇、井溪镇、鹰背镇、永宁镇、固军镇、黑宝山镇、草坝镇、上里镇、晏场镇、多营镇、碧峰峡镇、望鱼镇、周公山镇、八步镇、百丈镇、车岭镇、马岭镇、新店镇、蒙顶山镇、黑竹镇、红星镇、中峰镇、茅河镇、前进镇、万古镇、花滩镇、龙苍沟镇、牛背山镇、新添镇、青龙镇、荥河镇、五宪镇、富林镇、九襄镇、乌斯河镇、宜东镇、富庄镇、清溪镇、大树镇、皇木镇、唐家镇、富泉镇、安乐镇、前域镇、回隆镇、美罗镇、安顺场镇、城厢镇、始阳镇、思经镇、喇叭河镇、小河镇、仁义镇、新场镇、飞仙关镇、双石镇、太平镇、大川镇、思延镇、龙门镇、穆坪镇、灵关镇、陇东镇、大茅坪镇、清江镇、水宁寺镇、化成镇、曾口镇、梁永镇、三江镇、鼎山镇、大罗镇、枣林镇、平梁镇、光辉镇、凤溪镇、天马山镇、明阳镇、玉山镇、渔溪镇、花丛镇、柳林镇、下八庙镇、茶坝镇、上八庙镇、关公镇、兴隆镇、双胜镇、群乐镇、尹家镇、九镇、雪山镇、诺江镇、民胜镇、火炬镇、广纳镇、铁佛镇、麻石镇、至诚镇、洪口镇、沙溪镇、瓦室镇、永安镇、铁溪镇、涪阳镇、诺水河镇、毛浴镇、泥溪镇、两河口镇、板桥口镇、新场镇、杨柏镇、三溪镇、春在镇、龙凤场镇、空山镇、唱歌镇、陈河镇、青峪镇、兴隆镇、烟溪镇、长坪镇、沙河镇、长赤镇、正直镇、大河镇、光雾山镇、下两镇、赶场镇、杨坝镇、天池镇、关坝镇、红光镇、元潭镇、赤溪镇、八庙镇、双流镇、坪河镇、桥亭镇、和平镇、侯家镇、仁和镇、高塔镇、兴马镇、关门镇、石滩镇、高桥镇、贵民镇、关路镇、云顶镇、公山镇、响滩镇、西兴镇、佛楼镇、白衣镇、涵水镇、岳家镇、兰草镇、驷马镇、元山镇、云台镇、邱家镇、笔山镇、镇龙镇、得胜镇、灵山镇、土兴镇、望京镇、龙岗镇、板庙镇、泥龙镇、青云镇、大寨镇、土垭镇、渐岸镇、粉壁镇、三十二梁镇、江家口镇、岩口镇、雁江镇、松涛镇、宝台镇、临江镇、保和镇、老君镇、中和镇、丹山镇、小院镇、堪嘉镇、伍隍镇、石岭镇、东峰镇、南津镇、丰裕镇、迎接镇、祥符镇、岳阳镇、鸳大镇、通贤镇、龙台镇、姚市镇、林凤镇、毛家镇、永清镇、永顺镇、石羊镇、两板桥镇、护龙镇、李家镇、元坝镇、兴隆镇、天林镇、镇子镇、文化镇、周礼镇、驯龙镇、华严镇、卧佛镇、长河源镇、忠义镇、护建镇、南薰镇、思贤镇、清流镇、协和镇、朝阳镇、乾龙镇、大平镇、石佛镇、回澜镇、石湍镇、童家镇、宝林镇、大佛镇、良安镇、金顺镇、中和场镇、劳动镇、中天镇、佛星镇、蟠龙镇、东山镇、通旅镇、高寺镇、龙门镇、盛池镇、马尔康镇、松岗镇、沙尔宗镇、威州镇、映秀镇、卧龙镇、水磨镇、漩口镇、三江镇、耿达镇、绵虒镇、灞州镇、杂谷脑镇、米亚罗镇、古尔沟镇、薛城镇、桃坪镇、朴头镇、凤仪镇、南新镇、叠溪镇、富顺镇、土门镇、洼底镇、沙坝镇、渭门镇、黑虎镇、沟口镇、赤不苏镇、进安镇、川主寺镇、青云镇、毛儿盖镇、镇江关镇、红土镇、小河镇、漳扎镇、南坪镇、双河镇、黑河镇、勿角镇、观音桥镇、安宁镇、勒乌镇、马奈镇、美兴镇、四姑娘山镇、两河口镇、达维镇、沃日镇、宅垄镇、八角镇、芦花镇、卡龙镇、色尔古镇、西尔镇、木苏镇、沙石多镇、知木林镇、扎窝镇、南木达镇、中壤塘镇、岗木达镇、阿坝镇、贾洛镇、麦尔玛镇、河支镇、各莫镇、安羌镇、达扎寺镇、唐克镇、红星镇、辖曼镇、巴西镇、阿西镇、铁布镇、邛溪镇、刷经寺镇、瓦切镇、安曲镇、色地镇、龙日镇、姑咱镇、新都桥镇、塔公镇、沙德镇、金汤镇、甲根坝镇、贡嘎山镇、鱼通镇、泸桥镇、冷碛镇、兴隆镇、磨西镇、燕子沟镇、得妥镇、烹坝镇、德威镇、章谷镇、巴底镇、革什扎镇、东谷镇、墨尔多山镇、甲居镇、格宗镇、半扇门镇、丹东镇、呷尔镇、烟袋镇、三垭镇、雪洼龙镇、湾坝镇、汤古镇、乌拉溪镇、魁多镇、乃渠镇、河口镇、呷拉镇、西俄洛镇、红龙镇、麻郎措镇、波斯河镇、鲜水镇、八美镇、亚卓镇、玉科镇、仲尼镇、泰宁镇、瓦日镇、新都镇、朱倭镇、虾拉沱镇、上罗柯马镇、甘孜镇、查龙镇、来马镇、如龙镇、拉日马镇、大盖镇、通宵镇、色威镇、尤拉西镇、更庆镇、马尼干戈镇、竹庆镇、阿须镇、错阿镇、麦宿镇、打滚镇、龚垭镇、温拖镇、中扎科镇、建设镇、阿察镇、河坡镇、盖玉镇、尼呷镇、洛须镇、色须镇、虾扎镇、温波镇、蒙宜镇、阿日扎镇、色柯镇、翁达镇、洛若镇、泥朵镇、甲学镇、高城镇、甲洼镇、格聂镇、木拉镇、君坝镇、拉波镇、觉吾镇、夏邛镇、中咱镇、措拉镇、甲英镇、地巫镇、香巴拉镇、青德镇、热打镇、金珠镇、香格里拉镇、桑堆镇、吉呷镇、噶通镇、瓦卡镇、白松镇、日雨镇、太阳谷镇、礼州镇、安宁镇、川兴镇、黄联关镇、佑君镇、太和镇、安哈镇、阿七镇、樟木箐镇、琅环镇、巴汝镇、鹿厂镇、黎溪镇、通安镇、太平镇、益门镇、绿水镇、云甸镇、新发镇、关河镇、彰冠镇、木古镇、六华镇、小黑箐镇、乔瓦镇、瓦厂镇、茶布朗镇、雅砻江镇、水洛镇、列瓦镇、卫城镇、梅雨镇、白乌镇、树河镇、黄草镇、平川镇、泸沽湖镇、官地镇、梅子坪镇、润盐镇、长柏镇、甲米镇、棉桠镇、盐塘镇、金河镇、龙塘镇、兴隆镇、永郎镇、乐跃镇、麻栗镇、茨达镇、巴洞镇、黑龙潭镇、铁炉镇、热河镇、鲹鱼河镇、铅锌镇、堵格镇、姜州镇、乌东德镇、淌塘镇、铁柳镇、嘎吉镇、满银沟镇、新街镇、鲁吉镇、大崇镇、松坪镇、松新镇、竹寿镇、华弹镇、白鹤滩镇、西瑶镇、大同镇、骑骡沟镇、跑马镇、幸福镇、石梨镇、六铁镇、宁远镇、俱乐镇、普基镇、荞窝镇、螺髻山镇、五道箐镇、花山镇、日都迪萨镇、西洛镇、夹铁镇、特木里镇、龙潭镇、拖觉镇、九都镇、乐安镇、俄里坪镇、地洛镇、牛角湾镇、天地坝镇、派来镇、芦稿镇、对坪镇、南瓦镇、百草坡镇、洛觉镇、德溪镇、丙底镇、新城镇、城北镇、竹核镇、谷曲镇、比尔镇、解放沟镇、三岔河镇、四开镇、地莫镇、古里镇、俄尔镇、光明镇、冕山镇、红莫镇、两河口镇、米市镇、洛哈镇、尼波镇、漫水湾镇、大桥镇、复兴镇、泸沽镇、彝海镇、石龙镇、河边镇、锦屏镇、里庄镇、惠安镇、宏模镇、泽远镇、若水镇、棉沙镇、磨房沟镇、越城镇、中所镇、新民镇、乃托镇、普雄镇、大瑞镇、竹阿觉镇、书古镇、依洛地坝镇、南箐镇、贡莫镇、梅花镇、尔觉镇、拉普镇、马拖镇、大花镇、板桥镇、新市坝镇、田坝镇、海棠镇、吉米镇、斯觉镇、普昌镇、玉田镇、乌史大桥镇、苏雄镇、巴普镇、洪溪镇、新桥镇、牛牛坝镇、拉马镇、候播乃拖镇、候古莫镇、锦城镇、西宁镇、汶水镇、黄琅镇、金沙镇、永盛镇、渡口镇、马颈子镇、上田坝镇、瓦岗镇、宝山镇。

贵州省

黔灵镇、青岩镇、石板镇、麦坪镇、燕楼镇、东风镇、水田镇、羊昌镇、下坝镇、新场镇、百宜镇、艳山红镇、麦架镇、沙文镇、金华镇、朱昌镇、百花湖镇、双流镇、金中镇、冯三镇、楠木渡镇、龙岗镇、永温镇、花梨镇、永靖镇、温泉镇、九庄镇、小寨坝镇、西山镇、养龙司镇、石硐镇、鹿窝镇、流长镇、六广镇、六屯镇、洒坪镇、六桶镇、谷堡镇、小箐镇、红枫湖镇、站街镇、卫城镇、新店镇、暗流镇、犁倭镇、大河镇、汪家寨镇、大湾镇、木果镇、保华镇、岩脚镇、木岗镇、大用镇、关寨镇、牂牁镇、新华镇、龙河镇、新窑镇、郎岱镇、蟠龙镇、发耳镇、都格镇、鸡场镇、勺米镇、化乐镇、比德镇、阿戛镇、玉舍镇、陡箐镇、米箩镇、民主镇、大山镇、保田镇、石桥镇、响水镇、柏果镇、新民镇、盘关镇、竹海镇、英武镇、鸡场坪镇、双凤镇、丹霞镇、乌蒙镇、巷口镇、海龙镇、深溪镇、金鼎山镇、新舟镇、虾子镇、三渡镇、永乐镇、喇叭镇、团泽镇、板桥镇、泗渡镇、沙湾镇、山盆镇、芝麻镇、松林镇、毛石镇、三岔镇、苟江镇、三合镇、乌江镇、龙坪镇、团溪镇、铁厂镇、西坪镇、尚嵇镇、茅栗镇、新民镇、鸭溪镇、石板镇、乐山镇、枫香镇、泮水镇、马蹄镇、楚米镇、新站镇、松坎镇、高桥镇、水坝塘镇、官仓镇、花秋镇、羊磴镇、九坝镇、大河镇、夜郎镇、木瓜镇、坡渡镇、燎原镇、狮溪镇、茅石镇、尧龙山镇、风水镇、容光镇、芭蕉镇、郑场镇、旺草镇、蒲场镇、风华镇、茅垭镇、枧坝镇、宽阔镇、黄杨镇、青杠塘镇、太白镇、温泉镇、坪乐镇、瑞溪镇、和溪镇、安场镇、土坪镇、流渡镇、格林镇、新州镇、庙塘镇、小雅镇、中观镇、芙蓉江镇、班竹镇、碧峰镇、乐俭镇、杨兴镇、柞焉镇、玉溪镇、三江镇、隆兴镇、旧城镇、忠信镇、洛龙镇、阳溪镇、三桥镇、大磏镇、平模镇、河口镇、丰乐镇、黄都镇、涪洋镇、镇南镇、砚山镇、泔水镇、茅天镇、柏村镇、泥高镇、分水镇、蕉坝镇、进化镇、琊川镇、蜂岩镇、永和镇、绥阳镇、土溪镇、永安镇、天桥镇、王寨镇、新建镇、永兴镇、复兴镇、马山镇、高台镇、茅坪镇、兴隆镇、新南镇、石莲镇、西河镇、洗马镇、抄乐镇、天城镇、龙溪镇、构皮滩镇、大乌江镇、敖溪镇、龙家镇、松烟镇、关兴镇、白泥镇、土城镇、同民镇、醒民镇、隆兴镇、习酒镇、回龙镇、桑木镇、永安镇、良村镇、温水镇、仙源镇、官店镇、寨坝镇、民化镇、二郎镇、二里镇、三岔河镇、大坡镇、桃林镇、程寨镇、天台镇、复兴镇、大同镇、旺隆镇、葫市镇、元厚镇、官渡镇、长期镇、长沙镇、两河口镇、丙安镇、长岗镇、五马镇、茅坝镇、九仓镇、喜头镇、大坝镇、三合镇、合马镇、火石镇、学孔镇、龙井镇、美酒河镇、高大坪镇、茅台镇、宋旗镇、幺铺镇、宁谷镇、龙宫镇、双堡镇、大西桥镇、七眼桥镇、蔡官镇、轿子山镇、旧州镇、白云镇、高峰镇、天龙镇、夏云镇、马场镇、乐平镇、齐伯镇、马官镇、化处镇、马场镇、白岩镇、坪上镇、鸡场坡镇、黄果树镇、马厂镇、良田镇、扁担山镇、募役镇、江龙镇、本寨镇、六马镇、永宁镇、岗乌镇、上关镇、坡贡镇、白水镇、新铺镇、沙营镇、花江镇、断桥镇、格凸河镇、猴场镇、猫营镇、板当镇、宗地镇、大营镇、坝羊镇、火花镇、鸭池镇、梨树镇、岔河镇、朱昌镇、田坝镇、长春堡镇、撒拉溪镇、杨家湾镇、放珠镇、青场镇、水箐镇、何官屯镇、对坡镇、大银镇、林口镇、生机镇、清水铺镇、亮岩镇、燕子口镇、八寨镇、田坝桥镇、海子街镇、小坝镇、层台镇、小吉场镇、普宜镇、龙场营镇、双山镇、猫场镇、马场镇、羊场镇、黄泥塘镇、六龙镇、达溪镇、瓢井镇、长石镇、对江镇、安底镇、沙土镇、禹谟镇、岚头镇、清池镇、柳塘镇、平坝镇、源村镇、高坪镇、化觉镇、茶园镇、木孔镇、长坝镇、后山镇、桂果镇、牛场镇、猫场镇、化起镇、龙场镇、以那镇、三塘镇、阿弓镇、珠藏镇、中寨镇、马场镇、板桥镇、白泥镇、少普镇、熊家场镇、黑土镇、骝岭镇、阳长镇、维新镇、龙场镇、乐治镇、百兴镇、张家湾镇、勺窝镇、寨乐镇、玉龙坝镇、沙包镇、水东镇、曙光镇、草海镇、幺站镇、金钟镇、炉山镇、龙场镇、黑石头镇、哲觉镇、观风海镇、牛棚镇、迤那镇、中水镇、龙街镇、雪山镇、羊街镇、小海镇、盐仓镇、东风镇、二塘镇、猴场镇、秀水镇、双龙镇、麻乍镇、兔街镇、海拉镇、玉龙镇、哈喇河镇、斗古镇、金斗镇、岔河镇、黑土河镇、妈姑镇、财神镇、六曲河镇、野马川镇、罗州镇、平山镇、哲庄镇、古基镇、朱明镇、德卓镇、金碧镇、雨朵镇、大关镇、谷里镇、素朴镇、中坪镇、重新镇、林泉镇、金兰镇、锦星镇、洪水镇、甘棠镇、钟山镇、协和镇、观音洞镇、坝黄镇、云场坪镇、漾头镇、万山镇、闵孝镇、太平镇、坝盘镇、民和镇、桃映镇、怒溪镇、新店镇、朱家场镇、田坪镇、本庄镇、白沙镇、龙塘镇、花桥镇、五德镇、河坝镇、塘头镇、许家坝镇、大坝场镇、文家店镇、鹦鹉溪镇、合朋溪镇、张家寨镇、孙家坝镇、青杠坡镇、瓮溪镇、凉水井镇、邵家桥镇、大河坝镇、亭子坝镇、香坝镇、长坝镇、板桥镇、板溪镇、沙子坡镇、天堂镇、木黄镇、合水镇、朗溪镇、缠溪镇、洋溪镇、新寨镇、杉树镇、刀坝镇、紫薇镇、杨柳镇、煎茶镇、潮砥镇、枫香溪镇、稳坪镇、复兴镇、合兴镇、高山镇、泉口镇、长堡镇、共和镇、平原镇、黑水镇、谯家镇、夹石镇、淇滩镇、官舟镇、土地坳镇、思渠镇、客田镇、洪渡镇、中界镇、甘溪镇、板场镇、泉坝镇、中寨镇、黄土镇、新景镇、塘坝镇、盘石镇、盘信镇、大坪场镇、普觉镇、寨英镇、孟溪镇、乌罗镇、甘龙镇、长兴堡镇、迓驾镇、牛郎镇、黄板镇、平头镇、大路镇、木树镇、冷水溪镇、正大镇、敬南镇、泥凼镇、南盘江镇、捧乍镇、鲁布格镇、三江口镇、乌沙镇、白碗窑镇、威舍镇、清水河镇、郑屯镇、万屯镇、鲁屯镇、仓更镇、七舍镇、则戎镇、猪场坪镇、屯脚镇、巴铃镇、百德镇、雨樟镇、潘家庄镇、回龙镇、下山镇、新龙场镇、大山镇、马马崖镇、波阳镇、龙吟镇、江西坡镇、地瓜镇、楼下镇、兴中镇、青山镇、罗汉镇、新店镇、沙子镇、碧痕镇、大厂镇、鸡场镇、花贡镇、中营镇、光照镇、茶马镇、龙场镇、者相镇、北盘江镇、白层镇、鲁贡镇、小屯镇、长田镇、沙坪镇、挽澜镇、乐元镇、打易镇、乐旺镇、桑郎镇、麻山镇、石屯镇、蔗香镇、郊纳镇、大观镇、边饶镇、昂武镇、丫他镇、巧马镇、秧坝镇、岩架镇、八渡镇、冗渡镇、坡妹镇、双江镇、弼佑镇、龙广镇、德卧镇、万峰湖镇、木咱镇、洒雨镇、普坪镇、龙山镇、新桥镇、海子镇、笃山镇、三棵树镇、舟溪镇、旁海镇、湾水镇、炉山镇、万潮镇、龙场镇、碧波镇、下司镇、凯棠镇、大风洞镇、新州镇、旧州镇、重安镇、谷陇镇、平溪镇、野洞河镇、浪洞镇、上塘镇、施秉县城关镇、杨柳塘镇、双井镇、牛大场镇、马号镇、八弓镇、台烈镇、瓦寨镇、桐林镇、雪洞镇、长吉镇、良上镇、舞阳镇、蕉溪镇、青溪镇、羊坪镇、羊场镇、都坪镇、金堡镇、江古镇、思旸镇、水尾镇、天马镇、龙田镇、大有镇、注溪镇、凯本镇、平庄镇、客楼镇、坪地镇、蓝田镇、瓮洞镇、高酿镇、石洞镇、远口镇、坌处镇、白市镇、渡马镇、江东镇、竹林镇、三江镇、茅坪镇、敦寨镇、启蒙镇、平秋镇、铜鼓镇、平略镇、柳川镇、岑松镇、南加镇、南明镇、革东镇、太拥镇、磻溪镇、久仰镇、南哨镇、南寨镇、观么镇、施洞镇、南宫镇、革一镇、方召镇、中潮镇、孟彦镇、敖市镇、九潮镇、岩洞镇、水口镇、洪州镇、尚重镇、双江镇、肇兴镇、龙额镇、永从镇、茅贡镇、地坪镇、古州镇、忠诚镇、寨蒿镇、平永镇、乐里镇、朗洞镇、栽麻镇、平江镇、八开镇、丙妹镇、贯洞镇、洛香镇、下江镇、宰便镇、西山镇、停洞镇、往洞镇、庆云镇、斗里镇、东朗镇、加鸠镇、丹江镇、西江镇、永乐镇、郎德镇、大塘镇、谷硐镇、宣威镇、龙山镇、贤昌镇、龙泉镇、兴仁镇、排调镇、扬武镇、墨冲镇、平浪镇、毛尖镇、匀东镇、凤山镇、陆坪镇、龙昌镇、牛场镇、道坪镇、朝阳镇、茂兰镇、甲良镇、佳荣镇、小七孔镇、新巴镇、德新镇、盘江镇、沿山镇、昌明镇、云雾镇、平定营镇、中坪镇、建中镇、永和镇、珠藏镇、玉山镇、天文镇、银盏镇、猴场镇、江界河镇、百泉镇、影山镇、基长镇、下司镇、麻尾镇、麻万镇、上司镇、玉水镇、平舟镇、牙舟镇、通州镇、大塘镇、克度镇、塘边镇、甲茶镇、者密镇、掌布镇、龙坪镇、边阳镇、沫阳镇、逢亭镇、罗悃镇、茂井镇、红水河镇、木引镇、广顺镇、摆所镇、代化镇、白云山镇、鼓扬镇、龙山镇、醒狮镇、谷脚镇、湾滩河镇、洗马镇、好花红镇、摆金镇、雅水镇、断杉镇、芦山镇、王佑镇、羡塘镇、岗度镇、大河镇、普安镇、都江镇、中和镇、周覃镇、九阡镇。

云南省

汤丹镇、因民镇、阿旺镇、乌龙镇、红土地镇、拖布卡镇、二街镇、上蒜镇、六街镇、罗免镇、赤鹫镇、东村镇、款庄镇、散旦镇、北古城镇、狗街镇、竹山镇、马街镇、西街口镇、长湖镇、圭山镇、小街镇、杨林镇、牛栏江镇、撒营盘镇、转龙镇、茂山镇、团街镇、中屏镇、皎平渡镇、乌东德镇、翠华镇、九龙镇、羊街镇、柯渡镇、倘甸镇、功山镇、河口镇、七星镇、先锋镇、鸡街镇、凤合镇、越州镇、东山镇、茨营镇、白水镇、盘江镇、马过河镇、纳章镇、板桥镇、三岔河镇、马街镇、召夸镇、大莫古镇、芳华镇、小百户镇、雄壁镇、葵山镇、彩云镇、竹基镇、板桥镇、马街镇、富乐镇、阿岗镇、营上镇、黄泥河镇、竹园镇、后所镇、大河镇、墨红镇、富村镇、十八连山镇、老厂镇、娜姑镇、迤车镇、乐业镇、矿山镇、者海镇、大井镇、待补镇、格宜镇、田坝镇、羊场镇、倘塘镇、落水镇、务德镇、海岱镇、龙场镇、龙潭镇、热水镇、宝山镇、东山镇、杨柳镇、江城镇、前卫镇、九溪镇、路居镇、杨广镇、河西镇、四街镇、纳古镇、盘溪镇、华溪镇、青龙镇、绿汁镇、甸中镇、化念镇、塔甸镇、扬武镇、漠沙镇、戛洒镇、水塘镇、曼来镇、因远镇、右所镇、阳宗镇、海口镇、九村镇、板桥镇、汉庄镇、蒲缥镇、瓦窑镇、潞江镇、甸阳镇、由旺镇、姚关镇、仁和镇、太平镇、龙山镇、镇安镇、勐糯镇、腊勐镇、象达镇、田园镇、淛水镇、柯街镇、卡斯镇、勐统镇、温泉镇、大田坝镇、鸡飞镇、翁堵镇、固东镇、滇滩镇、猴桥镇、和顺镇、界头镇、曲石镇、明光镇、中和镇、芒棒镇、荷花镇、北海镇、清水镇、旧圃镇、永丰镇、盘河镇、靖安镇、洒渔镇、乐居镇、苏家院镇、大山包镇、炎山镇、水磨镇、龙头山镇、小寨镇、江底镇、火德红镇、龙树镇、新街镇、梭山镇、乐红镇、大寨镇、小河镇、药山镇、马树镇、老店镇、茂租镇、东坪镇、新店镇、崇溪镇、金塘镇、蒙姑镇、盐井镇、普洱镇、豆沙镇、中和镇、庙坝镇、柿子镇、翠华镇、玉碗镇、吉利镇、天星镇、木杆镇、悦乐镇、寿山镇、高桥镇、桧溪镇、黄华镇、茂林镇、大兴镇、莲峰镇、务基镇、码口镇、中城镇、南岸镇、新滩镇、会仪镇、板栗镇、泼机镇、黑树镇、母享镇、大湾镇、以勒镇、赤水源镇、芒部镇、雨河镇、罗坎镇、牛场镇、五德镇、坡头镇、以古镇、场坝镇、塘房镇、中屯镇、木卓镇、盐源镇、碗厂镇、坪上镇、洛泽河镇、牛街镇、海子镇、荞山镇、龙安镇、钟鸣镇、两河镇、小草坝镇、龙海镇、扎西镇、旧城镇、罗布镇、麟凤镇、长安镇、庙沟镇、水田镇、向家坝镇、太平镇、两碗镇、金安镇、七河镇、石鼓镇、巨甸镇、白沙镇、拉市镇、奉科镇、鸣音镇、永北镇、仁和镇、期纳镇、三川镇、程海镇、涛源镇、鲁地拉镇、片角镇、顺州镇、中心镇、荣将镇、兴泉镇、石龙坝镇、永宁镇、红桥镇、战河镇、南屏镇、倚象镇、思茅港镇、六顺镇、宁洱镇、磨黑镇、德化镇、同心镇、勐先镇、梅子镇、联珠镇、通关镇、龙坝镇、新安镇、团田镇、新抚镇、景星镇、鱼塘镇、文武镇、坝溜镇、泗南江镇、雅邑镇、锦屏镇、文井镇、漫湾镇、大朝山东镇、花山镇、大街镇、太忠镇、文龙镇、安定镇、景福镇、威远镇、永平镇、正兴镇、民乐镇、凤山镇、景谷镇、恩乐镇、按板镇、勐大镇、者东镇、九甲镇、古城镇、振太镇、和平镇、勐烈镇、整董镇、曲水镇、宝藏镇、康平镇、娜允镇、勐马镇、芒信镇、富岩镇、勐朗镇、上允镇、糯扎渡镇、惠民镇、东回镇、勐梭镇、勐卡镇、翁嘎科镇、中课镇、新厂镇、博尚镇、凤山镇、鲁史镇、小湾镇、营盘镇、三岔河镇、勐佑镇、雪山镇、洛党镇、爱华镇、漫湾镇、大朝山西镇、涌宝镇、茂兰镇、幸福镇、大寨镇、德党镇、小勐统镇、永康镇、凤尾镇、勐捧镇、南伞镇、勐勐镇、勐库镇、耿马镇、勐永镇、勐撒镇、孟定镇、勐董镇、岩帅镇、勐省镇、芒卡镇、鹿城镇、东瓜镇、吕合镇、紫溪镇、东华镇、子午镇、苍岭镇、三街镇、八角镇、中山镇、新村镇、西舍路镇、金山镇、仁兴镇、碧城镇、勤丰镇、一平浪镇、广通镇、黑井镇、土官镇、彩云镇、和平镇、恐龙山镇、妥甸镇、大庄镇、法脿镇、鄂嘉镇、大麦地镇、共和镇、新桥镇、江坡镇、凤屯镇、龙川镇、沙桥镇、五街镇、红土坡镇、马街镇、兔街镇、栋川镇、光禄镇、前场镇、弥兴镇、太平镇、官屯镇、金碧镇、石羊镇、六苴镇、龙街镇、新街镇、赵家店镇、三岔河镇、桂花镇、永定镇、宜就镇、中和镇、元马镇、黄瓜园镇、羊街镇、狮山镇、高桥镇、猫街镇、插甸镇、白路镇、万德镇、己衣镇、鸡街镇、老厂镇、卡房镇、蔓耗镇、中和营镇、小龙潭镇、草坝镇、芷村镇、鸣鹫镇、冷泉镇、新哨镇、虹溪镇、竹园镇、朋普镇、巡检司镇、西一镇、西二镇、西三镇、东山镇、玉屏镇、新现镇、和平镇、白河镇、临安镇、官厅镇、西庄镇、青龙镇、南庄镇、岔科镇、曲江镇、面甸镇、异龙镇、宝秀镇、坝心镇、龙朋镇、龙武镇、哨冲镇、牛街镇、中枢镇、金马镇、旧城镇、午街铺镇、白水镇、南沙镇、新街镇、牛角寨镇、迤萨镇、甲寅镇、宝华镇、乐育镇、浪堤镇、金河镇、金水河镇、勐拉镇、老勐镇、大兴镇、牛孔镇、大黑山镇、平河镇、河口镇、南溪镇、古木镇、平坝镇、马塘镇、德厚镇、小街镇、薄竹镇、追栗街镇、江那镇、平远镇、稼依镇、阿猛镇、西洒镇、兴街镇、麻栗镇、大坪镇、董干镇、天保镇、马白镇、八寨镇、仁和镇、木厂镇、夹寒箐镇、小坝子镇、都龙镇、金厂镇、坡脚镇、锦屏镇、曰者镇、双龙营镇、莲城镇、八宝镇、南屏镇、珠街镇、那洒镇、珠琳镇、坝美镇、新华镇、归朝镇、剥隘镇、里达镇、田蓬镇、木央镇、勐龙镇、勐罕镇、勐养镇、普文镇、勐海镇、打洛镇、勐混镇、勐遮镇、勐满镇、勐阿镇、勐腊镇、勐捧镇、勐满镇、勐仑镇、磨憨镇、勐伴镇、关累镇、易武镇、大理镇、凤仪镇、喜洲镇、海东镇、挖色镇、湾桥镇、银桥镇、双廊镇、上关镇、苍山西镇、漾江镇、平坡镇、顺濞镇、祥城镇、沙龙镇、云南驿镇、下庄镇、普棚镇、刘厂镇、禾甸镇、米甸镇、金牛镇、宾居镇、州城镇、大营镇、鸡足山镇、力角镇、平川镇、乔甸镇、弥城镇、红岩镇、新街镇、寅街镇、苴力镇、密祉镇、南涧镇、小湾东镇、公郎镇、宝华镇、无量山镇、南诏镇、庙街镇、大仓镇、永建镇、博南镇、杉阳镇、龙街镇、诺邓镇、功果桥镇、漕涧镇、白石镇、茈碧湖镇、邓川镇、右所镇、三营镇、凤羽镇、乔后镇、金华镇、老君山镇、甸南镇、沙溪镇、马登镇、云鹤镇、辛屯镇、松桂镇、黄坪镇、草海镇、西邑镇、龙开口镇、畹町镇、弄岛镇、姐相镇、芒市镇、遮放镇、勐戛镇、芒海镇、风平镇、遮岛镇、芒东镇、勐养镇、平原镇、旧城镇、那邦镇、弄璋镇、盏西镇、卡场镇、昔马镇、太平镇、章凤镇、陇把镇、景罕镇、城子镇、鲁掌镇、片马镇、上江镇、老窝镇、大兴地镇、上帕镇、茨开镇、丙中洛镇、啦井镇、营盘镇、通甸镇、建塘镇、小中甸镇、虎跳峡镇、金江镇、升平镇、奔子栏镇、保和镇、叶枝镇、塔城镇。

西藏自治区

古荣镇、马镇、德庆镇、德庆镇、甘丹曲果镇、当曲卡镇、羊八井镇、塔荣镇、吞巴镇、曲水镇、达嘎镇、工卡镇、南木林镇、江孜镇、协格尔镇、岗嘎镇、萨迦镇、吉定镇、曲下镇、拉孜镇、卡嘎镇、桑桑镇、卡嘎镇、洛江镇、嘎东镇、德吉林镇、康马镇、江嘎镇、陈塘镇、日屋镇、帕羊镇、下司马镇、帕里镇、宗嘎镇、吉隆镇、聂拉木镇、樟木镇、加加镇、岗巴镇、卡若区城关镇、俄洛镇、卡若镇、江达镇、岗托镇、莫洛镇、类乌齐镇、桑多镇、丁青镇、尺牍镇、烟多镇、香堆镇、吉塘镇、白玛镇、帮达镇、然乌镇、同卡镇、旺达镇、田妥镇、扎玉镇、嘎托镇、如美镇、孜托镇、硕督镇、康沙镇、马利镇、边坝镇、草卡镇、林芝镇、百巴镇、八一镇、鲁朗镇、工布江达镇、金达镇、巴河镇、米林镇、派镇、卧龙镇、墨脱镇、扎木镇、倾多镇、松宗镇、竹瓦根镇、上察隅镇、下察隅镇、朗镇、仲达镇、洞嘎镇、昌珠镇、扎塘镇、桑耶镇、吉雄镇、甲竹林镇、杰德秀镇、岗堆镇、江塘镇、桑日镇、琼结镇、曲松镇、罗布沙镇、措美镇、哲古镇、洛扎镇、拉康镇、加查镇、安绕镇、隆子镇、日当镇、错那镇、浪卡子镇、打隆镇、那曲镇、罗玛镇、古露镇、阿扎镇、嘉黎镇、比如镇、夏曲镇、聂荣镇、帕那镇、强玛镇、扎仁镇、雁石坪镇、申扎镇、雄梅镇、亚拉镇、荣布镇、普保镇、北拉镇、德庆镇、佳琼镇、拉西镇、杂色镇、雅安镇、尼玛镇、措折罗玛镇、普兰镇、托林镇、狮泉河镇、日土镇、革吉镇、改则镇、措勤镇。

陕西省

洩湖镇、华胥镇、前卫镇、汤峪镇、焦岱镇、玉山镇、三里镇、普化镇、葛牌镇、灞源镇、九间房镇、蓝桥镇、辋川镇、厚镇、三官庙镇、安村镇、孟村镇、小寨镇、哑柏镇、终南镇、马召镇、集贤镇、楼观镇、尚村镇、广济镇、厚畛子镇、青化镇、竹峪镇、翠峰镇、四屯镇、司竹镇、九峰镇、富仁镇、骆峪镇、陈河镇、板房子镇、王家河镇、黄堡镇、陈炉镇、红土镇、广阳镇、金锁关镇、阿庄镇、董家河镇、庙湾镇、瑶曲镇、照金镇、小丘镇、孙原镇、关庄镇、石柱镇、彭镇、五里镇、太安镇、棋盘镇、尧生镇、哭泉镇、马营镇、石鼓镇、神农镇、高家镇、八鱼镇、陈仓镇、蟠龙镇、金河镇、硖石镇、阳平镇、千河镇、磻溪镇、天王镇、慕仪镇、周原镇、贾村镇、县功镇、新街镇、坪头镇、香泉镇、赤沙镇、拓石镇、凤阁岭镇、钓渭镇、凤翔区城关镇、虢王镇、彪角镇、横水镇、田家庄镇、糜杆桥镇、南指挥镇、陈村镇、长青镇、柳林镇、姚家沟镇、范家寨镇、凤鸣镇、蔡家坡镇、益店镇、蒲村镇、青化镇、枣林镇、雍川镇、故郡镇、京当镇、天度镇、午井镇、绛帐镇、段家镇、杏林镇、召公镇、法门镇、横渠镇、槐芽镇、汤峪镇、常兴镇、金渠镇、营头镇、齐镇、陇县城关镇、东风镇、八渡镇、东南镇、温水镇、天成镇、曹家湾镇、固关镇、河北镇、新集川镇、千阳县城关镇、崔家头镇、南寨镇、张家塬镇、水沟镇、草碧镇、高崖镇、九成宫镇、崔木镇、招贤镇、两亭镇、常丰镇、丈八镇、酒房镇、双石铺镇、凤州镇、黄牛铺镇、红花铺镇、河口镇、唐藏镇、平木镇、坪坎镇、留凤关镇、咀头镇、桃川镇、鹦鸽镇、靖口镇、太白河镇、黄柏塬镇、王家塄镇、五泉镇、揉谷镇、陇西镇、独李镇、大程镇、西阳镇、鲁桥镇、陵前镇、新兴镇、嵯峨镇、渠岸镇、永乐镇、云阳镇、桥底镇、王桥镇、口镇、三渠镇、高庄镇、太平镇、崇文镇、安吴镇、兴隆镇、中张镇、薛录镇、梁村镇、临平镇、姜村镇、王村镇、马连镇、阳峪镇、峰阳镇、注泔镇、灵源镇、阳洪镇、梁山镇、周城镇、新阳镇、大杨镇、史德镇、西张堡镇、阡东镇、烽火镇、烟霞镇、赵镇、叱干镇、南坊镇、石潭镇、昭陵镇、骏马镇、店头镇、常宁镇、甘井镇、马坊镇、渠子镇、永平镇、相公镇、巨家镇、丁家镇、洪家镇、亭口镇、彭公镇、枣园镇、土桥镇、职田镇、张洪镇、太村镇、郑家镇、湫坡头镇、底庙镇、马栏镇、清塬镇、官庄镇、方里镇、润镇、车坞镇、铁王镇、石桥镇、十里塬镇、苏坊镇、武功镇、游凤镇、贞元镇、长宁镇、小村镇、大庄镇、赵村镇、桑镇、南市镇、庄头镇、南位镇、阜寨镇、丰仪镇、汤坊镇、北极镇、新民镇、龙高镇、永乐镇、义门镇、水口镇、韩家镇、太峪镇、桥南镇、阳郭镇、故市镇、下邽镇、三张镇、交斜镇、崇凝镇、孝义镇、蔺店镇、官底镇、官路镇、丰原镇、阎村镇、官道镇、杏林镇、赤水镇、高塘镇、大明镇、瓜坡镇、莲花寺镇、柳枝镇、下庙镇、金堆镇、秦东镇、太要镇、桐峪镇、代字营镇、许庄镇、朝邑镇、安仁镇、两宜镇、羌白镇、官池镇、冯村镇、双泉镇、下寨镇、韦林镇、范家镇、苏村镇、赵渡镇、埝桥镇、段家镇、甘井镇、坊镇、洽川镇、新池镇、黑池镇、路井镇、和家庄镇、王村镇、同家庄镇、百良镇、金峪镇、冯原镇、王庄镇、尧头镇、赵庄镇、交道镇、寺前镇、韦庄镇、安里镇、庄头镇、罕井镇、孙镇、兴镇、党睦镇、高阳镇、永丰镇、荆姚镇、苏坊镇、龙阳镇、洛滨镇、陈庄镇、桥陵镇、尧山镇、椿林镇、龙池镇、尧禾镇、杜康镇、西固镇、林皋镇、史官镇、北塬镇、雷牙镇、庄里镇、张桥镇、美原镇、流曲镇、淡村镇、留古镇、老庙镇、薛镇、到贤镇、曹村镇、宫里镇、梅家坪镇、刘集镇、齐村镇、龙门镇、桑树坪镇、芝川镇、西庄镇、芝阳镇、板桥镇、孟塬镇、华西镇、罗敷镇、华山镇、河庄坪镇、李渠镇、姚店镇、青化砭镇、蟠龙镇、柳林镇、南泥湾镇、临镇、甘谷驿镇、万花山镇、川口镇、麻洞川镇、砖窑湾镇、沿河湾镇、招安镇、化子坪镇、坪桥镇、建华镇、高桥镇、镰刀湾镇、黑家堡镇、郑庄镇、张家滩镇、交口镇、雷赤镇、罗子山镇、安沟镇、永坪镇、延水关镇、文安驿镇、杨家圪台镇、贾家坪镇、关庄镇、乾坤湾镇、杏河镇、顺宁镇、旦八镇、金丁镇、永宁镇、义正镇、双河镇、铁边城镇、周湾镇、白豹镇、长官庙镇、长城镇、五谷城镇、吴仓堡镇、庙沟镇、下寺湾镇、道镇、石门镇、羊泉镇、张村驿镇、张家湾镇、直罗镇、牛武镇、寺仙镇、旧县镇、交口河镇、老庙镇、土基镇、石头镇、槐柏镇、永乡镇、菩提镇、秋林镇、云岩镇、集义镇、壶口镇、石堡镇、白马滩镇、瓦子街镇、界头庙镇、三岔镇、店头镇、隆坊镇、田庄镇、阿党镇、双龙镇、杨家园则镇、玉家湾镇、安定镇、马家砭镇、南沟岔镇、涧峪岔镇、李家岔镇、余家坪镇、铺镇、武乡镇、河东店镇、宗营镇、老君镇、汉王镇、徐望镇、圣水镇、大河坎镇、协税镇、梁山镇、阳春镇、高台镇、新集镇、濂水镇、黄官镇、青树镇、红庙镇、牟家坝镇、法镇、湘水镇、小南海镇、碑坝镇、黎坪镇、福成镇、两河镇、胡家营镇、龙头镇、沙河营镇、文川镇、柳林镇、老庄镇、桔园镇、原公镇、上元观镇、天明镇、二里镇、五堵镇、双溪镇、小河镇、董家营镇、三合镇、龙亭镇、谢村镇、马畅镇、溢水镇、磨子桥镇、黄家营镇、黄安镇、黄金峡镇、槐树关镇、金水镇、华阳镇、茅坪镇、八里关镇、桑溪镇、关帝镇、杨河镇、柳树镇、沙河镇、私渡镇、桑园镇、白龙塘镇、峡口镇、堰口镇、茶镇、高川镇、两河口镇、大河镇、骆家坝镇、子午镇、白勉峡镇、武侯镇、周家山镇、同沟寺镇、新街子镇、老道寺镇、褒城镇、金泉镇、定军山镇、温泉镇、元墩镇、阜川镇、新铺镇、茶店镇、镇川镇、漆树坝镇、张家河镇、长沟河镇、大安镇、代家坝镇、阳平关镇、燕子砭镇、广坪镇、青木川镇、毛坝河镇、铁锁关镇、胡家坝镇、巴山镇、巨亭镇、舒家坝镇、太阳岭镇、安乐河镇、二郎坝镇、禅家岩镇、接官亭镇、西淮坝镇、两河口镇、金家河镇、徐家坪镇、白水江镇、硖口驿镇、马蹄湾镇、乐素河镇、郭镇、黑河镇、白雀寺镇、仙台坝镇、五龙洞镇、观音寺镇、渔渡镇、盐场镇、观音镇、巴庙镇、兴隆镇、长岭镇、三元镇、简池镇、碾子镇、小洋镇、青水镇、赤南镇、平安镇、杨家河镇、巴山镇、黎坝镇、仁村镇、大池镇、永乐镇、马道镇、武关驿镇、留侯镇、江口镇、玉皇庙镇、火烧店镇、青桥驿镇、陈家坝镇、大河坝镇、西岔河镇、岳坝镇、长角坝镇、石墩河镇、鱼河镇、上盐湾镇、镇川镇、麻黄梁镇、牛家梁镇、金鸡滩镇、马合镇、巴拉素镇、鱼河峁镇、青云镇、古塔镇、大河塔镇、小纪汗镇、芹河镇、石湾镇、高镇、武镇、党岔镇、响水镇、波罗镇、殿市镇、塔湾镇、赵石畔镇、魏家楼镇、韩岔镇、白界镇、雷龙湾镇、府谷镇、黄甫镇、哈镇、庙沟门镇、新民镇、孤山镇、清水镇、大昌汗镇、古城镇、三道沟镇、老高川镇、武家庄镇、木瓜镇、田家寨镇、东坑镇、青阳岔镇、宁条梁镇、周河镇、红墩界镇、杨桥畔镇、王渠则镇、中山涧镇、杨米涧镇、天赐湾镇、小河镇、龙洲镇、黄蒿界镇、海则滩镇、席麻湾镇、镇靖镇、贺圈镇、红柳沟镇、砖井镇、白泥井镇、安边镇、堆子梁镇、白湾子镇、姬源镇、杨井镇、新安边镇、张崾先镇、樊学镇、盐场堡镇、郝滩镇、石洞沟镇、冯地坑镇、名州镇、薛家峁镇、崔家湾镇、定仙墕镇、枣林坪镇、义合镇、吉镇、薛家河镇、四十里铺镇、石家湾镇、田庄镇、中角镇、满堂川镇、张家砭镇、白家碱镇、桃镇、龙镇、杨家沟镇、杜家石沟镇、沙家店镇、印斗镇、郭兴庄镇、城郊镇、坑镇、店镇、乌镇、金明寺镇、通镇、王家砭镇、方塌镇、朱家坬镇、螅镇、朱官寨镇、刘国具镇、木头峪镇、辛家沟镇、郭家沟镇、寇家源镇、岔上镇、张家山镇、宽州镇、石咀驿镇、折家坪镇、玉家河镇、高杰村镇、李家塔镇、店则沟镇、解家沟镇、下廿里铺镇、何家集镇、老君殿镇、裴家湾镇、苗家坪镇、三川口镇、马蹄沟镇、周家硷镇、电市镇、砖庙镇、淮宁湾镇、马岔镇、高家堡镇、店塔镇、孙家岔镇、大柳塔镇、花石崖镇、中鸡镇、贺家川镇、尔林兔镇、万镇、大保当镇、马镇、栏杆堡镇、沙峁镇、锦界镇、关庙镇、张滩镇、瀛湖镇、五里镇、恒口镇、吉河镇、流水镇、大竹园镇、洪山镇、茨沟镇、大河镇、沈坝镇、双龙镇、叶坪镇、中原镇、县河镇、紫荆镇、早阳镇、关家镇、石梯镇、坝河镇、牛蹄镇、晏坝镇、谭坝镇、汉阴县城关镇、涧池镇、蒲溪镇、平梁镇、双乳镇、铁佛寺镇、漩涡镇、汉阳镇、双河口镇、观音河镇、石泉县城关镇、饶峰镇、两河镇、迎丰镇、池河镇、后柳镇、喜河镇、熨斗镇、云雾山镇、中池镇、曾溪镇、宁陕县城关镇、四亩地镇、江口镇、广货街镇、龙王镇、筒车湾镇、金川镇、皇冠镇、太山庙镇、梅子镇、新场镇、紫阳县城关镇、蒿坪镇、汉王镇、焕古镇、向阳镇、洞河镇、洄水镇、双桥镇、高桥镇、红椿镇、高滩镇、毛坝镇、瓦庙镇、麻柳镇、双安镇、东木镇、界岭镇、岚皋县城关镇、佐龙镇、滔河镇、官元镇、石门镇、民主镇、大道河镇、堰门镇、蔺河镇、四季镇、孟石岭镇、南宫山镇、平利县城关镇、兴隆镇、老县镇、大贵镇、三阳镇、洛河镇、广佛镇、八仙镇、长安镇、正阳镇、西河镇、镇坪县城关镇、曾家镇、牛头店镇、钟宝镇、上竹镇、华坪镇、曙坪镇、白河县城关镇、中厂镇、构扒镇、卡子镇、茅坪镇、宋家镇、西营镇、仓上镇、冷水镇、双丰镇、麻虎镇、旬阳市城关镇、棕溪镇、关口镇、蜀河镇、双河镇、小河镇、赵湾镇、麻坪镇、甘溪镇、白柳镇、吕河镇、神河镇、铜钱关镇、段家河镇、仙河镇、金寨镇、桐木镇、构元镇、石门镇、红军镇、仁河口镇、夜村镇、沙河子镇、杨峪河镇、金陵寺镇、黑山镇、杨斜镇、麻街镇、牧护关镇、大荆镇、腰市镇、板桥镇、北宽坪镇、三岔河镇、闫村镇、景村镇、古城镇、三要镇、灵口镇、寺耳镇、巡检镇、石坡镇、石门镇、麻坪镇、洛源镇、保安镇、永丰镇、柏峪寺镇、高耀镇、庾岭镇、蔡川镇、峦庄镇、铁峪铺镇、武关镇、竹林关镇、土门镇、寺坪镇、商镇、棣花镇、花瓶子镇、富水镇、湘河镇、赵川镇、过风楼镇、试马镇、清油河镇、十里坪镇、金丝峡镇、青山镇、高坝店镇、天竺山镇、中村镇、银花镇、西照川镇、漫川关镇、南宽坪镇、户家塬镇、杨地镇、小河口镇、色河铺镇、板岩镇、延坪镇、两岭镇、王阁镇、法官镇、回龙镇、铁厂镇、大坪镇、米粮镇、茅坪回族镇、西口回族镇、高峰镇、青铜关镇、柴坪镇、达仁镇、木王镇、云盖寺镇、庙沟镇、月河镇、营盘镇、下梁镇、小岭镇、凤凰镇、红岩寺镇、曹坪镇、杏坪镇、瓦房口镇。

甘肃省

阿干镇、八里镇、彭家坪镇、西果园镇、黄峪镇、新城镇、东川镇、河口镇、达川镇、柳泉镇、忠和镇、九合镇、海石湾镇、花庄镇、平安镇、红古镇、永登县城关镇、红城镇、中堡镇、武胜驿镇、河桥镇、连城镇、苦水镇、大同镇、龙泉寺镇、树屏镇、柳树镇、通远镇、石洞镇、什川镇、水阜镇、黑石镇、榆中县城关镇、夏官营镇、高崖镇、金崖镇、和平镇、甘草店镇、青城镇、定远镇、连搭镇、新营镇、贡井镇、中川镇、秦川镇、西岔镇、上川镇、新城镇、峪泉镇、文殊镇、宁远堡镇、双湾镇、永昌县城关镇、河西堡镇、新城子镇、朱王堡镇、东寨镇、水源镇、红山窑镇、焦家庄镇、六坝镇、水川镇、四龙镇、王岘镇、王家山镇、水泉镇、共和镇、宝积镇、黄峤镇、北湾镇、东湾镇、乌兰镇、刘川镇、北滩镇、五合镇、大芦镇、糜滩镇、高湾镇、平堡镇、东升镇、双龙镇、三滩镇、会师镇、郭城驿镇、河畔镇、头寨子镇、太平店镇、甘沟驿镇、侯家川镇、柴家门镇、汉家岔镇、刘家寨子镇、白草塬镇、大沟镇、四房吴镇、中川镇、老君坡镇、平头川镇、丁家沟镇、杨崖集镇、翟家所镇、韩家集镇、土门岘镇、新塬镇、草滩镇、新庄镇、一条山镇、芦阳镇、上沙沃镇、喜泉镇、草窝滩镇、红水镇、中泉镇、正路镇、玉泉镇、太京镇、藉口镇、皂郊镇、汪川镇、牡丹镇、关子镇、平南镇、天水镇、娘娘坝镇、中梁镇、杨家寺镇、齐寿镇、大门镇、秦岭镇、华歧镇、社棠镇、马跑泉镇、甘泉镇、渭南镇、东岔镇、花牛镇、中滩镇、新阳镇、元龙镇、伯阳镇、麦积镇、石佛镇、三岔镇、琥珀镇、利桥镇、五龙镇、党川镇、永清镇、红堡镇、白驼镇、金集镇、秦亭镇、山门镇、白沙镇、王河镇、郭川镇、黄门镇、松树镇、远门镇、土门镇、草川铺镇、陇东镇、兴国镇、莲花镇、西川镇、陇城镇、郭嘉镇、五营镇、叶堡镇、魏店镇、安伏镇、千户镇、王尹镇、兴丰镇、中山镇、刘坪镇、王铺镇、王窑镇、云山镇、大像山镇、新兴镇、磐安镇、六峰镇、安远镇、金山镇、大石镇、礼辛镇、武家河镇、大庄镇、古坡镇、八里湾镇、西坪镇、武山县城关镇、洛门镇、鸳鸯镇、滩歌镇、四门镇、马力镇、山丹镇、温泉镇、桦林镇、龙台镇、榆盘镇、高楼镇、杨河镇、张家川镇、龙山镇、恭门镇、马鹿镇、梁山镇、马关镇、刘堡镇、胡川镇、大阳镇、川王镇、黄羊镇、武南镇、清源镇、永昌镇、双城镇、丰乐镇、高坝镇、金羊镇、和平镇、羊下坝镇、中坝镇、永丰镇、古城镇、张义镇、发放镇、西营镇、四坝镇、洪祥镇、谢河镇、金沙镇、松树镇、怀安镇、下双镇、清水镇、河东镇、五和镇、长城镇、吴家井镇、金河镇、韩佐镇、大柳镇、柏树镇、金塔镇、九墩镇、金山镇、新华镇、康宁镇、三雷镇、东坝镇、泉山镇、西渠镇、东湖镇、红砂岗镇、昌宁镇、重兴镇、薛百镇、大坝镇、苏武镇、大滩镇、双茨科镇、红沙梁镇、蔡旗镇、夹河镇、收成镇、南湖镇、古浪镇、泗水镇、土门镇、大靖镇、裴家营镇、海子滩镇、定宁镇、黄羊川镇、黑松驿镇、永丰滩镇、黄花滩镇、西靖镇、民权镇、直滩镇、古丰镇、华藏寺镇、打柴沟镇、安远镇、炭山岭镇、哈溪镇、赛什斯镇、石门镇、松山镇、天堂镇、朵什镇、西大滩镇、抓喜秀龙镇、大红沟镇、祁连镇、梁家墩镇、上秦镇、大满镇、沙井镇、乌江镇、甘浚镇、新墩镇、党寨镇、碱滩镇、三闸镇、小满镇、明永镇、长安镇、红湾寺镇、皇城镇、康乐镇、洪水镇、六坝镇、新天镇、南古镇、永固镇、三堡镇、南丰镇、民联镇、顺化镇、丰乐镇、沙河镇、新华镇、蓼泉镇、平川镇、板桥镇、鸭暖镇、倪家营镇、高台县城关镇、宣化镇、南华镇、巷道镇、合黎镇、骆驼城镇、新坝镇、黑泉镇、罗城镇、清泉镇、位奇镇、霍城镇、陈户镇、大马营镇、东乐镇、崆峒镇、白水镇、草峰镇、安国镇、柳湖镇、四十里铺镇、花所镇、泾川县城关镇、玉都镇、高平镇、荔堡镇、王村镇、窑店镇、飞云镇、丰台镇、党原镇、汭丰镇、太平镇、中台镇、邵寨镇、独店镇、什字镇、朝那镇、西屯镇、上良镇、百里镇、蒲窝镇、锦屏镇、新窑镇、柏树镇、黄寨镇、水洛镇、南湖镇、朱店镇、万泉镇、韩店镇、卧龙镇、阳川镇、盘安镇、大庄镇、通化镇、永宁镇、良邑镇、岳堡镇、柳梁镇、南坪镇、静宁县城关镇、威戎镇、界石铺镇、八里镇、李店镇、古城镇、仁大镇、甘沟镇、城川镇、曹务镇、雷大镇、四河镇、细巷镇、双岘镇、治平镇、红寺镇、原安镇、东华镇、安口镇、西华镇、马峡镇、策底镇、上关镇、河西镇、西洞镇、清水镇、总寨镇、金佛寺镇、上坝镇、三墩镇、银达镇、西峰镇、泉湖镇、果园镇、下河清镇、铧尖镇、东洞镇、丰乐镇、中东镇、鼎新镇、金塔镇、东坝镇、航天镇、大庄子镇、西坝镇、渊泉镇、柳园镇、三道沟镇、南岔镇、锁阳城镇、瓜州镇、西湖镇、河东镇、双塔镇、腰站子东乡族镇、党城湾镇、马鬃山镇、红柳湾镇、玉门镇、赤金镇、花海镇、老君庙镇、黄闸湾镇、下西号镇、柳河镇、昌马镇、柳湖镇、六墩镇、七里镇、沙州镇、肃州镇、莫高镇、转渠口镇、阳关镇、月牙泉镇、郭家堡镇、黄渠镇、肖金镇、董志镇、后官寨镇、彭原镇、温泉镇、庆城镇、驿马镇、三十里铺镇、马岭镇、玄马镇、白马铺镇、桐川镇、赤城镇、高楼镇、环城镇、曲子镇、甜水镇、木钵镇、洪德镇、合道镇、虎洞镇、毛井镇、樊家川镇、车道镇、悦乐镇、柔远镇、元城镇、南梁镇、城壕镇、五蛟镇、西华池镇、老城镇、太白镇、板桥镇、何家畔镇、吉岘镇、肖咀镇、固城镇、山河镇、榆林子镇、宫河镇、永和镇、永正镇、周家镇、湫头镇、西坡镇、新宁镇、平子镇、早胜镇、长庆桥镇、和盛镇、湘乐镇、新庄镇、盘克镇、中村镇、焦村镇、米桥镇、良平镇、太昌镇、春荣镇、镇原县城关镇、屯字镇、孟坝镇、三岔镇、平泉镇、开边镇、太平镇、临泾镇、新城镇、上肖镇、新集镇、马渠镇、庙渠镇、凤翔镇、内官营镇、巉口镇、称钩驿镇、鲁家沟镇、西巩驿镇、宁远镇、李家堡镇、团结镇、香泉镇、符家川镇、葛家岔镇、平襄镇、马营镇、鸡川镇、榜罗镇、常家河镇、义岗川镇、陇阳镇、陇山镇、陇川镇、碧玉镇、襄南镇、什川镇、华家岭镇、北城铺镇、巩昌镇、文峰镇、首阳镇、菜子镇、福星镇、通安驿镇、云田镇、碧岩镇、马河镇、柯寨镇、双泉镇、权家湾镇、清源镇、莲峰镇、会川镇、五竹镇、路园镇、北寨镇、新寨镇、麻家集镇、锹峪镇、庆坪镇、祁家庙镇、上湾镇、洮阳镇、八里铺镇、新添镇、辛店镇、太石镇、中铺镇、峡口镇、龙门镇、窑店镇、玉井镇、衙下集镇、南屏镇、武阳镇、三岔镇、新寺镇、金钟镇、盐井镇、殪虎桥镇、大草滩镇、四族镇、石川镇、贵清山镇、岷阳镇、蒲麻镇、西寨镇、梅川镇、西江镇、闾井镇、十里镇、茶埠镇、中寨镇、清水镇、寺沟镇、麻子川镇、维新镇、禾驮镇、马坞镇、武都区城关镇、安化镇、东江镇、两水镇、汉王镇、洛塘镇、角弓镇、马街镇、三河镇、甘泉镇、鱼龙镇、琵琶镇、外纳镇、马营镇、柏林镇、姚寨镇、佛崖镇、石门镇、五马镇、裕河镇、汉林镇、桔柑镇、隆兴镇、黄坪镇、五库镇、三仓镇、成县城关镇、黄渚镇、红川镇、小川镇、纸坊镇、抛沙镇、店村镇、王磨镇、陈院镇、沙坝镇、黄陈镇、鸡峰镇、苏元镇、索池镇、文县城关镇、碧口镇、尚德镇、中寨镇、临江镇、桥头镇、梨坪镇、天池镇、堡子坝镇、石坊镇、石鸡坝镇、丹堡镇、中庙镇、范坝镇、宕昌县城关镇、哈达铺镇、理川镇、南阳镇、官亭镇、沙湾镇、阿坞镇、南河镇、八力镇、临江铺镇、两河口镇、康县城关镇、平洛镇、大堡镇、岸门口镇、两河镇、长坝镇、云台镇、阳坝镇、王坝镇、碾坝镇、豆坝镇、望关镇、大南峪镇、周家坝镇、寺台镇、白杨镇、铜钱镇、三河坝镇、汉源镇、长道镇、何坝镇、姜席镇、石峡镇、洛峪镇、西峪镇、马元镇、大桥镇、十里镇、石堡镇、兴隆镇、苏合镇、卢河镇、稍峪镇、西高山镇、礼县城关镇、盐官镇、石桥镇、白河镇、宽川镇、永兴镇、祁山镇、红河镇、永坪镇、中坝镇、罗坝镇、雷坝镇、崖城镇、洮坪镇、龙林镇、固城镇、江口镇、湫山镇、白关镇、桥头镇、王坝镇、滩坪镇、徽县城关镇、伏家镇、江洛镇、泥阳镇、柳林镇、嘉陵镇、永宁镇、银杏树镇、水阳镇、栗川镇、麻沿河镇、高桥镇、大河店镇、两当县城关镇、站儿巷镇、西坡镇、杨店镇、显龙镇、云屏镇、城郊镇、枹罕镇、南龙镇、折桥镇、韩集镇、土桥镇、马集镇、莲花镇、新集镇、尹集镇、刁祁镇、北塬镇、黄泥湾镇、附城镇、苏集镇、胭脂镇、景古镇、莲麓镇、刘家峡镇、盐锅峡镇、太极镇、西河镇、三塬镇、岘塬镇、陈井镇、川城镇、王台镇、红泉镇、广河县城关镇、三甲集镇、祁家集镇、庄窠集镇、买家巷镇、齐家镇、和政县城关镇、三合镇、三十里铺镇、马家堡镇、买家集镇、松鸣镇、陈家集镇、罗家集镇、新营镇、锁南镇、达板镇、河滩镇、那勒寺镇、唐汪镇、果园镇、汪集镇、龙泉镇、吹麻滩镇、大河家镇、居集镇、乣藏镇、石塬镇、安集镇、银川镇、那吾镇、勒秀镇、佐盖曼玛镇、临潭县城关镇、新城镇、冶力关镇、羊永镇、王旗镇、古战镇、洮滨镇、八角镇、流顺镇、店子镇、羊沙镇、柳林镇、木耳镇、扎古录镇、喀尔钦镇、藏巴哇镇、纳浪镇、洮砚镇、阿子滩镇、申藏镇、完冒镇、尼巴镇、舟曲县城关镇、大川镇、峰迭镇、立节镇、东山镇、曲告纳镇、博峪镇、巴藏镇、憨班镇、坪定镇、果耶镇、武坪镇、大峪镇、江盘镇、拱坝镇、电尕镇、益哇镇、旺藏镇、腊子口镇、洛大镇、尼玛镇、曼日玛镇、阿万仓镇、齐哈玛镇、采日玛镇、欧拉镇、郎木寺镇、玛艾镇、西仓镇、尕海镇、双岔镇、拉卜楞镇、王格尔塘镇、阿木去乎镇、桑科镇、甘加镇、麻当镇、博拉镇、科才镇。

青海省

乐家湾镇、韵家口镇、总寨镇、彭家寨镇、大堡子镇、廿里铺镇、田家寨镇、上新庄镇、鲁沙尔镇、甘河滩镇、共和镇、多巴镇、拦隆口镇、上五庄镇、李家山镇、西堡镇、桥头镇、城东区城关镇、塔尔镇、东峡镇、黄家寨镇、长宁镇、景阳镇、多林镇、新庄镇、湟源县城关镇、大华镇、雨润镇、寿乐镇、高庙镇、洪水镇、高店镇、瞿昙镇、三合镇、川口镇、古鄯镇、马营镇、官亭镇、巴州镇、满坪镇、李二堡镇、峡门镇、威远镇、丹麻镇、南门峡镇、加定镇、塘川镇、五十镇、五峰镇、巴燕镇、群科镇、牙什尕镇、甘都镇、扎巴镇、昂思多镇、积石镇、白庄镇、街子镇、浩门镇、青石咀镇、泉口镇、东川镇、八宝镇、峨堡镇、默勒镇、三角城镇、西海镇、沙柳河镇、哈尔盖镇、隆务镇、保安镇、多哇镇、马克堂镇、康扬镇、坎布拉镇、泽曲镇、麦秀镇、和日镇、宁秀镇、优干宁镇、宁木特镇、恰卜恰镇、倒淌河镇、龙羊峡镇、塘格木镇、黑马河镇、石乃亥镇、江西沟镇、尕巴松多镇、唐谷镇、河阴镇、河西镇、拉西瓦镇、常牧镇、子科滩镇、河卡镇、曲什安镇、茫曲镇、过马营镇、森多镇、大武镇、拉加镇、赛来塘镇、柯曲镇、吉迈镇、智青松多镇、玛查理镇、花石峡镇、隆宝镇、下拉秀镇、萨呼腾镇、称文镇、歇武镇、扎朵镇、清水河镇、珍秦镇、加吉博洛格镇、香达镇、约改镇、郭勒木德镇、唐古拉镇、尕海镇、怀头他拉镇、柯鲁柯镇、花土沟镇、茫崖镇、冷湖镇、希里沟镇、茶卡镇、柯柯镇、铜普镇、察汗乌苏镇、香日德镇、夏日哈镇、宗加镇、新源镇、木里镇、江河镇、柴旦镇、锡铁山镇。

宁夏回族自治区

掌政镇、大新镇、兴泾镇、镇北堡镇、良田镇、丰登镇、杨和镇、李俊镇、望远镇、望洪镇、闽宁镇、习岗镇、金贵镇、立岗镇、洪广镇、东塔镇、郝家桥镇、崇兴镇、宁东镇、马家滩镇、临河镇、星海镇、红果子镇、尾闸镇、园艺镇、平罗县城关镇、黄渠桥镇、宝丰镇、头闸镇、姚伏镇、崇岗镇、陶乐镇、金积镇、金银滩镇、高闸镇、扁担沟镇、上桥镇、古城镇、金星镇、胜利镇、红寺堡镇、太阳山镇、花马池镇、大水坑镇、惠安堡镇、高沙窝镇、豫海镇、河西镇、韦州镇、下马关镇、预旺镇、王团镇、丁塘镇、小坝镇、大坝镇、青铜峡镇、叶盛镇、瞿靖镇、峡口镇、邵岗镇、陈袁滩镇、三营镇、官厅镇、开城镇、张易镇、彭堡镇、头营镇、黄铎堡镇、吉强镇、兴隆镇、平峰镇、将台堡镇、隆德县城关镇、沙塘镇、联财镇、香水镇、泾河源镇、六盘山镇、白阳镇、王洼镇、古城镇、红河镇、滨河镇、文昌镇、东园镇、柔远镇、镇罗镇、宣和镇、永康镇、常乐镇、迎水桥镇、兴仁镇、宁安镇、鸣沙镇、石空镇、新堡镇、恩和镇、大战场镇、海城镇、李旺镇、西安镇、三河镇、七营镇。

新疆维吾尔自治区

安宁渠镇、达坂城镇、古牧地镇、铁厂沟镇、长山子镇、羊毛工镇、三道坝镇、水西沟镇、板房沟镇、永丰镇、乌尔禾镇、七泉湖镇、大河沿镇、亚尔镇、艾丁湖镇、葡萄镇、火焰山镇、鄯善镇、七克台镇、火车站镇、连木沁镇、鲁克沁镇、辟展镇、迪坎镇、托克逊镇、库米什镇、克尔碱镇、阿乐惠镇、伊拉湖镇、夏镇、博斯坦镇、雅满苏镇、七角井镇、星星峡镇、二堡镇、陶家宫镇、五堡镇、三道岭镇、巴里坤镇、博尔羌吉镇、大河镇、奎苏镇、三塘湖镇、伊吾镇、淖毛湖镇、盐池镇、硫磺沟镇、三工镇、榆树沟镇、二六工镇、大西渠镇、六工镇、滨湖镇、佃坝镇、甘河子镇、阜康市城关镇、九运街镇、滋泥泉子镇、呼图壁镇、大丰镇、雀尔沟镇、二十里店镇、园户村镇、五工台镇、玛纳斯镇、乐土驿镇、包家店镇、凉州户镇、北五岔镇、六户地镇、兰州湾镇、奇台镇、老奇台镇、半截沟镇、吉布库镇、东湾镇、西地镇、碧流河镇、三个庄子镇、西北湾镇、芨芨湖镇、吉木萨尔镇、三台镇、泉子街镇、北庭镇、二工镇、大有镇、五彩湾镇、木垒镇、西吉尔镇、东城镇、新户镇、小营盘镇、达勒特镇、乌图布拉格镇、青得里镇、艾比湖镇、精河镇、大河沿子镇、托里镇、托托镇、博格达尔镇、哈日布呼镇、安格里格镇、塔什店镇、上户镇、库尔勒市西尼尔镇、哈拉玉宫镇、轮台镇、轮南镇、群巴克镇、阳霞镇、尉犁镇、团结镇、兴平镇、若羌镇、依吞布拉克镇、罗布泊镇、瓦石峡镇、铁干里克镇、且末镇、奥依亚依拉克镇、塔提让镇、塔中镇、阿羌镇、阿热勒镇、焉耆镇、七个星镇、永宁镇、四十里城子镇、和静镇、巴伦台镇、巴润哈尔莫敦镇、哈尔莫敦镇、巴音布鲁克镇、巩乃斯镇、乃门莫敦镇、协比乃尔布呼镇、特吾里克镇、塔哈其镇、曲惠镇、博湖镇、本布图镇、喀拉塔勒镇、阿依库勒镇、依干其镇、乌恰镇、阿拉哈格镇、齐满镇、墩阔坦镇、牙哈镇、乌尊镇、伊西哈拉镇、二八台镇、塔里木镇、温宿镇、吐木秀克镇、克孜勒镇、阿热勒镇、佳木镇、托甫汗镇、共青团镇、柯柯牙镇、沙雅镇、托依堡勒迪镇、红旗镇、英买力镇、沙雅县哈德墩镇、古勒巴格镇、海楼镇、新和镇、尤鲁都斯巴格镇、依其艾日克镇、塔什艾日克镇、排先拜巴扎镇、玉奇喀特镇、拜城镇、铁热克镇、察尔齐镇、赛里木镇、乌什镇、阿合雅镇、依麻木镇、阿瓦提镇、乌鲁却勒镇、拜什艾日克镇、塔木托格拉克镇、英艾日克镇、阿依巴格镇、三河镇、柯坪镇、盖孜力克镇、阿恰勒镇、上阿图什镇、松他克镇、阿扎克镇、阿克陶镇、奥依塔克镇、克孜勒陶镇、恰尔隆镇、玉麦镇、阿合奇镇、乌恰镇、康苏镇、巴音库鲁提镇、乃则尔巴格镇、夏马勒巴格镇、托克扎克镇、兰干镇、吾库萨克镇、乌帕尔镇、石园镇、疏勒镇、罕南力克镇、牙甫泉镇、英吉沙镇、乌恰镇、芒辛镇、萨罕镇、泽普镇、奎依巴格镇、莎车镇、恰热克镇、艾力西湖镇、荒地镇、阿瓦提镇、白什坎特镇、依盖尔其镇、古勒巴格镇、米夏镇、托木吾斯塘镇、塔尕尔其镇、乌达力克镇、阿拉买提镇、阿扎特巴格镇、喀格勒克镇、恰尔巴格镇、乌夏巴什镇、阿克塔什镇、金果镇、依提木孔镇、伯西热克镇、白杨镇、河园镇、麦盖提镇、巴扎结米镇、岳普湖镇、艾西曼镇、铁热木镇、也克先拜巴扎镇、巴仁镇、西克尔库勒镇、夏普吐勒镇、卧里托格拉克镇、克孜勒博依镇、和夏阿瓦提镇、英买里镇、巴楚镇、色力布亚镇、阿瓦提镇、三岔口镇、塔什库尔干镇、塔吉克阿巴提镇、拉斯奎镇、玉龙喀什镇、吐沙拉镇、巴格其镇、罕艾日克镇、喀拉喀什镇、扎瓦镇、奎牙镇、喀尔赛镇、普恰克其镇、固玛镇、杜瓦镇、赛图拉镇、木吉镇、阔什塔格镇、桑株镇、科克铁热克镇、洛浦镇、山普鲁镇、杭桂镇、恰尔巴格镇、多鲁镇、策勒镇、固拉合玛镇、木尕拉镇、先拜巴扎镇、尼雅镇、巴彦岱镇、潘津镇、英也尔镇、达达木图镇、吉里于孜镇、墩麻扎镇、英塔木镇、胡地于孜镇、巴依托海镇、阿热吾斯塘镇、萨木于孜镇、喀什镇、维吾尔玉其温镇、温亚尔镇、察布查尔镇、爱新色里镇、孙扎齐牛录镇、绰霍尔镇、加尕斯台镇、琼博拉镇、海努克镇、水定镇、清水河镇、芦草沟镇、惠远镇、萨尔布拉克镇、兰干镇、大西沟镇、巩留镇、阿克吐别克镇、库尔德宁镇、东买里镇、阿尕尔森镇、提克阿热克镇、新源镇、则克台镇、阿热勒托别镇、塔勒德镇、那拉提镇、肖尔布拉克镇、喀拉布拉镇、阿勒玛勒镇、坎苏镇、昭苏镇、喀夏加尔镇、阿克达拉镇、喀拉苏镇、洪纳海镇、乌尊布拉克镇、萨尔阔布镇、特克斯镇、乔拉克铁热克镇、喀拉达拉镇、齐勒乌泽克镇、喀拉托海镇、科克苏镇、尼勒克镇、乌拉斯台镇、乌赞镇、木斯镇、克令镇、二工镇、恰夏镇、博孜达克镇、白杨沟镇、哈图布呼镇、皇宫镇、车排子镇、甘河子镇、百泉镇、四棵树镇、古尔图镇、西湖镇、西大沟镇、四道河子镇、老沙湾镇、乌兰乌苏镇、安集海镇、东湾镇、西戈壁镇、柳毛湾镇、金沟河镇、额敏镇、玉什喀拉苏镇、杰勒阿尕什镇、上户镇、玛热勒苏镇、喀拉也木勒镇、托里镇、铁厂沟镇、庙尔沟镇、哈图镇、哈拉布拉镇、吉也克镇、和布克赛尔镇、和什托洛盖镇、北屯镇、阿苇滩镇、红墩镇、切木尔切克镇、阿拉哈克镇、布尔津镇、冲乎尔镇、窝依莫克镇、阔斯特克镇、库额尔齐斯镇、可可托海镇、恰库尔图镇、喀拉通克镇、杜热镇、福海镇、喀拉玛盖镇、解特阿热勒镇、阿克齐镇、萨尔布拉克镇、齐巴尔镇、库勒拜镇、青河镇、塔克什肯镇、阿热勒托别镇、阿格达拉镇、阿热勒镇、托普铁热克镇、吉木乃镇、喀尔交镇、乌拉斯特镇、北泉镇、石河子镇、金银川镇、新井子镇、甘泉镇、永宁镇、沙河镇、双城镇、花桥镇、幸福镇、金杨镇、玛滩镇、塔门镇、梨花镇、昌安镇、塔南镇、新开岭镇、草湖镇、龙口镇、前海镇、永兴镇、兴安镇、嘉和镇、河东镇、夏河镇、永安镇、海安镇、唐驿镇、金胡杨镇、东风镇、杏花镇、梧桐镇、蔡家湖镇、青湖镇、双渠镇、丰庆镇、海川镇、博古其镇、双丰镇、河畔镇、高桥镇、天湖镇、开泽镇、米兰镇、金山镇、南屯镇、双桥镇、石峪镇、博河镇、双乐镇、友谊镇、榆树庄镇、苇湖镇、长丰镇、金梁镇、金屯镇、老兵镇、昆泉镇、昆牧镇、玉泉镇、玉园镇、共青镇、二道湖镇、骆驿镇、黄田镇、柳源镇、百和镇、红柳镇。

附录 4　全国小城镇实力评价指标体系

一级指标 / 权重	二级指数 / 权重	三级项目	代号
经济发展水平（0.26260）	经济发展质量指数	GDP（亿元）	A100
		一般公共预算收入（亿元）	A200
		规模以上工业企业数（家）	A201
		万元工业增加值能耗（吨标准煤）	A202
		人均国内生产总值（万元）	A203
		非农产业增加值占国内生产总值的比重（%）	A204
		非农产业从业人口占从业人口总数的比重（%）	A205
		单位土地产出率（%）	A206
		固定资本形成净额（万亿）	A207
	产业集聚度指数	主导产业在全国市场的份额（%）	A300
	人口聚集能力指数	镇域人口总数（万人）	A400
		外来人口总数（万人）	A401
		建成区人口占镇域人口比例（%）	A402
	社会消费水平指数	社会消费品零售总额（万元）	A500
	投资集聚指数	全社会固定资产投资增长速度（%）	A600
	人才吸引力指数	城镇居民人均可支配收入（万元）	A700
基础设施建设（0.19950）	城镇活力指数	建成区面积（公顷）	B100
		年计划新增建设用地面积（公顷）	B101
		建成区污水集中处理率（%）	B102
		建成区生活垃圾无害化处理率（%）	B103
		建成区道路硬化率（%）	B104
		20 分钟生活服务圈功能完善度（%）	B105
		宽带入户率（%）	B106

一级指标/权重	二级指数/权重	三级项目	代号
基础设施建设 （0.19950）	城镇活力 指数	公共区域 WIFI 是否全覆盖（%）	B107
		人均公园绿地面积（公顷）	B108
		农民人均纯收入（万元）	B109
		营业面积 50 平方米及以上超市数（个）	B110
		城乡居民人均纯收入（万元）	B111
		公众主动搜索城镇相关条目次数（个）	B112
		购物网站、订票网站发布地区交易统计数据（个）	B113
	基础设施建设成果指数	建成区路网密度（快速道、主干道）（公里/平方公里）	B200
		万人公共厕所数（个）	B201
		工业化率/城镇化率（%）	B202
		人均拥有道路面积（m²/人）	B203
		市政供水管道长度/城镇常住人口数（万人/米）	B204
		人均居住面积（m²/人）	B205
		城镇公共供水普及率（%）	B206
		城镇管道燃气普及率（%）	B207
		城镇家庭宽带接入速率（Mbps）	B208
		邮电单位（家）	B209
		气象单位（家）	B210
投资吸引潜力 （0.14960）	政府效能 指数	是否具有便捷、高效、系统、灵活的行政管理办法（是/否）	C100
		国家及地方金融、投资、土地、税收、人才等各项优惠政策（是/否）	C101
		本级政府审批事项的数量（项）	C102
		综合执法机构、"一站式"综合行政服务机构、规划建设管理机构等是否健全（是/否）	C103
		审批性备案事项在全部备案事项中所占比重（%）	C104
		非税收入占一般公共财政预算收入的比重（%）	C105
		政府债务变化率（%）	C106
		财政供养公职人员与常住人口之比（%）	C107
		特色小城镇规划定位合理、方案可行（是/否）	C108
	城乡融合发展指数	城镇化率（%）	C200

◆
附录

665

一级指标 / 权重	二级指数 / 权重	三级项目	代号
投资吸引潜力（0.14960）	城乡融合发展指数	城乡居民收入差距（较大 / 没差距 / 差距大）	C201
		城乡教育差距（较大 / 没差距 / 差距大）	C202
		城乡医疗差距（较大 / 没差距 / 差距大）	C203
		城乡消费差距（较大 / 没差距 / 差距大）	C204
		就业差距（较大 / 没差距 / 差距大）	C205
		政府公共投入差距（较大 / 没差距 / 差距大）	C206
	人口和劳动力指数	乡镇总人口（万人）	C300
		常住人口规模（万人）	C301
		户籍人口占常住人口比重（%）	C302
		劳动年龄人口平均受教育年限（年）	C303
		教育普及（%）	C304
		建成区人口密度（人 / 公顷）	C305
社会民生保障（0.15570）	公共服务指数	体育设施（处）	D100
		警察人数（位 / 万人）	D101
		城镇居民人均可支配收入 / 农民人均可支配收入（元）	D102
		社会保障覆盖率（%）	D103
		人均受教育年限（年）	D104
		城乡每万人专业卫生技术人员数（人）	D105
		消防（个 / 镇）	D106
	基本养老保障指标	城乡基本养老保险参保率（%）	D200
		城乡基本养老保险待遇享有率（%）	D201
		城乡基本养老保险覆盖率（%）	D202
		城乡养老保障覆盖率（%）	D203
		职工基本养老保险替代率（%）	D204
		城乡居民基本养老保险替代率（%）	D205
		城乡千人老年人养老床位数（床）	D206
		职工基本养老保险负担系数	D207
		职工基本养老保险基金累计结余系数（%）	D208
		职工基本养老保险基金当期收支率（%）	D209
		城乡居民基本养老保险负担系数（%）	D210
		城乡居民基本养老保险基金累计结余系数（%）	D211

一级指标 / 权重	二级指数 / 权重	三级项目	代号
社会民生保障 （0.15570）	基本养老保障指标	城乡居民基本养老保险基金当期收支率（%）	D212
		职工基本养老保险缴费率对替代率的弹性（%）	D213
		城乡居民基本养老保险缴费率对替代率的弹性（%）	D214
		城乡养老服务机构床位利用率（%）	D215
	基本医疗保障指标	城乡基本医疗保险参保率（%）	D300
		职工基本医疗保险报销率均值（%）	D301
		城乡居民基本医疗保险报销率均值（%）	D302
		城镇居民家庭灾难性医疗支出风险度（高 / 低）	D303
		农村居民家庭灾难性医疗支出风险度（高 / 低）	D304
		城乡每万人卫生技术人员数（人）	D305
		城乡每万人医疗卫生机构病床数（床 / 万人）	D306
		职工基本医疗保险基金累计结余系数（%）	D307
		职工基本医疗保险基金当期收支率（%）	D308
		职工基本医疗保险负担系数（%）	D309
		城乡居民基本医疗保险基金累计结余系数（%）	D310
		城乡居民基本医疗保险基金当期收支率（%）	D311
		职工基本医疗保险报销率均值对缴费率的弹性（%）	D312
		城乡居民基本医疗保险报销率均值对缴费率的弹性（%）	D313
		医院病床使用率（%）	D314
		卫生技术人员每日人均担负诊疗（人次）	D315
	基本就业保障指标	失业保险参保率（%）	D400
		工伤保险参保率（%）	D401
		生育保险参保率（%）	D402
		城乡非农业就业率（%）	D403
		城镇登记失业率（%）	D404
		失业保险待遇替代率（%）	D405
		工伤保险待遇替代率（%）	D406
		生育保险待遇替代率（%）	D407
		地区人均生产总值增长率（%）	D408
		失业保险基金累计结余系数（%）	D409
		失业保险负担系数（%）	D410

一级指标 / 权重	二级指数 / 权重	三级项目	代号
社会民生保障 （0.15570）	基本就业保障指标	失业保险待遇替代率对缴费率的弹性（%）	D411
		工伤保险待遇替代率对缴费率的弹性（%）	D412
		生育保险待遇替代率对缴费率的弹性（%）	D413
	基本贫困保障指标	城市贫困保障率（%）	D500
		农村贫困保障率（%）	D501
		城乡贫困保障率（%）	D502
		城市平均最低生活保障标准替代率（%）	D503
		农村平均最低生活保障标准替代率（%）	D504
		城乡平均最低生活保障标准替代率（%）	D505
		城市贫困人口收入缺口率（%）	D506
		农村贫困人口收入缺口率（%）	D507
		城市贫困保障财政投入率（%）	D508
		农村贫困保障财政投入率（%）	D509
		城乡贫困保障财政投入率（%）	D510
		城乡最低生活保障标准替代率对财政投入率的弹性（%）	D511
	文化消费指标	文化消费环境（好／一般／差）	D600
		文化消费意愿（好／一般／差）	D601
		文化消费能力（强／一般／弱）	D602
		文化消费水平（高／一般／低）	D603
		文化消费满意度（好／一般／差）	D604
	生活质量指数	居民收入（万元）	D700
		居民消费（生活成本）（万元）	D701
		生活环境（好／一般／差）	D702
		生活节奏（快／一般／慢）	D703
		生活便利（好／一般／差）	D704
		人均财富（万元／人）	D705
		通货膨胀率（%）	D706
		绿地面积（公顷）	D707
		恩格尔系数（0—1）	D708
人居生态环境 （0.09000）	环境承载能力	绿化覆盖率（%）	E100
		污水集中处理率（%）	E101

一级指标 / 权重	二级指数 / 权重	三级项目	代号
人居生态环境 （0.09000）	环境承载 能力	空气质量达到及好于二级天数（天）	E102
		生活垃圾无害化处理率（%）	E103
	资源节约 指数	万元 GDP 能耗（吨标准煤）	E200
		万元 GDP 耗水量（立方米）	E201
		新能源使用比重（%）	E202
		单位建成区面积第二、第三产业增加值（万元/平方公里）	E203
		工业"三废"综合利用率（%）	E204
		主要农作物秸秆综合利用率（%）	E205
		农田灌溉水有效利用系数（%）	E206
	绿色生活 指数	城市公共交通机动化出行分担率（%）	E300
		公共交通出行比例（%）	E301
		新能源汽车保有量增长（%）	E302
		城镇绿色建筑占新建建筑比重（%）	E303
		农村卫生厕所普及率（%）	E304
		绿色产品占有率（高效节能产品）（%）	E305
	污染治理 指数	工业废气达标排放率（%）	E400
		工业废水达标排放率（%）	E401
		工业固废处置率（%）	E402
		建设用地安全利用率（%）	E403
		城镇生活污水处理达标率（%）	E404
		城镇生活垃圾无害化处理率（%）	E405
		农村生活污水处理率（%）	E406
		农村生活垃圾无害化处理率（%）	E407
		主要污染物排放强度（%）	E408
		单位耕地使用农药减少率（%）	E409
		单位耕地使用化肥减少率（%）	E410
		环保投入占 GDP 比重（%）	E411
	生态建设 指数	本年度投入到生态治理、环境整治、美丽乡村建设项目的资金占本镇 GDP 的比例（%）	E500
		单位 GDP 碳排放（吨/万元）	E501
		重大污染天数（天）	E502

一级指标/权重	二级指数/权重	三级项目	代号
人居生态环境（0.09000）	生态建设指数	建成区大气环境质量等级（好/一般/差）	E503
		空气质量优良率（%）	E504
		PM2.5浓度下降率（%）	E505
		具有污水处理垃圾收集的村庄比例（%）	E506
		镇域地表水环境质量等级	E507
		断面水质达标率（%）	E508
		建成区环境噪声达标区覆盖率（%）	E509
		建成区绿地率（%）	E510
		本地自然灾害防治措施得当（是/否）	E511
		新增水土流失面积（公顷）（非必选项）	E512
		新增矿山恢复治理面积（公顷）（非必选项）	E513
		草原综合植被覆盖率（%）（非必选项）	E514
		森林覆盖率（%）（非必选项）	E515
		森林蓄积量增加率（%）（非必选项）	E516
		可治理沙化土地治理率（%）（非必选项）	E517
科技创新能力（0.09520）	科技创新平台指数	国家级、省级高新技术产业园区个数（个）	F100
		国家级、省级、市级科技部门认定的新型研发机构数（个）	F101
		国家级、省级、市级科技创新创业平台数（个）	F102
		科技咨询服务项目（项）	F103
	科技创新潜力指数	教育科技支出占本级财政支出比重（%）	F200
		研发投入增长率（%）	F201
		研发投入占GDP比重（%）	F202
		每万人专业技术人员数（个）	F203
		每万人大专以上学历人数（个）	F204
	科技创新活力指数	新增发明专利授权占专利授权总数的比重（%）	F300
		新增注册商标数占全部商标比重（%）	F301
		科技推广服务（次）	F302
	科技创新成效指数	科技进步贡献率（%）	F400
		战略性新兴产业产值占规上工业总产值比重（%）	F401
		高新技术企业数（家）	F402

一级指标 / 权重	二级指数 / 权重	三级项目	代号
科技创新能力（0.09520）	科技创新成效指数	省级以上"专精特新"企业数量（家）	F403
		技术市场成交金额占 GDP 比重（%）	F404
区域禀赋条件（0.04740）	交通区位指数	本镇是否位于经济发达地区（是 / 否）	G100
		本镇相对于所属地级市及周边大城市的距离（公里）	G101
		辖区内是否有（高铁站、民航机场、普通客运火车站、货运火车站、港口）（是 / 否）	G102
		辖区高铁站、民航机场、普通客运火车站、货运火车站、港口距离（公里）	G103
		辖区内高速公路出入口个数（个）	G104
		对外交通条件（好 / 一般 / 差）	G105
	资源禀赋	劳动力充足与否（是 / 否）	G200
		资本充足与否（是 / 否）	G201
		土地充足与否（是 / 否）	G202
		技术先进与否（是 / 否）	G203
		自然资源充足与否（是 / 否）	G204
		景观资源充足与否（是 / 否）	G205
		文化资源充足与否（是 / 否）	G206
	承接辐射力	承接辐射力（强 / 一般 / 弱）	G300

附录 5　全国小城镇综合实力评价千强镇名录（2023 年）

排名	镇名	省份	综合实力	经济发展水平指标	基础设施建设指标	投资吸引潜力指标	社会民生保障指标	人居生态环境指标	科技创新能力指标	区域禀赋条件指标
1	江苏昆山市玉山镇	江苏	0.928730	0.996053	0.854700	0.419200	0.783200	0.332900	0.466100	0.501400
2	江苏张家港市杨舍镇	江苏	0.909271	0.993653	0.888100	0.330500	0.795700	0.316000	0.248600	0.518400
3	广东珠海市香洲区横琴镇	广东	0.890777	0.933211	0.864300	0.471200	0.440200	0.319400	0.305900	0.583100
4	广东佛山市南海区狮山镇	广东	0.874391	0.964628	0.840800	0.633200	0.526300	0.410300	0.240900	0.457400
5	江苏昆山市花桥镇	江苏	0.869786	0.945752	0.669300	0.694500	0.420400	0.373200	0.321100	0.536700
6	浙江乐清市柳市镇	浙江	0.846904	0.884752	0.844700	0.397900	0.566500	0.368400	0.288400	0.501400
7	江苏昆山市周市镇	江苏	0.838948	0.921052	0.844700	0.467900	0.566500	0.268900	0.288400	0.461400
8	广东东莞市长安镇	广东	0.837387	0.667194	0.694700	0.710600	0.494400	0.339400	0.356500	0.581900
9	江苏张家港市锦丰镇	江苏	0.836627	0.994378	0.657400	0.720900	0.489300	0.273200	0.246600	0.447800
10	江苏昆山市张浦镇	江苏	0.835376	0.739310	0.669800	0.467800	0.772300	0.337000	0.293200	0.546700
11	江苏苏州市吴江区盛泽镇	江苏	0.830992	0.965475	0.847600	0.612800	0.345900	0.253900	0.244900	0.457100
12	河北三河市蕊郊镇	河北	0.829034	0.939202	0.700800	0.422400	0.626600	0.315100	0.265700	0.481400
13	江苏苏州市吴江区同里镇	江苏	0.825303	0.935510	0.897000	0.398700	0.455900	0.281300	0.249600	0.466200
14	广东佛山市南海区大沥镇	广东	0.821466	0.796906	0.829800	0.578100	0.337800	0.297600	0.313600	0.529400
15	广东佛山市南海区里水镇	广东	0.807243	0.670703	0.698400	0.685000	0.243800	0.334100	0.365000	0.604500
16	江苏常州市武进区湖塘镇	江苏	0.804842	0.488598	0.895700	0.533400	0.658900	0.376800	0.303100	0.533100
17	江苏苏州市吴中区木渎镇	江苏	0.804644	0.646987	0.673800	0.549600	0.554100	0.324800	0.319600	0.574200
18	广东佛山市顺德区北滘镇	广东	0.802905	0.746086	0.777000	0.503200	0.194300	0.316300	0.319800	0.606600
19	广东广州市增城区新塘镇	广东	0.800403	0.695024	0.723800	0.493500	0.499000	0.341300	0.305000	0.553200

排名	镇名	省份	综合实力	经济发展水平指标	基础设施建设指标	投资吸引潜力指标	社会民生保障指标	人居生态环境指标	科技创新能力指标	区域禀赋条件指标
20	江苏太仓市浮桥镇	江苏	0.794038	0.696234	0.725100	0.419300	0.646700	0.320900	0.267800	0.524800
21	广东佛山市南海区西樵镇	广东	0.790695	0.699743	0.678200	0.541500	0.379700	0.317200	0.318000	0.575300
22	内蒙古伊金霍洛旗乌兰木伦镇	内蒙古	0.782793	0.776820	0.808900	0.366100	0.568900	0.270600	0.243200	0.478000
23	江苏昆山市千灯镇	江苏	0.772581	0.579953	0.603900	0.466200	0.770000	0.298700	0.286100	0.540200
24	江苏苏州市吴江区黎里镇	江苏	0.759569	0.633314	0.659500	0.580200	0.446100	0.352700	0.366500	0.503800
25	广东东莞市塘厦镇	广东	0.755789	0.625570	0.651400	0.510500	0.512000	0.311300	0.291500	0.526800
26	江苏昆山市巴城镇	江苏	0.755204	0.977922	0.640300	0.418500	0.547400	0.282800	0.185200	0.379200
27	贵州仁怀市茅台镇	贵州	0.749469	0.594594	0.619200	0.546000	0.491800	0.337600	0.311000	0.530700
28	广东东莞市虎门镇	广东	0.747555	0.565917	0.589300	0.611400	0.341200	0.335300	0.334400	0.579700
29	福建晋江市陈埭镇	福建	0.736562	0.580921	0.604900	0.474600	0.483800	0.313800	0.294800	0.550000
30	广东东莞市寮步镇	广东	0.733712	0.440319	0.458500	0.623000	0.638900	0.337700	0.338000	0.572500
31	浙江东阳市横店镇	浙江	0.730594	0.716925	0.746500	0.416400	0.538200	0.261600	0.241900	0.423500
32	广东东莞市常平镇	广东	0.730047	0.576807	0.600600	0.561900	0.241400	0.298600	0.318700	0.590500
33	江苏苏州市虎丘区浒墅关镇	江苏	0.722518	0.555753	0.578700	0.435800	0.534600	0.318700	0.281700	0.542600
34	广东中山市小榄镇	广东	0.717783	0.570394	0.593900	0.424000	0.629600	0.323500	0.269800	0.492100
35	广东东莞市大朗镇	广东	0.715235	0.660418	0.687700	0.360500	0.736400	0.272300	0.214300	0.403200
36	广东东莞市厚街镇	广东	0.713486	0.648923	0.675700	0.363900	0.451000	0.290900	0.252000	0.492500
37	河南新郑市龙湖镇	河南	0.713158	0.660176	0.687400	0.412800	0.313200	0.264600	0.269300	0.512000
38	浙江宁波市江北区慈城镇	浙江	0.712978	0.616132	0.641500	0.527700	0.213200	0.280900	0.302800	0.542100
39	浙江湖州市吴兴区八里店镇	浙江	0.708658	0.480854	0.500700	0.474900	0.430700	0.288300	0.312300	0.609100
40	山东淄博市临淄区金山镇	山东	0.704589	0.425315	0.442900	0.553800	0.714700	0.309400	0.305900	0.534700
41	广东东莞市凤岗镇	广东	0.702911	0.557084	0.580100	0.421200	0.505600	0.307500	0.269600	0.518600
42	福建漳州市龙海区角美镇	福建	0.702473	0.410069	0.427100	0.693100	0.581700	0.310500	0.336500	0.538700
43	浙江平湖市乍浦镇	浙江	0.696834	0.590843	0.615200	0.366600	0.640000	0.314300	0.242700	0.449500

排名	镇名	省份	综合实力	经济发展水平指标	基础设施建设指标	投资吸引潜力指标	社会民生保障指标	人居生态环境指标	科技创新能力指标	区域禀赋条件指标
44	江苏泰兴市滨江镇	江苏	0.695644	0.462099	0.481200	0.595800	0.374100	0.286400	0.330900	0.577300
45	山东济宁市兖州区新兖镇	山东	0.695091	0.453871	0.472600	0.652700	0.495700	0.284600	0.322200	0.528500
46	广东东莞市茶山镇	广东	0.692126	0.353804	0.368500	0.701800	0.365300	0.334700	0.370600	0.629600
47	江苏常熟市海虞镇	江苏	0.689894	0.474320	0.493900	0.551500	0.226200	0.324200	0.332100	0.608200
48	江苏昆山市陆家镇	江苏	0.689737	0.462825	0.482000	0.631300	0.234600	0.321000	0.342100	0.589900
49	江苏张家港市南丰镇	江苏	0.689034	0.511709	0.532800	0.505400	0.407700	0.322600	0.299900	0.531000
50	江苏无锡市惠山区洛社镇	江苏	0.685213	0.541112	0.563400	0.557100	0.279800	0.255400	0.307500	0.530700
51	江苏太仓市城厢镇	江苏	0.684789	0.316294	0.455300	0.492300	0.701600	0.301400	0.305100	0.573500
52	江苏常州市新北区薛家镇	江苏	0.680555	0.377036	0.392600	0.781600	0.411100	0.325700	0.315600	0.554700
53	广东珠海市金湾区南水镇	广东	0.672619	0.353199	0.367800	0.552000	0.669700	0.327400	0.314100	0.549100
54	浙江苍南县灵溪镇	浙江	0.672045	0.615890	0.641400	0.322800	0.476300	0.289900	0.228900	0.447300
55	浙江杭州市萧山区瓜沥镇	浙江	0.671118	0.446853	0.465300	0.509500	0.575700	0.309900	0.294800	0.504500
56	河北武安市武安镇	河北	0.670375	0.555753	0.578700	0.442900	0.259400	0.301600	0.280200	0.524300
57	江苏常州市武进区遥观镇	江苏	0.668842	0.428461	0.446100	0.458300	0.720100	0.324300	0.272700	0.488400
58	江苏苏州市吴中区甪直镇	江苏	0.668737	0.427009	0.444700	0.532300	0.347500	0.336700	0.315300	0.577700
59	江苏苏州市相城区黄埭镇	江苏	0.666337	0.515218	0.536500	0.458200	0.398900	0.283000	0.277600	0.509400
60	广东珠海市香洲区唐家湾镇	广东	0.665045	0.523083	0.544700	0.360200	0.727200	0.303700	0.236400	0.426300
61	山东青岛市黄岛区泊里镇	山东	0.663210	0.376915	0.392500	0.519200	0.583900	0.329700	0.305200	0.545600
62	江苏江阴市新桥镇	江苏	0.661606	0.362153	0.377100	0.632100	0.502000	0.309300	0.328200	0.547400
63	江苏海安市城东镇	江苏	0.660429	0.451693	0.470400	0.472400	0.581200	0.313600	0.275000	0.490300
64	江苏常熟市古里镇	江苏	0.660304	0.340857	0.355000	0.666200	0.336600	0.317100	0.354300	0.602600
65	浙江湖州市吴兴区织里镇	浙江	0.657005	0.550792	0.573600	0.376100	0.462400	0.288100	0.248600	0.464300

排名	镇名	省份	综合实力	经济发展水平指标	基础设施建设指标	投资吸引潜力指标	社会民生保障指标	人居生态环境指标	科技创新能力指标	区域禀赋条件指标
66	江苏江阴市周庄镇	江苏	0.656769	0.498399	0.519000	0.501900	0.301600	0.284900	0.285600	0.522100
67	湖北鄂州市华容区葛店镇	湖北	0.650190	0.428098	0.445800	0.438600	0.627200	0.317000	0.270700	0.487900
68	广东佛山市顺德区乐从镇	广东	0.649186	0.376915	0.392500	0.533000	0.440500	0.322400	0.316900	0.557800
69	广东东莞市麻浦镇	广东	0.648308	0.392887	0.409100	0.598600	0.467600	0.297100	0.305500	0.517600
70	江苏启东市吕四港镇	江苏	0.647891	0.520058	0.541500	0.393700	0.334200	0.268600	0.257900	0.514000
71	浙江慈溪市观海卫镇	浙江	0.646075	0.476014	0.495600	0.400500	0.636300	0.294600	0.246300	0.449900
72	江苏如东县洋口镇	江苏	0.645830	0.493317	0.513700	0.473300	0.178400	0.254200	0.300000	0.556500
73	江苏如皋市长江镇	江苏	0.645485	0.375342	0.390900	0.501000	0.533000	0.305800	0.297000	0.538400
74	广东东莞市大岭山镇	广东	0.642366	0.498278	0.518800	0.486200	0.229800	0.286600	0.289000	0.519400
75	江苏苏州市吴中区胥口镇	江苏	0.638751	0.449636	0.468200	0.393600	0.631200	0.273800	0.243300	0.469000
76	广东佛山市南海区丹灶镇	广东	0.637467	0.480249	0.500100	0.438900	0.490800	0.271500	0.248100	0.467200
77	广东东莞市石碣镇	广东	0.635786	0.358281	0.373100	0.616400	0.394300	0.264100	0.319100	0.547500
78	浙江慈溪市周巷镇	浙江	0.634749	0.432938	0.450900	0.495800	0.555200	0.286100	0.271500	0.461800
79	山东无棣县马山子镇	山东	0.634713	0.426525	0.444200	0.458100	0.426200	0.291700	0.278000	0.520000
80	山东广饶县大王镇	山东	0.634009	0.556116	0.579200	0.439200	0.164600	0.289500	0.270100	0.483800
81	广东佛山市南海区九江镇	广东	0.633998	0.543048	0.565500	0.434500	0.168200	0.247100	0.264300	0.506300
82	江苏扬州市江都区仙女镇	江苏	0.632595	0.428582	0.446300	0.507200	0.376900	0.304000	0.289800	0.509500
83	浙江宁波市鄞州区东钱湖镇	浙江	0.631909	0.437899	0.456000	0.447300	0.576600	0.290200	0.262600	0.460200
84	江苏启东市汇龙镇	江苏	0.631131	0.538450	0.560700	0.358200	0.334800	0.265500	0.241800	0.475200
85	山东威海市文登区小观镇	山东	0.630895	0.476861	0.496600	0.355400	0.591900	0.289300	0.235900	0.448900
86	浙江乐清市北白象镇	浙江	0.629961	0.464640	0.483900	0.436200	0.456200	0.293600	0.261800	0.472100
87	福建晋江市池店镇	福建	0.629355	0.570152	0.593800	0.388300	0.291500	0.254900	0.236300	0.447800
88	江苏苏州市吴江区平望镇	江苏	0.626092	0.407407	0.424200	0.437800	0.520500	0.285400	0.263800	0.500300

排名	镇名	省份	综合实力	经济发展水平指标	基础设施建设指标	投资吸引潜力指标	社会民生保障指标	人居生态环境指标	科技创新能力指标	区域禀赋条件指标
89	江苏张家港市塘桥镇	江苏	0.624974	0.417450	0.434700	0.446700	0.201600	0.295800	0.297800	0.581100
90	广东东莞市沙田镇	广东	0.623376	0.368324	0.383600	0.527700	0.545800	0.286500	0.285300	0.492100
91	江苏常熟市尚湖镇	江苏	0.622364	0.338437	0.352400	0.654500	0.327000	0.315500	0.332600	0.536500
92	福建晋江市安海镇	福建	0.622138	0.304799	0.317400	0.412700	0.643100	0.309900	0.279000	0.553700
93	安徽界首市田营镇	安徽	0.621492	0.519695	0.341200	0.516700	0.303600	0.251800	0.294900	0.509800
94	江苏无锡市锡山区东港镇	江苏	0.621042	0.383086	0.399000	0.432400	0.620500	0.267000	0.261200	0.486600
95	福建南安市水头镇	福建	0.620646	0.434995	0.452900	0.420200	0.393400	0.290200	0.265000	0.507600
96	江苏昆山市锦溪镇	江苏	0.620387	0.361790	0.376700	0.473900	0.418800	0.281500	0.291100	0.550800
97	山东滕州市西岗镇	山东	0.619582	0.366267	0.381300	0.448500	0.704800	0.296500	0.253800	0.463400
98	浙江宁波市海曙区高桥镇	浙江	0.618750	0.772101	0.300100	0.399200	0.117300	0.258500	0.256000	0.486300
99	安徽芜湖市繁昌区孙村镇	安徽	0.617110	0.493196	0.248900	0.465300	0.520500	0.271800	0.271800	0.499900
100	河北迁安市木厂口镇	河北	0.616691	0.459679	0.478700	0.360400	0.549400	0.278500	0.235000	0.450600
101	河北黄骅市黄骅镇	河北	0.616244	0.439351	0.457500	0.479000	0.237800	0.238900	0.286200	0.532000
102	广东东莞市清溪镇	广东	0.616208	0.500214	0.520900	0.435200	0.340600	0.268000	0.252100	0.452900
103	山东滕州市木石镇	山东	0.615934	0.394097	0.410400	0.376500	0.713600	0.292200	0.239300	0.451600
104	浙江瑞安市塘下镇	浙江	0.615315	0.437536	0.455600	0.401100	0.483700	0.273400	0.248900	0.476600
105	浙江宁波市鄞州区邱隘镇	浙江	0.614999	0.270798	0.282000	0.436700	0.729400	0.320500	0.280700	0.534100
106	浙江宁波市海曙区集士港镇	浙江	0.613298	0.324038	0.337400	0.504700	0.549600	0.305700	0.290200	0.516200
107	江苏昆山市淀山湖镇	江苏	0.611472	0.439109	0.457200	0.612400	0.279700	0.282000	0.290900	0.457200
108	广东广州市番禺区南村镇	广东	0.611386	0.296571	0.308800	0.545000	0.442000	0.288900	0.307800	0.561700
109	浙江余姚市泗门镇	浙江	0.611346	0.321255	0.334500	0.507900	0.417700	0.286500	0.319600	0.554900
110	山东寿光市羊口镇	山东	0.610603	0.424468	0.442000	0.486000	0.362500	0.259700	0.272500	0.490500
111	江苏太仓市沙溪镇	江苏	0.610586	0.471900	0.491400	0.374900	0.395800	0.287200	0.248100	0.467200
112	江苏苏州市吴中区光福镇	江苏	0.609469	0.267410	0.278500	0.403800	0.715500	0.322700	0.274300	0.541600
113	广东东莞市道滘镇	广东	0.609464	0.469601	0.489000	0.392200	0.383700	0.262400	0.248800	0.470200

排名	镇名	省份	综合实力	经济发展水平指标	基础设施建设指标	投资吸引潜力指标	社会民生保障指标	人居生态环境指标	科技创新能力指标	区域禀赋条件指标
114	江苏宜兴市丁蜀镇	江苏	0.607000	0.554906	0.199900	0.573200	0.183500	0.283700	0.309600	0.531800
115	浙江平湖市独山港镇	浙江	0.606211	0.537845	0.560100	0.328000	0.436700	0.247800	0.211600	0.408700
116	河北肃宁县肃宁镇	河北	0.606182	0.353804	0.368500	0.343400	0.789000	0.291300	0.231000	0.458500
117	山东滕州市鲍沟镇	山东	0.605816	0.386474	0.402500	0.403300	0.409400	0.296000	0.270400	0.522300
118	广东广州市南沙区榄核镇	广东	0.605484	0.392766	0.409000	0.507000	0.275500	0.300900	0.296300	0.520500
119	浙江杭州市萧山区义桥镇	浙江	0.604145	0.302379	0.314800	0.477000	0.536000	0.284500	0.284400	0.536800
120	山东邹城市太平镇	山东	0.603406	0.426767	0.444400	0.360500	0.487300	0.276200	0.242200	0.474600
121	江苏常熟市梅李镇	江苏	0.603326	0.409343	0.426300	0.525500	0.229400	0.286500	0.295900	0.511600
122	浙江嘉兴市秀洲区王江泾镇	浙江	0.601558	0.452903	0.471700	0.428700	0.274100	0.250500	0.263700	0.493800
123	浙江诸暨市店口镇	浙江	0.601454	0.512314	0.533400	0.411700	0.232000	0.264300	0.253600	0.453300
124	山东临沂市兰山区义堂镇	山东	0.600812	0.423984	0.441500	0.506600	0.082900	0.281000	0.296500	0.546800
125	广东广州市南沙区大岗镇	广东	0.600384	0.341825	0.355900	0.398800	0.666500	0.304900	0.253800	0.473800
126	浙江平阳县鳌江镇	浙江	0.600065	0.346665	0.361000	0.365300	0.740200	0.327200	0.241000	0.453000
127	山东寿光市侯镇	山东	0.599416	0.463067	0.482200	0.448500	0.300900	0.287900	0.261100	0.457600
128	广东佛山市三水区乐平镇	广东	0.599012	0.454839	0.473600	0.359600	0.434200	0.300400	0.266200	0.445800
129	安徽无为市无城镇	安徽	0.598661	0.230505	0.240000	0.581000	0.572600	0.304500	0.317700	0.541200
130	江苏江阴市华士镇	江苏	0.597341	0.377762	0.393400	0.391000	0.691500	0.290300	0.240900	0.431300
131	广东广州市南沙区东涌镇	广东	0.597165	0.326458	0.339900	0.511000	0.607100	0.275100	0.272800	0.468200
132	浙江宁波市鄞州区姜山镇	浙江	0.596732	0.390709	0.306900	0.433000	0.560900	0.264800	0.258500	0.490200
133	山东商河县玉皇庙镇	山东	0.596638	0.334686	0.348500	0.424300	0.561900	0.290100	0.262700	0.500300
134	安徽舒城县杭埠镇	安徽	0.595682	0.483395	0.402600	0.407200	0.379700	0.265900	0.250600	0.465400
135	浙江临海市杜桥镇	浙江	0.595366	0.379214	0.394800	0.433500	0.481300	0.247000	0.259800	0.485800
136	江苏江阴市顾山镇	江苏	0.595366	0.282777	0.294500	0.377700	0.593600	0.318700	0.270500	0.546400
137	浙江海宁市长安镇	浙江	0.594905	0.280115	0.291600	0.455000	0.622500	0.319800	0.276100	0.512900

排名	镇名	省份	综合实力	经济发展水平指标	基础设施建设指标	投资吸引潜力指标	社会民生保障指标	人居生态环境指标	科技创新能力指标	区域禀赋条件指标
138	广东东莞市中堂镇	广东	0.593401	0.332629	0.346400	0.406500	0.698400	0.297400	0.250200	0.457400
139	河北高碑店市白沟镇	河北	0.593290	0.246477	0.256700	0.518100	0.474700	0.305700	0.310100	0.567300
140	广东佛山市顺德区陈村镇	广东	0.592622	0.220341	0.229400	0.616300	0.501200	0.290600	0.321200	0.552800
141	四川绵阳市涪城区吴家镇	四川	0.592485	0.289553	0.301500	0.372200	0.766300	0.317600	0.244300	0.484100
142	江苏常熟市沙家浜镇	江苏	0.591720	0.337832	0.351800	0.446600	0.418300	0.288600	0.275700	0.524600
143	河北武安市午汲镇	河北	0.590914	0.321134	0.334300	0.546400	0.419300	0.271600	0.294700	0.507100
144	广东东莞市谢岗镇	广东	0.590836	0.429671	0.447400	0.505500	0.287900	0.226100	0.263400	0.470200
145	广东佛山市顺德区杏坛镇	广东	0.590227	0.356345	0.371000	0.568100	0.209800	0.296200	0.311100	0.524700
146	山东费县探沂镇	山东	0.590146	0.289311	0.301300	0.575500	0.526600	0.280800	0.296800	0.490400
147	浙江嘉兴市南湖区大桥镇	浙江	0.589877	0.387805	0.403900	0.498700	0.681400	0.260700	0.238000	0.381100
148	广东东莞市东坑镇	广东	0.589621	0.403051	0.419800	0.418300	0.376400	0.244400	0.259800	0.489700
149	河北固安县固安镇	河北	0.589495	0.312906	0.325800	0.518800	0.477000	0.292600	0.286800	0.499600
150	福建闽侯县青口镇	福建	0.589275	0.362758	0.377700	0.403300	0.576500	0.291200	0.248500	0.461400
151	浙江台州市路桥区金清镇	浙江	0.587863	0.210903	0.219600	0.540400	0.496600	0.294000	0.314900	0.578200
152	江苏苏州市吴江区震泽镇	江苏	0.587454	0.389862	0.405900	0.372800	0.535100	0.278600	0.238500	0.458300
153	陕西府谷县府谷镇	陕西	0.587272	0.388289	0.404400	0.433700	0.383000	0.276800	0.264400	0.485300
154	广东东莞市洪梅镇	广东	0.587212	0.294393	0.306600	0.491000	0.460900	0.296300	0.288600	0.526100
155	浙江杭州市西湖区三墩镇	浙江	0.586527	0.424710	0.442300	0.420400	0.428200	0.280600	0.249100	0.439300
156	江苏张家港市凤凰镇	江苏	0.586158	0.419265	0.436600	0.376500	0.450300	0.270500	0.239400	0.454400
157	江苏常州市武进区横林镇	江苏	0.585950	0.369050	0.384400	0.444900	0.260900	0.262300	0.279400	0.537900
158	浙江宁波市奉化区溪口镇	浙江	0.585932	0.229900	0.239400	0.594600	0.597100	0.288200	0.303200	0.508600
159	江苏丹阳市丹北镇	江苏	0.585818	0.438141	0.456300	0.515200	0.351700	0.220100	0.257400	0.429500

排名	镇名	省份	综合实力	经济发展水平指标	基础设施建设指标	投资吸引潜力指标	社会民生保障指标	人居生态环境指标	科技创新能力指标	区域禀赋条件指标
160	广东广州市花都区花东镇	广东	0.585795	0.420475	0.437900	0.422700	0.351100	0.285700	0.255500	0.464300
161	浙江慈溪市横河镇	浙江	0.584325	0.333113	0.346900	0.543000	0.335600	0.330900	0.327400	0.492000
162	江苏无锡市滨湖区胡埭镇	江苏	0.584265	0.247808	0.258000	0.368100	0.793600	0.342400	0.257800	0.493100
163	江西南昌县向塘镇	江西	0.583630	0.275759	0.287200	0.460900	0.560600	0.303300	0.279000	0.514400
164	辽宁盘山县古城子镇	辽宁	0.583553	0.431365	0.449100	0.401800	0.267300	0.277100	0.255400	0.484600
165	江苏苏州市相城区望亭镇	江苏	0.582807	0.312543	0.325500	0.388300	0.570100	0.283800	0.255900	0.504300
166	江西德兴市泗洲镇	江西	0.582343	0.296692	0.308900	0.543300	0.258100	0.273000	0.310200	0.563800
167	江西进贤县李渡镇	江西	0.581573	0.173514	0.180700	0.667600	0.382300	0.293100	0.346700	0.593200
168	山东肥城市石横镇	山东	0.581240	0.443102	0.461400	0.424700	0.261900	0.256000	0.247400	0.468200
169	浙江湖州市南浔区双林镇	浙江	0.580884	0.382118	0.397900	0.440200	0.319700	0.257500	0.268300	0.499600
170	湖北汉川市新河镇	湖北	0.580604	0.309034	0.321800	0.445200	0.594800	0.266200	0.259000	0.479800
171	浙江杭州市余杭区瓶窑镇	浙江	0.580294	0.394702	0.411000	0.340000	0.531200	0.274000	0.229900	0.452600
172	广东东莞市黄江镇	广东	0.580061	0.486299	0.506400	0.342400	0.355700	0.255300	0.220700	0.423800
173	广东佛山市顺德区均安镇	广东	0.579657	0.349448	0.363900	0.401700	0.403700	0.274500	0.259100	0.512600
174	广东中山市坦洲镇	广东	0.579501	0.347028	0.361300	0.385000	0.628600	0.286800	0.240500	0.447500
175	浙江慈溪市龙山镇	浙江	0.579475	0.383449	0.399300	0.417800	0.463200	0.298400	0.254700	0.450200
176	福建闽侯县南屿镇	福建	0.579313	0.300080	0.312400	0.447800	0.579200	0.280700	0.263700	0.486600
177	江苏江阴市璜土镇	江苏	0.579241	0.389378	0.405500	0.415600	0.460300	0.282600	0.253000	0.448800
178	山东安丘市景芝镇	山东	0.579061	0.276969	0.288500	0.478700	0.518500	0.290000	0.277400	0.514600
179	内蒙古阿拉善左旗乌斯太镇	内蒙古	0.579010	0.357313	0.372100	0.365300	0.485100	0.268000	0.247700	0.491700
180	河北香河县淑阳镇	河北	0.578954	0.392161	0.408300	0.512300	0.234200	0.229300	0.280600	0.493800
181	浙江舟山市普陀区六横镇	浙江	0.578209	0.434390	0.452300	0.433800	0.208600	0.267400	0.262000	0.480000
182	云南楚雄市东瓜镇	云南	0.577823	0.302137	0.314700	0.383500	0.672000	0.303100	0.247300	0.470200
183	陕西神木市店塔镇	陕西	0.577599	0.291489	0.303500	0.502400	0.406300	0.265900	0.290900	0.528400

排名	镇名	省份	综合实力	经济发展水平指标	基础设施建设指标	投资吸引潜力指标	社会民生保障指标	人居生态环境指标	科技创新能力指标	区域禀赋条件指标
184	内蒙古杭锦旗古日嘎朗图镇	内蒙古	0.577546	0.237644	0.247500	0.370600	0.740700	0.310200	0.254200	0.512400
185	广东广州市白云区钟落潭镇	广东	0.576834	0.347754	0.362100	0.363500	0.447500	0.269100	0.251800	0.508500
186	安徽肥西县上派镇	安徽	0.576653	0.325853	0.339300	0.429000	0.562700	0.278000	0.257500	0.468500
187	江苏扬中市新坝镇	江苏	0.576206	0.236797	0.246600	0.574200	0.618000	0.267500	0.295400	0.486300
188	江苏宜兴市高塍镇	江苏	0.576083	0.434511	0.452500	0.328200	0.413000	0.243900	0.230200	0.452400
189	广东东莞市桥头镇	广东	0.575596	0.405592	0.422300	0.347500	0.243100	0.301100	0.257400	0.513500
190	浙江宁波市鄞州区云龙镇	浙江	0.575070	0.333476	0.347200	0.421900	0.532600	0.284100	0.258900	0.468300
191	山东桓台县果里镇	山东	0.574079	0.346060	0.360400	0.335700	0.727800	0.284100	0.221400	0.424300
192	江苏句容市宝华镇	江苏	0.573904	0.337590	0.351500	0.613800	0.357900	0.322200	0.349200	0.433200
193	四川绵阳市涪城区青义镇	四川	0.573837	0.313511	0.326400	0.529900	0.483400	0.290600	0.277600	0.462600
194	河南荥阳市豫龙镇	河南	0.572959	0.368687	0.383900	0.376100	0.671500	0.265100	0.222700	0.408600
195	河南巩义市回郭镇	河南	0.572688	0.360096	0.375000	0.397000	0.428000	0.296800	0.251100	0.478200
196	江苏太仓市浏河镇	江苏	0.572440	0.432212	0.450100	0.371300	0.375600	0.260500	0.239800	0.440600
197	广东东莞市横沥镇	广东	0.571296	0.359370	0.374200	0.372600	0.394400	0.277200	0.253400	0.498000
198	浙江嘉兴市秀洲区王店镇	浙江	0.570840	0.346181	0.360500	0.329600	0.640400	0.275200	0.224300	0.449100
199	河南许昌市建安区尚集镇	河南	0.570686	0.425799	0.443400	0.383800	0.481200	0.269400	0.227600	0.405400
200	广东东莞市樟木头镇	广东	0.570582	0.400026	0.416600	0.540600	0.247900	0.238900	0.271300	0.454900
201	浙江长兴县煤山镇	浙江	0.569660	0.352836	0.367400	0.326400	0.463400	0.273500	0.239700	0.496400
202	浙江义乌市佛堂镇	浙江	0.569595	0.222035	0.231200	0.535900	0.427900	0.277700	0.305400	0.557600
203	江苏常州市武进区牛塘镇	江苏	0.569550	0.255794	0.266400	0.438600	0.706900	0.292400	0.257400	0.469900
204	陕西府谷县大昌汗镇	陕西	0.568834	0.269346	0.280500	0.442300	0.617100	0.291400	0.264700	0.482000
205	山东桓台县唐山镇	山东	0.568639	0.268015	0.279100	0.458900	0.540200	0.288700	0.274400	0.501500
206	广东东莞市高地镇	广东	0.568393	0.368324	0.383600	0.321300	0.692900	0.295600	0.211100	0.406100
207	河南鹤壁市山城区石林镇	河南	0.568264	0.428703	0.446400	0.381600	0.340900	0.260100	0.233900	0.444700

排名	镇名	省份	综合实力	经济发展水平指标	基础设施建设指标	投资吸引潜力指标	社会民生保障指标	人居生态环境指标	科技创新能力指标	区域禀赋条件指标
208	浙江宁海县黄坛镇	浙江	0.568110	0.331298	0.345000	0.544500	0.151500	0.296100	0.306500	0.530400
209	安徽庐江县庐城镇	安徽	0.567948	0.290158	0.302100	0.503300	0.423900	0.253600	0.284600	0.506900
210	山东济宁市任城区石桥镇	山东	0.567860	0.310002	0.322800	0.430000	0.403700	0.278100	0.267300	0.515600
211	江苏常州市武进区礼嘉镇	江苏	0.567774	0.259787	0.270500	0.538200	0.482100	0.279000	0.288600	0.500900
212	山东邹平市韩店镇	山东	0.567505	0.269709	0.280800	0.445600	0.495600	0.294300	0.272600	0.515600
213	浙江乐清市虹桥镇	浙江	0.567385	0.250591	0.261000	0.566800	0.403000	0.293000	0.302400	0.520700
214	福建石狮市蚶江镇	福建	0.567366	0.331298	0.345000	0.447900	0.206800	0.293400	0.290400	0.544900
215	陕西府谷县老高川镇	陕西	0.567333	0.282777	0.294500	0.425100	0.525500	0.289700	0.263900	0.501500
216	浙江平阳县万全镇	浙江	0.566465	0.240548	0.250500	0.554200	0.462700	0.281800	0.297100	0.516300
217	安徽怀远县荆山镇	安徽	0.566301	0.379577	0.470900	0.266800	0.236300	0.228800	0.279700	0.524800
218	江苏连云港市赣榆区柘汪镇	江苏	0.565668	0.355377	0.370100	0.396800	0.399900	0.289200	0.255100	0.478000
219	江苏苏州市虎丘区通安镇	江苏	0.565641	0.348117	0.362400	0.414000	0.453400	0.259000	0.251800	0.468600
220	江苏苏州市相城区渭塘镇	江苏	0.565616	0.312180	0.325100	0.433700	0.590400	0.295100	0.254200	0.445600
221	浙江象山县西周镇	浙江	0.565608	0.333234	0.347000	0.361700	0.601100	0.290700	0.237500	0.448100
222	福建安溪县湖头镇	福建	0.565328	0.380666	0.396400	0.295800	0.591600	0.255100	0.212700	0.436100
223	江苏苏州市相城区阳澄湖镇	江苏	0.565280	0.363121	0.378200	0.447500	0.297000	0.248700	0.267900	0.492400
224	广东中山市港口镇	广东	0.565219	0.313753	0.326700	0.538000	0.441100	0.279000	0.276100	0.458000
225	江苏宜兴市周铁镇	江苏	0.565173	0.169521	0.176500	0.568500	0.581600	0.301000	0.311800	0.533900
226	江苏如东县长沙镇	江苏	0.565105	0.363726	0.378800	0.396300	0.447500	0.290200	0.251400	0.453600
227	浙江金华市金东区孝顺镇	浙江	0.565017	0.284229	0.295900	0.386600	0.584800	0.287600	0.253900	0.490300
228	江苏泰兴市黄桥镇	江苏	0.564976	0.327426	0.341000	0.444300	0.586100	0.248700	0.241700	0.438500
229	河北唐山市丰南区小集镇	河北	0.564801	0.374253	0.389800	0.371400	0.449300	0.255100	0.237600	0.459200
230	湖北广水市杨寨镇	湖北	0.564566	0.271282	0.282400	0.460200	0.554600	0.255500	0.265300	0.492700
231	安徽当涂县姑孰镇	安徽	0.564405	0.254342	0.264800	0.533800	0.537000	0.270500	0.286000	0.484700

排名	镇名	省份	综合实力	经济发展水平指标	基础设施建设指标	投资吸引潜力指标	社会民生保障指标	人居生态环境指标	科技创新能力指标	区域禀赋条件指标
232	海南文昌市文城镇	海南	0.564190	0.244420	0.254500	0.479500	0.580700	0.287200	0.273500	0.496200
233	广东广州市增城区石滩镇	广东	0.564009	0.597740	0.244500	0.377900	0.285500	0.264600	0.237700	0.444800
234	湖南浏阳市永安镇	湖南	0.563366	0.336138	0.350100	0.715400	0.131100	0.229100	0.316700	0.479000
235	湖南长沙县黄花镇	湖南	0.563312	0.326095	0.339600	0.373600	0.603500	0.262500	0.234200	0.451800
236	福建安溪县龙门镇	福建	0.563308	0.272250	0.283500	0.458700	0.539600	0.282400	0.266000	0.489200
237	广东东莞市石排镇	广东	0.562043	0.260755	0.271500	0.427000	0.607700	0.303300	0.262600	0.482300
238	江苏常州市武进区横山桥镇	江苏	0.561822	0.301411	0.313900	0.528600	0.422200	0.272200	0.282200	0.472300
239	广东东莞市企石镇	广东	0.561811	0.366872	0.382000	0.315600	0.704900	0.259000	0.232000	0.394300
240	江苏常州市武进区湟里镇	江苏	0.561549	0.301532	0.314000	0.407300	0.693600	0.293600	0.241800	0.424800
241	浙江杭州市富阳区新登镇	浙江	0.561216	0.237886	0.247700	0.485600	0.387800	0.296400	0.296400	0.551500
242	江苏江阴市徐霞客镇	江苏	0.560999	0.315689	0.328800	0.387300	0.737400	0.267100	0.222500	0.410400
243	湖北大冶市还地桥镇	湖北	0.560829	0.276727	0.288100	0.401000	0.635800	0.286500	0.247500	0.469100
244	福建安溪县城厢镇	福建	0.560601	0.253737	0.264200	0.509400	0.498900	0.272700	0.285800	0.497100
245	浙江湖州市吴兴区埭溪镇	浙江	0.560560	0.341220	0.355300	0.364700	0.509900	0.302300	0.238200	0.456200
246	安徽广德市新杭镇	安徽	0.560521	0.422411	0.439900	0.421200	0.281600	0.228700	0.245000	0.445300
247	广东中山市三乡镇	广东	0.558849	0.393250	0.409400	0.487400	0.104300	0.265600	0.274400	0.495200
248	广东珠海市金湾区平沙镇	广东	0.558215	0.275517	0.286900	0.323900	0.745900	0.295300	0.223400	0.456100
249	江苏无锡市锡山区锡北镇	江苏	0.557705	0.239217	0.249100	0.523400	0.530100	0.276500	0.288800	0.489400
250	广东广州市白云区江高镇	广东	0.557597	0.338437	0.352400	0.408400	0.400800	0.292400	0.256800	0.472900
251	河北滦州市茨榆坨镇	河北	0.557390	0.303952	0.316600	0.398700	0.547300	0.270600	0.249900	0.467100
252	江苏泰兴市虹桥镇	江苏	0.556685	0.291852	0.303900	0.468500	0.489100	0.257000	0.264500	0.474400
253	安徽全椒县襄河镇	安徽	0.556580	0.270677	0.281800	0.399300	0.573900	0.272200	0.254100	0.488400
254	江苏常熟市辛庄镇	江苏	0.555733	0.402083	0.418700	0.353200	0.425300	0.254600	0.227200	0.428300

排名	镇名	省份	综合实力	经济发展水平指标	基础设施建设指标	投资吸引潜力指标	社会民生保障指标	人居生态环境指标	科技创新能力指标	区域禀赋条件指标
255	浙江湖州市南浔区南浔镇	浙江	0.555162	0.334323	0.348200	0.406200	0.476400	0.280900	0.252100	0.450800
256	山东龙口市诸由观镇	山东	0.555133	0.333476	0.347200	0.430600	0.466100	0.282000	0.254100	0.446700
257	江苏常州市新北区罗溪镇	江苏	0.554996	0.332266	0.345900	0.355900	0.640100	0.258900	0.224400	0.424400
258	湖北丹江口市六里坪镇	湖北	0.554940	0.225302	0.234600	0.554200	0.537900	0.265100	0.287100	0.487600
259	浙江杭州市萧山区衙前镇	浙江	0.554877	0.457017	0.476000	0.335900	0.293500	0.248200	0.218300	0.423700
260	广东中山市古重镇	广东	0.554589	0.274307	0.285600	0.428200	0.612900	0.278000	0.247900	0.458800
261	广东佛山市禅城区南庄镇	广东	0.554442	0.377399	0.392900	0.459700	0.244500	0.256900	0.263300	0.468200
262	湖北阳新县富池镇	湖北	0.554358	0.294514	0.306700	0.403000	0.496400	0.272500	0.251900	0.484700
263	浙江温岭市泽国镇	浙江	0.554216	0.249139	0.259400	0.444600	0.569000	0.284600	0.265200	0.487500
264	湖北钟祥市胡集镇	湖北	0.554159	0.415030	0.432100	0.404600	0.307600	0.233800	0.244900	0.435000
265	浙江宁波市海曙区古林镇	浙江	0.554137	0.469601	0.489000	0.386000	0.197000	0.259300	0.234600	0.420200
266	浙江余姚市马渚镇	浙江	0.553877	0.232562	0.242100	0.390700	0.753300	0.320500	0.248800	0.456200
267	广东广州市番禺区石楼镇	广东	0.553679	0.398090	0.414500	0.377700	0.462500	0.266700	0.223700	0.406400
268	山东平度市南村镇	山东	0.553271	0.249018	0.259300	0.405700	0.693900	0.308500	0.250900	0.455200
269	江苏宝应县安宜镇	江苏	0.553212	0.197835	0.206100	0.642600	0.355800	0.267600	0.322500	0.535500
270	浙江长兴县李家巷镇	浙江	0.553053	0.300443	0.312900	0.376500	0.617900	0.265100	0.241500	0.448000
271	江苏仪征市真州镇	江苏	0.552402	0.328757	0.342300	0.398900	0.484300	0.251200	0.243100	0.457700
272	浙江宁波市鄞州区五乡镇	浙江	0.552006	0.375100	0.390500	0.356800	0.662400	0.225900	0.209200	0.377300
273	广东东莞市望牛墩镇	广东	0.551810	0.391919	0.408200	0.366400	0.236100	0.246800	0.246300	0.485700
274	浙江桐乡市洲泉镇	浙江	0.551777	0.372317	0.387700	0.369700	0.342300	0.262900	0.240500	0.467300
275	广东广州市白云区太和镇	广东	0.551428	0.297660	0.309900	0.434300	0.472600	0.262400	0.257800	0.474100
276	山东淄博市周村区北郊镇	山东	0.551204	0.346060	0.360400	0.379300	0.377800	0.259400	0.243500	0.477500

排名	镇名	省份	综合实力	经济发展水平指标	基础设施建设指标	投资吸引潜力指标	社会民生保障指标	人居生态环境指标	科技创新能力指标	区域禀赋条件指标
277	江苏东台市东台镇	江苏	0.550941	0.305041	0.317700	0.497300	0.449400	0.243300	0.265100	0.455600
278	山西清徐县清源镇	山西	0.550097	0.311938	0.324800	0.372500	0.618900	0.298100	0.236300	0.426100
279	江苏常州市武进区嘉泽镇	江苏	0.549341	0.333718	0.347500	0.383700	0.404400	0.272800	0.249800	0.471900
280	河北成安县成安镇	河北	0.549181	0.284350	0.296100	0.372400	0.647600	0.289000	0.237600	0.443600
281	江西瑞昌市码头镇	江西	0.548600	0.303347	0.315900	0.414600	0.536700	0.278500	0.239200	0.448300
282	江苏宿迁市宿城区洋河镇	江苏	0.548228	0.327668	0.341200	0.371700	0.588700	0.274800	0.230000	0.422400
283	浙江杭州市西湖区双浦镇	浙江	0.547808	0.286165	0.298000	0.332300	0.656200	0.279100	0.224700	0.453200
284	江苏常熟市支塘镇	江苏	0.547627	0.291368	0.303400	0.475300	0.416900	0.273500	0.271000	0.472900
285	江苏江阴市祝塘镇	江苏	0.547604	0.387442	0.403400	0.384400	0.344600	0.259100	0.235700	0.439800
286	江苏太仓市璜泾镇	江苏	0.547524	0.296087	0.308300	0.381900	0.368100	0.285000	0.261200	0.513300
287	山东淄博市博山区域城镇	山东	0.547461	0.246961	0.257200	0.477300	0.353700	0.283900	0.285700	0.531800
288	河南长葛市大周镇	河南	0.547351	0.294514	0.306700	0.344800	0.614800	0.273200	0.229800	0.453700
289	四川眉山市东坡区修文镇	四川	0.546600	0.290037	0.302000	0.467200	0.397300	0.240000	0.265600	0.488500
290	江苏宜兴市官林镇	江苏	0.546504	0.466213	0.485500	0.393000	0.341700	0.231000	0.210600	0.367900
291	浙江嘉兴市南湖区余新镇	浙江	0.546346	0.335291	0.349100	0.335500	0.480600	0.259300	0.230300	0.460700
292	福建莆田市荔城区黄石镇	福建	0.546011	0.292699	0.304800	0.357300	0.549000	0.271300	0.237800	0.469100
293	河北香河县蒋辛屯镇	河北	0.545997	0.215380	0.224300	0.543800	0.435800	0.275000	0.294600	0.512000
294	江苏仪征市月塘镇	江苏	0.545975	0.184041	0.191600	0.520300	0.499500	0.287700	0.293400	0.527400
295	江苏常州市武进区雪堰镇	江苏	0.545924	0.315447	0.328500	0.397000	0.476600	0.289000	0.251900	0.451400
296	山东威海市环翠区张村镇	山东	0.545510	0.276969	0.288500	0.403100	0.654000	0.290000	0.241900	0.430300
297	山东威海市环翠区草庙子镇	山东	0.545409	0.348964	0.363400	0.409000	0.343500	0.280200	0.251200	0.458800
298	广东佛山市顺德区龙江镇	广东	0.544709	0.306009	0.318600	0.671500	0.248000	0.313300	0.361300	0.420100

排名	镇名	省份	综合实力	经济发展水平指标	基础设施建设指标	投资吸引潜力指标	社会民生保障指标	人居生态环境指标	科技创新能力指标	区域禀赋条件指标
299	福建安溪县官桥镇	福建	0.544414	0.312180	0.325100	0.500200	0.177700	0.281400	0.287300	0.511400
300	福建惠安县紫山镇	福建	0.544056	0.219252	0.228300	0.445600	0.634200	0.294400	0.206300	0.471900
301	福建石狮市鸿山镇	福建	0.544038	0.267531	0.278600	0.407900	0.509800	0.275100	0.253200	0.483000
302	广东珠海市金湾区红旗镇	广东	0.543748	0.279752	0.291300	0.469000	0.515200	0.250400	0.260200	0.452500
303	浙江海盐县百步镇	浙江	0.543742	0.162624	0.169400	0.630600	0.316600	0.264400	0.329200	0.566400
304	浙江温岭市大溪镇	浙江	0.543675	0.345818	0.360100	0.448100	0.227600	0.271000	0.264400	0.483100
305	山东禹城市房寺镇	山东	0.543348	0.276243	0.287700	0.384300	0.645500	0.269600	0.237800	0.439900
306	山东聊城市东昌府区顾官屯镇	山东	0.542818	0.385143	0.401000	0.363400	0.387600	0.243400	0.225600	0.429500
307	浙江宁海县西店镇	浙江	0.542740	0.274549	0.285900	0.455200	0.547900	0.267200	0.252000	0.447600
308	江苏苏州市吴江区桃源镇	江苏	0.542445	0.306009	0.318600	0.424600	0.478400	0.265200	0.243300	0.450400
309	江苏扬州市江都区大桥镇	江苏	0.542221	0.479523	0.499300	0.213200	0.462400	0.227900	0.176100	0.370300
310	广东中山市黄圃镇	广东	0.541100	0.223850	0.233100	0.602400	0.205100	0.271400	0.319200	0.546300
311	江苏兴化市戴南镇	江苏	0.540807	0.293304	0.305500	0.363500	0.700900	0.284200	0.225800	0.405600
312	湖北嘉鱼县官桥镇	湖北	0.540663	0.341825	0.355900	0.467700	0.307100	0.234600	0.259100	0.456400
313	广东东莞市石龙镇	广东	0.540626	0.370623	0.385900	0.461000	0.485800	0.252400	0.232100	0.373200
314	浙江嘉善县姚庄镇	浙江	0.540502	0.301411	0.313900	0.381400	0.585900	0.261600	0.234500	0.431600
315	福建南安市霞美镇	福建	0.540069	0.247808	0.258000	0.511900	0.474200	0.251500	0.272500	0.473700
316	浙江慈溪市长河镇	浙江	0.539091	0.291973	0.304000	0.320700	0.685100	0.261200	0.218900	0.427800
317	福建晋江市龙湖镇	福建	0.538291	0.221551	0.230700	0.459100	0.492400	0.285800	0.271300	0.500400
318	山东桓台县马桥镇	山东	0.538034	0.313269	0.326300	0.485900	0.387000	0.224200	0.256200	0.449700
319	辽宁海城市牌楼镇	辽宁	0.537949	0.214049	0.222900	0.437200	0.598600	0.288600	0.261400	0.480600
320	江西赣州市章贡区水西镇	江西	0.537706	0.235224	0.245000	0.423900	0.676300	0.292400	0.248000	0.439700
321	浙江长兴县和平镇	浙江	0.537608	0.239217	0.249100	0.397000	0.706600	0.266700	0.238400	0.440900
322	山东莱西市姜山镇	山东	0.537594	0.331298	0.345000	0.422400	0.632200	0.255400	0.218300	0.372100
323	江苏张家港市乐余镇	江苏	0.537515	0.270798	0.282000	0.426400	0.473400	0.268100	0.258900	0.472300
324	江苏昆山市周庄镇	江苏	0.536962	0.271403	0.282600	0.453400	0.463000	0.258000	0.257700	0.467600

排名	镇名	省份	综合实力	经济发展水平指标	基础设施建设指标	投资吸引潜力指标	社会民生保障指标	人居生态环境指标	科技创新能力指标	区域禀赋条件指标
325	河北东光县东光镇	河北	0.536878	0.198319	0.206500	0.488900	0.528500	0.295400	0.280700	0.495500
326	福建华安县华丰镇	福建	0.536657	0.222156	0.231300	0.393500	0.522200	0.304600	0.260400	0.505900
327	广东中山市阜沙镇	广东	0.536553	0.278905	0.290400	0.384800	0.484000	0.267700	0.243300	0.475100
328	江苏溧阳市社渚镇	江苏	0.536100	0.314721	0.327700	0.406800	0.368600	0.279500	0.251900	0.465600
329	广西灵川县灵川镇	广西	0.535612	0.267410	0.278500	0.378600	0.586400	0.277900	0.238200	0.451900
330	安徽当涂县年陡镇	安徽	0.535041	0.354530	0.369100	0.430700	0.266000	0.224100	0.256200	0.459700
331	江苏常州市钟楼区邹区镇	江苏	0.535030	0.265716	0.276700	0.439200	0.529500	0.257800	0.248900	0.453600
332	山东沂源县悦庄镇	山东	0.533452	0.257004	0.267700	0.400500	0.555500	0.277300	0.245700	0.459500
333	浙江慈溪市庵东镇	浙江	0.533223	0.314237	0.327200	0.334400	0.656000	0.264900	0.210200	0.399600
334	河北唐山市丰南区胥各庄镇	河北	0.533179	0.328999	0.342600	0.406000	0.399200	0.253300	0.241100	0.442600
335	江苏靖江市新桥镇	江苏	0.533136	0.279268	0.290800	0.360600	0.611000	0.276100	0.229600	0.434600
336	福建福清市龙田镇	福建	0.533101	0.241153	0.251200	0.387900	0.630200	0.292600	0.243800	0.451400
337	安徽无为市高沟镇	安徽	0.532799	0.305525	0.318200	0.450300	0.330000	0.258400	0.257800	0.469500
338	浙江青田县温溪镇	浙江	0.532556	0.260755	0.271500	0.380900	0.666400	0.251700	0.233000	0.431100
339	江苏扬州市江都区小纪镇	江苏	0.532211	0.273218	0.284500	0.422900	0.418900	0.299500	0.262700	0.471000
340	湖北嘉鱼县鱼岳镇	湖北	0.532162	0.264385	0.275300	0.418600	0.512800	0.269600	0.252500	0.457900
341	江苏太仓市双凤镇	江苏	0.531985	0.292094	0.304200	0.433000	0.410400	0.271800	0.258400	0.457500
342	河南汤阴县韩庄镇	河南	0.531749	0.269225	0.280400	0.510600	0.178500	0.291200	0.293200	0.520700
343	江苏江阴市青阳镇	江苏	0.531006	0.245267	0.255400	0.385800	0.533600	0.286000	0.245700	0.476200
344	江苏沛县杨屯镇	江苏	0.530991	0.226512	0.235900	0.434800	0.486200	0.286500	0.263500	0.491200
345	福建福州市仓山区建新镇	福建	0.530932	0.216832	0.225800	0.450000	0.728400	0.253800	0.245300	0.426200
346	江苏苏州市吴中区临湖镇	江苏	0.530599	0.351868	0.366400	0.430400	0.412300	0.258100	0.234400	0.402900
347	浙江岱山县衢山镇	浙江	0.530092	0.245509	0.255600	0.506200	0.248800	0.261400	0.288900	0.525600
348	福建福州市仓山区城门镇	福建	0.529991	0.256399	0.267000	0.344100	0.757700	0.289900	0.217400	0.407500
349	湖北汉川市沉湖镇	湖北	0.529742	0.258214	0.268900	0.359400	0.653300	0.263400	0.225700	0.438000

排名	镇名	省份	综合实力	经济发展水平指标	基础设施建设指标	投资吸引潜力指标	社会民生保障指标	人居生态环境指标	科技创新能力指标	区域禀赋条件指标
350	江苏溧阳市天目湖镇	江苏	0.529670	0.303105	0.315600	0.256900	0.713300	0.290300	0.196100	0.406800
351	浙江宁波市鄞州区东吴镇	浙江	0.529235	0.378246	0.393900	0.367100	0.338600	0.209600	0.223100	0.429500
352	江苏丹阳市皇塘镇	江苏	0.529210	0.215138	0.224000	0.482900	0.446700	0.283100	0.277900	0.494300
353	河南中牟县刘集镇	河南	0.529147	0.282172	0.293900	0.360300	0.629400	0.275400	0.222400	0.418900
354	福建南安市石井镇	福建	0.528114	0.329604	0.343200	0.378600	0.578700	0.257900	0.216400	0.385100
355	江苏如皋市白蒲镇	江苏	0.528020	0.220341	0.229400	0.504000	0.396600	0.246600	0.281700	0.502600
356	广东中山市三角镇	广东	0.527604	0.367114	0.382300	0.415600	0.207400	0.267500	0.252500	0.448000
357	江苏如东县大豫镇	江苏	0.527433	0.276606	0.288000	0.362300	0.627800	0.259300	0.223900	0.423500
358	广东中山市东凤镇	广东	0.526985	0.269830	0.281000	0.314200	0.701600	0.287000	0.218100	0.416100
359	江苏苏州市吴江区七都镇	江苏	0.526854	0.328878	0.342400	0.367600	0.660200	0.209100	0.199700	0.372500
360	江苏启东市寅阳镇	江苏	0.526560	0.266200	0.277200	0.365100	0.590700	0.252700	0.230500	0.443200
361	河南林州市陵阳镇	河南	0.524893	0.347270	0.361700	0.376200	0.239700	0.278000	0.247900	0.462700
362	广东开平市水口镇	广东	0.524367	0.296571	0.308800	0.489300	0.176400	0.282700	0.283800	0.488900
363	陕西神木市大柳塔镇	陕西	0.523603	0.254947	0.265400	0.449400	0.379300	0.265600	0.264100	0.481800
364	山东邹平市长山镇	山东	0.523459	0.297297	0.309600	0.335800	0.628600	0.248300	0.214200	0.406700
365	山东邹平市魏桥镇	山东	0.522826	0.319561	0.332800	0.291900	0.708500	0.225300	0.193000	0.379500
366	湖北十堰市郧阳区茶店镇	湖北	0.522661	0.290884	0.302900	0.415700	0.290900	0.279700	0.259700	0.482000
367	河南辉县市孟庄镇	河南	0.522260	0.283866	0.295600	0.351100	0.637400	0.271900	0.218700	0.404400
368	江西南昌县昌东镇	江西	0.521856	0.269588	0.280700	0.459000	0.335500	0.235700	0.260600	0.481300
369	福建福清市三山镇	福建	0.521741	0.271887	0.283100	0.360800	0.434700	0.291100	0.240000	0.470800
370	浙江玉环市楚门镇	浙江	0.521729	0.277332	0.288800	0.356900	0.560900	0.289300	0.228100	0.427900
371	河南新郑市孟庄镇	河南	0.521413	0.283624	0.295300	0.361700	0.492500	0.249100	0.234400	0.448300
372	江苏扬州市广陵区李典镇	江苏	0.521248	0.298628	0.311000	0.406600	0.278100	0.257800	0.254000	0.483700
373	河北迁安市赵店子镇	河北	0.521165	0.231231	0.240800	0.375300	0.646800	0.262400	0.233100	0.442500
374	浙江德清县钟管镇	浙江	0.520721	0.317020	0.330100	0.432600	0.237500	0.225400	0.255700	0.475300
375	江苏如皋市九华镇	江苏	0.520542	0.256278	0.266900	0.377000	0.459700	0.274900	0.250400	0.471400
376	河南卫辉市唐庄镇	河南	0.520447	0.278421	0.289900	0.525600	0.280000	0.223500	0.273500	0.466500

排名	镇名	省份	综合实力	经济发展水平指标	基础设施建设指标	投资吸引潜力指标	社会民生保障指标	人居生态环境指标	科技创新能力指标	区域禀赋条件指标
377	海南陵水县英州镇	海南	0.520416	0.274912	0.286200	0.350300	0.522300	0.276200	0.231500	0.444100
378	山东淄博市张店区房镇镇	山东	0.520247	0.257488	0.268100	0.437200	0.454100	0.283400	0.258000	0.449300
379	浙江宁波市鄞州区横溪镇	浙江	0.520127	0.213807	0.222600	0.566900	0.190800	0.268700	0.309000	0.530500
380	江苏南通市通州区兴仁镇	江苏	0.519729	0.258577	0.269300	0.451200	0.393000	0.266300	0.255000	0.466600
381	福建晋江市英林镇	福建	0.519375	0.260150	0.270800	0.369800	0.476500	0.275800	0.242100	0.463400
382	河南安阳市殷都区水冶镇	河南	0.519096	0.136488	0.142100	0.581400	0.463300	0.294600	0.305200	0.506800
383	山东枣庄市台儿庄区马兰屯镇	山东	0.518854	0.196988	0.205100	0.420700	0.546900	0.267700	0.258000	0.484100
384	河北海兴县苏基镇	河北	0.518483	0.259061	0.269700	0.343500	0.616000	0.256000	0.220300	0.433200
385	江苏无锡市锡山区羊尖镇	江苏	0.518418	0.215622	0.224500	0.345000	0.656700	0.281300	0.228800	0.455800
386	江苏常州市金坛区金城镇	江苏	0.518086	0.227964	0.237300	0.376100	0.641800	0.280700	0.237600	0.436300
387	河南安阳县铜冶镇	河南	0.517536	0.244420	0.254500	0.410500	0.480000	0.272400	0.248800	0.460400
388	江苏淮安市淮安区施河镇	江苏	0.517511	0.232804	0.242400	0.489200	0.484900	0.238700	0.257900	0.450000
389	江苏南通市海门区包场镇	江苏	0.517225	0.244662	0.254800	0.391400	0.666500	0.277900	0.232400	0.406500
390	江苏扬州市广陵区杭集镇	江苏	0.517205	0.231594	0.241200	0.442800	0.499400	0.249000	0.252200	0.459600
391	新疆石河子市北泉镇	新疆	0.516895	0.257972	0.268600	0.459800	0.479100	0.270600	0.252700	0.429900
392	山东邹城市北宿镇	山东	0.516686	0.349569	0.364000	0.442300	0.141200	0.239400	0.256200	0.460300
393	江苏南通市通州区平潮镇	江苏	0.516615	0.227722	0.237200	0.517100	0.362600	0.248200	0.278200	0.478600
394	浙江海宁市盐官镇	浙江	0.516432	0.161414	0.168100	0.509000	0.445700	0.279300	0.287100	0.511600
395	山东荣成市俚岛镇	山东	0.516157	0.157058	0.163500	0.557400	0.390200	0.260300	0.299700	0.519400
396	广东广州市白云区人和镇	广东	0.516059	0.309397	0.322100	0.420300	0.383500	0.268100	0.245100	0.423000
397	江苏溧阳市上兴镇	江苏	0.516027	0.310365	0.323200	0.369000	0.394900	0.253000	0.229400	0.440400

排名	镇名	省份	综合实力	经济发展水平指标	基础设施建设指标	投资吸引潜力指标	社会民生保障指标	人居生态环境指标	科技创新能力指标	区域禀赋条件指标
398	福建晋江市深沪镇	福建	0.515484	0.292578	0.304700	0.387400	0.485000	0.264200	0.234200	0.418400
399	陕西府谷县新民镇	陕西	0.515286	0.288706	0.300700	0.371700	0.564700	0.264900	0.228000	0.401700
400	江苏宝应县氾水镇	江苏	0.515065	0.255189	0.265800	0.405300	0.444400	0.246300	0.244100	0.463700
401	福建惠安县螺城镇	福建	0.514893	0.237523	0.247300	0.378300	0.593500	0.291400	0.235100	0.433700
402	福建福州市马尾区马尾镇	福建	0.514753	0.245146	0.255300	0.444500	0.501500	0.255000	0.251300	0.438800
403	江苏扬中市油坊镇	江苏	0.514744	0.291489	0.303500	0.304000	0.556700	0.274600	0.213500	0.422900
404	河南新郑市薛店镇	河南	0.514094	0.263175	0.274000	0.479200	0.426100	0.234600	0.250000	0.437500
405	广东中山市横栏镇	广东	0.513912	0.326458	0.339900	0.414000	0.184400	0.227700	0.252000	0.475200
406	福建安溪县参内镇	福建	0.513873	0.225786	0.235100	0.398300	0.463900	0.264900	0.253900	0.480700
407	安徽无为市石涧镇	安徽	0.513761	0.219857	0.228900	0.392300	0.516400	0.267900	0.250100	0.471200
408	广西鹿寨县鹿寨镇	广西	0.513659	0.385385	0.401300	0.373900	0.214100	0.229600	0.226700	0.423800
409	浙江海宁市许村镇	浙江	0.513567	0.242121	0.252100	0.550500	0.206200	0.275900	0.296100	0.489900
410	浙江宁波市海曙区横街镇	浙江	0.513191	0.245872	0.256100	0.447100	0.400500	0.265500	0.259400	0.463500
411	吉林永吉县岔路河镇	吉林	0.513134	0.243936	0.254000	0.432800	0.490800	0.253700	0.245100	0.445300
412	江苏宜兴市和桥镇	江苏	0.513064	0.257246	0.267800	0.489800	0.396000	0.245300	0.264600	0.442800
413	山东淄博市临淄区凤凰镇	山东	0.513008	0.274912	0.286200	0.360100	0.613200	0.267000	0.216400	0.400300
414	江苏邳州市官湖镇	江苏	0.512899	0.295966	0.308200	0.361800	0.532400	0.244600	0.219900	0.408700
415	广东珠海市金湾区三灶镇	广东	0.512816	0.430034	0.447900	0.453200	0.068800	0.161900	0.235300	0.411500
416	安徽肥西县桃花镇	安徽	0.512695	0.345818	0.360100	0.366600	0.550500	0.242500	0.203200	0.355100
417	福建惠安县螺阳镇	福建	0.512506	0.297660	0.309900	0.387900	0.448500	0.271700	0.236800	0.417000
418	福建石狮市宝盖镇	福建	0.512404	0.310365	0.323200	0.351200	0.447900	0.253800	0.222000	0.422300
419	福建福州市长乐区金峰镇	福建	0.512289	0.194084	0.202100	0.425500	0.574200	0.271300	0.254300	0.462700
420	江西南昌市青山湖区塘山镇	江西	0.512094	0.303347	0.315900	0.346600	0.493700	0.266300	0.222700	0.412500
421	湖南浏阳市大瑶镇	湖南	0.511745	0.207757	0.216400	0.431300	0.493800	0.289600	0.257600	0.468400
422	湖北谷城县石花镇	湖北	0.511562	0.314721	0.327700	0.340800	0.431300	0.259000	0.224800	0.423400

排名	镇名	省份	综合实力	经济发展水平指标	基础设施建设指标	投资吸引潜力指标	社会民生保障指标	人居生态环境指标	科技创新能力指标	区域禀赋条件指标
423	福建闽侯县上街镇	福建	0.511534	0.256036	0.266600	0.358700	0.543300	0.268000	0.227900	0.436800
424	河北石家庄市鹿泉区获鹿镇	河北	0.511531	0.266200	0.277200	0.370600	0.334700	0.288700	0.246500	0.483800
425	江苏射阳县合德镇	江苏	0.511508	0.275033	0.286400	0.410800	0.413500	0.277400	0.246300	0.438600
426	江苏阜宁县益林镇	江苏	0.511332	0.194447	0.202400	0.529200	0.278100	0.257900	0.292800	0.519700
427	新疆哈密市伊州区三道岭镇	新疆	0.510730	0.302379	0.314800	0.410200	0.428300	0.240400	0.233400	0.414800
428	江西上饶市信州区沙溪镇	江西	0.510704	0.201223	0.209600	0.393900	0.635300	0.261200	0.237200	0.447500
429	安徽肥东县店埠镇	安徽	0.510651	0.157058	0.163500	0.522700	0.372000	0.266300	0.293100	0.524900
430	山东滕州市东郭镇	山东	0.510556	0.386958	0.402900	0.273900	0.336100	0.238000	0.202800	0.410400
431	江苏连云港市赣榆区青口镇	江苏	0.510096	0.314842	0.327800	0.294600	0.449500	0.263800	0.214300	0.430000
432	江苏南京市六合区竹镇镇	江苏	0.509919	0.214049	0.222900	0.420700	0.347400	0.286300	0.266500	0.508600
433	广东潮州市潮安区枫溪镇	广东	0.509569	0.211024	0.219700	0.426900	0.413700	0.271200	0.261100	0.491100
434	浙江桐乡市崇福镇	浙江	0.509566	0.331782	0.345500	0.361800	0.302300	0.264100	0.229900	0.436000
435	山东博兴县兴福镇	山东	0.509487	0.174845	0.182100	0.431100	0.566300	0.280500	0.259100	0.474000
436	云南新平县戛洒镇	云南	0.509266	0.257609	0.268300	0.419300	0.510400	0.232500	0.238100	0.426800
437	浙江平湖市新仓镇	浙江	0.508780	0.291489	0.303500	0.302200	0.568300	0.272900	0.213500	0.407400
438	广东肇庆市高要区金利镇	广东	0.508482	0.218284	0.227300	0.570600	0.249600	0.258200	0.291000	0.486600
439	广东潮州市潮安区彩塘镇	广东	0.508199	0.302984	0.315500	0.334700	0.416200	0.261800	0.221300	0.435000
440	海南澄迈县大丰镇	海南	0.507979	0.229053	0.238500	0.390300	0.545300	0.258200	0.234400	0.446000
441	浙江嘉善县天凝镇	浙江	0.507890	0.188639	0.196400	0.461800	0.356600	0.267700	0.277400	0.514900
442	福建东山县铜陵镇	福建	0.507886	0.316657	0.329700	0.388500	0.258600	0.228100	0.239600	0.458300
443	河南新密市曲梁镇	河南	0.507427	0.378609	0.394200	0.396100	0.196700	0.249500	0.232300	0.411200
444	湖北大冶市陈贵镇	湖北	0.507423	0.272492	0.283700	0.390100	0.434200	0.251000	0.235700	0.439400
445	江苏常州市天宁区郑陆镇	江苏	0.507269	0.445038	0.463400	0.394200	0.309000	0.184400	0.198500	0.327800

排名	镇名	省份	综合实力	经济发展水平指标	基础设施建设指标	投资吸引潜力指标	社会民生保障指标	人居生态环境指标	科技创新能力指标	区域禀赋条件指标
446	江苏扬州市邗江区槐泗镇	江苏	0.507081	0.284834	0.296600	0.446100	0.140400	0.264900	0.266600	0.496400
447	辽宁辽阳市宏伟区曙光镇	辽宁	0.506748	0.256036	0.266600	0.402100	0.405800	0.256700	0.247900	0.456300
448	江西南昌县莲塘镇	江西	0.506453	0.252527	0.262900	0.412800	0.469000	0.237800	0.236600	0.440900
449	江苏徐州市铜山区利国镇	江苏	0.506230	0.246356	0.256600	0.387600	0.659800	0.256500	0.221300	0.391300
450	河南新郑市郭店镇	河南	0.506134	0.277332	0.288800	0.425400	0.321900	0.260500	0.255600	0.451800
451	浙江湖州市南浔区练市镇	浙江	0.505952	0.279147	0.290700	0.476800	0.119100	0.263800	0.276900	0.495100
452	江苏句容市下蜀镇	江苏	0.505884	0.325248	0.338600	0.293900	0.684300	0.228300	0.186100	0.346300
453	广东中山市板芙镇	广东	0.505550	0.245267	0.255400	0.438500	0.421400	0.237000	0.246800	0.451800
454	安徽东至县尧渡镇	安徽	0.504601	0.298507	0.310900	0.333200	0.365400	0.245700	0.224500	0.451400
455	江苏如皋市石庄镇	江苏	0.504542	0.206426	0.215000	0.464900	0.459500	0.261100	0.263100	0.459500
456	河北霸州市胜芳镇	河北	0.504319	0.237523	0.247300	0.486900	0.383800	0.238400	0.262300	0.450600
457	福建漳州市龙海区港尾镇	福建	0.504293	0.341704	0.355800	0.314800	0.312300	0.226300	0.217300	0.436300
458	广东广州市南沙区黄阁镇	广东	0.504092	0.290642	0.302600	0.415600	0.351600	0.250900	0.243500	0.431900
459	广东广州市番禺区化龙镇	广东	0.503976	0.239459	0.249400	0.423400	0.474200	0.260200	0.246500	0.437300
460	湖北汉川市马口镇	湖北	0.503915	0.151855	0.158100	0.518900	0.410300	0.271600	0.288900	0.504300
461	浙江杭州市萧山区临浦镇	浙江	0.503909	0.195778	0.203800	0.438700	0.457000	0.278500	0.266400	0.473900
462	浙江诸暨市枫桥镇	浙江	0.503857	0.258456	0.269100	0.353700	0.680500	0.276000	0.206000	0.377600
463	云南建水县临安镇	云南	0.503621	0.284834	0.296600	0.385000	0.245900	0.244600	0.248600	0.481200
464	湖北鄂州市华容区庙岭镇	湖北	0.503584	0.244057	0.254200	0.423900	0.481200	0.256600	0.236700	0.432100
465	江苏张家港市大新镇	江苏	0.503556	0.233288	0.242900	0.342100	0.618900	0.254500	0.222500	0.426600
466	江苏常熟市董浜镇	江苏	0.503296	0.291610	0.303700	0.424100	0.117200	0.249000	0.261400	0.500300
467	山东昌邑市下营镇	山东	0.503097	0.240548	0.250500	0.400800	0.497800	0.271900	0.245200	0.431800

排名	镇名	省份	综合实力	经济发展水平指标	基础设施建设指标	投资吸引潜力指标	社会民生保障指标	人居生态环境指标	科技创新能力指标	区域禀赋条件指标
468	福建厦门市翔安区内厝镇	福建	0.502940	0.231715	0.241300	0.446800	0.459900	0.253700	0.246800	0.441300
469	浙江德清县新市镇	浙江	0.502932	0.308066	0.320900	0.337200	0.492000	0.247900	0.210600	0.397900
470	湖北荆州市沙市区锣场镇	湖北	0.502704	0.252043	0.262400	0.378700	0.469600	0.269600	0.232100	0.438900
471	江苏无锡市惠山区阳山镇	江苏	0.502577	0.216953	0.225900	0.503800	0.294200	0.252500	0.273000	0.486600
472	河南汤阴县城关镇	河南	0.502254	0.260150	0.270800	0.553800	0.053200	0.241200	0.293000	0.504600
473	浙江海宁市袁花镇	浙江	0.502012	0.330693	0.344400	0.335900	0.441100	0.234100	0.213500	0.392700
474	江苏常州市武进区前黄镇	江苏	0.501839	0.222882	0.232100	0.351900	0.574900	0.264100	0.229600	0.441400
475	山东胶州市李哥庄镇	山东	0.501784	0.273218	0.284500	0.405400	0.283300	0.257600	0.248400	0.467700
476	江苏江阴市月城镇	江苏	0.501765	0.291610	0.303700	0.341400	0.456700	0.250300	0.220600	0.419600
477	江苏灌南县新安镇	江苏	0.501216	0.248534	0.258800	0.384800	0.504700	0.275500	0.238800	0.423300
478	浙江玉环市清港镇	浙江	0.500933	0.161414	0.168100	0.446700	0.572000	0.281100	0.255900	0.463000
479	山东淄博市淄川区岭子镇	山东	0.500364	0.223608	0.232900	0.414700	0.367500	0.262700	0.254600	0.481100
480	湖北十堰市郧阳区城关镇	湖北	0.499781	0.233772	0.243400	0.377100	0.471900	0.254200	0.238700	0.452200
481	福建安溪县凤城镇	福建	0.499660	0.262207	0.273100	0.507700	0.242700	0.217100	0.269100	0.458700
482	陕西府谷县庙沟门镇	陕西	0.499492	0.253495	0.264000	0.443900	0.203000	0.248500	0.263700	0.495300
483	山东广饶县稻庄镇	山东	0.499432	0.196625	0.204800	0.401600	0.603400	0.291700	0.241900	0.429600
484	浙江泰顺县罗阳镇	浙江	0.499427	0.229053	0.238500	0.383300	0.518300	0.262900	0.238100	0.437400
485	浙江义乌市上溪镇	浙江	0.499214	0.202796	0.211200	0.516800	0.156400	0.262600	0.294800	0.528400
486	江苏东台市梁垛镇	江苏	0.499199	0.280841	0.292400	0.374200	0.428500	0.244900	0.227300	0.423500
487	河北永清县永清镇	河北	0.498930	0.204732	0.213200	0.446000	0.446400	0.264200	0.257800	0.460100
488	浙江德清县乾元镇	浙江	0.498918	0.245872	0.256100	0.327000	0.578800	0.279700	0.222200	0.417500
489	江西新余市渝水区水西镇	江西	0.498805	0.228206	0.237700	0.411600	0.400400	0.247200	0.251900	0.466900
490	江苏常州市金坛区直溪镇	江苏	0.498759	0.306251	0.318900	0.382600	0.285500	0.242000	0.240800	0.439500

排名	镇名	省份	综合实力	经济发展水平指标	基础设施建设指标	投资吸引潜力指标	社会民生保障指标	人居生态环境指标	科技创新能力指标	区域禀赋条件指标
491	广东佛山市三水区南山镇	广东	0.498674	0.201102	0.209400	0.453700	0.375700	0.254600	0.265700	0.484200
492	广东汕头市潮阳区海门镇	广东	0.498517	0.197109	0.205300	0.475300	0.448700	0.257100	0.259400	0.457800
493	江西安福县平都镇	江西	0.498265	0.278421	0.289900	0.332600	0.517400	0.241100	0.215700	0.410900
494	江苏常州市金坛区薛埠镇	江苏	0.498192	0.232804	0.242400	0.435600	0.363000	0.257700	0.249900	0.464200
495	安徽芜湖市繁昌区繁阳镇	安徽	0.498136	0.264627	0.275600	0.407300	0.294100	0.239700	0.249200	0.467600
496	广东广州市南沙区万顷沙镇	广东	0.498123	0.239943	0.249900	0.349300	0.597300	0.270800	0.214200	0.411900
497	湖北云梦县城关镇	湖北	0.498111	0.268499	0.279600	0.362500	0.497500	0.237100	0.224000	0.416600
498	浙江桐乡市乌镇镇	浙江	0.497790	0.239822	0.249700	0.348500	0.666700	0.274300	0.214400	0.388100
499	浙江德清县雷甸镇	浙江	0.497770	0.236797	0.246600	0.367300	0.583000	0.253300	0.219800	0.415500
500	江苏徐州市铜山区柳泉镇	江苏	0.497715	0.181984	0.189600	0.533300	0.275200	0.277300	0.291000	0.499600
501	湖北谷城县城关镇	湖北	0.497685	0.272250	0.283500	0.390100	0.378700	0.250700	0.239500	0.436600
502	广西容县容州铂	广西	0.497433	0.345213	0.359400	0.372700	0.206200	0.232900	0.233200	0.430500
503	江苏南通市通州区川姜镇	江苏	0.496059	0.269951	0.281200	0.356400	0.482600	0.253500	0.223000	0.414700
504	河北任丘市麻家坞镇	河北	0.496055	0.310002	0.322800	0.394400	0.237700	0.262600	0.243000	0.437700
505	安徽芜湖市湾沚区湾沚镇	安徽	0.495994	0.317988	0.331200	0.459000	0.183700	0.245000	0.246500	0.429600
506	内蒙古包头市九原区万水泉镇	内蒙古	0.495924	0.186824	0.194500	0.492200	0.344600	0.276600	0.274500	0.484700
507	河北唐山市丰润区丰润镇	河北	0.495644	0.230868	0.240400	0.393500	0.432600	0.270900	0.245700	0.449500
508	山东阳信县河流镇	山东	0.495460	0.271524	0.282500	0.337700	0.557800	0.255300	0.210800	0.395200
509	河南中牟县白沙镇	河南	0.495419	0.228085	0.237500	0.451500	0.327600	0.260800	0.259100	0.467200
510	安徽颍上县慎城镇	安徽	0.495386	0.218647	0.227700	0.353000	0.662400	0.251900	0.217700	0.407600
511	河南新郑市和庄镇	河南	0.494939	0.271887	0.283100	0.306900	0.592200	0.261000	0.201400	0.393000
512	山东威海市环翠区羊亭镇	山东	0.494904	0.204127	0.212600	0.412100	0.614200	0.256400	0.228200	0.415200

排名	镇名	省份	综合实力	经济发展水平指标	基础设施建设指标	投资吸引潜力指标	社会民生保障指标	人居生态环境指标	科技创新能力指标	区域禀赋条件指标
513	浙江东阳市南马镇	浙江	0.494825	0.348480	0.362900	0.354000	0.378200	0.229200	0.210400	0.376400
514	山东枣庄市薛城区邹坞镇	山东	0.494770	0.263054	0.273900	0.402500	0.421000	0.242800	0.235400	0.424100
515	山东宁津县柴胡店镇	山东	0.494362	0.249865	0.260200	0.366000	0.530800	0.229200	0.219700	0.417500
516	广东中山市南头镇	广东	0.494049	0.311212	0.324000	0.368300	0.520600	0.223200	0.202100	0.363300
517	湖北黄梅县小池镇	湖北	0.493874	0.256641	0.267200	0.446700	0.199400	0.278500	0.264500	0.474800
518	江苏泰州市姜堰区白米镇	江苏	0.493320	0.210540	0.219200	0.372800	0.475400	0.276700	0.239500	0.457400
519	江西南昌市青山湖区湖坊镇	江西	0.493210	0.343761	0.358000	0.388800	0.163200	0.246100	0.233300	0.429500
520	广东珠海市斗门区斗门镇	广东	0.493206	0.188881	0.196700	0.538600	0.225400	0.270900	0.289900	0.499400
521	江苏无锡市锡山区鹅湖镇	江苏	0.493085	0.282656	0.294300	0.317600	0.645900	0.251600	0.197300	0.360000
522	福建福州市晋安区岳峰镇	福建	0.492416	0.157784	0.164300	0.474300	0.434400	0.265500	0.271300	0.485000
523	江苏邳州市碾庄镇	江苏	0.492268	0.250954	0.261300	0.369800	0.350800	0.256000	0.237400	0.461300
524	江苏宜兴市徐舍镇	江苏	0.492255	0.315568	0.328600	0.414900	0.153800	0.238400	0.247700	0.448900
525	江苏溧阳市竹箦镇	江苏	0.492116	0.199408	0.207700	0.437900	0.436500	0.262200	0.253700	0.458000
526	浙江绍兴市柯桥区夏履镇	浙江	0.491807	0.250954	0.261300	0.361300	0.602500	0.242900	0.211600	0.388000
527	江苏盐城市盐都区龙冈镇	江苏	0.491467	0.222277	0.231500	0.418100	0.438900	0.262700	0.243300	0.441400
528	安徽芜湖市繁昌区新港镇	安徽	0.491448	0.220341	0.229400	0.353100	0.516300	0.264900	0.229300	0.440800
529	江苏扬州市江都区丁伙镇	江苏	0.491316	0.251438	0.261800	0.392100	0.297900	0.255800	0.248800	0.466900
530	江苏常州市新北区西夏墅镇	江苏	0.491225	0.337227	0.351200	0.328400	0.334000	0.221000	0.208000	0.404600
531	安徽天长市铜城镇	安徽	0.490968	0.202917	0.211300	0.477500	0.218400	0.252100	0.277500	0.508400
532	山东临沂市兰山区半程镇	山东	0.490872	0.290400	0.302400	0.345000	0.428000	0.233600	0.217600	0.409900
533	河南沁阳市西向镇	河南	0.490595	0.262328	0.273200	0.400400	0.364200	0.247700	0.234800	0.434500

排名	镇名	省份	综合实力	经济发展水平指标	基础设施建设指标	投资吸引潜力指标	社会民生保障指标	人居生态环境指标	科技创新能力指标	区域禀赋条件指标
534	浙江宁波市镇海区潮浦镇	浙江	0.490402	0.198682	0.206900	0.469200	0.297800	0.247100	0.267000	0.491000
535	湖南宁乡市夏铎铺镇	湖南	0.490230	0.233409	0.243100	0.361700	0.492800	0.240100	0.227000	0.435400
536	福建南安市官桥镇	福建	0.490117	0.242121	0.252100	0.351600	0.576300	0.262400	0.218400	0.399800
537	广东鹤山市共和镇	广东	0.490095	0.276727	0.288100	0.346700	0.550800	0.228600	0.205800	0.384300
538	江西高安市八景镇	江西	0.490093	0.269588	0.280700	0.402900	0.285800	0.257700	0.241900	0.447900
539	广东惠州市惠城区沥林镇	广东	0.489868	0.234014	0.243700	0.427000	0.477000	0.246400	0.243100	0.414200
540	浙江杭州市萧山区党湾镇	浙江	0.489797	0.229174	0.238600	0.375600	0.476600	0.278200	0.234600	0.430900
541	安徽阜南县鹿城镇	安徽	0.489446	0.271282	0.282400	0.355700	0.419200	0.244400	0.222900	0.422300
542	浙江桐乡市濮院镇	浙江	0.489339	0.253374	0.263900	0.374300	0.510600	0.249600	0.225400	0.402400
543	浙江临海市上盘镇	浙江	0.489234	0.351263	0.365800	0.338000	0.390300	0.240700	0.201600	0.362500
544	安徽怀远县榴城镇	安徽	0.489198	0.283987	0.295800	0.383300	0.550800	0.241200	0.207800	0.360800
545	陕西富平县庄里镇	陕西	0.489175	0.305041	0.317700	0.380700	0.499700	0.248000	0.212200	0.355300
546	浙江余姚市陆埠镇	浙江	0.488979	0.186098	0.193800	0.427000	0.406800	0.256500	0.258100	0.478000
547	山东宁阳县磁窑镇	山东	0.488653	0.201828	0.210200	0.476500	0.461400	0.274300	0.255400	0.425300
548	江苏江阴市长泾镇	江苏	0.488496	0.269588	0.280700	0.377600	0.539700	0.259900	0.215000	0.374100
549	浙江平阳县水头镇	浙江	0.488472	0.314721	0.327700	0.362200	0.398300	0.247200	0.216900	0.382600
550	江西万年县陈营镇	江西	0.488343	0.255189	0.265800	0.366900	0.432100	0.249000	0.234500	0.424900
551	浙江合州市路桥区横街镇	浙江	0.488305	0.203038	0.211500	0.419200	0.451500	0.269200	0.248700	0.447000
552	江苏如皋市丁堰镇	江苏	0.488158	0.210056	0.218800	0.428700	0.505200	0.279200	0.241200	0.418600
553	浙江江山市贺村镇	浙江	0.488038	0.191543	0.199400	0.466300	0.388700	0.262100	0.258700	0.463000
554	江苏丰县欢口镇	江苏	0.487979	0.220341	0.229400	0.387100	0.620100	0.241100	0.220200	0.395000
555	浙江玉环市芦浦镇	浙江	0.487893	0.206184	0.214600	0.339300	0.567800	0.271400	0.225700	0.434300
556	福建华安县丰山镇	福建	0.487833	0.203038	0.211500	0.403400	0.381200	0.263500	0.255000	0.473900
557	江苏邳州市铁富镇	江苏	0.487787	0.290279	0.302300	0.351600	0.542000	0.244900	0.200800	0.365200
558	河南新郑市辛店镇	河南	0.487350	0.167706	0.174600	0.486600	0.385800	0.241000	0.265400	0.482400
559	湖北枝江市董市镇	湖北	0.487308	0.272492	0.283700	0.425400	0.243600	0.207200	0.244900	0.454900
560	山东博兴县店子镇	山东	0.487274	0.232199	0.241800	0.377700	0.462300	0.255200	0.231400	0.431600

排名	镇名	省份	综合实力	经济发展水平指标	基础设施建设指标	投资吸引潜力指标	社会民生保障指标	人居生态环境指标	科技创新能力指标	区域禀赋条件指标
561	山东枣庄市市中区西王庄镇	山东	0.487251	0.268136	0.279300	0.338000	0.502400	0.238600	0.216300	0.401400
562	安徽太湖县晋熙镇	安徽	0.487218	0.254705	0.265300	0.369600	0.430400	0.247500	0.229500	0.424000
563	江苏高邮市送桥镇	江苏	0.487162	0.364936	0.380100	0.201300	0.437300	0.236800	0.181100	0.377100
564	湖北钟祥市双河镇	湖北	0.486902	0.157905	0.164500	0.511100	0.399300	0.250400	0.269800	0.476300
565	河北迁西县兴城镇	河北	0.486837	0.240790	0.250700	0.381500	0.304800	0.265500	0.246100	0.467800
566	广东广州市增城区中新镇	广东	0.486736	0.174119	0.181300	0.556800	0.239300	0.267200	0.291400	0.490500
567	福建云霄县云陵镇	福建	0.486717	0.327426	0.341000	0.263800	0.372500	0.224500	0.198000	0.413900
568	山东嘉祥县疃里镇	山东	0.486561	0.283140	0.294800	0.334100	0.418800	0.260500	0.218500	0.409200
569	福建闽侯县荆溪镇	福建	0.486275	0.264627	0.275600	0.355500	0.447400	0.256700	0.227500	0.409700
570	江苏沛县敬安镇	江苏	0.486238	0.268499	0.279600	0.445800	0.282000	0.263900	0.247700	0.426200
571	安徽和县乌江镇	安徽	0.486097	0.234014	0.243700	0.379000	0.692200	0.248600	0.203700	0.358200
572	安徽芜湖市湾沚区六郎镇	安徽	0.486089	0.266079	0.277000	0.329400	0.678700	0.256600	0.195100	0.346700
573	河北石家庄市鹿泉区铜冶镇	河北	0.486069	0.231473	0.241000	0.398100	0.425600	0.256300	0.235900	0.434300
574	浙江余姚市小曹娥镇	浙江	0.486015	0.239338	0.249300	0.329300	0.581500	0.264500	0.215900	0.399300
575	安徽无为市泥汊镇	安徽	0.485951	0.263175	0.274000	0.369900	0.640900	0.246100	0.204100	0.349100
576	安徽亳州市谯城区十八里镇	安徽	0.485621	0.226270	0.235600	0.426900	0.301800	0.259200	0.254500	0.465800
577	江苏南通市通州区三余镇	江苏	0.485561	0.262207	0.273100	0.387000	0.344900	0.234100	0.234000	0.437300
578	福建厦门市集美区后溪镇	福建	0.485379	0.223487	0.232700	0.391000	0.464100	0.274600	0.238800	0.426300
579	江苏泰州市高港区永安洲镇	江苏	0.484496	0.271887	0.283100	0.352600	0.498600	0.225200	0.210800	0.392200
580	福建晋江市金井镇	福建	0.484416	0.279873	0.291500	0.348800	0.474900	0.245800	0.216000	0.388100
581	福建福州市晋安区鼓山镇	福建	0.483811	0.288706	0.300700	0.453900	0.121900	0.237300	0.256600	0.454300
582	广东惠州市惠城区横沥镇	广东	0.483750	0.222277	0.231500	0.386500	0.427700	0.245000	0.234500	0.443900

排名	镇名	省份	综合实力	经济发展水平指标	基础设施建设指标	投资吸引潜力指标	社会民生保障指标	人居生态环境指标	科技创新能力指标	区域禀赋条件指标
583	江苏徐州市铜山区汉王镇	江苏	0.483745	0.259303	0.270100	0.397500	0.424800	0.227300	0.224900	0.409900
584	山东新泰市西张庄镇	山东	0.483680	0.175208	0.182400	0.392900	0.473500	0.276800	0.247400	0.464800
585	江苏盐城市大丰区西团镇	江苏	0.483536	0.210419	0.219100	0.439100	0.362800	0.247300	0.254500	0.455500
586	河南巩义市大峪沟镇	河南	0.483299	0.223245	0.232400	0.422200	0.368400	0.249500	0.245400	0.447200
587	江苏盐城市大丰区新丰镇	江苏	0.483291	0.260876	0.271600	0.404000	0.143700	0.257400	0.257800	0.485400
588	江苏扬州市江都区武坚镇	江苏	0.482734	0.267894	0.278900	0.361800	0.387600	0.274300	0.231200	0.412600
589	江苏沛县安国镇	江苏	0.482699	0.265837	0.276900	0.449400	0.268400	0.228600	0.246600	0.431600
590	河北任丘市石门桥镇	河北	0.482612	0.259303	0.270100	0.453400	0.234300	0.265200	0.255000	0.439200
591	江西南昌市新建区望城镇	江西	0.482509	0.230989	0.240500	0.398500	0.313800	0.260600	0.246600	0.460900
592	江苏南京市溧水区白马镇	江苏	0.482499	0.224576	0.233900	0.440100	0.315600	0.266300	0.254100	0.450900
593	江苏镇江市京口区丁岗镇	江苏	0.482481	0.266321	0.277400	0.372100	0.367100	0.231500	0.229600	0.425500
594	安徽长丰县水湖镇	安徽	0.482467	0.254100	0.264700	0.352300	0.411700	0.242300	0.223800	0.428300
595	福建晋江市磁灶镇	福建	0.482156	0.297902	0.310200	0.312400	0.624800	0.237400	0.190200	0.334500
596	安徽含山县林头镇	安徽	0.482104	0.373406	0.388800	0.315800	0.225300	0.229300	0.204000	0.388400
597	河南巩义市站街镇	河南	0.482016	0.246477	0.256700	0.376700	0.466700	0.221000	0.219400	0.414100
598	江苏常州市武进区洛阳镇	江苏	0.481852	0.290037	0.392000	0.438800	0.348100	0.231200	0.215900	0.350800
599	浙江嘉善县西塘镇	浙江	0.481559	0.287738	0.299600	0.350100	0.479800	0.208300	0.200600	0.382500
600	广东清远市清城区石角镇	广东	0.481334	0.157542	0.164000	0.450900	0.445200	0.262800	0.260500	0.468400
601	浙江平湖市新埭镇	浙江	0.481189	0.243936	0.254000	0.349400	0.608500	0.242100	0.207600	0.375300
602	河北迁西县三屯营镇	河北	0.481138	0.294393	0.306600	0.369500	0.150500	0.250600	0.239900	0.461100
603	福建晋江市东石镇	福建	0.480831	0.249744	0.260000	0.350000	0.740000	0.241000	0.190800	0.329000
604	安徽黄山市徽州区岩寺镇	安徽	0.480608	0.283261	0.295000	0.438700	0.179100	0.235700	0.246000	0.441400

排名	镇名	省份	综合实力	经济发展水平指标	基础设施建设指标	投资吸引潜力指标	社会民生保障指标	人居生态环境指标	科技创新能力指标	区域禀赋条件指标
605	河南林州市姚村镇	河南	0.480501	0.172304	0.179400	0.411900	0.498200	0.277200	0.246800	0.446900
606	浙江杭州市萧山区所前镇	浙江	0.480499	0.228569	0.238000	0.423500	0.287600	0.246400	0.251900	0.461400
607	山东曲阜市防山镇	山东	0.480208	0.152944	0.159200	0.485700	0.442400	0.268600	0.269600	0.457600
608	海南陵水县椰林镇	海南	0.479663	0.199408	0.207700	0.412000	0.346500	0.243500	0.249300	0.473900
609	广西玉林市玉州区茂林镇	广西	0.479659	0.238007	0.247800	0.555600	0.426500	0.320900	0.335600	0.332000
610	河南汤阴县白营镇	河南	0.479117	0.318956	0.332100	0.352600	0.271000	0.241800	0.214600	0.405000
611	安徽和县石杨镇	安徽	0.478739	0.233288	0.242900	0.376500	0.439900	0.247000	0.232000	0.421700
612	江苏泰州市海陵区九龙镇	江苏	0.478699	0.260150	0.270800	0.367300	0.424000	0.242400	0.221500	0.406100
613	江西永丰县恩江镇	江西	0.478689	0.260150	0.270800	0.314900	0.637800	0.259600	0.198700	0.353700
614	江苏高邮市卸甲镇	江苏	0.478488	0.181742	0.189200	0.449800	0.434100	0.252800	0.253900	0.445800
615	辽宁海城市西柳镇	辽宁	0.477730	0.232804	0.242400	0.557500	0.214700	0.240400	0.268100	0.430900
616	江苏沛县龙固镇	江苏	0.477525	0.230868	0.240400	0.372100	0.486500	0.235100	0.223400	0.411600
617	广东博罗县杨侨镇	广东	0.477424	0.298628	0.311000	0.344600	0.239200	0.234500	0.223700	0.434100
618	山东泰安市岱岳区满庄镇	山东	0.477292	0.248534	0.258800	0.316600	0.477600	0.240400	0.211500	0.415400
619	江苏南通市海门区三星镇	江苏	0.477280	0.166738	0.173700	0.450900	0.554500	0.254800	0.245000	0.419400
620	浙江玉环市龙溪镇	浙江	0.477022	0.133100	0.138600	0.510200	0.258700	0.271200	0.291800	0.518200
621	安徽长丰县岗集镇	安徽	0.476969	0.188639	0.196400	0.391600	0.419500	0.267000	0.244000	0.458000
622	云南麻栗坡县麻栗镇	云南	0.476968	0.240306	0.250200	0.396800	0.440700	0.248900	0.223400	0.405700
623	江苏常州市金坛区指前镇	江苏	0.476966	0.252285	0.262700	0.315100	0.569700	0.256300	0.204000	0.379700
624	浙江台州市路桥区新桥镇	浙江	0.476720	0.160809	0.167500	0.451100	0.361500	0.271800	0.265500	0.480100
625	广东博罗县园洲镇	广东	0.476694	0.189486	0.197300	0.414000	0.487900	0.247200	0.236500	0.432300
626	辽宁海城市英落镇	辽宁	0.476625	0.252769	0.263200	0.363500	0.348800	0.263700	0.231800	0.428800
627	江苏灌云县燕尾港镇	江苏	0.476625	0.224576	0.233900	0.371800	0.603200	0.243800	0.212600	0.378200
628	江苏如皋市搬经镇	江苏	0.476319	0.237402	0.247200	0.348100	0.477700	0.234900	0.218800	0.414000

排名	镇名	省份	综合实力	经济发展水平指标	基础设施建设指标	投资吸引潜力指标	社会民生保障指标	人居生态环境指标	科技创新能力指标	区域禀赋条件指标
629	内蒙古鄂尔多斯市东胜区罕台镇	内蒙古	0.476262	0.169037	0.176100	0.435500	0.476400	0.265000	0.251200	0.442300
630	湖北鄂州市华容区华容镇	湖北	0.476231	0.210056	0.218800	0.421900	0.407900	0.245000	0.239400	0.434500
631	江西余干县黄金埠镇	江西	0.476046	0.262570	0.273400	0.400200	0.457700	0.250600	0.217300	0.375900
632	浙江湖州市南浔区和孚镇	浙江	0.475914	0.200134	0.208500	0.390500	0.288000	0.276100	0.255100	0.483900
633	浙江宁波市鄞州区咸祥镇	浙江	0.475816	0.203885	0.212300	0.440500	0.372900	0.241200	0.245500	0.444900
634	广东汕头市潮阳区谷饶镇	广东	0.475629	0.257972	0.268600	0.418600	0.280200	0.240100	0.241600	0.429200
635	山东荣成市港西镇	山东	0.475415	0.306130	0.318800	0.358600	0.240500	0.237000	0.225700	0.416700
636	江苏常州市新北区孟河镇	江苏	0.475314	0.303226	0.315800	0.358700	0.318200	0.216300	0.217400	0.399400
637	福建德化县龙浔镇	福建	0.475163	0.208846	0.217500	0.369200	0.507500	0.265900	0.228500	0.415600
638	河南巩义市米河镇	河南	0.475041	0.187066	0.194800	0.358100	0.643100	0.264500	0.216000	0.398700
639	江苏丹阳市司徒镇	江苏	0.474906	0.257972	0.268600	0.415200	0.373500	0.221300	0.230500	0.403900
640	广东江门市新会区崖门镇	广东	0.474825	0.228569	0.238000	0.460200	0.207600	0.242600	0.260100	0.463200
641	浙江慈溪市道林镇	浙江	0.473977	0.204490	0.212900	0.434000	0.476200	0.263100	0.239500	0.405600
642	福建厦门市集美区灌口镇	福建	0.473734	0.236918	0.246700	0.388900	0.328200	0.256900	0.243100	0.436200
643	江苏建湖县上冈镇	江苏	0.473676	0.243573	0.253700	0.373800	0.329900	0.251500	0.238500	0.435600
644	河南修武县七贤镇	河南	0.473270	0.189365	0.197200	0.415300	0.503100	0.254800	0.235700	0.418500
645	四川绵阳市涪城区永兴镇	四川	0.472863	0.155848	0.162300	0.401100	0.528100	0.288500	0.248000	0.438300
646	江苏宜兴市杨巷镇	江苏	0.472687	0.271887	0.283100	0.364100	0.302200	0.257300	0.228600	0.418500
647	河北迁安市野鸡坨镇	河北	0.472299	0.163471	0.170200	0.463400	0.363700	0.256000	0.263300	0.467000
648	江苏丰县赵庄镇	江苏	0.472207	0.238007	0.247800	0.339900	0.638900	0.243500	0.198600	0.356800
649	内蒙古乌审旗乌审召镇	内蒙古	0.472050	0.244662	0.254800	0.412000	0.491300	0.236800	0.217200	0.373100
650	浙江余姚市黄家埠镇	浙江	0.471961	0.218284	0.227300	0.343600	0.487300	0.252800	0.221000	0.418200

排名	镇名	省份	综合实力	经济发展水平指标	基础设施建设指标	投资吸引潜力指标	社会民生保障指标	人居生态环境指标	科技创新能力指标	区域禀赋条件指标
651	浙江嘉善县大云镇	浙江	0.471806	0.230263	0.239700	0.374400	0.424800	0.232600	0.222800	0.420300
652	安徽五河县城关镇	安徽	0.471716	0.215985	0.225000	0.395400	0.352800	0.255000	0.243100	0.442900
653	江苏扬中市八桥镇	江苏	0.471585	0.279026	0.290500	0.384300	0.388900	0.227700	0.219000	0.381800
654	陕西府谷县三道沟镇	陕西	0.471499	0.178354	0.185700	0.455200	0.402900	0.254000	0.255500	0.442200
655	浙江慈溪市崇寿镇	浙江	0.471490	0.171941	0.179100	0.386900	0.481600	0.272600	0.239000	0.444000
656	山东寿光市台头镇	山东	0.471462	0.233530	0.243200	0.390000	0.425400	0.249600	0.228000	0.406900
657	浙江象山县石浦镇	浙江	0.471204	0.290642	0.302600	0.240400	0.612200	0.240100	0.172600	0.348500
658	湖北大冶市灵乡镇	湖北	0.471176	0.224697	0.234000	0.399500	0.571600	0.228900	0.214900	0.370600
659	江西萍乡市安源区安源镇	江西	0.471141	0.208604	0.217200	0.411200	0.407700	0.255000	0.242300	0.426200
660	江苏宜兴市万石镇	江苏	0.471124	0.268378	0.279400	0.463900	0.274300	0.201800	0.238600	0.404900
661	江苏东台市时堰镇	江苏	0.471109	0.252527	0.262900	0.399200	0.367700	0.240600	0.225500	0.405600
662	山东荣成市成山镇	山东	0.470870	0.229779	0.239300	0.396600	0.425500	0.234200	0.226400	0.410500
663	广东佛山市三水区芦苞镇	广东	0.470800	0.220462	0.229600	0.342900	0.449600	0.252800	0.221400	0.426100
664	浙江义乌市苏溪镇	浙江	0.470554	0.367114	0.382300	0.254900	0.196400	0.240000	0.198200	0.398100
665	山东泗水县金庄镇	山东	0.470359	0.361427	0.376400	0.254400	0.400300	0.219800	0.173000	0.345400
666	广东珠海市斗门区井岸镇	广东	0.470240	0.332508	0.346300	0.356700	0.443600	0.212300	0.188700	0.325600
667	浙江长兴县泗安镇	浙江	0.469507	0.234619	0.244300	0.350700	0.439500	0.224700	0.214600	0.416900
668	河南巩义市北山口镇	河南	0.469434	0.245509	0.255600	0.376800	0.339300	0.226400	0.225600	0.428100
669	浙江海宁市斜桥镇	浙江	0.469029	0.173151	0.180400	0.389900	0.466900	0.257700	0.239000	0.444300
670	河南宜阳县香鹿山镇	河南	0.468984	0.257851	0.268500	0.348500	0.393100	0.229100	0.215300	0.407700
671	福建德化县浔中镇	福建	0.468963	0.245872	0.256100	0.369700	0.471400	0.206900	0.208400	0.392700
672	浙江嵊州市甘霖镇	浙江	0.468782	0.261118	0.272000	0.374700	0.333200	0.228300	0.226000	0.413400
673	河南荥阳市贾峪镇	河南	0.468609	0.255552	0.266100	0.344100	0.445200	0.233500	0.206500	0.394400
674	山东高密市夏庄镇	山东	0.468490	0.234377	0.244000	0.389500	0.469300	0.249100	0.222300	0.386800
675	江苏泰州市姜堰区张甸镇	江苏	0.468313	0.243331	0.253400	0.366800	0.539500	0.238600	0.207900	0.366500
676	山东莱州市金城镇	山东	0.468215	0.244420	0.254500	0.353500	0.572000	0.248600	0.196700	0.359100
677	浙江临海市汛桥镇	浙江	0.468041	0.171215	0.178300	0.361100	0.488500	0.256200	0.230800	0.448100

排名	镇名	省份	综合实力	经济发展水平指标	基础设施建设指标	投资吸引潜力指标	社会民生保障指标	人居生态环境指标	科技创新能力指标	区域禀赋条件指标
678	浙江温岭市松门镇	浙江	0.467889	0.232562	0.242100	0.397200	0.279100	0.240400	0.240900	0.445300
679	广东广州市南沙区横沥镇	广东	0.467876	0.227964	0.237300	0.347700	0.523900	0.242500	0.208800	0.391100
680	江苏常州市金坛区朱林镇	江苏	0.467670	0.341825	0.355900	0.274500	0.301000	0.204600	0.192800	0.384400
681	福建漳州市龙海区颜厝镇	福建	0.467399	0.245630	0.255800	0.413400	0.367300	0.213900	0.226000	0.405200
682	江苏海安市大公镇	江苏	0.467345	0.225665	0.235000	0.402100	0.356600	0.241900	0.234300	0.425000
683	广东佛山市三水区白坭镇	广东	0.467316	0.211145	0.219900	0.331900	0.584600	0.265600	0.210900	0.386800
684	河北泊头市泊镇	河北	0.467119	0.243331	0.253400	0.361900	0.451900	0.235000	0.215800	0.393400
685	浙江玉环市沙门镇	浙江	0.467086	0.229779	0.239300	0.348000	0.496600	0.243000	0.212600	0.395600
686	江西南昌市新建区樵舍镇	江西	0.467021	0.258214	0.268900	0.385500	0.312200	0.233800	0.229700	0.414300
687	浙江宁波市海曙区鄞江镇	浙江	0.466676	0.205942	0.214500	0.405900	0.356700	0.253600	0.244700	0.437600
688	江苏东台市漆东镇	江苏	0.466144	0.220583	0.229700	0.380700	0.552900	0.233600	0.212700	0.375700
689	广西桂林市临桂区临桂镇	广西	0.466004	0.249139	0.259400	0.375800	0.437800	0.234100	0.216900	0.385500
690	浙江舟山市定海区金塘镇	浙江	0.465896	0.159478	0.166100	0.378400	0.647900	0.264200	0.221700	0.397700
691	安徽金寨县梅山镇	安徽	0.465674	0.265595	0.276600	0.390200	0.205700	0.233300	0.234300	0.436800
692	江苏扬州市江都区宜陵镇	江苏	0.465598	0.242605	0.252600	0.322400	0.480100	0.246700	0.206400	0.393800
693	江苏徐州市铜山区柳新镇	江苏	0.465127	0.169400	0.176400	0.383100	0.489500	0.266700	0.233900	0.434000
694	江苏宜兴市张渚镇	江苏	0.464932	0.193358	0.201300	0.356000	0.617700	0.240300	0.209300	0.386100
695	河北石家庄市栾城区栾城镇	河北	0.464892	0.263780	0.274700	0.342200	0.512300	0.221400	0.200700	0.360400
696	安徽芜湖市繁昌区荻港镇	安徽	0.464630	0.318472	0.331600	0.299700	0.325500	0.223800	0.197300	0.380600
697	山东沂南县大庄镇	山东	0.464445	0.214533	0.223400	0.346400	0.431400	0.256900	0.225800	0.421800

排名	镇名	省份	综合实力	经济发展水平指标	基础设施建设指标	投资吸引潜力指标	社会民生保障指标	人居生态环境指标	科技创新能力指标	区域禀赋条件指标
698	广东珠海市斗门区白蕉镇	广东	0.463627	0.217679	0.226700	0.370000	0.440100	0.237400	0.223500	0.410800
699	江苏溧阳市南渡镇	江苏	0.463620	0.252527	0.262900	0.342700	0.515400	0.223400	0.202500	0.367000
700	江苏如皋市东陈镇	江苏	0.463487	0.260755	0.271500	0.312700	0.429800	0.240800	0.208600	0.391600
701	浙江临海市东塍镇	浙江	0.463373	0.207636	0.216200	0.401800	0.311000	0.261000	0.242100	0.444400
702	江苏睢宁县风山镇	江苏	0.463233	0.207757	0.216400	0.378400	0.409600	0.251300	0.233100	0.422600
703	山东平度市新河镇	山东	0.463208	0.244420	0.254500	0.378400	0.318800	0.240000	0.224500	0.419900
704	浙江桐乡市石门镇	浙江	0.462888	0.201707	0.210000	0.437100	0.183000	0.244800	0.256800	0.480300
705	浙江杭州市萧山区益农镇	浙江	0.462200	0.288464	0.300400	0.330600	0.290500	0.219600	0.210600	0.405100
706	江苏南通市通州区石港镇	江苏	0.462182	0.241516	0.251500	0.411500	0.206000	0.244100	0.241100	0.443100
707	浙江永康市龙山镇	浙江	0.462123	0.189486	0.197300	0.429000	0.248000	0.269700	0.255700	0.467500
708	江苏睢宁县沙集镇	江苏	0.462094	0.192753	0.200700	0.349200	0.460800	0.260700	0.223300	0.427700
709	内蒙古准格尔旗沙圪堵镇	内蒙古	0.462086	0.268136	0.279300	0.362400	0.339400	0.251600	0.219200	0.391100
710	江苏建湖县庆丰镇	江苏	0.462063	0.139634	0.145400	0.439200	0.426600	0.266700	0.255800	0.455500
711	浙江长兴县洪桥镇	浙江	0.461970	0.264506	0.275700	0.366200	0.082600	0.243200	0.239900	0.475100
712	浙江永康市古山镇	浙江	0.461800	0.220341	0.229400	0.366600	0.500700	0.250400	0.216200	0.384500
713	江苏高邮市临泽镇	江苏	0.461709	0.208604	0.217200	0.409500	0.407700	0.244500	0.232500	0.410800
714	安徽濉溪县濉溪镇	安徽	0.461491	0.252890	0.263400	0.358800	0.302800	0.249800	0.223600	0.417600
715	浙江宁波市镇海区九龙湖镇	浙江	0.461367	0.235224	0.245000	0.397200	0.379900	0.225500	0.222800	0.402200
716	浙江温岭市箬横镇	浙江	0.461226	0.223003	0.232300	0.337600	0.378400	0.252900	0.220900	0.428500
717	江西永丰县藤田镇	江西	0.461143	0.239096	0.248900	0.422400	0.274700	0.242100	0.235200	0.418900
718	江苏海安市角斜镇	江苏	0.461093	0.249381	0.259700	0.398900	0.177900	0.222100	0.238000	0.451000
719	江苏射阳县临海镇	江苏	0.461001	0.205700	0.214200	0.398000	0.317500	0.239000	0.233900	0.446200
720	江苏常州市新北区奔牛镇	江苏	0.460810	0.214170	0.223100	0.345800	0.560300	0.247100	0.209200	0.377500
721	福建福州市仓山区盖山镇	福建	0.460644	0.341825	0.355900	0.269600	0.376700	0.197700	0.177200	0.350700
722	江苏启东市南阳镇	江苏	0.460622	0.210298	0.218900	0.378300	0.267000	0.249300	0.239500	0.460600

排名	镇名	省份	综合实力	经济发展水平指标	基础设施建设指标	投资吸引潜力指标	社会民生保障指标	人居生态环境指标	科技创新能力指标	区域禀赋条件指标
723	江西玉山县岩瑞镇	江西	0.460565	0.262086	0.272900	0.418600	0.241700	0.207900	0.230600	0.414300
724	河南长葛市和尚桥镇	河南	0.460455	0.224939	0.234200	0.375400	0.443000	0.242100	0.223400	0.393400
725	江苏启东市北新镇	江苏	0.460247	0.213928	0.222700	0.400300	0.269800	0.240200	0.243300	0.449300
726	河南安阳县白璧镇	河南	0.459937	0.205700	0.214200	0.348000	0.513600	0.239100	0.210500	0.400000
727	浙江余姚市丈亭镇	浙江	0.459468	0.230989	0.240500	0.364200	0.415200	0.255900	0.224200	0.395200
728	山东曲阜市陵城镇	山东	0.458941	0.273944	0.285300	0.272400	0.591700	0.237200	0.179800	0.334900
729	山东枣庄市薛城区陶庄镇	山东	0.458887	0.297176	0.309400	0.270300	0.378700	0.248100	0.193900	0.377500
730	浙江绍兴市柯桥区平水镇	浙江	0.458800	0.232925	0.242600	0.357600	0.504000	0.237500	0.202500	0.372600
731	江西九江市濂溪区莲花镇	江西	0.458566	0.337832	0.351800	0.332700	0.062600	0.209600	0.220300	0.422600
732	广东广州市花都区炭步镇	广东	0.458516	0.214049	0.222900	0.367600	0.531500	0.252200	0.212800	0.373700
733	辽宁本溪县高官镇	辽宁	0.458460	0.227722	0.237200	0.368100	0.370000	0.245000	0.223000	0.412200
734	江苏南京市溧水区晶桥镇	江苏	0.458450	0.232683	0.242300	0.362300	0.412400	0.246100	0.220400	0.395500
735	内蒙古伊金霍洛旗札萨克镇	内蒙古	0.458265	0.178475	0.185900	0.361600	0.486200	0.270800	0.229200	0.418400
736	山东平阴县孔村镇	山东	0.458114	0.191664	0.199600	0.454600	0.352100	0.235800	0.244400	0.423300
737	河南济源市承留镇	河南	0.457819	0.192269	0.200200	0.372500	0.530200	0.245300	0.214000	0.393800
738	江苏丹阳市访仙镇	江苏	0.457814	0.288706	0.300700	0.349700	0.169800	0.234000	0.226400	0.423300
739	广东江门市蓬江区杜阮镇	广东	0.457268	0.197835	0.206100	0.384300	0.505200	0.237900	0.217800	0.392200
740	浙江慈溪市胜山镇	浙江	0.457223	0.189970	0.197800	0.397500	0.496700	0.258000	0.223600	0.393600
741	河北石家庄市藁城区廉州镇	河北	0.457003	0.221188	0.230400	0.353700	0.303100	0.240400	0.223500	0.442900
742	浙江海宁市黄湾镇	浙江	0.456966	0.255431	0.265900	0.352600	0.267800	0.253400	0.227900	0.417500
743	海南儋州市那大镇	海南	0.456741	0.153186	0.159600	0.430200	0.437300	0.270700	0.247600	0.431000
744	浙江海宁市丁桥镇	浙江	0.456549	0.180653	0.188100	0.437300	0.314200	0.249500	0.251600	0.444800
745	浙江嵊州市黄泽镇	浙江	0.456534	0.156453	0.162900	0.462400	0.205100	0.261100	0.268000	0.491200

排名	镇名	省份	综合实力	经济发展水平指标	基础设施建设指标	投资吸引潜力指标	社会民生保障指标	人居生态环境指标	科技创新能力指标	区域禀赋条件指标
746	江苏常州市金坛区儒林镇	江苏	0.456504	0.233772	0.243400	0.376300	0.387700	0.226000	0.220100	0.397900
747	浙江平阳县萧江镇	浙江	0.456458	0.224092	0.233400	0.359300	0.420600	0.248500	0.220400	0.397600
748	河北保定市徐水区安肃镇	河北	0.456210	0.183557	0.191100	0.429800	0.410400	0.250300	0.239300	0.414300
749	浙江义乌市义亭镇	浙江	0.455374	0.168190	0.175100	0.369000	0.446300	0.291700	0.236900	0.427800
750	山东淄博市张店区南定镇	山东	0.455337	0.227601	0.237000	0.427900	0.226500	0.236300	0.243300	0.431600
751	浙江宁波市鄞州区瞻岐镇	浙江	0.455054	0.145805	0.151800	0.485500	0.310600	0.248400	0.263100	0.460100
752	浙江诸暨市牌头镇	浙江	0.454841	0.238612	0.248500	0.333400	0.327200	0.238400	0.220700	0.420500
753	江苏苏州市吴中区东山镇	江苏	0.454646	0.296208	0.308500	0.363100	0.330600	0.221300	0.202200	0.359400
754	辽宁营口市鲅鱼圈区熊岳镇	辽宁	0.454640	0.285681	0.297500	0.368100	0.225700	0.249700	0.221800	0.393400
755	浙江武义县桐琴镇	浙江	0.454466	0.158994	0.165600	0.428200	0.419000	0.252400	0.240500	0.432000
756	江苏南通市海门区四甲镇	江苏	0.453985	0.225181	0.234500	0.356800	0.390200	0.237200	0.217600	0.404800
757	四川巴中市巴州区清江镇	四川	0.453922	0.241516	0.251500	0.341900	0.445300	0.229900	0.206400	0.378700
758	浙江慈溪市桥头镇	浙江	0.453902	0.247808	0.258000	0.376300	0.296500	0.233400	0.221300	0.406800
759	浙江宁波市鄞州区塘溪镇	浙江	0.453808	0.225665	0.235000	0.350900	0.405200	0.232900	0.215100	0.402200
760	江苏南京市高淳区砖墙镇	江苏	0.453650	0.194205	0.202300	0.404500	0.430000	0.244400	0.230100	0.402800
761	浙江海盐县通元镇	浙江	0.453321	0.175934	0.183200	0.421200	0.317600	0.254100	0.247900	0.446500
762	江苏仪征市陈集镇	江苏	0.453304	0.204127	0.212600	0.399000	0.417300	0.229400	0.223100	0.402400
763	广东四会市大沙镇	广东	0.453273	0.181137	0.188600	0.412600	0.364500	0.250000	0.238600	0.431200
764	浙江绍兴市上虞区盖北镇	浙江	0.453200	0.164197	0.171000	0.442900	0.244800	0.282400	0.263700	0.466400
765	浙江杭州市余杭区径山镇	浙江	0.453070	0.260271	0.271000	0.359500	0.286500	0.229400	0.215900	0.403100

排名	镇名	省份	综合实力	经济发展水平指标	基础设施建设指标	投资吸引潜力指标	社会民生保障指标	人居生态环境指标	科技创新能力指标	区域禀赋条件指标
766	浙江绍兴市上虞区章镇镇	浙江	0.452764	0.292699	0.304800	0.385700	0.294600	0.193400	0.202800	0.368800
767	安徽青阳县蓉城镇	安徽	0.452273	0.129591	0.134900	0.460300	0.329200	0.257000	0.262300	0.470700
768	浙江杭州市富阳区大源镇	浙江	0.452155	0.167101	0.174000	0.388300	0.372000	0.247300	0.237500	0.448700
769	江苏海安市李堡镇	江苏	0.451988	0.246114	0.256200	0.331100	0.349000	0.254900	0.216300	0.398400
770	浙江诸暨市次坞镇	浙江	0.451802	0.196988	0.205100	0.474900	0.213800	0.224900	0.255400	0.443600
771	辽宁海城市腾鳌镇	辽宁	0.451799	0.232078	0.241600	0.341300	0.559900	0.238600	0.195000	0.346800
772	江苏如东县河口镇	江苏	0.451583	0.276001	0.287400	0.394500	0.132800	0.227400	0.223700	0.422600
773	浙江衢州市柯城区航埠镇	浙江	0.451372	0.162987	0.169700	0.346300	0.491700	0.272400	0.224100	0.423000
774	浙江宁波市海曙区洞桥镇	浙江	0.451356	0.229779	0.239300	0.381500	0.524400	0.213300	0.200900	0.350700
775	内蒙古伊金霍洛旗阿勒腾席热镇	内蒙古	0.451302	0.246235	0.256400	0.343800	0.400700	0.217200	0.205200	0.385200
776	广东潮州市潮安区凤塘镇	广东	0.451213	0.238249	0.248100	0.363500	0.432100	0.225400	0.204900	0.374900
777	江苏丰县宋楼镇	江苏	0.451156	0.238007	0.247800	0.332200	0.588600	0.239200	0.193900	0.333100
778	福建漳州市多城区浦南镇	福建	0.450999	0.221067	0.230200	0.312400	0.497400	0.249000	0.202900	0.382100
779	浙江永康市芝英镇	浙江	0.450976	0.214049	0.222900	0.360600	0.355100	0.250600	0.224500	0.415900
780	江苏睢宁县双沟镇	江苏	0.450898	0.168432	0.175400	0.419000	0.434100	0.243700	0.234100	0.416000
781	浙江湖州市吴兴区东林镇	浙江	0.450876	0.227964	0.237300	0.359400	0.360400	0.236500	0.218700	0.404400
782	浙江德清县洛舍镇	浙江	0.450601	0.222277	0.231500	0.422400	0.239000	0.215400	0.232700	0.430600
783	浙江东阳市巍山镇	浙江	0.450503	0.245872	0.256100	0.330000	0.332700	0.228400	0.212700	0.406900
784	江苏南通市通州区张芝山镇	江苏	0.450318	0.300927	0.313400	0.323800	0.302600	0.233500	0.199100	0.365500
785	江苏泰州市姜堰区漆潼镇	江苏	0.450307	0.200134	0.208500	0.337700	0.509900	0.253700	0.211300	0.386700
786	江苏仪征市新集镇	江苏	0.450246	0.249139	0.259400	0.322400	0.686000	0.214600	0.173000	0.300100
787	江苏启东市近海镇	江苏	0.449678	0.240911	0.250800	0.346400	0.416800	0.209800	0.200100	0.383400

排名	镇名	省份	综合实力	经济发展水平指标	基础设施建设指标	投资吸引潜力指标	社会民生保障指标	人居生态环境指标	科技创新能力指标	区域禀赋条件指标
788	浙江余姚市临山镇	浙江	0.449613	0.241758	0.251800	0.381800	0.291500	0.219500	0.220100	0.406500
789	广西南丹县大厂镇	广西	0.449417	0.251680	0.262100	0.383800	0.325500	0.253500	0.220100	0.378000
790	浙江温岭市石塘镇	浙江	0.449363	0.123057	0.128100	0.390300	0.548400	0.287400	0.237200	0.420400
791	江西芦溪县芦溪镇	江西	0.449134	0.292578	0.304700	0.278200	0.300000	0.220100	0.196500	0.389600
792	浙江温岭市滨海镇	浙江	0.449051	0.189244	0.197000	0.348800	0.449300	0.251700	0.219800	0.410000
793	广东江门市蓬江区棠下镇	广东	0.448726	0.251559	0.262000	0.338300	0.327700	0.234000	0.209600	0.396100
794	江苏南通市通州区五接镇	江苏	0.448460	0.325369	0.338800	0.373400	0.158800	0.207600	0.207800	0.372100
795	广东中山市沙溪镇	广东	0.448317	0.239822	0.249700	0.296800	0.602200	0.230700	0.176100	0.337200
796	浙江安吉县孝丰镇	浙江	0.447900	0.161898	0.168600	0.434100	0.328500	0.256500	0.245800	0.441300
797	江苏海安市曲塘镇	江苏	0.447829	0.190091	0.198000	0.390100	0.458500	0.250000	0.216800	0.391400
798	山东济宁市兖州区大安镇	山东	0.447453	0.223366	0.232600	0.341300	0.318800	0.254400	0.222100	0.417000
799	四川仁寿县汪洋镇	四川	0.447133	0.173151	0.180400	0.437800	0.351500	0.234500	0.240000	0.425100
800	河南长葛市佛耳湖镇	河南	0.446865	0.212476	0.221300	0.327800	0.396000	0.238600	0.209900	0.410900
801	湖南长沙县金井镇	湖南	0.446850	0.257851	0.268500	0.358200	0.301900	0.220900	0.212600	0.390000
802	安徽黄山市黄山区甘棠镇	安徽	0.446581	0.285923	0.297700	0.352100	0.271900	0.209700	0.208600	0.376300
803	浙江台州市路桥区蓬街镇	浙江	0.446536	0.211871	0.220700	0.357300	0.361500	0.239900	0.220200	0.410500
804	江苏扬州市江都区邵伯镇	江苏	0.446377	0.212718	0.221500	0.358300	0.563500	0.231100	0.198100	0.348800
805	江苏灌云县伊山镇	江苏	0.446070	0.207152	0.215800	0.399000	0.351000	0.246500	0.232300	0.400800
806	浙江诸暨市应店街镇	浙江	0.446010	0.177144	0.184500	0.457600	0.161100	0.247600	0.262900	0.468000
807	山东邹城市中心店镇	山东	0.445939	0.205700	0.214200	0.325400	0.365600	0.243900	0.217000	0.424000
808	河南荥阳市崔庙镇	河南	0.445938	0.233288	0.242900	0.350800	0.279300	0.229300	0.215200	0.420100
809	江苏句容市郭庄镇	江苏	0.445889	0.234740	0.244500	0.329200	0.432300	0.246400	0.205900	0.373700
810	江苏盐城市大丰区南阳镇	江苏	0.445858	0.180169	0.187700	0.376300	0.413000	0.255300	0.227600	0.413200
811	福建石狮市祥芝镇	福建	0.445751	0.220583	0.229700	0.360900	0.296600	0.237000	0.222500	0.420500

排名	镇名	省份	综合实力	经济发展水平指标	基础设施建设指标	投资吸引潜力指标	社会民生保障指标	人居生态环境指标	科技创新能力指标	区域禀赋条件指标
812	浙江宁波市奉化区裘村镇	浙江	0.445484	0.160567	0.167200	0.463800	0.249400	0.251900	0.259300	0.452300
813	浙江长兴县小浦镇	浙江	0.445390	0.182468	0.190000	0.421100	0.292000	0.244900	0.241800	0.434700
814	河北正定县正定镇	河北	0.445319	0.196020	0.204200	0.371900	0.212600	0.253300	0.242200	0.461000
815	江苏灌南县堆沟港镇	江苏	0.445295	0.175329	0.182600	0.447600	0.319800	0.229800	0.242500	0.426800
816	江苏淮安市洪泽区三河镇	江苏	0.444979	0.261118	0.272000	0.357600	0.284900	0.224500	0.211400	0.388100
817	江苏海安市白甸镇	江苏	0.444751	0.166375	0.173200	0.325800	0.452500	0.265300	0.219500	0.427300
818	浙江湖州市吴兴区妙西镇	浙江	0.444688	0.240911	0.250800	0.369500	0.185700	0.224300	0.225200	0.433700
819	浙江东阳市湖溪镇	浙江	0.444574	0.161777	0.168400	0.451000	0.321800	0.224300	0.239900	0.438600
820	浙江余姚市河姆渡镇	浙江	0.444522	0.231836	0.241500	0.425700	0.169600	0.219300	0.238600	0.428100
821	浙江德清县新安镇	浙江	0.444402	0.173393	0.180500	0.370700	0.424100	0.264700	0.229900	0.412900
822	江苏如东县岔河镇	江苏	0.443595	0.232683	0.242300	0.390700	0.198000	0.249000	0.234200	0.422300
823	浙江嘉兴市南湖区凤桥镇	浙江	0.443574	0.234135	0.243900	0.379700	0.255300	0.249800	0.229100	0.406300
824	福建福州市长乐区松下镇	福建	0.443426	0.267894	0.278900	0.199100	0.287900	0.199500	0.272400	0.419700
825	江苏宜兴市新建镇	江苏	0.443367	0.137214	0.142900	0.398900	0.563400	0.260800	0.222200	0.394100
826	浙江长兴县夹浦镇	浙江	0.443353	0.171941	0.179100	0.366300	0.464200	0.247900	0.220800	0.405200
827	浙江杭州市富阳区渌渚镇	浙江	0.443211	0.186824	0.194500	0.404600	0.230400	0.243200	0.242600	0.451400
828	福建石狮市永宁镇	福建	0.443117	0.203280	0.211600	0.296100	0.551000	0.245200	0.195500	0.372900
829	浙江缙云县壶镇镇	浙江	0.443000	0.184283	0.191900	0.325400	0.541300	0.251000	0.203000	0.382800
830	浙江安吉县天子湖镇	浙江	0.442709	0.185493	0.193200	0.374300	0.422400	0.247300	0.219400	0.402000
831	浙江湖州市南浔区菱湖镇	浙江	0.442562	0.179927	0.187300	0.396400	0.437700	0.254200	0.227100	0.392400
832	浙江永康市石柱镇	浙江	0.442549	0.162503	0.169200	0.424300	0.319200	0.279500	0.249300	0.430500
833	浙江温岭市新河镇	浙江	0.442429	0.209935	0.218600	0.424200	0.262400	0.232200	0.236100	0.413500
834	广东佛山市三水区大塘镇	广东	0.442356	0.211629	0.220400	0.361700	0.531500	0.221100	0.198200	0.352700
835	浙江义乌市大陈镇	浙江	0.442310	0.165407	0.172300	0.373900	0.437000	0.256500	0.226200	0.413300

排名	镇名	省份	综合实力	经济发展水平指标	基础设施建设指标	投资吸引潜力指标	社会民生保障指标	人居生态环境指标	科技创新能力指标	区域禀赋条件指标
836	浙江海盐县于城镇	浙江	0.442265	0.165165	0.171900	0.342900	0.466800	0.265600	0.222600	0.412500
837	河北唐山市丰南区黄各庄镇	河北	0.441822	0.230868	0.240400	0.354500	0.418200	0.228900	0.203700	0.369400
838	河北三河市洵阳镇	河北	0.440974	0.185372	0.193100	0.472200	0.341700	0.229200	0.237300	0.393900
839	山东齐河县赵官镇	山东	0.440851	0.164681	0.171500	0.393800	0.460100	0.241000	0.222400	0.400800
840	浙江诸暨市姚江镇	浙江	0.440706	0.224697	0.234000	0.358100	0.210100	0.247100	0.231200	0.431400
841	安徽南陵县弋江镇	安徽	0.440665	0.246477	0.206700	0.450300	0.458800	0.211100	0.208700	0.331300
842	浙江龙游县湖镇镇	浙江	0.440596	0.250349	0.260700	0.393100	0.081400	0.220700	0.234000	0.441400
843	江苏启东市惠萍镇	江苏	0.440477	0.212960	0.221800	0.324500	0.391300	0.241400	0.208900	0.399200
844	浙江绍兴市上虞区丰惠镇	浙江	0.439968	0.399542	0.416100	0.251000	0.273500	0.194200	0.154800	0.294700
845	浙江天台县平桥镇	浙江	0.439966	0.189365	0.197200	0.341000	0.546000	0.242400	0.200600	0.367000
846	江苏睢宁县李集镇	江苏	0.439872	0.204611	0.213100	0.285500	0.450700	0.263900	0.204100	0.395700
847	广东海丰县海城镇	广东	0.439828	0.362153	0.377100	0.230000	0.405300	0.211300	0.154900	0.291600
848	浙江永康市象珠镇	浙江	0.439693	0.204611	0.213100	0.478700	0.125700	0.238700	0.260800	0.434500
849	浙江嘉善县干窑镇	浙江	0.439340	0.181621	0.189200	0.412000	0.359600	0.224800	0.227200	0.410200
850	河北迁安市蔡园镇	河北	0.439257	0.182226	0.189700	0.354700	0.366200	0.252900	0.223800	0.420700
851	浙江诸暨市山下湖镇	浙江	0.438840	0.329846	0.217500	0.298000	0.110500	0.239800	0.214400	0.432600
852	江苏丹阳市界牌镇	江苏	0.438810	0.210056	0.218800	0.384300	0.318000	0.228400	0.217000	0.404600
853	浙江桐乡市屠甸镇	浙江	0.438757	0.171094	0.178100	0.324900	0.492000	0.250000	0.209500	0.402200
854	浙江慈溪市掌起镇	浙江	0.438419	0.238854	0.248800	0.344200	0.375800	0.210900	0.201500	0.375300
855	江苏东台市富安镇	江苏	0.438401	0.196383	0.204500	0.376800	0.471200	0.248100	0.210200	0.367000
856	浙江永康市花街镇	浙江	0.438287	0.205458	0.214200	0.361600	0.273400	0.255400	0.232200	0.421700
857	浙江永嘉县桥下镇	浙江	0.437489	0.192753	0.200700	0.358200	0.383300	0.261900	0.222700	0.398300
858	江苏徐州市铜山区茅村镇	江苏	0.437403	0.216348	0.225300	0.326700	0.379200	0.251000	0.212000	0.390200
859	浙江绍兴市上虞区汤浦镇	浙江	0.437088	0.189002	0.196900	0.364100	0.440300	0.239000	0.214200	0.386600
860	内蒙古鄂尔多斯市东胜区铜川镇	内蒙古	0.436943	0.433664	0.199600	0.284500	0.175600	0.236900	0.194700	0.366000
861	浙江慈溪市匡堰镇	浙江	0.436632	0.234619	0.244300	0.384000	0.206100	0.221400	0.224200	0.412400

排名	镇名	省份	综合实力	经济发展水平指标	基础设施建设指标	投资吸引潜力指标	社会民生保障指标	人居生态环境指标	科技创新能力指标	区域禀赋条件指标
862	浙江绍兴市上虞区谢塘镇	浙江	0.435880	0.197109	0.205300	0.334900	0.428700	0.224900	0.201900	0.394200
863	浙江杭州市萧山区河上镇	浙江	0.435753	0.225060	0.234300	0.301000	0.391600	0.227900	0.197200	0.389500
864	江西分宜县双林镇	江西	0.435465	0.246356	0.256600	0.341900	0.467400	0.220900	0.185900	0.333500
865	河北迁安市马兰庄镇	河北	0.435288	0.198319	0.206500	0.376500	0.334000	0.245100	0.221400	0.402000
866	浙江瑞安市陶山镇	浙江	0.434693	0.150766	0.157000	0.454800	0.208500	0.256200	0.255400	0.455500
867	浙江海宁市周王庙镇	浙江	0.434545	0.187792	0.195600	0.368600	0.375800	0.237400	0.217800	0.401800
868	浙江慈溪市附海镇	浙江	0.434492	0.255189	0.265800	0.373800	0.164700	0.219300	0.220500	0.405400
869	浙江温岭市温峤镇	浙江	0.434474	0.221793	0.231000	0.371100	0.312600	0.234800	0.217200	0.388500
870	广东珠海市斗门区乾务镇	广东	0.434389	0.259303	0.270100	0.333600	0.261000	0.223400	0.208900	0.383700
871	江苏东台市安丰镇	江苏	0.434169	0.183073	0.190700	0.377500	0.435600	0.243700	0.212000	0.383200
872	浙江安吉县梅溪镇	浙江	0.434048	0.161293	0.168000	0.416900	0.408700	0.236300	0.225300	0.399700
873	福建莆田市城厢区华亭镇	福建	0.433929	0.268378	0.279400	0.302900	0.440200	0.220200	0.185100	0.330000
874	江苏连云港市赣榆区海头镇	江苏	0.433870	0.189849	0.197700	0.414500	0.223200	0.246000	0.241000	0.427700
875	江苏沭阳县马厂镇	江苏	0.433861	0.218042	0.227000	0.438200	0.068400	0.219100	0.248000	0.446800
876	安徽巢湖市夏阁镇	安徽	0.433829	0.134915	0.140500	0.402200	0.473000	0.235300	0.220000	0.410200
877	山东东营市垦利区胜坨镇	山东	0.433561	0.223608	0.232900	0.409700	0.320900	0.215000	0.215800	0.373900
878	浙江泰顺县司前畲族镇	浙江	0.433480	0.154638	0.161000	0.384800	0.432400	0.264200	0.229200	0.401400
879	浙江开化县华埠镇	浙江	0.433435	0.211750	0.220500	0.320700	0.441300	0.245000	0.199700	0.371500
880	浙江岱山县高亭镇	浙江	0.433100	0.194810	0.202900	0.328200	0.456000	0.236400	0.203300	0.381300
881	江苏扬州市江都区樊川镇	江苏	0.432992	0.231836	0.241500	0.291500	0.406100	0.230700	0.192200	0.375600
882	河北石家庄市藁城区西关镇	河北	0.432669	0.227722	0.237200	0.356100	0.340500	0.233700	0.213100	0.375400
883	浙江余姚市牟山镇	浙江	0.432117	0.212960	0.221800	0.331600	0.375100	0.235000	0.208200	0.386000

排名	镇名	省份	综合实力	经济发展水平指标	基础设施建设指标	投资吸引潜力指标	社会民生保障指标	人居生态环境指标	科技创新能力指标	区域禀赋条件指标
884	江苏淮安市洪泽区岔河镇	江苏	0.431948	0.203038	0.211500	0.405400	0.220700	0.233100	0.231900	0.418500
885	江苏仪征市大仪镇	江苏	0.431641	0.198077	0.206200	0.354000	0.426100	0.242400	0.207100	0.374800
886	浙江乐清市南岳镇	浙江	0.431427	0.168795	0.175700	0.481300	0.144200	0.234100	0.259900	0.446800
887	浙江嘉兴市秀洲区洪合镇	浙江	0.430821	0.230989	0.240500	0.422000	0.103800	0.216100	0.231000	0.425000
888	内蒙古伊金霍洛旗纳林陶亥镇	内蒙古	0.430599	0.199771	0.208000	0.365300	0.348600	0.233600	0.215400	0.392800
889	江苏扬中市西来桥镇	江苏	0.429971	0.187550	0.195300	0.352600	0.374400	0.232900	0.211200	0.400100
890	山东邹城市城前镇	山东	0.429388	0.212355	0.221200	0.308700	0.486600	0.242400	0.191900	0.353300
891	浙江义乌市赤岸镇	浙江	0.429148	0.195294	0.203400	0.361800	0.363800	0.234800	0.213100	0.390500
892	江苏如东县丰利镇	江苏	0.429058	0.169642	0.176700	0.373300	0.328700	0.239500	0.221900	0.421000
893	浙江嘉善县陶庄镇	浙江	0.428825	0.212960	0.221800	0.333700	0.412300	0.237400	0.204300	0.366500
894	江西贵溪市塘湾镇	江西	0.428455	0.211871	0.220700	0.388100	0.229000	0.252700	0.228300	0.402100
895	浙江海盐县澉浦镇	浙江	0.428199	0.188276	0.196100	0.359300	0.393600	0.228500	0.208400	0.388600
896	浙江余姚市梁弄镇	浙江	0.428082	0.172909	0.180000	0.387700	0.320900	0.242100	0.228700	0.411900
897	浙江临海市沿江镇	浙江	0.427979	0.239459	0.249400	0.364600	0.210000	0.220900	0.215000	0.396100
898	河北辛集市辛集镇	河北	0.427900	0.183678	0.191300	0.377500	0.212500	0.250500	0.235800	0.436600
899	江苏如皋市江安镇	江苏	0.427889	0.279631	0.291200	0.364000	0.163700	0.234600	0.214300	0.369000
900	江苏丰县华山镇	江苏	0.427885	0.261965	0.272700	0.334800	0.286300	0.198600	0.195600	0.366100
901	贵州安龙县龙山镇	贵州	0.427508	0.154154	0.160500	0.420700	0.235600	0.254500	0.247800	0.440700
902	江苏南通市通州区刘桥镇	江苏	0.427267	0.193358	0.201300	0.380100	0.414000	0.218100	0.205600	0.370900
903	河北三河市高楼镇	河北	0.426863	0.198561	0.206700	0.316900	0.463100	0.225800	0.191900	0.370000
904	浙江丽水市莲都区碧湖镇	浙江	0.426724	0.194084	0.202100	0.387800	0.144800	0.259200	0.240500	0.440200
905	海南琼海市博鳌镇	海南	0.426693	0.262570	0.273400	0.335600	0.104600	0.239400	0.219700	0.409800
906	浙江建德市梅城镇	浙江	0.426467	0.239822	0.249700	0.317100	0.191100	0.224400	0.212600	0.413600
907	江苏金湖县银涂镇	江苏	0.426453	0.194689	0.202700	0.363300	0.416700	0.242800	0.208000	0.367100
908	浙江嘉兴市南湖区新丰镇	浙江	0.426373	0.222035	0.231200	0.291700	0.433100	0.229600	0.188600	0.363400

排名	镇名	省份	综合实力	经济发展水平指标	基础设施建设指标	投资吸引潜力指标	社会民生保障指标	人居生态环境指标	科技创新能力指标	区域禀赋条件指标
909	河南巩义市竹林镇	河南	0.426252	0.256883	0.267500	0.260300	0.161700	0.250600	0.228600	0.415600
910	河北宁晋县凤凰镇	河北	0.426204	0.287738	0.299600	0.336600	0.444200	0.236200	0.171100	0.282300
911	广东佛山市高明区明城镇	广东	0.426203	0.218042	0.227000	0.307900	0.313500	0.231300	0.201900	0.398200
912	海南澄迈县金江镇	海南	0.426137	0.200981	0.209200	0.291000	0.602400	0.229200	0.176200	0.331000
913	江苏南通市海门区常乐镇	江苏	0.425957	0.141691	0.147500	0.412100	0.175700	0.271500	0.256100	0.467300
914	江苏南通市海门区正余镇	江苏	0.425913	0.162261	0.168900	0.337600	0.493700	0.245500	0.204800	0.381100
915	浙江象山县大徐镇	浙江	0.425561	0.167827	0.174800	0.387700	0.277400	0.255100	0.236700	0.421800
916	浙江平湖市林埭镇	浙江	0.425485	0.238491	0.248300	0.350600	0.236400	0.216100	0.210000	0.389500
917	浙江平湖市广陈镇	浙江	0.424857	0.245872	0.256100	0.362700	0.160000	0.204500	0.214400	0.403400
918	浙江余姚市三七市镇	浙江	0.423413	0.270435	0.281600	0.383700	0.090900	0.216600	0.221300	0.388400
919	江苏金湖县塔集镇	江苏	0.423065	0.241758	0.251800	0.388900	0.364200	0.210700	0.197400	0.330600
920	江苏高邮市汤庄镇	江苏	0.423008	0.205942	0.214500	0.287200	0.512500	0.234600	0.183300	0.347700
921	江苏启东市合作镇	江苏	0.422733	0.158268	0.164800	0.397200	0.236400	0.246500	0.236400	0.437500
922	江苏杭州市富阳区灵桥镇	浙江	0.422637	0.202191	0.210500	0.389600	0.228300	0.237000	0.227400	0.402400
923	江苏海安市墩头镇	江苏	0.422328	0.168311	0.175300	0.358600	0.344200	0.257300	0.217900	0.405100
924	江苏丰县梁寨镇	江苏	0.422269	0.227480	0.236900	0.327500	0.498800	0.236700	0.186100	0.315600
925	浙江东阳市歌山镇	浙江	0.422237	0.297418	0.309700	0.294100	0.219400	0.206600	0.185500	0.354300
926	广东江门市新会区双水镇	广东	0.421603	0.397001	0.413400	0.194100	0.260000	0.186400	0.145700	0.284200
927	浙江宁波市奉化区松岙镇	浙江	0.421348	0.150645	0.156900	0.358200	0.383500	0.249300	0.219400	0.409000
928	山东聊城市东昌府区侯营镇	山东	0.421305	0.147136	0.153200	0.453600	0.198600	0.238300	0.248900	0.439200
929	山东武城县鲁权屯镇	山东	0.421242	0.190575	0.198500	0.352100	0.385700	0.229600	0.205900	0.376800
930	广东惠州市惠阳区永湖镇	广东	0.420551	0.196625	0.204800	0.430800	0.193100	0.243300	0.233600	0.399600
931	浙江慈溪市新浦镇	浙江	0.420538	0.276727	0.288100	0.263600	0.498300	0.205800	0.156800	0.295200
932	河南巩义市艺田销	河南	0.420029	0.222277	0.231500	0.332700	0.402400	0.210000	0.190700	0.350200

排名	镇名	省份	综合实力	经济发展水平指标	基础设施建设指标	投资吸引潜力指标	社会民生保障指标	人居生态环境指标	科技创新能力指标	区域禀赋条件指标
933	浙江杭州市萧山区浦阳镇	浙江	0.419834	0.272734	0.284000	0.248500	0.331600	0.221700	0.175500	0.350400
934	江苏邳州市土山镇	江苏	0.419691	0.185735	0.193400	0.370200	0.310600	0.229300	0.215700	0.395400
935	浙江德清县禹越镇	浙江	0.419620	0.259061	0.269700	0.339900	0.220700	0.217900	0.206100	0.365700
936	河北黄骅市吕桥镇	河北	0.418468	0.162382	0.169100	0.377200	0.304200	0.247900	0.223900	0.410700
937	浙江乐清市大荆镇	浙江	0.418308	0.142659	0.148600	0.393800	0.444700	0.248900	0.219600	0.379200
938	江苏东海县桃林镇	江苏	0.418294	0.203522	0.211900	0.356800	0.278400	0.221100	0.209600	0.392400
939	安徽宁国市港口镇	安徽	0.417392	0.194568	0.202600	0.360900	0.161600	0.239800	0.228000	0.429200
940	江苏射阳县黄沙港镇	江苏	0.417158	0.153428	0.159700	0.356000	0.415300	0.252000	0.213800	0.388300
941	河北衡水市桃城区郑家河沿镇	河北	0.416862	0.239822	0.249700	0.338500	0.251600	0.222700	0.204800	0.368600
942	浙江杭州市富阳区场口镇	浙江	0.416785	0.284834	0.296600	0.411500	0.178800	0.215100	0.201200	0.326800
943	河北迁安市沙河驿镇	河北	0.416767	0.263175	0.274000	0.315600	0.235500	0.212800	0.192500	0.362100
944	浙江嵊州市三界镇	浙江	0.416726	0.200981	0.209200	0.343200	0.382200	0.210700	0.195700	0.366600
945	浙江嘉兴市秀洲区油车港镇	浙江	0.416529	0.222882	0.232100	0.329400	0.324300	0.216000	0.196600	0.366600
946	安徽长丰县吴山镇	安徽	0.416403	0.161898	0.168600	0.422900	0.253100	0.224300	0.230200	0.412400
947	山东日照市东港区涛雒镇	山东	0.416056	0.188397	0.196200	0.390900	0.314100	0.225700	0.214600	0.378300
948	江苏淮安市淮安区车桥镇	江苏	0.416046	0.227722	0.237200	0.325500	0.221000	0.224900	0.204200	0.392700
949	浙江杭州市萧山区进化镇	浙江	0.415862	0.199529	0.207800	0.339200	0.350900	0.219400	0.200800	0.375300
950	湖北松滋市八宝镇	湖北	0.415512	0.222035	0.231200	0.349000	0.153500	0.233700	0.218800	0.407400
951	江西樟树市临江镇	江西	0.415478	0.179927	0.187300	0.357900	0.294500	0.246700	0.220000	0.397300
952	浙江桐乡市河山镇	浙江	0.415352	0.172183	0.179200	0.416400	0.259000	0.230500	0.228000	0.399400
953	山东枣庄市山亭区城头镇	山东	0.414208	0.188397	0.196200	0.331800	0.239300	0.237200	0.215300	0.415300
954	广东江门市新会区古井镇	广东	0.414048	0.344245	0.358500	0.272500	0.215100	0.181900	0.164400	0.307700
955	福建石狮市锦尚镇	福建	0.414042	0.180169	0.187700	0.379800	0.173500	0.247600	0.234600	0.423700

排名	镇名	省份	综合实力	经济发展水平指标	基础设施建设指标	投资吸引潜力指标	社会民生保障指标	人居生态环境指标	科技创新能力指标	区域禀赋条件指标
956	江苏盱眙县官滩镇	江苏	0.413713	0.188639	0.196400	0.385800	0.263100	0.249900	0.222100	0.385400
957	四川射洪市沱牌镇	四川	0.413463	0.196625	0.204800	0.355100	0.164100	0.240100	0.224500	0.420500
958	吉林榆树市八号镇	吉林	0.413327	0.178233	0.185600	0.338600	0.304500	0.229600	0.207900	0.402900
959	江苏涟水县高沟镇	江苏	0.413031	0.209935	0.218600	0.347200	0.400100	0.232000	0.197200	0.338400
960	湖北荆州市沙市区关沮镇	湖北	0.412842	0.158147	0.164600	0.362600	0.214000	0.251600	0.228900	0.435600
961	浙江建德市寿昌镇	浙江	0.412571	0.184525	0.192100	0.306700	0.452500	0.238500	0.191700	0.358100
962	山西孝义市梧桐镇	山西	0.412569	0.283866	0.195600	0.296800	0.184400	0.243500	0.201300	0.389900
963	浙江杭州市临安区板桥镇	浙江	0.412521	0.225786	0.235100	0.374300	0.232700	0.225700	0.206300	0.367400
964	河北大厂县夏垫镇	河北	0.412214	0.178838	0.186200	0.348300	0.264900	0.235100	0.215700	0.407300
965	江苏盱眙县淮河镇	江苏	0.411858	0.212113	0.220800	0.346000	0.203600	0.239800	0.216800	0.393300
966	新疆阿拉尔市沙河镇	新疆	0.411228	0.288101	0.300100	0.259400	0.313300	0.206900	0.171200	0.323200
967	河南长葛市后河镇	河南	0.411128	0.147015	0.153000	0.372000	0.305800	0.243500	0.218200	0.413600
968	安徽长丰县下塘镇	安徽	0.411080	0.206426	0.215000	0.370700	0.113700	0.256300	0.232000	0.412800
969	广东肇庆市高要区禄步镇	广东	0.410634	0.162019	0.168800	0.350200	0.207600	0.244900	0.226500	0.434800
970	浙江瑞安市马屿镇	浙江	0.410473	0.211508	0.220200	0.393200	0.105300	0.231200	0.230700	0.407200
971	江苏盐城市亭湖区南洋镇	江苏	0.409663	0.237039	0.246900	0.278600	0.471100	0.218200	0.169400	0.310900
972	广东四会市龙甫镇	广东	0.408480	0.138303	0.144000	0.455600	0.170800	0.235300	0.247300	0.430300
973	江苏灌南县田楼镇	江苏	0.406947	0.178838	0.186200	0.362000	0.279100	0.233000	0.213700	0.388000
974	浙江温州市鹿城区藤桥镇	浙江	0.406210	0.226754	0.236100	0.342400	0.325400	0.217900	0.192500	0.337000
975	山东沂水县许家湖镇	山东	0.406044	0.191180	0.236900	0.200700	0.255200	0.250700	0.232200	0.409600
976	山东禹城市伦镇	山东	0.405551	0.206426	0.215000	0.379800	0.112200	0.242400	0.226500	0.402500
977	山东青岛市即墨区田横镇	山东	0.405031	0.204732	0.213200	0.356500	0.142800	0.217800	0.215400	0.407300
978	河南荥阳市王村镇	河南	0.404997	0.188397	0.196200	0.383400	0.105400	0.226000	0.229200	0.422900
979	山东禹城市莒镇	山东	0.404389	0.178233	0.185600	0.356000	0.248200	0.233500	0.213900	0.395100
980	内蒙古达拉特旗树林召镇	内蒙古	0.401882	0.212355	0.221200	0.360400	0.115300	0.217000	0.216000	0.400900

排名	镇名	省份	综合实力	经济发展水平指标	基础设施建设指标	投资吸引潜力指标	社会民生保障指标	人居生态环境指标	科技创新能力指标	区域禀赋条件指标
981	吉林公主岭市范家屯镇	吉林	0.401520	0.133584	0.139100	0.406700	0.187000	0.245800	0.238400	0.430200
982	山东聊城市东昌府区郑家镇	山东	0.401511	0.217316	0.226200	0.360200	0.094300	0.222300	0.216600	0.401100
983	山东日照市岚山区虎山镇	山东	0.401478	0.183073	0.190700	0.455900	0.070100	0.209500	0.236600	0.411100
984	江苏徐州市贾汪区青山泉镇	江苏	0.400925	0.183436	0.191000	0.342700	0.329700	0.224100	0.199700	0.364700
985	江苏新沂市瓦窑镇	江苏	0.399954	0.191664	0.199600	0.338400	0.279600	0.229700	0.203300	0.370500
986	广东潮州市潮安区浮洋镇	广东	0.399701	0.216469	0.225400	0.302100	0.263000	0.235500	0.196700	0.362500
987	福建仙游县榜头镇	福建	0.399397	0.159720	0.166400	0.359600	0.230500	0.257700	0.223800	0.401000
988	福建闽侯县祥谦镇	福建	0.397377	0.234619	0.244300	0.367300	0.113800	0.220700	0.207300	0.368700
989	湖北荆州市沙市区岑河镇	湖北	0.397296	0.209814	0.218500	0.370400	0.152700	0.205800	0.209300	0.381800
990	浙江台州市黄岩区院桥镇	浙江	0.397216	0.195052	0.203100	0.332200	0.558300	0.210600	0.168500	0.282400
991	河南禹州市神屋镇	河南	0.396919	0.184283	0.191900	0.342100	0.206400	0.235900	0.213400	0.391100
992	安徽广德市誓节镇	安徽	0.394724	0.174724	0.181900	0.391700	0.128300	0.233700	0.224800	0.404100
993	安徽东至县大渡口镇	安徽	0.390835	0.224697	0.234000	0.336100	0.254400	0.210200	0.190800	0.333700
994	山东龙口市北马镇	山东	0.384763	0.152944	0.159200	0.399500	0.189900	0.238500	0.223300	0.381400
995	江西南昌县武阳镇	江西	0.383679	0.185856	0.193500	0.320700	0.311800	0.236700	0.191000	0.338100
996	江西新余市渝水区罗坊镇	江西	0.381983	0.176297	0.183500	0.297500	0.389300	0.226600	0.178100	0.330400
997	浙江诸暨市璜山镇	浙江	0.379848	0.305525	0.192100	0.313700	0.262400	0.202700	0.169600	0.293500
998	江苏盱眙县鲍集镇	江苏	0.377934	0.256399	0.267000	0.299300	0.153700	0.182900	0.174400	0.328200
999	浙江桐庐县横村镇	浙江	0.358972	0.205942	0.214500	0.427500	0.194000	0.197300	0.189500	0.278800
1000	江苏涟水县红窑镇	江苏	0.315596	0.195052	0.203100	0.325700	0.453800	0.165300	0.126100	0.163700

数据来源：国家统计局、各地政府统计局统计数据。

注：本表所示的小城镇综合实力评价排名非政府官方排名，排名顺序仅供参考，不具有商业价值，亦不建议用于商业活动。如果对排名有异议，可与笔者联系探讨。

后　记

　　窗外河边的树已经郁郁葱葱，不远处的长安街上人来车往，一派繁荣的气象。坐在办公桌前，我内心五味杂陈。高兴的是，《中国小城镇》即将付梓，寒暑五易，不啻微芒，造炬成阳，是一个小收获！忧虑的是，本书能否达到自己的期望，尚未可知。毕竟小城镇是一个综合性的课题，涉及许多学科和领域，国内外学者争议很大，仁山智水。自己能否通过本书把中国的小城镇说清楚、谈明白？能否对当前的县域经济起到引导和促进作用？我内心深处并没有十足的把握。在举国重点发展超大城市、大城市的当下，倡导发展县域经济，尤其是呼吁发展全国的小城镇，是需要很大勇气的。就资源效率而言，与大城市相比，小城镇确实还有很大的提升空间，产业和人口的集聚效应也较差，同台竞技，实力悬殊。但是，从国内外发展经验上来说，小城镇似乎又是很有发展预期和前途的。一方面，小城镇的发展关系近 4.77 亿农村居民的福祉，关系到乡村振兴，关系到国家的长治久安。另一方面，我国小城镇数量众多，高达21000 多个，稳固着我国经济发展的基本盘，是我国经济发展未来增量的新空间。一旦我国小城镇如朝日拨云，喷发而出，潜力得到充分释放，我国目前存在很多的发展问题几乎全部能得以解决。这是一个伟大的战略构造！写作此书希望能为国家经济发展出谋划策，能引起国人对小城镇的重视，引导更多的人投入到县域经济建设中来，助推小城镇的建设和发展。当下国内外经济一片清淡，如果有一束光能穿透雾霾，为人民指引一个奋斗的方向，是一份沉甸甸的责任！

　　桑榆非晚，柠月如风。从 2018 年起，我研究的重点逐步转移到小城镇上，一方面，各界对小城镇的研究结晶非常多，但是研究不够深入全面，没有形成太多系统性的成果，几乎没人能够说清楚我国小城镇的真实状态，对指导地方政府科学建设小城镇极其不利。主要原因估计有两个：一是研究的小城镇标本数量不够，管中窥豹，以偏概全。二是与小城镇相关的数据收集困难有关，很多关键的数据基本上没有，处于空白状态。没有数据的支撑，无法准确把握和辨析小城镇的真实状态和发展规律。另一方面，小城镇是一个复杂多元的课题，是一个充满神秘感的存在，机遇和挑战共存，让人欲罢不能。小城镇领域的研究非常有意义，对促进我国县域经济发展，促进乡村振兴，促进城乡居民共同富裕，都将起到十分重要的作用。为了力求弥补系统梳理小城镇发展规律的这个空白，我决心来做这份工作，尽管困难重重，途中荆棘遍布，作为一位学者，我有责任和义务尝试走进这片神秘的领域，以自己微弱的光照亮前行的路，引导更多的人投身到这项伟大的事业中来。此为初衷，亦是动力。

真正开始写作本书，应该在 2019 年上半年。尽管平时工作比较忙，全国各地调研考察，写作断断续续，但一直没停。筚路蓝缕，栉风沐雨，默默潜行，学习和借鉴前辈的研究结晶，尝试用毕生所学清晰地解读我国小城镇这一客观存在。前前后后，大概经历了 5 个寒暑秋冬，终成此书。过程简单，但负重前行，确实比较辛苦。在于两个：一是要大量阅读中外文献，并从中寻找到有用的资料，前后阅读了 5000 多篇（部、本）文献，花费了大量的时间。二是收集整理相关权威数据，尤其是国家统计局、国家发展改革委、住房城乡建设部、民政部等主管部门的统计数据，还有就是国外政府部门的数据，并由数据整理成相关的图表，以描述和阐释小城镇发展状态或规律。这些数据的收集整理非常困难，耗费了大量的精力。全书收录的近 200 个图表只是整理过的图表中的很少一部分，最初整理绘制的很多图表在后期的稿件修改中忍痛割爱，给删掉了。

身为作者，写书的过程其实是自我修正和完善的过程，把人生感悟、认知和学识揉在一起，经过充分的"物理和化学反应"，最终"破茧成蝶"，重造和升华了自己。朝乾夕惕，功不唐捐。在多年研究的基础上，首次提出了一些解决复杂多元的小城镇问题的理论和方法，或许对揭开小城镇的神秘面纱，认清小城镇发展规律起一定的作用。本书最初写作大纲中有 30 多章，后来经过删减、整合和完善，成稿约为 20 章。本书写作过程中，曾适当截取了一些片段，在全国报纸、杂志和重要网站上发表，在社会上引起了不少关注，有些核心观点得到很多领导的认可和支持。大道行思，取则行远。如果艰难地前行能换来国内经济微弱的振兴，能为地方政府决策者提供小城镇相应的科学发展的理论支持和政策支撑，足以欣慰。

本书不足之处尚有很多。其一，其中最明显的是，没有就具体的小城镇做过多的实践上的解读，只是从理论的角度做了详尽的阐述。这很容易让读者读后有意犹未尽的感觉。实际上，本书初稿完成时接近 100 万字，非常厚重，详细阐述了很多优秀小城镇的建设经验，具有很强的指导和借鉴作用。但考虑到同册出版的实际需要，只能忍痛割爱，删除了诸如小城镇投融资、小城镇建设发展典范、国外经典小城镇解析等六个章节。此为遗憾和不足之一。其二，本书收集的数据尽管已经非常权威，但是依然有很多小城镇的最新的关键数据很难找全，尤其是镇级的最新数据非常缺乏，只能从很多间接的渠道寻找蛛丝马迹。比如，利用到全国调研和考察的机会，和地方政府、相关领导进行深入沟通以获取一些小城镇的信息和数据；或者，亲自去典型的小城镇调研，获取第一手信息和真实数据，补充和完善书中缺失的数据。尽管如此，很多数据仍然无法找到，自然不能全面反映小城镇当前的真实面貌，缺憾依然存在。其三，限于本人学术水平，在全面揭示我国小城镇的运行规律和准确把握其发展趋势等方面仍存在不足，还需要全国专家、学者、同行和政府决策者予以帮助和指正。此书奉上探索的成果，权当抛砖引玉，以期为将来更为睿智的来者垫脚搭梯，协助他们创造出更伟大的思想结晶，为我国城镇化发展和乡村振兴服务，为富国强民服务，为中华民族伟大复兴服务。

在写作本书过程中，得到家人、朋友和领导们的大力支持。我的爱人袁丽同志和儿子，为我提供了全方位的支持和帮助，付出很多，万分辛苦。北京市门头沟区市场监管局的张晓晨同志把本书中所采用的文献资料全部下载并整理完善，以减少差错。中国工业报社的徐金宝社长、孙宁松党委副书记和张永杰主任、国务院发展研究中心的中国农村劳动力资源开发研究会苏宏文秘书长、高鸿飞同志等长时间地无私地给予指导和帮助。第十三届、第十四届全国政协常委、提案委员会委员、国家统计局原副局长贾楠同志给予了多方面的大力支持。世界著名高层建筑专家陈祥福院士、清华大学王守清教授、审计署季怀银一级巡视员、中国工程院朱合华院士、国务院发展研究中心县域办陈强主任、福建省福清市林鹤志副市长等分别给本书写了热情洋溢的评语。国防大学黄维耿教授和国际文化艺术交流促进会林秋璇秘书长、中央组织部原副部级部委委员、全国人大生态循环经济首席专家李朝旺、书法家李红海等著名艺术家分别给本书题词、赋诗和书法。中国民主同盟中央委员会专职副主席、第十四届全国人大常委会委员张道宏同志、国务院发展研究中心余斌副主任、农业农村部张步江副局长等领导为本书写了序言。新华出版社的徐光副总编辑、徐文贤编辑、陈君君编辑等同志为本书尽早面市披星戴月，夜以继日，辛苦地工作。当然，还有很多领导和学者以不同的形式给予帮助和支持。如国家发展改革委的一些领导和同事们对本书的面世寄予厚望，在各个方面给予了大力支持和帮助；中央组织部党建研究所原巡视员陈东平老师不时地来电话关注出版进度，让我很感动！等等，这里不一一列举。领导们的关怀如春风拂面，激发了我写作的动力和信心；学者和同事们的帮助让我更加从容。正因为这些重要领导和著名专家学者的大力支持和无私帮助，本书才能最终呈现在您面前。希望对您的工作和学习有所裨益。

青山不语不失其重，绿水无声仍有其深。真情永存。在此一并致谢！

通振远
2024 年 6 月 28 日